JOEY YAP

THE TEN THOUSAND YEAR CALENDAR

POCKET EDITION

萬年曆

袖珍本

Joey Yap's The Ten Thousand Year Calendar (Pocket Edition)

JOEY YAP RESEARCH GROUP SDN BHD (944330-D)
19-3, The Boulevard, Mid Valley City,
59200 Kuala Lumpur, Malaysia.
Tel : +603-2284 8080
Fax : +603-2284 1218
Email : info@masteryacademy.com
Website : www.masteryacademy.com

First Edition October 2009
Third Print July 2018

DISCLAIMER:

The author, copyright owner, and the publishers respectively have made their best efforts to produce this high quality, informative and helpful book. They have verified the technical accuracy of the information and contents of this book. However, the information contained in this book cannot replace or substitute for the services of trained professionals in any field, including, but not limited to, mental, financial, medical, psychological, or legal fields. They do not offer any professional, personal, medical, financial or legal advice and none of the information contained in the book should be confused as such advice. Any information pertaining to the events, occurrences, dates and other details relating to the person or persons, dead or alive, and to the companies have been verified to the best of their abilities based on information obtained or extracted from various websites, newspaper clippings and other public media. However, they make no representation or warranties of any kind with regard to the contents of this book and accept no liability of any kind for any losses or damages caused or alleged to be caused directly or indirectly from using the information contained herein.

Table of Contents

A. Essentials		
A.1.	Yin and Yang 陰陽	**2**
A.2.	The Five Elements 五行	**2**
A.3.	Five Elements Productive, Weakening and Controlling Cycles	**3**
A.4.	The 24 Seasons (Jie Qi 節氣)	**4**

B. BaZi (Eight Characters) - Four Pillars of Destiny

B.1.	Heavenly Stems and Earthly Branches		
	B.1.1.	The 10 Heavenly Stems 十天干	6
	B.1.2.	Yin and Yang of the Heavenly Stems 天干陰陽	6
	B.1.3.	The 12 Earthly Branches 十二地支	7
	B.1.4.	Yin and Yang of the 12 Earthly Branches 地支陰陽	7
	B.1.5.a.	Directional Five Elements Table 五行方位表	8
	B.1.5.b.	Directional Five Elements Chart 五行方位圖	9
	B.1.6.	Hidden Stems in the Earthly Branches 地支藏干	10
B.2.	Heavenly Stems Combination and Transformation 天干合化		11
B.3.	Earthly Branches Six Combinations 天地六合		11
B.4.a.	Heavenly Stems Clashes/Controlling Diagram 天干相沖相剋圖		12
B.4.b.	Heavenly Stems Clashes/Controlling Table 天干相沖相剋表		13
B.5.	Earthly Branches Three Combinations 地支三合		14
B.6.	Earthly Branches Directional Combinational 地支三會		15
B.7.	Earthly Branches Six Clashes 地支六沖		16
B.8.	B.8.1.	Earthly Branches Punishment 地支相刑	17
	B.8.2.	Earthly Branches Ungrateful Punishment 無恩之刑	18
	B.8.3.	Earthly Branches Bullying Punishment 恃勢之刑	18
	B.8.4.	Earthly Branches Uncivilized Punishment 無禮之刑	19
	B.8.5.	Earthly Branches Self Punishment 地支自刑	19
B.9.	Earthly Branches Six Harms 地支相害		20
B.10.	Earthly Branches Destruction 地支相破		21
B.11.	Heavenly Stems Combination, Countering and Clashes Table 天干合剋沖速查表		22
B.12	Earthly Branches Combination, Punishment, Destruction and Harm Table 地支合沖刑破害速查表		23

B. BaZi (Eight Characters) - Four Pillars of Destiny

B.13.	B.13.1.	Five Rats Chasing Day Establishing the Hour Table 五鼠遁日起時	24
	B.13.2.	Five Tigers Chasing Year Establishing the Month Table 五虎遁年起月	25
B.14.	The Five Seasons of Qi		26
B.15.	The 12 Growth and Birth Phases Table 十二長生對朝表		27
B.16.	Sixty Jia Zi Na Yin Table 六十甲子納音東見表		28
B.17.	The 10 Gods 十神		29
	B.17.1.	The 10 Gods Table 天干十神對照表	30
	B.17.2.	Relationship Between the 10 Gods	31
B.18.	Regulating Useful God Table 調候用神		32
B.19.	Auxiliary Stars Table 神煞表		
	B.19.1.	Day Stems' Auxiliary Stars Table 以日干見地支神煞	34
	B.19.2.	Day Branches' Auxiliary Stars Table 以日支對地支神煞	36
	B.19.3.	Month Auxiliary Stars Table 月神	38
	B.19.4.	Year Branches' Auxiliary Stars Table 以年干對地支神煞	39
B.20.	B.20.1.	Child Obstruction-Sha Table 小兒關煞表	43
	B.20.2.	Child Obstruction-Sha Table 小兒關煞表 – Earth Branch to Day Master 地支日主對照	45
	B.20.3.	Child Obstruction-Sha Table 小兒關煞表 – Month Branch 月支對照	47
B.21.	How to Plot a BaZi Chart		49

C. Zi Wei Dou Shu 紫微斗數 - Purple Star Astrology

C.1.	The Elements of the Heavenly Stems 十天干五行		71
C.2.	The Elements of the Earthly Branches 十二地支五行		72
C.3.	Establishing the 12 Animal Palaces 定十二宫		73
	C.3.1.	Yin / Yang Male and Female	73
C.4.	Establishing the 12 Palaces 定十二宫 (From the Life Palace 命宫)		74
C.5.	Establishing the Life and Body Palace 安命宫及身宫		76
C.6.	Establishing the 5 Elements Structure 定五行局		79
C.7.	Locating the Zi Wei (Emperor Star) from Lunar Day of Birth 安紫微星		80
C.8.	The Twelve Basic Zi Wei Templates		82
C.9.	Locating the Sky Treasurer Star		88
C.10.	Locating the Zi Wei (Northern) Star Stream		89
C.11.	Locating the Sky Treasurer's (Southern) Star Stream		90
C.12.	Month Stream 月系諸星表		91
C.13.	Hour Stream 時系諸星表		92
C.14.	Day Stream 日系諸星表		93
C.15.	Year Stem Star Stream 年干系諸星表		93
C.16.	Transformation Stars (Based on Birth Year's Stem)		94
C.17.	The Professor Star Stream		94
C.18.	The Twelve Growth and Birth Phases Stars 十二長生星		95
C.19.	Allocating the Sky Hurt and Sky Messenger Stars 安天傷天使表		96

C. Zi Wei Dou Shu 紫微斗數 - Purple Star Astrology

C.20.	Year Branch Star Stream 年支星	97
C.21.	Allocating the Annual Duke Star Group 安流年歲前諸星表	98
C.22.	Allocating the Annual Marshal Group Stream of Stars 安流年將前諸星表	99
C.23.	Allocating the Life Master Star 安命主	100
C.24.	Allocating the Body Master Star 安身主	101
C.25.	Allocating the Void and Emptiness 安截路空亡	102
C.26.	Allocating the Big Limits 起大限	104
C.27.	Allocating the Small Limits 起小限	105
C.28.	Year Governor Table 斗君表	106

D. Ba Gua 八卦 - The Eight Trigrams

D.1.	The He Tu 河圖	108
D.2.	The Luo Shu 洛書	109
D.3.	Early Heaven Ba Gua Square Map 先天八卦方圖	110
D.4.	Early Heaven Ba Gua 先天八卦	111
D.5.	Later Heaven Ba Gua 後天八卦	112
D.6.	Early and Later Heaven Ba Gua in Luo Shu 先天後天八卦	113
D.7.	The 64 Hexagrams 六十四卦	114

E. Feng Shui 風水

E.1.	The Eight Trigrams and Directions			116
E.2.	The 24 Mountains of the Luo Pan			116
E.3.	24 Mountain Reference Chart			117
E.4.	San Yuan (3 Cycles and 9 Periods) 三元九運			118
E.5.	Ba Zhai (Eight Mansions) 八宅風水			
	E.5.1.	Year Pillar and Gua Number Reference Table for 1912 - 2055		119
	E.5.2.	Life Gua 命卦		
		1.	East Group 東命	122
		2.	West Group 西命	122
	E.5.3.	Eight Wandering Stars 八遊星		123
	E.5.4.	How to take House Direction		124

E. Feng Shui 風水

E.6.	Xuan Kong Flying Stars 玄空飛星				125
	E.6.1.	Nine Periods Flying Star Charts			
			Sitting:	**Facing:**	
		1.	N1 (壬 Ren)	S1 (丙 Bing)	126
		2.	N2 (子 Zi) / N3 (癸 Gui)	S2 (午 Wu) / S3 (丁 Ding)	127
		3.	NE1 (丑 Chou)	SW1 (未 Wei)	128
		4.	NE2 (艮 Gen) / NE3 (寅 Yin)	SW2 (坤 Kun) / SW3 (申 Shen)	129
		5.	E1 (甲 Jia)	W1 (庚 Geng)	130
		6.	E2 (卯 Mao) / E3 (乙 Yi)	W2 (酉 You) / W3 (辛 Xin)	131
		7.	SE1 (辰 Chen)	NW1 (戌 Xu)	132
		8.	SE2 (巽 Xun) / SE3 (巳 Si)	NW2 (乾 Qian) / NW3 (亥 Hai)	133
		9.	S1 (丙 Bing)	N1 (壬 Ren)	134
		10.	S2 (午 Wu) / S3 (丁 Ding)	N2 (子 Zi) / N3 (癸 Gui)	135
		11.	SW1 (未 Wei)	NE1 (丑 Chou)	136
		12.	SW2 (坤 Kun) / SW3 (申 Shen)	NE2 (艮 Gen) / NE3 (寅 Yin)	137
		13.	W1 (庚 Geng)	E1 (甲 Jia)	138
		14.	W2 (酉 You) / W3 (辛 Xin)	E2 (卯 Mao) / E3 (乙 Yi)	139
		15.	NW1 (戌 Xu)	SE1 (辰 Chen)	140
		16.	NW2 (乾 Qian) / NW3 (亥 Hai)	SE2 (巽 Xun) / SE3 (巳 Si)	141

E. Feng Shui 風水

	E.6.2.	Yearly Purple White Flying Stars Table 年紫白入中星速查表	142
	E.6.3.	Monthly Purple White Flying Stars Table 月紫白入中星速查表	145
	E.6.4.	Daily Stars Reference Table 日星表	146
	E.6.5.	Hourly Stars Reference Table 時星表	150
	E.6.6.	General Guide to the 9 Stars	151
E.7.	4 Major Water Structures 四大水局		
	E.7.1.	Fire Structures 火局	152
	E.7.2.	Water Structures 水局	153
	E.7.3.	Metal Structures 金局	154
	E.7.4.	Wood Structures 木局	155
E.8.	Special Water Dragon Exits from Di Li Wu Jue 地理五訣		156

F. Using the Ten Thousand Year Calendar

F.	Using the Ten Thousand Year Calendar	157

G. Quick Reference

G.	The Ten Heavenly Stems & The Twelve Branches	160

H. The Ten Thousand Year Calendar 1900-2050

H.	The Ten Thousand Year Calendar 1900 - 2050	161

Preface

In the practice of Feng Shui, the next most essential item after the Luo Pan is the Ten Thousand Year Calendar. In BaZi, it is the most crucial text that enables the plotting of a BaZi chart. It is the bridge that connects the Chinese Xia Calendar (which comprises two calendars: Lunar and Solar) and the Western Gregorian Calendar.

This book you hold in your hands is the Pocket Edition of my original Ten Thousand Year Calendar. I've been thinking about how I can make it easier for my students and readers, and fellow practitioners, in having all the information they need at hand without having to lug around heavy books! The idea for this pocket-sized Ten Thousand Year Calendar came about to facilitate its study and use by students and practitioners who are always on the move and on the go. What most of us need is convenience – books that we can quite literally bring with us no matter where we go.

As a matter of interest, don't be intimidated by the term 'Ten Thousand Year.' It's just a traditional term for this type of calendar. In actual fact, most versions of these calendars only contain the calculations and conversions for 100, not 10,000 years.

When I initially began the project of creating a bilingual Ten Thousand Year Calendar, I wanted to provide more than just a calendar. I wanted to create a useful resource book that combines the Calendar with various other quick reference charts and information that is necessary for any practitionor or student

This Ten Thousand Year Calendar Pocket Edition contains reference charts for BaZi (Four Pillars of Destiny Astrology), Zi Wei Dou Shu (Purple Star Astrology), a complete set of Daily Flying Stars, a complete set of charts for Eight Mansions, Yi Jing Hexagrams, and references for San He and San Yuan Feng Shui.

Do keep in mind as with all reference texts that having a qualified teacher guide you in your studies of Feng Shui and BaZi will help you make sense of the methods of application, and decipher any complex or intricate problems.

I wish you all the best for your studies and practice of Feng Shui and Chinese Metaphysics, and have fun!

Warmest regards,

Joey Yap
October 2009

Connect with us:

www.joeyyap.com JOEYYAP TV www.joeyyap.tv

@DatoJoeyYap @RealJoeyYap @JoeyYap

Academy website:
www.masteryacademy.com | jya.masteryacademy.com | www.baziprofiling.com

Discover Your Day Master

Deriving your Day Master using the Ten Thousand Year Calendar is very simple. In BaZi, the Day Master, derived from your Day of Birth, reveals your true basic identity traits. It is the basic reference point from which to begin a BaZi analysis.

Here is an example using a sample birth date to show you how to find your Day Master manually:

- Male born on April 30, 1982 at 3:15 AM.
- In the table below, refer to the sub-column that contains the Day and Month. The columns towards the right displays the BaZi term for your Day Master.

  Following the table below, the Day Master is Gui 癸.

Day Master

四月小 4th Mth				三月大 3rd Mth				二月小 2nd Mth				正月大 1st Mth				月干支 Month
乙巳 Yi Si				甲辰 Jia Chen				癸卯 Gui Mao				壬寅 Ren Yin				
二黑 Two Black				三碧 Three Jade				四綠 Four Green				五黃 Five Yellow				九星 9 Star
小滿 Small Sprout		立夏 Coming of Summer		穀雨 Grain Rain		清明 Clear and Bright		春分 Spring Equinox		驚蟄 Awakening of Worms		雨水 Rain Water		立春 Coming of Spring		節氣 Season
28th day		13th day		27th day		12th day		26th day		11th day		26th day		11th day		
17hr 23min		4hr 20min		18hr 8min		10hr 53min		6hr 56min		5hr 55min		7hr 47min		11hr 46min		
酉 You		寅 Yin		酉 You		巳 Si		卯 Mao		卯 Mao		辰 Chen		午 Wu		
國曆 Gregorian		干支 S/B	星 Star	國曆 Gregorian		干支 S/B	星 Star	國曆 Gregorian		干支 S/B	星 Star	國曆 Gregorian		干支 S/B	星 Star	農曆 Calendar
4	24	丁丑	2	3	25	丁未	8	2	24	戊寅	6	1	25	戊申	3	初一 1st
4	25	戊寅	3	3	26	戊申	9	2	25	己卯	7	1	26	己酉	4	初二 2nd
4	26	己卯	4	3	27	己酉	1	2	26	庚辰	8	1	27	庚戌	5	初三 3rd
4	27	庚辰	5	3	28	庚戌	2	2	27	辛巳	9	1	28	辛亥	6	初四 4th
4	28	辛巳	6	3	29	辛亥	3	2	28	壬午	1	1	29	壬子	7	初五 5th
4	29	壬午	7	3	30	壬子	4	3	1	癸未	2	1	30	癸丑	8	初六 6th
4	30	癸未	8	3	31	癸丑	5	3	2	甲申	3	1	31	甲寅	9	初七 7th
5	1	甲申	9	4	1	甲寅	6	3	3	乙酉	4	2	1	乙卯	1	初八 8th
5	2	乙酉	1	4	2	乙卯	7	3	4	丙戌	5	2	2	丙辰	2	初九 9th
6	3	丙戌	2	4	3	丙辰	8	3	5	丁亥	6	2	3	丁巳	3	初十 10th
5	4	丁亥	3	4	4	丁巳	9	3	6	戊子	7	2	4	戊午	4	十一 11th
5	5	戊子	4	4	5	戊午	1	3	7	己丑	8	2	5	己未	5	十二 12th
5	6	己丑	5	4	6	己未	2	3	8	庚寅	9	2	6	庚申	6	十三 13th
5	7	庚寅	6	4	7	庚申	3	3	9	辛卯	1	2	7	辛酉	7	十四 14th
5	8	辛卯	7	4	8	辛酉	4	3	10	壬辰	2	2	8	壬戌	8	十五 15th
5	9	壬辰	8	4	9	壬戌	5	3	11	癸巳	3	2	9	癸亥	9	十六 16th
5	10	癸巳	9	4	10	癸亥	6	3	12	甲午	4	2	10	甲子	1	十七 17th
5	11	甲午	1	4	11	甲子	7	3	13	乙未	5	2	11	乙丑	2	十八 18th
5	12	乙未	2	4	12	乙丑	8	3	14	丙申	6	2	12	丙寅	3	十九 19th
5	13	丙申	3	4	13	丙寅	9	3	15	丁酉	7	2	13	丁卯	4	二十 20th
5	14	丁酉	4	4	14	丁卯	1	3	16	戊戌	8	2	14	戊辰	5	廿一 21st
5	15	戊戌	5	4	15	戊辰	2	0	17	己亥	9	2	15	己巳	6	廿二 22nd
5	16	己亥	6	4	16	己巳	3	3	18	庚子	1	2	16	庚午	7	廿三 23rd
5	17	庚子	7	4	17	庚午	4	3	19	辛丑	2	2	17	辛未	8	廿四 24th
5	18	辛丑	8	4	18	辛未	5	3	20	壬寅	3	2	18	壬申	9	廿五 25th
5	19	壬寅	9	4	19	壬申	6	3	21	癸卯	4	2	19	癸酉	1	廿六 26th
5	20	癸卯	1	4	20	癸酉	7	3	22	甲辰	5	2	20	甲戌	2	廿七 27th
5	21	甲辰	2	4	21	甲戌	8	3	23	乙巳	6	2	21	乙亥	3	廿八 28th
5	22	乙巳	3	4	22	乙亥	9	3	24	丙午	7	2	22	丙子	4	廿九 29th
				4	23	丙子	1					2	23	丁丑	5	三十 30th

1982 壬戌 Water Dog Grand Duke: 洪范

Gui 癸 is Yin Water, as shown below:

時 Hour	日 Day	月 Month	年 Year	
	癸 *Gui* **Yin Water**			天干 Heavenly Stems
				地支 Earthly Branches

You may choose to print out your BaZi chart in full at **www.joeyyap.com/bazi**.

You can find out more about the traits and characteristics of the Gui Day Master, and all the other Day Masters, in Joey Yap's BaZi Essential Series shown below. Each book is devoted to the personality attributes and qualities of <u>one</u> Day Master.

BaZi Essentials Day Master Series:

A. Essentials

A.1.	Yin and Yang 陰陽	2
A.2.	The Five Elements 五行	2
A.3.	Five Elements Productive, Weakening and Controlling Cycles	3
A.4.	The 24 Seasons (Jie Qi 節氣)	4

A. Essentials

A.1. Yin and Yang 陰陽

陽 Yang	陰 Yin
Odd	Even
Bright	Dark
Hard	Soft
Fast	Slow
Masculine	Feminine
Man	Woman
Positive	Negative
Strong	Weak
Aggressive	Passive
White	Black

A.2. The Five Elements 五行

Five Elements	Colours	Shape	Direction	Number
Metal 金	White Gold Silver	Round	Northwest West	6 7
Water 水	Black Blue	Wavy	North	1
Wood 木	Green	Oblong	East Southeast	3 4
Fire 火	Red	Sharp	South	9
Earth 土	Yellow	Square	Southwest Northeast	2 5 8

A.3. Five Elements Productive, Weakening and Controlling Cycles

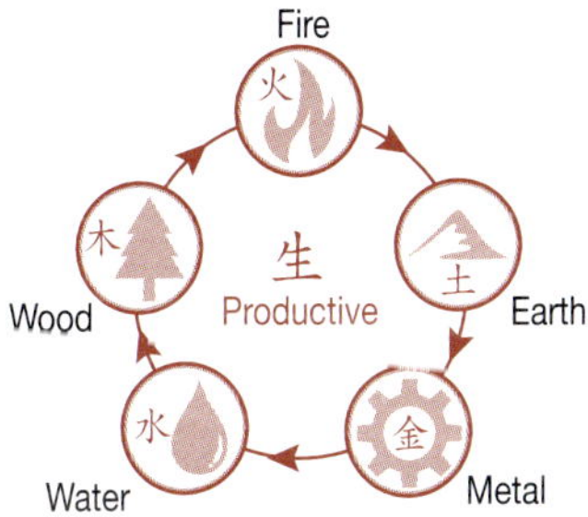

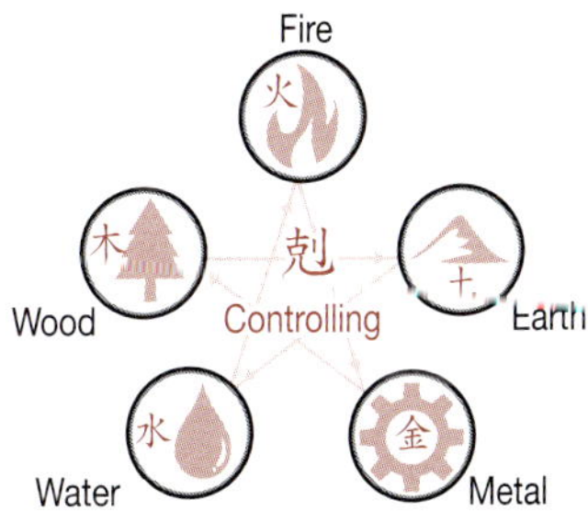

A.4. The 24 Seasons (Jie Qi 節氣)

Solar Term		English	Dates
立春	*Li Chun*	Coming of Spring	Feb 4 - Feb 18
雨水	*Yu Shui*	Rain Water	Feb 19 - Mar 5
驚蟄	*Jing Zhe*	Awakening of Worms	Mar 6 - Mar 20
春分	*Chun Fen*	Spring Equinox	Mar 21 - Apr 4
清明	*Qing Ming*	Clear and Bright	Apr 5 - Apr 20
穀雨	*Gu Yu*	Grain Rain	Apr 21 - May 5
立夏	*Li Xia*	Coming of Summer	May 6 - May 20
小滿	*Xiao Man*	Small Sprout	May 21 - June 5
芒種	*Mang Zhong*	Planting of Thorny Crops	June 6 - June 21
夏至	*Xia Zhi*	Summer Solstice	June 22 - July 6
小暑	*Xiao Shu*	Lesser Heat	July 7 - July 22
大暑	*Da Shu*	Greater Heat	July 23 - Aug 7
立秋	*Li Qiu*	Coming Autumn	Aug 8 - Aug 23
處暑	*Chu Shu*	Heat Ends	Aug 24 - Sept 7
白露	*Bai Lu*	White Dew	Sept 8 - Sept 22
秋分	*Qiu Fen*	Autumn Equinox	Sept 23 - Oct 7
寒露	*Han Lu*	Cold Dew	Oct 8 - Oct 23
霜降	*Shuang Jiang*	Frosting	Oct 24 - Nov 6
立冬	*Li Dong*	Coming of Winter	Nov 7 - Nov 22
小雪	*Xiao Xue*	Lesser Snow	Nov 23 - Dec 6
大雪	*Da Xue*	Greater Snow	Dec 7 - Dec 21
冬至	*Dong Zhi*	Winter Solstice	Dec 22 - Jan 5
小寒	*Xiao Han*	Lesser Cold	Jan 6 - Jan 20
大寒	*Da Han*	Greater Cold	Jan 21 - Feb 3

Note: The Dates may have variation of +/- 1 day. Please refer to the 10,000 Year Calender in the following pages for accurate transition dates.

B. BaZi (Eight Characters) - Four Pillars of Destiny

B.1.	Heavenly Stems and Earthly Branches		
	B.1.1.	The 10 Heavenly Stems 十天干	6
	B.1.2.	Yin and Yang of the Heavenly Stems 天干陰陽	6
	B.1.3.	The 12 Earthly Branches 十二地支	7
	B.1.4.	Yin and Yang of the 12 Earthly Branches 地支陰陽	7
	B.1.5.a.	Directional Five Elements Table 五行方位表	8
	B.1.5.b.	Directional Five Elements Chart 五行方位圖	9
	B.1.6.	Hidden Stems in the Earthly Branches 地支藏干	10
B.2.	Heavenly Stems Combination and Transformation 天干合化		11
B.3.	Earthly Branches Six Combinations 天地六合		11
B.4.a.	Heavenly Stems Clashes/Controlling Diagram 天干相沖相剋圖		12
B.4.b.	Heavenly Stems Clashes/Controlling Table 天干相沖相剋表		13
B.5.	Earthly Branches Three Combinations 地支三合		14
B.6.	Earthly Branches Directional Combinational 地支三會		15
B.7.	Earthly Branches Six Clashes 地支六沖		16
B.8.	B.8.1.	Earthly Branches Punishment 地支相刑	17
	B.8.2.	Earthly Branches Ungrateful Punishment 無恩之刑	18
	B.8.3.	Earthly Branches Bullying Punishment 恃勢之刑	18
	B.8.4.	Earthly Branches Uncivilized Punishment 無禮之刑	19
	B.8.5.	Earthly Branches Self Punishment 地支自刑	19
B.9.	Earthly Branches Six Harms 地支相害		20
B.10.	Earthly Branches Destruction 地支相破		21
B.11.	Heavenly Stems Combination, Countering and Clashes Table 天干合剋沖速查表		22
B.12	Earthly Branches Combination, Punishment, Distruction and Harm Table 地支合沖刑破害速查表		23
B.13.	B.13.1.	Five Rats Chasing Day Establishing the Hour Table 五鼠遁日起時	24
	B.13.2.	Five Tigers Chasing Year Establishing the Month Table 五虎遁年起月	25
B.14.	The Five Seasons of Qi		26
B.15.	The 12 Growth and Birth Phases Table 十二長生對朝表		27
B.16.	Sixty Jia Zi Na Yin Table 六十甲子納音束見表		28
B.17.	The 10 Gods 十神		29
	B.17.1.	The 10 Gods Table 天干十神對照表	30
	B.17.2.	Relationship Between the 10 Gods	31
B.18.	Regulating Useful God Table 調候用神		32
B.19.	Auxiliary Stars Table		
	B.19.1.	Day Stems' Auxiliary Stars Table 以日干見地支神煞	34
	B.19.2.	Day Branches' Auxiliary Stars Table 以日支對地支神煞	36
	B.19.3.	Month Auxiliary Stars Table 月神	38
	B.19.4.	Year Branches' Auxiliary Stars Table 以年干對地支神煞	39
B.20.	B.20.1.	Child Obstruction-Sha Table 小兒關煞表	43
	B.20.2.	Child Obstruction-Sha Table 小兒關煞表 – Earth Branch to Day Master 地支日主對照	45
	B.20.3.	Child Obstruction-Sha Table 小兒關煞表 – Month Branch 月支對照	47
B.21.	How to Plot a BaZi Chart		49

B.1.1. The 10 Heavenly Stems 十天干

甲 *Jia*	Yang Wood	木 Wood
乙 *Yi*	Yin Wood	
丙 *Bing*	Yang Fire	火 Fire
丁 *Ding*	Yin Fire	
戊 *Wu*	Yang Earth	土 Earth
己 *Ji*	Yin Earth	
庚 *Geng*	Yang Metal	金 Metal
辛 *Xin*	Yin Metal	
壬 *Ren*	Yang Water	水 Water
癸 *Gui*	Yin Water	

B.1.2. Yin and Yang of the Heavenly Stems 天干陰陽

Yang 陽	甲 *Jia*	丙 *Bing*	戊 *Wu*	庚 *Geng*	壬 *Ren*
Yin 陰	乙 *Yi*	丁 *Ding*	己 *Ji*	辛 *Xin*	癸 *Gui*

B.1.3. The 12 Earthly Branches 十二地支

子 *Zi*	**Rat**	Dec 7 - Jan 5	陽水 Yang Water	11 pm - 12.59 am
丑 *Chou*	**Ox**	Jan 6 - Feb 3	陰土 Yin Earth	1 am - 2.59 am
寅 *Yin*	**Tiger**	Feb 4 - Mar 5	陽木 Yang Wood	3 am - 4.59 am
卯 *Mao*	**Rabbit**	Mar 6 - Apr 4	陰木 Yin Wood	5 am - 6.59 am
辰 *Chen*	**Dragon**	Apr 5 - May 5	陽土 Yang Earth	7 am - 8.59 am
巳 *Si*	**Snake**	May 6 - Jun 5	陰火 Yin Fire	9 am - 10.59 am
午 *Wu*	**Horse**	Jun 6 - July 6	陽火 Yang Fire	11 am - 12.59 pm
未 *Wei*	**Goat**	July 7 - Aug 7	陰土 Yin Earth	1 pm - 2.59 pm
申 *Shen*	**Monkey**	Aug 8 - Sept 7	陽金 Yang Metal	3 pm - 4.59 pm
酉 *You*	**Rooster**	Sept 8 - Oct 7	陰金 Yin Metal	5 pm - 6.59 pm
戌 *Xu*	**Dog**	Oct 8 - Nov 6	陽土 Yang Earth	7 pm - 8.59 pm
亥 *Hai*	**Pig**	Nov 7 - Dec 6	陰水 Yin Water	9 pm - 10.59 pm

B.1.4. Yin and Yang of the 12 Earthly Branches 地支陰陽

Yang 陽	子 *Zi*	寅 *Yin*	辰 *Chen*	午 *Wu*	申 *Shen*	戌 *Xu*
Yin 陰	丑 *Chou*	卯 *Mao*	巳 *Si*	未 *Wei*	酉 *You*	亥 *Hai*

B.1.5.a. Directional Five Elements Table 五行方位表

天干 Heavenly Stems	地支 Earthly Branches	五行 Five Element
甲 *Jia* 乙 *Yi*	寅 *Yin* 卯 *Mao*	東方木 **Eastern Wood**
丙 *Bing* 丁 *Ding*	午 *Wu* 巳 *Si*	南方火 **Southern Fire**
戊 *Wu* 己 *Ji*	辰 *Chen* 戌 *Xu* 丑 *Chou* 未 *Wei*	中央土 **Central Earth**
庚 *Geng* 辛 *Xin*	申 *Shen* 酉 *You*	西方金 **Western Metal**
壬 *Ren* 癸 *Gui*	子 *Zi* 亥 *Hai*	北方水 **Western Metal**

*辰，戌，丑，未 are known as the 4 storage Earth or 4 Graveyards (四庫土)

B.1.5.b. Directional Five Elements Chart 五行方位圖

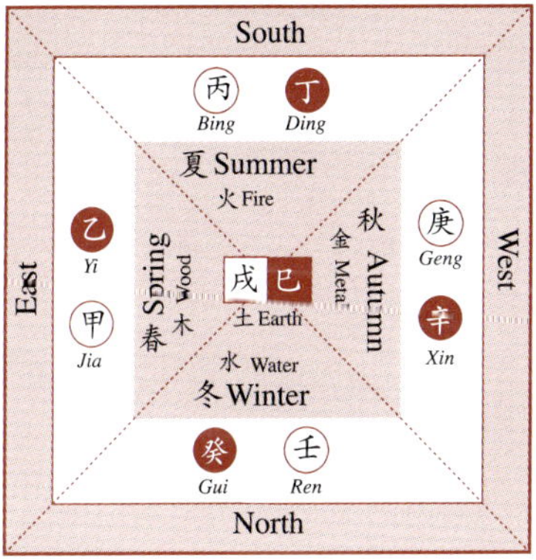

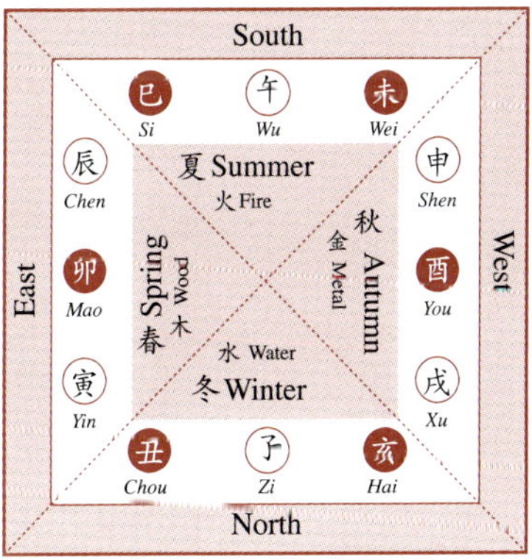

B.1.6. Hidden Stems in the Earthly Branches 地支藏干

Branches 地支		Hidden Stems 藏干		
子 Zi	Rat	癸 Gui Yin Water		
丑 Chou	Ox	己 Ji Yin Earth	癸 Gui Yin Water	辛 Xin Yin Metal
寅 Yin	Tiger	甲 Jia Yang Wood	丙 Bing Yang Fire	戊 Wu Yang Earth
卯 Mao	Rabbit	乙 Yi Yin Wood		
辰 Chen	Dragon	戊 Wu Yang Earth	乙 Yi Yin Wood	癸 Gui Yin Water
巳 Si	Snake	丙 Bing Yang Fire	戊 Wu Yang Earth	庚 Geng Yang Metal
午 Wu	Horse	丁 Ding Yin Fire	己 Ji Yin Earth	
未 Wei	Goat	己 Ji Yin Earth	丁 Ding Yin Fire	乙 Yi Yin Wood
申 Shen	Monkey	庚 Geng Yang Metal	壬 Ren Yang Water	戊 Wu Yang Earth
酉 You	Rooster	辛 Xin Yin Metal		
戌 Xu	Dog	戊 Wu Yang Earth	辛 Xin Yin Metal	丁 Ding Yin Fire
亥 Hai	Pig	壬 Ren Yang Water	甲 Jia Yang Wood	

B.2. Heavenly Stems Combination and Transformation 天干合化

甲 己 Jia Ji	甲 Jia Yang Wood	⟷	己 Ji Yin Earth	=	土 Earth
乙 庚 Yi Geng	乙 Yi Yin Wood	⟷	庚 Geng Yang Metal	=	金 Metal
丙 辛 Bing Xin	丙 Bing Yang Fire	⟷	辛 Xin Yin Metal	=	水 Water
丁 壬 Ding Ren	丁 Ding Yin Fire	⟷	壬 Ren Yang Water	=	木 Wood
戊 癸 Wu Gui	戊 Wu Yang Earth	⟷	癸 Gui Yin Water	=	火 Fire

B.3. Earthly Branches Six Combinations 天地六合

子 丑 Zi Chou Rat Ox	子 Zi Rat	⟷	丑 Chou Ox	=	土 Earth
寅 亥 Yin Hai Tiger Pig	寅 Yin Tiger	⟷	亥 Hai Pig	=	木 Wood
卯 戌 Mao Xu Rabbit Dog	卯 Mao Rabbit	⟷	戌 Xu Dog	=	火 Fire
辰 酉 Chen You Dragon Rooster	辰 Chen Dragon	⟷	酉 You Rooster	=	金 Metal
巳 申 Si Shen Snake Monkey	巳 Si Snake	⟷	申 Shen Monkey	=	水 Water
午 未 Wu Wei Horse Goat	午 Wu Horse	⟷	未 Wei Goat	=	日 月 Sun and Moon

B.4.a. Heavenly Stems Clashes/Controlling Diagram 天干相沖相剋圖

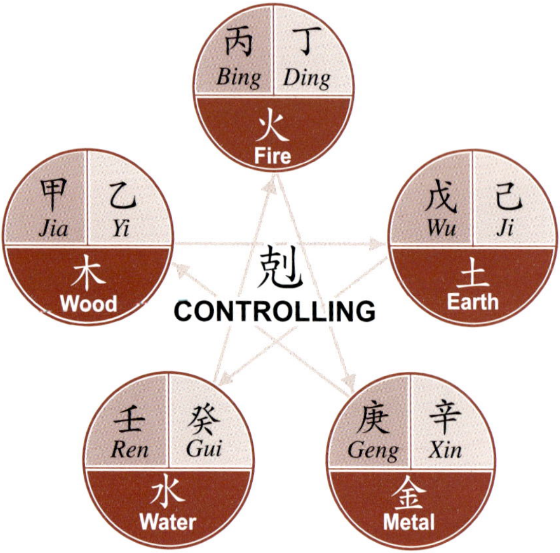

B.4.b. Heavenly Stems Clashes/Controlling Table 天干相沖相剋表

甲 庚 Jia Geng	甲 Jia Yang Wood	←	庚 Geng Yang Metal
乙 辛 Yi Xin	乙 Yi Yin Wood	←	辛 Xin Yin Metal
丙 壬 Bing Ren	丙 Ding Yang Fire	←	壬 Ren Yang Water
丁 癸 Ding Gui	丁 Ding Yin Fire	←	癸 Gui Yin Water
甲 戊 Jia Wu	甲 Jia Yang Wood	→	戊 Wu Yang Earth
乙 己 Yi Ji	乙 Yi Yin Wood	→	己 Ji Yin Earth
丙 庚 Bing Geng	丙 Bing Yang Fire	→	庚 Geng Yang Metal
丁 辛 Ding Xin	丁 Ding Yin Fire	→	辛 Xin Yin Metal
戊 壬 Wu Ren	戊 Wu Yang Earth	→	壬 Ren Yang Water
己 癸 Ji Gui	己 Ji Yin Earth	→	癸 Gui Yin Water

B.5. Earthly Branches Three Combinations 地支三合

申 *Shen* **Monkey**	子 *Zi* **Rat**	辰 *Chen* **Dragon**	水局 **Water Structure**
亥 *Hai* **Pig**	卯 *Mao* **Rabbit**	未 *Wei* **Goat**	木局 **Wood Structure**
寅 *Yin* **Tiger**	午 *Wu* **Horse**	戌 *Xu* **Dog**	火局 **Fire Structure**
巳 *Si* **Snake**	酉 *You* **Rooster**	丑 *Chou* **Ox**	金局 **Metal Structure**

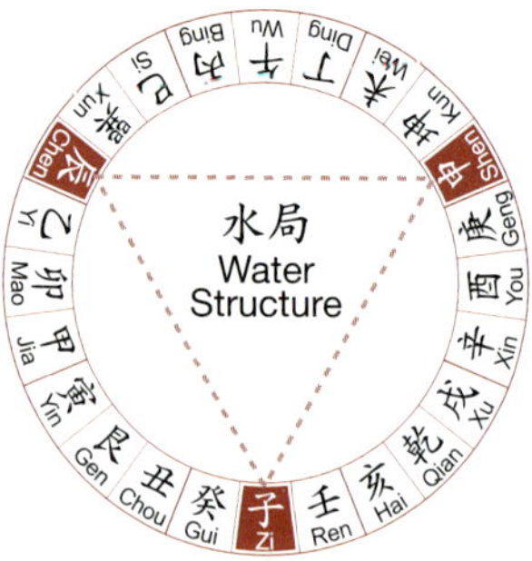

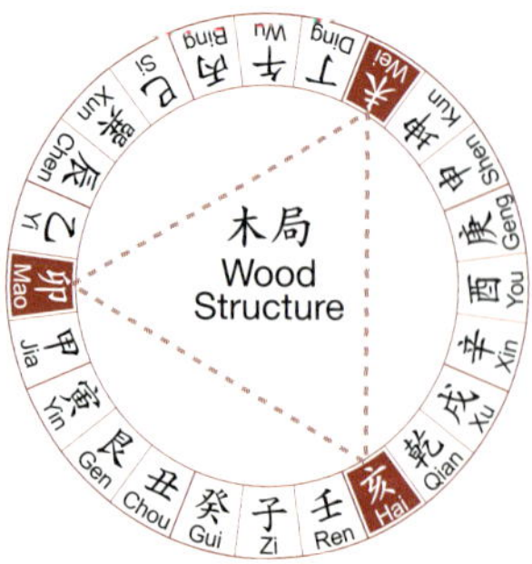

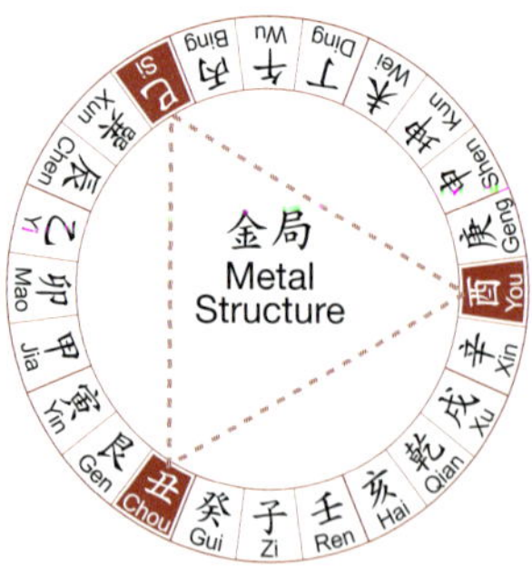

B.6. Earthly Branches Directional Combinational 地支三會

Spring 春		
寅 *Yin* **Tiger**	卯 *Mao* **Rabbit**	辰 *Chen* **Dragon**
Feb 4 - Mar 5	Mar 6 - Apr 4	Apr 5 - May 5
Eastern Wood 東方木		

Summer 夏		
巳 *Si* **Snake**	午 *Wu* **Horse**	未 *Wei* **Goat**
May 6 - Jun 5	Jun 6 - Jul 6	Jul 7 - Aug 7
Southern Fire 南方火		

Autumn 秋		
申 *Shen* **Monkey**	酉 *You* **Rooster**	戌 *Xu* **Dog**
Aug 8 - Sept 7	Sept 8 - Oct 7	Oct 8 - Nov 6
Western Metal 西方金		

Winter 冬		
亥 *Hai* **Pig**	子 *Zi* **Rat**	丑 *Chou* **Ox**
Nov 7 - Dec 6	Dec 7 - Jan 5	Jan 6 - Feb 3
Northern Water 北方水		

B.7. Earthly Branches Six Clashes 地支六沖

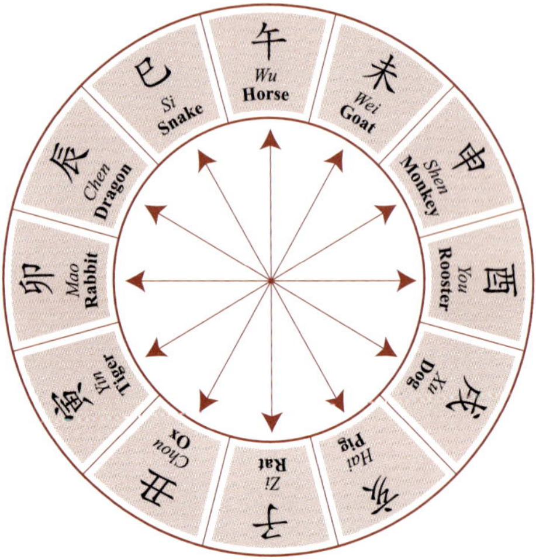

子 *Zi* **Rat**	⟵ 沖 **Clashes** ⟶	午 *Wu* **Horse**
丑 *Chou* **Ox**	⟵ 沖 **Clashes** ⟶	未 *Wei* **Goat**
寅 *Yin* **Tiger**	⟵ 沖 **Clashes** ⟶	申 *Shen* **Monkey**
卯 *Mao* **Rabbit**	⟵ 沖 **Clashes** ⟶	酉 *You* **Rooster**
辰 *Chen* **Dragon**	⟵ 沖 **Clashes** ⟶	戌 *Xu* **Dog**
巳 *Si* **Snake**	⟵ 沖 **Clashes** ⟶	亥 *Hai* **Pig**

B.8.1. Earthly Branches Punishment 地支相刑

寅 *Yin* **Tiger**	← Ungrateful Punishment → 無恩之刑	巳 *Si* **Snake**
未 *Wei* **Goat**	← Bullying Punishment → 恃勢之刑	丑 *Chou* **Ox**
子 *Zi* **Rat**	← Uncivilized Punishment → 無禮之刑	卯 *Mao* **Rabbit**
巳 *Si* **Snake**	← Ungrateful Punishment → 無恩之刑	申 *Shen* **Monkey**
丑 *Chou* **Ox**	← Bullying Punishment → 恃勢之刑	戌 *Xu* **Dog**
申 *Shen* **Monkey**	← Ungrateful Punishment → 無恩之刑	寅 *Yin* **Tiger**
戌 *Xu* **Dog**	← Bullying Punishment → 恃勢之刑	未 *Wei* **Goat**
卯 *Mao* **Rabbit**	← Uncivilized Punishment → 無禮之刑	子 *Zi* **Rat**

Fire Frame 火局		**Fire Direction** 火方	**Metal Frame** 金局		**Metal Direction** 金方	**Water Frame** 水局		**Wood Direction** 木方	**Wood Frame** 木局		**Water Direction** 水方
寅 *Yin* **Tiger**	Punish ↔	巳 *Si* **Snake**	巳 *Si* **Snake**	Punish ↔	申 *Shen* **Monkey**	申 *Shen* **Monkey**	Punish ↔	寅 *Yin* **Tiger**	亥 *Hai* **Pig**	Punish ↔	亥 *Hai* **Pig**
午 *Wu* **Horse**	Punish ↔	午 *Wu* **Horse**	酉 *You* **Rooster**	Punish ↔	酉 *You* **Rooster**	子 *Zi* **Rat**	Punish ↔	卯 *Mao* **Rabbit**	卯 *Mao* **Rabbit**	Punish ↔	子 *Zi* **Rat**
戌 *Xu* **Dog**	Punish ↔	未 *Wei* **Goat**	丑 *Chou* **Ox**	Punish ↔	戌 *Xu* **Dog**	辰 *Chen* **Dragon**	Punish ↔	辰 *Chen* **Dragon**	未 *Wei* **Goat**	Punish ↔	丑 *Chou* **Ox**

B.8.2. Earthly Branches Ungrateful Punishment 無恩之刑

寅 *Yin* **Tiger**	← Punish 刑 →	巳 *Si* **Snake**
巳 *Si* **Snake**	← Punish 刑 →	申 *Shen* **Monkey**
申 *Shen* **Monkey**	← Punish 刑 →	寅 *Yin* **Tiger**

B.8.3. Earthly Branches Bullying Punishment 恃勢之刑

未 *Wei* **Goat**	← Punish 刑 →	丑 *Chou* **Ox**
丑 *Chou* **Ox**	← Punish 刑 →	戌 *Xu* **Dog**
戌 *Xu* **Dog**	← Punish 刑 →	未 *Wei* **Goat**

B.8.4. Earthly Branches Uncivilized Punishment 無禮之刑

子 *Zi* **Rat**	← Punish 刑 →	卯 *Mao* **Rabbit**
卯 *Mao* **Rabbit**	← Punish 刑 →	子 *Zi* **Rat**

B.8.5. Earthly Branches Self Punishment 地支自刑

辰 *Chen* **Dragon**	← Punish 刑 →	辰 *Chen* **Dragon**
午 *Wu* **Horse**	← Punish 刑 →	午 *Wu* **Horse**
酉 *You* **Rooster**	← Punish 刑 →	酉 *You* **Rooster**
亥 *Hai* **Pig**	← Punish 刑 →	亥 *Hai* **Pig**

B.9. Earthly Branches Six Harms 地支相害

子 *Zi* **Rat**	⟵ Harm 害 ⟶	未 *Wei* **Goat**
寅 *Yin* **Tiger**	⟵ Harm 害 ⟶	巳 *Si* **Snake**
申 *Shen* **Monkey**	⟵ Harm 害 ⟶	亥 *Hai* **Pig**
丑 *Chou* **Ox**	⟵ Harm 害 ⟶	午 *Wu* **Horse**
卯 *Mao* **Rabbit**	⟵ Harm 害 ⟶	辰 *Chen* **Dragon**
戌 *Xu* **Dog**	⟵ Harm 害 ⟶	酉 *You* **Rooster**

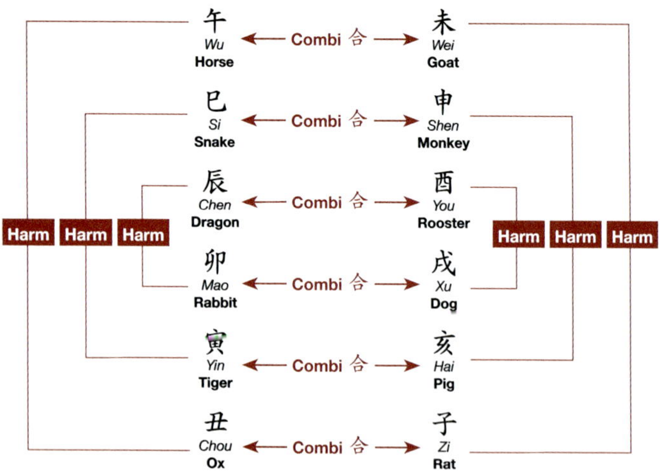

B.10. Earthly Branches Destruction 地支相破

子 *Zi* **Rat**	← Destroy 破 →	酉 *You* **Rooster**
申 *Shen* **Monkey**	← Destroy 破 →	巳 *Si* **Snake**
辰 *Chen* **Dragon**	← Destroy 破 →	丑 *Chou* **Ox**
午 *Wu* **Horse**	← Destroy 破 →	卯 *Mao* **Rabbit**
寅 *Yin* **Tiger**	← Destroy 破 →	亥 *Hai* **Pig**
戌 *Xu* **Dog**	← Destroy 破 →	未 *Wei* **Goat**

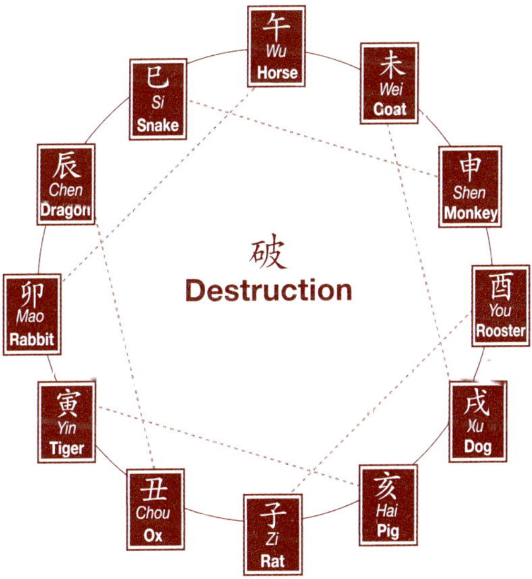

B.11. Heavenly Stems Combination, Countering and Clashes Table 天干合剋沖速查表

Heavenly Stems	合 Combination	剋 Counter	沖 Clash
甲 *Jia* Yang Wood	己 *Ji* Yin Earth	戊 *Wu* Yang Earth	庚 *Geng* Yang Metal
乙 *Yi* Yin Wood	庚 *Geng* Yang Metal	己 *Ji* Yin Earth	辛 *Xin* Yin Metal
丙 *Bing* Yang Fire	辛 *Xin* Yin Metal	庚 *Geng* Yang Metal	壬 *Ren* Yang Water
丁 *Ding* Yin Fire	壬 *Ren* Yang Water	辛 *Xin* Yin Metal	癸 *Gui* Yin Water
戊 *Wu* Yang Earth	癸 *Gui* Yin Water	壬 *Ren* Yang Water	-
己 *Ji* Yin Earth	甲 *Jia* Yang Wood	癸 *Gui* Yin Water	-
庚 *Geng* Yang Metal	乙 *Yi* Yin Wood	甲 *Jia* Yang Wood	甲 *Jia* Yang Wood
辛 *Xin* Yin Metal	丙 *Bing* Yang Fire	乙 *Yi* Yin Wood	乙 *Yi* Yin Wood
壬 *Ren* Yang Water	丁 *Ding* Yin Fire	丙 *Bing* Yang Fire	丙 *Bing* Yang Fire
癸 *Gui* Yin Water	戊 *Wu* Yang Earth	丁 *Ding* Yin Fire	丁 *Ding* Yin Fire

B.12. Earthly Branches Combination, Punishment, Destruction and HarmTable 地支合冲刑破害速查表

Earthly Branch	六合 Six Combination	三合 Three Harmony	冲 Clash	刑 Punishment	破 Destruction	害 Harm
子 *Zi* **Rat**	丑 *Chou* Ox	申 *Shen* Monkey 辰 *Chen* Dragon	午 *Wu* Horse	卯 *Mao* Rabbit	酉 *You* Rooster	未 *Wei* Goat
丑 *Chou* **Ox**	子 *Zi* Rat	巳 *Si* Snake 酉 *You* Rooster	未 *Wei* Goat	戌 *Xu* Dog 未 *Wei* Goat	辰 *Chen* Dragon	午 *Wu* Horse
寅 *Yin* **Tiger**	亥 *Hai* Pig	午 *Wu* Horse 戌 *Xu* Dog	申 *Shen* Monkey	申 *Shen* Monkey 巳 *Si* Snake	亥 *Hai* Pig	巳 *Si* Snake
卯 *Mao* **Rabbit**	戌 *Xu* Dog	亥 *Hai* Pig 未 *Wei* Goat	酉 *You* Rooster	子 *Zi* Rat	午 *Wu* Horse	辰 *Chen* Dragon
辰 *Chen* **Dragon**	酉 *You* Rooster	子 *Zi* Rat 申 *Shen* Monkey	戌 *Xu* Dog	辰 *Chen* Dragon	丑 *Chou* Ox	卯 *Mao* Rabbit
巳 *Si* **Snake**	申 *Shen* Monkey	酉 *You* Rooster 丑 *Chou* Ox	亥 *Hai* Pig	寅 *Yin* Tiger 申 *Shen* Monkey	申 *Shen* Monkey	寅 *Yin* Tiger
午 *Wu* **Horse**	未 *Wei* Goat	寅 *Yin* Tiger 戌 *Xu* Dog	子 *Zi* Rat	午 *Wu* Horse	卯 *Mao* Rabbit	丑 *Chou* Ox
未 *Wei* **Goat**	午 *Wu* Horse	亥 *Hai* Pig 卯 *Mao* Rabbit	丑 *Chou* Ox	丑 *Chou* Ox 戌 *Xu* Dog	戌 *Xu* Dog	子 *Zi* Rat
申 *Shen* **Monkey**	巳 *Si* Snake	子 *Zi* Rat 辰 *Chen* Dragon	寅 *Yin* Tiger	寅 *Yin* Tiger 巳 *Si* Snake	巳 *Si* Snake	亥 *Hai* Pig
酉 *You* **Rooster**	辰 *Chen* Dragon	巳 *Si* Snake 丑 *Chou* Ox	卯 *Mao* Rabbit	酉 *You* Rooster	子 *Zi* Rat	戌 *Xu* Dog
戌 *Xu* **Dog**	卯 *Mao* Rabbit	寅 *Yin* Tiger 午 *Wu* Horse	辰 *Chen* Dragon	丑 *Chou* Ox 未 *Wei* Goat	未 *Wei* Goat	酉 *You* Rooster
亥 *Hai* **Pig**	寅 *Yin* Tiger	卯 *Mao* Rabbit 未 *Wei* Goat	巳 *Si* Snake	亥 *Hai* Pig	寅 *Yin* Tiger	申 *Shen* Monkey

B.13.1. Five Rats Chasing Day Establishing the Hour Table
五鼠遁日起時

Day	甲 Jia	己 Ji	乙 Yi	庚 Geng	丙 Bing	辛 Xin	丁 Ding	壬 Ren	戊 Wu	癸 Gui
Start With	甲子 Jia Zi Wood Rat		丙子 Bing Zi Fire Rat		戊子 Wu Zi Earth Rat		庚子 Geng Zi Metal Rat		壬子 Ren Zi Water Rat	

時 Hour \ 日 Day		甲 Jia Yang Wood 己 Ji Yin Earth	乙 Yi Yin Wood 庚 Geng Yang Metal	丙 Bing Yang Fire 辛 Xin Yin Metal	丁 Ding Yin Fire 壬 Ren Yang Water	戊 Wu Yang Earth 癸 Gui Yin Water
11 pm - 11.59 pm	夜子 Ye Zi Late Rat	丙子 Bing Zi Fire Rat	戊子 Wu Zi Earth Rat	庚子 Geng Zi Metal Rat	壬子 Ren Zi Water Rat	甲子 Jia Zi Wood Rat
12 am - 12.59 am	子 Zi Rat	甲子 Jia Zi Wood Rat	丙子 Bing Zi Fire Rat	戊子 Wu Zi Earth Rat	庚子 Geng Zi Metal Rat	壬子 Ren Zi Water Rat
1 am - 2.59 am	丑 Chou Ox	乙丑 Yi Chou Wood Ox	丁丑 Ding Chou Fire Ox	己丑 Ji Chou Earth Ox	辛丑 Xin Chou Metal Ox	癸丑 Gui Chou Water Ox
3 am - 4.59 am	寅 Yin Tiger	丙寅 Bing Yin Fire Tiger	戊寅 Wu Yin Earth Tiger	庚寅 Geng Yin Metal Tiger	壬寅 Ren Yin Water Tiger	甲寅 Jia Yin Wood Tiger
5 am - 6.59 am	卯 Mao Rabbit	丁卯 Ding Mao Fire Rabbit	己卯 Ji Mao Earth Rabbit	辛卯 Xin Mao Metal Rabbit	癸卯 Gui Mao Water Rabbit	乙卯 Yi Mao Wood Rabbit
7 am - 8.59 am	辰 Chen Dragon	戊辰 Wu Chen Earth Dragon	庚辰 Geng Chen Metal Dragon	壬辰 Ren Chen Water Dragon	甲辰 Jia Chen Wood Dragon	丙辰 Bing Chen Fire Dragon
9 am - 10.59 am	巳 Si Snake	己巳 Ji Si Earth Snake	辛巳 Xin Si Metal Snake	癸巳 Gui Si Water Snake	乙巳 Yi Si Wood Snake	丁巳 Ding Si Fire Snake
11 am - 12.59 pm	午 Wu Horse	庚午 Geng Wu Metal Horse	壬午 Ren Wu Water Horse	甲午 Jia Wu Wood Horse	丙午 Bing Wu Fire Horse	戊午 Wu Wu Earth Horse
1pm - 2.59 pm	未 Wei Goat	辛未 Xin Wei Metal Goat	癸未 Gui Wei Water Goat	乙未 Yi Wei Wood Goat	丁未 Ding Wei Fire Goat	己未 Ji Wei Earth Goat
3 pm - 4.59 pm	申 Shen Monkey	壬申 Ren Shen Water Monkey	甲申 Jia Shen Wood Monkey	丙申 Bing Shen Fire Monkey	戊申 Wu Shen Earth Monkey	庚申 Geng Shen Metal Monkey
5 pm - 6.59 pm	酉 You Rooster	癸酉 Gui You Water Rooster	乙酉 Yi You Wood Rooster	丁酉 Ding You Fire Rooster	己酉 Ji You Earth Rooster	辛酉 Xin You Metal Rooster
7 pm - 8.59 pm	戌 Xu Dog	甲戌 Jia Xu Wood Dog	丙戌 Bing Xu Fire Dog	戊戌 Wu Xu Earth Dog	庚戌 Geng Xu Metal Dog	壬戌 Ren Xu Water Dog
9 pm - 10.59 pm	亥 Hai Pig	乙亥 Yi Hai Wood Pig	丁亥 Ding Hai Fire Pig	己亥 Ji Hai Earth Pig	辛亥 Xin Hai Metal Pig	癸亥 Gui Hai Water Pig

B.13.2. Five Tiger Chasing Year Establishing the Month Table 五虎遁年起月

Year	甲 Jia	己 Ji	乙 Yi	庚 Geng	丙 Bing	辛 Xin	丁 Ding	壬 Ren	戊 Wu	癸 Gui
Start With	丙寅 Bing Yin Fire Tiger		戊寅 Wu Yin Earth Tiger		庚寅 Geng Yin Metal Tiger		壬寅 Ren Yin Water Tiger		甲寅 Jia Yin Wood Tiger	

月 Month	年 Year	甲 Jia Yang Wood 己 Ji Yin Earth	乙 Yi Yin Wood 庚 Geng Yang Metal	丙 Bing Yang Fire 辛 Xin Yin Metal	丁 Ding Yin Fire 壬 Ren Yang Water	戊 Wu Yang Earth 癸 Gui Yin Water
(Feb 4 - Mar 5) 正月 1st Month	寅 Yin Tiger	丙寅 Bing Yin Fire Tiger	戊寅 Wu Yin Earth Tiger	庚寅 Geng Yin Metal Tiger	壬寅 Ren Yin Water Tiger	甲寅 Jia Yin Wood Tiger
(Mar 6 - Apr 4) 二月 2nd Month	卯 Mao Rabbit	丁卯 Ding Mao Fire Rabbit	己卯 Ji Mao Earth Rabbit	辛卯 Xin Mao Metal Rabbit	癸卯 Gui Mao Water Rabbit	乙卯 Yi Mao Wood Rabbit
(Apr 5 - May 5) 三月 3rd Month	辰 Chen Dragon	戊辰 Wu Chen Earth Dragon	庚辰 Geng Chen Metal Dragon	壬辰 Ren Chen Water Dragon	甲辰 Jia Chen Wood Dragon	丙辰 Bing Chen Fire Dragon
(May 6 - Jun 5) 四月 4th Month	巳 Si Snake	己巳 Ji Si Earth Snake	辛巳 Xin Si Metal Snake	癸巳 Gui Si Water Snake	乙巳 Yi Si Wood Snake	丁巳 Ding Si Fire Snake
(Jun 6 - July 6) 五月 5th Month	午 Wu Horse	庚午 Geng Wu Metal Horse	壬午 Ren Wu Water Horse	甲午 Jia Wu Wood Horse	丙午 Bing Wu Fire Horse	戊午 Wu Wu Earth Horse
(July 7 - Aug 7) 六月 6th Month	未 Wei Goat	辛未 Xin Wei Metal Goat	癸未 Gui Wei Water Goat	乙未 Yi Wei Wood Goat	丁未 Ding Wei Fire Goat	己未 Ji Wei Earth Goat
(Aug 8 - Sept 7) 七月 7th Month	申 Shen Monkey	壬申 Ren Shen Water Monkey	甲申 Jia Shen Wood Monkey	丙申 Bing Shen Fire Monkey	戊申 Wu Shen Earth Monkey	庚申 Geng Shen Metal Monkey
(Sept 8 - Oct 7) 八月 8th Month	酉 You Rooster	癸酉 Gui You Water Rooster	乙酉 Yi You Wood Rooster	丁酉 Ding You Fire Rooster	己酉 Ji You Earth Rooster	辛酉 Xin You Metal Rooster
(Oct 8 - Nov 6) 九月 9th Month	戌 Xu Dog	甲戌 Jia Xu Wood Dog	丙戌 Bing Xu Fire Dog	戊戌 Wu Xu Earth Dog	庚戌 Geng Xu Metal Dog	壬戌 Ren Xu Water Dog
(Nov 7 - Dec 6) 十月 10th Month	亥 Hai Pig	乙亥 Yi Hai Wood Pig	丁亥 Ding Hai Fire Pig	己亥 Ji Hai Earth Pig	辛亥 Xin Hai Metal Pig	癸亥 Gui Hai Water Pig
(Dec 7 - Jan 5) 十一月 11th Month	子 Zi Rat	丙子 Bing Zi Fire Rat	戊子 Wu Zi Earth Rat	庚子 Geng Zi Metal Rat	壬子 Ren Zi Water Rat	甲子 Jia Zi Wood Rat
(Jan 6 - Feb 3) 十二月 12th Month	丑 Chou Ox	丁丑 Ding Chou Fire Ox	己丑 Ji Chou Earth Ox	辛丑 Xin Chou Metal Ox	癸丑 Gui Chou Water Ox	乙丑 Yi Chou Wood Ox

B.14. The Five Seasons of Qi

Phase / Season	旺 Prosperous	相 Strong	休 Weak	囚 Trap	死 Dead
春 Spring	木 Wood	火 Fire	水 Water	金 Metal	土 Earth
夏 Summer	火 Fire	土 Earth	木 Wood	水 Water	金 Metal
秋 Autumn	金 Metal	水 Water	土 Earth	火 Fire	木 Wood
冬 Winter	水 Water	木 Wood	金 Metal	土 Earth	火 Fire

B.15. The 12 Growth and Birth Phases Table 十二長生對朝表

十二長生 12 Growth & Birth Phases \ 天干 Heavenly Stems	甲 *Jia* Yang Wood	乙 *Yi* Yin Wood	丙 *Bing* Yang Fire	丁 *Ding* Yin Fire	戊 *Wu* Yang Earth	己 *Ji* Yin Earth	庚 *Geng* Yang Metal	辛 *Xin* Yin Metal	壬 *Ren* Yang Water	癸 *Gui* Yin Water
長生 *Chang Sheng* **Growth**	亥 *Hai* Pig	午 *Wu* Horse	寅 *Yin* Tiger	酉 *You* Rooster	寅 *Yin* Tiger	酉 *You* Rooster	巳 *Si* Snake	子 *Zi* Rat	申 *Shen* Monkey	卯 *Mao* Rabbit
沐浴 *Mu Yu* **Bath**	子 *Zi* Rat	巳 *Si* Snake	卯 *Mao* Rabbit	申 *Shen* Monkey	卯 *Mao* Rabbit	申 *Shen* Monkey	午 *Wu* Horse	亥 *Hai* Pig	酉 *You* Rooster	寅 *Yin* Tiger
冠帶 *Guan Dai* **Youth**	丑 *Chou* Ox	辰 *Chen* Dragon	辰 *Chen* Dragon	未 *Wei* Goat	辰 *Chen* Dragon	未 *Wei* Goat	未 *Wei* Goat	戌 *Xu* Dog	戌 *Xu* Dog	丑 *Chou* Ox
健祿(祿元) *Jian Lu / Lu Yuan* **Thriving**	寅 *Yin* Tiger	卯 *Mao* Rabbit	巳 *Si* Snake	午 *Wu* Horse	巳 *Si* Snake	午 *Wu* Horse	申 *Shen* Monkey	酉 *You* Rooster	亥 *Hai* Pig	子 *Zi* Rat
帝旺(羊刃) *Di Wang / Yang Ren* **Prosperous (Goat Blade)**	卯 *Mao* Rabbit	寅 *Yin* Tiger	午 *Wu* Horse	巳 *Si* Snake	午 *Wu* Horse	巳 *Si* Snake	酉 *You* Rooster	申 *Shen* Monkey	子 *Zi* Rat	亥 *Hai* Pig
衰 *Shuai* **Weakening**	辰 *Chen* Dragon	丑 *Chou* Ox	未 *Wei* Goat	辰 *Chen* Dragon	未 *Wei* Goat	辰 *Chen* Dragon	戌 *Xu* Dog	未 *Wei* Goat	丑 *Chou* Ox	戌 *Xu* Dog
病 *Bing* **Sick**	巳 *Si* Snake	子 *Zi* Rat	申 *Shen* Monkey	卯 *Mao* Rabbit	申 *Shen* Monkey	卯 *Mao* Rabbit	亥 *Hai* Pig	午 *Wu* Horse	寅 *Yin* Tiger	酉 *You* Rooster
死 *Si* **Death**	午 *Wu* Horse	亥 *Hai* Pig	酉 *You* Rooster	寅 *Yin* Tiger	酉 *You* Rooster	寅 *Yin* Tiger	子 *Zi* Rat	巳 *Si* Snake	卯 *Mao* Rabbit	申 *Shen* Monkey
墓 *Mu* **Grave**	未 *Wei* Goat	戌 *Xu* Dog	戌 *Xu* Dog	丑 *Chou* Ox	戌 *Xu* Dog	丑 *Chou* Ox	丑 *Chou* Ox	辰 *Chen* Dragon	辰 *Chen* Dragon	未 *Wei* Goat
絕 *Jue* **Extinction**	申 *Shen* Monkey	酉 *You* Rooster	亥 *Hai* Pig	子 *Zi* Rat	亥 *Hai* Pig	子 *Zi* Rat	寅 *Yin* Tiger	卯 *Mao* Rabbit	巳 *Si* Snake	午 *Wu* Horse
胎 *Tai* **Conceived**	酉 *You* Rooster	申 *Shen* Monkey	子 *Zi* Rat	亥 *Hai* Pig	子 *Zi* Rat	亥 *Hai* Pig	卯 *Mao* Rabbit	寅 *Yin* Tiger	午 *Wu* Horse	巳 *Si* Snake
養 *Yang* **Nourishing**	戌 *Xu* Dog	未 *Wei* Goat	丑 *Chou* Ox	戌 *Xu* Dog	丑 *Chou* Ox	戌 *Xu* Dog	辰 *Chen* Dragon	丑 *Chou* Ox	未 *Wei* Goat	辰 *Chen* Dragon

B.16. Sixty Jia Zi Na Yin (Established Elements) table
六十甲子納音束見表

甲子 *Jia Zi*	Wood Rat	乙丑 *Yi Chou*	Wood Ox	海中金 **Metal from the sea**
丙寅 *Bing Yin*	Fire Tiger	丁卯 *Ding Mao*	Fire Rabbit	爐中火 **Fire from the kiln**
戊辰 *Wu Chen*	Earth Dragon	己巳 *Ji Si*	Earth Snake	大林木 **Wood from the forest**
庚午 *Geng Wu*	Metal Horse	辛未 *Xin Wei*	Metal Goat	路傍土 **Earth from the road**
壬申 *Ren Shen*	Water Monkey	癸酉 *Gui You*	Water Rooster	劍鋒金 **Metal of the sword**
甲戌 *Jia Xu*	Wood Dog	乙亥 *Yi Hai*	Wood Pig	山頭火 **Fire from the mountain**
丙子 *Bing Zi*	Fire Rat	丁丑 *Ding Chou*	Fire Ox	澗下水 **Water from the streams**
戊寅 *Wu Yin*	Earth Tiger	己卯 *Ji Mao*	Earth Rabbit	城頭土 **Earth from the city**
庚辰 *Geng Chen*	Metal Dragon	辛巳 *Xin Si*	Metal Snake	白臘金 **Metal mold**
壬午 *Ren Wu*	Water Horse	癸未 *Gui Wei*	Water Goat	楊柳木 **Wood from willow tree**
甲申 *Jia Shen*	Wood Monkey	乙酉 *Yi You*	Wood Rooster	泉中水 **Water from the spring**
丙戌 *Bing Xu*	Fire Dog	丁亥 *Ding Hai*	Fire Pig	屋上土 **Earth from the house**
戊子 *Wu Zi*	Earth Rat	己丑 *Ji Chou*	Earth Ox	霹靂火 **Fire from thunder**
庚寅 *Geng Yin*	Metal Tiger	辛卯 *Xin Mao*	Metal Rabbit	松柏木 **Wood from pine trees**
壬辰 *Ren Chen*	Water Dragon	癸巳 *Gui Si*	Water Snake	長流水 **Water flowing constantly**
甲午 *Jia Wu*	Wood Horse	乙未 *Yi Wei*	Wood Goat	沙中金 **Metal from sand**
丙申 *Bing Shen*	Fire Monkey	丁酉 *Ding You*	Fire Rooster	山下火 **Fire from mountain slopes**
戊戌 *Wu Xu*	Earth Dog	己亥 *Ji Hai*	Earth Pig	平地木 **Wood from the flatlands**
庚子 *Geng Zi*	Metal Rat	辛丑 *Xin Chou*	Metal Ox	壁上土 **Earth on the walls**
壬寅 *Ren Yin*	Water Tiger	癸卯 *Gui Mao*	Water Rabbit	金箔金 **Metal from foils**
甲辰 *Jia Chen*	Wood Dragon	乙巳 *Yi Si*	Wood Snake	覆燈火 **Fire from the lamps**
丙午 *Bing Wu*	Fire Horse	丁未 *Ding Wei*	Fire Goat	天河水 **Water from heavenly river**
戊申 *Wu Shen*	Earth Monkey	己酉 *Ji You*	Earth Rooster	大驛土 **Earth from the main roads**
庚戌 *Geng Xu*	Metal Dog	辛亥 *Xin Hai*	Metal Pig	釵釧金 **Metal from the Ornaments**
壬子 *Ren Zi*	Water Rat	癸丑 *Gui Chou*	Water Ox	桑柘木 **Wood from mulberry tree**
甲寅 *Jia Yin*	Wood Tiger	乙卯 *Yi Mao*	Wood Rabbit	大溪水 **Water from the canal**
丙辰 *Bing Chen*	Fire Dragon	丁巳 *Ding Si*	Fire Snake	沙中土 **Earth from the sand**
戊午 *Wu Wu*	Earth Horse	己未 *Ji Wei*	Earth Goat	天上火 **Fire from the skies**
庚申 *Geng Shen*	Metal Monkey	辛酉 *Xin You*	Metal Rooster	石榴木 **Wood from guava tree**
壬戌 *Ren Xu*	Water Dog	癸亥 *Gui Hai*	Water Pig	大海水 **Water from the sea**

B.17. The 10 Gods 十神

Relationship Between The Elements	Same Gender 陽見陽 Yang / Yang 陰見陰 Yin / Yin	Opposite Gender 陽見陰 Yang / Yin 陰見陽 Yin / Yang
生我 *Sheng Wo* **Produce Me**	偏印 *Pian Yin* **Indirect Resource**	正印 *Zheng Yin* **Direct Resource**
我生 *Wo Sheng* **I Produce**	食神 *Shi Shen* **Eating God**	傷官 *Shang Guan* **Hurting Officer**
剋我 *Ke Wo* **Counter Me**	七殺 *Qi Sha* **Seven Killing**	正官 *Zheng Guan* **Direct Officer**
我剋 *Wo Ke* **I Counter**	偏財 *Pian Cai* **Indirect Wealth**	正財 *Zheng Cai* **Direct Wealth**
同我 *Tong Wo* **Same as Me**	比肩 *Bi Jian* **Friend**	劫財 *Jie Cai* **Rob Wealth**

B.17.1. The 10 Gods Table 天干十神對照表

天干十神 Heavenly Stems / 日主 Day Master	甲 Jia Yang Wood	乙 Yi Yin Wood	丙 Bing Yang Fire	丁 Ding Yin Fire	戊 Wu Yang Earth	己 Ji Yin Earth	庚 Geng Yang Metal	辛 Xin Yin Metal	壬 Ren Yang Water	癸 Gui Yin Water
甲 Jia Yang Wood	比肩 Bi Jian Friend	劫財 Jie Cai Rob Wealth	食神 Shi Shen Eating God	傷官 Shang Guan Hurting Officer	偏財 Pian Cai Indirect Wealth	正財 Zheng Cai Direct Wealth	七殺 Qi Sha Seven Killing	正官 Zheng Guan Direct Officer	偏印 Pian Yin Indirect Resource	正印 Zheng Yin Direct Resource
乙 Yi Yin Wood	劫財 Jie Cai Rob Wealth	比肩 Bi Jian Friend	傷官 Shang Guan Hurting Officer	食神 Shi Shen Eating God	正財 Zheng Cai Direct Wealth	偏財 Pian Cai Indirect Wealth	正官 Zheng Guan Direct Officer	七殺 Qi Sha Seven Killing	正印 Zheng Yin Direct Resource	偏印 Pian Yin Indirect Resource
丙 Bing Yang Fire	偏印 Pian Yin Indirect Resource	正印 Zheng Yin Direct Resource	比肩 Bi Jian Friend	劫財 Jie Cai Rob Wealth	食神 Shi Shen Eating God	傷官 Shang Guan Hurting Officer	偏財 Pian Cai Indirect Wealth	正財 Zheng Cai Direct Wealth	七殺 Qi Sha Seven Killing	正官 Zheng Guan Direct Officer
丁 Ding Yin Fire	正印 Zheng Yin Direct Resource	偏印 Pian Yin Indirect Resource	劫財 Jie Cai Rob Wealth	比肩 Bi Jian Friend	傷官 Shang Guan Hurting Officer	食神 Shi Shen Eating God	正財 Zheng Cai Direct Wealth	偏財 Pian Cai Indirect Wealth	正官 Zheng Guan Direct Officer	七殺 Qi Sha Seven Killing
戊 Wu Yang Earth	七殺 Qi Sha Seven Killing	正官 Zheng Guan Direct Officer	偏印 Pian Yin Indirect Resource	正印 Zheng Yin Direct Resource	比肩 Bi Jian Friend	劫財 Jie Cai Rob Wealth	食神 Shi Shen Eating God	傷官 Shang Guan Hurting Officer	偏財 Pian Cai Indirect Wealth	正財 Zheng Cai Direct Wealth
己 Ji Yin Earth	正官 Zheng Guan Direct Officer	七殺 Qi Sha Seven Killing	正印 Zheng Yin Direct Resource	偏印 Pian Yin Indirect Resource	劫財 Jie Cai Rob Wealth	比肩 Bi Jian Friend	傷官 Shang Guan Hurting Officer	食神 Shi Shen Eating God	正財 Zheng Cai Direct Wealth	偏財 Pian Cai Indirect Wealth
庚 Geng Yang Metal	偏財 Pian Cai Indirect Wealth	正財 Zheng Cai Direct Wealth	七殺 Qi Sha Seven Killing	正官 Zheng Guan Direct Officer	偏印 Pian Yin Indirect Resource	正印 Zheng Yin Direct Resource	比肩 Bi Jian Friend	劫財 Jie Cai Rob Wealth	食神 Shi Shen Eating God	傷官 Shang Guan Hurting Officer
辛 Xin Yin Metal	正財 Zheng Cai Direct Wealth	偏財 Pian Cai Indirect Wealth	正官 Zheng Guan Direct Officer	七殺 Qi Sha Seven Killing	正印 Zheng Yin Direct Resource	偏印 Pian Yin Indirect Resource	劫財 Jie Cai Rob Wealth	比肩 Bi Jian Friend	傷官 Shang Guan Hurting Officer	食神 Shi Shen Eating God
壬 Ren Yang Water	食神 Shi Shen Eating God	傷官 Shang Guan Hurting Officer	偏財 Pian Cai Indirect Wealth	正財 Zheng Cai Direct Wealth	七殺 Qi Sha Seven Killing	正官 Zheng Guan Direct Officer	偏印 Pian Yin Indirect Resource	正印 Zheng Yin Direct Resource	比肩 Bi Jian Friend	劫財 Jie Cai Rob Wealth
癸 Gui Yin Water	傷官 Shang Guan Hurting Officer	食神 Shi Shen Eating God	正財 Zheng Cai Direct Wealth	偏財 Pian Cai Indirect Wealth	正官 Zheng Guan Direct Officer	七殺 Qi Sha Seven Killing	正印 Zheng Yin Direct Resource	偏印 Pian Yin Indirect Resource	劫財 Jie Cai Rob Wealth	比肩 Bi Jian Friend

B.17.2. Relationship Between the 10 Gods

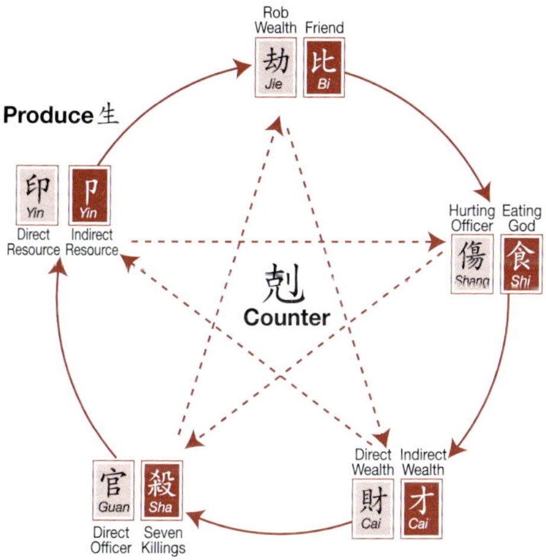

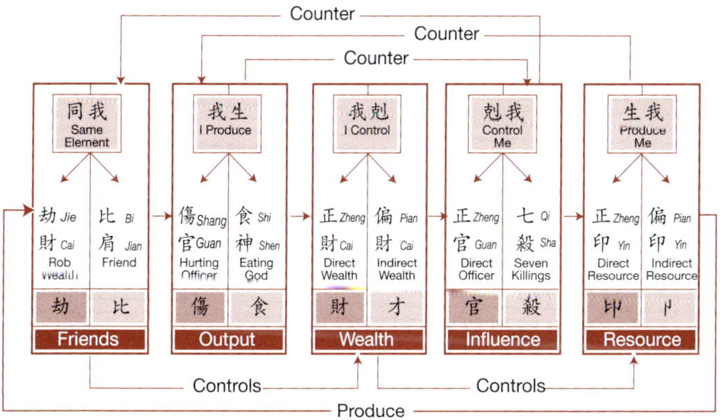

B.18. Regulating Useful God Table 調候用神

月 Month \ Heavenly Stems 天干	甲 Jia Yang Wood	乙 Yi Yin Wood	丙 Bing Yang Fire	丁 Ding Yin Fire	戊 Wu Yang Earth
寅 Tiger (Feb 4 - Mar 5) 正月 1st Mth	丙 Bing, 癸 Gui	丙 Bing, 癸 Gui	壬 Ren, 庚 Geng	甲 Jia, 庚 Geng	丙 Bing, 甲 Jia, 癸 Gui
卯 Rabbit (Mar 6 - Apr 4) 二月 2nd Mth	庚 Geng, 丙 Bing, 丁 Ding, 戊 Wu, 己 Ji	丙 Bing, 癸 Gui	壬 Ren, 己 Ji	庚 Geng, 甲 Jia	丙 Bing, 甲 Jia, 癸 Gui
辰 Dragon (Apr 5 - May 5) 三月 3rd Mth	庚 Geng, 丁 Ding, 壬 Ren	癸 Gui, 丙 Bing, 戊 Wu	壬 Ren, 甲 Jia	甲 Jia, 庚 Geng	甲 Jia, 丙 Bing, 癸 Gui
巳 Snake (May 6 - Jun 5) 四月 4th Mth	癸 Gui, 丁 Ding, 庚 Geng	癸 Gui	壬 Ren, 庚 Geng, 癸 Gui	甲 Jia, 庚 Geng	甲 Jia, 丙 Bing, 癸 Gui
午 Horse (Jun 6 - July 6) 五月 5th Mth	癸 Gui, 丁 Ding, 庚 Geng	癸 Gui, 丙 Bing	壬 Ren, 庚 Geng	壬 Ren, 庚 Geng, 癸 Gui	壬 Ren, 甲 Jia, 丙 Bing
未 Goat (July 7 - Aug 7) 六月 6th Mth	癸 Gui, 丁 Ding, 庚 Geng	癸 Gui, 丙 Bing	壬 Ren, 庚 Geng	甲 Jia, 壬 Ren, 庚 Geng	癸 Gui, 丙 Bing, 甲 Jia
申 Monkey (Aug 8 - Sept 7) 七月 7th Mth	庚 Geng, 丁 Ding, 壬 Ren	丙 Bing, 癸 Gui, 己 Ji	壬 Ren, 戊 Wu	甲 Jia, 庚 Geng, 丙 Bing, 戊 Wu	丙 Bing, 癸 Gui, 甲 Jia
酉 Rooster (Sept 8 - Oct 7) 八月 8th Mth	庚 Geng, 丁 Ding, 丙 Bing	癸 Gui, 丙 Bing, 丁 Ding	壬 Ren, 癸 Gui	甲 Jia, 庚 Geng, 丙 Bing, 戊 Wu	丙 Bing, 癸 Gui
戌 Dog (Oct 8 - Nov 6) 九月 9th Mth	庚 Geng, 甲 Jia, 丁 Ding, 壬 Ren, 癸 Gui	癸 Gui, 辛 Xin	甲 Jia, 壬 Ren	甲 Jia, 庚 Geng, 戊 Wu	甲 Jia, 丙 Bing, 癸 Gui
亥 Pig (Nov 7 - Dec 6) 十月 10th Mth	庚 Geng, 丁 Ding, 丙 Bing, 戊 Wu	丙 Bing, 戊 Wu	甲 Jia, 戊 Wu, 庚 Geng, 壬 Ren	甲 Jia, 庚 Geng	甲 Jia, 丙 Bing
子 Rat (Dec 7 - Jan 5) 十一月 11th Mth	丁 Ding, 庚 Geng, 丙 Bing	丙 Bing	壬 Ren, 戊 Wu, 己 Ji	甲 Jia, 庚 Geng	丙 Bing, 甲 Jia
丑 Ox (Jan 6 - Feb 3) 十二月 12th Mth	丁 Ding, 庚 Geng, 丙 Bing	丙 Bing	壬 Ren, 甲 Jia	甲 Jia, 庚 Geng	丙 Bing, 甲 Jia

* Please note that this is only a very general guide. Please consult your teacher for proper methods of Useful God selection.

B.18. Regulating Useful God Table 調候用神

己 Ji Yin Earth	庚 Geng Yang Metal	辛 Xin Yin Metal	壬 Ren Yang Water	癸 Gui Yin Water	Heavenly Stems 天干 / 月 Month
丙 Bing 甲 Jia 庚 Geng	戊 Wu 壬 Ren 丁 Ding 甲 Jia 丙 Bing	己 Ji 庚 Geng 壬 Ren	庚 Geng 戊 Wu 丙 Bing	辛 Xin 丙 Bing	正月 1st Mth 寅 Tiger (Feb 4 - Mar 5)
甲 Jia 丙 Bing 癸 Gui	丁 Ding 庚 Geng 甲 Jia 丙 Bing	壬 Ren 甲 Jia	戊 Wu 庚 Geng 辛 Xin	庚 Geng 辛 Xin	二月 2nd Mth 卯 Rabbit (Mar 6 - Apr 4)
丙 Bing 甲 Jia 癸 Gui	甲 Jia 壬 Ren 丁 Ding 癸 Gui	壬 Ren 甲 Jia	甲 Jia 庚 Geng	丙 Bing 甲 Jia 辛 Xin	三月 3rd Mth 辰 Dragon (Apr 5 - May 5)
癸 Gui 丙 Bing	壬 Ren 丙 Bing 戊 Wu 丁 Ding	壬 Ren 癸 Gui 甲 Jia	壬 Ren 庚 Geng 辛 Xin 癸 Gui	辛 Xin	四月 4th Mth 巳 Snake (May 6 - Jun 5)
癸 Gui 丙 Bing	壬 Ren 癸 Gui	壬 Ren 癸 Gui 己 Ji	癸 Gui 辛 Xin 庚 Geng	庚 Geng 壬 Ren 辛 Xin 癸 Gui	五月 5th Mth 午 Horse (Jun 6 - July 6)
癸 Gui 丙 Bing	丁 Ding 甲 Jia	壬 Ren 甲 Jia 庚 Geng	辛 Xin 甲 Jia	庚 Geng 壬 Ren 辛 Xin 癸 Gui	六月 6th Mth 未 Goat (July 7 - Aug 7)
丙 Bing 癸 Gui	丁 Ding 甲 Jia	壬 Ren 戊 Wu 甲 Jia	戊 Wu 丁 Ding	丁 Ding	七月 7th Mth 申 Monkey (Aug 8 - Sept 7)
丙 Bing 癸 Gui	丁 Ding 丙 Bing 甲 Jia	壬 Ren 甲 Jia	甲 Jia 庚 Geng	辛 Xin 丙 Bing	八月 8th Mth 酉 Rooster (Sept 8 - Oct 7)
甲 Jia 癸 Gui 丙 Bing	甲 Jia 壬 Ren	壬 Ren 甲 Jia	甲 Jia 丙 Bing	辛 Xin 壬 Ren 甲 Jia 癸 Gui	九月 9th Mth 戌 Dog (Oct 8 - Nov 6)
丙 Bing 戊 Wu 甲 Jia	丁 Ding 丙 Bing	壬 Ren 丙 Bing	戊 Wu 庚 Geng 丙 Bing	庚 Geng 戊 Wu 辛 Xin 丁 Ding	十月 10th Mth 亥 Pig (Nov 7 - Dec 6)
丙 Bing 戊 Wu 甲 Jia	丁 Ding 丙 Bing 甲 Jia	丙 Bing 壬 Ren 戊 Wu 甲 Jia	戊 Wu 丙 Bing	丙 Bing 辛 Xin	十一月 11th Mth 子 Rat (Dec 7 - Jan 5)
丙 Bing 戊 Wu 甲 Jia	丙 Bing 甲 Jia 丁 Ding	丙 Bing 戊 Wu 壬 Ren 己 Ji	丙 Bing 甲 Jia 丁 Ding	丙 Bing 丁 Ding	十二月 12th Mth 丑 Ox (Jan 6 - Feb 3)

* Please note that this is only a very general guide. Please consult your teacher for proper methods of Useful God selection.

B.19.1. Day Stem's Auxiliary Stars Table 以日干見地支神煞

Auxiliary Star 神煞 日干 Day Stem	天乙貴人 Nobleman		咸池 Salty Pool	文昌 Intelligence	祿神 Thriving	羊刃 Goat Blade
甲 Jia Yang Wood	未 Wei Goat	丑 Chou Ox	子 Zi Rat	巳 Si Snake	寅 Yin Tiger	卯 Mao Rabbit
乙 Yi Yin Wood	申 Shen Monkey	子 Zi Rat	子 Zi Rat	午 Wu Horse	卯 Mao Rabbit	寅 Yin Tiger
丙 Bing Yang Fire	酉 You Rooster	亥 Hai Pig	卯 Mao Rabbit	申 Shen Monkey	巳 Si Snake	午 Wu Horse
丁 Ding Yin Fire	酉 You Rooster	亥 Hai Pig	卯 Mao Rabbit	酉 You Rooster	午 Wu Horse	巳 Si Snake
戊 Wu Yang Earth	丑 Chou Ox	未 Wei Goat	-	申 Shen Monkey	巳 Si Snake	午 Wu Horse
己 Ji Yin Earth	子 Zi Rat	申 Shen Monkey	-	酉 You Rooster	午 Wu Horse	巳 Si Snake
庚 Geng Yang Metal	丑 Chou Ox	未 Wei Goat	午 Wu Horse	亥 Hai Pig	申 Shen Monkey	酉 You Rooster
辛 Xin Yin Metal	午 Wu Horse	寅 Yin Tiger	午 Wu Horse	子 Zi Rat	丑 Chou Ox	申 Shen Monkey
壬 Ren Yang Water	卯 Mao Rabbit	巳 Si Snake	酉 You Rooster	寅 Yin Tiger	亥 Hai Pig	子 Zi Rat
癸 Gui Yin Water	卯 Mao Rabbit	巳 Si Snake	酉 You Rooster	卯 Mao Rabbit	子 Zi Rat	亥 Hai Pig

B.19.1. Day Stem's Auxiliary Stars Table 以日干見地支神煞

Auxiliary Star 神煞 / 日干 Day Stem	紅艷 Red Chamber		學堂 Study Hall	流霞 Cascading Clouds	飛刃 Flying Blade	天財 Heavenly Wealth	金輿 Gold Carriage
甲 Jia Yang Wood	申 Shen Monkey	午 Wu Horse	亥 Hai Pig	酉 You Rooster	酉 You Rooster	戊 Wu Yang Earth	辰 Chen Dragon
乙 Yi Yin Wood	申 Shen Monkey	午 Wu Horse	午 Wu Horse	戌 Xu Dog	戌 Xu Dog	己 Ji Yin Earth	巳 Si Snake
丙 Bing Yang Fire	寅 Yin Tiger		寅 Yin Tiger	未 Wei Goat	子 Zi Rat	庚 Geng Yang Metal	未 Wei Goat
丁 Ding Yin Fire	未 Wei Goat		酉 You Rooster	申 Shen Monkey	丑 Chou Ox	辛 Xin Yin Metal	申 Shen Monkey
戊 Wu Yang Earth	辰 Chen Dragon		寅 Yin Tiger	巳 Si Snake	子 Zi Rat	壬 Ren Yang Water	未 Wei Goat
己 Ji Yin Earth	辰 Chen Dragon		酉 You Rooster	午 Wu Horse	丑 Chou Ox	癸 Gui Yin Water	申 Shen Monkey
庚 Geng Yang Metal	戌 Xu Dog		巳 Si Snake	辰 Chen Dragon	卯 Mao Rabbit	甲 Jia Yang Wood	戌 Xu Dog
辛 Xin Yin Metal	酉 You Rooster		子 Zi Rat	卯 Mao Rabbit	辰 Chen Dragon	乙 Yi Yin Wood	亥 Hai Pig
壬 Ren Yang Water	子 Zi Rat		申 Shen Monkey	寅 Yin Tiger	午 Wu Horse	丙 Bing Yang Fire	丑 Chou Ox
癸 Gui Yin Water	申 Shen Monkey		卯 Mao Rabbit	亥 Hai Pig	未 Wei Goat	丁 Ding Yin Fire	寅 Yin Tiger

B.19.2. Day Branches's Auxiliary Stars Table 以日支見地支神煞

Auxiliary Star 神煞 / 日支 Day Branch	華蓋 Elegant Seal	將星 The General Star	驛馬 Sky Horse	桃花 Peach Blossom	血刃 Blood Knife	孤辰 Solitary
子 *Zi* Rat	辰 *Chen* Dragon	子 *Zi* Rat	寅 *Yin* Tiger	酉 *You* Rooster	戌 *Xu* Dog	寅 *Yin* Tiger
丑 *Chou* Ox	丑 *Chou* Ox	酉 *You* Rooster	亥 *Hai* Pig	午 *Wu* Horse	酉 *You* Rooster	寅 *Yin* Tiger
寅 *Yin* Tiger	戌 *Xu* Dog	午 *Wu* Horse	申 *Shen* Monkey	卯 *Mao* Rabbit	申 *Shen* Monkey	巳 *Si* Snake
卯 *Mao* Rabbit	未 *Wei* Goat	卯 *Mao* Rabbit	巳 *Si* Snake	子 *Zi* Rat	未 *Wei* Goat	巳 *Si* Snake
辰 *Chen* Dragon	辰 *Chen* Dragon	子 *Zi* Rat	寅 *Yin* Tiger	酉 *You* Rooster	午 *Wu* Horse	巳 *Si* Snake
巳 *Si* Snake	丑 *Chou* Ox	酉 *You* Rooster	亥 *Hai* Pig	午 *Wu* Horse	巳 *Si* Snake	申 *Shen* Monkey
午 *Wu* Horse	戌 *Xu* Dog	午 *Wu* Horse	申 *Shen* Monkey	卯 *Mao* Rabbit	辰 *Chen* Dragon	申 *Shen* Monkey
未 *Wei* Goat	未 *Wei* Goat	卯 *Mao* Rabbit	巳 *Si* Snake	子 *Zi* Rat	卯 *Mao* Rabbit	申 *Shen* Monkey
申 *Shen* Monkey	辰 *Chen* Dragon	子 *Zi* Rat	寅 *Yin* Tiger	酉 *You* Rooster	寅 *Yin* Tiger	亥 *Hai* Pig
酉 *You* Rooster	丑 *Chou* Ox	酉 *You* Rooster	亥 *Hai* Pig	午 *Wu* Horse	丑 *Chou* Ox	亥 *Hai* Pig
戌 *Xu* Dog	戌 *Xu* Dog	午 *Wu* Horse	申 *Shen* Monkey	卯 *Mao* Rabbit	子 *Zi* Rat	亥 *Hai* Pig
亥 *Hai* Pig	未 *Wei* Goat	卯 *Mao* Rabbit	巳 *Si* Snake	子 *Zi* Rat	亥 *Hai* Pig	寅 *Yin* Tiger

B.19.2. Day Branches's Auxiliary Stars Table 以日支見地支神煞

Auxiliary Star 神煞 / 日支 Day Branch	寡宿 Lonesome	喪門 Funeral Door	劫煞 Robbery Sha	隔角 Separating Edge	亡神 Death God
子 Zi Rat	戌 Xu Dog	寅 Yin Tiger	巳 Si Snake	寅 Yin Tiger	亥 Hai Pig
丑 Chou Ox	戌 Xu Dog	卯 Mao Rabbit	寅 Yin Tiger	卯 Mao Rabbit	申 Shen Monkey
寅 Yin Tiger	丑 Chou Ox	辰 Chen Dragon	亥 Hai Pig	辰 Chen Dragon	巳 Si Snake
卯 Mao Rabbit	丑 Chou Ox	巳 Si Snake	申 Shen Monkey	巳 Si Snake	寅 Yin Tiger
辰 Chen Dragon	丑 Chou Ox	午 Wu Horse	巳 Si Snake	午 Wu Horse	亥 Hai Pig
巳 Si Snake	辰 Chen Dragon	未 Wei Goat	寅 Yin Tiger	未 Wei Goat	申 Shen Monkey
午 Wu Horse	辰 Chen Dragon	申 Shen Monkey	亥 Hai Pig	申 Shen Monkey	巳 Si Snake
未 Wei Goat	辰 Chen Dragon	酉 You Rooster	申 Shen Monkey	酉 You Rooster	寅 Yin Tiger
申 Shen Monkey	未 Wei Goat	戌 Xu Dog	巳 Si Snake	戌 Xu Dog	亥 Hai Pig
酉 You Rooster	未 Wei Goat	亥 Hai Pig	寅 Yin Tiger	亥 Hai Pig	申 Shen Monkey
戌 Xu Dog	未 Wei Goat	子 Zi Rat	亥 Hai Pig	子 Zi Rat	巳 Si Snake
亥 Hai Pig	戌 Xu Dog	丑 Chou Ox	申 Shen Monkey	丑 Chou Ox	寅 Yin Tiger

B.19.3. Month's Auxiliary Stars Table 月神

Auxiliary Star 神煞 / 月 Month	天德 Heavenly Virtue	月德 Month Virtue	月空 Month Emptiness	五富 Five Prosperity	臨日 Thriving Day
寅 Tiger (Feb 4 - Mar 5) 正月 1st Mth	丁 *Ding* Yin Fire	丙 *Bing* Yang Fire	壬 *Ren* Yang Water	亥 *Hai* Pig	午 *Wu* Horse
卯 Rabbit (Mar 6 - Apr 4) 二月 2nd Mth	坤 *Kun*	甲 *Jia* Yang Wood	庚 *Geng* Yang Metal	寅 *Yin* Tiger	亥 *Hai* Pig
辰 Dragon (Apr 5 - May 5) 三月 3rd Mth	壬 *Ren* Yang Water	壬 *Ren* Yang Water	丙 *Bing* Yang Fire	己 *Ji* Yin Earth	申 *Shen* Monkey
巳 Snake (May 6 - Jun 5) 四月 4th Mth	辛 *Xin* Yin Metal	庚 *Geng* Yang Metal	甲 *Jia* Yang Wood	申 *Shen* Monkey	丑 *Chou* Ox
午 Horse (Jun 6 - July 6) 五月 5th Mth	乾 *Qian*	丙 *Bing* Yang Fire	壬 *Ren* Yang Water	亥 *Hai* Pig	戌 *Xu* Dog
未 Goat (July 7 - Aug 7) 六月 6th Mth	甲 *Jia* Yang Wood	甲 *Jia* Yang Wood	庚 *Geng* Yang Metal	寅 *Yin* Tiger	卯 *Mao* Rabbit
申 Monkey (Aug 8 - Sept 7) 七月 7th Mth	癸 *Gui* Yin Water	壬 *Ren* Yang Water	丙 *Bing* Yang Fire	己 *Ji* Yin Earth	子 *Zi* Rat
酉 Rooster (Sept 8 - Oct 7) 八月 8th Mth	艮 *Gen*	庚 *Geng* Yang Metal	甲 *Jia* Yang Wood	申 *Shen* Monkey	巳 *Si* Snake
戌 Dog (Oct 8 - Nov 6) 九月 9th Mth	丙 *Bing* Yang Fire	丙 *Bing* Yang Fire	壬 *Ren* Yang Water	亥 *Hai* Pig	寅 *Yin* Tiger
亥 Pig (Nov 7 - Dec 6) 十月 10th Mth	乙 *Yi* Yin Wood	甲 *Jia* Yang Wood	庚 *Geng* Yang Metal	寅 *Yin* Tiger	未 *Wei* Goat
子 Rat (Dec 7 - Jan 5) 十一月 11th Mth	巽 *Xun*	壬 *Ren* Yang Water	丙 *Bing* Yang Fire	己 *Ji* Yin Earth	辰 *Chen* Dragon
丑 Ox (Jan 6 - Feb 3) 十二月 12th Mth	庚 *Geng* Yang Metal	庚 *Geng* Yang Metal	甲 *Jia* Yang Wood	申 *Shen* Monkey	酉 *You* Rooster

B.19.4. Year Branches's Auxiliary Stars Table 以年支見地支神煞

Auxiliary Star 神煞 / 年支 Year Branch	龍德 Dragon Virtue	金匱 Golden Lock	紅鸞 Red Matchmaker	天狗 Sky Dog	勾絞 Hook	歲破 Year Breaker
子 *Zi* Rat	未 *Wei* Goat	子 *Zi* Rat	卯 *Mao* Rabbit	戌 *Xu* Dog	卯 *Mao* Rabbit	午 *Wu* Horse
丑 *Chou* Ox	申 *Shen* Monkey	酉 *You* Rooster	寅 *Yin* Tiger	亥 *Hai* Pig	辰 *Chen* Dragon	未 *Wei* Goat
寅 *Yin* Tiger	酉 *You* Rooster	午 *Wu* Horse	丑 *Chou* Ox	子 *Zi* Rat	巳 *Si* Snake	申 *Shen* Monkey
卯 *Mao* Rabbit	戌 *Xu* Dog	卯 *Mao* Rabbit	子 *Zi* Rat	丑 *Chou* Ox	午 *Wu* Horse	酉 *You* Rooster
辰 *Chen* Dragon	亥 *Hai* Pig	子 *Zi* Rat	亥 *Hai* Pig	寅 *Yin* Tiger	未 *Wei* Goat	戌 *Xu* Dog
巳 *Si* Snake	子 *Zi* Rat	酉 *You* Rooster	戌 *Xu* Dog	卯 *Mao* Rabbit	申 *Shen* Monkey	亥 *Hai* Pig
午 *Wu* Horse	丑 *Chou* Ox	午 *Wu* Horse	酉 *You* Rooster	辰 *Chen* Dragon	酉 *You* Rooster	子 *Zi* Rat
未 *Wei* Goat	寅 *Yin* Tiger	卯 *Mao* Rabbit	申 *Shen* Monkey	巳 *Si* Snake	戌 *Xu* Dog	丑 *Chou* Ox
申 *Shen* Monkey	卯 *Mao* Rabbit	子 *Zi* Rat	未 *Wei* Goat	午 *Wu* Horse	亥 *Hai* Pig	寅 *Yin* Tiger
酉 *You* Rooster	辰 *Chen* Dragon	酉 *You* Rooster	午 *Wu* Horse	未 *Wei* Goat	子 *Zi* Rat	卯 *Mao* Rabbit
戌 *Xu* Dog	巳 *Si* Snake	午 *Wu* Horse	巳 *Si* Snake	申 *Shen* Monkey	丑 *Chou* Ox	辰 *Chen* Dragon
亥 *Hai* Pig	午 *Wu* Horse	卯 *Mao* Rabbit	辰 *Chen* Dragon	酉 *You* Rooster	寅 *Yin* Tiger	巳 *Si* Snake

B.19.4. Year Branches's Auxiliary Stars Table 以年支見地支神煞

Auxiliary Star 神煞 / 年支 Year Branch	大耗 Greater Delight	五鬼 Five Ghost	桃花 Peach Blossom	血刃 Blood Knife	天罡 Heavenly Dipper	歲刑 Year Punishment
子 *Zi* Rat	午 *Wu* Horse	辰 *Chen* Dragon	酉 *You* Rooster	戌 *Xu* Dog	辰 *Chen* Dragon	卯 *Mao* Rabbit
丑 *Chou* Ox	未 *Wei* Goat	巳 *Si* Snake	午 *Wu* Horse	酉 *You* Rooster	卯 *Mao* Rabbit	戌 *Xu* Dog
寅 *Yin* Tiger	申 *Shen* Monkey	午 *Wu* Horse	卯 *Mao* Rabbit	申 *Shen* Monkey	寅 *Yin* Tiger	巳 *Si* Snake
卯 *Mao* Rabbit	酉 *You* Rooster	未 *Wei* Goat	子 *Zi* Rat	未 *Wei* Goat	丑 *Chou* Ox	子 *Zi* Rat
辰 *Chen* Dragon	戌 *Xu* Dog	申 *Shen* Monkey	酉 *You* Rooster	午 *Wu* Horse	子 *Zi* Rat	辰 *Chen* Dragon
巳 *Si* Snake	亥 *Hai* Pig	酉 *You* Rooster	午 *Wu* Horse	巳 *Si* Snake	亥 *Hai* Pig	申 *Shen* Monkey
午 *Wu* Horse	子 *Zi* Rat	戌 *Xu* Dog	卯 *Mao* Rabbit	辰 *Chen* Dragon	戌 *Xu* Dog	午 *Wu* Horse
未 *Wei* Goat	丑 *Chou* Ox	亥 *Hai* Pig	子 *Zi* Rat	卯 *Mao* Rabbit	酉 *You* Rooster	丑 *Chou* Ox
申 *Shen* Monkey	寅 *Yin* Tiger	子 *Zi* Rat	酉 *You* Rooster	寅 *Yin* Tiger	申 *Shen* Monkey	寅 *Yin* Tiger
酉 *You* Rooster	卯 *Mao* Rabbit	丑 *Chou* Ox	午 *Wu* Horse	丑 *Chou* Ox	未 *Wei* Goat	酉 *You* Rooster
戌 *Xu* Dog	辰 *Chen* Dragon	寅 *Yin* Tiger	卯 *Mao* Rabbit	子 *Zi* Rat	午 *Wu* Horse	未 *Wei* Goat
亥 *Hai* Pig	巳 *Si* Snake	卯 *Mao* Rabbit	子 *Zi* Rat	亥 *Hai* Pig	巳 *Si* Snake	亥 *Hai* Pig

B.19.4. Year Branches's Auxiliary Stars Table 以年支見地支神煞

Auxiliary Star 神煞 / 年支 Year Branch	坐煞 Sitting Sha		向煞 Facing Sha		歲煞 Disaster Sha	災煞 Calamity Sha	病符 Sickness
子 Zi Rat	丙 Bing Yang Fire	丁 Ding Yin Fire	壬 Ren Yang Water	癸 Gui Yin Water	未 Wei Goat	午 Wu Horse	亥 Hai Pig
丑 Chou Ox	甲 Jia Yang Wood	乙 Yi Yin Wood	庚 Geng Yang Metal	辛 Xin Yin Metal	辰 Chen Dragon	卯 Mao Rabbit	子 Zi Rat
寅 Yin Tiger	壬 Ren Yang Water	癸 Gui Yin Water	丙 Bing Yang Fire	丁 Ding Yin Fire	丑 Chou Ox	子 Zi Rat	丑 Chou Ox
卯 Mao Rabbit	庚 Geng Yang Metal	辛 Xin Yin Metal	甲 Jia Yang Wood	乙 Yi Yin Wood	戌 Xu Dog	酉 You Rooster	寅 Yin Tiger
辰 Chen Dragon	丙 Bing Yang Fire	丁 Ding Yin Fire	壬 Ren Yang Water	癸 Gui Yin Water	未 Wei Goat	午 Wu Horse	卯 Mao Rabbit
巳 Si Snake	甲 Jia Yang Wood	乙 Yi Yin Wood	庚 Geng Yang Metal	辛 Xin Yin Metal	辰 Chen Dragon	卯 Mao Rabbit	辰 Chen Dragon
午 Wu Horse	壬 Ren Yang Water	癸 Gui Yin Water	丙 Bing Yang Fire	丁 Ding Yin Fire	丑 Chou Ox	子 Zi Rat	巳 Si Snake
未 Wei Goat	庚 Geng Yang Metal	辛 Xin Yin Metal	甲 Jia Yang Wood	乙 Yi Yin Wood	戌 Xu Dog	酉 You Rooster	午 Wu Horse
申 Shen Monkey	丙 Bing Yang Fire	丁 Ding Yin Fire	壬 Ren Yang Water	癸 Gui Yin Water	未 Wei Goat	午 Wu Horse	未 Wei Goat
酉 You Rooster	甲 Jia Yang Wood	乙 Yi Yin Wood	庚 Geng Yang Metal	辛 Xin Yin Metal	辰 Chen Dragon	卯 Mao Rabbit	申 Shen Monkey
戌 Xu Dog	壬 Ren Yang Water	癸 Gui Yin Water	丙 Bing Yang Fire	丁 Ding Yin Fire	丑 Chou Ox	子 Zi Rat	酉 You Rooster
亥 Hai Pig	庚 Geng Yang Metal	辛 Xin Yin Metal	甲 Jia Yang Wood	乙 Yi Yin Wood	戌 Xu Dog	酉 You Rooster	戌 Xu Dog

B.19.4. Year Branches's Auxiliary Stars Table 以年支見地支神煞

Auxiliary Star 神煞 / 年支 Year Branch	福德 Fortune Virtue	白虎 White Tiger	官符 Litigation	太陰 Moon	太陽 Sun	太歲 Grand Duke
子 *Zi* Rat	酉 *You* Rooster	申 *Shen* Monkey	辰 *Chen* Dragon	卯 *Mao* Rabbit	丑 *Chou* Ox	子 *Zi* Rat
丑 *Chou* Ox	戌 *Xu* Dog	酉 *You* Rooster	巳 *Si* Snake	辰 *Chen* Dragon	寅 *Yin* Tiger	丑 *Chou* Ox
寅 *Yin* Tiger	亥 *Hai* Pig	戌 *Xu* Dog	午 *Wu* Horse	巳 *Si* Snake	卯 *Mao* Rabbit	寅 *Yin* Tiger
卯 *Mao* Rabbit	子 *Zi* Rat	亥 *Hai* Pig	未 *Wei* Goat	午 *Wu* Horse	辰 *Chen* Dragon	卯 *Mao* Rabbit
辰 *Chen* Dragon	丑 *Chou* Ox	子 *Zi* Rat	申 *Shen* Monkey	未 *Wei* Goat	巳 *Si* Snake	辰 *Chen* Dragon
巳 *Si* Snake	寅 *Yin* Tiger	丑 *Chou* Ox	酉 *You* Rooster	申 *Shen* Monkey	午 *Wu* Horse	巳 *Si* Snake
午 *Wu* Horse	卯 *Mao* Rabbit	寅 *Yin* Tiger	戌 *Xu* Dog	酉 *You* Rooster	未 *Wei* Goat	午 *Wu* Horse
未 *Wei* Goat	辰 *Chen* Dragon	卯 *Mao* Rabbit	亥 *Hai* Pig	戌 *Xu* Dog	申 *Shen* Monkey	未 *Wei* Goat
申 *Shen* Monkey	巳 *Si* Snake	辰 *Chen* Dragon	子 *Zi* Rat	亥 *Hai* Pig	酉 *You* Rooster	申 *Shen* Monkey
酉 *You* Rooster	午 *Wu* Horse	巳 *Si* Snake	丑 *Chou* Ox	子 *Zi* Rat	戌 *Xu* Dog	酉 *You* Rooster
戌 *Xu* Dog	未 *Wei* Goat	午 *Wu* Horse	寅 *Yin* Tiger	丑 *Chou* Ox	亥 *Hai* Pig	戌 *Xu* Dog
亥 *Hai* Pig	申 *Shen* Monkey	未 *Wei* Goat	卯 *Mao* Rabbit	寅 *Yin* Tiger	子 *Zi* Rat	亥 *Hai* Pig

B.20.1. Child Obstruction Sha Table 小兒關煞表

關煞 Obstruction Killing Branch	落井關 Well Danger Obstruction	雞飛關 Falling Danger Obstruction	取命關 Life Taking Obstruction	雷公關 Thunder God Obstruction
甲 Jia Yang Wood	巳 Si Snake	巳 Si Snake; 酉 You Rooster; 丑 Chou Ox	申 Shen Monkey; 子 Zi Rat; 辰 Chen Dragon	午 Wu Horse; 丑 Chou Ox
乙 Yi Yin Wood	子 Zi Rat	子 Zi Rat	申 Shen Monkey; 子 Zi Rat; 辰 Chen Dragon	午 Wu Horse; 丑 Chou Ox
丙 Bing Yang Fire	申 Shen Monkey	子 Zi Rat	申 Shen Monkey; 子 Zi Rat; 辰 Chen Dragon	子 Zi Rat
丁 Ding Yin Fire	戌 Xu Dog	子 Zi Rat	申 Shen Monkey; 子 Zi Rat; 辰 Chen Dragon	子 Zi Rat
戊 Wu Yang Earth	卯 Mao Rabbit	子 Zi Rat	亥 Hai Pig; 卯 Mao Rabbit; 未 Wei Goat	戌 Xu Dog
己 Ji Yin Earth	巳 Si Snake	巳 Si Snake; 酉 You Rooster; 丑 Chou Ox	亥 Hai Pig; 卯 Mao Rabbit; 未 Wei Goat	午 Wu Horse
庚 Geng Yang Metal	子 Zi Rat	亥 Hai Pig; 卯 Mao Rabbit; 未 Wei Goat	亥 Hai Pig; 卯 Mao Rabbit; 未 Wei Goat	寅 Yin Tiger
辛 Xin Yin Metal	申 Shen Monkey	寅 Yin Tiger; 午 Wu Horse; 戌 Xu Dog	寅 Yin Tiger; 午 Wu Horse; 戌 Xu Dog	寅 Yin Tiger
壬 Ren Yang Water	戌 Xu Dog	寅 Yin Tiger; 午 Wu Horse; 戌 Xu Dog	寅 Yin Tiger; 午 Wu Horse; 戌 Xu Dog	子 Zi Rat
癸 Gui Yin Water	卯 Mao Rabbit	寅 Yin Tiger; 午 Wu Horse; 戌 Xu Dog	寅 Yin Tiger; 午 Wu Horse; 戌 Xu Dog	子 Zi Rat

B.20.1. Child Obstruction Sha Table 小兒關煞表

關煞 Obstruction Killing Branch	斷腸關 Cutting Intestine Obstruction	千日關 Thousand Day Obstruction	急腳關 Rapid Leg Obstruction	鐵蛇關 Iron Snake Obstruction	白虎關 White Tiger Obstruction
甲 *Jia* Yang Wood	午 *Wu* Horse 未 *Wei* Goat	午 *Wu* Horse 辰 *Chen* Dragon	申 *Shen* Monkey 酉 *You* Rooster	辰 *Chen* Dragon	酉 *You* Rooster
乙 *Yi* Yin Wood	午 *Wu* Horse 未 *Wei* Goat	午 *Wu* Horse 辰 *Chen* Dragon	申 *Shen* Monkey 酉 *You* Rooster	辰 *Chen* Dragon	酉 *You* Rooster
丙 *Bing* Yang Fire	巳 *Si* Snake 辰 *Chen* Dragon	申 *Shen* Monkey 酉 *You* Rooster	亥 *Hai* Pig 子 *Zi* Rat	申 *Shen* Monkey 未 *Wei* Goat	子 *Zi* Rat
丁 *Ding* Yin Fire	巳 *Si* Snake 辰 *Chen* Dragon	申 *Shen* Monkey 酉 *You* Rooster	亥 *Hai* Pig 子 *Zi* Rat	申 *Shen* Monkey 未 *Wei* Goat	子 *Zi* Rat
戊 *Wu* Yang Earth	-	巳 *Si* Snake 戌 *Xu* Dog	寅 *Yin* Tiger 卯 *Mao* Rabbit	寅 *Yin* Tiger	午 *Wu* Horse
己 *Ji* Yin Earth	-	巳 *Si* Snake 戌 *Xu* Dog	寅 *Yin* Tiger 卯 *Mao* Rabbit	寅 *Yin* Tiger	午 *Wu* Horse
庚 *Geng* Yang Metal	寅 *Yin* Tiger	寅 *Yin* Tiger	巳 *Si* Snake 午 *Wu* Horse	戌 *Xu* Dog	卯 *Mao* Rabbit
辛 *Xin* Yin Metal	寅 *Yin* Tiger	寅 *Yin* Tiger	巳 *Si* Snake 午 *Wu* Horse	戌 *Xu* Dog	卯 *Mao* Rabbit
壬 *Ren* Yang Water	丑 *Chou* Ox	亥 *Hai* Pig 丑 *Chou* Ox	辰 *Chen* Dragon 未 *Wei* Goat 戌 *Xu* Dog 丑 *Chou* Ox	丑 *Chou* Ox	午 *Wu* Horse
癸 *Gui* Yin Water	丑 *Chou* Ox	亥 *Hai* Pig 丑 *Chou* Ox	辰 *Chen* Dragon 未 *Wei* Goat 戌 *Xu* Dog 丑 *Chou* Ox	丑 *Chou* Ox	午 *Wu* Horse

B.20.2. Child Obstruction Sha Table 小兒關煞表 – Earth Branch to Day Master 地支日主對照

關煞 Obstruction Killing Branch	鬼王關 Ghost King Obstruction	五鬼關 Five Ghost Obstruction	天狗煞 Sky Dog Obstruction	埋兒關 Seperation Obstruction	天吊關 Heavenly Suspence Obstruction	
子 Zi Rat	酉 You Rooster	辰 Chen Dragon	戌 Xu Dog	丑 Chou Ox	巳 Si Snake	午 Wu Horse
丑 Chou Ox	午 Wu Horse	巳 Si Snake	亥 Hai Pig	卯 Mao Rabbit	卯 Mao Rabbit	子 Zi Rat
寅 Yin Tiger	未 Wei Goat	午 Wu Horse	子 Zi Rat	申 Shen Monkey	午 Wu Horse	辰 Chen Dragon
卯 Mao Rabbit	申 Shen Monkey	未 Wei Goat	丑 Chou Ox	丑 Chou Ox	申 Shen Monkey	午 Wu Horse
辰 Chen Dragon	亥 Hai Pig	申 Shen Monkey	寅 Yin Tiger	卯 Mao Rabbit	巳 Si Snake	午 Wu Horse
巳 Si Snake	戌 Xu Dog	酉 You Rooster	卯 Mao Rabbit	申 Shen Monkey	卯 Mao Rabbit	子 Zi Rat
午 Wu Horse	丑 Chou Ox	戌 Xu Dog	辰 Chen Dragon	丑 Chou Ox	午 Wu Horse	辰 Chen Dragon
未 Wei Goat	寅 Yin Tiger	亥 Hai Pig	巳 Si Snake	卯 Mao Rabbit	申 Shen Monkey	午 Wu Horse
申 Shen Monkey	卯 Mao Rabbit	子 Zi Rat	午 Wu Horse	申 Shen Monkey	巳 Si Snake	午 Wu Horse
酉 You Rooster	子 Zi Rat	丑 Chou Ox	未 Wei Goat	丑 Chou Ox	卯 Mao Rabbit	子 Zi Rat
戌 Xu Dog	巳 Si Snake	寅 Yin Tiger	申 Shen Monkey	卯 Mao Rabbit	午 Wu Horse	辰 Chen Dragon
亥 Hai Pig	辰 Chen Dragon	卯 Mao Rabbit	酉 You Rooster	申 Shen Monkey	申 Shen Monkey	未 Wei Goat

B.20.2. Child Obstruction Sha Table 小兒關煞表 – Earth Branch to Day Master 地支日主對照

關煞 Obstruction Killing Branch	短命關 Life Shortening Obstruction	和尚關 Lonely Obstacle Obstruction				湯水關 Boiling Water Obstruction	夜啼關 Night Master Obstruction	撞命關 Life Suppressing Obstruction
子 Zi Rat	巳 Si Snake	辰 Chen Dragon	未 Wei Goat	戌 Xu Dog	丑 Chou Ox	午 Wu Horse	寅 Yin Tiger	巳 Si Snake
丑 Chou Ox	寅 Yin Tiger	卯 Mao Rabbit	午 Wu Horse	酉 You Rooster	子 Zi Rat	未 Wei Goat	未 Wei Goat	未 Wei Goat
寅 Yin Tiger	辰 Chen Dragon	寅 Yin Tiger	巳 Si Snake	申 Shen Monkey	亥 Hai Pig	寅 Yin Tiger	酉 You Rooster	巳 Si Snake
卯 Mao Rabbit	未 Wei Goat	辰 Chen Dragon	未 Wei Goat	戌 Xu Dog	丑 Chou Ox	午 Wu Horse	寅 Yin Tiger	子 Zi Rat
辰 Chen Dragon	巳 Si Snake	卯 Mao Rabbit	午 Wu Horse	酉 You Rooster	子 Zi Rat	未 Wei Goat	未 Wei Goat	午 Wu Horse
巳 Si Snake	寅 Yin Tiger	寅 Yin Tiger	巳 Si Snake	申 Shen Monkey	亥 Hai Pig	寅 Yin Tiger	酉 You Rooster	午 Wu Horse
午 Wu Horse	辰 Chen Dragon	辰 Chen Dragon	未 Wei Goat	戌 Xu Dog	丑 Chou Ox	午 Wu Horse	寅 Yin Tiger	丑 Chou Ox
未 Wei Goat	未 Wei Goat	卯 Mao Rabbit	午 Wu Horse	酉 You Rooster	子 Zi Rat	未 Wei Goat	未 Wei Goat	丑 Chou Ox
申 Shen Monkey	巳 Si Snake	寅 Yin Tiger	巳 Si Snake	申 Shen Monkey	亥 Hai Pig	寅 Yin Tiger	酉 You Rooster	午 Wu Horse
酉 You Rooster	寅 Yin Tiger	辰 Chen Dragon	未 Wei Goat	戌 Xu Dog	丑 Chou Ox	午 Wu Horse	寅 Yin Tiger	亥 Hai Pig
戌 Xu Dog	辰 Chen Dragon	卯 Mao Rabbit	午 Wu Horse	酉 You Rooster	子 Zi Rat	未 Wei Goat	未 Wei Goat	未 Wei Goat
亥 Hai Pig	未 Wei Goat	寅 Yin Tiger	巳 Si Snake	申 Shen Monkey	亥 Hai Pig	寅 Yin Tiger	酉 You Rooster	亥 Hai Pig

B.20.3. Child Obstruction Sha Table 小兒關煞表 – Month Branch 月支對照

關煞 Obstruction Killing Branch	直難關 Direct Barrier Obstruction	水火關 Water Fire Danger Obstruction	深水關 Drowning Obstruction	四柱關 Four Pillar Danger Obstruction	將軍箭 General Arrow Obstruction	浴盆關 Bath Obstruction
寅 Yin Tiger	午 Wu Horse	未 Wei Goat, 戌 Xu Dog	寅 Yin Tiger, 申 Shen Monkey	巳 Si Snake, 亥 Hai Pig	酉 You Rooster, 辰 Chen Dragon, 戌 Xu Dog	辰 Chen Dragon
卯 Mao Rabbit	午 Wu Horse	未 Wei Goat, 戌 Xu Dog	寅 Yin Tiger, 申 Shen Monkey	辰 Chen Dragon, 戌 Xu Dog	酉 You Rooster, 辰 Chen Dragon, 戌 Xu Dog	辰 Chen Dragon
辰 Chen Dragon	未 Wei Goat	未 Wei Goat, 戌 Xu Dog	寅 Yin Tiger, 申 Shen Monkey	卯 Mao Rabbit, 酉 You Rooster	酉 You Rooster, 辰 Chen Dragon, 戌 Xu Dog	辰 Chen Dragon
巳 Si Snake	未 Wei Goat	辰 Chen Dragon, 丑 Chou Ox	未 Wei Goat	寅 Yin Tiger, 申 Shen Monkey	卯 Mao Rabbit, 子 Zi Rat, 未 Wei Goat	未 Wei Goat
午 Wu Horse	卯 Mao Rabbit, 戌 Xu Dog	辰 Chen Dragon, 丑 Chou Ox	未 Wei Goat	未 Wei Goat, 丑 Chou Ox	卯 Mao Rabbit, 子 Zi Rat, 未 Wei Goat	未 Wei Goat
未 Wei Goat	卯 Mao Rabbit, 戌 Xu Dog	辰 Chen Dragon, 丑 Chou Ox	未 Wei Goat	午 Wu Horse, 子 Zi Rat	卯 Mao Rabbit, 子 Zi Rat, 未 Wei Goat	未 Wei Goat
申 Shen Monkey	巳 Si Snake, 申 Shen Monkey	辰 Chen Dragon, 丑 Chou Ox	酉 You Rooster	亥 Hai Pig, 巳 Si Snake	寅 Yin Tiger, 午 Wu Horse, 丑 Chou Ox	戌 Xu Dog
酉 You Rooster	巳 Si Snake, 申 Shen Monkey	辰 Chen Dragon, 丑 Chou Ox	酉 You Rooster	戌 Xu Dog, 辰 Chen Dragon	寅 Yin Tiger, 午 Wu Horse, 丑 Chou Ox	戌 Xu Dog
戌 Xu Dog	寅 Yin Tiger, 卯 Mao Rabbit	辰 Chen Dragon, 丑 Chou Ox	酉 You Rooster	卯 Mao Rabbit, 酉 You Rooster	寅 Yin Tiger, 午 Wu Horse, 丑 Chou Ox	戌 Xu Dog
亥 Hai Pig	寅 Yin Tiger, 卯 Mao Rabbit	辰 Chen Dragon, 未 Wei Goat	丑 Chou Ox	寅 Yin Tiger, 申 Shen Monkey	巳 Si Snake, 申 Shen Monkey, 亥 Hai Pig	丑 Chou Ox
子 Zi Rat	酉 You Rooster, 辰 Chen Dragon	辰 Chen Dragon, 未 Wei Goat	丑 Chou Ox	未 Wei Goat, 丑 Chou Ox	巳 Si Snake, 申 Shen Monkey, 亥 Hai Pig	丑 Chou Ox
丑 Chou Ox	酉 You Rooster, 辰 Chen Dragon	辰 Chen Dragon, 未 Wei Goat	丑 Chou Ox	午 Wu Horse, 子 Zi Rat	巳 Si Snake, 申 Shen Monkey, 亥 Hai Pig	丑 Chou Ox

B.20.3. Child Obstruction Sha Table 小兒關煞表 – Month Branch 月支對照

關煞 Obstruction Killing Branch	斷腸關 Piercing Obstruction	閻王關 Hell Master Obstruction		無情關 Merciless Sha Obstruction			百日關 Hundred Day Obstruction				四季關 Four Season Obstruction		金鎖關 Goldein Lock Obstruction
寅 Yin Tiger	寅 Yin Tiger	未 Wei Goat	丑 Chou Ox	寅 Yin Tiger	酉 You Rooster	子 Zi Rat	辰 Chen Dragon	未 Wei Goat	戌 Xu Dog	丑 Chou Ox	巳 Si Snake	丑 Chou Ox	申 Shen Monkey
卯 Mao Rabbit	卯 Mao Rabbit	未 Wei Goat	丑 Chou Ox	寅 Yin Tiger	酉 You Rooster	子 Zi Rat	寅 Yin Tiger	巳 Si Snake	申 Shen Monkey	亥 Hai Pig	巳 Si Snake	丑 Chou Ox	酉 You Rooster
辰 Chen Dragon	申 Shen Monkey	未 Wei Goat	丑 Chou Ox	寅 Yin Tiger	酉 You Rooster	子 Zi Rat	卯 Mao Rabbit	午 Wu Horse	酉 You Rooster	子 Zi Rat	巳 Si Snake	丑 Chou Ox	戌 Xu Dog
巳 Si Snake	丑 Chou Ox	辰 Chen Dragon	戌 Xu Dog	巳 Si Snake	亥 Hai Pig	戌 Xu Dog	辰 Chen Dragon	未 Wei Goat	戌 Xu Dog	丑 Chou Ox	申 Shen Monkey	辰 Chen Dragon	亥 Hai Pig
午 Wu Horse	戌 Xu Dog	辰 Chen Dragon	戌 Xu Dog	巳 Si Snake	亥 Hai Pig	戌 Xu Dog	寅 Yin Tiger	巳 Si Snake	申 Shen Mon-key	亥 Hai Pig	申 Shen Monkey	辰 Chen Dragon	子 Zi Rat
未 Wei Goat	酉 You Rooster	辰 Chen Dragon	戌 Xu Dog	巳 Si Snake	亥 Hai Pig	戌 Xu Dog	卯 Mao Rabbit	午 Wu Horse	酉 You Rooster	子 Zi Rat	申 Shen Monkey	辰 Chen Dragon	丑 Chou Ox
申 Shen Monkey	辰 Chen Dragon	午 Wu Horse	子 Zi Rat	申 Shen Monkey		丑 Chou Ox	辰 Chen Dragon	未 Wei Goat	戌 Xu Dog	丑 Chou Ox	亥 Hai Pig	未 Wei Goat	申 Shen Monkey
酉 You Rooster	巳 Si Snake	午 Wu Horse	子 Zi Rat	申 Shen Monkey		丑 Chou Ox	寅 Yin Tiger	巳 Si Snake	申 Shen Monkey	亥 Hai Pig	亥 Hai Pig	未 Wei Goat	酉 You Rooster
戌 Xu Dog	午 Wu Horse	午 Wu Horse	子 Zi Rat	申 Shen Monkey		丑 Chou Ox	卯 Mao Rabbit	午 Wu Horse	酉 You Rooster	子 Zi Rat	亥 Hai Pig	未 Wei Goa	戌 Xu Dog
亥 Hai Pig	未 Wei Goat	寅 Yin Tiger	卯 Mao Rabbit	午 Wu Horse		子 Zi Rat	辰 Chen Dragon	未 Wei Goat	戌 Xu Dog	丑 Chou Ox	寅 Yin Tiger	卯 Mao Rabbit	亥 Hai Pig
子 Zi Rat	亥 Hai Pig	寅 Yin Tiger	卯 Mao Rabbit	午 Wu Horse		子 Zi Rat	寅 Yin Tiger	巳 Si Snake	申 Shen Monkey	亥 Hai Pig	寅 Yin Tiger	卯 Mao Rabbit	子 Zi Rat
丑 Chou Ox	子 Zi Rat	寅 Yin Tiger	卯 Mao Rabbit	午 Wu Horse		子 Zi Rat	卯 Mao Rabbit	午 Wu Horse	酉 You Rooster	子 Zi Rat	寅 Yin Tiger	卯 Mao Rabbit	丑 Chou Ox

B.21. How to Plot a BaZi Chart

Before starting, ensure that you have the relevant Birth Data. The Birth Data required is the Year of Birth, Month of Birth, Day of Birth and Hour of Birth of the person whose BaZi chart is being plotted. You also need to know the Gender of the person.

Step 1: Preparation

Draw the diagram below. This is a BaZi Chart outline. This will provide you with guidance on filling in the BaZi characters and ensure no mistakes are made. Then above the diagram, fill in the birth data so that you plot the chart sequentially and in a systematic manner. Write the Month in numerical figures (ie: 2 for February, 6 for June).

Example: Born 10th of March 1976 at 10.28 am

10.28am	**10**	**3**	**1976**
時 **Hour**	日 **Day**	月 **Month**	年 **Year**

B.21. How to Plot a BaZi Chart

Step 2: The Year Pillar.

a) Take the Western (Gregorian) year of birth (1976) and look for the page that corresponds with the year 1976 in the Professional Ten Thousand Year Calendar. The year is written in both Western and Chinese numerical figures on the TOP LEFT of the page.

三月小 3rd Mth				二月大 2nd Mth				正月大 1st Mth				月干支 Month
壬辰 Ren Chen				辛卯 Xin Mao				庚寅 Geng Yin				
三碧 Three Jade				四綠 Four Green				五黃 Five Yellow				九星 9 Star
穀雨 Grain Rain		清明 Clear and Bright		春分 Spring Equinox		驚蟄 Awakening of Worms		雨水 Rain Water		立春 Coming of Spring		節氣 Season
21st day 7hr 3min		5th day 23hr 47min		20th day 19hr 50min		5th day 18hr 48min		20th day 20hr 40min		6th day 0hr 40min		
辰 Chen		子 Zi		戌 Xu		酉 You		戌 Xu		子 Zi		
國曆 Gregorian		干支 S / B	星 Star	國曆 Gregorian		干支 S / B	星 Star	國曆 Gregorian		干支 S / B	星 Star	農曆 Calendar
3	31	壬午	7	3	1	壬子	4	1	31	壬午	1	初一 1st
4	1	癸未	8	3	2	癸丑	5	2	1	癸未	2	初二 2nd
4	2	甲申	9	3	3	甲寅	6	2	2	甲申	3	初三 3rd
4	3	乙酉	1	3	4	乙卯	7	2	3	乙酉	4	初四 4th
4	4	丙戌	2	3	5	丙辰	8	2	4	丙戌	5	初五 5th
4	5	丁亥	3	3	6	丁巳	9	2	5	丁亥	6	初六 6th
4	6	戊子	4	3	7	戊午	1	2	6	戊子	7	初七 7th
4	7	己丑	5	3	8	己未	2	2	7	己丑	8	初八 8th
4	8	庚寅	6	3	9	庚申	3	2	8	庚寅	9	初九 9th
4	9	辛卯	7	3	10	辛酉	4	2	9	辛卯	1	初十 10th
4	10	壬辰	8	3	11	壬戌	5	2	10	壬辰	2	十一 11th
4	11	癸巳	9	3	12	癸亥	6	2	11	癸巳	3	十二 12th
4	12	甲午	1	3	13	甲子	7	2	12	甲午	4	十三 13th
4	13	乙未	2	3	14	乙丑	8	2	13	乙未	5	十四 14th
4	14	丙申	3	3	15	丙寅	9	2	14	丙申	6	十五 15th
4	15	丁酉	4	3	16	丁卯	1	2	15	丁酉	7	十六 16th
4	16	戊戌	5	3	17	戊辰	2	2	16	戊戌	8	十七 17th
4	17	己亥	6	3	18	己巳	3	2	17	己亥	9	十八 18th
4	18	庚子	7	3	19	庚午	4	2	18	庚子	1	十九 19th
4	19	辛丑	8	3	20	辛未	5	2	19	辛丑	2	二十 20th
4	20	壬寅	9	3	21	壬申	6	2	20	壬寅	3	廿一 21st
4	21	癸卯	1	3	22	癸酉	7	2	21	癸卯	4	廿二 22nd
4	22	甲辰	2	3	23	甲戌	8	2	22	甲辰	5	廿三 23rd
4	23	乙巳	3	3	24	乙亥	9	2	23	乙巳	6	廿四 24th
4	24	丙午	4	3	25	丙子	1	2	24	丙午	7	廿五 25th
4	25	丁未	5	3	26	丁丑	2	2	25	丁未	8	廿六 26th
4	26	戊申	6	3	27	戊寅	3	2	26	戊申	9	廿七 27th
4	27	己酉	7	3	28	己卯	4	2	27	己酉	1	廿八 28th
4	28	庚戌	8	3	29	庚辰	5	2	28	庚戌	2	廿九 29th
				3	30	辛巳	6	2	29	辛亥	3	三十 30th

1976

丙辰 Fire Dragon

Grand Duke: 辛亞

Western (Gregorian) Year

B.21. How to Plot a BaZi Chart

b) Write the Chinese characters that represent the Elements for the year 1976 in the Year column of the BaZi Chart. In the case of 1976, it is Bing Chen 丙辰.

三月小 3rd Mth					二月大 2nd Mth				正月大 1st Mth				月干支 Month
壬辰 Ren Chen					辛卯 Xin Mao				庚寅 Geng Yin				
三碧 Three Jade					四綠 Four Green				五黃 Five Yellow				九星 9 Star
穀雨 Grain Rain		清明 Clear and Bright			春分 Spring Equinox		驚蟄 Awakening of Worms		雨水 Rain Water		立春 Coming of Spring		節氣 Season
21st day		5th day			20th day		5th day		20th day		6th day		
7hr 3min		23hr 47min			19hr 50min		18hr 48min		20hr 40min		0hr 40min		
辰 Chen		子 Zi			戌 Xu		酉 You		戌 Xu		子 Zi		
國曆 Gregorian		干支 S / B	星 Star		國曆 Gregorian		干支 S / B	星 Star	國曆 Gregorian		干支 S / B	星 Star	農曆 Calendar
3	31	壬午	7		3	1	壬子	4	1	31	壬午	1	初一 1st
4	1	癸未	8		3	2	癸丑	5	2	1	癸未	2	初二 2nd
4	2	甲申	9		3	3	甲寅	6	2	2	甲申	3	初三 3rd
4	3	乙酉	1		3	4	乙卯	7	2	3	乙酉	4	初四 4th
4	4	丙戌	2		3	5	丙辰	8	2	4	丙戌	5	初五 5th
4	5	丁亥	3		3	6	丁巳	9	2	5	丁亥	6	初六 6th
4	6	戊子	4		3	7	戊午	1	2	6	戊子	7	初七 7th
4	7	己丑	5		3	8	己未	2	2	7	己丑	8	初八 8th
4	8	庚寅	6		3	9	庚申	3	2	8	庚寅	9	初九 9th
4	9	辛卯	7		3	10	辛酉	4	2	9	辛卯	1	初十 10th
4	10	壬辰	8		3	11	壬戌	5	2	10	壬辰	2	十一 11th
4	11	癸巳	9		3	12	癸亥	6	2	11	癸巳	3	十二 12th
4	12	甲午	1		3	13	甲子	7	2	12	甲午	4	十三 13th
4	13	乙未	2		3	14	乙丑	8	2	13	乙未	5	十四 14th
4	14	丙申	3		3	15	丙寅	9	2	14	丙申	6	十五 15th
4	15	丁酉	4		3	16	丁卯	1	2	15	丁酉	7	十六 16th
4	16	戊戌	5		3	17	戊辰	2	2	16	戊戌	8	十七 17th
4	17	己亥	6		3	18	己巳	3	2	17	己亥	9	十八 18th
4	18	庚子	7		3	19	庚午	4	2	10	庚子	1	十九 19th
4	19	辛丑	8		3	20	辛未	5	2	19	辛丑	2	二十 20th
4	20	壬寅	9		3	21	壬申	6	2	20	壬寅	3	廿一 21st
4	21	癸卯	1		3	22	癸酉	7	2	21	癸卯	4	廿二 22nd

1976 丙辰 Fire Dragon
Grand Duke: 辛亞

Year Pillar

时 Hour	日 Day	月 Month	年 Year
			丙 Bing
			辰 Chen

B.21. How to Plot a BaZi Chart

Step 3: The Month Pillar

a) To identify the BaZi characters for the month, you need BOTH the Western (Gregorian) Day and Month. Each page of the Professional Ten Thousand Year calendar contains main columns and sub-columns. The Western (Gregorian) day and month can be found in the sub-columns.

Month Sub-Column (Western Gregorian Month)

Day Sub-Column (Western Gregorian Month)

三月小 3rd Mth				二月大 2nd Mth				正月大 1st Mth				月干支 Month
壬辰 Ren Chen				辛卯 Xin Mao				庚寅 Geng Yin				
三碧 Three Jade				四綠 Four Green				五黃 Five Yellow				九星 9 Star
穀雨 Grain Rain		清明 Clear and Bright		春分 Spring Equinox		驚蟄 Awakening of Worms		雨水 Rain Water		立春 Coming of Spring		節氣 Season
21st day 7hr 3min		5th day 23hr 47min		20th day 19hr 50min		5th day 18hr 40min		20th day 20hr 40min		6th day 0hr 40min		
辰 Chen		子 Zi		戌 Xu		酉 You		戌 Xu		子 Zi		
國曆 Gregorian		干支 S/B	星 Star	國曆 Gregorian		干支 S/B	星 Star	國曆 Gregorian		干支 S/B	星 Star	農曆 Calendar
3	31	壬午	7	3	1	壬子	4	1	31	壬午	1	初一 1st
4	1	癸未	8	3	2	癸丑	5	2	1	癸未	2	初二 2nd
4	2	甲申	9	3	3	甲寅	6	2	2	甲申	3	初三 3rd
4	3	乙酉	1	3	4	乙卯	7	2	3	乙酉	4	初四 4th
4	4	丙戌	2	3	5	丙辰	8	2	4	丙戌	5	初五 5th
4	5	丁亥	3	3	6	丁巳	9	2	5	丁亥	6	初六 6th
4	6	戊子	4	3	7	戊午	1	2	6	戊子	7	初七 7th
4	7	己丑	5	3	8	己未	2	2	7	己丑	8	初八 8th
4	8	庚寅	6	3	9	庚申	3	2	8	庚寅	9	初九 9th
4	9	辛卯	7	3	10	辛酉	4	2	9	辛卯	1	初十 10th
4	10	壬辰	8	3	11	壬戌	5	2	10	壬辰	2	十一 11th
4	11	癸巳	9	3	12	癸亥	6	2	11	癸巳	3	十二 12th
4	12	甲午	1	3	13	甲子	7	2	12	甲午	4	十三 13th
4	13	乙未	2	3	14	乙丑	8	2	13	乙未	5	十四 14th
4	14	丙申	3	3	15	丙寅	9	2	14	丙申	6	十五 15th
4	15	丁酉	4	3	16	丁卯	1	2	15	丁酉	7	十六 16th
4	16	戊戌	5	3	17	戊辰	2	2	16	戊戌	8	十七 17th
4	17	己亥	6	3	18	己巳	3	2	17	己亥	9	十八 18th
4	18	庚子	7	3	19	庚午	4	2	18	庚子	1	十九 19th
4	19	辛丑	8	3	20	辛未	5	2	19	辛丑	2	二十 20th
4	20	壬寅	9	3	21	壬申	6	2	20	壬寅	3	廿一 21st
4	21	癸卯	1	3	22	癸酉	7	2	21	癸卯	4	廿二 22nd
4	22	甲辰	2	3	23	甲戌	8	2	22	甲辰	5	廿三 23rd
4	23	乙巳	3	3	24	乙亥	9	2	23	乙巳	6	廿四 24th
4	24	丙午	4	3	25	丙子	1	2	24	丙午	7	廿五 25th
4	25	丁未	5	3	26	丁丑	2	2	25	丁未	8	廿六 26th
4	26	戊申	6	3	27	戊寅	3	2	26	戊申	9	廿七 27th
4	27	己酉	7	3	28	己卯	4	2	27	己酉	1	廿八 28th
4	28	庚戌	8	3	29	庚辰	5	2	28	庚戌	2	廿九 29th
				3	30	辛巳	6	2	29	辛亥	3	三十 30th

1976 丙辰 Fire Dragon

Grand Duke: 辛丑

B.21. How to Plot a BaZi Chart

b) Match the Western (Gregorian) Day and Month of Birth to the dates found in the left hand sub-columns. (Example below 10 March).

Western Gregorian Month and Day for 10 March

1976 丙辰 Fire Dragon — Grand Duke: 辛亞

三月小 3rd Mth				二月大 2nd Mth				正月大 1st Mth				月干支 Month	
壬辰 Ren Chen				辛卯 Xin Mao				庚寅 Geng Yin					
三碧 Three Jade				四綠 Four Green				五黃 Five Yellow				九星 9 Star	
穀雨 Grain Rain		清明 Clear and Bright		春分 Spring Equinox		驚蟄 Awakening of Worms		雨水 Rain Water		立春 Coming of Spring		節氣 Season	
21st day 7hr 3min		5th day 23hr 47min		20th day 19hr 50min		5th day 18hr 48min		20th day 20hr 40min		6th day 0hr 40min			
辰 Chen		子 Zi		戌 Xu		酉 You		戌 Xu		子 Zi			
國曆 Gregorian		干支 S / B	星 Star	國曆 Gregorian		干支 S / B	星 Star	國曆 Gregorian		干支 S / B	星 Star	農曆 Calendar	
3	31	壬午	7	3	1	壬子	4	1	31	壬午	1	初一	1st
4	1	癸未	8	3	2	癸丑	5	2	1	癸未	2	初二	2nd
4	2	甲申	9	3	3	甲寅	6	2	2	甲申	3	初三	3rd
4	3	乙酉	1	3	4	乙卯	7	2	3	乙酉	4	初四	4th
4	4	丙戌	2	3	5	丙辰	8	2	4	丙戌	5	初五	5th
4	5	丁亥	3	3	6	丁巳	9	2	5	丁亥	6	初六	6th
4	6	戊子	4	3	7	戊午	1	2	6	戊子	7	初七	7th
4	7	己丑	5	3	8	己未	2	2	7	己丑	8	初八	8th
4	8	庚寅	6	3	9	庚申	3	2	8	庚寅	9	初九	9th
4	9	辛卯	7	3	10	辛酉	4	2	9	辛卯	1	初十	10th
4	10	壬辰	8	3	11	壬戌	5	2	10	壬辰	2	十一	11th
4	11	癸巳	9	3	12	癸亥	6	2	11	癸巳	3	十二	12th
4	12	甲午	1	3	13	甲子	7	2	12	甲午	4	十三	13th
4	13	乙未	2	3	14	乙丑	8	2	13	乙未	5	十四	14th
4	14	丙申	3	3	15	丙寅	9	2	14	丙申	6	十五	15th
4	15	丁酉	4	3	16	丁卯	1	2	15	丁酉	7	十六	16th
4	16	戊戌	5	3	17	戊辰	2	2	16	戊戌	8	十七	17th
4	17	己亥	6	3	18	己巳	3	2	17	己亥	9	十八	18th
4	18	庚子	7	3	19	庚午	4	2	18	庚子	1	十九	19th
4	19	辛丑	8	3	20	辛未	5	2	19	辛丑	2	二十	20th
4	20	壬寅	9	3	21	壬申	6	2	20	壬寅	3	廿一	21st
4	21	癸卯	1	3	22	癸酉	7	2	21	癸卯	4	廿二	22nd
4	22	甲辰	2	3	23	甲戌	8	2	22	甲辰	5	廿三	23rd
4	23	乙巳	3	3	24	乙亥	9	2	23	乙巳	6	廿四	24th
4	24	丙午	4	3	25	丙子	1	2	24	丙午	7	廿五	25th
4	25	丁未	5	3	26	丁丑	2	2	25	丁未	8	廿六	26th
4	26	戊申	6	3	27	戊寅	3	2	26	戊申	9	廿七	27th
4	27	己酉	7	3	28	己卯	4	2	27	己酉	1	廿八	28th
4	28	庚戌	8	3	29	庚辰	5	2	28	庚戌	2	廿九	29th
				3	30	辛巳	6	2	29	辛亥	3	三十	30th

B.21. How to Plot a BaZi Chart

c) Look to the top of the Main Column that you have just referenced. The BaZi characters at the top of the Main Column which contains the corresponding Western (Gregorian) Day and Month of Birth are the BaZi characters for the MONTH.

三月小 3rd Mth				二月大 2nd Mth				正月大 1st Mth				月干支 Month
壬辰 Ren Chen				辛卯 Xin Mao				庚寅 Geng Yin				
三碧 Three Jade				四綠 Four Green				五黃 Five Yellow				九星 9 Star
穀雨 Grain Rain		清明 Clear and Bright		春分 Spring Equinox		驚蟄 Awakening of Worms		雨水 Rain Water		立春 Coming of Spring		節氣 Season
21st day		5th day		20th day		5th day		20th day		6th day		
7hr 3min		23hr 47min		19hr 50min		18hr 48min		20hr 40min		0hr 40min		
辰 Chen		子 Zi		戌 Xu		酉 You		戌 Xu		子 Zi		
國曆 Gregorian		干支 S / B	星 Star	國曆 Gregorian		干支 S / B	星 Star	國曆 Gregorian		干支 S / B	星 Star	農曆 Calendar
3	31	壬午	7	3	1	壬子	4	1	31	壬午	1	初一 1st
4	1	癸未	8	3	2	癸丑	5	2	1	癸未	2	初二 2nd
4	2	甲申	9	3	3	甲寅	6	2	2	甲申	3	初三 3rd
4	3	乙酉	1	3	4	乙卯	7	2	3	乙酉	4	初四 4th
4	4	丙戌	2	3	5	丙辰	[illegible]	2	4	丙戌	5	初五 5th
4	5	丁亥	3	3	6	丁巳	9	2	5	丁亥	6	初六 6th
4	6	戊子	4	3	7	戊午	1	2	6	戊子	7	初七 7th
4	7	己丑	5	3	8	己未	2	2	7	己丑	8	初八 8th
4	8	庚寅	6	3	9	庚申	3	2	8	庚寅	9	初九 9th
4	9	辛卯	7	3	10	辛酉	4	2	9	辛卯	1	初十 10th
4	10	壬辰	8	3	11	壬戌	5	2	10	壬辰	2	十一 11th
4	11	癸巳	9	3	12	癸亥	6	2	11	癸巳	3	十二 12th
4	12	甲午	1	3	13	甲子	7	2	12	甲午	4	十三 13th
4	13	乙未	2	3	14	乙丑	8	2	13	乙未	5	十四 14th
4	14	丙申	3	3	15	丙寅	9	2	14	丙申	6	十五 15th
4	15	丁酉	4	3	16	丁卯	1	2	15	丁酉	7	十六 16th
4	16	戊戌	5	3	17	戊辰	2	2	16	戊戌	8	十七 17th
4	17	己亥	6	3	18	己巳	3	2	17	己亥	9	十八 18th
4	18	庚子	7	3	19	庚午	4	2	18	庚子	1	十九 19th
4	19	辛丑	8	3	20	辛未	5	2	19	辛丑	2	二十 20th
4	20	壬寅	9	3	21	壬申	6	2	20	壬寅	3	廿一 21st
4	21	癸卯	1	3	22	癸酉	7	2	21	癸卯	4	廿二 22nd
4	22	甲辰	2	3	23	甲戌	8	2	22	甲辰	5	廿三 23rd
4	23	乙巳	3	3	24	乙亥	9	2	23	乙巳	6	廿四 24th
4	24	丙午	4	3	25	丙子	1	2	24	丙午	7	廿五 25th
4	25	丁未	5	3	26	丁丑	2	2	25	丁未	8	廿六 26th
4	26	戊申	6	3	27	戊寅	3	2	26	戊申	9	廿七 27th
4	27	己酉	7	3	28	己卯	4	2	27	己酉	1	廿八 28th
4	28	庚戌	8	3	29	庚辰	5	2	28	庚戌	2	廿九 29th
				3	30	辛[illegible]	6	2	29	辛亥	3	二十 30th

1976 丙辰 Fire Dragon Grand Duke: 辛亞

Month Pillar

Transition Date from the 1st Month to the 2nd Month

Western Gregorian Month and Day

時 Hour	日 Day	月 Month	年 Year
		辛 Xin	丙 Bing
		卯 Mao	辰 Chen

The BaZi characters for the Month of March 1976 are Xin Mao 辛卯. Write Xin Mao 辛卯 into your diagram in the Month Pillar.

B.21. How to Plot a BaZi Chart

Special Note:

Because the Ten Thousand Year Calendar consists of 'three' types of calendar – Chinese Solar and Lunar and Western (Gregorian) calendar, you need to take note when reading the Month's Stem and Branch. In some instances, the Western (Gregorian) day falls in the next or previous Xia Month. Please take note of the transition dates for the Chinese Solar Months. It is highlighted in the Ten Thousand Year Calendar.

Here is a quick reference chart for you:

寅 *Yin*	**Tiger**	Feb 4 - Mar 5
卯 *Mao*	**Rabbit**	Mar 6 - Apr 4
辰 *Chen*	**Dragon**	Apr 5 - May 5
巳 *Si*	**Snake**	May 6 - Jun 5
午 *Wu*	**Horse**	Jun 6 - July 6
未 *Wei*	**Goat**	July 7 - Aug 7
申 *Shen*	**Monkey**	Aug 8 - Sept 7
酉 *You*	**Rooster**	Sept 8 - Oct 7
戌 *Xu*	**Dog**	Oct 8 - Nov 6
亥 *Hai*	**Pig**	Nov 7 - Dec 6
子 *Zi*	**Rat**	Dec 7 - Jan 5
丑 *Chou*	**Ox**	Jan 6 - Feb 3

** +/- 1 Day variance. Check the calendar for the actual transition date which is always highlighted.*

If your day of birth is March 3 for example, then you should be looking at the Yin (Tiger Month). Check the column for the 'Yin' (Tiger) month in that related calendar page for the correct Stem and Branch of the month.

B.21. How to Plot a BaZi Chart

Step 4: The Day Pillar

Refer to the sub-column that contains the Day and Month – the columns to the Right will give you the BaZi for characters for the Day pillar. The BaZi characters for the 10th of March are Xin You 辛酉.

1976 丙辰 Fire Dragon — Grand Duke: 辛亞

三月小 3rd Mth				二月大 2nd Mth				正月大 1st Mth				月干支 Month	
壬辰 Ren Chen				辛卯 Xin Mao				庚寅 Geng Yin					
三碧 Three Jade				四綠 Four Green				五黃 Five Yellow				九星 9 Star	
穀雨 Grain Rain		清明 Clear and Bright		春分 Spring Equinox		驚蟄 Awakening of Worms		雨水 Rain Water		立春 Coming of Spring		節氣 Season	
21st day		5th day		20th day		5th day		20th day		6th day			
7hr 3min		23hr 47min		19hr 50min		18hr 48min		20hr 40min		0hr 40min			
辰 Chen		子 Zi		戌 Xu		酉 You		戌 Xu		子 Zi			
國曆 Gregorian		干支 S / B	星 Star	國曆 Gregorian		干支 S / B	星 Star	國曆 Gregorian		干支 S / B	星 Star	農曆 Calendar	
3	31	壬午	7	3	1	壬子	4	1	31	壬午	1	初一	1st
4	1	癸未	8	3	2	癸丑	5	2	1	癸未	2	初二	2nd
4	2	甲申	9	3	3	甲寅	6	2	2	甲申	3	初三	3rd
4	3	乙酉	1	3	4	乙卯	7	2	3	乙酉	4	初四	4th
4	4	丙戌	2	3	5	丙辰	8	2	4	丙戌	5	初五	5th
4	5	丁亥	3	3	6	丁巳	9	2	5	丁亥	6	初六	6th
4	6	戊子	4	3	7	戊午	1	2	6	戊子	7	初七	7th
4	7	己丑	5	3	8	己未	2	2	7	己丑	8	初八	8th
4	8	庚寅	6	3	9	庚申	3	2	8	庚寅	9	初九	9th
4	9	辛卯	7	3	10	辛酉	4	2	9	辛卯	1	初十	10th
4	10	壬辰	8	3	11	壬戌	5	2	10	壬辰	2	十一	11th
4	11	癸巳	9	3	12	癸亥	6	2	11	癸巳	3	十二	12th
4	12	甲午	1	3	13	甲子	7	2	12	甲午	4	十三	13th
4	13	乙未	2	3	14	乙丑	8	2	13	乙未	5	十四	14th
4	14	丙申	3	3	15	丙寅	9	2	14	丙申	6	十五	15th
4	15	丁酉	4	3	16	丁卯	1	2	15	丁酉	7	十六	16th
4	16	戊戌	5	3	17	戊辰	2	2	16	戊戌	8	十七	17th
4	17	己亥	6	3	18	己巳	3	2	17	己亥	9	十八	18th
4	18	庚子	7	3	19	庚午	4	2	18	庚子	1	十九	19th
4	19	辛丑	8	3	20	辛未	5	2	19	辛丑	2	二十	20th
4	20	壬寅	9	3	21	壬申	6	2	20	壬寅	3	廿一	21st
4	21	癸卯	1	3	22	癸酉	7	2	21	癸卯	4	廿二	22nd
4	22	甲辰	2	3	23	甲戌	8	2	22	甲辰	5	廿三	23rd
4	23	乙巳	3	3	24	乙亥	9	2	23	乙巳	6	廿四	24th
4	24	丙午	4	3	25	丙子	1	2	24	丙午	7	廿五	25th
4	25	丁未	5	3	26	丁丑	2	2	25	丁未	8	廿六	26th
4	26	戊申	6	3	27	戊寅	3	2	26	戊申	9	廿七	27th
4	27	己酉	7	3	28	己卯	4	2	27	己酉	1	廿八	28th
4	28	庚戌	8	3	29	庚辰	5	2	28	庚戌	2	廿九	29th
				3	30	辛巳	6	2	29	辛亥	3	三十	30th

Day Pillar

Western Gregorian Month and Day

時 Hour	日 Day	月 Month	年 Year
	辛 Xin	辛 Xin	丙 Bing
	酉 You	卯 Mao	辰 Chen

B.21. How to Plot a BaZi Chart

Step 5: The Hour Pillar

Note that the Chinese day only has 12 hours while the Western day has 24. Accordingly, 1 Chinese Hour = 2 Western Hours.

a) Determine the Day Master. The Day Master is the character found in the top column of the Day Pillar. In the example of 10 March 1976 10.28am, the Day Master is Xin 辛 (Yin Metal).

時 Hour	日 Day	月 Month	年 Year
	辛 Xin (Day Master)	辛 Xin	丙 Bing
	酉 You	卯 Mao	辰 Chen

B.21. How to Plot a BaZi Chart

b) Refer to the Hour Pillar Table below (you can find it also on page 24, table B.13). Find the column that contains the Day Master which is Xin 辛 then cross reference it with the column for the Time of Birth, which is the Si 巳 Snake Hour.

Five Rat Chasing Day Establishing Hour Table

時 Hour	日 Day	甲 Jia Yang Wood / 己 Ji Yin Earth	乙 Yi Yin Wood / 庚 Geng Yang Metal	丙 Bing Yang Fire / 辛 Xin Yin Metal	丁 Ding Yin Fire / 壬 Ren Yang Water	戊 Wu Yang Earth / 癸 Gui Yin Water
11 pm - 11.59 pm	夜子 Ye Zi Late Rat	丙子 Bing Zi Fire Rat	戊子 Wu Zi Earth Rat	庚子 Geng Zi Metal Rat	壬子 Ren Zi Water Rat	甲子 Jia Zi Wood Rat
12 am - 12.59 am	子 Zi Rat	甲子 Jia Zi Wood Rat	丙子 Bing Zi Fire Rat	戊子 Wu Zi Earth Rat	庚子 Geng Zi Metal Rat	壬子 Ren Zi Water Rat
1 am - 2.59 am	丑 Chou Ox	乙丑 Yi Chou Wood Ox	丁丑 Ding Chou Fire Ox	己丑 Ji Chou Earth Ox	辛丑 Xin Chou Metal Ox	癸丑 Gui Chou Water Ox
3 am - 4.59 am	寅 Yin Tiger	丙寅 Bing Yin Fire Tiger	戊寅 Wu Yin Earth Tiger	庚寅 Geng Yin Metal Tiger	壬寅 Ren Yin Water Tiger	甲寅 Jia Yin Wood Tiger
5 am - 6.59 am	卯 Mao Rabbit	丁卯 Ding Mao Fire Rabbit	己卯 Ji Mao Earth Rabbit	辛卯 Xin Mao Metal Rabbit	癸卯 Gui Mao Water Rabbit	乙卯 Yi Mao Wood Rabbit
7 am - 8.59 am	辰 Chen Dragon	戊辰 Wu Chen Earth Dragon	庚辰 Geng Chen Metal Dragon	壬辰 Ren Chen Water Dragon	甲辰 Jia Chen Wood Dragon	丙辰 Bing Chen Fire Dragon
9 am - 10.59 am	巳 Si Snake	己巳 Ji Si Earth Snake	辛巳 Xin Si Metal Snake	癸巳 Gui Si WaterSnake	乙巳 Yi Si Wood Snake	丁巳 Ding Si Fire Snake
11 am - 12.59 pm	午 Wu Horse	庚午 Geng Wu Metal Horse	壬午 Ren Wu Water Horse	甲午 Jia Wu Wood Horse	丙午 Bing Wu Fire Horse	戊午 Wu Wu Earth Horse
1pm - 2.59 pm	未 Wei Goat	辛未 Xin Wei Metal Goat	癸未 Gui Wei Water Goat	乙未 Yi Wei Wood Goat	丁未 Ding Wei Fire Goat	己未 Ji Wei Earth Goat
3 pm - 4.59 pm	申 Shen Monkey	壬申 Ren Shen Water Monkey	甲申 Jia Shen Wood Monkey	丙申 Bing Shen Fire Monkey	戊申 Wu Shen Earth Monkey	庚申 Geng Shen Metal Monkey
5 pm - 6.59 pm	酉 You Rooster	癸酉 Gui You Water Rooster	乙酉 Yi You Wood Rooster	丁酉 Ding You Fire Rooster	己酉 Ji You Earth Rooster	辛酉 Xin You Metal Rooster
7 pm - 8.59 pm	戌 Xu Dog	甲戌 Jia Xu Wood Dog	丙戌 Bing Xu Fire Dog	戊戌 Wu Xu Earth Dog	庚戌 Geng Xu Metal Dog	壬戌 Ren Xu Water Dog
9 pm - 10.59 pm	亥 Hai Pig	乙亥 Yi Hai Wood Pig	丁亥 Ding Hai Fire Pig	己亥 Ji Hai Earth Pig	辛亥 Xin Hai Metal Pig	癸亥 Gui Hai Water Pig

B.21. How to Plot a BaZi Chart

c) The BaZi in the column is the BaZi for the Hour Pillar. For the example of 10 March 1976 10.28am, the Hour Pillar is Gui Si

Your completed BaZi for 10 March 1976 10.28 am is

時 Hour	日 Day	月 Month	年 Year
癸 *Gui*	辛 *Xin*	辛 *Xin*	丙 *Bing*
巳 *Si*	酉 *You*	卯 *Mao*	辰 *Chen*

B.21. How to Plot a BaZi Chart

Exceptional Circumstances relating to February 4th and Early/Late Rat Hour.

There are 2 instances where the above procedure for plotting a BaZi chart involve additional steps or verification.

February 4th

Where a person's birthday falls one day before or one day after February 4th. This is the transition date from one year to another in the Chinese Solar calendar. Always check the Month column to check what day the new Chinese Year begins so you will not make a mistake with the Year Pillar.

Early Rat/Late Rat Hour

The Rat Hour (11am-12.59am) theoretically saddles two days, Accordingly, the Rat Hour has TWO BaZi characters – one for Early Rat Hour (12am-12.59am) and one for the Late Rat Hour (11pm-11.59pm).

A person is considered born in the Early Rat Hour if they are born between 12.00am and 12.59am on the 16th of June 1976. They are considered born in the Late Rat Hour if they are born between 11pm and 11.59pm on the 16th of June 1976.

For the Early Rat Hour, the method of plotting as explained above for the Hour Pillar applies.

For Late Rat Hour, refer to the Late Rat Hour column reproduced below, the Five Rats Chasing Day Establishing Hour Table. Using the Day Master, ascertain the correct BaZi characters for the Late Rat Hour.

B.21. How to Plot a BaZi Chart

Example:

For a person born at 11.01pm on the 6th of June, Day Master of Geng 庚, the Late Rat Hour BaZi is Wu Zi 戊子.

時 Hour \ 日 Day		甲 *Jia* **Yang Wood** 己 *Ji* **Yin Earth**	乙 *Yi* **Yin Wood** 庚 *Geng* **Yang Metal**	丙 *Bing* **Yang Fire** 辛 *Xin* **Yin Metal**	丁 *Ding* **Yin Fire** 壬 *Ren* **Yang Water**	戊 *Wu* **Yang Earth** 癸 *Gui* **Yin Water**
11 pm - 11.59 pm	夜子 *Ye Zi* **Late Rat**	丙子 *Bing Zi* Fire Rat	戊子 *Wu Zi* Earth Rat	庚子 *Geng Zi* Metal Rat	壬子 *Ren Zi* Water Rat	甲子 *Jia Zi* Wood Rat
12 am - 12.59 am	子 *Zi* **Rat**	甲子 *Jia Zi* Wood Rat	丙子 *Bing Zi* Fire Rat	戊子 *Wu Zi* Earth Rat	庚子 *Geng Zi* Metal Rat	壬子 *Ren Zi* Water Rat

B.21. How to Plot a BaZi Chart

Plotting The Luck Pillars

Step 1: Preparation

Reproduce the following table. Remember that like the BaZi, the Luck Pillars comprise a Heavenly Stem and an Earthly Branch.

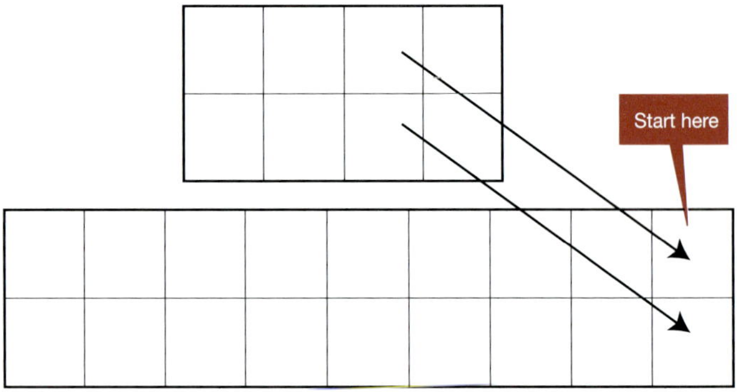

Step 2: Determine the Cycle - Reverse or Forward

a) Based on the Gender and Year of Birth, determine if it is a Forward Cycle or a Reverse Cycle. Refer to page 6, table B.1.1. if you are uncertain whether the Year of Birth is Yin or Yang.

Forward Cycle	**Yang Male, Yin Female**
Reverse Cycle	**Yin Male, Yang Female**

Example #1:
A Male born in a Bing 丙 (Yang Fire) Year will have a Forward Cycle

Example #2:
A Female born in a Ren 壬 (Yang Water) Day MasterYear will follow the Reverse Cycle.

The 10 Heavenly Stems

(← Reverse Cycle) (Forward Cycle →)

甲 *Jia*	乙 *Yi*	丙 *Bing*	丁 *Ding*	戊 *Wu*	己 *Ji*	庚 *Geng*	辛 *Xin*	壬 *Ren*	癸 *Gui*
Yang Wood	Yin Wood	Yang Fire	Yin Fire	Yang Earth	Yin Earth	Yang Metal	Yin Metal	Yang Water	Yin Water

The 12 Earthly Branches

(← Reverse Cycle) (Forward Cycle →)

子 *Zi* Rat	丑 *Chou* Ox	寅 *Yin* Tiger	卯 *Mao* Rabbit	辰 *Chen* Dragon	巳 *Si* Snake	午 *Wu* Horse	未 *Wei* Goat	申 *Shen* Monkey	酉 *You* Rooster	戌 *Xu* Dog	亥 *Hai* Pig
Yang Water	Yin Earth	Yang Wood	Yin Wood	Yang Earth	Yin Fire	Yang Fire	Yin Earth	Yang Metal	Yin Metal	Yang Earth	Yin Water

B.21. How to Plot a BaZi Chart

b) Once the Cycle is determined, pinpoint the Start Point of the Cycle. The Start Point of the cycle is the two BaZi characters that make up the Month Pillar. Write the two characters into the first pillar on the right hand side of the diagram.

Example:
For 10 March 1976, the Month Pillar is Xin Mao 辛卯 - Ren Chen 壬辰 is the Start Point of the Luck Cycle.

時 Hour	日 Day	月 Month	年 Year
癸 *Gui*	辛 *Xin*	辛 *Xin*	丙 *Bing*
巳 *Si*	酉 *You*	卯 *Mao*	辰 *Chen*

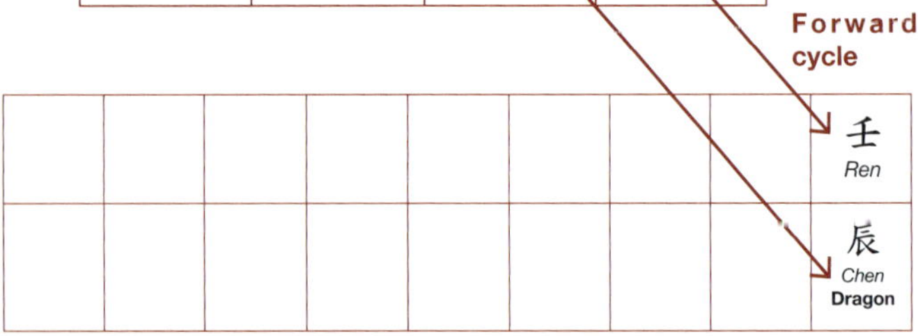

B.21. How to Plot a BaZi Chart

Step 3: Plot the Luck Pillars

a) To plot the Cycle, begin with the Heavenly Stems. Using the example of a Male born on 10th March 1976, we plot following a **FORWARD CYCLE** as the Year of Birth is Bing 丙. Remember to plot from **RIGHT TO LEFT**.

Example:

The 10 Heavenly Stems 天干

庚 Geng	己 Ji	戊 Wu	丁 Ding	丙 Bing	乙 Yi	甲 Jia	癸 Gui	壬 Ren
								辰 Chen Dragon

b) Next, go to the Earthly Branches. Again, plot the cycle following the **FORWARD CYCLE**. Remember to plot from **RIGHT TO LEFT**.

The Luck Pillars for person born in 10 March 1976 at 10.28am:

庚 Geng	己 Ji	戊 Wu	丁 Ding	丙 Bing	乙 Yi	甲 Jia	癸 Gui	壬 Ren
子 Zi Rat	亥 Hai Pig	戌 Xu Dog	酉 You Rooster	申 Shen Monkey	未 Wei Goat	午 Wu Horse	巳 Si Snake	辰 Chen Dragon

B.21. How to Plot a BaZi Chart

Note on the Plotting the Heavenly Stems for the Luck Pillar

The Forward Cycle for the Heavenly Stems is essentially the 5 Elements Production Cycle. The Reverse Cycle for Heavenly Stems is also the 5 Elements Production Cycle, but in Reverse Order. Remember that if the Month Heavenly Stem is a Yang Stem, the next stem will always be a Yin Stem of the Element that follows, whether it is a Forward or Reverse Cycle. Similarly, if the Month Heavenly Stem is a Yin Stem, the next stem will always be a Yang Stem, whether it is a Forward or Reverse Cycle.

Example #1:

if the Starting Point of the Cycle is Yang Earth Wu 戊 and it is a Reverse Cycle, then the next Stem will be Yin Fire Ding 丁.

Example #2:

if the Starting Point of the Cycle is Yin Metal Xin 辛 and it is a Forward Cycle, then the next Stem will be Yang Water Ren 壬.

Note on the Plotting the Heavenly Stems for the Luck Pillar

The Forward Cycle for the Earthly Branches is 12 animals of the Chinese calendar in sequence (Rat, Ox, Tiger, Rabbit, Dragon, Snake, Horse, Goat, Monkey, Rooster, Dog, Pig). The Reverse Cycle for the Earthly Branches is the 12 animals in reverse order.

Step 4: Determine the Age Limit Points

The Age Limit points determine when a person's Luck will change.

a) Using the same references as before, determine if the person is following a Forward or Reverse Cycle.

b) If the Forward cycle is being used, then count the number of days between the person's Day of Birth and the next monthly transition point.

Example:

Person is born on 9 June. The next month transition point, as referenced from the 24 Seasons chart is July 7. The number of days between the 9th of June to the 7th of July is 27 days.

c) If on the other hand, a Reverse cycle is used, then count the number of days between the person's Day of Birth and the nearest monthly transition point.

Example:
Person is born on 9 June. The nearest month transition point as referenced from the 24 Seasons chart is June 6. The number of days between June 6th and June 9th is 3.

d) Once you have ascertained the relevant number of days, divide the figure by 3 to get the first Age Limit.

Example #1:
Number of days is 7. 7 divided by 3 is 2.3. So the first Age Limit is 2 years old.

Example #2:
Number of days is 20. 20 divided by 3 is 6.6. So the first Age Limit for the person is 7 (take the nearest round-up number) years old.

Where the number of days is 0, the outcome will be 0. Accordingly, the first age limit for the person is 0 years.

e) Write down the first Age Limit in the first Luck Pillar on the Right Hand side of the Luck Pillar Diagram.

Example: Luck Pillars for person born 10th March 1976

庚 *Geng*	己 *Ji*	戊 *Wu*	丁 *Ding*	丙 *Bing*	乙 *Yi*	甲 *Jia*	癸 *Gui*	壬 *Ren*
子 *Zi* **Rat**	亥 *Hai* **Pig**	戌 *Xu* **Dog**	酉 *You* **Rooster**	申 *Shen* **Monkey**	未 *Wei* **Goat**	午 *Wu* **Horse**	巳 *Si* **Snake**	辰 *Chen* **Dragon**

f) The 10 March is 25 days away from the next transition date 4 April. 25 divided by 3 is 8.3, so the first age limit is 8.

g) Subsequent Luck Pillars follow in ten year blocks. Accordingly, if a person's first Age Limit is 8, then the next transition point in his Luck Pillars is 18, followed by 28 and so forth.

88	78	68	58	48	38	28	18	8
庚 *Geng*	己 *Ji*	戊 *Wu*	丁 *Ding*	丙 *Bing*	乙 *Yi*	甲 *Jia*	癸 *Gui*	壬 *Ren*
子 *Zi* **Rat**	亥 *Hai* **Pig**	戌 *Xu* **Dog**	酉 *You* **Rooster**	申 *Shen* **Monkey**	未 *Wei* **Goat**	午 *Wu* **Horse**	巳 *Si* **Snake**	辰 *Chen* **Dragon**

C. Zi Wei Dou Shu 紫微斗數 - Purple Star Astrology

C.1.	The Elements of the Heavenly Stems 十天干五行	71
C.2.	The Elements of the Earthly Branches 十二地支五行	72
C.3.	Establishing the 12 Animal Palaces 定十二宮	73
	C.3.1. Yin / Yang Male and Female	73
C.4.	Establishing the 12 Palaces (From the Life Palace 命宮) 定十二宮	74
C.5.	Establishing the Life and Body Palace 安命宮及身宮	76
C.6.	Establishing the 5 Elements Structure 定五行局	79
C.7.	Locating the Zi Wei (Emperor Star) from Lunar Day of Birth 安紫微星	80
C.8.	The Twelve Basic Zi Wei Templates	82
C.9.	Locating the Sky Treasurer Star	88
C.10.	Locating the Zi Wei (Northern) Star Stream	89
C.11.	Locating the Sky Treasurer's (Southern) Star Stream	90
C.12.	Month Stream 月系諸星表	91
C.13.	Hour Stream 時系諸星表	92
C.14.	Day Stream 日系諸星表	93
C.15.	Year Stem Star Stream 年干系諸星表	93
C.16.	Transformation Stars (Based on Birth Year's Stem)	94
C.17.	The Professor Star Stream	94
C.18.	The Twelve Growth and Birth Phases Stars 十二長生星	95
C.19.	Allocating the Sky Hurt and Sky Messenger Stars 安天傷天使表	96
C.20.	Year Branch Star Stream 年支星	97
C.21.	Allocating the Annual Duke Star Group 安流年歲前諸星表	98
C.22.	Allocating the Annual Marshal Group Stream of Stars 安流年將前諸星表	99
C.23.	Allocating the Life Master Star 安命主	100
C.24.	Allocating the Body Master Star 安身主	101
C.25.	Allocating the Void and Emptiness 安截路空亡	102
C.26.	Allocating the Big Limits 起大限	104
C.27.	Allocating the Small Limits 起小限	105
C.28.	Year Governor Table 斗君表	106

Zi Wei Dou Shu 紫微斗數

- There are two major systems of Chinese Destiny (Life/Fate) Analysis - BaZi 八字(Four Pillars) and Zi Wei Dou Shu 紫微斗數(Purple Star Astrology).

- This section contains tables and reference guide for Zi Wei astrologers.

- Some Zi Wei Astrologers use only the major stars while others can use up to hundreds. This depends greatly on which school of Zi Wei Dou Shu you follow.

- There are different schools and styles of Zi Wei Dou Shu. Two of the more popular systems are the San He School and Flying Stars (Shifting Palace) School.

- Please consult your master/teacher for guidance on the application of Zi Wei Dou Shu.

Plotting of the Zi Wei Chart

- The following is just a simple reference guide on plotting a Zi Wei Chart. Please consult your teacher/master for a more precise method offered by your own school.

- Different schools place different emphasis and usage on different stars. Some schools use about 40 stars while others can use up to a 100. It is matter of preference and style of reading.

- Zi Wei Dou Shu 紫微斗數 (Purple Star Astrology) follows the Chinese Lunar Calendar.

C.1. The Elements of the Heavenly Stems 十天干五行

天干 Heavenly Stems	陰 / 陽 Yin / Yang	五行 Five Elements
甲 *Jia*	陽 Yang	木 Wood
乙 *Yi*	陰 Yin	
丙 *Bing*	陽 Yang	火 Fire
丁 *Ding*	陰 Yin	
戊 *Wu*	陽 Yang	土 Earth
己 *Ji*	陰 Yin	
庚 *Geng*	陽 Yang	金 Metal
辛 *Xin*	陰 Yin	
壬 *Ren*	陽 Yang	水 Water
癸 *Gui*	陰 Yin	

C.2. The Elements of the Earthly Branches 十二地支五行

地支 Earthly Branches	生肖 Animal Signs	陰 / 陽 Yin / Yang	五行 Five Elements
子 *Zi*	鼠 **Rat**	陽 **Yang**	水 **Water**
丑 *Chou*	牛 **Ox**	陰 **Yin**	土 **Earth**
寅 *Yin*	虎 **Tiger**	陽 **Yang**	木 **Wood**
卯 *Mao*	兔 **Rabbit**	陰 **Yin**	木 **Wood**
辰 *Chen*	龍 **Dragon**	陽 **Yang**	土 **Earth**
巳 *Si*	蛇 **Snake**	陰 **Yin**	火 **Fire**
午 *Wu*	馬 **Horse**	陽 **Yang**	火 **Fire**
未 *Wei*	羊 **Goat**	陰 **Yin**	土 **Earth**
申 *Shen*	猴 **Monkey**	陽 **Yang**	金 **Metal**
酉 *You*	雞 **Rooster**	陰 **Yin**	金 **Metal**
戌 *Xu*	狗 **Dog**	陽 **Yang**	土 **Earth**
亥 *Hai*	豬 **Pig**	陰 **Yin**	水 **Water**

C.3. Establishing the 12 Animal Palaces 定十二宮

十二宮 12 Sectors / Birth Year Stem 本生	甲己 Jia Ji	乙庚 Yi Geng	丙辛 Bing Xin	丁壬 Ding Ren	戊癸 Wu Gui
寅 Yin Tiger	丙 Bing Yang Fire	戊 Wu Yang Earth	庚 Geng Yang Metal	壬 Ren Yang Water	甲 Jia Yang Wood
卯 Mao Rabbit	丁 Ding Yin Fire	己 Ji Yin Earth	辛 Xin Yin Metal	癸 Gui Yin Water	乙 Yi Yin Wood
辰 Chen Dragon	戊 Wu Yang Earth	庚 Geng Yang Metal	壬 Ren Yang Water	甲 Jia Yang Wood	丙 Bing Yang Fire
巳 Si Snake	己 Ji Yin Earth	辛 Xin Yin Metal	癸 Gui Yin Water	乙 Yi Yin Wood	丁 Ding Yin Fire
午 Wu Horse	庚 Geng Yang Metal	壬 Ren Yang Water	甲 Jia Yang Wood	丙 Bing Yang Fire	戊 Wu Yang Earth
未 Wei Goat	辛 Xin Yin Metal	癸 Gui Yin Water	乙 Yi Yin Wood	丁 Ding Yin Fire	己 Ji Yin Earth
申 Shen Monkey	壬 Ren Yang Water	甲 Jia Yang Wood	丙 Bing Yang Fire	戊 Wu Yang Earth	庚 Geng Yang Metal
酉 You Rooster	癸 Gui Yin Water	乙 Yi Yin Wood	丁 Ding Yin Fire	己 Ji Yin Earth	辛 Xin Yin Metal
戌 Xu Dog	甲 Jia Yang Wood	丙 Bing Yang Fire	戊 Wu Yang Earth	庚 Geng Yang Metal	壬 Ren Yang Water
亥 Hai Pig	乙 Yi Yin Wood	丁 Ding Yin Fire	己 Ji Yin Earth	辛 Xin Yin Metal	癸 Gui Yin Water
子 Zi Rat	丙 Bing Yang Fire	戊 Wu Yang Earth	庚 Geng Yang Metal	壬 Ren Yang Water	甲 Jia Yang Wood
丑 Chou Ox	丁 Ding Yin Fire	己 Ji Yin Earth	辛 Xin Yin Metal	癸 Gui Yin Water	乙 Yi Yin Wood

C.3.1. Yin / Yang Male and Female

- **People born in a Yang year :**
  Males = Yang Male (陽男), Females = Yang Female (陽女)

- **People born in a Yin year :**
  Males = Yin Male (陰男), Females=Yin Female (陰女)

C.4. Establishing the 12 Palaces 定十二宮 (From the Life Palace 命宮)

Palaces 餘宮 / 命宮 Life Palaces	子 Zi Rat	丑 Chou Ox	寅 Yin Tiger	卯 Mao Rabbit	辰 Chen Dragon	巳 Si Snake
兄弟 Siblings Palace	亥 Hai Pig	子 Zi Rat	丑 Chou Ox	寅 Yin Tiger	卯 Mao Rabbit	辰 Chen Dragon
夫妻 Marital Palace	戌 Xu Dog	亥 Hai Pig	子 Zi Rat	丑 Chou Ox	寅 Yin Tiger	卯 Mao Rabbit
子女 Children Palace	酉 You Rooster	戌 Xu Dog	亥 Hai Pig	子 Zi Rat	丑 Chou Ox	寅 Yin Tiger
財帛 Wealth Palace	申 Shen Monkey	酉 You Rooster	戌 Xu Dog	亥 Hai Pig	子 Zi Rat	丑 Chou Ox
疾厄 Health Palace	未 Wei Goat	申 Shen Monkey	酉 You Rooster	戌 Xu Dog	亥 Hai Pig	子 Zi Rat
遷移 Travel Palace	午 Wu Horse	未 Wei Goat	申 Shen Monkey	酉 You Rooster	戌 Xu Dog	亥 Hai Pig
僕役 Hired Help Palace	巳 Si Snake	午 Wu Horse	未 Wei Goat	申 Shen Monkey	酉 You Rooster	戌 Xu Dog
官祿 Career Palace	辰 Chen Dragon	巳 Si Snake	午 Wu Horse	未 Wei Goat	申 Shen Monkey	酉 You Rooster
田宅 Property Palace	卯 Mao Rabbit	辰 Chen Dragon	巳 Si Snake	午 Wu Horse	未 Wei Goat	申 Shen Monkey
福德 Fortune and Virtue Palace	寅 Yin Tiger	卯 Mao Rabbit	辰 Chen Dragon	巳 Si Snake	午 Wu Horse	未 Wei Goat
父母 Parents Palace	丑 Chou Ox	寅 Yin Tiger	卯 Mao Rabbit	辰 Chen Dragon	巳 Si Snake	午 Wu Horse

C.4. Establishing the 12 Palaces (From the Life Palace 命宮)定十二宮

Palaces 餘宮 / 命宮 Life Palaces	午 Wu Horse	未 Wei Goat	申 Shen Monkey	酉 You Rooster	戌 Xu Dog	亥 Hai Pig
兄弟 Siblings Palace	巳 Si Snake	午 Wu Horse	未 Wei Goat	申 Shen Monkey	酉 You Rooster	戌 Xu Dog
夫妻 Marital Palace	辰 Chen Dragon	巳 Si Snake	午 Wu Horse	未 Wei Goat	申 Shen Monkey	酉 You Rooster
子女 Children Palace	卯 Mao Rabbit	辰 Chen Dragon	巳 Si Snake	午 Wu Horse	未 Wei Goat	申 Shen Monkey
財帛 Wealth Palace	寅 Yin Tiger	卯 Mao Rabbit	辰 Chen Dragon	巳 Si Snake	午 Wu Horse	未 Wei Goat
疾厄 Health Palace	丑 Chou Ox	寅 Yin Tiger	卯 Mao Rabbit	辰 Chen Dragon	巳 Si Snake	午 Wu Horse
遷移 Travel Palace	子 Zi Rat	丑 Chou Ox	寅 Yin Tiger	卯 Mao Rabbit	辰 Chen Dragon	巳 Si Snake
僕役 Hired Help Palace	亥 Hai Pig	子 Zi Rat	丑 Chou Ox	寅 Yin Tiger	卯 Mao Rabbit	辰 Chen Dragon
官祿 Career Palace	戌 Xu Dog	亥 Hai Pig	子 Zi Rat	丑 Chou Ox	寅 Yin Tiger	卯 Mao Rabbit
田宅 Property Palace	酉 You Rooster	戌 Xu Dog	亥 Hai Pig	子 Zi Rat	丑 Chou Ox	寅 Yin Tiger
福德 Fortune and Virtue Palace	申 Shen Monkey	酉 You Rooster	戌 Xu Dog	亥 Hai Pig	子 Zi Rat	丑 Chou Ox
父母 Parents Palace	未 Wei Goat	申 Shen Monkey	酉 You Rooster	戌 Xu Dog	亥 Hai Pig	子 Zi Rat

C. Zi Wei Dou Shu 紫微斗數 - Purple Star Astrology

C.5. Establishing the Life and Body Palace 安命宮及身宮

生時 Birth Hour	子 Zi Rat	丑 Chou Ox		寅 Yin Tiger		卯 Mao Rabbit	
命身 Life & Body Palace / 生月 Birth Month	命身 Life / Body	命 Life	身 Body	命 Life	身 Body	命 Life	身 Body
正月 1st Month	寅 Yin Tiger	丑 Chou Ox	卯 Mao Rabbit	子 Zi Rat	辰 Chen Dragon	亥 Hai Pig	巳 Si Snake
二月 2nd Month	卯 Mao Rabbit	寅 Yin Tiger	辰 Chen Dragon	丑 Chou Ox	巳 Si Snake	子 Zi Rat	午 Wu Horse
三月 3rd Month	辰 Chen Dragon	卯 Mao Rabbit	巳 Si Snake	寅 Yin Tiger	午 Wu Horse	丑 Chou Ox	未 Wei Goat
四月 4th Month	巳 Si Snake	辰 Chen Dragon	午 Wu Horse	卯 Mao Rabbit	未 Wei Goat	寅 Yin Tiger	申 Shen Monkey
五月 5th Month	午 Wu Horse	巳 Si Snake	未 Wei Goat	辰 Chen Dragon	申 Shen Monkey	卯 Mao Rabbit	酉 You Rooster
六月 6th Month	未 Wei Goat	午 Wu Horse	申 Shen Monkey	巳 Si Snake	酉 You Rooster	辰 Chen Dragon	戌 Xu Dog
七月 7th Month	申 Shen Monkey	未 Wei Goat	酉 You Rooster	午 Wu Horse	戌 Xu Dog	巳 Si Snake	亥 Hai Pig
八月 8th Month	酉 You Rooster	申 Shen Monkey	戌 Xu Dog	未 Wei Goat	亥 Hai Pig	午 Wu Horse	子 Zi Rat
九月 9th Month	戌 Xu Dog	酉 You Rooster	亥 Hai Pig	申 Shen Monkey	子 Zi Rat	未 Wei Goat	丑 Chou Ox
十月 10th Month	亥 Hai Pig	戌 Xu Dog	子 Zi Rat	酉 You Rooster	丑 Chou Ox	申 Shen Monkey	寅 Yin Tiger
十一月 11th Month	子 Zi Rat	亥 Hai Pig	丑 Chou Ox	戌 Xu Dog	寅 Yin Tiger	酉 You Rooster	卯 Mao Rabbit
十二月 12th Month	丑 Chou Ox	子 Zi Rat	寅 Yin Tiger	亥 Hai Pig	卯 Mao Rabbit	戌 Xu Dog	辰 Chen Dragon

**Those born in additional month, refer to the original month of birth.*

C.5. Establishing the Life and Body Palace 安命宫及身宫

生時 Birth Hour	辰 Chen Dragon		巳 Si Snake		午 Wu Horse	未 Wei Goat	
命身 Life & Body Palace / 生月 Birth Month	命 Life	身 Body	命 Life	身 Body	命身 Life / Body	命 Life	身 Body
正月 1st Month	戌 Xu Dog	午 Wu Horse	酉 You Rooster	未 Wei Goat	申 Shen Monkey	未 Wei Goat	酉 You Rooster
二月 2nd Month	亥 Hai Pig	未 Wei Goat	戌 Xu Dog	申 Shen Monkey	酉 You Rooster	申 Shen Monkey	戌 Xu Dog
三月 3rd Month	子 Zi Rat	申 Shen Monkey	亥 Hai Pig	酉 You Rooster	戌 Xu Dog	酉 You Rooster	亥 Hai Pig
四月 4th Month	丑 Chou Ox	酉 You Rooster	子 Zi Rat	戌 Xu Dog	亥 Hai Pig	戌 Xu Dog	子 Zi Rat
五月 5th Month	寅 Yin Tiger	戌 Xu Dog	丑 Chou Ox	亥 Hai Pig	子 Zi Rat	亥 Hai Pig	丑 Chou Ox
六月 6th Month	卯 Mao Rabbit	亥 Hai Pig	寅 Yin Tiger	子 Zi Rat	丑 Chou Ox	子 Zi Rat	寅 Yin Tiger
七月 7th Month	辰 Chen Dragon	子 Zi Rat	卯 Mao Rabbit	丑 Chou Ox	寅 Yin Tiger	丑 Chou Ox	卯 Mao Rabbit
八月 8th Month	巳 Si Snake	丑 Chou Ox	辰 Chen Dragon	寅 Yin Tiger	卯 Mao Rabbit	寅 Yin Tiger	辰 Chen Dragon
九月 9th Month	午 Wu Horse	寅 Yin Tiger	巳 Si Snake	卯 Mao Rabbit	辰 Chen Dragon	卯 Mao Rabbit	巳 Si Snake
十月 10th Month	未 Wei Goat	卯 Mao Rabbit	午 Wu Horse	辰 Chen Dragon	巳 Si Snake	辰 Chen Dragon	午 Wu Horse
十一月 11th Month	申 Shen Monkey	辰 Chen Dragon	未 Wei Goat	巳 Si Snake	午 Wu Horse	巳 Si Snake	未 Wei Goat
十二月 12th Month	酉 You Rooster	巳 Si Snake	申 Shen Monkey	午 Wu Horse	未 Wei Goat	午 Wu Horse	申 Shen Monkey

*Those born in additional month, refer to the original month of birth.

C.5. Establishing the Life and Body Palace 安命宮及身宮

生時 Birth Hour	申 Shen Monkey		酉 You Rooster		戌 Xu Dog		亥 Hai Pig	
命身 Life & Body Palace / 生月 Birth Month	命 Life	身 Body	命 Life	身 Body	命 Life	身 Body	命 Life	身 Body
正月 1st Month	午 Wu Horse	戌 Xu Dog	巳 Si Snake	亥 Hai Pig	辰 Chen Dragon	子 Zi Rat	卯 Mao Rabbit	丑 Chou Ox
二月 2nd Month	未 Wei Goat	亥 Hai Pig	午 Wu Horse	子 Zi Rat	巳 Si Snake	丑 Chou Ox	辰 Chen Dragon	寅 Yin Tiger
三月 3rd Month	申 Shen Monkey	子 Zi Rat	未 Wei Goat	丑 Chou Ox	午 Wu Horse	寅 Yin Tiger	巳 Si Snake	卯 Mao Rabbit
四月 4th Month	酉 You Rooster	丑 Chou Ox	申 Shen Monkey	寅 Yin Tiger	未 Wei Goat	卯 Mao Rabbit	午 Wu Horse	辰 Chen Dragon
五月 5th Month	戌 Xu Dog	寅 Yin Tiger	酉 You Rooster	卯 Mao Rabbit	申 Shen Monkey	辰 Chen Dragon	未 Wei Goat	巳 Si Snake
六月 6th Month	亥 Hai Pig	卯 Mao Rabbit	戌 Xu Dog	辰 Chen Dragon	酉 You Rooster	巳 Si Snake	申 Shen Monkey	午 Wu Horse
七月 7th Month	子 Zi Rat	辰 Chen Dragon	亥 Hai Pig	巳 Si Snake	戌 Xu Dog	午 Wu Horse	酉 You Rooster	未 Wei Goat
八月 8th Month	丑 Chou Ox	巳 Si Snake	子 Zi Rat	午 Wu Horse	亥 Hai Pig	未 Wei Goat	戌 Xu Dog	申 Shen Monkey
九月 9th Month	寅 Yin Tiger	午 Wu Horse	丑 Chou Ox	未 Wei Goat	子 Zi Rat	申 Shen Monkey	亥 Hai Pig	酉 You Rooster
十月 10th Month	卯 Mao Rabbit	未 Wei Goat	寅 Yin Tiger	申 Shen Monkey	丑 Chou Ox	酉 You Rooster	子 Zi Rat	戌 Xu Dog
十一月 11th Month	辰 Chen Dragon	申 Shen Monkey	卯 Mao Rabbit	酉 You Rooster	寅 Yin Tiger	戌 Xu Dog	丑 Chou Ox	亥 Hai Pig
十二月 12th Month	巳 Si Snake	酉 You Rooster	辰 Chen Dragon	戌 Xu Dog	卯 Mao Rabbit	亥 Hai Pig	寅 Yin Tiger	子 Zi Rat

**Those born in additional month, refer to the original month of birth.*

C.6. Establishing the 5 Elements Structure 定五行局

Birth Year Stem 本生年干 / 命宮 Life Palace	甲 己 *Jia Ji*	乙 庚 *Yi Geng*	丙 辛 *Bing Xin*	丁 壬 *Ding Ren*	戊 癸 *Wu Gui*
子, 丑 *Zi Chou* Rat Ox	水二局 Water 2	火六局 Fire 6	土五局 Earth 5	木三局 Wood 3	金四局 Metal 4
寅, 卯 *Yin Mao* Tiger Rabbit	火六局 Fire 6	土五局 Earth 5	木三局 Wood 3	金四局 Metal 4	水二局 Water 2
辰, 巳 *Chen Si* Dragon Snake	木三局 Wood 3	金四局 Metal 4	水二局 Water 2	火六局 Fire 6	土五局 Earth 5
午, 未 *Wu Wei* Horse Goat	土五局 Earth 5	木三局 Wood 3	金四局 Metal 4	水二局 Water 2	火六局 Fire 6
申, 酉 *Shen You* Monkey Rooster	金四局 Metal 4	水二局 Water 2	火六局 Fire 6	土五局 Earth 5	木三局 Wood 3
戌, 亥 *Xu Hai* Dog Pig	火六局 Fire 6	土五局 Earth 5	木三局 Wood 3	金四局 Metal 4	水二局 Water 2

C.7. Locating the Zi Wei (Emperor Star) from Lunar Day of Birth 安紫微星

Structure 局 / 日 Lunar Day	水二 Water 2	木三 Wood 3	金四 Metal 4	土五 Earth 5	火六 Fire 6
1	丑 Chou Ox	辰 Chen Dragon	亥 Hai Pig	午 Wu Horse	酉 You Rooster
2	寅 Yin Tiger	丑 Chou Ox	辰 Chen Dragon	亥 Hai Pig	午 Wu Horse
3	寅 Yin Tiger	寅 Yin Tiger	丑 Chou Ox	辰 Chen Dragon	亥 Hai Pig
4	卯 Mao Rabbit	巳 Si Snake	寅 Yin Tiger	丑 Chou Ox	辰 Chen Dragon
5	卯 Mao Rabbit	寅 Yin Tiger	子 Zi Rat	寅 Yin Tiger	丑 Chou Ox
6	辰 Chen Dragon	卯 Mao Rabbit	巳 Si Snake	未 Wei Goat	寅 Yin Tiger
7	辰 Chen Dragon	午 Wu Horse	寅 Yin Tiger	子 Zi Rat	戌 Xu Dog
8	巳 Si Snake	卯 Mao Rabbit	卯 Mao Rabbit	巳 Si Snake	未 Wei Goat
9	巳 Si Snake	辰 Chen Dragon	丑 Chou Ox	寅 Yin Tiger	子 Zi Rat
10	午 Wu Horse	未 Wei Goat	午 Wu Horse	卯 Mao Rabbit	巳 Si Snake
11	午 Wu Horse	辰 Chen Dragon	卯 Mao Rabbit	申 Shen Monkey	寅 Yin Tiger
12	未 Wei Goat	巳 Si Snake	辰 Chen Dragon	丑 Chou Ox	卯 Mao Rabbit
13	未 Wei Goat	申 Shen Monkey	寅 Yin Tiger	午 Wu Horse	亥 Hai Pig
14	申 Shen Monkey	巳 Si Snake	未 Wei Goat	卯 Mao Rabbit	申 Shen Monkey
15	申 Shen Monkey	午 Wu Horse	辰 Chen Dragon	辰 Chen Dragon	丑 Chou Ox

C.7. Locating the Zi Wei (Emperor Star) from Lunar Day of Birth 安紫微星

Structure 局 / 日 Lunar Day	水二 Water 2	木三 Wood 3	金四 Metal 4	土五 Earth 5	火六 Fire 6
16	酉 You Rooster	酉 You Rooster	巳 Si Snake	酉 You Rooster	午 Wu Horse
17	酉 You Rooster	午 Wu Horse	卯 Mao Rabbit	寅 Yin Tiger	卯 Mao Rabbit
18	戌 Xu Dog	未 Wei Goat	申 Shen Monkey	未 Wei Goat	辰 Chen Dragon
19	戌 Xu Dog	戌 Xu Dog	巳 Si Snake	辰 Chen Dragon	子 Zi Rat
20	亥 Hai Pig	未 Wei Goat	午 Wu Horse	巳 Si Snake	酉 You Rooster
21	亥 Hai Pig	申 Shen Monkey	辰 Chen Dragon	戌 Xu Dog	寅 Yin Tiger
22	子 Zi Rat	亥 Hai Pig	酉 You Rooster	卯 Mao Rabbit	未 Wei Goat
23	子 Zi Rat	申 Shen Monkey	午 Wu Horse	申 Shen Monkey	辰 Chen Dragon
24	丑 Chou Ox	酉 You Rooster	未 Wei Goat	巳 Si Snake	巳 Si Snake
25	丑 Chou Ox	子 Zi Rat	巳 Si Snake	午 Wu Horse	丑 Chou Ox
26	寅 Yin Tiger	酉 You Rooster	戌 Xu Dog	亥 Hai Pig	戌 Xu Dog
27	寅 Yin Tiger	戌 Xu Dog	未 Wei Goat	辰 Chen Dragon	卯 Mao Rabbit
28	卯 Mao Rabbit	丑 Chou Ox	申 Shen Monkey	酉 You Rooster	申 Shen Monkey
29	卯 Mao Rabbit	戌 Xu Dog	午 Wu Horse	午 Wu Horse	巳 Si Snake
30	辰 Chen Dragon	亥 Hai Pig	亥 Hai Pig	未 Wei Goat	午 Wu Horse

C.8. The Twelve Basic Zi Wei Templates

Moon 太陰 巳 *Si* **Snake**	Greedy Wolf 貪狼 午 *Wu* **Horse**	Sky Unity 天同 Huge Door 巨門 未 *Wei* **Goat**	Military Arts 武曲 Sky Minister 天相 申 *Shen* **Monkey**
Sky Treasurer 天府 Chastity 廉貞 辰 *Chen* **Dragon**	Emperor Star (紫微星) is in the Rat 子 Palace		Sun 太陽 Sky Benevolence 天梁 酉 *You* **Rooster**
卯 *Mao* **Rabbit**			Seven Killings 七殺 戌 *Xu* **Dog**
Broken Soldier 破軍 寅 *Yin* **Tiger**	丑 *Chou* **Ox**	Emperor 紫微 子 *Zi* **Rat**	Sky Opportune 天機 亥 *Hai* **Pig**

Chastity 廉貞 Greedy Wolf 貪狼 巳 *Si* **Snake**	Huge Door 巨門 午 *Wu* **Horse**	Sky Minister 天相 未 *Wei* **Goat**	Sky Unity 天同 Sky Benevolence 天梁 申 *Shen* **Monkey**
Moon 太陰 辰 *Chen* **Dragon**	Emperor Star (紫微星) is in the Ox 丑 Palace		Military Arts 武曲 Seven Killings 七殺 酉 *You* **Rooster**
Sky Treasurer 天府 卯 *Mao* **Rabbit**			Sun 太陽 戌 *Xu* **Dog**
寅 *Yin* **Tiger**	Emperor 紫微 Broken Soldier 破軍 丑 *Chou* **Ox**	Sky Opportune 天機 子 *Zi* **Rat**	亥 *Hai* **Pig**

C.8. The Twelve Basic Zi Wei Templates

Huge Door 巨門 巳 *Si* **Snake**	Chastity 廉貞 Sky Minister 天相 午 *Wu* **Horse**	Sky Benevolence 天梁 未 *Wei* **Goat**	Seven Killings 七殺 申 *Shen* **Monkey**
Greedy Wolf 貪狼 辰 *Chen* **Dragon**	Emperor Star (紫微星)	is in the Tiger 寅 Palace	Sky Unity 天同 酉 *You* **Rooster**
Moon 太陰 卯 *Mao* **Rabbit**			Military Arts 武曲 戌 *Xu* **Dog**
Emperor 紫微 Sky Treasurer 天府 寅 *Yin* **Tiger**	Sky Opportune 天機 丑 *Chou* **Ox**	Broken Soldier 破軍 子 *Zi* **Rat**	Sun 太陽 亥 *Hai* **Pig**

Sky Minister 天相 巳 *Si* **Snake**	Sky Benevolence 天梁 午 *Wu* **Horse**	Chastity 廉貞 Seven Killings 七殺 未 *Wei* **Goat**	申 *Shen* **Monkey**
Huge Door 巨門 辰 *Chen* **Dragon**	Emperor Star (紫微星)	is in the Rabbit 卯 Palace	酉 *You* **Rooster**
Emperor 紫微 Greedy Wolf 貪狼 卯 *Mao* **Rabbit**			Sky Unity 天同 戌 *Xu* **Dog**
Moon 太陰 Sky Opportune 天機 寅 *Yin* **Tiger**	Sky Treasurer 天府 丑 *Chou* **Ox**	Sun 太陽 子 *Zi* **Rat**	Military Arts 武曲 Broken Soldier 破軍 亥 *Hai* **Pig**

C.8. The Twelve Basic Zi Wei Templates

Sky Benevolence 天梁 巳 *Si* **Snake**	Seven Killings 七殺 午 *Wu* **Horse**	未 *Wei* **Goat**	Chastity 廉貞 申 *Shen* **Monkey**
Emperor 紫微 Sky Minister 天相 辰 *Chen* **Dragon**	Emperor Star (紫微星) is in the Dragon 辰 Palace		酉 *You* **Rooster**
Huge Door 巨門 Sky Opportune 天機 卯 *Mao* **Rabbit**			Broken Soldier 破軍 戌 *Xu* **Dog**
Greedy Wolf 貪狼 寅 *Yin* **Tiger**	Sun 太陽 Moon 太陰 丑 *Chou* **Ox**	Sky Treasurer 天府 Military Arts 武曲 子 *Zi* **Rat**	Sky Unity 天同 亥 *Hai* **Pig**

Emperor 紫微 Seven Killings 七殺 巳 *Si* **Snake**	午 *Wu* **Horse**	未 *Wei* **Goat**	申 *Shen* **Monkey**
Sky Opportune 天機 Sky Benevolence 天梁 辰 *Chen* **Dragon**	Emperor Star (紫微星) is in the Snake 巳 Palace		Chastity 廉貞 Broken Soldier 破軍 酉 *You* **Rooster**
Sky Minister 天相 卯 *Mao* **Rabbit**			戌 *Xu* **Dog**
Sun 太陽 Huge Door 巨門 寅 *Yin* **Tiger**	Greedy Wolf 貪狼 Military Arts 武曲 丑 *Chou* **Ox**	Sky Unity 天同 Moon 太陰 子 *Zi* **Rat**	Sky Treasurer 天府 亥 *Hai* **Pig**

C.8. The Twelve Basic Zi Wei Templates

Sky Opportune 天機 巳 *Si* **Snake**	Emperor 紫微 午 *Wu* **Horse**	未 *Wei* **Goat**	Broken Soldier 破軍 申 *Shen* **Monkey**
Seven Killings 七殺 辰 *Chen* **Dragon**	Emperor Star (紫微星) is in the Horse 午 Palace		酉 *You* **Rooster**
Sun 太陽 Sky Benevolence 天梁 卯 *Mao* **Rabbit**			Sky Treasurer 大府 Chastity 廉貞 戌 *Xu* **Dog**
Military Arts 武曲 Sky Minister 天相 寅 *Yin* **Tiger**	Sky Unity 天同 Huge Door 巨門 丑 *Chou* **Ox**	Greedy Wolf 貪狼 子 *Zi* **Rat**	Moon 太陰 亥 *Hai* **Pig**

巳 *Si* **Snake**	Sky Opportune 天機 午 *Wu* **Horse**	Emperor 紫微 Broken Soldier 破軍 未 *Wei* **Goat**	申 *Shen* **Monkey**
Sun 太陽 辰 *Chen* **Dragon**	Emperor Star (紫微星) is in the Goat 未 Palace		Sky Treasurer 天府 酉 *You* **Rooster**
Military Arts 武曲 Seven Killings 七殺 卯 *Mao* **Rabbit**			Moon 太陰 戌 *Xu* **Dog**
Sky Unity 天同 Sky Benevolence 天梁 寅 *Yin* **Tiger**	Sky Minister 天相 丑 *Chou* **Ox**	Huge Door 巨門 子 *Zi* **Rat**	Chastity 廉貞 Greedy Wolf 貪狼 亥 *Hai* **Pig**

C.8. The Twelve Basic Zi Wei Templates

Sun 太陽 巳 *Si* **Snake**	Broken Soldier 破軍 午 *Wu* **Horse**	Sky Opportune 天機 未 *Wei* **Goat**	Emperor 紫微 Sky Treasurer 天府 申 *Shen* **Monkey**
Military Arts 武曲 辰 *Chen* **Dragon**	Emperor Star (紫微星) is in the Monkey 申 Palace		Moon 太陰 酉 *You* **Rooster**
Sky Unity 天同 卯 *Mao* **Rabbit**			Greedy Wolf 貪狼 戌 *Xu* **Dog**
Seven Killings 七殺 寅 *Yin* **Tiger**	Sky Benevolence 天梁 丑 *Chou* **Ox**	Chastity 廉貞 Sky Minister 天相 子 *Zi* **Rat**	Huge Door 巨門 亥 *Hai* **Pig**

Military Arts 武曲 Broken Soldier 破軍 巳 *Si* **Snake**	Sun 太陽 午 *Wu* **Horse**	Sky Treasurer 天府 未 *Wei* **Goat**	Moon 太陰 Sky Opportune 天機 申 *Shen* **Monkey**
Sky Unity 天同 辰 *Chen* **Dragon**	Emperor Star (紫微星) is in the Rooster 酉 Palace		Emperor 紫微 Greedy Wolf 貪狼 酉 *You* **Rooster**
卯 *Mao* **Rabbit**			Huge Door 巨門 戌 *Xu* **Dog**
寅 *Yin* **Tiger**	Chastity 廉貞 Seven Killings 七殺 丑 *Chou* **Ox**	Sky Benevolence 天梁 子 *Zi* **Rat**	Sky Minister 天相 亥 *Hai* **Pig**

C.8. The Twelve Basic Zi Wei Templates

Sky Unity 天同 巳 *Si* **Snake**	Sky Treasurer 天府 Military Arts 武曲 午 *Wu* **Horse**	Sun 太陽 Moon 太陰 未 *Wei* **Goat**	Greedy Wolf 貪狼 申 *Shen* **Monkey**
Broken Soldier 破軍 辰 *Chen* **Dragon**	Emperor Star (紫微星) is in the Dog 戌 Palace		Sky Opportune 天機 Huge Door 巨門 酉 *You* **Rooster**
卯 *Mao* **Rabbit**			Emperor 紫微 Sky Minister 天相 戌 *Xu* **Dog**
Chastity 廉貞 寅 *Yin* **Tiger**	丑 *Chou* **Ox**	Seven Killings 七殺 子 *Zi* **Rat**	Sky Benevolence 天梁 亥 *Hai* **Pig**

Sky Treasurer 天府 巳 *Si* **Snake**	Sky Unity 天同 Moon 太陰 午 *Wu* **Horse**	Military Arts 武曲 Greedy Wolf 貪狼 未 *Wei* **Goat**	Sun 太陽 Huge Door 巨門 申 *Shen* **Monkey**
辰 *Chen* **Dragon**	Emperor Star (紫微星) is in the Pig 亥 Palace		Sky Minister 天相 酉 *You* **Rooster**
Chastity 廉貞 Broken Soldier 破軍 卯 *Mao* **Rabbit**			Sky Opportune 天機 Sky Benevolence 天梁 戌 *Xu* **Dog**
寅 *Yin* **Tiger**	丑 *Chou* **Ox**	子 *Zi* **Rat**	Emperor 紫微 Seven Killings 七殺 亥 *Hai* **Pig**

C.9. Locating the Sky Treasurer Star

紫微 Emperor Star Location		天府 Sky Treasurer Star Location	
子 Zi	Rat	辰 Chen	Dragon
丑 Chou	Ox	卯 Mao	Rabbit
寅 Yin	Tiger	寅 Yin	Tiger
卯 Mao	Rabbit	丑 Chou	Ox
辰 Chen	Dragon	子 Zi	Rat
巳 Si	Snake	亥 Hai	Pig
午 Wu	Horse	戌 Xu	Dog
未 Wei	Goat	酉 You	Rooster
申 Shen	Monkey	申 Shen	Monkey
酉 You	Rooster	未 Wei	Goat
戌 Xu	Dog	午 Wu	Horse
亥 Hai	Pig	巳 Si	Snake

C.10. Locating the Zi Wei (Northern) Star Stream

紫微 Emperor Star Location / Northern Stream	天機 Sky Opportune	太陽 Sun	武曲 Military Arts	天同 Sky Unity	廉貞 Chastity
子 Zi Rat	亥 Hai Pig	酉 You Rooster	申 Shen Monkey	未 Wei Goat	辰 Chen Dragon
丑 Chou Ox	子 Zi Rat	戌 Xu Dog	酉 You Rooster	申 Shen Monkey	巳 Si Snake
寅 Yin Tiger	丑 Chou Ox	亥 Hai Pig	戌 Xu Dog	酉 You Rooster	午 Wu Horse
卯 Mao Rabbit	寅 Yin Tiger	子 Zi Rat	亥 Hai Pig	戌 Xu Dog	未 Wei Goat
辰 Chen Dragon	卯 Mao Rabbit	丑 Chou Ox	子 Zi Rat	亥 Hai Pig	申 Shen Monkey
巳 Si Snake	辰 Chen Dragon	寅 Yin Tiger	丑 Chou Ox	子 Zi Rat	酉 You Rooster
午 Wu Horse	巳 Si Snake	卯 Mao Rabbit	寅 Yin Tiger	丑 Chou Ox	戌 Xu Dog
未 Wei Goat	午 Wu Horse	辰 Chen Dragon	卯 Mao Rabbit	寅 Yin Tiger	亥 Hai Pig
申 Shen Monkey	未 Wei Goat	巳 Si Snake	辰 Chen Dragon	卯 Mao Rabbit	子 Zi Rat
酉 You Rooster	申 Shen Monkey	午 Wu Horse	巳 Si Snake	辰 Chen Dragon	丑 Chou Ox
戌 Xu Dog	酉 You Rooster	未 Wei Goat	午 Wu Horse	巳 Si Snake	寅 Yin Tiger
亥 Hai Pig	戌 Xu Dog	申 Shen Monkey	未 Wei Goat	午 Wu Horse	卯 Mao Rabbit

C.11. Locating the Sky Treasurer's (Southern) Star Stream

Southern Stream / 天府 Sky Treasurer	太陰 Moon	貪狼 Greedy Wolf	巨門 Huge Door	天相 Sky Minister	天梁 Sky Benevolence	七殺 Seven Killings	破軍 Broken Soldier
子 Zi Rat	丑 Chou Ox	寅 Yin Tiger	卯 Mao Rabbit	辰 Chen Dragon	巳 Si Snake	午 Wu Horse	戌 Xu Dog
丑 Chou Ox	寅 Yin Tiger	卯 Mao Rabbit	辰 Chen Dragon	巳 Si Snake	午 Wu Horse	未 Wei Goat	亥 Hai Pig
寅 Yin Tiger	卯 Mao Rabbit	辰 Chen Dragon	巳 Si Snake	午 Wu Horse	未 Wei Goat	申 Shen Monkey	子 Zi Rat
卯 Mao Rabbit	辰 Chen Dragon	巳 Si Snake	午 Wu Horse	未 Wei Goat	申 Shen Monkey	酉 You Rooster	丑 Chou Ox
辰 Chen Dragon	巳 Si Snake	午 Wu Horse	未 Wei Goat	申 Shen Monkey	酉 You Rooster	戌 Xu Dog	寅 Yin Tiger
巳 Si Snake	午 Wu Horse	未 Wei Goat	申 Shen Monkey	酉 You Rooster	戌 Xu Dog	亥 Hai Pig	卯 Mao Rabbit
午 Wu Horse	未 Wei Goat	申 Shen Monkey	酉 You Rooster	戌 Xu Dog	亥 Hai Pig	子 Zi Rat	辰 Chen Dragon
未 Wei Goat	申 Shen Monkey	酉 You Rooster	戌 Xu Dog	亥 Hai Pig	子 Zi Rat	丑 Chou Ox	巳 Si Snake
申 Shen Monkey	酉 You Rooster	戌 Xu Dog	亥 Hai Pig	子 Zi Rat	丑 Chou Ox	寅 Yin Tiger	午 Wu Horse
酉 You Rooster	戌 Xu Dog	亥 Hai Pig	子 Zi Rat	丑 Chou Ox	寅 Yin Tiger	卯 Mao Rabbit	未 Wei Goat
戌 Xu Dog	亥 Hai Pig	子 Zi Rat	丑 Chou Ox	寅 Yin Tiger	卯 Mao Rabbit	辰 Chen Dragon	申 Shen Monkey
亥 Hai Pig	子 Zi Rat	丑 Chou Ox	寅 Yin Tiger	卯 Mao Rabbit	辰 Chen Dragon	巳 Si Snake	酉 You Rooster

C.12. Month Stream 月系諸星表

生月 Birth Month	左輔 Left Asst.	右弼 Right Asst.	天刑 Sky Punisment	天姚 Sky Romance	天馬 Sky Horse	解神 Relief God	天巫 Sky Wizard	天月 Sky Virtue	陰煞 Yin Sha
正月 First Month	辰 Chen Dragon	戌 Xu Dog	酉 You Rooster	丑 Chou Ox	申 Shen Monkey	申 Shen Monkey	巳 Si Snake	戌 Xu Dog	寅 Yin Tiger
二月 2nd Month	巳 Si Snake	酉 You Rooster	戌 Xu Dog	寅 Yin Tiger	巳 Si Snake	申 Shen Monkey	申 Shen Monkey	巳 Si Snake	子 Zi Rat
三月 3rd Month	午 Wu Horse	申 Shen Monkey	亥 Hai Pig	卯 Mao Rabbit	寅 Yin Tiger	戌 Xu Dog	寅 Yin Tiger	辰 Chen Dragon	戌 Xu Dog
四月 4th Month	未 Wei Goat	未 Wei Goat	子 Zi Rat	辰 Chen Dragon	亥 Hai Pig	戌 Xu Dog	亥 Hai Pig	寅 Yin Tiger	申 Shen Monkey
五月 5th Month	申 Shen Monkey	午 Wu Horse	丑 Chou Ox	巳 Si Snake	申 Shen Monkey	子 Zi Rat	巳 Si Snake	未 Wei Goat	午 Wu Horse
六月 6th Month	酉 You Rooster	巳 Si Snake	寅 Yin Tiger	午 Wu Horse	巳 Si Snake	子 Zi Rat	申 Shen Monkey	卯 Mao Rabbit	辰 Chen Dragon
七月 7th Month	戌 Xu Dog	辰 Chen Dragon	卯 Mao Rabbit	未 Wei Goat	寅 Yin Tiger	寅 Yin Tiger	寅 Yin Tiger	亥 Hai Pig	寅 Yin Tiger
八月 8th Month	亥 Hai Pig	卯 Mao Rabbit	辰 Chen Dragon	申 Shen Monkey	亥 Hai Pig	寅 Yin Tiger	亥 Hai Pig	未 Wei Goat	子 Zi Rat
九月 9th Month	子 Zi Rat	寅 Yin Tiger	巳 Si Snake	酉 You Rooster	申 Shen Monkey	辰 Chen Dragon	巳 Si Snake	寅 Yin Tiger	戌 Xu Dog
十月 10th Month	丑 Chou Ox	丑 Chou Ox	午 Wu Horse	戌 Xu Dog	巳 Si Snake	辰 Chen Dragon	申 Shen Monkey	午 Wu Horse	申 Shen Monkey
十一月 11th Month	寅 Yin Tiger	子 Zi Rat	未 Wei Goat	亥 Hai Pig	寅 Yin Tiger	午 Wu Horse	寅 Yin Tiger	戌 Xu Dog	午 Wu Horse
十二月 12th Month	卯 Mao Rabbit	亥 Hai Pig	申 Shen Monkey	子 Zi Rat	亥 Hai Pig	午 Wu Horse	亥 Hai Pig	寅 Yin Tiger	辰 Chen Dragon

C.13. Hour Stream 時系諸星表

生時 Birth Hour		子 Zi Rat	丑 Chou Ox	寅 Yin Tiger	卯 Mao Rabbit	辰 Chen Dragon	巳 Si Snake	午 Wu Horse	未 Wei Goat	申 Shen Monkey	酉 You Rooster	戌 Xu Dog	亥 Hai Pig
	文昌 Intelligence	戌 Xu Dog	酉 You Rooster	申 Shen Monkey	未 Wei Goat	午 Wu Horse	巳 Si Snake	辰 Chen Dragon	卯 Mao Rabbit	寅 Yin Tiger	丑 Chou Ox	子 Zi Rat	亥 Hai Pig
	文曲 Literary Arts	辰 Chen Dragon	巳 Si Snake	午 Wu Horse	未 Wei Goat	申 Shen Monkey	酉 You Rooster	戌 Xu Dog	亥 Hai Pig	子 Zi Rat	丑 Chou Ox	寅 Yin Tiger	卯 Mao Rabbit
Based on Birth Year's Branch: 寅午戌	火星 Fire Star	丑 Chou Ox	寅 Yin Tiger	卯 Mao Rabbit	辰 Chen Dragon	巳 Si Snake	午 Wu Horse	未 Wei Goat	申 Shen Monkey	酉 You Rooster	戌 Xu Dog	亥 Hai Pig	子 Zi Rat
Based on Birth Year's Branch: 寅午戌	鈴星 Anguish Star	卯 Mao Rabbit	辰 Chen Dragon	巳 Si Snake	午 Wu Horse	未 Wei Goat	申 Shen Monkey	酉 You Rooster	戌 Xu Dog	亥 Hai Pig	子 Zi Rat	丑 Chou Ox	寅 Yin Tiger
Based on Birth Year's Branch: 申子辰	火星 Fire Star	寅 Yin Tiger	卯 Mao Rabbit	辰 Chen Dragon	巳 Si Snake	午 Wu Horse	未 Wei Goat	申 Shen Monkey	酉 You Rooster	戌 Xu Dog	亥 Hai Pig	子 Zi Rat	丑 Chou Ox
Based on Birth Year's Branch: 申子辰	鈴星 Anguish Star	戌 Xu Dog	亥 Hai Pig	子 Zi Rat	丑 Chou Ox	寅 Yin Tiger	卯 Mao Rabbit	辰 Chen Dragon	巳 Si Snake	午 Wu Horse	未 Wei Goat	申 Shen Monkey	酉 You Rooster
Based on Birth Year's Branch: 巳酉丑	火星 Fire Star	卯 Mao Rabbit	辰 Chen Dragon	巳 Si Snake	午 Wu Horse	未 Wei Goat	申 Shen Monkey	酉 You Rooster	戌 Xu Dog	亥 Hai Pig	子 Zi Rat	丑 Chou Ox	寅 Yin Tiger
Based on Birth Year's Branch: 巳酉丑	鈴星 Anguish Star	戌 Xu Dog	亥 Hai Pig	子 Zi Rat	丑 Chou Ox	寅 Yin Tiger	卯 Mao Rabbit	辰 Chen Dragon	巳 Si Snake	午 Wu Horse	未 Wei Goat	申 Shen Monkey	酉 You Rooster
Based on Birth Year's Branch: 亥卯未	火星 Fire Star	酉 You Rooster	戌 Xu Dog	亥 Hai Pig	子 Zi Rat	丑 Chou Ox	寅 Yin Tiger	卯 Mao Rabbit	辰 Chen Dragon	巳 Si Snake	午 Wu Horse	未 Wei Goat	申 Shen Monkey
Based on Birth Year's Branch: 亥卯未	鈴星 Anguish Star	戌 Xu Dog	亥 Hai Pig	子 Zi Rat	丑 Chou Ox	寅 Yin Tiger	卯 Mao Rabbit	辰 Chen Dragon	巳 Si Snake	午 Wu Horse	未 Wei Goat	申 Shen Monkey	酉 You Rooster
	地劫 Earth Robbery	亥 Hai Pig	子 Zi Rat	丑 Chou Ox	寅 Yin Tiger	卯 Mao Rabbit	辰 Chen Dragon	巳 Si Snake	午 Wu Horse	未 Wei Goat	申 Shen Monkey	酉 You Rooster	戌 Xu Dog
	天空 Sky Emptiness	亥 Hai Pig	戌 Xu Dog	酉 You Rooster	申 Shen Monkey	未 Wei Goat	午 Wu Horse	巳 Si Snake	辰 Chen Dragon	卯 Mao Rabbit	寅 Yin Tiger	丑 Chou Ox	子 Zi Rat
	台輔 Officer	午 Wu Horse	未 Wei Goat	申 Shen Monkey	酉 You Rooster	戌 Xu Dog	亥 Hai Pig	子 Zi Rat	丑 Chou Ox	寅 Yin Tiger	卯 Mao Rabbit	亥 Hai Pig	巳 Si Snake
	封誥 Tribute Badge	寅 Yin Tiger	卯 Mao Rabbit	辰 Chen Dragon	巳 Si Snake	午 Wu Horse	未 Wei Goat	申 Shen Monkey	酉 You Rooster	戌 Xu Dog	亥 Hai Pig	子 Zi Rat	丑 Chou Ox

C.14. Day Stream 日系諸星表

諸星	安星方法
三台 **Three Stages**	From Left Assistant Star (左輔) count clockwise the number of your Birth Day.
八座 **Eight Seats**	From Right Assistant Star (右弼) count anti-clockwise the number of your Birth Day
恩光 **Benevolent Light**	From Intelligence Star (文昌) start counting clockwise the number of your Birth Day and then minus one step.
天貴 **Heavenly Noble**	From Literary Arts Star (文曲) start counting anti-clockwise the number of your Birth Day and then minus one step.

C.15. Year Stem Star Stream 年干系諸星表

Stars allocation based on your year of birth's Heavenly Stem.

年干 Year Stem	祿存 Fortune Treasure	擎羊 Frighten Goat	陀羅 Burden Basket	天魁 Sky Noble	天鉞 Sky Gracious	天官 Heavenly Officer	天福 Sky Fortune
甲 *Jia* Yang Wood	寅 *Yin* Tiger	卯 *Mao* Rabbit	丑 *Chou* Ox	丑 *Chou* Ox	未 *Wei* Goat	未 *Wei* Goat	酉 *You* Rooster
乙 *Yi* Yin Wood	卯 *Mao* Rabbit	辰 *Chen* Dragon	寅 *Yin* Tiger	子 *Zi* Rat	申 *Shen* Monkey	辰 *Chen* Dragon	申 *Shen* Monkey
丙 *Bing* Yang Fire	巳 *Si* Snake	午 *Wu* Horse	辰 *Chen* Dragon	亥 *Hai* Pig	酉 *You* Rooster	巳 *Si* Snake	子 *Zi* Rat
丁 *Ding* Yin Fire	午 *Wu* Horse	未 *Wei* Goat	巳 *Si* Snake	亥 *Hai* Pig	酉 *You* Rooster	寅 *Yin* Tiger	亥 *Hai* Pig
戊 *Wu* Yang Earth	巳 *Si* Snake	午 *Wu* Horse	辰 *Chen* Dragon	丑 *Chou* Ox	午 *Wu* Horse	卯 *Mao* Rabbit	卯 *Mao* Rabbit
己 *Ji* Yin Earth	午 *Wu* Horse	未 *Wei* Goat	巳 *Si* Snake	子 *Zi* Rat	申 *Shen* Monkey	酉 *You* Rooster	寅 *Yin* Tiger
庚 *Geng* Yang Metal	申 *Shen* Monkey	酉 *You* Rooster	未 *Wei* Goat	丑 *Chou* Ox	未 *Wei* Goat	亥 *Hai* Pig	午 *Wu* Horse
辛 *Xin* Yin Metal	酉 *You* Rooster	戌 *Xu* Dog	申 *Shen* Monkey	午 *Wu* Horse	寅 *Yin* Tiger	酉 *You* Rooster	巳 *Si* Snake
壬 *Ren* Yang Water	亥 *Hai* Pig	子 *Zi* Rat	戌 *Xu* Dog	卯 *Mao* Rabbit	巳 *Si* Snake	戌 *Xu* Dog	午 *Wu* Horse
癸 *Gui* Yin Water	子 *Zi* Rat	丑 *Chou* Ox	亥 *Hai* Pig	卯 *Mao* Rabbit	巳 *Si* Snake	午 *Wu* Horse	巳 *Si* Snake

C.16. Transformation Stars (Based on Birth Year's Stem)

年干 Birth Year Stem	化祿 Fortune Force	化權 Power Force	化科 Fame Force	化忌 Destruction
甲 Jia Yang Wood	廉貞 Chastity	破軍 Broken Soldier	武曲 Military Arts	太陽 Sun
乙 Yi Yin Wood	天機 Sky Opportune	天梁 Sky Benevolence	紫微 Emperor Star	太陰 Moon
丙 Bing Yang Fire	天同 Sky Unity	天機 Sky Opportune	文昌 Intelligence	廉貞 Chastity
丁 Ding Yin Fire	太陰 Moon	天同 Sky Unity	天機 Sky Opportune	巨門 Huge Door
戊 Wu Yang Earth	貪狼 Greedy Wolf	太陰 Moon	右弼 Right Assistant	天機 Sky Opportune
己 Ji Yin Earth	武曲 Military Arts	貪狼 Greedy Wolf	天梁 Sky Benevolence	文曲 Literary Arts
庚 Geng Yang Metal	太陽 Sun	武曲 Military Arts	太陰 Moon	天同 Sky Unity
辛 Xin Yin Metal	巨門 Huge Door	太陽 Sun	文曲 Literary Arts	文昌 Intelligence
壬 Ren Yang Water	天梁 Sky Benevolence	紫微 Emperor Star	左輔 Left Assistant	武曲 Military Arts
癸 Gui Yin Water	破軍 Broken Soldier	巨門 Huge Door	太陰 Moon	貪狼 Greedy Wolf

* Note that different schools of Zi Wei may advocate different transformations of stars particularly for the 庚Year. Please check with your own Zi Wei school and determine which method of transformation you should advocate.

C.17. The Professor Star Stream

祿存 Reward Star Stream	The Professor Star is located at the palace where the Fortune Treasure Star (祿存) is found. From there, allocate clockwise for Yang Males and Yin Females or anti-clockwise for Yin Male and Yang Females the Professor Star stream.
博士 Professor	1. 博士 (Professor Star) 2. 力士 (Strong Man) 3. 青龍 (Green Dragon) 4. 小耗 (Lesser Consumer) 5. 將軍 (General) 6. 奏書 (Decree) 7. 飛廉 (Flying Chaste) 8. 喜神 (Happy God) 9. 病符 (Sickness) 10. 大耗 (Greater Consumer) 11. 伏兵 (Soldier) 12. 官府 (Officer Mansion)

C.18. The Twelve Growth and Birth Phases Stars 十二長生星

Five Element Structure	Phases	Growth 長生	Bath 沐浴	Youth 冠帶	Officer 臨官	Prosperous 帝旺	Weakening 衰	Sick 病	Death 死	Grave 墓	Extinct 絕	Conceive 胎	Nourish 養
水二局 Water 2	陽男 Yang Male 陰女 Yin Female	申 Monkey	酉 You Rooster	戌 Xu Dog	亥 Hai Pig	子 Zi Rat	丑 Chou Ox	寅 Yin Tiger	卯 Mao Rabbit	辰 Chen Dragon	巳 Si Snake	午 Wu Horse	未 Wei Goat
	陽女 Yang Female 陰男 Yin Male		未 Wei Goat	午 Wu Horse	巳 Si Snake	辰 Chen Dragon	卯 Mao Rabbit	寅 Yin Tiger	丑 Chou Ox	子 Zi Rat	亥 Hai Pig	戌 Xu Dog	酉 You Rooster
木三局 Wood 3	陽男 Yang Male 陰女 Yin Female	亥 Pig	子 Zi Rat	丑 Chou Ox	寅 Yin Tiger	卯 Mao Rabbit	辰 Chen Dragon	巳 Si Snake	午 Wu Horse	未 Wei Goat	申 Shen Monkey	酉 You Rooster	戌 Xu Dog
	陽女 Yang Female 陰男 Yin Male		戌 Xu Dog	酉 You Rooster	申 Shen Monkey	未 Wei Goat	午 Wu Horse	巳 Si Snake	辰 Chen Dragon	卯 Mao Rabbit	寅 Yin Tiger	丑 Chou Ox	子 Zi Rat
金四局 Metal 4	陽男 Yang Male 陰女 Yin Female	巳 Snake	午 Wu Horse	未 Wei Goat	申 Shen Monkey	酉 You Rooster	戌 Xu Dog	亥 Hai Pig	子 Zi Rat	丑 Chou Ox	寅 Yin Tiger	卯 Mao Rabbit	辰 Chen Dragon
	陽女 Yang Female 陰男 Yin Male		辰 Chen Dragon	卯 Mao Rabbit	寅 Yin Tiger	丑 Chou Ox	子 Zi Rat	亥 Hai Pig	戌 Xu Dog	酉 You Rooster	申 Shen Monkey	未 Wei Goat	午 Wu Horse
土五局 Earth 5	陽男 Yang Male 陰女 Yin Female	申 Monkey	酉 You Rooster	戌 Xu Dog	亥 Hai Pig	子 Zi Rat	丑 Chou Ox	寅 Yin Tiger	卯 Mao Rabbit	辰 Chen Dragon	巳 Si Snake	午 Wu Horse	未 Wei Goat
	陽女 Yang Female 陰男 Yin Male		未 Wei Goat	午 Wu Horse	巳 Si Snake	辰 Chen Dragon	卯 Mao Rabbit	寅 Yin Tiger	丑 Chou Ox	子 Zi Rat	亥 Hai Pig	戌 Xu Dog	酉 You Rooster
火六局 Fire 6	陽男 Yang Male 陰女 Yin Female	寅 Tiger	卯 Mao Rabbit	辰 Chen Dragon	巳 Si Snake	午 Wu Horse	未 Wei Goat	申 Shen Monkey	酉 You Rooster	戌 Xu Dog	亥 Hai Pig	子 Zi Rat	丑 Chou Ox
	陽女 Yang Female 陰男 Yin Male		丑 Chou Ox	子 Zi Rat	亥 Hai Pig	戌 Xu Dog	酉 You Rooster	申 Shen Monkey	未 Wei Goat	午 Wu Horse	巳 Si Snake	辰 Chen Dragon	卯 Mao Rabbit

C.19. Allocating the Sky Hurt and Sky Messenger Stars 安天傷天使表

命宮 Life Palace	天傷 Sky Hurt	天使 Sky Messenger
子 *Zi* Rat	巳 *Si* Snake	未 *Wei* Goat
丑 *Chou* Ox	午 *Wu* Horse	申 *Shen* Monkey
寅 *Yin* Tiger	未 *Wei* Goat	酉 *You* Rooster
卯 *Mao* Rabbit	申 *Shen* Monkey	戌 *Xu* Dog
辰 *Chen* Dragon	酉 *You* Rooster	亥 *Hai* Pig
巳 *Si* Snake	戌 *Xu* Dog	子 *Zi* Rat
午 *Wu* Horse	亥 *Hai* Pig	丑 *Chou* Ox
未 *Wei* Goat	子 *Zi* Rat	寅 *Yin* Tiger
申 *Shen* Monkey	丑 *Chou* Ox	卯 *Mao* Rabbit
酉 *You* Rooster	寅 *Yin* Tiger	辰 *Chen* Dragon
戌 *Xu* Dog	卯 *Mao* Rabbit	巳 *Si* Snake
亥 *Hai* Pig	辰 *Chen* Dragon	午 *Wu* Horse

C.20. Year Branch Star Stream 年支星

Birth Year Branch 生年支	Sky Cry 天哭	Sky Sadness 天虛	Dragon Pool 龍池	Phoenix Pavilion 鳳閣	Red Matchmaker 紅鸞	Sky Happiness 天喜	Solitary 孤辰	Lonesome 寡宿	Estrange Star 蜚廉	Broken Star 破碎	Heavenly Talent 天才	Heavenly Longevity 天壽
子 Zi Rat	午 Wu Horse	午 Wu Horse	辰 Chen Dragon	戌 Xu Dog	卯 Mao Rabbit	酉 You Rooster	寅 Yin Tiger	戌 Xu Dog	申 Shen Monkey	巳 Si Snake	命 Ming	Starting from the body Palace, count clockwise until you reach the Birth Year Branch.
丑 Chou Ox	巳 Si Snake	未 Wei Goat	巳 Si Snake	酉 You Rooster	寅 Yin Tiger	申 Shen Monkey	寅 Yin Tiger	戌 Xu Dog	酉 You Rooster	丑 Chou Ox	父 Fu	
寅 Yin Tiger	辰 Chen Dragon	申 Shen Monkey	午 Wu Horse	申 Shen Monkey	丑 Chou Ox	未 Wei Goat	巳 Si Snake	丑 Chou Ox	戌 Xu Dog	酉 You Rooster	福 Fu	
卯 Mao Rabbit	卯 Mao Rabbit	酉 You Rooster	未 Wei Goat	未 Wei Goat	子 Zi Rat	午 Wu Horse	巳 Si Snake	丑 Chou Ox	巳 Si Snake	巳 Si Snake	田 Tian	
辰 Chen Dragon	寅 Yin Tiger	戌 Xu Dog	申 Shen Monkey	午 Wu Horse	亥 Hai Pig	巳 Si Snake	巳 Si Snake	丑 Chou Ox	午 Wu Horse	丑 Chou Ox	官 Guan	
巳 Si Snake	丑 Chou Ox	亥 Hai Pig	酉 You Rooster	巳 Si Snake	戌 Xu Dog	辰 Chen Dragon	申 Shen Monkey	辰 Chen Dragon	未 Wei Goat	酉 You Rooster	僕 Pu	
午 Wu Horse	子 Zi Rat	子 Zi Rat	戌 Xu Dog	辰 Chen Dragon	酉 You Rooster	卯 Mao Rabbit	申 shen Monkey	辰 Chen Dragon	寅 Yin Tiger	巳 Si Snake	遷 Qian	
未 Wei Goat	亥 Hai Pig	丑 Chou Ox	亥 Hai Pig	卯 Mao Rabbit	申 Shen Monkey	寅 Yin Tiger	申 Shen Monkey	辰 Chen Dragon	卯 Mao Rabbit	丑 Chou Ox	疾 Ji	
申 Shen Monkey	戌 Xu Dog	寅 Yin Tiger	子 Zi Rat	寅 Yin Tiger	未 Wei Goat	丑 Chou Ox	亥 Hai Pig	未 Wei Goat	辰 Chen Dragon	酉 You Rooster	財 Cai	
酉 You Rooster	酉 You Rooster	卯 Mao Rabbit	丑 Chou Ox	丑 Chou Ox	午 Wu Horse	子 Zi Rat	亥 Hai Pig	未 Wei Goat	亥 Hai Pig	巳 Si Snake	子 Zi	
戌 Xu Dog	申 Shen Monkey	辰 Chen Dragon	寅 Yin Tiger	子 Zi Rat	巳 Si Snake	亥 Hai Pig	亥 Hai Pig	未 Wei Goat	子 Zi Rat	丑 Chou Ox	夫 Fu	
亥 Hai Pig	未 Wei Goat	巳 Si Snake	卯 Mao Rabbit	亥 Hai Pig	辰 Chen Dragon	戌 Xu Dog	寅 Yin Tiger	戌 Xu Goat	丑 Chou Ox	酉 You Rooster	兄 Xiong	

C.21. Allocating the Annual Duke Star Group 安流年歲前諸星表

流年支諸星	歲建 The Duke	晦氣 Bad Qi	喪門 Funeral Door	貫索 Guan Suo	官符 Litigation	小耗 Lesser Consumer	大耗 Greater Consumer	龍德 Dragon Virtue	白虎 White Tiger	天德 Heavenly Virtue	弔客 Funeral Guest	病符 Sickness
子 Zi Rat	子 Zi Rat	丑 Chou Ox	寅 Yin Tiger	卯 Mao Rabbit	辰 Chen Dragon	巳 Si Snake	午 Wu Horse	未 Wei Goat	申 Shen Monkey	酉 You Rooster	戌 Xu Dog	亥 Hai Pig
丑 Chou Ox	丑 Chou Ox	寅 Yin Tiger	卯 Mao Rabbit	辰 Chen Dragon	巳 Si Snake	午 Wu Horse	未 Wei Goat	申 Shen Monkey	酉 You Rooster	戌 Xu Dog	亥 Hai Pig	子 Zi Rat
寅 Yin Tiger	寅 Yin Tiger	卯 Mao Rabbit	辰 Chen Dragon	巳 Si Snake	午 Wu Horse	未 Wei Goat	申 Shen Monkey	酉 You Rooster	戌 Xu Dog	亥 Hai Pig	子 Zi Rat	丑 Chou Ox
卯 Mao Rabbit	卯 Mao Rabbit	辰 Chen Dragon	巳 Si Snake	午 Wu Horse	未 Wei Goat	申 Shen Monkey	酉 You Rooster	戌 Xu Dog	亥 Hai Pig	子 Zi Rat	丑 Chou Ox	寅 Yin Tiger
辰 Chen Dragon	辰 Chen Dragon	巳 Si Snake	午 Wu Horse	未 Wei Goat	申 Shen Monkey	酉 You Rooster	戌 Xu Dog	亥 Hai Pig	子 Zi Rat	丑 Chou Ox	寅 Yin Tiger	卯 Mao Rabbit
巳 Si Snake	巳 Si Snake	午 Wu Horse	未 Wei Goat	申 Shen Monkey	酉 You Rooster	戌 Xu Dog	亥 Hai Pig	子 Zi Rat	丑 Chou Ox	寅 Yin Tiger	卯 Mao Rabbit	辰 Chen Dragon
午 Wu Horse	午 Wu Horse	未 Wei Goat	申 Shen Monkey	酉 You Rooster	戌 Xu Dog	亥 Hai Pig	子 Zi Rat	丑 Chou Ox	寅 Yin Tiger	卯 Mao Rabbit	辰 Chen Dragon	巳 Si Snake
未 Wei Goat	未 Wei Goat	申 Shen Monkey	酉 You Rooster	戌 Xu Dog	亥 Hai Pig	子 Zi Rat	丑 Chou Ox	寅 Yin Tiger	卯 Mao Rabbit	辰 Chen Dragon	巳 Si Snake	午 Wu Horse
申 Shen Monkey	申 Shen Monkey	酉 You Rooster	戌 Xu Dog	亥 Hai Pig	子 Zi Rat	丑 Chou Ox	寅 Yin Tiger	卯 Mao Rabbit	辰 Chen Dragon	巳 Si Snake	午 Wu Horse	未 Wei Goat
酉 You Rooster	酉 You Rooster	戌 Xu Dog	亥 Hai Pig	子 Zi Rat	丑 Chou Ox	寅 Yin Tiger	卯 Mao Rabbit	辰 Chen Dragon	巳 Si Snake	午 Wu Horse	未 Wei Goat	申 Shen Monkey
戌 Xu Dog	戌 Xu Dog	亥 Hai Pig	子 Zi Rat	丑 Chou Ox	寅 Yin Tiger	卯 Mao Rabbit	辰 Chen Dragon	巳 Si Snake	午 Wu Horse	未 Wei Goat	申 Shen Monkey	酉 You Rooster
亥 Hai Pig	亥 Hai Pig	子 Zi Rat	丑 Chou Ox	寅 Yin Tiger	卯 Mao Rabbit	辰 Chen Dragon	巳 Si Snake	午 Wu Horse	未 Wei Goat	申 Shen Monkey	酉 You Rooster	戌 Xu Dog

C.22. Allocating the Annual Marshal Group Stream of Stars 安流年將前諸星表

諸星流年支	寅午戌 Yin Wu Xu Tiger Horse Dog	申子辰 Shen Zi Chen Monkey Rat Dragon	巳酉丑 Si You Chou Snake Rooster Ox	亥卯未 Hai Mao Wei Pig Rabbit Goat
將星 General Star	午 Wu Horse	子 Zi Rat	酉 You Rooster	卯 Mao Rabbit
攀鞍 Pommelled Saddle	未 Wei Goat	丑 Chou Ox	戌 Xu Dog	辰 Chen Dragon
歲驛 Annual Sky Horse	申 Shen Monkey	寅 Yin Tiger	亥 Hai Pig	巳 Si Snake
息神 Rest God	酉 You Rooster	卯 Mao Rabbit	子 Zi Rat	午 Wu Horse
華蓋 Elegant Seal	戌 Xu Dog	辰 Chen Dragon	丑 Chou Ox	未 Wei Goat
劫煞 Robbery Sha	亥 Hai Pig	巳 Si Snake	寅 Yin Tiger	申 Shen Monkey
災煞 Disaster Sha	子 Zi Rat	午 Wu Horse	卯 Mao Rabbit	酉 You Rooster
天煞 Heavenly Sha	丑 Chou Ox	未 Wei Goat	辰 Chen Dragon	戌 Xu Dog
指背 Zhi Bei	寅 Yin Tiger	申 Shen Monkey	巳 Si Snake	亥 Hai Pig
咸池 Salty Pool	卯 Mao Rabbit	酉 You Rooster	午 Wu Horse	子 Zi Rat
月煞 Moon Sha	辰 Chen Dragon	戌 Xu Dog	未 Wei Goat	丑 Chou Ox
亡神 Death God	巳 Si Snake	亥 Hai Pig	申 Shen Monkey	寅 Yin Tiger

C.23. Allocating the Life Master Star 安命主

命宮 Life Palace / Star	命主 Life Master
子 Zi Rat	貪狼 Greedy Wolf
丑 Chou Ox	巨門 Huge Door
寅 Yin Tiger	祿存 Fortune Treasure
卯 Mao Rabbit	文曲 Literary Arts
辰 Chen Dragon	廉貞 Chastity
巳 Si Snake	武曲 Military Arts
午 Wu Horse	破軍 Broken Soldier
未 Wei Goat	武曲 Military Arts
申 Shen Monkey	廉貞 Chastity
酉 You Rooster	文曲 Literary Arts
戌 Xu Dog	祿存 Fortune Treasure
亥 Hai Pig	巨門 Huge Door

C.24. Allocating the Body Master Star 安身主

Star / 本生年支 Birth Year Branch	身主 Body Master
子 Rat *Zi*	火星 Fire Star
丑 Ox *Chou*	天相 Sky Minister
寅 Tiger *Yin*	天梁 Sky Benevolence
卯 Rabbit *Mao*	天同 Sky Unity
辰 Dragon *Chen*	文昌 Intelligence
巳 Snake *Si*	天機 Sky Opportune
午 Horse *Wu*	火星 Fire Star
未 Goat *Wei*	天相 Sky Minister
申 Monkey *Shen*	天梁 Sky Benevolence
酉 Rooster *You*	天同 Sky Unity
戌 Dog *Xu*	文昌 Intelligence
亥 Pig *Hai*	天機 Sky Opportune

C.25. Allocating the Void and Emptiness 安截路空亡

Star / 本生年干 Birth Year Stem	截空 Void and Emptiness
甲 *Jia*	申 *Shen* **Monkey**
己 *Ji*	酉 *You* **Rooster**
乙 *Yi*	午 *Wu* **Horse**
庚 *Geng*	未 *Wei* **Goat**
丙 *Bing*	辰 *Chen* **Dragon**
辛 *Xin*	巳 *Si* **Snake**
丁 *Ding*	寅 *Yin* **Tiger**
壬 *Ren*	卯 *Mao* **Rabbit**
戊 *Wu*	子 *Zi* **Rat**
癸 *Gui*	丑 *Chou* **Ox**

C.26. Allocating the Big Limits 起大限

		命宮 Life Palace	兄弟 Siblings Palace	夫妻 Marital Palace	子女 Children Palace	財帛 Wealth Palace	疾厄 Health Palace
水二局 Water 2	陰男 Yin Male / 陽女 Yang Female	2 - 11	112 - 121	102 - 111	92 - 101	82 - 91	72 - 81
	陽女 Yang Female / 陰男 Yin Male	2 - 11	12 - 21	22 - 31	32 - 41	42 - 51	52 - 61
木三局 Wood 3	陰男 Yin Male / 陽女 Yang Female	3 - 12	113 - 122	103 - 112	93 - 102	83 - 92	73 - 82
	陽女 Yang Female / 陰男 Yin Male	3 - 12	13 - 22	23 - 32	33 - 42	43 - 52	53 - 62
金四局 Metal 4	陰男 Yin Male / 陽女 Yang Female	4 - 13	114 - 123	104 - 113	94 - 103	84 - 93	74 - 83
	陽女 Yang Female / 陰男 Yin Male	4 - 13	14 - 23	24 - 33	34 - 43	44 - 53	54 - 63
土五局 Earth 5	陰男 Yin Male / 陽女 Yang Female	5 - 14	115 - 124	105 - 114	95 - 104	85 - 94	75 - 84
	陽女 Yang Female / 陰男 Yin Male	5 - 14	15 - 24	25 - 34	35 - 44	45 - 54	55 - 64
火六局 Fire 6	陰男 Yin Male / 陽女 Yang Female	6 - 15	116 - 125	106 - 115	96 - 105	86 - 95	76 - 85
	陽女 Yang Female / 陰男 Yin Male	6 - 15	16 - 25	26 - 35	36 - 45	46 - 55	56 - 65

C.26. Allocating the Big Limits 起大限

		遷移 Travel Palace	僕役 Hired Help Palace	官祿 Career Palace	田宅 Property Palace	福德 Fortune and Virtue Palace	父母 Parents Palace
水二局 Water 2	陰男 Yin Male 陽女 Yang Female	62 - 71	52 - 61	42 - 51	32 - 41	22 - 31	12 - 21
	陽女 Yang Female 陰男 Yin Male	62 - 71	72 - 81	82 - 91	92 - 101	102 - 111	112 - 121
木三局 Wood 3	陰男 Yin Male 陽女 Yang Female	63 - 72	53 - 62	43 - 52	33 - 42	23 - 32	13 - 22
	陽女 Yang Female 陰男 Yin Male	63 - 72	73 - 82	83 - 92	93 - 102	103 - 112	113 - 122
金四局 Metal 4	陰男 Yin Male 陽女 Yang Female	64 - 73	54 - 63	44 - 53	34 - 43	24 - 33	14 - 23
	陽女 Yang Female 陰男 Yin Male	64 - 73	74 - 83	84 - 93	94 - 103	104 - 113	114 - 123
土五局 Earth 5	陰男 Yin Male 陽女 Yang Female	65 - 74	55 - 64	45 - 54	35 - 44	25 - 34	15 - 24
	陽女 Yang Female 陰男 Yin Male	65 - 74	75 - 84	85 - 94	95 - 104	105 - 114	115 - 124
火六局 Fire 6	陰男 Yin Male 陽女 Yang Female	66 - 75	56 - 65	46 - 55	36 - 45	26 - 35	16 - 25
	陽女 Yang Female 陰男 Yin Male	66 - 75	76 - 85	86 - 95	96 - 105	106 - 115	116 - 125

C.27. Allocating the Small Limits 起小限

小限之歲 Small Limit Age / Small Limit Palaces 小限值宮													
		1	2	3	4	5	6	7	8	9	10	11	12
		13	14	15	16	17	18	19	20	21	22	23	24
		25	26	27	28	29	30	31	32	33	34	35	36
		37	38	39	40	41	42	43	44	45	46	47	48
		49	50	51	52	53	54	55	56	57	58	59	60
		61	62	63	64	65	66	67	68	69	70	71	72
		73	74	75	76	77	78	79	80	81	82	83	84
		85	86	87	88	89	90	91	92	93	94	95	96
		97	98	99	100	101	102	103	104	105	106	107	108
		109	110	111	112	113	114	115	116	117	118	119	120
Birth Year Branch 寅 Yin 午 Wu 戌 Xu	男 Male	辰 Chen Dragon	巳 Si Snake	午 Wu Horse	未 Wei Goat	申 Shen Monkey	酉 You Rooster	戌 Xu Dog	亥 Hai Pig	子 Zi Rat	丑 Chou Ox	寅 Yin Tiger	卯 Mao Rabbit
	女 Female	辰 Chen Dragon	卯 Mao Rabbit	寅 Yin Tiger	丑 Chou Ox	子 Zi Rat	亥 Hai Pig	戌 Xu Dog	酉 You Rooster	申 Shen Monkey	未 Wei Goat	午 Wu Horse	巳 Si Snake
申 Shen 子 Zi 辰 Chen	男 Male	戌 Xu Dog	亥 Hai Pig	子 Zi Rat	丑 Chou Ox	寅 Yin Tiger	卯 Mao Rabbit	辰 Chen Dragon	巳 Si Snake	午 Wu Horse	未 Wei Goat	申 Shen Monkey	酉 You Rooster
	女 Female	戌 Xu Dog	酉 You Rooster	申 Shen Monkey	未 Wei Goat	午 Wu Horse	巳 Si Snake	辰 Chen Dragon	卯 Mao Rabbit	寅 Yin Tiger	丑 Chou Ox	子 Zi Rat	亥 Hai Pig
巳 Si 酉 You 丑 Chou	男 Male	未 Wei Goat	申 Shen Monkey	酉 You Rooster	戌 Xu Dog	亥 Hai Pig	子 Zi Rat	丑 Chou Ox	寅 Yin Tiger	卯 Mao Rabbit	辰 Chen Dragon	巳 Si Snake	午 Wu Horse
	女 Female	未 Wei Goat	午 Wu Horse	巳 Si Snake	辰 Chen Dragon	卯 Mao Rabbit	寅 Yin Tiger	丑 Chou Ox	子 Zi Rat	亥 Hai Pig	戌 Xu Dog	酉 You Rooster	申 Shen Monkey
亥 Hai 卯 Mao 未 Wei	男 Male	丑 Chou Ox	寅 Yin Tiger	卯 Mao Rabbit	辰 Chen Dragon	巳 Si Snake	午 Wu Horse	未 Wei Goat	申 Shen Monkey	酉 You Rooster	戌 Xu Dog	亥 Hai Pig	子 Zi Rat
	女 Female	丑 Chou Ox	子 Zi Rat	亥 Hai Pig	戌 Xu Dog	酉 You Rooster	申 Shen Monkey	未 Wei Goat	午 Wu Horse	巳 Si Snake	辰 Chen Dragon	卯 Mao Rabbit	寅 Yin Tiger

C.28. Year Governor Table 斗君表

Birth Month 生月 / 生時 Birth Hour	正月 1st Month	二月 2nd Month	三月 3rd Month	四月 4th Month	五月 5th Month	六月 6th Month	七月 7th Month	八月 8th Month	九月 9th Month	十月 10th Month	十一月 11th Month	十二月 12th Month
子 Zi Rat	子 Zi Rat	亥 Hai Pig	戌 Xu Dog	酉 You Rooster	申 Shen Monkey	未 Wei Goat	午 Wu Horse	巳 Si Snake	辰 Chen Dragon	卯 Mao Rabbit	寅 Yin Tiger	丑 Chou Ox
丑 Chou Ox	丑 Chou Ox	子 Zi Rat	亥 Hai Pig	戌 Xu Dog	酉 You Rooster	申 Shen Monkey	未 Wei Goat	午 Wu Horse	巳 Si Snake	辰 Chen Dragon	卯 Mao Rabbit	寅 Yin Tiger
寅 Yin Tiger	寅 Yin Tiger	丑 Chou Ox	子 Zi Rat	亥 Hai Pig	戌 Xu Dog	酉 You Rooster	申 Shen Monkey	未 Wei Goat	午 Wu Horse	巳 Si Snake	辰 Chen Dragon	卯 Mao Rabbit
卯 Mao Rabbit	卯 Mao Rabbit	寅 Yin Tiger	丑 Chou Ox	子 Zi Rat	亥 Hai Pig	戌 Xu Dog	酉 You Rooster	申 Shen Monkey	未 Wei Goat	午 Wu Horse	巳 Si Snake	辰 Chen Dragon
辰 Chen Dragon	辰 Chen Dragon	卯 Mao Rabbit	寅 Yin Tiger	丑 Chou Ox	子 Zi Rat	亥 Hai Pig	戌 Xu Dog	酉 You Rooster	申 Shen Monkey	未 Wei Goat	午 Wu Horse	巳 Si Snake
巳 Si Snake	巳 Si Snake	辰 Chen Dragon	卯 Mao Rabbit	寅 Yin Tiger	丑 Chou Ox	子 Zi Rat	亥 Hai Pig	戌 Xu Dog	酉 You Rooster	申 Shen Monkey	未 Wei Goat	午 Wu Horse
午 Wu Horse	午 Wu Horse	巳 Si Snake	辰 Chen Dragon	卯 Mao Rabbit	寅 Yin Tiger	丑 Chou Ox	子 Zi Rat	亥 Hai Pig	戌 Xu Dog	酉 You Rooster	申 Shen Monkey	未 Wei Goat
未 Wei Goat	未 Wei Goat	午 Wu Horse	巳 Si Snake	辰 Chen Dragon	卯 Mao Rabbit	寅 Yin Tiger	丑 Chou Ox	子 Zi Rat	亥 Hai Pig	戌 Xu Dog	酉 You Rooster	申 Shen Monkey
申 Shen Monkey	申 Shen Monkey	未 Wei Goat	午 Wu Horse	巳 Si Snake	辰 Chen Dragon	卯 Mao Rabbit	寅 Yin Tiger	丑 Chou Ox	子 Zi Rat	亥 Hai Pig	戌 Xu Dog	酉 You Rooster
酉 You Rooster	酉 You Rooster	申 Shen Monkey	未 Wei Goat	午 Wu Horse	巳 Si Snake	辰 Chen Dragon	卯 Mao Rabbit	寅 Yin Tiger	丑 Chou Ox	子 Zi Rat	亥 Hai Pig	戌 Xu Dog
戌 Xu Dog	戌 Xu Dog	酉 You Rooster	申 Shen Monkey	未 Wei Goat	午 Wu Horse	巳 Si Snake	辰 Chen Dragon	卯 Mao Rabbit	寅 Yin Tiger	丑 Chou Ox	子 Zi Rat	亥 Hai Pig
亥 Hai Pig	亥 Hai Pig	戌 Xu Dog	酉 You Rooster	申 Shen Monkey	未 Wei Goat	午 Wu Horse	巳 Si Snake	辰 Chen Dragon	卯 Mao Rabbit	寅 Yin Tiger	丑 Chou Ox	子 Zi Rat

D. Ba Gua 八卦- The Eight Trigrams

D.1.	The He Tu 河圖	108
D.2.	The Luo Shu 洛書	109
D.3.	Early Heaven Ba Gua Square Map 先天八卦方圖	110
D.4.	Early Heaven Ba Gua 先天八卦	111
D.5.	Later Heaven Ba Gua 後天八卦	112
D.6.	Early and Later Heaven Ba Gua in Luo Shu 先天後天八卦	113
D.7.	The 64 Hexagrams 六十四卦	114

D. Ba Gua 八卦 - The Eight Trigrams

D.1. The He Tu 河圖

			南 South			
			7			
			2			
東 East	8	3	5, 10	4	9	西 West
			1			
			6			
			北 North			

D.2. The Luo Shu 洛書

SE 東南		S 南		SW 西南
	4	9	2	
E 東	3	5	7	W 西
	8	1	6	
NE 東北		N 北		NW 西北

D.3. Early Heaven Ba Gua Square Map 先天八卦方圖

8	7	6	5	4	3	2	1	**Original Number**
坤 *Kun*	艮 *Gen*	坎 *Kan*	巽 *Xun*	震 *Zhen*	離 *Li*	兑 *Dui*	乾 *Qian*	**Name** (**8 Gua**)
☷	☶	☵	☴	☳	☲	☱	☰	**Image** (**8 Gua**)
Old Yin		Young Yang		Young Yin		Old Yang		**4 Images**
Yin				Yang				**Duality**
								**Tai-Ji**

D.4. Early Heaven Ba Gua 先天八卦

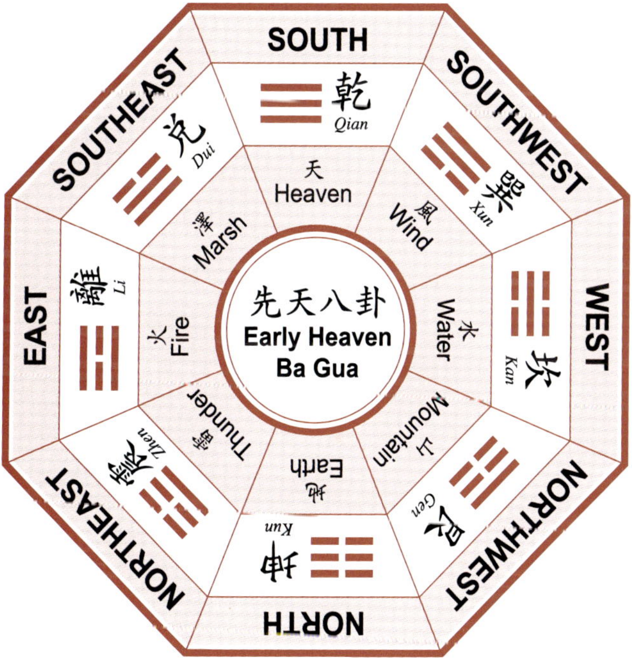

D.5. Later Heaven Ba Gua 後天八卦

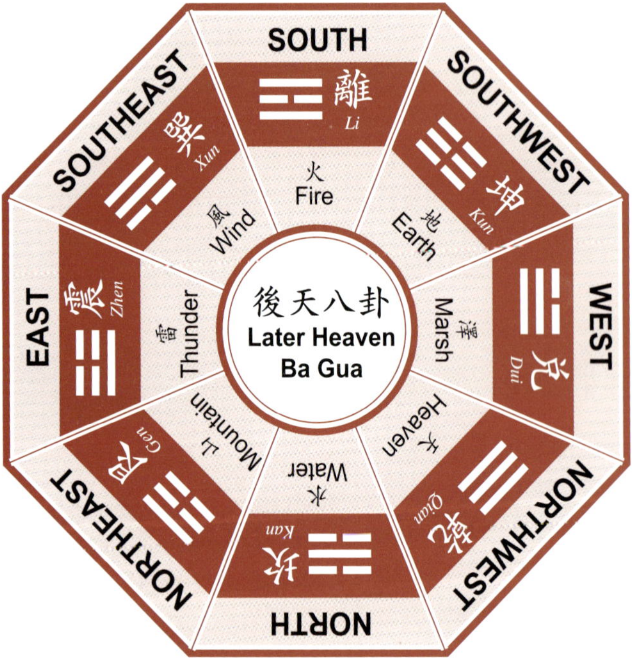

D.6. Early and Later Heaven Ba Gua in Luo Shu 先天後天八卦

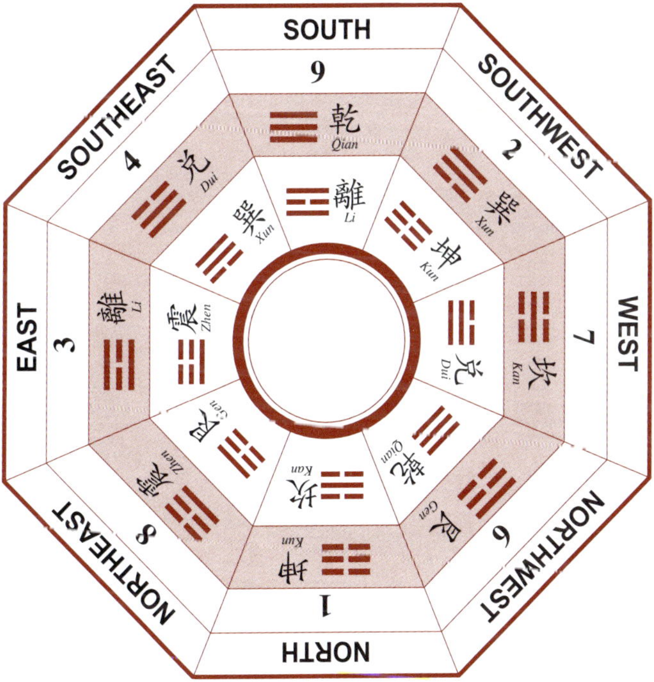

D. Ba Gua 八卦 - The Eight Trigrams

D.7. The 64 Hexagrams 六十四卦

8 ☷ 坤 *Kun* **Earth**	7 ☶ 艮 *Gen* **Mountain**	6 ☵ 坎 *Kan* **Water**	5 ☴ 巽 *Xun* **Wind**	4 ☳ 震 *Zhen* **Thunder**	3 ☲ 離 *Li* **Fire**	2 ☱ 兌 *Dui* **Marsh**	1 ☰ 乾 *Qian* **Heaven**	**Upper** 上卦 **Lower** 下卦
䷊ 地天泰 *Di Tian Tai* **Unity**	䷙ 山天大畜 *Shan Tian Da Xu* **Big Livestock**	䷄ 水天需 *Shui Tian Xu* **Waiting**	䷈ 風天小畜 *Feng Tian Xiao Xu* **Small Livestock**	䷡ 雷天大壯 *Lei Tian Da Zhuang* **Great Strength**	䷍ 火天大有 *Huo Tian Da You* **Great Reward**	䷪ 澤天夬 *Ze Tian Guai* **Eliminating**	䷀ 乾爲天 *Qian Wei Tian* **Heaven**	☰ 天 *Tian* **Heaven**
䷒ 地澤臨 *Di Ze Lin* **Arriving**	䷨ 山澤損 *Shan Ze Sun* **Decreasing**	䷻ 水澤節 *Shui Ze Jie* **Regulate**	䷼ 風澤中孚 *Feng Ze Zhong Fu* **Sincerity**	䷵ 雷澤歸妹 *Lei Ze Gui Mei* **Marrying Maiden**	䷥ 火澤睽 *Huo Ze Kui* **Opposition**	䷹ 兌爲澤 *Dui Wei Ze* **Marsh**	䷉ 天澤履 *Tian Ze Lu* **Tread**	☱ 澤 *Ze* **Marsh**
䷣ 地火明夷 *Di Huo Ming Yi* **Dimming Light**	䷕ 山火賁 *Shan Huo Ben* **Beauty**	䷾ 水火既濟 *Shui Huo Ji Ji* **Accomplished**	䷤ 風火家人 *Feng Huo Jia Ren* **Family**	䷶ 雷火豐 *Lei Huo Feng* **Abundance**	䷝ 離爲火 *Li Wei Huo* **Fire**	䷰ 澤火革 *Ze Huo Ge* **Reform**	䷌ 天火同人 *Tian Huo Tong Ren* **Fellowship**	☲ 火 *Huo* **Fire**
䷗ 地雷復 *Di Lei Fu* **Returning**	䷚ 山雷頤 *Shan Lei Yi* **Nourish**	䷂ 水雷屯 *Shui Lei Tun* **Beginning**	䷩ 風雷益 *Feng Lei Yi* **Increasing**	䷲ 震爲雷 *Zhen Wei Lei* **Thunder**	䷔ 火雷噬嗑 *Huo Lei Shi Ke* **Biting**	䷐ 澤雷隨 *Ze Lei Sui* **Following**	䷘ 天雷無妄 *Tian Lei Wu Wang* **Without Wrongdoing**	☳ 雷 *Lei* **Thunder**
䷭ 地風升 *Di Feng Sheng* **Rising**	䷑ 山風蠱 *Shan Feng Gu* **Poison**	䷯ 水風井 *Shui Feng Jing* **Well**	䷸ 巽爲風 *Xun Wei Feng* **Wind**	䷟ 雷風恆 *Lei Feng Heng* **Consistency**	䷱ 火風鼎 *Huo Feng Ding* **The Cauldron**	䷛ 澤風大過 *Ze Feng Da Guo* **Great Exceeding**	䷫ 天風姤 *Tian Feng Gou* **Meeting**	☴ 風 *Feng* **Wind**
䷆ 地水師 *Di Shui Shi* **Officer**	䷃ 山水蒙 *Shan Shui Meng* **Bliss**	䷜ 坎爲水 *Kan Wei Shui* **Water**	䷺ 風水渙 *Feng Shui Huan* **Dispersing**	䷧ 雷水解 *Lei Shui Jie* **Relief**	䷿ 火水未濟 *Huo Shui Wei Ji* **Not Yet Accomplished**	䷮ 澤水困 *Ze Shui Kun* **Trap**	䷅ 天水訟 *Tian Shui Song* **Litigation**	☵ 水 *Shui* **Water**
䷎ 地山謙 *Di Shan Qian* **Humility**	䷳ 艮爲山 *Gen Wei Shan* **Mountain**	䷦ 水山蹇 *Shui Shan Jian* **Obstruction**	䷴ 風山漸 *Feng Shan Jian* **Gradual Progress**	䷽ 雷山小過 *Lei Shan Xiao Guo* **Lesser Exceeding**	䷷ 火山旅 *Huo Shan Lu* **Travelling**	䷞ 澤山咸 *Ze Shan Xian* **Influence**	䷠ 天山遯 *Tian Shan Dun* **Retreat**	☶ 山 *Shan* **Mountain**
䷁ 坤爲地 *Kun Wei Di* **Earth**	䷖ 山地剝 *Shan Di Bo* **Peel**	䷇ 水地比 *Shui Di Bi* **Alliance**	䷓ 風地觀 *Feng Di Guan* **Observation**	䷏ 雷地豫 *Lei Di Yu* **Delight**	䷢ 火地晉 *Huo Di Jin* **Advancement**	䷬ 澤地萃 *Ze Di Cui* **Gathering**	䷋ 天地否 *Tian Di Pi* **Stagnation**	☷ 地 *Di* **Earth**

E. Feng Shui

E.1.	The Eight Trigrams and Directions			116
E.2.	The 24 Mountains of the Luo Pan			116
E.3.	24 Mountain Reference Chart			117
E.4.	San Yuan (3 Cycles and 9 Periods) 三元九運			118
E.5.	Ba Zhai (Eight Mansions) 八宅風水			
	E.5.1.	Year Pillar and Gua Number Reference Table for 1912 - 2055		119
	E.5.2.	Life Gua 命卦		
		1. East Group 東命		122
		2. West Group 西命		122
	E.5.3.	Eight Wandering Stars 八遊星		123
	E.5.4.	How to take House Direction		124
E.6.	Xuan Kong Flying Stars 玄空飛星			125
	E.6.1.	Nine Periods Flying Star Charts		
		1. **Sitting:** N1 (壬 Ren)	**Facing:** S1 (丙 Bing)	126
		2. **Sitting:** N2 (子 Zi) / N3 (癸 Gui)	**Facing:** S2 (午 Wu) / S3 (丁 Ding)	127
		3. **Sitting:** NE1 (丑 Chou)	**Facing:** SW1 (未 Wei)	128
		4. **Sitting:** NE2 (艮 Gen) / NE3 (寅 Yin)	**Facing:** SW2 (坤 Kun) / SW3 (申 Shen)	129
		5. **Sitting:** E1 (甲 Jia)	**Facing:** W1 (庚 Geng)	130
		6. **Sitting:** E2 (卯 Mao) / E3 (乙 Yi)	**Facing:** W2 (酉 You) / W3 (辛 Xin)	131
		7. **Sitting:** SE1 (辰 Chen)	**Facing:** NW1 (戌 Xu)	132
		8. **Sitting:** SE2 (巽 Xun) / SE3 (巳 Si)	**Facing:** NW2 (乾 Qian) / NW3 (亥 Hai)	133
		9. **Sitting:** S1 (丙 Bing)	**Facing:** N1 (壬 Ren)	134
		10. **Sitting:** S2 (午 Wu) / S3 (丁 Ding)	**Facing:** N2 (子 Zi) / N3 (癸 Gui)	135
		11. **Sitting:** SW1 (未 Wei)	**Facing:** NE1 (丑 Chou)	136
		12. **Sitting:** SW2 (坤 Kun) / SW3 (申 Shen)	**Facing:** NE2 (艮 Gen) / NE3 (寅 Yin)	137
		13. **Sitting:** W1 (庚 Geng)	**Facing:** E1 (甲 Jia)	138
		14. **Sitting:** W2 (酉 You) / W3 (辛 Xin)	**Facing:** E2 (卯 Mao) / E3 (乙 Yi)	139
		15. **Sitting:** NW1 (戌 Xu)	**Facing:** SE1 (辰 Chen)	140
		16. **Sitting:** NW2 (乾 Qian) / NW3 (亥 Hai)	**Facing:** SE2 (巽 Xun) / SE3 (巳 Si)	141
	E.6.2.	Yearly Purple White Flying Stars Table 年紫白入中星速查表		142
	E.6.3.	Monthly Purple White Flying Stars Table 月紫白入中星速查表		145
	E.6.4.	Daily Stars Reference Table 日星表		146
	E.6.5.	Hourly Stars Reference Table 時星表		150
	E.6.6.	General Guide to the 9 Stars		151
E.7.	4 Major Water Structures			
	E.7.1.	Fire Structures 火局		152
	E.7.2.	Water Structures 水局		153
	E.7.3.	Metal Structures 金局		154
	E.7.4.	Wood Structures 木局		155
E.8.	Special Water Dragon Exits from Di Li Wu Jue 地理五訣			156

E. Feng Shui

E.1. The Eight Trigrams and Directions

Trigram	坎 Kan	震 Zhen	巽 Xun	離 Li	坤 Kun	乾 Qian	兑 Dui	艮 Gen
Element	Water	Wood	Wood	Fire	Earth	Metal	Metal	Earth
Luo Shu	1	3	4	9	2	6	7	8
Directions	North	East	South East	South	South West	North West	West	North East
Group	The East 4 Life 東四命				The West 4 Life 西四命			

E.2. The 24 Mountains of the Luo Pan

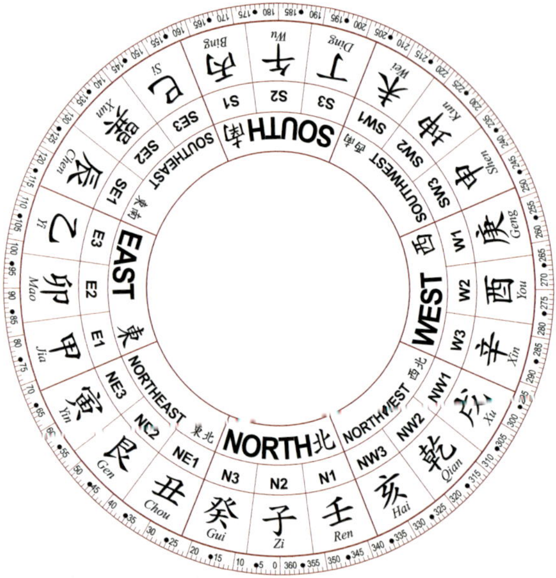

E.3. 24 Mountain Reference Chart

Gua	Direction		24 Mountains		Degrees
☲ 離 Li	South	S1	丙 Bing	Yang Fire	157.6 - 172.5
		S2	午 Wu	Horse (Yang Fire)	172.6 - 187.5
		S3	丁 Ding	Yin Fire	187.6 -202.5
☷ 坤 Kun	Southwest	SW1	未 Wei	Goat (Yin Earth)	202.6 - 217.5
		SW2	坤 Kun	Southwest (Earth)	217.6 - 232.5
		SW3	申 Shen	Monkey (Yang Metal)	232.6 - 247.5
☱ 兑 Dui	West	W1	庚 Geng	Yang Metal	247.6 - 262.5
		W2	酉 You	Rooster (Yin Metal)	262.6 - 277.5
		W3	辛 Xin	Yin Metal	277.6 - 292.5
☰ 乾 Qian	Northwest	NW1	戌 Xu	Dog (Yang Earth)	292.6 - 307.5
		NW2	乾 Qian	Northwest (Metal)	307.6 - 322.5
		NW3	亥 Hai	Pig (Yin Water)	322.6 - 337.5
☵ 坎 Kan	North	N1	壬 Ren	Yang Water	337.6 - 352.5
		N2	子 Zi	Rat (Yang Water)	352.6 - 7.5
		N3	癸 Gui	Yin Water	7.6 - 22.5
☶ 艮 Gen	Northeast	NE1	丑 Chou	Ox (Yin Earth)	22.6 - 37.5
		NE2	艮 Gen	Northeast (Earth)	37.6 - 52.5
		NE3	寅 Yin	Tiger (Yang Wood)	52.6 - 67.5
☳ 震 Zhen	East	E1	甲 Jia	Yang Wood	67.6 - 82.5
		E2	卯 Mao	Rabbit (Yin Wood)	82.6 - 97.5
		E3	乙 Yi	Yin Wood	97.6 - 112.5
☴ 巽 Xun	Southeast	SE1	辰 Chen	Dragon (Yang Earth)	112.6 - 127.5
		SE2	巽 Xun	Southeast (Wood)	127.6 -142.5
		SE3	巳 Si	Snake (Yin Fire)	142.6 - 157.5

E.4. San Yuan (3 Cycles and 9 Periods) 三元九運

Cycle 元	Period 運	Year 年	Gua 卦
Upper	1	1504 - 1523	Kan 坎
	2	1524 - 1543	Kun 坤
	3	1544 - 1563	Zhen 震
Middle	4	1564 - 1583	Xun 巽
	5	1584 - 1603	-
	6	1604 - 1623	Qian 乾
Lower	7	1624 - 1643	Dui 兑
	8	1644 - 1663	Gen 艮
	9	1664 - 1683	Li 離
Upper	1	1684 - 1703	Kan 坎
	2	1704 - 1723	Kun 坤
	3	1724 - 1743	Zhen 震
Middle	4	1744 - 1763	Xun 巽
	5	1764 - 1783	-
	6	1784 - 1803	Qian 乾
Lower	7	1804 - 1823	Dui 兑
	8	1824 - 1843	Gen 艮
	9	1844 - 1863	Li 離
Upper	1	1864 - 1883	Kan 坎
	2	1884 - 1903	Kun 坤
	3	1904 - 1923	Zhen 震
Middle	4	1924 - 1943	Xun 巽
	5	1944 - 1963	-
	6	1964 - 1983	Qian 乾
Lower	7	1984 - 2003	Dui 兑
	8	2004 - 2023	Gen 艮
	9	2024 - 2043	Li 離

E.5. Ba Zhai (Eight Mansions) 八宅風水

E.5.1 Year Pillar and Gua Number Reference Table for 1912 - 2055

Animal	Year of Birth			Gua Number for Male	Gua Number for Female	Year of Birth			Gua Number for Male	Gua Number for Female
Rat	1912	壬子 Ren Zi	Water Rat	7	8	1936	丙子 Bing Zi	Fire Rat	1	8
Ox	1913	癸丑 Gui Chou	Water Ox	6	9	1937	丁丑 Ding Chou	Fire Ox	9	6
Tiger	1914	甲寅 Jia Yin	Wood Tiger	2	1	1938	戊寅 Wu Yin	Earth Tiger	8	7
Rabbit	1915	乙卯 Yi Mao	Wood Rabbit	4	2	1939	己卯 Ji Mao	Earth Rabbit	7	8
Dragon	1916	丙辰 Bing Chen	Fire Dragon	3	3	1940	庚辰 Geng Chen	Metal Dragon	6	9
Snake	1917	丁巳 Ding Si	Fire Snake	2	4	1941	辛巳 Xin Si	Metal Snake	2	1
Horse	1918	戊午 Wu Wu	Earth Horse	1	8	1942	壬午 Ren Wu	Water Horse	4	2
Goat	1919	己未 Ji Wei	Earth Goat	9	6	1943	癸未 Gui Wei	Water Goat	3	3
Monkey	1920	庚申 Geng Shen	Metal Monkey	8	7	1944	甲申 Jia Shen	Wood Monkey	2	4
Rooster	1921	辛酉 Xin You	Metal Rooster	7	8	1945	乙酉 Yi You	Wood Rooster	1	8
Dog	1922	壬戌 Ren Xu	Water Dog	6	9	1946	丙戌 Bing Xu	Fire Dog	9	6
Pig	1923	癸亥 Gui Hai	Water Pig	2	1	1947	丁亥 Ding Hai	Fire Pig	8	7
Rat	1924	甲子 Jia Zi	Wood Rat	4	2	1948	戊子 Wu Zi	Earth Rat	7	8
Ox	1925	乙丑 Yi Chou	Wood Ox	3	3	1949	己丑 Ji Chou	Earth Ox	6	9
Tiger	1926	丙寅 Bing Yin	Fire Tiger	2	4	1950	庚寅 Geng Yin	Metal Tiger	2	1
Rabbit	1927	丁卯 Ding Mao	Fire Rabbit	1	8	1951	辛卯 Xin Mao	Metal Rabbit	4	2
Dragon	1928	戊辰 Wu Chen	Earth Dragon	9	6	1952	壬辰 Ren Chen	Water Dragon	3	3
Snake	1929	己巳 Ji Si	Earth Snake	8	7	1953	癸巳 Gui Si	Water Snake	2	4
Horse	1930	庚午 Geng Wu	Metal Horse	7	8	1954	甲午 Jia Wu	Wood Horse	1	8
Goat	1931	辛未 Xin Wei	Metal Goat	6	9	1955	乙未 Yi Wei	Wood Goat	9	6
Monkey	1932	壬申 Ren Shen	Water Monkey	2	1	1956	丙申 Bing Shen	Fire Monkey	8	7
Rooster	1933	癸酉 Gui You	Water Rooster	4	2	1957	丁酉 Ding You	Fire Rooster	7	8
Dog	1934	甲戌 Jia Xu	Wood Dog	3	3	1958	戊戌 Wu Xu	Earth Dog	6	9
Pig	1935	乙亥 Yi Hai	Wood Pig	2	4	1959	己亥 Ji Hai	Earth Pig	2	1

• Please note that the date for the Chinese Solar Year starts on Feb 4. This means that if you were born in Feb 2 of 2002, you belong to the previous year 2001.

E.5. Ba Zhai (Eight Mansions) 八宅風水

E.5.1 Year Pillar and Gua Number Reference Table for 1912 - 2055

Animal	Year of Birth			Gua Number for		Year of Birth			Gua Number for	
				Male	Female				Male	Female
Rat	1960	庚子 Geng Zi	Metal Rat	4	2	1984	甲子 Jia Zi	Wood Rat	7	8
Ox	1961	辛丑 Xin Chou	Metal Ox	3	3	1985	乙丑 Yi Chou	Wood Ox	6	9
Tiger	1962	壬寅 Ren Yin	Water Tiger	2	4	1986	丙寅 Bing Yin	Fire Tiger	2	1
Rabbit	1963	癸卯 Gui Mao	Water Rabbit	1	8	1987	丁卯 Ding Mao	Fire Rabbit	4	2
Dragon	1964	甲辰 Jia Chen	Wood Dragon	9	6	1988	戊辰 Wu Chen	Earth Dragon	3	3
Snake	1965	乙巳 Yi Si	Wood Snake	8	7	1989	己巳 Ji Si	Earth Snake	2	4
Horse	1966	丙午 Bing Wu	Fire Horse	7	8	1990	庚午 Geng Wu	Metal Horse	1	8
Goat	1967	丁未 Ding Wei	Fire Goat	6	9	1991	辛未 Xin Wei	Metal Goat	9	6
Monkey	1968	戊申 Wu Shen	Earth Monkey	2	1	1992	壬申 Ren Shen	Water Monkey	8	7
Rooster	1969	己酉 Ji You	Earth Rooster	4	2	1993	癸酉 Gui You	Water Rooster	7	8
Dog	1970	庚戌 Geng Xu	Metal Dog	3	3	1994	甲戌 Jia Xu	Wood Dog	6	9
Pig	1971	辛亥 Xin Hai	Metal Pig	2	4	1995	乙亥 Yi Hai	Wood Pig	2	1
Rat	1972	壬子 Ren Zi	Water Rat	1	8	1996	丙子 Bing Zi	Fire Rat	4	2
Ox	1973	癸丑 Gui Chou	Water Ox	9	6	1997	丁丑 Ding Chou	Fire Ox	3	3
Tiger	1974	甲寅 Jia Yin	Wood Tiger	8	7	1998	戊寅 Wu Yin	Earth Tiger	2	4
Rabbit	1975	乙卯 Yi Mao	Wood Rabbit	7	8	1999	己卯 Ji Mao	Earth Rabbit	1	8
Dragon	1976	丙辰 Bing Chen	Fire Dragon	6	9	2000	庚辰 Geng Chen	Metal Dragon	9	6
Snake	1977	丁巳 Ding Si	Fire Snake	2	1	2001	辛巳 Xin Si	Metal Snake	8	7
Horse	1978	戊午 Wu Wu	Earth Horse	4	2	2002	壬午 Ren Wu	Water Horse	7	8
Goat	1979	己未 Ji Wei	Earth Goat	3	3	2003	癸未 Gui Wei	Water Goat	6	9
Monkey	1980	庚申 Geng Shen	Metal Monkey	2	4	2004	甲申 Jia Shen	Wood Monkey	2	1
Rooster	1981	辛酉 Xin You	Metal Rooster	1	8	2005	乙酉 Yi You	Wood Rooster	4	2
Dog	1982	壬戌 Ren Xu	Water Dog	9	6	2006	丙戌 Bing Xu	Fire Dog	3	3
Pig	1983	癸亥 Gui Hai	Water Pig	8	7	2007	丁亥 Ding Hai	Fire Pig	2	4

• Please note that the date for the Chinese Solar Year starts on Feb 4. This means that if you were born in Feb 2 of 2002, you belong to the previous year 2001.

E.5. Ba Zhai (Eight Mansions) 八宅風水

E.5.1 Year Pillar and Gua Number Reference Table for 1912 - 2055

Animal	Year of Birth			Gua Number for Male	Gua Number for Female	Year of Birth			Gua Number for Male	Gua Number for Female
Rat	2008	戊子 Wu Zi	Earth Rat	1	8	2032	壬子 Ren Zi	Water Rat	4	2
Ox	2009	己丑 Ji Chou	Earth Ox	9	6	2033	癸丑 Gui Chou	Water Ox	3	3
Tiger	2010	庚寅 Geng Yin	Metal Tiger	8	7	2034	甲寅 Jia Yin	Wood Tiger	2	4
Rabbit	2011	辛卯 Xin Mao	Metal Rabbit	7	8	2035	乙卯 Yi Mao	Wood Rabbit	1	8
Dragon	2012	壬辰 Ren Chen	Water Dragon	6	9	2036	丙辰 Bing Chen	Fire Dragon	9	6
Snake	2013	癸巳 Gui Si	Water Snake	2	1	2037	丁巳 Ding Si	Fire Snake	8	7
Horse	2014	甲午 Jia Wu	Wood Horse	4	2	2038	戊午 Wu Wu	Earth Horse	7	8
Goat	2015	乙未 Yi Wei	Wood Goat	3	3	2039	己未 Ji Wei	Earth Goat	6	9
Monkey	2016	丙申 Bing Shen	Fire Monkey	2	4	2040	庚申 Geng Shen	Metal Monkey	2	1
Rooster	2017	丁酉 Ding You	Fire Rooster	1	8	2041	辛酉 Xin You	Metal Rooster	4	2
Dog	2018	戊戌 Wu Xu	Earth Dog	9	6	2042	壬戌 Ren Xu	Water Dog	3	3
Pig	2019	己亥 Ji Hai	Earth Pig	8	7	2043	癸亥 Gui Hai	Water Pig	2	4
Rat	2020	庚子 Geng Zi	Metal Rat	7	8	2044	甲子 Jia Zi	Wood Rat	1	8
Ox	2021	辛丑 Xin Chou	Metal Ox	6	9	2045	乙丑 Yi Chou	Wood Ox	9	6
Tiger	2022	壬寅 Ren Yin	Water Tiger	2	1	2046	丙寅 Bing Yin	Fire Tiger	8	7
Rabbit	2023	癸卯 Gui Mao	Water Rabbit	4	2	2047	丁卯 Ding Mao	Fire Rabbit	7	8
Dragon	2024	甲辰 Jia Chen	Wood Dragon	3	3	2048	戊辰 Wu Chen	Earth Dragon	6	9
Snake	2025	乙巳 Yi Si	Wood Snake	2	4	2049	己巳 Ji Si	Earth Snake	2	1
Horse	2026	丙午 Bing Wu	Fire Horse	1	8	2050	庚午 Geng Wu	Metal Horse	4	2
Goat	2027	丁未 Ding Wei	Fire Goat	9	6	2051	辛未 Xin Wei	Metal Goat	3	3
Monkey	2028	戊申 Wu Shen	Earth Monkey	8	7	2052	壬申 Ren Shen	Water Monkey	2	4
Rooster	2029	己酉 Ji You	Earth Rooster	7	8	2053	癸酉 Gui You	Water Rooster	1	8
Dog	2030	庚戌 Geng Xu	Metal Dog	6	9	2054	甲戌 Jia Xu	Wood Dog	9	6
Pig	2031	辛亥 Xin Hai	Metal Pig	2	1	2055	乙亥 Yi Hai	Wood Pig	8	7

- Please note that the date for the Chinese Solar Year starts on Feb 4. This means that if you were born in Feb 2 of 2002, you belong to the previous year 2001.

E.5. Ba Zhai (Eight Mansions) 八宅風水

E.5.2 Life Gua 命卦

1. East Group 東命

卦 Gua	生氣 *Shen Qi* Life Generating	天醫 *Tian Yi* Heavenly Doctor	延年 *Yan Nian* Longevity	伏位 *Fu Wei* Stability	禍害 *Huo Hai* Mishaps	五鬼 *Wu Gui* Five Ghosts	六煞 *Liu Sha* Six Killings	絕命 *Jue Ming* Life Threatening
坎 *Kan* 1 Water	South East	East	South	North	West	North East	North West	South West
震 *Zhen* 3 Wood	South	North	South East	East	South West	North West	North East	West
巽 *Xun* 4 Wood	North	South	East	South East	North West	South West	West	North East
離 *Li* 9 Fire	East	South East	North	South	North East	West	South West	North West

2. West Group 西命

卦 Gua	生氣 *Shen Qi* Life Generating	天醫 *Tian Yi* Heavenly Doctor	延年 *Yan Nian* Longevity	伏位 *Fu Wei* Stability	禍害 *Huo Hai* Mishaps	五鬼 *Wu Gui* Five Ghosts	六煞 *Liu Sha* Six Killings	絕命 *Jue Ming* Life Threatening
坤 *Kun* 2 Earth	North East	West	North West	South West	East	South East	South	North
乾 *Qian* 6 Metal	West	North East	South West	North West	South East	East	North	South
兌 *Dui* 7 Metal	North West	South West	North East	West	North	South	South East	East
艮 *Gen* 8 Earth	South West	North West	West	North East	South	North	East	South East

E.5. Ba Zhai (Eight Mansions) 八宅風水

E.5.3 Eight Wandering Stars 八遊星

Star Name	Characteristics
生氣 *Shen Qi* **Life Generating**	Promotions, good money luck, political powers, success and authority.
天醫 *Tian Yi* **Heavenly Doctor**	Good health and mentor luck.
延年 *Yan Nian* **Longevity**	Life prolonging, good relationships and communications.
伏位 *Fu Wei* **Stability**	Calming and grounding. Above average luck.
禍害 *Huo Hai* **Mishaps**	Calamities, undermining and mistakes.
五鬼 *Wu Gui* **Five Ghosts**	Back-stabbing, rumors, gossips and bickering.
六煞 *Liu Sha* **Six Killings**	Injury, betrayal, scandals.
絕命 *Jue Ming* **Life Threatening**	Accidents, major illness, abortion, great calamities.

E.5. Ba Zhai (Eight Mansions) 八宅風水

E.5.4 How to take a House Direction

- You will need to get yourself a Luo Pan (Chinese Feng Shui compass) or at least, a good scout's compass.
- You need to measure the direction of your house to determine its Flying Star chart.
- Refer to section E.2. for reference of which of the 24 Mountains your house is facing.
- Depending on which school of Xuan Kong Flying Stars you advocate, your star chart can either be determined by the period in which the residents moved-in or when the house was built. Once you have determined the period of your house, turn to section E.6. to find the appropriate Flying Star chart.
- There is a difference between House Facing and Main Door facing. Your Flying Star chart is determined by the house facing. The following are some diagrams to help your understanding.

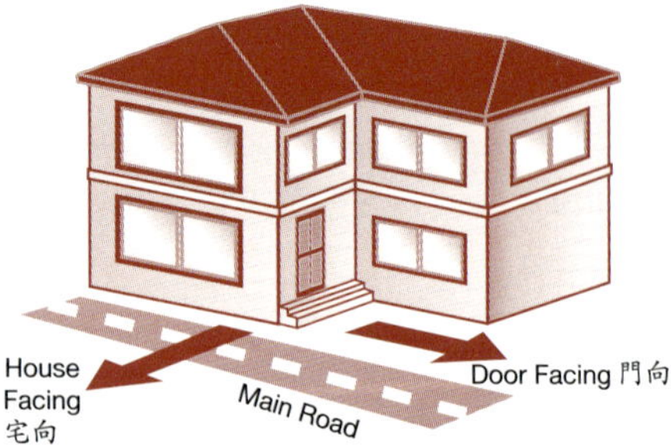

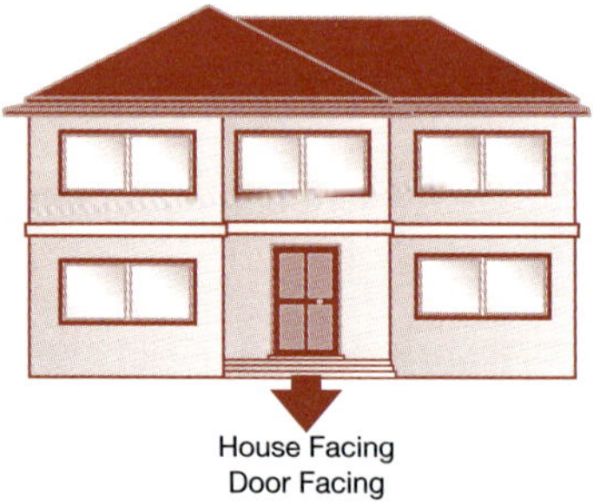

E.6. Xuan Kong Flying Star 玄空飛星

The Flying Star chart of a property is like a energy chart of the house. Xuan Kong Feng Shui experts can use this chart to make very accurate predictions on the well-being, relationships, fortune, health and almost all other matters just from the analysis of the stars.

Components of a Flying Star Chart :

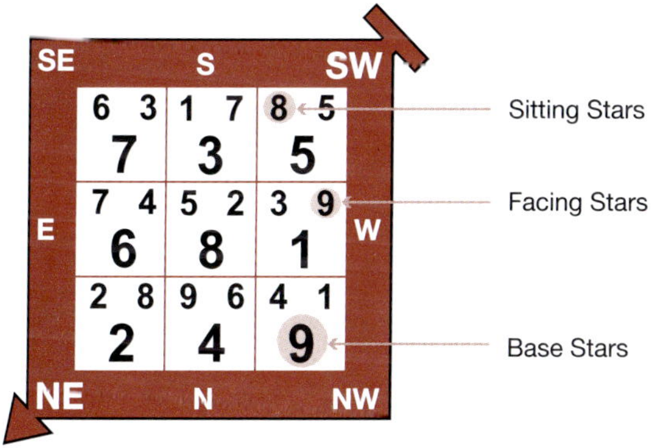

Period 8 Sitting SW1, Facing NE1

Facing Star

Also called Water Stars. These are located at the top right of every sector in the 9 palaces. Facing Stars govern wealth related aspects. Good facing stars therefore denote good wealth luck while bad facing stars will indicate otherwise.

Sitting Star

Also called Mountain Stars. Sitting stars are located at the top left of every sector in a flying star chart. They govern the people or health related aspects.

Base Star

Also known as the Time Star refers to the base number of a palace in that period. For example, in Period 7, the base number for Northwest would be Star 8.

E.6.1	Nine Periods Flying Star Chart			
1.	Sitting:	N1 (壬 Ren)	Facing:	S1 (丙 Bing)

SE		S		SW
	7 4 9	2 9 5	9 2 7	
E	8 3 8	6 5 1	4 7 3	W
	3 8 4	1 1 6	5 6 2	
NE		N		NW

Period 1

SE		S		SW
	6 7 1	2 2 6	4 9 8	
E	5 8 9	7 6 2	9 4 4	W
	1 3 5	3 1 7	8 5 3	
NE		N		NW

Period 2

SE		S		SW
	9 6 2	4 2 7	2 4 9	
E	1 5 1	8 7 3	6 9 5	W
	5 1 6	3 3 8	7 8 4	
NE		N		NW

Period 3

SE		S		SW
	8 9 3	4 4 8	6 2 1	
E	7 1 2	9 8 4	2 6 6	W
	3 5 7	5 3 9	1 7 5	
NE		N		NW

Period 4

SE		S		SW
	9 8 4	5 4 9	7 6 2	
E	8 7 3	1 9 5	3 2 7	W
	4 3 8	6 5 1	2 1 6	
NE		N		NW

Period 5

SE		S		SW
	3 9 5	7 5 1	5 7 3	
E	4 8 4	2 1 6	9 3 8	W
	8 4 9	6 6 2	1 2 7	
NE		N		NW

Period 6

SE		S		SW
	2 3 6	7 7 2	9 5 4	
E	1 4 5	3 2 7	5 9 9	W
	6 8 1	8 6 3	4 1 8	
NE		N		NW

Period 7

SE		S		SW
	5 2 7	9 7 3	7 9 5	
E	6 1 6	4 3 8	2 5 1	W
	1 6 2	8 8 4	3 4 9	
NE		N		NW

Period 8

SE		S		SW
	4 5 8	9 9 4	2 7 6	
E	3 6 7	5 4 9	7 2 2	W
	8 1 3	1 8 5	6 3 1	
NE		N		NW

Period 9

E.6.1 Nine Periods Flying Star Chart

2.	Sitting:	N2 (子 Zi) / N3 (癸 Gui)	Facing:	S2 (午 Wu) / S3 (丁 Ding)

	SE	S	SW	
	5 6 9	1 1 5	3 8 7	
E	4 7 8	6 5 1	8 3 3	W
	9 2 4	2 9 6	7 4 2	
	NE	N	NW	

Period 1

	SE	S	SW	
	8 5 1	3 1 6	1 3 8	
E	9 4 9	7 6 2	5 8 4	W
	4 9 5	2 2 7	6 7 3	
	NE	N	NW	

Period 2

	SE	S	SW	
	7 8 2	3 3 7	5 1 9	
E	6 9 1	8 7 3	1 5 5	W
	2 4 6	4 2 8	9 6 4	
	NE	N	NW	

Period 3

	SE	S	SW	
	1 7 3	5 3 8	3 5 1	
E	2 6 2	9 8 4	7 1 6	W
	6 2 7	4 4 9	8 9 5	
	NE	N	NW	

Period 4

	SE	S	SW	
	2 1 4	6 5 9	4 3 2	
E	3 2 3	1 9 5	8 7 7	W
	7 6 8	5 4 1	9 8 6	
	NE	N	NW	

Period 5

	SE	S	SW	
	1 2 5	6 6 1	8 4 3	
E	9 3 4	2 1 6	4 8 8	W
	5 7 9	7 5 2	3 9 7	
	NE	N	NW	

Period 6

	SE	S	SW	
	4 1 6	8 6 2	6 8 4	
E	5 9 5	3 2 7	1 4 9	W
	9 5 1	7 7 3	2 3 8	
	NE	N	NW	

Period 7

	SE	S	SW	
	3 4 7	8 8 3	1 6 5	
E	2 5 6	4 3 8	6 1 1	W
	7 9 2	9 7 4	5 2 9	
	NE	N	NW	

Period 8

	SE	S	SW	
	6 3 8	1 8 4	8 1 6	
E	7 2 7	5 4 9	3 6 2	W
	2 7 3	9 9 5	4 5 1	
	NE	N	NW	

Period 9

E.6.1	Nine Periods Flying Star Chart			
3.	Sitting:	NE1 (丑 Chou)	Facing:	SW1 (未 Wei)

SE		S		SW
	5 6 9	9 2 5	7 4 7	
E	6 5 8	4 7 1	2 9 3	W
	1 1 4	8 3 6	3 8 2	
NE		N		NW

Period 1

SE		S		SW
	6 9 1	1 4 6	8 2 8	
E	7 1 9	5 8 2	3 6 4	W
	2 5 5	9 3 7	4 7 3	
NE		N		NW

Period 2

SE		S		SW
	7 8 2	2 4 7	9 6 9	
E	8 7 1	6 9 3	4 2 5	W
	3 3 6	1 5 8	5 1 4	
NE		N		NW

Period 3

SE		S		SW
	6 9 3	2 5 8	4 7 1	
E	5 8 2	7 1 4	9 3 6	W
	1 4 7	3 6 9	8 2 5	
NE		N		NW

Period 4

SE		S		SW
	9 3 4	4 7 9	2 5 2	
E	1 4 3	8 2 5	6 9 7	W
	5 8 8	3 6 1	7 1 6	
NE		N		NW

Period 5

SE		S		SW
	8 2 5	4 7 1	6 9 3	
E	7 1 4	9 3 6	2 5 8	W
	3 6 9	5 8 2	1 4 7	
NE		N		NW

Period 6

SE		S		SW
	9 5 6	5 9 2	7 7 4	
E	8 6 5	1 4 7	3 2 9	W
	4 1 1	6 8 3	2 3 8	
NE		N		NW

Period 7

SE		S		SW
	3 6 7	7 1 3	5 8 5	
E	4 7 6	2 5 8	9 3 1	W
	8 2 2	6 9 4	1 4 9	
NE		N		NW

Period 8

SE		S		SW
	2 7 8	7 2 4	9 9 6	
E	1 8 7	3 6 9	5 4 2	W
	6 3 3	8 1 5	4 5 1	
NE		N		NW

Period 9

E.6.1	Nine Periods Flying Star Chart			
4.	Sitting:	NE2 (艮 Gen) / NE3 (寅 Yin)	Facing:	SW2 (坤 Kun) / SW3 (申 Shen)

	SE	S	SW	
	3 8 9	8 3 5	1 1 7	
E	2 9 8	4 7 1	6 5 3	W
	7 4 4	9 2 6	5 6 2	
	NE	N	NW	

Period 1

	SE	S	SW	
	4 7 1	9 3 6	2 5 8	
E	3 6 9	5 8 2	7 1 4	W
	8 2 5	1 4 7	6 9 3	
	NE	N	NW	

Period 2

	SE	S	SW	
	5 1 2	1 5 7	3 3 9	
E	4 2 1	6 9 3	8 7 5	W
	9 6 6	2 4 8	7 8 4	
	NE	N	NW	

Period 3

	SE	S	SW	
	8 2 3	3 6 8	1 4 1	
E	9 3 2	7 1 4	5 8 6	W
	4 7 7	2 5 9	6 9 5	
	NE	N	NW	

Period 4

	SE	S	SW	
	7 1 4	3 6 9	5 8 2	
E	6 9 3	8 2 5	1 4 7	W
	2 5 8	4 7 1	9 3 6	
	NE	N	NW	

Period 5

	SE	S	SW	
	1 4 5	5 8 1	3 6 3	
E	2 5 4	9 3 6	7 1 8	W
	6 9 9	4 7 2	8 2 7	
	NE	N	NW	

Period 6

	SE	S	SW	
	2 3 6	6 8 2	4 1 4	
E	3 2 5	1 4 7	8 6 9	W
	7 7 1	5 9 3	9 5 8	
	NE	N	NW	

Period 7

	SE	S	SW	
	1 4 7	6 9 3	8 2 5	
E	9 3 6	2 5 8	4 7 1	W
	6 8 2	7 1 4	3 6 9	
	NE	N	NW	

Period 8

	SE	S	SW	
	4 5 8	8 1 4	6 3 6	
E	5 4 7	3 6 9	1 8 2	W
	9 9 3	7 2 5	2 7 1	
	NE	N	NW	

Period 9

E.6.1	Nine Periods Flying Star Chart		
5.	Sitting: E1 (甲 Jia)	Facing:	W1 (庚 Geng)

	SE	S	SW	
	9 2 9	4 7 5	2 9 7	
E	1 1 8	8 3 1	6 5 3	W
	5 6 4	3 8 6	7 4 2	
	NE	N	NW	

Period 1

	SE	S	SW	
	8 5 1	4 9 6	6 7 8	
E	7 6 9	9 4 2	2 2 4	W
	3 1 5	5 8 7	1 3 3	
	NE	N	NW	

Period 2

	SE	S	SW	
	9 4 2	5 9 7	7 2 9	
E	8 3 1	1 5 3	3 7 5	W
	4 8 6	6 1 8	2 6 4	
	NE	N	NW	

Period 3

	SE	S	SW	
	3 7 3	7 2 8	5 9 1	
E	4 8 2	2 6 4	9 4 6	W
	8 3 7	6 1 9	1 5 5	
	NE	N	NW	

Period 4

	SE	S	SW	
	2 6 4	7 2 9	9 4 2	
E	1 5 3	3 7 5	5 9 7	W
	6 1 8	8 3 1	4 8 6	
	NE	N	NW	

Period 5

	SE	S	SW	
	5 9 5	9 4 1	7 2 3	
E	6 1 4	4 8 6	2 6 8	W
	1 5 9	8 3 2	3 7 7	
	NE	N	NW	

Period 6

	SE	S	SW	
	4 8 6	9 4 2	2 6 4	
E	3 7 5	5 9 7	7 2 9	W
	8 3 1	1 5 3	6 1 8	
	NE	N	NW	

Period 7

	SE	S	SW	
	7 9 7	2 5 3	9 7 5	
E	8 8 6	6 1 8	4 3 1	W
	3 4 2	1 6 4	5 2 9	
	NE	N	NW	

Period 8

	SE	S	SW	
	6 3 8	2 7 4	4 5 6	
E	5 4 7	7 2 9	9 9 2	W
	1 8 3	3 6 5	8 1 1	
	NE	N	NW	

Period 9

E.6.1 Nine Periods Flying Star Chart

6.	Sitting:	E2 (卯 Mao) / E3 (乙 Yi)	Facing:	W2 (酉 You) / W3 (辛 Xin)

	SE	S	SW	
	7 4 9	3 8 5	5 6 7	
E	6 5 8	8 3 1	1 1 3	W
	2 9 4	4 7 6	9 2 2	
	NE	N	NW	

Period 1

	SE	S	SW	
	1 3 1	5 8 6	3 1 8	
E	2 2 9	9 4 2	7 6 4	W
	6 7 5	4 9 7	8 5 3	
	NE	N	NW	

Period 2

	SE	S	SW	
	2 6 2	6 1 7	4 8 9	
E	3 7 1	1 5 3	8 3 5	W
	7 2 6	5 9 8	9 4 4	
	NE	N	NW	

Period 3

	SE	S	SW	
	1 5 3	6 1 8	8 3 1	
E	9 4 2	2 6 4	4 8 6	W
	5 9 7	7 2 9	3 7 5	
	NE	N	NW	

Period 4

	SE	S	SW	
	4 8 4	8 3 9	6 1 2	
E	5 9 3	3 7 5	1 5 7	W
	9 4 8	7 2 1	2 6 6	
	NE	N	NW	

Period 5

	SE	S	SW	
	3 7 5	8 3 1	1 5 3	
E	2 6 4	4 8 6	6 1 8	W
	7 2 9	9 4 2	5 9 7	
	NE	N	NW	

Period 6

	SE	S	SW	
	6 1 6	1 5 2	8 3 4	
E	7 2 5	5 9 7	3 7 9	W
	2 6 1	9 4 3	4 8 8	
	NE	N	NW	

Period 7

	SE	S	SW	
	5 2 7	1 6 3	3 4 5	
E	4 3 6	6 1 8	8 8 1	W
	9 7 2	2 5 4	7 9 9	
	NE	N	NW	

Period 8

	SE	S	SW	
	8 1 8	3 6 4	1 8 6	
E	9 9 7	7 2 9	5 4 2	W
	4 5 3	2 7 5	6 3 1	
	NE	N	NW	

Period 9

E.6.1	Nine Periods Flying Star Chart			
7.	Sitting:	SE1 (辰 Chen)	Facing:	NW1 (戌 Xu)

	SE	S	SW	
	8 3 9	4 7 5	6 5 7	
E	7 4 8	9 2 1	2 9 3	W
	3 8 4	5 6 6	1 1 2	
	NE	N	NW	

Period 1

	SE	S	SW	
	9 2 1	5 7 6	7 9 8	
E	8 1 9	1 3 2	3 5 4	W
	4 6 5	6 8 7	2 4 3	
	NE	N	NW	

Period 2

	SE	S	SW	
	3 5 2	7 9 7	5 7 9	
E	4 6 1	2 4 3	9 2 5	W
	8 1 6	6 8 8	1 3 4	
	NE	N	NW	

Period 3

	SE	S	SW	
	2 6 3	7 1 8	9 8 1	
E	1 7 2	3 5 4	5 3 6	W
	6 2 7	8 9 9	4 4 5	
	NE	N	NW	

Period 4

	SE	S	SW	
	5 7 4	9 2 9	7 9 2	
E	6 8 3	4 6 5	2 4 7	W
	1 3 8	8 1 1	3 5 6	
	NE	N	NW	

Period 5

	SE	S	SW	
	6 6 5	1 2 1	8 4 3	
E	7 5 4	5 7 6	3 9 8	W
	2 1 9	9 3 2	4 8 7	
	NE	N	NW	

Period 6

	SE	S	SW	
	7 9 6	2 4 2	9 2 4	
E	8 1 5	6 8 7	4 6 9	W
	3 5 1	1 3 3	5 7 8	
	NE	N	NW	

Period 7

	SE	S	SW	
	6 8 7	2 4 3	4 6 5	
E	5 7 6	7 9 8	9 2 1	W
	1 3 2	3 5 4	8 1 9	
	NE	N	NW	

Period 8

	SE	S	SW	
	9 9 8	4 5 4	2 7 6	
E	1 8 7	8 1 9	6 3 2	W
	5 4 3	3 6 5	7 2 1	
	NE	N	NW	

Period 9

E.6.1 Nine Periods Flying Star Chart

8.	Sitting:	SE2 (巽 Xun) / SE3 (巳 Si)	Facing:	NW2 (乾 Qian) / NW3 (亥 Hai)

	SE	S	SW	
	1 1 9	5 6 5	3 8 7	
E	2 9 8	9 2 1	7 4 3	W
	6 5 4	1 7 6	8 3 2	
	NE	N	NW	

Period 1

	SE	S	SW	
	2 4 1	6 8 6	4 6 8	
E	3 5 9	1 3 2	8 1 4	W
	7 9 5	5 7 7	9 2 3	
	NE	N	NW	

Period 2

	SE	S	SW	
	1 3 2	6 8 7	8 1 9	
E	9 2 1	2 4 3	4 6 5	W
	5 7 6	7 9 8	3 5 4	
	NE	N	NW	

Period 3

	SE	S	SW	
	4 4 3	8 9 8	6 2 1	
E	5 3 2	3 5 4	1 7 6	W
	9 8 7	7 1 9	2 6 5	
	NE	N	NW	

Period 4

	SE	S	SW	
	3 5 4	8 1 9	1 3 2	
E	2 4 3	4 6 5	6 8 7	W
	7 9 8	9 2 1	5 7 6	
	NE	N	NW	

Period 5

	SE	S	SW	
	4 8 5	9 3 1	2 1 3	
E	3 9 4	5 7 6	7 5 8	W
	8 4 9	1 2 2	6 6 7	
	NE	N	NW	

Period 6

	SE	S	SW	
	5 7 6	1 3 2	3 5 4	
E	4 6 5	6 8 7	8 1 9	W
	9 2 1	2 4 3	7 9 8	
	NE	N	NW	

Period 7

	SE	S	SW	
	8 1 7	3 5 3	1 3 5	
E	9 2 6	7 9 8	5 7 1	W
	4 6 2	2 4 4	6 8 9	
	NE	N	NW	

Period 8

	SE	S	SW	
	7 2 8	3 6 4	5 4 6	
E	6 3 7	8 1 9	1 8 2	W
	2 7 3	4 5 5	9 9 1	
	NE	N	NW	

Period 9

E.6.1 Nine Periods Flying Star Chart

9.	Sitting:	S1 (丙 Bing)	Facing:	N1 (壬 Ren)

	SE	S	SW	
	4 7 9	9 2 5	2 9 7	
E	3 8 8	5 6 1	7 4 3	W
	8 3 4	1 1 6	6 5 2	
	NE	N	NW	

Period 1

	SE	S	SW	
	7 6 1	2 2 6	9 4 8	
E	8 5 9	6 7 2	4 9 4	W
	3 1 5	1 3 7	5 8 3	
	NE	N	NW	

Period 2

	SE	S	SW	
	6 9 2	2 4 7	4 2 9	
E	5 1 1	7 8 3	9 6 5	W
	1 5 6	3 3 8	8 7 4	
	NE	N	NW	

Period 3

	SE	S	SW	
	9 8 3	4 4 8	2 6 1	
E	1 7 2	8 9 4	6 2 6	W
	5 3 7	3 5 9	7 1 5	
	NE	N	NW	

Period 4

	SE	S	SW	
	8 9 4	4 5 9	6 7 2	
E	7 8 3	9 1 5	2 3 7	W
	3 4 8	5 6 1	1 2 6	
	NE	N	NW	

Period 5

	SE	S	SW	
	9 3 5	5 7 1	7 5 3	
E	8 4 4	1 2 6	3 9 8	W
	4 8 9	6 6 2	2 1 7	
	NE	N	NW	

Period 6

	SE	S	SW	
	3 2 6	7 7 2	5 9 4	
E	4 1 5	2 3 7	9 5 9	W
	8 6 1	6 8 3	1 4 8	
	NE	N	NW	

Period 7

	SE	S	SW	
	2 5 7	7 9 3	9 7 5	
E	1 6 6	3 4 8	5 2 1	W
	6 1 2	8 8 4	4 3 9	
	NE	N	NW	

Period 8

	SE	S	SW	
	5 4 8	9 9 4	7 2 6	
E	6 3 7	4 5 9	2 7 2	W
	1 8 3	8 1 5	3 6 1	
	NE	N	NW	

Period 9

E.6.1 Nine Periods Flying Star Chart

10.	Sitting:	S2 (午 Wu) / S3 (丁 Ding)	Facing:	N2 (子 Zi) / N3 (癸 Gui)

Period 1

SE	S	SW
6 5 9	1 1 5	8 3 7
E 7 4 8	5 6 1	3 8 3 **W**
2 9 4	9 2 6	4 7 2
NE	N	NW

Period 2

SE	S	SW
5 8 1	1 3 6	3 1 8
E 4 9 9	6 7 2	8 5 4 **W**
9 4 5	2 2 7	7 6 3
NE	N	NW

Period 3

SE	S	SW
8 7 2	3 3 7	1 5 9
E 9 6 1	7 8 3	5 1 5 **W**
4 2 6	2 4 8	6 9 4
NE	N	NW

Period 4

SE	S	SW
7 1 3	3 5 8	5 3 1
E 6 2 2	8 9 4	1 7 6 **W**
2 6 7	4 4 9	9 8 5
NE	N	NW

Period 5

SE	S	SW
1 2 4	5 6 9	3 4 2
E 2 3 3	9 1 5	7 8 7 **W**
6 7 8	4 5 1	8 9 6
NE	N	NW

Period 6

SE	S	SW
2 1 5	6 6 1	4 8 3
E 3 9 4	1 2 6	8 4 8 **W**
7 5 9	5 7 2	9 3 7
NE	N	NW

Period 7

SE	S	SW
1 4 6	6 8 2	8 6 4
E 9 5 5	2 3 7	4 1 9 **W**
5 9 1	7 7 3	3 2 8
NE	N	NW

Period 8

SE	S	SW
4 3 7	8 8 3	6 1 5
E 5 2 6	3 4 8	1 6 1 **W**
9 7 2	7 9 4	2 5 9
NE	N	NW

Period 9

SE	S	SW
3 6 8	8 1 4	1 8 6
E 2 7 7	4 5 9	6 3 2 **W**
7 2 3	9 9 5	5 4 1
NE	N	NW

E.6.1 Nine Periods Flying Star Chart

11.	Sitting:	SW1 (未 Wei)	Facing:	NE1 (丑 Chou)

Period 1

Period 2

Period 3

Period 4

Period 5

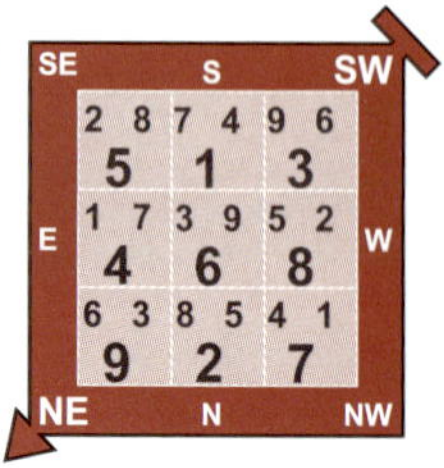

Period 6

Period 7

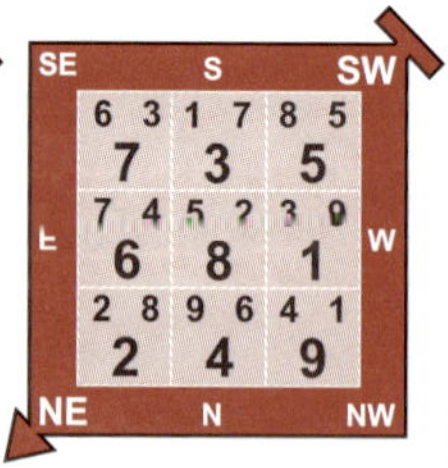

Period 8

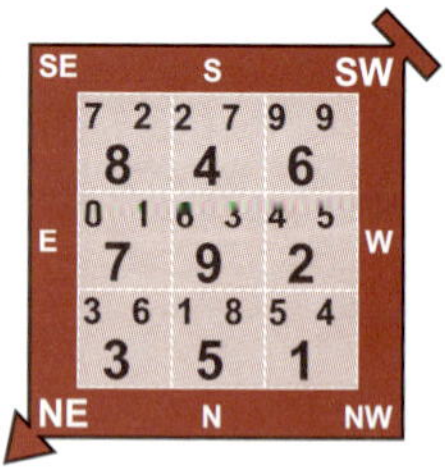

Period 9

E.6.1 Nine Periods Flying Star Chart

12.	Sitting:	SW2 (坤 Kun) / SW3 (申 Shen)	Facing:	NE2 (艮 Gen) / NE3 (寅 Yin)

SE		S		SW
	8 3 9	3 8 5	1 1 7	
E	9 2 8	7 4 1	5 6 3	W
	4 7 4	2 9 6	6 5 2	
NE		N		NW

Period 1

SE		S		SW
	7 4 1	3 9 6	5 2 8	
E	6 3 9	8 5 2	1 7 4	W
	2 8 5	4 1 7	9 6 3	
NE		N		NW

Period 2

SE		S		SW
	1 5 2	5 1 7	3 3 9	
E	2 4 1	9 6 3	7 8 5	W
	6 9 6	4 2 8	8 7 4	
NE		N		NW

Period 3

SE		S		SW
	2 8 3	6 3 8	4 1 1	
E	3 9 2	1 7 4	8 5 6	W
	7 4 7	5 2 9	9 6 5	
NE		N		NW

Period 4

SE		S		SW
	1 7 4	6 3 9	8 5 2	
E	9 6 3	2 8 5	4 1 7	W
	5 2 8	7 4 1	3 9 6	
NE		N		NW

Period 5

SE		S		SW
	4 1 5	8 5 1	6 3 3	
E	5 2 4	3 9 6	1 7 8	W
	9 6 9	7 4 2	2 8 7	
NE		N		NW

Period 6

SE		S		SW
	3 2 6	8 6 2	1 4 4	
E	2 3 5	4 1 7	6 8 9	W
	7 7 1	9 5 3	5 9 8	
NE		N		NW

Period 7

SE		S		SW
	4 1 7	9 6 3	2 8 5	
E	3 9 6	5 2 8	7 4 1	W
	8 5 2	1 7 4	6 3 9	
NE		N		NW

Period 8

SE		S		SW
	5 4 8	1 8 4	3 6 6	
E	4 5 7	9 3 9	8 1 2	W
	9 9 3	2 7 5	7 2 1	
NE		N		NW

Period 9

E.6.1 Nine Periods Flying Star Chart

13.	Sitting:	W1 (庚 Geng)	Facing:	E1 (甲 Jia)

	SE	S	SW	
	2 9 9	7 4 5	9 2 7	
E	1 1 8	3 8 1	5 6 3	W
	6 5 4	8 3 6	4 7 2	
	NE	N	NW	

Period 1

	SE	S	SW	
	5 8 1	9 4 6	7 6 8	
E	6 7 9	4 9 2	2 2 4	W
	1 3 5	8 5 7	3 1 3	
	NE	N	NW	

Period 2

	SE	S	SW	
	4 9 2	9 5 7	2 7 9	
E	3 8 1	5 1 3	7 3 5	W
	8 4 6	1 6 8	6 2 4	
	NE	N	NW	

Period 3

	SE	S	SW	
	7 3 3	2 7 8	9 5 1	
E	8 4 2	6 2 4	4 9 6	W
	3 8 7	1 6 9	5 1 5	
	NE	N	NW	

Period 4

	SE	S	SW	
	6 2 4	2 7 9	4 9 2	
E	5 1 3	7 3 5	9 5 7	W
	1 6 8	3 8 1	8 4 6	
	NE	N	NW	

Period 5

	SE	S	SW	
	9 5 5	4 9 1	2 7 3	
E	1 6 4	8 4 6	6 2 8	W
	5 1 9	3 8 2	7 3 7	
	NE	N	NW	

Period 6

	SE	S	SW	
	8 4 6	4 9 2	6 2 4	
E	7 3 5	9 5 7	2 7 9	W
	3 8 1	5 1 3	1 6 8	
	NE	N	NW	

Period 7

	SE	S	SW	
	9 7 7	5 2 3	7 9 5	
E	8 8 6	1 6 8	3 4 1	W
	4 3 2	6 1 4	2 5 9	
	NE	N	NW	

Period 8

	SE	S	SW	
	3 6 8	7 2 4	5 4 6	
E	4 5 7	2 7 9	9 9 2	W
	8 1 3	6 3 5	1 8 1	
	NE	N	NW	

Period 9

E.6.1 Nine Periods Flying Star Chart

14.	Sitting:	W2 (酉 You) / W3 (辛 Xin)	Facing:	E2 (卯 Mao) / E3 (乙 Yi)

Period 1

SE: 4 7 / 9	S: 8 3 / 5	SW: 6 5 / 7
E: 5 6 / 8	3 8 / 1	W: 1 1 / 3
NE: 9 2 / 4	N: 7 4 / 6	NW: 2 9 / 2

Period 2

SE: 3 1 / 1	S: 8 5 / 6	SW: 1 3 / 8
E: 2 2 / 9	4 9 / 2	W: 6 7 / 4
NE: 7 6 / 5	N: 9 4 / 7	NW: 5 8 / 3

Period 3

SE: 6 2 / 2	S: 1 6 / 7	SW: 8 4 / 9
E: 7 3 / 1	5 1 / 3	W: 3 8 / 5
NE: 2 7 / 6	N: 9 5 / 8	NW: 4 9 / 4

Period 4

SE: 5 1 / 3	S: 1 6 / 8	SW: 3 8 / 1
E: 4 9 / 2	6 2 / 4	W: 8 4 / 6
NE: 9 5 / 7	N: 2 7 / 9	NW: 7 3 / 5

Period 5

SE: 8 4 / 4	S: 3 8 / 9	SW: 1 6 / 2
E: 9 5 / 3	7 3 / 5	W: 5 1 / 7
NE: 4 9 / 8	N: 2 7 / 1	NW: 6 2 / 6

Period 6

SE: 7 3 / 5	S: 3 8 / 1	SW: 5 1 / 3
E: 6 2 / 4	8 4 / 6	W: 1 6 / 8
NE: 2 7 / 9	N: 4 9 / 2	NW: 9 5 / 7

Period 7

SE: 1 6 / 6	S: 5 1 / 2	SW: 3 8 / 4
E: 2 7 / 5	9 5 / 7	W: 7 3 / 9
NE: 6 2 / 1	N: 4 9 / 3	NW: 8 4 / 8

Period 8

SE: 2 5 / 7	S: 6 1 / 3	SW: 4 3 / 5
E: 3 4 / 6	1 6 / 8	W: 8 8 / 1
NE: 7 9 / 2	N: 5 2 / 4	NW: 9 7 / 9

Period 9

SE: 1 8 / 8	S: 6 3 / 4	SW: 8 1 / 6
E: 9 9 / 7	2 7 / 9	W: 4 5 / 2
NE: 5 4 / 3	N: 7 2 / 5	NW: 9 6 / 1

E.6.1 Nine Periods Flying Star Chart

15.	Sitting:	NW1 (戌 Xu)	Facing:	SE1 (辰 Chen)

SE		S		SW
	3 8 9	7 4 5	5 6 7	
E	4 7 8	2 9 1	9 2 3	W
	8 3 4	6 5 6	1 1 2	
NE		N		NW

Period 1

SE		S		SW
	2 9 1	7 5 6	9 7 8	
E	1 8 9	3 1 2	5 3 4	W
	6 4 5	8 6 7	4 2 3	
NE		N		NW

Period 2

SE		S		SW
	5 3 2	9 7 7	7 5 9	
E	6 4 1	4 2 3	2 9 5	W
	1 8 6	8 6 8	3 1 4	
NE		N		NW

Period 3

SE		S		SW
	6 2 3	1 7 8	8 9 1	
E	7 1 2	5 3 4	3 5 6	W
	2 6 7	9 8 9	4 4 5	
NE		N		NW

Period 4

SE		S		SW
	7 5 4	2 9 9	9 7 2	
E	8 6 3	6 4 5	4 2 7	W
	3 1 8	1 8 1	5 3 6	
NE		N		NW

Period 5

SE		S		SW
	6 6 5	2 1 1	4 8 3	
E	5 7 4	7 5 6	9 3 8	W
	1 2 9	3 9 2	8 4 7	
NE		N		NW

Period 6

SE		S		SW
	9 7 6	4 2 2	2 9 4	
E	1 8 5	8 6 7	6 4 9	W
	5 3 1	3 1 3	7 5 8	
NE		N		NW

Period 7

SE		S		SW
	8 6 7	4 2 3	6 4 5	
E	7 5 6	9 7 8	2 0 1	W
	3 1 2	5 3 4	1 8 9	
NE		N		NW

Period 8

SE		S		SW
	9 9 8	5 4 4	7 2 6	
E	0 1 7	1 8 9	3 6 2	W
	4 5 3	6 3 5	2 7 1	
NE		N		NW

Period 9

E.6.1 Nine Periods Flying Star Chart

16.	Sitting:	NW2 (乾 Qian) / NW3 (亥 Hai)	Facing:	SE2 (巽 Xun) / SE3 (巳 Si)

SE: 1 1 9	S: 6 5 5	SW: 8 3 7
E: 9 2 8	2 9 1	W: 4 7 3
NE: 5 6 4	N: 7 4 6	NW: 3 8 2

Period 1

SE: 4 2 1	S: 8 6 6	SW: 6 4 8
E: 5 3 9	3 1 2	W: 1 8 4
NE: 9 7 5	N: 7 5 7	NW: 2 9 3

Period 2

SE: 3 1 2	S: 8 6 7	SW: 1 8 9
E: 2 9 1	4 2 3	W: 6 4 5
NE: 7 5 6	N: 9 7 8	NW: 5 3 4

Period 3

SE: 4 4 3	S: 9 8 8	SW: 2 6 1
E: 3 5 2	5 3 4	W: 7 1 6
NE: 8 9 7	N: 1 7 9	NW: 6 2 5

Period 4

SE: 5 3 4	S: 1 8 9	SW: 3 1 2
E: 4 2 3	6 4 5	W: 8 6 7
NE: 9 7 8	N: 2 9 1	NW: 7 5 6

Period 5

SE: 8 4 5	S: 3 9 1	SW: 1 2 3
E: 9 3 4	7 5 6	W: 5 7 8
NE: 4 8 9	N: 2 1 2	NW: 6 6 7

Period 6

SE: 7 5 6	S: 3 1 2	SW: 5 3 4
E: 6 4 5	8 6 7	W: 1 8 9
NE: 2 9 1	N: 4 2 3	NW: 9 7 8

Period 7

SE: 1 8 7	S: 5 3 3	SW: 3 1 5
E: 2 9 6	9 7 8	W: 7 5 1
NE: 6 4 2	N: 4 2 4	NW: 8 6 9

Period 8

SE: 2 7 8	S: 6 3 4	SW: 4 5 6
E: 3 6 7	1 8 9	W: 8 1 2
NE: 7 2 3	N: 5 4 5	NW: 9 9 1

Period 9

E.6.2. Yearly Purple White Flying Stars Table 年紫白入中星速查表

The Yearly Flying Stars is based on the Year Pillar and the current San Yuan Period.

年柱 Year Pillar		上元 Upper Period Period 1, 2, 3	中元 Middle Period Period 4, 5, 6	下元 Lower Period Period 7, 8, 9
甲子 Jia Zi	**Wood Rat**	一白 1 White	四祿 4 Green	七赤 7 Red
乙丑 Yi Chou	**Wood Ox**	九紫 9 Purple	三碧 3 Jade	六白 6 White
丙寅 Bing Yin	**Fire Tiger**	八白 8 White	二黑 2 Black	五黃 5 yellow
丁卯 Ding Mao	**Fire Rabbit**	七赤 7 Red	一白 1 White	四祿 4 Green
戊辰 Wu Chen	**Earth Dragon**	六白 6 White	九紫 9 Purple	三碧 3 Jade
己巳 Ji Si	**Earth Snake**	五黃 5 yellow	八白 8 White	二黑 2 Black
庚午 Geng Wu	**Metal Horse**	四祿 4 Green	七赤 7 Red	一白 1 White
辛未 Xin Wei	**Metal Goat**	三碧 3 Jade	六白 6 White	九紫 9 Purple
壬申 Ren Shen	**Water Monkey**	二黑 2 Black	五黃 5 yellow	八白 8 White
癸酉 Gui You	**Water Rooster**	一白 1 White	四祿 4 Green	七赤 7 Red
甲戌 Jia Xu	**Wood Dog**	九紫 9 Purple	三碧 3 Jade	六白 6 White
乙亥 Yi Hai	**Wood Pig**	八白 8 White	二黑 2 Black	五黃 5 yellow
丙子 Bing Zi	**Fire Rat**	七赤 7 Red	一白 1 White	四祿 4 Green
丁丑 Ding Chou	**Fire Ox**	六白 6 White	九紫 9 Purple	三碧 3 Jade
戊寅 Wu Yin	**Earth Tiger**	五黃 5 yellow	八白 8 White	二黑 2 Black
己卯 Ji Mao	**Earth Rabbit**	四祿 4 Green	七赤 7 Red	一白 1 White
庚辰 Geng Chen	**Metal Dragon**	三碧 3 Jade	六白 6 White	九紫 9 Purple
辛巳 Xin Si	**Metal Snake**	二黑 2 Black	五黃 5 yellow	八白 8 White
壬午 Ren Wu	**Water Horse**	一白 1 White	四祿 4 Green	七赤 7 Red
癸未 Gui Wei	**Water Goat**	九紫 9 Purple	三碧 3 Jade	六白 6 White

E.6.2. Yearly Purple White Flying Stars Table 年紫白入中星速查表

年柱 Year Pillar		上元 Upper Period Period 1, 2, 3	中元 Middle Period Period 4, 5, 6	下元 Lower Period Period 7, 8, 9
甲申 Jia Shen	**Wood Monkey**	八白 8 White	二黑 2 Black	五黃 5 yellow
乙酉 Yi You	**Wood Rooster**	七赤 7 Red	一白 1 White	四祿 4 Green
丙戌 Bing Xu	**Fire Dog**	六白 6 White	九紫 9 Purple	三碧 3 Jade
丁亥 Ding Hai	**Fire Pig**	五黃 5 yellow	八白 8 White	二黑 2 Black
戊子 Wu Zi	**Earth Rat**	四祿 4 Green	七赤 7 Red	一白 1 White
己丑 Ji Chou	**Earth Ox**	三碧 3 Jade	六白 6 White	九紫 9 Purple
庚寅 Geng Yin	**Metal Tiger**	二黑 2 Black	五黃 5 yellow	八白 8 White
辛卯 Xin Mao	**Metal Rabbit**	一白 1 White	四祿 4 Green	七赤 7 Red
壬辰 Ren Chen	**Water Dragon**	九紫 9 Purple	三碧 3 Jade	六白 6 White
癸巳 Gui Si	**Water Snake**	八白 8 White	二黑 2 Black	五黃 5 yellow
甲午 Jia Wu	**Wood Horse**	七赤 7 Red	一白 1 White	四祿 4 Green
乙未 Yi Wei	**Wood Goat**	六白 6 White	九紫 9 Purple	三碧 3 Jade
丙申 Bing Shen	**Fire Monkey**	五黃 5 yellow	八白 8 White	二黑 2 Black
丁酉 Ding You	**Fire Rooster**	四祿 4 Green	七赤 7 Red	一白 1 White
戊戌 Wu Xu	**Earth Dog**	三碧 3 Jade	六白 6 White	九紫 9 Purple
己亥 Ji Hai	**Earth Pig**	二黑 2 Black	五黃 5 yellow	八白 8 White
庚子 Geng Zi	**Metal Rat**	一白 1 White	四祿 4 Green	七赤 7 Red
辛丑 Xin Chou	**Metal Ox**	九紫 9 Purple	三碧 3 Jade	六白 6 White
壬寅 Ren Yin	**Water Tiger**	八白 8 White	二黑 2 Black	五黃 5 yellow
癸卯 Gui Mao	**Water Rabbit**	七赤 7 Red	一白 1 White	四祿 4 Green

E.6.2. Yearly Purple White Flying Stars Table 年紫白入中星速查表

年柱 Year Pillar		上元 Upper Period Period 1, 2, 3	中元 Middle Period Period 4, 5, 6	下元 Lower Period Period 7, 8, 9
甲辰 Jia Chen	Wood Dragon	六白 6 White	九紫 9 Purple	三碧 3 Jade
乙巳 Yi Si	Wood Snake	五黃 5 yellow	八白 8 White	二黑 2 Black
丙午 Bing Wu	Fire Horse	四祿 4 Green	七赤 7 Red	一白 1 White
丁未 Ding Wei	Fire Goat	三碧 3 Jade	六白 6 White	九紫 9 Purple
戊申 Wu Shen	Earth Monkey	二黑 2 Black	五黃 5 yellow	八白 8 White
己酉 Ji You	Earth Rooster	一白 1 White	四祿 4 Green	七赤 7 Red
庚戌 Geng Xu	Metal Dog	九紫 9 Purple	三碧 3 Jade	六白 6 White
辛亥 Xin Hai	Metal Pig	八白 8 White	二黑 2 Black	五黃 5 yellow
壬子 Ren Zi	Water Rat	七赤 7 Red	一白 1 White	四祿 4 Green
癸丑 Gui Chou	Water Ox	六白 6 White	九紫 9 Purple	三碧 3 Jade
甲寅 Jia Yin	Wood Tiger	五黃 5 yellow	八白 8 White	二黑 2 Black
乙卯 Yi Mao	Wood Rabbit	四祿 4 Green	七赤 7 Red	一白 1 White
丙辰 Bing Chen	Fire Dragon	三碧 3 Jade	六白 6 White	九紫 9 Purple
丁巳 Ding Si	Fire Snake	二黑 2 Black	五黃 5 yellow	八白 8 White
戊午 Wu Wu	Earth Horse	一白 1 White	四祿 4 Green	七赤 7 Red
己未 Ji Wei	Earth Goat	九紫 9 Purple	三碧 3 Jade	六白 6 White
庚申 Geng Shen	Metal Monkey	八白 8 White	二黑 2 Black	五黃 5 yellow
辛酉 Xin You	Metal Rooster	七赤 7 Red	一白 1 White	四祿 4 Green
壬戌 Ren Xu	Water Dog	六白 6 White	九紫 9 Purple	三碧 3 Jade
癸亥 Gui Hai	Water Pig	五黃 5 yellow	八白 8 White	二黑 2 Black

E.6.3. Monthly Purple White Flying Stars Table 月紫白入中星速查表

The Monthly Flying Star is based on the Month and Year Earthly Branch.

Month Branch		Year Branch: 子 Zi Rat, 午 Wu Horse, 卯 Mao Rabbit, 酉 You Rooster	辰 Chen Dragon, 戌 Xu Dog, 丑 Chou Ox, 未 Wei Goat	寅 Yin Tiger, 申 Shen Monkey, 巳 Si Snake, 亥 Hai Pig
正月 1st Month	寅 Tiger (Feb 4 - Mar 5)	八白 8 White	五黄 5 yellow	二黑 2 Black
二月 2nd Month	卯 Rabbit (Mar 6 - Apr 4)	七赤 7 Red	四祿 4 Green	一白 1 White
三月 3rd Month	辰 Dragon (Apr 5 - May 5)	六白 6 White	三碧 3 Jade	九紫 9 Purple
四月 4th Month	巳 Snake (May 6 - Jun 5)	五黄 5 yellow	二黑 2 Black	八白 8 White
五月 5th Month	午 Horse (Jun 6 - July 6)	四祿 4 Green	一白 1 White	七赤 7 Red
六月 6th Month	未 Goat (July 7 - Aug 7)	三碧 3 Jade	九紫 9 Purple	六白 6 White
七月 7th Month	申 Monkey (Aug 8 - Sept 7)	二黑 2 Black	八白 8 White	五黄 5 yellow
八月 8th Month	酉 Rooster (Sept 8 - Oct 7)	一白 1 White	七赤 7 Red	四祿 4 Green
九月 9th Month	戌 Dog (Oct 8 - Nov 6)	九紫 9 Purple	六白 6 White	三碧 3 Jade
十月 10th Month	亥 Pig (Nov 7 - Dec 6)	八白 8 White	五黄 5 yellow	二黑 2 Black
十一月 11th Month	子 Rat (Dec 7 - Jan 5)	七赤 7 Red	四祿 4 Green	一白 1 White
十二月 12th Month	丑 Ox (Jan 6 - Feb 3)	六白 6 White	三碧 3 Jade	九紫 9 Purple

E.6.4. Daily Star Reference Table 日星表

Season \ Day	甲子 Jia Zi	乙丑 Yi Chou	丙寅 Bing Yin	丁卯 Ding Mao	戊辰 Wu Chen	己巳 Ji Si	庚午 Geng Wu	辛未 Xin Wei	壬申 Ren Shen	癸酉 Gui You	甲戌 Jia Xu	乙亥 Yi Hai	丙子 Bing Zi	丁丑 Ding Chou	戊寅 Wu Yin
冬至 *(Dong Zhi)* **Winter Solstice** Dec 22 - Jan 5 *Until* 立春 *(Li Chun)* **Coming of Spring** Feb 4 - Feb 18	1	2	3	4	5	6	7	8	9	1	2	3	4	5	6
雨水 *(Yu Shui)* **Rain Water** Feb 19 - Mar 5 *Until* 清明 *(Qing Ming)* **Clear and Bright** Apr 5 - Apr 20	7	8	9	1	2	3	4	5	6	7	8	9	1	2	3
穀雨 *(Gu Yu)* **Grain Rain** Apr 21 - May 5 *Until* 芒種 *(Mang Zhong)* **Planting of Thorny Crops** Jun 6 - Jun 21	4	5	6	7	8	9	1	2	3	4	5	6	7	8	9
夏至 *(Xia Zhi)* **Summer Solstice** Jun 22 - Jul 6 *Until* 立秋 *(Li Qiu)* **Coming Autumn** Aug 8 - Aug 23	9	8	7	6	5	4	3	2	1	9	8	7	6	5	4
處暑 *(Chu Shu)* **Heat Ends** Aug 24 - Sept 7 *Until* 寒露 *(Han Lu)* **Cold Dew** Oct 8 - Oct 23	3	2	1	9	8	7	6	5	4	3	2	1	9	8	7
霜降 *(Shuang Jiang)* **Frosting** Oct 24 - Nov 6 *Until* 大雪 *(Da Xue)* **Greater Snow** Dec 7 - Dec 21	6	5	4	3	2	1	9	8	7	6	5	4	3	2	1

E.6.4. Daily Star Reference Table 日星表

己卯 *Ji Mao*	庚辰 *Geng Chen*	辛巳 *Xin Si*	壬午 *Ren Wu*	癸未 *Gui Wei*	甲申 *Jia Shen*	乙酉 *Yi You*	丙戌 *Bing Xu*	丁亥 *Ding Hai*	戊子 *Wu Zi*	己丑 *Ji Chou*	庚寅 *Geng Yin*	辛卯 *Xin Mao*	壬辰 *Ren Chen*	癸巳 *Gui Si*	Day / Season
7	8	9	1	2	3	4	5	6	7	8	9	1	2	3	冬至 *(Dong Zhi)* **Winter Solstice** Dec 22 - Jan 5 *Until* 立春 *(Li Chun)* **Coming of Spring** Feb 4 - Feb 18
4	5	6	7	8	9	1	2	3	4	5	6	7	8	9	雨水 *(Yu Shui)* **Rain Water** Feb 19 - Mar 5 *Until* 清明 *(Qing Ming)* **Clear and Bright** Apr 5 - Apr 20
1	2	3	4	5	6	7	8	9	1	2	3	4	5	6	穀雨 *(Gu Yu)* **Grain Rain** Apr 21 - May 5 *Until* 芒種 *(Mang Zhong)* **Planting of Thorny Crops** Jun 6 - Jun 21
3	2	1	9	8	7	6	5	4	3	2	1	9	8	7	夏至 *(Xia Zhi)* **Summer Solstice** Jun 22 - Jul 6 *Until* 立秋 *(Li Qiu)* **Coming Autumn** Aug 8 - Aug 23
6	5	4	3	2	1	9	8	7	6	5	4	3	2	1	處暑 *(Chu Shu)* **Heat Ends** Aug 24 - Sept 7 *Until* 寒露 *(Han Lu)* **Cold Dew** Oct 8 - Oct 23
9	8	7	6	5	4	3	2	1	9	8	7	6	5	4	霜降 *(Shuang Jiang)* **Frosting** Oct 24 - Nov 6 *Until* 大雪 *(Da Xue)* **Greater Snow** Dec 7 - Dec 21

E.6.4. Daily Star Reference Table 日星表

Season \ Day	甲午 Jia Wu	乙未 Yi Wei	丙申 Bing Shen	丁酉 Ding You	戊戌 Wu Xu	己亥 Ji Hai	庚子 Geng Zi	辛丑 Xin Chou	壬寅 Ren Yin	癸卯 Gui Mao	甲辰 Jia Chen	乙巳 Yi Si	丙午 Bing Wu	丁未 Ding Wei	戊申 Wu Shen
冬至 *(Dong Zhi)* **Winter Solstice** Dec 22 - Jan 5 *Until* 立春 *(Li Chun)* **Coming of Spring** Feb 4 - Feb 18	4	5	6	7	8	9	1	2	3	4	5	6	7	8	9
雨水 *(Yu Shui)* **Rain Water** Feb 19 - Mar 5 *Until* 清明 *(Qing Ming)* **Clear and Bright** Apr 5 - Apr 20	1	2	3	4	5	6	7	8	9	1	2	3	4	5	6
穀雨 *(Gu Yu)* **Grain Rain** Apr 21 - May 5 *Until* 芒種 *(Mang Zhong)* **Planting of Thorny Crops** Jun 6 - Jun 21	7	8	9	1	2	3	4	5	6	7	8	9	1	2	3
夏至 *(Xia Zhi)* **Summer Solstice** Jun 22 - Jul 6 *Until* 立秋 *(Li Qiu)* **Coming Autumn** Aug 8 - Aug 23	6	5	4	3	2	1	9	8	7	6	5	4	3	2	1
處暑 *(Chu Shu)* **Heat Ends** Aug 24 - Sept 7 *Until* 寒露 *(Han Lu)* **Cold Dew** Oct 8 - Oct 23	9	8	7	6	5	4	3	2	1	9	8	7	6	5	4
霜降 *(Shuang Jiang)* **Frosting** Oct 24 - Nov 6 *Until* 大雪 *(Da Xue)* **Greater Snow** Dec 7 - Dec 21	3	2	1	9	8	7	6	5	4	3	2	1	9	8	7

E.6.4. Daily Star Reference Table 日星表

己酉 Ji You	庚戌 Geng Xu	辛亥 Xin Hai	壬子 Ren Zi	癸丑 Gui Chou	甲寅 Jia Yin	乙卯 Yi Mao	丙辰 Bing Chen	丁巳 Ding Si	戊午 Wu Wu	己未 Ji Wei	庚申 Geng Shen	辛酉 Xin You	壬戌 Ren Xu	癸亥 Gui Hai	Day / Season
1	2	3	4	5	6	7	8	9	1	2	3	4	5	6	冬至 *(Dong Zhi)* **Winter Solstice** Dec 22 - Jan 5 *Until* 立春 *(Li Chun)* **Coming of Spring** Feb 4 - Feb 18
7	8	9	1	2	3	4	5	6	7	8	9	1	2	3	雨水 *(Yu Shui)* **Rain Water** Feb 19 - Mar 5 *Until* 清明 *(Qing Ming)* **Clear and Bright** Apr 5 - Apr 20
4	5	6	7	8	9	1	2	3	4	5	6	7	8	9	穀雨 *(Gu Yu)* **Grain Rain** Apr 21 - May 5 *Until* 芒種 *(Mang Zhong)* **Planting of Thorny Crops** Jun 6 - Jun 21
9	8	7	6	5	4	3	2	1	9	8	7	6	5	4	夏至 *(Xia Zhi)* **Summer Solstice** Jun 22 - Jul 6 *Until* 立秋 *(Li Qiu)* **Coming Autumn** Aug 8 - Aug 23
3	2	1	9	8	7	6	5	4	3	2	1	9	8	7	處暑 *(Chu Shu)* **Heat Ends** Aug 24 - Sept 7 *Until* 寒露 *(Han Lu)* **Cold Dew** Oct 8 - Oct 23
6	5	4	3	2	1	9	8	7	6	5	4	3	2	1	霜降 *(Shuang Jiang)* **Frosting** Oct 24 - Nov 6 *Until* 大雪 *(Da Xue)* **Greater Snow** Dec 7 - Dec 21

E.6.5. Hourly Star Reference Table 時星表

子 Zi Rat, 午 Wu Horse	卯 Mao Rabbit, 酉 You Rooster	辰 Chen Dragon, 戌 Xu Dog	丑 Chou Ox, 未 Wei Goat	寅 Yin Tiger, 申 Shen Monkey	巳 Si Snake, 亥 Hai Pig
冬至後 After Winter Solstice	夏至後 After Summer Solstice	冬至後 After Winter Solstice	夏至後 After Summer Solstice	冬至後 After Winter Solstice	夏至後 After Summer Solstice
子 Zi Rat 1	子 Zi Rat 9	子 Zi Rat 4	子 Zi Rat 6	子 Zi Rat 7	子 Zi Rat 3
丑 Chou Ox 2	丑 Chou Ox 8	丑 Chou Ox 5	丑 Chou Ox 5	丑 Chou Ox 8	丑 Chou Ox 2
寅 Yin Tiger 3	寅 Yin Tiger 7	寅 Yin Tiger 6	寅 Yin Tiger 4	寅 Yin Tiger 9	寅 Yin Tiger 1
卯 Mao Rabbit 4	卯 Mao Rabbit 6	卯 Mao Rabbit 7	卯 Mao Rabbit 3	卯 Mao Rabbit 1	卯 Mao Rabbit 9
辰 Chen Dragon 5	辰 Chen Dragon 5	辰 Chen Dragon 8	辰 Chen Dragon 2	辰 Chen Dragon 2	辰 Chen Dragon 8
巳 Si Snake 6	巳 Si Snake 4	巳 Si Snake 9	巳 Si Snake 1	巳 Si Snake 3	巳 Si Snake 7
午 Wu Horse 7	午 Wu Horse 3	午 Wu Horse 1	午 Wu Horse 9	午 Wu Horse 4	午 Wu Horse 6
未 Wei Goat 8	未 Wei Goat 2	未 Wei Goat 2	未 Wei Goat 8	未 Wei Goat 5	未 Wei Goat 5
申 Shen Monkey 9	申 Shen Monkey 1	申 Shen Monkey 3	申 Shen Monkey 7	申 Shen Monkey 6	申 Shen Monkey 4
酉 You Rooster 1	酉 You Rooster 9	酉 You Rooster 4	酉 You Rooster 6	酉 You Rooster 7	酉 You Rooster 3
戌 Xu Dog 2	戌 Xu Dog 8	戌 Xu Dog 5	戌 Xu Dog 5	戌 Xu Dog 8	戌 Xu Dog 2
亥 Hai Pig 3	亥 Hai Pig 7	亥 Hai Pig 6	亥 Hai Pig 4	亥 Hai Pig 9	亥 Hai Pig 1

E.6.6. General Guide to the 9 Stars

The 9 Stars' characteristics vary through time. For example, the #7 Red star is considered a 'negative' star which governs robbery, harm and mishaps. However in the Period of 7 (1984 - 2003), the #7 Red Star is 'timely' and therefore it will exert its benevolent nature which governs wealth , power and alertness. Please consult your Xuan Kong (Flying Stars) teacher for proper methods of assessing the star qualities. (Alternatively if attending a live course is not convenient, you may consider obtaining the author's homestudy course on the subject of Xuan Kong Feng Shui.)

The following are general nature of the 9 Stars:

Star	Characteristics	
	Positive	Negative
一白 1 White	Wisdom, Academic luck, Recognition and Fame.	Scandals, Loss of Reputation, Drowning, Gullible, Cheated.
二黑 2 Black	Properties, Productiveness, Nurturing, Growth and Abundance.	Sickness and Pressure.
三碧 3 Jade	Bravery, New Ventures.	Arguments, Litigation and Disputes.
四綠 4 Green	Romance, Education and Beauty.	Love Problems and Adultery.
五黃 5 yellow	Wealth and Properties.	Great Disaster and Calamities.
六白 6 White	Power and Authority.	Stubborn, Bossy and Lonely.
七赤 7 Red	Mysticism, Wealth, Speech Ability, Artists.	Robbery, Con-artists, Flattery and Harm.
八白 8 White	Wealth and Assets.	Loneliness, Solitary.
九紫 9 Purple	Promotions, Happy Events.	Flared Arguments, Bickering.

E.7. Four Major Water Structures 四大水局

E.7.1. Fire Structures 火局

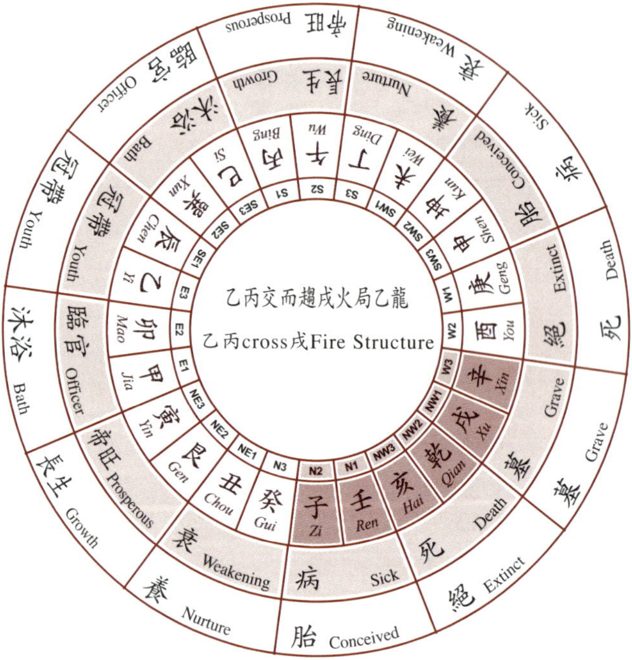

E.7. Four Major Water Structures 四大水局

E.7.2. Water Structures 水局

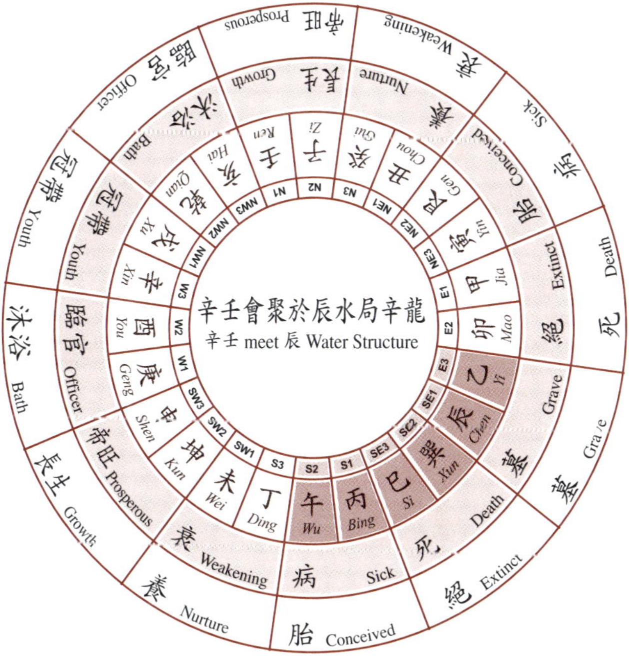

E.7. Four Major Water Structures 四大水局

E.7.3. Metal Structures 金局

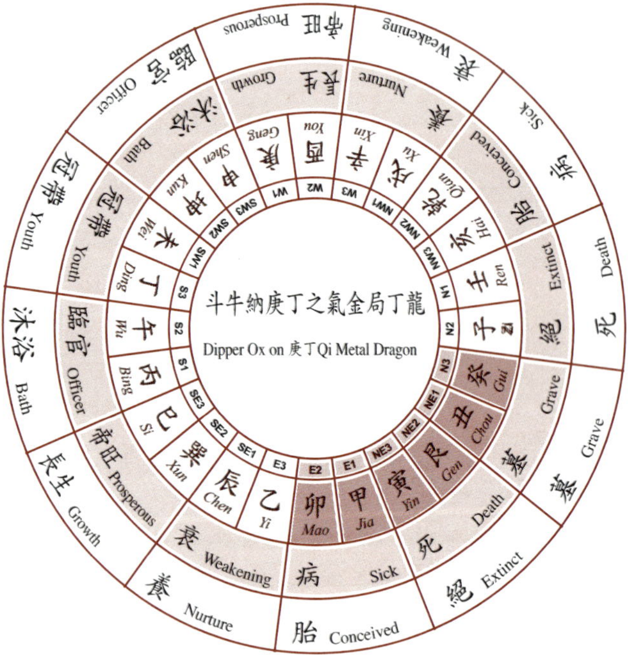

E.7. Four Major Water Structures 四大水局

E.7.3. Wood Structures 木局

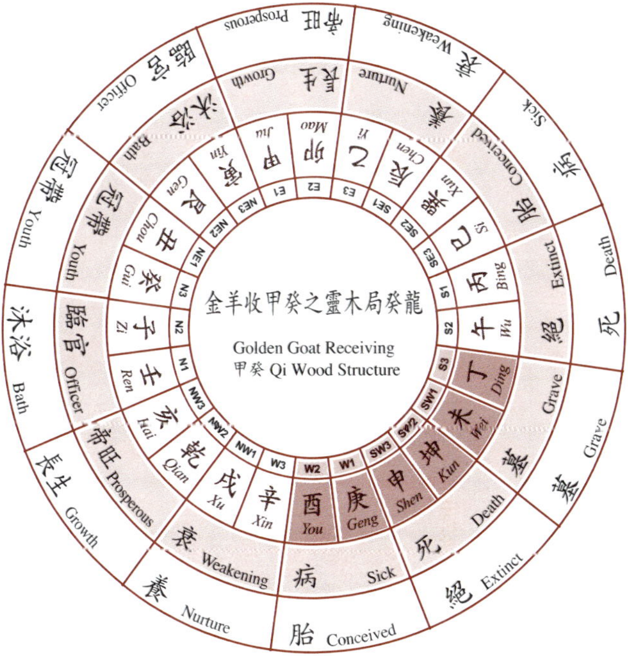

E.8. Special Water Dragon Exits From Di Li Wu Jue 地理五訣

Door Direction	Best Exit	2nd Grade	3rd Grade
S1 丙 Bing S2 午 Wu	W3 辛 Xin 285° - 300° NW1 戌 Xu 300° - 315°	S3 丁 Ding 195° - 210° SW1 未 Wei 210° - 225°	E1 甲 Jia 75° - 90°
S3 丁 Ding SW1 未 Wei	SE2 巽 Xun 135° - 150° SE3 巳 Si 150° -165°	SW2 坤 Kun 225° - 240°	–
SW2 坤 Kun SW3 申 Shen	E3 乙 Yi 105° - 120° SE1 辰 Chen 120° - 135°	S3 丁 Ding 195° - 210° SW1 未 Wei 210° - 225°	W1 庚 Geng 255° - 270°
W1 庚 Geng W2 酉 You	N3 癸 Gui 15° - 30° NE1 丑 Chou 30° - 45°	W3 辛 Xin 285° - 300° NW1 戌 Xu 300° - 315°	S1 丙 Bing 165° - 180°
W3 辛 Xin NW1 戌 Xu	SW2 坤 Kun 225° - 240° SW3 申 Shen 240° - 255°	NW2 乾 Qian 315° - 330° NW3 亥 Hai 330° - 345°	–
NW2 乾 Qian NW2 亥 Hai	S3 丁 Ding 195° - 210° SW1 未 Wei 210° - 225°	W3 辛 Xin 285° - 300° NW1 戌 Xu 300° - 315°	N1 壬 Ren 345° - 360° N2 子 Zi 360° - 15°
N1 壬 Ren N2 子 Zi	E3 乙 Yi 105° - 120° SE1 辰 Chen 120° - 135°	N3 癸 Gui 15° - 30° NE1 丑 Chou 30° - 45°	W1 庚 Geng 255° - 270°
N3 癸 Gui NE1 丑 Chou	NW2 乾 Qian 315° - 330° NW3 亥 Hai 330° - 345°	NE2 艮 Gen 45° - 60° NE3 寅 Yin 60° - 75°	–
NE2 艮 Gen NE3 寅 Yin	W3 辛 Xin 285° - 300° NW1 戌 Xu 300° - 315°	N3 癸 Gui 15° - 30° NE1 丑 Chou 30° - 45°	E1 甲 Jia 75° - 90° E2 卯 Mao 90° - 105°
E1 甲 Jia E2 卯 Mao	S3 丁 Ding 195° - 210° SW1 未 Wei 210° - 225°	E3 乙 Yi 105° - 120° SE1 辰 Chen 120° - 135°	N1 壬 Ren 345° - 360°
E3 乙 Yi SE1 辰 Chen	NE2 艮 Gen 45° - 60° NE3 寅 Yin 60° - 75°	SE2 巽 Xun 135° - 150° SE3 巳 Si 150° -165°	–
SE2 巽 Xun SE3 巳 Si	N3 癸 Gui 15° - 30° NE1 丑 Chou 30° - 45°	E3 乙 Yi 105° -120° SE1 辰 Chen 120° - 135°	S1 丙 Bing 165° - 180° S2 午 Wu 180° - 195°

Left to Right

Right to Left

* Degrees are based on the Heaven Plate (Water Ring) of the San He Luo Pan

F. Using The Ten Thousand Year Calendar

This column shows the Day Master, or 10 Stems, in both English and Chinese.

F. Using the Ten Thousand Year Calendar

2010 庚寅 Metal Tiger — Grand Duke: 鄔桓

天干 Ten Stems: 甲 Jia Yang Wood; 乙 Yi Yin Wood; 丙 Bing Yang Fire; 丁 Ding Yin Fire; 戊 Wu Yang Earth; 己 Ji Yin Earth; 庚 Geng Yang Metal; 辛 Xin Yin Metal; 壬 Ren Yang Water; 癸 Gui Yin Water

六月小 6th Mth				五月大 5th Mth				四月小 4th Mth				三月小 3rd Mth				二月小 2nd Mth				正月大 1st Mth				月干支 Month	
癸未 Gui Wei				壬午 Ren Wu				辛巳 Xin Si				庚辰 Geng Chen				己卯 Ji Mao				戊寅 Wu Yin					
六白 Six White				七赤 Seven Red				八白 Eight White				九紫 Nine Purple				一白 One White				二黑 Two Black				九星 9 Star	
立秋 Coming Autumn		大暑 Greater Heat		小暑 Lesser Heat		夏至 Summer Solstice		芒種 Planting of Thorny Crops		小滿 Small Sprout		立夏 Coming of Summer		穀雨 Grain Rain		清明 Clear and Bright		春分 Spring Equinox		驚蟄 Awakening of Worms		雨水 Rain Water		節氣 Season	
27th day 22hr 50min		12th day 6hr 23min		26th day 13hr [illegible]min		10th day 19hr 30min		24th day 2hr 51min		8th day 11hr 35min		22nd day 22hr 45min		7th day 12hr 31min		21st day 5hr 32min		6th day 1hr 34min		21st day 0hr 48min		6th day 2hr 37min			
亥 Hai		卯 Mao		未 Wei		戌 Xu		丑 Chou		午 Wu		亥 Hai		午 Wu		卯 Mao		丑 Chou		子 Zi		丑 Chou			
國曆 Gregorian		干支 S/B	星 Star	國曆 Gregorian		干支 S/B	星 Star	國曆 Gregorian		干支 S/B	星 Star	國曆 Gregorian		干支 S/B	星 Star	國曆 Gregorian		干支 S/B	星 Star	國曆 Gregorian		干支 S/B	星 Star	農曆 Calendar	
7	12	癸亥	1	6	12	癸巳	6	5	14	甲子	4	4	14	甲午	1	3	16	乙丑	8	2	14	乙未	5	初一	1st
7	13	甲子	9	6	13	甲午	7	5	15	乙丑	5	4	15	乙未	2	3	17	丙寅	9	2	15	丙申	6	初二	2nd
7	14	乙丑	8	6	14	乙未	8	5	16	丙寅	6	4	16	丙申	3	3	18	丁卯	1	2	16	丁酉	7	初三	3rd
7	15	丙寅	7	6	15	丙申	9	5	17	丁卯	7	4	17	丁酉	4	3	19	戊辰	2	2	17	戊戌	8	初四	4th
7	16	丁卯	6	6	16	丁酉	1	5	18	戊辰	8	4	18	戊戌	5	3	20	己巳	3	2	18	己亥	9	初五	5th
7	17	戊辰	5	6	17	戊戌	2	5	19	己巳	9	4	19	己亥	6	3	21	庚午	4	2	19	庚子	1	初六	6th
7	18	己巳	4	6	18	己亥	3	5	20	庚午	1	4	20	庚子	7	3	22	辛未	5	2	20	辛丑	2	初七	7th
7	19	庚午	3	6	19	庚子	4	5	21	辛未	2	4	21	辛丑	8	3	23	壬申	6	2	21	壬寅	3	初八	8th
7	20	辛未	2	6	20	辛丑	5	5	22	壬申	3	4	22	壬寅	9	3	24	癸酉	7	2	22	癸卯	4	初九	9th
7	21	壬申	1	6	21	壬寅	6\4	5	23	癸酉	4	4	23	癸卯	1	3	25	甲戌	8	2	23	甲辰	5	初十	10th
7	22	癸酉	9	6	22	癸卯	3	5	24	甲戌	5	4	24	甲辰	2	3	26	乙亥	9	2	24	乙巳	6	十一	11th
7	23	甲戌	8	6	23	甲辰	2	5	25	乙亥	6	4	25	乙巳	3	3	27	丙子	1	2	25	丙午	7	十二	12th
7	24	乙亥	7	6	24	乙巳	1	5	26	丙子	7	4	26	丙午	4	3	28	丁丑	2	2	26	丁未	8	十三	13th
7	25	丙子	6	6	25	丙午	9	5	27	丁丑	8	4	27	丁未	5	3	29	戊寅	3	2	27	戊申	9	十四	14th
7	26	丁丑	5	6	26	丁未	8	5	28	戊寅	9	4	28	戊申	6	3	30	己卯	4	2	28	己酉	1	十五	15th
7	27	戊寅	4	6	27	戊申	7	5	29	己卯	1	4	29	己酉	7	3	31	庚辰	5	3	1	庚戌	2	十六	16th
7	28	己卯	3	6	28	己酉	6	5	30	庚辰	2	4	30	庚戌	8	4	1	辛巳	6	3	2	辛亥	3	十七	17th
7	29	庚辰	2	6	29	庚戌	5	5	31	辛巳	3	5	1	辛亥	9	4	2	壬午	7	3	3	壬子	4	十八	18th
7	30	辛巳	1	6	30	辛亥	4	6	1	壬午	4	5	2	壬子	1	4	3	癸未	8	3	4	癸丑	5	十九	19th
7	31	壬午	9	7	[illegible]	壬子	3	6	2	癸未	5	5	3	癸丑	2	4	4	甲申	9	3	5	甲寅	6	二十	20th
8	1	癸未	8	7	[illegible]	癸丑	2	6	3	甲申	6	5	4	甲寅	3	4	5	乙酉	1	3	6	乙卯	7	廿一	21st
8	2	甲申	7	7	[illegible]	甲寅	1	6	4	乙酉	7	5	5	乙卯	4	4	6	丙戌	2	3	7	丙辰	8	廿二	22nd
8	3	乙酉	6	7	[illegible]	乙卯	9	6	5	丙戌	8	5	6	丙辰	5	4	7	丁亥	3	3	8	丁巳	9	廿三	23rd
8	4	丙戌	5	7	[illegible]	丙辰	8	6	6	丁亥	9	5	7	丁巳	6	4	8	戊子	4	3	9	戊午	1	廿四	24th
8	5	丁亥	4	7	[illegible]	丁巳	7	6	7	戊子	1	5	8	戊午	7	4	9	己丑	5	3	10	己未	2	廿五	25th
8	6	戊子	3	7	7	戊午	6	6	8	己丑	2	5	9	己未	8	4	10	庚寅	6	3	11	庚申	3	廿六	26th
8	7	己丑	2	7	[illegible]	己未	5	6	9	庚寅	3	5	10	庚申	9	4	11	辛卯	7	3	12	辛酉	4	廿七	27th
8	8	庚寅	1	7	[illegible]	庚申	4	6	10	辛卯	4	5	11	辛酉	1	4	12	壬辰	8	3	13	壬戌	5	廿八	28th
8	9	辛卯	9	7	[illegible]	辛酉	3	6	11	壬辰	5	5	12	壬戌	2	4	13	癸巳	9	3	14	癸亥	6	廿九	29th
				7	[illegible]	壬戌	2					5	13	癸亥	3					3	15	甲子	7	三十	30th

- Solar Months
- Heavenly Stem and Earthly Branch of the Month
- Monthly Flying Star
- 24 Jie Qi (Season) Name of that Month
- 24 Jie Qi (Season) Transition lunar day
- 24 Jie Qi (Season) Transition time of that day
- 24 Jie Qi (Season) Transitional animal hour
- Daily Flying Star
- Daily Heavenly Stems and Earthly Branches
- Gregorian or 'Western' Calendar date. Month-Day.
- The colours of the column blocks in the Month Pillar are distinguished according to the Transition Date of each month. Each column block corresponds to the respective Month of the same colour.
- Name of current year's Grand Duke

Male Gua: 8 艮(Gen) Female Gua: 7 兌(Dui) 3 Killing 三煞: North Annual Star: 8 White

This column shows the Animal Sign, or 12 Branches, in both English and Chinese.

地支 Twelve Branches: 子 Zi Rat · 丑 Chou Ox · 寅 Yin Tiger · 卯 Mao Rabbit · 辰 Chen Dragon · 巳 Si Snake · 午 Wu Horse · 未 Wei Goat · 申 Shen Monkey · 酉 You Rooster · 戌 Xu Dog · 亥 Hai Pig

十二月大 12th Mth				十一月小 11th Mth				十月大 10th Mth				九月小 9th Mth				八月大 8th Mth				七月小 7th Mth				月干支 Month
己丑 Ji Chou				戊子 Wu Zi				丁亥 Ding Hai				丙戌 Bing Xu				乙酉 Yi You				甲申 Jia Shen				
九紫 Nine Purple				一白 One White				二黑 Two Black				三碧 Three Jade				四綠 Four Green				五黃 Five Yellow				九星 9 Star
大寒 Greater Cold		小寒 Lesser Cold		冬至 Winter Solstice		大雪 Greater Snow		小雪 Lesser Snow		立冬 Coming of Winter		霜降 Frosting		寒露 Cold Dew		秋分 Autumn Equinox		白露 White Dew				處暑 Heat Ends		節氣 Season
17th day		3rd day		17th day		2nd day		17th day		2nd day		16th day		1st day		16th day		1st day				14th day		
18hr 20min		0hr 56min		7hr 40min		13hr 40min		18hr 16min		20hr 44min		20hr 37min		17hr 28min		11hr 11min		1hr 46min				13hr 28min		
酉 You		子 Zi		辰 Chen		未 Wei		酉 You		戌 Xu		戌 Xu		酉 You		午 Wu		丑 Chou				未 Wei		
國曆 Gregorian		干支 S/B	星 Star	國曆 Gregorian		干支 S/B	星 Star	國曆 Gregorian		干支 S/B	星 Star	國曆 Gregorian		干支 S/B	星 Star	國曆 Gregorian		干支 S/B	星 Star	國曆 Gregorian		干支 S/B	星 Star	農曆 Calendar
1	4	己未	5	12	6	庚寅	7	11	6	庚申	1	10	8	辛卯	3	9	8	辛酉	6	8	10	壬辰	8	初一 1st
1	5	庚申	6	12	7	辛卯	6	11	7	辛酉	9	10	9	壬辰	2	9	9	壬戌	5	8	11	癸巳	7	初二 2nd
1	6	辛酉	7	12	8	壬辰	5	11	8	壬戌	8	10	10	癸巳	1	9	10	癸亥	4	8	12	甲午	6	初三 3rd
1	7	壬戌	8	12	9	癸巳	4	11	9	癸亥	7	10	11	甲午	9	9	11	甲子	3	8	13	乙未	5	初四 4th
1	8	癸亥	9	12	10	甲午	3	11	10	甲子	6	10	12	乙未	8	9	12	乙丑	2	8	14	丙申	4	初五 5th
1	9	甲子	1	12	11	乙未	2	11	11	乙丑	5	10	13	丙申	7	9	13	丙寅	1	8	15	丁酉	3	初六 6th
1	10	乙丑	2	12	12	丙申	1	11	12	丙寅	4	10	14	丁酉	6	9	14	丁卯	9	8	16	戊戌	2	初七 7th
1	11	丙寅	3	12	13	丁酉	9	11	13	丁卯	3	10	15	戊戌	5	9	15	戊辰	8	8	17	己亥	1	初八 8th
1	12	丁卯	4	12	14	戊戌	8	11	14	戊辰	2	10	16	己亥	4	9	16	己巳	7	8	18	庚子	9	初九 9th
1	13	戊辰	5	12	15	己亥	7	11	15	己巳	1	10	17	庚子	3	9	17	庚午	6	8	19	辛丑	8	初十 10th
1	14	己巳	6	12	16	庚子	6	11	16	庚午	9	10	18	辛丑	2	9	18	辛未	5	8	20	壬寅	7	十一 11th
1	15	庚午	7	12	17	辛丑	5	11	17	辛未	8	10	19	壬寅	1	9	19	壬申	4	8	21	癸卯	6	十二 12th
1	16	辛未	8	12	18	壬寅	4	11	18	壬申	7	10	20	癸卯	9	9	20	癸酉	3	8	22	甲辰	5	十三 13th
1	17	壬申	9	12	19	癸卯	3	11	19	癸酉	6	10	21	甲辰	8	9	21	甲戌	2	8	23	乙巳	4	十四 14th
1	18	癸酉	1	12	20	甲辰	2	11	20	甲戌	5	10	22	乙巳	7	9	22	乙亥	1	8	24	丙午	3	十五 15th
1	19	甲戌	2	12	21	乙巳	1	11	21	乙亥	4	10	23	丙午	6	9	23	丙子	9	8	25	丁未	2	十六 16th
1	20	乙亥	3	12	22	丙午	9\1	11	22	丙子	3	10	24	丁未	5	9	24	丁丑	8	8	26	戊申	1	十七 17th
1	21	丙子	4	12	23	丁未	2	11	23	丁丑	2	10	25	戊申	4	9	25	戊寅	7	8	27	己酉	9	十八 18th
1	22	丁丑	5	12	24	戊申	3	11	24	戊寅	1	10	26	己酉	3	9	26	己卯	6	8	28	庚戌	8	十九 19th
1	23	戊寅	6	12	25	己酉	4	11	25	己卯	9	10	27	庚戌	2	9	27	庚辰	5	8	29	辛亥	7	二十 20th
1	24	己卯	7	12	26	庚戌	5	11	26	庚辰	8	10	28	辛亥	1	9	28	辛巳	4	8	30	壬子	6	廿一 21st
1	25	庚辰	8	12	27	辛亥	6	11	27	辛巳	7	10	29	壬子	9	9	29	壬午	3	8	31	癸丑	5	廿二 22nd
1	26	辛巳	9	12	28	壬子	7	11	28	壬午	6	10	30	癸丑	8	9	30	癸未	2	9	1	甲寅	4	廿三 23rd
1	27	壬午	1	12	29	癸丑	8	11	29	癸未	5	10	31	甲寅	7	10	1	甲申	1	9	2	乙卯	3	廿四 24th
1	28	癸未	2	12	30	甲寅	9	11	30	甲申	4	11	1	乙卯	6	10	2	乙酉	9	9	3	丙辰	2	廿五 25th
1	29	甲申	3	12	31	乙卯	1	12	1	乙酉	3	11	2	丙辰	5	10	3	丙戌	8	9	4	丁巳	1	廿六 26th
1	30	乙酉	4	1	1	丙辰	2	12	2	丙戌	2	11	3	丁巳	4	10	4	丁亥	7	9	5	戊午	9	廿七 27th
1	31	丙戌	5	1	2	丁巳	3	12	3	丁亥	1	11	4	戊午	3	10	5	戊子	6	9	6	己未	8	廿八 28th
2	1	丁亥	6	1	3	戊午	4	12	4	戊子	9	11	5	己未	2	10	6	己丑	5	9	7	庚申	7	廿九 29th
2	2	戊子	7					12	5	己丑	8					10	7	庚寅	4					三十 30th

十天干 The Ten Heavenly Stems	
甲 *Jia*	**Yang Wood**
乙 *Yi*	**Yin Wood**
丙 *Bing*	**Yang Fire**
丁 *Ding*	**Yin Fire**
戊 *Wu*	**Yang Earth**
己 *Ji*	**Yin Earth**
庚 *Geng*	**Yang Metal**
辛 *Xin*	**Yin Metal**
壬 *Ren*	**Yang Water**
癸 *Gui*	**Yin Water**

十二地支 The Twelve Branches		
子 *Zi*	**Rat**	Yang Water
丑 *Chou*	**Ox**	Yin Earth
寅 *Yin*	**Tiger**	Yang Wood
卯 *Mao*	**Rabbit**	Yin Wood
辰 *Chen*	**Dragon**	Yang Earth
巳 *Si*	**Snake**	Yin Fire
午 *Wu*	**Horse**	Yang Fire
未 *Wei*	**Goat**	Yin Earth
申 *Shen*	**Monkey**	Yang Metal
酉 *You*	**Rooster**	Yin Metal
戌 *Xu*	**Dog**	Yang Earth
亥 *Hai*	**Pig**	Yin Water

H. The Ten Thousand Year Calendar 1900 - 2050

1900 庚子 Metal Rat

Grand Duke: 虞起

天干 Ten Stems: 甲 Jia Yang Wood; 乙 Yi Yin Wood; 丙 Bing Yang Fire; 丁 Ding Yin Fire; 戊 Wu Yang Earth; 己 Ji Yin Earth; 庚 Geng Yang Metal; 辛 Xin Yin Metal; 壬 Ren Yang Water; 癸 Gui Yin Water

六月小 6th Mth				五月大 5th Mth				四月小 4th Mth				三月小 3rd Mth				二月大 2nd Mth				正月小 1st Mth				月干支 Month
癸未 Gui Wei				壬午 Ren Wu				辛巳 Xin Si				庚辰 Geng Chen				己卯 Ji Mao				戊寅 Wu Yin				
三碧 Three Jade				四綠 Four Green				五黃 Five Yellow				六白 Six White				七赤 Seven Red				八白 Eight White				九星 9 Star
大暑 Greater Heat		小暑 Lesser Heat		夏至 Summer Solstice		芒種 Planting of Thorny Crops		小滿 Small Sprout		立夏 Coming of Summer		穀雨 Grain Rain		清明 Clear and Bright		春分 Spring Equinox		驚蟄 Awakening of Worms		雨水 Rain Water		立春 Coming of Spring		節氣 Season
27th day		11th day		26th day		10th day		23rd day		8th day		21st day		6th day		21st day		6th day		20th day		5th day		
16hr 36min		23hr 10min		5hr 40min		12hr 39min		21hr 17min		7hr 55min		21hr 27min		13hr 53min		9hr 39min		8hr 22min		10hr 1min		13hr 52min		
申 Shen		子 Zi		卯 Mao		午 Wu		亥 Hai		辰 Chen		亥 Hai		未 Wei		巳 Si		辰 Chen		巳 Si		未 Wei		
國曆 Gregorian		干支 S / B	星 Star	國曆 Gregorian		干支 S / B	星 Star	國曆 Gregorian		干支 S / B	星 Star	國曆 Gregorian		干支 S / B	星 Star	國曆 Gregorian		干支 S / B	星 Star	國曆 Gregorian		干支 S / B	星 Star	農曆 Calendar
6	27	辛未	8	5	28	辛丑	8	4	29	壬申	6	3	31	癸卯	4	3	1	癸酉	1	1	31	甲辰	8	初一 1st
6	28	壬申	7	5	29	壬寅	9	4	30	癸酉	7	4	1	甲辰	5	3	2	甲戌	2	2	1	乙巳	9	初二 2nd
6	29	癸酉	6	5	30	癸卯	1	5	1	甲戌	8	4	2	乙巳	6	3	3	乙亥	3	2	2	丙午	1	初三 3rd
6	30	甲戌	5	5	31	甲辰	2	5	2	乙亥	9	4	3	丙午	7	3	4	丙子	4	2	3	丁未	2	初四 4th
7	1	乙亥	4	6	1	乙巳	3	5	3	丙子	1	4	4	丁未	8	3	5	丁丑	5	2	4	戊申	3	初五 5th
7	2	丙子	3	6	2	丙午	4	5	4	丁丑	2	4	5	戊申	9	3	6	戊寅	6	2	5	己酉	4	初六 6th
7	3	丁丑	2	6	3	丁未	5	5	5	戊寅	3	4	6	己酉	1	3	7	己卯	7	2	6	庚戌	5	初七 7th
7	4	戊寅	1	6	4	戊申	6	5	6	己卯	4	4	7	庚戌	2	3	8	庚辰	8	2	7	辛亥	6	初八 8th
7	5	己卯	9	6	5	己酉	7	5	7	庚辰	5	4	8	辛亥	3	3	9	辛巳	9	2	8	壬子	7	初九 9th
7	6	庚辰	8	6	6	庚戌	8	5	8	辛巳	6	4	9	壬子	4	3	10	壬午	1	2	9	癸丑	8	初十 10th
7	7	辛巳	7	6	7	辛亥	9	5	9	壬午	7	4	10	癸丑	5	3	11	癸未	2	2	10	甲寅	9	十一 11th
7	8	壬午	6	6	8	壬子	1	5	10	癸未	8	4	11	甲寅	6	3	12	甲申	3	2	11	乙卯	1	十二 12th
7	9	癸未	5	6	9	癸丑	2	5	11	甲申	9	4	12	乙卯	7	3	13	乙酉	4	2	12	丙辰	2	十三 13th
7	10	甲申	4	6	10	甲寅	3	5	12	乙酉	1	4	13	丙辰	8	3	14	丙戌	5	2	13	丁巳	3	十四 14th
7	11	乙酉	3	6	11	乙卯	4	5	13	丙戌	2	4	14	丁巳	9	3	15	丁亥	6	2	14	戊午	4	十五 15th
7	12	丙戌	2	6	12	丙辰	5	5	14	丁亥	3	4	15	戊午	1	3	16	戊子	7	2	15	己未	5	十六 16th
7	13	丁亥	1	6	13	丁巳	6	5	15	戊子	4	4	16	己未	2	3	17	己丑	8	2	16	庚申	6	十七 17th
7	14	戊子	9	6	14	戊午	7	5	16	己丑	5	4	17	庚申	3	3	18	庚寅	9	2	17	辛酉	7	十八 18th
7	15	己丑	8	6	15	己未	8	5	17	庚寅	6	4	18	辛酉	4	3	19	辛卯	1	2	18	壬戌	8	十九 19th
7	16	庚寅	7	6	16	庚申	9	5	18	辛卯	7	4	19	壬戌	5	3	20	壬辰	2	2	19	癸亥	9	二十 20th
7	17	辛卯	6	6	17	辛酉	1	5	19	壬辰	8	4	20	癸亥	6	3	21	癸巳	3	2	20	甲子	1	廿一 21st
7	18	壬辰	5	6	18	壬戌	2	5	20	癸巳	9	4	21	甲子	7	3	22	甲午	4	2	21	乙丑	2	廿二 22nd
7	19	癸巳	4	6	19	癸亥	3	5	21	甲午	1	4	22	乙丑	8	3	23	乙未	5	2	22	丙寅	3	廿三 23rd
7	20	甲午	3	6	20	甲子	4	5	22	乙未	2	4	23	丙寅	9	3	24	丙申	6	2	23	丁卯	4	廿四 24th
7	21	乙未	2	6	21	乙丑	5	5	23	丙申	3	4	24	丁卯	1	3	25	丁酉	7	2	24	戊辰	5	廿五 25th
7	22	丙申	1	6	22	丙寅	6\4	5	24	丁酉	4	4	25	戊辰	2	3	26	戊戌	8	2	25	己巳	6	廿六 26th
7	23	丁酉	9	6	23	丁卯	3	5	25	戊戌	5	4	26	己巳	3	3	27	己亥	9	2	26	庚午	7	廿七 27th
7	24	戊戌	8	6	24	戊辰	2	5	26	己亥	6	4	27	庚午	4	3	28	庚子	1	2	27	辛未	8	廿八 28th
7	25	己亥	7	6	25	己巳	1	5	27	庚子	7	4	28	辛未	5	3	29	辛丑	2	2	28	壬申	9	廿九 29th
				6	26	庚午	9									3	30	壬寅	3					三十 30th

Male Gua: 1 坎(Kan) **Female Gua: 8 艮(Gen)** 3 Killing 三煞: South Annual Star: 1 White

月干支 Month	七月大 7th Mth				八月大 8th Mth				閏八月小 8th Mth				九月大 9th Mth				十月大 10th Mth				十一月小 11th Mth				十二月大 12th Mth			
	甲申 Jia Shen				乙酉 Yi You								丙戌 Bing Xu				丁亥 Ding Hai				戊子 Wu Zi				己丑 Ji Chou			
九星 9 Star	二黑 Two Black				一白 One White								九紫 Nine Purple				八白 Eight White				七赤 Seven Red				六白 Six White			
節氣 Season	處暑 Heat Ends		立秋 Coming Autumn		秋分 Autumn Equinox		白露 White Dew				寒露 Cold Dew		立冬 Coming of Winter		霜降 Frosting		大雪 Greater Snow		小雪 Lesser Snow		小寒 Lesser Cold		冬至 Winter Solstice		立春 Coming of Spring		大寒 Greater Cold	
	29th day		14th day		30th day		15th day				16th day		17th day		2nd day		16th day		2nd day		16th day		1st day		16th day		2nd day	
	23hr 20min		8hr 51min		20hr 20min		11hr 16min				2hr 13min		4hr 40min		4hr 55min		20hr 56min		1hr 48min		7hr 53min		14hr 42min		19hr 40min		1hr 16min	
	子 Zi		辰 Chen		戌 Xu		午 Wu				丑 Chou		寅 Yin		寅 Yin		戌 Xu		丑 Chou		辰 Chen		未 Wei		戌 Xu		丑 Chou	
農曆 Calendar	國曆 Gregorian		干支 S/B	星 Star	國曆 Gregorian		干支 S/B	星 Star	國曆 Gregorian		干支 S/B	星 Star	國曆 Gregorian		干支 S/B	星 Star	國曆 Gregorian		干支 S/B	星 Star	國曆 Gregorian		干支 S/B	星 Star	國曆 Gregorian		干支 S/B	星 Star
初一 1st	7	26	庚子	6	8	25	庚午	3	9	24	庚子	9	10	23	己巳	7	11	22	己亥	4	12	22	己巳	1\9	1	20	戊戌	2
初二 2nd	7	27	辛丑	5	8	26	辛未	2	9	25	辛丑	8	10	24	庚午	6	11	23	庚子	3	12	23	庚午	1	1	21	己亥	3
初三 3rd	7	28	壬寅	4	8	27	壬申	1	9	26	壬寅	7	10	25	辛未	5	11	24	辛丑	2	12	24	辛未	2	1	22	庚子	4
初四 4th	7	29	癸卯	3	8	28	癸酉	9	9	27	癸卯	6	10	26	壬申	4	11	25	壬寅	1	12	25	壬申	3	1	23	辛丑	5
初五 5th	7	30	甲辰	2	8	29	甲戌	8	9	28	甲辰	5	10	27	癸酉	3	11	26	癸卯	9	12	26	癸酉	4	1	24	壬寅	6
初六 6th	7	31	乙巳	1	8	30	乙亥	7	9	29	乙巳	4	10	28	甲戌	2	11	27	甲辰	8	12	27	甲戌	5	1	25	癸卯	7
初七 7th	8	1	丙午	9	8	31	丙子	6	9	30	丙午	3	10	29	乙亥	1	11	28	乙巳	7	12	28	乙亥	6	1	26	甲辰	8
初八 8th	8	2	丁未	8	9	1	丁丑	5	10	1	丁未	2	10	30	丙子	9	11	29	丙午	6	12	29	丙子	7	1	27	乙巳	9
初九 9th	8	3	戊申	7	9	2	戊寅	4	10	2	戊申	1	10	31	丁丑	8	11	30	丁未	5	12	30	丁丑	8	1	28	丙午	1
初十 10th	8	4	己酉	6	9	3	己卯	3	10	3	己酉	9	11	1	戊寅	7	12	1	戊申	4	12	31	戊寅	9	1	29	丁未	2
十一 11th	8	5	庚戌	5	9	4	庚辰	2	10	4	庚戌	8	11	2	己卯	6	12	2	己酉	3	1	1	己卯	1	1	30	戊申	3
十二 12th	8	6	辛亥	4	9	5	辛巳	1	10	5	辛亥	7	11	3	庚辰	5	12	3	庚戌	2	1	2	庚辰	2	1	31	己酉	4
十三 13th	8	7	壬子	3	9	6	壬午	9	10	6	壬子	6	11	4	辛巳	4	12	4	辛亥	1	1	3	辛巳	3	2	1	庚戌	5
十四 14th	8	8	癸丑	2	9	7	癸未	8	10	7	癸丑	5	11	5	壬午	3	12	5	壬子	9	1	4	壬午	4	2	2	辛亥	6
十五 15th	8	9	甲寅	1	9	8	甲申	7	10	8	甲寅	4	11	6	癸未	2	12	6	癸丑	8	1	5	癸未	5	2	3	壬子	7
十六 16th	8	10	乙卯	9	9	9	乙酉	6	10	9	乙卯	3	11	7	甲申	1	12	7	甲寅	7	1	6	甲申	6	2	4	癸丑	8
十七 17th	8	11	丙辰	8	9	10	丙戌	5	10	10	丙辰	2	11	8	乙酉	9	12	8	乙卯	6	1	7	乙酉	7	2	5	甲寅	9
十八 18th	8	12	丁巳	7	9	11	丁亥	4	10	11	丁巳	1	11	9	丙戌	8	12	9	丙辰	5	1	8	丙戌	8	2	6	乙卯	1
十九 19th	8	13	戊午	6	9	12	戊子	3	10	12	戊午	9	11	10	丁亥	7	12	10	丁巳	4	1	9	丁亥	9	2	7	丙辰	2
二十 20th	8	14	己未	5	9	13	己丑	2	10	13	己未	8	11	11	戊子	6	12	11	戊午	3	1	10	戊子	1	2	8	丁巳	3
廿一 21st	8	15	庚申	4	9	14	庚寅	1	10	14	庚申	7	11	12	己丑	5	12	12	己未	2	1	11	己丑	2	2	9	戊午	4
廿二 22nd	8	16	辛酉	3	9	15	辛卯	9	10	15	辛酉	6	11	13	庚寅	4	12	13	庚申	1	1	12	庚寅	3	2	10	己未	5
廿三 23rd	8	17	壬戌	2	9	16	壬辰	8	10	16	壬戌	5	11	14	辛卯	3	12	14	辛酉	9	1	13	辛卯	4	2	11	庚申	6
廿四 24th	8	18	癸亥	1	9	17	癸巳	7	10	17	癸亥	4	11	15	壬辰	2	12	15	壬戌	8	1	14	壬辰	5	2	12	辛酉	7
廿五 25th	8	19	甲子	9	9	18	甲午	6	10	18	甲子	3	11	16	癸巳	1	12	16	癸亥	7	1	15	癸巳	6	2	13	壬戌	8
廿六 26th	8	20	乙丑	8	9	19	乙未	5	10	19	乙丑	2	11	17	甲午	9	12	17	甲子	6	1	16	甲午	7	2	14	癸亥	9
廿七 27th	8	21	丙寅	7	9	20	丙申	4	10	20	丙寅	1	11	18	乙未	8	12	18	乙丑	5	1	17	乙未	8	2	15	甲子	1
廿八 28th	8	22	丁卯	6	9	21	丁酉	3	10	21	丁卯	9	11	19	丙申	7	12	19	丙寅	4	1	18	丙申	9	2	16	乙丑	2
廿九 29th	8	23	戊辰	5	9	22	戊戌	2	10	22	戊辰	8	11	20	丁酉	6	12	20	丁卯	3	1	19	丁酉	1	2	17	丙寅	3
三十 30th	8	24	己巳	4	9	23	己亥	1					11	21	戊戌	5	12	21	戊辰	2					2	18	丁卯	4

地支 Twelve Branches: 子 Zi Rat, 丑 Chou Ox, 寅 Yin Tiger, 卯 Mao Rabbit, 辰 Chen Dragon, 巳 Si Snake, 午 Wu Horse, 未 Wei Goat, 申 Shen Monkey, 酉 You Rooster, 戌 Xu Dog, 亥 Hai Pig

1901 辛丑 Metal Ox

Grand Duke: 湯信

天干 Ten Stems: 甲 Jia Yang Wood; 乙 Yi Yin Wood; 丙 Bing Yang Fire; 丁 Ding Yin Fire; 戊 Wu Yang Earth; 己 Ji Yin Earth; 庚 Geng Yang Metal; 辛 Xin Yin Metal; 壬 Ren Yang Water; 癸 Gui Yin Water

正月小 1st Mth — 庚寅 Geng Yin — 五黃 Five Yellow

節氣 Season: 驚蟄 Awakening of Worms, 16th day, 14hr 11min, 未 Wei; 雨水 Rain Water, 1st day, 15hr 45min, 申 Shen

農曆 Calendar	國曆 Gregorian (month)	國曆 Gregorian (day)	干支 S/B	星 Star
初一 1st	2	19	戊辰	5
初二 2nd	2	20	己巳	6
初三 3rd	2	21	庚午	7
初四 4th	2	22	辛未	8
初五 5th	2	23	壬申	9
初六 6th	2	24	癸酉	1
初七 7th	2	25	甲戌	2
初八 8th	2	26	乙亥	3
初九 9th	2	27	丙子	4
初十 10th	2	28	丁丑	5
十一 11th	3	1	戊寅	6
十二 12th	3	2	己卯	7
十三 13th	3	3	庚辰	8
十四 14th	3	4	辛巳	9
十五 15th	3	5	壬午	1
十六 16th	3	6	癸未	2
十七 17th	3	7	甲申	3
十八 18th	3	8	乙酉	4
十九 19th	3	9	丙戌	5
二十 20th	3	10	丁亥	6
廿一 21st	3	11	戊子	7
廿二 22nd	3	12	己丑	8
廿三 23rd	3	13	庚寅	9
廿四 24th	3	14	辛卯	1
廿五 25th	3	15	壬辰	2
廿六 26th	3	16	癸巳	3
廿七 27th	3	17	甲午	4
廿八 28th	3	18	乙未	5
廿九 29th	3	19	丙申	6
三十 30th				

二月大 2nd Mth — 辛卯 Xin Mao — 四綠 Four Green

節氣 Season: 清明 Clear and Bright, 18th day, 19hr 44min, 戌 Xu; 春分 Spring Equinox, 2nd day, 15hr 24min, 申 Shen

農曆 Calendar	國曆 Gregorian (month)	國曆 Gregorian (day)	干支 S/B	星 Star
初一 1st	3	20	丁酉	7
初二 2nd	3	21	戊戌	8
初三 3rd	3	22	己亥	9
初四 4th	3	23	庚子	1
初五 5th	3	24	辛丑	2
初六 6th	3	25	壬寅	3
初七 7th	3	26	癸卯	4
初八 8th	3	27	甲辰	5
初九 9th	3	28	乙巳	6
初十 10th	3	29	丙午	7
十一 11th	3	30	丁未	8
十二 12th	3	31	戊申	9
十三 13th	4	1	己酉	1
十四 14th	4	2	庚戌	2
十五 15th	4	3	辛亥	3
十六 16th	4	4	壬子	4
十七 17th	4	5	癸丑	5
十八 18th	4	6	甲寅	6
十九 19th	4	7	乙卯	7
二十 20th	4	8	丙辰	8
廿一 21st	4	9	丁巳	9
廿二 22nd	4	10	戊午	1
廿三 23rd	4	11	己未	2
廿四 24th	4	12	庚申	3
廿五 25th	4	13	辛酉	4
廿六 26th	4	14	壬戌	5
廿七 27th	4	15	癸亥	6
廿八 28th	4	16	甲子	7
廿九 29th	4	17	乙丑	8
三十 30th	4	18	丙寅	9

三月小 3rd Mth — 壬辰 Ren Chen — 三碧 Three Jade

節氣 Season: 立夏 Coming of Summer, 18th day, 13hr 50min, 未 Wei; 穀雨 Grain Rain, 3rd day, 3hr 13min, 寅 Yin

農曆 Calendar	國曆 Gregorian (month)	國曆 Gregorian (day)	干支 S/B	星 Star
初一 1st	4	19	丁卯	1
初二 2nd	4	20	戊辰	2
初三 3rd	4	21	己巳	3
初四 4th	4	22	庚午	4
初五 5th	4	23	辛未	5
初六 6th	4	24	壬申	6
初七 7th	4	25	癸酉	7
初八 8th	4	26	甲戌	8
初九 9th	4	27	乙亥	9
初十 10th	4	28	丙子	1
十一 11th	4	29	丁丑	2
十二 12th	4	30	戊寅	3
十三 13th	5	1	己卯	4
十四 14th	5	2	庚辰	5
十五 15th	5	3	辛巳	6
十六 16th	5	4	壬午	7
十七 17th	5	5	癸未	8
十八 18th	5	6	甲申	9
十九 19th	5	7	乙酉	1
二十 20th	5	8	丙戌	2
廿一 21st	5	9	丁亥	3
廿二 22nd	5	10	戊子	4
廿三 23rd	5	11	己丑	5
廿四 24th	5	12	庚寅	6
廿五 25th	5	13	辛卯	7
廿六 26th	5	14	壬辰	8
廿七 27th	5	15	癸巳	9
廿八 28th	5	16	甲午	1
廿九 29th	5	17	乙未	2
三十 30th				

四月小 4th Mth — 癸巳 Gui Si — 二黑 Two Black

節氣 Season: 芒種 Planting of Thorny Crops, 20th day, 18hr 36min, 酉 You; 小滿 Small Sprout, 5th day, 3hr 5min, 寅 Yin

農曆 Calendar	國曆 Gregorian (month)	國曆 Gregorian (day)	干支 S/B	星 Star
初一 1st	5	18	丙申	3
初二 2nd	5	19	丁酉	4
初三 3rd	5	20	戊戌	5
初四 4th	5	21	己亥	6
初五 5th	5	22	庚子	7
初六 6th	5	23	辛丑	8
初七 7th	5	24	壬寅	9
初八 8th	5	25	癸卯	1
初九 9th	5	26	甲辰	2
初十 10th	5	27	乙巳	3
十一 11th	5	28	丙午	4
十二 12th	5	29	丁未	5
十三 13th	5	30	戊申	6
十四 14th	5	31	己酉	7
十五 15th	6	1	庚戌	8
十六 16th	6	2	辛亥	9
十七 17th	6	3	壬子	1
十八 18th	6	4	癸丑	2
十九 19th	6	5	甲寅	3
二十 20th	6	6	乙卯	4
廿一 21st	6	7	丙辰	5
廿二 22nd	6	8	丁巳	6
廿三 23rd	6	9	戊午	7
廿四 24th	6	10	己未	8
廿五 25th	6	11	庚申	9
廿六 26th	6	12	辛酉	1
廿七 27th	6	13	壬戌	2
廿八 28th	6	14	癸亥	3
廿九 29th	6	15	甲子	4
三十 30th				

五月大 5th Mth — 甲午 Jia Wu — 一白 One White

節氣 Season: 小暑 Lesser Heat, 23rd day, 5hr 8min, 卯 Mao; 夏至 Summer Solstice, 7th day, 11hr 28min, 午 Wu

農曆 Calendar	國曆 Gregorian (month)	國曆 Gregorian (day)	干支 S/B	星 Star
初一 1st	6	16	乙丑	5
初二 2nd	6	17	丙寅	6
初三 3rd	6	18	丁卯	7
初四 4th	6	19	戊辰	8
初五 5th	6	20	己巳	9
初六 6th	6	21	庚午	1
初七 7th	6	22	辛未	2/8
初八 8th	6	23	壬申	7
初九 9th	6	24	癸酉	6
初十 10th	6	25	甲戌	5
十一 11th	6	26	乙亥	4
十二 12th	6	27	丙子	3
十三 13th	6	28	丁丑	2
十四 14th	6	29	戊寅	1
十五 15th	6	30	己卯	9
十六 16th	7	1	庚辰	8
十七 17th	7	2	辛巳	7
十八 18th	7	3	壬午	6
十九 19th	7	4	癸未	5
二十 20th	7	5	甲申	4
廿一 21st	7	6	乙酉	3
廿二 22nd	7	7	丙戌	2
廿三 23rd	7	8	丁亥	1
廿四 24th	7	9	戊子	9
廿五 25th	7	10	己丑	8
廿六 26th	7	11	庚寅	7
廿七 27th	7	12	辛卯	6
廿八 28th	7	13	壬辰	5
廿九 29th	7	14	癸巳	4
三十 30th	7	15	甲午	3

六月小 6th Mth — 乙未 Yi Wei — 九紫 Nine Purple

節氣 Season: 立秋 Coming Autumn, 24th day, 14hr 46min, 未 Wei; 大暑 Greater Heat, 8th day, 22hr 24min, 亥 Hai

農曆 Calendar	國曆 Gregorian (month)	國曆 Gregorian (day)	干支 S/B	星 Star
初一 1st	7	16	乙未	2
初二 2nd	7	17	丙申	1
初三 3rd	7	18	丁酉	9
初四 4th	7	19	戊戌	8
初五 5th	7	20	己亥	7
初六 6th	7	21	庚子	6
初七 7th	7	22	辛丑	5
初八 8th	7	23	壬寅	4
初九 9th	7	24	癸卯	3
初十 10th	7	25	甲辰	2
十一 11th	7	26	乙巳	1
十二 12th	7	27	丙午	9
十三 13th	7	28	丁未	8
十四 14th	7	29	戊申	7
十五 15th	7	30	己酉	6
十六 16th	7	31	庚戌	5
十七 17th	8	1	辛亥	4
十八 18th	8	2	壬子	3
十九 19th	8	3	癸丑	2
二十 20th	8	4	甲寅	1
廿一 21st	8	5	乙卯	9
廿二 22nd	8	6	丙辰	8
廿三 23rd	8	7	丁巳	7
廿四 24th	8	8	戊午	6
廿五 25th	8	9	己未	5
廿六 26th	8	10	庚申	4
廿七 27th	8	11	辛酉	3
廿八 28th	8	12	壬戌	2
廿九 29th	8	13	癸亥	1
三十 30th				

Male Gua: 9 離(Li) **Female Gua: 6 乾(Qian)** 3 Killing 三煞: East Annual Star: 9 Purple

地支 Twelve Branches: 子 Zi Rat · 丑 Chou Ox · 寅 Yin Tiger · 卯 Mao Rabbit · 辰 Chen Dragon · 巳 Si Snake · 午 Wu Horse · 未 Wei Goat · 申 Shen Monkey · 酉 You Rooster · 戌 Xu Dog · 亥 Hai Pig

月干支 Month / 九星 9 Star	七月大 7th Mth 丙申 Bing Shen 八白 Eight White				八月小 8th Mth 丁酉 Ding You 七赤 Seven Red				九月大 9th Mth 戊戌 Wu Xu 六白 Six White			
節氣 Season	白露 White Dew 26th day 17hr 10min 酉 You		處暑 Heat Ends 11th day 5hr 8min 卯 Mao		寒露 Cold Dew 27th day 8hr 6min 辰 Chen		秋分 Autumn Equinox 12th day 2hr 9min 丑 Chou		立冬 Coming of Winter 28th day 10hr 34min 巳 Si		霜降 Frosting 13th day 10hr 46min 巳 Si	
農曆 Calendar	國曆 Gregorian		干支 S/B	星 Star	國曆 Gregorian		干支 S/B	星 Star	國曆 Gregorian		干支 S/B	星 Star
初一 1st	8	14	甲子	9	9	13	甲午	6	10	12	癸亥	4
初二 2nd	8	15	乙丑	8	9	14	乙未	5	10	13	甲子	3
初三 3rd	8	16	丙寅	7	9	15	丙申	4	10	14	乙丑	2
初四 4th	8	17	丁卯	6	9	16	丁酉	3	10	15	丙寅	1
初五 5th	8	18	戊辰	5	9	17	戊戌	2	10	16	丁卯	9
初六 6th	8	19	己巳	4	9	18	己亥	1	10	17	戊辰	8
初七 7th	8	20	庚午	3	9	19	庚子	9	10	18	己巳	7
初八 8th	8	21	辛未	2	9	20	辛丑	8	10	19	庚午	6
初九 9th	8	22	壬申	1	9	21	壬寅	7	10	20	辛未	5
初十 10th	8	23	癸酉	9	9	22	癸卯	6	10	21	壬申	4
十一 11th	8	24	甲戌	8	9	23	甲辰	5	10	22	癸酉	3
十二 12th	8	25	乙亥	7	9	24	乙巳	4	10	23	甲戌	2
十三 13th	8	26	丙子	6	9	25	丙午	3	10	24	乙亥	1
十四 14th	8	27	丁丑	5	9	26	丁未	2	10	25	丙子	9
十五 15th	8	28	戊寅	4	9	27	戊申	1	10	26	丁丑	8
十六 16th	8	29	己卯	3	9	28	己酉	9	10	27	戊寅	7
十七 17th	8	30	庚辰	2	9	29	庚戌	8	10	28	己卯	6
十八 18th	8	31	辛巳	1	9	30	辛亥	7	10	29	庚辰	5
十九 19th	9	1	壬午	9	10	1	壬子	6	10	30	辛巳	4
二十 20th	9	2	癸未	8	10	2	癸丑	5	10	31	壬午	3
廿一 21st	9	3	甲申	7	10	3	甲寅	4	11	1	癸未	2
廿二 22nd	9	4	乙酉	6	10	4	乙卯	3	11	2	甲申	1
廿三 23rd	9	5	丙戌	5	10	5	丙辰	2	11	3	乙酉	9
廿四 24th	9	6	丁亥	4	10	6	丁巳	1	11	4	丙戌	8
廿五 25th	9	7	戊子	3	10	7	戊午	9	11	5	丁亥	7
廿六 26th	9	8	己丑	2	10	8	己未	8	11	6	戊子	6
廿七 27th	9	9	庚寅	1	10	9	庚申	7	11	7	己丑	5
廿八 28th	9	10	辛卯	9	10	10	辛酉	6	11	8	庚寅	4
廿九 29th	9	11	壬辰	8	10	11	壬戌	5	11	9	辛卯	3
三十 30th	9	12	癸巳	7					11	10	壬辰	2

月干支 Month / 九星 9 Star	十月大 10th Mth 己亥 Ji Hai 五黃 Five Yellow				十一月大 11th Mth 庚子 Geng Zi 四綠 Four Green				十二月小 12th Mth 辛丑 Xin Chou 三碧 Three Jade			
節氣 Season	大雪 Greater Snow 28th day 2hr 53min 丑 Chou		小雪 Lesser Snow 13th day 7hr 41min 辰 Chen		小寒 Lesser Cold 27th day 13hr 51min 未 Wei		冬至 Winter Solstice 12th day 20hr 37min 戌 Xu		立春 Coming of Spring 27th day 1hr 38min 丑 Chou		大寒 Greater Cold 12th day 7hr 12min 辰 Chen	
農曆 Calendar	國曆 Gregorian		干支 S/B	星 Star	國曆 Gregorian		干支 S/B	星 Star	國曆 Gregorian		干支 S/B	星 Star
初一 1st	11	11	癸巳	1	12	11	癸亥	7	1	10	癸巳	6
初二 2nd	11	12	甲午	9	12	12	甲子	6	1	11	甲午	7
初三 3rd	11	13	乙未	8	12	13	乙丑	5	1	12	乙未	8
初四 4th	11	14	丙申	7	12	14	丙寅	4	1	13	丙申	9
初五 5th	11	15	丁酉	6	12	15	丁卯	3	1	14	丁酉	1
初六 6th	11	16	戊戌	5	12	16	戊辰	2	1	15	戊戌	2
初七 7th	11	17	己亥	4	12	17	己巳	1	1	16	己亥	3
初八 8th	11	18	庚子	3	12	18	庚午	9	1	17	庚子	4
初九 9th	11	19	辛丑	2	12	19	辛未	8	1	18	辛丑	5
初十 10th	11	20	壬寅	1	12	20	壬申	7	1	19	壬寅	6
十一 11th	11	21	癸卯	9	12	21	癸酉	6	1	20	癸卯	7
十二 12th	11	22	甲辰	8	12	22	甲戌	5/5	1	21	甲辰	8
十三 13th	11	23	乙巳	7	12	23	乙亥	6	1	22	乙巳	9
十四 14th	11	24	丙午	6	12	24	丙子	7	1	23	丙午	1
十五 15th	11	25	丁未	5	12	25	丁丑	8	1	24	丁未	2
十六 16th	11	26	戊申	4	12	26	戊寅	9	1	25	戊申	3
十七 17th	11	27	己酉	3	12	27	己卯	1	1	26	己酉	4
十八 18th	11	28	庚戌	2	12	28	庚辰	2	1	27	庚戌	5
十九 19th	11	29	辛亥	1	12	29	辛巳	3	1	28	辛亥	6
二十 20th	11	30	壬子	9	12	30	壬午	4	1	29	壬子	7
廿一 21st	12	1	癸丑	8	12	31	癸未	5	1	30	癸丑	8
廿二 22nd	12	2	甲寅	7	1	1	甲申	6	1	31	甲寅	9
廿三 23rd	12	3	乙卯	6	1	2	乙酉	7	2	1	乙卯	1
廿四 24th	12	4	丙辰	5	1	3	丙戌	8	2	2	丙辰	2
廿五 25th	12	5	丁巳	4	1	4	丁亥	9	2	3	丁巳	3
廿六 26th	12	6	戊午	3	1	5	戊子	1	2	4	戊午	4
廿七 27th	12	7	己未	2	1	6	己丑	2	2	5	己未	5
廿八 28th	12	8	庚申	1	1	7	庚寅	3	2	6	庚申	6
廿九 29th	12	9	辛酉	9	1	8	辛卯	4	2	7	辛酉	7
三十 30th	12	10	壬戌	8	1	9	壬辰	5				

1902 壬寅 Water Tiger

Grand Duke: 賀諤

六月大 6th Mth				五月小 5th Mth				四月小 4th Mth				三月大 3rd Mth				二月小 2nd Mth				正月大 1st Mth				月干支 Month
丁未 Ding Wei				丙午 Bing Wu				乙巳 Yi Si				甲辰 Jia Chen				癸卯 Gui Mao				壬寅 Ren Yin				
六白 Six White				七赤 Seven Red				八白 Eight White				九紫 Nine Purple				一白 One White				二黑 Two Black				九星 9 Star
大暑 Greater Heat		小暑 Lesser Heat		夏至 Summer Solstice		芒種 Planting of Thorny Crops				小滿 Small Sprout		立夏 Coming of Summer		穀雨 Grain Rain		清明 Clear and Bright		春分 Spring Equinox		驚蟄 Awakening of Worms		雨水 Rain Water		節氣 Season
20th day		4th day		17th day		2nd day				15th day		29th day		14th day		28th day		12th day		27th day		12th day		
4hr 10min		10hr 46min		17hr 15min		0hr 20min				8hr 53min		19hr 39min		9hr 4min		1hr 37min		21hr 17min		20hr 8min		21hr 40min		
寅 Yin		巳 Si		酉 You		子 Zi				辰 Chen		戌 Xu		巳 Si		丑 Chou		亥 Hai		戌 Xu		亥 Hai		
國曆 Gregorian		干支 S / B	星 Sta	國曆 Gregorian		干支 S / B	星 Star	國曆 Gregorian		干支 S / B	星 Star	國曆 Gregorian		干支 S / B	星 Star	國曆 Gregorian		干支 S / B	星 Star	國曆 Gregorian		干支 S / B	星 Star	農曆 Calendar
7	5	己丑	8	6	6	庚申	9	5	8	辛卯	7	4	8	辛酉	4	3	10	壬辰	2	2	8	壬戌	8	初一 1st
7	6	庚寅	7	6	7	辛酉	1	5	9	壬辰	8	4	9	壬戌	5	3	11	癸巳	3	2	9	癸亥	9	初二 2nd
7	7	辛卯	6	6	8	壬戌	2	5	10	癸巳	9	4	10	癸亥	6	3	12	甲午	4	2	10	甲子	1	初三 3rd
7	8	壬辰	5	6	9	癸亥	3	5	11	甲午	1	4	11	甲子	7	3	13	乙未	5	2	11	乙丑	2	初四 4th
7	9	癸巳	4	6	10	甲子	4	5	12	乙未	2	4	12	乙丑	8	3	14	丙申	6	2	12	丙寅	3	初五 5th
7	10	甲午	3	6	11	乙丑	5	5	13	丙申	3	4	13	丙寅	9	3	15	丁酉	7	2	13	丁卯	4	初六 6th
7	11	乙未	2	6	12	丙寅	6	5	14	丁酉	4	4	14	丁卯	1	3	16	戊戌	8	2	14	戊辰	5	初七 7th
7	12	丙申	1	6	13	丁卯	7	5	15	戊戌	5	4	15	戊辰	2	3	17	己亥	9	2	15	己巳	6	初八 8th
7	13	丁酉	9	6	14	戊辰	8	5	16	己亥	6	4	16	己巳	3	3	18	庚子	1	2	16	庚午	7	初九 9th
7	14	戊戌	8	6	15	己巳	9	5	17	庚子	7	4	17	庚午	4	3	19	辛丑	2	2	17	辛未	8	初十 10th
7	15	己亥	7	6	16	庚午	1	5	18	辛丑	8	4	18	辛未	5	3	20	壬寅	3	2	18	壬申	9	十一 11th
7	16	庚子	6	6	17	辛未	2	5	19	壬寅	9	4	19	壬申	6	3	21	癸卯	4	2	19	癸酉	1	十二 12th
7	17	辛丑	5	6	18	壬申	3	5	20	癸卯	1	4	20	癸酉	7	3	22	甲辰	5	2	20	甲戌	2	十三 13th
7	18	壬寅	4	6	19	癸酉	4	5	21	甲辰	2	4	21	甲戌	8	3	23	乙巳	6	2	21	乙亥	3	十四 14th
7	19	癸卯	3	6	20	甲戌	5	5	22	乙巳	3	4	22	乙亥	9	3	24	丙午	7	2	22	丙子	4	十五 15th
7	20	甲辰	2	6	21	乙亥	6	5	23	丙午	4	4	23	丙子	1	3	25	丁未	8	2	23	丁丑	5	十六 16th
7	21	乙巳	1	6	22	丙子	7/3	5	24	丁未	5	4	24	丁丑	2	3	26	戊申	9	2	24	戊寅	6	十七 17th
7	22	丙午	9	6	23	丁丑	2	5	25	戊申	6	4	25	戊寅	3	3	27	己酉	1	2	25	己卯	7	十八 18th
7	23	丁未	8	6	24	戊寅	1	5	26	己酉	7	4	26	己卯	4	3	28	庚戌	2	2	26	庚辰	8	十九 19th
7	24	戊申	7	6	25	己卯	9	5	27	庚戌	8	4	27	庚辰	5	3	29	辛亥	3	2	27	辛巳	9	二十 20th
7	25	己酉	6	6	26	庚辰	8	5	28	辛亥	9	4	28	辛巳	6	3	30	壬子	4	2	28	壬午	1	廿一 21st
7	26	庚戌	5	6	27	辛巳	7	5	29	壬子	1	4	29	壬午	7	3	31	癸丑	5	3	1	癸未	2	廿二 22nd
7	27	辛亥	4	6	28	壬午	6	5	30	癸丑	2	4	30	癸未	8	4	1	甲寅	6	3	2	甲申	3	廿三 23rd
7	28	壬子	3	6	29	癸未	5	5	31	甲寅	3	5	1	甲申	9	4	2	乙卯	7	3	3	乙酉	4	廿四 24th
7	29	癸丑	2	6	30	甲申	4	6	1	乙卯	4	5	2	乙酉	1	4	3	丙辰	8	3	4	丙戌	5	廿五 25th
7	30	甲寅	1	7	1	乙酉	3	6	2	丙辰	5	5	3	丙戌	2	4	4	丁巳	9	3	5	丁亥	6	廿六 26th
7	31	乙卯	9	7	2	丙戌	2	6	3	丁巳	6	5	4	丁亥	3	4	5	戊午	1	3	6	戊子	7	廿七 27th
8	1	丙辰	8	7	3	丁亥	1	6	4	戊午	7	5	5	戊子	4	4	6	己未	2	3	7	己丑	8	廿八 28th
8	2	丁巳	7	7	4	戊子	9	6	5	己未	8	5	6	己丑	5	4	7	庚申	3	3	8	庚寅	9	廿九 29th
8	3	戊午	6									5	7	庚寅	6	4				3	9	辛卯	1	三十 30th

天干 Ten Stems

甲 Jia Yang Wood

乙 Yi Yin Wood

丙 Bing Yang Fire

丁 Ding Yin Fire

戊 Wu Yang Earth

己 Ji Yin Earth

庚 Geng Yang Metal

辛 Xin Yin Metal

壬 Ren Yang Water

癸 Gui Yin Water

Male Gua: 8 艮(Gen) **Female Gua: 7 兑(Dui)** 3 Killing 三煞: North Annual Star: 8 White

地支 Twelve Branches: 子 Zi Rat · 丑 Chou Ox · 寅 Yin Tiger · 卯 Mao Rabbit · 辰 Chen Dragon · 巳 Si Snake · 午 Wu Horse · 未 Wei Goat · 申 Shen Monkey · 酉 You Rooster · 戌 Xu Dog · 亥 Hai Pig

月干支 Month	七月小 7th Mth				八月大 8th Mth				九月小 9th Mth				十月大 10th Mth				十一月大 11th Mth				十二月大 12th Mth			
	戊申 Wu Shen				己酉 Ji You				庚戌 Geng Xu				辛亥 Xin Hai				壬子 Ren Zi				癸丑 Gui Chou			
九星 9 Star	五黃 Five Yellow				四綠 Four Green				三碧 Three Jade				二黑 Two Black				一白 One White				九紫 Nine Purple			
節氣 Season	處暑 Heat Ends		立秋 Coming Autumn		秋分 Autumn Equinox		白露 White Dew		霜降 Frosting		寒露 Cold Dew		小雪 Lesser Snow		立冬 Coming of Winter		冬至 Winter Solstice		大雪 Greater Snow		大寒 Greater Cold		小寒 Lesser Cold	
	21st day		5th day		23rd day		7th day		23rd day		8th day		24th day		9th day		24th day		9th day		23rd day		8th day	
	10hr 53min		20hr 22min		7hr 55min		22hr 46min		16hr 36min		13hr 45min		13hr 36min		16hr 17min		2hr 36min		8hr 41min		13hr 14min		19hr 44min	
	巳 Si		戌 Xu		辰 Chen		亥 Hai		申 Shen		未 Wei		未 Wei		申 Shen		丑 Chou		辰 Chen		未 Wei		戌 Xu	
農曆 Calendar	國曆 Gregorian		干支 S/B	星 Star	國曆 Gregorian		干支 S/B	星 Star	國曆 Gregorian		干支 S/B	星 Star	國曆 Gregorian		干支 S/B	星 Star	國曆 Gregorian		干支 S/B	星 Star	國曆 Gregorian		干支 S/B	星 Star
初一 1st	8	4	己未	5	9	2	戊子	3	10	2	戊午	9	10	31	丁亥	7	11	30	丁巳	4	12	30	丁亥	9
初二 2nd	8	5	庚申	4	9	3	己丑	2	10	3	己未	8	11	1	戊子	6	12	1	戊午	3	12	31	戊子	1
初三 3rd	8	6	辛酉	3	9	4	庚寅	1	10	4	庚申	7	11	2	己丑	5	12	2	己未	2	1	1	己丑	2
初四 4th	8	7	壬戌	2	9	5	辛卯	9	10	5	辛酉	6	11	3	庚寅	4	12	3	庚申	1	1	2	庚寅	3
初五 5th	8	8	癸亥	1	9	6	壬辰	8	10	6	壬戌	5	11	4	辛卯	3	12	4	辛酉	9	1	3	辛卯	4
初六 6th	8	9	甲子	9	9	7	癸巳	7	10	7	癸亥	4	11	5	壬辰	2	12	5	壬戌	8	1	4	壬辰	5
初七 7th	8	10	乙丑	8	9	8	甲午	6	10	8	甲子	3	11	6	癸巳	1	12	6	癸亥	7	1	5	癸巳	6
初八 8th	8	11	丙寅	7	9	9	乙未	5	10	9	乙丑	2	11	7	甲午	9	12	7	甲子	6	1	6	甲午	7
初九 9th	8	12	丁卯	6	9	10	丙申	4	10	10	丙寅	1	11	8	乙未	8	12	8	乙丑	5	1	7	乙未	8
初十 10th	8	13	戊辰	5	9	11	丁酉	3	10	11	丁卯	9	11	9	丙申	7	12	9	丙寅	4	1	8	丙申	9
十一 11th	8	14	己巳	4	9	12	戊戌	2	10	12	戊辰	8	11	10	丁酉	6	12	10	丁卯	3	1	9	丁酉	1
十二 12th	8	15	庚午	3	9	13	己亥	1	10	13	己巳	7	11	11	戊戌	5	12	11	戊辰	2	1	10	戊戌	2
十三 13th	8	16	辛未	2	9	14	庚子	9	10	14	庚午	6	11	12	己亥	4	12	12	己巳	1	1	11	己亥	3
十四 14th	8	17	壬申	1	9	15	辛丑	8	10	15	辛未	5	11	13	庚子	3	12	13	庚午	9	1	12	庚子	4
十五 15th	8	18	癸酉	9	9	16	壬寅	7	10	16	壬申	4	11	14	辛丑	2	12	14	辛未	8	1	13	辛丑	5
十六 16th	8	19	甲戌	8	9	17	癸卯	6	10	17	癸酉	3	11	15	壬寅	1	12	15	壬申	7	1	14	壬寅	6
十七 17th	8	20	乙亥	7	9	18	甲辰	5	10	18	甲戌	2	11	16	癸卯	9	12	16	癸酉	6	1	15	癸卯	7
十八 18th	8	21	丙子	6	9	19	乙巳	4	10	19	乙亥	1	11	17	甲辰	8	12	17	甲戌	5	1	16	甲辰	8
十九 19th	8	22	丁丑	5	9	20	丙午	3	10	20	丙子	9	11	18	乙巳	7	12	18	乙亥	4	1	17	乙巳	9
二十 20th	8	23	戊寅	4	9	21	丁未	2	10	21	丁丑	8	11	19	丙午	6	12	19	丙子	3	1	18	丙午	1
廿一 21st	8	24	己卯	3	9	22	戊申	1	10	22	戊寅	7	11	20	丁未	5	12	20	丁丑	2	1	19	丁未	2
廿二 22nd	8	25	庚辰	2	9	23	己酉	9	10	23	己卯	6	11	21	戊申	4	12	21	戊寅	1	1	20	戊申	3
廿三 23rd	8	26	辛巳	1	9	24	庚戌	8	10	24	庚辰	5	11	22	己酉	3	12	22	己卯	9	1	21	己酉	4
廿四 24th	8	27	壬午	9	9	25	辛亥	7	10	25	辛巳	4	11	23	庚戌	2	12	23	庚辰	8\2	1	22	庚戌	5
廿五 25th	8	28	癸未	8	9	26	壬子	6	10	26	壬午	3	11	24	辛亥	1	12	24	辛巳	3	1	23	辛亥	6
廿六 26th	8	29	甲申	7	9	27	癸丑	5	10	27	癸未	2	11	25	壬子	9	12	25	壬午	4	1	24	壬子	7
廿七 27th	8	30	乙酉	6	9	28	甲寅	4	10	28	甲申	1	11	26	癸丑	8	12	26	癸未	5	1	25	癸丑	8
廿八 28th	8	31	丙戌	5	9	29	乙卯	3	10	29	乙酉	9	11	27	甲寅	7	12	27	甲申	6	1	26	甲寅	9
廿九 29th	9	1	丁亥	4	9	30	丙辰	2	10	30	丙戌	8	11	28	乙卯	6	12	28	乙酉	7	1	27	乙卯	1
三十 30th					10	1	丁巳	1					11	29	丙辰	5	12	29	丙戌	8	1	28	丙辰	2

1903 癸卯 Water Rabbit

Grand Duke: 皮時

月干支 Month	正月小 1st Mth				二月大 2nd Mth				三月小 3rd Mth			
	甲寅 Jia Yin				乙卯 Yi Mao				丙辰 Bing Chen			
九星 9 Star	八白 Eight White				七赤 Seven Red				六白 Six White			
節氣 Season	雨水 Rain Water 23rd day 3hr 41min 寅 Yin		立春 Coming of Spring 8th day 7hr 31min 辰 Chen		春分 Spring Equinox 24th day 3hr 15min 寅 Yin		驚蟄 Awakening of Worms 9th day 1hr 59min 丑 Chou		穀雨 Grain Rain 24th day 14hr 58min 未 Wei		清明 Clear and Bright 9th day 7hr 26min 辰 Chen	
農曆 Calendar	國曆 Gregorian		干支 S/B	星 Star	國曆 Gregorian		干支 S/B	星 Star	國曆 Gregorian		干支 S/B	星 Star
初一 1st	1	29	丁巳	3	2	27	丙戌	5	3	29	丙辰	8
初二 2nd	1	30	戊午	4	2	28	丁亥	6	3	30	丁巳	9
初三 3rd	1	31	己未	5	3	1	戊子	7	3	31	戊午	1
初四 4th	2	1	庚申	6	3	2	己丑	8	4	1	己未	2
初五 5th	2	2	辛酉	7	3	3	庚寅	9	4	2	庚申	3
初六 6th	2	3	壬戌	8	3	4	辛卯	1	4	3	辛酉	4
初七 7th	2	4	癸亥	9	3	5	壬辰	2	4	4	壬戌	5
初八 8th	2	5	甲子	1	3	6	癸巳	3	4	5	癸亥	6
初九 9th	2	6	乙丑	2	3	7	甲午	4	4	6	甲子	7
初十 10th	2	7	丙寅	3	3	8	乙未	5	4	7	乙丑	8
十一 11th	2	8	丁卯	4	3	9	丙申	6	4	8	丙寅	9
十二 12th	2	9	戊辰	5	3	10	丁酉	7	4	9	丁卯	1
十三 13th	2	10	己巳	6	3	11	戊戌	8	4	10	戊辰	2
十四 14th	2	11	庚午	7	3	12	己亥	9	4	11	己巳	3
十五 15th	2	12	辛未	8	3	13	庚子	1	4	12	庚午	4
十六 16th	2	13	壬申	9	3	14	辛丑	2	4	13	辛未	5
十七 17th	2	14	癸酉	1	3	15	壬寅	3	4	14	壬申	6
十八 18th	2	15	甲戌	2	3	16	癸卯	4	4	15	癸酉	7
十九 19th	2	16	乙亥	3	3	17	甲辰	5	4	16	甲戌	8
二十 20th	2	17	丙子	4	3	18	乙巳	6	4	17	乙亥	9
廿一 21st	2	18	丁丑	5	3	19	丙午	7	4	18	丙子	1
廿二 22nd	2	19	戊寅	6	3	20	丁未	8	4	19	丁丑	2
廿三 23rd	2	20	己卯	7	3	21	戊申	9	4	20	戊寅	3
廿四 24th	2	21	庚辰	8	3	22	己酉	1	4	21	己卯	4
廿五 25th	2	22	辛巳	9	3	23	庚戌	2	4	22	庚辰	5
廿六 26th	2	23	壬午	1	3	24	辛亥	3	4	23	辛巳	6
廿七 27th	2	24	癸未	2	3	25	壬子	4	4	24	壬午	7
廿八 28th	2	25	甲申	3	3	26	癸丑	5	4	25	癸未	8
廿九 29th	2	26	乙酉	4	3	27	甲寅	6	4	26	甲申	9
三十 30th					3	28	乙卯	7				

月干支 Month	四月大 4th Mth				五月大 5th Mth				閏五月小 5th Mth				六月大 6th Mth			
	丁巳 Ding Si				戊午 Wu Wu								己未 Ji Wei			
九星 9 Star	五黃 Five Yellow				四綠 Four Green								三碧 Three Jade			
節氣 Season	小滿 Small Sprout 26th day 14hr 45min 未 Wei		立夏 Coming of Summer 11th day 1hr 25min 丑 Chou		夏至 Summer Solstice 27th day 23hr 5min 子 Zi		芒種 Planting of Thorny Crops 12th day 6hr 7min 卯 Mao				小暑 Lesser Heat 14th day 16hr 37min 申 Shen		立秋 Coming Autumn 17th day 2hr 16min 丑 Chou		大暑 Greater Heat 1st day 9hr 59min 巳 Si	
農曆 Calendar	國曆 Gregorian		干支 S/B	星 Star	國曆 Gregorian		干支 S/B	星 Star	國曆 Gregorian		干支 S/B	星 Star	國曆 Gregorian		干支 S/B	星 Star
初一 1st	4	27	乙酉	1	5	27	乙卯	4	6	25	甲申	4	7	24	癸丑	2
初二 2nd	4	28	丙戌	2	5	28	丙辰	5	6	26	乙酉	3	7	25	甲寅	1
初三 3rd	4	29	丁亥	3	5	29	丁巳	6	6	27	丙戌	2	7	26	乙卯	9
初四 4th	4	30	戊子	4	5	30	戊午	7	6	28	丁亥	1	7	27	丙辰	8
初五 5th	5	1	己丑	5	5	31	己未	8	6	29	戊子	9	7	28	丁巳	7
初六 6th	5	2	庚寅	6	6	1	庚申	9	6	30	己丑	8	7	29	戊午	6
初七 7th	5	3	辛卯	7	6	2	辛酉	1	7	1	庚寅	7	7	30	己未	5
初八 8th	5	4	壬辰	8	6	3	壬戌	2	7	2	辛卯	6	7	31	庚申	4
初九 9th	5	5	癸巳	9	6	4	癸亥	3	7	3	壬辰	5	8	1	辛酉	3
初十 10th	5	6	甲午	1	6	5	甲子	4	7	4	癸巳	4	8	2	壬戌	2
十一 11th	5	7	乙未	2	6	6	乙丑	5	7	5	甲午	3	8	3	癸亥	1
十二 12th	5	8	丙申	3	6	7	丙寅	6	7	6	乙未	2	8	4	甲子	9
十三 13th	5	9	丁酉	4	6	8	丁卯	7	7	7	丙申	1	8	5	乙丑	8
十四 14th	5	10	戊戌	5	6	9	戊辰	8	7	8	丁酉	9	8	6	丙寅	7
十五 15th	5	11	己亥	6	6	10	己巳	9	7	9	戊戌	8	8	7	丁卯	6
十六 16th	5	12	庚子	7	6	11	庚午	1	7	10	己亥	7	8	8	戊辰	5
十七 17th	5	13	辛丑	8	6	12	辛未	2	7	11	庚子	6	8	9	己巳	4
十八 18th	5	14	壬寅	9	6	13	壬申	3	7	12	辛丑	5	8	10	庚午	3
十九 19th	5	15	癸卯	1	6	14	癸酉	4	7	13	壬寅	4	8	11	辛未	2
二十 20th	5	16	甲辰	2	6	15	甲戌	5	7	14	癸卯	3	8	12	壬申	1
廿一 21st	5	17	乙巳	3	6	16	乙亥	6	7	15	甲辰	2	8	13	癸酉	9
廿二 22nd	5	18	丙午	4	6	17	丙子	7	7	16	乙巳	1	8	14	甲戌	8
廿三 23rd	5	19	丁未	5	6	18	丁丑	8	7	17	丙午	9	8	15	乙亥	7
廿四 24th	5	20	戊申	6	6	19	戊寅	9	7	18	丁未	8	8	16	丙子	6
廿五 25th	5	21	己酉	7	6	20	己卯	1	7	19	戊申	7	8	17	丁丑	5
廿六 26th	5	22	庚戌	8	6	21	庚辰	2	7	20	己酉	6	8	18	戊寅	4
廿七 27th	5	23	辛亥	9	6	22	辛巳	3\7	7	21	庚戌	5	8	19	己卯	3
廿八 28th	5	24	壬子	1	6	23	壬午	6	7	22	辛亥	4	8	20	庚辰	2
廿九 29th	5	25	癸丑	2	6	24	癸未	5	7	23	壬子	3	8	21	辛巳	1
三十 30th	5	26	甲寅	3									8	22	壬午	9

天干 Ten Stems: 甲 Jia Yang Wood · 乙 Yi Yin Wood · 丙 Bing Yang Fire · 丁 Ding Yin Fire · 戊 Wu Yang Earth · 己 Ji Yin Earth · 庚 Geng Yang Metal · 辛 Xin Yin Metal · 壬 Ren Yang Water · 癸 Gui Yin Water

Male Gua:7 兑(Dui) **Female Gua: 8 艮(Gen)** 3 Killing 三煞: West Annual Star: 7 Red

地支 Twelve Branches	十二月大 12th Mth				十一月小 11th Mth				十月大 10th Mth				九月大 9th Mth				八月小 8th Mth				七月小 7th Mth				月干支 Month	
	乙丑 Yi Chou				甲子 Jia Zi				癸亥 Gui Hai				壬戌 Ren Xu				辛酉 Xin You				庚申 Geng Shen					
	六白 Six White				七赤 Seven Red				八白 Eight White				九紫 Nine Purple				一白 One White				二黑 Two Black				九星 9 Star	
子 Zi Rat	立春 Coming of Spring		大寒 Greater Cold		小寒 Lesser Cold		冬至 Winter Solstice		大雪 Greater Snow		小雪 Lesser Snow		立冬 Coming of Winter		霜降 Frosting		寒露 Cold Dew		秋分 Autumn Equinox		白露 White Dew		處暑 Heat Ends		節氣 Season	
	20th day		5th day		20th day		5th day		20th day		5th day		20th day		5th day		19th day		4th day		18th day		2nd day			
	13hr 24min		8hr 58min		1hr 37min		8hr 21min		14hr 35min		19hr 22min		22hr 13min		22hr 23min		19hr 42min		13hr 44min		4hr 42min		16hr 42min			
丑 Chou Ox	未 Wei		酉 You		丑 Chou		辰 Chen		未 Wei		戌 Xu		亥 Hai		亥 Hai		戌 Xu		未 Wei		寅 Yin		申 Shen			
	國曆 Gregorian		干支 S/B	星 Star	國曆 Gregorian		干支 S/B	星 Star	國曆 Gregorian		干支 S/B	星 Star	國曆 Gregorian		干支 S/B	星 Star	國曆 Gregorian		干支 S/B	星 Star	國曆 Gregorian		干支 S/B	星 Star	農曆 Calendar	
寅 Yin Tiger	1	17	庚戌	5	12	19	辛巳	7	11	19	辛亥	1	10	20	辛巳	4	9	21	壬子	6	8	23	癸未	8	初一	1st
	1	18	辛亥	6	12	20	壬午	6	11	20	壬子	9	10	21	壬午	3	9	22	癸丑	5	8	24	甲申	7	初二	2nd
	1	19	壬子	7	12	21	癸未	5	11	21	癸丑	8	10	22	癸未	2	9	23	甲寅	4	8	25	乙酉	6	初三	3rd
卯 Mao Rabbit	1	20	癸丑	8	12	22	甲申	4	11	22	甲寅	7	10	23	甲申	1	9	24	乙卯	3	8	26	丙戌	5	初四	4th
	1	21	甲寅	9	12	23	乙酉	3\7	11	23	乙卯	6	10	24	乙酉	9	9	25	丙辰	2	8	27	丁亥	4	初五	5th
	1	22	乙卯	1	12	24	丙戌	8	11	24	丙辰	5	10	25	丙戌	8	9	26	丁巳	1	8	28	戊子	3	初六	6th
辰 Chen Dragon	1	23	丙辰	2	12	25	丁亥	9	11	25	丁巳	4	10	26	丁亥	7	9	27	戊午	9	8	29	己丑	2	初七	7th
	1	24	丁巳	3	12	26	戊子	1	11	26	戊午	3	10	27	戊子	6	9	28	己未	8	8	30	庚寅	1	初八	8th
	1	25	戊午	4	12	27	己丑	2	11	27	己未	2	10	28	己丑	5	9	29	庚申	7	8	31	辛卯	9	初九	9th
巳 Si Snake	1	26	己未	5	12	28	庚寅	3	11	28	庚申	1	10	29	庚寅	4	9	30	辛酉	6	9	1	壬辰	8	初十	10th
	1	27	庚申	6	12	29	辛卯	4	11	29	辛酉	9	10	30	辛卯	3	10	1	壬戌	5	9	2	癸巳	7	十一	11th
	1	28	辛酉	7	12	30	壬辰	5	11	30	壬戌	8	10	31	壬辰	2	10	2	癸亥	4	9	3	甲午	6	十二	12th
午 Wu Horse	1	29	壬戌	8	12	31	癸巳	6	12	1	癸亥	7	11	1	癸巳	1	10	3	甲子	3	9	4	乙未	5	十三	13th
	1	30	癸亥	9	1	1	甲午	7	12	2	甲子	6	11	2	甲午	9	10	4	乙丑	2	9	5	丙申	4	十四	14th
	1	31	甲子	1	1	2	乙未	8	12	3	乙丑	5	11	3	乙未	8	10	5	丙寅	1	9	6	丁酉	3	十五	15th
未 Wei Goat	2	1	乙丑	2	1	3	丙申	9	12	4	丙寅	4	11	4	丙申	7	10	6	丁卯	9	9	7	戊戌	2	十六	16th
	2	2	丙寅	3	1	4	丁酉	1	12	5	丁卯	3	11	5	丁酉	6	10	7	戊辰	8	9	8	己亥	1	十七	17th
	2	3	丁卯	4	1	5	戊戌	2	12	6	戊辰	2	11	6	戊戌	5	10	8	己巳	7	9	9	庚子	9	十八	18th
申 Shen Monkey	2	4	戊辰	5	1	6	己亥	3	12	7	己巳	1	11	7	己亥	4	10	9	庚午	6	9	10	辛丑	8	十九	19th
	2	5	己巳	6	1	7	庚子	4	12	8	庚午	9	11	8	庚子	3	10	10	辛未	5	9	11	壬寅	7	二十	20th
	2	6	庚午	7	1	8	辛丑	5	12	9	辛未	8	11	9	辛丑	2	10	11	壬申	4	9	12	癸卯	6	廿一	21st
酉 You Rooster	2	7	辛未	8	1	9	壬寅	6	12	10	壬申	7	11	10	壬寅	1	10	12	癸酉	3	9	13	甲辰	5	廿二	22nd
	2	8	壬申	9	1	10	癸卯	7	12	11	癸酉	6	11	11	癸卯	9	10	13	甲戌	2	9	14	乙巳	4	廿三	23rd
	2	9	癸酉	1	1	11	甲辰	8	12	12	甲戌	5	11	12	甲辰	8	10	14	乙亥	1	9	15	丙午	3	廿四	24th
戌 Xu Dog	2	10	甲戌	2	1	12	乙巳	9	12	13	乙亥	4	11	13	乙巳	7	10	15	丙子	9	9	16	丁未	2	廿五	25th
	2	11	乙亥	3	1	13	丙午	1	12	14	丙子	3	11	14	丙午	6	10	16	丁丑	8	9	17	戊申	1	廿六	26th
	2	12	丙子	4	1	14	丁未	2	12	15	丁丑	2	11	15	丁未	5	10	17	戊寅	7	9	18	己酉	9	廿七	27th
亥 Hai Pig	2	13	丁丑	5	1	15	戊申	3	12	16	戊寅	1	11	16	戊申	4	10	18	己卯	6	9	19	庚戌	8	廿八	28th
	2	14	戊寅	6	1	16	己酉	4	12	17	己卯	9	11	17	己酉	3	10	19	庚辰	5	9	20	辛亥	7	廿九	29th
	2	15	己卯	7					12	18	庚辰	8	11	18	庚戌	2									三十	30th

1904 甲辰 Wood Dragon

Grand Duke: 李成

六月小 6th Mth				五月小 5th Mth				四月大 4th Mth				三月小 3rd Mth				二月大 2nd Mth				正月大 1st Mth				月干支 Month	
辛未 Xin Wei				庚午 Geng Wu				己巳 Ji Si				戊辰 Wu Chen				丁卯 Ding Mao				丙寅 Bing Yin					
九紫 Nine Purple				一白 One White				二黑 Two Black				三碧 Three Jade				四綠 Four Green				五黃 Five Yellow				九星 9 Star	
立秋 Coming Autumn		大暑 Greater Heat		小暑 Lesser Heat		夏至 Summer Solstice		芒種 Planting of Thorny Crops		小滿 Small Sprout		立夏 Coming of Summer		穀雨 Grain Rain		清明 Clear and Bright		春分 Spring Equinox		驚蟄 Awakening of Worms		雨水 Rain Water		節氣 Season	
27th day		11th day		24th day		9th day		23rd day		7th day		21st day		5th day		20th day		5th day		20th day		5th day			
8hr 12min		15hr 50min		22hr 31min		4hr 51min		12hr 1min		20hr 29min		7hr 18min		20hr 42min		13hr 19min		8hr 59min		7hr 52min		9hr 25min			
辰 Chen		申 Shen		亥 Hai		寅 Yin		午 Wu		戌 Xu		辰 Chen		戌 Xu		未 Wei		辰 Chen		辰 Chen		巳 Si			
國曆 Gregorian		干支 S/B	星 Star	國曆 Gregorian		干支 S/B	星 Star	國曆 Gregorian		干支 S/B	星 Star	國曆 Gregorian		干支 S/B	星 Star	國曆 Gregorian		干支 S/B	星 Star	國曆 Gregorian		干支 S/B	星 Star	農曆 Calendar	
7	13	戊申	7	6	14	己卯	1	5	15	己酉	7	4	16	庚辰	5	3	17	庚戌	2	2	16	庚辰	8	初一	1st
7	14	己酉	6	6	15	庚辰	2	5	16	庚戌	8	4	17	辛巳	6	3	18	辛亥	3	2	17	辛巳	9	初二	2nd
7	15	庚戌	5	6	16	辛巳	3	5	17	辛亥	9	4	18	壬午	7	3	19	壬子	4	2	18	壬午	1	初三	3rd
7	16	辛亥	4	6	17	壬午	4	5	18	壬子	1	4	19	癸未	8	3	20	癸丑	5	2	19	癸未	2	初四	4th
7	17	壬子	3	6	18	癸未	5	5	19	癸丑	2	4	20	甲申	9	3	21	甲寅	6	2	20	甲申	3	初五	5th
7	18	癸丑	2	6	19	甲申	6	5	20	甲寅	3	4	21	乙酉	1	3	22	乙卯	7	2	21	乙酉	4	初六	6th
7	19	甲寅	1	6	20	乙酉	7	5	21	乙卯	4	4	22	丙戌	2	3	23	丙辰	8	2	22	丙戌	5	初七	7th
7	20	乙卯	9	6	21	丙戌	8	5	22	丙辰	5	4	23	丁亥	3	3	24	丁巳	9	2	23	丁亥	6	初八	8th
7	21	丙辰	8	6	22	丁亥	9\1	5	23	丁巳	6	4	24	戊子	4	3	25	戊午	1	2	24	戊子	7	初九	9th
7	22	丁巳	7	6	23	戊子	9	5	24	戊午	7	4	25	己丑	5	3	26	己未	2	2	25	己丑	8	初十	10th
7	23	戊午	6	6	24	己丑	8	5	25	己未	8	4	26	庚寅	6	3	27	庚申	3	2	26	庚寅	9	十一	11th
7	24	己未	5	6	25	庚寅	7	5	26	庚申	9	4	27	辛卯	7	3	28	辛酉	4	2	27	辛卯	1	十二	12th
7	25	庚申	4	6	26	辛卯	6	5	27	辛酉	1	4	28	壬辰	8	3	29	壬戌	5	2	28	壬辰	2	十三	13th
7	26	辛酉	3	6	27	壬辰	5	5	28	壬戌	2	4	29	癸巳	9	3	30	癸亥	6	2	29	癸巳	3	十四	14th
7	27	壬戌	2	6	28	癸巳	4	5	29	癸亥	3	4	30	甲午	1	3	31	甲子	7	3	1	甲午	4	十五	15th
7	28	癸亥	1	6	29	甲午	3	5	30	甲子	4	5	1	乙未	2	4	1	乙丑	8	3	2	乙未	5	十六	16th
7	29	甲子	9	6	30	乙未	2	5	31	乙丑	5	5	2	丙申	3	4	2	丙寅	9	3	3	丙申	6	十七	17th
7	30	乙丑	8	7	1	丙申	1	6	1	丙寅	6	5	3	丁酉	4	4	3	丁卯	1	3	4	丁酉	7	十八	18th
7	31	丙寅	7	7	2	丁酉	9	6	2	丁卯	7	5	4	戊戌	5	4	4	戊辰	2	3	5	戊戌	8	十九	19th
8	1	丁卯	6	7	3	戊戌	8	6	3	戊辰	8	5	5	己亥	6	4	5	己巳	3	3	6	己亥	9	二十	20th
8	2	戊辰	5	7	4	己亥	7	6	4	己巳	9	5	6	庚子	7	4	6	庚午	4	3	7	庚子	1	廿一	21st
8	3	己巳	4	7	5	庚子	6	6	5	庚午	1	5	7	辛丑	8	4	7	辛未	5	3	8	辛丑	2	廿二	22nd
8	4	庚午	3	7	6	辛丑	5	6	6	辛未	2	5	8	壬寅	9	4	8	壬申	6	3	9	壬寅	3	廿三	23rd
8	5	辛未	2	7	7	壬寅	4	6	7	壬申	3	5	9	癸卯	1	4	9	癸酉	7	3	10	癸卯	4	廿四	24th
8	6	壬申	1	7	8	癸卯	3	6	8	癸酉	4	5	10	甲辰	2	4	10	甲戌	8	3	11	甲辰	5	廿五	25th
8	7	癸酉	9	7	9	甲辰	2	6	9	甲戌	5	5	11	乙巳	3	4	11	乙亥	9	3	12	乙巳	6	廿六	26th
8	8	甲戌	8	7	10	乙巳	1	6	10	乙亥	6	5	12	丙午	4	4	12	丙子	1	3	13	丙午	7	廿七	27th
8	9	乙亥	7	7	11	丙午	9	6	11	丙子	7	5	13	丁未	5	4	13	丁丑	2	3	14	丁未	8	廿八	28th
8	10	丙子	6	7	12	丁未	8	6	12	丁丑	8	5	14	戊申	6	4	14	戊寅	3	3	15	戊申	9	廿九	29th
								6	13	戊寅	9					4	15	己卯	4	3	16	己酉	1	三十	30th

天干 Ten Stems

- 甲 Jia Yang Wood
- 乙 Yi Yin Wood
- 丙 Bing Yang Fire
- 丁 Ding Yin Fire
- 戊 Wu Yang Earth
- 己 Ji Yin Earth
- 庚 Geng Yang Metal
- 辛 Xin Yin Metal
- 壬 Ren Yang Water
- 癸 Gui Yin Water

Male Gua: 6 乾(Qian) Female Gua: 9 離(Li) 3 Killing 三煞: South Annual Star: 6 White

月干支 Month	七月大 7th Mth				八月小 8th Mth			
	壬申 Ren Shen				癸酉 Gui You			
九星 9 Star	八白 Eight White				七赤 Seven Red			
節氣 Season	白露 White Dew		處暑 Heat Ends				秋分 Autumn Equinox	
	29th day		13th day				14th day	
	10hr 38min		22hr 36min				19hr 40min	
	巳 Si		亥 Hai				戌 Xu	
農曆 Calendar	國曆 Gregorian		干支 S / B	星 Star	國曆 Gregorian		干支 S / B	星 Star
初一 1st	8	11	丁丑	5	9	10	丁未	2
初二 2nd	8	12	戊寅	4	9	11	戊申	1
初三 3rd	8	13	己卯	3	9	12	己酉	9
初四 4th	8	14	庚辰	2	9	13	庚戌	8
初五 5th	8	15	辛巳	1	9	14	辛亥	7
初六 6th	8	16	壬午	9	9	15	壬子	6
初七 7th	8	17	癸未	8	9	16	癸丑	5
初八 8th	8	18	甲申	7	9	17	甲寅	4
初九 9th	8	19	乙酉	6	9	18	乙卯	3
初十 10th	8	20	丙戌	5	9	19	丙辰	2
十一 11th	8	21	丁亥	4	9	20	丁巳	1
十二 12th	8	22	戊子	3	9	21	戊午	9
十三 13th	8	23	己丑	2	9	22	己未	8
十四 14th	8	24	庚寅	1	9	23	庚申	7
十五 15th	8	25	辛卯	9	9	24	辛酉	6
十六 16th	8	26	壬辰	8	9	25	壬戌	5
十七 17th	8	27	癸巳	7	9	26	癸亥	4
十八 18th	8	28	甲午	6	9	27	甲子	3
十九 19th	8	29	乙未	5	9	28	乙丑	2
二十 20th	8	30	丙申	4	9	29	丙寅	1
廿一 21st	8	31	丁酉	3	9	30	丁卯	9
廿二 22nd	9	1	戊戌	2	10	1	戊辰	8
廿三 23rd	9	2	己亥	1	10	2	己巳	7
廿四 24th	9	3	庚子	9	10	3	庚午	6
廿五 25th	9	4	辛丑	8	10	4	辛未	5
廿六 26th	9	5	壬寅	7	10	5	壬申	4
廿七 27th	9	6	癸卯	6	10	6	癸酉	3
廿八 28th	9	7	甲辰	5	10	7	甲戌	2
廿九 29th	9	8	乙巳	4	10	8	乙亥	1
三十 30th	9	9	丙午	3				

月干支 Month	九月小 9th Mth				十月大 10th Mth			
	甲戌 Jia Xu				乙亥 Yi Hai			
九星 9 Star	六白 Six White				五黃 Five Yellow			
節氣 Season	霜降 Frosting		寒露 Cold Dew		小雪 Lesser Snow		立冬 Coming of Winter	
	16th day		1st day		17th day		2nd day	
	4hr 19min		1hr 35min		1hr 16min		4hr 5min	
	寅 Yin		丑 Chou		丑 Chou		寅 Yin	
農曆 Calendar	國曆 Gregorian		干支 S / B	星 Star	國曆 Gregorian		干支 S / B	星 Star
初一 1st	10	9	丙子	9	11	7	乙巳	7
初二 2nd	10	10	丁丑	8	11	8	丙午	6
初三 3rd	10	11	戊寅	7	11	9	丁未	5
初四 4th	10	12	己卯	6	11	10	戊申	4
初五 5th	10	13	庚辰	5	11	11	己酉	3
初六 6th	10	14	辛巳	4	11	12	庚戌	2
初七 7th	10	15	壬午	3	11	13	辛亥	1
初八 8th	10	16	癸未	2	11	14	壬子	9
初九 9th	10	17	甲申	1	11	15	癸丑	8
初十 10th	10	18	乙酉	9	11	16	甲寅	7
十一 11th	10	19	丙戌	8	11	17	乙卯	6
十二 12th	10	20	丁亥	7	11	18	丙辰	5
十三 13th	10	21	戊子	6	11	19	丁巳	4
十四 14th	10	22	己丑	5	11	20	戊午	3
十五 15th	10	23	庚寅	4	11	21	己未	2
十六 16th	10	24	辛卯	3	11	22	庚申	1
十七 17th	10	25	壬辰	2	11	23	辛酉	9
十八 18th	10	26	癸巳	1	11	24	壬戌	8
十九 19th	10	27	甲午	9	11	25	癸亥	7
二十 20th	10	28	乙未	8	11	26	甲子	6
廿一 21st	10	29	丙申	7	11	27	乙丑	5
廿二 22nd	10	30	丁酉	6	11	28	丙寅	4
廿三 23rd	10	31	戊戌	5	11	29	丁卯	3
廿四 24th	11	1	己亥	4	11	30	戊辰	2
廿五 25th	11	2	庚子	3	12	1	己巳	1
廿六 26th	11	3	辛丑	2	12	2	庚午	9
廿七 27th	11	4	壬寅	1	12	3	辛未	8
廿八 28th	11	5	癸卯	9	12	4	壬申	7
廿九 29th	11	6	甲辰	8	12	5	癸酉	6
三十 30th					12	6	甲戌	5

月干支 Month	十一月大 11th Mth				十二月小 12th Mth			
	丙子 Bing Zi				丁丑 Ding Chou			
九星 9 Star	四綠 Four Green				三碧 Three Jade			
節氣 Season	冬至 Winter Solstice		大雪 Greater Snow		大寒 Greater Cold		小寒 Lesser Cold	
	16th day		1st day		16th day		1st day	
	14hr 14min		20hr 25min		0hr 52min		7hr 27min	
	未 Wei		戌 Xu		子 Zi		辰 Chen	
農曆 Calendar	國曆 Gregorian		干支 S / B	星 Star	國曆 Gregorian		干支 S / B	星 Star
初一 1st	12	7	乙亥	4	1	6	乙巳	9
初二 2nd	12	8	丙子	3	1	7	丙午	1
初三 3rd	12	9	丁丑	2	1	8	丁未	2
初四 4th	12	10	戊寅	1	1	9	戊申	3
初五 5th	12	11	己卯	9	1	10	己酉	4
初六 6th	12	12	庚辰	8	1	11	庚戌	5
初七 7th	12	13	辛巳	7	1	12	辛亥	6
初八 8th	12	14	壬午	6	1	13	壬子	7
初九 9th	12	15	癸未	5	1	14	癸丑	8
初十 10th	12	16	甲申	4	1	15	甲寅	9
十一 11th	12	17	乙酉	3	1	16	乙卯	1
十二 12th	12	18	丙戌	2	1	17	丙辰	2
十三 13th	12	19	丁亥	1	1	18	丁巳	3
十四 14th	12	20	戊子	9	1	19	戊午	4
十五 15th	12	21	己丑	8	1	20	己未	5
十六 16th	12	22	庚寅	7\3	1	21	庚申	6
十七 17th	12	23	辛卯	4	1	22	辛酉	7
十八 18th	12	24	壬辰	5	1	23	壬戌	8
十九 19th	12	25	癸巳	6	1	24	癸亥	9
二十 20th	12	26	甲午	7	1	25	甲子	1
廿一 21st	12	27	乙未	8	1	26	乙丑	2
廿二 22nd	12	28	丙申	9	1	27	丙寅	3
廿三 23rd	12	29	丁酉	1	1	28	丁卯	4
廿四 24th	12	30	戊戌	2	1	29	戊辰	5
廿五 25th	12	31	己亥	3	1	30	己巳	6
廿六 26th	1	1	庚子	4	1	31	庚午	7
廿七 27th	1	2	辛丑	5	2	1	辛未	8
廿八 28th	1	3	壬寅	6	2	2	壬申	9
廿九 29th	1	4	癸卯	7	2	3	癸酉	1
三十 30th	1	5	甲辰	8				

地支 Twelve Branches: 子 Zi Rat · 丑 Chou Ox · 寅 Yin Tiger · 卯 Mao Rabbit · 辰 Chen Dragon · 巳 Si Snake · 午 Wu Horse · 未 Wei Goat · 申 Shen Monkey · 酉 You Rooster · 戌 Xu Dog · 亥 Hai Pig

1905 乙巳 Wood Snake

Grand Duke: 吳遂

月干支 Month	正月大 1st Mth				二月大 2nd Mth				三月小 3rd Mth			
	戊寅 Wu Yin				己卯 Ji Mao				庚辰 Geng Chen			
九星 9 Star	二黑 Two Black				一白 One White				九紫 Nine Purple			
節氣 Season	雨水 Rain Water		立春 Coming of Spring		春分 Spring Equinox		驚蟄 Awakening of Worms		穀雨 Grain Rain		清明 Clear and Bright	
	16th day		1st day		16th day		1st day		17th day		1st day	
	15hr 21min		19hr 16min		14hr 58min		13hr 46min		2hr 44min		19hr 14min	
	申 Shen		戌 Xu		未 Wei		未 Wei		丑 Chou		戌 Xu	
農曆 Calendar	國曆 Gregorian		干支 S/B	星 Star	國曆 Gregorian		干支 S/B	星 Star	國曆 Gregorian		干支 S/B	星 Star
初一 1st	2	4	甲戌	2	3	6	甲辰	5	4	5	甲戌	8
初二 2nd	2	5	乙亥	3	3	7	乙巳	6	4	6	乙亥	9
初三 3rd	2	6	丙子	4	3	8	丙午	7	4	7	丙子	1
初四 4th	2	7	丁丑	5	3	9	丁未	8	4	8	丁丑	2
初五 5th	2	8	戊寅	6	3	10	戊申	9	4	9	戊寅	3
初六 6th	2	9	己卯	7	3	11	己酉	1	4	10	己卯	4
初七 7th	2	10	庚辰	8	3	12	庚戌	2	4	11	庚辰	5
初八 8th	2	11	辛巳	9	3	13	辛亥	3	4	12	辛巳	6
初九 9th	2	12	壬午	1	3	14	壬子	4	4	13	壬午	7
初十 10th	2	13	癸未	2	3	15	癸丑	5	4	14	癸未	8
十一 11th	2	14	甲申	3	3	16	甲寅	6	4	15	甲申	9
十二 12th	2	15	乙酉	4	3	17	乙卯	7	4	16	乙酉	1
十三 13th	2	16	丙戌	5	3	18	丙辰	8	4	17	丙戌	2
十四 14th	2	17	丁亥	6	3	19	丁巳	9	4	18	丁亥	3
十五 15th	2	18	戊子	7	3	20	戊午	1	4	19	戊子	4
十六 16th	2	19	己丑	8	3	21	己未	2	4	20	己丑	5
十七 17th	2	20	庚寅	9	3	22	庚申	3	4	21	庚寅	6
十八 18th	2	21	辛卯	1	3	23	辛酉	4	4	22	辛卯	7
十九 19th	2	22	壬辰	2	3	24	壬戌	5	4	23	壬辰	8
二十 20th	2	23	癸巳	3	3	25	癸亥	6	4	24	癸巳	9
廿一 21st	2	24	甲午	4	3	26	甲子	7	4	25	甲午	1
廿二 22nd	2	25	乙未	5	3	27	乙丑	8	4	26	乙未	2
廿三 23rd	2	26	丙申	6	3	28	丙寅	9	4	27	丙申	3
廿四 24th	2	27	丁酉	7	3	29	丁卯	1	4	28	丁酉	4
廿五 25th	2	28	戊戌	8	3	30	戊辰	2	4	29	戊戌	5
廿六 26th	3	1	己亥	9	3	31	己巳	3	4	30	己亥	6
廿七 27th	3	2	庚子	1	4	1	庚午	4	5	1	庚子	7
廿八 28th	3	3	辛丑	2	4	2	辛未	5	5	2	辛丑	8
廿九 29th	3	4	壬寅	3	4	3	壬申	6	5	3	壬寅	9
三十 30th	3	5	癸卯	4	4	4	癸酉	7				

月干支 Month	四月大 4th Mth				五月大 5th Mth				六月小 6th Mth			
	辛巳 Xin Si				壬午 Ren Wu				癸未 Gui Wei			
九星 9 Star	八白 Eight White				七赤 Seven Red				六白 Six White			
節氣 Season	小滿 Small Sprout		立夏 Coming of Summer		夏至 Summer Solstice		芒種 Planting of Thorny Crops		大暑 Greater Heat		小暑 Lesser Heat	
	19th day		3rd day		20th day		4th day		21st day		6th day	
	2hr 31min		13hr 14min		10hr 51min		17hr 54min		21hr 45min		4hr 20min	
	丑 Chou		未 Wei		巳 Si		酉 You		亥 Hai		寅 Yin	
農曆 Calendar	國曆 Gregorian		干支 S/B	星 Star	國曆 Gregorian		干支 S/B	星 Star	國曆 Gregorian		干支 S/B	星 Star
初一 1st	5	4	癸卯	1	6	3	癸酉	4	7	3	癸卯	3
初二 2nd	5	5	甲辰	2	6	4	甲戌	5	7	4	甲辰	2
初三 3rd	5	6	乙巳	3	6	5	乙亥	6	7	5	乙巳	1
初四 4th	5	7	丙午	4	6	6	丙子	7	7	6	丙午	9
初五 5th	5	8	丁未	5	6	7	丁丑	8	7	7	丁未	8
初六 6th	5	9	戊申	6	6	8	戊寅	9	7	8	戊申	7
初七 7th	5	10	己酉	7	6	9	己卯	1	7	9	己酉	6
初八 8th	5	11	庚戌	8	6	10	庚辰	2	7	10	庚戌	5
初九 9th	5	12	辛亥	9	6	11	辛巳	3	7	11	辛亥	4
初十 10th	5	13	壬子	1	6	12	壬午	4	7	12	壬子	3
十一 11th	5	14	癸丑	2	6	13	癸未	5	7	13	癸丑	2
十二 12th	5	15	甲寅	3	6	14	甲申	6	7	14	甲寅	[illegible]
十三 13th	5	16	乙卯	4	6	15	乙酉	7	7	15	乙卯	9
十四 14th	5	17	丙辰	5	6	16	丙戌	8	7	16	丙辰	[illegible]
十五 15th	5	18	丁巳	6	6	17	丁亥	9	7	17	丁巳	[illegible]
十六 16th	5	19	戊午	7	6	18	戊子	1	7	18	戊午	6
十七 17th	5	20	己未	8	6	19	己丑	2	7	19	己未	5
十八 18th	5	21	庚申	9	6	20	庚寅	3	7	20	庚申	4
十九 19th	5	22	辛酉	1	6	21	辛卯	4	7	21	辛酉	3
二十 20th	5	23	壬戌	2	6	22	壬辰	5\5	7	22	壬戌	2
廿一 21st	5	24	癸亥	3	6	23	癸巳	4	7	23	癸亥	1
廿二 22nd	5	25	甲子	4	6	24	甲午	3	7	24	甲子	9
廿三 23rd	5	26	乙丑	5	6	25	乙未	2	7	25	乙丑	8
廿四 24th	5	27	丙寅	6	6	26	丙申	1	7	26	丙寅	7
廿五 25th	5	28	丁卯	7	6	27	丁酉	9	7	27	丁卯	6
廿六 26th	5	29	戊辰	8	6	28	戊戌	8	7	28	戊辰	5
廿七 27th	5	30	己巳	9	7	29	己亥	7	7	29	己巳	4
廿八 28th	6	31	庚午	1	7	30	庚子	6	7	30	庚午	3
廿九 29th	6	1	辛未	2	7	1	辛丑	5	7	31	辛未	2
三十 30th	6	2	壬申	3	7	2	壬寅	4				

天干 Ten Stems: 甲 Jia Yang Wood; 乙 Yi Yin Wood; 丙 Bing Yang Fire; 丁 Ding Yin Fire; 戊 Wu Yang Earth; 己 Ji Yin Earth; 庚 Geng Yang Metal; 辛 Xin Yin Metal; 壬 Ren Yang Water; 癸 Gui Yin Water

Male Gua: 2 坤(Kun) **Female Gua: 1 坎(Kan)** 3 Killing 三煞: East Annual Star: 5 Yellow

地支 Twelve Branches: 子 Zi Rat · 丑 Chou Ox · 寅 Yin Tiger · 卯 Mao Rabbit · 辰 Chen Dragon · 巳 Si Snake · 午 Wu Horse · 未 Wei Goat · 申 Shen Monkey · 酉 You Rooster · 戌 Xu Dog · 亥 Hai Pig

十二月大 12th Mth				十一月小 11th Mth				十月大 10th Mth				九月小 9th Mth				八月大 8th Mth				七月小 7th Mth				月干支 Month
己丑 Ji Chou				戊子 Wu Zi				丁亥 Ding Hai				丙戌 Bing Xu				乙酉 Yi You				甲申 Jia Shen				
九紫 Nine Purple				一白 One White				二黑 Two Black				三碧 Three Jade				四綠 Four Green				五黃 Five Yellow				九星 9 Star
大寒 Greater Cold		小寒 Lesser Cold		冬至 Winter Solstice		大雪 Greater Snow		小雪 Lesser Snow		立冬 Coming of Winter		霜降 Frosting		寒露 Cold Dew		秋分 Autumn Equinox		白露 White Dew		處暑 Heat Ends		立秋 Coming Autumn		節氣 Season
27th day		12th day		26th day		12th day		27th day		12th day		26th day		11th day		26th day		9th day		24th day		8th day		
6hr 43min		13hr 14min		20hr 3min		2hr 11min		7hr 5min		9hr 50min		10hr 8min		7hr 20min		1hr 30min		16hr 22min		4hr 29min		13hr 57min		
卯 Mao		未 Wei		戌 Xu		丑 Chou		辰 Chen		巳 Si		巳 Si		辰 Chen		丑 Chou		申 Shen		寅 Yin		未 Wei		
國曆 Gregorian		干支 S/B	星 Star	國曆 Gregorian		干支 S/B	星 Star	國曆 Gregorian		干支 S/B	星 Star	國曆 Gregorian		干支 S/B	星 Star	國曆 Gregorian		干支 S/B	星 Star	國曆 Gregorian		干支 S/B	星 Star	農曆 Calendar
12	26	己亥	3	11	27	庚午	9	10	28	庚子	3	9	29	辛未	5	8	30	辛丑	8	8	1	壬申	1	初一 1st
12	27	庚子	4	11	28	辛未	8	10	29	辛丑	2	9	30	壬申	4	8	31	壬寅	7	8	2	癸酉	9	初二 2nd
12	28	辛丑	5	11	29	壬申	7	10	30	壬寅	1	10	1	癸酉	3	9	1	癸卯	6	8	3	甲戌	8	初三 3rd
12	29	壬寅	6	11	30	癸酉	6	10	31	癸卯	9	10	2	甲戌	2	9	2	甲辰	5	8	4	乙亥	7	初四 4th
12	30	癸卯	7	12	1	甲戌	5	11	1	甲辰	8	10	3	乙亥	1	9	3	乙巳	4	8	5	丙子	6	初五 5th
12	31	甲辰	3	12	2	乙亥	4	11	2	乙巳	7	10	4	丙子	9	9	4	丙午	3	8	6	丁丑	5	初六 6th
1	1	乙巳	9	12	3	丙子	3	11	3	丙午	6	10	5	丁丑	8	9	5	丁未	2	8	7	戊寅	4	初七 7th
1	2	丙午	[illegible]	12	4	丁丑	2	11	4	丁未	5	10	6	戊寅	7	9	6	戊申	1	8	8	己卯	3	初八 8th
1	3	丁未	2	12	5	戊寅	1	11	5	戊申	4	10	7	己卯	6	9	7	己酉	9	8	9	庚辰	2	初九 9th
1	4	戊申	3	12	6	己卯	9	11	6	己酉	3	10	8	庚辰	5	9	8	庚戌	8	8	10	辛巳	1	初十 10th
1	5	己酉	4	12	7	庚辰	8	11	7	庚戌	2	10	9	辛巳	4	9	9	辛亥	7	8	11	壬午	9	十一 11th
1	6	庚戌	5	12	8	辛巳	7	11	8	辛亥	1	10	10	壬午	3	9	10	壬子	6	8	12	癸未	8	十二 12th
1	7	辛亥	6	12	9	壬午	6	11	9	壬子	9	10	11	癸未	2	9	11	癸丑	5	8	13	甲申	7	十三 13th
1	8	壬子	7	12	10	癸未	5	11	10	癸丑	8	10	12	甲申	1	9	12	甲寅	4	8	14	乙酉	6	十四 14th
1	9	癸丑	8	12	11	甲申	4	11	11	甲寅	7	10	13	乙酉	9	9	13	乙卯	3	8	15	丙戌	5	十五 15th
1	10	甲寅	9	12	12	乙酉	3	11	12	乙卯	6	10	14	丙戌	8	9	14	丙辰	2	8	16	丁亥	4	十六 16th
1	11	乙卯	1	12	13	丙戌	2	11	13	丙辰	5	10	15	丁亥	7	9	15	丁巳	1	8	17	戊子	3	十七 17th
1	12	丙辰	2	12	14	丁亥	1	11	14	丁巳	4	10	16	戊子	6	9	16	戊午	9	8	18	己丑	2	十八 18th
1	13	丁巳	3	12	15	戊子	9	11	15	戊午	3	10	17	己丑	5	9	17	己未	8	8	19	庚寅	1	十九 19th
1	14	戊午	4	12	16	己丑	8	11	16	己未	2	10	18	庚寅	4	9	18	庚申	7	8	20	辛卯	9	二十 20th
1	15	己未	5	12	17	庚寅	7	11	17	庚申	1	10	19	辛卯	3	9	19	辛酉	6	8	21	壬辰	8	廿一 21st
1	16	庚申	6	12	18	辛卯	6	11	18	辛酉	9	10	20	壬辰	2	9	20	壬戌	5	8	22	癸巳	7	廿二 22nd
1	17	辛酉	7	12	19	壬辰	5	11	19	壬戌	8	10	21	癸巳	1	9	21	癸亥	4	8	23	甲午	6	廿三 23rd
1	18	壬戌	8	12	20	癸巳	4	11	20	癸亥	7	10	22	甲午	9	9	22	甲子	3	8	24	乙未	5	廿四 24th
1	19	癸亥	9	12	21	甲午	3	11	21	甲子	6	10	23	乙未	8	9	23	乙丑	2	8	25	丙申	4	廿五 25th
1	20	甲子	1	12	22	乙未	2\8	11	22	乙丑	5	10	24	丙申	7	9	24	丙寅	1	8	26	丁酉	3	廿六 26th
1	21	乙丑	2	12	23	丙申	9	11	23	丙寅	4	10	25	丁酉	6	9	25	丁卯	9	8	27	戊戌	2	廿七 27th
1	22	丙寅	3	12	24	丁酉	1	11	24	丁卯	3	10	26	戊戌	5	9	26	戊辰	8	8	28	己亥	1	廿八 28th
1	23	丁卯	4	12	25	戊戌	2	11	25	戊辰	2	10	27	己亥	4	9	27	己巳	7	8	29	庚子	9	廿九 29th
1	24	戊辰	5					11	26	己巳	1					9	28	庚午	6					三十 30th

1906 丙午 Fire Horse

Grand Duke: 文折

月干支 Month	正月小 1st Mth				二月大 2nd Mth				三月大 3rd Mth				四月小 4th Mth				閏四月大 4th Mth				五月小 5th Mth				六月大 6th Mth			
	庚寅 Geng Yin				辛卯 Xin Mao				壬辰 Ren Chen				癸巳 Gui Si								甲午 Jia Wu				乙未 Yi Wei			
九星 9 Star	八白 Eight White				七赤 Seven Red				六白 Six White				五黃 Five Yellow								四綠 Four Green				三碧 Three Jade			
節氣 Season	雨水 Rain Water		立春 Coming of Spring		春分 Spring Equinox		驚蟄 Awakening of Worms		穀雨 Grain Rain		清明 Clear and Bright		小滿 Small Sprout		立夏 Coming of Summer				芒種 Planting of Thorny Crops		小暑 Lesser Heat		夏至 Summer Solstice		立秋 Coming Autumn		大暑 Greater Heat	
	26th day		12th day		27th day		12th day		28th day		13th day		29th day		13th day				15th day		17th day		1st day		19th day		4th day	
	21hr 14min		1ht 4min		20hr 53min		19hr 36min		8hr 39min		1hr 7min		8hr 25min		19hr 9min				23hr 49min		10hr 15min		16hr 42min		19hr 52min		3hr 33min	
	亥 Hai		丑 Chou		戌 Xu		戌 Xu		辰 Chen		丑 Chou		辰 Chen		戌 Xu				子 Zi		巳 Si		申 Shen		戌 Xu		寅 Yin	
農曆 Calendar	國曆 Gregorian		干支 S / B	星 Star	國曆 Gregorian		干支 S / B	星 Star	國曆 Gregorian		干支 S / B	星 Star	國曆 Gregorian		干支 S / B	星 Star	國曆 Gregorian		干支 S / B	星 Star	國曆 Gregorian		干支 S / B	星 Star	國曆 Gregorian		干支 S / B	星 Star
初一 1st	1	25	己巳	6	2	23	戊戌	8	3	25	戊辰	2	4	24	戊戌	5	5	23	丁卯	7	6	22	丁酉	1\9	7	21	丙寅	7
初二 2nd	1	26	庚午	7	2	24	己亥	9	3	26	己巳	3	4	25	己亥	6	5	24	戊辰	8	6	23	戊戌	8	7	22	丁卯	6
初三 3rd	1	27	辛未	8	2	25	庚子	1	3	27	庚午	4	4	26	庚子	7	5	25	己巳	9	6	24	己亥	7	7	23	戊辰	5
初四 4th	1	28	壬申	9	2	26	辛丑	2	3	28	辛未	5	4	27	辛丑	8	5	26	庚午	1	6	25	庚子	6	7	24	己巳	4
初五 5th	1	29	癸酉	1	2	27	壬寅	3	3	29	壬申	6	4	28	壬寅	9	5	27	辛未	2	6	26	辛丑	5	7	25	庚午	3
初六 6th	1	30	甲戌	2	2	28	癸卯	4	3	30	癸酉	7	4	29	癸卯	1	5	28	壬申	3	6	27	壬寅	4	7	26	辛未	2
初七 7th	1	31	乙亥	3	3	1	甲辰	5	3	31	甲戌	8	4	30	甲辰	2	5	29	癸酉	4	6	28	癸卯	3	7	27	壬申	1
初八 8th	2	1	丙子	4	3	2	乙巳	6	4	1	乙亥	9	5	1	乙巳	3	5	30	甲戌	5	6	29	甲辰	2	7	28	癸酉	9
初九 9th	2	2	丁丑	5	3	3	丙午	7	4	2	丙子	1	5	2	丙午	4	5	31	乙亥	6	6	30	乙巳	1	7	29	甲戌	8
初十 10th	2	3	戊寅	6	3	4	丁未	8	4	3	丁丑	2	5	3	丁未	5	6	1	丙子	7	7	1	丙午	9	7	30	乙亥	7
十一 11th	2	4	己卯	7	3	5	戊申	9	4	4	戊寅	3	5	4	戊申	6	6	2	丁丑	8	7	2	丁未	8	7	31	丙子	6
十二 12th	2	5	庚辰	8	3	6	己酉	1	4	5	己卯	4	5	5	己酉	7	6	3	戊寅	9	7	3	戊申	7	8	1	丁丑	5
十三 13th	2	6	辛巳	9	3	7	庚戌	2	4	6	庚辰	5	5	6	庚戌	8	6	4	己卯	1	7	4	己酉	6	8	2	戊寅	4
十四 14th	2	7	壬午	1	3	8	辛亥	3	4	7	辛巳	6	5	7	辛亥	9	6	5	庚辰	2	7	5	庚戌	5	8	3	己卯	3
十五 15th	2	8	癸未	2	3	9	壬子	4	4	8	壬午	7	5	8	壬子	1	6	6	辛巳	3	7	6	辛亥	4	8	4	庚辰	2
十六 16th	2	9	甲申	3	3	10	癸丑	5	4	9	癸未	8	5	9	癸丑	2	6	7	壬午	4	7	7	壬子	3	8	5	辛巳	1
十七 17th	2	10	乙酉	4	3	11	甲寅	6	4	10	甲申	9	5	10	甲寅	3	6	8	癸未	5	7	8	癸丑	2	8	6	壬午	9
十八 18th	2	11	丙戌	5	3	12	乙卯	7	4	11	乙酉	1	5	11	乙卯	4	6	9	甲申	6	7	9	甲寅	1	8	7	癸未	8
十九 19th	2	12	丁亥	6	3	13	丙辰	8	4	12	丙戌	2	5	12	丙辰	5	6	10	乙酉	7	7	10	乙卯	9	8	8	甲申	7
二十 20th	2	13	戊子	7	3	14	丁巳	9	4	13	丁亥	3	5	13	丁巳	6	6	11	丙戌	8	7	11	丙辰	8	8	9	乙酉	6
廿一 21st	2	14	己丑	8	3	15	戊午	1	4	14	戊子	4	5	14	戊午	7	6	12	丁亥	9	7	12	丁巳	7	8	10	丙戌	5
廿二 22nd	2	15	庚寅	9	3	16	己未	2	4	15	己丑	5	5	15	己未	8	6	13	戊子	1	7	13	戊午	6	8	11	丁亥	4
廿三 23rd	2	16	辛卯	1	3	17	庚申	3	4	16	庚寅	6	5	16	庚申	9	6	14	己丑	2	7	14	己未	5	8	12	戊子	3
廿四 24th	2	17	壬辰	2	3	18	辛酉	4	4	17	辛卯	7	5	17	辛酉	1	6	15	庚寅	3	7	15	庚申	4	8	13	己丑	2
廿五 25th	2	18	癸巳	3	3	19	壬戌	5	4	18	壬辰	8	5	18	壬戌	2	6	16	辛卯	4	7	16	辛酉	3	8	14	庚寅	1
廿六 26th	2	19	甲午	4	3	20	癸亥	6	4	19	癸巳	9	5	19	癸亥	3	6	17	壬辰	5	7	17	壬戌	2	8	15	辛卯	9
廿七 27th	2	20	乙未	5	3	21	甲子	7	4	20	甲午	1	5	20	甲子	4	6	18	癸巳	6	7	18	癸亥	1	8	16	壬辰	8
廿八 28th	2	21	丙申	6	3	22	乙丑	8	4	21	乙未	2	5	21	乙丑	5	6	19	甲午	7	7	19	甲子	9	8	17	癸巳	7
廿九 29th	2	22	丁酉	7	3	23	丙寅	9	4	22	丙申	3	5	22	丙寅	6	6	20	乙未	8	7	20	乙丑	8	8	18	甲午	6
三十 30th					3	24	丁卯	1	4	23	丁酉	4					6	21	丙申	9					8	19	乙未	5

天干 Ten Stems

甲 Jia Yang Wood
乙 Yi Yin Wood
丙 Bing Yang Fire
丁 Ding Yin Fire
戊 Wu Yang Earth
己 Ji Yin Earth
庚 Geng Yang Metal
辛 Xin Yin Metal
壬 Ren Yang Water
癸 Gui Yin Water

Male Gua:4 巽(Xun) **Female Gua: 2 坤(Kun)** 3 Killing 三煞: North Annual Star: 4 Green

十二月大 12th Mth				十一月小 11th Mth				十月大 10th Mth				九月小 9th Mth				八月大 8th Mth				七月小 7th Mth				月干支 Month
辛 丑 Xin Chou				庚 子 Geng Zi				己 亥 Ji Hai				戊 戌 Wu Xu				丁 酉 Ding You				丙申 Bing Shen				
六白 Six White				七赤 Seven Red				八白 Eight White				九紫 Nine Purple				一白 One White				二黑 Two Black				九星 9 Star
立春 Coming of Spring		大寒 Greater Cold		小寒 Lesser Cold		冬至 Winter Solstice		大雪 Greater Snow		小雪 Lesser Snow		立冬 Coming of Winter		霜降 Frosting		寒露 Cold Dew		秋分 Autumn Equinox		白露 White Dew		處暑 Heat Ends		節氣 Season
23rd day		8th day		22nd day		8th day		23rd day		8th day		22nd day		7th day		22nd day		7th day		20th day		5th day		
6hr 59min		12hr 31min		19hr 12min		hr 53min		8hr 9min		12hr 54min		15hr 47min		15hr 55min		13hr 15min		7hr 15min		22hr 16min		10hr 14min		
卯 Mao		午 Wu		戌 Xu		丑 Chou		辰 Chen		午 Wu		申 Shen		申 Shen		未 Wei		辰 Chen		亥 Hai		巳 Si		
國曆 Gregorian		干支 S/B	星 Star	國曆 Gregorian		干支 S/B	星 Star	國曆 Gregorian		干支 S/B	星 Star	國曆 Gregorian		干支 S/B	星 Star	國曆 Gregorian		干支 S/B	星 Star	國曆 Gregorian		干支 S/B	星 Star	農曆 Calendar
1	14	癸亥	9	12	16	甲午	3	11	16	甲子	6	10	18	乙未	8	9	18	乙丑	2	8	20	丙申	4	初一 1st
1	15	甲子	1	12	17	乙未	2	11	17	乙丑	5	10	19	丙申	7	9	19	丙寅	1	8	21	丁酉	3	初二 2nd
1	16	乙丑	2	12	18	丙申	1	11	18	丙寅	4	10	20	丁酉	6	9	20	丁卯	9	8	22	戊戌	2	初三 3rd
1	17	丙寅	3	12	19	丁酉	9	11	19	丁卯	3	10	21	戊戌	5	9	21	戊辰	8	8	23	己亥	1	初四 4th
1	18	丁卯	4	12	20	戊戌	8	11	20	戊辰	2	10	22	己亥	4	9	22	己巳	7	8	24	庚子	9	初五 5th
1	19	戊辰	5	12	21	己亥	7	11	21	己巳	1	10	23	庚子	3	9	23	庚午	6	8	25	辛丑	8	初六 6th
1	20	己巳	6	12	22	庚子	6	11	22	庚午	9	10	24	辛丑	2	9	24	辛未	5	8	26	壬寅	7	初七 7th
1	21	庚午	7	12	23	辛丑	5\5	11	23	辛未	8	10	25	壬寅	1	9	25	壬申	4	8	27	癸卯	6	初八 8th
1	22	辛未	8	12	24	壬寅	6	11	24	壬申	7	10	26	癸卯	9	9	26	癸酉	3	8	28	甲辰	5	初九 9th
1	23	壬申	9	12	25	癸卯	7	11	25	癸酉	6	10	27	甲辰	8	9	27	甲戌	2	8	29	乙巳	4	初十 10th
1	24	癸酉	1	12	26	甲辰	8	11	26	甲戌	5	10	28	乙巳	7	9	28	乙亥	1	8	30	丙午	3	十一 11th
1	25	甲戌	2	12	27	乙巳	9	11	27	乙亥	4	10	29	丙午	6	9	29	丙子	9	8	31	丁未	2	十二 12th
1	26	乙亥	3	12	28	丙午	1	11	28	丙子	3	10	30	丁未	5	9	30	丁丑	8	9	1	戊申	1	十三 13th
1	27	丙子	4	12	29	丁未	2	11	29	丁丑	2	10	31	戊申	4	10	1	戊寅	7	9	2	己酉	9	十四 14th
1	28	丁丑	5	12	30	戊申	3	11	30	戊寅	1	11	1	己酉	3	10	2	己卯	6	9	3	庚戌	8	十五 15th
1	29	戊寅	6	12	31	己酉	4	12	1	己卯	9	11	2	庚戌	2	10	3	庚辰	5	9	4	辛亥	7	十六 16th
1	30	己卯	7	1	1	庚戌	5	12	2	庚辰	8	11	3	辛亥	1	10	4	辛巳	4	9	5	壬子	6	十七 17th
1	31	庚辰	8	1	2	辛亥	6	12	3	辛巳	7	11	4	壬子	9	10	5	壬午	3	9	6	癸丑	5	十八 18th
2	1	辛巳	9	1	3	壬子	7	12	4	壬午	6	11	5	癸丑	8	10	6	癸未	2	9	7	甲寅	4	十九 19th
2	2	壬午	1	1	4	癸丑	8	12	5	癸未	5	11	6	甲寅	7	10	7	甲申	1	9	8	乙卯	3	二十 20th
2	3	癸未	2	1	5	甲寅	9	12	6	甲申	4	11	7	乙卯	6	10	8	乙酉	9	9	9	丙辰	2	廿一 21st
2	4	甲申	3	1	6	乙卯	1	12	7	乙酉	3	11	8	丙辰	5	10	9	丙戌	8	9	10	丁巳	1	廿二 22nd
2	5	乙酉	4	1	7	丙辰	2	12	8	丙戌	2	11	9	丁巳	4	10	10	丁亥	7	9	11	戊午	9	廿三 23rd
2	6	丙戌	5	1	8	丁巳	3	12	9	丁亥	1	11	10	戊午	3	10	11	戊子	6	9	12	己未	8	廿四 24th
2	7	丁亥	6	1	9	戊午	4	12	10	戊子	9	11	11	己未	2	10	12	己丑	5	9	13	庚申	7	廿五 25th
2	8	戊子	7	1	10	己未	5	12	11	己丑	8	11	12	庚申	1	10	13	庚寅	4	9	14	辛酉	6	廿六 26th
2	9	己丑	8	1	11	庚申	6	12	12	庚寅	7	11	13	辛酉	9	10	14	辛卯	3	9	15	壬戌	5	廿七 27th
2	10	庚寅	9	1	12	辛酉	7	12	13	辛卯	6	11	14	壬戌	8	10	15	壬辰	2	9	16	癸亥	4	廿八 28th
2	11	辛卯	1	1	13	壬戌	8	12	14	壬辰	5	11	15	癸亥	7	10	16	癸巳	1	9	17	甲子	3	廿九 29th
2	12	壬辰	2					12	15	癸巳	4					10	17	甲午	9					三十 30th

地支 Twelve Branches: 子 Zi Rat; 丑 Chou Ox; 寅 Yin Tiger; 卯 Mao Rabbit; 辰 Chen Dragon; 巳 Si Snake; 午 Wu Horse; 未 Wei Goat; 申 Shen Monkey; 酉 You Rooster; 戌 Xu Dog; 亥 Hai Pig

月干支 Month	正月小 1st Mth				二月大 2nd Mth				三月小 3rd Mth				四月大 4th Mth				五月小 5th Mth				六月大 6th Mth			
	壬寅 Ren Yin				癸卯 Gui Mao				甲辰 Jia Chen				乙巳 Yi Si				丙午 Bing Wu				丁未 Ding Wei			
九星 9 Star	五黃 Five Yellow				四綠 Four Green				三碧 Three Jade				二黑 Two Black				一白 One White				九紫 Nine Purple			
節氣 Season	驚蟄 Awakening of Worms		雨水 Rain Water		清明 Clear and Bright		春分 Spring Equinox		立夏 Coming of Summer		穀雨 Grain Rain		芒種 Planting of Thorny Crops		小滿 Small Sprout		小暑 Lesser Heat		夏至 Summer Solstice				大暑 Greater Heat	
	23rd day		8th day		24th day		9th day		25th day		9th day		27th day		11th day		28th day		12th day				15th day	
	1hr 27min		2hr 58min		6hr 54min		2hr 33min		0hr 54min		14hr 17min		5hr 33min		14hr 3min		15hr 59min		22hr 23min				9hr 18min	
	丑 Chou		丑 Chou		卯 Mao		丑 Chou		子 Zi		未 Wei		卯 Mao		未 Wei		申 Shen		亥 Hai				巳 Si	
農曆 Calendar	國曆 Gregorian		干支 S/B	星 Star	國曆 Gregorian		干支 S/B	星 Star	國曆 Gregorian		干支 S/B	星 Star	國曆 Gregorian		干支 S/B	星 Star	國曆 Gregorian		干支 S/B	星 Star	國曆 Gregorian		干支 S/B	星 Star
初一 1st	2	13	癸巳	3	3	14	壬戌	5	4	13	壬辰	8	5	12	辛酉	1	6	11	辛卯	4	7	10	庚申	4
初二 2nd	2	14	甲午	4	3	15	癸亥	6	4	14	癸巳	9	5	13	壬戌	2	6	12	壬辰	5	7	11	辛酉	3
初三 3rd	2	15	乙未	5	3	16	甲子	7	4	15	甲午	1	5	14	癸亥	3	6	13	癸巳	6	7	12	壬戌	2
初四 4th	2	16	丙申	6	3	17	乙丑	8	4	16	乙未	2	5	15	甲子	4	6	14	甲午	7	7	13	癸亥	1
初五 5th	2	17	丁酉	7	3	18	丙寅	9	4	17	丙申	3	5	16	乙丑	5	6	15	乙未	8	7	14	甲子	9
初六 6th	2	18	戊戌	8	3	19	丁卯	1	4	18	丁酉	4	5	17	丙寅	6	6	16	丙申	9	7	15	乙丑	8
初七 7th	2	19	己亥	9	3	20	戊辰	2	4	19	戊戌	5	5	18	丁卯	7	6	17	丁酉	1	7	16	丙寅	7
初八 8th	2	20	庚子	1	3	21	己巳	3	4	20	己亥	6	5	19	戊辰	8	6	18	戊戌	2	7	17	丁卯	6
初九 9th	2	21	辛丑	2	3	22	庚午	4	4	21	庚子	7	5	20	己巳	9	6	19	己亥	3	7	18	戊辰	5
初十 10th	2	22	壬寅	3	3	23	辛未	5	4	22	辛丑	8	5	21	庚午	1	6	20	庚子	4	7	19	己巳	4
十一 11th	2	23	癸卯	4	3	24	壬申	6	4	23	壬寅	9	5	22	辛未	2	6	21	辛丑	5	7	20	庚午	3
十二 12th	2	24	甲辰	5	3	25	癸酉	7	4	24	癸卯	1	5	23	壬申	3	6	22	壬寅	6\4	7	21	辛未	2
十三 13th	2	25	乙巳	6	3	26	甲戌	8	4	25	甲辰	2	5	24	癸酉	4	6	23	癸卯	3	7	22	壬申	1
十四 14th	2	26	丙午	7	3	27	乙亥	9	4	26	乙巳	3	5	25	甲戌	5	6	24	甲辰	2	7	23	癸酉	9
十五 15th	2	27	丁未	8	3	28	丙子	1	4	27	丙午	4	5	26	乙亥	6	6	25	乙巳	1	7	24	甲戌	8
十六 16th	2	28	戊申	9	3	29	丁丑	2	4	28	丁未	5	5	27	丙子	7	6	26	丙午	9	7	25	乙亥	7
十七 17th	3	1	己酉	1	3	30	戊寅	3	4	29	戊申	6	5	28	丁丑	8	6	27	丁未	8	7	26	丙子	6
十八 18th	3	2	庚戌	2	3	31	己卯	4	4	30	己酉	7	5	29	戊寅	9	6	28	戊申	7	7	27	丁丑	5
十九 19th	3	3	辛亥	3	4	1	庚辰	5	5	1	庚戌	8	5	30	己卯	1	6	29	己酉	6	7	28	戊寅	4
二十 20th	3	4	壬子	4	4	2	辛巳	6	5	2	辛亥	9	5	31	庚辰	2	6	30	庚戌	5	7	29	己卯	3
廿一 21st	3	5	癸丑	5	4	3	壬午	7	5	3	壬子	1	6	1	辛巳	3	7	1	辛亥	4	7	30	庚辰	2
廿二 22nd	3	6	甲寅	6	4	4	癸未	8	5	4	癸丑	2	6	2	壬午	4	7	2	壬子	3	7	31	辛巳	1
廿三 23rd	3	7	乙卯	7	4	5	甲申	9	5	5	甲寅	3	6	3	癸未	5	7	3	癸丑	2	8	1	壬午	9
廿四 24th	3	8	丙辰	8	4	6	乙酉	1	5	6	乙卯	4	6	4	甲申	6	7	4	甲寅	1	8	2	癸未	8
廿五 25th	3	9	丁巳	9	4	7	丙戌	2	5	7	丙辰	5	6	5	乙酉	7	7	5	乙卯	9	8	3	甲申	7
廿六 26th	3	10	戊午	1	4	8	丁亥	3	5	8	丁巳	6	6	6	丙戌	8	7	6	丙辰	8	8	4	乙酉	6
廿七 27th	3	11	己未	2	4	9	戊子	4	5	9	戊午	7	6	7	丁亥	9	7	7	丁巳	7	8	5	丙戌	5
廿八 28th	3	12	庚申	3	4	10	己丑	5	5	10	己未	8	6	8	戊子	1	7	8	戊午	6	8	6	丁亥	4
廿九 29th	3	13	辛酉	4	4	11	庚寅	6	5	11	庚申	9	6	9	己丑	2	7	9	己未	5	8	7	戊子	3
三十 30th					4	12	辛卯	7					6	10	庚寅	3					8	8	己丑	2

天干 Ten Stems
- 甲 Jia Yang Wood
- 乙 Yi Yin Wood
- 丙 Bing Yang Fire
- 丁 Ding Yin Fire
- 戊 Wu Yang Earth
- 己 Ji Yin Earth
- 庚 Geng Yang Metal
- 辛 Xin Yin Metal
- 壬 Ren Yang Water
- 癸 Gui Yin Water

Male Gua: 3 震(Zhen) **Female Gua: 3 震(Zhen)** 3 Killing 三煞: West Annual Star: 3 Jade

月干支 Month	七月大 7th Mth			八月小 8th Mth			九月大 9th Mth		
	戊申 Wu Shen			己酉 Ji You			庚戌 Geng Xu		
九星 9 Star	八白 Eight White			七赤 Seven Red			六白 Six White		
節氣 Season	處暑 Heat Ends 16th day 16hr 3min 申 Shen	立秋 Coming Autumn 1st day 1hr 35min 丑 Chou		秋分 Autumn Equinox 17th day 13hr 9min 未 Wei	白露 White Dew 2nd day 4hr 2min 申 Shen		霜降 Frosting 18th day 21hr 52min 亥 Hai	寒露 Cold Dew 3rd day 19hr 3min 戌 Xu	
農曆 Calendar	國曆 Gregorian	干支 S/B	星 Star	國曆 Gregorian	干支 S/B	星 Star	國曆 Gregorian	干支 S/B	星 Star
初一 1st	8 9	庚寅	1	9 8	庚申	7	10 7	己丑	5
初二 2nd	8 10	辛卯	9	9 9	辛酉	6	10 8	庚寅	4
初三 3rd	8 11	壬辰	8	9 10	壬戌	5	10 9	辛卯	3
初四 4th	8 12	癸巳	7	9 11	癸亥	4	10 10	壬辰	2
初五 5th	8 13	甲午	6	9 12	甲子	3	10 11	癸巳	1
初六 6th	8 14	乙未	5	9 13	乙丑	2	10 12	甲午	9
初七 7th	8 15	丙申	4	9 14	丙寅	1	10 13	乙未	8
初八 8th	8 16	丁酉	3	9 15	丁卯	9	10 14	丙申	7
初九 9th	8 17	戊戌	2	9 16	戊辰	8	10 15	丁酉	6
初十 10th	8 18	己亥	1	9 17	己巳	7	10 16	戊戌	5
十一 11th	8 19	庚子	9	9 18	庚午	6	10 17	己亥	4
十二 12th	8 20	辛丑	8	9 19	辛未	5	10 18	庚子	3
十三 13th	8 21	壬寅	7	9 20	壬申	4	10 19	辛丑	2
十四 14th	8 22	癸卯	6	9 21	癸酉	3	10 20	壬寅	1
十五 15th	8 23	甲辰	5	9 22	甲戌	2	10 21	癸卯	9
十六 16th	8 24	乙巳	4	9 23	乙亥	1	10 22	甲辰	8
十七 17th	8 25	丙午	3	9 24	丙子	9	10 23	乙巳	7
十八 18th	8 26	丁未	2	9 25	丁丑	8	10 24	丙午	6
十九 19th	8 27	戊申	1	9 26	戊寅	7	10 25	丁未	5
二十 20th	8 28	己酉	9	9 27	己卯	6	10 26	戊申	4
廿一 21st	8 29	庚戌	8	9 28	庚辰	5	10 27	己酉	3
廿二 22nd	8 30	辛亥	7	9 29	辛巳	4	10 28	庚戌	2
廿三 23rd	8 31	壬子	6	9 30	壬午	3	10 29	辛亥	1
廿四 24th	9 1	癸丑	5	10 1	癸未	2	10 30	壬子	9
廿五 25th	9 2	甲寅	4	10 2	甲申	1	10 31	癸丑	8
廿六 26th	9 3	乙卯	3	10 3	乙酉	9	11 1	甲寅	7
廿七 27th	9 4	丙辰	2	10 4	丙戌	8	11 2	乙卯	6
廿八 28th	9 5	丁巳	1	10 5	丁亥	7	11 3	丙辰	5
廿九 29th	9 6	戊午	9	10 6	戊子	6	11 4	丁巳	4
三十 30th	9 7	己未	8				11 5	戊午	3

月干支 Month	十月小 10th Mth			十一月大 11th Mth			十二月小 12th Mth		
	辛亥 Xin Hai			壬子 Ren Zi			癸丑 Gui Chou		
九星 9 Star	五黃 Five Yellow			四綠 Four Green			三碧 Three Jade		
節氣 Season	小雪 Lesser Snow 18th day 18hr 52min 酉 You	立冬 Coming of Winter 3rd day 21hr 36min 亥 Hai		冬至 Winter Solstice 19th day 7hr 52min 辰 Chen	大雪 Greater Snow 4th day 13hr 59min 未 Wei		大寒 Greater Cold 18th day 18hr 28min 酉 You	小寒 Lesser Cold 4th day 1hr 1min 丑 Chou	
農曆 Calendar	國曆 Gregorian	干支 S/B	星 Star	國曆 Gregorian	干支 S/B	星 Star	國曆 Gregorian	干支 S/B	星 Star
初一 1st	11 6	己未	2	12 5	戊子	9	1 4	戊午	4
初二 2nd	11 7	庚申	1	12 6	己丑	8	1 5	己未	5
初三 3rd	11 8	辛酉	9	12 7	庚寅	7	1 6	庚申	6
初四 4th	11 9	壬戌	8	12 8	辛卯	6	1 7	辛酉	7
初五 5th	11 10	癸亥	7	12 9	壬辰	5	1 8	壬戌	8
初六 6th	11 11	甲子	6	12 10	癸巳	4	1 9	癸亥	9
初七 7th	11 12	乙丑	5	12 11	甲午	3	1 10	甲子	1
初八 8th	11 13	丙寅	4	12 12	乙未	2	1 11	乙丑	2
初九 9th	11 14	丁卯	3	12 13	丙申	1	1 12	丙寅	3
初十 10th	11 15	戊辰	2	12 14	丁酉	9	1 13	丁卯	4
十一 11th	11 16	己巳	1	12 15	戊戌	8	1 14	戊辰	5
十二 12th	11 17	庚午	9	12 16	己亥	7	1 15	己巳	6
十三 13th	11 18	辛未	8	12 17	庚子	6	1 16	庚午	7
十四 14th	11 19	壬申	7	12 18	辛丑	5	1 17	辛未	8
十五 15th	11 20	癸酉	6	12 19	壬寅	4	1 18	壬申	9
十六 16th	11 21	甲戌	5	12 20	癸卯	3	1 19	癸酉	1
十七 17th	11 22	乙亥	4	12 21	甲辰	2	1 20	甲戌	2
十八 18th	11 23	丙子	3	12 22	乙巳	1	1 21	乙亥	3
十九 19th	11 24	丁丑	2	12 23	丙午	9\1	1 22	丙子	4
二十 20th	11 25	戊寅	1	12 24	丁未	2	1 23	丁丑	5
廿一 21st	11 26	己卯	9	12 25	戊申	3	1 24	戊寅	6
廿二 22nd	11 27	庚辰	8	12 26	己酉	4	1 25	己卯	7
廿三 23rd	11 28	辛巳	7	12 27	庚戌	5	1 26	庚辰	8
廿四 24th	11 29	壬午	6	12 28	辛亥	6	1 27	辛巳	9
廿五 25th	11 30	癸未	5	12 29	壬子	7	1 28	壬午	1
廿六 26th	12 1	甲申	4	12 30	癸丑	8	1 29	癸未	2
廿七 27th	12 2	乙酉	3	12 31	甲寅	9	1 30	甲申	3
廿八 28th	12 3	丙戌	2	1 1	乙卯	1	1 31	乙酉	4
廿九 29th	12 4	丁亥	1	1 2	丙辰	2	2 1	丙戌	5
三十 30th				1 3	丁巳	3			

地支 Twelve Branches: 子 Zi Rat · 丑 Chou Ox · 寅 Yin Tiger · 卯 Mao Rabbit · 辰 Chen Dragon · 巳 Si Snake · 午 Wu Horse · 未 Wei Goat · 申 Shen Monkey · 酉 You Rooster · 戌 Xu Dog · 亥 Hai Pig

1908 戊申 Earth Monkey

Grand Duke: 俞忠

六月小 6th Mth				五月大 5th Mth				四月大 4th Mth				三月小 3rd Mth				二月小 2nd Mth				正月大 1st Mth				月干支 Month
己未 Ji Wei				戊午 Wu Wu				丁巳 Ding Si				丙辰 Bing Chen				乙卯 Yi Mao				甲寅 Jia Yin				
六白 Six White				七赤 Seven Red				八白 Eight White				九紫 Nine Purple				一白 One White				二黑 Two Black				九星 9 Star
大暑 Greater Heat		小暑 Lesser Heat		夏至 Summer Solstice		芒種 Planting of Thorny Crops		小滿 Small Sprout		立夏 Coming of Summer		穀雨 Grain Rain		清明 Clear and Bright		春分 Spring Equinox		驚蟄 Awakening of Worms		雨水 Rain Water		立春 Coming of Spring		節氣 Season
25th day		9th day		24th day		8th day		22nd day		7th day		20th day		5th day		19th day		4th day		19th day		4th day		
15hr 14min		21hr 48min		4hr 19min		11hr 19min		19hr 58min		6hr 38min		20hr 11min		12hr 40min		8hr 27min		7hr 14min		8hr 54min		12hr 47min		
申 Shen		亥 Hai		寅 Yin		午 Wu		戌 Xu		卯 Mao		戌 Xu		午 Wu		辰 Chen		辰 Chen		辰 Chen		午 Wu		
國曆 Gregorian		干支 S / B	星 Star	國曆 Gregorian		干支 S / B	星 Star	國曆 Gregorian		干支 S / B	星 Star	國曆 Gregorian		干支 S / B	星 Star	國曆 Gregorian		干支 S / B	星 Star	國曆 Gregorian		干支 S / B	星 Star	農曆 Calendar
6	29	乙卯	9	5	30	乙酉	7	4	30	乙卯	4	4	1	丙戌	2	3	3	丁巳	9	2	2	丁亥	6	初一 1st
6	30	丙辰	8	5	31	丙戌	8	5	1	丙辰	5	4	2	丁亥	3	3	4	戊午	1	2	3	戊子	7	初二 2nd
7	1	丁巳	7	6	1	丁亥	9	5	2	丁巳	6	4	3	戊子	4	3	5	己未	2	2	4	己丑	8	初三 3rd
7	2	戊午	6	6	2	戊子	1	5	3	戊午	7	4	4	己丑	5	3	6	庚申	3	2	5	庚寅	9	初四 4th
7	3	己未	5	6	3	己丑	2	5	4	己未	8	4	5	庚寅	6	3	7	辛酉	4	2	6	辛卯	1	初五 5th
7	4	庚申	4	6	4	庚寅	3	5	5	庚申	9	4	6	辛卯	7	3	8	壬戌	5	2	7	壬辰	2	初六 6th
7	5	辛酉	3	6	5	辛卯	4	5	6	辛酉	1	4	7	壬辰	8	3	9	癸亥	6	2	8	癸巳	3	初七 7th
7	6	壬戌	2	6	6	壬辰	5	5	7	壬戌	2	4	8	癸巳	9	3	10	甲子	7	2	9	甲午	4	初八 8th
7	7	癸亥	1	6	7	癸巳	6	5	8	癸亥	3	4	9	甲午	1	3	11	乙丑	8	2	10	乙未	5	初九 9th
7	8	甲子	9	6	8	甲午	7	5	9	甲子	4	4	10	乙未	2	3	12	丙寅	9	2	11	丙申	6	初十 10th
7	9	乙丑	8	6	9	乙未	8	5	10	乙丑	5	4	11	丙申	3	3	13	丁卯	1	2	12	丁酉	7	十一 11th
7	10	丙寅	7	6	10	丙申	9	5	11	丙寅	6	4	12	丁酉	4	3	14	戊辰	2	2	13	戊戌	8	十二 12th
7	11	丁卯	6	6	11	丁酉	1	5	12	丁卯	7	4	13	戊戌	5	3	15	己巳	3	2	14	己亥	9	十三 13th
7	12	戊辰	5	6	12	戊戌	2	5	13	戊辰	8	4	14	己亥	6	3	16	庚午	4	2	15	庚子	1	十四 14th
7	13	己巳	4	6	13	己亥	3	5	14	己巳	9	4	15	庚子	7	3	17	辛未	5	2	16	辛丑	2	十五 15th
7	14	庚午	3	6	14	庚子	4	5	15	庚午	1	4	16	辛丑	8	3	18	壬申	6	2	17	壬寅	3	十六 16th
7	15	辛未	2	6	15	辛丑	5	5	16	辛未	2	4	17	壬寅	9	3	19	癸酉	7	2	18	癸卯	4	十七 17th
7	16	壬申	1	6	16	壬寅	6	5	17	壬申	3	4	18	癸卯	1	3	20	甲戌	8	2	19	甲辰	5	十八 18th
7	17	癸酉	9	6	17	癸卯	7	5	18	癸酉	4	4	19	甲辰	2	3	21	乙亥	9	2	20	乙巳	6	十九 19th
7	18	甲戌	8	6	18	甲辰	8	5	19	甲戌	5	4	20	乙巳	3	3	22	丙子	1	2	21	丙午	7	二十 20th
7	19	乙亥	7	6	19	乙巳	9	5	20	乙亥	6	4	21	丙午	4	3	23	丁丑	2	2	22	丁未	8	廿一 21st
7	20	丙子	6	6	20	丙午	1	5	21	丙子	7	4	22	丁未	5	3	24	戊寅	3	2	23	戊申	9	廿二 22nd
7	21	丁丑	5	6	21	丁未	2	5	22	丁丑	8	4	23	戊申	6	3	25	己卯	4	2	24	己酉	1	廿三 23rd
7	22	戊寅	4	6	22	戊申	3\7	5	23	戊寅	9	4	24	己酉	7	3	26	庚辰	5	2	25	庚戌	2	廿四 24th
7	23	己卯	3	6	23	己酉	6	5	24	己卯	1	4	25	庚戌	8	3	27	辛巳	6	2	26	辛亥	3	廿五 25th
7	24	庚辰	2	6	24	庚戌	5	5	25	庚辰	2	4	26	辛亥	9	3	28	壬午	7	2	27	壬子	4	廿六 26th
7	25	辛巳	1	6	25	辛亥	4	5	26	辛巳	3	4	27	壬子	1	3	29	癸未	8	2	28	癸丑	5	廿七 27th
7	26	壬午	9	6	26	壬子	3	5	27	壬午	4	4	28	癸丑	2	3	30	甲申	9	2	29	甲寅	6	廿八 28th
7	27	癸未	8	6	27	癸丑	2	5	28	癸未	5	4	29	甲寅	3	3	31	乙酉	1	3	1	乙卯	7	廿九 29th
				6	28	甲寅	1	5	29	甲申	6									3	2	丙辰	8	三十 30th

天干 Ten Stems: 甲 Jia Yang Wood; 乙 Yi Yin Wood; 丙 Bing Yang Fire; 丁 Ding Yin Fire; 戊 Wu Yang Earth; 己 Ji Yin Earth; 庚 Geng Yang Metal; 辛 Xin Yin Metal; 壬 Ren Yang Water; 癸 Gui Yin Water

地支 Twelve Branches: 子 Zi Rat · 丑 Chou Ox · 寅 Yin Tiger · 卯 Mao Rabbit · 辰 Chen Dragon · 巳 Si Snake · 午 Wu Horse · 未 Wei Goat · 申 Shen Monkey · 酉 You Rooster · 戌 Xu Dog · 亥 Hai Pig

月干支 Month	七月大 7th Mth				八月小 8th Mth				九月大 9th Mth				十月大 10th Mth				十一月小 11th Mth				十二月大 12th Mth			
	庚申 Geng Shen				辛酉 Xin You				壬戌 Ren Xu				癸亥 Gui Hai				甲子 Jia Zi				乙丑 Yi Chou			
九星 9 Star	五黃 Five Yellow				四綠 Four Green				三碧 Three Jade				二黑 Two Black				一白 One White				九紫 Nine Purple			
節氣 Season	處暑 Heat Ends		立秋 Coming Autumn		秋分 Autumn Equinox		白露 White Dew		霜降 Frosting		寒露 Cold Dew		小雪 Lesser Snow		立冬 Coming of Winter		冬至 Winter Solstice		大雪 Greater Snow		大寒 Greater Cold		小寒 Lesser Cold	
	27th day		12th day		28th day		13th day		30th day		15th day		30th day		15th day		29th day		14th day		30th day		15th day	
	21hr 57min		7hr 27min		18hr 59min		9hr 53min		3hr 37min		0hr 51min		0hr 35min		3hr 22min		13hr 34min		19hr 44min		0hr 11min		3hr 45min	
	亥 Hai		辰 Chen		酉 You		巳 Si		寅 Yin		子 Zi		子 Zi		寅 Yin		未 Wei		戌 Xu		子 Zi		卯 Mao	
農曆 Calendar	國曆 Gregorian		干支 S/B	星 Star	國曆 Gregorian		干支 S/B	星 Star	國曆 Gregorian		干支 S/B	星 Star	國曆 Gregorian		干支 S/B	星 Star	國曆 Gregorian		干支 S/B	星 Star	國曆 Gregorian		干支 S/B	星 Star
初一 1st	7	28	甲申	7	8	27	甲寅	4	9	25	癸未	2	10	25	癸丑	8	11	24	癸未	5	12	23	壬子	7
初二 2nd	7	29	乙酉	6	8	28	乙卯	3	9	26	甲申	1	10	26	甲寅	7	11	25	甲申	4	12	24	癸丑	8
初三 3rd	7	30	丙戌	5	8	29	丙辰	2	9	27	乙酉	9	10	27	乙卯	6	11	26	乙酉	3	12	25	甲寅	9
初四 4th	7	31	丁亥	4	8	30	丁巳	1	9	28	丙戌	8	10	28	丙辰	5	11	27	丙戌	2	12	26	乙卯	1
初五 5th	8	1	戊子	3	8	31	戊午	9	9	29	丁亥	7	10	29	丁巳	4	11	28	丁亥	1	12	27	丙辰	2
初六 6th	8	2	己丑	2	9	1	己未	8	9	30	戊子	6	10	30	戊午	3	11	29	戊子	9	12	28	丁巳	3
初七 7th	8	3	庚寅	1	9	2	庚申	7	10	1	己丑	5	10	31	己未	2	11	30	己丑	8	12	29	戊午	4
初八 8th	8	4	辛卯	9	9	3	辛酉	6	10	2	庚寅	4	11	1	庚申	1	12	1	庚寅	7	12	30	己未	5
初九 9th	8	5	壬辰	8	9	4	壬戌	5	10	3	辛卯	3	11	2	辛酉	9	12	2	辛卯	6	12	31	庚申	6
初十 10th	8	6	癸巳	7	9	5	癸亥	4	10	4	壬辰	2	11	3	壬戌	8	12	3	壬辰	5	1	1	辛酉	7
十一 11th	8	7	甲午	6	9	6	甲子	3	10	5	癸巳	1	11	4	癸亥	7	12	4	癸巳	4	1	2	壬戌	8
十二 12th	8	8	乙未	5	9	7	乙丑	2	10	6	甲午	9	11	5	甲子	6	12	5	甲午	3	1	3	癸亥	9
十三 13th	8	9	丙申	4	9	8	丙寅	1	10	7	乙未	8	11	6	乙丑	5	12	6	乙未	2	1	4	甲子	1
十四 14th	8	10	丁酉	3	9	9	丁卯	9	10	8	丙申	7	11	7	丙寅	4	12	7	丙申	1	1	5	乙丑	2
十五 15th	8	11	戊戌	2	9	10	戊辰	8	10	9	丁酉	6	11	8	丁卯	3	12	8	丁酉	9	1	6	丙寅	3
十六 16th	8	12	己亥	1	9	11	己巳	7	10	10	戊戌	5	11	9	戊辰	2	12	9	戊戌	8	1	7	丁卯	4
十七 17th	8	13	庚子	9	9	12	庚午	6	10	11	己亥	4	11	10	己巳	1	12	10	己亥	7	1	8	戊辰	5
十八 18th	8	14	辛丑	8	9	13	辛未	5	10	12	庚子	3	11	11	庚午	9	12	11	庚子	6	1	9	己巳	6
十九 19th	8	15	壬寅	7	9	14	壬申	4	10	13	辛丑	2	11	12	辛未	8	12	12	辛丑	5	1	10	庚午	7
二十 20th	8	16	癸卯	6	9	15	癸酉	3	10	14	壬寅	1	11	13	壬申	7	12	13	壬寅	4	1	11	辛未	8
廿一 21st	8	17	甲辰	5	9	16	甲戌	2	10	15	癸卯	9	11	14	癸酉	6	12	14	癸卯	3	1	12	壬申	9
廿二 22nd	8	18	乙巳	4	9	17	乙亥	1	10	16	甲辰	8	11	15	甲戌	5	12	15	甲辰	2	1	13	癸酉	1
廿三 23rd	8	19	丙午	3	9	18	丙子	9	10	17	乙巳	7	11	16	乙亥	4	12	16	乙巳	1	1	14	甲戌	2
廿四 24th	8	20	丁未	2	9	19	丁丑	8	10	18	丙午	6	11	17	丙子	3	12	17	丙午	9	1	15	乙亥	3
廿五 25th	8	21	戊申	1	9	20	戊寅	7	10	19	丁未	5	11	18	丁丑	2	12	18	丁未	8	1	16	丙子	4
廿六 26th	8	22	己酉	9	9	21	己卯	6	10	20	戊申	4	11	19	戊寅	1	12	19	戊申	7	1	17	丁丑	5
廿七 27th	8	23	庚戌	8	9	22	庚辰	5	10	21	己酉	3	11	20	己卯	9	12	20	己酉	6	1	18	戊寅	6
廿八 28th	8	24	辛亥	7	9	23	辛巳	4	10	22	庚戌	2	11	21	庚辰	8	12	21	庚戌	5	1	19	己卯	7
廿九 29th	8	25	壬子	6	9	24	壬午	3	10	23	辛亥	1	11	22	辛巳	7	12	22	辛亥	4/6	1	20	庚辰	8
三十 30th	8	26	癸丑	5					10	24	壬子	9	11	23	壬午	6					1	21	辛巳	9

1909 己酉 Earth Rooster

Grand Duke: 程寅

月干支 Month / 九星 9 Star / 節氣 Season / 農曆 Calendar

正月小 1st Mth — 丙寅 Bing Yin — 八白 Eight White

節氣 Season				
雨水 Rain Water	29th day	14hr 39min	未 Wei	
立春 Coming of Spring	14th day	18hr 33min	酉 You	

農曆 Calendar	國曆 Gregorian		干支 S / B	星 Star
初一 1st	1	22	壬 午	1
初二 2nd	1	23	癸 未	2
初三 3rd	1	24	甲 申	3
初四 4th	1	25	乙 酉	4
初五 5th	1	26	丙 戌	5
初六 6th	1	27	丁 亥	6
初七 7th	1	28	戊 子	7
初八 8th	1	29	己 丑	8
初九 9th	1	30	庚 寅	9
初十 10th	1	31	辛 卯	1
十一 11th	2	1	壬 辰	2
十二 12th	2	2	癸 巳	3
十三 13th	2	3	甲 午	4
十四 14th	2	4	乙 未	5
十五 15th	2	5	丙 申	6
十六 16th	2	6	丁 酉	7
十七 17th	2	7	戊 戌	8
十八 18th	2	8	己 亥	9
十九 19th	2	9	庚 子	1
二十 20th	2	10	辛 丑	2
廿一 21st	2	11	壬 寅	3
廿二 22nd	2	12	癸 卯	4
廿三 23rd	2	13	甲 辰	5
廿四 24th	2	14	乙 巳	6
廿五 25th	2	15	丙 午	7
廿六 26th	2	16	丁 未	8
廿七 27th	2	17	戊 申	9
廿八 28th	2	18	己 酉	1
廿九 29th	2	19	庚 戌	2
三十 30th				

二月大 2nd Mth — 丁卯 Ding Mao — 七赤 Seven Red

節氣 Season				
春分 Spring Equinox	30th day	14hr 13min	未 Wei	
驚蟄 Awakening of Worms	15th day	13hr 1min	未 Wei	

農曆 Calendar	國曆 Gregorian		干支 S / B	星 Star
初一 1st	2	20	辛 亥	3
初二 2nd	2	21	壬 子	4
初三 3rd	2	22	癸 丑	5
初四 4th	2	23	甲 寅	6
初五 5th	2	24	乙 卯	7
初六 6th	2	25	丙 辰	8
初七 7th	2	26	丁 巳	9
初八 8th	2	27	戊 午	1
初九 9th	2	28	己 未	2
初十 10th	3	1	庚 申	3
十一 11th	3	2	辛 酉	4
十二 12th	3	3	壬 戌	5
十三 13th	3	4	癸 亥	6
十四 14th	3	5	甲 子	7
十五 15th	3	6	乙 丑	8
十六 16th	3	7	丙 寅	9
十七 17th	3	8	丁 卯	1
十八 18th	3	9	戊 辰	2
十九 19th	3	10	己 巳	3
二十 20th	3	11	庚 午	4
廿一 21st	3	12	辛 未	5
廿二 22nd	3	13	壬 申	6
廿三 23rd	3	14	癸 酉	7
廿四 24th	3	15	甲 戌	8
廿五 25th	3	16	乙 亥	9
廿六 26th	3	17	丙 子	1
廿七 27th	3	18	丁 丑	2
廿八 28th	3	19	戊 寅	3
廿九 29th	3	20	己 卯	4
三十 30th	3	21	庚 辰	5

閏二月小 2nd Mth

節氣 Season				
清明 Clear and Bright	15th day	18hr 29min	酉 You	

農曆 Calendar	國曆 Gregorian		干支 S / B	星 Star
初一 1st	3	22	辛 巳	6
初二 2nd	3	23	壬 午	7
初三 3rd	3	24	癸 未	8
初四 4th	3	25	甲 申	9
初五 5th	3	26	乙 酉	1
初六 6th	3	27	丙 戌	2
初七 7th	3	28	丁 亥	3
初八 8th	3	29	戊 子	4
初九 9th	3	30	己 丑	5
初十 10th	3	31	庚 寅	6
十一 11th	4	1	辛 卯	7
十二 12th	4	2	壬 辰	8
十三 13th	4	3	癸 巳	9
十四 14th	4	4	甲 午	1
十五 15th	4	5	乙 未	2
十六 16th	4	6	丙 申	3
十七 17th	4	7	丁 酉	4
十八 18th	4	8	戊 戌	5
十九 19th	4	9	己 亥	6
二十 20th	4	10	庚 子	7
廿一 21st	4	11	辛 丑	8
廿二 22nd	4	12	壬 寅	9
廿三 23rd	4	13	癸 卯	1
廿四 24th	4	14	甲 辰	2
廿五 25th	4	15	乙 巳	3
廿六 26th	4	16	丙 午	4
廿七 27th	4	17	丁 未	5
廿八 28th	4	18	戊 申	6
廿九 29th	4	19	己 酉	7
三十 30th				

三月小 3rd Mth — 戊辰 Wu Chen — 六白 Six White

節氣 Season				
立夏 Coming of Summer	17th day	12hr 31min	午 Wu	
穀雨 Grain Rain	2nd day	1hr 58min	丑 Chou	

農曆 Calendar	國曆 Gregorian		干支 S / B	星 Star
初一 1st	4	20	庚 戌	8
初二 2nd	4	21	辛 亥	9
初三 3rd	4	22	壬 子	1
初四 4th	4	23	癸 丑	2
初五 5th	4	24	甲 寅	3
初六 6th	4	25	乙 卯	4
初七 7th	4	26	丙 辰	5
初八 8th	4	27	丁 巳	6
初九 9th	4	28	戊 午	7
初十 10th	4	29	己 未	8
十一 11th	4	30	庚 申	9
十二 12th	5	1	辛 酉	1
十三 13th	5	2	壬 戌	2
十四 14th	5	3	癸 亥	3
十五 15th	5	4	甲 子	4
十六 16th	5	5	乙 丑	5
十七 17th	5	6	丙 寅	6
十八 18th	5	7	丁 卯	7
十九 19th	5	8	戊 辰	8
二十 20th	5	9	己 巳	9
廿一 21st	5	10	庚 午	1
廿二 22nd	5	11	辛 未	2
廿三 23rd	5	12	壬 申	3
廿四 24th	5	13	癸 酉	4
廿五 25th	5	14	甲 戌	5
廿六 26th	5	15	乙 亥	6
廿七 27th	5	16	丙 子	7
廿八 28th	5	17	丁 丑	8
廿九 29th	5	18	戊 寅	9
三十 30th				

四月大 4th Mth — 己巳 Ji Si — 五黃 Five Yellow

節氣 Season				
芒種 Planting of Thorny Crops	19th day	17hr 14min	酉 You	
小滿 Small Sprout	4th day	1hr 45min	丑 Chou	

農曆 Calendar	國曆 Gregorian		干支 S / B	星 Star
初一 1st	5	19	己 卯	1
初二 2nd	5	20	庚 辰	2
初三 3rd	5	21	辛 巳	3
初四 4th	5	22	壬 午	4
初五 5th	5	23	癸 未	5
初六 6th	5	24	甲 申	6
初七 7th	5	25	乙 酉	7
初八 8th	5	26	丙 戌	8
初九 9th	5	27	丁 亥	9
初十 10th	5	28	戊 子	1
十一 11th	5	29	己 丑	2
十二 12th	5	30	庚 寅	3
十三 13th	5	31	辛 卯	4
十四 14th	6	1	壬 辰	5
十五 15th	6	2	癸 巳	6
十六 16th	6	3	甲 午	7
十七 17th	6	4	乙 未	8
十八 18th	6	5	丙 申	9
十九 19th	6	6	丁 酉	1
二十 20th	6	7	戊 戌	2
廿一 21st	6	8	己 亥	3
廿二 22nd	6	9	庚 子	4
廿三 23rd	6	10	辛 丑	5
廿四 24th	6	11	壬 寅	6
廿五 25th	6	12	癸 卯	7
廿六 26th	6	13	甲 辰	8
廿七 27th	6	14	乙 巳	9
廿八 28th	6	15	丙 午	1
廿九 29th	6	16	丁 未	2
三十 30th	6	17	戊 申	3

五月小 5th Mth — 庚午 Geng Wu — 四綠 Four Green

節氣 Season				
小暑 Lesser Heat	21st day	3hr 44min	寅 Yin	
夏至 Summer Solstice	5th day	10hr 6min	巳 Si	

農曆 Calendar	國曆 Gregorian		干支 S / B	星 Star
初一 1st	6	18	己 酉	4
初二 2nd	6	19	庚 戌	5
初三 3rd	6	20	辛 亥	6
初四 4th	6	21	壬 子	7
初五 5th	6	22	癸 丑	8\2
初六 6th	6	23	甲 寅	1
初七 7th	6	24	乙 卯	9
初八 8th	6	25	丙 辰	8
初九 9th	6	26	丁 巳	7
初十 10th	6	27	戊 午	6
十一 11th	6	28	己 未	5
十二 12th	6	29	庚 申	4
十三 13th	6	30	辛 酉	3
十四 14th	7	1	壬 戌	2
十五 15th	7	2	癸 亥	1
十六 16th	7	3	甲 子	9
十七 17th	7	4	乙 丑	8
十八 18th	7	5	丙 寅	7
十九 19th	7	6	丁 卯	6
二十 20th	7	7	戊 辰	5
廿一 21st	7	8	己 巳	4
廿二 22nd	7	9	庚 午	3
廿三 23rd	7	10	辛 未	2
廿四 24th	7	11	壬 申	1
廿五 25th	7	12	癸 酉	9
廿六 26th	7	13	甲 戌	8
廿七 27th	7	14	乙 亥	7
廿八 28th	7	15	丙 子	6
廿九 29th	7	16	丁 丑	5
三十 30th				

六月大 6th Mth — 辛未 Xin Wei — 三碧 Three Jade

節氣 Season				
立秋 Coming Autumn	22nd day	13hr 23min	未 Wei	
大暑 Greater Heat	7th day	21hr 1min	亥 Hai	

農曆 Calendar	國曆 Gregorian		干支 S / B	星 Star
初一 1st	7	17	戊 寅	4
初二 2nd	7	18	己 卯	3
初三 3rd	7	19	庚 辰	2
初四 4th	7	20	辛 巳	1
初五 5th	7	21	壬 午	9
初六 6th	7	22	癸 未	8
初七 7th	7	23	甲 申	7
初八 8th	7	24	乙 酉	6
初九 9th	7	25	丙 戌	5
初十 10th	7	26	丁 亥	4
十一 11th	7	27	戊 子	3
十二 12th	7	28	己 丑	2
十三 13th	7	29	庚 寅	1
十四 14th	7	30	辛 卯	9
十五 15th	7	31	壬 辰	8
十六 16th	8	1	癸 巳	7
十七 17th	8	2	甲 午	6
十八 18th	8	3	乙 未	5
十九 19th	8	4	丙 申	4
二十 20th	8	5	丁 酉	3
廿一 21st	8	6	戊 戌	2
廿二 22nd	8	7	己 亥	1
廿三 23rd	8	8	庚 子	9
廿四 24th	8	9	辛 丑	8
廿五 25th	8	10	壬 寅	7
廿六 26th	8	11	癸 卯	6
廿七 27th	8	12	甲 辰	5
廿八 28th	8	13	乙 巳	[illegible]
廿九 29th	8	14	丙 午	3
三十 30th	8	15	丁 未	2

天干 Ten Stems

甲 Jia Yang Wood
乙 Yi Yin Wood
丙 Bing Yang Fire
丁 Ding Yin Fire
戊 Wu Yang Earth
己 Ji Yin Earth
庚 Geng Yang Metal
辛 Xin Yin Metal
壬 Ren Yang Water
癸 Gui Yin Water

Male Gua: 1 坎(Kan) Female Gua: 8 艮(Gen) 3 Killing 三煞: East Annual Star: 1 White

十二月大 12th Mth				十一月小 11th Mth				十月大 10th Mth				九月大 9th Mth				八月大 8th Mth				七月小 7th Mth				月干支 Month	
丁丑 Ding Chou				丙子 Bing Zi				乙亥 Yi Hai				甲戌 Jia Xu				癸酉 Gui You				壬申 Ren Shen					
六白 Six White				七赤 Seven Red				八白 Eight White				九紫 Nine Purple				一白 One White				二黑 Two Black				九星 9 Star	
立春 Coming of Spring		大寒 Greater Cold		小寒 Lesser Cold		冬至 Winter Solstice		大雪 Greater Snow		小雪 Lesser Snow		立冬 Coming of Winter		霜降 Frosting		寒露 Cold Dew		秋分 Autumn Equinox		白露 White Dew		處暑 Heat Ends		節氣 Season	
26th day		1th day		25th day		10th day		26th day		11th day		26th day		11th day		26th day		11th day		24th day		9th day			
0hr 28min		[illegible]hr 59min		12hr 38min		19h 20min		1hr 35min		6hr 21min		9hr 13min		9hr 23min		6hr 43min		0hr 45min		15hr 47min		3hr 44min			
子 Zi		卯 Mao		午 Wu		戌 Xu		丑 Chou		卯 Mao		巳 Si		巳 Si		卯 Mao		子 Zi		申 Shen		寅 Yin			
國曆 Gregorian		干支 S/B	星 Star	國曆 Gregorian		干支 S/B	星 Star	國曆 Gregorian		干支 S/B	星 Star	國曆 Gregorian		干支 S/B	星 Star	國曆 Gregorian		干支 S/B	星 Star	國曆 Gregorian		干支 S/B	星 Star	農曆 Calendar	
1	11	丙子	4	12	13	丁未	8	11	13	丁丑	2	10	14	丁未	5	9	14	丁丑	8	8	16	戊申	1	初一	1st
1	12	丁丑	5	12	14	戊申	7	11	14	戊寅	1	10	15	戊申	4	9	15	戊寅	7	8	17	己酉	9	初二	2nd
1	13	戊寅	6	12	15	己酉	6	11	15	己卯	9	10	16	己酉	3	9	16	己卯	6	8	18	庚戌	8	初三	3rd
1	14	己卯	7	12	16	庚戌	5	11	16	庚辰	8	10	17	庚戌	2	9	17	庚辰	5	8	19	辛亥	7	初四	4th
1	15	庚辰	8	12	17	辛亥	4	11	17	辛巳	7	10	18	辛亥	1	9	18	辛巳	4	8	20	壬子	6	初五	5th
1	16	辛巳	9	12	18	壬子	3	11	18	壬午	6	10	19	壬子	9	9	19	壬午	3	8	21	癸丑	5	初六	6th
1	17	壬午	1	12	19	癸丑	2	11	19	癸未	5	10	20	癸丑	8	9	20	癸未	2	8	22	甲寅	4	初七	7th
1	18	癸未	2	12	20	甲寅	1	11	20	甲申	4	10	21	甲寅	7	9	21	甲申	1	8	23	乙卯	3	初八	8th
1	19	甲申	3	12	21	乙卯	9	11	21	乙酉	3	10	22	乙卯	6	9	22	乙酉	9	8	24	丙辰	2	初九	9th
1	20	乙酉	4	12	22	丙辰	8\2	11	22	丙戌	2	10	23	丙辰	5	9	23	丙戌	8	8	25	丁巳	1	初十	10th
1	21	丙戌	5	12	23	丁巳	3	11	23	丁亥	1	10	24	丁巳	4	9	24	丁亥	7	8	26	戊午	9	十一	11th
1	22	丁亥	6	12	24	戊午	4	11	24	戊子	9	10	25	戊午	3	9	25	戊子	6	8	27	己未	8	十二	12th
1	23	戊子	7	12	25	己未	5	11	25	己丑	8	10	26	己未	2	9	26	己丑	5	8	28	庚申	7	十三	13th
1	24	己丑	8	12	26	庚申	6	11	26	庚寅	7	10	27	庚申	1	9	27	庚寅	4	8	29	辛酉	6	十四	14th
1	25	庚寅	9	12	27	辛酉	7	11	27	辛卯	6	10	28	辛酉	9	9	28	辛卯	3	8	30	壬戌	5	十五	15th
1	26	辛卯	1	12	28	壬戌	8	11	28	壬辰	5	10	29	壬戌	8	9	29	壬辰	2	8	31	癸亥	4	十六	16th
1	27	壬辰	2	12	29	癸亥	9	11	29	癸巳	4	10	30	癸亥	7	9	30	癸巳	1	9	1	甲子	3	十七	17th
1	28	癸巳	3	12	30	甲子	1	11	30	甲午	3	10	31	甲子	6	10	1	甲午	9	9	2	乙丑	2	十八	18th
1	29	甲午	4	12	31	乙丑	2	12	1	乙未	2	11	1	乙丑	5	10	2	乙未	8	9	3	丙寅	1	十九	19th
1	30	乙未	5	1	1	丙寅	3	12	2	丙申	1	11	2	丙寅	4	10	3	丙申	7	9	4	丁卯	9	二十	20th
1	31	丙申	6	1	2	丁卯	4	12	3	丁酉	9	11	3	丁卯	3	10	4	丁酉	6	9	5	戊辰	8	廿一	21st
2	1	丁酉	7	1	3	戊辰	5	12	4	戊戌	8	11	4	戊辰	2	10	5	戊戌	5	9	6	己巳	7	廿二	22nd
2	2	戊戌	8	1	4	己巳	6	12	5	己亥	7	11	5	己巳	1	10	6	己亥	4	9	7	庚午	6	廿三	23rd
2	3	己亥	9	1	5	庚午	7	12	6	庚子	6	11	6	庚午	9	10	7	庚子	3	9	8	辛未	5	廿四	24th
2	4	庚子	1	1	6	辛未	8	12	7	辛丑	5	11	7	辛未	8	10	8	辛丑	2	9	9	壬申	4	廿五	25th
2	5	辛丑	2	1	7	壬申	9	12	8	壬寅	4	11	8	壬申	7	10	9	壬寅	1	9	10	癸酉	3	廿六	26th
2	6	壬寅	3	1	8	癸酉	1	12	9	癸卯	3	11	9	癸酉	6	10	10	癸卯	9	9	11	甲戌	2	廿七	27th
2	7	癸卯	4	1	9	甲戌	2	12	10	甲辰	2	11	10	甲戌	5	10	11	甲辰	8	9	12	乙亥	1	廿八	28th
2	8	甲辰	5	1	10	乙亥	3	12	11	乙巳	1	11	11	乙亥	4	10	12	乙巳	7	9	13	丙子	9	廿九	29th
2	9	乙巳	6					12	12	丙午	9	11	12	丙子	3	10	13	丙午	6					三十	30th

地支 Twelve Branches: 子 Zi Rat · 丑 Chou Ox · 寅 Yin Tiger · 卯 Mao Rabbit · 辰 Chen Dragon · 巳 Si Snake · 午 Wu Horse · 未 Wei Goat · 申 Shen Monkey · 酉 You Rooster · 戌 Xu Dog · 亥 Hai Pig

1910 庚戌 Metal Dog

Grand Duke: 化秋

天干 Ten Stems: 甲 Jia Yang Wood; 乙 Yi Yin Wood; 丙 Bing Yang Fire; 丁 Ding Yin Fire; 戊 Wu Yang Earth; 己 Ji Yin Earth; 庚 Geng Yang Metal; 辛 Xin Yin Metal; 壬 Ren Yang Water; 癸 Gui Yin Water

六月小 6th Mth				五月大 5th Mth				四月小 4th Mth				三月小 3rd Mth				二月大 2nd Mth				正月小 1st Mth				月干支 Month
癸未 Gui Wei				壬午 Ren Wu				辛巳 Xin Si				庚辰 Geng Chen				己卯 Ji Mao				戊寅 Wu Yin				
九紫 Nine Purple				一白 One White				二黑 Two Black				三碧 Three Jade				四綠 Four Green				五黃 Five Yellow				九星 9 Star
大暑 Greater Heat		小暑 Lesser Heat				夏至 Summer Solstice		芒種 Planting of Thorny Crops		小滿 Small Sprout		立夏 Coming of Summer		穀雨 Grain Rain		清明 Clear and Bright		春分 Spring Equinox		驚蟄 Awakening of Worms		雨水 Rain Water		節氣 Season
18th day		2nd day				16th day		29th day		14th day		27th day		12th day		27th day		11th day		25th day		10th day		
2hr 43min		9hr 21min				15hr 49min		22hr 56min		7hr 30min		18hr 19min		7hr 46min		0hr 23min		20hr 3min		18hr 57min		20hr 28min		
丑 Chou		巳 Si				申 Shen		亥 Hai		辰 Chen		酉		辰 Chen		子 Zi		戌 Xu		酉 You		戌 Xu		
國曆 Gregorian		干支 S/B	星 Star	國曆 Gregorian		干支 S/B	星 Star	國曆 Gregorian		干支 S/B	星 Star	國曆 Gregorian		干支 S/B	星 Star	國曆 Gregorian		干支 S/B	星 Star	國曆 Gregorian		干支 S/B	星 Star	農曆 Calendar
7	7	癸酉	9	6	7	癸卯	7	5	9	甲戌	5	4	10	乙巳	3	3	11	乙亥	9	2	10	丙午	7	初一 1st
7	8	甲戌	8	6	8	甲辰	8	5	10	乙亥	6	4	11	丙午	4	3	12	丙子	1	2	11	丁未	8	初二 2nd
7	9	乙亥	7	6	9	乙巳	9	5	11	丙子	7	4	12	丁未	5	3	13	丁丑	2	2	12	戊申	9	初三 3rd
7	10	丙子	6	6	10	丙午	1	5	12	丁丑	8	4	13	戊申	6	3	14	戊寅	3	2	13	己酉	1	初四 4th
7	11	丁丑	5	6	11	丁未	2	5	13	戊寅	9	4	14	己酉	7	3	15	己卯	4	2	14	庚戌	2	初五 5th
7	12	戊寅	4	6	12	戊申	3	5	14	己卯	1	4	15	庚戌	8	3	16	庚辰	5	2	15	辛亥	3	初六 6th
7	13	己卯	3	6	13	己酉	4	5	15	庚辰	2	4	16	辛亥	9	3	17	辛巳	6	2	16	壬子	4	初七 7th
7	14	庚辰	2	6	14	庚戌	5	5	16	辛巳	3	4	17	壬子	1	3	18	壬午	7	2	17	癸丑	5	初八 8th
7	15	辛巳	1	6	15	辛亥	6	5	17	壬午	4	4	18	癸丑	2	3	19	癸未	8	2	18	甲寅	6	初九 9th
7	16	壬午	9	6	16	壬子	7	5	18	癸未	5	4	19	甲寅	3	3	20	甲申	9	2	19	乙卯	7	初十 10th
7	17	癸未	8	6	17	癸丑	8	5	19	甲申	6	4	20	乙卯	4	3	21	乙酉	1	2	20	丙辰	8	十一 11th
7	18	甲申	[illegible]	6	18	甲寅	9	5	20	乙酉	7	4	21	丙辰	5	3	22	丙戌	2	2	21	丁巳	9	十二 12th
7	19	乙酉	6	6	19	乙卯	1	5	21	丙戌	8	4	22	丁巳	6	3	23	丁亥	3	2	22	戊午	1	十三 13th
7	20	丙戌	5	6	20	丙辰	2	5	22	丁亥	9	4	23	戊午	7	3	24	戊子	4	2	23	己未	2	十四 14th
7	21	丁亥	4	6	21	丁巳	3	5	23	戊子	1	4	24	己未	8	3	25	己丑	5	2	24	庚申	3	十五 15th
7	22	戊子	3	6	22	戊午	4\6	5	24	己丑	2	4	25	庚申	9	3	26	庚寅	6	2	25	辛酉	4	十六 16th
7	23	己丑	2	6	23	己未	5	5	25	庚寅	3	4	26	辛酉	1	3	27	辛卯	7	2	26	壬戌	5	十七 17th
7	24	庚寅	1	6	24	庚申	4	5	26	辛卯	4	4	27	壬戌	2	3	28	壬辰	8	2	27	癸亥	6	十八 18th
7	25	辛卯	9	6	25	辛酉	3	5	27	壬辰	5	4	28	癸亥	3	3	29	癸巳	9	2	28	甲子	7	十九 19th
7	26	壬辰	8	6	26	壬戌	2	5	28	癸巳	6	4	29	甲子	4	3	30	甲午	1	3	1	乙丑	8	二十 20th
7	27	癸巳	7	6	27	癸亥	1	5	29	甲午	7	4	30	乙丑	5	3	31	乙未	2	3	2	丙寅	9	廿一 21st
7	28	甲午	6	6	28	甲子	9	5	30	乙未	8	5	1	丙寅	6	4	1	丙申	3	3	3	丁卯	1	廿二 22nd
7	29	乙未	5	6	29	乙丑	8	5	31	丙申	9	5	2	丁卯	7	4	2	丁酉	4	3	4	戊辰	2	廿三 23rd
7	30	丙申	4	6	30	丙寅	7	6	1	丁酉	1	5	3	戊辰	8	4	3	戊戌	5	3	5	己巳	3	廿四 24th
7	31	丁酉	3	7	1	丁卯	6	6	2	戊戌	2	5	4	己巳	9	4	4	己亥	6	3	6	庚午	4	廿五 25th
8	1	戊戌	2	7	2	戊辰	5	6	3	己亥	3	5	5	庚午	1	4	5	庚子	7	3	7	辛未	5	廿六 26th
8	2	己亥	1	7	3	己巳	4	6	4	庚子	4	5	6	辛未	2	4	6	辛丑	8	3	8	壬申	6	廿七 27th
8	3	庚子	9	7	4	庚午	3	6	5	辛丑	5	5	7	壬申	3	4	7	壬寅	9	3	9	癸酉	7	廿八 28th
8	4	辛丑	8	7	5	辛未	2	6	6	壬寅	6	5	8	癸酉	4	4	8	癸卯	1	3	10	甲戌	8	廿九 29th
				7	6	壬申	1									4	9	甲辰	2					三十 30th

Male Gua: 9 離(Li) Female Gua: 6 乾(Qian) 3 Killing 三煞: North Annual Star: 9 Purple

月干支 Month	七月大 7th Mth				八月小 8th Mth				九月大 9th Mth				十月大 10th Mth				十一月大 11th Mth				十二月小 12th Mth			
	甲申 Jia Shen				乙酉 Yi You				丙戌 Bing Xu				丁亥 Ding Hai				戊子 Wu Zi				己丑 Ji Chou			
九星 9 Star	八白 Eight White				七赤 Seven Red				六白 Six White				五黃 Five Yellow				四綠 Four Green				三碧 Three Jade			
節氣 Season	處暑 Heat Ends 20th day 9hr 27min 巳 Si		立秋 Coming Autumn 4th day 18hr 57min 酉 You		秋分 Autumn Equinox 21st day 6hr 31min 卯 Mao		白露 White Dew 5th day 21hr 22min 亥 Hai		霜降 Frosting 22nd day 15hr 11min 申 Shen		寒露 Cold Dew 7th day 12hr 21min 午 Wu		小雪 Lesser Snow 22nd day 12hr 11min 午 Wu		立冬 Coming of Winter 7th day 14hr 54min 未 Wei		冬至 Winter Solstice 22nd day 1hr 12min 丑 Chou		大雪 Greater Snow 7th day 7hr 17min 辰 Chen		大寒 Greater Cold 21st day 11hr 52min 午 Wu		小寒 Lesser Cold 6th day 8hr 21min 酉 You	
農曆 Calendar	國曆 Gregorian		干支 S/B	星 Star	國曆 Gregorian		干支 S/B	星 Star	國曆 Gregorian		干支 S/B	星 Star	國曆 Gregorian		干支 S/B	星 Star	國曆 Gregorian		干支 S/B	星 Star	國曆 Gregorian		干支 S/B	星 Star
初一 1st	8	5	壬寅	7	9	4	壬申	4	10	3	辛丑	2	11	2	辛未	8	12	2	辛丑	5	1	1	辛未	8
初二 2nd	8	6	癸卯	6	9	5	癸酉	3	10	4	壬寅	1	11	3	壬申	7	12	3	壬寅	4	1	2	壬申	9
初三 3rd	8	7	甲辰	5	9	6	甲戌	2	10	5	癸卯	9	11	4	癸酉	6	12	4	癸卯	3	1	3	癸酉	1
初四 4th	8	8	乙巳	4	9	7	乙亥	1	10	6	甲辰	8	11	5	甲戌	5	12	5	甲辰	2	1	4	甲戌	2
初五 5th	8	9	丙午	3	9	8	丙子	9	10	7	乙巳	7	11	6	乙亥	4	12	6	乙巳	1	1	5	乙亥	3
初六 6th	8	10	丁未	2	9	9	丁丑	8	10	8	丙午	6	11	7	丙子	3	12	7	丙午	9	1	6	丙子	4
初七 7th	8	11	戊申	1	9	10	戊寅	7	10	9	丁未	5	11	8	丁丑	2	12	8	丁未	8	1	7	丁丑	5
初八 8th	8	12	己酉	9	9	11	己卯	6	10	10	戊申	4	11	9	戊寅	1	12	9	戊申	7	1	8	戊寅	6
初九 9th	8	13	庚戌	8	9	12	庚辰	5	10	11	己酉	3	11	10	己卯	9	12	10	己酉	6	1	9	己卯	7
初十 10th	8	14	辛亥	7	9	13	辛巳	4	10	12	庚戌	2	11	11	庚辰	8	12	11	庚戌	5	1	10	庚辰	8
十一 11th	8	15	壬子	6	9	14	壬午	3	10	13	辛亥	1	11	12	辛巳	7	12	12	辛亥	4	1	11	辛巳	9
十二 12th	8	16	癸丑	5	9	15	癸未	2	10	14	壬子	9	11	13	壬午	6	12	13	壬子	3	1	12	壬午	1
十三 13th	8	17	甲寅	4	9	16	甲申	1	10	15	癸丑	8	11	14	癸未	5	12	14	癸丑	2	1	13	癸未	2
十四 14th	8	18	乙卯	3	9	17	乙酉	9	10	16	甲寅	7	11	15	甲申	4	12	15	甲寅	1	1	14	甲申	3
十五 15th	8	19	丙辰	2	9	18	丙戌	8	10	17	乙卯	6	11	16	乙酉	3	12	16	乙卯	9	1	15	乙酉	4
十六 16th	8	20	丁巳	1	9	19	丁亥	7	10	18	丙辰	5	11	17	丙戌	2	12	17	丙辰	8	1	16	丙戌	5
十七 17th	8	21	戊午	9	9	20	戊子	6	10	19	丁巳	4	11	18	丁亥	1	12	18	丁巳	7	1	17	丁亥	6
十八 18th	8	22	己未	8	9	21	己丑	5	10	20	戊午	3	11	19	戊子	9	12	19	戊午	6	1	18	戊子	7
十九 19th	8	23	庚申	7	9	22	庚寅	4	10	21	己未	2	11	20	己丑	8	12	20	己未	5	1	19	己丑	8
二十 20th	8	24	辛酉	6	9	23	辛卯	3	10	22	庚申	1	11	21	庚寅	7	12	21	庚申	4	1	20	庚寅	9
廿一 21st	8	25	壬戌	5	9	24	壬辰	2	10	23	辛酉	9	11	22	辛卯	6	12	22	辛酉	3	1	21	辛卯	1
廿二 22nd	8	26	癸亥	4	9	25	癸巳	1	10	24	壬戌	8	11	23	壬辰	5	12	23	壬戌	2\8	1	22	壬辰	2
廿三 23rd	8	27	甲子	3	9	26	甲午	9	10	25	癸亥	7	11	24	癸巳	4	12	24	癸亥	9	1	23	癸巳	3
廿四 24th	8	28	乙丑	2	9	27	乙未	8	10	26	甲子	6	11	25	甲午	3	12	25	甲子	1	1	24	甲午	4
廿五 25th	8	29	丙寅	1	9	28	丙申	7	10	27	乙丑	5	11	26	乙未	2	12	26	乙丑	2	1	25	乙未	5
廿六 26th	8	30	丁卯	9	9	29	丁酉	6	10	28	丙寅	4	11	27	丙申	1	12	27	丙寅	3	1	26	丙申	6
廿七 27th	8	31	戊辰	8	9	30	戊戌	5	10	29	丁卯	3	11	28	丁酉	9	12	28	丁卯	4	1	27	丁酉	7
廿八 28th	9	1	己巳	7	10	1	己亥	4	10	30	戊辰	2	11	29	戊戌	8	12	29	戊辰	5	1	28	戊戌	8
廿九 29th	9	2	庚午	6	10	2	庚子	3	10	31	己巳	1	11	30	己亥	7	12	30	己巳	6	1	29	己亥	9
三十 30th	9	3	辛未	5					11	1	庚午	9	12	1	庚子	6	12	31	庚午	7				

地支 Twelve Branches: 子 Zi Rat; 丑 Chou Ox; 寅 Yin Tiger; 卯 Mao Rabbit; 辰 Chen Dragon; 巳 Si Snake; 午 Wu Horse; 未 Wei Goat; 申 Shen Monkey; 酉 You Rooster; 戌 Xu Dog; 亥 Hai Pig

1911 辛亥 Metal Pig

Grand Duke: 葉堅

月干支 Month	正月大 1st Mth				二月小 2nd Mth				三月大 3rd Mth				四月小 4th Mth			
	庚寅 Geng Yin				辛卯 Xin Mao				壬辰 Ren Chen				癸巳 Gui Si			
九星 9 Star	二黑 Two Black				一白 One White				九紫 Nine Purple				八白 Eight White			
節氣 Season	雨水 Rain Water		立春 Coming of Spring		春分 Spring Equinox		驚蟄 Awakening of Worms		穀雨 Grain Rain		清明 Clear and Bright		小滿 Small Sprout		立夏 Coming of Summer	
	22nd day		7th day		22nd day		7th day		23rd day		8th day		24th day		9th day	
	2hr 20min		6hr 11min		1hr 55min		0hr 39min		13hr 36min		6hr 5min		13hr 19min		0hr 1min	
	丑 Chou		卯 Mao		丑 Chou		子 Zi		未 Wei		卯 Mao		未 Wei		子 Zi	
農曆 Calendar	國曆 Gregorian		干支 S/B	星 Star	國曆 Gregorian		干支 S/B	星 Star	國曆 Gregorian		干支 S/B	星 Star	國曆 Gregorian		干支 S/B	星 Star
初一 1st	1	30	庚子	1	3	1	庚午	4	3	30	己亥	6	4	29	己巳	9
初二 2nd	1	31	辛丑	2	3	2	辛未	5	3	31	庚子	7	4	30	庚午	1
初三 3rd	2	1	壬寅	3	3	3	壬申	6	4	1	辛丑	8	5	1	辛未	2
初四 4th	2	2	癸卯	4	3	4	癸酉	7	4	2	壬寅	9	5	2	壬申	3
初五 5th	2	3	甲辰	5	3	5	甲戌	8	4	3	癸卯	1	5	3	癸酉	4
初六 6th	2	4	乙巳	6	3	6	乙亥	9	4	4	甲辰	2	5	4	甲戌	5
初七 7th	2	5	丙午	7	3	7	丙子	1	4	5	乙巳	3	5	5	乙亥	6
初八 8th	2	6	丁未	8	3	8	丁丑	2	4	6	丙午	4	5	6	丙子	7
初九 9th	2	7	戊申	9	3	9	戊寅	3	4	7	丁未	5	5	7	丁丑	8
初十 10th	2	8	己酉	1	3	10	己卯	4	4	8	戊申	6	5	8	戊寅	9
十一 11th	2	9	庚戌	2	3	11	庚辰	5	4	9	己酉	7	5	9	己卯	1
十二 12th	2	10	辛亥	3	3	12	辛巳	6	4	10	庚戌	8	5	10	庚辰	2
十三 13th	2	11	壬子	4	3	13	壬午	7	4	11	辛亥	9	5	11	辛巳	3
十四 14th	2	12	癸丑	5	3	14	癸未	8	4	12	壬子	1	5	12	壬午	4
十五 15th	2	13	甲寅	6	3	15	甲申	9	4	13	癸丑	2	5	13	癸未	5
十六 16th	2	14	乙卯	7	3	16	乙酉	1	4	14	甲寅	3	5	14	甲申	6
十七 17th	2	15	丙辰	8	3	17	丙戌	2	4	15	乙卯	4	5	15	乙酉	7
十八 18th	2	16	丁巳	9	3	18	丁亥	3	4	16	丙辰	5	5	16	丙戌	8
十九 19th	2	17	戊午	1	3	19	戊子	4	4	17	丁巳	6	5	17	丁亥	9
二十 20th	2	18	己未	2	3	20	己丑	5	4	18	戊午	7	5	18	戊子	1
廿一 21st	2	19	庚申	3	3	21	庚寅	6	4	19	己未	8	5	19	己丑	2
廿二 22nd	2	20	辛酉	4	3	22	辛卯	7	4	20	庚申	9	5	20	庚寅	3
廿三 23rd	2	21	壬戌	5	3	23	壬辰	8	4	21	辛酉	1	5	21	辛卯	4
廿四 24th	2	22	癸亥	6	3	24	癸巳	9	4	22	壬戌	2	5	22	壬辰	5
廿五 25th	2	23	甲子	7	3	25	甲午	1	4	23	癸亥	3	5	23	癸巳	6
廿六 26th	2	24	乙丑	8	3	26	乙未	2	4	24	甲子	4	5	24	甲午	7
廿七 27th	2	25	丙寅	9	3	27	丙申	3	4	25	乙丑	5	5	25	乙未	8
廿八 28th	2	26	丁卯	1	3	28	丁酉	4	4	26	丙寅	6	5	26	丙申	9
廿九 29th	2	27	戊辰	2	3	29	戊戌	5	4	27	丁卯	7	5	27	丁酉	1
三十 30th	2	28	己巳	3					4	28	戊辰	8				

月干支 Month	五月小 5th Mth				六月大 6th Mth				閏六月小 6th Mth			
	甲午 Jia Wu				乙未 Yi Wei							
九星 9 Star	七赤 Seven Red				六白 Six White							
節氣 Season	夏至 Summer Solstice		芒種 Planting of Thorny Crops		大暑 Greater Heat		小暑 Lesser Heat				立秋 Coming Autumn	
	26th day		11th day		29th day		13th day				15th day	
	21hr 35min		4hr 38min		8hr 29min		15hr 5min				0hr 45min	
	亥 Hai		寅 Yin		辰 Chen		申 Shen				子 Zi	
農曆 Calendar	國曆 Gregorian		干支 S/B	星 Star	國曆 Gregorian		干支 S/B	星 Star	國曆 Gregorian		干支 S/B	星 Star
初一 1st	5	28	戊戌	2	6	26	丁卯	6	7	26	丁酉	3
初二 2nd	5	29	己亥	3	6	27	戊辰	5	7	27	戊戌	2
初三 3rd	5	30	庚子	4	6	28	己巳	4	7	28	己亥	1
初四 4th	5	31	辛丑	5	6	29	庚午	3	7	29	庚子	9
初五 5th	6	1	壬寅	6	6	30	辛未	2	7	30	辛丑	8
初六 6th	6	2	癸卯	7	7	1	壬申	1	7	31	壬寅	7
初七 7th	6	3	甲辰	8	7	2	癸酉	9	8	1	癸卯	6
初八 8th	6	4	乙巳	9	7	3	甲戌	8	8	2	甲辰	5
初九 9th	6	5	丙午	1	7	4	乙亥	7	8	3	乙巳	4
初十 10th	6	6	丁未	2	7	5	丙子	6	8	4	丙午	3
十一 11th	6	7	戊申	3	7	6	丁丑	5	8	5	丁未	2
十二 12th	6	8	己酉	4	7	7	戊寅	4	8	6	戊申	1
十三 13th	6	9	庚戌	5	7	8	己卯	3	8	7	己酉	9
十四 14th	6	10	辛亥	6	7	9	庚辰	2	8	8	庚戌	8
十五 15th	6	11	壬子	7	7	10	辛巳	1	8	9	辛亥	7
十六 16th	6	12	癸丑	8	7	11	壬午	9	8	10	壬子	6
十七 17th	6	13	甲寅	9	7	12	癸未	8	8	11	癸丑	5
十八 18th	6	14	乙卯	1	7	13	甲申	7	8	12	甲寅	4
十九 19th	6	15	丙辰	2	7	14	乙酉	6	8	13	乙卯	3
二十 20th	6	16	丁巳	3	7	15	丙戌	5	8	14	丙辰	2
廿一 21st	6	17	戊午	4	7	16	丁亥	4	8	15	丁巳	1
廿二 22nd	6	18	己未	5	7	17	戊子	3	8	16	戊午	9
廿三 23rd	6	19	庚申	6	7	18	己丑	2	8	17	己未	8
廿四 24th	6	20	辛酉	7	7	19	庚寅	1	8	18	庚申	7
廿五 25th	6	21	壬戌	8	7	20	辛卯	9	8	19	辛酉	6
廿六 26th	6	22	癸亥	9\1	7	21	壬辰	8	8	20	壬戌	5
廿七 27th	6	23	甲子	9	7	22	癸巳	7	8	21	癸亥	4
廿八 28th	6	24	乙丑	8	7	23	甲午	6	8	22	甲子	3
廿九 29th	6	25	丙寅	7	7	24	乙未	5	8	23	乙丑	2
三十 30th					7	25	丙申	4				

天干 Ten Stems

甲 Jia Yang Wood
乙 Yi Yin Wood
丙 Bing Yang Fire
丁 Ding Yin Fire
戊 Wu Yang Earth
己 Ji Yin Earth
庚 Geng Yang Metal
辛 Xin Yin Metal
壬 Ren Yang Water
癸 Gui Yin Water

Male Gua: 8 艮(Gen) Female Gua: 7 兑(Dui) 3 Killing 三煞: West Annual Star: 8 White

十二月大 12th Mth				十一月大 11th Mth				十月小 10th Mth				月干支 Month	
辛丑 Xin Chou				庚子 Geng Zi				己亥 Ji Hai					
九紫 Nine Purple				一白 One White				二黑 Two Black				九星 9 Star	
立春 Coming of Spring		大寒 Greater Cold		小寒 Lesser Cold		冬至 Winter Solstice		大雪 Greater Snow		小雪 Lesser Snow		節氣 Season	
18th day		3rd day		19th day		4th day		18th day		3rd day			
11hr 54min		11hr 29min		0hr 8min		6hr 54min		13hr 8min		17hr 56min			
午 Wu		酉 You		子 Zi		卯 Mao		未 Wei		酉 You			
國曆 Gregorian		干支 S/B	星 Star	國曆 Gregorian		干支 S/B	星 Star	國曆 Gregorian		干支 S/B	星 Star	農曆 Calendar	
1	19	甲午	7	12	20	甲子	9	11	21	乙未	2	初一	1st
1	20	乙未	8	12	21	乙丑	8	11	22	丙申	1	初二	2nd
1	21	丙申	9	12	22	丙寅	7	11	23	丁酉	9	初三	3rd
1	22	丁酉	1	12	23	丁卯	6\7	11	24	戊戌	8	初四	4th
1	23	戊戌	2	12	24	戊辰	8	11	25	己亥	7	初五	5th
1	24	己亥	3	12	25	己巳	9	11	26	庚子	6	初六	6th
1	25	庚子	4	12	26	庚午	1	11	27	辛丑	5	初七	7th
1	26	辛丑	5	12	27	辛未	2	11	28	壬寅	4	初八	8th
1	27	壬寅	6	12	28	壬申	3	11	29	癸卯	3	初九	9th
1	28	癸卯	7	12	29	癸酉	4	11	30	甲辰	2	初十	10th
1	29	甲辰	8	12	30	甲戌	5	12	1	乙巳	1	十一	11th
1	30	乙巳	9	12	31	乙亥	6	12	2	丙午	9	十二	12th
1	31	丙午	1	1	1	丙子	7	12	3	丁未	8	十三	13th
2	1	丁未	2	1	2	丁丑	8	12	4	戊申	7	十四	14th
2	2	戊申	3	1	3	戊寅	9	12	5	己酉	6	十五	15th
2	3	己酉	4	1	4	己卯	1	12	6	庚戌	5	十六	16th
2	4	庚戌	5	1	5	庚辰	2	12	7	辛亥	4	十七	17th
2	5	辛亥	6	1	6	辛巳	3	12	8	壬子	3	十八	18th
2	6	壬子	7	1	7	壬午	4	12	9	癸丑	2	十九	19th
2	7	癸丑	8	1	8	癸未	5	12	10	甲寅	1	二十	20th
2	8	甲寅	9	1	9	甲申	6	12	11	乙卯	9	廿一	21st
2	9	乙卯	1	1	10	乙酉	7	12	12	丙辰	8	廿二	22nd
2	10	丙辰	2	1	11	丙戌	8	12	13	丁巳	7	廿三	23rd
2	11	丁巳	3	1	12	丁亥	9	12	14	戊午	6	廿四	24th
2	12	戊午	4	1	13	戊子	1	12	15	己未	5	廿五	25th
2	13	己未	5	1	14	己丑	2	12	16	庚申	4	廿六	26th
2	14	庚申	6	1	15	庚寅	3	12	17	辛酉	3	廿七	27th
2	15	辛酉	7	1	16	辛卯	4	12	18	壬戌	2	廿八	28th
2	16	壬戌	8	1	17	壬辰	5	12	19	癸亥	1	廿九	29th
2	17	癸亥	9	1	18	癸巳	6					三十	30th

九月大 9th Mth				八月大 8th Mth				七月小 7th Mth				月干支 Month	
戊戌 Wu Xu				丁酉 Ding You				丙申 Bing Shen					
三碧 Three Jade				四綠 Four Green				五黃 Five Yellow				九星 9 Star	
立冬 Coming of Winter		霜降 Frosting		寒露 Cold Dew		秋分 Autumn Equinox		白露 White Dew		處暑 Heat Ends		節氣 Season	
18th day		3rd day		18th day		3rd day		17th day		1st day			
20hr 47min		20hr 58min		18hr 15min		12hr 18min		3hr 13min		15hr 13min			
戌 Xu		戌 Xu		酉 You		午 Wu		寅 Yin		申 Shen			
國曆 Gregorian		干支 S/B	星 Star	國曆 Gregorian		干支 S/B	星 Star	國曆 Gregorian		干支 S/B	星 Star	農曆 Calendar	
10	22	乙丑	5	9	22	乙未	8	8	24	丙寅	1	初一	1st
10	23	丙寅	4	9	23	丙申	7	8	25	丁卯	9	初二	2nd
10	24	丁卯	3	9	24	丁酉	6	8	26	戊辰	8	初三	3rd
10	25	戊辰	2	9	25	戊戌	5	8	27	己巳	7	初四	4th
10	26	己巳	1	9	26	己亥	4	8	28	庚午	6	初五	5th
10	27	庚午	9	9	27	庚子	3	8	29	辛未	5	初六	6th
10	28	辛未	8	9	28	辛丑	2	8	30	壬申	4	初七	7th
10	29	壬申	7	9	29	壬寅	1	8	31	癸酉	3	初八	8th
10	30	癸酉	6	9	30	癸卯	9	9	1	甲戌	2	初九	9th
10	31	甲戌	5	10	1	甲辰	8	9	2	乙亥	1	初十	10th
11	1	乙亥	4	10	2	乙巳	7	9	3	丙子	9	十一	11th
11	2	丙子	3	10	3	丙午	6	9	4	丁丑	8	十二	12th
11	3	丁丑	2	10	4	丁未	5	9	5	戊寅	7	十三	13th
11	4	戊寅	1	10	5	戊申	4	9	6	己卯	6	十四	14th
11	5	己卯	9	10	6	己酉	3	9	7	庚辰	5	十五	15th
11	6	庚辰	8	10	7	庚戌	2	9	8	辛巳	4	十六	16th
11	7	辛巳	7	10	8	辛亥	1	9	9	壬午	3	十七	17th
11	8	壬午	6	10	9	壬子	9	9	10	癸未	2	十八	18th
11	9	癸未	5	10	10	癸丑	8	9	11	甲申	1	十九	19th
11	10	甲申	4	10	11	甲寅	7	9	12	乙酉	9	二十	20th
11	11	乙酉	3	10	12	乙卯	6	9	13	丙戌	8	廿一	21st
11	12	丙戌	2	10	13	丙辰	5	9	14	丁亥	7	廿二	22nd
11	13	丁亥	1	10	14	丁巳	4	9	15	戊子	6	廿三	23rd
11	14	戊子	9	10	15	戊午	3	9	16	己丑	5	廿四	24th
11	15	己丑	8	10	16	己未	2	9	17	庚寅	4	廿五	25th
11	16	庚寅	7	10	17	庚申	1	9	18	辛卯	3	廿六	26th
11	17	辛卯	6	10	18	辛酉	9	9	19	壬辰	2	廿七	27th
11	18	壬辰	5	10	19	壬戌	8	9	20	癸巳	1	廿八	28th
11	19	癸巳	4	10	20	癸亥	7	9	21	甲午	9	廿九	29th
11	20	甲午	3	10	21	甲子	6					三十	30th

地支 Twelve Branches
子 Zi Rat
丑 Chou Ox
寅 Yin Tiger
卯 Mao Rabbit
辰 Chen Dragon
巳 Si Snake
午 Wu Horse
未 Wei Goat
申 Shen Monkey
酉 You Rooster
戌 Xu Dog
亥 Hai Pig

1912 壬子 Water Rat

Grand Duke: 邱德

月干支 Month	正月大 1st Mth			
	壬寅 Ren Yin			
九星 9 Star	八白 Eight White			
節氣 Season	驚蟄 Awakening of Worms		雨水 Rain Water	
	18th day		3rd day	
	6hr 21min		7hr 56min	
	卯 Mao		辰 Chen	
農曆 Calendar	國曆 Gregorian		干支 S/B	星 Star
初一 1st	2	18	甲子	1
初二 2nd	2	19	乙丑	2
初三 3rd	2	20	丙寅	3
初四 4th	2	21	丁卯	4
初五 5th	2	22	戊辰	5
初六 6th	2	23	己巳	6
初七 7th	2	24	庚午	7
初八 8th	2	25	辛未	8
初九 9th	2	26	壬申	9
初十 10th	2	27	癸酉	1
十一 11th	2	28	甲戌	2
十二 12th	2	29	乙亥	3
十三 13th	3	1	丙子	4
十四 14th	3	2	丁丑	5
十五 15th	3	3	戊寅	6
十六 16th	3	4	己卯	7
十七 17th	3	5	庚辰	8
十八 18th	3	6	辛巳	9
十九 19th	3	7	壬午	1
二十 20th	3	8	癸未	2
廿一 21st	3	9	甲申	3
廿二 22nd	3	10	乙酉	4
廿三 23rd	3	11	丙戌	5
廿四 24th	3	12	丁亥	6
廿五 25th	3	13	戊子	7
廿六 26th	3	14	己丑	8
廿七 27th	3	15	庚寅	9
廿八 28th	3	16	辛卯	1
廿九 29th	3	17	壬辰	2
三十 30th	3	18	癸巳	3

月干支 Month	二月小 2nd Mth			
	癸卯 Gui Mao			
九星 9 Star	七赤 Seven Red			
節氣 Season	清明 Clear and Bright		春分 Spring Equinox	
	18th day		3rd day	
	11hr 48min		7hr 29min	
	午 Wu		辰 Chen	
農曆 Calendar	國曆 Gregorian		干支 S/B	星 Star
初一 1st	3	19	甲午	4
初二 2nd	3	20	乙未	5
初三 3rd	3	21	丙申	6
初四 4th	3	22	丁酉	7
初五 5th	3	23	戊戌	8
初六 6th	3	24	己亥	9
初七 7th	3	25	庚子	1
初八 8th	3	26	辛丑	2
初九 9th	3	27	壬寅	3
初十 10th	3	28	癸卯	4
十一 11th	3	29	甲辰	5
十二 12th	3	30	乙巳	6
十三 13th	3	31	丙午	7
十四 14th	4	1	丁未	8
十五 15th	4	2	戊申	9
十六 16th	4	3	己酉	1
十七 17th	4	4	庚戌	2
十八 18th	4	5	辛亥	3
十九 19th	4	6	壬子	4
二十 20th	4	7	癸丑	5
廿一 21st	4	8	甲寅	6
廿二 22nd	4	9	乙卯	7
廿三 23rd	4	10	丙辰	8
廿四 24th	4	11	丁巳	9
廿五 25th	4	12	戊午	1
廿六 26th	4	13	己未	2
廿七 27th	4	14	庚申	3
廿八 28th	4	15	辛酉	4
廿九 29th	4	16	壬戌	5
三十 30th				

月干支 Month	三月大 3rd Mth			
	甲辰 Jia Chen			
九星 9 Star	六白 Six White			
節氣 Season	立夏 Coming of Summer		穀雨 Grain Rain	
	20th day		4th day	
	5hr 47min		19hr 12min	
	卯 Mao		戌 Xu	
農曆 Calendar	國曆 Gregorian		干支 S/B	星 Star
初一 1st	4	17	癸亥	6
初二 2nd	4	18	甲子	7
初三 3rd	4	19	乙丑	8
初四 4th	4	20	丙寅	9
初五 5th	4	21	丁卯	1
初六 6th	4	22	戊辰	2
初七 7th	4	23	己巳	3
初八 8th	4	24	庚午	4
初九 9th	4	25	辛未	5
初十 10th	4	26	壬申	6
十一 11th	4	27	癸酉	7
十二 12th	4	28	甲戌	8
十三 13th	4	29	乙亥	9
十四 14th	4	30	丙子	1
十五 15th	5	1	丁丑	2
十六 16th	5	2	戊寅	3
十七 17th	5	3	己卯	4
十八 18th	5	4	庚辰	5
十九 19th	5	5	辛巳	6
二十 20th	5	6	壬午	7
廿一 21st	5	7	癸未	8
廿二 22nd	5	8	甲申	9
廿三 23rd	5	9	乙酉	1
廿四 24th	5	10	丙戌	2
廿五 25th	5	11	丁亥	3
廿六 26th	5	12	戊子	4
廿七 27th	5	13	己丑	5
廿八 28th	5	14	庚寅	6
廿九 29th	5	15	辛卯	7
三十 30th	5	16	壬辰	8

月干支 Month	四月小 4th Mth			
	乙巳 Yi Si			
九星 9 Star	五黃 Five Yellow			
節氣 Season	芒種 Planting of Thorny Crops		小滿 Small Sprout	
	21st day		5th day	
	10hr 28min		18hr 57min	
	巳 Si		酉 You	
農曆 Calendar	國曆 Gregorian		干支 S/B	星 Star
初一 1st	5	17	癸巳	9
初二 2nd	5	18	甲午	1
初三 3rd	5	19	乙未	2
初四 4th	5	20	丙申	3
初五 5th	5	21	丁酉	4
初六 6th	5	22	戊戌	5
初七 7th	5	23	己亥	6
初八 8th	5	24	庚子	7
初九 9th	5	25	辛丑	8
初十 10th	5	26	壬寅	9
十一 11th	5	27	癸卯	1
十二 12th	5	28	甲辰	2
十三 13th	5	29	乙巳	3
十四 14th	5	30	丙午	4
十五 15th	5	31	丁未	5
十六 16th	6	1	戊申	6
十七 17th	6	2	己酉	7
十八 18th	6	3	庚戌	8
十九 19th	6	4	辛亥	9
二十 20th	6	5	壬子	1
廿一 21st	6	6	癸丑	2
廿二 22nd	6	7	甲寅	3
廿三 23rd	6	8	乙卯	4
廿四 24th	6	9	丙辰	5
廿五 25th	6	10	丁巳	6
廿六 26th	6	11	戊午	7
廿七 27th	6	12	己未	8
廿八 28th	6	13	庚申	9
廿九 29th	6	14	辛酉	1
三十 30th				

月干支 Month	五月小 5th Mth			
	丙午 Bing Wu			
九星 9 Star	四綠 Four Green			
節氣 Season	小暑 Lesser Heat		夏至 Summer Solstice	
	23rd day		8th day	
	20hr 57min		3hr 17min	
	戌 Xu		寅 Yin	
農曆 Calendar	國曆 Gregorian		干支 S/B	星 Star
初一 1st	6	15	壬戌	2
初二 2nd	6	16	癸亥	3
初三 3rd	6	17	甲子	4
初四 4th	6	18	乙丑	5
初五 5th	6	19	丙寅	6
初六 6th	6	20	丁卯	7
初七 7th	6	21	戊辰	8
初八 8th	6	22	己巳	9\1
初九 9th	6	23	庚午	9
初十 10th	6	24	辛未	8
十一 11th	6	25	壬申	7
十二 12th	6	26	癸酉	6
十三 13th	6	27	甲戌	5
十四 14th	6	28	乙亥	4
十五 15th	6	29	丙子	3
十六 16th	6	30	丁丑	2
十七 17th	7	1	戊寅	1
十八 18th	7	2	己卯	9
十九 19th	7	3	庚辰	8
二十 20th	7	4	辛巳	7
廿一 21st	7	5	壬午	6
廿二 22nd	7	6	癸未	5
廿三 23rd	7	7	甲申	4
廿四 24th	7	8	乙酉	3
廿五 25th	7	9	丙戌	2
廿六 26th	7	10	丁亥	1
廿七 27th	7	11	戊子	9
廿八 28th	7	12	己丑	8
廿九 29th	7	13	庚寅	7
三十 30th				

月干支 Month	六月大 6th Mth			
	丁未 Ding Wei			
九星 9 Star	三碧 Three Jade			
節氣 Season	立秋 Coming Autumn		大暑 Greater Heat	
	26th day		10th day	
	6hr 37min		14hr 14min	
	卯 Mao		未 Wei	
農曆 Calendar	國曆 Gregorian		干支 S/B	星 Star
初一 1st	7	14	辛卯	6
初二 2nd	7	15	壬辰	5
初三 3rd	7	16	癸巳	4
初四 4th	7	17	甲午	3
初五 5th	7	18	乙未	2
初六 6th	7	19	丙申	1
初七 7th	7	20	丁酉	9
初八 8th	7	21	戊戌	8
初九 9th	7	22	己亥	7
初十 10th	7	23	庚子	6
十一 11th	7	24	辛丑	5
十二 12th	7	25	壬寅	4
十三 13th	7	26	癸卯	3
十四 14th	7	27	甲辰	2
十五 15th	7	28	乙巳	[illegible]
十六 16th	7	29	丙午	9
十七 17th	7	30	丁未	8
十八 18th	7	31	戊申	7
十九 19th	8	1	己酉	6
二十 20th	8	2	庚戌	5
廿一 21st	8	3	辛亥	4
廿二 22nd	8	4	壬子	3
廿三 23rd	8	5	癸丑	2
廿四 24th	8	6	甲寅	1
廿五 25th	8	7	乙卯	9
廿六 26th	8	8	丙辰	8
廿七 27th	8	9	丁巳	7
廿八 28th	8	10	戊午	6
廿九 29th	8	11	己未	5
三十 30th	8	12	庚申	4

天干 Ten Stems

甲 Jia Yang Wood
乙 Yi Yin Wood
丙 Bing Yang Fire
丁 Ding Yin Fire
戊 Wu Yang Earth
己 Ji Yin Earth
庚 Geng Yang Metal
辛 Xin Yin Metal
壬 Ren Yang Water
癸 Gui Yin Water

Male Gua: 7 兌(Dui)   Female Gua: 8 艮(Gen)   3 Killing 三煞: South   Annual Star: 7 Red

地支 Twelve Branches	十二月大 12th Mth				十一月小 11th Mth				十月大 10th Mth				九月大 9th Mth				八月小 8th Mth				七月小 7th Mth				月干支 Month
	癸丑 Gui Chou				壬子 Ren Zi				辛亥 Xin Hai				庚戌 Geng Xu				己酉 Ji You				戊申 Wu Shen				
	六白 Six White				七赤 Seven Red				八白 Eight White				九紫 Nine Purple				一白 One White				二黑 Two Black				九星 9 Star
子 Zi Rat	立春 Coming of Spring		大寒 Greater Cold		小寒 Lesser Cold		冬至 Winter Solstice		大雪 Greater Snow		小雪 Lesser Snow		立冬 Coming of Winter		霜降 Frosting		寒露 Cold Dew		秋分 Autumn Equinox		白露 White Dew		處暑 Heat Ends		節氣 Season
	29th day		14th day		29th day		14th day		29th day		14th day		30th day		15th day		29th day		13th day		27th day		11th day		
丑 Chou Ox	17hr 43min		23hr 19min		5hr 58min		12hr 45min		18hr 59min		23hr 48min		2hr 39min		2hr 50min		0hr 7min		18hr 8min		9hr 6min		21hr 2min		
	酉 You		子 Zi		卯 Mao		午 Wu		酉 You		子 Zi		丑 Chou		丑 Chou		子 Zi		酉 You		巳 Si		亥 Hai		
	國曆 Gregorian		干支 S/B	星 Star	國曆 Gregorian		干支 S/B	星 Star	國曆 Gregorian		干支 S/B	星 Star	國曆 Gregorian		干支 S/B	星 Star	國曆 Gregorian		干支 S/B	星 Star	國曆 Gregorian		干支 S/B	星 Star	農曆 Calendar
寅 Yin Tiger	1	7	戊子	1	12	9	己未	2	11	9	己丑	5	10	10	己未	8	9	11	庚寅	1	8	13	辛酉	3	初一 1st
	1	8	己丑	2	12	10	庚申	1	11	10	庚寅	4	10	11	庚申	7	9	12	辛卯	9	8	14	壬戌	2	初二 2nd
	1	9	庚寅	3	12	11	辛酉	9	11	11	辛卯	3	10	12	辛酉	6	9	13	壬辰	8	8	15	癸亥	1	初三 3rd
卯 Mao Rabbit	1	10	辛卯	4	12	12	壬戌	8	11	12	壬辰	2	10	13	壬戌	5	9	14	癸巳	7	8	16	甲子	9	初四 4th
	1	11	壬辰	5	12	13	癸亥	7	11	13	癸巳	1	10	14	癸亥	4	9	15	甲午	6	8	17	乙丑	8	初五 5th
	1	12	癸巳	6	12	14	甲子	6	11	14	甲午	9	10	15	甲子	3	9	16	乙未	5	8	18	丙寅	7	初六 6th
辰 Chen Dragon	1	13	甲午	7	12	15	乙丑	5	11	15	乙未	8	10	16	乙丑	2	9	17	丙申	4	8	19	丁卯	6	初七 7th
	1	14	乙未	8	12	16	丙寅	4	11	16	丙申	7	10	17	丙寅	1	9	18	丁酉	3	8	20	戊辰	5	初八 8th
	1	15	丙申	9	12	17	丁卯	3	11	17	丁酉	6	10	18	丁卯	9	9	19	戊戌	2	8	21	己巳	4	初九 9th
	1	16	丁酉	1	12	18	戊辰	2	11	18	戊戌	5	10	19	戊辰	8	9	20	己亥	1	8	22	庚午	3	初十 10th
巳 Si Snake	1	17	戊戌	2	12	19	己巳	1	11	19	己亥	4	10	20	己巳	7	9	21	庚子	9	8	23	辛未	2	十一 11th
	1	18	己亥	3	12	20	庚午	9	11	20	庚子	3	10	21	庚午	6	9	22	辛丑	8	8	24	壬申	1	十二 12th
	1	19	庚子	4	12	21	辛未	8	11	21	辛丑	2	10	22	辛未	5	9	23	壬寅	7	8	25	癸酉	9	十三 13th
午 Wu Horse	1	20	辛丑	5	12	22	壬申	7\3	11	22	壬寅	1	10	23	壬申	4	9	24	癸卯	6	8	26	甲戌	8	十四 14th
	1	21	壬寅	6	12	23	癸酉	4	11	23	癸卯	9	10	24	癸酉	3	9	25	甲辰	5	8	27	乙亥	7	十五 15th
	1	22	癸卯	7	12	24	甲戌	5	11	24	甲辰	8	10	25	甲戌	2	9	26	乙巳	4	8	28	丙子	6	十六 16th
未 Wei Goat	1	23	甲辰	8	12	25	乙亥	6	11	25	乙巳	7	10	26	乙亥	1	9	27	丙午	3	8	29	丁丑	5	十七 17th
	1	24	乙巳	9	12	26	丙子	7	11	26	丙午	6	10	27	丙子	9	9	28	丁未	2	8	30	戊寅	4	十八 18th
	1	25	丙午	1	12	27	丁丑	8	11	27	丁未	5	10	28	丁丑	8	9	29	戊申	1	8	31	己卯	3	十九 19th
申 Shen Monkey	1	26	丁未	2	12	28	戊寅	9	11	28	戊申	4	10	29	戊寅	7	9	30	己酉	9	9	1	庚辰	2	二十 20th
	1	27	戊申	3	12	29	己卯	1	11	29	己酉	3	10	30	己卯	6	10	1	庚戌	8	9	2	辛巳	1	廿一 21st
	1	28	己酉	4	12	30	庚辰	2	11	30	庚戌	2	10	31	庚辰	5	10	2	辛亥	7	9	3	壬午	9	廿二 22nd
酉 You Rooster	1	29	庚戌	5	12	31	辛巳	3	12	1	辛亥	1	11	1	辛巳	4	10	3	壬子	6	9	4	癸未	8	廿三 23rd
	1	30	辛亥	6	1	1	壬午	4	12	2	壬子	9	11	2	壬午	3	10	4	癸丑	5	9	5	甲申	7	廿四 24th
	1	31	壬子	7	1	2	癸未	5	12	3	癸丑	8	11	3	癸未	2	10	5	甲寅	4	9	6	乙酉	6	廿五 25th
戌 Xu Dog	2	1	癸丑	8	1	3	甲申	6	12	4	甲寅	7	11	4	甲申	1	10	6	乙卯	3	9	7	丙戌	5	廿六 26th
	2	2	甲寅	9	1	4	乙酉	7	12	5	乙卯	6	11	5	乙酉	9	10	7	丙辰	2	9	8	丁亥	4	廿七 27th
	2	3	乙卯	1	1	5	丙戌	8	12	6	丙辰	5	11	6	丙戌	8	10	8	丁巳	1	9	9	戊子	3	廿八 28th
亥 Hai Pig	2	4	丙辰	2	1	6	丁亥	9	12	7	丁巳	4	11	7	丁亥	7	10	9	戊午	9	9	10	己丑	2	廿九 29th
	2	5	丁巳	3					12	8	戊午	3	11	8	戊子	6									三十 30th

1913 癸丑 Water Ox

Grand Duke: 林簿

月干支 Month	正月大 1st Mth				二月大 2nd Mth				三月小 3rd Mth				四月大 4th Mth				五月小 5th Mth				六月小 6th Mth			
	甲寅 Jia Yin				乙卯 Yi Mao				丙辰 Bing Chen				丁巳 Ding Si				戊午 Wu Wu				己未 Ji Wei			
九星 9 Star	五黃 Five Yellow				四綠 Four Green				三碧 Three Jade				二黑 Two Black				一白 One White				九紫 Nine Purple			
節氣 Season	驚蟄 Awakening of Worms		雨水 Rain Water		清明 Clear and Bright		春分 Spring Equinox				穀雨 Grain Rain		小滿 Small Sprout		立夏 Coming of Summer		夏至 Summer Solstice		芒種 Planting of Thorny Crops		大暑 Greater Heat		小暑 Lesser Heat	
	29th day		14th day		29th day		14th day				15th day		17th day		1st day		18th day		2nd day		20th day		5th day	
	12hr 9min		13hr 45min		17hr 36min		13hr 18min				1hr 3min		0hr 50min		11hr 35min		9hr 10min		16hr 14min		20hr 4min		2hr 39min	
	午 Wu		未 Wei		酉 You		未 Wei				丑 Chou		子 Zi		午 Wu		巳 Si		申 Shen		戌 Xu		丑 Chou	
農曆 Calendar	國曆 Gregorian		干支 S/B	星 Star	國曆 Gregorian		干支 S/B	星 Star	國曆 Gregorian		干支 S/B	星 Star	國曆 Gregorian		干支 S/B	星 Star	國曆 Gregorian		干支 S/B	星 Star	國曆 Gregorian		干支 S/B	星 Star
初一 1st	2	6	戊午	4	3	8	戊子	7	4	7	戊午	1	5	6	丁亥	3	6	5	丁巳	6	7	4	丙戌	2
初二 2nd	2	7	己未	5	3	9	己丑	8	4	8	己未	2	5	7	戊子	4	6	6	戊午	7	7	5	丁亥	1
初三 3rd	2	8	庚申	6	3	10	庚寅	9	4	9	庚申	3	5	8	己丑	5	6	7	己未	8	7	6	戊子	9
初四 4th	2	9	辛酉	7	3	11	辛卯	1	4	10	辛酉	4	5	9	庚寅	6	6	8	庚申	9	7	7	己丑	8
初五 5th	2	10	壬戌	8	3	12	壬辰	2	4	11	壬戌	5	5	10	辛卯	7	6	9	辛酉	1	7	8	庚寅	7
初六 6th	2	11	癸亥	9	3	13	癸巳	3	4	12	癸亥	6	5	11	壬辰	8	6	10	壬戌	2	7	9	辛卯	6
初七 7th	2	12	甲子	1	3	14	甲午	4	4	13	甲子	7	5	12	癸巳	9	6	11	癸亥	3	7	10	壬辰	5
初八 8th	2	13	乙丑	2	3	15	乙未	5	4	14	乙丑	8	5	13	甲午	1	6	12	甲子	4	7	11	癸巳	4
初九 9th	2	14	丙寅	3	3	16	丙申	6	4	15	丙寅	9	5	14	乙未	2	6	13	乙丑	5	7	12	甲午	3
初十 10th	2	15	丁卯	4	3	17	丁酉	7	4	16	丁卯	1	5	15	丙申	3	6	14	丙寅	6	7	13	乙未	2
十一 11th	2	16	戊辰	5	3	18	戊戌	8	4	17	戊辰	2	5	16	丁酉	4	6	15	丁卯	7	7	14	丙申	1
十二 12th	2	17	己巳	6	3	19	己亥	9	4	18	己巳	3	5	17	戊戌	5	6	16	戊辰	8	7	15	丁酉	9
十三 13th	2	18	庚午	7	3	20	庚子	1	4	19	庚午	4	5	18	己亥	6	6	17	己巳	9	7	16	戊戌	8
十四 14th	2	19	辛未	8	3	21	辛丑	2	4	20	辛未	5	5	19	庚子	7	6	18	庚午	1	7	17	己亥	7
十五 15th	2	20	壬申	9	3	22	壬寅	3	4	21	壬申	6	5	20	辛丑	8	6	19	辛未	2	7	18	庚子	6
十六 16th	2	21	癸酉	1	3	23	癸卯	4	4	22	癸酉	7	5	21	壬寅	9	6	20	壬申	3	7	19	辛丑	5
十七 17th	2	22	甲戌	2	3	24	甲辰	5	4	23	甲戌	8	5	22	癸卯	1	6	21	癸酉	4	7	20	壬寅	4
十八 18th	2	23	乙亥	3	3	25	乙巳	6	4	24	乙亥	9	5	23	甲辰	2	6	22	甲戌	5\5	7	21	癸卯	3
十九 19th	2	24	丙子	4	3	26	丙午	7	4	25	丙子	1	5	24	乙巳	3	6	23	乙亥	4	7	22	甲辰	2
二十 20th	2	25	丁丑	5	3	27	丁未	8	4	26	丁丑	2	5	25	丙午	4	6	24	丙子	3	7	23	乙巳	[illegible]
廿一 21st	2	26	戊寅	6	3	28	戊申	9	4	27	戊寅	3	5	26	丁未	5	6	25	丁丑	2	7	24	丙午	9
廿二 22nd	2	27	己卯	7	3	29	己酉	1	4	28	己卯	4	5	27	戊申	6	6	26	戊寅	1	7	25	丁未	8
廿三 23rd	2	28	庚辰	8	3	30	庚戌	2	4	29	庚辰	5	5	28	己酉	7	6	27	己卯	9	7	26	戊申	7
廿四 24th	3	1	辛巳	9	3	31	辛亥	3	4	30	辛巳	6	5	29	庚戌	8	6	28	庚辰	8	7	27	己酉	6
廿五 25th	3	2	壬午	1	4	1	壬子	4	5	1	壬午	7	5	30	辛亥	9	6	29	辛巳	7	7	28	庚戌	5
廿六 26th	3	3	癸未	2	4	2	癸丑	5	5	2	癸未	8	5	31	壬子	1	6	30	壬午	6	7	29	辛亥	4
廿七 27th	3	4	甲申	3	4	3	甲寅	6	5	3	甲申	9	6	1	癸丑	2	7	1	癸未	5	7	30	壬子	3
廿八 28th	3	5	乙酉	4	4	4	乙卯	7	5	4	乙酉	1	6	2	甲寅	3	7	2	甲申	4	7	31	癸丑	2
廿九 29th	3	6	丙戌	5	4	5	丙辰	8	5	5	丙戌	2	6	3	乙卯	4	7	3	乙酉	3	8	1	甲寅	1
三十 30th	3	7	丁亥	6	4	6	丁巳	9					6	4	丙辰	5								

天干 Ten Stems

- 甲 Jia Yang Wood
- 乙 Yi Yin Wood
- 丙 Bing Yang Fire
- 丁 Ding Yin Fire
- 戊 Wu Yang Earth
- 己 Ji Yin Earth
- 庚 Geng Yang Metal
- 辛 Xin Yin Metal
- 壬 Ren Yang Water
- 癸 Gui Yin Water

Male Gua: 6 乾(Qian) **Female Gua: 9 離(Li)** 3 Killing 三煞: East Annual Star: 6 White

月干支 Month	七月大 7th Mth				八月小 8th Mth				九月小 9th Mth				十月大 10th Mth				十一月小 11th Mth				十二月大 12th Mth			
	庚申 Geng Shen				辛酉 Xin You				壬戌 Ren Xu				癸亥 Gui Hai				甲子 Jia Zi				乙丑 Yi Chou			
九星 9 Star	八白 Eight White				七赤 Seven Red				六白 Six White				五黃 Five Yellow				四綠 Four Green				三碧 Three Jade			
節氣 Season	處暑 Heat Ends		立秋 Coming Autumn		秋分 Autumn Equinox		白露 White Dew		霜降 Frosting		寒露 Cold Dew		小雪 Lesser Snow		立冬 Coming of Winter		冬至 Winter Solstice		大雪 Greater Snow		大寒 Greater Cold		小寒 Lesser Cold	
	23rd day		7th day		23rd day		8th day		25th day		10th day		26th day		11th day		25th day		11th day		26th day		11th day	
	2hr 48min		12hr 16min		23hr 53min		4hr 43min		8hr 35min		5hr 44min		5hr 35min		8hr 18min		18hr 35min		0hr 41min		5hr 12min		11hr 43min	
	丑 Chou		午 Wu		子 Zi		未 Wei		辰 Chen		卯 Mao		卯 Mao		辰 Chen		酉 You		子 Zi		卯 Mao		午 Wu	
農曆 Calendar	國曆 Gregorian		干支 S/B	星 Star	國曆 Gregorian		干支 S/B	星 Star	國曆 Gregorian		干支 S/B	星 Star	國曆 Gregorian		干支 S/B	星 Star	國曆 Gregorian		干支 S/B	星 Star	國曆 Gregorian		干支 S/B	星 Star
初一 1st	8	2	乙卯	9	9	1	乙酉	6	9	30	甲寅	4	10	29	癸未	2	11	28	癸丑	8	12	27	壬午	4
初二 2nd	8	3	丙辰	8	9	2	丙戌	5	10	1	乙卯	3	10	30	甲申	1	11	29	甲寅	7	12	28	癸未	5
初三 3rd	8	4	丁巳	7	9	3	丁亥	4	10	2	丙辰	2	10	31	乙酉	9	11	30	乙卯	6	12	29	甲申	6
初四 4th	8	5	戊午	6	9	4	戊子	3	10	3	丁巳	1	11	1	丙戌	8	12	1	丙辰	5	12	30	乙酉	7
初五 5th	8	6	己未	5	9	5	己丑	2	10	4	戊午	9	11	2	丁亥	7	12	2	丁巳	4	12	31	丙戌	8
初六 6th	8	7	庚申	4	9	6	庚寅	1	10	5	己未	8	11	3	戊子	6	12	3	戊午	3	1	1	丁亥	9
初七 7th	8	8	辛酉	3	9	7	辛卯	9	10	6	庚申	7	11	4	己丑	5	12	4	己未	2	1	2	戊子	1
初八 8th	8	9	壬戌	2	9	8	壬辰	8	10	7	辛酉	6	11	5	庚寅	4	12	5	庚申	1	1	3	己丑	2
初九 9th	8	10	癸亥	1	9	9	癸巳	7	10	8	壬戌	5	11	6	辛卯	3	12	6	辛酉	9	1	4	庚寅	3
初十 10th	8	11	甲子	9	9	10	甲午	6	10	9	癸亥	4	11	7	壬辰	2	12	7	壬戌	8	1	5	辛卯	4
十一 11th	8	12	乙丑	8	9	11	乙未	5	10	10	甲子	3	11	8	癸巳	1	12	8	癸亥	7	1	6	壬辰	5
十二 12th	8	13	丙寅	7	9	12	丙申	4	10	11	乙丑	2	11	9	甲午	9	12	9	甲子	6	1	7	癸巳	6
十三 13th	8	14	丁卯	6	9	13	丁酉	3	10	12	丙寅	1	11	10	乙未	8	12	10	乙丑	5	1	8	甲午	7
十四 14th	8	15	戊辰	5	9	14	戊戌	2	10	13	丁卯	9	11	11	丙申	7	12	11	丙寅	4	1	9	乙未	8
十五 15th	8	16	己巳	4	9	15	己亥	1	10	14	戊辰	8	11	12	丁酉	6	12	12	丁卯	3	1	10	丙申	9
十六 16th	8	17	庚午	3	9	16	庚子	9	10	15	己巳	7	11	13	戊戌	5	12	13	戊辰	2	1	11	丁酉	1
十七 17th	8	18	辛未	2	9	17	辛丑	8	10	16	庚午	6	11	14	己亥	4	12	14	己巳	1	1	12	戊戌	2
十八 18th	8	19	壬申	1	9	18	壬寅	7	10	17	辛未	5	11	15	庚子	3	12	15	庚午	9	1	13	己亥	3
十九 19th	8	20	癸酉	9	9	19	癸卯	6	10	18	壬申	4	11	16	辛丑	2	12	16	辛未	8	1	14	庚子	4
二十 20th	8	21	甲戌	8	9	20	甲辰	5	10	19	癸酉	3	11	17	壬寅	1	12	17	壬申	7	1	15	辛丑	5
廿一 21st	8	22	乙亥	7	9	21	乙巳	4	10	20	甲戌	2	11	18	癸卯	9	12	18	癸酉	6	1	16	壬寅	6
廿二 22nd	8	23	丙子	6	9	22	丙午	3	10	21	乙亥	1	11	19	甲辰	8	12	19	甲戌	5	1	17	癸卯	7
廿三 23rd	8	24	丁丑	5	9	23	丁未	2	10	22	丙子	9	11	20	乙巳	7	12	20	乙亥	4	1	18	甲辰	8
廿四 24th	8	25	戊寅	4	9	24	戊申	1	10	23	丁丑	8	11	21	丙午	6	12	21	丙子	3	1	19	乙巳	9
廿五 25th	8	26	己卯	3	9	25	己酉	9	10	24	戊寅	7	11	22	丁未	5	12	22	丁丑	2\8	1	20	丙午	1
廿六 26th	8	27	庚辰	2	9	26	庚戌	8	10	25	己卯	6	11	23	戊申	4	12	23	戊寅	9	1	21	丁未	2
廿七 27th	8	28	辛巳	1	9	27	辛亥	7	10	26	庚辰	5	11	24	己酉	3	12	24	己卯	1	1	22	戊申	3
廿八 28th	8	29	壬午	9	9	28	壬子	6	10	27	辛巳	4	11	25	庚戌	2	12	25	庚辰	2	1	23	己酉	4
廿九 29th	8	30	癸未	8	9	29	癸丑	5	10	28	壬午	3	11	26	辛亥	1	12	26	辛巳	3	1	24	庚戌	5
三十 30th	8	31	甲申	7									11	27	壬子	9					1	25	辛亥	6

地支 Twelve Branches: 子 Zi Rat · 丑 Chou Ox · 寅 Yin Tiger · 卯 Mao Rabbit · 辰 Chen Dragon · 巳 Si Snake · 午 Wu Horse · 未 Wei Goat · 申 Shen Monkey · 酉 You Rooster · 戌 Xu Dog · 亥 Hai Pig

1914 甲寅 Wood Tiger

Grand Duke: 張朝

正月大 1st Mth — 丙寅 Bing Yin — 二黑 Two Black
節氣 Season: 立春 Coming of Spring, 10th day, 23hr 29min, 子 Zi; 雨水 Rain Water, 25th day, 19hr 38min, 戌 Xu

農曆 Calendar	國曆 Gregorian		干支 S/B	星 Star
初一 1st	1	26	壬子	7
初二 2nd	1	27	癸丑	8
初三 3rd	1	28	甲寅	9
初四 4th	1	29	乙卯	1
初五 5th	1	30	丙辰	2
初六 6th	1	31	丁巳	3
初七 7th	2	1	戊午	4
初八 8th	2	2	己未	5
初九 9th	2	3	庚申	6
初十 10th	2	4	辛酉	7
十一 11th	2	5	壬戌	8
十二 12th	2	6	癸亥	9
十三 13th	2	7	甲子	1
十四 14th	2	8	乙丑	2
十五 15th	2	9	丙寅	3
十六 16th	2	10	丁卯	4
十七 17th	2	11	戊辰	5
十八 18th	2	12	己巳	6
十九 19th	2	13	庚午	7
二十 20th	2	14	辛未	8
廿一 21st	2	15	壬申	9
廿二 22nd	2	16	癸酉	1
廿三 23rd	2	17	甲戌	2
廿四 24th	2	18	乙亥	3
廿五 25th	2	19	丙子	4
廿六 26th	2	20	丁丑	5
廿七 27th	2	21	戊寅	6
廿八 28th	2	22	己卯	7
廿九 29th	2	23	庚辰	8
三十 30th	2	24	辛巳	9

二月大 2nd Mth — 丁卯 Ding Mao — 一白 One White
節氣 Season: 驚蟄 Awakening of Worms, 10th day, 17hr 56min, 酉 You; 春分 Spring Equinox, 25th day, 19hr 11min, 戌 Xu

農曆 Calendar	國曆 Gregorian		干支 S/B	星 Star
初一 1st	2	25	壬午	1
初二 2nd	2	26	癸未	2
初三 3rd	2	27	甲申	3
初四 4th	2	28	乙酉	4
初五 5th	3	1	丙戌	5
初六 6th	3	2	丁亥	6
初七 7th	3	3	戊子	7
初八 8th	3	4	己丑	8
初九 9th	3	5	庚寅	9
初十 10th	3	6	辛卯	1
十一 11th	3	7	壬辰	2
十二 12th	3	8	癸巳	3
十三 13th	3	9	甲午	4
十四 14th	3	10	乙未	5
十五 15th	3	11	丙申	6
十六 16th	3	12	丁酉	7
十七 17th	3	13	戊戌	8
十八 18th	3	14	己亥	9
十九 19th	3	15	庚子	1
二十 20th	3	16	辛丑	2
廿一 21st	3	17	壬寅	3
廿二 22nd	3	18	癸卯	4
廿三 23rd	3	19	甲辰	5
廿四 24th	3	20	乙巳	6
廿五 25th	3	21	丙午	7
廿六 26th	3	22	丁未	8
廿七 27th	3	23	戊申	9
廿八 28th	3	24	己酉	1
廿九 29th	3	25	庚戌	2
三十 30th	3	26	辛亥	3

三月小 3rd Mth — 戊辰 Wu Chen — 九紫 Nine Purple
節氣 Season: 清明 Clear and Bright, 10th day, 23hr 22min, 子 Zi; 穀雨 Grain Rain, 26th day, 6hr 53min, 卯 Mao

農曆 Calendar	國曆 Gregorian		干支 S/B	星 Star
初一 1st	3	27	壬子	4
初二 2nd	3	28	癸丑	5
初三 3rd	3	29	甲寅	6
初四 4th	3	30	乙卯	7
初五 5th	3	31	丙辰	8
初六 6th	4	1	丁巳	9
初七 7th	4	2	戊午	1
初八 8th	4	3	己未	2
初九 9th	4	4	庚申	3
初十 10th	4	5	辛酉	4
十一 11th	4	6	壬戌	5
十二 12th	4	7	癸亥	6
十三 13th	4	8	甲子	7
十四 14th	4	9	乙丑	8
十五 15th	4	10	丙寅	9
十六 16th	4	11	丁卯	1
十七 17th	4	12	戊辰	2
十八 18th	4	13	己巳	3
十九 19th	4	14	庚午	4
二十 20th	4	15	辛未	5
廿一 21st	4	16	壬申	6
廿二 22nd	4	17	癸酉	7
廿三 23rd	4	18	甲戌	8
廿四 24th	4	19	乙亥	9
廿五 25th	4	20	丙子	1
廿六 26th	4	21	丁丑	2
廿七 27th	4	22	戊寅	3
廿八 28th	4	23	己卯	4
廿九 29th	4	24	庚辰	5
三十 30th				

四月大 4th Mth — 己巳 Ji Si — 八白 Eight White
節氣 Season: 立夏 Coming of Summer, 12th day, 17hr 20min, 酉 You; 小滿 Small Sprout, 28th day, 6hr 38min, 卯 Mao

農曆 Calendar	國曆 Gregorian		干支 S/B	星 Star
初一 1st	4	25	辛巳	6
初二 2nd	4	26	壬午	7
初三 3rd	4	27	癸未	8
初四 4th	4	28	甲申	9
初五 5th	4	29	乙酉	1
初六 6th	4	30	丙戌	2
初七 7th	5	1	丁亥	3
初八 8th	5	2	戊子	4
初九 9th	5	3	己丑	5
初十 10th	5	4	庚寅	6
十一 11th	5	5	辛卯	7
十二 12th	5	6	壬辰	8
十三 13th	5	7	癸巳	9
十四 14th	5	8	甲午	1
十五 15th	5	9	乙未	2
十六 16th	5	10	丙申	3
十七 17th	5	11	丁酉	4
十八 18th	5	12	戊戌	5
十九 19th	5	13	己亥	6
二十 20th	5	14	庚子	7
廿一 21st	5	15	辛丑	8
廿二 22nd	5	16	壬寅	9
廿三 23rd	5	17	癸卯	1
廿四 24th	5	18	甲辰	2
廿五 25th	5	19	乙巳	3
廿六 26th	5	20	丙午	4
廿七 27th	5	21	丁未	5
廿八 28th	5	22	戊申	6
廿九 29th	5	23	己酉	7
三十 30th	5	24	庚戌	8

五月小 5th Mth — 庚午 Geng Wu — 七赤 Seven Red
節氣 Season: 芒種 Planting of Thorny Crops, 13th day, 22hr 0min, 亥 Hai; 夏至 Summer Solstice, 29th day, 14hr 55min, 未 Wei

農曆 Calendar	國曆 Gregorian		干支 S/B	星 Star
初一 1st	5	25	辛亥	9
初二 2nd	5	26	壬子	1
初三 3rd	5	27	癸丑	2
初四 4th	5	28	甲寅	3
初五 5th	5	29	乙卯	4
初六 6th	5	30	丙辰	5
初七 7th	5	31	丁巳	6
初八 8th	6	1	戊午	7
初九 9th	6	2	己未	8
初十 10th	6	3	庚申	9
十一 11th	6	4	辛酉	1
十二 12th	6	5	壬戌	2
十三 13th	6	6	癸亥	3
十四 14th	6	7	甲子	4
十五 15th	6	8	乙丑	5
十六 16th	6	9	丙寅	6
十七 17th	6	10	丁卯	7
十八 18th	6	11	戊辰	8
十九 19th	6	12	己巳	9
二十 20th	6	13	庚午	1
廿一 21st	6	14	辛未	2
廿二 22nd	6	15	壬申	3
廿三 23rd	6	16	癸酉	4
廿四 24th	6	17	甲戌	5
廿五 25th	6	18	乙亥	6
廿六 26th	6	19	丙子	7
廿七 27th	6	20	丁丑	8
廿八 28th	6	21	戊寅	9
廿九 29th	6	22	己卯	1\9
三十 30th				

閏五月大 5th Mth
節氣 Season: 小暑 Lesser Heat, 16th day, 8hr 28min, 辰 Chen

農曆 Calendar	國曆 Gregorian		干支 S/B	星 Star
初一 1st	6	23	庚辰	8
初二 2nd	6	24	辛巳	7
初三 3rd	6	25	壬午	6
初四 4th	6	26	癸未	5
初五 5th	6	27	甲申	4
初六 6th	6	28	乙酉	3
初七 7th	6	29	丙戌	2
初八 8th	6	30	丁亥	1
初九 9th	7	1	戊子	9
初十 10th	7	2	己丑	8
十一 11th	7	3	庚寅	7
十二 12th	7	4	辛卯	6
十三 13th	7	5	壬辰	5
十四 14th	7	6	癸巳	4
十五 15th	7	7	甲午	3
十六 16th	7	8	乙未	2
十七 17th	7	9	丙申	1
十八 18th	7	10	丁酉	9
十九 19th	7	11	戊戌	8
二十 20th	7	12	己亥	7
廿一 21st	7	13	庚子	6
廿二 22nd	7	14	辛丑	5
廿三 23rd	7	15	壬寅	4
廿四 24th	7	16	癸卯	3
廿五 25th	7	17	甲辰	2
廿六 26th	7	18	乙巳	1
廿七 27th	7	19	丙午	9
廿八 28th	7	20	丁未	8
廿九 29th	7	21	戊申	7
三十 30th	7	22	己酉	6

六月小 6th Mth — 辛未 Xin Wei — 六白 Six White
節氣 Season: 大暑 Greater Heat, 2nd day, 1hr 47min, 丑 Chou; 立秋 Coming Autumn, 17th day, 18hr 6min, 酉 You

農曆 Calendar	國曆 Gregorian		干支 S/B	星 Star
初一 1st	7	23	庚戌	5
初二 2nd	7	24	辛亥	4
初三 3rd	7	25	壬子	3
初四 4th	7	26	癸丑	2
初五 5th	7	27	甲寅	1
初六 6th	7	28	乙卯	9
初七 7th	7	29	丙辰	8
初八 8th	7	30	丁巳	7
初九 9th	7	31	戊午	6
初十 10th	8	1	己未	5
十一 11th	8	2	庚申	4
十二 12th	8	3	辛酉	3
十三 13th	8	4	壬戌	2
十四 14th	8	5	癸亥	1
十五 15th	8	6	甲子	9
十六 16th	8	7	乙丑	8
十七 17th	8	8	丙寅	7
十八 18th	8	9	丁卯	6
十九 19th	8	10	戊辰	5
二十 20th	8	11	己巳	4
廿一 21st	8	12	庚午	3
廿二 22nd	8	13	辛未	2
廿三 23rd	8	14	壬申	1
廿四 24th	8	15	癸酉	9
廿五 25th	8	16	甲戌	8
廿六 26th	8	17	乙亥	7
廿七 27th	8	18	丙子	6
廿八 28th	8	19	丁丑	5
廿九 29th	8	20	戊寅	4
三十 30th				

天干 Ten Stems: 甲 Jia Yang Wood; 乙 Yi Yin Wood; 丙 Bing Yang Fire; 丁 Ding Yin Fire; 戊 Wu Yang Earth; 己 Ji Yin Earth; 庚 Geng Yang Metal; 辛 Xin Yin Metal; 壬 Ren Yang Water; 癸 Gui Yin Water

Male Gua: 2 坤(Kun) Female Gua: 1 坎(Kan) 3 Killing 三煞: North Annual Star: 5 Yellow

地支 Twelve Branches: 子 Zi Rat · 丑 Chou Ox · 寅 Yin Tiger · 卯 Mao Rabbit · 辰 Chen Dragon · 巳 Si Snake · 午 Wu Horse · 未 Wei Goat · 申 Shen Monkey · 酉 You Rooster · 戌 Xu Dog · 亥 Hai Pig

十二月大 12th Mth				十一月小 11th Mth				十月小 10th Mth				九月大 9th Mth				八月小 8th Mth				七月大 7th Mth				月干支 Month
丁丑 Ding Chou				丙子 Bing Zi				乙亥 Yi Hai				甲戌 Jia Xu				癸酉 Gui You				壬申 Ren Shen				
九紫 Nine Purple				一白 One White				二黑 Two Black				三碧 Three Jade				四綠 Four Green				五黃 Five Yellow				九星 9 Star
立春 Coming of Spring		大寒 Greater Cold		小寒 Lesser Cold		冬至 Winter Solstice		大雪 Greater Snow		小雪 Lesser Snow		立冬 Coming of Winter		霜降 Frosting		寒露 Cold Dew		秋分 Autumn Equinox		白露 White Dew		處暑 Heat Ends		節氣 Season
21st day		9th day		21st day		7th day		21st day		6th day		21st day		6th day		20th day		5th day		19th day		4th day		
5hr 26min		11hr 0min		17hr 41min		0hr 23min		6hr 37min		11hr 21min		14hr 11min		14hr 18min		11hr 35min		5hr 34min		20hr 33min		8hr 30min		
卯 Mao		午 Wu		酉 You		子 Zi		卯 Mao		午 Wu		未 Wei		未 Wei		午 Wu		卯 Mao		戌 Xu		辰 Chen		
國曆 Gregorian		干支 S/B	星 Star	國曆 Gregorian		干支 S/B	星 Star	國曆 Gregorian		干支 S/B	星 Star	國曆 Gregorian		干支 S/B	星 Star	國曆 Gregorian		干支 S/B	星 Star	國曆 Gregorian		干支 S/B	星 Star	農曆 Calendar
1	15	丙午	1	12	17	丁丑	2	11	18	戊申	4	10	19	戊寅	7	9	20	己酉	9	8	21	己卯	3	初一 1st
1	16	丁未	2	12	18	戊寅	1	11	19	己酉	3	10	20	己卯	6	9	21	庚戌	8	8	22	庚辰	2	初二 2nd
1	17	戊申	3	12	19	己卯	9	11	20	庚戌	2	10	21	庚辰	5	9	22	辛亥	7	8	23	辛巳	1	初三 3rd
1	18	己酉	4	12	20	庚辰	8	11	21	辛亥	1	10	22	辛巳	4	9	23	壬子	6	8	24	壬午	9	初四 4th
1	19	庚戌	5	12	21	辛巳	7	11	22	壬子	9	10	23	壬午	3	9	24	癸丑	5	8	25	癸未	8	初五 5th
1	20	辛亥	6	12	22	壬午	6	11	23	癸丑	8	10	24	癸未	2	9	25	甲寅	4	8	26	甲申	7	初六 6th
1	21	壬子	7	12	23	癸未	5\5	11	24	甲寅	7	10	25	甲申	1	9	26	乙卯	3	8	27	乙酉	6	初七 7th
1	22	癸丑	8	12	24	甲申	6	11	25	乙卯	6	10	26	乙酉	9	9	27	丙辰	2	8	28	丙戌	5	初八 8th
1	23	甲寅	9	12	25	乙酉	7	11	26	丙辰	5	10	27	丙戌	8	9	28	丁巳	1	8	29	丁亥	4	初九 9th
1	24	乙卯	1	12	26	丙戌	8	11	27	丁巳	4	10	28	丁亥	7	9	29	戊午	9	8	30	戊子	3	初十 10th
1	25	丙辰	2	12	27	丁亥	9	11	28	戊午	3	10	29	戊子	6	9	30	己未	8	8	31	己丑	2	十一 11th
1	26	丁巳	3	12	28	戊子	1	11	29	己未	2	10	30	己丑	5	10	1	庚申	7	9	1	庚寅	1	十二 12th
1	27	戊午	4	12	29	己丑	2	11	30	庚申	1	10	31	庚寅	4	10	2	辛酉	6	9	2	辛卯	9	十三 13th
1	28	己未	5	12	30	庚寅	3	12	1	辛酉	9	11	1	辛卯	3	10	3	壬戌	5	9	3	壬辰	8	十四 14th
1	29	庚申	6	12	31	辛卯	4	12	2	壬戌	8	11	2	壬辰	2	10	4	癸亥	4	9	4	癸巳	7	十五 15th
1	30	辛酉	7	1	1	壬辰	5	12	3	癸亥	7	11	3	癸巳	1	10	5	甲子	3	9	5	甲午	6	十六 16th
1	31	壬戌	8	1	2	癸巳	6	12	4	甲子	6	11	4	甲午	9	10	6	乙丑	2	9	6	乙未	5	十七 17th
2	1	癸亥	9	1	3	甲午	7	12	5	乙丑	5	11	5	乙未	8	10	7	丙寅	1	9	7	丙申	4	十八 18th
2	2	甲子	1	1	4	乙未	8	12	6	丙寅	4	11	6	丙申	7	10	8	丁卯	9	9	8	丁酉	3	十九 19th
2	3	乙丑	2	1	5	丙申	9	12	7	丁卯	3	11	7	丁酉	6	10	9	戊辰	8	9	9	戊戌	2	二十 20th
2	4	丙寅	3	1	6	丁酉	1	12	8	戊辰	2	11	8	戊戌	5	10	10	己巳	7	9	10	己亥	1	廿一 21st
2	5	丁卯	4	1	7	戊戌	2	12	9	己巳	1	11	9	己亥	4	10	11	庚午	6	9	11	庚子	9	廿二 22nd
2	6	戊辰	5	1	8	己亥	3	12	10	庚午	9	11	10	庚子	3	10	12	辛未	5	9	12	辛丑	8	廿三 23rd
2	7	己巳	6	1	9	庚子	4	12	11	辛未	8	11	11	辛丑	2	10	13	壬申	4	9	13	壬寅	7	廿四 24th
2	8	庚午	7	1	10	辛丑	5	12	12	壬申	7	11	12	壬寅	1	10	14	癸酉	3	9	14	癸卯	6	廿五 25th
2	9	辛未	8	1	11	壬寅	6	12	13	癸酉	6	11	13	癸卯	9	10	15	甲戌	2	9	15	甲辰	5	廿六 26th
2	10	壬申	9	1	12	癸卯	7	12	14	甲戌	5	11	14	甲辰	8	10	16	乙亥	1	9	16	乙巳	4	廿七 27th
2	11	癸酉	1	1	13	甲辰	8	12	15	乙亥	4	11	15	乙巳	7	10	17	丙子	9	9	17	丙午	3	廿八 28th
2	12	甲戌	2	1	14	乙巳	9	12	16	丙子	3	11	16	丙午	6	10	18	丁丑	8	9	18	丁未	2	廿九 29th
2	13	乙亥	3									11	17	丁未	5					9	19	戊申	1	三十 30th

1915 乙卯 Wood Rabbit

Grand Duke: 方清

六月大 6th Mth				五月小 5th Mth				四月大 4th Mth				三月大 3rd Mth				二月小 2nd Mth				正月大 1st Mth				月干支 Month
癸未 Gui Wei				壬午 Ren Wu				辛巳 Xin Si				庚辰 Geng Chen				己卯 Ji Mao				戊寅 Wu Yin				
三碧 Three Jade				四綠 Four Green				五黃 Five Yellow				六白 Six White				七赤 Seven Red				八白 Eight White				九星 9 Star
立秋 Coming Autumn		大暑 Greater Heat		小暑 Lesser Heat		夏至 Summer Solstice		芒種 Planting of Thorny Crops		小滿 Small Sprout		立夏 Coming of Summer		穀雨 Grain Rain		清明 Clear and Bright		春分 Spring Equinox		驚蟄 Awakening of Worms		雨水 Rain Water		節氣 Season
28th day		13th day		26th day		10th day		25th day		9th day		23rd day		8th day		22nd day		7th day		21st day		7th day		
23hr 48min		7hr 27min		14hr 8min		20hr 29min		3hr 40min		12hr 11min		23hr 3min		12hr 29min		5hr 10min		0hr 51min		23hr 48min		1hr 23min		
子 Zi		辰 Chen		未 Wei		戌 Xu		寅 Yin		午 Wu		子 Zi		午 Wu		卯 Mao		子 Zi		子 Zi		丑 Chou		
國曆 Gregorian		干支 S/B	星 Star	國曆 Gregorian		干支 S/B	星 Star	國曆 Gregorian		干支 S/B	星 Star	國曆 Gregorian		干支 S/B	星 Star	國曆 Gregorian		干支 S/B	星 Star	國曆 Gregorian		干支 S/B	星 Star	農曆 Calendar
7	12	甲辰	2	6	13	乙亥	6	5	14	乙巳	3	4	14	乙亥	9	3	16	丙午	7	2	14	丙子	4	初一 1st
7	13	乙巳	1	6	14	丙子	7	5	15	丙午	4	4	15	丙子	1	3	17	丁未	8	2	15	丁丑	5	初二 2nd
7	14	丙午	9	6	15	丁丑	8	5	16	丁未	5	4	16	丁丑	2	3	18	戊申	9	2	16	戊寅	6	初三 3rd
7	15	丁未	8	6	16	戊寅	9	5	17	戊申	6	4	17	戊寅	3	3	19	己酉	1	2	17	己卯	7	初四 4th
7	16	戊申	7	6	17	己卯	1	5	18	己酉	7	4	18	己卯	4	3	20	庚戌	2	2	18	庚辰	8	初五 5th
7	17	己酉	6	6	18	庚辰	2	5	19	庚戌	8	4	19	庚辰	5	3	21	辛亥	3	2	19	辛巳	9	初六 6th
7	18	庚戌	5	6	19	辛巳	3	5	20	辛亥	9	4	20	辛巳	6	3	22	壬子	4	2	20	壬午	1	初七 7th
7	19	辛亥	4	6	20	壬午	4	5	21	壬子	1	4	21	壬午	7	3	23	癸丑	5	2	21	癸未	2	初八 8th
7	20	壬子	3	6	21	癸未	5	5	22	癸丑	2	4	22	癸未	8	3	24	甲寅	6	2	22	甲申	3	初九 9th
7	21	癸丑	2	6	22	甲申	6\4	5	23	甲寅	3	4	23	甲申	9	3	25	乙卯	7	2	23	乙酉	4	初十 10th
7	22	甲寅	1	6	23	乙酉	3	5	24	乙卯	4	4	24	乙酉	1	3	26	丙辰	8	2	24	丙戌	5	十一 11th
7	23	乙卯	9	6	24	丙戌	2	5	25	丙辰	5	4	25	丙戌	2	3	27	丁巳	9	2	25	丁亥	6	十二 12th
7	24	丙辰	8	6	25	丁亥	1	5	26	丁巳	6	4	26	丁亥	3	3	28	戊午	1	2	26	戊子	7	十三 13th
7	25	丁巳	7	6	26	戊子	9	5	27	戊午	7	4	27	戊子	4	3	29	己未	2	2	27	己丑	8	十四 14th
7	26	戊午	6	6	27	己丑	8	5	28	己未	8	4	28	己丑	5	3	30	庚申	3	2	28	庚寅	9	十五 15th
7	27	己未	5	6	28	庚寅	7	5	29	庚申	9	4	29	庚寅	6	3	31	辛酉	4	3	1	辛卯	1	十六 16th
7	28	庚申	4	6	29	辛卯	6	5	30	辛酉	1	4	30	辛卯	7	4	1	壬戌	5	3	2	壬辰	2	十七 17th
7	29	辛酉	3	6	30	壬辰	5	5	31	壬戌	2	5	1	壬辰	8	4	2	癸亥	6	3	3	癸巳	3	十八 18th
7	30	壬戌	2	7	1	癸巳	4	6	1	癸亥	3	5	2	癸巳	9	4	3	甲子	7	3	4	甲午	4	十九 19th
7	31	癸亥	1	7	2	甲午	3	6	2	甲子	4	5	3	甲午	1	4	4	乙丑	8	3	5	乙未	5	二十 20th
8	1	甲子	9	7	3	乙未	2	6	3	乙丑	5	5	4	乙未	2	4	5	丙寅	9	3	6	丙申	6	廿一 21st
8	2	乙丑	8	7	4	丙申	1	6	4	丙寅	6	5	5	丙申	3	4	6	丁卯	1	3	7	丁酉	7	廿二 22nd
8	3	丙寅	7	7	5	丁酉	9	6	5	丁卯	7	5	6	丁酉	4	4	7	戊辰	2	3	8	戊戌	8	廿三 23rd
8	4	丁卯	6	7	6	戊戌	8	6	6	戊辰	8	5	7	戊戌	5	4	8	己巳	3	3	9	己亥	9	廿四 24th
8	5	戊辰	5	7	7	己亥	7	6	7	己巳	9	5	8	己亥	6	4	9	庚午	4	3	10	庚子	1	廿五 25th
8	6	己巳	4	7	8	庚子	6	6	8	庚午	1	5	9	庚子	7	4	10	辛未	5	3	11	辛丑	2	廿六 26th
8	7	庚午	3	7	9	辛丑	5	6	9	辛未	2	5	10	辛丑	8	4	11	壬申	6	3	12	壬寅	3	廿七 27th
8	8	辛未	2	7	10	壬寅	4	6	10	壬申	3	5	11	壬寅	9	4	12	癸酉	7	3	13	癸卯	4	廿八 28th
8	9	壬申	1	7	11	癸卯	3	6	11	癸酉	4	5	12	癸卯	1	4	13	甲戌	8	3	14	甲辰	5	廿九 29th
8	10	癸酉	9					6	12	甲戌	5	5	13	甲辰	2					3	15	乙巳	6	三十 30th

天干 Ten Stems: 甲 Jia Yang Wood; 乙 Yi Yin Wood; 丙 Bing Yang Fire; 丁 Ding Yin Fire; 戊 Wu Yang Earth; 己 Ji Yin Earth; 庚 Geng Yang Metal; 辛 Xin Yin Metal; 壬 Ren Yang Water; 癸 Gui Yin Water

十二月大 12th Mth				十一月小 11th Mth				十月大 10th Mth				九月小 9th Mth				八月大 8th Mth				七月小 7th Mth				月干支 Month
己丑 Ji Chou				戊子 Wu Zi				丁亥 Ding Hai				丙戌 Bing Xu				乙酉 Yi You				甲申 Jia Shen				
六白 Six White				七赤 Seven Red				八白 Eight White				九紫 Nine Purple				一白 One White				二黑 Two Black				九星 9 Star
大寒 Greater Cold		小寒 Lesser Cold		冬至 Winter Solstice		大雪 Greater Snow		小雪 Lesser Snow		立冬 Coming of Winter		霜降 Frosting		寒露 Cold Dew		秋分 Autumn Equinox		白露 White Dew				處暑 Heat Ends		節氣 Season
17th day		2nd day		17th day		2nd day		17th day		2nd day		16th day		1st day		16th day		1st day				14th day		
16hr 54min		23hr 28min		6hr 16min		12hr 24min		17hr 14min		19hr 58min		20hr 10min		17hr 21min		11hr 24min		2hr 17min				14hr 15min		
申 Shen		子 Zi		卯 Mao		午 Wu		酉 You		戌 Xu		戌 Xu		酉 You		午 Wu		丑 Chou				未 Wei		
國曆 Gregorian		干支 S/B	星 Star	國曆 Gregorian		干支 S/B	星 Star	國曆 Gregorian		干支 S/B	星 Star	國曆 Gregorian		干支 S/B	星 Star	國曆 Gregorian		干支 S/B	星 Star	國曆 Gregorian		干支 S/B	星 Star	農曆 Calendar
1	5	辛丑	5	12	7	壬申	7	11	7	壬寅	1	10	9	癸酉	3	9	9	癸卯	6	8	11	甲戌	8	初一 1st
1	6	壬寅	6	12	8	癸酉	6	11	8	癸卯	9	10	10	甲戌	2	9	10	甲辰	5	8	12	乙亥	7	初二 2nd
1	7	癸卯	7	12	9	甲戌	5	11	9	甲辰	8	10	11	乙亥	1	9	11	乙巳	4	8	13	丙子	6	初三 3rd
1	8	甲辰	8	12	10	乙亥	4	11	10	乙巳	7	10	12	丙子	9	9	12	丙午	3	8	14	丁丑	5	初四 4th
1	9	乙巳	9	12	11	丙子	3	11	11	丙午	6	10	13	丁丑	8	9	13	丁未	2	8	15	戊寅	4	初五 5th
1	10	丙午	1	12	12	丁丑	2	11	12	丁未	5	10	14	戊寅	7	9	14	戊申	1	8	16	己卯	3	初六 6th
1	11	丁未	2	12	13	戊寅	1	11	13	戊申	4	10	15	己卯	6	9	15	己酉	9	8	17	庚辰	2	初七 7th
1	12	戊申	3	12	14	己卯	9	11	14	己酉	3	10	16	庚辰	5	9	16	庚戌	8	8	18	辛巳	1	初八 8th
1	13	己酉	4	12	15	庚辰	8	11	15	庚戌	2	10	17	辛巳	4	9	17	辛亥	7	8	19	壬午	9	初九 9th
1	14	庚戌	5	12	16	辛巳	7	11	16	辛亥	1	10	18	壬午	3	9	18	壬子	6	8	20	癸未	8	初十 10th
1	15	辛亥	6	12	17	壬午	6	11	17	壬子	9	10	19	癸未	2	9	19	癸丑	5	8	21	甲申	7	十一 11th
1	16	壬子	7	12	18	癸未	5	11	18	癸丑	8	10	20	甲申	1	9	20	甲寅	4	8	22	乙酉	6	十二 12th
1	17	癸丑	8	12	19	甲申	4	11	19	甲寅	7	10	21	乙酉	9	9	21	乙卯	3	8	23	丙戌	5	十三 13th
1	18	甲寅	9	12	20	乙酉	3	11	20	乙卯	6	10	22	丙戌	8	9	22	丙辰	2	8	24	丁亥	4	十四 14th
1	19	乙卯	1	12	21	丙戌	2	11	21	丙辰	5	10	23	丁亥	7	9	23	丁巳	1	8	25	戊子	3	十五 15th
1	20	丙辰	2	12	22	丁亥	1	11	22	丁巳	4	10	24	戊子	6	9	24	戊午	9	8	26	己丑	2	十六 16th
1	21	丁巳	3	12	23	戊子	9\1	11	23	戊午	3	10	25	己丑	5	9	25	己未	8	8	27	庚寅	1	十七 17th
1	22	戊午	4	12	24	己丑	2	11	24	己未	2	10	26	庚寅	4	9	26	庚申	7	8	28	辛卯	9	十八 18th
1	23	己未	5	12	25	庚寅	3	11	25	庚申	1	10	27	辛卯	3	9	27	辛酉	6	8	29	壬辰	8	十九 19th
1	24	庚申	6	12	26	辛卯	4	11	26	辛酉	9	10	28	壬辰	2	9	28	壬戌	5	8	30	癸巳	7	二十 20th
1	25	辛酉	7	12	27	壬辰	5	11	27	壬戌	8	10	29	癸巳	1	9	29	癸亥	4	8	31	甲午	6	廿一 21st
1	26	壬戌	8	12	28	癸巳	6	11	28	癸亥	7	10	30	甲午	9	9	30	甲子	3	9	1	乙未	5	廿二 22nd
1	27	癸亥	9	12	29	甲午	7	11	29	甲子	6	10	31	乙未	8	10	1	乙丑	2	9	2	丙申	4	廿三 23rd
1	28	甲子	1	12	30	乙未	8	11	30	乙丑	5	11	1	丙申	7	10	2	丙寅	1	9	3	丁酉	3	廿四 24th
1	29	乙丑	2	12	31	丙申	9	12	1	丙寅	4	11	2	丁酉	6	10	3	丁卯	9	9	4	戊戌	2	廿五 25th
1	30	丙寅	3	1	1	丁酉	1	12	2	丁卯	3	11	3	戊戌	5	10	4	戊辰	8	9	5	己亥	1	廿六 26th
1	31	丁卯	4	1	2	戊戌	2	12	3	戊辰	2	11	4	己亥	4	10	5	己巳	7	9	6	庚子	9	廿七 27th
2	1	戊辰	5	1	3	己亥	3	12	4	己巳	1	11	5	庚子	3	10	6	庚午	6	9	7	辛丑	8	廿八 28th
2	2	己巳	6	1	4	庚子	4	12	5	庚午	9	11	6	辛丑	2	10	7	辛未	5	9	8	壬寅	7	廿九 29th
2	3	庚午	7					12	6	辛未	8					10	8	壬申	4					三十 30th

1916 丙辰 Fire Dragon

Grand Duke: 辛丑

六月大 6th Mth				五月小 5th Mth				四月大 4th Mth				三月小 3rd Mth				二月大 2nd Mth				正月小 1st Mth				月干支 Month
乙未 Yi Wei				甲午 Jia Wu				癸巳 Gui Si				壬辰 Ren Chen				辛卯 Xin Mao				庚寅 Geng Yin				
九紫 Nine Purple				一白 One White				二黑 Two Black				三碧 Three Jade				四綠 Four Green				五黃 Five Yellow				九星 9 Star
大暑 Greater Heat		小暑 Lesser Heat		夏至 Summer Solstice		芒種 Planting of Thorny Crops		小滿 Small Sprout		立夏 Coming of Summer		穀雨 Grain Rain		清明 Clear and Bright		春分 Spring Equinox		驚蟄 Awakening of Worms		雨水 Rain Water		立春 Coming of Spring		節氣 Season
24th day		8th day		22nd day		6th day		20th day		5th day		18th day		3rd day		18th day		3rd day		17th day		2nd day		
13hr 21min		19hr 54min		2hr 25min		9hr 26min		18hr 6min		4hr 50min		18hr 25min		10hr 58min		6hr 47min		5hr 38min		7hr 18min		11hr 14min		
未 Wei		戌 Xu		丑 Chou		巳 Si		酉 You		寅 Yin		酉 You		巳 Si		卯 Mao		卯 Mao		辰 Chen		午 Wu		
國曆 Gregorian		干支 S/B	星 Star	國曆 Gregorian		干支 S/B	星 Star	國曆 Gregorian		干支 S/B	星 Star	國曆 Gregorian		干支 S/B	星 Star	國曆 Gregorian		干支 S/B	星 Star	國曆 Gregorian		干支 S/B	星 Star	農曆 Calendar
6	30	戊戌	8	6	1	己巳	9	5	2	己亥	6	4	3	庚午	4	3	4	庚子	1	2	4	辛未	8	初一 1st
7	1	己亥	7	6	2	庚午	1	5	3	庚子	7	4	4	辛未	5	3	5	辛丑	2	2	5	壬申	9	初二 2nd
7	2	庚子	6	6	3	辛未	2	5	4	辛丑	8	4	5	壬申	6	3	6	壬寅	3	2	6	癸酉	1	初三 3rd
7	3	辛丑	5	6	4	壬申	3	5	5	壬寅	9	4	6	癸酉	7	3	7	癸卯	4	2	7	甲戌	2	初四 4th
7	4	壬寅	4	6	5	癸酉	4	5	6	癸卯	1	4	7	甲戌	8	3	8	甲辰	5	2	8	乙亥	3	初五 5th
7	5	癸卯	3	6	6	甲戌	5	5	7	甲辰	2	4	8	乙亥	9	3	9	乙巳	6	2	9	丙子	4	初六 6th
7	6	甲辰	2	6	7	乙亥	6	5	8	乙巳	3	4	9	丙子	1	3	10	丙午	7	2	10	丁丑	5	初七 7th
7	7	乙巳	[illegible]	6	8	丙子	7	5	9	丙午	4	4	10	丁丑	2	3	11	丁未	8	2	11	戊寅	6	初八 8th
7	8	丙午	9	6	9	丁丑	8	5	10	丁未	5	4	11	戊寅	3	3	12	戊申	9	2	12	己卯	7	初九 9th
7	9	丁未	3	6	10	戊寅	9	5	11	戊申	6	4	12	己卯	4	3	13	己酉	1	2	13	庚辰	8	初十 10th
7	10	戊申	7	6	11	己卯	1	5	12	己酉	7	4	13	庚辰	5	3	14	庚戌	2	2	14	辛巳	9	十一 11th
7	11	己酉	6	6	12	庚辰	2	5	13	庚戌	8	4	14	辛巳	6	3	15	辛亥	3	2	15	壬午	1	十二 12th
7	12	庚戌	5	6	13	辛巳	3	5	14	辛亥	9	4	15	壬午	7	3	16	壬子	4	2	16	癸未	2	十三 13th
7	13	辛亥	4	6	14	壬午	4	5	15	壬子	1	4	16	癸未	8	3	17	癸丑	5	2	17	甲申	3	十四 14th
7	14	壬子	3	6	15	癸未	5	5	16	癸丑	2	4	17	甲申	9	3	18	甲寅	6	2	18	乙酉	4	十五 15th
7	15	癸丑	2	6	16	甲申	6	5	17	甲寅	3	4	18	乙酉	1	3	19	乙卯	7	2	19	丙戌	5	十六 16th
7	16	甲寅	1	6	17	乙酉	7	5	18	乙卯	4	4	19	丙戌	2	3	20	丙辰	8	2	20	丁亥	6	十七 17th
7	17	乙卯	9	6	18	丙戌	8	5	19	丙辰	5	4	20	丁亥	3	3	21	丁巳	9	2	21	戊子	7	十八 18th
7	18	丙辰	8	6	19	丁亥	9	5	20	丁巳	6	4	21	戊子	4	3	22	戊午	1	2	22	己丑	8	十九 19th
7	19	丁巳	7	6	20	戊子	1	5	21	戊午	7	4	22	己丑	5	3	23	己未	2	2	23	庚寅	9	二十 20th
7	20	戊午	6	6	21	己丑	2	5	22	己未	8	4	23	庚寅	6	3	24	庚申	3	2	24	辛卯	1	廿一 21st
7	21	己未	5	6	22	庚寅	3\7	5	23	庚申	9	4	24	辛卯	7	3	25	辛酉	4	2	25	壬辰	2	廿二 22nd
7	22	庚申	4	6	23	辛卯	6	5	24	辛酉	1	4	25	壬辰	8	3	26	壬戌	5	2	26	癸巳	3	廿三 23rd
7	23	辛酉	3	6	24	壬辰	5	5	25	壬戌	2	4	26	癸巳	9	3	27	癸亥	6	2	27	甲午	4	廿四 24th
7	24	壬戌	2	6	25	癸巳	4	5	26	癸亥	3	4	27	甲午	1	3	28	甲子	7	2	28	乙未	5	廿五 25th
7	25	癸亥	1	6	26	甲午	3	5	27	甲子	4	4	28	乙未	2	3	29	乙丑	8	2	29	丙申	6	廿六 26th
7	26	甲子	9	6	27	乙未	2	5	28	乙丑	5	4	29	丙申	3	3	30	丙寅	9	3	1	丁酉	7	廿七 27th
7	27	乙丑	8	6	28	丙申	1	5	29	丙寅	6	4	30	丁酉	4	3	31	丁卯	1	3	2	戊戌	8	廿八 28th
7	28	丙寅	7	6	29	丁酉	9	5	30	丁卯	7	5	1	戊戌	5	4	1	戊辰	2	3	3	己亥	9	廿九 29th
7	29	丁卯	6					5	31	戊辰	8					4	2	己巳	3					三十 30th

天干 Ten Stems: 甲 Jia Yang Wood; 乙 Yi Yin Wood; 丙 Bing Yang Fire; 丁 Ding Yin Fire; 戊 Wu Yang Earth; 己 Ji Yin Earth; 庚 Geng Yang Metal; 辛 Xin Yin Metal; 壬 Ren Yang Water; 癸 Gui Yin Water

Male Gua: 3 震(Zhen) **Female Gua: 3 震(Zhen)** 3 Killing 三煞: South Annual Star: 3 Jade

月干支 Month	七月大 7th Mth				八月小 8th Mth				九月大 9th Mth			
	丙申 Bing Shen				丁酉 Ding You				戊戌 Wu Xu			
九星 9 Star	八白 Eight White				七赤 Seven Red				六白 Six White			
節氣 Season	處暑 Heat Ends 25th day 20hr 9min 戌 Xu		立秋 Coming Autumn 10th day 5hr 35min 卯 Mao		秋分 Autumn Equinox 26th day 17hr 15min 酉 You		白露 White Dew 11th day 8hr 5min 辰 Chen		霜降 Frosting 28th day 1hr 57min 丑 Chou		寒露 Cold Dew 12th day 23hr 8min 子 Zi	
農曆 Calendar	國曆 Gregorian		干支 S/B	星 Star	國曆 Gregorian		干支 S/B	星 Star	國曆 Gregorian		干支 S/B	星 Star
初一 1st	7	30	戊辰	5	8	29	戊戌	2	9	27	丁卯	9
初二 2nd	7	31	己巳	4	8	30	己亥	1	9	28	戊辰	8
初三 3rd	8	1	庚午	3	8	31	庚子	9	9	29	己巳	7
初四 4th	8	2	辛未	2	9	1	辛丑	8	9	30	庚午	6
初五 5th	8	3	壬申	1	9	2	壬寅	7	10	1	辛未	5
初六 6th	8	4	癸酉	9	9	3	癸卯	6	10	2	壬申	4
初七 7th	8	5	甲戌	8	9	4	甲辰	5	10	3	癸酉	3
初八 8th	8	6	乙亥	7	9	5	乙巳	4	10	4	甲戌	2
初九 9th	8	7	丙子	6	9	6	丙午	3	10	5	乙亥	1
初十 10th	8	8	丁丑	5	9	7	丁未	2	10	6	丙子	9
十一 11th	8	9	戊寅	4	9	8	戊申	1	10	7	丁丑	8
十二 12th	8	10	己卯	3	9	9	己酉	9	10	8	戊寅	7
十三 13th	8	11	庚辰	2	9	10	庚戌	8	10	9	己卯	6
十四 14th	8	12	辛巳	1	9	11	辛亥	7	10	10	庚辰	5
十五 15th	8	13	壬午	9	9	12	壬子	6	10	11	辛巳	4
十六 16th	8	14	癸未	8	9	13	癸丑	5	10	12	壬午	3
十七 17th	8	15	甲申	7	9	14	甲寅	4	10	13	癸未	2
十八 18th	8	16	乙酉	6	9	15	乙卯	3	10	14	甲申	1
十九 19th	8	17	丙戌	5	9	16	丙辰	2	10	15	乙酉	9
二十 20th	8	18	丁亥	4	9	17	丁巳	1	10	16	丙戌	8
廿一 21st	8	19	戊子	3	9	18	戊午	9	10	17	丁亥	7
廿二 22nd	8	20	己丑	2	9	19	己未	8	10	18	戊子	6
廿三 23rd	8	21	庚寅	1	9	20	庚申	7	10	19	己丑	5
廿四 24th	8	22	辛卯	9	9	21	辛酉	6	10	20	庚寅	4
廿五 25th	8	23	壬辰	8	9	22	壬戌	5	10	21	辛卯	3
廿六 26th	8	24	癸巳	7	9	23	癸亥	4	10	22	壬辰	2
廿七 27th	8	25	甲午	6	9	24	甲子	3	10	23	癸巳	1
廿八 28th	8	26	乙未	5	9	25	乙丑	2	10	24	甲午	9
廿九 29th	8	27	丙申	4	9	26	丙寅	1	10	25	乙未	8
三十 30th	8	28	丁酉	3					10	26	丙申	7

月干支 Month	十月小 10th Mth				十一月大 11th Mth				十二月小 12th Mth			
	己亥 Ji Hai				庚子 Geng Zi				辛丑 Xin Chou			
九星 9 Star	五黃 Five Yellow				四綠 Four Green				三碧 Three Jade			
節氣 Season	小雪 Lesser Snow 27th day 22hr 58min 亥 Hai		立冬 Coming of Winter 13th day 1hr 43min 丑 Chou		冬至 Winter Solstice 28th day 11hr 59min 午 Wu		大雪 Greater Snow 12th day 18hr 6min 酉 You		大寒 Greater Cold 27th day 22hr 38min 亥 Hai		小寒 Lesser Cold 13th day [illegible]hr 10min 卯 Mao	
農曆 Calendar	國曆 Gregorian		干支 S/B	星 Star	國曆 Gregorian		干支 S/B	星 Star	國曆 Gregorian		干支 S/B	星 Star
初一 1st	10	27	丁酉	6	11	25	丙寅	4	12	25	丙申	9
初二 2nd	10	28	戊戌	5	11	26	丁卯	3	12	26	丁酉	1
初三 3rd	10	29	己亥	4	11	27	戊辰	2	12	27	戊戌	2
初四 4th	10	30	庚子	3	11	28	己巳	1	12	28	己亥	3
初五 5th	10	31	辛丑	2	11	29	庚午	9	12	29	庚子	4
初六 6th	11	1	壬寅	1	11	30	辛未	8	12	30	辛丑	5
初七 7th	11	2	癸卯	9	12	1	壬申	7	12	31	壬寅	6
初八 8th	11	3	甲辰	8	12	2	癸酉	6	1	1	癸卯	7
初九 9th	11	4	乙巳	7	12	3	甲戌	5	1	2	甲辰	8
初十 10th	11	5	丙午	6	12	4	乙亥	4	1	3	乙巳	9
十一 11th	11	6	丁未	5	12	5	丙子	3	1	4	丙午	1
十二 12th	11	7	戊申	4	12	6	丁丑	2	1	5	丁未	2
十三 13th	11	8	己酉	3	12	7	戊寅	1	1	6	戊申	3
十四 14th	11	9	庚戌	2	12	8	己卯	9	1	7	己酉	4
十五 15th	11	10	辛亥	1	12	9	庚辰	8	1	8	庚戌	5
十六 16th	11	11	壬子	9	12	10	辛巳	7	1	9	辛亥	6
十七 17th	11	12	癸丑	8	12	11	壬午	6	1	10	壬子	7
十八 18th	11	13	甲寅	7	12	12	癸未	5	1	11	癸丑	8
十九 19th	11	14	乙卯	6	12	13	甲申	4	1	12	甲寅	9
二十 20th	11	15	丙辰	5	12	14	乙酉	3	1	13	乙卯	1
廿一 21st	11	16	丁巳	4	12	15	丙戌	2	1	14	丙辰	2
廿二 22nd	11	17	戊午	3	12	16	丁亥	1	1	15	丁巳	3
廿三 23rd	11	18	己未	2	12	17	戊子	9	1	16	戊午	4
廿四 24th	11	19	庚申	1	12	18	己丑	3	1	17	己未	5
廿五 25th	11	20	辛酉	9	12	19	庚寅	7	1	18	庚申	6
廿六 26th	11	21	壬戌	8	12	20	辛卯	6	1	19	辛酉	7
廿七 27th	11	22	癸亥	7	12	21	壬辰	5	1	20	壬戌	8
廿八 28th	11	23	甲子	6	12	22	癸巳	4/6	1	21	癸亥	9
廿九 29th	11	24	乙丑	5	12	23	甲午	7	1	22	甲子	1
三十 30th					12	24	乙未	8				

地支 Twelve Branches
子 Zi Rat
丑 Chou Ox
寅 Yin Tiger
卯 Mao Rabbit
辰 Chen Dragon
巳 Si Snake
午 Wu Horse
未 Wei Goat
申 Shen Monkey
酉 You Rooster
戌 Xu Dog
亥 Hai Pig

1917 丁巳 Fire Snake

Grand Duke: 易彥

月干支 Month	正月大 1st Mth 壬寅 Ren Yin				二月小 2nd Mth 癸卯 Gui Mao				閏二月小 2nd Mth			
九星 9 Star	二黑 Two Black				一白 One White							
節氣 Season	雨水 Rain Water 28th day 13hr 5min 未 Wei		立春 Coming of Spring 13th day 16hr 58min 申 Shen		春分 Spring Equinox 28th day 12hr 38min 午 Wu		驚蟄 Awakening of Worms 13th day 11hr 25min 午 Wu				清明 Clear and Bright 14th day 16hr 50min 申 Shen	
農曆 Calendar	國曆 Gregorian		干支 S/B	星 Star	國曆 Gregorian		干支 S/B	星 Star	國曆 Gregorian		干支 S/B	星 Star
初一 1st	1	23	乙丑	2	2	22	乙未	5	3	23	甲子	7
初二 2nd	1	24	丙寅	3	2	23	丙申	6	3	24	乙丑	8
初三 3rd	1	25	丁卯	4	2	24	丁酉	7	3	25	丙寅	9
初四 4th	1	26	戊辰	5	2	25	戊戌	8	3	26	丁卯	1
初五 5th	1	27	己巳	6	2	26	己亥	9	3	27	戊辰	2
初六 6th	1	28	庚午	7	2	27	庚子	1	3	28	己巳	3
初七 7th	1	29	辛未	8	2	28	辛丑	2	3	29	庚午	4
初八 8th	1	30	壬申	9	3	1	壬寅	3	3	30	辛未	5
初九 9th	1	31	癸酉	1	3	2	癸卯	4	3	31	壬申	6
初十 10th	2	1	甲戌	2	3	3	甲辰	5	4	1	癸酉	7
十一 11th	2	2	乙亥	3	3	4	乙巳	6	4	2	甲戌	8
十二 12th	2	3	丙子	4	3	5	丙午	7	4	3	乙亥	9
十三 13th	2	4	丁丑	5	3	6	丁未	8	4	4	丙子	1
十四 14th	2	5	戊寅	6	3	7	戊申	9	4	5	丁丑	2
十五 15th	2	6	己卯	7	3	8	己酉	1	4	6	戊寅	3
十六 16th	2	7	庚辰	8	3	9	庚戌	2	4	7	己卯	4
十七 17th	2	8	辛巳	9	3	10	辛亥	3	4	8	庚辰	5
十八 18th	2	9	壬午	1	3	11	壬子	4	4	9	辛巳	6
十九 19th	2	10	癸未	2	3	12	癸丑	5	4	10	壬午	7
二十 20th	2	11	甲申	3	3	13	甲寅	6	4	11	癸未	8
廿一 21st	2	12	乙酉	4	3	14	乙卯	7	4	12	甲申	9
廿二 22nd	2	13	丙戌	5	3	15	丙辰	8	4	13	乙酉	1
廿三 23rd	2	14	丁亥	6	3	16	丁巳	9	4	14	丙戌	2
廿四 24th	2	15	戊子	7	3	17	戊午	1	4	15	丁亥	3
廿五 25th	2	16	己丑	8	3	18	己未	2	4	16	戊子	4
廿六 26th	2	17	庚寅	9	3	19	庚申	3	4	17	己丑	5
廿七 27th	2	18	辛卯	1	3	20	辛酉	4	4	18	庚寅	6
廿八 28th	2	19	壬辰	2	3	21	壬戌	5	4	19	辛卯	7
廿九 29th	2	20	癸巳	3	3	22	癸亥	6	4	20	壬辰	8
三十 30th	2	21	甲午	4								

月干支 Month	三月大 3rd Mth 甲辰 Jia Chen				四月小 4th Mth 乙巳 Yi Si				五月大 5th Mth 丙午 Bing Wu				六月大 6th Mth 丁未 Ding Wei			
九星 9 Star	九紫 Nine Purple				八白 Eight White				七赤 Seven Red				六白 Six White			
節氣 Season	立夏 Coming of Summer 16th day 10hr 46min 巳 Si		穀雨 Grain Rain 1st day 0hr 18min 子 Zi		芒種 Planting of Thorny Crops 17th day 15hr 23min 申 Shen		小滿 Small Sprout 1st day 23hr 59min 子 Zi		小暑 Lesser Heat 20th day 1hr 51min 丑 Chou		夏至 Summer Solstice 4th day 8hr 15min 辰 Chen		立秋 Coming Autumn 21st day 11hr 30min 午 Wu		大暑 Greater Heat 5th day 19hr 8min 戌 Xu	
農曆 Calendar	國曆 Gregorian		干支 S/B	星 Star	國曆 Gregorian		干支 S/B	星 Star	國曆 Gregorian		干支 S/B	星 Star	國曆 Gregorian		干支 S/B	星 Star
初一 1st	4	21	癸巳	9	5	21	癸亥	3	6	19	壬辰	5	7	19	壬戌	2
初二 2nd	4	22	甲午	1	5	22	甲子	4	6	20	癸巳	6	7	20	癸亥	1
初三 3rd	4	23	乙未	2	5	23	乙丑	5	6	21	甲午	7	7	21	甲子	9
初四 4th	4	24	丙申	3	5	24	丙寅	6	6	22	乙未	8\2	7	22	乙丑	8
初五 5th	4	25	丁酉	4	5	25	丁卯	7	6	23	丙申	1	7	23	丙寅	7
初六 6th	4	26	戊戌	5	5	26	戊辰	8	6	24	丁酉	9	7	24	丁卯	6
初七 7th	4	27	己亥	6	5	27	己巳	9	6	25	戊戌	8	7	25	戊辰	5
初八 8th	4	28	庚子	7	5	28	庚午	1	6	26	己亥	7	7	26	己巳	4
初九 9th	4	29	辛丑	8	5	29	辛未	2	6	27	庚子	6	7	27	庚午	3
初十 10th	4	30	壬寅	9	5	30	壬申	3	6	28	辛丑	5	7	28	辛未	2
十一 11th	5	1	癸卯	1	5	31	癸酉	4	6	29	壬寅	4	7	29	壬申	1
十二 12th	5	2	甲辰	2	6	1	甲戌	5	6	30	癸卯	3	7	30	癸酉	9
十三 13th	5	3	乙巳	3	6	2	乙亥	6	7	1	甲辰	2	7	31	甲戌	8
十四 14th	5	4	丙午	4	6	3	丙子	7	7	2	乙巳	1	8	1	乙亥	7
十五 15th	5	5	丁未	5	6	4	丁丑	8	7	3	丙午	9	8	2	丙子	6
十六 16th	5	6	戊申	6	6	5	戊寅	9	7	4	丁未	8	8	3	丁丑	5
十七 17th	5	7	己酉	7	6	6	己卯	1	7	5	戊申	7	8	4	戊寅	4
十八 18th	5	8	庚戌	8	6	7	庚辰	2	7	6	己酉	6	8	5	己卯	3
十九 19th	5	9	辛亥	9	6	8	辛巳	3	7	7	庚戌	5	8	6	庚辰	2
二十 20th	5	10	壬子	1	6	9	壬午	4	7	8	辛亥	4	8	7	辛巳	1
廿一 21st	5	11	癸丑	2	6	10	癸未	5	7	9	壬子	3	8	8	壬午	9
廿二 22nd	5	12	甲寅	3	6	11	甲申	6	7	10	癸丑	2	8	9	癸未	8
廿三 23rd	5	13	乙卯	4	6	12	乙酉	7	7	11	甲寅	1	8	10	甲申	7
廿四 24th	5	14	丙辰	5	6	13	丙戌	8	7	12	乙卯	9	8	11	乙酉	6
廿五 25th	5	15	丁巳	6	6	14	丁亥	9	7	13	丙辰	8	8	12	丙戌	5
廿六 26th	5	16	戊午	7	6	15	戊子	1	7	14	丁巳	7	8	13	丁亥	4
廿七 27th	5	17	己未	8	6	16	己丑	2	7	15	戊午	6	8	14	戊子	3
廿八 28th	5	18	庚申	9	6	17	庚寅	3	7	16	己未	5	8	15	己丑	2
廿九 29th	5	19	辛酉	1	6	18	辛卯	4	7	17	庚申	4	8	16	庚寅	1
三十 30th	5	20	壬戌	2					7	18	辛酉	3	8	17	辛卯	9

天干 Ten Stems: 甲 Jia Yang Wood; 乙 Yi Yin Wood; 丙 Bing Yang Fire; 丁 Ding Yin Fire; 戊 Wu Yang Earth; 己 Ji Yin Earth; 庚 Geng Yang Metal; 辛 Xin Yin Metal; 壬 Ren Yang Water; 癸 Gui Yin Water

Male Gua: 2 坤(Kun) **Female Gua: 4 巽(Xun)** 3 Killing 三煞: East Annual Star: 2 Black

月干支 Month		七月小 7th Mth				八月大 8th Mth				九月大 9th Mth				十月小 10th Mth				十一月大 11th Mth				十二月小 12th Mth			
		戊申 Wu Shen				己酉 Ji You				庚戌 Geng Xu				辛亥 Xin Hai				壬子 Ren Zi				癸丑 Gui Chou			
九星 9 Star		五黃 Five Yellow				四綠 Four Green				三碧 Three Jade				二黑 Two Black				一白 One White				九紫 Nine Purple			
節氣 Season		白露 White Dew		處暑 Heat Ends		寒露 Cold Dew		秋分 Autumn Equinox		立冬 Coming of Winter		霜降 Frosting		大雪 Greater Snow		小雪 Lesser Snow		小寒 Lesser Cold		冬至 Winter Solstice		立春 Coming of Spring		大寒 Greater Cold	
		22nd day		7th day		24th day		8th day		24th day		9th day		24th day		9th day		24th day		9th day		23rd day		9th day	
		14hr 0min		1hr 54min		5hr 3min		23hr 0min		7hr 37min		7hr 44min		0hr 1min		4hr 45min		11hr 5min		17hr 46min		22hr 53min		4hr 25min	
		未 Wei		丑 Chou		卯 Mao		子 Zi		辰 Chen		辰 Chen		子 Zi		寅 Yin		午 Wu		酉 You		亥 Hai		寅 Yin	
農曆 Calendar		國曆 Gregorian		干支 S/B	星 Star	國曆 Gregorian		干支 S/B	星 Star	國曆 Gregorian		干支 S/B	星 Star	國曆 Gregorian		干支 S/B	星 Star	國曆 Gregorian		干支 S/B	星 Star	國曆 Gregorian		干支 S/B	星 Star
初一	1st	8	18	壬辰	8	9	16	辛酉	6	10	16	辛卯	3	11	15	辛酉	9	12	14	庚寅	7	1	13	庚申	6
初二	2nd	8	19	癸巳	7	9	17	壬戌	5	10	17	壬辰	2	11	16	壬戌	8	12	15	辛卯	6	1	14	辛酉	7
初三	3rd	8	20	甲午	6	9	18	癸亥	4	10	18	癸巳	1	11	17	癸亥	7	12	16	壬辰	5	1	15	壬戌	8
初四	4th	8	21	乙未	5	9	19	甲子	3	10	19	甲午	9	11	18	甲子	6	12	17	癸巳	4	1	16	癸亥	9
初五	5th	8	22	丙申	4	9	20	乙丑	2	10	20	乙未	8	11	19	乙丑	5	12	18	甲午	3	1	17	甲子	1
初六	6th	8	23	丁酉	3	9	21	丙寅	1	10	21	丙申	7	11	20	丙寅	4	12	19	乙未	2	1	18	乙丑	2
初七	7th	8	24	戊戌	2	9	22	丁卯	9	10	22	丁酉	6	11	21	丁卯	3	12	20	丙申	1	1	19	丙寅	3
初八	8th	8	25	己亥	1	9	23	戊辰	8	10	23	戊戌	5	11	22	戊辰	2	12	21	丁酉	9	1	20	丁卯	4
初九	9th	8	26	庚子	9	9	24	己巳	7	10	24	己亥	4	11	23	己巳	1	12	22	戊戌	8\2	1	21	戊辰	5
初十	10th	8	27	辛丑	8	9	25	庚午	6	10	25	庚子	3	11	24	庚午	9	12	23	己亥	3	1	22	己巳	6
十一	11th	8	28	壬寅	7	9	26	辛未	5	10	26	辛丑	2	11	25	辛未	8	12	24	庚子	4	1	23	庚午	7
十二	12th	8	29	癸卯	6	9	27	壬申	4	10	27	壬寅	1	11	26	壬申	7	12	25	辛丑	5	1	24	辛未	8
十三	13th	8	30	甲辰	5	9	28	癸酉	3	10	28	癸卯	9	11	27	癸酉	6	12	26	壬寅	6	1	25	壬申	9
十四	14th	8	31	乙巳	4	9	29	甲戌	2	10	29	甲辰	8	11	28	甲戌	5	12	27	癸卯	7	1	26	癸酉	1
十五	15th	9	1	丙午	3	9	30	乙亥	1	10	30	乙巳	7	11	29	乙亥	4	12	28	甲辰	8	1	27	甲戌	2
十六	16th	9	2	丁未	2	10	1	丙子	9	10	31	丙午	6	11	30	丙子	3	12	29	乙巳	9	1	28	乙亥	3
十七	17th	9	3	戊申	1	10	2	丁丑	8	11	1	丁未	5	12	1	丁丑	2	12	30	丙午	1	1	29	丙子	4
十八	18th	9	4	己酉	9	10	3	戊寅	7	11	2	戊申	4	12	2	戊寅	1	12	31	丁未	2	1	30	丁丑	5
十九	19th	9	5	庚戌	8	10	4	己卯	6	11	3	己酉	3	12	3	己卯	9	1	1	戊申	3	1	31	戊寅	6
二十	20th	9	6	辛亥	7	10	5	庚辰	5	11	4	庚戌	2	12	4	庚辰	8	1	2	己酉	4	2	1	己卯	7
廿一	21st	9	7	壬子	6	10	6	辛巳	4	11	5	辛亥	1	12	5	辛巳	7	1	3	庚戌	5	2	2	庚辰	8
廿二	22nd	9	8	癸丑	5	10	7	壬午	3	11	6	壬子	9	12	6	壬午	6	1	4	辛亥	6	2	3	辛巳	9
廿三	23rd	9	9	甲寅	4	10	8	癸未	2	11	7	癸丑	8	12	7	癸未	5	1	5	壬子	7	2	4	壬午	1
廿四	24th	9	10	乙卯	3	10	9	甲申	1	11	8	甲寅	7	12	8	甲申	4	1	6	癸丑	8	2	5	癸未	2
廿五	25th	9	11	丙辰	2	10	10	乙酉	9	11	9	乙卯	6	12	9	乙酉	3	1	7	甲寅	9	2	6	甲申	3
廿六	26th	9	12	丁巳	1	10	11	丙戌	8	11	10	丙辰	5	12	10	丙戌	2	1	8	乙卯	1	2	7	乙酉	4
廿七	27th	9	13	戊午	9	10	12	丁亥	7	11	11	丁巳	4	12	11	丁亥	1	1	9	丙辰	2	2	8	丙戌	5
廿八	28th	9	14	己未	8	10	13	戊子	6	11	12	戊午	3	12	12	戊子	9	1	10	丁巳	3	2	9	丁亥	6
廿九	29th	9	15	庚申	7	10	14	己丑	5	11	13	己未	2	12	13	己丑	8	1	11	戊午	4	2	10	戊子	7
三十	30th					10	15	庚寅	4	11	14	庚申	1					1	12	己未	5				

地支 Twelve Branches: 子 Zi Rat; 丑 Chou Ox; 寅 Yin Tiger; 卯 Mao Rabbit; 辰 Chen Dragon; 巳 Si Snake; 午 Wu Horse; 未 Wei Goat; 申 Shen Monkey; 酉 You Rooster; 戌 Xu Dog; 亥 Hai Pig

1918 戊午 Earth Horse

Grand Duke: 姚黎

正月大 1st Mth — 甲寅 Jia Yin — 八白 Eight White

驚蟄 Awakening of Worms: 24th day, 17hr 21min, 酉 You
雨水 Rain Water: 9th day, 18hr 53min, 酉 You

農曆 Calendar	國曆 Gregorian		干支 S / B	星 Star
初一 1st	2	11	己丑	8
初二 2nd	2	12	庚寅	9
初三 3rd	2	13	辛卯	1
初四 4th	2	14	壬辰	2
初五 5th	2	15	癸巳	3
初六 6th	2	16	甲午	4
初七 7th	2	17	乙未	5
初八 8th	2	18	丙申	6
初九 9th	2	19	丁酉	7
初十 10th	2	20	戊戌	8
十一 11th	2	21	己亥	9
十二 12th	2	22	庚子	1
十三 13th	2	23	辛丑	2
十四 14th	2	24	壬寅	3
十五 15th	2	25	癸卯	4
十六 16th	2	26	甲辰	5
十七 17th	2	27	乙巳	6
十八 18th	2	28	丙午	7
十九 19th	3	1	丁未	8
二十 20th	3	2	戊申	9
廿一 21st	3	3	己酉	1
廿二 22nd	3	4	庚戌	2
廿三 23rd	3	5	辛亥	3
廿四 24th	3	6	壬子	4
廿五 25th	3	7	癸丑	5
廿六 26th	3	8	甲寅	6
廿七 27th	3	9	乙卯	7
廿八 28th	3	10	丙辰	8
廿九 29th	3	11	丁巳	9
三十 30th	3	12	戊午	1

二月小 2nd Mth — 乙卯 Yi Mao — 七赤 Seven Red

清明 Clear and Bright: 24th day, 22hr 46min, 亥 Hai
春分 Spring Equinox: 9th day, 18hr 26min, 酉 You

農曆 Calendar	國曆 Gregorian		干支 S / B	星 Star
初一 1st	3	13	己未	2
初二 2nd	3	14	庚申	3
初三 3rd	3	15	辛酉	4
初四 4th	3	16	壬戌	5
初五 5th	3	17	癸亥	6
初六 6th	3	18	甲子	7
初七 7th	3	19	乙丑	8
初八 8th	3	20	丙寅	9
初九 9th	3	21	丁卯	1
初十 10th	3	22	戊辰	2
十一 11th	3	23	己巳	3
十二 12th	3	24	庚午	4
十三 13th	3	25	辛未	5
十四 14th	3	26	壬申	6
十五 15th	3	27	癸酉	7
十六 16th	3	28	甲戌	8
十七 17th	3	29	乙亥	9
十八 18th	3	30	丙子	1
十九 19th	3	31	丁丑	2
二十 20th	4	1	戊寅	3
廿一 21st	4	2	己卯	4
廿二 22nd	4	3	庚辰	5
廿三 23rd	4	4	辛巳	6
廿四 24th	4	5	壬午	7
廿五 25th	4	6	癸未	8
廿六 26th	4	7	甲申	9
廿七 27th	4	8	乙酉	1
廿八 28th	4	9	丙戌	2
廿九 29th	4	10	丁亥	3
三十 30th				

三月小 3rd Mth — 丙辰 Bing Chen — 六白 Six White

立夏 Coming of Summer: 26th day, 16hr 38min, 申 Shen
穀雨 Grain Rain: 11th day, 6hr 6min, 卯 Mao

農曆 Calendar	國曆 Gregorian		干支 S / B	星 Star
初一 1st	4	11	戊子	4
初二 2nd	4	12	己丑	5
初三 3rd	4	13	庚寅	6
初四 4th	4	14	辛卯	7
初五 5th	4	15	壬辰	8
初六 6th	4	16	癸巳	9
初七 7th	4	17	甲午	1
初八 8th	4	18	乙未	2
初九 9th	4	19	丙申	3
初十 10th	4	20	丁酉	4
十一 11th	4	21	戊戌	5
十二 12th	4	22	己亥	6
十三 13th	4	23	庚子	7
十四 14th	4	24	辛丑	8
十五 15th	4	25	壬寅	9
十六 16th	4	26	癸卯	1
十七 17th	4	27	甲辰	2
十八 18th	4	28	乙巳	3
十九 19th	4	29	丙午	4
二十 20th	4	30	丁未	5
廿一 21st	5	1	戊申	6
廿二 22nd	5	2	己酉	7
廿三 23rd	5	3	庚戌	8
廿四 24th	5	4	辛亥	9
廿五 25th	5	5	壬子	1
廿六 26th	5	6	癸丑	2
廿七 27th	5	7	甲寅	3
廿八 28th	5	8	乙卯	4
廿九 29th	5	9	丙辰	5
三十 30th				

四月大 4th Mth — 丁巳 Ding Si — 五黃 Five Yellow

芒種 Planting of Thorny Crops: 28th day, 21hr 11min, 亥 Hai
小滿 Small Sprout: 13th day, 5hr 46min, 卯 Mao

農曆 Calendar	國曆 Gregorian		干支 S / B	星 Star
初一 1st	5	10	丁巳	6
初二 2nd	5	11	戊午	7
初三 3rd	5	12	己未	8
初四 4th	5	13	庚申	9
初五 5th	5	14	辛酉	1
初六 6th	5	15	壬戌	2
初七 7th	5	16	癸亥	3
初八 8th	5	17	甲子	4
初九 9th	5	18	乙丑	5
初十 10th	5	19	丙寅	6
十一 11th	5	20	丁卯	7
十二 12th	5	21	戊辰	8
十三 13th	5	22	己巳	9
十四 14th	5	23	庚午	1
十五 15th	5	24	辛未	2
十六 16th	5	25	壬申	3
十七 17th	5	26	癸酉	4
十八 18th	5	27	甲戌	5
十九 19th	5	28	乙亥	6
二十 20th	5	29	丙子	7
廿一 21st	5	30	丁丑	8
廿二 22nd	5	31	戊寅	9
廿三 23rd	6	1	己卯	1
廿四 24th	6	2	庚辰	2
廿五 25th	6	3	辛巳	3
廿六 26th	6	4	壬午	4
廿七 27th	6	5	癸未	5
廿八 28th	6	6	甲申	6
廿九 29th	6	7	乙酉	7
三十 30th	6	8	丙戌	8

五月小 5th Mth — 戊午 Wu Wu — 四綠 Four Green

夏至 Summer Solstice: 14th day, 14hr 0min, 未 Wei

農曆 Calendar	國曆 Gregorian		干支 S / B	星 Star
初一 1st	6	9	丁亥	9
初二 2nd	6	10	戊子	1
初三 3rd	6	11	己丑	2
初四 4th	6	12	庚寅	3
初五 5th	6	13	辛卯	4
初六 6th	6	14	壬辰	5
初七 7th	6	15	癸巳	6
初八 8th	6	16	甲午	7
初九 9th	6	17	乙未	8
初十 10th	6	18	丙申	9
十一 11th	6	19	丁酉	1
十二 12th	6	20	戊戌	2
十三 13th	6	21	己亥	3
十四 14th	6	22	庚子	4\6
十五 15th	6	23	辛丑	5
十六 16th	6	24	壬寅	4
十七 17th	6	25	癸卯	3
十八 18th	6	26	甲辰	2
十九 19th	6	27	乙巳	1
二十 20th	6	28	丙午	9
廿一 21st	6	29	丁未	8
廿二 22nd	6	30	戊申	7
廿三 23rd	7	1	己酉	6
廿四 24th	7	2	庚戌	5
廿五 25th	7	3	辛亥	4
廿六 26th	7	4	壬子	3
廿七 27th	7	5	癸丑	2
廿八 28th	7	6	甲寅	1
廿九 29th	7	7	乙卯	9
三十 30th				

六月大 6th Mth — 己未 Ji Wei — 三碧 Three Jade

大暑 Greater Heat: 17th day, 0hr52min, 子 Zi
小暑 Lesser Heat: 1st day, 7hr 32min, 辰 Chen

農曆 Calendar	國曆 Gregorian		干支 S / B	星 Star
初一 1st	7	8	丙辰	8
初二 2nd	7	9	丁巳	7
初三 3rd	7	10	戊午	6
初四 4th	7	11	己未	5
初五 5th	7	12	庚申	4
初六 6th	7	13	辛酉	3
初七 7th	7	14	壬戌	2
初八 8th	7	15	癸亥	1
初九 9th	7	16	甲子	9
初十 10th	7	17	乙丑	8
十一 11th	7	18	丙寅	7
十二 12th	7	19	丁卯	6
十三 13th	7	20	戊辰	5
十四 14th	7	21	己巳	4
十五 15th	7	22	庚午	3
十六 16th	7	23	辛未	2
十七 17th	7	24	壬申	[illegible]
十八 18th	7	25	癸酉	9
十九 19th	7	26	甲戌	3
二十 20th	7	27	乙亥	7
廿一 21st	7	28	丙子	3
廿二 22nd	7	29	丁丑	5
廿三 23rd	7	30	戊寅	4
廿四 24th	7	31	己卯	3
廿五 25th	8	1	庚辰	2
廿六 26th	8	2	辛巳	1
廿七 27th	8	3	壬午	9
廿八 28th	8	4	癸未	8
廿九 29th	8	5	甲申	7
三十 30th	8	6	乙酉	6

天干 Ten Stems: 甲 Jia Yang Wood; 乙 Yi Yin Wood; 丙 Bing Yang Fire; 丁 Ding Yin Fire; 戊 Wu Yang Earth; 己 Ji Yin Earth; 庚 Geng Yang Metal; 辛 Xin Yin Metal; 壬 Ren Yang Water; 癸 Gui Yin Water

Male Gua: 1 坎(Kan)　Female Gua: 8 艮(Gen)　3 Killing 三煞: North　Annual Star: 1 White

十二月大 12th Mth				十一月大 11th Mth				十月小 10th Mth				九月大 9th Mth				八月大 8th Mth				七月小 7th Mth				月干支 Month
乙丑 Yi Chou				甲子 Jia Zi				癸亥 Gui Hai				壬戌 Ren Xu				辛酉 Xin You				庚申 Geng Shen				
六白 Six White				七赤 Seven Red				八白 Eight White				九紫 Nine Purple				一白 One White				二黑 Two Black				九星 9 Star
大寒 Greater Cold		小寒 Lesser Cold		冬至 Winter Solstice		大雪 Greater Snow		小雪 Lesser Snow		立冬 Coming of Winter		霜降 Frosting		寒露 Cold Dew		秋分 Autumn Equinox		白露 White Dew		處暑 Heat Ends		立秋 Coming Autumn		節氣 Season
20th day		5th day		20th day		6th day		20th day		5th day		20th day		5th day		20th day		4th day		18th day		2nd day		
10hr 21min		13hr 52min		23hr 42min		5hr 47min		10hr 39min		13hr 19min		13hr 33min		10hr 41min		4hr 46min		19hr 36min		7hr 37min		17hr 8min		
巳 Si		申 Shen		子 Zi		卯 Mao		巳 Si		未 Wei		未 Wei		巳 Si		寅 Yin		戌 Xu		辰 Chen		酉 You		
國曆 Gregorian		干支 S/B	星 Star	國曆 Gregorian		干支 S/B	星 Star	國曆 Gregorian		干支 S/B	星 Star	國曆 Gregorian		干支 S/B	星 Star	國曆 Gregorian		干支 S/B	星 Star	國曆 Gregorian		干支 S/B	星 Star	農曆 Calendar
1	2	甲寅	9	12	3	甲申	4	11	4	乙卯	6	10	5	乙酉	9	9	5	乙卯	3	8	7	丙戌	5	初一 1st
1	3	乙卯	1	12	4	乙酉	3	11	5	丙辰	5	10	6	丙戌	8	9	6	丙辰	2	8	8	丁亥	4	初二 2nd
1	4	丙辰	2	12	5	丙戌	2	11	6	丁巳	4	10	7	丁亥	7	9	7	丁巳	1	8	9	戊子	3	初三 3rd
1	5	丁巳	3	12	6	丁亥	1	11	7	戊午	3	10	8	戊子	6	9	8	戊午	9	8	10	己丑	2	初四 4th
1	6	戊午	4	12	7	戊子	9	11	8	己未	2	10	9	己丑	5	9	9	己未	8	8	11	庚寅	1	初五 5th
1	7	己未	5	12	8	己丑	8	11	9	庚申	1	10	10	庚寅	4	9	10	庚申	7	8	12	辛卯	9	初六 6th
1	8	庚申	6	12	9	庚寅	7	11	10	辛酉	9	10	11	辛卯	3	9	11	辛酉	6	8	13	壬辰	8	初七 7th
1	9	辛酉	7	12	10	辛卯	6	11	11	壬戌	8	10	12	壬辰	2	9	12	壬戌	5	8	14	癸巳	7	初八 8th
1	10	壬戌	8	12	11	壬辰	5	11	12	癸亥	7	10	13	癸巳	1	9	13	癸亥	4	8	15	甲午	6	初九 9th
1	11	癸亥	9	12	12	癸巳	4	11	13	甲子	6	10	14	甲午	9	9	14	甲子	3	8	16	乙未	5	初十 10th
1	12	甲子	1	12	13	甲午	3	11	14	乙丑	5	10	15	乙未	8	9	15	乙丑	2	8	17	丙申	4	十一 11th
1	13	乙丑	2	12	14	乙未	2	11	15	丙寅	4	10	16	丙申	7	9	16	丙寅	1	8	18	丁酉	3	十二 12th
1	14	丙寅	3	12	15	丙申	1	11	16	丁卯	3	10	17	丁酉	6	9	17	丁卯	9	8	19	戊戌	2	十三 13th
1	15	丁卯	4	12	16	丁酉	9	11	17	戊辰	2	10	18	戊戌	5	9	18	戊辰	8	8	20	己亥	1	十四 14th
1	16	戊辰	5	12	17	戊戌	8	11	18	己巳	1	10	19	己亥	4	9	19	己巳	7	8	21	庚子	9	十五 15th
1	17	己巳	6	12	18	己亥	7	11	19	庚午	9	10	20	庚子	3	9	20	庚午	6	8	22	辛丑	8	十六 16th
1	18	庚午	7	12	19	庚子	6	11	20	辛未	8	10	21	辛丑	2	9	21	辛未	5	8	23	壬寅	7	十七 17th
1	19	辛未	8	12	20	辛丑	5	11	21	壬申	7	10	22	壬寅	1	9	22	壬申	4	8	24	癸卯	6	十八 18th
1	20	壬申	9	12	21	壬寅	4	11	22	癸酉	6	10	23	癸卯	9	9	23	癸酉	3	8	25	甲辰	5	十九 19th
1	21	癸酉	1	12	22	癸卯	3\7	11	23	甲戌	5	10	24	甲辰	8	9	24	甲戌	2	8	26	乙巳	4	二十 20th
1	22	甲戌	2	12	23	甲辰	8	11	24	乙亥	4	10	25	乙巳	7	9	25	乙亥	1	8	27	丙午	3	廿一 21st
1	23	乙亥	3	12	24	乙巳	9	11	25	丙子	3	10	26	丙午	6	9	26	丙子	9	8	28	丁未	2	廿二 22nd
1	24	丙子	4	12	25	丙午	1	11	26	丁丑	2	10	27	丁未	5	9	27	丁丑	8	8	29	戊申	1	廿三 23rd
1	25	丁丑	5	12	26	丁未	2	11	27	戊寅	1	10	28	戊申	4	9	28	戊寅	7	8	30	己酉	9	廿四 24th
1	26	戊寅	6	12	27	戊申	3	11	28	己卯	9	10	29	己酉	3	9	29	己卯	6	8	31	庚戌	8	廿五 25th
1	27	己卯	7	12	28	己酉	4	11	29	庚辰	8	10	30	庚戌	2	9	30	庚辰	5	9	1	辛亥	7	廿六 26th
1	28	庚辰	8	12	29	庚戌	5	11	30	辛巳	7	10	31	辛亥	1	10	1	辛巳	4	9	2	壬子	6	廿七 27th
1	29	辛巳	9	12	30	辛亥	6	12	1	壬午	6	11	1	壬子	9	10	2	壬午	3	9	3	癸丑	5	廿八 28th
1	30	壬午	1	12	31	壬子	7	12	2	癸未	5	11	2	癸丑	8	10	3	癸未	2	9	4	甲寅	4	廿九 29th
1	31	癸未	2	1	1	癸丑	8					11	3	甲寅	7	10	4	甲申	1					三十 30th

地支 Twelve Branches: 子 Zi Rat · 丑 Chou Ox · 寅 Yin Tiger · 卯 Mao Rabbit · 辰 Chen Dragon · 巳 Si Snake · 午 Wu Horse · 未 Wei Goat · 申 Shen Monkey · 酉 You Rooster · 戌 Xu Dog · 亥 Hai Pig

1919 己未 Earth Goat

Grand Duke: 傅稅

月干支 Month	正月小 1st Mth				二月大 2nd Mth				三月小 3rd Mth			
	丙寅 Bing Yin				丁卯 Ding Mao				戊辰 Wu Chen			
九星 9 Star	五黃 Five Yellow				四綠 Four Green				三碧 Three Jade			
節氣 Season	雨水 Rain Water		立春 Coming of Spring		春分 Spring Equinox		驚蟄 Awakening of Worms		穀雨 Grain Rain		清明 Clear and Bright	
	20th day		5th day		21st day		5th day		21st day		6th day	
	0hr 48min		4hr 40min		0hr 19min		23hr 6min		11hr 59min		4hr 29min	
	子 Zi		寅 Yin		子 Zi		子 Zi		午 Wu		寅 Yin	
農曆 Calendar	國曆 Gregorian		干支 S / B	星 Star	國曆 Gregorian		干支 S / B	星 Star	國曆 Gregorian		干支 S / B	星 Star
初一 1st	2	1	甲申	3	3	2	癸丑	5	4	1	癸未	8
初二 2nd	2	2	乙酉	4	3	3	甲寅	6	4	2	甲申	9
初三 3rd	2	3	丙戌	5	3	4	乙卯	7	4	3	乙酉	1
初四 4th	2	4	丁亥	6	3	5	丙辰	8	4	4	丙戌	2
初五 5th	2	5	戊子	7	3	6	丁巳	9	4	5	丁亥	3
初六 6th	2	6	己丑	8	3	7	戊午	1	4	6	戊子	4
初七 7th	2	7	庚寅	9	3	8	己未	2	4	7	己丑	5
初八 8th	2	8	辛卯	1	3	9	庚申	3	4	8	庚寅	6
初九 9th	2	9	壬辰	2	3	10	辛酉	4	4	9	辛卯	7
初十 10th	2	10	癸巳	3	3	11	壬戌	5	4	10	壬辰	8
十一 11th	2	11	甲午	4	3	12	癸亥	6	4	11	癸巳	9
十二 12th	2	12	乙未	5	3	13	甲子	7	4	12	甲午	1
十三 13th	2	13	丙申	6	3	14	乙丑	8	4	13	乙未	2
十四 14th	2	14	丁酉	7	3	15	丙寅	9	4	14	丙申	3
十五 15th	2	15	戊戌	8	3	16	丁卯	1	4	15	丁酉	4
十六 16th	2	16	己亥	9	3	17	戊辰	2	4	16	戊戌	5
十七 17th	2	17	庚子	1	3	18	己巳	3	4	17	己亥	6
十八 18th	2	18	辛丑	2	3	19	庚午	4	4	18	庚子	7
十九 19th	2	19	壬寅	3	3	20	辛未	5	4	19	辛丑	8
二十 20th	2	20	癸卯	4	3	21	壬申	6	4	20	壬寅	9
廿一 21st	2	21	甲辰	5	3	22	癸酉	7	4	21	癸卯	1
廿二 22nd	2	22	乙巳	6	3	23	甲戌	8	4	22	甲辰	2
廿三 23rd	2	23	丙午	7	3	24	乙亥	9	4	23	乙巳	3
廿四 24th	2	24	丁未	8	3	25	丙子	1	4	24	丙午	4
廿五 25th	2	25	戊申	9	3	26	丁丑	2	4	25	丁未	5
廿六 26th	2	26	己酉	1	3	27	戊寅	3	4	26	戊申	6
廿七 27th	2	27	庚戌	2	3	28	己卯	4	4	27	己酉	7
廿八 28th	2	28	辛亥	3	3	29	庚辰	5	4	28	庚戌	8
廿九 29th	3	1	壬子	4	3	30	辛巳	6	4	29	辛亥	9
三十 30th					3	31	壬午	7				

月干支 Month	四月小 4th Mth				五月大 5th Mth				六月小 6th Mth			
	己巳 Ji Si				庚午 Geng Wu				辛未 Xin Wei			
九星 9 Star	二黑 Two Black				一白 One White				九紫 Nine Purple			
節氣 Season	小滿 Small Sprout		立夏 Coming of Summer		夏至 Summer Solstice		芒種 Planting of Thorny Crops		大暑 Greater Heat		小暑 Lesser Heat	
	23rd day		7th day		25th day		10th day		27th day		11th day	
	11hr 39min		22hr 22min		19hr 54min		2hr 57min		6hr 45min		13hr 21min	
	午 Wu		亥 Hai		戌 Xu		丑 Chou		卯 Mao		未 Wei	
農曆 Calendar	國曆 Gregorian		干支 S / B	星 Star	國曆 Gregorian		干支 S / B	星 Star	國曆 Gregorian		干支 S / B	星 Star
初一 1st	4	30	壬子	1	5	29	辛巳	3	6	28	辛亥	4
初二 2nd	5	1	癸丑	2	5	30	壬午	4	6	29	壬子	3
初三 3rd	5	2	甲寅	3	5	31	癸未	5	6	30	癸丑	2
初四 4th	5	3	乙卯	4	6	1	甲申	6	7	1	甲寅	1
初五 5th	5	4	丙辰	5	6	2	乙酉	7	7	2	乙卯	9
初六 6th	5	5	丁巳	6	6	3	丙戌	8	7	3	丙辰	8
初七 7th	5	6	戊午	7	6	4	丁亥	9	7	4	丁巳	7
初八 8th	5	7	己未	8	6	5	戊子	1	7	5	戊午	6
初九 9th	5	8	庚申	9	6	6	己丑	2	7	6	己未	5
初十 10th	5	9	辛酉	1	6	7	庚寅	3	7	7	庚申	4
十一 11th	5	10	壬戌	2	6	8	辛卯	4	7	8	辛酉	3
十二 12th	5	11	癸亥	3	6	9	壬辰	5	7	9	壬戌	2
十三 13th	5	12	甲子	4	6	10	癸巳	6	7	10	癸亥	[illegible]
十四 14th	5	13	乙丑	5	6	11	甲午	7	7	11	甲子	9
十五 15th	5	14	丙寅	6	6	12	乙未	8	7	12	乙丑	3
十六 16th	5	15	丁卯	7	6	13	丙申	9	7	13	丙寅	7
十七 17th	5	16	戊辰	8	6	14	丁酉	1	7	14	丁卯	3
十八 18th	5	17	己巳	9	6	15	戊戌	2	7	15	戊辰	5
十九 19th	5	18	庚午	1	6	16	己亥	3	7	16	己巳	4
二十 20th	5	19	辛未	2	6	17	庚子	4	7	17	庚午	3
廿一 21st	5	20	壬申	3	6	18	辛丑	5	7	18	辛未	2
廿二 22nd	5	21	癸酉	4	6	19	壬寅	6	7	19	壬申	1
廿三 23rd	5	22	甲戌	5	6	20	癸卯	7	7	20	癸酉	9
廿四 24th	5	23	乙亥	6	6	21	甲辰	8	7	21	甲戌	8
廿五 25th	5	24	丙子	7	6	22	乙巳	9\1	7	22	乙亥	7
廿六 26th	5	25	丁丑	8	6	23	丙午	9	7	23	丙子	6
廿七 27th	5	26	戊寅	9	6	24	丁未	8	7	24	丁丑	5
廿八 28th	5	27	己卯	1	6	25	戊申	7	7	25	戊寅	4
廿九 29th	5	28	庚辰	2	6	26	己酉	6	7	26	己卯	3
三十 30th					6	27	庚戌	5				

天干 Ten Stems: 甲 Jia Yang Wood; 乙 Yi Yin Wood; 丙 Bing Yang Fire; 丁 Ding Yin Fire; 戊 Wu Yang Earth; 己 Ji Yin Earth; 庚 Geng Yang Metal; 辛 Xin Yin Metal; 壬 Ren Yang Water; 癸 Gui Yin Water

Male Gua: 9 離(Li) Female Gua: 6 乾(Qian) 3 Killing 三煞: West Annual Star: 9 Purple

農曆 Calendar	七月小 7th Mth 壬申 Ren Shen 八白 Eight White			
節氣 Season	處暑 Heat Ends 29th day 13hr 29min 未 Wei		立秋 Coming Autumn 13th day 22hr 58min 亥 Hai	
	國曆 Gregorian		干支 S / B	星 Star
初一 1st	7	27	庚辰	2
初二 2nd	7	28	辛巳	1
初三 3rd	7	29	壬午	9
初四 4th	7	30	癸未	8
初五 5th	7	31	甲申	7
初六 6th	8	1	乙酉	6
初七 7th	8	2	丙戌	5
初八 8th	8	3	丁亥	4
初九 9th	8	4	戊子	3
初十 10th	8	5	己丑	2
十一 11th	8	6	庚寅	1
十二 12th	8	7	辛卯	9
十三 13th	8	8	壬辰	8
十四 14th	8	9	癸巳	7
十五 15th	8	10	甲午	6
十六 16th	8	11	乙未	5
十七 17th	8	12	丙申	4
十八 18th	8	13	丁酉	3
十九 19th	8	14	戊戌	2
二十 20th	8	15	己亥	1
廿一 21st	8	16	庚子	9
廿二 22nd	8	17	辛丑	8
廿三 23rd	8	18	壬寅	7
廿四 24th	8	19	癸卯	6
廿五 25th	8	20	甲辰	5
廿六 26th	8	21	乙巳	4
廿七 27th	8	22	丙午	3
廿八 28th	8	23	丁未	2
廿九 29th	8	24	戊申	1
三十 30th				

農曆 Calendar	閏七月大 7th Mth			
節氣 Season	白露 White Dew 16th day 1hr 28min 丑 Chou			
	國曆 Gregorian		干支 S / B	星 Star
初一 1st	8	25	己酉	9
初二 2nd	8	26	庚戌	8
初三 3rd	8	27	辛亥	7
初四 4th	8	28	壬子	6
初五 5th	8	29	癸丑	5
初六 6th	8	30	甲寅	4
初七 7th	8	31	乙卯	3
初八 8th	9	1	丙辰	2
初九 9th	9	2	丁巳	1
初十 10th	9	3	戊午	9
十一 11th	9	4	己未	8
十二 12th	9	5	庚申	7
十三 13th	9	6	辛酉	6
十四 14th	9	7	壬戌	5
十五 15th	9	8	癸亥	4
十六 16th	9	9	甲子	3
十七 17th	9	10	乙丑	2
十八 18th	9	11	丙寅	1
十九 19th	9	12	丁卯	9
二十 20th	9	13	戊辰	8
廿一 21st	9	14	己巳	7
廿二 22nd	9	15	庚午	6
廿三 23rd	9	16	辛未	5
廿四 24th	9	17	壬申	4
廿五 25th	9	18	癸酉	3
廿六 26th	9	19	甲戌	2
廿七 27th	9	20	乙亥	1
廿八 28th	9	21	丙子	9
廿九 29th	9	22	丁丑	8
三十 30th	9	23	戊寅	7

農曆 Calendar	八月大 8th Mth 癸酉 Gui You 七赤 Seven Red			
節氣 Season	寒露 Cold Dew 16th day 16hr 34min 申 Shen		秋分 Autumn Equinox 1st day 10hr 36min 巳 Si	
	國曆 Gregorian		干支 S / B	星 Star
初一 1st	9	24	己卯	6
初二 2nd	9	25	庚辰	5
初三 3rd	9	26	辛巳	4
初四 4th	9	27	壬午	3
初五 5th	9	28	癸未	2
初六 6th	9	29	甲申	1
初七 7th	9	30	乙酉	9
初八 8th	10	1	丙戌	8
初九 9th	10	2	丁亥	7
初十 10th	10	3	戊子	6
十一 11th	10	4	己丑	5
十二 12th	10	5	庚寅	4
十三 13th	10	6	辛卯	3
十四 14th	10	7	壬辰	2
十五 15th	10	8	癸巳	1
十六 16th	10	9	甲午	9
十七 17th	10	10	乙未	8
十八 18th	10	11	丙申	7
十九 19th	10	12	丁酉	6
二十 20th	10	13	戊戌	5
廿一 21st	10	14	己亥	4
廿二 22nd	10	15	庚子	3
廿三 23rd	10	16	辛丑	2
廿四 24th	10	17	壬寅	1
廿五 25th	10	18	癸卯	9
廿六 26th	10	19	甲辰	8
廿七 27th	10	20	乙巳	7
廿八 28th	10	21	丙午	6
廿九 29th	10	22	丁未	5
三十 30th	10	23	戊申	4

農曆 Calendar	九月小 9th Mth 甲戌 Jia Xu 六白 Six White			
節氣 Season	立冬 Coming of Winter 16th day 19hr 12min 戌 Xu		霜降 Frosting 1st day 19hr 22min 戌 Xu	
	國曆 Gregorian		干支 S / B	星 Star
初一 1st	10	24	己酉	3
初二 2nd	10	25	庚戌	2
初三 3rd	10	26	辛亥	1
初四 4th	10	27	壬子	9
初五 5th	10	28	癸丑	8
初六 6th	10	29	甲寅	7
初七 7th	10	30	乙卯	6
初八 8th	10	31	丙辰	5
初九 9th	11	1	丁巳	4
初十 10th	11	2	戊午	3
十一 11th	11	3	己未	2
十二 12th	11	4	庚申	1
十三 13th	11	5	辛酉	9
十四 14th	11	6	壬戌	8
十五 15th	11	7	癸亥	7
十六 16th	11	8	甲子	6
十七 17th	11	9	乙丑	5
十八 18th	11	10	丙寅	4
十九 19th	11	11	丁卯	3
二十 20th	11	12	戊辰	2
廿一 21st	11	13	己巳	1
廿二 22nd	11	14	庚午	9
廿三 23rd	11	15	辛未	8
廿四 24th	11	16	壬申	7
廿五 25th	11	17	癸酉	6
廿六 26th	11	18	甲戌	5
廿七 27th	11	19	乙亥	4
廿八 28th	11	20	丙子	3
廿九 29th	11	21	丁丑	2
三十 30th				

農曆 Calendar	十月大 10th Mth 乙亥 Yi Hai 五黃 Five Yellow			
節氣 Season	大雪 Greater Snow 17th day 11hr 38min 午 Wu		小雪 Lesser Snow 2nd day 16hr 26min 申 Shen	
	國曆 Gregorian		干支 S / B	星 Star
初一 1st	11	22	戊寅	1
初二 2nd	11	23	己卯	9
初三 3rd	11	24	庚辰	8
初四 4th	11	25	辛巳	7
初五 5th	11	26	壬午	6
初六 6th	11	27	癸未	5
初七 7th	11	28	甲申	4
初八 8th	11	29	乙酉	3
初九 9th	11	30	丙戌	2
初十 10th	12	1	丁亥	1
十一 11th	12	2	戊子	9
十二 12th	12	3	己丑	8
十三 13th	12	4	庚寅	7
十四 14th	12	5	辛卯	6
十五 15th	12	6	壬辰	5
十六 16th	12	7	癸巳	4
十七 17th	12	8	甲午	3
十八 18th	12	9	乙未	2
十九 19th	12	10	丙申	1
二十 20th	12	11	丁酉	9
廿一 21st	12	12	戊戌	8
廿二 22nd	12	13	己亥	7
廿三 23rd	12	14	庚子	6
廿四 24th	12	15	辛丑	5
廿五 25th	12	16	壬寅	4
廿六 26th	12	17	癸卯	3
廿七 27th	12	18	甲辰	2
廿八 28th	12	19	乙巳	1
廿九 29th	12	20	丙午	9
三十 30th	12	21	丁未	8

農曆 Calendar	十一月大 11th Mth 丙子 Bing Zi 四綠 Four Green			
節氣 Season	小寒 Lesser Cold 16th day 22hr 41min 亥 Hai		冬至 Winter Solstice 2nd day 5hr 27min 卯 Mao	
	國曆 Gregorian		干支 S / B	星 Star
初一 1st	12	22	戊申	7
初二 2nd	12	23	己酉	6\4
初三 3rd	12	24	庚戌	5
初四 4th	12	25	辛亥	6
初五 5th	12	26	壬子	7
初六 6th	12	27	癸丑	8
初七 7th	12	28	甲寅	9
初八 8th	12	29	乙卯	1
初九 9th	12	30	丙辰	2
初十 10th	12	31	丁巳	3
十一 11th	1	1	戊午	4
十二 12th	1	2	己未	5
十三 13th	1	3	庚申	6
十四 14th	1	4	辛酉	7
十五 15th	1	5	壬戌	8
十六 16th	1	6	癸亥	9
十七 17th	1	7	甲子	1
十八 18th	1	8	乙丑	2
十九 19th	1	9	丙寅	3
二十 20th	1	10	丁卯	4
廿一 21st	1	11	戊辰	5
廿二 22nd	1	12	己巳	6
廿三 23rd	1	13	庚午	7
廿四 24th	1	14	辛未	8
廿五 25th	1	15	壬申	9
廿六 26th	1	16	癸酉	1
廿七 27th	1	17	甲戌	2
廿八 28th	1	18	乙亥	3
廿九 29th	1	19	丙子	4
三十 30th	1	20	丁丑	5

農曆 Calendar	十二月大 12th Mth 丁丑 Ding Chou 三碧 Three Jade			
節氣 Season	立春 Coming of Spring 16th day 10hr 27min 巳 Si		大寒 Greater Cold 1st day 16hr 5min 申 Shen	
	國曆 Gregorian		干支 S / B	星 Star
初一 1st	1	21	戊寅	6
初二 2nd	1	22	己卯	7
初三 3rd	1	23	庚辰	8
初四 4th	1	24	辛巳	9
初五 5th	1	25	壬午	1
初六 6th	1	26	癸未	2
初七 7th	1	27	甲申	3
初八 8th	1	28	乙酉	4
初九 9th	1	29	丙戌	5
初十 10th	1	30	丁亥	6
十一 11th	1	31	戊子	7
十二 12th	2	1	己丑	8
十三 13th	2	2	庚寅	9
十四 14th	2	3	辛卯	1
十五 15th	2	4	壬辰	2
十六 16th	2	5	癸巳	3
十七 17th	2	6	甲午	4
十八 18th	2	7	乙未	5
十九 19th	2	8	丙申	6
二十 20th	2	9	丁酉	7
廿一 21st	2	10	戊戌	8
廿二 22nd	2	11	己亥	9
廿三 23rd	2	12	庚子	1
廿四 24th	2	13	辛丑	2
廿五 25th	2	14	壬寅	3
廿六 26th	2	15	癸卯	4
廿七 27th	2	16	甲辰	5
廿八 28th	2	17	乙巳	6
廿九 29th	2	18	丙午	7
三十 30th	2	19	丁未	8

地支 Twelve Branches: 子 Zi Rat, 丑 Chou Ox, 寅 Yin Tiger, 卯 Mao Rabbit, 辰 Chen Dragon, 巳 Si Snake, 午 Wu Horse, 未 Wei Goat, 申 Shen Monkey, 酉 You Rooster, 戌 Xu Dog, 亥 Hai Pig

1920 庚申 Metal Monkey

Grand Duke: 毛倖

月干支 Month	正月小 1st Mth				二月大 2nd Mth				三月小 3rd Mth			
	戊寅 Wu Yin				己卯 Ji Mao				庚辰 Geng Chen			
九星 9 Star	二黑 Two Black				一白 One White				九紫 Nine Purple			
節氣 Season	驚蟄 Awakening of Worms		雨水 Rain Water		清明 Clear and Bright		春分 Spring Equinox		立夏 Coming of Summer		穀雨 Grain Rain	
	16th day		1st day		17th day		2nd day		18th day		2nd day	
	4hr 51min		6hr 29min		10hr 15min		6hr 0min		4hr 12min		17hr 39min	
	寅 Yin		卯 Mao		巳 Si		卯 Mao		寅 Yin		酉 You	
農曆 Calendar	國曆 Gregorian		干支 S/B	星 Star	國曆 Gregorian		干支 S/B	星 Star	國曆 Gregorian		干支 S/B	星 Star
初一 1st	2	20	戊申	9	3	20	丁丑	2	4	19	丁未	5
初二 2nd	2	21	己酉	1	3	21	戊寅	3	4	20	戊申	6
初三 3rd	2	22	庚戌	2	3	22	己卯	4	4	21	己酉	7
初四 4th	2	23	辛亥	3	3	23	庚辰	5	4	22	庚戌	8
初五 5th	2	24	壬子	4	3	24	辛巳	6	4	23	辛亥	9
初六 6th	2	25	癸丑	5	3	25	壬午	7	4	24	壬子	1
初七 7th	2	26	甲寅	6	3	26	癸未	8	4	25	癸丑	2
初八 8th	2	27	乙卯	7	3	27	甲申	9	4	26	甲寅	3
初九 9th	2	28	丙辰	8	3	28	乙酉	1	4	27	乙卯	4
初十 10th	2	29	丁巳	9	3	29	丙戌	2	4	28	丙辰	5
十一 11th	3	1	戊午	1	3	30	丁亥	3	4	29	丁巳	6
十二 12th	3	2	己未	2	3	31	戊子	4	4	30	戊午	7
十三 13th	3	3	庚申	3	4	1	己丑	5	5	1	己未	8
十四 14th	3	4	辛酉	4	4	2	庚寅	6	5	2	庚申	9
十五 15th	3	5	壬戌	5	4	3	辛卯	7	5	3	辛酉	1
十六 16th	3	6	癸亥	6	4	4	壬辰	8	5	4	壬戌	2
十七 17th	3	7	甲子	7	4	5	癸巳	9	5	5	癸亥	3
十八 18th	3	8	乙丑	8	4	6	甲午	1	5	6	甲子	4
十九 19th	3	9	丙寅	9	4	7	乙未	2	5	7	乙丑	5
二十 20th	3	10	丁卯	1	4	8	丙申	3	5	8	丙寅	6
廿一 21st	3	11	戊辰	2	4	9	丁酉	4	5	9	丁卯	7
廿二 22nd	3	12	己巳	3	4	10	戊戌	5	5	10	戊辰	8
廿三 23rd	3	13	庚午	4	4	11	己亥	6	5	11	己巳	9
廿四 24th	3	14	辛未	5	4	12	庚子	7	5	12	庚午	1
廿五 25th	3	15	壬申	6	4	13	辛丑	8	5	13	辛未	2
廿六 26th	3	16	癸酉	7	4	14	壬寅	9	5	14	壬申	3
廿七 27th	3	17	甲戌	8	4	15	癸卯	1	5	15	癸酉	4
廿八 28th	3	18	乙亥	9	4	16	甲辰	2	5	16	甲戌	5
廿九 29th	3	19	丙子	1	4	17	乙巳	3	5	17	乙亥	6
三十 30th					4	18	丙午	4				

月干支 Month	四月小 4th Mth				五月大 5th Mth				六月小 6th Mth			
	辛巳 Xin Si				壬午 Ren Wu				癸未 Gui Wei			
九星 9 Star	八白 Eight White				七赤 Seven Red				六白 Six White			
節氣 Season	芒種 Planting of Thorny Crops		小滿 Small Sprout		小暑 Lesser Heat		夏至 Summer Solstice		立秋 Coming Autumn		大暑 Greater Heat	
	20th day		4th day		22nd day		7th day		24th day		8th day	
	8hr 51min		17hr 22min		19hr 19min		1hr 40min		4hr 58min		12hr 35min	
	辰 Chen		酉 You		戌 Xu		丑 Chou		寅 Yin		午 Wu	
農曆 Calendar	國曆 Gregorian		干支 S/B	星 Star	國曆 Gregorian		干支 S/B	星 Star	國曆 Gregorian		干支 S/B	星 Star
初一 1st	5	18	丙子	7	6	16	乙巳	9	7	16	乙亥	7
初二 2nd	5	19	丁丑	8	6	17	丙午	1	7	17	丙子	6
初三 3rd	5	20	戊寅	9	6	18	丁未	2	7	18	丁丑	5
初四 4th	5	21	己卯	1	6	19	戊申	3	7	19	戊寅	4
初五 5th	5	22	庚辰	2	6	20	己酉	4	7	20	己卯	3
初六 6th	5	23	辛巳	3	6	21	庚戌	5	7	21	庚辰	2
初七 7th	5	24	壬午	4	6	22	辛亥	6\4	7	22	辛巳	1
初八 8th	5	25	癸未	5	6	23	壬子	3	7	23	壬午	9
初九 9th	5	26	甲申	6	6	24	癸丑	2	7	24	癸未	8
初十 10th	5	27	乙酉	7	6	25	甲寅	1	7	25	甲申	7
十一 11th	5	28	丙戌	8	6	26	乙卯	9	7	26	乙酉	6
十二 12th	5	29	丁亥	9	6	27	丙辰	8	7	27	丙戌	5
十三 13th	5	30	戊子	1	6	28	丁巳	7	7	28	丁亥	4
十四 14th	5	31	己丑	2	6	29	戊午	6	7	29	戊子	3
十五 15th	6	1	庚寅	3	6	30	己未	5	7	30	己丑	2
十六 16th	6	2	辛卯	4	7	1	庚申	4	7	31	庚寅	1
十七 17th	6	3	壬辰	5	7	2	辛酉	3	8	1	辛卯	9
十八 18th	6	4	癸巳	6	7	3	壬戌	2	8	2	壬辰	8
十九 19th	6	5	甲午	7	7	4	癸亥	1	8	3	癸巳	7
二十 20th	6	6	乙未	8	7	5	甲子	9	8	4	甲午	6
廿一 21st	6	7	丙申	9	7	6	乙丑	8	8	5	乙未	5
廿二 22nd	6	8	丁酉	1	7	7	丙寅	7	8	6	丙申	4
廿三 23rd	6	9	戊戌	2	7	8	丁卯	6	8	7	丁酉	3
廿四 24th	6	10	己亥	3	7	9	戊辰	5	8	8	戊戌	2
廿五 25th	6	11	庚子	4	7	10	己巳	4	8	9	己亥	1
廿六 26th	6	12	辛丑	5	7	11	庚午	3	8	10	庚子	9
廿七 27th	6	13	壬寅	6	7	12	辛未	2	8	11	辛丑	8
廿八 28th	6	14	癸卯	7	7	13	壬申	1	8	12	壬寅	7
廿九 29th	6	15	甲辰	8	7	14	癸酉	9	8	13	癸卯	6
三十 30th					7	15	甲戌	8				

天干 Ten Stems

- 甲 Jia Yang Wood
- 乙 Yi Yin Wood
- 丙 Bing Yang Fire
- 丁 Ding Yin Fire
- 戊 Wu Yang Earth
- 己 Ji Yin Earth
- 庚 Geng Yang Metal
- 辛 Xin Yin Metal
- 壬 Ren Yang Water
- 癸 Gui Yin Water

Male Gua: 8 艮(Gen) **Female Gua: 7 兌(Dui)** 3 Killing 三煞: South Annual Star: 8 White

月干支 Month	七月小 7th Mth				八月大 8th Mth				九月大 9th Mth			
	甲申 Jia Shen				乙酉 Yi You				丙戌 Bing Xu			
九星 9 Star	五黃 Five Yellow				四綠 Four Green				三碧 Three Jade			
節氣 Season	白露 White Dew		處暑 Heat Ends		寒露 Cold Dew		秋分 Autumn Equinox		立冬 Coming of Winter		霜降 Frosting	
	26th day		10th day		27th day		12th day		28th day		13th day	
	7hr 27min		19hr 22min		22hr 30min		16hr 29min		1hr 5min		1hr 13min	
	辰 Chen		戌 Xu		亥 Hai		申 Shen		丑 Chou		丑 Chou	
農曆 Calendar	國曆 Gregorian		干支 S/B	星 Star	國曆 Gregorian		干支 S/B	星 Star	國曆 Gregorian		干支 S/B	星 Star
初一 1st	8	14	甲辰	5	9	12	癸酉	3	10	12	癸卯	9
初二 2nd	8	15	乙巳	4	9	13	甲戌	2	10	13	甲辰	8
初三 3rd	8	16	丙午	3	9	14	乙亥	1	10	14	乙巳	7
初四 4th	8	17	丁未	2	9	15	丙子	9	10	15	丙午	6
初五 5th	8	18	戊申	1	9	16	丁丑	8	10	16	丁未	5
初六 6th	8	19	己酉	9	9	17	戊寅	7	10	17	戊申	4
初七 7th	8	20	庚戌	8	9	18	己卯	6	10	18	己酉	3
初八 8th	8	21	辛亥	7	9	19	庚辰	5	10	19	庚戌	2
初九 9th	8	22	壬子	6	9	20	辛巳	4	10	20	辛亥	1
初十 10th	8	23	癸丑	5	9	21	壬午	3	10	21	壬子	9
十一 11th	8	24	甲寅	4	9	22	癸未	2	10	22	癸丑	8
十二 12th	8	25	乙卯	3	9	23	甲申	1	10	23	甲寅	7
十三 13th	8	26	丙辰	2	9	24	乙酉	9	10	24	乙卯	6
十四 14th	8	27	丁巳	1	9	25	丙戌	8	10	25	丙辰	5
十五 15th	8	28	戊午	9	9	26	丁亥	7	10	26	丁巳	4
十六 16th	8	29	己未	8	9	27	戊子	6	10	27	戊午	3
十七 17th	8	30	庚申	7	9	28	己丑	5	10	28	己未	2
十八 18th	8	31	辛酉	6	9	29	庚寅	4	10	29	庚申	1
十九 19th	9	1	壬戌	5	9	30	辛卯	3	10	30	辛酉	9
二十 20th	9	2	癸亥	4	10	1	壬辰	2	10	31	壬戌	8
廿一 21st	9	3	甲子	3	10	2	癸巳	1	11	1	癸亥	7
廿二 22nd	9	4	乙丑	2	10	3	甲午	9	11	2	甲子	6
廿三 23rd	9	5	丙寅	1	10	4	乙未	8	11	3	乙丑	5
廿四 24th	9	6	丁卯	9	10	5	丙申	7	11	4	丙寅	4
廿五 25th	9	7	戊辰	8	10	6	丁酉	6	11	5	丁卯	3
廿六 26th	9	8	己巳	7	10	7	戊戌	5	11	6	戊辰	2
廿七 27th	9	9	庚午	6	10	8	己亥	4	11	7	己巳	1
廿八 28th	9	10	辛未	5	10	9	庚子	3	11	8	庚午	9
廿九 29th	9	11	壬申	4	10	10	辛丑	2	11	9	辛未	8
三十 30th					10	11	壬寅	1	11	10	壬申	7

月干支 Month	十月小 10th Mth				十一月大 11th Mth				十二月大 12th Mth			
	丁亥 Ding Hai				戊子 Wu Zi				己丑 Ji Chou			
九星 9 Star	二黑 Two Black				一白 One White				九紫 Nine Purple			
節氣 Season	大雪 Greater Snow		小雪 Lesser Snow		小寒 Lesser Cold		冬至 Winter Solstice		立春 Coming of Spring		大寒 Greater Cold	
	27th day		12th day		28th day		13th day		27th day		12th day	
	17hr 31min		22hr 16min		4hr 34min		11hr 17min		16hr 21min		2 hr 55min	
	酉 You		亥 Hai		寅 Yin		午 Wu		申 Shen		亥 Hai	
農曆 Calendar	國曆 Gregorian		干支 S/B	星 Star	國曆 Gregorian		干支 S/B	星 Star	國曆 Gregorian		干支 S/B	星 Star
初一 1st	11	11	癸酉	6	12	10	壬寅	4	1	9	壬申	9
初二 2nd	11	12	甲戌	5	12	11	癸卯	3	1	10	癸酉	1
初三 3rd	11	13	乙亥	4	12	12	甲辰	2	1	11	甲戌	2
初四 4th	11	14	丙子	3	12	13	乙巳	1	1	12	乙亥	3
初五 5th	11	15	丁丑	2	12	14	丙午	9	1	13	丙子	4
初六 6th	11	16	戊寅	1	12	15	丁未	8	1	14	丁丑	5
初七 7th	11	17	己卯	9	12	16	戊申	7	1	15	戊寅	6
初八 8th	11	18	庚辰	8	12	17	己酉	6	1	16	己卯	7
初九 9th	11	19	辛巳	7	12	18	庚戌	5	1	17	庚辰	8
初十 10th	11	20	壬午	6	12	19	辛亥	4	1	18	辛巳	9
十一 11th	11	21	癸未	5	12	20	壬子	3	1	19	壬午	1
十二 12th	11	22	甲申	4	12	21	癸丑	2	1	20	癸未	2
十三 13th	11	23	乙酉	3	12	22	甲寅	1\9	1	21	甲申	3
十四 14th	11	24	丙戌	2	12	23	乙卯	1	1	22	乙酉	4
十五 15th	11	25	丁亥	1	12	24	丙辰	2	1	23	丙戌	5
十六 16th	11	26	戊子	9	12	25	丁巳	3	1	24	丁亥	6
十七 17th	11	27	己丑	8	12	26	戊午	4	1	25	戊子	7
十八 18th	11	28	庚寅	7	12	27	己未	5	1	26	己丑	8
十九 19th	11	29	辛卯	6	12	28	庚申	6	1	27	庚寅	9
二十 20th	11	30	壬辰	5	12	29	辛酉	7	1	28	辛卯	1
廿一 21st	12	1	癸巳	4	12	30	壬戌	8	1	29	壬辰	2
廿二 22nd	12	2	甲午	3	12	31	癸亥	9	1	30	癸巳	3
廿三 23rd	12	3	乙未	2	1	1	甲子	1	1	31	甲午	4
廿四 24th	12	4	丙申	1	1	2	乙丑	2	2	1	乙未	5
廿五 25th	12	5	丁酉	9	1	3	丙寅	3	2	2	丙申	6
廿六 26th	12	6	戊戌	8	1	4	丁卯	4	2	3	丁酉	7
廿七 27th	12	7	己亥	7	1	5	戊辰	5	2	4	戊戌	8
廿八 28th	12	8	庚子	6	1	6	己巳	6	2	5	己亥	9
廿九 29th	12	9	辛丑	5	1	7	庚午	7	2	6	庚子	1
三十 30th					1	8	辛未	3	2	7	辛丑	2

地支 Twelve Branches: 子 Zi Rat; 丑 Chou Ox; 寅 Yin Tiger; 卯 Mao Rabbit; 辰 Chen Dragon; 巳 Si Snake; 午 Wu Horse; 未 Wei Goat; 申 Shen Monkey; 酉 You Rooster; 戌 Xu Dog; 亥 Hai Pig

1921 辛酉 Metal Rooster Grand Duke: 文政

天干 Ten Stems: 甲 Jia Yang Wood; 乙 Yi Yin Wood; 丙 Bing Yang Fire; 丁 Ding Yin Fire; 戊 Wu Yang Earth; 己 Ji Yin Earth; 庚 Geng Yang Metal; 辛 Xin Yin Metal; 壬 Ren Yang Water; 癸 Gui Yin Water

月干支 Month	正月大 1st Mth				二月小 2nd Mth				三月大 3rd Mth			
	庚寅 Geng Yin				辛卯 Xin Mao				壬辰 Ren Chen			
九星 9 Star	八白 Eight White				七赤 Seven Red				六白 Six White			
節氣 Season	驚蟄 Awakening of Worms		雨水 Rain Water		清明 Clear and Bright		春分 Spring Equinox		立夏 Coming of Summer		穀雨 Grain Rain	
	27th day		12th day		27th day		12th day		29th day		13th day	
	10hr 46min		12hr 20min		16hr 9min		11hr 51min		10hr 5min		23hr 33min	
	巳 Si		午 Wu		申 Shen		午 Wu		巳 Si		子 Zi	
農曆 Calendar	國曆 Gregorian		干支 S/B	星 Star	國曆 Gregorian		干支 S/B	星 Star	國曆 Gregorian		干支 S/B	星 Star
初一 1st	2	8	壬寅	3	3	10	壬申	6	4	8	辛丑	8
初二 2nd	2	9	癸卯	4	3	11	癸酉	7	4	9	壬寅	9
初三 3rd	2	10	甲辰	5	3	12	甲戌	8	4	10	癸卯	1
初四 4th	2	11	乙巳	6	3	13	乙亥	9	4	11	甲辰	2
初五 5th	2	12	丙午	7	3	14	丙子	1	4	12	乙巳	3
初六 6th	2	13	丁未	8	3	15	丁丑	2	4	13	丙午	4
初七 7th	2	14	戊申	9	3	16	戊寅	3	4	14	丁未	5
初八 8th	2	15	己酉	1	3	17	己卯	4	4	15	戊申	6
初九 9th	2	16	庚戌	2	3	18	庚辰	5	4	16	己酉	7
初十 10th	2	17	辛亥	3	3	19	辛巳	6	4	17	庚戌	8
十一 11th	2	18	壬子	4	3	20	壬午	7	4	18	辛亥	9
十二 12th	2	19	癸丑	5	3	21	癸未	8	4	19	壬子	1
十三 13th	2	20	甲寅	6	3	22	甲申	9	4	20	癸丑	2
十四 14th	2	21	乙卯	7	3	23	乙酉	1	4	21	甲寅	3
十五 15th	2	22	丙辰	8	3	24	丙戌	2	4	22	乙卯	4
十六 16th	2	23	丁巳	9	3	25	丁亥	3	4	23	丙辰	5
十七 17th	2	24	戊午	1	3	26	戊子	4	4	24	丁巳	6
十八 18th	2	25	己未	2	3	27	己丑	5	4	25	戊午	7
十九 19th	2	26	庚申	3	3	28	庚寅	6	4	26	己未	8
二十 20th	2	27	辛酉	4	3	29	辛卯	7	4	27	庚申	9
廿一 21st	2	28	壬戌	5	3	30	壬辰	8	4	28	辛酉	1
廿二 22nd	3	1	癸亥	6	3	31	癸巳	9	4	29	壬戌	2
廿三 23rd	3	2	甲子	7	4	1	甲午	1	4	30	癸亥	3
廿四 24th	3	3	乙丑	8	4	2	乙未	2	5	1	甲子	4
廿五 25th	3	4	丙寅	9	4	3	丙申	3	5	2	乙丑	5
廿六 26th	3	5	丁卯	1	4	4	丁酉	4	5	3	丙寅	6
廿七 27th	3	6	戊辰	2	4	5	戊戌	5	5	4	丁卯	7
廿八 28th	3	7	己巳	3	4	6	己亥	6	5	5	戊辰	8
廿九 29th	3	8	庚午	4	4	7	庚子	7	5	6	己巳	9
三十 30th	3	9	辛未	5					5	7	庚午	1

月干支 Month	四月小 4th Mth				五月小 5th Mth				六月大 6th Mth			
	癸巳 Gui Si				甲午 Jia Wu				乙未 Yi Wei			
九星 9 Star	五黃 Five Yellow				四綠 Four Green				三碧 Three Jade			
節氣 Season			小滿 Small Sprout		夏至 Summer Solstice		芒種 Planting of Thorny Crops		大暑 Greater Heat		小暑 Lesser Heat	
			14th day		17th day		1st day		19th day		4th day	
			23hr 17min		7hr 36min		14hr 42min		18hr 31min		1hr 7min	
			子 Zi		辰 Chen		未 Wei		酉 You		丑 Chou	
農曆 Calendar	國曆 Gregorian		干支 S/B	星 Star	國曆 Gregorian		干支 S/B	星 Star	國曆 Gregorian		干支 S/B	星 Star
初一 1st	5	8	辛未	2	6	6	庚子	4	7	5	己巳	4
初二 2nd	5	9	壬申	3	6	7	辛丑	5	7	6	庚午	3
初三 3rd	5	10	癸酉	4	6	8	壬寅	6	7	7	辛未	2
初四 4th	5	11	甲戌	5	6	9	癸卯	7	7	8	壬申	1
初五 5th	5	12	乙亥	6	6	10	甲辰	8	7	9	癸酉	9
初六 6th	5	13	丙子	7	6	11	乙巳	9	7	10	甲戌	8
初七 7th	5	14	丁丑	8	6	12	丙午	1	7	11	乙亥	7
初八 8th	5	15	戊寅	9	6	13	丁未	2	7	12	丙子	6
初九 9th	5	16	己卯	1	6	14	戊申	3	7	13	丁丑	5
初十 10th	5	17	庚辰	2	6	15	己酉	4	7	14	戊寅	4
十一 11th	5	18	辛巳	3	6	16	庚戌	5	7	15	己卯	3
十二 12th	5	19	壬午	4	6	17	辛亥	6	7	16	庚辰	2
十三 13th	5	20	癸未	5	6	18	壬子	7	7	17	辛巳	1
十四 14th	5	21	甲申	6	6	19	癸丑	8	7	18	壬午	9
十五 15th	5	22	乙酉	7	6	20	甲寅	9	7	19	癸未	8
十六 16th	5	23	丙戌	8	6	21	乙卯	1	7	20	甲申	7
十七 17th	5	24	丁亥	9	6	22	丙辰	2\8	7	21	乙酉	6
十八 18th	5	25	戊子	1	6	23	丁巳	7	7	22	丙戌	5
十九 19th	5	26	己丑	2	6	24	戊午	6	7	23	丁亥	4
二十 20th	5	27	庚寅	3	6	25	己未	5	7	24	戊子	3
廿一 21st	5	28	辛卯	4	6	26	庚申	4	7	25	己丑	2
廿二 22nd	5	29	壬辰	5	6	27	辛酉	3	7	26	庚寅	1
廿三 23rd	5	30	癸巳	6	6	28	壬戌	2	7	27	辛卯	9
廿四 24th	5	31	甲午	7	6	29	癸亥	1	7	28	壬辰	8
廿五 25th	6	1	乙未	8	6	30	甲子	9	7	29	癸巳	7
廿六 26th	6	2	丙申	9	7	1	乙丑	8	7	30	甲午	6
廿七 27th	6	3	丁酉	1	7	2	丙寅	7	7	31	乙未	5
廿八 28th	6	4	戊戌	2	7	3	丁卯	6	8	1	丙申	4
廿九 29th	6	5	己亥	3	7	4	戊辰	5	8	2	丁酉	3
三十 30th									8	3	戊戌	2

Male Gua: 7 兑(Dui) Female Gua: 8 艮(Gen) 3 Killing 三煞: East Annual Star: 7 Red

十二月大 12th Mth				十一月大 11th Mth				十月小 10th Mth				九月大 9th Mth				八月小 8th Mth				七月小 7th Mth				月干支 Month
辛丑 Xin Chou				庚子 Geng Zi				己亥 Ji Hai				戊戌 Wu Xu				丁酉 Ding You				丙申 Bing Shen				
六白 Six White				七赤 Seven Red				八白 Eight White				九紫 Nine Purple				一白 One White				二黑 Two Black				九星 9 Star
大寒 Greater Cold		小寒 Lesser Cold		冬至 Winter Solstice		大雪 Greater Snow		小雪 Lesser Snow		立冬 Coming of Winter		霜降 Frosting		寒露 Cold Dew		秋分 Autumn Equinox		白露 White Dew		處暑 Heat Ends		立秋 Coming Autumn		節氣 Season
24th day		5th day		24th day		9th day		24th day		9th day		24th day		9th day		22nd day		7th day		21st day		5th day		
3hr 48min		10hr 17min		17hr 8min		23hr 2min		4hr 5min		6hr 46min		7hr 3min		4hr 11min		22hr 20min		13hr 10min		1hr 15min		10hr 44min		
寅 Yin		巳 Si		酉 You		子 Zi		寅 Yin		卯 Mao		辰 Chen		寅 Yin		亥 Hai		未 Wei		丑 Chou		巳 Si		
國曆 Gregorian		干支 S/B	星 Star	國曆 Gregorian		干支 S/B	星 Star	國曆 Gregorian		干支 S/B	星 Star	國曆 Gregorian		干支 S/B	星 Star	國曆 Gregorian		干支 S/B	星 Star	國曆 Gregorian		干支 S/B	星 Star	農曆 Calendar
12	29	丙寅	3	11	29	丙申	1	10	31	丁卯	3	10	1	丁酉	6	9	2	戊辰	8	8	4	己亥	1	初一 1st
12	30	丁卯	4	11	30	丁酉	9	11	1	戊辰	2	10	2	戊戌	5	9	3	己巳	7	8	5	庚子	9	初二 2nd
12	31	戊辰	5	12	1	戊戌	8	11	2	己巳	1	10	3	己亥	4	9	4	庚午	6	8	6	辛丑	8	初三 3rd
1	1	己巳	6	12	2	己亥	7	11	3	庚午	9	10	4	庚子	3	9	5	辛未	5	8	7	壬寅	7	初四 4th
1	2	庚午	7	12	3	庚子	6	11	4	辛未	8	10	5	辛丑	2	9	6	壬申	4	8	8	癸卯	6	初五 5th
1	3	辛未	8	12	4	辛丑	5	11	5	壬申	7	10	6	壬寅	1	9	7	癸酉	3	8	9	甲辰	5	初六 6th
1	4	壬申	9	12	5	壬寅	4	11	6	癸酉	6	10	7	癸卯	9	9	8	甲戌	2	8	10	乙巳	4	初七 7th
1	5	癸酉	1	12	6	癸卯	3	11	7	甲戌	5	10	8	甲辰	8	9	9	乙亥	1	8	11	丙午	3	初八 8th
1	6	甲戌	2	12	7	甲辰	2	11	8	乙亥	4	10	9	乙巳	7	9	10	丙子	9	8	12	丁未	2	初九 9th
1	7	乙亥	3	12	8	乙巳	1	11	9	丙子	3	10	10	丙午	6	9	11	丁丑	8	8	13	戊申	1	初十 10th
1	8	丙子	4	12	9	丙午	9	11	10	丁丑	2	10	11	丁未	5	9	12	戊寅	7	8	14	己酉	9	十一 11th
1	9	丁丑	5	12	10	丁未	8	11	11	戊寅	1	10	12	戊申	4	9	13	己卯	6	8	15	庚戌	8	十二 12th
1	10	戊寅	6	12	11	戊申	7	11	12	己卯	9	10	13	己酉	3	9	14	庚辰	5	8	16	辛亥	7	十三 13th
1	11	己卯	7	12	12	己酉	6	11	13	庚辰	8	10	14	庚戌	2	9	15	辛巳	4	8	17	壬子	6	十四 14th
1	12	庚辰	8	12	13	庚戌	5	11	14	辛巳	7	10	15	辛亥	1	9	16	壬午	3	8	18	癸丑	5	十五 15th
1	13	辛巳	9	12	14	辛亥	4	11	15	壬午	6	10	16	壬子	9	9	17	癸未	2	8	19	甲寅	4	十六 16th
1	14	壬午	1	12	15	壬子	3	11	16	癸未	5	10	17	癸丑	8	9	18	甲申	1	8	20	乙卯	3	十七 17th
1	15	癸未	2	12	16	癸丑	2	11	17	甲申	4	10	18	甲寅	7	9	19	乙酉	9	8	21	丙辰	2	十八 18th
1	16	甲申	3	12	17	甲寅	1	11	18	乙酉	3	10	19	乙卯	6	9	20	丙戌	8	8	22	丁巳	1	十九 19th
1	17	乙酉	4	12	18	乙卯	9	11	19	丙戌	2	10	20	丙辰	5	9	21	丁亥	7	8	23	戊午	9	二十 20th
1	18	丙戌	5	12	19	丙辰	8	11	20	丁亥	1	10	21	丁巳	4	9	22	戊子	6	8	24	己未	8	廿一 21st
1	19	丁亥	6	12	20	丁巳	7	11	21	戊子	9	10	22	戊午	3	9	23	己丑	5	8	25	庚申	7	廿二 22nd
1	20	戊子	7	12	21	戊午	6	11	22	己丑	8	10	23	己未	2	9	24	庚寅	4	8	26	辛酉	6	廿三 23rd
1	21	己丑	8	12	22	己未	5\5	11	23	庚寅	7	10	24	庚申	1	9	25	辛卯	3	8	27	壬戌	5	廿四 24th
1	22	庚寅	9	12	23	庚申	5	11	24	辛卯	6	10	25	辛酉	9	9	26	壬辰	2	8	28	癸亥	4	廿五 25th
1	23	辛卯	1	12	24	辛酉	7	11	25	壬辰	5	10	26	壬戌	8	9	27	癸巳	1	8	29	甲子	3	廿六 26th
1	24	壬辰	2	12	25	壬戌	3	11	26	癸巳	4	10	27	癸亥	7	9	28	甲午	9	8	30	乙丑	2	廿七 27th
1	25	癸巳	3	12	26	癸亥	9	11	27	甲午	3	10	28	甲子	6	9	29	乙未	8	8	31	丙寅	1	廿八 28th
1	26	甲午	4	12	27	甲子	[illegible]	11	28	乙未	2	10	29	乙丑	5	9	30	丙申	7	9	1	丁卯	9	廿九 29th
1	27	乙未	5	12	28	乙丑	2					10	30	丙寅	4									三十 30th

地支 Twelve Branches: 子 Zi Rat; 丑 Chou Ox; 寅 Yin Tiger; 卯 Mao Rabbit; 辰 Chen Dragon; 巳 Si Snake; 午 Wu Horse; 未 Wei Goat; 申 Shen Monkey; 酉 You Rooster; 戌 Xu Dog; 亥 Hai Pig

1922 壬戌 Water Dog

Grand Duke: 洪范

六月大 6th Mth				閏五月小5th Mth				五月小 5th Mth				四月大 4th Mth				三月大 3rd Mth				二月小 2nd Mth				正月大 1st Mth				月干支 Month
丁未 Ding Wei								丙午 Bing Wu				乙巳 Yi Si				甲辰 Jia Chen				癸卯 Gui Mao				壬寅 Ren Yin				
九紫 Nine Purple								一白 One White				二黑 Two Black				三碧 Three Jade				四綠 Four Green				五黃 Five Yellow				九星 9 Star
立秋 Coming Autumn		大暑 Greater Heat				小暑 Lesser Heat		夏至 Summer Solstice		芒種 Planting of Thorny Crops		小滿 Small Sprout		立夏 Coming of Summer		穀雨 Grain Rain		清明 Clear and Bright		春分 Spring Equinox		驚蟄 Awakening of Worms		雨水 Rain Water		立春 Coming of Spring		節氣 Season
16th day		1st day				14th day		27th day		11th day		26th day		10th day		25th day		9th day		23rd day		8th day		23rd day		8th day		
16hr 38min		0hr 20min				6hr 58min		13hr 27min		20hr 30min		5hr 10min		15hr 53min		5hr 29min		21hr 58min		17hr 49min		16hr 34min		18hr 16min		22hr 7min		
申 Shen		子 Zi				卯 Mao		未 Wei		戌 Xu		卯 Mao		申 Shen		卯 Mao		亥 Hai		酉 You		申 Shen		酉 You		亥 Hai		
國曆 Gregorian		干支 S/B	星 Star	國曆 Gregorian		干支 S/B	星 Star	國曆 Gregorian		干支 S/B	星 Star	國曆 Gregorian		干支 S/B	星 Star	國曆 Gregorian		干支 S/B	星 Star	國曆 Gregorian		干支 S/B	星 Star	國曆 Gregorian		干支 S/B	星 Star	農曆 Calendar
7	24	癸巳	7	6	25	甲子	9	5	27	乙未	8	4	27	乙丑	5	3	28	乙未	2	2	27	丙寅	9	1	28	丙申	6	初一 1st
7	25	甲午	6	6	26	乙丑	8	5	28	丙申	9	4	28	丙寅	6	3	29	丙申	3	2	28	丁卯	1	1	29	丁酉	7	初二 2nd
7	26	乙未	5	6	27	丙寅	7	5	29	丁酉	1	4	29	丁卯	7	3	30	丁酉	4	3	1	戊辰	2	1	30	戊戌	8	初三 3rd
7	27	丙申	4	6	28	丁卯	6	5	30	戊戌	2	4	30	戊辰	8	3	31	戊戌	5	3	2	己巳	3	1	31	己亥	9	初四 4th
7	28	丁酉	3	6	29	戊辰	5	5	31	己亥	3	5	1	己巳	9	4	1	己亥	6	3	3	庚午	4	2	1	庚子	1	初五 5th
7	29	戊戌	2	6	30	己巳	4	6	1	庚子	4	5	2	庚午	1	4	2	庚子	7	3	4	辛未	5	2	2	辛丑	2	初六 6th
7	30	己亥	1	7	1	庚午	3	6	2	辛丑	5	5	3	辛未	2	4	3	辛丑	8	3	5	壬申	6	2	3	壬寅	3	初七 7th
7	31	庚子	9	7	2	辛未	2	6	3	壬寅	6	5	4	壬申	3	4	4	壬寅	9	3	6	癸酉	7	2	4	癸卯	4	初八 8th
8	1	辛丑	8	7	3	壬申	1	6	4	癸卯	7	5	5	癸酉	4	4	5	癸卯	1	3	7	甲戌	8	2	5	甲辰	5	初九 9th
8	2	壬寅	7	7	4	癸酉	9	6	5	甲辰	8	5	6	甲戌	5	4	6	甲辰	2	3	8	乙亥	9	2	6	乙巳	6	初十 10th
8	3	癸卯	6	7	5	甲戌	8	6	6	乙巳	9	5	7	乙亥	6	4	7	乙巳	3	3	9	丙子	1	2	7	丙午	7	十一 11th
8	4	甲辰	5	7	6	乙亥	7	6	7	丙午	1	5	8	丙子	7	4	8	丙午	4	3	10	丁丑	2	2	8	丁未	8	十二 12th
8	5	乙巳	4	7	7	丙子	6	6	8	丁未	2	5	9	丁丑	8	4	9	丁未	5	3	11	戊寅	3	2	9	戊申	9	十三 13th
8	6	丙午	3	7	8	丁丑	5	6	9	戊申	3	5	10	戊寅	9	4	10	戊申	6	3	12	己卯	4	2	10	己酉	1	十四 14th
8	7	丁未	2	7	9	戊寅	4	6	10	己酉	4	5	11	己卯	1	4	11	己酉	7	3	13	庚辰	5	2	11	庚戌	2	十五 15th
8	8	戊申	1	7	10	己卯	3	6	11	庚戌	5	5	12	庚辰	2	4	12	庚戌	8	3	14	辛巳	6	2	12	辛亥	3	十六 16th
8	9	己酉	9	7	11	庚辰	2	6	12	辛亥	6	5	13	辛巳	3	4	13	辛亥	9	3	15	壬午	7	2	13	壬子	4	十七 17th
8	10	庚戌	8	7	12	辛巳	1	6	13	壬子	7	5	14	壬午	4	4	14	壬子	1	3	16	癸未	8	2	14	癸丑	5	十八 18th
8	11	辛亥	7	7	13	壬午	9	6	14	癸丑	8	5	15	癸未	5	4	15	癸丑	2	3	17	甲申	9	2	15	甲寅	6	十九 19th
8	12	壬子	6	7	14	癸未	8	6	15	甲寅	9	5	16	甲申	6	4	16	甲寅	3	3	18	乙酉	1	2	16	乙卯	7	二十 20th
8	13	癸丑	5	7	15	甲申	7	6	16	乙卯	1	5	17	乙酉	7	4	17	乙卯	4	3	19	丙戌	2	2	17	丙辰	8	廿一 21st
8	14	甲寅	4	7	16	乙酉	6	6	17	丙辰	2	5	18	丙戌	8	4	18	丙辰	5	3	20	丁亥	3	2	18	丁巳	9	廿二 22nd
8	15	乙卯	3	7	17	丙戌	5	6	18	丁巳	3	5	19	丁亥	9	4	19	丁巳	6	3	21	戊子	4	2	19	戊午	1	廿三 23rd
8	16	丙辰	2	7	18	丁亥	4	6	19	戊午	4	5	20	戊子	1	4	20	戊午	7	3	22	己丑	5	2	20	己未	2	廿四 24th
8	17	丁巳	1	7	19	戊子	3	6	20	己未	5	5	21	己丑	2	4	21	己未	8	3	23	庚寅	6	2	21	庚申	3	廿五 25th
8	18	戊午	9	7	20	己丑	2	6	21	庚申	6	5	22	庚寅	3	4	22	庚申	9	3	24	辛卯	7	2	22	辛酉	4	廿六 26th
8	19	己未	8	7	21	庚寅	1	6	22	辛酉	7/3	5	23	辛卯	4	4	23	辛酉	1	3	25	壬辰	8	2	23	壬戌	5	廿七 27th
8	20	庚申	7	7	22	辛卯	9	6	23	壬戌	2	5	24	壬辰	5	4	24	壬戌	2	3	26	癸巳	9	2	24	癸亥	6	廿八 28th
8	21	辛酉	6	7	23	壬辰	8	6	24	癸亥	1	5	25	癸巳	6	4	25	癸亥	3	3	27	甲午	1	2	25	甲子	7	廿九 29th
8	22	壬戌	5									5	26	甲午	7	4	26	甲子	4					2	26	乙丑	8	三十 30th

天干 Ten Stems

甲 Jia Yang Wood
乙 Yi Yin Wood
丙 Bing Yang Fire
丁 Ding Yin Fire
戊 Wu Yang Earth
己 Ji Yin Earth
庚 Geng Yang Metal
辛 Xin Yin Metal
壬 Ren Yang Water
癸 Gui Yin Water

Male Gua: 6 乾(Qian) Female Gua: 9 離(Li) 3 Killing 三煞: North Annual Star: 6 White

十二月大 12th Mth				十一月大 11th Mth				十月小 10th Mth				九月大 9th Mth				八月小 8th Mth				七月大 7th Mth				月干支 Month
癸丑 Gui Chou				壬子 Ren Zi				辛亥 Xin Hai				庚戌 Geng Xu				己酉 Ji You				戊申 Wu Shen				
三碧 Three Jade				四綠 Four Green				五黃 Five Yellow				六白 Six White				七赤 Seven Red				八白 Eight White				九星 9 Star
立春 Coming of Spring		大寒 Greater Cold		小寒 Lesser Cold		冬至 Winter Solstice		大雪 Greater Snow		小雪 Lesser Snow		立冬 Coming of Winter		霜降 Frosting		寒露 Cold Dew		秋分 Autumn Equinox		白露 White Dew		處暑 Heat Ends		節氣 Season
20th day 4hr 1min 寅 Yin		5th day 9hr 35min 巳 Si		20th day 16hr 15min 申 Shen		5th day 22hr 57min 亥 Hai		20th day 5hr 11min 卯 Mao		5th day 9hr 56min 巳 Si		20th day 12hr 46min 午 Wu		5th day 12hr 53min 午 Wu		19th day 10hr 10min 巳 Si		4th day 4hr 10min 寅 Yin		17th day 19hr 7min 戌 Xu		2nd day 7hr 5min 辰 Chen		
國曆 Gregorian		干支 S/B	星 Star	國曆 Gregorian		干支 S/B	星 Star	國曆 Gregorian		干支 S/B	星 Star	國曆 Gregorian		干支 S/B	星 Star	國曆 Gregorian		干支 S/B	星 Star	國曆 Gregorian		干支 S/B	星 Star	農曆 Calendar
1	17	庚寅	9	12	18	庚申	4	11	19	辛卯	6	10	20	辛酉	9	9	21	壬辰	2	8	23	癸亥	4	初一 1st
1	18	辛卯	1	12	19	辛酉	3	11	20	壬辰	5	10	21	壬戌	8	9	22	癸巳	1	8	24	甲子	3	初二 2nd
1	19	壬辰	2	12	20	壬戌	2	11	21	癸巳	4	10	22	癸亥	7	9	23	甲午	9	8	25	乙丑	2	初三 3rd
1	20	癸巳	3	12	21	癸亥	1	11	22	甲午	3	10	23	甲子	6	9	24	乙未	8	8	26	丙寅	1	初四 4th
1	21	甲午	4	12	22	甲子	9\1	11	23	乙未	2	10	24	乙丑	5	9	25	丙申	7	8	27	丁卯	9	初五 5th
1	22	乙未	5	12	23	乙丑	2	11	24	丙申	1	10	25	丙寅	4	9	26	丁酉	6	8	28	戊辰	8	初六 6th
1	23	丙申	6	12	24	丙寅	3	11	25	丁酉	9	10	26	丁卯	3	9	27	戊戌	5	8	29	己巳	7	初七 7th
1	24	丁酉	7	12	25	丁卯	4	11	26	戊戌	8	10	27	戊辰	2	9	28	己亥	4	8	30	庚午	6	初八 8th
1	25	戊戌	8	12	26	戊辰	5	11	27	己亥	7	10	28	己巳	1	9	29	庚子	3	8	31	辛未	5	初九 9th
1	26	己亥	9	12	27	己巳	6	11	28	庚子	6	10	29	庚午	9	9	30	辛丑	2	9	1	壬申	4	初十 10th
1	27	庚子	1	12	28	庚午	7	11	29	辛丑	5	10	30	辛未	8	10	1	壬寅	1	9	2	癸酉	3	十一 11th
1	28	辛丑	2	12	29	辛未	8	11	30	壬寅	4	10	31	壬申	7	10	2	癸卯	9	9	3	甲戌	2	十二 12th
1	29	壬寅	3	12	30	壬申	9	12	1	癸卯	3	11	1	癸酉	6	10	3	甲辰	8	9	4	乙亥	1	十三 13th
1	30	癸卯	4	12	31	癸酉	1	12	2	甲辰	2	11	2	甲戌	5	10	4	乙巳	7	9	5	丙子	9	十四 14th
1	31	甲辰	5	1	1	甲戌	2	12	3	乙巳	1	11	3	乙亥	4	10	5	丙午	6	9	6	丁丑	8	十五 15th
2	1	乙巳	6	1	2	乙亥	3	12	4	丙午	9	11	4	丙子	3	10	6	丁未	5	9	7	戊寅	7	十六 16th
2	2	丙午	7	1	3	丙子	4	12	5	丁未	8	11	5	丁丑	2	10	7	戊申	4	9	8	己卯	6	十七 17th
2	3	丁未	8	1	4	丁丑	5	12	6	戊申	7	11	6	戊寅	1	10	8	己酉	3	9	9	庚辰	5	十八 18th
2	4	戊申	9	1	5	戊寅	6	12	7	己酉	6	11	7	己卯	9	10	9	庚戌	2	9	10	辛巳	4	十九 19th
2	5	己酉	1	1	6	己卯	7	12	8	庚戌	5	11	8	庚辰	8	10	10	辛亥	1	9	11	壬午	3	二十 20th
2	6	庚戌	2	1	7	庚辰	8	12	9	辛亥	4	11	9	辛巳	7	10	11	壬子	9	9	12	癸未	2	廿一 21st
2	7	辛亥	3	1	8	辛巳	9	12	10	壬子	3	11	10	壬午	6	10	12	癸丑	8	9	13	甲申	1	廿二 22nd
2	8	壬子	4	1	9	壬午	1	12	11	癸丑	2	11	11	癸未	5	10	13	甲寅	7	9	14	乙酉	9	廿三 23rd
2	9	癸丑	5	1	10	癸未	2	12	12	甲寅	1	11	12	甲申	4	10	14	乙卯	6	9	15	丙戌	8	廿四 24th
2	10	甲寅	6	1	11	甲申	3	12	13	乙卯	9	11	13	乙酉	3	10	15	丙辰	5	9	16	丁亥	7	廿五 25th
2	11	乙卯	7	1	12	乙酉	4	12	14	丙辰	8	11	14	丙戌	2	10	16	丁巳	4	9	17	戊子	6	廿六 26th
2	12	丙辰	8	1	13	丙戌	5	12	15	丁巳	7	11	15	丁亥	1	10	17	戊午	3	9	18	己丑	5	廿七 27th
2	13	丁巳	9	1	14	丁亥	6	12	16	戊午	6	11	16	戊子	9	10	18	己未	2	9	19	庚寅	4	廿八 28th
2	14	戊午	1	1	15	戊子	7	12	17	己未	5	11	17	己丑	8	10	19	庚申	1	9	20	辛卯	3	廿九 29th
2	15	己未	2	1	16	己丑	3					11	18	庚寅	7									三十 30th

地支 Twelve Branches: 子 Zi Rat · 丑 Chou Ox · 寅 Yin Tiger · 卯 Mao Rabbit · 辰 Chen Dragon · 巳 Si Snake · 午 Wu Horse · 未 Wei Goat · 申 Shen Monkey · 酉 You Rooster · 戌 Xu Dog · 亥 Hai Pig

1923 癸亥 Water Pig

Grand Duke: 虞程

六月小 6th Mth				五月大 5th Mth				四月小 4th Mth				三月大 3rd Mth				二月大 2nd Mth				正月小 1st Mth				月干支 Month
己未 Ji Wei				戊午 Wu Wu				丁巳 Ding Si				丙辰 Bing Chen				乙卯 Yi Mao				甲寅 Jia Yin				
六白 Six White				七赤 Seven Red				八白 Eight White				九紫 Nine Purple				一白 One White				二黑 Two Black				九星 9 Star
立秋 Coming Autumn		大暑 Greater Heat		小暑 Lesser Heat		夏至 Summer Solstice		芒種 Planting of Thorny Crops		小滿 Small Sprout		立夏 Coming of Summer		穀雨 Grain Rain		清明 Clear and Bright		春分 Spring Equinox		驚蟄 Awakening of Worms		雨水 Rain Water		節氣 Season
26th day		11th day		25th day		9th day		23th day		7th day		21st day		6th day		21st day		5th day		19th day		5th day		
22hr 25min		6hr 1min		12hr 42min		19hr 3min		2hr 15min		10hr 46min		21hr 39min		11hr 6min		3hr 46min		23hr 29min		22hr 25min		0hr 0min		
亥 Hai		卯 Mao		午 Wu		戌 Xu		丑 Chou		巳 Si		亥 Hai		午 Wu		寅 Yin		子 Zi		亥 Hai		子 Zi		
國曆 Gregorian		干支 S/B	星 Star	國曆 Gregorian		干支 S/B	星 Star	國曆 Gregorian		干支 S/B	星 Star	國曆 Gregorian		干支 S/B	星 Star	國曆 Gregorian		干支 S/B	星 Star	國曆 Gregorian		干支 S/B	星 Star	農曆 Calendar
7	14	戊子	9	6	14	戊午	4	5	16	己丑	2	4	16	己未	8	3	17	己丑	5	2	16	庚申	3	初一 1st
7	15	己丑	8	6	15	己未	5	5	17	庚寅	3	4	17	庚申	9	3	18	庚寅	6	2	17	辛酉	4	初二 2nd
7	16	庚寅	7	6	16	庚申	6	5	18	辛卯	4	4	18	辛酉	1	3	19	辛卯	7	2	18	壬戌	5	初三 3rd
7	17	辛卯	6	6	17	辛酉	7	5	19	壬辰	5	4	19	壬戌	2	3	20	壬辰	8	2	19	癸亥	6	初四 4th
7	18	壬辰	5	6	18	壬戌	8	5	20	癸巳	6	4	20	癸亥	3	3	21	癸巳	9	2	20	甲子	7	初五 5th
7	19	癸巳	4	6	19	癸亥	9	5	21	甲午	7	4	21	甲子	4	3	22	甲午	1	2	21	乙丑	8	初六 6th
7	20	甲午	3	6	20	甲子	1	5	22	乙未	8	4	22	乙丑	5	3	23	乙未	2	2	22	丙寅	9	初七 7th
7	21	乙未	2	6	21	乙丑	2	5	23	丙申	9	4	23	丙寅	6	3	24	丙申	3	2	23	丁卯	1	初八 8th
7	22	丙申	1	6	22	丙寅	3\4	5	24	丁酉	1	4	24	丁卯	7	3	25	丁酉	4	2	24	戊辰	2	初九 9th
7	23	丁酉	9	6	23	丁卯	3	5	25	戊戌	2	4	25	戊辰	8	3	26	戊戌	5	2	25	己巳	3	初十 10th
7	24	戊戌	8	6	24	戊辰	2	5	26	己亥	3	4	26	己巳	9	3	27	己亥	6	2	26	庚午	4	十一 11th
7	25	己亥	7	6	25	己巳	1	5	27	庚子	4	4	27	庚午	1	3	28	庚子	7	2	27	辛未	5	十二 12th
7	26	庚子	6	6	26	庚午	9	5	28	辛丑	5	4	28	辛未	2	3	29	辛丑	8	2	28	壬申	6	十三 13th
7	27	辛丑	5	6	27	辛未	8	5	29	壬寅	6	4	29	壬申	3	3	30	壬寅	9	3	1	癸酉	7	十四 14th
7	28	壬寅	4	6	28	壬申	7	5	30	癸卯	7	4	30	癸酉	4	3	31	癸卯	1	3	2	甲戌	8	十五 15th
7	29	癸卯	3	6	29	癸酉	6	5	31	甲辰	8	5	1	甲戌	5	4	1	甲辰	2	3	3	乙亥	9	十六 16th
7	30	甲辰	2	6	30	甲戌	5	6	1	乙巳	9	5	2	乙亥	6	4	2	乙巳	3	3	4	丙子	1	十七 17th
7	31	乙巳	1	7	1	乙亥	4	6	2	丙午	1	5	3	丙子	7	4	3	丙午	4	3	5	丁丑	2	十八 18th
8	1	丙午	9	7	2	丙子	3	6	3	丁未	2	5	4	丁丑	8	4	4	丁未	5	3	6	戊寅	3	十九 19th
8	2	丁未	8	7	3	丁丑	2	6	4	戊申	3	5	5	戊寅	9	4	5	戊申	6	3	7	己卯	4	二十 20th
8	3	戊申	7	7	4	戊寅	1	6	5	己酉	4	5	6	己卯	1	4	6	己酉	7	3	8	庚辰	5	廿一 21st
8	4	己酉	6	7	5	己卯	9	6	6	庚戌	5	5	7	庚辰	2	4	7	庚戌	8	3	9	辛巳	6	廿二 22nd
8	5	庚戌	5	7	6	庚辰	8	6	7	辛亥	6	5	8	辛巳	3	4	8	辛亥	9	3	10	壬午	7	廿三 23rd
8	6	辛亥	4	7	7	辛巳	7	6	8	壬子	7	5	9	壬午	4	4	9	壬子	1	3	11	癸未	8	廿四 24th
8	7	壬子	3	7	8	壬午	6	6	9	癸丑	8	5	10	癸未	5	4	10	癸丑	2	3	12	甲申	9	廿五 25th
8	8	癸丑	2	7	9	癸未	5	6	10	甲寅	9	5	11	甲申	6	4	11	甲寅	3	3	13	乙酉	1	廿六 26th
8	9	甲寅	1	7	10	甲申	4	6	11	乙卯	1	5	12	乙酉	7	4	12	乙卯	4	3	14	丙戌	2	廿七 27th
8	10	乙卯	9	7	11	乙酉	3	6	12	丙辰	2	5	13	丙戌	8	4	13	丙辰	5	3	15	丁亥	3	廿八 28th
8	11	丙辰	8	7	12	丙戌	2	6	13	丁巳	3	5	14	丁亥	9	4	14	丁巳	6	3	16	戊子	4	廿九 29th
				7	13	丁亥	1					5	15	戊子	1	4	15	戊午	7					三十 30th

天干 Ten Stems: 甲 Jia Yang Wood; 乙 Yi Yin Wood; 丙 Bing Yang Fire; 丁 Ding Yin Fire; 戊 Wu Yang Earth; 己 Ji Yin Earth; 庚 Geng Yang Metal; 辛 Xin Yin Metal; 壬 Ren Yang Water; 癸 Gui Yin Water

Male Gua: 2 坤(Kun) **Female Gua: 1 坎(Kan)** 3 Killing 三煞: West Annual Star: 5 Yellow

地支 Twelve Branches	十二月大 12th Mth				十一月小 11th Mth				十月大 10th Mth				九月小 9th Mth				八月小 8th Mth				七月大 7th Mth				月干支 Month
	乙丑 Yi Chou				甲子 Jia Zi				癸亥 Gui Hai				壬戌 Ren Xu				辛酉 Xin You				庚申 Geng Shen				
	九紫 Nine Purple				一白 One White				二黑 Two Black				三碧 Three Jade				四綠 Four Green				五黃 Five Yellow				九星 9 Star
子 Zi Rat	大寒 Greater Cold		小寒 Lesser Cold		冬至 Winter Solstice		大雪 Greater Snow		小雪 Lesser Snow		立冬 Coming of Winter				霜降 Frosting		寒露 Cold Dew		秋分 Autumn Equinox		白露 White Dew		處暑 Heat Ends		節氣 Season
	16th day		1st day		16th day		1st day		16th day		1st day				15th day		29th day		14th day		29th day		13th day		
丑 Chou Ox	15hr 29min		2?hr 6min		4hr 54min		11hr 5min		15hr 54min		18hr 41min				18hr 51min		16hr 4min		10hr 4min		0hr 58min		12hr 52min		
	申 Shen		亥 Hai		寅 Yin		午 Wu		申 Shen		酉 You				酉 You		申 Shen		巳 Si		子 Zi		午 Wu		
	國曆 Gregorian		干支 S/B	星 Star	國曆 Gregorian		干支 S/B	星 Star	國曆 Gregorian		干支 S/B	星 Star	國曆 Gregorian		干支 S/B	星 Star	國曆 Gregorian		干支 S/B	星 Star	國曆 Gregorian		干支 S/B	星 Star	農曆 Calendar
寅 Yin Tiger	1	6	甲申	6	12	8	乙卯	6	11	8	乙酉	9	10	10	丙辰	2	9	11	丁亥	4	8	12	丁巳	7	初一 1st
	1	7	乙酉	7	12	9	丙辰	5	11	9	丙戌	8	10	11	丁巳	1	9	12	戊子	3	8	13	戊午	6	初二 2nd
	1	8	丙戌	8	12	10	丁巳	4	11	10	丁亥	7	10	12	戊午	9	9	13	己丑	2	8	14	己未	5	初三 3rd
卯 Mao Rabbit	1	9	丁亥	9	12	11	戊午	3	11	11	戊子	6	10	13	己未	8	9	14	庚寅	1	8	15	庚申	4	初四 4th
	1	10	戊子	1	12	12	己未	2	11	12	己丑	5	10	14	庚申	7	9	15	辛卯	9	8	16	辛酉	3	初五 5th
	1	11	己丑	2	12	13	庚申	1	11	13	庚寅	4	10	15	辛酉	6	9	16	壬辰	8	8	17	壬戌	2	初六 6th
辰 Chen Dragon	1	12	庚寅	3	12	14	辛酉	9	11	14	辛卯	3	10	16	壬戌	5	9	17	癸巳	7	8	18	癸亥	1	初七 7th
	1	13	辛卯	4	12	15	壬戌	8	11	15	壬辰	2	10	17	癸亥	4	9	18	甲午	6	8	19	甲子	9	初八 8th
	1	14	壬辰	5	12	16	癸亥	7	11	16	癸巳	1	10	18	甲子	3	9	19	乙未	5	8	20	乙丑	8	初九 9th
巳 Si Snake	1	15	癸巳	6	12	17	甲子	6	11	17	甲午	9	10	19	乙丑	2	9	20	丙申	4	8	21	丙寅	7	初十 10th
	1	16	甲午	7	12	18	乙丑	5	11	18	乙未	8	10	20	丙寅	1	9	21	丁酉	3	8	22	丁卯	6	十一 11th
	1	17	乙未	8	12	19	丙寅	4	11	19	丙申	7	10	21	丁卯	9	9	22	戊戌	2	8	23	戊辰	5	十二 12th
午 Wu Horse	1	18	丙申	9	12	20	丁卯	3	11	20	丁酉	6	10	22	戊辰	8	9	23	己亥	1	8	24	己巳	4	十三 13th
	1	19	丁酉	1	12	21	戊辰	2	11	21	戊戌	5	10	23	己巳	7	9	24	庚子	9	8	25	庚午	3	十四 14th
	1	20	戊戌	2	12	22	己巳	1	11	22	己亥	4	10	24	庚午	6	9	25	辛丑	8	8	26	辛未	2	十五 15th
未 Wei Goat	1	21	己亥	3	12	23	庚午	9\1	11	23	庚子	3	10	25	辛未	5	9	26	壬寅	7	8	27	壬申	1	十六 16th
	1	22	庚子	4	12	24	辛未	2	11	24	辛丑	2	10	26	壬申	4	9	27	癸卯	6	8	28	癸酉	9	十七 17th
	1	23	辛丑	5	12	25	壬申	3	11	25	壬寅	1	10	27	癸酉	3	9	28	甲辰	5	8	29	甲戌	8	十八 18th
申 Shen Monkey	1	24	壬寅	6	12	26	癸酉	4	11	26	癸卯	9	10	28	甲戌	2	9	29	乙巳	4	8	30	乙亥	7	十九 19th
	1	25	癸卯	7	12	27	甲戌	5	11	27	甲辰	8	10	29	乙亥	1	9	30	丙午	3	8	31	丙子	6	二十 20th
	1	26	甲辰	8	12	28	乙亥	6	11	28	乙巳	7	10	30	丙子	9	10	1	丁未	2	9	1	丁丑	5	廿一 21st
酉 You Rooster	1	27	乙巳	9	12	29	丙子	7	11	29	丙午	6	10	31	丁丑	8	10	2	戊申	1	9	2	戊寅	4	廿二 22nd
	1	28	丙午	1	12	30	丁丑	8	11	30	丁未	5	11	1	戊寅	7	10	3	己酉	9	9	3	己卯	3	廿三 23rd
	1	29	丁未	2	12	31	戊寅	9	12	1	戊申	4	11	2	己卯	6	10	4	庚戌	8	9	4	庚辰	2	廿四 24th
戌 Xu Dog	1	30	戊申	3	1	1	己卯	1	12	2	己酉	3	11	3	庚辰	5	10	5	辛亥	7	9	5	辛巳	1	廿五 25th
	1	31	己酉	4	1	2	庚辰	2	12	3	庚戌	2	11	4	辛巳	4	10	6	壬子	6	9	6	壬午	9	廿六 26th
	2	1	庚戌	5	1	3	辛巳	3	12	4	辛亥	1	11	5	壬午	3	10	7	癸丑	5	9	7	癸未	8	廿七 27th
亥 Hai Pig	2	2	辛亥	6	1	4	壬午	4	12	5	壬子	9	11	6	癸未	2	10	8	甲寅	4	9	8	甲申	7	廿八 28th
	2	3	壬子	7	1	5	癸未	5	12	6	癸丑	8	11	7	甲申	1	10	9	乙卯	3	9	9	乙酉	6	廿九 29th
	2	4	癸丑	8					12	7	甲寅	7									9	10	丙戌	5	三十 30th

1924 甲子 Wood Rat

Grand Duke: 金赤

月干支 Month	正月小 1st Mth				二月大 2nd Mth				三月大 3rd Mth			
	丙寅 Bing Yin				丁卯 Ding Mao				戊辰 Wu Chen			
九星 9 Star	八白 Eight White				七赤 Seven Red				六白 Six White			
節氣 Season	雨水 Rain Water		立春 Coming of Spring		春分 Spring Equinox		驚蟄 Awakening of Worms		穀雨 Grain Rain		清明 Clear and Bright	
	16th day		1st day		17th day		2nd day		17th day		2nd day	
	5hr 52min		9hr 50min		5hr 21min		4hr 13min		16hr 59min		9hr 34min	
	卯 Mao		巳 Si		卯 Mao		寅 Yin		申 Shen		巳 Si	
農曆 Calendar	國曆 Gregorian		干支 S/B	星 Star	國曆 Gregorian		干支 S/B	星 Star	國曆 Gregorian		干支 S/B	星 Star
初一 1st	2	5	甲寅	9	3	5	癸未	2	4	4	癸丑	5
初二 2nd	2	6	乙卯	1	3	6	甲申	3	4	5	甲寅	6
初三 3rd	2	7	丙辰	2	3	7	乙酉	4	4	6	乙卯	7
初四 4th	2	8	丁巳	3	3	8	丙戌	5	4	7	丙辰	8
初五 5th	2	9	戊午	4	3	9	丁亥	6	4	8	丁巳	9
初六 6th	2	10	己未	5	3	10	戊子	7	4	9	戊午	1
初七 7th	2	11	庚申	6	3	11	己丑	8	4	10	己未	2
初八 8th	2	12	辛酉	7	3	12	庚寅	9	4	11	庚申	3
初九 9th	2	13	壬戌	8	3	13	辛卯	1	4	12	辛酉	4
初十 10th	2	14	癸亥	9	3	14	壬辰	2	4	13	壬戌	5
十一 11th	2	15	甲子	1	3	15	癸巳	3	4	14	癸亥	6
十二 12th	2	16	乙丑	2	3	16	甲午	4	4	15	甲子	7
十三 13th	2	17	丙寅	3	3	17	乙未	5	4	16	乙丑	8
十四 14th	2	18	丁卯	4	3	18	丙申	6	4	17	丙寅	9
十五 15th	2	19	戊辰	5	3	19	丁酉	7	4	18	丁卯	1
十六 16th	2	20	己巳	6	3	20	戊戌	8	4	19	戊辰	2
十七 17th	2	21	庚午	7	3	21	己亥	9	4	20	己巳	3
十八 18th	2	22	辛未	8	3	22	庚子	1	4	21	庚午	4
十九 19th	2	23	壬申	9	3	23	辛丑	2	4	22	辛未	5
二十 20th	2	24	癸酉	1	3	24	壬寅	3	4	23	壬申	6
廿一 21st	2	25	甲戌	2	3	25	癸卯	4	4	24	癸酉	7
廿二 22nd	2	26	乙亥	3	3	26	甲辰	5	4	25	甲戌	8
廿三 23rd	2	27	丙子	4	3	27	乙巳	6	4	26	乙亥	9
廿四 24th	2	28	丁丑	5	3	28	丙午	7	4	27	丙子	1
廿五 25th	2	29	戊寅	6	3	29	丁未	8	4	28	丁丑	2
廿六 26th	3	1	己卯	7	3	30	戊申	9	4	29	戊寅	3
廿七 27th	3	2	庚辰	8	3	31	己酉	1	4	30	己卯	4
廿八 28th	3	3	辛巳	9	4	1	庚戌	2	5	1	庚辰	5
廿九 29th	3	4	壬午	1	4	2	辛亥	3	5	2	辛巳	6
三十 30th					4	3	壬子	4	5	3	壬午	7

月干支 Month	四月小 4th Mth				五月大 5th Mth				六月大 6th Mth			
	己巳 Ji Si				庚午 Geng Wu				辛未 Xin Wei			
九星 9 Star	五黃 Five Yellow				四綠 Four Green				三碧 Three Jade			
節氣 Season	小滿 Small Sprout		立夏 Coming of Summer		夏至 Summer Solstice		芒種 Planting of Thorny Crops		大暑 Greater Heat		小暑 Lesser Heat	
	18th day		3rd day		21st day		5th day		22nd day		6th day	
	16hr 41min		3hr 26min		1hr 0min		8hr 2min		11hr 58min		18hr 30min	
	申 Shen		寅 Yin		丑 Chou		辰 Chen		午 Wu		酉 You	
農曆 Calendar	國曆 Gregorian		干支 S/B	星 Star	國曆 Gregorian		干支 S/B	星 Star	國曆 Gregorian		干支 S/B	星 Star
初一 1st	5	4	癸未	8	6	2	壬子	1	7	2	壬午	6
初二 2nd	5	5	甲申	9	6	3	癸丑	2	7	3	癸未	5
初三 3rd	5	6	乙酉	1	6	4	甲寅	3	7	4	甲申	4
初四 4th	5	7	丙戌	2	6	5	乙卯	4	7	5	乙酉	3
初五 5th	5	8	丁亥	3	6	6	丙辰	5	7	6	丙戌	2
初六 6th	5	9	戊子	4	6	7	丁巳	6	7	7	丁亥	1
初七 7th	5	10	己丑	5	6	8	戊午	7	7	8	戊子	9
初八 8th	5	11	庚寅	6	6	9	己未	8	7	9	己丑	8
初九 9th	5	12	辛卯	7	6	10	庚申	9	7	10	庚寅	7
初十 10th	5	13	壬辰	8	6	11	辛酉	1	7	11	辛卯	6
十一 11th	5	14	癸巳	9	6	12	壬戌	2	7	12	壬辰	5
十二 12th	5	15	甲午	1	6	13	癸亥	3	7	13	癸巳	4
十三 13th	5	16	乙未	2	6	14	甲子	4	7	14	甲午	3
十四 14th	5	17	丙申	3	6	15	乙丑	5	7	15	乙未	2
十五 15th	5	18	丁酉	4	6	16	丙寅	6	7	16	丙申	1
十六 16th	5	19	戊戌	5	6	17	丁卯	7	7	17	丁酉	9
十七 17th	5	20	己亥	6	6	18	戊辰	8	7	18	戊戌	8
十八 18th	5	21	庚子	7	6	19	己巳	9	7	19	己亥	7
十九 19th	5	22	辛丑	8	6	20	庚午	1	7	20	庚子	6
二十 20th	5	23	壬寅	9	6	21	辛未	2	7	21	辛丑	5
廿一 21st	5	24	癸卯	1	6	22	壬申	3\7	7	22	壬寅	4
廿二 22nd	5	25	甲辰	2	6	23	癸酉	6	7	23	癸卯	3
廿三 23rd	5	26	乙巳	3	6	24	甲戌	5	7	24	甲辰	2
廿四 24th	5	27	丙午	4	6	25	乙亥	4	7	25	乙巳	1
廿五 25th	5	28	丁未	5	6	26	丙子	3	7	26	丙午	9
廿六 26th	5	29	戊申	6	6	27	丁丑	2	7	27	丁未	3
廿七 27th	5	30	己酉	7	6	28	戊寅	1	7	28	戊申	7
廿八 28th	5	31	庚戌	8	6	29	己卯	9	7	29	己酉	6
廿九 29th	6	1	辛亥	9	6	30	庚辰	8	7	30	庚戌	5
三十 30th					7	1	辛巳	7	7	31	辛亥	4

天干 Ten Stems

- 甲 Jia Yang Wood
- 乙 Yi Yin Wood
- 丙 Bing Yang Fire
- 丁 Ding Yin Fire
- 戊 Wu Yang Earth
- 己 Ji Yin Earth
- 庚 Geng Yang Metal
- 辛 Xin Yin Metal
- 壬 Ren Yang Water
- 癸 Gui Yin Water

Male Gua: 4 巽(Xun) **Female Gua: 2 坤(Kun)** 3 Killing 三煞: South Annual Star: 4 Green

十二月小 12th Mth				十一月小 11th Mth				十月大 10th Mth				九月小 9th Mth				八月大 8th Mth				七月小 7th Mth				月干支 Month	
丁丑 Ding Chou				丙子 Bing Zi				乙亥 Yi Hai				甲戌 Jia Xu				癸酉 Gui You				壬申 Ren Shen					
六白 Six White				七赤 Seven Red				八白 Eight White				九紫 Nine Purple				一白 One White				二黑 Two Black				九星 9 Star	
大寒 Greater Cold		小寒 Lesser Cold		冬至 Winter Solstice		大雪 Greater Snow		小雪 Lesser Snow		立冬 Coming of Winter		霜降 Frosting		寒露 Cold Dew		秋分 Autumn Equinox		白露 White Dew		處暑 Heat Ends		立秋 Coming Autumn		節氣 Season	
26th day		12th day		16th day		11th day		26th day		12th day		26th day		10th day		25th day		10th day		23rd day		8th day			
21hr 21min		3hr 54min		10hr 46min		16hr 54min		21hr 47min		0hr 30min		0hr 45min		21hr 53min		15hr 59min		6hr 46min		18hr 48min		4hr 13min			
亥 Hai		寅 Yin		巳 Si		申 Shen		亥 Hai		子 Zi		子 Zi		亥 Hai		申 Shen		卯 Mao		酉 You		寅 Yin			
國曆 Gregorian		干支 S/B	星 Star	國曆 Gregorian		干支 S/B	星 Star	國曆 Gregorian		干支 S/B	星 Star	國曆 Gregorian		干支 S/B	星 Star	國曆 Gregorian		干支 S/B	星 Star	國曆 Gregorian		干支 S/B	星 Star	農曆 Calendar	
12	26	己卯	1	11	27	庚戌	2	10	28	庚辰	5	9	29	辛亥	7	8	30	辛巳	1	8	1	壬子	3	初一	1st
12	27	庚辰	2	11	28	辛亥	1	10	29	辛巳	4	9	30	壬子	6	8	31	壬午	9	8	2	癸丑	2	初二	2nd
12	28	辛巳	3	11	29	壬子	9	10	30	壬午	3	10	1	癸丑	5	9	1	癸未	8	8	3	甲寅	1	初三	3rd
12	29	壬午	4	11	30	癸丑	8	10	31	癸未	2	10	2	甲寅	4	9	2	甲申	7	8	4	乙卯	9	初四	4th
12	30	癸未	5	12	1	甲寅	7	11	1	甲申	1	10	3	乙卯	3	9	3	乙酉	6	8	5	丙辰	8	初五	5th
12	31	甲申	6	12	2	乙卯	6	11	2	乙酉	9	10	4	丙辰	2	9	4	丙戌	5	8	6	丁巳	7	初六	6th
1	1	乙酉	7	12	3	丙辰	5	11	3	丙戌	8	10	5	丁巳	1	9	5	丁亥	4	8	7	戊午	6	初七	7th
1	2	丙戌	8	12	4	丁巳	4	11	4	丁亥	7	10	6	戊午	9	9	6	戊子	3	8	8	己未	5	初八	8th
1	3	丁亥	9	12	5	戊午	3	11	5	戊子	6	10	7	己未	8	9	7	己丑	2	8	9	庚申	4	初九	9th
1	4	戊子	1	12	6	己未	2	11	6	己丑	5	10	8	庚申	7	9	8	庚寅	1	8	10	辛酉	3	初十	10th
1	5	己丑	2	12	7	庚申	1	11	7	庚寅	4	10	9	辛酉	6	9	9	辛卯	9	8	11	壬戌	2	十一	11th
1	6	庚寅	3	12	8	辛酉	9	11	8	辛卯	3	10	10	壬戌	5	9	10	壬辰	8	8	12	癸亥	1	十二	12th
1	7	辛卯	4	12	9	壬戌	8	11	9	壬辰	2	10	11	癸亥	4	9	11	癸巳	7	8	13	甲子	9	十三	13th
1	8	壬辰	5	12	10	癸亥	7	11	10	癸巳	1	10	12	甲子	3	9	12	甲午	6	8	14	乙丑	8	十四	14th
1	9	癸巳	6	12	11	甲子	6	11	11	甲午	9	10	13	乙丑	2	9	13	乙未	5	8	15	丙寅	7	十五	15th
1	10	甲午	7	12	12	乙丑	5	11	12	乙未	8	10	14	丙寅	1	9	14	丙申	4	8	16	丁卯	6	十六	16th
1	11	乙未	8	12	13	丙寅	4	11	13	丙申	7	10	15	丁卯	9	9	15	丁酉	3	8	17	戊辰	5	十七	17th
1	12	丙申	9	12	14	丁卯	3	11	14	丁酉	6	10	16	戊辰	8	9	16	戊戌	2	8	18	己巳	4	十八	18th
1	13	丁酉	1	12	15	戊辰	2	11	15	戊戌	5	10	17	己巳	7	9	17	己亥	1	8	19	庚午	3	十九	19th
1	14	戊戌	2	12	16	己巳	1	11	16	己亥	4	10	18	庚午	6	9	18	庚子	9	8	20	辛未	2	二十	20th
1	15	己亥	3	12	17	庚午	9	11	17	庚子	3	10	19	辛未	5	9	19	辛丑	8	8	21	壬申	1	廿一	21st
1	16	庚子	4	12	18	辛未	8	11	18	辛丑	2	10	20	壬申	4	9	20	壬寅	7	8	22	癸酉	9	廿二	22nd
1	17	辛丑	5	12	19	壬申	7	11	19	壬寅	1	10	21	癸酉	3	9	21	癸卯	6	8	23	甲戌	8	廿三	23rd
1	18	壬寅	6	12	20	癸酉	6	11	20	癸卯	9	10	22	甲戌	2	9	22	甲辰	5	8	24	乙亥	7	廿四	24th
1	19	癸卯	7	12	21	甲戌	5	11	21	甲辰	8	10	23	乙亥	1	9	23	乙巳	4	8	25	丙子	6	廿五	25th
1	20	甲辰	8	12	22	乙亥	4.6	11	22	乙巳	7	10	24	丙子	9	9	24	丙午	3	8	26	丁丑	5	廿六	26th
1	21	乙巳	9	12	23	丙子	7	11	23	丙午	6	10	25	丁丑	8	9	25	丁未	2	8	27	戊寅	4	廿七	27th
1	22	丙午	1	12	24	丁丑	8	11	24	丁未	5	10	26	戊寅	7	9	26	戊申	1	8	28	己卯	3	廿八	28th
1	23	丁未	2	12	25	戊寅	9	11	25	戊申	4	10	27	己卯	6	9	27	己酉	9	8	29	庚辰	2	廿九	29th
								11	26	己酉	3					9	28	庚戌	8					三十	30th

地支 Twelve Branches: 子 Zi Rat; 丑 Chou Ox; 寅 Yin Tiger; 卯 Mao Rabbit; 辰 Chen Dragon; 巳 Si Snake; 午 Wu Horse; 未 Wei Goat; 申 Shen Monkey; 酉 You Rooster; 戌 Xu Dog; 亥 Hai Pig

1925 乙丑 Wood Ox

Grand Duke: 陳泰

天干 Ten Stems
- 甲 Jia Yang Wood
- 乙 Yi Yin Wood
- 丙 Bing Yang Fire
- 丁 Ding Yin Fire
- 戊 Wu Yang Earth
- 己 Ji Yin Earth
- 庚 Geng Yang Metal
- 辛 Xin Yin Metal
- 壬 Ren Yang Water
- 癸 Gui Yin Water

六月小 6th Mth				五月大 5th Mth				閏四月大 4th Mth				四月小 4th Mth				三月大 3rd Mth				二月小 2nd Mth				正月大 1st Mth				月干支 Month
癸未 Gui Wei				壬午 Ren Wu								辛巳 Xin Si				庚辰 Geng Chen				己卯 Ji Mao				戊寅 Wu Yin				
九紫 Nine Purple				一白 One White								二黑 Two Black				三碧 Three Jade				四綠 Four Green				五黃 Five Yellow				九星 9 Star
立秋 Coming Autumn		大暑 Greater Heat		小暑 Lesser Heat		夏至 Summer Solstice				芒種 Planting of Thorny Crops		小滿 Small Sprout		立夏 Coming of Summer		穀雨 Grain Rain		清明 Clear and Bright		春分 Spring Equinox		驚蟄 Awakening of Worms		雨水 Rain Water		立春 Coming of Spring		節氣 Season
19th day		3rd day		18th day		2nd day				16th day		29th day		14th day		28th day		13th day		27th day		12th day		27th day		12th day		
10hr 8min		17hr 45min		0hr 25min		6hr 50min				13hr 57min		22hr 33min		9hr 18min		22hr 52min		15hr 23min		11hr 13min		10hr 0min		11hr 43min		15hr 37min		
巳 Si		酉 You		子 Zi		卯 Mao				未 Wei		亥 Hai		巳 Si		亥 Hai		申 Shen		午 Wu		巳 Si		午 Wu		申 Shen		
國曆 Gregorian		干支 S / B	星 Star	國曆 Gregorian		干支 S / B	星 Star	國曆 Gregorian		干支 S / B	星 Star	國曆 Gregorian		干支 S / B	星 Star	國曆 Gregorian		干支 S / B	星 Star	國曆 Gregorian		干支 S / B	星 Star	國曆 Gregorian		干支 S / B	星 Star	農曆 Calendar
7	21	丙午	9	6	21	丙子	7	5	22	丙午	4	4	23	丁丑	2	3	24	丁未	8	2	23	戊寅	6	1	24	戊申	3	初一 1st
7	22	丁未	8	6	22	丁丑	8\2	5	23	丁未	5	4	24	戊寅	3	3	25	戊申	9	2	24	己卯	7	1	25	己酉	4	初二 2nd
7	23	戊申	7	6	23	戊寅	1	5	24	戊申	6	4	25	己卯	4	3	26	己酉	1	2	25	庚辰	8	1	26	庚戌	5	初三 3rd
7	24	己酉	6	6	24	己卯	9	5	25	己酉	7	4	26	庚辰	5	3	27	庚戌	2	2	26	辛巳	9	1	27	辛亥	6	初四 4th
7	25	庚戌	5	6	25	庚辰	8	5	26	庚戌	8	4	27	辛巳	6	3	28	辛亥	3	2	27	壬午	1	1	28	壬子	7	初五 5th
7	26	辛亥	4	6	26	辛巳	7	5	27	辛亥	9	4	28	壬午	7	3	29	壬子	4	2	28	癸未	2	1	29	癸丑	8	初六 6th
7	27	壬子	3	6	27	壬午	6	5	28	壬子	1	4	29	癸未	8	3	30	癸丑	5	3	1	甲申	3	1	30	甲寅	9	初七 7th
7	28	癸丑	2	6	28	癸未	5	5	29	癸丑	2	4	30	甲申	9	3	31	甲寅	6	3	2	乙酉	4	1	31	乙卯	1	初八 8th
7	29	甲寅	1	6	29	甲申	4	5	30	甲寅	3	5	1	乙酉	1	4	1	乙卯	7	3	3	丙戌	5	2	1	丙辰	2	初九 9th
7	30	乙卯	9	6	30	乙酉	3	5	31	乙卯	4	5	2	丙戌	2	4	2	丙辰	8	3	4	丁亥	6	2	2	丁巳	3	初十 10th
7	31	丙辰	8	7	1	丙戌	2	6	1	丙辰	5	5	3	丁亥	3	4	3	丁巳	9	3	5	戊子	7	2	3	戊午	4	十一 11th
8	1	丁巳	7	7	2	丁亥	1	6	2	丁巳	6	5	4	戊子	4	4	4	戊午	1	3	6	己丑	8	2	4	己未	5	十二 12th
8	2	戊午	6	7	3	戊子	9	6	3	戊午	7	5	5	己丑	5	4	5	己未	2	3	7	庚寅	9	2	5	庚申	6	十三 13th
8	3	己未	5	7	4	己丑	8	6	4	己未	8	5	6	庚寅	6	4	6	庚申	3	3	8	辛卯	1	2	6	辛酉	7	十四 14th
8	4	庚申	4	7	5	庚寅	7	6	5	庚申	9	5	7	辛卯	7	4	7	辛酉	4	3	9	壬辰	2	2	7	壬戌	8	十五 15th
8	5	辛酉	3	7	6	辛卯	6	6	6	辛酉	1	5	8	壬辰	8	4	8	壬戌	5	3	10	癸巳	3	2	8	癸亥	9	十六 16th
8	6	壬戌	2	7	7	壬辰	5	6	7	壬戌	2	5	9	癸巳	9	4	9	癸亥	6	3	11	甲午	4	2	9	甲子	1	十七 17th
8	7	癸亥	1	7	8	癸巳	4	6	8	癸亥	3	5	10	甲午	1	4	10	甲子	7	3	12	乙未	5	2	10	乙丑	2	十八 18th
8	8	甲子	9	7	9	甲午	3	6	9	甲子	4	5	11	乙未	2	4	11	乙丑	8	3	13	丙申	6	2	11	丙寅	3	十九 19th
8	9	乙丑	8	7	10	乙未	2	6	10	乙丑	5	5	12	丙申	3	4	12	丙寅	9	3	14	丁酉	7	2	12	丁卯	4	二十 20th
8	10	丙寅	7	7	11	丙申	1	6	11	丙寅	6	5	13	丁酉	4	4	13	丁卯	1	3	15	戊戌	8	2	13	戊辰	5	廿一 21st
8	11	丁卯	6	7	12	丁酉	9	6	12	丁卯	7	5	14	戊戌	5	4	14	戊辰	2	3	16	己亥	9	2	14	己巳	6	廿二 22nd
8	12	戊辰	5	7	13	戊戌	8	6	13	戊辰	8	5	15	己亥	6	4	15	己巳	3	3	17	庚子	1	2	15	庚午	7	廿三 23rd
8	13	己巳	4	7	14	己亥	7	6	14	己巳	9	5	16	庚子	7	4	16	庚午	4	3	18	辛丑	2	2	16	辛未	8	廿四 24th
8	14	庚午	3	7	15	庚子	6	6	15	庚午	1	5	17	辛丑	8	4	17	辛未	5	3	19	壬寅	3	2	17	壬申	9	廿五 25th
8	15	辛未	2	7	16	辛丑	5	6	16	辛未	2	5	18	壬寅	9	4	18	壬申	6	3	20	癸卯	4	2	18	癸酉	1	廿六 26th
8	16	壬申	1	7	17	壬寅	4	6	17	壬申	3	5	19	癸卯	1	4	19	癸酉	7	3	21	甲辰	5	2	19	甲戌	2	廿七 27th
8	17	癸酉	9	7	18	癸卯	3	6	18	癸酉	4	5	20	甲辰	2	4	20	甲戌	8	3	22	乙巳	6	2	20	乙亥	3	廿八 28th
8	18	甲戌	8	7	19	甲辰	2	6	19	甲戌	5	5	21	乙巳	3	4	21	乙亥	9	3	23	丙午	7	2	21	丙子	4	廿九 29th
				7	20	乙巳	1	6	20	乙亥	6					4	22	丙子	1					2	22	丁丑	5	三十 30th

Male Gua: 3 震(Zhen) Female Gua: 3 震(Zhen) 3 Killing 三煞: East Annual Star: 3 Jade

月干支 Month	七月大 7th Mth				八月大 8th Mth				九月小 9th Mth				十月大 10th Mth				十一月小 11th Mth				十二月大 12th Mth			
	甲申 Jia Shen				乙酉 Yi You				丙戌 Bing Xu				丁亥 Ding Hai				戊子 Wu Zi				己丑 Ji Chou			
九星 9 Star	八白 Eight White				七赤 Seven Red				六白 Six White				五黃 Five Yellow				四綠 Four Green				三碧 Three Jade			
節氣 Season	白露 White Dew		處暑 Heat Ends		寒露 Cold Dew		秋分 Autumn Equinox		立冬 Coming of Winter		霜降 Frosting		大雪 Greater Snow		小雪 Lesser Snow		小寒 Lesser Cold		冬至 Winter Solstice		立春 Coming of Spring		大寒 Greater Cold	
	21st day		6th day		22nd day		6th day		22nd day		7th day		22nd day		8th day		22nd day		7th day		22nd day		8th day	
	12hr 40min		0hr 33min		3hr 48min		21hr 44min		6hr 27min		6hr 32min		22hr 53min		3hr 36min		9hr 55min		16hr 37min		21hr 39min		3hr 13min	
	午 Wu		子 Zi		寅 Yin		亥 Hai		卯 Mao		卯 Mao		亥 Hai		寅 Yin		巳 Si		申 Shen		亥 Hai		寅 Yin	
農曆 Calendar	國曆 Gregorian		干支 S/B	星 Star	國曆 Gregorian		干支 S/B	星 Star	國曆 Gregorian		干支 S/B	星 Star	國曆 Gregorian		干支 S/B	星 Star	國曆 Gregorian		干支 S/B	星 Star	國曆 Gregorian		干支 S/B	星 Star
初一 1st	8	19	乙亥	7	9	18	乙巳	4	10	18	乙亥	1	11	16	甲辰	8	12	16	甲戌	5	1	14	癸卯	7
初二 2nd	8	20	丙子	6	9	19	丙午	3	10	19	丙子	9	11	17	乙巳	7	12	17	乙亥	4	1	15	甲辰	8
初三 3rd	8	21	丁丑	5	9	20	丁未	2	10	20	丁丑	8	11	18	丙午	6	12	18	丙子	3	1	16	乙巳	9
初四 4th	8	22	戊寅	4	9	21	戊申	1	10	21	戊寅	7	11	19	丁未	5	12	19	丁丑	2	1	17	丙午	1
初五 5th	8	23	己卯	3	9	22	己酉	9	10	22	己卯	6	11	20	戊申	4	12	20	戊寅	1	1	18	丁未	2
初六 6th	8	24	庚辰	2	9	23	庚戌	8	10	23	庚辰	5	11	21	己酉	3	12	21	己卯	9	1	19	戊申	3
初七 7th	8	25	辛巳	1	9	24	辛亥	7	10	24	辛巳	4	11	22	庚戌	2	12	22	庚辰	8\2	1	20	己酉	4
初八 8th	8	26	壬午	9	9	25	壬子	6	10	25	壬午	3	11	23	辛亥	1	12	23	辛巳	3	1	21	庚戌	5
初九 9th	8	27	癸未	8	9	26	癸丑	5	10	26	癸未	2	11	24	壬子	9	12	24	壬午	4	1	22	辛亥	6
初十 10th	8	28	甲申	7	9	27	甲寅	4	10	27	甲申	1	11	25	癸丑	8	12	25	癸未	5	1	23	壬子	7
十一 11th	8	29	乙酉	6	9	28	乙卯	3	10	28	乙酉	9	11	26	甲寅	7	12	26	甲申	6	1	24	癸丑	8
十二 12th	8	30	丙戌	5	9	29	丙辰	2	10	29	丙戌	8	11	27	乙卯	6	12	27	乙酉	7	1	25	甲寅	9
十三 13th	8	31	丁亥	4	9	30	丁巳	1	10	30	丁亥	7	11	28	丙辰	5	12	28	丙戌	8	1	26	乙卯	1
十四 14th	9	1	戊子	3	10	1	戊午	9	10	31	戊子	6	11	29	丁巳	4	12	29	丁亥	9	1	27	丙辰	2
十五 15th	9	2	己丑	2	10	2	己未	8	11	1	己丑	5	11	30	戊午	3	12	30	戊子	1	1	28	丁巳	3
十六 16th	9	3	庚寅	1	10	3	庚申	7	11	2	庚寅	4	12	1	己未	2	12	31	己丑	2	1	29	戊午	4
十七 17th	9	4	辛卯	9	10	4	辛酉	6	11	3	辛卯	3	12	2	庚申	1	1	1	庚寅	3	1	30	己未	5
十八 18th	9	5	壬辰	8	10	5	壬戌	5	11	4	壬辰	2	12	3	辛酉	9	1	2	辛卯	4	1	31	庚申	6
十九 19th	9	6	癸巳	7	10	6	癸亥	4	11	5	癸巳	1	12	4	壬戌	8	1	3	壬辰	5	2	1	辛酉	7
二十 20th	9	7	甲午	6	10	7	甲子	3	11	6	甲午	9	12	5	癸亥	7	1	4	癸巳	6	2	2	壬戌	8
廿一 21st	9	8	乙未	5	10	8	乙丑	2	11	7	乙未	8	12	6	甲子	6	1	5	甲午	7	2	3	癸亥	9
廿二 22nd	9	9	丙申	4	10	9	丙寅	1	11	8	丙申	7	12	7	乙丑	5	1	6	乙未	8	2	4	甲子	1
廿三 23rd	9	10	丁酉	3	10	10	丁卯	9	11	9	丁酉	6	12	8	丙寅	4	1	7	丙申	9	2	5	乙丑	2
廿四 24th	9	11	戊戌	2	10	11	戊辰	8	11	10	戊戌	5	12	9	丁卯	3	1	8	丁酉	1	2	6	丙寅	3
廿五 25th	9	12	己亥	1	10	12	己巳	7	11	11	己亥	4	12	10	戊辰	2	1	9	戊戌	2	2	7	丁卯	4
廿六 26th	9	13	庚子	9	10	13	庚午	6	11	12	庚子	3	12	11	己巳	1	1	10	己亥	3	2	8	戊辰	5
廿七 27th	9	14	辛丑	8	10	14	辛未	5	11	13	辛丑	2	12	12	庚午	9	1	11	庚子	4	2	9	己巳	6
廿八 28th	9	15	壬寅	7	10	15	壬申	4	11	14	壬寅	1	12	13	辛未	8	1	12	辛丑	5	2	10	庚午	7
廿九 29th	9	16	癸卯	6	10	16	癸酉	3	11	15	癸卯	9	12	14	壬申	7	1	13	壬寅	6	2	11	辛未	8
三十 30th	9	17	甲辰	5	10	17	甲戌	2					12	15	癸酉	6					2	12	壬申	9

地支 Twelve Branches
子 Zi Rat
丑 Chou Ox
寅 Yin Tiger
卯 Mao Rabbit
辰 Chen Dragon
巳 Si Snake
午 Wu Horse
未 Wei Goat
申 Shen Monkey
酉 You Rooster
戌 Xu Dog
亥 Hai Pig

1926 丙寅 Fire Tiger

Grand Duke: 沈興

六月小 6th Mth				五月大 5th Mth				四月小 4th Mth				三月大 3rd Mth				二月小 2nd Mth				正月小 1st Mth				月干支 Month
乙未 Yi Wei				甲午 Jia Wu				癸巳 Gui Si				壬辰 Ren Chen				辛卯 Xin Mao				庚寅 Geng Yin				
六白 Six White				七赤 Seven Red				八白 Eight White				九紫 Nine Purple				一白 One White				二黑 Two Black				九星 9 Star
		大暑 Greater Heat		小暑 Lesser Heat		夏至 Summer Solstice		芒種 Planting of Thorny Crops		小滿 Small Sprout		立夏 Coming of Summer		穀雨 Grain Rain		清明 Clear and Bright		春分 Spring Equinox		驚蟄 Awakening of Worms		雨水 Rain Water		節氣 Season
		14th day		29th day		13th day		26th day		11th day		25th day		10th day		23rd day		8th day		22nd day		7th day		
		23hr 25min		6hr 6min		12hr 30min		19hr 42min		4hr 15min		15hr 9min		4hr 37min		21hr 19min		17hr 2min		16hr 0min		17hr 35min		
		子 Zi		卯 Mao		午 Wu		戌 Xu		寅 Yin		申 Shen		寅 Yin		亥 Hai		酉 You		申 Shen		酉 You		
國曆 Gregorian		干支 S/B	星 Star	國曆 Gregorian		干支 S/B	星 Star	國曆 Gregorian		干支 S/B	星 Star	國曆 Gregorian		干支 S/B	星 Star	國曆 Gregorian		干支 S/B	星 Star	國曆 Gregorian		干支 S/B	星 Star	農曆 Calendar
7	10	庚子	6	6	10	庚午	1	5	12	辛丑	8	4	12	辛未	5	3	14	壬寅	3	2	13	癸酉	1	初一 1st
7	11	辛丑	5	6	11	辛未	2	5	13	壬寅	9	4	13	壬申	6	3	15	癸卯	4	2	14	甲戌	2	初二 2nd
7	12	壬寅	4	6	12	壬申	3	5	14	癸卯	1	4	14	癸酉	7	3	16	甲辰	5	2	15	乙亥	3	初三 3rd
7	13	癸卯	3	6	13	癸酉	4	5	15	甲辰	2	4	15	甲戌	8	3	17	乙巳	6	2	16	丙子	4	初四 4th
7	14	甲辰	2	6	14	甲戌	5	5	16	乙巳	3	4	16	乙亥	9	3	18	丙午	7	2	17	丁丑	5	初五 5th
7	15	乙巳	1	6	15	乙亥	6	5	17	丙午	4	4	17	丙子	1	3	19	丁未	8	2	18	戊寅	6	初六 6th
7	16	丙午	9	6	16	丙子	7	5	18	丁未	5	4	18	丁丑	2	3	20	戊申	9	2	19	己卯	7	初七 7th
7	17	丁未	8	6	17	丁丑	8	5	19	戊申	6	4	19	戊寅	3	3	21	己酉	1	2	20	庚辰	8	初八 8th
7	18	戊申	7	6	18	戊寅	9	5	20	己酉	7	4	20	己卯	4	3	22	庚戌	2	2	21	辛巳	9	初九 9th
7	19	己酉	6	6	19	己卯	1	5	21	庚戌	8	4	21	庚辰	5	3	23	辛亥	3	2	22	壬午	1	初十 10th
7	20	庚戌	5	6	20	庚辰	2	5	22	辛亥	9	4	22	辛巳	6	3	24	壬子	4	2	23	癸未	2	十一 11th
7	21	辛亥	4	6	21	辛巳	3	5	23	壬子	1	4	23	壬午	7	3	25	癸丑	5	2	24	甲申	3	十二 12th
7	22	壬子	3	6	22	壬午	4\6	5	24	癸丑	2	4	24	癸未	8	3	26	甲寅	6	2	25	乙酉	4	十三 13th
7	23	癸丑	2	6	23	癸未	5	5	25	甲寅	3	4	25	甲申	9	3	27	乙卯	7	2	26	丙戌	5	十四 14th
7	24	甲寅	1	6	24	甲申	4	5	26	乙卯	4	4	26	乙酉	1	3	28	丙辰	8	2	27	丁亥	6	十五 15th
7	25	乙卯	9	6	25	乙酉	3	5	27	丙辰	5	4	27	丙戌	2	3	29	丁巳	9	2	28	戊子	7	十六 16th
7	26	丙辰	8	6	26	丙戌	2	5	28	丁巳	6	4	28	丁亥	3	3	30	戊午	1	3	1	己丑	8	十七 17th
7	27	丁巳	7	6	27	丁亥	1	5	29	戊午	7	4	29	戊子	4	3	31	己未	2	3	2	庚寅	9	十八 18th
7	28	戊午	6	6	28	戊子	9	5	30	己未	8	4	30	己丑	5	4	1	庚申	3	3	3	辛卯	1	十九 19th
7	29	己未	5	6	29	己丑	8	5	31	庚申	9	5	1	庚寅	6	4	2	辛酉	4	3	4	壬辰	2	二十 20th
7	30	庚申	4	6	30	庚寅	7	6	1	辛酉	1	5	2	辛卯	7	4	3	壬戌	5	3	5	癸巳	3	廿一 21st
7	31	辛酉	3	7	1	辛卯	6	6	2	壬戌	2	5	3	壬辰	8	4	4	癸亥	6	3	6	甲午	4	廿二 22nd
8	1	壬戌	2	7	2	壬辰	5	6	3	癸亥	3	5	4	癸巳	9	4	5	甲子	7	3	7	乙未	5	廿三 23rd
8	2	癸亥	1	7	3	癸巳	4	6	4	甲子	4	5	5	甲午	1	4	6	乙丑	8	3	8	丙申	6	廿四 24th
8	3	甲子	9	7	4	甲午	3	6	5	乙丑	5	5	6	乙未	2	4	7	丙寅	9	3	9	丁酉	7	廿五 25th
8	4	乙丑	8	7	5	乙未	2	6	6	丙寅	6	5	7	丙申	3	4	8	丁卯	1	3	10	戊戌	8	廿六 26th
8	5	丙寅	7	7	6	丙申	1	6	7	丁卯	7	5	8	丁酉	4	4	9	戊辰	2	3	11	己亥	9	廿七 27th
8	6	丁卯	6	7	7	丁酉	9	6	8	戊辰	8	5	9	戊戌	5	4	10	己巳	3	3	12	庚子	1	廿八 28th
8	7	戊辰	5	7	8	戊戌	8	6	9	己巳	9	5	10	己亥	6	4	11	庚午	4	3	13	辛丑	2	廿九 29th
				7	9	己亥	7					5	11	庚子	7									三十 30th

天干 Ten Stems: 甲 Jia Yang Wood; 乙 Yi Yin Wood; 丙 Bing Yang Fire; 丁 Ding Yin Fire; 戊 Wu Yang Earth; 己 Ji Yin Earth; 庚 Geng Yang Metal; 辛 Xin Yin Metal; 壬 Ren Yang Water; 癸 Gui Yin Water

Male Gua: 2 坤(Kun) Female Gua: 4 巽(Xun) 3 Killing 三煞: North Annual Star: 2 Black

地支 Twelve Branches: 子 Zi Rat, 丑 Chou Ox, 寅 Yin Tiger, 卯 Mao Rabbit, 辰 Chen Dragon, 巳 Si Snake, 午 Wu Horse, 未 Wei Goat, 申 Shen Monkey, 酉 You Rooster, 戌 Xu Dog, 亥 Hai Pig

十二月小 12th Mth				十一月大 11th Mth				十月大 10th Mth				九月小 9th Mth				八月大 8th Mth				七月大 7th Mth				月干支 Month	
辛丑 Xin Chou				庚子 Geng Zi				己亥 Ji Hai				戊戌 Wu Xu				丁酉 Ding You				丙申 Bing Shen					
九紫 Nine Purple				一白 One White				二黑 Two Black				三碧 Three Jade				四綠 Four Green				五黃 Five Yellow				九星 9 Star	
大寒 Greater Cold		小寒 Lesser Cold		冬至 Winter Solstice		大雪 Greater Snow		小雪 Lesser Snow		立冬 Coming of Winter		霜降 Frosting		寒露 Cold Dew		秋分 Autumn Equinox		白露 White Dew		處暑 Heat Ends		立秋 Coming Autumn		節氣 Season	
18th day		3rd day		18th day		4th day		19th day		4th day		18th day		3rd day		18th day		2nd day		17th day		1st day			
9hr 12min		15hr 45min		22hr 34min		4hr 39min		9hr 28min		12hr 8min		12hr 19min		9hr 25min		3hr 27min		18hr 16min		6hr 14min		15hr 45min			
巳 Si		申 Shen		亥 Hai		寅 Yin		巳 Si		午 Wu		午 Wu		巳 Si		寅 Yin		酉 You		卯 Mao		申 Shen			
國曆 Gregorian		干支 S/B	星 Star	國曆 Gregorian		干支 S/B	星 Star	國曆 Gregorian		干支 S/B	星 Star	國曆 Gregorian		干支 S/B	星 Star	國曆 Gregorian		干支 S/B	星 Star	國曆 Gregorian		干支 S/B	星 Star	農曆 Calendar	
1	4	戊戌	2	12	5	戊辰	2	11	5	戊戌	5	10	7	己巳	7	9	7	己亥	1	8	8	己巳	4	初一	1st
1	5	己亥	3	12	6	己巳	1	11	6	己亥	4	10	8	庚午	6	9	8	庚子	9	8	9	庚午	3	初二	2nd
1	6	庚子	4	12	7	庚午	9	11	7	庚子	3	10	9	辛未	5	9	9	辛丑	8	8	10	辛未	2	初三	3rd
1	7	辛丑	5	12	8	辛未	8	11	8	辛丑	2	10	10	壬申	4	9	10	壬寅	7	8	11	壬申	1	初四	4th
1	8	壬寅	6	12	9	壬申	7	11	9	壬寅	1	10	11	癸酉	3	9	11	癸卯	6	8	12	癸酉	9	初五	5th
1	9	癸卯	7	12	10	癸酉	6	11	10	癸卯	9	10	12	甲戌	2	9	12	甲辰	5	8	13	甲戌	8	初六	6th
1	10	甲辰	8	12	11	甲戌	5	11	11	甲辰	8	10	13	乙亥	1	9	13	乙巳	4	8	14	乙亥	7	初七	7th
1	11	乙巳	9	12	12	乙亥	4	11	12	乙巳	7	10	14	丙子	9	9	14	丙午	3	8	15	丙子	6	初八	8th
1	12	丙午	1	12	13	丙子	3	11	13	丙午	6	10	15	丁丑	8	9	15	丁未	2	8	16	丁丑	5	初九	9th
1	13	丁未	2	12	14	丁丑	2	11	14	丁未	5	10	16	戊寅	7	9	16	戊申	1	8	17	戊寅	4	初十	10th
1	14	戊申	3	12	15	戊寅	1	11	15	戊申	4	10	17	己卯	6	9	17	己酉	9	8	18	己卯	3	十一	11th
1	15	己酉	4	12	16	己卯	9	11	16	己酉	3	10	18	庚辰	5	9	18	庚戌	8	8	19	庚辰	2	十二	12th
1	16	庚戌	5	12	17	庚辰	8	11	17	庚戌	2	10	19	辛巳	4	9	19	辛亥	7	8	20	辛巳	1	十三	13th
1	17	辛亥	6	12	18	辛巳	7	11	18	辛亥	1	10	20	壬午	3	9	20	壬子	6	8	21	壬午	9	十四	14th
1	18	壬子	7	12	19	壬午	6	11	19	壬子	9	10	21	癸未	2	9	21	癸丑	5	8	22	癸未	8	十五	15th
1	19	癸丑	8	12	20	癸未	5	11	20	癸丑	8	10	22	甲申	1	9	22	甲寅	4	8	23	甲申	7	十六	16th
1	20	甲寅	9	12	21	甲申	4	11	21	甲寅	7	10	23	乙酉	9	9	23	乙卯	3	8	24	乙酉	6	十七	17th
1	21	乙卯	1	12	22	乙酉	3\7	11	22	乙卯	6	10	24	丙戌	8	9	24	丙辰	2	8	25	丙戌	5	十八	18th
1	22	丙辰	2	12	23	丙戌	8	11	23	丙辰	5	10	25	丁亥	7	9	25	丁巳	1	8	26	丁亥	4	十九	19th
1	23	丁巳	3	12	24	丁亥	9	11	24	丁巳	4	10	26	戊子	6	9	26	戊午	9	8	27	戊子	3	二十	20th
1	24	戊午	4	12	25	戊子	1	11	25	戊午	3	10	27	己丑	5	9	27	己未	8	8	28	己丑	2	廿一	21st
1	25	己未	5	12	26	己丑	2	11	26	己未	2	10	28	庚寅	4	9	28	庚申	7	8	29	庚寅	1	廿二	22nd
1	26	庚申	6	12	27	庚寅	3	11	27	庚申	1	10	29	辛卯	3	9	29	辛酉	6	8	30	辛卯	9	廿三	23rd
1	27	辛酉	7	12	28	辛卯	4	11	28	辛酉	9	10	30	壬辰	2	9	30	壬戌	5	8	31	壬辰	8	廿四	24th
1	28	壬戌	8	12	29	壬辰	5	11	29	壬戌	8	10	31	癸巳	1	10	1	癸亥	4	9	1	癸巳	7	廿五	25th
1	29	癸亥	9	12	30	癸巳	6	11	30	癸亥	7	11	1	甲午	9	10	2	甲子	3	9	2	甲午	6	廿六	26th
1	30	甲子	1	12	31	甲午	7	12	1	甲子	6	11	2	乙未	8	10	3	乙丑	2	9	3	乙未	5	廿七	27th
1	31	乙丑	2	1	1	乙未	8	12	2	乙丑	5	11	3	丙申	7	10	4	丙寅	1	9	4	丙申	4	廿八	28th
2	1	丙寅	3	1	2	丙申	9	12	3	丙寅	4	11	4	丁酉	6	10	5	丁卯	9	9	5	丁酉	3	廿九	29th
				1	3	丁酉	1	12	4	丁卯	3					10	6	戊辰	8	9	6	戊戌	2	三十	30th

1927 丁卯 Fire Rabbit

Grand Duke: 耿章

月干支 Month	正月大 1st Mth				二月小 2nd Mth				三月小 3rd Mth				四月大 4th Mth				五月小 5th Mth				六月大 6th Mth			
	壬寅 Ren Yin				癸卯 Gui Mao				甲辰 Jia Chen				乙巳 Yi Si				丙午 Bing Wu				丁未 Ding Wei			
九星 9 Star	八白 Eight White				七赤 Seven Red				六白 Six White				五黃 Five Yellow				四綠 Four Green				三碧 Three Jade			
節氣 Season	雨水 Rain Water		立春 Coming of Spring		春分 Spring Equinox		驚蟄 Awakening of Worms		穀雨 Grain Rain		清明 Clear and Bright		小滿 Small Sprout		立夏 Coming of Summer		夏至 Summer Solstice		芒種 Planting of Thorny Crops		大暑 Greater Heat		小暑 Lesser Heat	
	18th day		4th day		18th day		3rd day		20th day		5th day		22nd day		6th day		23rd day		8th day		26th day		10th day	
	23hr 35min		3hr 31min		22hr 59min		21hr 51min		10hr 32min		3hr 7min		10hr 8min		20hr 54min		18hr 23min		1hr 25min		5hr 17min		11hr 50min	
	子 Zi		寅 Yin		亥 Hai		亥 Hai		巳 Si		寅 Yin		巳 Si		戌 Xu		酉 You		丑 Chou		卯 Mao		午 Wu	
農曆 Calendar	國曆 Gregorian		干支 S / B	星 Star	國曆 Gregorian		干支 S / B	星 Star	國曆 Gregorian		干支 S / B	星 Star	國曆 Gregorian		干支 S / B	星 Star	國曆 Gregorian		干支 S / B	星 Star	國曆 Gregorian		干支 S / B	星 Star
初一 1st	2	2	丁卯	4	3	4	丁酉	7	4	2	丙寅	9	5	1	乙未	2	5	31	乙丑	5	6	29	甲午	3
初二 2nd	2	3	戊辰	5	3	5	戊戌	8	4	3	丁卯	1	5	2	丙申	3	6	1	丙寅	6	6	30	乙未	2
初三 3rd	2	4	己巳	6	3	6	己亥	9	4	4	戊辰	2	5	3	丁酉	4	6	2	丁卯	7	7	1	丙申	1
初四 4th	2	5	庚午	7	3	7	庚子	1	4	5	己巳	3	5	4	戊戌	5	6	3	戊辰	8	7	2	丁酉	9
初五 5th	2	6	辛未	8	3	8	辛丑	2	4	6	庚午	4	5	5	己亥	6	6	4	己巳	9	7	3	戊戌	8
初六 6th	2	7	壬申	9	3	9	壬寅	3	4	7	辛未	5	5	6	庚子	7	6	5	庚午	1	7	4	己亥	7
初七 7th	2	8	癸酉	1	3	10	癸卯	4	4	8	壬申	6	5	7	辛丑	8	6	6	辛未	2	7	5	庚子	6
初八 8th	2	9	甲戌	2	3	11	甲辰	5	4	9	癸酉	7	5	8	壬寅	9	6	7	壬申	3	7	6	辛丑	5
初九 9th	2	10	乙亥	3	3	12	乙巳	6	4	10	甲戌	8	5	9	癸卯	1	6	8	癸酉	4	7	7	壬寅	4
初十 10th	2	11	丙子	4	3	13	丙午	7	4	11	乙亥	9	5	10	甲辰	2	6	9	甲戌	5	7	8	癸卯	3
十一 11th	2	12	丁丑	5	3	14	丁未	8	4	12	丙子	1	5	11	乙巳	3	6	10	乙亥	6	7	9	甲辰	2
十二 12th	2	13	戊寅	6	3	15	戊申	9	4	13	丁丑	2	5	12	丙午	4	6	11	丙子	7	7	10	乙巳	1
十三 13th	2	14	己卯	7	3	16	己酉	1	4	14	戊寅	3	5	13	丁未	5	6	12	丁丑	8	7	11	丙午	9
十四 14th	2	15	庚辰	8	3	17	庚戌	2	4	15	己卯	4	5	14	戊申	6	6	13	戊寅	9	7	12	丁未	8
十五 15th	2	16	辛巳	9	3	18	辛亥	3	4	16	庚辰	5	5	15	己酉	7	6	14	己卯	1	7	13	戊申	7
十六 16th	2	17	壬午	1	3	19	壬子	4	4	17	辛巳	6	5	16	庚戌	8	6	15	庚辰	2	7	14	己酉	6
十七 17th	2	18	癸未	2	3	20	癸丑	5	4	18	壬午	7	5	17	辛亥	9	6	16	辛巳	3	7	15	庚戌	5
十八 18th	2	19	甲申	3	3	21	甲寅	6	4	19	癸未	8	5	18	壬子	1	6	17	壬午	4	7	16	辛亥	4
十九 19th	2	20	乙酉	4	3	22	乙卯	7	4	20	甲申	9	5	19	癸丑	2	6	18	癸未	5	7	17	壬子	3
二十 20th	2	21	丙戌	5	3	23	丙辰	8	4	21	乙酉	1	5	20	甲寅	3	6	19	甲申	6	7	18	癸丑	2
廿一 21st	2	22	丁亥	6	3	24	丁巳	9	4	22	丙戌	2	5	21	乙卯	4	6	20	乙酉	7	7	19	甲寅	1
廿二 22nd	2	23	戊子	7	3	25	戊午	1	4	23	丁亥	3	5	22	丙辰	5	6	21	丙戌	8	7	20	乙卯	9
廿三 23rd	2	24	己丑	8	3	26	己未	2	4	24	戊子	4	5	23	丁巳	6	6	22	丁亥	9\1	7	21	丙辰	8
廿四 24th	2	25	庚寅	9	3	27	庚申	3	4	25	己丑	5	5	24	戊午	7	6	23	戊子	9	7	22	丁巳	7
廿五 25th	2	26	辛卯	1	3	28	辛酉	4	4	26	庚寅	6	5	25	己未	8	6	24	己丑	8	7	23	戊午	6
廿六 26th	2	27	壬辰	2	3	29	壬戌	5	4	27	辛卯	7	5	26	庚申	9	6	25	庚寅	7	7	24	己未	5
廿七 27th	2	28	癸巳	3	3	30	癸亥	6	4	28	壬辰	8	5	27	辛酉	1	6	26	辛卯	6	7	25	庚申	4
廿八 28th	3	1	甲午	4	3	31	甲子	7	4	29	癸巳	9	5	28	壬戌	2	6	27	壬辰	5	7	26	辛酉	3
廿九 29th	3	2	乙未	5	4	1	乙丑	8	4	30	甲午	1	5	29	癸亥	3	6	28	癸巳	4	7	27	壬戌	2
三十 30th	3	3	丙申	6									5	30	甲子	4					7	28	癸亥	1

天干 Ten Stems

- 甲 Jia Yang Wood
- 乙 Yi Yin Wood
- 丙 Bing Yang Fire
- 丁 Ding Yin Fire
- 戊 Wu Yang Earth
- 己 Ji Yin Earth
- 庚 Geng Yang Metal
- 辛 Xin Yin Metal
- 壬 Ren Yang Water
- 癸 Gui Yin Water

Male Gua:1 坎(Kan) **Female Gua: 8 艮(Gen)** 3 Killing 三煞: West Annual Star: 1 White

地支 Twelve Branches	十二月大 12th Mth				十一月大 11th Mth				十月大 10th Mth				九月小 9th Mth				八月大 8th Mth				七月小 7th Mth				月干支 Month	
	癸丑 Gui Chou				壬子 Ren Zi				辛亥 Xin Hai				庚戌 Geng Xu				己酉 Ji You				戊申 Wu Shen					
	六白 Six White				七赤 Seven Red				八白 Eight White				九紫 Nine Purple				一白 One White				二黑 Two Black				九星 9 Star	
子 Zi Rat	大寒 Greater Cold		小寒 Lesser Cold		冬至 Winter Solstice		大雪 Greater Snow		小雪 Lesser Snow		立冬 Coming of Winter		霜降 Frosting		寒露 Cold Dew		秋分 Autumn Equinox		白露 White Dew		處暑 Heat Ends		立秋 Coming Autumn		節氣 Season	
	29th day		11th day		30th day		15th day		30th day		15th day		29th day		14th day		29th day		14th day		27th day		11th day			
丑 Chou Ox	14hr 57min		2 hr 32min		4hr 19min		10hr 27min		15hr 14min		17hr 57min		18ht 7min		15hr 16min		9hr 17min		0hr 6min		12hr 6min		21hr 32min			
	未 Wei		亥 Hai		寅 Yin		巳 Si		申 Shen		酉 You		酉 You		申 Shen		巳 Si		子 Zi		午 Wu		亥 Hai			
	國曆 Gregorian		干支 S.B	星 Star	國曆 Gregorian		干支 S/B	星 Star	國曆 Gregorian		二支 S/B	星 Star	國曆 Gregorian		干支 S/B	星 Star	國曆 Gregorian		干支 S/B	星 Star	國曆 Gregorian		干支 S/B	星 Star	農曆 Calendar	
寅 Yin Tiger	12	24	壬辰	5	11	24	壬戌	8	10	25	壬辰	2	9	26	癸亥	4	8	27	癸巳	7	7	29	甲子	9	初一	1st
	12	25	癸巳	6	11	25	癸亥	7	10	26	癸巳	1	9	27	甲子	3	8	28	甲午	6	7	30	乙丑	8	初二	2nd
	12	26	甲午	7	11	26	甲子	6	10	27	甲午	9	9	28	乙丑	2	8	29	乙未	5	7	31	丙寅	7	初三	3rd
卯 Mao Rabbit	12	27	乙未	8	11	27	乙丑	5	10	28	乙未	8	9	29	丙寅	1	8	30	丙申	4	8	1	丁卯	6	初四	4th
	12	28	丙申	9	11	28	丙寅	4	10	29	丙申	7	9	30	丁卯	9	8	31	丁酉	3	8	2	戊辰	5	初五	5th
	12	29	丁酉	1	11	29	丁卯	3	10	30	丁酉	6	10	1	戊辰	8	9	1	戊戌	2	8	3	己巳	4	初六	6th
辰 Chen Dragon	12	30	戊戌	2	11	30	戊辰	2	10	31	戊戌	5	10	2	己巳	7	9	2	己亥	1	8	4	庚午	3	初七	7th
	12	31	己亥	3	12	1	己巳	1	11	1	己亥	4	10	3	庚午	6	9	3	庚子	9	8	5	辛未	2	初八	8th
	1	1	庚子	4	12	2	庚午	9	11	2	庚子	3	10	4	辛未	5	9	4	辛丑	8	8	6	壬申	1	初九	9th
巳 Si Snake	1	2	辛丑	5	12	3	辛未	8	11	3	辛丑	2	10	5	壬申	4	9	5	壬寅	7	8	7	癸酉	9	初十	10th
	1	3	壬寅	6	12	4	壬申	7	11	4	壬寅	1	10	6	癸酉	3	9	6	癸卯	6	8	8	甲戌	8	十一	11th
	1	4	癸卯	7	12	5	癸酉	6	11	5	癸卯	9	10	7	甲戌	2	9	7	甲辰	5	8	9	乙亥	7	十二	12th
午 Wu Horse	1	5	甲辰	8	12	6	甲戌	5	11	6	甲辰	8	10	8	乙亥	1	9	8	乙巳	4	8	10	丙子	6	十三	13th
	1	6	乙巳	9	12	7	乙亥	4	11	7	乙巳	7	10	9	丙子	9	9	9	丙午	3	8	11	丁丑	5	十四	14th
	1	7	丙午	1	12	8	丙子	3	11	8	丙午	6	10	10	丁丑	8	9	10	丁未	2	8	12	戊寅	4	十五	15th
未 Wei Goat	1	8	丁未	2	12	9	丁丑	2	11	9	丁未	5	10	11	戊寅	7	9	11	戊申	1	8	13	己卯	3	十六	16th
	1	9	戊申	3	12	10	戊寅	1	11	10	戊申	4	10	12	己卯	6	9	12	己酉	9	8	14	庚辰	2	十七	17th
	1	10	己酉	4	12	11	己卯	9	11	11	己酉	3	10	13	庚辰	5	9	13	庚戌	8	8	15	辛巳	1	十八	18th
申 Shen Monkey	1	11	庚戌	5	12	12	庚辰	8	11	12	庚戌	2	10	14	辛巳	4	9	14	辛亥	7	8	16	壬午	9	十九	19th
	1	12	辛亥	6	12	13	辛巳	7	11	13	辛亥	1	10	15	壬午	3	9	15	壬子	6	8	17	癸未	8	二十	20th
	1	13	壬子	7	12	14	壬午	6	11	14	壬子	9	10	16	癸未	2	9	16	癸丑	5	8	18	甲申	7	廿一	21st
酉 You Rooster	1	14	癸丑	8	12	15	癸未	5	11	15	癸丑	8	10	17	甲申	1	9	17	甲寅	4	8	19	乙酉	6	廿二	22nd
	1	15	甲寅	9	12	16	甲申	4	11	16	甲寅	7	10	18	乙酉	9	9	18	乙卯	3	8	20	丙戌	5	廿三	23rd
	1	16	乙卯	1	12	17	乙酉	3	11	17	乙卯	6	10	19	丙戌	8	9	19	丙辰	2	8	21	丁亥	4	廿四	24th
戌 Xu Dog	1	17	丙辰	2	12	18	丙戌	2	11	18	丙辰	5	10	20	丁亥	7	9	20	丁巳	1	8	22	戊子	3	廿五	25th
	1	18	丁巳	3	12	19	丁亥	1	11	19	丁巳	4	10	21	戊子	6	9	21	戊午	9	8	23	己丑	2	廿六	26th
	1	19	戊午	4	12	20	戊子	9	11	20	戊午	3	10	22	己丑	5	9	22	己未	8	8	24	庚寅	1	廿七	27th
亥 Hai Pig	1	20	己未	5	12	21	己丑	8	11	21	己未	2	10	23	庚寅	4	9	23	庚申	7	8	25	辛卯	9	廿八	28th
	1	21	庚申	6	12	22	庚寅	7	11	22	庚申	1	10	24	辛卯	3	9	24	辛酉	6	8	26	壬辰	8	廿九	29th
	1	22	辛酉	7	12	23	辛卯	6/4	11	23	辛酉	9					9	25	壬戌	5					三十	30th

1928 戊辰 Wood Dragon

Grand Duke: 趙達

六月小 6th Mth				五月小 5th Mth				四月大 4th Mth				三月小 3rd Mth				閏二月小 2nd Mth				二月大 2nd Mth				正月小 1st Mth				月干支 Month
己未 Ji Wei				戊午 Wu Wu				丁巳 Ding Si				丙辰 Bing Chen								乙卯 Yi Mao				甲寅 Jia Yin				
九紫 Nine Purple				一白 One White				二黑 Two Black				三碧 Three Jade								四綠 Four Green				五黃 Five Yellow				九星 9 Star
立秋 Coming Autumn		大暑 Greater Heat		小暑 Lesser Heat		夏至 Summer Solstice		芒種 Planting of Thorny Crops		小滿 Small Sprout		立夏 Coming of Summer		穀雨 Grain Rain				清明 Clear and Bright		春分 Spring Equinox		驚蟄 Awakening of Worms		雨水 Rain Water		立春 Coming of Spring		節氣 Season
23rd day		7th day		20th day		5th day		19th day		3rd day		17th day		1st day				15th day		30th day		15th day		29th day		14th day		
3hr 28min		11hr 3min		17hr 45min		0hr 7min		7hr 18min		15hr 53min		2hr 44min		16hr 17min				8hr 55min		4hr 45min		3hr 38min		5hr 20min		9hr 17min		
寅 Yin		午 Wu		酉 You		子 Zi		辰 Chen		申 Shen		丑 Chou		申 Shen				辰 Chen		寅 Yin		寅 Yin		卯 Mao		巳 Si		
國曆 Gregorian		干支 S/B	星 Star	國曆 Gregorian		干支 S/B	星 Star	國曆 Gregorian		干支 S/B	星 Star	國曆 Gregorian		干支 S/B	星 Star	國曆 Gregorian		干支 S/B	星 Star	國曆 Gregorian		干支 S/B	星 Star	國曆 Gregorian		干支 S/B	星 Star	農曆 Calendar
7	17	戊午	6	6	18	己丑	2	5	19	己未	8	4	20	庚寅	6	3	22	辛酉	4	2	21	辛卯	1	1	23	壬戌	8	初一 1st
7	18	己未	5	6	19	庚寅	3	5	20	庚申	9	4	21	辛卯	7	3	23	壬戌	5	2	22	壬辰	2	1	24	癸亥	9	初二 2nd
7	19	庚申	4	6	20	辛卯	4	5	21	辛酉	1	4	22	壬辰	8	3	24	癸亥	6	2	23	癸巳	3	1	25	甲子	1	初三 3rd
7	20	辛酉	3	6	21	壬辰	5	5	22	壬戌	2	4	23	癸巳	9	3	25	甲子	7	2	24	甲午	4	1	26	乙丑	2	初四 4th
7	21	壬戌	2	6	22	癸巳	6\4	5	23	癸亥	3	4	24	甲午	1	3	26	乙丑	8	2	25	乙未	5	1	27	丙寅	3	初五 5th
7	22	癸亥	1	6	23	甲午	3	5	24	甲子	4	4	25	乙未	2	3	27	丙寅	9	2	26	丙申	6	1	28	丁卯	4	初六 6th
7	23	甲子	9	6	24	乙未	2	5	25	乙丑	5	4	26	丙申	3	3	28	丁卯	1	2	27	丁酉	7	1	29	戊辰	5	初七 7th
7	24	乙丑	8	6	25	丙申	1	5	26	丙寅	6	4	27	丁酉	4	3	29	戊辰	2	2	28	戊戌	8	1	30	己巳	6	初八 8th
7	25	丙寅	7	6	26	丁酉	9	5	27	丁卯	7	4	28	戊戌	5	3	30	己巳	3	2	29	己亥	9	1	31	庚午	7	初九 9th
7	26	丁卯	6	6	27	戊戌	8	5	28	戊辰	8	4	29	己亥	6	3	31	庚午	4	3	1	庚子	1	2	1	辛未	8	初十 10th
7	27	戊辰	5	6	28	己亥	7	5	29	己巳	9	4	30	庚子	7	4	1	辛未	5	3	2	辛丑	2	2	2	壬申	9	十一 11th
7	28	己巳	4	6	29	庚子	6	5	30	庚午	1	5	1	辛丑	8	4	2	壬申	6	3	3	壬寅	3	2	3	癸酉	1	十二 12th
7	29	庚午	3	6	30	辛丑	5	5	31	辛未	2	5	2	壬寅	9	4	3	癸酉	7	3	4	癸卯	4	2	4	甲戌	2	十三 13th
7	30	辛未	2	7	1	壬寅	4	6	1	壬申	3	5	3	癸卯	1	4	4	甲戌	8	3	5	甲辰	5	2	5	乙亥	3	十四 14th
7	31	壬申	1	7	2	癸卯	3	6	2	癸酉	4	5	4	甲辰	2	4	5	乙亥	9	3	6	乙巳	6	2	6	丙子	4	十五 15th
8	1	癸酉	9	7	3	甲辰	2	6	3	甲戌	5	5	5	乙巳	3	4	6	丙子	1	3	7	丙午	7	2	7	丁丑	5	十六 16th
8	2	甲戌	8	7	4	乙巳	1	6	4	乙亥	6	5	6	丙午	4	4	7	丁丑	2	3	8	丁未	8	2	8	戊寅	6	十七 17th
8	3	乙亥	7	7	5	丙午	9	6	5	丙子	7	5	7	丁未	5	4	8	戊寅	3	3	9	戊申	9	2	9	己卯	7	十八 18th
8	4	丙子	6	7	6	丁未	8	6	6	丁丑	8	5	8	戊申	6	4	9	己卯	4	3	10	己酉	1	2	10	庚辰	8	十九 19th
8	5	丁丑	5	7	7	戊申	7	6	7	戊寅	9	5	9	己酉	7	4	10	庚辰	5	3	11	庚戌	2	2	11	辛巳	9	二十 20th
8	6	戊寅	4	7	8	己酉	6	6	8	己卯	1	5	10	庚戌	8	4	11	辛巳	6	3	12	辛亥	3	2	12	壬午	1	廿一 21st
8	7	己卯	3	7	9	庚戌	5	6	9	庚辰	2	5	11	辛亥	9	4	12	壬午	7	3	13	壬子	4	2	13	癸未	2	廿二 22nd
8	8	庚辰	2	7	10	辛亥	4	6	10	辛巳	3	5	12	壬子	1	4	13	癸未	8	3	14	癸丑	5	2	14	甲申	3	廿三 23rd
8	9	辛巳	1	7	11	壬子	3	6	11	壬午	4	5	13	癸丑	2	4	14	甲申	9	3	15	甲寅	6	2	15	乙酉	4	廿四 24th
8	10	壬午	9	7	12	癸丑	2	6	12	癸未	5	5	14	甲寅	3	4	15	乙酉	1	3	16	乙卯	7	2	16	丙戌	5	廿五 25th
8	11	癸未	8	7	13	甲寅	1	6	13	甲申	6	5	15	乙卯	4	4	16	丙戌	2	3	17	丙辰	8	2	17	丁亥	6	廿六 26th
8	12	甲申	7	7	14	乙卯	9	6	14	乙酉	7	5	16	丙辰	5	4	17	丁亥	3	3	18	丁巳	9	2	18	戊子	7	廿七 27th
8	13	乙酉	6	7	15	丙辰	8	6	15	丙戌	8	5	17	丁巳	6	4	18	戊子	4	3	19	戊午	1	2	19	己丑	8	廿八 28th
8	14	丙戌	5	7	16	丁巳	7	6	16	丁亥	9	5	18	戊午	7	4	19	己丑	5	3	20	己未	2	2	20	庚寅	9	廿九 29th
								6	17	戊子	1									3	21	庚申	3					三十 30th

天干 Ten Stems
- 甲 Jia Yang Wood
- 乙 Yi Yin Wood
- 丙 Bing Yang Fire
- 丁 Ding Yin Fire
- 戊 Wu Yang Earth
- 己 Ji Yin Earth
- 庚 Geng Yang Metal
- 辛 Xin Yin Metal
- 壬 Ren Yang Water
- 癸 Gui Yin Water

地支 Twelve Branches: 子 Zi Rat | 丑 Chou Ox | 寅 Yin Tiger | 卯 Mao Rabbit | 辰 Chen Dragon | 巳 Si Snake | 午 Wu Horse | 未 Wei Goat | 申 Shen Monkey | 酉 You Rooster | 戌 Xu Dog | 亥 Hai Pig

十二月大 12th Mth				十一月大 11th Mth				十月大 10th Mth				九月大 9th Mth				八月小 8th Mth				七月大 7th Mth				月干支 Month
乙丑 Yi Chou				甲子 Jia Zi				癸亥 Gui Hai				壬戌 Ren Xu				辛酉 Xin You				庚申 Geng Shen				
三碧 Three Jade				四綠 Four Green				五黃 Five Yellow				六白 Six White				七赤 Seven Red				八白 Eight White				九星 9 Star
立春 Coming of Spring		大寒 Greater Cold		小寒 Lesser Cold		冬至 Winter Solstice		大雪 Greater Snow		小雪 Lesser Snow		立冬 Coming of Winter		霜降 Frosting		寒露 Cold Dew		秋分 Autumn Equinox		白露 White Dew		處暑 Heat Ends		節氣 Season
25th day		10th day		26th day		11th day		26th day		11th day		26th day		11th day		25th day		10th day		25th day		9th day		
15hr 9min		2hr 43min		3hr 23min		10hr 4min		16hr 18min		21hr 0min		23hr 50min		23hr 55min		21hr 11min		15hr 6min		6hr 2min		17hr 54min		
申 Shen		戌 Xu		寅 Yin		巳 Si		申 Shen		亥 Hai		子 Zi		子 Zi		亥 Hai		申 Shen		卯 Mao		酉 You		
國曆 Gregorian		干支 S/B	星 Star	國曆 Gregorian		干支 S/B	星 Star	國曆 Gregorian		干支 S/B	星 Star	國曆 Gregorian		干支 S/B	星 Star	國曆 Gregorian		干支 S/B	星 Star	國曆 Gregorian		干支 S/B	星 Star	農曆 Calendar
1	11	丙辰	2	12	12	丙戌	2	11	12	丙辰	5	10	13	丙戌	8	9	14	丁巳	1	8	15	丁亥	4	初一 1st
1	12	丁巳	3	12	13	丁亥	1	11	13	丁巳	4	10	14	丁亥	7	9	15	戊午	9	8	16	戊子	3	初二 2nd
1	13	戊午	4	12	14	戊子	9	11	14	戊午	3	10	15	戊子	6	9	16	己未	8	8	17	己丑	2	初三 3rd
1	14	己未	5	12	15	己丑	8	11	15	己未	2	10	16	己丑	5	9	17	庚申	7	8	18	庚寅	1	初四 4th
1	15	庚申	6	12	16	庚寅	7	11	16	庚申	1	10	17	庚寅	4	9	18	辛酉	6	8	19	辛卯	9	初五 5th
1	16	辛酉	7	12	17	辛卯	6	11	17	辛酉	9	10	18	辛卯	3	9	19	壬戌	5	8	20	壬辰	8	初六 6th
1	17	壬戌	8	12	18	壬辰	5	11	18	壬戌	8	10	19	壬辰	2	9	20	癸亥	4	8	21	癸巳	7	初七 7th
1	18	癸亥	9	12	19	癸巳	4	11	19	癸亥	7	10	20	癸巳	1	9	21	甲子	3	8	22	甲午	6	初八 8th
1	19	甲子	1	12	20	甲午	3	11	20	甲子	6	10	21	甲午	9	9	22	乙丑	2	8	23	乙未	5	初九 9th
1	20	乙丑	2	12	21	乙未	2	11	21	乙丑	5	10	22	乙未	8	9	23	丙寅	1	8	24	丙申	4	初十 10th
1	21	丙寅	3	12	22	丙申	1\9	11	22	丙寅	4	10	23	丙申	7	9	24	丁卯	9	8	25	丁酉	3	十一 11th
1	22	丁卯	4	12	23	丁酉	1	11	23	丁卯	3	10	24	丁酉	6	9	25	戊辰	8	8	26	戊戌	2	十二 12th
1	23	戊辰	5	12	24	戊戌	2	11	24	戊辰	2	10	25	戊戌	5	9	26	己巳	7	8	27	己亥	1	十三 13th
1	24	己巳	6	12	25	己亥	3	11	25	己巳	1	10	26	己亥	4	9	27	庚午	6	8	28	庚子	9	十四 14th
1	25	庚午	7	12	26	庚子	4	11	26	庚午	9	10	27	庚子	3	9	28	辛未	5	8	29	辛丑	8	十五 15th
1	26	辛未	8	12	27	辛丑	5	11	27	辛未	8	10	28	辛丑	2	9	29	壬申	4	8	30	壬寅	7	十六 16th
1	27	壬申	9	12	28	壬寅	6	11	28	壬申	7	10	29	壬寅	1	9	30	癸酉	3	8	31	癸卯	6	十七 17th
1	28	癸酉	1	12	29	癸卯	7	11	29	癸酉	6	10	30	癸卯	9	10	1	甲戌	2	9	1	甲辰	5	十八 18th
1	29	甲戌	2	12	30	甲辰	8	11	30	甲戌	5	10	31	甲辰	8	10	2	乙亥	1	9	2	乙巳	4	十九 19th
1	30	乙亥	3	12	31	乙巳	9	12	1	乙亥	4	11	1	乙巳	7	10	3	丙子	9	9	3	丙午	3	二十 20th
1	31	丙子	4	1	1	丙午	1	12	2	丙子	3	11	2	丙午	6	10	4	丁丑	8	9	4	丁未	2	廿一 21st
2	1	丁丑	5	1	2	丁未	2	12	3	丁丑	2	11	3	丁未	5	10	5	戊寅	7	9	5	戊申	1	廿二 22nd
2	2	戊寅	6	1	3	戊申	3	12	4	戊寅	1	11	4	戊申	4	10	6	己卯	6	9	6	己酉	9	廿三 23rd
2	3	己卯	7	1	4	己酉	4	12	5	己卯	9	11	5	己酉	3	10	7	庚辰	5	9	7	庚戌	8	廿四 24th
2	4	庚辰	8	1	5	庚戌	5	12	6	庚辰	8	11	6	庚戌	2	10	8	辛巳	4	9	8	辛亥	7	廿五 25th
2	5	辛巳	9	1	6	辛亥	6	12	7	辛巳	7	11	7	辛亥	1	10	9	壬午	3	9	9	壬子	6	廿六 26th
2	6	壬午	1	1	7	壬子	7	12	8	壬午	6	11	8	壬子	9	10	10	癸未	2	9	10	癸丑	5	廿七 27th
2	7	癸未	2	1	8	癸丑	8	12	9	癸未	5	11	9	癸丑	8	10	11	甲申	1	9	11	甲寅	4	廿八 28th
2	8	甲申	3	1	9	甲寅	9	12	10	甲申	4	11	10	甲寅	7	10	12	乙酉	9	9	12	乙卯	3	廿九 29th
2	9	乙酉	4	1	10	乙卯	1	12	11	乙酉	3	11	11	乙卯	6					9	13	丙辰	2	三十 30th

1929 己巳 Earth Snake

Grand Duke: 郭燦

六月小 6th Mth				五月大 5th Mth				四月小 4th Mth				三月小 3rd Mth				二月大 2nd Mth				正月小 1st Mth				月干支 Month	
辛未 Xin Wei				庚午 Geng Wu				己巳 Ji Si				戊辰 Wu Chen				丁卯 Ding Mao				丙寅 Bing Yin					
六白 Six White				七赤 Seven Red				八白 Eight White				九紫 Nine Purple				一白 One White				二黑 Two Black				九星 9 Star	
大暑 Greater Heat		小暑 Lesser Heat				夏至 Summer Solstice		芒種 Planting of Thorny Crops		小滿 Small Sprout		立夏 Coming of Summer		穀雨 Grain Rain		清明 Clear and Bright		春分 Spring Equinox		驚蟄 Awakening of Worms		雨水 Rain Water		節氣 Season	
17th day		1st day				16th day		29th day		13th day		27th day		11th day		26th day		11th day		25th day		10th day			
16hr 54min		23hr 32min				6hr 1min		13hr 11min		21hr 48min		8hr 41min		22hr 11min		14hr 52min		10hr 35min		9hr 32min		11hr 7min			
申 Shen		子 Zi				卯 Mao		未 Wei		亥 Hai		辰 Chen		亥 Hai		未 Wei		巳 Si		巳 Si		午 Wu			
國曆 Gregorian		干支 S/B	星 Star	國曆 Gregorian		干支 S/B	星 Star	國曆 Gregorian		干支 S/B	星 Star	國曆 Gregorian		干支 S/B	星 Star	國曆 Gregorian		干支 S/B	星 Star	國曆 Gregorian		干支 S/B	星 Star	農曆 Calendar	
7	7	癸丑	2	6	7	癸未	5	5	9	甲寅	3	4	10	乙酉	1	3	11	乙卯	7	2	10	丙戌	5	初一	1st
7	8	甲寅	1	6	8	甲申	6	5	10	乙卯	4	4	11	丙戌	2	3	12	丙辰	8	2	11	丁亥	6	初二	2nd
7	9	乙卯	9	6	9	乙酉	7	5	11	丙辰	5	4	12	丁亥	3	3	13	丁巳	9	2	12	戊子	7	初三	3rd
7	10	丙辰	8	6	10	丙戌	8	5	12	丁巳	6	4	13	戊子	4	3	14	戊午	1	2	13	己丑	8	初四	4th
7	11	丁巳	7	6	11	丁亥	9	5	13	戊午	7	4	14	己丑	5	3	15	己未	2	2	14	庚寅	9	初五	5th
7	12	戊午	6	6	12	戊子	1	5	14	己未	8	4	15	庚寅	6	3	16	庚申	3	2	15	辛卯	1	初六	6th
7	13	己未	5	6	13	己丑	2	5	15	庚申	9	4	16	辛卯	7	3	17	辛酉	4	2	16	壬辰	2	初七	7th
7	14	庚申	4	6	14	庚寅	3	5	16	辛酉	1	4	17	壬辰	8	3	18	壬戌	5	2	17	癸巳	3	初八	8th
7	15	辛酉	3	6	15	辛卯	4	5	17	壬戌	2	4	18	癸巳	9	3	19	癸亥	6	2	18	甲午	4	初九	9th
7	16	壬戌	2	6	16	壬辰	5	5	18	癸亥	3	4	19	甲午	1	3	20	甲子	7	2	19	乙未	5	初十	10th
7	17	癸亥	1	6	17	癸巳	6	5	19	甲子	4	4	20	乙未	2	3	21	乙丑	8	2	20	丙申	6	十一	11th
7	18	甲子	9	6	18	甲午	7	5	20	乙丑	5	4	21	丙申	3	3	22	丙寅	9	2	21	丁酉	7	十二	12th
7	19	乙丑	8	6	19	乙未	8	5	21	丙寅	6	4	22	丁酉	4	3	23	丁卯	1	2	22	戊戌	8	十三	13th
7	20	丙寅	7	6	20	丙申	9	5	22	丁卯	7	4	23	戊戌	5	3	24	戊辰	2	2	23	己亥	9	十四	14th
7	21	丁卯	6	6	21	丁酉	1	5	23	戊辰	8	4	24	己亥	6	3	25	己巳	3	2	24	庚子	1	十五	15th
7	22	戊辰	5	6	22	戊戌	2\8	5	24	己巳	9	4	25	庚子	7	3	26	庚午	4	2	25	辛丑	2	十六	16th
7	23	己巳	4	6	23	己亥	7	5	25	庚午	1	4	26	辛丑	8	3	27	辛未	5	2	26	壬寅	3	十七	17th
7	24	庚午	3	6	24	庚子	6	5	26	辛未	2	4	27	壬寅	9	3	28	壬申	6	2	27	癸卯	4	十八	18th
7	25	辛未	2	6	25	辛丑	5	5	27	壬申	3	4	28	癸卯	1	3	29	癸酉	7	2	28	甲辰	5	十九	19th
7	26	壬申	1	6	26	壬寅	4	5	28	癸酉	4	4	29	甲辰	2	3	30	甲戌	8	3	1	乙巳	6	二十	20th
7	27	癸酉	9	6	27	癸卯	3	5	29	甲戌	5	4	30	乙巳	3	3	31	乙亥	9	3	2	丙午	7	廿一	21st
7	28	甲戌	8	6	28	甲辰	2	5	30	乙亥	6	5	1	丙午	4	4	1	丙子	1	3	3	丁未	8	廿二	22nd
7	29	乙亥	7	6	29	乙巳	1	5	31	丙子	7	5	2	丁未	5	4	2	丁丑	2	3	4	戊申	9	廿三	23rd
7	30	丙子	6	6	30	丙午	9	6	1	丁丑	8	5	3	戊申	6	4	3	戊寅	3	3	5	己酉	1	廿四	24th
7	31	丁丑	5	7	1	丁未	8	6	2	戊寅	9	5	4	己酉	7	4	4	己卯	4	3	6	庚戌	2	廿五	25th
8	1	戊寅	4	7	2	戊申	7	6	3	己卯	1	5	5	庚戌	8	4	5	庚辰	5	3	7	辛亥	3	廿六	26th
8	2	己卯	3	7	3	己酉	6	6	4	庚辰	2	5	6	辛亥	9	4	6	辛巳	6	3	8	壬子	4	廿七	27th
8	3	庚辰	2	7	4	庚戌	5	6	5	辛巳	3	5	7	壬子	1	4	7	壬午	7	3	9	癸丑	5	廿八	28th
8	4	辛巳	1	7	5	辛亥	4	6	6	壬午	4	5	8	癸丑	2	4	8	癸未	8	3	10	甲寅	6	廿九	29th
				7	6	壬子	3									4	9	甲申	9					三十	30th

天干 Ten Stems
- 甲 Jia Yang Wood
- 乙 Yi Yin Wood
- 丙 Bing Yang Fire
- 丁 Ding Yin Fire
- 戊 Wu Yang Earth
- 己 Ji Yin Earth
- 庚 Geng Yang Metal
- 辛 Xin Yin Metal
- 壬 Ren Yang Water
- 癸 Gui Yin Water

Male Gua: 8 艮(Gen) **Female Gua: 7 兑(Dui)** 3 Killing 三煞: East Annual Star: 8 White

月干支 Month	七月小 7th Mth				八月大 8th Mth				九月小 9th Mth			
	壬申 Ren Shen				癸酉 Gui You				甲戌 Jia Xu			
九星 9 Star	五黃 Five Yellow				四綠 Four Green				三碧 Three Jade			
節氣 Season	處暑 Heat Ends		立秋 Coming Autumn		秋分 Autumn Equinox		白露 White Dew		霜降 Frosting		寒露 Cold Dew	
	19th day		4th day		21st day		6th day		22nd day		7th day	
	23hr 42min		9hr 9min		20hr 53min		11hr 40min		5hr 42min		2hr 48min	
	子 Zi		巳 Si		戌 Xu		午 Wu		卯 Mao		丑 Chou	
農曆 Calendar	國曆 Gregorian		干支 S/B	星 Star	國曆 Gregorian		干支 S/B	星 Star	國曆 Gregorian		干支 S/B	星 Star
初一 1st	8	5	壬午	9	9	3	辛亥	7	10	3	辛巳	4
初二 2nd	8	6	癸未	8	9	4	壬子	6	10	4	壬午	3
初三 3rd	8	7	甲申	7	9	5	癸丑	5	10	5	癸未	2
初四 4th	8	8	乙酉	6	9	6	甲寅	4	10	6	甲申	1
初五 5th	8	9	丙戌	5	9	7	乙卯	3	10	7	乙酉	9
初六 6th	8	10	丁亥	4	9	8	丙辰	2	10	8	丙戌	8
初七 7th	8	11	戊子	3	9	9	丁巳	1	10	9	丁亥	7
初八 8th	8	12	己丑	2	9	10	戊午	9	10	10	戊子	6
初九 9th	8	13	庚寅	1	9	11	己未	8	10	11	己丑	5
初十 10th	8	14	辛卯	9	9	12	庚申	7	10	12	庚寅	4
十一 11th	8	15	壬辰	8	9	13	辛酉	6	10	13	辛卯	3
十二 12th	8	16	癸巳	7	9	14	壬戌	5	10	14	壬辰	2
十三 13th	8	17	甲午	6	9	15	癸亥	4	10	15	癸巳	1
十四 14th	8	18	乙未	5	9	16	甲子	3	10	16	甲午	9
十五 15th	8	19	丙申	4	9	17	乙丑	2	10	17	乙未	8
十六 16th	8	20	丁酉	3	9	18	丙寅	1	10	18	丙申	7
十七 17th	8	21	戊戌	2	9	19	丁卯	9	10	19	丁酉	6
十八 18th	8	22	己亥	1	9	20	戊辰	8	10	20	戊戌	5
十九 19th	8	23	庚子	9	9	21	己巳	7	10	21	己亥	4
二十 20th	8	24	辛丑	8	9	22	庚午	6	10	22	庚子	3
廿一 21st	8	25	壬寅	7	9	23	辛未	5	10	23	辛丑	2
廿二 22nd	8	26	癸卯	6	9	24	壬申	4	10	24	壬寅	1
廿三 23rd	8	27	甲辰	5	9	25	癸酉	3	10	25	癸卯	9
廿四 24th	8	28	乙巳	4	9	26	甲戌	2	10	26	甲辰	8
廿五 25th	8	29	丙午	3	9	27	乙亥	1	10	27	乙巳	7
廿六 26th	8	30	丁未	2	9	28	丙子	9	10	28	丙午	6
廿七 27th	8	31	戊申	1	9	29	丁丑	8	10	29	丁未	5
廿八 28th	9	1	己酉	9	9	30	戊寅	7	10	30	戊申	4
廿九 29th	9	2	庚戌	8	10	1	己卯	6	10	31	己酉	3
三十 30th					10	2	庚辰	5				

月干支 Month	十月大 10th Mth				十一月大 11th Mth				十二月大 12th Mth			
	乙亥 Yi Hai				丙子 Bing Zi				丁丑 Ding Chou			
九星 9 Star	二黑 Two Black				一白 One White				九紫 Nine Purple			
節氣 Season	小雪 Lesser Snow		立冬 Coming of Winter		冬至 Winter Solstice		大雪 Greater Snow		大寒 Greater Cold		小寒 Lesser Cold	
	23rd day		8th day		22nd day		7th day		22nd day		7th day	
	2hr 49min		5hr 28min		15hr 53min		21hr 57min		2hr 33min		9hr 3min	
	丑 Chou		卯 Mao		申 Shen		亥 Hai		丑 Chou		巳 Si	
農曆 Calendar	國曆 Gregorian		干支 S/B	星 Star	國曆 Gregorian		干支 S/B	星 Star	國曆 Gregorian		干支 S/B	星 Star
初一 1st	11	1	庚戌	2	12	1	庚辰	8	12	31	庚戌	5
初二 2nd	11	2	辛亥	1	12	2	辛巳	7	1	1	辛亥	6
初三 3rd	11	3	壬子	9	12	3	壬午	6	1	2	壬子	7
初四 4th	11	4	癸丑	8	12	4	癸未	5	1	3	癸丑	8
初五 5th	11	5	甲寅	7	12	5	甲申	4	1	4	甲寅	9
初六 6th	11	6	乙卯	6	12	6	乙酉	3	1	5	乙卯	1
初七 7th	11	7	丙辰	5	12	7	丙戌	2	1	6	丙辰	2
初八 8th	11	8	丁巳	4	12	8	丁亥	1	1	7	丁巳	3
初九 9th	11	9	戊午	3	12	9	戊子	9	1	8	戊午	4
初十 10th	11	10	己未	2	12	10	己丑	8	1	9	己未	5
十一 11th	11	11	庚申	1	12	11	庚寅	7	1	10	庚申	6
十二 12th	11	12	辛酉	9	12	12	辛卯	6	1	11	辛酉	7
十三 13th	11	13	壬戌	8	12	13	壬辰	5	1	12	壬戌	8
十四 14th	11	14	癸亥	7	12	14	癸巳	4	1	13	癸亥	9
十五 15th	11	15	甲子	6	12	15	甲午	3	1	14	甲子	1
十六 16th	11	16	乙丑	5	12	16	乙未	2	1	15	乙丑	2
十七 17th	11	17	丙寅	4	12	17	丙申	1	1	16	丙寅	3
十八 18th	11	18	丁卯	3	12	18	丁酉	9	1	17	丁卯	4
十九 19th	11	19	戊辰	2	12	19	戊戌	8	1	18	戊辰	5
二十 20th	11	20	己巳	1	12	20	己亥	7	1	19	己巳	6
廿一 21st	11	21	庚午	9	12	21	庚子	6	1	20	庚午	7
廿二 22nd	11	22	辛未	8	12	22	辛丑	5\5	1	21	辛未	8
廿三 23rd	11	23	壬申	7	12	23	壬寅	6	1	22	壬申	9
廿四 24th	11	24	癸酉	6	12	24	癸卯	7	1	23	癸酉	1
廿五 25th	11	25	甲戌	5	12	25	甲辰	8	1	24	甲戌	2
廿六 26th	11	26	乙亥	4	12	26	乙巳	9	1	25	乙亥	3
廿七 27th	11	27	丙子	3	12	27	丙午	1	1	26	丙子	4
廿八 28th	11	28	丁丑	2	12	28	丁未	2	1	27	丁丑	5
廿九 29th	11	29	戊寅	1	12	29	戊申	3	1	28	戊寅	6
三十 30th	11	30	己卯	9	12	30	己酉	4	1	29	己卯	7

地支 Twelve Branches: 子 Zi Rat · 丑 Chou Ox · 寅 Yin Tiger · 卯 Mao Rabbit · 辰 Chen Dragon · 巳 Si Snake · 午 Wu Horse · 未 Wei Goat · 申 Shen Monkey · 酉 You Rooster · 戌 Xu Dog · 亥 Hai Pig

1930 庚午 Metal Horse

Grand Duke: 王清

月干支 Month	正月小 1st Mth 戊寅 Wu Yin				二月大 2nd Mth 己卯 Ji Mao				三月大 3rd Mth 庚辰 Geng Chen				四月小 4th Mth 辛巳 Xin Si			
九星 9 Star	八白 Eight White				七赤 Seven Red				六白 Six White				五黃 Five Yellow			
節氣 Season	雨水 Rain Water		立春 Coming of Spring		春分 Spring Equinox		驚蟄 Awakening of Worms		穀雨 Grain Rain		清明 Clear and Bright		小滿 Small Sprout		立夏 Coming of Summer	
	21st day		6th day		22nd day		7th day		23rd day		7th day		24th day		8th day	
	17hr 0min		20hr 52min		16hr 30min		15hr 17min		4hr 6min		20hr 38min		3hr 42min		14hr 28min	
	酉 You		戌 Xu		申 Shen		申 Shen		寅 Yin		戌 Xu		寅 Yin		未 Wei	
農曆 Calendar	國曆 Gregorian		干支 S / B	星 Star	國曆 Gregorian		干支 S / B	星 Star	國曆 Gregorian		干支 S / B	星 Star	國曆 Gregorian		干支 S / B	星 Star
初一 1st	1	30	庚辰	8	2	28	己酉	1	3	30	己卯	4	4	29	己酉	7
初二 2nd	1	31	辛巳	9	3	1	庚戌	2	3	31	庚辰	5	4	30	庚戌	8
初三 3rd	2	1	壬午	1	3	2	辛亥	3	4	1	辛巳	6	5	1	辛亥	9
初四 4th	2	2	癸未	2	3	3	壬子	4	4	2	壬午	7	5	2	壬子	1
初五 5th	2	3	甲申	3	3	4	癸丑	5	4	3	癸未	8	5	3	癸丑	2
初六 6th	2	4	乙酉	4	3	5	甲寅	6	4	4	甲申	9	5	4	甲寅	3
初七 7th	2	5	丙戌	5	3	6	乙卯	7	4	5	乙酉	1	5	5	乙卯	4
初八 8th	2	6	丁亥	6	3	7	丙辰	8	4	6	丙戌	2	5	6	丙辰	5
初九 9th	2	7	戊子	7	3	8	丁巳	9	4	7	丁亥	3	5	7	丁巳	6
初十 10th	2	8	己丑	8	3	9	戊午	1	4	8	戊子	4	5	8	戊午	7
十一 11th	2	9	庚寅	9	3	10	己未	2	4	9	己丑	5	5	9	己未	8
十二 12th	2	10	辛卯	1	3	11	庚申	3	4	10	庚寅	6	5	10	庚申	9
十三 13th	2	11	壬辰	2	3	12	辛酉	4	4	11	辛卯	7	5	11	辛酉	1
十四 14th	2	12	癸巳	3	3	13	壬戌	5	4	12	壬辰	8	5	12	壬戌	2
十五 15th	2	13	甲午	4	3	14	癸亥	6	4	13	癸巳	9	5	13	癸亥	3
十六 16th	2	14	乙未	5	3	15	甲子	7	4	14	甲午	1	5	14	甲子	4
十七 17th	2	15	丙申	6	3	16	乙丑	8	4	15	乙未	2	5	15	乙丑	5
十八 18th	2	16	丁酉	7	3	17	丙寅	9	4	16	丙申	3	5	16	丙寅	6
十九 19th	2	17	戊戌	8	3	18	丁卯	1	4	17	丁酉	4	5	17	丁卯	7
二十 20th	2	18	己亥	9	3	19	戊辰	2	4	18	戊戌	5	5	18	戊辰	8
廿一 21st	2	19	庚子	1	3	20	己巳	3	4	19	己亥	6	5	19	己巳	9
廿二 22nd	2	20	辛丑	2	3	21	庚午	4	4	20	庚子	7	5	20	庚午	1
廿三 23rd	2	21	壬寅	3	3	22	辛未	5	4	21	辛丑	8	5	21	辛未	2
廿四 24th	2	22	癸卯	4	3	23	壬申	6	4	22	壬寅	9	5	22	壬申	3
廿五 25th	2	23	甲辰	5	3	24	癸酉	7	4	23	癸卯	1	5	23	癸酉	4
廿六 26th	2	24	乙巳	6	3	25	甲戌	8	4	24	甲辰	2	5	24	甲戌	5
廿七 27th	2	25	丙午	7	3	26	乙亥	9	4	25	乙巳	3	5	25	乙亥	6
廿八 28th	2	26	丁未	8	3	27	丙子	1	4	26	丙午	4	5	26	丙子	7
廿九 29th	2	27	戊申	9	3	28	丁丑	2	4	27	丁未	5	5	27	丁丑	8
三十 30th					3	29	戊寅	3	4	28	戊申	6				

月干支 Month	五月小 5th Mth 壬午 Ren Wu				六月大 6th Mth 癸未 Gui Wei				閏六月小 6th Mth			
九星 9 Star	四綠 Four Green				三碧 Three Jade							
節氣 Season	夏至 Summer Solstice		芒種 Planting of Thorny Crops		大暑 Greater Heat		小暑 Lesser Heat				立秋 Coming Autumn	
	26th day		10th day		28th day		13th day				14th day	
	11hr 53min		18hr 58min		22hr 42min		5hr 20min				14hr 58min	
	午 Wu		酉 You		亥 Hai		卯 Mao				未 Wei	
農曆 Calendar	國曆 Gregorian		干支 S / B	星 Star	國曆 Gregorian		干支 S / B	星 Star	國曆 Gregorian		干支 S / B	星 Star
初一 1st	5	28	戊寅	9	6	26	丁未	8	7	26	丁丑	5
初二 2nd	5	29	己卯	1	6	27	戊申	7	7	27	戊寅	4
初三 3rd	5	30	庚辰	2	6	28	己酉	6	7	28	己卯	3
初四 4th	5	31	辛巳	3	6	29	庚戌	5	7	29	庚辰	2
初五 5th	6	1	壬午	4	6	30	辛亥	4	7	30	辛巳	1
初六 6th	6	2	癸未	5	7	1	壬子	3	7	31	壬午	9
初七 7th	6	3	甲申	6	7	2	癸丑	2	8	1	癸未	8
初八 8th	6	4	乙酉	7	7	3	甲寅	1	8	2	甲申	7
初九 9th	6	5	丙戌	8	7	4	乙卯	9	8	3	乙酉	6
初十 10th	6	6	丁亥	9	7	5	丙辰	8	8	4	丙戌	5
十一 11th	6	7	戊子	1	7	6	丁巳	7	8	5	丁亥	4
十二 12th	6	8	己丑	2	7	7	戊午	6	8	6	戊子	3
十三 13th	6	9	庚寅	3	7	8	己未	5	8	7	己丑	2
十四 14th	6	10	辛卯	4	7	9	庚申	4	8	8	庚寅	1
十五 15th	6	11	壬辰	5	7	10	辛酉	3	8	9	辛卯	9
十六 16th	6	12	癸巳	6	7	11	壬戌	2	8	10	壬辰	8
十七 17th	6	13	甲午	7	7	12	癸亥	1	8	11	癸巳	7
十八 18th	6	14	乙未	8	7	13	甲子	9	8	12	甲午	6
十九 19th	6	15	丙申	9	7	14	乙丑	8	8	13	乙未	5
二十 20th	6	16	丁酉	1	7	15	丙寅	7	8	14	丙申	4
廿一 21st	6	17	戊戌	2	7	16	丁卯	6	8	15	丁酉	3
廿二 22nd	6	18	己亥	3	7	17	戊辰	5	8	16	戊戌	2
廿三 23rd	6	19	庚子	4	7	18	己巳	4	8	17	己亥	1
廿四 24th	6	20	辛丑	5	7	19	庚午	3	8	18	庚子	9
廿五 25th	6	21	壬寅	6	7	20	辛未	2	8	19	辛丑	8
廿六 26th	6	22	癸卯	7\3	7	21	壬申	1	8	20	壬寅	7
廿七 27th	6	23	甲辰	2	7	22	癸酉	9	8	21	癸卯	6
廿八 28th	6	24	乙巳	1	7	23	甲戌	8	8	22	甲辰	5
廿九 29th	6	25	丙午	9	7	24	乙亥	7	8	23	乙巳	4
三十 30th					7	25	丙子	6				

天干 Ten Stems: 甲 Jia Yang Wood; 乙 Yi Yin Wood; 丙 Bing Yang Fire; 丁 Ding Yin Fire; 戊 Wu Yang Earth; 己 Ji Yin Earth; 庚 Geng Yang Metal; 辛 Xin Yin Metal; 壬 Ren Yang Water; 癸 Gui Yin Water

Male Gua:7 兑(Dui) Female Gua: 8 艮(Gen) 3 Killing 三煞: North Annual Star: 7 Red

月干支 Month	七月小 7th Mth				八月大 8th Mth				九月小 9th Mth			
	甲申 Jia Shen				乙酉 Yi You				丙戌 Bing Xu			
九星 9 Star	二黑 Two Black				一白 One White				九紫 Nine Purple			
節氣 Season	白露 White Dew		處暑 Heat Ends		寒露 Cold Dew		秋分 Autumn Equinox		立冬 Coming of Winter		霜降 Frosting	
	16th day		1st day		18th day		3rd day		18th day		3rd day	
	17hr 29min		5hr 27min		8hr 38min		2hr 36min		11hr 21min		11hr 26min	
	酉 You		卯 Mao		辰 Chen		丑 Chou		午 Wu		午 Wu	
農曆 Calendar	國曆 Gregorian		干支 S/B	星 Star	國曆 Gregorian		干支 S/B	星 Star	國曆 Gregorian		干支 S/B	星 Star
初一 1st	8	24	丙午	3	9	22	乙亥	1	10	22	乙巳	7
初二 2nd	8	25	丁未	2	9	23	丙子	9	10	23	丙午	6
初三 3rd	8	26	戊申	1	9	24	丁丑	8	10	24	丁未	5
初四 4th	8	27	己酉	9	9	25	戊寅	7	10	25	戊申	4
初五 5th	8	28	庚戌	8	9	26	己卯	6	10	26	己酉	3
初六 6th	8	29	辛亥	7	9	27	庚辰	5	10	27	庚戌	2
初七 7th	8	30	壬子	6	9	28	辛巳	4	10	28	辛亥	1
初八 8th	8	31	癸丑	5	9	29	壬午	3	10	29	壬子	9
初九 9th	9	1	甲寅	4	9	30	癸未	2	10	30	癸丑	8
初十 10th	9	2	乙卯	3	10	1	甲申	1	10	31	甲寅	7
十一 11th	9	3	丙辰	2	10	2	乙酉	9	11	1	乙卯	6
十二 12th	9	4	丁巳	1	10	3	丙戌	8	11	2	丙辰	5
十三 13th	9	5	戊午	9	10	4	丁亥	7	11	3	丁巳	4
十四 14th	9	6	己未	8	10	5	戊子	6	11	4	戊午	3
十五 15th	9	7	庚申	7	10	6	己丑	5	11	5	己未	2
十六 16th	9	8	辛酉	6	10	7	庚寅	4	11	6	庚申	1
十七 17th	9	9	壬戌	5	10	8	辛卯	3	11	7	辛酉	9
十八 18th	9	10	癸亥	4	10	9	壬辰	2	11	8	壬戌	8
十九 19th	9	11	甲子	3	10	10	癸巳	1	11	9	癸亥	7
二十 20th	9	12	乙丑	2	10	11	甲午	9	11	10	甲子	6
廿一 21st	9	13	丙寅	1	10	12	乙未	8	11	11	乙丑	5
廿二 22nd	9	14	丁卯	9	10	13	丙申	7	11	12	丙寅	4
廿三 23rd	9	15	戊辰	8	10	14	丁酉	6	11	13	丁卯	3
廿四 24th	9	16	己巳	7	10	15	戊戌	5	11	14	戊辰	2
廿五 25th	9	17	庚午	6	10	16	己亥	4	11	15	己巳	1
廿六 26th	9	18	辛未	5	10	17	庚子	3	11	16	庚午	9
廿七 27th	9	19	壬申	4	10	18	辛丑	2	11	17	辛未	8
廿八 28th	9	20	癸酉	3	10	19	壬寅	1	11	18	壬申	7
廿九 29th	9	21	甲戌	2	10	20	癸卯	9	11	19	癸酉	6
三十 30th					10	21	甲辰	8				

月干支 Month	十月大 10th Mth				十一月大 11th Mth				十二月小 12th Mth			
	丁亥 Ding Hai				戊子 Wu Zi				己丑 Ji Chou			
九星 9 Star	八白 Eight White				七赤 Seven Red				六白 Six White			
節氣 Season	大雪 Greater Snow		小雪 Lesser Snow		小寒 Lesser Cold		冬至 Winter Solstice		立春 Coming of Spring		大寒 Greater Cold	
	19th day		4th day		18th day		3rd day		18th day		3rd day	
	3hr 51min		8hr 35min		14hr 56min		21hr 40min		2hr 41min		8hr 18min	
	寅 Yin		辰 Chen		未 Wei		亥 Hai		丑 Chou		辰 Chen	
農曆 Calendar	國曆 Gregorian		干支 S/B	星 Star	國曆 Gregorian		干支 S/B	星 Star	國曆 Gregorian		干支 S/B	星 Star
初一 1st	11	20	甲戌	5	12	20	甲辰	2	1	19	甲戌	2
初二 2nd	11	21	乙亥	4	12	21	乙巳	1	1	20	乙亥	3
初三 3rd	11	22	丙子	3	12	22	丙午	9\1	1	21	丙子	4
初四 4th	11	23	丁丑	2	12	23	丁未	2	1	22	丁丑	5
初五 5th	11	24	戊寅	1	12	24	戊申	3	1	23	戊寅	6
初六 6th	11	25	己卯	9	12	25	己酉	4	1	24	己卯	7
初七 7th	11	26	庚辰	8	12	26	庚戌	5	1	25	庚辰	8
初八 8th	11	27	辛巳	7	12	27	辛亥	6	1	26	辛巳	9
初九 9th	11	28	壬午	6	12	28	壬子	7	1	27	壬午	1
初十 10th	11	29	癸未	5	12	29	癸丑	8	1	28	癸未	2
十一 11th	11	30	甲申	4	12	30	甲寅	9	1	29	甲申	3
十二 12th	12	1	乙酉	3	12	31	乙卯	1	1	30	乙酉	4
十三 13th	12	2	丙戌	2	1	1	丙辰	2	1	31	丙戌	5
十四 14th	12	3	丁亥	1	1	2	丁巳	3	2	1	丁亥	6
十五 15th	12	4	戊子	9	1	3	戊午	4	2	2	戊子	7
十六 16th	12	5	己丑	8	1	4	己未	5	2	3	己丑	8
十七 17th	12	6	庚寅	7	1	5	庚申	6	2	4	庚寅	9
十八 18th	12	7	辛卯	6	1	6	辛酉	7	2	5	辛卯	1
十九 19th	12	8	壬辰	5	1	7	壬戌	8	2	6	壬辰	2
二十 20th	12	9	癸巳	4	1	8	癸亥	9	2	7	癸巳	3
廿一 21st	12	10	甲午	3	1	9	甲子	1	2	8	甲午	4
廿二 22nd	12	11	乙未	2	1	10	乙丑	2	2	9	乙未	5
廿三 23rd	12	12	丙申	1	1	11	丙寅	3	2	10	丙申	6
廿四 24th	12	13	丁酉	9	1	12	丁卯	4	2	11	丁酉	7
廿五 25th	12	14	戊戌	8	1	13	戊辰	5	2	12	戊戌	8
廿六 26th	12	15	己亥	7	1	14	己巳	6	2	13	己亥	9
廿七 27th	12	16	庚子	6	1	15	庚午	7	2	14	庚子	1
廿八 28th	12	17	辛丑	5	1	16	辛未	8	2	15	辛丑	2
廿九 29th	12	18	壬寅	4	1	17	壬申	9	2	16	壬寅	3
三十 30th	12	19	癸卯	3	1	18	癸酉	1				

地支 Twelve Branches: 子 Zi Rat · 丑 Chou Ox · 寅 Yin Tiger · 卯 Mao Rabbit · 辰 Chen Dragon · 巳 Si Snake · 午 Wu Horse · 未 Wei Goat · 申 Shen Monkey · 酉 You Rooster · 戌 Xu Dog · 亥 Hai Pig

1931 辛未 Metal Goat

Grand Duke: 李素

天干 Ten Stems: 甲 Jia Yang Wood; 乙 Yi Yin Wood; 丙 Bing Yang Fire; 丁 Ding Yin Fire; 戊 Wu Yang Earth; 己 Ji Yin Earth; 庚 Geng Yang Metal; 辛 Xin Yin Metal; 壬 Ren Yang Water; 癸 Gui Yin Water

月干支 Month	正月大 1st Mth 庚寅 Geng Yin	二月大 2nd Mth 辛卯 Xin Mao	三月小 3rd Mth 壬辰 Ren Chen	四月大 4th Mth 癸巳 Gui Si	五月小 5th Mth 甲午 Jia Wu	六月大 6th Mth 乙未 Yi Wei
九星 9 Star	五黃 Five Yellow	四綠 Four Green	三碧 Three Jade	二黑 Two Black	一白 One White	九紫 Nine Purple
節氣 Season	驚蟄 Awakening of Worms, 18th day, 21hr 3min, 亥 Hai; 雨水 Rain Water, 3rd day, 22hr 41min, 亥 Hai	清明 Clear and Bright, 19th day, 2hr 21min, 丑 Chou; 春分 Spring Equinox, 3rd day, 22hr 7min, 亥 Hai	立夏 Coming of Summer, 19th day, 20hr 10min, 戌 Xu; 穀雨 Grain Rain, 4th day, 9hr 40min, 巳 Si	芒種 Planting of Thorny Crops, 22nd day, 0hr 42min, 子 Zi; 小滿 Small Sprout, 6th day, 9hr 16min, 巳 Si	小暑 Lesser Heat, 23rd day, 11hr 6min, 午 Wu; 夏至 Summer Solstice, 7th day, 17hr 28min, 酉 You	立秋 Coming Autum, 25th day, 20hr 45min, 戌 Xu; 大暑 Greater Heat, 10th day, 4hr 22min, 寅 Yin

農曆 Calendar	1st 國曆 Gregorian		1st 干支 S/B	1st 星 Star	2nd 國曆 Gregorian		2nd 干支 S/B	2nd 星 Star	3rd 國曆 Gregorian		3rd 干支 S/B	3rd 星 Star
初一 1st	2	17	癸卯	4	3	19	癸酉	7	4	18	癸卯	1
初二 2nd	2	18	甲辰	5	3	20	甲戌	8	4	19	甲辰	2
初三 3rd	2	19	乙巳	6	3	21	乙亥	9	4	20	乙巳	3
初四 4th	2	20	丙午	7	3	22	丙子	1	4	21	丙午	4
初五 5th	2	21	丁未	8	3	23	丁丑	2	4	22	丁未	5
初六 6th	2	22	戊申	9	3	24	戊寅	3	4	23	戊申	6
初七 7th	2	23	己酉	1	3	25	己卯	4	4	24	己酉	7
初八 8th	2	24	庚戌	2	3	26	庚辰	5	4	25	庚戌	8
初九 9th	2	25	辛亥	3	3	27	辛巳	6	4	26	辛亥	9
初十 10th	2	26	壬子	4	3	28	壬午	7	4	27	壬子	1
十一 11th	2	27	癸丑	5	3	29	癸未	8	4	28	癸丑	2
十二 12th	2	28	甲寅	6	3	30	甲申	9	4	29	甲寅	3
十三 13th	3	1	乙卯	7	3	31	乙酉	1	4	30	乙卯	4
十四 14th	3	2	丙辰	8	4	1	丙戌	2	5	1	丙辰	5
十五 15th	3	3	丁巳	9	4	2	丁亥	3	5	2	丁巳	6
十六 16th	3	4	戊午	1	4	3	戊子	4	5	3	戊午	7
十七 17th	3	5	己未	2	4	4	己丑	5	5	4	己未	8
十八 18th	3	6	庚申	3	4	5	庚寅	6	5	5	庚申	9
十九 19th	3	7	辛酉	4	4	6	辛卯	7	5	6	辛酉	1
二十 20th	3	8	壬戌	5	4	7	壬辰	8	5	7	壬戌	2
廿一 21st	3	9	癸亥	6	4	8	癸巳	9	5	8	癸亥	3
廿二 22nd	3	10	甲子	7	4	9	甲午	1	5	9	甲子	4
廿三 23rd	3	11	乙丑	8	4	10	乙未	2	5	10	乙丑	5
廿四 24th	3	12	丙寅	9	4	11	丙申	3	5	11	丙寅	6
廿五 25th	3	13	丁卯	1	4	12	丁酉	4	5	12	丁卯	7
廿六 26th	3	14	戊辰	2	4	13	戊戌	5	5	13	戊辰	8
廿七 27th	3	15	己巳	3	4	14	己亥	6	5	14	己巳	9
廿八 28th	3	16	庚午	4	4	15	庚子	7	5	15	庚午	1
廿九 29th	3	17	辛未	5	4	16	辛丑	8	5	16	辛未	2
三十 30th	3	18	壬申	6	4	17	壬寅	9				

農曆 Calendar	4th 國曆 Gregorian		4th 干支 S/B	4th 星 Star	5th 國曆 Gregorian		5th 干支 S/B	5th 星 Star	6th 國曆 Gregorian		6th 干支 S/B	6th 星 Star
初一 1st	5	17	壬申	3	6	16	壬寅	6	7	15	辛未	2
初二 2nd	5	18	癸酉	4	6	17	癸卯	7	7	16	壬申	1
初三 3rd	5	19	甲戌	5	6	18	甲辰	8	7	17	癸酉	9
初四 4th	5	20	乙亥	6	6	19	乙巳	9	7	18	甲戌	8
初五 5th	5	21	丙子	7	6	20	丙午	1	7	19	乙亥	7
初六 6th	5	22	丁丑	8	6	21	丁未	2	7	20	丙子	6
初七 7th	5	23	戊寅	9	6	22	戊申	3\7	7	21	丁丑	5
初八 8th	5	24	己卯	1	6	23	己酉	6	7	22	戊寅	4
初九 9th	5	25	庚辰	2	6	24	庚戌	5	7	23	己卯	3
初十 10th	5	26	辛巳	3	6	25	辛亥	4	7	24	庚辰	2
十一 11th	5	27	壬午	4	6	26	壬子	3	7	25	辛巳	1
十二 12th	5	28	癸未	5	6	27	癸丑	2	7	26	壬午	9
十三 13th	5	29	甲申	6	6	28	甲寅	1	7	27	癸未	8
十四 14th	5	30	乙酉	7	6	29	乙卯	9	7	28	甲申	7
十五 15th	5	31	丙戌	8	6	30	丙辰	8	7	29	乙酉	6
十六 16th	6	1	丁亥	9	7	1	丁巳	7	7	30	丙戌	5
十七 17th	6	2	戊子	1	7	2	戊午	6	7	31	丁亥	4
十八 18th	6	3	己丑	2	7	3	己未	5	8	1	戊子	3
十九 19th	6	4	庚寅	3	7	4	庚申	4	8	2	己丑	2
二十 20th	6	5	辛卯	4	7	5	辛酉	3	8	3	庚寅	1
廿一 21st	6	6	壬辰	5	7	6	壬戌	2	8	4	辛卯	9
廿二 22nd	6	7	癸巳	6	7	7	癸亥	1	8	5	壬辰	8
廿三 23rd	6	8	甲午	7	7	8	甲子	9	8	6	癸巳	7
廿四 24th	6	9	乙未	8	7	9	乙丑	8	8	7	甲午	6
廿五 25th	6	10	丙申	9	7	10	丙寅	7	8	8	乙未	5
廿六 26th	6	11	丁酉	1	7	11	丁卯	6	8	9	丙申	4
廿七 27th	6	12	戊戌	2	7	12	戊辰	5	8	10	丁酉	3
廿八 28th	6	13	己亥	3	7	13	己巳	4	8	11	戊戌	2
廿九 29th	6	14	庚子	4	7	14	庚午	3	8	12	己亥	1
三十 30th	6	15	辛丑	5					8	13	庚子	9

Male Gua: 6 乾(Qian) Female Gua: 9 離(Li) 3 Killing 三煞: West Annual Star: 6 White

月干支 Month	七月小 7th Mth				八月小 8th Mth				九月大 9th Mth				十月小 10th Mth				十一月大 11th Mth				十二月小 12th Mth			
	丙申 Bing Shen				丁酉 Ding You				戊戌 Wu Xu				己亥 Ji Hai				庚子 Geng Zi				辛丑 Xin Chou			
九星 9 Star	八白 Eight White				七赤 Seven Red				六白 Six White				五黃 Five Yellow				四綠 Four Green				三碧 Three Jade			
節氣 Season	白露 White Dew		處暑 Heat Ends		寒露 Cold Dew		秋分 Autumn Equinox		立冬 Coming of Winter		霜降 Frosting		大雪 Greater Snow		小雪 Lesser Snow		小寒 Lesser Cold		冬至 Winter Solstice		立春 Coming of Spring		大寒 Greater Cold	
	26th day 23hr 18min		11th day 11hr 11min		28th day 14hr 27min		13th day 8hr 24min		29th day 17hr 10min		14th day 17hr 16min		29th day 9hr 41min		14th day 14hr 25min		29th day 20hr 46min		15th day 3hr 30min		29th day 8hr 30min		14th day 14hr 7min	
	子 Zi		午 Wu		未 Wei		辰 Chen		酉 You		酉 You		巳 Si		未 Wei		戌 Xu		寅 Yin		辰 Chen		未 Wei	
農曆 Calendar	國曆 Gregorian		干支 S/B	星 Star	國曆 Gregorian		干支 S/B	星 Star	國曆 Gregorian		干支 S/B	星 Star	國曆 Gregorian		干支 S/B	星 Star	國曆 Gregorian		干支 S/E	星 Star	國曆 Gregorian		干支 S/B	星 Star
初一 1st	8	14	辛丑	8	9	12	庚午	6	10	11	己亥	4	11	10	己巳	1	12	9	戊戌	8	1	8	戊辰	5
初二 2nd	8	15	壬寅	7	9	13	辛未	5	10	12	庚子	3	11	11	庚午	9	12	10	己亥	7	1	9	己巳	6
初三 3rd	8	16	癸卯	6	9	14	壬申	4	10	13	辛丑	2	11	12	辛未	8	12	11	庚子	6	1	10	庚午	7
初四 4th	8	17	甲辰	5	9	15	癸酉	3	10	14	壬寅	1	11	13	壬申	7	12	12	辛丑	5	1	11	辛未	8
初五 5th	8	18	乙巳	4	9	16	甲戌	2	10	15	癸卯	9	11	14	癸酉	6	12	13	壬寅	4	1	12	壬申	9
初六 6th	8	19	丙午	3	9	17	乙亥	1	10	16	甲辰	8	11	15	甲戌	5	12	14	癸卯	3	1	13	癸酉	1
初七 7th	8	20	丁未	2	9	18	丙子	9	10	17	乙巳	7	11	16	乙亥	4	12	15	甲辰	2	1	14	甲戌	2
初八 8th	8	21	戊申	1	9	19	丁丑	8	10	18	丙午	6	11	17	丙子	3	12	16	乙巳	1	1	15	乙亥	3
初九 9th	8	22	己酉	9	9	20	戊寅	7	10	19	丁未	5	11	18	丁丑	2	12	17	丙午	9	1	16	丙子	4
初十 10th	8	23	庚戌	8	9	21	己卯	6	10	20	戊申	4	11	19	戊寅	1	12	18	丁未	8	1	17	丁丑	5
十一 11th	8	24	辛亥	7	9	22	庚辰	5	10	21	己酉	3	11	20	己卯	9	12	19	戊申	7	1	18	戊寅	6
十二 12th	8	25	壬子	6	9	23	辛巳	4	10	22	庚戌	2	11	21	庚辰	8	12	20	己酉	6	1	19	己卯	7
十三 13th	8	26	癸丑	5	9	24	壬午	3	10	23	辛亥	1	11	22	辛巳	7	12	21	庚戌	5	1	20	庚辰	8
十四 14th	8	27	甲寅	4	9	25	癸未	2	10	24	壬子	9	11	23	壬午	6	12	22	辛亥	4	1	21	辛巳	9
十五 15th	8	28	乙卯	3	9	26	甲申	1	10	25	癸丑	8	11	24	癸未	5	12	23	壬子	3/7	1	22	壬午	1
十六 16th	8	29	丙辰	2	9	27	乙酉	9	10	26	甲寅	7	11	25	甲申	4	12	24	癸丑	8	1	23	癸未	2
十七 17th	8	30	丁巳	1	9	28	丙戌	8	10	27	乙卯	6	11	26	乙酉	3	12	25	甲寅	9	1	24	甲申	3
十八 18th	8	31	戊午	9	9	29	丁亥	7	10	28	丙辰	5	11	27	丙戌	2	12	26	乙卯	1	1	25	乙酉	4
十九 19th	9	1	己未	8	9	30	戊子	6	10	29	丁巳	4	11	28	丁亥	1	12	27	丙辰	2	1	26	丙戌	5
二十 20th	9	2	庚申	7	10	1	己丑	5	10	30	戊午	3	11	29	戊子	9	12	28	丁巳	3	1	27	丁亥	6
廿一 21st	9	3	辛酉	6	10	2	庚寅	4	10	31	己未	2	11	30	己丑	8	12	29	戊午	4	1	28	戊子	7
廿二 22nd	9	4	壬戌	5	10	3	辛卯	3	11	1	庚申	1	12	1	庚寅	7	12	30	己未	5	1	29	己丑	8
廿三 23rd	9	5	癸亥	4	10	4	壬辰	2	11	2	辛酉	9	12	2	辛卯	6	12	31	庚申	6	1	30	庚寅	9
廿四 24th	9	6	甲子	3	10	5	癸巳	1	11	3	壬戌	8	12	3	壬辰	5	1	1	辛酉	7	1	31	辛卯	1
廿五 25th	9	7	乙丑	2	10	6	甲午	9	11	4	癸亥	7	12	4	癸巳	4	1	2	壬戌	8	2	1	壬辰	2
廿六 26th	9	8	丙寅	1	10	7	乙未	8	11	5	甲子	6	12	5	甲午	3	1	3	癸亥	9	2	2	癸巳	3
廿七 27th	9	9	丁卯	9	10	8	丙申	7	11	6	乙丑	5	12	6	乙未	2	1	4	甲子	1	2	3	甲午	4
廿八 28th	9	10	戊辰	8	10	9	丁酉	6	11	7	丙寅	4	12	7	丙申	1	1	5	乙丑	2	2	4	乙未	5
廿九 29th	9	11	己巳	7	10	10	戊戌	5	11	8	丁卯	3	12	8	丁酉	9	1	6	丙寅	3	2	5	丙申	6
三十 30th									11	9	戊辰	2					1	7	丁卯	4				

地支 Twelve Branches: 子 Zi Rat · 丑 Chou Ox · 寅 Yin Tiger · 卯 Mao Rabbit · 辰 Chen Dragon · 巳 Si Snake · 午 Wu Horse · 未 Wei Goat · 申 Shen Monkey · 酉 You Rooster · 戌 Xu Dog · 亥 Hai Pig

1932 壬申 Water Monkey

Grand Duke: 劉旺

六月小 6th Mth				五月大 5th Mth				四月小 4th Mth				三月大 3rd Mth				二月大 2nd Mth				正月大 1st Mth				月干支 Month
丁未 Ding Wei				丙午 Bing Wu				乙巳 Yi Si				甲辰 Jia Chen				癸卯 Gui Mao				壬寅 Ren Yin				
六白 Six White				七赤 Seven Red				八白 Eight White				九紫 Nine Purple				一白 One White				二黑 Two Black				九星 9 Star
大暑 Greater Heat		小暑 Lesser Heat		夏至 Summer Solstice		芒種 Planting of Thorny Crops		小滿 Small Sprout		立夏 Coming of Summer				穀雨 Grain Rain		清明 Clear and Bright		春分 Spring Equinox		驚蟄 Awakening of Worms		雨水 Rain Water		節氣 Season
20th day		4th day		18th day		3rd day		16th day		1st day				15th day		30th day		15th day		30th day		15th day		
10hr 18min		16hr 53min		23hr 23min		6hr 28min		15hr 7min		1hr 55min				15hr 28min		8hr 7min		3hr 54min		2hr 50min		4hr 29min		
巳 Si		申 Shen		子 Zi		卯 Mao		申 Shen		丑 Chou				申 Shen		辰 Chen		寅 Yin		丑 Chou		寅 Yin		
國曆 Gregorian		干支 S/B	星 Star	國曆 Gregorian		干支 S/B	星 Star	國曆 Gregorian		干支 S/B	星 Star	國曆 Gregorian		干支 S/B	星 Star	國曆 Gregorian		干支 S/B	星 Star	國曆 Gregorian		干支 S/B	星 Star	農曆 Calendar
7	4	丙寅	7	6	4	丙申	9	5	6	丁卯	7	4	6	丁酉	4	3	7	丁卯	1	2	6	丁酉	7	初一 1st
7	5	丁卯	6	6	5	丁酉	1	5	7	戊辰	8	4	7	戊戌	5	3	8	戊辰	2	2	7	戊戌	8	初二 2nd
7	6	戊辰	5	6	6	戊戌	2	5	8	己巳	9	4	8	己亥	6	3	9	己巳	3	2	8	己亥	9	初三 3rd
7	7	己巳	4	6	7	己亥	3	5	9	庚午	1	4	9	庚子	7	3	10	庚午	4	2	9	庚子	1	初四 4th
7	8	庚午	3	6	8	庚子	4	5	10	辛未	2	4	10	辛丑	8	3	11	辛未	5	2	10	辛丑	2	初五 5th
7	9	辛未	2	6	9	辛丑	5	5	11	壬申	3	4	11	壬寅	9	3	12	壬申	6	2	11	壬寅	3	初六 6th
7	10	壬申	1	6	10	壬寅	6	5	12	癸酉	4	4	12	癸卯	1	3	13	癸酉	7	2	12	癸卯	4	初七 7th
7	11	癸酉	9	6	11	癸卯	7	5	13	甲戌	5	4	13	甲辰	2	3	14	甲戌	8	2	13	甲辰	5	初八 8th
7	12	甲戌	8	6	12	甲辰	8	5	14	乙亥	6	4	14	乙巳	3	3	15	乙亥	9	2	14	乙巳	6	初九 9th
7	13	乙亥	7	6	13	乙巳	9	5	15	丙子	7	4	15	丙午	4	3	16	丙子	1	2	15	丙午	7	初十 10th
7	14	丙子	6	6	14	丙午	1	5	16	丁丑	8	4	16	丁未	5	3	17	丁丑	2	2	16	丁未	8	十一 11th
7	15	丁丑	5	6	15	丁未	2	5	17	戊寅	9	4	17	戊申	6	3	18	戊寅	3	2	17	戊申	9	十二 12th
7	16	戊寅	4	6	16	戊申	3	5	18	己卯	1	4	18	己酉	7	3	19	己卯	4	2	18	己酉	1	十三 13th
7	17	己卯	3	6	17	己酉	4	5	19	庚辰	2	4	19	庚戌	8	3	20	庚辰	5	2	19	庚戌	2	十四 14th
7	18	庚辰	2	6	18	庚戌	5	5	20	辛巳	3	4	20	辛亥	9	3	21	辛巳	6	2	20	辛亥	3	十五 15th
7	19	辛巳	1	6	19	辛亥	6	5	21	壬午	4	4	21	壬子	1	3	22	壬午	7	2	21	壬子	4	十六 16th
7	20	壬午	9	6	20	壬子	7	5	22	癸未	5	4	22	癸丑	2	3	23	癸未	8	2	22	癸丑	5	十七 17th
7	21	癸未	8	6	21	癸丑	8\2	5	23	甲申	6	4	23	甲寅	3	3	24	甲申	9	2	23	甲寅	6	十八 18th
7	22	甲申	7	6	22	甲寅	1	5	24	乙酉	7	4	24	乙卯	4	3	25	乙酉	1	2	24	乙卯	7	十九 19th
7	23	乙酉	6	6	23	乙卯	9	5	25	丙戌	8	4	25	丙辰	5	3	26	丙戌	2	2	25	丙辰	8	二十 20th
7	24	丙戌	5	6	24	丙辰	8	5	26	丁亥	9	4	26	丁巳	6	3	27	丁亥	3	2	26	丁巳	9	廿一 21st
7	25	丁亥	4	6	25	丁巳	7	5	27	戊子	1	4	27	戊午	7	3	28	戊子	4	2	27	戊午	1	廿二 22nd
7	26	戊子	3	6	26	戊午	6	5	28	己丑	2	4	28	己未	8	3	29	己丑	5	2	28	己未	2	廿三 23rd
7	27	己丑	2	6	27	己未	5	5	29	庚寅	3	4	29	庚申	9	3	30	庚寅	6	2	29	庚申	3	廿四 24th
7	28	庚寅	1	6	28	庚申	4	5	30	辛卯	4	4	30	辛酉	1	3	31	辛卯	7	3	1	辛酉	4	廿五 25th
7	29	辛卯	9	6	29	辛酉	3	5	31	壬辰	5	5	1	壬戌	2	4	1	壬辰	8	3	2	壬戌	5	廿六 26th
7	30	壬辰	8	6	30	壬戌	2	6	1	癸巳	6	5	2	癸亥	3	4	2	癸巳	9	3	3	癸亥	6	廿七 27th
7	31	癸巳	7	7	1	癸亥	1	6	2	甲午	7	5	3	甲子	4	4	3	甲午	1	3	4	甲子	7	廿八 28th
8	1	甲午	6	7	2	甲子	9	6	3	乙未	8	5	4	乙丑	5	4	4	乙未	2	3	5	乙丑	8	廿九 29th
				7	3	乙丑	8					5	5	丙寅	6	4	5	丙申	3	3	6	丙寅	9	三十 30th

天干 Ten Stems: 甲 Jia Yang Wood; 乙 Yi Yin Wood; 丙 Bing Yang Fire; 丁 Ding Yin Fire; 戊 Wu Yang Earth; 己 Ji Yin Earth; 庚 Geng Yang Metal; 辛 Xin Yin Metal; 壬 Ren Yang Water; 癸 Gui Yin Water

Male Gua: 2 坤(Kun) Female Gua: 1 坎(Kan) 3 Killing 三煞: South Annual Star: 5 Yellow

地支 Twelve Branches: 子 Zi Rat · 丑 Chou Ox · 寅 Yin Tiger · 卯 Mao Rabbit · 辰 Chen Dragon · 巳 Si Snake · 午 Wu Horse · 未 Wei Goat · 申 Shen Monkey · 酉 You Rooster · 戌 Xu Dog · 亥 Hai Pig

月干支 Month	七月大 7th Mth				八月小 8th Mth				九月小 9th Mth				十月大 10th Mth				十一月小 11th Mth				十二月大 12th Mth			
	戊申 Wu Shen				己酉 Ji You				庚戌 Geng Xu				辛亥 Xin Hai				壬子 Ren Zi				癸丑 Gui Chou			
九星 9 Star	五黃 Five Yellow				四綠 Four Green				三碧 Three Jade				二黑 Two Black				一白 One White				九紫 Nine Purple			
節氣 Season	處暑 Heat Ends		立秋 Coming Autumn		秋分 Autumn Equinox		白露 White Dew		霜降 Frosting		寒露 Cold Dew		小雪 Lesser Snow		立冬 Coming of Winter		冬至 Winter Solstice		大雪 Greater Snow		大寒 Greater Cold		小寒 Lesser Cold	
	22nd day		7th day		23rd day		8th day		24th day		9th day		25th day		10th day		25th day		10th day		25th day		11th day	
	17hr 6min		2hr 32min		14hr 16min		5hr 3min		23hr 4min		20hr 10min		20hr 11min		22hr 50min		9hr 15min		15hr 19min		19hr 53min		[illegible]hr 24min	
	酉 You		丑 Chou		未 Wei		卯 Mao		子 Zi		戌 Xu		戌 Xu		亥 Hai		巳 Si		申 Shen		戌 Xu		丑 Chou	
農曆 Calendar	國曆 Gregorian		干支 S/B	星 Star	國曆 Gregorian		干支 S/B	星 Star	國曆 Gregorian		干支 S/B	星 Star	國曆 Gregorian		干支 S/B	星 Star	國曆 Gregorian		干支 S/B	星 Star	國曆 Gregorian		干支 S/B	星 Star
初一 1st	8	2	乙未	5	9	1	乙丑	2	9	30	甲午	9	10	29	癸亥	7	11	28	癸巳	4	12	27	壬戌	8
初二 2nd	8	3	丙申	4	9	2	丙寅	1	10	1	乙未	8	10	30	甲子	6	11	29	甲午	3	12	28	癸亥	9
初三 3rd	8	4	丁酉	3	9	3	丁卯	9	10	2	丙申	7	10	31	乙丑	5	11	30	乙未	2	12	29	甲子	1
初四 4th	8	5	戊戌	2	9	4	戊辰	8	10	3	丁酉	6	11	1	丙寅	4	12	1	丙申	1	12	30	乙丑	2
初五 5th	8	6	己亥	1	9	5	己巳	7	10	4	戊戌	5	11	2	丁卯	3	12	2	丁酉	9	12	31	丙寅	3
初六 6th	8	7	庚子	9	9	6	庚午	6	10	5	己亥	4	11	3	戊辰	2	12	3	戊戌	8	1	1	丁卯	4
初七 7th	8	8	辛丑	8	9	7	辛未	5	10	6	庚子	3	11	4	己巳	1	12	4	己亥	7	1	2	戊辰	5
初八 8th	8	9	壬寅	7	9	8	壬申	4	10	7	辛丑	2	11	5	庚午	9	12	5	庚子	6	1	3	己巳	6
初九 9th	8	10	癸卯	6	9	9	癸酉	3	10	8	壬寅	1	11	6	辛未	8	12	6	辛丑	5	1	4	庚午	7
初十 10th	8	11	甲辰	5	9	10	甲戌	2	10	9	癸卯	9	11	7	壬申	7	12	7	壬寅	4	1	5	辛未	8
十一 11th	8	12	乙巳	4	9	11	乙亥	1	10	10	甲辰	8	11	8	癸酉	6	12	8	癸卯	3	1	6	壬申	9
十二 12th	8	13	丙午	3	9	12	丙子	9	10	11	乙巳	7	11	9	甲戌	5	12	9	甲辰	2	1	7	癸酉	1
十三 13th	8	14	丁未	2	9	13	丁丑	8	10	12	丙午	6	11	10	乙亥	4	12	10	乙巳	1	1	8	甲戌	2
十四 14th	8	15	戊申	1	9	14	戊寅	7	10	13	丁未	5	11	11	丙子	3	12	11	丙午	9	1	9	乙亥	3
十五 15th	8	16	己酉	9	9	15	己卯	6	10	14	戊申	4	11	12	丁丑	2	12	12	丁未	8	1	10	丙子	4
十六 16th	8	17	庚戌	8	9	16	庚辰	5	10	15	己酉	3	11	13	戊寅	1	12	13	戊申	7	1	11	丁丑	5
十七 17th	8	18	辛亥	7	9	17	辛巳	4	10	16	庚戌	2	11	14	己卯	9	12	14	己酉	6	1	12	戊寅	6
十八 18th	8	19	壬子	6	9	18	壬午	3	10	17	辛亥	1	11	15	庚辰	8	12	15	庚戌	5	1	13	己卯	7
十九 19th	8	20	癸丑	5	9	19	癸未	2	10	18	壬子	9	11	16	辛巳	7	12	16	辛亥	4	1	14	庚辰	8
二十 20th	8	21	甲寅	4	9	20	甲申	1	10	19	癸丑	8	11	17	壬午	6	12	17	壬子	3	1	15	辛巳	9
廿一 21st	8	22	乙卯	3	9	21	乙酉	9	10	20	甲寅	7	11	18	癸未	5	12	18	癸丑	2	1	16	壬午	1
廿二 22nd	8	23	丙辰	2	9	22	丙戌	8	10	21	乙卯	6	11	19	甲申	4	12	19	甲寅	1	1	17	癸未	2
廿三 23rd	8	24	丁巳	1	9	23	丁亥	7	10	22	丙辰	5	11	20	乙酉	3	12	20	乙卯	9	1	18	甲申	3
廿四 24th	8	25	戊午	9	9	24	戊子	6	10	23	丁巳	4	11	21	丙戌	2	12	21	丙辰	8	1	19	乙酉	4
廿五 25th	8	26	己未	8	9	25	己丑	5	10	24	戊午	3	11	22	丁亥	1	12	22	丁巳	7 3	1	20	丙戌	5
廿六 26th	8	27	庚申	7	9	26	庚寅	4	10	25	己未	2	11	23	戊子	9	12	23	戊午	4	1	21	丁亥	6
廿七 27th	8	28	辛酉	6	9	27	辛卯	3	10	26	庚申	1	11	24	己丑	8	12	24	己未	5	1	22	戊子	7
廿八 28th	8	29	壬戌	5	9	28	壬辰	2	10	27	辛酉	9	11	25	庚寅	7	12	25	庚申	6	1	23	己丑	8
廿九 29th	8	30	癸亥	4	9	29	癸巳	1	10	28	壬戌	8	11	26	辛卯	6	12	26	辛酉	7	1	24	庚寅	9
三十 30th	8	31	甲子	3									11	27	壬辰	5					1	25	辛卯	1

1933 癸酉 Water Rooster

Grand Duke: 康志

月干支 Month	正月小 1st Mth 甲寅 Jia Yin				二月大 2nd Mth 乙卯 Yi Mao				三月大 3rd Mth 丙辰 Bing Chen			
九星 9 Star	八白 Eight White				七赤 Seven Red				六白 Six White			
節氣 Season	雨水 Rain Water 25th day 10hr 17min 巳 Si		立春 Coming of Spring 10th day 14hr 10min 未 Wei		春分 Spring Equinox 26th day 9hr 44min 巳 Si		驚蟄 Awakening of Worms 11th day 8hr 32min 辰 Chen		穀雨 Grain Rain 26th day 21hr 19min 亥 Hai		清明 Clear and Bright 11th day 13hr 51min 未 Wei	
農曆 Calendar	國曆 Gregorian		干支 S / B	星 Star	國曆 Gregorian		干支 S / B	星 Star	國曆 Gregorian		干支 S / B	星 Star
初一 1st	1	26	壬辰	2	2	24	辛酉	4	3	26	辛卯	7
初二 2nd	1	27	癸巳	3	2	25	壬戌	5	3	27	壬辰	8
初三 3rd	1	28	甲午	4	2	26	癸亥	6	3	28	癸巳	9
初四 4th	1	29	乙未	5	2	27	甲子	7	3	29	甲午	1
初五 5th	1	30	丙申	6	2	28	乙丑	8	3	30	乙未	2
初六 6th	1	31	丁酉	7	3	1	丙寅	9	3	31	丙申	3
初七 7th	2	1	戊戌	8	3	2	丁卯	1	4	1	丁酉	4
初八 8th	2	2	己亥	9	3	3	戊辰	2	4	2	戊戌	5
初九 9th	2	3	庚子	1	3	4	己巳	3	4	3	己亥	6
初十 10th	2	4	辛丑	2	3	5	庚午	4	4	4	庚子	7
十一 11th	2	5	壬寅	3	3	6	辛未	5	4	5	辛丑	8
十二 12th	2	6	癸卯	4	3	7	壬申	6	4	6	壬寅	9
十三 13th	2	7	甲辰	5	3	8	癸酉	7	4	7	癸卯	1
十四 14th	2	8	乙巳	6	3	9	甲戌	8	4	8	甲辰	2
十五 15th	2	9	丙午	7	3	10	乙亥	9	4	9	乙巳	3
十六 16th	2	10	丁未	8	3	11	丙子	1	4	10	丙午	4
十七 17th	2	11	戊申	9	3	12	丁丑	2	4	11	丁未	5
十八 18th	2	12	己酉	1	3	13	戊寅	3	4	12	戊申	6
十九 19th	2	13	庚戌	2	3	14	己卯	4	4	13	己酉	7
二十 20th	2	14	辛亥	3	3	15	庚辰	5	4	14	庚戌	8
廿一 21st	2	15	壬子	4	3	16	辛巳	6	4	15	辛亥	9
廿二 22nd	2	16	癸丑	5	3	17	壬午	7	4	16	壬子	1
廿三 23rd	2	17	甲寅	6	3	18	癸未	8	4	17	癸丑	2
廿四 24th	2	18	乙卯	7	3	19	甲申	9	4	18	甲寅	3
廿五 25th	2	19	丙辰	8	3	20	乙酉	1	4	19	乙卯	4
廿六 26th	2	20	丁巳	9	3	21	丙戌	2	4	20	丙辰	5
廿七 27th	2	21	戊午	1	3	22	丁亥	3	4	21	丁巳	6
廿八 28th	2	22	己未	2	3	23	戊子	4	4	22	戊午	7
廿九 29th	2	23	庚申	3	3	24	己丑	5	4	23	己未	8
三十 30th					3	25	庚寅	6	4	24	庚申	9

月干支 Month	四月小 4th Mth 丁巳 Ding Si				五月大 5th Mth 戊午 Wu Wu				閏五月大 5th Mth				六月小 6th Mth 己未 Ji Wei			
九星 9 Star	五黃 Five Yellow				四綠 Four Green								三碧 Three Jade			
節氣 Season	小滿 Small Sprout 27th day 20hr 57min 戌 Xu		立夏 Coming of Summer 12th day 7hr 42min 辰 Chen		夏至 Summer Solstice 30th day 5hr 12min 卯 Mao		芒種 Planting of Thorny Crops 14th day 12hr 18min 午 Wu				小暑 Lesser Heat 15th day 22hr 45min 亥 Hai		立秋 Coming Autumn 17th day 8hr 26min 辰 Chen		大暑 Greater Heat 1st day 16hr 6min 申 Shen	
農曆 Calendar	國曆 Gregorian		干支 S / B	星 Star	國曆 Gregorian		干支 S / B	星 Star	國曆 Gregorian		干支 S / B	星 Star	國曆 Gregorian		干支 S / B	星 Star
初一 1st	4	25	辛酉	1	5	24	庚寅	3	6	23	庚申	4	7	23	庚寅	1
初二 2nd	4	26	壬戌	2	5	25	辛卯	4	6	24	辛酉	3	7	24	辛卯	9
初三 3rd	4	27	癸亥	3	5	26	壬辰	5	6	25	壬戌	2	7	25	壬辰	8
初四 4th	4	28	甲子	4	5	27	癸巳	6	6	26	癸亥	1	7	26	癸巳	7
初五 5th	4	29	乙丑	5	5	28	甲午	7	6	27	甲子	9	7	27	甲午	6
初六 6th	4	30	丙寅	6	5	29	乙未	8	6	28	乙丑	8	7	28	乙未	5
初七 7th	5	1	丁卯	7	5	30	丙申	9	6	29	丙寅	7	7	29	丙申	4
初八 8th	5	2	戊辰	8	5	31	丁酉	1	6	30	丁卯	6	7	30	丁酉	3
初九 9th	5	3	己巳	9	6	1	戊戌	2	7	1	戊辰	5	7	31	戊戌	2
初十 10th	5	4	庚午	1	6	2	己亥	3	7	2	己巳	4	8	1	己亥	1
十一 11th	5	5	辛未	2	6	3	庚子	4	7	3	庚午	3	8	2	庚子	9
十二 12th	5	6	壬申	3	6	4	辛丑	5	7	4	辛未	2	8	3	辛丑	8
十三 13th	5	7	癸酉	4	6	5	壬寅	6	7	5	壬申	1	8	4	壬寅	7
十四 14th	5	8	甲戌	5	6	6	癸卯	7	7	6	癸酉	9	8	5	癸卯	6
十五 15th	5	9	乙亥	6	6	7	甲辰	8	7	7	甲戌	8	8	6	甲辰	5
十六 16th	5	10	丙子	7	6	8	乙巳	9	7	8	乙亥	7	8	7	乙巳	4
十七 17th	5	11	丁丑	8	6	9	丙午	1	7	9	丙子	6	8	8	丙午	3
十八 18th	5	12	戊寅	9	6	10	丁未	2	7	10	丁丑	5	8	9	丁未	2
十九 19th	5	13	己卯	1	6	11	戊申	3	7	11	戊寅	4	8	10	戊申	1
二十 20th	5	14	庚辰	2	6	12	己酉	4	7	12	己卯	3	8	11	己酉	9
廿一 21st	5	15	辛巳	3	6	13	庚戌	5	7	13	庚辰	2	8	12	庚戌	8
廿二 22nd	5	16	壬午	4	6	14	辛亥	6	7	14	辛巳	1	8	13	辛亥	7
廿三 23rd	5	17	癸未	5	6	15	壬子	7	7	15	壬午	9	8	14	壬子	6
廿四 24th	5	18	甲申	6	6	16	癸丑	8	7	16	癸未	8	8	15	癸丑	5
廿五 25th	5	19	乙酉	7	6	17	甲寅	9	7	17	甲申	7	8	16	甲寅	4
廿六 26th	5	20	丙戌	8	6	18	乙卯	1	7	18	乙酉	6	8	17	乙卯	3
廿七 27th	5	21	丁亥	9	6	19	丙辰	2	7	19	丙戌	5	8	18	丙辰	2
廿八 28th	5	22	戊子	1	6	20	丁巳	3	7	20	丁亥	4	8	19	丁巳	1
廿九 29th	5	23	己丑	2	6	21	戊午	4	7	21	戊子	3	8	20	戊午	9
三十 30th					6	22	己未	5\5	7	22	己丑	2				

天干 Ten Stems: 甲 Jia Yang Wood; 乙 Yi Yin Wood; 丙 Bing Yang Fire; 丁 Ding Yin Fire; 戊 Wu Yang Earth; 己 Ji Yin Earth; 庚 Geng Yang Metal; 辛 Xin Yin Metal; 壬 Ren Yang Water; 癸 Gui Yin Water

Male Gua: 4 巽(Xun)　Female Gua: 2 坤(Kun)　3 Killing 三煞: East　Annual Star: 4 Green

月干支 Month	七月大 7th Mth				八月小 8th Mth			
	庚申 Geng Shen				辛酉 Xin You			
九星 9 Star	二黑 Two Black				一白 One White			
節氣 Season	白露 White Dew		處暑 Heat Ends		寒露 Cold Dew		秋分 Autumn Equinox	
	19th day		3rd day		20th day		4th day	
	10hr 58min		22hr 53min		2hr 8min		20hr 1min	
	巳 Si		亥 Hai		丑 Chou		戌 Xu	
農曆 Calendar	國曆 Gregorian		干支 S/B	星 Star	國曆 Gregorian		干支 S/B	星 Star
初一 1st	8	21	己未	8	9	20	己丑	5
初二 2nd	8	22	庚申	7	9	21	庚寅	4
初三 3rd	8	23	辛酉	6	9	22	辛卯	3
初四 4th	8	24	壬戌	5	9	23	壬辰	2
初五 5th	8	25	癸亥	4	9	24	癸巳	1
初六 6th	8	26	甲子	3	9	25	甲午	9
初七 7th	8	27	乙丑	2	9	26	乙未	8
初八 8th	8	28	丙寅	1	9	27	丙申	7
初九 9th	8	29	丁卯	9	9	28	丁酉	6
初十 10th	8	30	戊辰	8	9	29	戊戌	5
十一 11th	8	31	己巳	7	9	30	己亥	4
十二 12th	9	1	庚午	6	10	1	庚子	3
十三 13th	9	2	辛未	5	10	2	辛丑	2
十四 14th	9	3	壬申	4	10	3	壬寅	1
十五 15th	9	4	癸酉	3	10	4	癸卯	9
十六 16th	9	5	甲戌	2	10	5	甲辰	8
十七 17th	9	6	乙亥	1	10	6	乙巳	7
十八 18th	9	7	丙子	9	10	7	丙午	6
十九 19th	9	8	丁丑	8	10	8	丁未	5
二十 20th	9	9	戊寅	7	10	9	戊申	4
廿一 21st	9	10	己卯	6	10	10	己酉	3
廿二 22nd	9	11	庚辰	5	10	11	庚戌	2
廿三 23rd	9	12	辛巳	4	10	12	辛亥	1
廿四 24th	9	13	壬午	3	10	13	壬子	9
廿五 25th	9	14	癸未	2	10	14	癸丑	8
廿六 26th	9	15	甲申	1	10	15	甲寅	7
廿七 27th	9	16	乙酉	9	10	16	乙卯	6
廿八 28th	9	17	丙戌	8	10	17	丙辰	5
廿九 29th	9	18	丁亥	7	10	18	丁巳	4
三十 30th	9	19	戊子	6				

月干支 Month	九月大 9th Mth				十月小 10th Mth			
	壬戌 Ren Xu				癸亥 Gui Hai			
九星 9 Star	九紫 Nine Purple				八白 Eight White			
節氣 Season	立冬 Coming of Winter		霜降 Frosting		大雪 Greater Snow		小雪 Lesser Snow	
	21st day		6th day		20th day		6th day	
	4hr 44min		4hr 49min		21hr 12min		1hr 55min	
	寅 Yin		寅 Yin		亥 Hai		丑 Chou	
農曆 Calendar	國曆 Gregorian		干支 S/B	星 Star	國曆 Gregorian		干支 S/B	星 Star
初一 1st	10	19	戊午	3	11	18	戊子	9
初二 2nd	10	20	己未	2	11	19	己丑	8
初三 3rd	10	21	庚申	1	11	20	庚寅	7
初四 4th	10	22	辛酉	9	11	21	辛卯	6
初五 5th	10	23	壬戌	8	11	22	壬辰	5
初六 6th	10	24	癸亥	7	11	23	癸巳	4
初七 7th	10	25	甲子	6	11	24	甲午	3
初八 8th	10	26	乙丑	5	11	25	乙未	2
初九 9th	10	27	丙寅	4	11	26	丙申	1
初十 10th	10	28	丁卯	3	11	27	丁酉	9
十一 11th	10	29	戊辰	2	11	28	戊戌	8
十二 12th	10	30	己巳	1	11	29	己亥	7
十三 13th	10	31	庚午	9	11	30	庚子	6
十四 14th	11	1	辛未	8	12	1	辛丑	5
十五 15th	11	2	壬申	7	12	2	壬寅	4
十六 16th	11	3	癸酉	6	12	3	癸卯	3
十七 17th	11	4	甲戌	5	12	4	甲辰	2
十八 18th	11	5	乙亥	4	12	5	乙巳	1
十九 19th	11	6	丙子	3	12	6	丙午	9
二十 20th	11	7	丁丑	2	12	7	丁未	8
廿一 21st	11	8	戊寅	1	12	8	戊申	7
廿二 22nd	11	9	己卯	9	12	9	己酉	6
廿三 23rd	11	10	庚辰	8	12	10	庚戌	5
廿四 24th	11	11	辛巳	7	12	11	辛亥	4
廿五 25th	11	12	壬午	6	12	12	壬子	3
廿六 26th	11	13	癸未	5	12	13	癸丑	2
廿七 27th	11	14	甲申	4	12	14	甲寅	1
廿八 28th	11	15	乙酉	3	12	15	乙卯	9
廿九 29th	11	16	丙戌	2	12	16	丙辰	8
三十 30th	11	17	丁亥	1				

月干支 Month	十一月小 11th Mth				十二月大 12th Mth			
	甲子 Jia Zi				乙丑 Yi Chou			
九星 9 Star	七赤 Seven Red				六白 Six White			
節氣 Season	小寒 Lesser Cold		冬至 Winter Solstice		立春 Coming of Spring		大寒 Greater Cold	
	21st day		6th day		21st day		6th day	
	8hr 17min		14hr 58min		20hr 4min		1hr 37min	
	辰 Chen		未 Wei		戌 Xu		丑 Chou	
農曆 Calendar	國曆 Gregorian		干支 S/B	星 Star	國曆 Gregorian		干支 S/B	星 Star
初一 1st	12	17	丁巳	7	1	15	丙戌	5
初二 2nd	12	18	戊午	6	1	16	丁亥	6
初三 3rd	12	19	己未	5	1	17	戊子	7
初四 4th	12	20	庚申	4	1	18	己丑	8
初五 5th	12	21	辛酉	3	1	19	庚寅	9
初六 6th	12	22	壬戌	2\8	1	20	辛卯	1
初七 7th	12	23	癸亥	9	1	21	壬辰	2
初八 8th	12	24	甲子	1	1	22	癸巳	3
初九 9th	12	25	乙丑	2	1	23	甲午	4
初十 10th	12	26	丙寅	3	1	24	乙未	5
十一 11th	12	27	丁卯	4	1	25	丙申	6
十二 12th	12	28	戊辰	5	1	26	丁酉	7
十三 13th	12	29	己巳	6	1	27	戊戌	8
十四 14th	12	30	庚午	7	1	28	己亥	9
十五 15th	12	31	辛未	8	1	29	庚子	1
十六 16th	1	1	壬申	9	1	30	辛丑	2
十七 17th	1	2	癸酉	1	1	31	壬寅	3
十八 18th	1	3	甲戌	2	2	1	癸卯	4
十九 19th	1	4	乙亥	3	2	2	甲辰	5
二十 20th	1	5	丙子	4	2	3	乙巳	6
廿一 21st	1	6	丁丑	5	2	4	丙午	7
廿二 22nd	1	7	戊寅	6	2	5	丁未	8
廿三 23rd	1	8	己卯	7	2	6	戊申	9
廿四 24th	1	9	庚辰	8	2	7	己酉	1
廿五 25th	1	10	辛巳	9	2	8	庚戌	2
廿六 26th	1	11	壬午	1	2	9	辛亥	3
廿七 27th	1	12	癸未	2	2	10	壬子	4
廿八 28th	1	13	甲申	3	2	11	癸丑	5
廿九 29th	1	14	乙酉	4	2	12	甲寅	6
三十 30th					2	13	乙卯	7

地支 Twelve Branches: 子 Zi Rat · 丑 Chou Ox · 寅 Yin Tiger · 卯 Mao Rabbit · 辰 Chen Dragon · 巳 Si Snake · 午 Wu Horse · 未 Wei Goat · 申 Shen Monkey · 酉 You Rooster · 戌 Xu Dog · 亥 Hai Pig

1934 甲戌 Wood Dog

Grand Duke: 誓廣

月干支 Month	正月小 1st Mth				二月大 2nd Mth				三月小 3rd Mth				四月大 4th Mth				五月大 5th Mth				六月小 6th Mth			
	丙寅 Bing Yin				丁卯 Ding Mao				戊辰 Wu Chen				己巳 Ji Si				庚午 Geng Wu				辛未 Xin Wei			
九星 9 Star	五黃 Five Yellow				四綠 Four Green				三碧 Three Jade				二黑 Two Black				一白 One White				九紫 Nine Purple			
節氣 Season	驚蟄 Awakening of Worms		雨水 Rain Water		清明 Clear and Bright		春分 Spring Equinox		立夏 Coming of Summer		穀雨 Grain Rain		芒種 Planting of Thorny Crops		小滿 Small Sprout		小暑 Lesser Heat		夏至 Summer Solstice		立秋 Coming Autumn		大暑 Greater Heat	
	21st day		6th day		22nd day		7th day		23rd day		8th day		25th day		10th day		27th day		11th day		28th day		12th day	
	14hr 27min		16hr 2min		19hr 44min		15hr 28min		13hr 31min		3hr 1min		18hr 2min		2hr 35min		4hr 25min		10hr 48min		14hr 4min		21hr 44min	
	未 Wei		申 Shen		戌 Xu		申 Shen		未 Wei		寅 Yin		酉 You		丑 Chou		寅 Yin		巳 Si		未 Wei		亥 Hai	
農曆 Calendar	國曆 Gregorian		干支 S / B	星 Star	國曆 Gregorian		干支 S / B	星 Star	國曆 Gregorian		干支 S / B	星 Star	國曆 Gregorian		干支 S / B	星 Star	國曆 Gregorian		干支 S / B	星 Star	國曆 Gregorian		干支 S / B	星 Star
初一 1st	2	14	丙辰	8	3	15	乙酉	1	4	14	乙卯	4	5	13	甲申	6	6	12	甲寅	9	7	12	甲申	7
初二 2nd	2	15	丁巳	9	3	16	丙戌	2	4	15	丙辰	5	5	14	乙酉	7	6	13	乙卯	1	7	13	乙酉	6
初三 3rd	2	16	戊午	1	3	17	丁亥	3	4	16	丁巳	6	5	15	丙戌	8	6	14	丙辰	2	7	14	丙戌	5
初四 4th	2	17	己未	2	3	18	戊子	4	4	17	戊午	7	5	16	丁亥	9	6	15	丁巳	3	7	15	丁亥	4
初五 5th	2	18	庚申	3	3	19	己丑	5	4	18	己未	8	5	17	戊子	1	6	16	戊午	4	7	16	戊子	3
初六 6th	2	19	辛酉	4	3	20	庚寅	6	4	19	庚申	9	5	18	己丑	2	6	17	己未	5	7	17	己丑	2
初七 7th	2	20	壬戌	5	3	21	辛卯	7	4	20	辛酉	1	5	19	庚寅	3	6	18	庚申	6	7	18	庚寅	1
初八 8th	2	21	癸亥	6	3	22	壬辰	8	4	21	壬戌	2	5	20	辛卯	4	6	19	辛酉	7	7	19	辛卯	9
初九 9th	2	22	甲子	7	3	23	癸巳	9	4	22	癸亥	3	5	21	壬辰	5	6	20	壬戌	8	7	20	壬辰	8
初十 10th	2	23	乙丑	8	3	24	甲午	1	4	23	甲子	4	5	22	癸巳	6	6	21	癸亥	9	7	21	癸巳	7
十一 11th	2	24	丙寅	9	3	25	乙未	2	4	24	乙丑	5	5	23	甲午	7	6	22	甲子	1\9	7	22	甲午	6
十二 12th	2	25	丁卯	1	3	26	丙申	3	4	25	丙寅	6	5	24	乙未	8	6	23	乙丑	8	7	23	乙未	5
十三 13th	2	26	戊辰	2	3	27	丁酉	4	4	26	丁卯	7	5	25	丙申	9	6	24	丙寅	7	7	24	丙申	4
十四 14th	2	27	己巳	3	3	28	戊戌	5	4	27	戊辰	8	5	26	丁酉	1	6	25	丁卯	6	7	25	丁酉	3
十五 15th	2	28	庚午	4	3	29	己亥	6	4	28	己巳	9	5	27	戊戌	2	6	26	戊辰	5	7	26	戊戌	2
十六 16th	3	1	辛未	5	3	30	庚子	7	4	29	庚午	1	5	28	己亥	3	6	27	己巳	4	7	27	己亥	1
十七 17th	3	2	壬申	6	3	31	辛丑	8	4	30	辛未	2	5	29	庚子	4	6	28	庚午	3	7	28	庚子	9
十八 18th	3	3	癸酉	7	4	1	壬寅	9	5	1	壬申	3	5	30	辛丑	5	6	29	辛未	2	7	29	辛丑	8
十九 19th	3	4	甲戌	8	4	2	癸卯	1	5	2	癸酉	4	5	31	壬寅	6	6	30	壬申	1	7	30	壬寅	7
二十 20th	3	5	乙亥	9	4	3	甲辰	2	5	3	甲戌	5	6	1	癸卯	7	7	1	癸酉	9	7	31	癸卯	6
廿一 21st	3	6	丙子	1	4	4	乙巳	3	5	4	乙亥	6	6	2	甲辰	8	7	2	甲戌	8	8	1	甲辰	5
廿二 22nd	3	7	丁丑	2	4	5	丙午	4	5	5	丙子	7	6	3	乙巳	9	7	3	乙亥	7	8	2	乙巳	4
廿三 23rd	3	8	戊寅	3	4	6	丁未	5	5	6	丁丑	8	6	4	丙午	1	7	4	丙子	6	8	3	丙午	3
廿四 24th	3	9	己卯	4	4	7	戊申	6	5	7	戊寅	9	6	5	丁未	2	7	5	丁丑	5	8	4	丁未	2
廿五 25th	3	10	庚辰	5	4	8	己酉	7	5	8	己卯	1	6	6	戊申	3	7	6	戊寅	4	8	5	戊申	1
廿六 26th	3	11	辛巳	6	4	9	庚戌	8	5	9	庚辰	2	6	7	己酉	4	7	7	己卯	3	8	6	己酉	9
廿七 27th	3	12	壬午	7	4	10	辛亥	9	5	10	辛巳	3	6	8	庚戌	5	7	8	庚辰	2	8	7	庚戌	8
廿八 28th	3	13	癸未	8	4	11	壬子	1	5	11	壬午	4	6	9	辛亥	6	7	9	辛巳	1	8	8	辛亥	7
廿九 29th	3	14	甲申	9	4	12	癸丑	2	5	12	癸未	5	6	10	壬子	7	7	10	壬午	9	8	9	壬子	6
三十 30th					4	13	甲寅	3					6	11	癸丑	8	7	11	癸未	8				

天干 Ten Stems	
甲 Jia	Yang Wood
乙 Yi	Yin Wood
丙 Bing	Yang Fire
丁 Ding	Yin Fire
戊 Wu	Yang Earth
己 Ji	Yin Earth
庚 Geng	Yang Metal
辛 Xin	Yin Metal
壬 Ren	Yang Water
癸 Gui	Yin Water

Male Gua: 3 震(Zhen) Female Gua: 3 震(Zhen) 3 Killing 三煞: North Annual Star: 3 Jade

十二月大 12th Mth				十一月小 11th Mth				十月大 10th Mth				九月大 9th Mth				八月小 8th Mth				七月大 7th Mth				月干支 Month
丁丑 Ding Chou				丙子 Bing Zi				乙亥 Yi Hai				甲戌 Jia Xu				癸酉 Gui You				壬申 Ren Shen				
三碧 Three Jade				四綠 Four Green				五黃 Five Yellow				六白 Six White				七赤 Seven Red				八白 Eight White				九星 9 Star
大寒 Greater Cold 17th day 7hr 29min 辰 Chen		小寒 Lesser Cold 2nd day 11hr 3min 未 Wei		冬至 Winter Solstice 16th day 20hr 50min 戌 Xu		大雪 Greater Snow 2nd day 2hr 57min 丑 Chou		小雪 Lesser Snow 17th day 7hr 45min 辰 Chen		立冬 Coming of Winter 2nd day 10hr 27min 巳 Si		霜降 Frosting 17th day 10hr 37min 巳 Si		寒露 Cold Dew 2nd day 7hr 45min 辰 Chen				秋分 Autumn Equinox 16th day 1hr 46min 丑 Chou		白露 White Dew 30th day 16hr 37min 申 Shen		處暑 Heat Ends 15th day 4hr 33min 寅 Yin		節氣 Season
國曆 Gregorian		干支 S.B	星 Star	國曆 Gregorian		干支 S/B	星 Star	國曆 Gregorian		干支 S/B	星 Star	國曆 Gregorian		干支 S/B	星 Star	國曆 Gregorian		干支 S/B	星 Star	國曆 Gregorian		干支 S/B	星 Star	農曆 Calendar
1	5	辛巳	3	12	7	壬子	3	11	7	壬午	6	10	8	壬子	9	9	9	癸未	2	8	10	癸丑	5	初一 1st
1	6	壬午	4	12	8	癸丑	2	11	8	癸未	5	10	9	癸丑	8	9	10	甲申	1	8	11	甲寅	4	初二 2nd
1	7	癸未	5	12	9	甲寅	1	11	9	甲申	4	10	10	甲寅	7	9	11	乙酉	9	8	12	乙卯	3	初三 3rd
1	8	甲申	6	12	10	乙卯	9	11	10	乙酉	3	10	11	乙卯	6	9	12	丙戌	8	8	13	丙辰	2	初四 4th
1	9	乙酉	7	12	11	丙辰	8	11	11	丙戌	2	10	12	丙辰	5	9	13	丁亥	7	8	14	丁巳	1	初五 5th
1	10	丙戌	8	12	12	丁巳	7	11	12	丁亥	1	10	13	丁巳	4	9	14	戊子	6	8	15	戊午	9	初六 6th
1	11	丁亥	9	12	13	戊午	6	11	13	戊子	9	10	14	戊午	3	9	15	己丑	5	8	16	己未	8	初七 7th
1	12	戊子	1	12	14	己未	5	11	14	己丑	8	10	15	己未	2	9	16	庚寅	4	8	17	庚申	7	初八 8th
1	13	己丑	2	12	15	庚申	4	11	15	庚寅	7	10	16	庚申	1	9	17	辛卯	3	8	18	辛酉	6	初九 9th
1	14	庚寅	3	12	16	辛酉	3	11	16	辛卯	6	10	17	辛酉	9	9	18	壬辰	2	8	19	壬戌	5	初十 10th
1	15	辛卯	4	12	17	壬戌	2	11	17	壬辰	5	10	18	壬戌	8	9	19	癸巳	1	8	20	癸亥	4	十一 11th
1	16	壬辰	5	12	18	癸亥	1	11	18	癸巳	4	10	19	癸亥	7	9	20	甲午	9	8	21	甲子	3	十二 12th
1	17	癸巳	6	12	19	甲子	9	11	19	甲午	3	10	20	甲子	6	9	21	乙未	8	8	22	乙丑	2	十三 13th
1	18	甲午	7	12	20	乙丑	8	11	20	乙未	2	10	21	乙丑	5	9	22	丙申	7	8	23	丙寅	1	十四 14th
1	19	乙未	8	12	21	丙寅	7	11	21	丙申	1	10	22	丙寅	4	9	23	丁酉	6	8	24	丁卯	9	十五 15th
1	20	丙申	9	12	22	丁卯	6\7	11	22	丁酉	9	10	23	丁卯	3	9	24	戊戌	5	8	25	戊辰	8	十六 16th
1	21	丁酉	1	12	23	戊辰	8	11	23	戊戌	8	10	24	戊辰	2	9	25	己亥	4	8	26	己巳	7	十七 17th
1	22	戊戌	2	12	24	己巳	9	11	24	己亥	7	10	25	己巳	1	9	26	庚子	3	8	27	庚午	6	十八 18th
1	23	己亥	3	12	25	庚午	1	11	25	庚子	6	10	26	庚午	9	9	27	辛丑	2	8	28	辛未	5	十九 19th
1	24	庚子	4	12	26	辛未	2	11	26	辛丑	5	10	27	辛未	8	9	28	壬寅	1	8	29	壬申	4	二十 20th
1	25	辛丑	5	12	27	壬申	3	11	27	壬寅	4	10	28	壬申	7	9	29	癸卯	9	8	30	癸酉	3	廿一 21st
1	26	壬寅	6	12	28	癸酉	4	11	28	癸卯	3	10	29	癸酉	6	9	30	甲辰	8	8	31	甲戌	2	廿二 22nd
1	27	癸卯	7	12	29	甲戌	5	11	29	甲辰	2	10	30	甲戌	5	10	1	乙巳	7	9	1	乙亥	1	廿三 23rd
1	28	甲辰	8	12	30	乙亥	6	11	30	乙巳	1	10	31	乙亥	4	10	2	丙午	6	9	2	丙子	9	廿四 24th
1	29	乙巳	9	12	31	丙子	7	12	1	丙午	9	11	1	丙子	3	10	3	丁未	5	9	3	丁丑	8	廿五 25th
1	30	丙午	1	1	1	丁丑	8	12	2	丁未	8	11	2	丁丑	2	10	4	戊申	4	9	4	戊寅	7	廿六 26th
1	31	丁未	2	1	2	戊寅	9	12	3	戊申	7	11	3	戊寅	1	10	5	己酉	3	9	5	己卯	6	廿七 27th
2	1	戊申	3	1	3	己卯	[illegible]	12	4	己酉	6	11	4	己卯	9	10	6	庚戌	2	9	6	庚辰	5	廿八 28th
2	2	己酉	4	1	4	庚辰	2	12	5	庚戌	5	11	5	庚辰	8	10	7	辛亥	1	9	7	辛巳	4	廿九 29th
2	3	庚戌	5					12	6	辛亥	4	11	6	辛巳	7					9	8	壬午	3	三十 30th

地支 Twelve Branches: 子 Zi Rat, 丑 Chou Ox, 寅 Yin Tiger, 卯 Mao Rabbit, 辰 Chen Dragon, 巳 Si Snake, 午 Wu Horse, 未 Wei Goat, 申 Shen Monkey, 酉 You Rooster, 戌 Xu Dog, 亥 Hai Pig

1935 乙亥 Wood Pig

Grand Duke: 伍保

月干支 Month	正月小 1st Mth				二月小 2nd Mth				三月大 3rd Mth				四月小 4th Mth				五月大 5th Mth				六月小 6th Mth			
	戊寅 Wu Yin				己卯 Ji Mao				庚辰 Geng Chen				辛巳 Xin Si				壬午 Ren Wu				癸未 Gui Wei			
九星 9 Star	二黑 Two Black				一白 One White				九紫 Nine Purple				八白 Eight White				七赤 Seven Red				六白 Six White			
節氣 Season	雨水 Rain Water		立春 Coming of Spring		春分 Spring Equinox		驚蟄 Awakening of Worms		穀雨 Grain Rain		清明 Clear and Bright		小滿 Small Sprout		立夏 Coming of Summer		夏至 Summer Solstice		芒種 Planting of Thorny Crops		大暑 Greater Heat		小暑 Lesser Heat	
	16th day		2nd day		17th day		2nd day		19th day		4th day		20th day		4th day		22nd day		6th day		24th day		8th day	
	21hr 52min		1hr 49min		21hr 18min		20hr 11min		8hr 50min		1hr 27min		8hr 25min		19hr 12min		16hr 38min		23hr 42min		3hr 33min		10hr 6min	
	亥 Hai		丑 Chou		亥 Hai		戌 Xu		辰 Chen		丑 Chou		辰 Chen		戌 Xu		申 Shen		子 Zi		寅 Yin		巳 Si	
農曆 Calendar	國曆 Gregorian		干支 S/B	星 Star	國曆 Gregorian		干支 S/B	星 Star	國曆 Gregorian		干支 S/B	星 Star	國曆 Gregorian		干支 S/B	星 Star	國曆 Gregorian		干支 S/B	星 Star	國曆 Gregorian		干支 S/B	星 Star
初一 1st	2	4	辛亥	6	3	5	庚辰	8	4	3	己酉	1	5	3	己卯	4	6	1	戊申	6	7	1	戊寅	1
初二 2nd	2	5	壬子	7	3	6	辛巳	9	4	4	庚戌	2	5	4	庚辰	5	6	2	己酉	7	7	2	己卯	9
初三 3rd	2	6	癸丑	8	3	7	壬午	1	4	5	辛亥	3	5	5	辛巳	6	6	3	庚戌	8	7	3	庚辰	8
初四 4th	2	7	甲寅	9	3	8	癸未	2	4	6	壬子	4	5	6	壬午	7	6	4	辛亥	9	7	4	辛巳	7
初五 5th	2	8	乙卯	1	3	9	甲申	3	4	7	癸丑	5	5	7	癸未	8	6	5	壬子	1	7	5	壬午	6
初六 6th	2	9	丙辰	2	3	10	乙酉	4	4	8	甲寅	6	5	8	甲申	9	6	6	癸丑	2	7	6	癸未	5
初七 7th	2	10	丁巳	3	3	11	丙戌	5	4	9	乙卯	7	5	9	乙酉	1	6	7	甲寅	3	7	7	甲申	4
初八 8th	2	11	戊午	4	3	12	丁亥	6	4	10	丙辰	8	5	10	丙戌	2	6	8	乙卯	4	7	8	乙酉	3
初九 9th	2	12	己未	5	3	13	戊子	7	4	11	丁巳	9	5	11	丁亥	3	6	9	丙辰	5	7	9	丙戌	2
初十 10th	2	13	庚申	6	3	14	己丑	8	4	12	戊午	1	5	12	戊子	4	6	10	丁巳	6	7	10	丁亥	1
十一 11th	2	14	辛酉	7	3	15	庚寅	9	4	13	己未	2	5	13	己丑	5	6	11	戊午	7	7	11	戊子	9
十二 12th	2	15	壬戌	8	3	16	辛卯	1	4	14	庚申	3	5	14	庚寅	6	6	12	己未	8	7	12	己丑	8
十三 13th	2	16	癸亥	9	3	17	壬辰	2	4	15	辛酉	4	5	15	辛卯	7	6	13	庚申	9	7	13	庚寅	7
十四 14th	2	17	甲子	1	3	18	癸巳	3	4	16	壬戌	5	5	16	壬辰	8	6	14	辛酉	1	7	14	辛卯	6
十五 15th	2	18	乙丑	2	3	19	甲午	4	4	17	癸亥	6	5	17	癸巳	9	6	15	壬戌	2	7	15	壬辰	5
十六 16th	2	19	丙寅	3	3	20	乙未	5	4	18	甲子	7	5	18	甲午	1	6	16	癸亥	3	7	16	癸巳	4
十七 17th	2	20	丁卯	4	3	21	丙申	6	4	19	乙丑	8	5	19	乙未	2	6	17	甲子	4	7	17	甲午	3
十八 18th	2	21	戊辰	5	3	22	丁酉	7	4	20	丙寅	9	5	20	丙申	3	6	18	乙丑	5	7	18	乙未	2
十九 19th	2	22	己巳	6	3	23	戊戌	8	4	21	丁卯	1	5	21	丁酉	4	6	19	丙寅	6	7	19	丙申	1
二十 20th	2	23	庚午	7	3	24	己亥	9	4	22	戊辰	2	5	22	戊戌	5	6	20	丁卯	7	7	20	丁酉	9
廿一 21st	2	24	辛未	8	3	25	庚子	1	4	23	己巳	3	5	23	己亥	6	6	21	戊辰	8	7	21	戊戌	3
廿二 22nd	2	25	壬申	9	3	26	辛丑	2	4	24	庚午	4	5	24	庚子	7	6	22	己巳	9\1	7	22	己亥	7
廿三 23rd	2	26	癸酉	1	3	27	壬寅	3	4	25	辛未	5	5	25	辛丑	8	6	23	庚午	9	7	23	庚子	6
廿四 24th	2	27	甲戌	2	3	28	癸卯	4	4	26	壬申	6	5	26	壬寅	9	6	24	辛未	8	7	24	辛丑	5
廿五 25th	2	28	乙亥	3	3	29	甲辰	5	4	27	癸酉	7	5	27	癸卯	1	6	25	壬申	7	7	25	壬寅	4
廿六 26th	3	1	丙子	4	3	30	乙巳	6	4	28	甲戌	8	5	28	甲辰	2	6	26	癸酉	6	7	26	癸卯	3
廿七 27th	3	2	丁丑	5	3	31	丙午	7	4	29	乙亥	9	5	29	乙巳	3	6	27	甲戌	5	7	27	甲辰	2
廿八 28th	3	3	戊寅	6	4	1	丁未	8	4	30	丙子	1	5	30	丙午	4	6	28	乙亥	4	7	28	乙巳	1
廿九 29th	3	4	己卯	7	4	2	戊申	9	5	1	丁丑	2	5	31	丁未	5	6	29	丙子	3	7	29	丙午	9
三十 30th									5	2	戊寅	3					6	30	丁丑	2				

天干 Ten Stems: 甲 Jia Yang Wood; 乙 Yi Yin Wood; 丙 Bing Yang Fire; 丁 Ding Yin Fire; 戊 Wu Yang Earth; 己 Ji Yin Earth; 庚 Geng Yang Metal; 辛 Xin Yin Metal; 壬 Ren Yang Water; 癸 Gui Yin Water

Male Gua: 2 坤(Kun) **Female Gua: 4 巽(Xun)** 3 Killing 三煞: West Annual Star: 2 Black

地支 Twelve Branches: 子 Zi Rat · 丑 Chou Ox · 寅 Yin Tiger · 卯 Mao Rabbit · 辰 Chen Dragon · 巳 Si Snake · 午 Wu Horse · 未 Wei Goat · 申 Shen Monkey · 酉 You Rooster · 戌 Xu Dog · 亥 Hai Pig

十二月小 12th Mth				十一月大 11th Mth				十月大 10th Mth				九月小 9th Mth				八月大 8th Mth				七月大 7th Mth				月干支 Month	
己丑 Ji Chou				戊子 Wu Zi				丁亥 Ding Hai				丙戌 Bing Xu				乙酉 Yi You				甲申 Jia Shen					
九紫 Nine Purple				一白 One White				二黑 Two Black				三碧 Three Jade				四綠 Four Green				五黃 Five Yellow				九星 9 Star	
大寒 Greater Cold		小寒 Lesser Cold		冬至 Winter Solstice		大雪 Greater Snow		小雪 Lesser Snow		立冬 Coming of Winter		霜降 Frosting		寒露 Cold Dew		秋分 Autumn Equinox		白露 White Dew		處暑 Heat Ends		立秋 Coming Autumn		節氣 Season	
27th day		12th day		28th day		13th day		28th day		13th day		27th day		12th day		27th day		11th day		26th day		10th day			
13hr 13min		19hr 47min		2hr 37min		8hr 45min		13hr 36min		16hr 18min		16hr 30min		13hr 36min		7hr 39min		22hr 25min		10hr 24min		19hr 48min			
未 Wei		戌 Xu		丑 Chou		辰 Chen		未 Wei		申 Shen		申 Shen		未 Wei		辰 Chen		亥 Hai		巳 Si		戌 Xu			
國曆 Gregorian		干支 S/B	星 Star	國曆 Gregorian		干支 S/B	星 Star	國曆 Gregorian		干支 S/B	星 Star	國曆 Gregorian		干支 S/B	星 Star	國曆 Gregorian		干支 S/B	星 Star	國曆 Gregorian		干支 S/B	星 Star	農曆 Calendar	
12	26	丙子	7	11	26	丙午	6	10	27	丙子	9	9	28	丁未	2	8	29	丁丑	5	7	30	丁未	8	初一	1st
12	27	丁丑	8	11	27	丁未	5	10	28	丁丑	8	9	29	戊申	1	8	30	戊寅	4	7	31	戊申	7	初二	2nd
12	28	戊寅	9	11	28	戊申	4	10	29	戊寅	7	9	30	己酉	9	8	31	己卯	3	8	1	己酉	6	初三	3rd
12	29	己卯	1	11	29	己酉	3	10	30	己卯	6	10	1	庚戌	8	9	1	庚辰	2	8	2	庚戌	5	初四	4th
12	30	庚辰	2	11	30	庚戌	2	10	31	庚辰	5	10	2	辛亥	7	9	2	辛巳	1	8	3	辛亥	4	初五	5th
12	31	辛巳	3	12	1	辛亥	1	11	1	辛巳	4	10	3	壬子	6	9	3	壬午	9	8	4	壬子	3	初六	6th
1	1	壬午	4	12	2	壬子	9	11	2	壬午	3	10	4	癸丑	5	9	4	癸未	8	8	5	癸丑	2	初七	7th
1	2	癸未	5	12	3	癸丑	8	11	3	癸未	2	10	5	甲寅	4	9	5	甲申	7	8	6	甲寅	1	初八	8th
1	3	甲申	6	12	4	甲寅	7	11	4	甲申	1	10	6	乙卯	3	9	6	乙酉	6	8	7	乙卯	9	初九	9th
1	4	乙酉	7	12	5	乙卯	6	11	5	乙酉	9	10	7	丙辰	2	9	7	丙戌	5	8	8	丙辰	8	初十	10th
1	5	丙戌	8	12	6	丙辰	5	11	6	丙戌	8	10	8	丁巳	1	9	8	丁亥	4	8	9	丁巳	7	十一	11th
1	6	丁亥	9	12	7	丁巳	4	11	7	丁亥	7	10	9	戊午	9	9	9	戊子	3	8	10	戊午	6	十二	12th
1	7	戊子	1	12	8	戊午	3	11	8	戊子	6	10	10	己未	8	9	10	己丑	2	8	11	己未	5	十三	13th
1	8	己丑	2	12	9	己未	2	11	9	己丑	5	10	11	庚申	7	9	11	庚寅	1	8	12	庚申	4	十四	14th
1	9	庚寅	3	12	10	庚申	1	11	10	庚寅	4	10	12	辛酉	6	9	12	辛卯	9	8	13	辛酉	3	十五	15th
1	10	辛卯	4	12	11	辛酉	9	11	11	辛卯	3	10	13	壬戌	5	9	13	壬辰	8	8	14	壬戌	2	十六	16th
1	11	壬辰	5	12	12	壬戌	8	11	12	壬辰	2	10	14	癸亥	4	9	14	癸巳	7	8	15	癸亥	1	十七	17th
1	12	癸巳	6	12	13	癸亥	7	11	13	癸巳	1	10	15	甲子	3	9	15	甲午	6	8	16	甲子	9	十八	18th
1	13	甲午	7	12	14	甲子	6	11	14	甲午	9	10	16	乙丑	2	9	16	乙未	5	8	17	乙丑	8	十九	19th
1	14	乙未	8	12	15	乙丑	5	11	15	乙未	8	10	17	丙寅	1	9	17	丙申	4	8	18	丙寅	7	二十	20th
1	15	丙申	9	12	16	丙寅	4	11	16	丙申	7	10	18	丁卯	9	9	18	丁酉	3	8	19	丁卯	6	廿一	21st
1	16	丁酉	1	12	17	丁卯	3	11	17	丁酉	6	10	19	戊辰	8	9	19	戊戌	2	8	20	戊辰	5	廿二	22nd
1	17	戊戌	2	12	18	戊辰	2	11	18	戊戌	5	10	20	己巳	7	9	20	己亥	1	8	21	己巳	4	廿三	23rd
1	18	己亥	3	12	19	己巳	1	11	19	己亥	4	10	21	庚午	6	9	21	庚子	9	8	22	庚午	3	廿四	24th
1	19	庚子	4	12	20	庚午	9	11	20	庚子	3	10	22	辛未	5	9	22	辛丑	8	8	23	辛未	2	廿五	25th
1	20	辛丑	5	12	21	辛未	8	11	21	辛丑	2	10	23	壬申	4	9	23	壬寅	7	8	24	壬申	1	廿六	26th
1	21	壬寅	6	12	22	壬申	7	11	22	壬寅	1	10	24	癸酉	3	9	24	癸卯	6	8	25	癸酉	9	廿七	27th
1	22	癸卯	7	12	23	癸酉	6.4	11	23	癸卯	9	10	25	甲戌	2	9	25	甲辰	5	8	26	甲戌	8	廿八	28th
1	23	甲辰	8	12	24	甲戌	5	11	24	甲辰	8	10	26	乙亥	1	9	26	乙巳	4	8	27	乙亥	7	廿九	29th
				12	25	乙亥	6	11	25	乙巳	7					9	27	丙午	3	8	28	丙子	6	三十	30th

1936 丙子 Fire Rat

Grand Duke: 郭嘉

月干支 Month	正月大 1st Mth 庚寅 Geng Yin				二月小 2nd Mth 辛卯 Xin Mao				三月小 3rd Mth 壬辰 Ren Chen				閏三月大 3rd Mth				四月小 4th Mth 癸巳 Gui Si				五月小 5th Mth 甲午 Jia Wu				六月大 6th Mth 乙未 Yi Wei			
九星 9 Star	八白 Eight White				七赤 Seven Red				六白 Six White								五黃 Five Yellow				四綠 Four Green				三碧 Three Jade			
節氣 Season	雨水 Rain Water		立春 Coming of Spring		春分 Spring Equinox		驚蟄 Awakening of Worms		穀雨 Grain Rain		清明 Clear and Bright				立夏 Coming of Summer		芒種 Planting of Thorny Crops		小滿 Small Sprout		小暑 Lesser Heat		夏至 Summer Solstice		立秋 Coming Autumn		大暑 Greater Heat	
	28th day		13th day		28th day		13th day		29th day		14th day				16th day		17th day		1st day		19th day		3rd day		22nd day		6th day	
	3hr 34min		7hr 30min		2hr 58min		1hr 50min		14hr 31min		7hr 7min				0hr 57min		5hr 31min		14hr 8min		15hr 39min		22hr 22min		1hr 43min		9hr 18min	
	寅 Yin		辰 Chen		丑 Chou		丑 Chou		未 Wei		辰 Chen				子 Zi		卯 Mao		未 Wei		申 Shen		亥 Hai		丑 Chou		巳 Si	
農曆 Calendar	國曆 Gregorian		干支 S/B	星 Star	國曆 Gregorian		干支 S/B	星 Star	國曆 Gregorian		干支 S/B	星 Star	國曆 Gregorian		干支 S/B	星 Star	國曆 Gregorian		干支 S/B	星 Star	國曆 Gregorian		干支 S/B	星 Star	國曆 Gregorian		干支 S/B	星 Star
初一 1st	1	24	乙巳	9	2	23	乙亥	3	3	23	甲辰	5	4	21	癸酉	7	5	21	癸卯	1	6	19	壬申	3	7	18	辛丑	5
初二 2nd	1	25	丙午	1	2	24	丙子	4	3	24	乙巳	6	4	22	甲戌	8	5	22	甲辰	2	6	20	癸酉	4	7	19	壬寅	4
初三 3rd	1	26	丁未	2	2	25	丁丑	5	3	25	丙午	7	4	23	乙亥	9	5	23	乙巳	3	6	21	甲戌	5\5	7	20	癸卯	3
初四 4th	1	27	戊申	3	2	26	戊寅	6	3	26	丁未	8	4	24	丙子	1	5	24	丙午	4	6	22	乙亥	4	7	21	甲辰	2
初五 5th	1	28	己酉	4	2	27	己卯	7	3	27	戊申	9	4	25	丁丑	2	5	25	丁未	5	6	23	丙子	3	7	22	乙巳	1
初六 6th	1	29	庚戌	5	2	28	庚辰	8	3	28	己酉	1	4	26	戊寅	3	5	26	戊申	6	6	24	丁丑	2	7	23	丙午	9
初七 7th	1	30	辛亥	6	2	29	辛巳	9	3	29	庚戌	2	4	27	己卯	4	5	27	己酉	7	6	25	戊寅	1	7	24	丁未	8
初八 8th	1	31	壬子	7	3	1	壬午	1	3	30	辛亥	3	4	28	庚辰	5	5	28	庚戌	8	6	26	己卯	9	7	25	戊申	7
初九 9th	2	1	癸丑	8	3	2	癸未	2	3	31	壬子	4	4	29	辛巳	6	5	29	辛亥	9	6	27	庚辰	8	7	26	己酉	6
初十 10th	2	2	甲寅	9	3	3	甲申	3	4	1	癸丑	5	4	30	壬午	7	5	30	壬子	1	6	28	辛巳	7	7	27	庚戌	5
十一 11th	2	3	乙卯	1	3	4	乙酉	4	4	2	甲寅	6	5	1	癸未	8	5	31	癸丑	2	6	29	壬午	6	7	28	辛亥	4
十二 12th	2	4	丙辰	2	3	5	丙戌	5	4	3	乙卯	7	5	2	甲申	9	6	1	甲寅	3	6	30	癸未	5	7	29	壬子	3
十三 13th	2	5	丁巳	3	3	6	丁亥	6	4	4	丙辰	8	5	3	乙酉	1	6	2	乙卯	4	7	1	甲申	4	7	30	癸丑	2
十四 14th	2	6	戊午	4	3	7	戊子	7	4	5	丁巳	9	5	4	丙戌	2	6	3	丙辰	5	7	2	乙酉	3	7	31	甲寅	1
十五 15th	2	7	己未	5	3	8	己丑	8	4	6	戊午	1	5	5	丁亥	3	6	4	丁巳	6	7	3	丙戌	2	8	1	乙卯	9
十六 16th	2	8	庚申	6	3	9	庚寅	9	4	7	己未	2	5	6	戊子	4	6	5	戊午	7	7	4	丁亥	1	8	2	丙辰	8
十七 17th	2	9	辛酉	7	3	10	辛卯	1	4	8	庚申	3	5	7	己丑	5	6	6	己未	8	7	5	戊子	9	8	3	丁巳	7
十八 18th	2	10	壬戌	8	3	11	壬辰	2	4	9	辛酉	4	5	8	庚寅	6	6	7	庚申	9	7	6	己丑	8	8	4	戊午	6
十九 19th	2	11	癸亥	9	3	12	癸巳	3	4	10	壬戌	5	5	9	辛卯	7	6	8	辛酉	1	7	7	庚寅	7	8	5	己未	5
二十 20th	2	12	甲子	1	3	13	甲午	4	4	11	癸亥	6	5	10	壬辰	8	6	9	壬戌	2	7	8	辛卯	6	8	6	庚申	4
廿一 21st	2	13	乙丑	2	3	14	乙未	5	4	12	甲子	7	5	11	癸巳	9	6	10	癸亥	3	7	9	壬辰	5	8	7	辛酉	3
廿二 22nd	2	14	丙寅	3	3	15	丙申	6	4	13	乙丑	8	5	12	甲午	1	6	11	甲子	4	7	10	癸巳	4	8	8	壬戌	2
廿三 23rd	2	15	丁卯	4	3	16	丁酉	7	4	14	丙寅	9	5	13	乙未	2	6	12	乙丑	5	7	11	甲午	3	8	9	癸亥	1
廿四 24th	2	16	戊辰	5	3	17	戊戌	8	4	15	丁卯	1	5	14	丙申	3	6	13	丙寅	6	7	12	乙未	2	8	10	甲子	9
廿五 25th	2	17	己巳	6	3	18	己亥	9	4	16	戊辰	2	5	15	丁酉	4	6	14	丁卯	7	7	13	丙申	1	8	11	乙丑	8
廿六 26th	2	18	庚午	7	3	19	庚子	1	4	17	己巳	3	5	16	戊戌	5	6	15	戊辰	8	7	14	丁酉	9	8	12	丙寅	7
廿七 27th	2	19	辛未	8	3	20	辛丑	2	4	18	庚午	4	5	17	己亥	6	6	16	己巳	9	7	15	戊戌	8	8	13	丁卯	6
廿八 28th	2	20	壬申	9	3	21	壬寅	3	4	19	辛未	5	5	18	庚子	7	6	17	庚午	1	7	16	己亥	7	8	14	戊辰	5
廿九 29th	2	21	癸酉	1	3	22	癸卯	4	4	20	壬申	6	5	19	辛丑	8	6	18	辛未	2	7	17	庚子	6	8	15	己巳	4
三十 30th	2	22	甲戌	2									5	20	壬寅	9									8	16	庚午	3

天干 Ten Stems
甲 Jia Yang Wood
乙 Yi Yin Wood
丙 Bing Yang Fire
丁 Ding Yin Fire
戊 Wu Yang Earth
己 Ji Yin Earth
庚 Geng Yang Metal
辛 Xin Yin Metal
壬 Ren Yang Water
癸 Gui Yin Water

Male Gua: 1 坎(Kan)　Female Gua: 8 艮(Gen)　3 Killing 三煞: South　Annual Star: 1 White

地支 Twelve Branches: 子 Zi Rat · 丑 Chou Ox · 寅 Yin Tiger · 卯 Mao Rabbit · 辰 Chen Dragon · 巳 Si Snake · 午 Wu Horse · 未 Wei Goat · 申 Shen Monkey · 酉 You Rooster · 戌 Xu Dog · 亥 Hai Pig

月干支 Month	七月大 7th Mth 丙申 Bing Shen			
九星 9 Star	二黑 Two Black			
節氣 Season	白露 White Dew		處暑 Heat Ends	
	23rd day		7th day	
	4hr 21min		16hr 11min	
	寅 Yin		申 Shen	
農曆 Calendar	國曆 Gregorian		干支 S/B	星 Star
初一 1st	8	17	辛未	2
初二 2nd	8	18	壬申	1
初三 3rd	8	19	癸酉	9
初四 4th	8	20	甲戌	8
初五 5th	8	21	乙亥	7
初六 6th	8	22	丙子	6
初七 7th	8	23	丁丑	5
初八 8th	8	24	戊寅	4
初九 9th	8	25	己卯	3
初十 10th	8	26	庚辰	2
十一 11th	8	27	辛巳	1
十二 12th	8	28	壬午	9
十三 13th	8	29	癸未	8
十四 14th	8	30	甲申	7
十五 15th	8	31	乙酉	6
十六 16th	9	1	丙戌	5
十七 17th	9	2	丁亥	4
十八 18th	9	3	戊子	3
十九 19th	9	4	己丑	2
二十 20th	9	5	庚寅	1
廿一 21st	9	6	辛卯	9
廿二 22nd	9	7	壬辰	8
廿三 23rd	9	8	癸巳	7
廿四 24th	9	9	甲午	6
廿五 25th	9	10	乙未	5
廿六 26th	9	11	丙申	4
廿七 27th	9	12	丁酉	3
廿八 28th	9	13	戊戌	2
廿九 29th	9	14	己亥	1
三十 30th	9	15	庚子	9

月干支 Month	八月小 8th Mth 丁酉 Ding You			
九星 9 Star	一白 One White			
節氣 Season	寒露 Cold Dew		秋分 Autumn Equinox	
	23rd day		8th day	
	19hr 33min		13hr 26min	
	戌 Xu		未 Wei	
農曆 Calendar	國曆 Gregorian		干支 S/B	星 Star
初一 1st	9	16	辛丑	8
初二 2nd	9	17	壬寅	7
初三 3rd	9	18	癸卯	6
初四 4th	9	19	甲辰	5
初五 5th	9	20	乙巳	4
初六 6th	9	21	丙午	3
初七 7th	9	22	丁未	2
初八 8th	9	23	戊申	1
初九 9th	9	24	己酉	9
初十 10th	9	25	庚戌	8
十一 11th	9	26	辛亥	7
十二 12th	9	27	壬子	6
十三 13th	9	28	癸丑	5
十四 14th	9	29	甲寅	4
十五 15th	9	30	乙卯	3
十六 16th	10	1	丙辰	2
十七 17th	10	2	丁巳	1
十八 18th	10	3	戊午	9
十九 19th	10	4	己未	8
二十 20th	10	5	庚申	7
廿一 21st	10	6	辛酉	6
廿二 22nd	10	7	壬戌	5
廿三 23rd	10	8	癸亥	4
廿四 24th	10	9	甲子	3
廿五 25th	10	10	乙丑	2
廿六 26th	10	11	丙寅	1
廿七 27th	10	12	丁卯	9
廿八 28th	10	13	戊辰	8
廿九 29th	10	14	己巳	7
三十 30th				

月干支 Month	九月大 9th Mth 戊戌 Wu Xu			
九星 9 Star	九紫 Nine Purple			
節氣 Season	立冬 Coming of Winter		霜降 Frosting	
	24th day		9th day	
	22hr 15min		22hr 19min	
	亥 Hai		亥 Hai	
農曆 Calendar	國曆 Gregorian		干支 S/B	星 Star
初一 1st	10	15	庚午	6
初二 2nd	10	16	辛未	5
初三 3rd	10	17	壬申	4
初四 4th	10	18	癸酉	3
初五 5th	10	19	甲戌	2
初六 6th	10	20	乙亥	1
初七 7th	10	21	丙子	9
初八 8th	10	22	丁丑	8
初九 9th	10	23	戊寅	7
初十 10th	10	24	己卯	6
十一 11th	10	25	庚辰	5
十二 12th	10	26	辛巳	4
十三 13th	10	27	壬午	3
十四 14th	10	28	癸未	2
十五 15th	10	29	甲申	1
十六 16th	10	30	乙酉	9
十七 17th	10	31	丙戌	8
十八 18th	11	1	丁亥	7
十九 19th	11	2	戊子	6
二十 20th	11	3	己丑	5
廿一 21st	11	4	庚寅	4
廿二 22nd	11	5	辛卯	3
廿三 23rd	11	6	壬辰	2
廿四 24th	11	7	癸巳	1
廿五 25th	11	8	甲午	9
廿六 26th	11	9	乙未	8
廿七 27th	11	10	丙申	7
廿八 28th	11	11	丁酉	6
廿九 29th	11	12	戊戌	5
三十 30th	11	13	己亥	4

月干支 Month	十月大 10th Mth 己亥 Ji Hai			
九星 9 Star	八白 Eight White			
節氣 Season	大雪 Greater Snow		小雪 Lesser Snow	
	24th day		9th day	
	14hr 43min		19hr 26min	
	未 Wei		戌 Xu	
農曆 Calendar	國曆 Gregorian		干支 S/B	星 Star
初一 1st	11	14	庚子	3
初二 2nd	11	15	辛丑	2
初三 3rd	11	16	壬寅	1
初四 4th	11	17	癸卯	9
初五 5th	11	18	甲辰	8
初六 6th	11	19	乙巳	7
初七 7th	11	20	丙午	6
初八 8th	11	21	丁未	5
初九 9th	11	22	戊申	4
初十 10th	11	23	己酉	3
十一 11th	11	24	庚戌	2
十二 12th	11	25	辛亥	1
十三 13th	11	26	壬子	9
十四 14th	11	27	癸丑	8
十五 15th	11	28	甲寅	7
十六 16th	11	29	乙卯	6
十七 17th	11	30	丙辰	5
十八 18th	12	1	丁巳	4
十九 19th	12	2	戊午	3
二十 20th	12	3	己未	2
廿一 21st	12	4	庚申	1
廿二 22nd	12	5	辛酉	9
廿三 23rd	12	6	壬戌	8
廿四 24th	12	7	癸亥	7
廿五 25th	12	8	甲子	6
廿六 26th	12	9	乙丑	5
廿七 27th	12	10	丙寅	4
廿八 28th	12	11	丁卯	3
廿九 29th	12	12	戊辰	2
三十 30th	12	13	己巳	1

月干支 Month	十一月大 11th Mth 庚子 Geng Zi			
九星 9 Star	七赤 Seven Red			
節氣 Season	小寒 Lesser Cold		冬至 Winter Solstice	
	24th day		9th day	
	1hr 44min		8hr 27min	
	丑 Chou		辰 Chen	
農曆 Calendar	國曆 Gregorian		干支 S/B	星 Star
初一 1st	12	14	庚午	9
初二 2nd	12	15	辛未	8
初三 3rd	12	16	壬申	7
初四 4th	12	17	癸酉	6
初五 5th	12	18	甲戌	5
初六 6th	12	19	乙亥	4
初七 7th	12	20	丙子	3
初八 8th	12	21	丁丑	2
初九 9th	12	22	戊寅	1\9
初十 10th	12	23	己卯	1
十一 11th	12	24	庚辰	2
十二 12th	12	25	辛巳	3
十三 13th	12	26	壬午	4
十四 14th	12	27	癸未	5
十五 15th	12	28	甲申	6
十六 16th	12	29	乙酉	7
十七 17th	12	30	丙戌	8
十八 18th	12	31	丁亥	9
十九 19th	1	1	戊子	1
二十 20th	1	2	己丑	2
廿一 21st	1	3	庚寅	3
廿二 22nd	1	4	辛卯	4
廿三 23rd	1	5	壬辰	5
廿四 24th	1	6	癸巳	3
廿五 25th	1	7	甲午	7
廿六 26th	1	8	乙未	3
廿七 27th	1	9	丙申	9
廿八 28th	1	10	丁酉	1
廿九 29th	1	11	戊戌	2
三十 30th	1	12	己亥	3

月干支 Month	十二月小 12th Mth 辛丑 Xin Chou			
九星 9 Star	六白 Six White			
節氣 Season	立春 Coming of Spring		大寒 Greater Cold	
	23rd day		8th day	
	13hr 26min		19h 1min	
	未 Wei		戌 Xu	
農曆 Calendar	國曆 Gregorian		干支 S/B	星 Star
初一 1st	1	13	庚子	4
初二 2nd	1	14	辛丑	5
初三 3rd	1	15	壬寅	6
初四 4th	1	16	癸卯	7
初五 5th	1	17	甲辰	8
初六 6th	1	18	乙巳	9
初七 7th	1	19	丙午	1
初八 8th	1	20	丁未	2
初九 9th	1	21	戊申	3
初十 10th	1	22	己酉	4
十一 11th	1	23	庚戌	5
十二 12th	1	24	辛亥	6
十三 13th	1	25	壬子	7
十四 14th	1	26	癸丑	8
十五 15th	1	27	甲寅	9
十六 16th	1	28	乙卯	1
十七 17th	1	29	丙辰	2
十八 18th	1	30	丁巳	3
十九 19th	1	31	戊午	4
二十 20th	2	1	己未	5
廿一 21st	2	2	庚申	6
廿二 22nd	2	3	辛酉	7
廿三 23rd	2	4	壬戌	8
廿四 24th	2	5	癸亥	9
廿五 25th	2	6	甲子	1
廿六 26th	2	7	乙丑	2
廿七 27th	2	8	丙寅	3
廿八 28th	2	9	丁卯	4
廿九 29th	2	10	戊辰	5
三十 30th				

1937 丁丑 Fire Ox

Grand Duke: 汪文

月干支 Month	正月大 1st Mth				二月小 2nd Mth				三月小 3rd Mth				四月大 4th Mth				五月小 5th Mth				六月小 6th Mth			
	壬寅 Ren Yin				癸卯 Gui Mao				甲辰 Jia Chen				乙巳 Yi Si				丙午 Bing Wu				丁未 Ding Wei			
九星 9 Star	五黃 Five Yellow				四綠 Four Green				三碧 Three Jade				二黑 Two Black				一白 One White				九紫 Nine Purple			
節氣 Season	驚蟄 Awakening of Worms		雨水 Rain Water		清明 Clear and Bright		春分 Spring Equinox		立夏 Coming of Summer		穀雨 Grain Rain		芒種 Planting of Thorny Crops		小滿 Small Sprout		小暑 Lesser Heat		夏至 Summer Solstice				大暑 Greater Heat	
	24th day		9th day		24th day		9th day		26th day		10th day		28th day		12th day		29th day		14th day				16th day	
	7hr 45min		9hr 21min		13hr 2min		8hr 46min		6hr 51min		20hr 20min		11hr 23min		19hr 57min		21hr 46min		4hr 12min				15hr 7min	
	辰 Chen		巳 Si		未 Wei		辰 Chen		卯 Mao		戌 Xu		午 Wu		戌 Xu		亥 Hai		寅 Yin				申 Shen	
農曆 Calendar	國曆 Gregorian		干支 S/B	星 Star	國曆 Gregorian		干支 S/B	星 Star	國曆 Gregorian		干支 S/B	星 Star	國曆 Gregorian		干支 S/B	星 Star	國曆 Gregorian		干支 S/B	星 Star	國曆 Gregorian		干支 S/B	星 Star
初一 1st	2	11	己巳	6	3	13	己亥	9	4	11	戊辰	2	5	10	丁酉	4	6	9	丁卯	7	7	8	丙申	1
初二 2nd	2	12	庚午	7	3	14	庚子	1	4	12	己巳	3	5	11	戊戌	5	6	10	戊辰	8	7	9	丁酉	9
初三 3rd	2	13	辛未	8	3	15	辛丑	2	4	13	庚午	4	5	12	己亥	6	6	11	己巳	9	7	10	戊戌	8
初四 4th	2	14	壬申	9	3	16	壬寅	3	4	14	辛未	5	5	13	庚子	7	6	12	庚午	1	7	11	己亥	7
初五 5th	2	15	癸酉	1	3	17	癸卯	4	4	15	壬申	6	5	14	辛丑	8	6	13	辛未	2	7	12	庚子	6
初六 6th	2	16	甲戌	2	3	18	甲辰	5	4	16	癸酉	7	5	15	壬寅	9	6	14	壬申	3	7	13	辛丑	5
初七 7th	2	17	乙亥	3	3	19	乙巳	6	4	17	甲戌	8	5	16	癸卯	1	6	15	癸酉	4	7	14	壬寅	4
初八 8th	2	18	丙子	4	3	20	丙午	7	4	18	乙亥	9	5	17	甲辰	2	6	16	甲戌	5	7	15	癸卯	3
初九 9th	2	19	丁丑	5	3	21	丁未	8	4	19	丙子	1	5	18	乙巳	3	6	17	乙亥	6	7	16	甲辰	2
初十 10th	2	20	戊寅	6	3	22	戊申	9	4	20	丁丑	2	5	19	丙午	4	6	18	丙子	7	7	17	乙巳	1
十一 11th	2	21	己卯	7	3	23	己酉	1	4	21	戊寅	3	5	20	丁未	5	6	19	丁丑	8	7	18	丙午	9
十二 12th	2	22	庚辰	8	3	24	庚戌	2	4	22	己卯	4	5	21	戊申	6	6	20	戊寅	9	7	19	丁未	8
十三 13th	2	23	辛巳	9	3	25	辛亥	3	4	23	庚辰	5	5	22	己酉	7	6	21	己卯	1	7	20	戊申	7
十四 14th	2	24	壬午	1	3	26	壬子	4	4	24	辛巳	6	5	23	庚戌	8	6	22	庚辰	2\8	7	21	己酉	6
十五 15th	2	25	癸未	2	3	27	癸丑	5	4	25	壬午	7	5	24	辛亥	9	6	23	辛巳	7	7	22	庚戌	5
十六 16th	2	26	甲申	3	3	28	甲寅	6	4	26	癸未	8	5	25	壬子	1	6	24	壬午	6	7	23	辛亥	4
十七 17th	2	27	乙酉	4	3	29	乙卯	7	4	27	甲申	9	5	26	癸丑	2	6	25	癸未	5	7	24	壬子	3
十八 18th	2	28	丙戌	5	3	30	丙辰	8	4	28	乙酉	1	5	27	甲寅	3	6	26	甲申	4	7	25	癸丑	2
十九 19th	3	1	丁亥	6	3	31	丁巳	9	4	29	丙戌	2	5	28	乙卯	4	6	27	乙酉	3	7	26	甲寅	1
二十 20th	3	2	戊子	7	4	1	戊午	1	4	30	丁亥	3	5	29	丙辰	5	6	28	丙戌	2	7	27	乙卯	9
廿一 21st	3	3	己丑	8	4	2	己未	2	5	1	戊子	4	5	30	丁巳	6	6	29	丁亥	1	7	28	丙辰	8
廿二 22nd	3	4	庚寅	9	4	3	庚申	3	5	2	己丑	5	5	31	戊午	7	6	30	戊子	9	7	29	丁巳	7
廿三 23rd	3	5	辛卯	1	4	4	辛酉	4	5	3	庚寅	6	6	1	己未	8	7	1	己丑	8	7	30	戊午	6
廿四 24th	3	6	壬辰	2	4	5	壬戌	5	5	4	辛卯	7	6	2	庚申	9	7	2	庚寅	7	7	31	己未	5
廿五 25th	3	7	癸巳	3	4	6	癸亥	6	5	5	壬辰	8	6	3	辛酉	1	7	3	辛卯	6	8	1	庚申	4
廿六 26th	3	8	甲午	4	4	7	甲子	7	5	6	癸巳	9	6	4	壬戌	2	7	4	壬辰	5	8	2	辛酉	3
廿七 27th	3	9	乙未	5	4	8	乙丑	8	5	7	甲午	1	6	5	癸亥	3	7	5	癸巳	4	8	3	壬戌	2
廿八 28th	3	10	丙申	6	4	9	丙寅	9	5	8	乙未	2	6	6	甲子	4	7	6	甲午	3	8	4	癸亥	1
廿九 29th	3	11	丁酉	7	4	10	丁卯	1	5	9	丙申	3	6	7	乙丑	5	7	7	乙未	2	8	5	甲子	9
三十 30th	3	12	戊戌	8									6	8	丙寅	6								

天干 Ten Stems

- 甲 Jia Yang Wood
- 乙 Yi Yin Wood
- 丙 Bing Yang Fire
- 丁 Ding Yin Fire
- 戊 Wu Yang Earth
- 己 Ji Yin Earth
- 庚 Geng Yang Metal
- 辛 Xin Yin Metal
- 壬 Ren Yang Water
- 癸 Gui Yin Water

Male Gua: 9 離(Li) **Female Gua: 6 乾(Qian)** 3 Killing 三煞: East Annual Star: 9 Purple

十二月小 12th Mth				十一月大 11th Mth				十月大 10th Mth				九月大 9th Mth				八月小 8th Mth				七月大 7th Mth				月干支 Month
癸丑 Gui Chou				壬子 Ren Zi				辛亥 Xin Hai				庚戌 Geng Xu				己酉 Ji You				戊申 Wu Shen				
三碧 Three Jade				四綠 Four Green				五黃 Five Yellow				六白 Six White				七赤 Seven Red				八白 Eight White				九星 9 Star
大寒 Greater Cold		小寒 Lesser Cold		冬至 Winter Solstice		大雪 Greater Snow		小雪 Lesser Snow		立冬 Coming of Winter		霜降 Frosting		寒露 Cold Dew		秋分 Autumn Equinox		白露 White Dew		處暑 Heat Ends		立秋 Coming Autumn		節氣 Season
20th day		5th day		20th day		5th day		21st day		6th day		21st day		6th day		19th day		4th day		18th day		3rd day		
0hr 59min		7hr 32min		14hr 22min		20hr 27min		1hr 17min		3hr 36min		4hr 7min		1hr 11min		19hr 13min		10hr 0min		21hr 58min		7hr 26min		
子 Zi		辰 Chen		未 Wei		戌 Xu		丑 Chou		寅 Yin		寅 Yin		丑 Chou		戌 Xu		巳 Si		亥 Hai		辰 Chen		
國曆 Gregorian		干支 S/B	星 Star	國曆 Gregorian		干支 S/B	星 Star	國曆 Gregorian		干支 S/B	星 Star	國曆 Gregorian		干支 S/B	星 Star	國曆 Gregorian		干支 S/B	星 Star	國曆 Gregorian		干支 S/B	星 Star	農曆 Calendar
1	2	甲午	7	12	3	甲子	6	11	3	甲午	9	10	4	甲子	3	9	5	乙未	5	8	6	乙丑	8	初一 1st
1	3	乙未	8	12	4	乙丑	5	11	4	乙未	8	10	5	乙丑	2	9	6	丙申	4	8	7	丙寅	7	初二 2nd
1	4	丙申	9	12	5	丙寅	4	11	5	丙申	7	10	6	丙寅	1	9	7	丁酉	3	8	8	丁卯	6	初三 3rd
1	5	丁酉	1	12	6	丁卯	3	11	6	丁酉	6	10	7	丁卯	9	9	8	戊戌	2	8	9	戊辰	5	初四 4th
1	6	戊戌	2	12	7	戊辰	2	11	7	戊戌	5	10	8	戊辰	8	9	9	己亥	1	8	10	己巳	4	初五 5th
1	7	己亥	3	12	8	己巳	1	11	8	己亥	4	10	9	己巳	7	9	10	庚子	9	8	11	庚午	3	初六 6th
1	8	庚子	4	12	9	庚午	9	11	9	庚子	3	10	10	庚午	6	9	11	辛丑	8	8	12	辛未	2	初七 7th
1	9	辛丑	5	12	10	辛未	8	11	10	辛丑	2	10	11	辛未	5	9	12	壬寅	7	8	13	壬申	1	初八 8th
1	10	壬寅	6	12	11	壬申	7	11	11	壬寅	1	10	12	壬申	4	9	13	癸卯	6	8	14	癸酉	9	初九 9th
1	11	癸卯	7	12	12	癸酉	6	11	12	癸卯	9	10	13	癸酉	3	9	14	甲辰	5	8	15	甲戌	8	初十 10th
1	12	甲辰	8	12	13	甲戌	5	11	13	甲辰	8	10	14	甲戌	2	9	15	乙巳	4	8	16	乙亥	7	十一 11th
1	13	乙巳	9	12	14	乙亥	4	11	14	乙巳	7	10	15	乙亥	1	9	16	丙午	3	8	17	丙子	6	十二 12th
1	14	丙午	1	12	15	丙子	3	11	15	丙午	6	10	16	丙子	9	9	17	丁未	2	8	18	丁丑	5	十三 13th
1	15	丁未	2	12	16	丁丑	2	11	16	丁未	5	10	17	丁丑	8	9	18	戊申	1	8	19	戊寅	4	十四 14th
1	16	戊申	3	12	17	戊寅	1	11	17	戊申	4	10	18	戊寅	7	9	19	己酉	9	8	20	己卯	3	十五 15th
1	17	己酉	4	12	18	己卯	9	11	18	己酉	3	10	19	己卯	6	9	20	庚戌	8	8	21	庚辰	2	十六 16th
1	18	庚戌	5	12	19	庚辰	8	11	19	庚戌	2	10	20	庚辰	5	9	21	辛亥	7	8	22	辛巳	1	十七 17th
1	19	辛亥	6	12	20	辛巳	7	11	20	辛亥	1	10	21	辛巳	4	9	22	壬子	6	8	23	壬午	9	十八 18th
1	20	壬子	7	12	21	壬午	6	11	21	壬子	9	10	22	壬午	3	9	23	癸丑	5	8	24	癸未	8	十九 19th
1	21	癸丑	8	12	22	癸未	5\5	11	22	癸丑	8	10	23	癸未	2	9	24	甲寅	4	8	25	甲申	7	二十 20th
1	22	甲寅	9	12	23	甲申	6	11	23	甲寅	7	10	24	甲申	1	9	25	乙卯	3	8	26	乙酉	6	廿一 21st
1	23	乙卯	1	12	24	乙酉	7	11	24	乙卯	6	10	25	乙酉	9	9	26	丙辰	2	8	27	丙戌	5	廿二 22nd
1	24	丙辰	2	12	25	丙戌	8	11	25	丙辰	5	10	26	丙戌	8	9	27	丁巳	1	8	28	丁亥	4	廿三 23rd
1	25	丁巳	3	12	26	丁亥	9	11	26	丁巳	4	10	27	丁亥	7	9	28	戊午	9	8	29	戊子	3	廿四 24th
1	26	戊午	4	12	27	戊子	1	11	27	戊午	3	10	28	戊子	6	9	29	己未	8	8	30	己丑	2	廿五 25th
1	27	己未	5	12	28	己丑	2	11	28	己未	2	10	29	己丑	5	9	30	庚申	7	8	31	庚寅	1	廿六 26th
1	28	庚申	6	12	29	庚寅	3	11	29	庚申	1	10	30	庚寅	4	10	1	辛酉	6	9	1	辛卯	9	廿七 27th
1	29	辛酉	7	12	30	辛卯	4	11	30	辛酉	9	10	31	辛卯	3	10	2	壬戌	5	9	2	壬辰	8	廿八 28th
1	30	壬戌	8	12	31	壬辰	5	12	1	壬戌	8	11	1	壬辰	2	10	3	癸亥	4	9	3	癸巳	7	廿九 29th
				1	1	癸巳	6	12	2	癸亥	7	11	2	癸巳	1					9	4	甲午	6	三十 30th

地支 Twelve Branches: 子 Zi Rat, 丑 Chou Ox, 寅 Yin Tiger, 卯 Mao Rabbit, 辰 Chen Dragon, 巳 Si Snake, 午 Wu Horse, 未 Wei Goat, 申 Shen Monkey, 酉 You Rooster, 戌 Xu Dog, 亥 Hai Pig

1938 戊寅 Earth Tiger

Grand Duke: 曾光

天干 Ten Stems: 甲 Jia Yang Wood · 乙 Yi Yin Wood · 丙 Bing Yang Fire · 丁 Ding Yin Fire · 戊 Wu Yang Earth · 己 Ji Yin Earth · 庚 Geng Yang Metal · 辛 Xin Yin Metal · 壬 Ren Yang Water · 癸 Gui Yin Water

六月小 6th Mth				五月大 5th Mth				四月小 4th Mth				三月小 3rd Mth				二月大 2nd Mth				正月大 1st Mth				月干支 Month
己未 Ji Wei				戊午 Wu Wu				丁巳 Ding Si				丙辰 Bing Chen				乙卯 Yi Mao				甲寅 Jia Yin				
六白 Six White				七赤 Seven Red				八白 Eight White				九紫 Nine Purple				一白 One White				二黑 Two Black				九星 9 Star
大暑 Greater Heat		小暑 Lesser Heat		夏至 Summer Solstice		芒種 Planting of Thorny Crops		小滿 Small Sprout		立夏 Coming of Summer		穀雨 Grain Rain		清明 Clear and Bright		春分 Spring Equinox		驚蟄 Awakening of Worms		雨水 Rain Water		立春 Coming of Spring		節氣 Season
26th day		11th day		25th day		9th day		23rd day		7th day		21st day		5th day		20th day		5th day		20th day		5th day		
20hr 57min		3hr 32min		10hr 4min		17ht 7min		1hr 51min		12hr 36min		2hr 15min		18hr 49min		14hr 43min		13hr 34min		15hr 20min		19hr 15min		
戌 Xu		寅 Yin		巳 Si		酉 You		丑 Chou		午 Wu		丑 Chou		酉 You		未 Wei		未 Wei		申 Shen		戌 Xu		
國曆 Gregorian		干支 S / B	星 Star	國曆 Gregorian		干支 S / B	星 Star	國曆 Gregorian		干支 S / B	星 Star	國曆 Gregorian		干支 S / B	星 Star	國曆 Gregorian		干支 S / B	星 Star	國曆 Gregorian		干支 S / B	星 Star	農曆 Calendar
6	28	辛卯	6	5	29	辛酉	1	4	30	壬辰	8	4	1	癸亥	6	3	2	癸巳	3	1	31	癸亥	9	初一 1st
6	29	壬辰	5	5	30	壬戌	2	5	1	癸巳	9	4	2	甲子	7	3	3	甲午	4	2	1	甲子	1	初二 2nd
6	30	癸巳	4	5	31	癸亥	3	5	2	甲午	1	4	3	乙丑	8	3	4	乙未	5	2	2	乙丑	2	初三 3rd
7	1	甲午	3	6	1	甲子	4	5	3	乙未	2	4	4	丙寅	9	3	5	丙申	6	2	3	丙寅	3	初四 4th
7	2	乙未	2	6	2	乙丑	5	5	4	丙申	3	4	5	丁卯	1	3	6	丁酉	7	2	4	丁卯	4	初五 5th
7	3	丙申	1	6	3	丙寅	6	5	5	丁酉	4	4	6	戊辰	2	3	7	戊戌	8	2	5	戊辰	5	初六 6th
7	4	丁酉	9	6	4	丁卯	7	5	6	戊戌	5	4	7	己巳	3	3	8	己亥	9	2	6	己巳	6	初七 7th
7	5	戊戌	8	6	5	戊辰	8	5	7	己亥	6	4	8	庚午	4	3	9	庚子	1	2	7	庚午	7	初八 8th
7	6	己亥	7	6	6	己巳	9	5	8	庚子	7	4	9	辛未	5	3	10	辛丑	2	2	8	辛未	8	初九 9th
7	7	庚子	6	6	7	庚午	1	5	9	辛丑	8	4	10	壬申	6	3	11	壬寅	3	2	9	壬申	9	初十 10th
7	8	辛丑	5	6	8	辛未	2	5	10	壬寅	9	4	11	癸酉	7	3	12	癸卯	4	2	10	癸酉	1	十一 11th
7	9	壬寅	4	6	9	壬申	3	5	11	癸卯	1	4	12	甲戌	8	3	13	甲辰	5	2	11	甲戌	2	十二 12th
7	10	癸卯	3	6	10	癸酉	4	5	12	甲辰	2	4	13	乙亥	9	3	14	乙巳	6	2	12	乙亥	3	十三 13th
7	11	甲辰	2	6	11	甲戌	5	5	13	乙巳	3	4	14	丙子	1	3	15	丙午	7	2	13	丙子	4	十四 14th
7	12	乙巳	1	6	12	乙亥	6	5	14	丙午	4	4	15	丁丑	2	3	16	丁未	8	2	14	丁丑	5	十五 15th
7	13	丙午	9	6	13	丙子	7	5	15	丁未	5	4	16	戊寅	3	3	17	戊申	9	2	15	戊寅	6	十六 16th
7	14	丁未	8	6	14	丁丑	8	5	16	戊申	6	4	17	己卯	4	3	18	己酉	1	2	16	己卯	7	十七 17th
7	15	戊申	7	6	15	戊寅	9	5	17	己酉	7	4	18	庚辰	5	3	19	庚戌	2	2	17	庚辰	8	十八 18th
7	16	己酉	6	6	16	己卯	1	5	18	庚戌	8	4	19	辛巳	6	3	20	辛亥	3	2	18	辛巳	9	十九 19th
7	17	庚戌	5	6	17	庚辰	2	5	19	辛亥	9	4	20	壬午	7	3	21	壬子	4	2	19	壬午	1	二十 20th
7	18	辛亥	4	6	18	辛巳	3	5	20	壬子	1	4	21	癸未	8	3	22	癸丑	5	2	20	癸未	2	廿一 21st
7	19	壬子	3	6	19	壬午	4	5	21	癸丑	2	4	22	甲申	9	3	23	甲寅	6	2	21	甲申	3	廿二 22nd
7	20	癸丑	2	6	20	癸未	5	5	22	甲寅	3	4	23	乙酉	1	3	24	乙卯	7	2	22	乙酉	4	廿三 23rd
7	21	甲寅	1	6	21	甲申	6	5	23	乙卯	4	4	24	丙戌	2	3	25	丙辰	8	2	23	丙戌	5	廿四 24th
7	22	乙卯	9	6	22	乙酉	7\3	5	24	丙辰	5	4	25	丁亥	3	3	26	丁巳	9	2	24	丁亥	6	廿五 25th
7	23	丙辰	8	6	23	丙戌	2	5	25	丁巳	6	4	26	戊子	4	3	27	戊午	1	2	25	戊子	7	廿六 26th
7	24	丁巳	7	6	24	丁亥	1	5	26	戊午	7	4	27	己丑	5	3	28	己未	2	2	26	己丑	8	廿七 27th
7	25	戊午	6	6	25	戊子	9	5	27	己未	8	4	28	庚寅	6	3	29	庚申	3	2	27	庚寅	9	廿八 28th
7	26	己未	5	6	26	己丑	8	5	28	庚申	9	4	29	辛卯	7	3	30	辛酉	4	2	28	辛卯	1	廿九 29th
				6	27	庚寅	7									3	31	壬戌	5	3	1	壬辰	2	三十 30th

Male Gua: 8 艮(Gen)　Female Gua: 7 兑(Dui)　3 Killing 三煞: North　Annual Star: 8 White

地支 Twelve Branches: 子 Zi Rat | 丑 Chou Ox | 寅 Yin Tiger | 卯 Mao Rabbit | 辰 Chen Dragon | 巳 Si Snake | 午 Wu Horse | 未 Wei Goat | 申 Shen Monkey | 酉 You Rooster | 戌 Xu Dog | 亥 Hai Pig

月干支 Month: 七月小 7th Mth — 庚申 Geng Shen — 九星 9 Star: 五黃 Five Yellow
節氣 Season: 處暑 Heat Ends, 29th day, 3hr 46min, 寅 Yin; 立秋 Coming Autumn, 13th day, 13hr 13min, 未 Wei

農曆 Calendar	國曆 Gregorian		干支 S / B	星 Star
初一 1st	7	27	庚申	4
初二 2nd	7	28	辛酉	3
初三 3rd	7	29	壬戌	2
初四 4th	7	30	癸亥	1
初五 5th	7	31	甲子	9
初六 6th	8	1	乙丑	8
初七 7th	8	2	丙寅	7
初八 8th	8	3	丁卯	6
初九 9th	8	4	戊辰	5
初十 10th	8	5	己巳	4
十一 11th	8	6	庚午	3
十二 12th	8	7	辛未	2
十三 13th	8	8	壬申	1
十四 14th	8	9	癸酉	9
十五 15th	8	10	甲戌	8
十六 16th	8	11	乙亥	7
十七 17th	8	12	丙子	6
十八 18th	8	13	丁丑	5
十九 19th	8	14	戊寅	4
二十 20th	8	15	己卯	3
廿一 21st	8	16	庚辰	2
廿二 22nd	8	17	辛巳	1
廿三 23rd	8	18	壬午	9
廿四 24th	8	19	癸未	8
廿五 25th	8	20	甲申	7
廿六 26th	8	21	乙酉	6
廿七 27th	8	22	丙戌	5
廿八 28th	8	23	丁亥	4
廿九 29th	8	24	戊子	3
三十 30th				

閏七月大 7th Mth
節氣 Season: 白露 White Dew, 15th day, 15hr 49min, 申 Shen

農曆 Calendar	國曆 Gregorian		干支 S / B	星 Star
初一 1st	8	25	己丑	2
初二 2nd	8	26	庚寅	1
初三 3rd	8	27	辛卯	9
初四 4th	8	28	壬辰	8
初五 5th	8	29	癸巳	7
初六 6th	8	30	甲午	6
初七 7th	8	31	乙未	5
初八 8th	9	1	丙申	4
初九 9th	9	2	丁酉	3
初十 10th	9	3	戊戌	2
十一 11th	9	4	己亥	1
十二 12th	9	5	庚子	9
十三 13th	9	6	辛丑	8
十四 14th	9	7	壬寅	7
十五 15th	9	8	癸卯	6
十六 16th	9	9	甲辰	5
十七 17th	9	10	乙巳	4
十八 18th	9	11	丙午	3
十九 19th	9	12	丁未	2
二十 20th	9	13	戊申	1
廿一 21st	9	14	己酉	9
廿二 22nd	9	15	庚戌	8
廿三 23rd	9	16	辛亥	7
廿四 24th	9	17	壬子	6
廿五 25th	9	18	癸丑	5
廿六 26th	9	19	甲寅	4
廿七 27th	9	20	乙卯	3
廿八 28th	9	21	丙辰	2
廿九 29th	9	22	丁巳	1
三十 30th	9	23	戊午	9

八月小 8th Mth — 辛酉 Xin You — 四綠 Four Green
節氣 Season: 寒露 Cold Dew, 16th day, 7hr 2min, 辰 Chen; 秋分 Autumn Equinox, 1st day, 1hr 0min, 丑 Chou

農曆 Calendar	國曆 Gregorian		干支 S / B	星 Star
初一 1st	9	24	己未	8
初二 2nd	9	25	庚申	7
初三 3rd	9	26	辛酉	6
初四 4th	9	27	壬戌	5
初五 5th	9	28	癸亥	4
初六 6th	9	29	甲子	3
初七 7th	9	30	乙丑	2
初八 8th	10	1	丙寅	1
初九 9th	10	2	丁卯	9
初十 10th	10	3	戊辰	8
十一 11th	10	4	己巳	7
十二 12th	10	5	庚午	6
十三 13th	10	6	辛未	5
十四 14th	10	7	壬申	4
十五 15th	10	8	癸酉	3
十六 16th	10	9	甲戌	2
十七 17th	10	10	乙亥	1
十八 18th	10	11	丙子	9
十九 19th	10	12	丁丑	8
二十 20th	10	13	戊寅	7
廿一 21st	10	14	己卯	6
廿二 22nd	10	15	庚辰	5
廿三 23rd	10	16	辛巳	4
廿四 24th	10	17	壬午	3
廿五 25th	10	18	癸未	2
廿六 26th	10	19	甲申	1
廿七 27th	10	20	乙酉	9
廿八 28th	10	21	丙戌	8
廿九 29th	10	22	丁亥	7
三十 30th				

九月大 9th Mth — 壬戌 Ren Xu — 三碧 Three Jade
節氣 Season: 立冬 Coming of Winter, 17th day, 9hr 49min, 巳 Si; 霜降 Frosting, 2nd day, 9hr 54min, 巳 Si

農曆 Calendar	國曆 Gregorian		干支 S / B	星 Star
初一 1st	10	23	戊子	6
初二 2nd	10	24	己丑	5
初三 3rd	10	25	庚寅	4
初四 4th	10	26	辛卯	3
初五 5th	10	27	壬辰	2
初六 6th	10	28	癸巳	1
初七 7th	10	29	甲午	9
初八 8th	10	30	乙未	8
初九 9th	10	31	丙申	7
初十 10th	11	1	丁酉	6
十一 11th	11	2	戊戌	5
十二 12th	11	3	己亥	4
十三 13th	11	4	庚子	3
十四 14th	11	5	辛丑	2
十五 15th	11	6	壬寅	1
十六 16th	11	7	癸卯	9
十七 17th	11	8	甲辰	8
十八 18th	11	9	乙巳	7
十九 19th	11	10	丙午	6
二十 20th	11	11	丁未	5
廿一 21st	11	12	戊申	4
廿二 22nd	11	13	己酉	3
廿三 23rd	11	14	庚戌	2
廿四 24th	11	15	辛亥	1
廿五 25th	11	16	壬子	9
廿六 26th	11	17	癸丑	8
廿七 27th	11	18	甲寅	7
廿八 28th	11	19	乙卯	6
廿九 29th	11	20	丙辰	5
三十 30th	11	21	丁巳	4

十月大 10th Mth — 癸亥 Gui Hai — 二黑 Two Black
節氣 Season: 大雪 Greater Snow, 17th day, 2hr 23min, 丑 Chou; 小雪 Lesser Snow, 2nd day, 7hr 7min, 辰 Chen

農曆 Calendar	國曆 Gregorian		干支 S / B	星 Star
初一 1st	11	22	戊午	3
初二 2nd	11	23	己未	2
初三 3rd	11	24	庚申	1
初四 4th	11	25	辛酉	9
初五 5th	11	26	壬戌	8
初六 6th	11	27	癸亥	7
初七 7th	11	28	甲子	6
初八 8th	11	29	乙丑	5
初九 9th	11	30	丙寅	4
初十 10th	12	1	丁卯	3
十一 11th	12	2	戊辰	2
十二 12th	12	3	己巳	1
十三 13th	12	4	庚午	9
十四 14th	12	5	辛未	8
十五 15th	12	6	壬申	7
十六 16th	12	7	癸酉	6
十七 17th	12	8	甲戌	5
十八 18th	12	9	乙亥	4
十九 19th	12	10	丙子	3
二十 20th	12	11	丁丑	2
廿一 21st	12	12	戊寅	1
廿二 22nd	12	13	己卯	9
廿三 23rd	12	14	庚辰	8
廿四 24th	12	15	辛巳	7
廿五 25th	12	16	壬午	6
廿六 26th	12	17	癸未	5
廿七 27th	12	18	甲申	4
廿八 28th	12	19	乙酉	3
廿九 29th	12	20	丙戌	2
三十 30th	12	21	丁亥	1

十一月小 11th Mth — 甲子 Jia Zi — 一白 One White
節氣 Season: 小寒 Lesser Cold, 16th day, 13hr 28min, 未 Wei; 冬至 Winter Solstice, 1st day, 20hr 14min, 戌 Xu

農曆 Calendar	國曆 Gregorian		干支 S / B	星 Star
初一 1st	12	22	戊子	9\1
初二 2nd	12	23	己丑	2
初三 3rd	12	24	庚寅	3
初四 4th	12	25	辛卯	4
初五 5th	12	26	壬辰	5
初六 6th	12	27	癸巳	6
初七 7th	12	28	甲午	7
初八 8th	12	29	乙未	8
初九 9th	12	30	丙申	9
初十 10th	12	31	丁酉	1
十一 11th	1	1	戊戌	2
十二 12th	1	2	己亥	3
十三 13th	1	3	庚子	4
十四 14th	1	4	辛丑	5
十五 15th	1	5	壬寅	6
十六 16th	1	6	癸卯	7
十七 17th	1	7	甲辰	8
十八 18th	1	8	乙巳	9
十九 19th	1	9	丙午	1
二十 20th	1	10	丁未	2
廿一 21st	1	11	戊申	3
廿二 22nd	1	12	己酉	4
廿三 23rd	1	13	庚戌	5
廿四 24th	1	14	辛亥	6
廿五 25th	1	15	壬子	7
廿六 26th	1	16	癸丑	8
廿七 27th	1	17	甲寅	9
廿八 28th	1	18	乙卯	1
廿九 29th	1	19	丙辰	2
三十 30th				

十二月大 12th Mth — 乙丑 Yi Chou — 九紫 Nine Purple
節氣 Season: 立春 Coming of Spring, 17th day, 1hr 11min, 丑 Chou; 大寒 Greater Cold, 2nd day, 6hr 51min, 卯 Mao

農曆 Calendar	國曆 Gregorian		干支 S / B	星 Star
初一 1st	1	20	丁巳	3
初二 2nd	1	21	戊午	4
初三 3rd	1	22	己未	5
初四 4th	1	23	庚申	6
初五 5th	1	24	辛酉	7
初六 6th	1	25	壬戌	8
初七 7th	1	26	癸亥	9
初八 8th	1	27	甲子	1
初九 9th	1	28	乙丑	2
初十 10th	1	29	丙寅	3
十一 11th	1	30	丁卯	4
十二 12th	1	31	戊辰	5
十三 13th	2	1	己巳	6
十四 14th	2	2	庚午	7
十五 15th	2	3	辛未	8
十六 16th	2	4	壬申	9
十七 17th	2	5	癸酉	[illegible]
十八 18th	2	6	甲戌	2
十九 19th	2	7	乙亥	3
二十 20th	2	8	丙子	4
廿一 21st	2	9	丁丑	5
廿二 22nd	2	10	戊寅	6
廿三 23rd	2	11	己卯	7
廿四 24th	2	12	庚辰	8
廿五 25th	2	13	辛巳	9
廿六 26th	2	14	壬午	1
廿七 27th	2	15	癸未	2
廿八 28th	2	16	甲申	3
廿九 29th	2	17	乙酉	4
三十 30th	2	18	丙戌	5

1939 己卯 Earth Rabbit

Grand Duke: 伍仲

天干 Ten Stems: 甲 Jia Yang Wood · 乙 Yi Yin Wood · 丙 Bing Yang Fire · 丁 Ding Yin Fire · 戊 Wu Yang Earth · 己 Ji Yin Earth · 庚 Geng Yang Metal · 辛 Xin Yin Metal · 壬 Ren Yang Water · 癸 Gui Yin Water

六月小 6th Mth				五月大 5th Mth				四月小 4th Mth				三月小 3rd Mth				二月大 2nd Mth				正月大 1st Mth				月干支 Month	
辛未 Xin Wei				庚午 Geng Wu				己巳 Ji Si				戊辰 Wu Chen				丁卯 Ding Mao				丙寅 Bing Yin					
三碧 Three Jade				四綠 Four Green				五黃 Five Yellow				六白 Six White				七赤 Seven Red				八白 Eight White				九星 9 Star	
立秋 Coming Autumn		大暑 Greater Heat		小暑 Lesser Heat		夏至 Summer Solstice		芒種 Planting of Thorny Crops		小滿 Small Sprout		立夏 Coming of Summer		穀雨 Grain Rain		清明 Clear and Bright		春分 Spring Equinox		驚蟄 Awakening of Worms		雨水 Rain Water		節氣 Season	
23rd day		8th day		22nd day		6th day		19th day		4th day		17th day		2nd day		17th day		1st day		16th day		1st day			
19hr 4min		2hr 37min		9hr 19min		15hr 40min		22hr 52min		7hr 27min		18hr 21min		7hr 55min		0hr 38min		20hr 29min		19hr 27min		21hr 10min			
戊 Xu		丑 Chou		巳 Si		申 Shen		亥 Hai		辰 Chen		酉 You		辰 Chen		子 Zi		戊 Xu		戊 Xu		亥 Hai			
國曆 Gregorian		干支 S/B	星 Star	國曆 Gregorian		干支 S/B	星 Star	國曆 Gregorian		干支 S/B	星 Star	國曆 Gregorian		干支 S/B	星 Star	國曆 Gregorian		干支 S/B	星 Star	國曆 Gregorian		干支 S/B	星 Star	農曆 Calendar	
7	17	乙卯	9	6	17	乙酉	7	5	19	丙辰	5	4	20	丁亥	3	3	21	丁巳	9	2	19	丁亥	6	初一	1st
7	18	丙辰	8	6	18	丙戌	8	5	20	丁巳	6	4	21	戊子	4	3	22	戊午	1	2	20	戊子	7	初二	2nd
7	19	丁巳	7	6	19	丁亥	9	5	21	戊午	7	4	22	己丑	5	3	23	己未	2	2	21	己丑	8	初三	3rd
7	20	戊午	6	6	20	戊子	1	5	22	己未	8	4	23	庚寅	6	3	24	庚申	3	2	22	庚寅	9	初四	4th
7	21	己未	5	6	21	己丑	2	5	23	庚申	9	4	24	辛卯	7	3	25	辛酉	4	2	23	辛卯	1	初五	5th
7	22	庚申	4	6	22	庚寅	3\7	5	24	辛酉	1	4	25	壬辰	8	3	26	壬戌	5	2	24	壬辰	2	初六	6th
7	23	辛酉	3	6	23	辛卯	6	5	25	壬戌	2	4	26	癸巳	9	3	27	癸亥	6	2	25	癸巳	3	初七	7th
7	24	壬戌	2	6	24	壬辰	5	5	26	癸亥	3	4	27	甲午	1	3	28	甲子	7	2	26	甲午	4	初八	8th
7	25	癸亥	1	6	25	癸巳	4	5	27	甲子	4	4	28	乙未	2	3	29	乙丑	8	2	27	乙未	5	初九	9th
7	26	甲子	9	6	26	甲午	3	5	28	乙丑	5	4	29	丙申	3	3	30	丙寅	9	2	28	丙申	6	初十	10th
7	27	乙丑	8	6	27	乙未	2	5	29	丙寅	6	4	30	丁酉	4	3	31	丁卯	1	3	1	丁酉	7	十一	11th
7	28	丙寅	7	6	28	丙申	1	5	30	丁卯	7	5	1	戊戌	5	4	1	戊辰	2	3	2	戊戌	8	十二	12th
7	29	丁卯	6	6	29	丁酉	9	5	31	戊辰	8	5	2	己亥	6	4	2	己巳	3	3	3	己亥	9	十三	13th
7	30	戊辰	5	6	30	戊戌	8	6	1	己巳	9	5	3	庚子	7	4	3	庚午	4	3	4	庚子	1	十四	14th
7	31	己巳	4	7	1	己亥	7	6	2	庚午	1	5	4	辛丑	8	4	4	辛未	5	3	5	辛丑	2	十五	15th
8	1	庚午	3	7	2	庚子	6	6	3	辛未	2	5	5	壬寅	9	4	5	壬申	6	3	6	壬寅	3	十六	16th
8	2	辛未	2	7	3	辛丑	5	6	4	壬申	3	5	6	癸卯	1	4	6	癸酉	7	3	7	癸卯	4	十七	17th
8	3	壬申	1	7	4	壬寅	4	6	5	癸酉	4	5	7	甲辰	2	4	7	甲戌	8	3	8	甲辰	5	十八	18th
8	4	癸酉	9	7	5	癸卯	3	6	6	甲戌	5	5	8	乙巳	3	4	8	乙亥	9	3	9	乙巳	6	十九	19th
8	5	甲戌	8	7	6	甲辰	2	6	7	乙亥	6	5	9	丙午	4	4	9	丙子	1	3	10	丙午	7	二十	20th
8	6	乙亥	7	7	7	乙巳	1	6	8	丙子	7	5	10	丁未	5	4	10	丁丑	2	3	11	丁未	8	廿一	21st
8	7	丙子	6	7	8	丙午	9	6	9	丁丑	8	5	11	戊申	6	4	11	戊寅	3	3	12	戊申	9	廿二	22nd
8	8	丁丑	5	7	9	丁未	8	6	10	戊寅	9	5	12	己酉	7	4	12	己卯	4	3	13	己酉	1	廿三	23rd
8	9	戊寅	4	7	10	戊申	7	6	11	己卯	1	5	13	庚戌	8	4	13	庚辰	5	3	14	庚戌	2	廿四	24th
8	10	己卯	3	7	11	己酉	6	6	12	庚辰	2	5	14	辛亥	9	4	14	辛巳	6	3	15	辛亥	3	廿五	25th
8	11	庚辰	2	7	12	庚戌	5	6	13	辛巳	3	5	15	壬子	1	4	15	壬午	7	3	16	壬子	4	廿六	26th
8	12	辛巳	1	7	13	辛亥	4	6	14	壬午	4	5	16	癸丑	2	4	16	癸未	8	3	17	癸丑	5	廿七	27th
8	13	壬午	9	7	14	壬子	3	6	15	癸未	5	5	17	甲寅	3	4	17	甲申	9	3	18	甲寅	6	廿八	28th
8	14	癸未	8	7	15	癸丑	2	6	16	甲申	6	5	18	乙卯	4	4	18	乙酉	1	3	19	乙卯	7	廿九	29th
				7	16	甲寅	1									4	19	丙戌	2	3	20	丙辰	8	三十	30th

Male Gua: 7 兑(Dui) Female Gua: 8 艮(Gen) 3 Killing 三煞: West Annual Star: 7 Red

地支 Twelve Branches: 子 Zi Rat · 丑 Chou Ox · 寅 Yin Tiger · 卯 Mao Rabbit · 辰 Chen Dragon · 巳 Si Snake · 午 Wu Horse · 未 Wei Goat · 申 Shen Monkey · 酉 You Rooster · 戌 Xu Dog · 亥 Hai Pig

月干支 Month	七月小 7th Mth				八月大 8th Mth				九月小 9th Mth				十月大 10th Mth				十一月小 11th Mth				十二月大 12th Mth			
	壬申 Ren Shen				癸酉 Gui You				甲戌 Jia Xu				乙亥 Yi Hai				丙子 Bing Zi				丁丑 Ding Chou			
九星 9 Star	二黑 Two Black				一白 One White				九紫 Nine Purple				八白 Eight White				七赤 Seven Red				六白 Six White			
節氣 Season	白露 White Dew		處暑 Heat Ends		寒露 Cold Dew		秋分 Autumn Equinox		立冬 Coming of Winter		霜降 Frosting		大雪 Greater Snow		小雪 Lesser Snow		小寒 Lesser Cold		冬至 Winter Solstice		立春 Coming of Spring		大寒 Greater Cold	
	25th day		10th day		27th day		12th day		27th day		12th day		28th day		13th day		27th day		13th day		28th day		13th day	
	21hr 42min		9hr 32min		12hr 57min		6hr 50min		15hr 40min		15hr 46min		8hr 18min		12hr 59min		19hr 24min		2hr 6min		7hr 8min		12hr 44min	
	亥 Hai		巳 Si		午 Wu		卯 Mao		申 Shen		申 Shen		辰 Chen		午 Wu		戌 Xu		丑 Chou		辰 Chen		午 Wu	
農曆 Calendar	國曆 Gregorian		干支 S/B	星 Star	國曆 Gregorian		干支 S/B	星 Star	國曆 Gregorian		干支 S/B	星 Star	國曆 Gregorian		干支 S/B	星 Star	國曆 Gregorian		干支 S/B	星 Star	國曆 Gregorian		干支 S/B	星 Star
初一 1st	8	15	甲申	7	9	13	癸丑	5	10	13	癸未	2	11	11	壬子	9	12	11	壬午	6	1	9	辛亥	6
初二 2nd	8	16	乙酉	6	9	14	甲寅	4	10	14	甲申	1	11	12	癸丑	8	12	12	癸未	5	1	10	壬子	7
初三 3rd	8	17	丙戌	5	9	15	乙卯	3	10	15	乙酉	9	11	13	甲寅	7	12	13	甲申	4	1	11	癸丑	8
初四 4th	8	18	丁亥	4	9	16	丙辰	2	10	16	丙戌	8	11	14	乙卯	6	12	14	乙酉	3	1	12	甲寅	9
初五 5th	8	19	戊子	3	9	17	丁巳	1	10	17	丁亥	7	11	15	丙辰	5	12	15	丙戌	2	1	13	乙卯	1
初六 6th	8	20	己丑	2	9	18	戊午	9	10	18	戊子	6	11	16	丁巳	4	12	16	丁亥	1	1	14	丙辰	2
初七 7th	8	21	庚寅	1	9	19	己未	8	10	19	己丑	5	11	17	戊午	3	12	17	戊子	9	1	15	丁巳	3
初八 8th	8	22	辛卯	9	9	20	庚申	7	10	20	庚寅	4	11	18	己未	2	12	18	己丑	8	1	16	戊午	4
初九 9th	8	23	壬辰	8	9	21	辛酉	6	10	21	辛卯	3	11	19	庚申	1	12	19	庚寅	7	1	17	己未	5
初十 10th	8	24	癸巳	7	9	22	壬戌	5	10	22	壬辰	2	11	20	辛酉	9	12	20	辛卯	6	1	18	庚申	6
十一 11th	8	25	甲午	6	9	23	癸亥	4	10	23	癸巳	1	11	21	壬戌	8	12	21	壬辰	5	1	19	辛酉	7
十二 12th	8	26	乙未	5	9	24	甲子	3	10	24	甲午	9	11	22	癸亥	7	12	22	癸巳	4	1	20	壬戌	8
十三 13th	8	27	丙申	4	9	25	乙丑	2	10	25	乙未	8	11	23	甲子	6	12	23	甲午	3\7	1	21	癸亥	9
十四 14th	8	28	丁酉	3	9	26	丙寅	1	10	26	丙申	7	11	24	乙丑	5	12	24	乙未	8	1	22	甲子	1
十五 15th	8	29	戊戌	2	9	27	丁卯	9	10	27	丁酉	6	11	25	丙寅	4	12	25	丙申	9	1	23	乙丑	2
十六 16th	8	30	己亥	1	9	28	戊辰	8	10	28	戊戌	5	11	26	丁卯	3	12	26	丁酉	1	1	24	丙寅	3
十七 17th	8	31	庚子	9	9	29	己巳	7	10	29	己亥	4	11	27	戊辰	2	12	27	戊戌	2	1	25	丁卯	4
十八 18th	9	1	辛丑	8	9	30	庚午	6	10	30	庚子	3	11	28	己巳	1	12	28	己亥	3	1	26	戊辰	5
十九 19th	9	2	壬寅	7	10	1	辛未	5	10	31	辛丑	2	11	29	庚午	9	12	29	庚子	4	1	27	己巳	6
二十 20th	9	3	癸卯	6	10	2	壬申	4	11	1	壬寅	1	11	30	辛未	8	12	30	辛丑	5	1	28	庚午	7
廿一 21st	9	4	甲辰	5	10	3	癸酉	3	11	2	癸卯	9	12	1	壬申	7	12	31	壬寅	6	1	29	辛未	8
廿二 22nd	9	5	乙巳	4	10	4	甲戌	2	11	3	甲辰	8	12	2	癸酉	6	1	1	癸卯	7	1	30	壬申	9
廿三 23rd	9	6	丙午	3	10	5	乙亥	1	11	4	乙巳	7	12	3	甲戌	5	1	2	甲辰	8	1	31	癸酉	1
廿四 24th	9	7	丁未	2	10	6	丙子	9	11	5	丙午	6	12	4	乙亥	4	1	3	乙巳	9	2	1	甲戌	2
廿五 25th	9	8	戊申	1	10	7	丁丑	8	11	6	丁未	5	12	5	丙子	3	1	4	丙午	1	2	2	乙亥	3
廿六 26th	9	9	己酉	9	10	8	戊寅	7	11	7	戊申	4	12	6	丁丑	2	1	5	丁未	2	2	3	丙子	4
廿七 27th	9	10	庚戌	8	10	9	己卯	6	11	8	己酉	3	12	7	戊寅	1	1	6	戊申	3	2	4	丁丑	5
廿八 28th	9	11	辛亥	7	10	10	庚辰	5	11	9	庚戌	2	12	8	己卯	9	1	7	己酉	4	2	5	戊寅	6
廿九 29th	9	12	壬子	6	10	11	辛巳	4	11	10	辛亥	1	12	9	庚辰	8	1	8	庚戌	5	2	6	己卯	7
三十 30th					10	12	壬午	3					12	10	辛巳	7					2	7	庚辰	8

1940 庚辰 Metal Dragon

Grand Duke: 重德

月干支 Month	正月大 1st Mth				二月大 2nd Mth				三月小 3rd Mth			
	戊寅 Wu Yin				己卯 Ji Mao				庚辰 Geng Chen			
九星 9 Star	五黃 Five Yellow				四綠 Four Green				三碧 Three Jade			
節氣 Season	驚蟄 Awakening of Worms		雨水 Rain Water		清明 Clear and Bright		春分 Spring Equinox		立夏 Coming of Summer		穀雨 Grain Rain	
	28th day		13th day		28th day		13th day		29th day		13th day	
	1hr 24min		3hr 4min		6hr 35min		2hr 24min		0hr 16min		13hr 51min	
	丑 Chou		寅 Yin		卯 Mao		丑 Chou		子 Zi		未 Wei	
農曆 Calendar	國曆 Gregorian		干支 S / B	星 Star	國曆 Gregorian		干支 S / B	星 Star	國曆 Gregorian		干支 S / B	星 Star
初一 1st	2	8	辛巳	9	3	9	辛亥	3	4	8	辛巳	6
初二 2nd	2	9	壬午	1	3	10	壬子	4	4	9	壬午	7
初三 3rd	2	10	癸未	2	3	11	癸丑	5	4	10	癸未	8
初四 4th	2	11	甲申	3	3	12	甲寅	6	4	11	甲申	9
初五 5th	2	12	乙酉	4	3	13	乙卯	7	4	12	乙酉	1
初六 6th	2	13	丙戌	5	3	14	丙辰	8	4	13	丙戌	2
初七 7th	2	14	丁亥	6	3	15	丁巳	9	4	14	丁亥	3
初八 8th	2	15	戊子	7	3	16	戊午	1	4	15	戊子	4
初九 9th	2	16	己丑	8	3	17	己未	2	4	16	己丑	5
初十 10th	2	17	庚寅	9	3	18	庚申	3	4	17	庚寅	6
十一 11th	2	18	辛卯	1	3	19	辛酉	4	4	18	辛卯	7
十二 12th	2	19	壬辰	2	3	20	壬戌	5	4	19	壬辰	8
十三 13th	2	20	癸巳	3	3	21	癸亥	6	4	20	癸巳	9
十四 14th	2	21	甲午	4	3	22	甲子	7	4	21	甲午	1
十五 15th	2	22	乙未	5	3	23	乙丑	8	4	22	乙未	2
十六 16th	2	23	丙申	6	3	24	丙寅	9	4	23	丙申	3
十七 17th	2	24	丁酉	7	3	25	丁卯	1	4	24	丁酉	4
十八 18th	2	25	戊戌	8	3	26	戊辰	2	4	25	戊戌	5
十九 19th	2	26	己亥	9	3	27	己巳	3	4	26	己亥	6
二十 20th	2	27	庚子	1	3	28	庚午	4	4	27	庚子	7
廿一 21st	2	28	辛丑	2	3	29	辛未	5	4	28	辛丑	8
廿二 22nd	2	29	壬寅	3	3	30	壬申	6	4	29	壬寅	9
廿三 23rd	3	1	癸卯	4	3	31	癸酉	7	4	30	癸卯	1
廿四 24th	3	2	甲辰	5	4	1	甲戌	8	5	1	甲辰	2
廿五 25th	3	3	乙巳	6	4	2	乙亥	9	5	2	乙巳	3
廿六 26th	3	4	丙午	7	4	3	丙子	1	5	3	丙午	4
廿七 27th	3	5	丁未	8	4	4	丁丑	2	5	4	丁未	5
廿八 28th	3	6	戊申	9	4	5	戊寅	3	5	5	戊申	6
廿九 29th	3	7	己酉	1	4	6	己卯	4	5	6	己酉	7
三十 30th	3	8	庚戌	2	4	7	庚辰	5				

月干支 Month	四月大 4th Mth				五月小 5th Mth				六月大 6th Mth			
	辛巳 Xin Si				壬午 Ren Wu				癸未 Gui Wei			
九星 9 Star	二黑 Two Black				一白 One White				九紫 Nine Purple			
節氣 Season			小滿 Small Sprout		夏至 Summer Solstice		芒種 Planting of Thorny Crops		大暑 Greater Heat		小暑 Lesser Heat	
			15th day		16th day		1st day		19th day		3rd day	
			13hr 23min		21hr 37min		4hr 44min		8hr 35min		15hr 8min	
			未 Wei		亥 Hai		寅 Yin		辰 Chen		申 Shen	
農曆 Calendar	國曆 Gregorian		干支 S / B	星 Star	國曆 Gregorian		干支 S / B	星 Star	國曆 Gregorian		干支 S / B	星 Star
初一 1st	5	7	庚戌	8	6	6	庚辰	2	7	5	己酉	6
初二 2nd	5	8	辛亥	9	6	7	辛巳	3	7	6	庚戌	5
初三 3rd	5	9	壬子	1	6	8	壬午	4	7	7	辛亥	4
初四 4th	5	10	癸丑	2	6	9	癸未	5	7	8	壬子	3
初五 5th	5	11	甲寅	3	6	10	甲申	6	7	9	癸丑	2
初六 6th	5	12	乙卯	4	6	11	乙酉	7	7	10	甲寅	1
初七 7th	5	13	丙辰	5	6	12	丙戌	8	7	11	乙卯	9
初八 8th	5	14	丁巳	6	6	13	丁亥	9	7	12	丙辰	8
初九 9th	5	15	戊午	7	6	14	戊子	1	7	13	丁巳	7
初十 10th	5	16	己未	8	6	15	己丑	2	7	14	戊午	6
十一 11th	5	17	庚申	9	6	16	庚寅	3	7	15	己未	5
十二 12th	5	18	辛酉	1	6	17	辛卯	4	7	16	庚申	4
十三 13th	5	19	壬戌	2	6	18	壬辰	5	7	17	辛酉	3
十四 14th	5	20	癸亥	3	6	19	癸巳	6	7	18	壬戌	2
十五 15th	5	21	甲子	4	6	20	甲午	7	7	19	癸亥	1
十六 16th	5	22	乙丑	5	6	21	乙未	8\2	7	20	甲子	9
十七 17th	5	23	丙寅	6	6	22	丙申	1	7	21	乙丑	8
十八 18th	5	24	丁卯	7	6	23	丁酉	9	7	22	丙寅	7
十九 19th	5	25	戊辰	8	6	24	戊戌	8	7	23	丁卯	6
二十 20th	5	26	己巳	9	6	25	己亥	7	7	24	戊辰	5
廿一 21st	5	27	庚午	1	6	26	庚子	6	7	25	己巳	4
廿二 22nd	5	28	辛未	2	6	27	辛丑	5	7	26	庚午	3
廿三 23rd	5	29	壬申	3	6	28	壬寅	4	7	27	辛未	2
廿四 24th	5	30	癸酉	4	6	29	癸卯	3	7	28	壬申	1
廿五 25th	5	31	甲戌	5	6	30	甲辰	2	7	29	癸酉	9
廿六 26th	6	1	乙亥	6	7	1	乙巳	1	7	30	甲戌	8
廿七 27th	6	2	丙子	7	7	2	丙午	9	7	31	乙亥	7
廿八 28th	6	3	丁丑	8	7	3	丁未	8	8	1	丙子	6
廿九 29th	6	4	戊寅	9	7	4	戊申	7	8	2	丁丑	5
三十 30th	6	5	己卯	1					8	3	戊寅	4

天干 Ten Stems: 甲 Jia Yang Wood · 乙 Yi Yin Wood · 丙 Bing Yang Fire · 丁 Ding Yin Fire · 戊 Wu Yang Earth · 己 Ji Yin Earth · 庚 Geng Yang Metal · 辛 Xin Yin Metal · 壬 Ren Yang Water · 癸 Gui Yin Water

Male Gua: 6 乾(Qian) Female Gua: 9 離(Li) 3 Killing 三煞: South Annual Star: 6 White

地支 Twelve Branches: 子 Zi Rat · 丑 Chou Ox · 寅 Yin Tiger · 卯 Mao Rabbit · 辰 Chen Dragon · 巳 Si Snake · 午 Wu Horse · 未 Wei Goat · 申 Shen Monkey · 酉 You Rooster · 戌 Xu Dog · 亥 Hai Pig

月干支 Month / 九星 9 Star / 節氣 Season

七月小 7th Mth · 甲申 Jia Shen · 八白 Eight White · 處暑 Heat Ends 20th day 15hr 29min 申 Shen · 立秋 Coming Autumn 5th day 0hr 52min 子 Zi

農曆 Calendar	國曆 Gregorian		干支 S/B	星 Star
初一 1st	8	4	己卯	3
初二 2nd	8	5	庚辰	2
初三 3rd	8	6	辛巳	1
初四 4th	8	7	壬午	9
初五 5th	8	8	癸未	8
初六 6th	8	9	甲申	7
初七 7th	8	10	乙酉	6
初八 8th	8	11	丙戌	5
初九 9th	8	12	丁亥	4
初十 10th	8	13	戊子	3
十一 11th	8	14	己丑	2
十二 12th	8	15	庚寅	1
十三 13th	8	16	辛卯	9
十四 14th	8	17	壬辰	8
十五 15th	8	18	癸巳	7
十六 16th	8	19	甲午	6
十七 17th	8	20	乙未	5
十八 18th	8	21	丙申	4
十九 19th	8	22	丁酉	3
二十 20th	8	23	戊戌	2
廿一 21st	8	24	己亥	1
廿二 22nd	8	25	庚子	9
廿三 23rd	8	26	辛丑	8
廿四 24th	8	27	壬寅	7
廿五 25th	8	28	癸卯	6
廿六 26th	8	29	甲辰	5
廿七 27th	8	30	乙巳	4
廿八 28th	8	31	丙午	3
廿九 29th	9	1	丁未	2
三十 30th				

八月小 8th Mth · 乙酉 Yi You · 七赤 Seven Red · 秋分 Autumn Equinox 22nd day 12hr 46min 午 Wu · 白露 White Dew 7th day 3hr 30min 寅 Yin

農曆 Calendar	國曆 Gregorian		干支 S/B	星 Star
初一 1st	9	2	戊申	1
初二 2nd	9	3	己酉	9
初三 3rd	9	4	庚戌	8
初四 4th	9	5	辛亥	7
初五 5th	9	6	壬子	6
初六 6th	9	7	癸丑	5
初七 7th	9	8	甲寅	4
初八 8th	9	9	乙卯	3
初九 9th	9	10	丙辰	2
初十 10th	9	11	丁巳	1
十一 11th	9	12	戊午	9
十二 12th	9	13	己未	8
十三 13th	9	14	庚申	7
十四 14th	9	15	辛酉	6
十五 15th	9	16	壬戌	5
十六 16th	9	17	癸亥	4
十七 17th	9	18	甲子	3
十八 18th	9	19	乙丑	2
十九 19th	9	20	丙寅	1
二十 20th	9	21	丁卯	9
廿一 21st	9	22	戊辰	8
廿二 22nd	9	23	己巳	7
廿三 23rd	9	24	庚午	6
廿四 24th	9	25	辛未	5
廿五 25th	9	26	壬申	4
廿六 26th	9	27	癸酉	3
廿七 27th	9	28	甲戌	2
廿八 28th	9	29	乙亥	1
廿九 29th	9	30	丙子	9
三十 30th				

九月大 9th Mth · 丙戌 Bing Xu · 六白 Six White · 霜降 Frosting 23rd day 21hr 40min 亥 Hai · 寒露 Cold Dew 8th day 18hr 43min 酉 You

農曆 Calendar	國曆 Gregorian		干支 S/B	星 Star
初一 1st	10	1	丁丑	8
初二 2nd	10	2	戊寅	7
初三 3rd	10	3	己卯	6
初四 4th	10	4	庚辰	5
初五 5th	10	5	辛巳	4
初六 6th	10	6	壬午	3
初七 7th	10	7	癸未	2
初八 8th	10	8	甲申	1
初九 9th	10	9	乙酉	9
初十 10th	10	10	丙戌	8
十一 11th	10	11	丁亥	7
十二 12th	10	12	戊子	6
十三 13th	10	13	己丑	5
十四 14th	10	14	庚寅	4
十五 15th	10	15	辛卯	3
十六 16th	10	16	壬辰	2
十七 17th	10	17	癸巳	1
十八 18th	10	18	甲午	9
十九 19th	10	19	乙未	8
二十 20th	10	20	丙申	7
廿一 21st	10	21	丁酉	6
廿二 22nd	10	22	戊戌	5
廿三 23rd	10	23	己亥	4
廿四 24th	10	24	庚子	3
廿五 25th	10	25	辛丑	2
廿六 26th	10	26	壬寅	1
廿七 27th	10	27	癸卯	9
廿八 28th	10	28	甲辰	8
廿九 29th	10	29	乙巳	7
三十 30th	10	30	丙午	6

十月小 10th Mth · 丁亥 Ding Hai · 五黃 Five Yellow · 小雪 Lesser Snow 23rd day 18hr 49min 酉 You · 立冬 Coming of Winter 8th day 21hr 27min 亥 Hai

農曆 Calendar	國曆 Gregorian		干支 S/B	星 Star
初一 1st	10	31	丁未	5
初二 2nd	11	1	戊申	4
初三 3rd	11	2	己酉	3
初四 4th	11	3	庚戌	2
初五 5th	11	4	辛亥	1
初六 6th	11	5	壬子	9
初七 7th	11	6	癸丑	8
初八 8th	11	7	甲寅	7
初九 9th	11	8	乙卯	6
初十 10th	11	9	丙辰	5
十一 11th	11	10	丁巳	4
十二 12th	11	11	戊午	3
十三 13th	11	12	己未	2
十四 14th	11	13	庚申	1
十五 15th	11	14	辛酉	9
十六 16th	11	15	壬戌	8
十七 17th	11	16	癸亥	7
十八 18th	11	17	甲子	6
十九 19th	11	18	乙丑	5
二十 20th	11	19	丙寅	4
廿一 21st	11	20	丁卯	3
廿二 22nd	11	21	戊辰	2
廿三 23rd	11	22	己巳	1
廿四 24th	11	23	庚午	9
廿五 25th	11	24	辛未	8
廿六 26th	11	25	壬申	7
廿七 27th	11	26	癸酉	6
廿八 28th	11	27	甲戌	5
廿九 29th	11	28	乙亥	4
三十 30th				

十一月大 11th Mth · 戊子 Wu Zi · 四綠 Four Green · 冬至 Winter Solstice 24th day 7hr 55min 辰 Chen · 大雪 Greater Snow 9th day 13hr 58min 未 Wei

農曆 Calendar	國曆 Gregorian		干支 S/B	星 Star
初一 1st	11	29	丙子	3
初二 2nd	11	30	丁丑	2
初三 3rd	12	1	戊寅	1
初四 4th	12	2	己卯	9
初五 5th	12	3	庚辰	8
初六 6th	12	4	辛巳	7
初七 7th	12	5	壬午	6
初八 8th	12	6	癸未	5
初九 9th	12	7	甲申	4
初十 10th	12	8	乙酉	3
十一 11th	12	9	丙戌	2
十二 12th	12	10	丁亥	1
十三 13th	12	11	戊子	9
十四 14th	12	12	己丑	8
十五 15th	12	13	庚寅	7
十六 16th	12	14	辛卯	6
十七 17th	12	15	壬辰	5
十八 18th	12	16	癸巳	4
十九 19th	12	17	甲午	3
二十 20th	12	18	乙未	2
廿一 21st	12	19	丙申	1
廿二 22nd	12	20	丁酉	9
廿三 23rd	12	21	戊戌	8
廿四 24th	12	22	己亥	7/3
廿五 25th	12	23	庚子	4
廿六 26th	12	24	辛丑	5
廿七 27th	12	25	壬寅	6
廿八 28th	12	26	癸卯	7
廿九 29th	12	27	甲辰	8
三十 30th	12	28	乙巳	9

十二月小 12th Mth · 己丑 Ji Chou · 三碧 Three Jade · 大寒 Greater Cold 23rd day 18hr 34min 酉 You · 小寒 Lesser Cold 9th day 1hr 4min 丑 Chou

農曆 Calendar	國曆 Gregorian		干支 S/B	星 Star
初一 1st	12	29	丙午	1
初二 2nd	12	30	丁未	2
初三 3rd	12	31	戊申	3
初四 4th	1	1	己酉	4
初五 5th	1	2	庚戌	5
初六 6th	1	3	辛亥	6
初七 7th	1	4	壬子	7
初八 8th	1	5	癸丑	8
初九 9th	1	6	甲寅	9
初十 10th	1	7	乙卯	1
十一 11th	1	8	丙辰	2
十二 12th	1	9	丁巳	3
十三 13th	1	10	戊午	4
十四 14th	1	11	己未	5
十五 15th	1	12	庚申	6
十六 16th	1	13	辛酉	7
十七 17th	1	14	壬戌	8
十八 18th	1	15	癸亥	9
十九 19th	1	16	甲子	1
二十 20th	1	17	乙丑	2
廿一 21st	1	18	丙寅	3
廿二 22nd	1	19	丁卯	4
廿三 23rd	1	20	戊辰	5
廿四 24th	1	21	己巳	6
廿五 25th	1	22	庚午	7
廿六 26th	1	23	辛未	8
廿七 27th	1	24	壬申	9
廿八 28th	1	25	癸酉	1
廿九 29th	1	26	甲戌	2
三十 30th				

1941 辛巳 Metal Snake

Grand Duke: 鄭祖

月干支 Month	正月大 1st Mth				二月大 2nd Mth				三月小 3rd Mth				四月大 4th Mth			
	庚寅 Geng Yin				辛卯 Xin Mao				壬辰 Ren Chen				癸巳 Gui Si			
九星 9 Star	二黑 Two Black				一白 One White				九紫 Nine Purple				八白 Eight White			
節氣 Season	雨水 Rain Water		立春 Coming of Spring		春分 Spring Equinox		驚蟄 Awakening of Worms		穀雨 Grain Rain		清明 Clear and Bright		小滿 Small Sprout		立夏 Coming of Summer	
	24th day		9th day		24th day		9th day		24th day		9th day		26th day		11th day	
	8hr 57min		12hr 50min		8hr 21min		7hr 10min		19hr 51min		12hr 25min		19hr 23min		6hr 10min	
	辰 Chen		午 Wu		辰 Chen		辰 Chen		戌 Xu		午 Wu		戌 Xu		卯 Mao	
農曆 Calendar	國曆 Gregorian		干支 S/B	星 Star	國曆 Gregorian		干支 S/B	星 Star	國曆 Gregorian		干支 S/B	星 Star	國曆 Gregorian		干支 S/B	星 Star
初一 1st	1	27	乙亥	3	2	26	乙巳	6	3	28	乙亥	9	4	26	甲辰	2
初二 2nd	1	28	丙子	4	2	27	丙午	7	3	29	丙子	1	4	27	乙巳	3
初三 3rd	1	29	丁丑	5	2	28	丁未	8	3	30	丁丑	2	4	28	丙午	4
初四 4th	1	30	戊寅	6	3	1	戊申	9	3	31	戊寅	3	4	29	丁未	5
初五 5th	1	31	己卯	7	3	2	己酉	1	4	1	己卯	4	4	30	戊申	6
初六 6th	2	1	庚辰	8	3	3	庚戌	2	4	2	庚辰	5	5	1	己酉	7
初七 7th	2	2	辛巳	9	3	4	辛亥	3	4	3	辛巳	6	5	2	庚戌	8
初八 8th	2	3	壬午	1	3	5	壬子	4	4	4	壬午	7	5	3	辛亥	9
初九 9th	2	4	癸未	2	3	6	癸丑	5	4	5	癸未	8	5	4	壬子	1
初十 10th	2	5	甲申	3	3	7	甲寅	6	4	6	甲申	9	5	5	癸丑	2
十一 11th	2	6	乙酉	4	3	8	乙卯	7	4	7	乙酉	1	5	6	甲寅	3
十二 12th	2	7	丙戌	5	3	9	丙辰	8	4	8	丙戌	2	5	7	乙卯	4
十三 13th	2	8	丁亥	6	3	10	丁巳	9	4	9	丁亥	3	5	8	丙辰	5
十四 14th	2	9	戊子	7	3	11	戊午	1	4	10	戊子	4	5	9	丁巳	6
十五 15th	2	10	己丑	8	3	12	己未	2	4	11	己丑	5	5	10	戊午	7
十六 16th	2	11	庚寅	9	3	13	庚申	3	4	12	庚寅	6	5	11	己未	8
十七 17th	2	12	辛卯	1	3	14	辛酉	4	4	13	辛卯	7	5	12	庚申	9
十八 18th	2	13	壬辰	2	3	15	壬戌	5	4	14	壬辰	8	5	13	辛酉	1
十九 19th	2	14	癸巳	3	3	16	癸亥	6	4	15	癸巳	9	5	14	壬戌	2
二十 20th	2	15	甲午	4	3	17	甲子	7	4	16	甲午	1	5	15	癸亥	3
廿一 21st	2	16	乙未	5	3	18	乙丑	8	4	17	乙未	2	5	16	甲子	4
廿二 22nd	2	17	丙申	6	3	19	丙寅	9	4	18	丙申	3	5	17	乙丑	5
廿三 23rd	2	18	丁酉	7	3	20	丁卯	1	4	19	丁酉	4	5	18	丙寅	6
廿四 24th	2	19	戊戌	8	3	21	戊辰	2	4	20	戊戌	5	5	19	丁卯	7
廿五 25th	2	20	己亥	9	3	22	己巳	3	4	21	己亥	6	5	20	戊辰	8
廿六 26th	2	21	庚子	1	3	23	庚午	4	4	22	庚子	7	5	21	己巳	9
廿七 27th	2	22	辛丑	2	3	24	辛未	5	4	23	辛丑	8	5	22	庚午	1
廿八 28th	2	23	壬寅	3	3	25	壬申	6	4	24	壬寅	9	5	23	辛未	2
廿九 29th	2	24	癸卯	4	3	26	癸酉	7	4	25	癸卯	1	5	24	壬申	3
三十 30th	2	25	甲辰	5	3	27	甲戌	8					5	25	癸酉	4

月干支 Month	五月大 5th Mth				六月小 6th Mth				閏六月大 6th Mth			
	甲午 Jia Wu				乙未 Yi Wei							
九星 9 Star	七赤 Seven Red				六白 Six White							
節氣 Season	夏至 Summer Solstice		芒種 Planting of Thorny Crops		大暑 Greater Heat		小暑 Lesser Heat				立秋 Coming Autumn	
	28th day		12th day		29th day		13th day				16th day	
	3hr 34min		10hr 40min		14hr 27min		21hr 3min				6hr 46min	
	寅 Yin		巳 Si		未 Wei		亥 Hai				卯 Mao	
農曆 Calendar	國曆 Gregorian		干支 S/B	星 Star	國曆 Gregorian		干支 S/B	星 Star	國曆 Gregorian		干支 S/B	星 Star
初一 1st	5	26	甲戌	5	6	25	甲辰	2	7	24	癸酉	9
初二 2nd	5	27	乙亥	6	6	26	乙巳	1	7	25	甲戌	8
初三 3rd	5	28	丙子	7	6	27	丙午	9	7	26	乙亥	7
初四 4th	5	29	丁丑	8	6	28	丁未	8	7	27	丙子	6
初五 5th	5	30	戊寅	9	6	29	戊申	7	7	28	丁丑	5
初六 6th	5	31	己卯	1	6	30	己酉	6	7	29	戊寅	4
初七 7th	6	1	庚辰	2	7	1	庚戌	5	7	30	己卯	3
初八 8th	6	2	辛巳	3	7	2	辛亥	4	7	31	庚辰	2
初九 9th	6	3	壬午	4	7	3	壬子	3	8	1	辛巳	1
初十 10th	6	4	癸未	5	7	4	癸丑	2	8	2	壬午	9
十一 11th	6	5	甲申	6	7	5	甲寅	1	8	3	癸未	8
十二 12th	6	6	乙酉	7	7	6	乙卯	9	8	4	甲申	7
十三 13th	6	7	丙戌	8	7	7	丙辰	8	8	5	乙酉	6
十四 14th	6	8	丁亥	9	7	8	丁巳	7	8	6	丙戌	5
十五 15th	6	9	戊子	1	7	9	戊午	6	8	7	丁亥	4
十六 16th	6	10	己丑	2	7	10	己未	5	8	8	戊子	3
十七 17th	6	11	庚寅	3	7	11	庚申	4	8	9	己丑	2
十八 18th	6	12	辛卯	4	7	12	辛酉	3	8	10	庚寅	1
十九 19th	6	13	壬辰	5	7	13	壬戌	2	8	11	辛卯	9
二十 20th	6	14	癸巳	6	7	14	癸亥	1	8	12	壬辰	8
廿一 21st	6	15	甲午	7	7	15	甲子	9	8	13	癸巳	7
廿二 22nd	6	16	乙未	8	7	16	乙丑	8	8	14	甲午	6
廿三 23rd	6	17	丙申	9	7	17	丙寅	7	8	15	乙未	5
廿四 24th	6	18	丁酉	1	7	18	丁卯	6	8	16	丙申	4
廿五 25th	6	19	戊戌	2	7	19	戊辰	5	8	17	丁酉	3
廿六 26th	6	20	己亥	3	7	20	己巳	4	8	18	戊戌	2
廿七 27th	6	21	庚子	4	7	21	庚午	3	8	19	己亥	1
廿八 28th	6	22	辛丑	5\5	7	22	辛未	2	8	20	庚子	9
廿九 29th	6	23	壬寅	4	7	23	壬申	1	8	21	辛丑	8
三十 30th	6	24	癸卯	3					8	22	壬寅	[illegible]

天干 Ten Stems

甲 Jia Yang Wood
乙 Yi Yin Wood
丙 Bing Yang Fire
丁 Ding Yin Fire
戊 Wu Yang Earth
己 Ji Yin Earth
庚 Geng Yang Metal
辛 Xin Yin Metal
壬 Ren Yang Water
癸 Gui Yin Water

Male Gua: 2 坤(Kun) **Female Gua: 1 坎(Kan)** 3 Killing 三煞: East Annual Star: 5 Yellow

十二月小 12th Mth				十一月大 11th Mth				十月小 10th Mth				九月大 9th Mth				八月小 8th Mth				七月小 7th Mth				月干支 Month	
辛丑 Xin Chou				庚子 Geng Zi				己亥 Ji Hai				戊戌 Wu Xu				丁酉 Ding You				丙申 Bing Shen					
九紫 Nine Purple				一白 One White				二黑 Two Black				三碧 Three Jade				四綠 Four Green				五黃 Five Yellow				九星 9 Star	
立春 Coming of Spring		大寒 Greater Cold		小寒 Lesser Cold		冬至 Winter Solstice		大雪 Greater Snow		小雪 Lesser Snow		立冬 Coming of Winter		霜降 Frosting		寒露 Cold Dew		秋分 Autumn Equinox		白露 White Dew		處暑 Heat Ends		節氣 Season	
19th day		5th day		20th day		5th day		19th day		5th day		20th day		5th day		19th day		3rd day		17th day		1st day			
18hr 49min		Chr 24min		7hr 3min		13hr 45min		19hr 57min		0hr 38min		3hr 25min		3hr 28min		0hr 39min		18hr 33min		9hr 24min		21hr 21min			
酉 You		子 Zi		辰 Chen		未 Wei		戌 Xu		子 Zi		寅 Yin		寅 Yin		子 Zi		酉 You		巳 Si		亥 Hai			
國曆 Gregorian		干支 S B	星 Star	國曆 Gregorian		干支 S/B	星 Star	國曆 Gregorian		干支 S/B	星 Star	國曆 Gregorian		干支 S/B	星 Star	國曆 Gregorian		干支 S/B	星 Star	國曆 Gregorian		干支 S/B	星 Star	農曆 Calendar	
1	17	庚午	7	12	18	庚子	6	11	19	辛未	8	10	20	辛丑	2	9	21	壬申	4	8	23	癸卯	6	初一	1st
1	18	辛未	8	12	19	辛丑	5	11	20	壬申	7	10	21	壬寅	1	9	22	癸酉	3	8	24	甲辰	5	初二	2nd
1	19	壬申	9	12	20	壬寅	4	11	21	癸酉	6	10	22	癸卯	9	9	23	甲戌	2	8	25	乙巳	4	初三	3rd
1	20	癸酉	1	12	21	癸卯	3	11	22	甲戌	5	10	23	甲辰	8	9	24	乙亥	1	8	26	丙午	3	初四	4th
1	21	甲戌	2	12	22	甲辰	2\8	11	23	乙亥	4	10	24	乙巳	7	9	25	丙子	9	8	27	丁未	2	初五	5th
1	22	乙亥	3	12	23	乙巳	9	11	24	丙子	3	10	25	丙午	6	9	26	丁丑	8	8	28	戊申	1	初六	6th
1	23	丙子	4	12	24	丙午	1	11	25	丁丑	2	10	26	丁未	5	9	27	戊寅	7	8	29	己酉	9	初七	7th
1	24	丁丑	5	12	25	丁未	2	11	26	戊寅	1	10	27	戊申	4	9	28	己卯	6	8	30	庚戌	8	初八	8th
1	25	戊寅	6	12	26	戊申	3	11	27	己卯	9	10	28	己酉	3	9	29	庚辰	5	8	31	辛亥	7	初九	9th
1	26	己卯	7	12	27	己酉	4	11	28	庚辰	8	10	29	庚戌	2	9	30	辛巳	4	9	1	壬子	6	初十	10th
1	27	庚辰	8	12	28	庚戌	5	11	29	辛巳	7	10	30	辛亥	1	10	1	壬午	3	9	2	癸丑	5	十一	11th
1	28	辛巳	9	12	29	辛亥	6	11	30	壬午	6	10	31	壬子	9	10	2	癸未	2	9	3	甲寅	4	十二	12th
1	29	壬午	1	12	30	壬子	7	12	1	癸未	5	11	1	癸丑	8	10	3	甲申	1	9	4	乙卯	3	十三	13th
1	30	癸未	2	12	31	癸丑	8	12	2	甲申	4	11	2	甲寅	7	10	4	乙酉	9	9	5	丙辰	2	十四	14th
1	31	甲申	3	1	1	甲寅	9	12	3	乙酉	3	11	3	乙卯	6	10	5	丙戌	8	9	6	丁巳	1	十五	15th
2	1	乙酉	4	1	2	乙卯	1	12	4	丙戌	2	11	4	丙辰	5	10	6	丁亥	7	9	7	戊午	9	十六	16th
2	2	丙戌	5	1	3	丙辰	2	12	5	丁亥	1	11	5	丁巳	4	10	7	戊子	6	9	8	己未	8	十七	17th
2	3	丁亥	6	1	4	丁巳	3	12	6	戊子	9	11	6	戊午	3	10	8	己丑	5	9	9	庚申	7	十八	18th
2	4	戊子	7	1	5	戊午	4	12	7	己丑	8	11	7	己未	2	10	9	庚寅	4	9	10	辛酉	6	十九	19th
2	5	己丑	8	1	6	己未	5	12	8	庚寅	7	11	8	庚申	1	10	10	辛卯	3	9	11	壬戌	5	二十	20th
2	6	庚寅	9	1	7	庚申	6	12	9	辛卯	6	11	9	辛酉	9	10	11	壬辰	2	9	12	癸亥	4	廿一	21st
2	7	辛卯	1	1	8	辛酉	7	12	10	壬辰	5	11	10	壬戌	8	10	12	癸巳	1	9	13	甲子	3	廿二	22nd
2	8	壬辰	2	1	9	壬戌	3	12	11	癸巳	4	11	11	癸亥	7	10	13	甲午	9	9	14	乙丑	2	廿三	23rd
2	9	癸巳	3	1	10	癸亥	9	12	12	甲午	3	11	12	甲子	6	10	14	乙未	8	9	15	丙寅	1	廿四	24th
2	10	甲午	4	1	11	甲子	[illegible]	12	13	乙未	2	11	13	乙丑	5	10	15	丙申	7	9	16	丁卯	9	廿五	25th
2	11	乙未	5	1	12	乙丑	2	12	14	丙申	1	11	14	丙寅	4	10	16	丁酉	6	9	17	戊辰	8	廿六	26th
2	12	丙申	6	1	13	丙寅	3	12	15	丁酉	9	11	15	丁卯	3	10	17	戊戌	5	9	18	己巳	7	廿七	27th
2	13	丁酉	7	1	14	丁卯	4	12	16	戊戌	8	11	16	戊辰	2	10	18	己亥	4	9	19	庚午	6	廿八	28th
2	14	戊戌	8	1	15	戊辰	5	12	17	己亥	7	11	17	己巳	1	10	19	庚子	3	9	20	辛未	5	廿九	29th
				1	16	己巳	6					11	18	庚午	9									三十	30th

地支 Twelve Branches: 子 Zi Rat · 丑 Chou Ox · 寅 Yin Tiger · 卯 Mao Rabbit · 辰 Chen Dragon · 巳 Si Snake · 午 Wu Horse · 未 Wei Goat · 申 Shen Monkey · 酉 You Rooster · 戌 Xu Dog · 亥 Hai Pig

1942 壬午 Water Horse

Grand Duke: 路明

月干支 Month	正月大 1st Mth				二月小 2nd Mth				三月大 3rd Mth			
	壬寅 Ren Yin				癸卯 Gui Mao				甲辰 Jia Chen			
九星 9 Star	八白 Eight White				七赤 Seven Red				六白 Six White			
節氣 Season	驚蟄 Awakening of Worms		雨水 Rain Water		清明 Clear and Bright		春分 Spring Equinox		立夏 Coming of Summer		穀雨 Grain Rain	
	20th day		5th day		20th day		5th day		22nd day		7th day	
	13hr 10min		14hr 47min		18hr 24min		14hr 11min		12hr 7min		1hr 40min	
	未 Wei		未 Wei		酉 You		未 Wei		午 Wu		丑 Chou	
農曆 Calendar	國曆 Gregorian		干支 S / B	星 Star	國曆 Gregorian		干支 S / B	星 Star	國曆 Gregorian		干支 S / B	星 Star
初一 1st	2	15	己亥	9	3	17	己巳	3	4	15	戊戌	5
初二 2nd	2	16	庚子	1	3	18	庚午	4	4	16	己亥	6
初三 3rd	2	17	辛丑	2	3	19	辛未	5	4	17	庚子	7
初四 4th	2	18	壬寅	3	3	20	壬申	6	4	18	辛丑	8
初五 5th	2	19	癸卯	4	3	21	癸酉	7	4	19	壬寅	9
初六 6th	2	20	甲辰	5	3	22	甲戌	8	4	20	癸卯	1
初七 7th	2	21	乙巳	6	3	23	乙亥	9	4	21	甲辰	2
初八 8th	2	22	丙午	7	3	24	丙子	1	4	22	乙巳	3
初九 9th	2	23	丁未	8	3	25	丁丑	2	4	23	丙午	4
初十 10th	2	24	戊申	9	3	26	戊寅	3	4	24	丁未	5
十一 11th	2	25	己酉	1	3	27	己卯	4	4	25	戊申	6
十二 12th	2	26	庚戌	2	3	28	庚辰	5	4	26	己酉	7
十三 13th	2	27	辛亥	3	3	29	辛巳	6	44	27	庚戌	8
十四 14th	2	28	壬子	4	3	30	壬午	7	4	28	辛亥	9
十五 15th	3	1	癸丑	5	3	31	癸未	8	4	29	壬子	1
十六 16th	3	2	甲寅	6	4	1	甲申	9	4	30	癸丑	2
十七 17th	3	3	乙卯	7	4	2	乙酉	1	5	1	甲寅	3
十八 18th	3	4	丙辰	8	4	3	丙戌	2	5	2	乙卯	4
十九 19th	3	5	丁巳	9	4	4	丁亥	3	5	3	丙辰	5
二十 20th	3	6	戊午	1	4	5	戊子	4	5	4	丁巳	6
廿一 21st	3	7	己未	2	4	6	己丑	5	5	5	戊午	7
廿二 22nd	3	8	庚申	3	4	7	庚寅	6	5	6	己未	8
廿三 23rd	3	9	辛酉	4	4	8	辛卯	7	5	7	庚申	9
廿四 24th	3	10	壬戌	5	4	9	壬辰	8	5	8	辛酉	1
廿五 25th	3	11	癸亥	6	4	10	癸巳	9	5	9	壬戌	2
廿六 26th	3	12	甲子	7	4	11	甲午	1	5	10	癸亥	3
廿七 27th	3	13	乙丑	8	4	12	乙未	2	5	11	甲子	4
廿八 28th	3	14	丙寅	9	4	13	丙申	3	5	12	乙丑	5
廿九 29th	3	15	丁卯	1	4	14	丁酉	4	5	13	丙寅	6
三十 30th	3	16	戊辰	2					5	14	丁卯	7

月干支 Month	四月大 4th Mth				五月小 5th Mth				六月大 6th Mth			
	乙巳 Yi Si				丙午 Bing Wu				丁未 Ding Wei			
九星 9 Star	五黃 Five Yellow				四綠 Four Green				三碧 Three Jade			
節氣 Season	芒種 Planting of Thorny Crops		小滿 Small Sprout		小暑 Lesser Heat		夏至 Summer Solstice		立秋 Coming Autumn		大暑 Greater Heat	
	23rd day		8th day		25th day		9th day		27th day		11th day	
	16hr 37min		1hr 9min		2hr 52min		9hr 17min		12hr 31min		20hr 8min	
	申 Shen		丑 Chou		丑 Chou		巳 Si		午 Wu		戌 Xu	
農曆 Calendar	國曆 Gregorian		干支 S / B	星 Star	國曆 Gregorian		干支 S / B	星 Star	國曆 Gregorian		干支 S / B	星 Star
初一 1st	5	15	戊辰	8	6	14	戊戌	2	7	13	丁卯	6
初二 2nd	5	16	己巳	9	6	15	己亥	3	7	14	戊辰	5
初三 3rd	5	17	庚午	1	6	16	庚子	4	7	15	己巳	4
初四 4th	5	18	辛未	2	6	17	辛丑	5	7	16	庚午	3
初五 5th	5	19	壬申	3	6	18	壬寅	6	7	17	辛未	2
初六 6th	5	20	癸酉	4	6	19	癸卯	7	7	18	壬申	1
初七 7th	5	21	甲戌	5	6	20	甲辰	8	7	19	癸酉	9
初八 8th	5	22	乙亥	6	6	21	乙巳	9	7	20	甲戌	8
初九 9th	5	23	丙子	7	6	22	丙午	1\9	7	21	乙亥	7
初十 10th	5	24	丁丑	8	6	23	丁未	8	7	22	丙子	6
十一 11th	5	25	戊寅	9	6	24	戊申	7	7	23	丁丑	5
十二 12th	5	26	己卯	1	6	25	己酉	6	7	24	戊寅	4
十三 13th	5	27	庚辰	2	6	26	庚戌	5	7	25	己卯	3
十四 14th	5	28	辛巳	3	6	27	辛亥	4	7	26	庚辰	2
十五 15th	5	29	壬午	4	6	28	壬子	3	7	27	辛巳	[illegible]
十六 16th	5	30	癸未	5	6	29	癸丑	2	7	28	壬午	9
十七 17th	5	31	甲申	6	6	30	甲寅	1	7	29	癸未	8
十八 18th	6	1	乙酉	7	7	1	乙卯	9	7	30	甲申	7
十九 19th	6	2	丙戌	8	7	2	丙辰	8	7	31	乙酉	6
二十 20th	6	3	丁亥	9	7	3	丁巳	7	8	1	丙戌	5
廿一 21st	6	4	戊子	1	7	4	戊午	6	8	2	丁亥	4
廿二 22nd	6	5	己丑	2	7	5	己未	5	8	3	戊子	3
廿三 23rd	6	6	庚寅	3	7	6	庚申	4	8	4	己丑	2
廿四 24th	6	7	辛卯	4	7	7	辛酉	3	8	5	庚寅	1
廿五 25th	6	8	壬辰	5	7	8	壬戌	2	8	6	辛卯	9
廿六 26th	6	9	癸巳	6	7	9	癸亥	1	8	7	壬辰	8
廿七 27th	6	10	甲午	7	7	10	甲子	9	8	8	癸巳	7
廿八 28th	6	11	乙未	8	7	11	乙丑	8	8	9	甲午	6
廿九 29th	6	12	丙申	9	7	12	丙寅	7	8	10	乙未	5
三十 30th	6	13	丁酉	1					8	11	丙申	4

天干 Ten Stems

- 甲 Jia Yang Wood
- 乙 Yi Yin Wood
- 丙 Bing Yang Fire
- 丁 Ding Yin Fire
- 戊 Wu Yang Earth
- 己 Ji Yin Earth
- 庚 Geng Yang Metal
- 辛 Xin Yin Metal
- 壬 Ren Yang Water
- 癸 Gui Yin Water

Male Gua: 4 巽(Xun) **Female Gua: 2 坤(Kun)** 3 Killing 三煞: North Annual Star: 4 Green

月干支 Month	七月小 7th Mth				八月大 8th Mth				九月小 9th Mth			
	戊申 Wu Shen				己酉 Ji You				庚戌 Geng Xu			
九星 9 Star	二黑 Two Black				一白 One White				九紫 Nine Purple			
節氣 Season	白露 White Dew		處暑 Heat Ends		寒露 Cold Dew		秋分 Autumn Equinox				霜降 Frosting	
	28th day		13th day		30th day		15th day				15th day	
	15hr 7min		2hr 59min		6hr 22min		0hr 17min				9hr 16min	
	申 Shen		丑 Chou		卯 Mao		子				巳 Si	
農曆 Calendar	國曆 Gregorian		干支 S/B	星 Star	國曆 Gregorian		干支 S/B	星 Star	國曆 Gregorian		干支 S/B	星 Star
初一 1st	8	12	丁酉	3	9	10	丙寅	1	10	10	丙申	7
初二 2nd	8	13	戊戌	2	9	11	丁卯	9	10	11	丁酉	6
初三 3rd	8	14	己亥	1	9	12	戊辰	8	10	12	戊戌	5
初四 4th	8	15	庚子	9	9	13	己巳	7	10	13	己亥	4
初五 5th	8	16	辛丑	8	9	14	庚午	6	10	14	庚子	3
初六 6th	8	17	壬寅	7	9	15	辛未	5	10	15	辛丑	2
初七 7th	8	18	癸卯	6	9	16	壬申	4	10	16	壬寅	1
初八 8th	8	19	甲辰	5	9	17	癸酉	3	10	17	癸卯	9
初九 9th	8	20	乙巳	4	9	18	甲戌	2	10	18	甲辰	8
初十 10th	8	21	丙午	3	9	19	乙亥	1	10	19	乙巳	7
十一 11th	8	22	丁未	2	9	20	丙子	9	10	20	丙午	6
十二 12th	8	23	戊申	1	9	21	丁丑	8	10	21	丁未	5
十三 13th	8	24	己酉	9	9	22	戊寅	7	10	22	戊申	4
十四 14th	8	25	庚戌	8	9	23	己卯	6	10	23	己酉	3
十五 15th	8	26	辛亥	7	9	24	庚辰	5	10	24	庚戌	2
十六 16th	8	27	壬子	6	9	25	辛巳	4	10	25	辛亥	1
十七 17th	8	28	癸丑	5	9	26	壬午	3	10	26	壬子	9
十八 18th	8	29	甲寅	4	9	27	癸未	2	10	27	癸丑	8
十九 19th	8	30	乙卯	3	9	28	甲申	1	10	28	甲寅	7
二十 20th	8	31	丙辰	2	9	29	乙酉	9	10	29	乙卯	6
廿一 21st	9	1	丁巳	1	9	30	丙戌	8	10	30	丙辰	5
廿二 22nd	9	2	戊午	9	10	1	丁亥	7	10	31	丁巳	4
廿三 23rd	9	3	己未	8	10	2	戊子	6	11	1	戊午	3
廿四 24th	9	4	庚申	7	10	3	己丑	5	11	2	己未	2
廿五 25th	9	5	辛酉	6	10	4	庚寅	4	11	3	庚申	1
廿六 26th	9	6	壬戌	5	10	5	辛卯	3	11	4	辛酉	9
廿七 27th	9	7	癸亥	4	10	6	壬辰	2	11	5	壬戌	8
廿八 28th	9	8	甲子	3	10	7	癸巳	1	11	6	癸亥	7
廿九 29th	9	9	乙丑	2	10	8	甲午	9	11	7	甲子	6
三十 30th					10	9	乙未	8				

月干支 Month	十月大 10th Mth				十一月小 11th Mth				十二月大 12th Mth			
	辛亥 Xin Hai				壬子 Ren Zi				癸丑 Gui Chou			
九星 9 Star	八白 Eight White				七赤 Seven Red				六白 Six White			
節氣 Season	小雪 Lesser Snow		立冬 Coming of Winter		冬至 Winter Solstice		大雪 Greater Snow		大寒 Greater Cold		小寒 Lesser Cold	
	16th day		1st day		15th day		1st day		16th day		1st day	
	6hr 31min		9hr 12min		19hr 40min		1hr 47min		6hr 19min		12hr 55min	
	卯 Mao		巳 Si		戌 Xu		丑 Chou		卯 Mao		午 Wu	
農曆 Calendar	國曆 Gregorian		干支 S/B	星 Star	國曆 Gregorian		干支 S/B	星 Star	國曆 Gregorian		干支 S/B	星 Star
初一 1st	11	8	乙丑	5	12	8	乙未	2	1	6	甲子	1
初二 2nd	11	9	丙寅	4	12	9	丙申	1	1	7	乙丑	2
初三 3rd	11	10	丁卯	3	12	10	丁酉	9	1	8	丙寅	3
初四 4th	11	11	戊辰	2	12	11	戊戌	8	1	9	丁卯	4
初五 5th	11	12	己巳	1	12	12	己亥	7	1	10	戊辰	5
初六 6th	11	13	庚午	9	12	13	庚子	6	1	11	己巳	6
初七 7th	11	14	辛未	8	12	14	辛丑	5	1	12	庚午	7
初八 8th	11	15	壬申	7	12	15	壬寅	4	1	13	辛未	8
初九 9th	11	16	癸酉	6	12	16	癸卯	3	1	14	壬申	9
初十 10th	11	17	甲戌	5	12	17	甲辰	2	1	15	癸酉	1
十一 11th	11	18	乙亥	4	12	18	乙巳	1	1	16	甲戌	2
十二 12th	11	19	丙子	3	12	19	丙午	9	1	17	乙亥	3
十三 13th	11	20	丁丑	2	12	20	丁未	8	1	18	丙子	4
十四 14th	11	21	戊寅	1	12	21	戊申	7	1	19	丁丑	5
十五 15th	11	22	己卯	9	12	22	己酉	6\4	1	20	戊寅	6
十六 16th	11	23	庚辰	8	12	23	庚戌	5	1	21	己卯	7
十七 17th	11	24	辛巳	7	12	24	辛亥	6	1	22	庚辰	8
十八 18th	11	25	壬午	6	12	25	壬子	7	1	23	辛巳	9
十九 19th	11	26	癸未	5	12	26	癸丑	8	1	24	壬午	1
二十 20th	11	27	甲申	4	12	27	甲寅	9	1	25	癸未	2
廿一 21st	11	28	乙酉	3	12	28	乙卯	1	1	26	甲申	3
廿二 22nd	11	29	丙戌	2	12	29	丙辰	2	1	27	乙酉	4
廿三 23rd	11	30	丁亥	1	12	30	丁巳	3	1	28	丙戌	5
廿四 24th	12	1	戊子	9	12	31	戊午	4	1	29	丁亥	6
廿五 25th	12	2	己丑	8	1	1	己未	5	1	30	戊子	7
廿六 26th	12	3	庚寅	7	1	2	庚申	6	1	31	己丑	8
廿七 27th	12	4	辛卯	6	1	3	辛酉	7	2	1	庚寅	9
廿八 28th	12	5	壬辰	5	1	4	壬戌	8	2	2	辛卯	1
廿九 29th	12	6	癸巳	4	1	5	癸亥	9	2	3	壬辰	2
三十 30th	12	7	甲午	3					2	4	癸巳	3

地支 Twelve Branches

子 Zi Rat · 丑 Chou Ox · 寅 Yin Tiger · 卯 Mao Rabbit · 辰 Chen Dragon · 巳 Si Snake · 午 Wu Horse · 未 Wei Goat · 申 Shen Monkey · 酉 You Rooster · 戌 Xu Dog · 亥 Hai Pig

1943 癸未 Water Goat

Grand Duke: 魏明

月干支 Month	正月小 1st Mth				二月大 2nd Mth				三月小 3rd Mth				四月大 4th Mth				五月小 5th Mth				六月大 6th Mth			
	甲寅 Jia Yin				乙卯 Yi Mao				丙辰 Bing Chen				丁巳 Ding Si				戊午 Wu Wu				己未 Ji Wei			
九星 9 Star	五黃 Five Yellow				四綠 Four Green				三碧 Three Jade				二黑 Two Black				一白 One White				九紫 Nine Purple			
節氣 Season	雨水 Rain Water		立春 Coming of Spring		春分 Spring Equinox		驚蟄 Awakening of Worms		穀雨 Grain Rain		清明 Clear and Bright		小滿 Small Sprout		立夏 Coming of Summer		夏至 Summer Solstice		芒種 Planting of Thorny Crops		大暑 Greater Heat		小暑 Lesser Heat	
	15th day		1st day		16th day		1st day		17th day		2nd day		19th day		3rd day		20th day		4th day		23rd day		7th day	
	20hr 41min		0hr 41min		20hr 3min		18hr 59min		7hr 32min		0hr 12min		7hr 3min		17hr 54min		15hr 13min		22hr 19min		2hr 5min		8hr 39min	
	戌 Xu		子 Zi		戌 Xu		酉 You		辰 Chen		子 Zi		辰 Chen		酉 You		申 Shen		亥 Hai		丑 Chou		辰 Chen	
農曆 Calendar	國曆 Gregorian		干支 S / B	星 Star	國曆 Gregorian		干支 S / B	星 Star	國曆 Gregorian		干支 S / B	星 Star	國曆 Gregorian		干支 S / B	星 Star	國曆 Gregorian		干支 S / B	星 Star	國曆 Gregorian		干支 S / B	星 Star
初一 1st	2	5	甲午	4	3	6	癸亥	6	4	5	癸巳	9	5	4	壬戌	2	6	3	壬辰	5	7	2	辛酉	3
初二 2nd	2	6	乙未	5	3	7	甲子	7	4	6	甲午	1	5	5	癸亥	3	6	4	癸巳	6	7	3	壬戌	2
初三 3rd	2	7	丙申	6	3	8	乙丑	8	4	7	乙未	2	5	6	甲子	4	6	5	甲午	7	7	4	癸亥	1
初四 4th	2	8	丁酉	7	3	9	丙寅	9	4	8	丙申	3	5	7	乙丑	5	6	6	乙未	8	7	5	甲子	9
初五 5th	2	9	戊戌	8	3	10	丁卯	1	4	9	丁酉	4	5	8	丙寅	6	6	7	丙申	9	7	6	乙丑	8
初六 6th	2	10	己亥	9	3	11	戊辰	2	4	10	戊戌	5	5	9	丁卯	7	6	8	丁酉	1	7	7	丙寅	7
初七 7th	2	11	庚子	1	3	12	己巳	3	4	11	己亥	6	5	10	戊辰	8	6	9	戊戌	2	7	8	丁卯	6
初八 8th	2	12	辛丑	2	3	13	庚午	4	4	12	庚子	7	5	11	己巳	9	6	10	己亥	3	7	9	戊辰	5
初九 9th	2	13	壬寅	3	3	14	辛未	5	4	13	辛丑	8	5	12	庚午	1	6	11	庚子	4	7	10	己巳	4
初十 10th	2	14	癸卯	4	3	15	壬申	6	4	14	壬寅	9	5	13	辛未	2	6	12	辛丑	5	7	11	庚午	3
十一 11th	2	15	甲辰	5	3	16	癸酉	7	4	15	癸卯	1	5	14	壬申	3	6	13	壬寅	6	7	12	辛未	2
十二 12th	2	16	乙巳	6	3	17	甲戌	8	4	16	甲辰	2	5	15	癸酉	4	6	14	癸卯	7	7	13	壬申	1
十三 13th	2	17	丙午	7	3	18	乙亥	9	4	17	乙巳	3	5	16	甲戌	5	6	15	甲辰	8	7	14	癸酉	9
十四 14th	2	18	丁未	8	3	19	丙子	1	4	18	丙午	4	5	17	乙亥	6	6	16	乙巳	9	7	15	甲戌	[illegible]
十五 15th	2	19	戊申	9	3	20	丁丑	2	4	19	丁未	5	5	18	丙子	7	6	17	丙午	1	7	16	乙亥	[illegible]
十六 16th	2	20	己酉	1	3	21	戊寅	3	4	20	戊申	6	5	19	丁丑	8	6	18	丁未	2	7	17	丙子	6
十七 17th	2	21	庚戌	2	3	22	己卯	4	4	21	己酉	7	5	20	戊寅	9	6	19	戊申	3	7	18	丁丑	5
十八 18th	2	22	辛亥	3	3	23	庚辰	5	4	22	庚戌	8	5	21	己卯	1	6	20	己酉	4	7	19	戊寅	4
十九 19th	2	23	壬子	4	3	24	辛巳	6	4	23	辛亥	9	5	22	庚辰	2	6	21	庚戌	5	7	20	己卯	3
二十 20th	2	24	癸丑	5	3	25	壬午	7	4	24	壬子	1	5	23	辛巳	3	6	22	辛亥	6\4	7	21	庚辰	2
廿一 21st	2	25	甲寅	6	3	26	癸未	8	4	25	癸丑	2	5	24	壬午	4	6	23	壬子	3	7	22	辛巳	1
廿二 22nd	2	26	乙卯	7	3	27	甲申	9	4	26	甲寅	3	5	25	癸未	5	6	24	癸丑	2	7	23	壬午	9
廿三 23rd	2	27	丙辰	8	3	28	乙酉	1	4	27	乙卯	4	5	26	甲申	6	6	25	甲寅	1	7	24	癸未	8
廿四 24th	2	28	丁巳	9	3	29	丙戌	2	4	28	丙辰	5	5	27	乙酉	7	6	26	乙卯	9	7	25	甲申	7
廿五 25th	3	1	戊午	1	3	30	丁亥	3	4	29	丁巳	6	5	28	丙戌	8	6	27	丙辰	8	7	26	乙酉	6
廿六 26th	3	2	己未	2	3	31	戊子	4	4	30	戊午	7	5	29	丁亥	9	6	28	丁巳	7	7	27	丙戌	5
廿七 27th	3	3	庚申	3	4	1	己丑	5	5	1	己未	8	5	30	戊子	1	6	29	戊午	6	7	28	丁亥	4
廿八 28th	3	4	辛酉	4	4	2	庚寅	6	5	2	庚申	9	5	31	己丑	2	6	30	己未	5	7	29	戊子	3
廿九 29th	3	5	壬戌	5	4	3	辛卯	7	5	3	辛酉	1	6	1	庚寅	3	7	1	庚申	4	7	30	己丑	2
三十 30th					4	4	壬辰	8					6	2	辛卯	4					7	31	庚寅	1

天干 Ten Stems
甲 Jia Yang Wood
乙 Yi Yin Wood
丙 Bing Yang Fire
丁 Ding Yin Fire
戊 Wu Yang Earth
己 Ji Yin Earth
庚 Geng Yang Metal
辛 Xin Yin Metal
壬 Ren Yang Water
癸 Gui Yin Water

Male Gua: 3 震(Zhen) **Female Gua: 3 震(Zhen)** 3 Killing 三煞: West Annual Star: 3 Jade

月干支 Month	七月大 7th Mth				八月小 8th Mth				九月大 9th Mth				十月小 10th Mth				十一月大 11th Mth				十二月小 12th Mth			
	庚申 Geng Shen				辛酉 Xin You				壬戌 Ren Xu				癸亥 Gui Hai				甲子 Jia Zi				乙丑 Y Chou			
九星 9 Star	八白 Eight White				七赤 Seven Red				六白 Six White				五黃 Five Yellow				四綠 Four Green				三碧 Three Jade			
節氣 Season	處暑 Heat Ends		立秋 Coming Autumn		秋分 Autumn Equinox		白露 White Dew		霜降 Frosting		寒露 Cold Dew		小雪 Lesser Snow		立冬 Coming of Winter		冬至 Winter Solstice		大雪 Greater Snow		大寒 Greater Cold		小寒 Lesser Cold	
	24th day		8th day		25th day		9th day		26th day		11th day		26th day		11th day		27th day		12th day		26th day		11th day	
	8hr 55min		18hr 19min		6hr 12min		20hr 56min		15hr 9min		12hr 11min		12hr 22min		14hr 59min		1hr 30min		7hr 33min		12hr 8min		8hr 40min	
	辰 Chen		酉 You		卯 Mao		戌 Xu		申 Shen		午 Wu		午 Wu		未 Wei		丑 Chou		辰 Chen		午 Wu		酉 You	
農曆 Calendar	國曆 Gregorian		干支 S/B	星 Star	國曆 Gregorian		干支 S/B	星 Star	國曆 Gregorian		干支 S/B	星 Star	國曆 Gregorian		干支 S/B	星 Star	國曆 Gregorian		干支 S/B	星 Star	國曆 Gregorian		干支 S/B	星 Star
初一 1st	8	1	辛卯	9	8	31	辛酉	6	9	29	庚寅	4	10	29	庚申	1	11	27	己丑	8	12	27	己未	5
初二 2nd	8	2	壬辰	8	9	1	壬戌	5	9	30	辛卯	3	10	30	辛酉	9	11	28	庚寅	7	12	28	庚申	6
初三 3rd	8	3	癸巳	7	9	2	癸亥	4	10	1	壬辰	2	10	31	壬戌	8	11	29	辛卯	6	12	29	辛酉	7
初四 4th	8	4	甲午	6	9	3	甲子	3	10	2	癸巳	1	11	1	癸亥	7	11	30	壬辰	5	12	30	壬戌	8
初五 5th	8	5	乙未	5	9	4	乙丑	2	10	3	甲午	9	11	2	甲子	6	12	1	癸巳	4	12	31	癸亥	9
初六 6th	8	6	丙申	4	9	5	丙寅	1	10	4	乙未	8	11	3	乙丑	5	12	2	甲午	3	1	1	甲子	1
初七 7th	8	7	丁酉	3	9	6	丁卯	9	10	5	丙申	7	11	4	丙寅	4	12	3	乙未	2	1	2	乙丑	2
初八 8th	8	8	戊戌	2	9	7	戊辰	8	10	6	丁酉	6	11	5	丁卯	3	12	4	丙申	1	1	3	丙寅	3
初九 9th	8	9	己亥	1	9	8	己巳	7	10	7	戊戌	5	11	6	戊辰	2	12	5	丁酉	9	1	4	丁卯	4
初十 10th	8	10	庚子	9	9	9	庚午	6	10	8	己亥	4	11	7	己巳	1	12	6	戊戌	8	1	5	戊辰	5
十一 11th	8	11	辛丑	8	9	10	辛未	5	10	9	庚子	3	11	8	庚午	9	12	7	己亥	7	1	6	己巳	6
十二 12th	8	12	壬寅	7	9	11	壬申	4	10	10	辛丑	2	11	9	辛未	8	12	8	庚子	6	1	7	庚午	7
十三 13th	8	13	癸卯	6	9	12	癸酉	3	10	11	壬寅	1	11	10	壬申	7	12	9	辛丑	5	1	8	辛未	8
十四 14th	8	14	甲辰	5	9	13	甲戌	2	10	12	癸卯	9	11	11	癸酉	6	12	10	壬寅	4	1	9	壬申	9
十五 15th	8	15	乙巳	4	9	14	乙亥	1	10	13	甲辰	8	11	12	甲戌	5	12	11	癸卯	3	1	10	癸酉	1
十六 16th	8	16	丙午	3	9	15	丙子	9	10	14	乙巳	7	11	13	乙亥	4	12	12	甲辰	2	1	11	甲戌	2
十七 17th	8	17	丁未	2	9	16	丁丑	8	10	15	丙午	6	11	14	丙子	3	12	13	乙巳	1	1	12	乙亥	3
十八 18th	8	18	戊申	1	9	17	戊寅	7	10	16	丁未	5	11	15	丁丑	2	12	14	丙午	9	1	13	丙子	4
十九 19th	8	19	己酉	9	9	18	己卯	6	10	17	戊申	4	11	16	戊寅	1	12	15	丁未	8	1	14	丁丑	5
二十 20th	8	20	庚戌	8	9	19	庚辰	5	10	18	己酉	3	11	17	己卯	9	12	16	戊申	7	1	15	戊寅	6
廿一 21st	8	21	辛亥	7	9	20	辛巳	4	10	19	庚戌	2	11	18	庚辰	8	12	17	己酉	6	1	16	己卯	7
廿二 22nd	8	22	壬子	6	9	21	壬午	3	10	20	辛亥	1	11	19	辛巳	7	12	18	庚戌	5	1	17	庚辰	8
廿三 23rd	8	23	癸丑	5	9	22	癸未	2	10	21	壬子	9	11	20	壬午	6	12	19	辛亥	4	1	18	辛巳	9
廿四 24th	8	24	甲寅	4	9	23	甲申	1	10	22	癸丑	8	11	21	癸未	5	12	20	壬子	3	1	19	壬午	1
廿五 25th	8	25	乙卯	3	9	24	乙酉	9	10	23	甲寅	7	11	22	甲申	4	12	21	癸丑	2	1	20	癸未	2
廿六 26th	8	26	丙辰	2	9	25	丙戌	8	10	24	乙卯	6	11	23	乙酉	3	12	22	甲寅	1	1	21	甲申	3
廿七 27th	8	27	丁巳	1	9	26	丁亥	7	10	25	丙辰	5	11	24	丙戌	2	12	23	乙卯	9\1	1	22	乙酉	4
廿八 28th	8	28	戊午	9	9	27	戊子	6	10	26	丁巳	4	11	25	丁亥	1	12	24	丙辰	2	1	23	丙戌	5
廿九 29th	8	29	己未	8	9	28	己丑	5	10	27	戊午	3	11	26	戊子	9	12	25	丁巳	3	1	24	丁亥	6
三十 30th	8	30	庚申	7					10	28	己未	2					12	26	戊午	4				

地支 Twelve Branches: 子 Zi Rat, 丑 Chou Ox, 寅 Yin Tiger, 卯 Mao Rabbit, 辰 Chen Dragon, 巳 Si Snake, 午 Wu Horse, 未 Wei Goat, 申 Shen Monkey, 酉 You Rooster, 戌 Xu Dog, 亥 Hai Pig

1944 甲申 Wood Monkey

Grand Duke: 方公

月干支 Month	正月大 1st Mth				二月小 2nd Mth				三月大 3rd Mth				四月小 4th Mth			
	丙寅 Bing Yin				丁卯 Ding Mao				戊辰 Wu Chen				己巳 Ji Si			
九星 9 Star	二黑 Two Black				一白 One White				九紫 Nine Purple				八白 Eight White			
節氣 Season	雨水 Rain Water		立春 Coming of Spring		春分 Spring Equinox		驚蟄 Awakening of Worms		穀雨 Grain Rain		清明 Clear and Bright		小滿 Small Sprout		立夏 Coming of Summer	
	27th day		12th day		27th day		12th day		28th day		13th day		29th day		13th day	
	2hr 28min		6hr 23min		1hr 49min		0hr 41min		13hr 18min		5hr 54min		12hr 51min		23hr 40min	
	丑 Chou		卯 Mao		丑 Chou		子 Zi		未 Wei		卯 Mao		午 Wu		子 Zi	
農曆 Calendar	國曆 Gregorian		干支 S / B	星 Star	國曆 Gregorian		干支 S / B	星 Star	國曆 Gregorian		干支 S / B	星 Star	國曆 Gregorian		干支 S / B	星 Star
初一 1st	1	25	戊子	7	2	24	戊午	1	3	24	丁亥	3	4	23	丁巳	6
初二 2nd	1	26	己丑	8	2	25	己未	2	3	25	戊子	4	4	24	戊午	7
初三 3rd	1	27	庚寅	9	2	26	庚申	3	3	26	己丑	5	4	25	己未	8
初四 4th	1	28	辛卯	1	2	27	辛酉	4	3	27	庚寅	6	4	26	庚申	9
初五 5th	1	29	壬辰	2	2	28	壬戌	5	3	28	辛卯	7	4	27	辛酉	1
初六 6th	1	30	癸巳	3	2	29	癸亥	6	3	29	壬辰	8	4	28	壬戌	2
初七 7th	1	31	甲午	4	3	1	甲子	7	3	30	癸巳	9	4	29	癸亥	3
初八 8th	2	1	乙未	5	3	2	乙丑	8	3	31	甲午	1	4	30	甲子	4
初九 9th	2	2	丙申	6	3	3	丙寅	9	4	1	乙未	2	5	1	乙丑	5
初十 10th	2	3	丁酉	7	3	4	丁卯	1	4	2	丙申	3	5	2	丙寅	6
十一 11th	2	4	戊戌	8	3	5	戊辰	2	4	3	丁酉	4	5	3	丁卯	7
十二 12th	2	5	己亥	9	3	6	己巳	3	4	4	戊戌	5	5	4	戊辰	8
十三 13th	2	6	庚子	1	3	7	庚午	4	4	5	己亥	6	5	5	己巳	9
十四 14th	2	7	辛丑	2	3	8	辛未	5	4	6	庚子	7	5	6	庚午	1
十五 15th	2	8	壬寅	3	3	9	壬申	6	4	7	辛丑	8	5	7	辛未	2
十六 16th	2	9	癸卯	4	3	10	癸酉	7	4	8	壬寅	9	5	8	壬申	3
十七 17th	2	10	甲辰	5	3	11	甲戌	8	4	9	癸卯	1	5	9	癸酉	4
十八 18th	2	11	乙巳	6	3	12	乙亥	9	4	10	甲辰	2	5	10	甲戌	5
十九 19th	2	12	丙午	7	3	13	丙子	1	4	11	乙巳	3	5	11	乙亥	6
二十 20th	2	13	丁未	8	3	14	丁丑	2	4	12	丙午	4	5	12	丙子	7
廿一 21st	2	14	戊申	9	3	15	戊寅	3	4	13	丁未	5	5	13	丁丑	8
廿二 22nd	2	15	己酉	1	3	16	己卯	4	4	14	戊申	6	5	14	戊寅	9
廿三 23rd	2	16	庚戌	2	3	17	庚辰	5	4	15	己酉	7	5	15	己卯	1
廿四 24th	2	17	辛亥	3	3	18	辛巳	6	4	16	庚戌	8	5	16	庚辰	2
廿五 25th	2	18	壬子	4	3	19	壬午	7	4	17	辛亥	9	5	17	辛巳	3
廿六 26th	2	19	癸丑	5	3	20	癸未	8	4	18	壬子	1	5	18	壬午	4
廿七 27th	2	20	甲寅	6	3	21	甲申	9	4	19	癸丑	2	5	19	癸未	5
廿八 28th	2	21	乙卯	7	3	22	乙酉	1	4	20	甲寅	3	5	20	甲申	6
廿九 29th	2	22	丙辰	8	3	23	丙戌	2	4	21	乙卯	4	5	21	乙酉	7
三十 30th	2	23	丁巳	9					4	22	丙辰	5				

月干支 Month	閏四月大 4th Mth				五月小 5th Mth				六月大 6th Mth				天干 Ten Stems
					庚午 Geng Wu				辛未 Xin Wei				
九星 9 Star					七赤 Seven Red				六白 Six White				
節氣 Season			芒種 Planting of Thorny Crops		小暑 Lesser Heat		夏至 Summer Solstice		立秋 Coming Autumn		大暑 Greater Heat		甲 Jia Yang Wood
			16th day		17th day		1st day		20th day		4th day		
			4hr 11min		14hr 37min		21hr 3min		0hr 19min		7hr 56min		
			寅 Yin		未 Wei		亥 Hai		子 Zi		辰 Chen		乙 Yi Yin Wood
農曆 Calendar	國曆 Gregorian		干支 S / B	星 Star	國曆 Gregorian		干支 S / B	星 Star	國曆 Gregorian		干支 S / B	星 Star	
初一 1st	5	22	丙戌	8	6	21	丙辰	2\8	7	20	乙酉	6	丙 Bing Yang Fire
初二 2nd	5	23	丁亥	9	6	22	丁巳	7	7	21	丙戌	5	
初三 3rd	5	24	戊子	1	6	23	戊午	6	7	22	丁亥	4	
初四 4th	5	25	己丑	2	6	24	己未	5	7	23	戊子	3	
初五 5th	5	26	庚寅	3	6	25	庚申	4	7	24	己丑	2	
初六 6th	5	27	辛卯	4	6	26	辛酉	3	7	25	庚寅	1	丁 Ding Yin Fire
初七 7th	5	28	壬辰	5	6	27	壬戌	2	7	26	辛卯	9	
初八 8th	5	29	癸巳	6	6	28	癸亥	1	7	27	壬辰	8	
初九 9th	5	30	甲午	7	6	29	甲子	9	7	28	癸巳	7	戊 Wu Yang Earth
初十 10th	5	31	乙未	8	6	30	乙丑	8	7	29	甲午	6	
十一 11th	6	1	丙申	9	7	1	丙寅	7	7	30	乙未	5	
十二 12th	6	2	丁酉	1	7	2	丁卯	6	7	31	丙申	4	己 Ji Yin Earth
十三 13th	6	3	戊戌	2	7	3	戊辰	5	8	1	丁酉	3	
十四 14th	6	4	己亥	3	7	4	己巳	4	8	2	戊戌	2	
十五 15th	6	5	庚子	4	7	5	庚午	3	8	3	己亥	1	
十六 16th	6	6	辛丑	5	7	6	辛未	2	8	4	庚子	9	庚 Geng Yang Metal
十七 17th	6	7	壬寅	6	7	7	壬申	1	8	5	辛丑	8	
十八 18th	6	8	癸卯	7	7	8	癸酉	9	8	6	壬寅	7	
十九 19th	6	9	甲辰	8	7	9	甲戌	8	8	7	癸卯	6	
二十 20th	6	10	乙巳	9	7	10	乙亥	7	8	8	甲辰	5	辛 Xin Yin Metal
廿一 21st	6	11	丙午	1	7	11	丙子	6	8	9	乙巳	4	
廿二 22nd	6	12	丁未	2	7	12	丁丑	5	8	10	丙午	3	
廿三 23rd	6	13	戊申	3	7	13	戊寅	4	8	11	丁未	2	壬 Ren Yang Water
廿四 24th	6	14	己酉	4	7	14	己卯	3	8	12	戊申	1	
廿五 25th	6	15	庚戌	5	7	15	庚辰	2	8	13	己酉	9	
廿六 26th	6	16	辛亥	6	7	16	辛巳	1	8	14	庚戌	8	
廿七 27th	6	17	壬子	7	7	17	壬午	9	8	15	辛亥	7	癸 Gui Yin Water
廿八 28th	6	18	癸丑	8	7	18	癸未	8	8	16	壬子	6	
廿九 29th	6	19	甲寅	9	7	19	甲申	7	8	17	癸丑	5	
三十 30th	6	20	乙卯	1					8	18	甲寅	4	

Male Gua: 2 坤(Kun) **Female Gua: 4 巽(Xun)** 3 Killing 三煞: South Annual Star: 2 Black

地支 Twelve Branches: 子 Zi Rat; 丑 Chou Ox; 寅 Yin Tiger; 卯 Mao Rabbit; 辰 Chen Dragon; 巳 Si Snake; 午 Wu Horse; 未 Wei Goat; 申 Shen Monkey; 酉 You Rooster; 戌 Xu Dog; 亥 Hai Pig

十二月大 12th Mth				十一月大 11th Mth				十月小 10th Mth				九月大 9th Mth				八月大 8th Mth				七月小 7th Mth				月干支 Month
丁丑 Ding Chou				丙子 Bing Zi				乙亥 Yi Hai				甲戌 Jia Xu				癸酉 Gui You				壬申 Ren Shen				
九紫 Nine Purple				一白 One White				二黑 Two Black				三碧 Three Jade				四綠 Four Green				五黃 Five Yellow				九星 9 Star
立春 Coming of Spring		大寒 Greater Cold		小寒 Lesser Cold		冬至 Winter Solstice		大雪 Greater Snow		小雪 Lesser Snow		立冬 Coming of Winter		霜降 Frosting		寒露 Cold Dew		秋分 Autumn Equinox		白露 White Dew		處暑 Heat Ends		節氣 Season
22nd day		7th day		23rd day		8th day		22nd day		7th day		22nd day		7th day		22nd day		7th day		21st day		5th day		
12hr 20min		1?hr 54min		0hr 35min		7hr 15min		13hr 28min		18hr 8min		20hr 55min		20hr 57min		18hr 9min		12hr 2min		2hr 56min		14hr 47min		
午 Wu		酉 You		子 Zi		辰 Chen		未 Wei		酉 You		戌 Xu		戌 Xu		酉 You		午 Wu		丑 Chou		未 Wei		
國曆 Gregorian		干支 S/B	星 Star	國曆 Gregorian		干支 S/B	星 Star	國曆 Gregorian		干支 S/B	星 Star	國曆 Gregorian		干支 S/B	星 Star	國曆 Gregorian		干支 S/B	星 Star	國曆 Gregorian		干支 S/B	星 Star	農曆 Calendar
1	14	癸未	2	12	15	癸丑	2	11	16	甲申	4	10	17	甲寅	7	9	17	甲申	1	8	19	乙卯	3	初一 1st
1	15	甲申	3	12	16	甲寅	1	11	17	乙酉	3	10	18	乙卯	6	9	18	乙酉	9	8	20	丙辰	2	初二 2nd
1	16	乙酉	4	12	17	乙卯	9	11	18	丙戌	2	10	19	丙辰	5	9	19	丙戌	8	8	21	丁巳	1	初三 3rd
1	17	丙戌	5	12	18	丙辰	8	11	19	丁亥	1	10	20	丁巳	4	9	20	丁亥	7	8	22	戊午	9	初四 4th
1	18	丁亥	6	12	19	丁巳	7	11	20	戊子	9	10	21	戊午	3	9	21	戊子	6	8	23	己未	8	初五 5th
1	19	戊子	7	12	20	戊午	6	11	21	己丑	8	10	22	己未	2	9	22	己丑	5	8	24	庚申	7	初六 6th
1	20	己丑	8	12	21	己未	5	11	22	庚寅	7	10	23	庚申	1	9	23	庚寅	4	8	25	辛酉	6	初七 7th
1	21	庚寅	9	12	22	庚申	4\6	11	23	辛卯	6	10	24	辛酉	9	9	24	辛卯	3	8	26	壬戌	5	初八 8th
1	22	辛卯	1	12	23	辛酉	7	11	24	壬辰	5	10	25	壬戌	8	9	25	壬辰	2	8	27	癸亥	4	初九 9th
1	23	壬辰	2	12	24	壬戌	8	11	25	癸巳	4	10	26	癸亥	7	9	26	癸巳	1	8	28	甲子	3	初十 10th
1	24	癸巳	3	12	25	癸亥	9	11	26	甲午	3	10	27	甲子	6	9	27	甲午	9	8	29	乙丑	2	十一 11th
1	25	甲午	4	12	26	甲子	1	11	27	乙未	2	10	28	乙丑	5	9	28	乙未	8	8	30	丙寅	1	十二 12th
1	26	乙未	5	12	27	乙丑	2	11	28	丙申	1	10	29	丙寅	4	9	29	丙申	7	8	31	丁卯	9	十三 13th
1	27	丙申	6	12	28	丙寅	3	11	29	丁酉	9	10	30	丁卯	3	9	30	丁酉	6	9	1	戊辰	8	十四 14th
1	28	丁酉	7	12	29	丁卯	4	11	30	戊戌	8	10	31	戊辰	2	10	1	戊戌	5	9	2	己巳	7	十五 15th
1	29	戊戌	8	12	30	戊辰	5	12	1	己亥	7	11	1	己巳	1	10	2	己亥	4	9	3	庚午	6	十六 16th
1	30	己亥	9	12	31	己巳	6	12	2	庚子	6	11	2	庚午	9	10	3	庚子	3	9	4	辛未	5	十七 17th
1	31	庚子	1	1	1	庚午	7	12	3	辛丑	5	11	3	辛未	8	10	4	辛丑	2	9	5	壬申	4	十八 18th
2	1	辛丑	2	1	2	辛未	8	12	4	壬寅	4	11	4	壬申	7	10	5	壬寅	1	9	6	癸酉	3	十九 19th
2	2	壬寅	3	1	3	壬申	9	12	5	癸卯	3	11	5	癸酉	6	10	6	癸卯	9	9	7	甲戌	2	二十 20th
2	3	癸卯	4	1	4	癸酉	1	12	6	甲辰	2	11	6	甲戌	5	10	7	甲辰	8	9	8	乙亥	1	廿一 21st
2	4	甲辰	5	1	5	甲戌	2	12	7	乙巳	1	11	7	乙亥	4	10	8	乙巳	7	9	9	丙子	9	廿二 22nd
2	5	乙巳	6	1	6	乙亥	3	12	8	丙午	9	11	8	丙子	3	10	9	丙午	6	9	10	丁丑	8	廿三 23rd
2	6	丙午	7	1	7	丙子	4	12	9	丁未	8	11	9	丁丑	2	10	10	丁未	5	9	11	戊寅	7	廿四 24th
2	7	丁未	8	1	8	丁丑	5	12	10	戊申	7	11	10	戊寅	1	10	11	戊申	4	9	12	己卯	6	廿五 25th
2	8	戊申	9	1	9	戊寅	6	12	11	己酉	6	11	11	己卯	9	10	12	己酉	3	9	13	庚辰	5	廿六 26th
2	9	己酉	1	1	10	己卯	7	12	12	庚戌	5	11	12	庚辰	8	10	13	庚戌	2	9	14	辛巳	4	廿七 27th
2	10	庚戌	2	1	11	庚辰	8	12	13	辛亥	4	11	13	辛巳	7	10	14	辛亥	1	9	15	壬午	3	廿八 28th
2	11	辛亥	3	1	12	辛巳	9	12	14	壬子	3	11	14	壬午	6	10	15	壬子	9	9	16	癸未	2	廿九 29th
2	12	壬子	4	1	13	壬午	1					11	15	癸未	5	10	16	癸丑	8					三十 30th

1945 乙酉 Wood Rooster

Grand Duke: 蔣嵩

月干支 Month	正月小 1st Mth				二月小 2nd Mth				三月大 3rd Mth				四月小 4th Mth				五月小 5th Mth				六月大 6th Mth			
	戊寅 Wu Yin				己卯 Ji Mao				庚辰 Geng Chen				辛巳 Xin Si				壬午 Ren Wu				癸未 Gui Wei			
九星 9 Star	八白 Eight White				七赤 Seven Red				六白 Six White				五黃 Five Yellow				四綠 Four Green				三碧 Three Jade			
節氣 Season	驚蟄 Awakening of Worms		雨水 Rain Water		清明 Clear and Bright		春分 Spring Equinox		立夏 Coming of Summer		穀雨 Grain Rain		芒種 Planting of Thorny Crops		小滿 Small Sprout		小暑 Lesser Heat		夏至 Summer Solstice				大暑 Greater Heat	
	22nd day		7th day		23rd day		8th day		25th day		9th day		26th day		10th day		28th day		13th day				15th day	
	6hr 38min		8hr 15min		11hr 52min		7hr 38min		5hr 37min		19hr 7min		10hr 6min		18hr 41min		0hr 27min		2hr 52min				13hr 46min	
	卯 Mao		辰 Chen		午 Wu		辰 Chen		卯 Mao		戌 Xu		巳 Si		酉 You		戌 Xu		丑 Chou				未 Wei	
農曆 Calendar	國曆 Gregorian		干支 S/B	星 Star	國曆 Gregorian		干支 S/B	星 Star	國曆 Gregorian		干支 S/B	星 Star	國曆 Gregorian		干支 S/B	星 Star	國曆 Gregorian		干支 S/B	星 Star	國曆 Gregorian		干支 S/B	星 Star
初一 1st	2	13	癸丑	5	3	14	壬午	7	4	12	辛亥	9	5	12	辛巳	3	6	10	庚戌	5	7	9	己卯	3
初二 2nd	2	14	甲寅	6	3	15	癸未	8	4	13	壬子	1	5	13	壬午	4	6	11	辛亥	6	7	10	庚辰	2
初三 3rd	2	15	乙卯	7	3	16	甲申	9	4	14	癸丑	2	5	14	癸未	5	6	12	壬子	7	7	11	辛巳	1
初四 4th	2	16	丙辰	8	3	17	乙酉	1	4	15	甲寅	3	5	15	甲申	6	6	13	癸丑	8	7	12	壬午	9
初五 5th	2	17	丁巳	9	3	18	丙戌	2	4	16	乙卯	4	5	16	乙酉	7	6	14	甲寅	9	7	13	癸未	8
初六 6th	2	18	戊午	1	3	19	丁亥	3	4	17	丙辰	5	5	17	丙戌	8	6	15	乙卯	1	7	14	甲申	7
初七 7th	2	19	己未	2	3	20	戊子	4	4	18	丁巳	6	5	18	丁亥	9	6	16	丙辰	2	7	15	乙酉	6
初八 8th	2	20	庚申	3	3	21	己丑	5	4	19	戊午	7	5	19	戊子	1	6	17	丁巳	3	7	16	丙戌	5
初九 9th	2	21	辛酉	4	3	22	庚寅	6	4	20	己未	8	5	20	己丑	2	6	18	戊午	4	7	17	丁亥	4
初十 10th	2	22	壬戌	5	3	23	辛卯	7	4	21	庚申	9	5	21	庚寅	3	6	19	己未	5	7	18	戊子	3
十一 11th	2	23	癸亥	6	3	24	壬辰	8	4	22	辛酉	1	5	22	辛卯	4	6	20	庚申	6	7	19	己丑	2
十二 12th	2	24	甲子	7	3	25	癸巳	9	4	23	壬戌	2	5	23	壬辰	5	6	21	辛酉	7	7	20	庚寅	1
十三 13th	2	25	乙丑	8	3	26	甲午	1	4	24	癸亥	3	5	24	癸巳	6	6	22	壬戌	8\2	7	21	辛卯	9
十四 14th	2	26	丙寅	9	3	27	乙未	2	4	25	甲子	4	5	25	甲午	7	6	23	癸亥	1	7	22	壬辰	8
十五 15th	2	27	丁卯	1	3	28	丙申	3	4	26	乙丑	5	5	26	乙未	8	6	24	甲子	9	7	23	癸巳	7
十六 16th	2	28	戊辰	2	3	29	丁酉	4	4	27	丙寅	6	5	27	丙申	9	6	25	乙丑	8	7	24	甲午	6
十七 17th	3	1	己巳	3	3	30	戊戌	5	4	28	丁卯	7	5	28	丁酉	1	6	26	丙寅	7	7	25	乙未	5
十八 18th	3	2	庚午	4	3	31	己亥	6	4	29	戊辰	8	5	29	戊戌	2	6	27	丁卯	6	7	26	丙申	4
十九 19th	3	3	辛未	5	4	1	庚子	7	4	30	己巳	9	5	30	己亥	3	6	28	戊辰	5	7	27	丁酉	3
二十 20th	3	4	壬申	6	4	2	辛丑	8	5	1	庚午	1	5	31	庚子	4	6	29	己巳	4	7	28	戊戌	2
廿一 21st	3	5	癸酉	7	4	3	壬寅	9	5	2	辛未	2	6	1	辛丑	5	6	30	庚午	3	7	29	己亥	1
廿二 22nd	3	6	甲戌	8	4	4	癸卯	1	5	3	壬申	3	6	2	壬寅	6	7	1	辛未	2	7	30	庚子	9
廿三 23rd	3	7	乙亥	9	4	5	甲辰	2	5	4	癸酉	4	6	3	癸卯	7	7	2	壬申	1	7	31	辛丑	8
廿四 24th	3	8	丙子	1	4	6	乙巳	3	5	5	甲戌	5	6	4	甲辰	8	7	3	癸酉	9	8	1	壬寅	7
廿五 25th	3	9	丁丑	2	4	7	丙午	4	5	6	乙亥	6	6	5	乙巳	9	7	4	甲戌	8	8	2	癸卯	6
廿六 26th	3	10	戊寅	3	4	8	丁未	5	5	7	丙子	7	6	6	丙午	1	7	5	乙亥	7	8	3	甲辰	5
廿七 27th	3	11	己卯	4	4	9	戊申	6	5	8	丁丑	8	6	7	丁未	2	7	6	丙子	6	8	4	乙巳	4
廿八 28th	3	12	庚辰	5	4	10	己酉	7	5	9	戊寅	9	6	8	戊申	3	7	7	丁丑	5	8	5	丙午	3
廿九 29th	3	13	辛巳	6	4	11	庚戌	8	5	10	己卯	1	6	9	己酉	4	7	8	戊寅	4	8	6	丁未	2
三十 30th									5	11	庚辰	2									8	7	戊申	1

天干 Ten Stems

- 甲 Jia Yang Wood
- 乙 Yi Yin Wood
- 丙 Bing Yang Fire
- 丁 Ding Yin Fire
- 戊 Wu Yang Earth
- 己 Ji Yin Earth
- 庚 Geng Yang Metal
- 辛 Xin Yin Metal
- 壬 Ren Yang Water
- 癸 Gui Yin Water

Male Gua: 1 坎(Kan) **Female Gua: 8 艮(Gen)** 3 Killing 三煞: East Annual Star: 1 White

月干支 Month	七月小 7th Mth				八月大 8th Mth				九月大 9th Mth				十月大 10th Mth				十一月小 11th Mth				十二月大 12th Mth			
	甲申 Jia Shen				乙酉 Yi You				丙戌 Bing Xu				丁亥 Ding Hai				戊子 Wu Zi				己丑 Ji Chou			
九星 9 Star	二黑 Two Black				一白 One White				九紫 Nine Purple				八白 Eight White				七赤 Seven Red				六白 Six White			
節氣 Season	處暑 Heat Ends		立秋 Coming Autumn		秋分 Autumn Equinox		白露 White Dew		霜降 Frosting		寒露 Cold Dew		小雪 Lesser Snow		立冬 Coming of Winter		冬至 Winter Solstice		大雪 Greater Snow		大寒 Greater Cold		小寒 Lesser Cold	
	16th day		1st day		18th day		3rd day		19th day		3rd day		18th day		4th day		18th day		3rd day		18th day		4th day	
	20hr 36min		6hr 6min		17hr 50min		8hr 39min		2hr 44min		23hr 50min		23hr 56min		2hr 35min		13hr 4min		19hr 8min		23hr 45min		3hr 17min	
	戌 Xu		卯 Mao		酉 You		辰 Chen		丑 Chou		子 Zi		子 Zi		丑 Chou		未 Wei		戌 Xu		子 Zi		卯 Mao	
農曆 Calendar	國曆 Gregorian		干支 S/B	星 Star	國曆 Gregorian		干支 S/B	星 Star	國曆 Gregorian		干支 S/B	星 Star	國曆 Gregorian		干支 S/B	星 Star	國曆 Gregorian		干支 S/B	星 Star	國曆 Gregorian		干支 S/B	星 Star
初一 1st	8	8	己酉	9	9	6	戊寅	7	10	6	戊申	4	11	5	戊寅	1	12	5	戊申	7	1	3	丁丑	3
初二 2nd	8	9	庚戌	8	9	7	己卯	6	10	7	己酉	3	11	6	己卯	9	12	6	己酉	6	1	4	戊寅	9
初三 3rd	8	10	辛亥	7	9	8	庚辰	5	10	8	庚戌	2	11	7	庚辰	8	12	7	庚戌	5	1	5	己卯	[illegible]
初四 4th	8	11	壬子	6	9	9	辛巳	4	10	9	辛亥	1	11	8	辛巳	7	12	8	辛亥	4	1	6	庚辰	2
初五 5th	8	12	癸丑	5	9	10	壬午	3	10	10	壬子	9	11	9	壬午	6	12	9	壬子	3	1	7	辛巳	3
初六 6th	8	13	甲寅	4	9	11	癸未	2	10	11	癸丑	8	11	10	癸未	5	12	10	癸丑	2	1	8	壬午	4
初七 7th	8	14	乙卯	3	9	12	甲申	1	10	12	甲寅	7	11	11	甲申	4	12	11	甲寅	1	1	9	癸未	5
初八 8th	8	15	丙辰	2	9	13	乙酉	9	10	13	乙卯	6	11	12	乙酉	3	12	12	乙卯	9	1	10	甲申	6
初九 9th	8	16	丁巳	1	9	14	丙戌	8	10	14	丙辰	5	11	13	丙戌	2	12	13	丙辰	8	1	11	乙酉	7
初十 10th	8	17	戊午	9	9	15	丁亥	7	10	15	丁巳	4	11	14	丁亥	1	12	14	丁巳	7	1	12	丙戌	8
十一 11th	8	18	己未	8	9	16	戊子	6	10	16	戊午	3	11	15	戊子	9	12	15	戊午	6	1	13	丁亥	9
十二 12th	8	19	庚申	7	9	17	己丑	5	10	17	己未	2	11	16	己丑	8	12	16	己未	5	1	14	戊子	1
十三 13th	8	20	辛酉	6	9	18	庚寅	4	10	18	庚申	1	11	17	庚寅	7	12	17	庚申	4	1	15	己丑	2
十四 14th	8	21	壬戌	5	9	19	辛卯	3	10	19	辛酉	9	11	18	辛卯	6	12	18	辛酉	3	1	16	庚寅	3
十五 15th	8	22	癸亥	4	9	20	壬辰	2	10	20	壬戌	8	11	19	壬辰	5	12	19	壬戌	2	1	17	辛卯	4
十六 16th	8	23	甲子	3	9	21	癸巳	1	10	21	癸亥	7	11	20	癸巳	4	12	20	癸亥	1	1	18	壬辰	5
十七 17th	8	24	乙丑	2	9	22	甲午	9	10	22	甲子	6	11	21	甲午	3	12	21	甲子	9	1	19	癸巳	6
十八 18th	8	25	丙寅	1	9	23	乙未	8	10	23	乙丑	5	11	22	乙未	2	12	22	乙丑	3\5	1	20	甲午	7
十九 19th	8	26	丁卯	9	9	24	丙申	7	10	24	丙寅	4	11	23	丙申	1	12	23	丙寅	6	1	21	乙未	8
二十 20th	8	27	戊辰	8	9	25	丁酉	6	10	25	丁卯	3	11	24	丁酉	9	12	24	丁卯	7	1	22	丙申	9
廿一 21st	8	28	己巳	7	9	26	戊戌	5	10	26	戊辰	2	11	25	戊戌	8	12	25	戊辰	8	1	23	丁酉	1
廿二 22nd	8	29	庚午	6	9	27	己亥	4	10	27	己巳	1	11	26	己亥	7	12	26	己巳	9	1	24	戊戌	2
廿三 23rd	8	30	辛未	5	9	28	庚子	3	10	28	庚午	9	11	27	庚子	6	12	27	庚午	1	1	25	己亥	3
廿四 24th	8	31	壬申	4	9	29	辛丑	2	10	29	辛未	8	11	28	辛丑	5	12	28	辛未	2	1	26	庚子	4
廿五 25th	9	1	癸酉	3	9	30	壬寅	1	10	30	壬申	7	11	29	壬寅	4	12	29	壬申	3	1	27	辛丑	5
廿六 26th	9	2	甲戌	2	10	1	癸卯	9	10	31	癸酉	6	11	30	癸卯	3	12	30	癸酉	4	1	28	壬寅	6
廿七 27th	9	3	乙亥	1	10	2	甲辰	8	11	1	甲戌	5	12	1	甲辰	2	12	31	甲戌	5	1	29	癸卯	7
廿八 28th	9	4	丙子	9	10	3	乙巳	7	11	2	乙亥	4	12	2	乙巳	1	1	1	乙亥	6	1	30	甲辰	8
廿九 29th	9	5	丁丑	8	10	4	丙午	6	11	3	丙子	3	12	3	丙午	9	1	2	丙子	7	1	31	乙巳	9
三十 30th					10	5	丁未	5	11	4	丁丑	2	12	4	丁未	8					2	1	丙午	1

地支 Twelve Branches: 子 Zi Rat; 丑 Chou Ox; 寅 Yin Tiger; 卯 Mao Rabbit; 辰 Chen Dragon; 巳 Si Snake; 午 Wu Horse; 未 Wei Goat; 申 Shen Monkey; 酉 You Rooster; 戌 Xu Dog; 亥 Hai Pig

1946 丙戌 Fire Dog

Grand Duke: 向般

天干 Ten Stems: 甲 Jia Yang Wood · 乙 Yi Yin Wood · 丙 Bing Yang Fire · 丁 Ding Yin Fire · 戊 Wu Yang Earth · 己 Ji Yin Earth · 庚 Geng Yang Metal · 辛 Xin Yin Metal · 壬 Ren Yang Water · 癸 Gui Yin Water

六月小 6th Mth				五月小 5th Mth				四月大 4th Mth				三月小 3rd Mth				二月小 2nd Mth				正月大 1st Mth				月干支 Month
乙未 Yi Wei				甲午 Jia Wu				癸巳 Gui Si				壬辰 Ren Chen				辛卯 Xin Mao				庚寅 Geng Yin				
九紫 Nine Purple				一白 One White				二黑 Two Black				三碧 Three Jade				四綠 Four Green				五黃 Five Yellow				九星 9 Star
大暑 Greater Heat		小暑 Lesser Heat		夏至 Summer Solstice		芒種 Planting of Thorny Crops		小滿 Small Sprout		立夏 Coming of Summer		穀雨 Grain Rain		清明 Clear and Bright		春分 Spring Equinox		驚蟄 Awakening of Worms		雨水 Rain Water		立春 Coming of Spring		節氣 Season
25th day		10th day		23rd day		7th day		22nd day		6th day		20th day		4th day		18th day		3rd day		18th day		3rd day		
19hr 37min		2hr 11min		3hr 45min		15hr 49min		0hr 34min		11hr 22min		1hr 2min		17hr 39min		13hr 33min		12hr 25min		14hr 9min		18hr 5min		
戌 Xu		丑 Chou		辰 Chen		申 Shen		子 Zi		午 Wu		丑 Chou		酉 You		未 Wei		午 Wu		未 Wei		酉 You		
國曆 Gregorian		干支 S/B	星 Star	國曆 Gregorian		干支 S/B	星 Star	國曆 Gregorian		干支 S/B	星 Star	國曆 Gregorian		干支 S/B	星 Star	國曆 Gregorian		干支 S/B	星 Star	國曆 Gregorian		干支 S/B	星 Star	農曆 Calendar
6	29	甲戌	5	5	31	乙巳	3	5	1	乙亥	9	4	2	丙午	7	3	4	丁丑	5	2	2	丁未	2	初一 1st
6	30	乙亥	4	6	1	丙午	4	5	2	丙子	1	4	3	丁未	8	3	5	戊寅	6	2	3	戊申	3	初二 2nd
7	1	丙子	3	6	2	丁未	5	5	3	丁丑	2	4	4	戊申	9	3	6	己卯	7	2	4	己酉	4	初三 3rd
7	2	丁丑	2	6	3	戊申	6	5	4	戊寅	3	4	5	己酉	1	3	7	庚辰	8	2	5	庚戌	5	初四 4th
7	3	戊寅	1	6	4	己酉	7	5	5	己卯	4	4	6	庚戌	2	3	8	辛巳	9	2	6	辛亥	6	初五 5th
7	4	己卯	9	6	5	庚戌	8	5	6	庚辰	5	4	7	辛亥	3	3	9	壬午	1	2	7	壬子	7	初六 6th
7	5	庚辰	8	6	6	辛亥	9	5	7	辛巳	6	4	8	壬子	4	3	10	癸未	2	2	8	癸丑	8	初七 7th
7	6	辛巳	7	6	7	壬子	1	5	8	壬午	7	4	9	癸丑	5	3	11	甲申	3	2	9	甲寅	9	初八 8th
7	7	壬午	6	6	8	癸丑	2	5	9	癸未	8	4	10	甲寅	6	3	12	乙酉	4	2	10	乙卯	1	初九 9th
7	8	癸未	5	6	9	甲寅	3	5	10	甲申	9	4	11	乙卯	7	3	13	丙戌	5	2	11	丙辰	2	初十 10th
7	9	甲申	4	6	10	乙卯	4	5	11	乙酉	1	4	12	丙辰	8	3	14	丁亥	6	2	12	丁巳	3	十一 11th
7	10	乙酉	3	6	11	丙辰	5	5	12	丙戌	2	4	13	丁巳	9	3	15	戊子	7	2	13	戊午	4	十二 12th
7	11	丙戌	2	6	12	丁巳	6	5	13	丁亥	3	4	14	戊午	1	3	16	己丑	8	2	14	己未	5	十三 13th
7	12	丁亥	1	6	13	戊午	7	5	14	戊子	4	4	15	己未	2	3	17	庚寅	9	2	15	庚申	6	十四 14th
7	13	戊子	9	6	14	己未	8	5	15	己丑	5	4	16	庚申	3	3	18	辛卯	1	2	16	辛酉	7	十五 15th
7	14	己丑	8	6	15	庚申	9	5	16	庚寅	6	4	17	辛酉	4	3	19	壬辰	2	2	17	壬戌	8	十六 16th
7	15	庚寅	7	6	16	辛酉	1	5	17	辛卯	7	4	18	壬戌	5	3	20	癸巳	3	2	18	癸亥	9	十七 17th
7	16	辛卯	6	6	17	壬戌	2	5	18	壬辰	8	4	19	癸亥	6	3	21	甲午	4	2	19	甲子	1	十八 18th
7	17	壬辰	5	6	18	癸亥	3	5	19	癸巳	9	4	20	甲子	7	3	22	乙未	5	2	20	乙丑	2	十九 19th
7	18	癸巳	4	6	19	甲子	4	5	20	甲午	1	4	21	乙丑	8	3	23	丙申	6	2	21	丙寅	3	二十 20th
7	19	甲午	3	6	20	乙丑	5	5	21	乙未	2	4	22	丙寅	9	3	24	丁酉	7	2	22	丁卯	4	廿一 21st
7	20	乙未	2	6	21	丙寅	6	5	22	丙申	3	4	23	丁卯	1	3	25	戊戌	8	2	23	戊辰	5	廿二 22nd
7	21	丙申	1	6	22	丁卯	7\3	5	23	丁酉	4	4	24	戊辰	2	3	26	己亥	9	2	24	己巳	6	廿三 23rd
7	22	丁酉	9	6	23	戊辰	2	5	24	戊戌	5	4	25	己巳	3	3	27	庚子	1	2	25	庚午	7	廿四 24th
7	23	戊戌	8	6	24	己巳	1	5	25	己亥	6	4	26	庚午	4	3	28	辛丑	2	2	26	辛未	8	廿五 25th
7	24	己亥	7	6	25	庚午	9	5	26	庚子	7	4	27	辛未	5	3	29	壬寅	3	2	27	壬申	9	廿六 26th
7	25	庚子	6	6	26	辛未	8	5	27	辛丑	8	4	28	壬申	6	3	30	癸卯	4	2	28	癸酉	1	廿七 27th
7	26	辛丑	5	6	27	壬申	7	5	28	壬寅	9	4	29	癸酉	7	3	31	甲辰	5	3	1	甲戌	2	廿八 28th
7	27	壬寅	4	6	28	癸酉	6	5	29	癸卯	1	4	30	甲戌	8	4	1	乙巳	6	3	2	乙亥	3	廿九 29th
								5	30	甲辰	2									3	3	丙子	4	三十 30th

Male Gua: 9 離(Li) Female Gua: 6 乾(Qian) 3 Killing 三煞 : North Annual Star: 9 Purple

月干支 Month	七月大 7th Mth				八月小 8th Mth				九月大 9th Mth			
	丙申 Bing Shen				丁酉 Ding You				戊戌 Wu Xu			
九星 9 Star	八白 Eight White				七赤 Seven Red				六白 Six White			
節氣 Season	立秋 Coming Autumn 12th day 11hr 52min 午 Wu		處暑 Heat Ends 28th day 2hr 27min 丑 Chou		白露 White Dew 13th day 14hr 28min 未 Wei		秋分 Autumn Equinox 28th day 23hr 41min 子 Zi		寒露 Cold Dew 15th day 5hr 42min 卯 Mao		霜降 Frosting 30th day 8hr 35min 辰 Chen	
農曆 Calendar	國曆 Gregorian		干支 S / B	星 Star	國曆 Gregorian		干支 S / B	星 Star	國曆 Gregorian		干支 S / B	星 Star
初一 1st	7	28	癸卯	3	8	27	癸酉	9	9	25	壬寅	7
初二 2nd	7	29	甲辰	2	8	28	甲戌	8	9	26	癸卯	6
初三 3rd	7	30	乙巳	1	8	29	乙亥	7	9	27	甲辰	5
初四 4th	7	31	丙午	9	8	30	丙子	6	9	28	乙巳	4
初五 5th	8	1	丁未	8	8	31	丁丑	5	9	29	丙午	3
初六 6th	8	2	戊申	7	9	1	戊寅	4	9	30	丁未	2
初七 7th	8	3	己酉	6	9	2	己卯	3	10	1	戊申	1
初八 8th	8	4	庚戌	5	9	3	庚辰	2	10	2	己酉	9
初九 9th	8	5	辛亥	4	9	4	辛巳	1	10	3	庚戌	8
初十 10th	8	6	壬子	3	9	5	壬午	9	10	4	辛亥	7
十一 11th	8	7	癸丑	2	9	6	癸未	8	10	5	壬子	6
十二 12th	8	8	甲寅	1	9	7	甲申	7	10	6	癸丑	5
十三 13th	8	9	乙卯	9	9	8	乙酉	6	10	7	甲寅	4
十四 14th	8	10	丙辰	8	9	9	丙戌	5	10	8	乙卯	3
十五 15th	8	11	丁巳	7	9	10	丁亥	4	10	9	丙辰	2
十六 16th	8	12	戊午	6	9	11	戊子	3	10	10	丁巳	1
十七 17th	8	13	己未	5	9	12	己丑	2	10	11	戊午	9
十八 18th	8	14	庚申	4	9	13	庚寅	1	10	12	己未	8
十九 19th	8	15	辛酉	3	9	14	辛卯	9	10	13	庚申	7
二十 20th	8	16	壬戌	2	9	15	壬辰	8	10	14	辛酉	6
廿一 21st	8	17	癸亥	1	9	16	癸巳	7	10	15	壬戌	5
廿二 22nd	8	18	甲子	9	9	17	甲午	6	10	16	癸亥	4
廿三 23rd	8	19	乙丑	8	9	18	乙未	5	10	17	甲子	3
廿四 24th	8	20	丙寅	7	9	19	丙申	4	10	18	乙丑	2
廿五 25th	8	21	丁卯	6	9	20	丁酉	3	10	19	丙寅	1
廿六 26th	8	22	戊辰	5	9	21	戊戌	2	10	20	丁卯	9
廿七 27th	8	23	己巳	4	9	22	己亥	1	10	21	戊辰	8
廿八 28th	8	24	庚午	3	9	23	庚子	9	10	22	己巳	7
廿九 29th	8	25	辛未	2	9	24	辛丑	8	10	23	庚午	6
三十 30th	8	26	壬申	1					10	24	辛未	5

月干支 Month	十月大 10th Mth				十一月小 11th Mth				十二月大 12th Mth			
	己亥 Ji Hai				庚子 Geng Zi				辛丑 Xin Chou			
九星 9 Star	五黃 Five Yellow				四綠 Four Green				三碧 Three Jade			
節氣 Season	立冬 Coming of Winter 15th day 8hr 28min 辰 Chen		小雪 Lesser Snow 30th day 5hr 47min 卯 Mao		大雪 Greater Snow 15th day 1hr 1min 丑 Chou		冬至 Winter Solstice 29th day 18hr 54min 酉 You		小寒 Lesser Cold 15th day 2hr 11min 午 Wu		大寒 Greater Cold 30th day 5hr 35min 卯 Mao	
農曆 Calendar	國曆 Gregorian		干支 S / B	星 Star	國曆 Gregorian		干支 S / B	星 Star	國曆 Gregorian		干支 S / B	星 Star
初一 1st	10	25	壬申	4	11	24	壬寅	1	12	23	辛未	2
初二 2nd	10	26	癸酉	3	11	25	癸卯	9	12	24	壬申	3
初三 3rd	10	27	甲戌	2	11	26	甲辰	8	12	25	癸酉	4
初四 4th	10	28	乙亥	1	11	27	乙巳	7	12	26	甲戌	5
初五 5th	10	29	丙子	9	11	28	丙午	6	12	27	乙亥	6
初六 6th	10	30	丁丑	8	11	29	丁未	5	12	28	丙子	7
初七 7th	10	31	戊寅	7	11	30	戊申	4	12	29	丁丑	8
初八 8th	11	1	己卯	6	12	1	己酉	3	12	30	戊寅	9
初九 9th	11	2	庚辰	5	12	2	庚戌	2	12	31	己卯	1
初十 10th	11	3	辛巳	4	12	3	辛亥	1	1	1	庚辰	2
十一 11th	11	4	壬午	3	12	4	壬子	9	1	2	辛巳	3
十二 12th	11	5	癸未	2	12	5	癸丑	8	1	3	壬午	4
十三 13th	11	6	甲申	1	12	6	甲寅	7	1	4	癸未	5
十四 14th	11	7	乙酉	9	12	7	乙卯	6	1	5	甲申	6
十五 15th	11	8	丙戌	8	12	8	丙辰	5	1	6	乙酉	7
十六 16th	11	9	丁亥	7	12	9	丁巳	4	1	7	丙戌	8
十七 17th	11	10	戊子	6	12	10	戊午	3	1	8	丁亥	9
十八 18th	11	11	己丑	5	12	11	己未	2	1	9	戊子	1
十九 19th	11	12	庚寅	4	12	12	庚申	1	1	10	己丑	2
二十 20th	11	13	辛卯	3	12	13	辛酉	9	1	11	庚寅	3
廿一 21st	11	14	壬辰	2	12	14	壬戌	8	1	12	辛卯	4
廿二 22nd	11	15	癸巳	1	12	15	癸亥	7	1	13	壬辰	5
廿三 23rd	11	16	甲午	9	12	16	甲子	6	1	14	癸巳	6
廿四 24th	11	17	乙未	8	12	17	乙丑	5	1	15	甲午	7
廿五 25th	11	18	丙申	7	12	18	丙寅	4	1	16	乙未	8
廿六 26th	11	19	丁酉	6	12	19	丁卯	3	1	17	丙申	9
廿七 27th	11	20	戊戌	5	12	20	戊辰	2	1	18	丁酉	1
廿八 28th	11	21	己亥	4	12	21	己巳	1	1	19	戊戌	2
廿九 29th	11	22	庚子	3	12	22	庚午	9	1	20	己亥	3
三十 30th	11	23	辛丑	2					1	21	庚子	4

地支 Twelve Branches: 子 Zi Rat, 丑 Chou Ox, 寅 Yin Tiger, 卯 Mao Rabbit, 辰 Chen Dragon, 巳 Si Snake, 午 Wu Horse, 未 Wei Goat, 申 Shen Monkey, 酉 You Rooster, 戌 Xu Dog, 亥 Hai Pig

1947 丁亥 Fire Pig

Grand Duke: 封齊

月干支 Month	正月大 1st Mth				二月大 2nd Mth				閏二月小 2nd Mth				三月小 3rd Mth				四月大 4th Mth				五月小 5th Mth				六月小 6th Mth			
	壬寅 Ren Yin				癸卯 Gui Mao								甲辰 Jia Chen				乙巳 Yi Si				丙午 Bing Wu				丁未 Ding Wei			
九星 9 Star	二黑 Two Black				一白 One White								九紫 Nine Purple				八白 Eight White				七赤 Seven Red				六白 Six White			
節氣 Season	雨水 Rain Water		立春 Coming of Spring		春分 Spring Equinox		驚蟄 Awakening of Worms				清明 Clear and Bright		立夏 Coming of Summer		穀雨 Grain Rain		芒種 Planting of Thorny Crops		小滿 Small Sprout		小暑 Lesser Heat		夏至 Summer Solstice		立秋 Coming Autumn		大暑 Greater Heat	
	29th day		14th day		29th day		14th day				14th day		16th day		1st day		18th day		3rd day		20th day		4th day		22nd day		7th day	
	19hr 55min		23hr 55min		19hr 15min		18hr 12min				23hr 23min		17hr 5min		6hr 42min		21hr 33min		6hr 13min		7hr 56min		14hr 24min		17hr 39min		1hr 19min	
	戌 Xu		子 Zi		戌 Xu		酉 You				子 Zi		酉 You		卯 Mao		亥 Hai		卯 Mao		辰 Chen		未 Wei		酉 You		丑 Chou	
農曆 Calendar	國曆 Gregorian		干支 S/B	星 Star	國曆 Gregorian		干支 S/B	星 Star	國曆 Gregorian		干支 S/B	星 Star	國曆 Gregorian		干支 S/B	星 Star	國曆 Gregorian		干支 S/B	星 Star	國曆 Gregorian		干支 S/B	星 Star	國曆 Gregorian		干支 S/B	星 Star
初一 1st	1	22	辛丑	5	2	21	辛未	8	3	23	辛丑	2	4	21	庚午	4	5	20	己亥	6	6	19	己巳	9	7	18	戊戌	8
初二 2nd	1	23	壬寅	6	2	22	壬申	9	3	24	壬寅	3	4	22	辛未	5	5	21	庚子	7	6	20	庚午	1	7	19	己亥	7
初三 3rd	1	24	癸卯	7	2	23	癸酉	1	3	25	癸卯	4	4	23	壬申	6	5	22	辛丑	8	6	21	辛未	2	7	20	庚子	6
初四 4th	1	25	甲辰	8	2	24	甲戌	2	3	26	甲辰	5	4	24	癸酉	7	5	23	壬寅	9	6	22	壬申	3\7	7	21	辛丑	5
初五 5th	1	26	乙巳	9	2	25	乙亥	3	3	27	乙巳	6	4	25	甲戌	8	5	24	癸卯	1	6	23	癸酉	6	7	22	壬寅	4
初六 6th	1	27	丙午	1	2	26	丙子	4	3	28	丙午	7	4	26	乙亥	9	5	25	甲辰	2	6	24	甲戌	5	7	23	癸卯	3
初七 7th	1	28	丁未	2	2	27	丁丑	5	3	29	丁未	8	4	27	丙子	1	5	26	乙巳	3	6	25	乙亥	4	7	24	甲辰	2
初八 8th	1	29	戊申	3	2	28	戊寅	6	3	30	戊申	9	4	28	丁丑	2	5	27	丙午	4	6	26	丙子	3	7	25	乙巳	1
初九 9th	1	30	己酉	4	3	1	己卯	7	3	31	己酉	1	4	29	戊寅	3	5	28	丁未	5	6	27	丁丑	2	7	26	丙午	9
初十 10th	1	31	庚戌	5	3	2	庚辰	8	4	1	庚戌	2	4	30	己卯	4	5	29	戊申	6	6	28	戊寅	1	7	27	丁未	8
十一 11th	2	1	辛亥	6	3	3	辛巳	9	4	2	辛亥	3	5	1	庚辰	5	5	30	己酉	7	6	29	己卯	9	7	28	戊申	7
十二 12th	2	2	壬子	7	3	4	壬午	1	4	3	壬子	4	5	2	辛巳	6	5	31	庚戌	8	6	30	庚辰	8	7	29	己酉	6
十三 13th	2	3	癸丑	8	3	5	癸未	2	4	4	癸丑	5	5	3	壬午	7	6	1	辛亥	9	7	1	辛巳	7	7	30	庚戌	5
十四 14th	2	4	甲寅	9	3	6	甲申	3	4	5	甲寅	6	5	4	癸未	8	6	2	壬子	1	7	2	壬午	6	7	31	辛亥	4
十五 15th	2	5	乙卯	1	3	7	乙酉	4	4	6	乙卯	7	5	5	甲申	9	6	3	癸丑	2	7	3	癸未	5	8	1	壬子	3
十六 16th	2	6	丙辰	2	3	8	丙戌	5	4	7	丙辰	8	5	6	乙酉	1	6	4	甲寅	3	7	4	甲申	4	8	2	癸丑	2
十七 17th	2	7	丁巳	3	3	9	丁亥	6	4	8	丁巳	9	5	7	丙戌	2	6	5	乙卯	4	7	5	乙酉	3	8	3	甲寅	1
十八 18th	2	8	戊午	4	3	10	戊子	7	4	9	戊午	1	5	8	丁亥	3	6	6	丙辰	5	7	6	丙戌	2	8	4	乙卯	9
十九 19th	2	9	己未	5	3	11	己丑	8	4	10	己未	2	5	9	戊子	4	6	7	丁巳	6	7	7	丁亥	1	8	5	丙辰	8
二十 20th	2	10	庚申	6	3	12	庚寅	9	4	11	庚申	3	5	10	己丑	5	6	8	戊午	7	7	8	戊子	9	8	6	丁巳	7
廿一 21st	2	11	辛酉	7	3	13	辛卯	1	4	12	辛酉	4	5	11	庚寅	6	6	9	己未	8	7	9	己丑	8	8	7	戊午	6
廿二 22nd	2	12	壬戌	8	3	14	壬辰	2	4	13	壬戌	5	5	12	辛卯	7	6	10	庚申	9	7	10	庚寅	7	8	8	己未	5
廿三 23rd	2	13	癸亥	9	3	15	癸巳	3	4	14	癸亥	6	5	13	壬辰	8	6	11	辛酉	1	7	11	辛卯	6	8	9	庚申	4
廿四 24th	2	14	甲子	1	3	16	甲午	4	4	15	甲子	7	5	14	癸巳	9	6	12	壬戌	2	7	12	壬辰	5	8	10	辛酉	3
廿五 25th	2	15	乙丑	2	3	17	乙未	5	4	16	乙丑	8	5	15	甲午	1	6	13	癸亥	3	7	13	癸巳	4	8	11	壬戌	2
廿六 26th	2	16	丙寅	3	3	18	丙申	6	4	17	丙寅	9	5	16	乙未	2	6	14	甲子	4	7	14	甲午	3	8	12	癸亥	1
廿七 27th	2	17	丁卯	4	3	19	丁酉	7	4	18	丁卯	1	5	17	丙申	3	6	15	乙丑	5	7	15	乙未	2	8	13	甲子	9
廿八 28th	2	18	戊辰	5	3	20	戊戌	8	4	19	戊辰	2	5	18	丁酉	4	6	16	丙寅	6	7	16	丙申	1	8	14	乙丑	[illegible]
廿九 29th	2	19	己巳	6	3	21	己亥	9	4	20	己巳	3	5	19	戊戌	5	6	17	丁卯	7	7	17	丁酉	9	8	15	丙寅	[illegible]
三十 30th	2	20	庚午	7	3	22	庚子	1									6	18	戊辰	8								

天干 Ten Stems

- 甲 Jia Yang Wood
- 乙 Yi Yin Wood
- 丙 Bing Yang Fire
- 丁 Ding Yin Fire
- 戊 Wu Yang Earth
- 己 Ji Yin Earth
- 庚 Geng Yang Metal
- 辛 Xin Yin Metal
- 壬 Ren Yang Water
- 癸 Gui Yin Water

Male Gua: 8 艮(Gen) **Female Gua: 7 兑(Dui)** 3 Killing 三煞: West Annual Star: 8 White

地支 Twelve Branches: 子 Zi Rat · 丑 Chou Ox · 寅 Yin Tiger · 卯 Mao Rabbit · 辰 Chen Dragon · 巳 Si Snake · 午 Wu Horse · 未 Wei Goat · 申 Shen Monkey · 酉 You Rooster · 戌 Xu Dog · 亥 Hai Pig

七月大 7th Mth — 戊申 Wu Shen — 五黃 Five Yellow
白露 White Dew: 24th day, 20hr 17min, 戌 Xu · 處暑 Heat Ends: 9th day, 8hr 11min, 辰 Chen

農曆 Calendar	國曆 Gregorian		干支 S/B	星 Star
初一 1st	8	16	丁卯	6
初二 2nd	8	17	戊辰	5
初三 3rd	8	18	己巳	4
初四 4th	8	19	庚午	3
初五 5th	8	20	辛未	2
初六 6th	8	21	壬申	1
初七 7th	8	22	癸酉	9
初八 8th	8	23	甲戌	8
初九 9th	8	24	乙亥	7
初十 10th	8	25	丙子	6
十一 11th	8	26	丁丑	5
十二 12th	8	27	戊寅	4
十三 13th	8	28	己卯	3
十四 14th	8	29	庚辰	2
十五 15th	8	30	辛巳	1
十六 16th	8	31	壬午	9
十七 17th	9	1	癸未	8
十八 18th	9	2	甲申	7
十九 19th	9	3	乙酉	6
二十 20th	9	4	丙戌	5
廿一 21st	9	5	丁亥	4
廿二 22nd	9	6	戊子	3
廿三 23rd	9	7	己丑	2
廿四 24th	9	8	庚寅	1
廿五 25th	9	9	辛卯	9
廿六 26th	9	10	壬辰	8
廿七 27th	9	11	癸巳	7
廿八 28th	9	12	甲午	6
廿九 29th	9	13	乙未	5
三十 30th	9	14	丙申	4

八月小 8th Mth — 己酉 Ji You — 四綠 Four Green
寒露 Cold Dew: 25th day, 11hr 32min, 午 Wu · 秋分 Autumn Equinox: 10th day, 5hr 28min, 卯 Mao

農曆 Calendar	國曆 Gregorian		干支 S/B	星 Star
初一 1st	9	15	丁酉	3
初二 2nd	9	16	戊戌	2
初三 3rd	9	17	己亥	1
初四 4th	9	18	庚子	9
初五 5th	9	19	辛丑	8
初六 6th	9	20	壬寅	7
初七 7th	9	21	癸卯	6
初八 8th	9	22	甲辰	5
初九 9th	9	23	乙巳	4
初十 10th	9	24	丙午	3
十一 11th	9	25	丁未	2
十二 12th	9	26	戊申	1
十三 13th	9	27	己酉	9
十四 14th	9	28	庚戌	8
十五 15th	9	29	辛亥	7
十六 16th	9	30	壬子	6
十七 17th	10	1	癸丑	5
十八 18th	10	2	甲寅	4
十九 19th	10	3	乙卯	3
二十 20th	10	4	丙辰	2
廿一 21st	10	5	丁巳	1
廿二 22nd	10	6	戊午	9
廿三 23rd	10	7	己未	8
廿四 24th	10	8	庚申	7
廿五 25th	10	9	辛酉	6
廿六 26th	10	10	壬戌	5
廿七 27th	10	11	癸亥	4
廿八 28th	10	12	甲子	3
廿九 29th	10	13	乙丑	2
三十 30th				

九月大 9th Mth — 庚戌 Geng Xu — 三碧 Three Jade
立冬 Coming of Winter: 26th day, 14hr 19min, 未 Wei · 霜降 Frosting: 11th day, 14hr 24min, 未 Wei

農曆 Calendar	國曆 Gregorian		干支 S/B	星 Star
初一 1st	10	14	丙寅	1
初二 2nd	10	15	丁卯	9
初三 3rd	10	16	戊辰	8
初四 4th	10	17	己巳	7
初五 5th	10	18	庚午	6
初六 6th	10	19	辛未	5
初七 7th	10	20	壬申	4
初八 8th	10	21	癸酉	3
初九 9th	10	22	甲戌	2
初十 10th	10	23	乙亥	1
十一 11th	10	24	丙子	9
十二 12th	10	25	丁丑	8
十三 13th	10	26	戊寅	7
十四 14th	10	27	己卯	6
十五 15th	10	28	庚辰	5
十六 16th	10	29	辛巳	4
十七 17th	10	30	壬午	3
十八 18th	10	31	癸未	2
十九 19th	11	1	甲申	1
二十 20th	11	2	乙酉	9
廿一 21st	11	3	丙戌	8
廿二 22nd	11	4	丁亥	7
廿三 23rd	11	5	戊子	6
廿四 24th	11	6	己丑	5
廿五 25th	11	7	庚寅	4
廿六 26th	11	8	辛卯	3
廿七 27th	11	9	壬辰	2
廿八 28th	11	10	癸巳	1
廿九 29th	11	11	甲午	9
三十 30th	11	12	乙未	8

十月小 10th Mth — 辛亥 Xin Hai — 二黑 Two Black
大雪 Greater Snow: 26th day, 6hr 53min, 卯 Mao · 小雪 Lesser Snow: 11th day, 11hr 37min, 午 Wu

農曆 Calendar	國曆 Gregorian		干支 S/B	星 Star
初一 1st	11	13	丙申	7
初二 2nd	11	14	丁酉	6
初三 3rd	11	15	戊戌	5
初四 4th	11	16	己亥	4
初五 5th	11	17	庚子	3
初六 6th	11	18	辛丑	2
初七 7th	11	19	壬寅	1
初八 8th	11	20	癸卯	9
初九 9th	11	21	甲辰	8
初十 10th	11	22	乙巳	7
十一 11th	11	23	丙午	6
十二 12th	11	24	丁未	5
十三 13th	11	25	戊申	4
十四 14th	11	26	己酉	3
十五 15th	11	27	庚戌	2
十六 16th	11	28	辛亥	1
十七 17th	11	29	壬子	9
十八 18th	11	30	癸丑	8
十九 19th	12	1	甲寅	7
二十 20th	12	2	乙卯	6
廿一 21st	12	3	丙辰	5
廿二 22nd	12	4	丁巳	4
廿三 23rd	12	5	戊午	3
廿四 24th	12	6	己未	2
廿五 25th	12	7	庚申	1
廿六 26th	12	8	辛酉	9
廿七 27th	12	9	壬戌	8
廿八 28th	12	10	癸亥	7
廿九 29th	12	11	甲子	6
三十 30th				

十一月小 11th Mth — 壬子 Ren Zi — 一白 One White
小寒 Lesser Cold: 26th day, 18hr 1min, 酉 You · 冬至 Winter Solstice: 12th day, 0hr 45min, 子 Zi

農曆 Calendar	國曆 Gregorian		干支 S/B	星 Star
初一 1st	12	12	乙丑	5
初二 2nd	12	13	丙寅	4
初三 3rd	12	14	丁卯	3
初四 4th	12	15	戊辰	2
初五 5th	12	16	己巳	1
初六 6th	12	17	庚午	9
初七 7th	12	18	辛未	8
初八 8th	12	19	壬申	7
初九 9th	12	20	癸酉	6
初十 10th	12	21	甲戌	5
十一 11th	12	22	乙亥	4
十二 12th	12	23	丙子	3\7
十三 13th	12	24	丁丑	8
十四 14th	12	25	戊寅	9
十五 15th	12	26	己卯	1
十六 16th	12	27	庚辰	2
十七 17th	12	28	辛巳	3
十八 18th	12	29	壬午	4
十九 19th	12	30	癸未	5
二十 20th	12	31	甲申	6
廿一 21st	1	1	乙酉	7
廿二 22nd	1	2	丙戌	8
廿三 23rd	1	3	丁亥	9
廿四 24th	1	4	戊子	1
廿五 25th	1	5	己丑	2
廿六 26th	1	6	庚寅	3
廿七 27th	1	7	辛卯	4
廿八 28th	1	8	壬辰	5
廿九 29th	1	9	癸巳	6
三十 30th	1	10	甲午	7

十二月大 12th Mth — 癸丑 Gui Chou — 九紫 Nine Purple
立春 Coming of Spring: 26th day, 5hr 43min, 卯 Mao · 大寒 Greater Cold: 11th day, 11hr 19min, 午 Wu

農曆 Calendar	國曆 Gregorian		干支 S/B	星 Star
初一 1st	1	11	乙未	8
初二 2nd	1	12	丙申	9
初三 3rd	1	13	丁酉	1
初四 4th	1	14	戊戌	2
初五 5th	1	15	己亥	3
初六 6th	1	16	庚子	4
初七 7th	1	17	辛丑	5
初八 8th	1	18	壬寅	6
初九 9th	1	19	癸卯	7
初十 10th	1	20	甲辰	8
十一 11th	1	21	乙巳	9
十二 12th	1	22	丙午	1
十三 13th	1	23	丁未	2
十四 14th	1	24	戊申	3
十五 15th	1	25	己酉	4
十六 16th	1	26	庚戌	5
十七 17th	1	27	辛亥	6
十八 18th	1	28	壬子	7
十九 19th	1	29	癸丑	8
二十 20th	1	30	甲寅	9
廿一 21st	1	31	乙卯	1
廿二 22nd	2	1	丙辰	2
廿三 23rd	2	2	丁巳	3
廿四 24th	2	3	戊午	4
廿五 25th	2	4	己未	5
廿六 26th	2	5	庚申	6
廿七 27th	2	6	辛酉	7
廿八 28th	2	7	壬戌	8
廿九 29th	2	8	癸亥	9
三十 30th	2	9	甲子	1

1948 戊子 Earth Rat

Grand Duke: 郢班

六月小 6th Mth				五月大 5th Mth				四月小 4th Mth				三月大 3rd Mth				二月小 2nd Mth				正月大 1st Mth				月干支 Month
己未 Ji Wei				戊午 Wu Wu				丁巳 Ding Si				丙辰 Bing Chen				乙卯 Yi Mao				甲寅 Jia Yin				Month
三碧 Three Jade				四綠 Four Green				五黃 Five Yellow				六白 Six White				七赤 Seven Red				八白 Eight White				九星 9 Star
大暑 Greater Heat		小暑 Lesser Heat				夏至 Summer Solstice		芒種 Planting of Thorny Crops		小滿 Small Sprout		立夏 Coming of Summer		穀雨 Grain Rain		清明 Clear and Bright		春分 Spring Equinox		驚蟄 Awakening of Worms		雨水 Rain Water		節氣 Season
17th day		1st day				15th day		29th day		13th day		27th day		12th day		26th day		11th day		25th day		11th day		
7hr 8min		13hr 44min				20hr 11min		3hr 21min		11hr 58min		22hr 53min		12hr 25min		5hr 10min		0hr 57min		23hr 58min		1hr 37min		
辰 Chen		未 Wei				戌 Xu		寅 Yin		午 Wu		亥 Hai		午 Wu		卯 Mao		子 Zi		子 Zi		丑 Chou		
國曆 Gregorian		干支 S/B	星 Star	國曆 Gregorian		干支 S/B	星 Star	國曆 Gregorian		干支 S/B	星 Star	國曆 Gregorian		干支 S/B	星 Star	國曆 Gregorian		干支 S/B	星 Star	國曆 Gregorian		干支 S/B	星 Star	農曆 Calendar
7	7	癸巳	4	6	7	癸亥	3	5	9	甲午	1	4	9	甲子	7	3	11	乙未	5	2	10	乙丑	2	初一 1st
7	8	甲午	3	6	8	甲子	4	5	10	乙未	2	4	10	乙丑	8	3	12	丙申	6	2	11	丙寅	3	初二 2nd
7	9	乙未	2	6	9	乙丑	5	5	11	丙申	3	4	11	丙寅	9	3	13	丁酉	7	2	12	丁卯	4	初三 3rd
7	10	丙申	1	6	10	丙寅	6	5	12	丁酉	4	4	12	丁卯	1	3	14	戊戌	8	2	13	戊辰	5	初四 4th
7	11	丁酉	9	6	11	丁卯	7	5	13	戊戌	5	4	13	戊辰	2	3	15	己亥	9	2	14	己巳	6	初五 5th
7	12	戊戌	8	6	12	戊辰	8	5	14	己亥	6	4	14	己巳	3	3	16	庚子	1	2	15	庚午	7	初六 6th
7	13	己亥	7	6	13	己巳	9	5	15	庚子	7	4	15	庚午	4	3	17	辛丑	2	2	16	辛未	8	初七 7th
7	14	庚子	6	6	14	庚午	1	5	16	辛丑	8	4	16	辛未	5	3	18	壬寅	3	2	17	壬申	9	初八 8th
7	15	辛丑	5	6	15	辛未	2	5	17	壬寅	9	4	17	壬申	6	3	19	癸卯	4	2	18	癸酉	1	初九 9th
7	16	壬寅	4	6	16	壬申	3	5	18	癸卯	1	4	18	癸酉	7	3	20	甲辰	5	2	19	甲戌	2	初十 10th
7	17	癸卯	3	6	17	癸酉	4	5	19	甲辰	2	4	19	甲戌	8	3	21	乙巳	6	2	20	乙亥	3	十一 11th
7	18	甲辰	2	6	18	甲戌	5	5	20	乙巳	3	4	20	乙亥	9	3	22	丙午	7	2	21	丙子	4	十二 12th
7	19	乙巳	1	6	19	乙亥	6	5	21	丙午	4	4	21	丙子	1	3	23	丁未	8	2	22	丁丑	5	十三 13th
7	20	丙午	9	6	20	丙子	7	5	22	丁未	5	4	22	丁丑	2	3	24	戊申	9	2	23	戊寅	6	十四 14th
7	21	丁未	8	6	21	丁丑	8\2	5	23	戊申	6	4	23	戊寅	3	3	25	己酉	1	2	24	己卯	7	十五 15th
7	22	戊申	7	6	22	戊寅	1	5	24	己酉	7	4	24	己卯	4	3	26	庚戌	2	2	25	庚辰	8	十六 16th
7	23	己酉	6	6	23	己卯	9	5	25	庚戌	8	4	25	庚辰	5	3	27	辛亥	3	2	26	辛巳	9	十七 17th
7	24	庚戌	5	6	24	庚辰	8	5	26	辛亥	9	4	26	辛巳	6	3	28	壬子	4	2	27	壬午	1	十八 18th
7	25	辛亥	4	6	25	辛巳	7	5	27	壬子	1	4	27	壬午	7	3	29	癸丑	5	2	28	癸未	2	十九 19th
7	26	壬子	3	6	26	壬午	6	5	28	癸丑	2	4	28	癸未	8	3	30	甲寅	6	2	29	甲申	3	二十 20th
7	27	癸丑	2	6	27	癸未	5	5	29	甲寅	3	4	29	甲申	9	3	31	乙卯	7	3	1	乙酉	4	廿一 21st
7	28	甲寅	1	6	28	甲申	4	5	30	乙卯	4	4	30	乙酉	1	4	1	丙辰	8	3	2	丙戌	5	廿二 22nd
7	29	乙卯	9	6	29	乙酉	3	5	31	丙辰	5	5	1	丙戌	2	4	2	丁巳	9	3	3	丁亥	6	廿三 23rd
7	30	丙辰	8	6	30	丙戌	2	6	1	丁巳	6	5	2	丁亥	3	4	3	戊午	1	3	4	戊子	7	廿四 24th
7	31	丁巳	7	7	1	丁亥	1	6	2	戊午	7	5	3	戊子	4	4	4	己未	2	3	5	己丑	8	廿五 25th
8	1	戊午	6	7	2	戊子	9	6	3	己未	8	5	4	己丑	5	4	5	庚申	3	3	6	庚寅	9	廿六 26th
8	2	己未	5	7	3	己丑	8	6	4	庚申	9	5	5	庚寅	6	4	6	辛酉	4	3	7	辛卯	1	廿七 27th
8	3	庚申	4	7	4	庚寅	7	6	5	辛酉	1	5	6	辛卯	7	4	7	壬戌	5	3	8	壬辰	2	廿八 28th
8	4	辛酉	3	7	5	辛卯	6	6	6	壬戌	2	5	7	壬辰	8	4	8	癸亥	6	3	9	癸巳	3	廿九 29th
				7	6	壬辰	5					5	8	癸巳	9					3	10	甲午	4	三十 30th

天干 Ten Stems
甲 Jia Yang Wood
乙 Yi Yin Wood
丙 Bing Yang Fire
丁 Ding Yin Fire
戊 Wu Yang Earth
己 Ji Yin Earth
庚 Geng Yang Metal
辛 Xin Yin Metal
壬 Ren Yang Water
癸 Gui Yin Water

Male Gua: 7 兑(Dui) **Female Gua: 8 艮(Gen)** 3 Killing 三煞: South Annual Star: 7 Red

地支 Twelve Branches: 子 Zi Rat · 丑 Chou Ox · 寅 Yin Tiger · 卯 Mao Rabbit · 辰 Chen Dragon · 巳 Si Snake · 午 Wu Horse · 未 Wei Goat · 申 Shen Monkey · 酉 You Rooster · 戌 Xu Dog · 亥 Hai Pig

十二月大 12th Mth				十一月小 11th Mth				十月大 10th Mth				九月小 9th Mth				八月大 8th Mth				七月小 7th Mth				月干支 Month
乙丑 Yi Chou				甲子 Jia Zi				癸亥 Gui Hai				壬戌 Ren Xu				辛酉 Xin You				庚申 Geng Shen				
六白 Six White				七赤 Seven Red				八白 Eight White				九紫 Nine Purple				一白 One White				二黑 Two Black				九星 9 Star
大寒 Greater Cold		小寒 Lesser Cold		冬至 Winter Solstice		大雪 Greater Snow		小雪 Lesser Snow		立冬 Coming of Winter		霜降 Frosting		寒露 Cold Dew		秋分 Autumn Equinox		白露 White Dew		處暑 Heat Ends		立秋 Coming Autumn		節氣 Season
22nd day		7th day		22nd day		7th day		22nd day		7th day		21st day		6th day		21st day		6th day		19th day		3rd day		
17hr 9min		23hr 42min		6hr 34min		12hr 38min		17hr 30min		20hr 7min		20hr 19min		17hr 21min		11hr 22min		2hr 6min		14hr 3min		23hr 27min		
酉 You		子 Zi		卯 Mao		午 Wu		酉 You		戌 Xu		戌 Xu		酉 You		午 Wu		丑 Chou		未 Wei		子 Zi		
國曆 Gregorian		干支 S/B	星 Star	國曆 Gregorian		干支 S/B	星 Star	國曆 Gregorian		干支 S/B	星 Star	國曆 Gregorian		干支 S/B	星 Star	國曆 Gregorian		干支 S/B	星 Star	國曆 Gregorian		干支 S/B	星 Star	農曆 Calendar
12	30	己丑	2	12	1	庚申	1	11	1	庚寅	4	10	3	辛酉	6	9	3	辛卯	9	8	5	壬戌	2	初一 1st
12	31	庚寅	3	12	2	辛酉	9	11	2	辛卯	3	10	4	壬戌	5	9	4	壬辰	8	8	6	癸亥	1	初二 2nd
1	1	辛卯	4	12	3	壬戌	8	11	3	壬辰	2	10	5	癸亥	4	9	5	癸巳	7	8	7	甲子	9	初三 3rd
1	2	壬辰	5	12	4	癸亥	7	11	4	癸巳	1	10	6	甲子	3	9	6	甲午	6	8	8	乙丑	8	初四 4th
1	3	癸巳	6	12	5	甲子	6	11	5	甲午	9	10	7	乙丑	2	9	7	乙未	5	8	9	丙寅	7	初五 5th
1	4	甲午	7	12	6	乙丑	5	11	6	乙未	8	10	8	丙寅	1	9	8	丙申	4	8	10	丁卯	6	初六 6th
1	5	乙未	8	12	7	丙寅	4	11	7	丙申	7	10	9	丁卯	9	9	9	丁酉	3	8	11	戊辰	5	初七 7th
1	6	丙申	9	12	8	丁卯	3	11	8	丁酉	6	10	10	戊辰	8	9	10	戊戌	2	8	12	己巳	4	初八 8th
1	7	丁酉	1	12	9	戊辰	2	11	9	戊戌	5	10	11	己巳	7	9	11	己亥	1	8	13	庚午	3	初九 9th
1	8	戊戌	2	12	10	己巳	1	11	10	己亥	4	10	12	庚午	6	9	12	庚子	9	8	14	辛未	2	初十 10th
1	9	己亥	3	12	11	庚午	9	11	11	庚子	3	10	13	辛未	5	9	13	辛丑	8	8	15	壬申	1	十一 11th
1	10	庚子	4	12	12	辛未	8	11	12	辛丑	2	10	14	壬申	4	9	14	壬寅	7	8	16	癸酉	9	十二 12th
1	11	辛丑	5	12	13	壬申	7	11	13	壬寅	1	10	15	癸酉	3	9	15	癸卯	6	8	17	甲戌	8	十三 13th
1	12	壬寅	6	12	14	癸酉	6	11	14	癸卯	9	10	16	甲戌	2	9	16	甲辰	5	8	18	乙亥	7	十四 14th
1	13	癸卯	7	12	15	甲戌	5	11	15	甲辰	8	10	17	乙亥	1	9	17	乙巳	4	8	19	丙子	6	十五 15th
1	14	甲辰	8	12	16	乙亥	4	11	16	乙巳	7	10	18	丙子	9	9	18	丙午	3	8	20	丁丑	5	十六 16th
1	15	乙巳	9	12	17	丙子	3	11	17	丙午	6	10	19	丁丑	8	9	19	丁未	2	8	21	戊寅	4	十七 17th
1	16	丙午	1	12	18	丁丑	2	11	18	丁未	5	10	20	戊寅	7	9	20	戊申	1	8	22	己卯	3	十八 18th
1	17	丁未	2	12	19	戊寅	1	11	19	戊申	4	10	21	己卯	6	9	21	己酉	9	8	23	庚辰	2	十九 19th
1	18	戊申	3	12	20	己卯	9	11	20	己酉	3	10	22	庚辰	5	9	22	庚戌	8	8	24	辛巳	1	二十 20th
1	19	己酉	4	12	21	庚辰	3	11	21	庚戌	2	10	23	辛巳	4	9	23	辛亥	7	8	25	壬午	9	廿一 21st
1	20	庚戌	5	12	22	辛巳	73	11	22	辛亥	1	10	24	壬午	3	9	24	壬子	6	8	26	癸未	8	廿二 22nd
1	21	辛亥	6	12	23	壬午	4	11	23	壬子	9	10	25	癸未	2	9	25	癸丑	5	8	27	甲申	7	廿三 23rd
1	22	壬子	7	12	24	癸未	5	11	24	癸丑	8	10	26	甲申	1	9	26	甲寅	4	8	28	乙酉	6	廿四 24th
1	23	癸丑	8	12	25	甲申	6	11	25	甲寅	7	10	27	乙酉	9	9	27	乙卯	3	8	29	丙戌	5	廿五 25th
1	24	甲寅	9	12	26	乙酉	7	11	26	乙卯	6	10	28	丙戌	8	9	28	丙辰	2	8	30	丁亥	4	廿六 26th
1	25	乙卯	1	12	27	丙戌	8	11	27	丙辰	5	10	29	丁亥	7	9	29	丁巳	1	8	31	戊子	3	廿七 27th
1	26	丙辰	2	12	28	丁亥	9	11	28	丁巳	4	10	30	戊子	6	9	30	戊午	9	9	1	己丑	2	廿八 28th
1	27	丁巳	3	12	29	戊子	1	11	29	戊午	3	10	31	己丑	5	10	1	己未	8	9	2	庚寅	1	廿九 29th
1	28	戊午	4					11	30	己未	2					10	2	庚申	7					三十 30th

1949 己丑 Earth Ox

Grand Duke: 潘蓋

月干支 Month	正月大 1st Mth				二月小 2nd Mth				三月大 3rd Mth				四月大 4th Mth				五月小 5th Mth				六月大 6th Mth			
	丙寅 Bing Yin				丁卯 Ding Mao				戊辰 Wu Chen				己巳 Ji Si				庚午 Geng Wu				辛未 Xin Wei			
九星 9 Star	五黃 Five Yellow				四綠 Four Green				三碧 Three Jade				二黑 Two Black				一白 One White				九紫 Nine Purple			
節氣 Season	雨水 Rain Water		立春 Coming of Spring		春分 Spring Equinox		驚蟄 Awakening of Worms		穀雨 Grain Rain		清明 Clear and Bright		小滿 Small Sprout		立夏 Coming of Summer		夏至 Summer Solstice		芒種 Planting of Thorny Crops		大暑 Greater Heat		小暑 Lesser Heat	
	22nd day		7th day		22nd day		7th day		23rd day		8th day		24th day		9th day		26th day		10th day		28th day		12th day	
	7hr 28min		11hr 23min		6hr 49min		5hr 40min		18hr 18min		10hr 52min		17hr 52min		4hr 37min		2hr 3min		9hr 7min		12hr 57min		19hr 32min	
	辰 Chen		午 Wu		卯 Mao		卯 Mao		酉 You		巳 Si		酉 You		寅 Yin		丑 Chou		巳 Si		午 Wu		戌 Xu	
農曆 Calendar	國曆 Gregorian		干支 S/B	星 Star	國曆 Gregorian		干支 S/B	星 Star	國曆 Gregorian		干支 S/B	星 Star	國曆 Gregorian		干支 S/B	星 Star	國曆 Gregorian		干支 S/B	星 Star	國曆 Gregorian		干支 S/B	星 Star
初一 1st	1	29	己未	5	2	28	己丑	8	3	29	戊午	1	4	28	戊子	4	5	28	戊午	7	6	26	丁亥	1
初二 2nd	1	30	庚申	6	3	1	庚寅	9	3	30	己未	2	4	29	己丑	5	5	29	己未	8	6	27	戊子	9
初三 3rd	1	31	辛酉	7	3	2	辛卯	1	3	31	庚申	3	4	30	庚寅	6	5	30	庚申	9	6	28	己丑	8
初四 4th	2	1	壬戌	8	3	3	壬辰	2	4	1	辛酉	4	5	1	辛卯	7	5	31	辛酉	1	6	29	庚寅	7
初五 5th	2	2	癸亥	9	3	4	癸巳	3	4	2	壬戌	5	5	2	壬辰	8	6	1	壬戌	2	6	30	辛卯	6
初六 6th	2	3	甲子	1	3	5	甲午	4	4	3	癸亥	6	5	3	癸巳	9	6	2	癸亥	3	7	1	壬辰	5
初七 7th	2	4	乙丑	2	3	6	乙未	5	4	4	甲子	7	5	4	甲午	1	6	3	甲子	4	7	2	癸巳	4
初八 8th	2	5	丙寅	3	3	7	丙申	6	4	5	乙丑	8	5	5	乙未	2	6	4	乙丑	5	7	3	甲午	3
初九 9th	2	6	丁卯	4	3	8	丁酉	7	4	6	丙寅	9	5	6	丙申	3	6	5	丙寅	6	7	4	乙未	2
初十 10th	2	7	戊辰	5	3	9	戊戌	8	4	7	丁卯	1	5	7	丁酉	4	6	6	丁卯	7	7	5	丙申	1
十一 11th	2	8	己巳	6	3	10	己亥	9	4	8	戊辰	2	5	8	戊戌	5	6	7	戊辰	8	7	6	丁酉	9
十二 12th	2	9	庚午	7	3	11	庚子	1	4	9	己巳	3	5	9	己亥	6	6	8	己巳	9	7	7	戊戌	8
十三 13th	2	10	辛未	8	3	12	辛丑	2	4	10	庚午	4	5	10	庚子	7	6	9	庚午	1	7	8	己亥	7
十四 14th	2	11	壬申	9	3	13	壬寅	3	4	11	辛未	5	5	11	辛丑	8	6	10	辛未	2	7	9	庚子	6
十五 15th	2	12	癸酉	1	3	14	癸卯	4	4	12	壬申	6	5	12	壬寅	9	6	11	壬申	3	7	10	辛丑	5
十六 16th	2	13	甲戌	2	3	15	甲辰	5	4	13	癸酉	7	5	13	癸卯	1	6	12	癸酉	4	7	11	壬寅	4
十七 17th	2	14	乙亥	3	3	16	乙巳	6	4	14	甲戌	8	5	14	甲辰	2	6	13	甲戌	5	7	12	癸卯	3
十八 18th	2	15	丙子	4	3	17	丙午	7	4	15	乙亥	9	5	15	乙巳	3	6	14	乙亥	6	7	13	甲辰	2
十九 19th	2	16	丁丑	5	3	18	丁未	8	4	16	丙子	1	5	16	丙午	4	6	15	丙子	7	7	14	乙巳	1
二十 20th	2	17	戊寅	6	3	19	戊申	9	4	17	丁丑	2	5	17	丁未	5	6	16	丁丑	8	7	15	丙午	9
廿一 21st	2	18	己卯	7	3	20	己酉	1	4	18	戊寅	3	5	18	戊申	6	6	17	戊寅	9	7	16	丁未	8
廿二 22nd	2	19	庚辰	8	3	21	庚戌	2	4	19	己卯	4	5	19	己酉	7	6	18	己卯	1	7	17	戊申	7
廿三 23rd	2	20	辛巳	9	3	22	辛亥	3	4	20	庚辰	5	5	20	庚戌	8	6	19	庚辰	2	7	18	己酉	6
廿四 24th	2	21	壬午	1	3	23	壬子	4	4	21	辛巳	6	5	21	辛亥	9	6	20	辛巳	3	7	19	庚戌	5
廿五 25th	2	22	癸未	2	3	24	癸丑	5	4	22	壬午	7	5	22	壬子	1	6	21	壬午	4	7	20	辛亥	4
廿六 26th	2	23	甲申	3	3	25	甲寅	6	4	23	癸未	8	5	23	癸丑	2	6	22	癸未	5\5	7	21	壬子	3
廿七 27th	2	24	乙酉	4	3	26	乙卯	7	4	24	甲申	9	5	24	甲寅	3	6	23	甲申	4	7	22	癸丑	2
廿八 28th	2	25	丙戌	5	3	27	丙辰	8	4	25	乙酉	1	5	25	乙卯	4	6	24	乙酉	3	7	23	甲寅	1
廿九 29th	2	26	丁亥	6	3	28	丁巳	9	4	26	丙戌	2	5	26	丙辰	5	6	25	丙戌	2	7	24	乙卯	9
三十 30th	2	27	戊子	7					4	27	丁亥	3	5	27	丁巳	6					7	25	丙辰	8

天干 Ten Stems: 甲 Jia Yang Wood · 乙 Yi Yin Wood · 丙 Bing Yang Fire · 丁 Ding Yin Fire · 戊 Wu Yang Earth · 己 Ji Yin Earth · 庚 Geng Yang Metal · 辛 Xin Yin Metal · 壬 Ren Yang Water · 癸 Gui Yin Water

Male Gua: 6 乾(Qian) Female Gua: 9 離(Li) 3 Killing 三煞: East Annual Star: 6 White

月干支 Month / 九星 9 Star / 節氣 Season / 農曆 Calendar

地支 Twelve Branches: 子 Zi Rat · 丑 Chou Ox · 寅 Yin Tiger · 卯 Mao Rabbit · 辰 Chen Dragon · 巳 Si Snake · 午 Wu Horse · 未 Wei Goat · 申 Shen Monkey · 酉 You Rooster · 戌 Xu Dog · 亥 Hai Pig

七月小 7th Mth 壬申 Ren Shen 八白 Eight White

處暑 Heat Ends 29th day 19hr 49min 戌 Xu · 立秋 Coming Autumn 14th day 5hr 16min 卯 Mao

農曆 Calendar	國曆 Gregorian		干支 S/B	星 Star
初一 1st	7	26	丁巳	7
初二 2nd	7	27	戊午	6
初三 3rd	7	28	己未	5
初四 4th	7	29	庚申	4
初五 5th	7	30	辛酉	3
初六 6th	7	31	壬戌	2
初七 7th	8	1	癸亥	1
初八 8th	8	2	甲子	9
初九 9th	8	3	乙丑	8
初十 10th	8	4	丙寅	7
十一 11th	8	5	丁卯	6
十二 12th	8	6	戊辰	5
十三 13th	8	7	己巳	4
十四 14th	8	8	庚午	3
十五 15th	8	9	辛未	2
十六 16th	8	10	壬申	1
十七 17th	8	11	癸酉	9
十八 18th	8	12	甲戌	8
十九 19th	8	13	乙亥	7
二十 20th	8	14	丙子	6
廿一 21st	8	15	丁丑	5
廿二 22nd	8	16	戊寅	4
廿三 23rd	8	17	己卯	3
廿四 24th	8	18	庚辰	2
廿五 25th	8	19	辛巳	1
廿六 26th	8	20	壬午	9
廿七 27th	8	21	癸未	8
廿八 28th	8	22	甲申	7
廿九 29th	8	23	乙酉	6
三十 30th				

閏七月小 7th Mth

白露 White Dew 16th day 7hr 55min 辰 Chen

農曆 Calendar	國曆 Gregorian		干支 S/B	星 Star
初一 1st	8	24	丙戌	5
初二 2nd	8	25	丁亥	4
初三 3rd	8	26	戊子	3
初四 4th	8	27	己丑	2
初五 5th	8	28	庚寅	1
初六 6th	8	29	辛卯	9
初七 7th	8	30	壬辰	8
初八 8th	8	31	癸巳	7
初九 9th	9	1	甲午	6
初十 10th	9	2	乙未	5
十一 11th	9	3	丙申	4
十二 12th	9	4	丁酉	3
十三 13th	9	5	戊戌	2
十四 14th	9	6	己亥	1
十五 15th	9	7	庚子	9
十六 16th	9	8	辛丑	8
十七 17th	9	9	壬寅	7
十八 18th	9	10	癸卯	6
十九 19th	9	11	甲辰	5
二十 20th	9	12	乙巳	4
廿一 21st	9	13	丙午	3
廿二 22nd	9	14	丁未	2
廿三 23rd	9	15	戊申	1
廿四 24th	9	16	己酉	9
廿五 25th	9	17	庚戌	8
廿六 26th	9	18	辛亥	7
廿七 27th	9	19	壬子	6
廿八 28th	9	20	癸丑	5
廿九 29th	9	21	甲寅	4
三十 30th				

八月大 8th Mth 癸酉 Gui You 七赤 Seven Red

寒露 Cold Dew 17th day 23hr 12min 子 Zi · 秋分 Autumn Equinox 2nd day 17hr 6min 酉 You

農曆 Calendar	國曆 Gregorian		干支 S/B	星 Star
初一 1st	9	22	乙卯	3
初二 2nd	9	23	丙辰	2
初三 3rd	9	24	丁巳	1
初四 4th	9	25	戊午	9
初五 5th	9	26	己未	8
初六 6th	9	27	庚申	7
初七 7th	9	28	辛酉	6
初八 8th	9	29	壬戌	5
初九 9th	9	30	癸亥	4
初十 10th	10	1	甲子	3
十一 11th	10	2	乙丑	2
十二 12th	10	3	丙寅	1
十三 13th	10	4	丁卯	9
十四 14th	10	5	戊辰	8
十五 15th	10	6	己巳	7
十六 16th	10	7	庚午	6
十七 17th	10	8	辛未	5
十八 18th	10	9	壬申	4
十九 19th	10	10	癸酉	3
二十 20th	10	11	甲戌	2
廿一 21st	10	12	乙亥	1
廿二 22nd	10	13	丙子	9
廿三 23rd	10	14	丁丑	8
廿四 24th	10	15	戊寅	7
廿五 25th	10	16	己卯	6
廿六 26th	10	17	庚辰	5
廿七 27th	10	18	辛巳	4
廿八 28th	10	19	壬午	3
廿九 29th	10	20	癸未	2
三十 30th	10	21	甲申	1

九月小 9th Mth 甲戌 Jia Xu 六白 Six White

立冬 Coming of Winter 18th day 2hr 0min 丑 Chou · 霜降 Frosting 3rd day 2hr 4min 丑 Chou

農曆 Calendar	國曆 Gregorian		干支 S/B	星 Star
初一 1st	10	22	乙酉	9
初二 2nd	10	23	丙戌	8
初三 3rd	10	24	丁亥	7
初四 4th	10	25	戊子	6
初五 5th	10	26	己丑	5
初六 6th	10	27	庚寅	4
初七 7th	10	28	辛卯	3
初八 8th	10	29	壬辰	2
初九 9th	10	30	癸巳	1
初十 10th	10	31	甲午	9
十一 11th	11	1	乙未	8
十二 12th	11	2	丙申	7
十三 13th	11	3	丁酉	6
十四 14th	11	4	戊戌	5
十五 15th	11	5	己亥	4
十六 16th	11	6	庚子	3
十七 17th	11	7	辛丑	2
十八 18th	11	8	壬寅	1
十九 19th	11	9	癸卯	9
二十 20th	11	10	甲辰	8
廿一 21st	11	11	乙巳	7
廿二 22nd	11	12	丙午	6
廿三 23rd	11	13	丁未	5
廿四 24th	11	14	戊申	4
廿五 25th	11	15	己酉	3
廿六 26th	11	16	庚戌	2
廿七 27th	11	17	辛亥	1
廿八 28th	11	18	壬子	9
廿九 29th	11	19	癸丑	8
三十 30th				

十月大 10th Mth 乙亥 Yi Hai 五黃 Five Yellow

大雪 Greater Snow 18th day 18hr 34min 酉 You · 小雪 Lesser Snow 3rd day 23hr 17min 子 Zi

農曆 Calendar	國曆 Gregorian		干支 S/B	星 Star
初一 1st	11	20	甲寅	7
初二 2nd	11	21	乙卯	6
初三 3rd	11	22	丙辰	5
初四 4th	11	23	丁巳	4
初五 5th	11	24	戊午	3
初六 6th	11	25	己未	2
初七 7th	11	26	庚申	1
初八 8th	11	27	辛酉	9
初九 9th	11	28	壬戌	8
初十 10th	11	29	癸亥	7
十一 11th	11	30	甲子	6
十二 12th	12	1	乙丑	5
十三 13th	12	2	丙寅	4
十四 14th	12	3	丁卯	3
十五 15th	12	4	戊辰	2
十六 16th	12	5	己巳	1
十七 17th	12	6	庚午	9
十八 18th	12	7	辛未	8
十九 19th	12	8	壬申	7
二十 20th	12	9	癸酉	6
廿一 21st	12	10	甲戌	5
廿二 22nd	12	11	乙亥	4
廿三 23rd	12	12	丙子	3
廿四 24th	12	13	丁丑	2
廿五 25th	12	14	戊寅	1
廿六 26th	12	15	己卯	9
廿七 27th	12	16	庚辰	8
廿八 28th	12	17	辛巳	7
廿九 29th	12	18	壬午	6
三十 30th	12	19	癸未	5

十一月小 11th Mth 丙子 Bing Zi 四綠 Four Green

小寒 Lesser Cold 18th day 5hr 39min 卯 Mao · 冬至 Winter Solstice 3rd day 12hr 24min 午 Wu

農曆 Calendar	國曆 Gregorian		干支 S/B	星 Star
初一 1st	12	20	甲申	4
初二 2nd	12	21	乙酉	3
初三 3rd	12	22	丙戌	2\8
初四 4th	12	23	丁亥	9
初五 5th	12	24	戊子	1
初六 6th	12	25	己丑	2
初七 7th	12	26	庚寅	3
初八 8th	12	27	辛卯	4
初九 9th	12	28	壬辰	5
初十 10th	12	29	癸巳	6
十一 11th	12	30	甲午	7
十二 12th	12	31	乙未	8
十三 13th	1	1	丙申	9
十四 14th	1	2	丁酉	1
十五 15th	1	3	戊戌	2
十六 16th	1	4	己亥	3
十七 17th	1	5	庚子	4
十八 18th	1	6	辛丑	5
十九 19th	1	7	壬寅	6
二十 20th	1	8	癸卯	7
廿一 21st	1	9	甲辰	8
廿二 22nd	1	10	乙巳	9
廿三 23rd	1	11	丙午	1
廿四 24th	1	12	丁未	2
廿五 25th	1	13	戊申	3
廿六 26th	1	14	己酉	4
廿七 27th	1	15	庚戌	5
廿八 28th	1	16	辛亥	6
廿九 29th	1	17	壬子	7
三十 30th				

十二月大 12th Mth 丁丑 Ding Chou 三碧 Three Jade

立春 Coming of Spring 18th day 17hr 21min 酉 You · 大寒 Greater Cold 3rd day 23hr 3min 子 Zi

農曆 Calendar	國曆 Gregorian		干支 S/B	星 Star
初一 1st	1	18	癸丑	8
初二 2nd	1	19	甲寅	9
初三 3rd	1	20	乙卯	1
初四 4th	1	21	丙辰	2
初五 5th	1	22	丁巳	3
初六 6th	1	23	戊午	4
初七 7th	1	24	己未	5
初八 8th	1	25	庚申	6
初九 9th	1	26	辛酉	7
初十 10th	1	27	壬戌	8
十一 11th	1	28	癸亥	9
十二 12th	1	29	甲子	1
十三 13th	1	30	乙丑	2
十四 14th	1	31	丙寅	3
十五 15th	2	1	丁卯	4
十六 16th	2	2	戊辰	5
十七 17th	2	3	己巳	6
十八 18th	2	4	庚午	7
十九 19th	2	5	辛未	8
二十 20th	2	6	壬申	9
廿一 21st	2	7	癸酉	1
廿二 22nd	2	8	甲戌	2
廿三 23rd	2	9	乙亥	3
廿四 24th	2	10	丙子	4
廿五 25th	2	11	丁丑	5
廿六 26th	2	12	戊寅	6
廿七 27th	2	13	己卯	7
廿八 28th	2	14	庚辰	8
廿九 29th	2	15	辛巳	9
三十 30th	2	16	壬午	1

月干支 Month	正月小 1st Mth 戊寅 Wu Yin			
九星 9 Star	二黑 Two Black			
節氣 Season	驚蟄 Awakening of Worms		雨水 Rain Water	
	18th day		3rd day	
	11hr 36min		13hr 18min	
	午 Wu		未 Wei	
農曆 Calendar	國曆 Gregorian		干支 S/B	星 Star
初一 1st	2	17	癸未	2
初二 2nd	2	18	甲申	3
初三 3rd	2	19	乙酉	4
初四 4th	2	20	丙戌	5
初五 5th	2	21	丁亥	6
初六 6th	2	22	戊子	7
初七 7th	2	23	己丑	8
初八 8th	2	24	庚寅	9
初九 9th	2	25	辛卯	1
初十 10th	2	26	壬辰	2
十一 11th	2	27	癸巳	3
十二 12th	2	28	甲午	4
十三 13th	3	1	乙未	5
十四 14th	3	2	丙申	6
十五 15th	3	3	丁酉	7
十六 16th	3	4	戊戌	8
十七 17th	3	5	己亥	9
十八 18th	3	6	庚子	1
十九 19th	3	7	辛丑	2
二十 20th	3	8	壬寅	3
廿一 21st	3	9	癸卯	4
廿二 22nd	3	10	甲辰	5
廿三 23rd	3	11	乙巳	6
廿四 24th	3	12	丙午	7
廿五 25th	3	13	丁未	8
廿六 26th	3	14	戊申	9
廿七 27th	3	15	己酉	1
廿八 28th	3	16	庚戌	2
廿九 29th	3	17	辛亥	3
三十 30th				

月干支 Month	二月大 2nd Mth 己卯 Ji Mao			
九星 9 Star	一白 One White			
節氣 Season	清明 Clear and Bright		春分 Spring Equinox	
	19th day		4th day	
	16hr 45min		12hr 36min	
	申 Shen		午 Wu	
農曆 Calendar	國曆 Gregorian		干支 S/B	星 Star
初一 1st	3	18	壬子	4
初二 2nd	3	19	癸丑	5
初三 3rd	3	20	甲寅	6
初四 4th	3	21	乙卯	7
初五 5th	3	22	丙辰	8
初六 6th	3	23	丁巳	9
初七 7th	3	24	戊午	1
初八 8th	3	25	己未	2
初九 9th	3	26	庚申	3
初十 10th	3	27	辛酉	4
十一 11th	3	28	壬戌	5
十二 12th	3	29	癸亥	6
十三 13th	3	30	甲子	7
十四 14th	3	31	乙丑	8
十五 15th	4	1	丙寅	9
十六 16th	4	2	丁卯	1
十七 17th	4	3	戊辰	2
十八 18th	4	4	己巳	3
十九 19th	4	5	庚午	4
二十 20th	4	6	辛未	5
廿一 21st	4	7	壬申	6
廿二 22nd	4	8	癸酉	7
廿三 23rd	4	9	甲戌	8
廿四 24th	4	10	乙亥	9
廿五 25th	4	11	丙子	1
廿六 26th	4	12	丁丑	2
廿七 27th	4	13	戊寅	3
廿八 28th	4	14	己卯	4
廿九 29th	4	15	庚辰	5
三十 30th	4	16	辛巳	6

月干支 Month	三月大 3rd Mth 庚辰 Geng Chen			
九星 9 Star	九紫 Nine Purple			
節氣 Season	立夏 Coming of Summer		穀雨 Grain Rain	
	20th day		5th day	
	10hr 25min		0hr 0min	
	巳 Si		子 Zi	
農曆 Calendar	國曆 Gregorian		干支 S/B	星 Star
初一 1st	4	17	壬午	7
初二 2nd	4	18	癸未	8
初三 3rd	4	19	甲申	9
初四 4th	4	20	乙酉	1
初五 5th	4	21	丙戌	2
初六 6th	4	22	丁亥	3
初七 7th	4	23	戊子	4
初八 8th	4	24	己丑	5
初九 9th	4	25	庚寅	6
初十 10th	4	26	辛卯	7
十一 11th	4	27	壬辰	8
十二 12th	4	28	癸巳	9
十三 13th	4	29	甲午	1
十四 14th	4	30	乙未	2
十五 15th	5	1	丙申	3
十六 16th	5	2	丁酉	4
十七 17th	5	3	戊戌	5
十八 18th	5	4	己亥	6
十九 19th	5	5	庚子	7
二十 20th	5	6	辛丑	8
廿一 21st	5	7	壬寅	9
廿二 22nd	5	8	癸卯	1
廿三 23rd	5	9	甲辰	2
廿四 24th	5	10	乙巳	3
廿五 25th	5	11	丙午	4
廿六 26th	5	12	丁未	5
廿七 27th	5	13	戊申	6
廿八 28th	5	14	己酉	7
廿九 29th	5	15	庚戌	8
三十 30th	5	16	辛亥	9

月干支 Month	四月小 4th Mth 辛巳 Xin Si			
九星 9 Star	八白 Eight White			
節氣 Season	芒種 Planting of Thorny Crops		小滿 Small Sprout	
	21st day		5th day	
	14hr 52min		23hr 28min	
	未 Wei		子 Zi	
農曆 Calendar	國曆 Gregorian		干支 S/B	星 Star
初一 1st	5	17	壬子	1
初二 2nd	5	18	癸丑	2
初三 3rd	5	19	甲寅	3
初四 4th	5	20	乙卯	4
初五 5th	5	21	丙辰	5
初六 6th	5	22	丁巳	6
初七 7th	5	23	戊午	7
初八 8th	5	24	己未	8
初九 9th	5	25	庚申	9
初十 10th	5	26	辛酉	1
十一 11th	5	27	壬戌	2
十二 12th	5	28	癸亥	3
十三 13th	5	29	甲子	4
十四 14th	5	30	乙丑	5
十五 15th	5	31	丙寅	6
十六 16th	6	1	丁卯	7
十七 17th	6	2	戊辰	8
十八 18th	6	3	己巳	9
十九 19th	6	4	庚午	1
二十 20th	6	5	辛未	2
廿一 21st	6	6	壬申	3
廿二 22nd	6	7	癸酉	4
廿三 23rd	6	8	甲戌	5
廿四 24th	6	9	乙亥	6
廿五 25th	6	10	丙子	7
廿六 26th	6	11	丁丑	8
廿七 27th	6	12	戊寅	9
廿八 28th	6	13	己卯	1
廿九 29th	6	14	庚辰	2
三十 30th				

月干支 Month	五月大 5th Mth 壬午 Ren Wu			
九星 9 Star	七赤 Seven Red			
節氣 Season	小暑 Lesser Heat		夏至 Summer Solstice	
	24th day		8th day	
	1hr 14min		7hr 37min	
	丑 Chou		辰 Chen	
農曆 Calendar	國曆 Gregorian		干支 S/B	星 Star
初一 1st	6	15	辛巳	3
初二 2nd	6	16	壬午	4
初三 3rd	6	17	癸未	5
初四 4th	6	18	甲申	6
初五 5th	6	19	乙酉	7
初六 6th	6	20	丙戌	8
初七 7th	6	21	丁亥	9
初八 8th	6	22	戊子	1\9
初九 9th	6	23	己丑	8
初十 10th	6	24	庚寅	7
十一 11th	6	25	辛卯	6
十二 12th	6	26	壬辰	5
十三 13th	6	27	癸巳	4
十四 14th	6	28	甲午	3
十五 15th	6	29	乙未	2
十六 16th	6	30	丙申	1
十七 17th	7	1	丁酉	9
十八 18th	7	2	戊戌	8
十九 19th	7	3	己亥	7
二十 20th	7	4	庚子	6
廿一 21st	7	5	辛丑	5
廿二 22nd	7	6	壬寅	4
廿三 23rd	7	7	癸卯	3
廿四 24th	7	8	甲辰	2
廿五 25th	7	9	乙巳	1
廿六 26th	7	10	丙午	9
廿七 27th	7	11	丁未	8
廿八 28th	7	12	戊申	7
廿九 29th	7	13	己酉	6
三十 30th	7	14	庚戌	5

月干支 Month	六月大 6th Mth 癸未 Gui Wei			
九星 9 Star	六白 Six White			
節氣 Season	立秋 Coming Autumn		大暑 Greater Heat	
	25th day		9th day	
	10hr 56min		18hr 30min	
	巳 Si		酉 You	
農曆 Calendar	國曆 Gregorian		干支 S/B	星 Star
初一 1st	7	15	辛亥	4
初二 2nd	7	16	壬子	3
初三 3rd	7	17	癸丑	2
初四 4th	7	18	甲寅	1
初五 5th	7	19	乙卯	9
初六 6th	7	20	丙辰	8
初七 7th	7	21	丁巳	7
初八 8th	7	22	戊午	6
初九 9th	7	23	己未	5
初十 10th	7	24	庚申	4
十一 11th	7	25	辛酉	3
十二 12th	7	26	壬戌	2
十三 13th	7	27	癸亥	1
十四 14th	7	28	甲子	9
十五 15th	7	29	乙丑	8
十六 16th	7	30	丙寅	7
十七 17th	7	31	丁卯	6
十八 18th	8	1	戊辰	5
十九 19th	8	2	己巳	4
二十 20th	8	3	庚午	3
廿一 21st	8	4	辛未	2
廿二 22nd	8	5	壬申	[illegible]
廿三 23rd	8	6	癸酉	9
廿四 24th	8	7	甲戌	3
廿五 25th	8	8	乙亥	7
廿六 26th	8	9	丙子	3
廿七 27th	8	10	丁丑	5
廿八 28th	8	11	戊寅	4
廿九 29th	8	12	己卯	3
三十 30th	8	13	庚辰	2

天干 Ten Stems: 甲 Jia Yang Wood; 乙 Yi Yin Wood; 丙 Bing Yang Fire; 丁 Ding Yin Fire; 戊 Wu Yang Earth; 己 Ji Yin Earth; 庚 Geng Yang Metal; 辛 Xin Yin Metal; 壬 Ren Yang Water; 癸 Gui Yin Water

Male Gua: 2 坤(Kun) Female Gua: 1 坎(Kan) 3 Killing 三煞: North Annual Star: 5 Yellow

月干支 Month	七月小 7th Mth				八月小 8th Mth				九月大 9th Mth				十月小 10th Mth				十一月大 11th Mth				十二月小 12th Mth			
	甲申 Jia Shen				乙酉 Yi You				丙戌 Bing Xu				丁亥 Ding Hai				戊子 Wu Zi				己丑 Ji Chou			
九星 9 Star	五黃 Five Yellow				四綠 Four Green				三碧 Three Jade				二黑 Two Black				一白 One White				九紫 Nine Purple			
節氣 Season	白露 White Dew		處暑 Heat Ends		寒露 Cold Dew		秋分 Autumn Equinox		立冬 Coming of Winter		霜降 Frosting		大雪 Greater Snow		小雪 Lesser Snow		小寒 Lesser Cold		冬至 Winter Solstice		立春 Coming of Spring		大寒 Greater Cold	
	26th day		11th day		28th day		12th day		29th day		14th day		29th day		14th day		29th day		14th day		28th day		14th day	
	13hr 34min		1hr 24min		4hr 52min		22hr 44min		7hr 44min		7hr 45min		0hr 22min		5hr 3min		11hr 31min		18hr 14min		23hr 14min		4hr 53min	
	未 Wei		丑 Chou		寅 Yin		亥 Hai		辰 Chen		辰 Chen		子 Zi		卯 Mao		午 Wu		酉 You		子 Zi		寅 Yin	
農曆 Calendar	國曆 Gregorian		干支 S/B	星 Star	國曆 Gregorian		干支 S/B	星 Star	國曆 Gregorian		干支 S/B	星 Star	國曆 Gregorian		干支 S/B	星 Star	國曆 Gregorian		干支 S/B	星 Star	國曆 Gregorian		干支 S/B	星 Star
初一 1st	8	14	辛巳	1	9	12	庚戌	8	10	11	己卯	6	11	10	己酉	3	12	9	戊寅	1	1	8	戊申	3
初二 2nd	8	15	壬午	9	9	13	辛亥	7	10	12	庚辰	5	11	11	庚戌	2	12	10	己卯	9	1	9	己酉	4
初三 3rd	8	16	癸未	8	9	14	壬子	6	10	13	辛巳	4	11	12	辛亥	1	12	11	庚辰	8	1	10	庚戌	5
初四 4th	8	17	甲申	7	9	15	癸丑	5	10	14	壬午	3	11	13	壬子	9	12	12	辛巳	7	1	11	辛亥	6
初五 5th	8	18	乙酉	6	9	16	甲寅	4	10	15	癸未	2	11	14	癸丑	8	12	13	壬午	6	1	12	壬子	7
初六 6th	8	19	丙戌	5	9	17	乙卯	3	10	16	甲申	1	11	15	甲寅	7	12	14	癸未	5	1	13	癸丑	8
初七 7th	8	20	丁亥	4	9	18	丙辰	2	10	17	乙酉	9	11	16	乙卯	6	12	15	甲申	4	1	14	甲寅	9
初八 8th	8	21	戊子	3	9	19	丁巳	1	10	18	丙戌	8	11	17	丙辰	5	12	16	乙酉	3	1	15	乙卯	1
初九 9th	8	22	己丑	2	9	20	戊午	9	10	19	丁亥	7	11	18	丁巳	4	12	17	丙戌	2	1	16	丙辰	2
初十 10th	8	23	庚寅	1	9	21	己未	8	10	20	戊子	6	11	19	戊午	3	12	18	丁亥	1	1	17	丁巳	3
十一 11th	8	24	辛卯	9	9	22	庚申	7	10	21	己丑	5	11	20	己未	2	12	19	戊子	9	1	18	戊午	4
十二 12th	8	25	壬辰	8	9	23	辛酉	6	10	22	庚寅	4	11	21	庚申	1	12	20	己丑	8	1	19	己未	5
十三 13th	8	26	癸巳	7	9	24	壬戌	5	10	23	辛卯	3	11	22	辛酉	9	12	21	庚寅	7	1	20	庚申	6
十四 14th	8	27	甲午	6	9	25	癸亥	4	10	24	壬辰	2	11	23	壬戌	8	12	22	辛卯	6\4	1	21	辛酉	7
十五 15th	8	28	乙未	5	9	26	甲子	3	10	25	癸巳	1	11	24	癸亥	7	12	23	壬辰	5	1	22	壬戌	8
十六 16th	8	29	丙申	4	9	27	乙丑	2	10	26	甲午	9	11	25	甲子	6	12	24	癸巳	6	1	23	癸亥	9
十七 17th	8	30	丁酉	3	9	28	丙寅	1	10	27	乙未	8	11	26	乙丑	5	12	25	甲午	7	1	24	甲子	1
十八 18th	8	31	戊戌	2	9	29	丁卯	9	10	28	丙申	7	11	27	丙寅	4	12	26	乙未	8	1	25	乙丑	2
十九 19th	9	1	己亥	1	9	30	戊辰	8	10	29	丁酉	6	11	28	丁卯	3	12	27	丙申	9	1	26	丙寅	3
二十 20th	9	2	庚子	9	10	1	己巳	7	10	30	戊戌	5	11	29	戊辰	2	12	28	丁酉	1	1	27	丁卯	4
廿一 21st	9	3	辛丑	8	10	2	庚午	6	10	31	己亥	4	11	30	己巳	1	12	29	戊戌	2	1	28	戊辰	5
廿二 22nd	9	4	壬寅	7	10	3	辛未	5	11	1	庚子	3	12	1	庚午	9	12	30	己亥	3	1	29	己巳	6
廿三 23rd	9	5	癸卯	6	10	4	壬申	4	11	2	辛丑	2	12	2	辛未	8	12	31	庚子	4	1	30	庚午	7
廿四 24th	9	6	甲辰	5	10	5	癸酉	3	11	3	壬寅	1	12	3	壬申	7	1	1	辛丑	5	1	31	辛未	8
廿五 25th	9	7	乙巳	4	10	6	甲戌	2	11	4	癸卯	9	12	4	癸酉	6	1	2	壬寅	6	2	1	壬申	9
廿六 26th	9	8	丙午	3	10	7	乙亥	1	11	5	甲辰	8	12	5	甲戌	5	1	3	癸卯	7	2	2	癸酉	1
廿七 27th	9	9	丁未	2	10	8	丙子	9	11	6	乙巳	7	12	6	乙亥	4	1	4	甲辰	8	2	3	甲戌	2
廿八 28th	9	10	戊申	1	10	9	丁丑	8	11	7	丙午	6	12	7	丙子	3	1	5	乙巳	9	2	4	乙亥	3
廿九 29th	9	11	己酉	9	10	10	戊寅	7	11	8	丁未	5	12	8	丁丑	2	[illegible]	6	丙午	1	2	5	丙子	4
三十 30th									11	9	戊申	4					[illegible]	7	丁未	2				

地支 Twelve Branches: 子 Zi Rat · 丑 Chou Ox · 寅 Yin Tiger · 卯 Mao Rabbit · 辰 Chen Dragon · 巳 Si Snake · 午 Wu Horse · 未 Wei Goat · 申 Shen Monkey · 酉 You Rooster · 戌 Xu Dog · 亥 Hai Pig

1951 辛卯 Metal Rabbit

Grand Duke: 范寧

天干 Ten Stems: 甲 Jia Yang Wood; 乙 Yi Yin Wood; 丙 Bing Yang Fire; 丁 Ding Yin Fire; 戊 Wu Yang Earth; 己 Ji Yin Earth; 庚 Geng Yang Metal; 辛 Xin Yin Metal; 壬 Ren Yang Water; 癸 Gui Yin Water

六月大 6th Mth				五月小 5th Mth				四月大 4th Mth				三月大 3rd Mth				二月小 2nd Mth				正月大 1st Mth				月干支 Month
乙未 Yi Wei				甲午 Jia Wu				癸巳 Gui Si				壬辰 Ren Chen				辛卯 Xin Mao				庚寅 Geng Yin				
三碧 Three Jade				四綠 Four Green				五黃 Five Yellow				六白 Six White				七赤 Seven Red				八白 Eight White				九星 9 Star
大暑 Greater Heat		小暑 Lesser Heat		夏至 Summer Solstice		芒種 Planting of Thorny Crops		小滿 Small Sprout		立夏 Coming of Summer				穀雨 Grain Rain		清明 Clear and Bright		春分 Spring Equinox		驚蟄 Awakening of Worms		雨水 Rain Water		節氣 Season
21st day		5th day		18th day		2nd day		17th day		1st day				16th day		29th day		14th day		29th day		14th day		
0hr 21min		6hr 54min		3hr 25min		20hr 33min		5hr 16min		16hr 10min				5hr 49min		22hr 33min		18hr 26min		17hr 27min		19hr 10min		
子 Zi		卯 Mao		未 Wei		戌 Xu		卯 Mao		申 Shen				卯 Mao		亥 Hai		酉 You		酉 You		戌 Xu		
國曆 Gregorian		干支 S/B	星 Star	國曆 Gregorian		干支 S/B	星 Star	國曆 Gregorian		干支 S/B	星 Star	國曆 Gregorian		干支 S/B	星 Star	國曆 Gregorian		干支 S/B	星 Star	國曆 Gregorian		干支 S/B	星 Star	農曆 Calendar
7	4	乙巳	1	6	5	丙子	7	5	6	丙午	4	4	6	丙子	1	3	8	丁未	8	2	6	丁丑	5	初一 1st
7	5	丙午	9	6	6	丁丑	8	5	7	丁未	5	4	7	丁丑	2	3	9	戊申	9	2	7	戊寅	6	初二 2nd
7	6	丁未	8	6	7	戊寅	9	5	8	戊申	6	4	8	戊寅	3	3	10	己酉	1	2	8	己卯	7	初三 3rd
7	7	戊申	7	6	8	己卯	1	5	9	己酉	7	4	9	己卯	4	3	11	庚戌	2	2	9	庚辰	8	初四 4th
7	8	己酉	6	6	9	庚辰	2	5	10	庚戌	8	4	10	庚辰	5	3	12	辛亥	3	2	10	辛巳	9	初五 5th
7	9	庚戌	5	6	10	辛巳	3	5	11	辛亥	9	4	11	辛巳	6	3	13	壬子	4	2	11	壬午	1	初六 6th
7	10	辛亥	4	6	11	壬午	4	5	12	壬子	1	4	12	壬午	7	3	14	癸丑	5	2	12	癸未	2	初七 7th
7	11	壬子	3	6	12	癸未	5	5	13	癸丑	2	4	13	癸未	8	3	15	甲寅	6	2	13	甲申	3	初八 8th
7	12	癸丑	2	6	13	甲申	6	5	14	甲寅	3	4	14	甲申	9	3	16	乙卯	7	2	14	乙酉	4	初九 9th
7	13	甲寅	1	6	14	乙酉	7	5	15	乙卯	4	4	15	乙酉	1	3	17	丙辰	8	2	15	丙戌	5	初十 10th
7	14	乙卯	9	6	15	丙戌	8	5	16	丙辰	5	4	16	丙戌	2	3	18	丁巳	9	2	16	丁亥	6	十一 11th
7	15	丙辰	8	6	16	丁亥	9	5	17	丁巳	6	4	17	丁亥	3	3	19	戊午	1	2	17	戊子	7	十二 12th
7	16	丁巳	7	6	17	戊子	1	5	18	戊午	7	4	18	戊子	4	3	20	己未	2	2	18	己丑	8	十三 13th
7	17	戊午	6	6	18	己丑	2	5	19	己未	8	4	19	己丑	5	3	21	庚申	3	2	19	庚寅	9	十四 14th
7	18	己未	5	6	19	庚寅	3	5	20	庚申	9	4	20	庚寅	6	3	22	辛酉	4	2	20	辛卯	1	十五 15th
7	19	庚申	4	6	20	辛卯	4	5	21	辛酉	1	4	21	辛卯	7	3	23	壬戌	5	2	21	壬辰	2	十六 16th
7	20	辛酉	3	6	21	壬辰	5	5	22	壬戌	2	4	22	壬辰	8	3	24	癸亥	6	2	22	癸巳	3	十七 17th
7	21	壬戌	2	6	22	癸巳	6\4	5	23	癸亥	3	4	23	癸巳	9	3	25	甲子	7	2	23	甲午	4	十八 18th
7	22	癸亥	[illegible]	6	23	甲午	3	5	24	甲子	4	4	24	甲午	1	3	26	乙丑	8	2	24	乙未	5	十九 19th
7	23	甲子	9	6	24	乙未	2	5	25	乙丑	5	4	25	乙未	2	3	27	丙寅	9	2	25	丙申	6	二十 20th
7	24	乙丑	8	6	25	丙申	1	5	26	丙寅	6	4	26	丙申	3	3	28	丁卯	1	2	26	丁酉	7	廿一 21st
7	25	丙寅	[illegible]	6	26	丁酉	9	5	27	丁卯	7	4	27	丁酉	4	3	29	戊辰	2	2	27	戊戌	8	廿二 22nd
7	26	丁卯	[illegible]	6	27	戊戌	8	5	28	戊辰	8	4	28	戊戌	5	3	30	己巳	3	2	28	己亥	9	廿三 23rd
7	27	戊辰	5	6	28	己亥	7	5	29	己巳	9	4	29	己亥	6	3	31	庚午	4	3	1	庚子	1	廿四 24th
7	28	己巳	4	6	29	庚子	6	5	30	庚午	1	4	30	庚子	7	4	1	辛未	5	3	2	辛丑	2	廿五 25th
7	29	庚午	3	6	30	辛丑	5	5	31	辛未	2	5	1	辛丑	8	4	2	壬申	6	3	3	壬寅	3	廿六 26th
7	30	辛未	2	7	1	壬寅	4	6	1	壬申	3	5	2	壬寅	9	4	3	癸酉	7	3	4	癸卯	4	廿七 27th
7	31	壬申	1	7	2	癸卯	3	6	2	癸酉	4	5	3	癸卯	1	4	4	甲戌	8	3	5	甲辰	5	廿八 28th
8	1	癸酉	9	7	3	甲辰	2	6	3	甲戌	5	5	4	甲辰	2	4	5	乙亥	9	3	6	乙巳	6	廿九 29th
8	2	甲戌	8					6	4	乙亥	6	5	5	乙巳	3					3	7	丙午	7	三十 30th

Male Gua:4 巽(Xun) Female Gua: 2 坤(Kun) 3 Killing 三煞: West Annual Star: 4 Green

月干支 Month	七月小 7th Mth				八月大 8th Mth				九月小 9th Mth				十月大 10th Mth				十一月小 11th Mth				十二月大 12th Mth			
	丙申 Bing Shen				丁酉 Ding You				戊戌 Wu Xu				己亥 Ji Hai				庚子 Geng Zi				辛丑 Xin Chou			
九星 9 Star	二黑 Two Black				一白 One White				九紫 Nine Purple				八白 Eight White				七赤 Seven Red				六白 Six White			
節氣 Season	處暑 Heat Ends		立秋 Coming Autumn		秋分 Autumn Equinox		白露 White Dew		霜降 Frosting		寒露 Cold Dew		小雪 Lesser Snow		立冬 Coming of Winter		冬至 Winter Solstice		大雪 Greater Snow		大寒 Greater Cold		小寒 Lesser Cold	
	22nd day 7hr 17min		6th day 16hr 38min		24th day 4hr 38min		8th day 19hr 19min		24th day 13hr 37min		9th day 10hr 37min		25th day 10hr 52min		10th day 13hr 27min		25th day 0hr 1min		10th day 6hr 3min		25th day 10hr 39min		10th day 17hr 10min	
	辰 Chen		申 Shen		寅 Yin		戌 Xu		未 Wei		巳 Si		巳 Si		未 Wei		子 Zi		卯 Mao		巳 Si		酉 You	
農曆 Calendar	國曆 Gregorian		干支 S/B	星 Star	國曆 Gregorian		干支 S/B	星 Star	國曆 Gregorian		干支 S/B	星 Star	國曆 Gregorian		干支 S/B	星 Star	國曆 Gregorian		干支 S/B	星 Star	國曆 Gregorian		干支 S/B	星 Star
初一 1st	8	3	乙亥	7	9	1	甲辰	5	10	1	甲戌	2	10	30	癸卯	9	11	29	癸酉	6	12	28	壬寅	6
初二 2nd	8	4	丙子	6	9	2	乙巳	4	10	2	乙亥	1	10	31	甲辰	8	11	30	甲戌	5	12	29	癸卯	7
初三 3rd	8	5	丁丑	5	9	3	丙午	3	10	3	丙子	9	11	1	乙巳	7	12	1	乙亥	4	12	30	甲辰	8
初四 4th	8	6	戊寅	4	9	4	丁未	2	10	4	丁丑	8	11	2	丙午	6	12	2	丙子	3	12	31	乙巳	9
初五 5th	8	7	己卯	3	9	5	戊申	1	10	5	戊寅	7	11	3	丁未	5	12	3	丁丑	2	1	1	丙午	1
初六 6th	8	8	庚辰	2	9	6	己酉	9	10	6	己卯	6	11	4	戊申	4	12	4	戊寅	1	1	2	丁未	2
初七 7th	8	9	辛巳	1	9	7	庚戌	8	10	7	庚辰	5	11	5	己酉	3	12	5	己卯	9	1	3	戊申	3
初八 8th	8	10	壬午	9	9	8	辛亥	7	10	8	辛巳	4	11	6	庚戌	2	12	6	庚辰	8	1	4	己酉	4
初九 9th	8	11	癸未	8	9	9	壬子	6	10	9	壬午	3	11	7	辛亥	1	12	7	辛巳	7	1	5	庚戌	5
初十 10th	8	12	甲申	7	9	10	癸丑	5	10	10	癸未	2	11	8	壬子	9	12	8	壬午	6	1	6	辛亥	6
十一 11th	8	13	乙酉	6	9	11	甲寅	4	10	11	甲申	1	11	9	癸丑	8	12	9	癸未	5	1	7	壬子	7
十二 12th	8	14	丙戌	5	9	12	乙卯	3	10	12	乙酉	9	11	10	甲寅	7	12	10	甲申	4	1	8	癸丑	8
十三 13th	8	15	丁亥	4	9	13	丙辰	2	10	13	丙戌	8	11	11	乙卯	6	12	11	乙酉	3	1	9	甲寅	9
十四 14th	8	16	戊子	3	9	14	丁巳	1	10	14	丁亥	7	11	12	丙辰	5	12	12	丙戌	2	1	10	乙卯	1
十五 15th	8	17	己丑	2	9	15	戊午	9	10	15	戊子	6	11	13	丁巳	4	12	13	丁亥	1	1	11	丙辰	2
十六 16th	8	18	庚寅	1	9	16	己未	8	10	16	己丑	5	11	14	戊午	3	12	14	戊子	9	1	12	丁巳	3
十七 17th	8	19	辛卯	9	9	17	庚申	7	10	17	庚寅	4	11	15	己未	2	12	15	己丑	8	1	13	戊午	4
十八 18th	8	20	壬辰	8	9	18	辛酉	6	10	18	辛卯	3	11	16	庚申	1	12	16	庚寅	7	1	14	己未	5
十九 19th	8	21	癸巳	7	9	19	壬戌	5	10	19	壬辰	2	11	17	辛酉	9	12	17	辛卯	6	1	15	庚申	6
二十 20th	8	22	甲午	6	9	20	癸亥	4	10	20	癸巳	1	11	18	壬戌	8	12	18	壬辰	5	1	16	辛酉	7
廿一 21st	8	23	乙未	5	9	21	甲子	3	10	21	甲午	9	11	19	癸亥	7	12	19	癸巳	4	1	17	壬戌	8
廿二 22nd	8	24	丙申	4	9	22	乙丑	2	10	22	乙未	8	11	20	甲子	6	12	20	甲午	3	1	18	癸亥	9
廿三 23rd	8	25	丁酉	3	9	23	丙寅	1	10	23	丙申	7	11	21	乙丑	5	12	21	乙未	2	1	19	甲子	1
廿四 24th	8	26	戊戌	2	9	24	丁卯	9	10	24	丁酉	6	11	22	丙寅	4	12	22	丙申	[illegible]	1	20	乙丑	2
廿五 25th	8	27	己亥	1	9	25	戊辰	8	10	25	戊戌	5	11	23	丁卯	3	12	23	丁酉	9'1	1	21	丙寅	3
廿六 26th	8	28	庚子	9	9	26	己巳	7	10	26	己亥	4	11	24	戊辰	2	12	24	戊戌	2	1	22	丁卯	4
廿七 27th	8	29	辛丑	8	9	27	庚午	6	10	27	庚子	3	11	25	己巳	1	12	25	己亥	3	1	23	戊辰	5
廿八 28th	8	30	壬寅	7	9	28	辛未	5	10	28	辛丑	2	11	26	庚午	9	12	26	庚子	4	1	24	己巳	6
廿九 29th	8	31	癸卯	6	9	29	壬申	4	10	29	壬寅	1	11	27	辛未	8	12	27	辛丑	5	1	25	庚午	7
三十 30th					9	30	癸酉	3					11	28	壬申	7					1	26	辛未	8

地支 Twelve Branches: 子 Zi Rat, 丑 Chou Ox, 寅 Yin Tiger, 卯 Mao Rabbit, 辰 Chen Dragon, 巳 Si Snake, 午 Wu Horse, 未 Wei Goat, 申 Shen Monkey, 酉 You Rooster, 戌 Xu Dog, 亥 Hai Pig

1952 壬辰 Water Dragon

Grand Duke: 彭泰

天干 Ten Stems: 甲 Jia Yang Wood; 乙 Yi Yin Wood; 丙 Bing Yang Fire; 丁 Ding Yin Fire; 戊 Wu Yang Earth; 己 Ji Yin Earth; 庚 Geng Yang Metal; 辛 Xin Yin Metal; 壬 Ren Yang Water; 癸 Gui Yin Water

六月小 6th Mth				閏五月大 5th Mth				五月小 5th Mth				四月大 4th Mth				三月小 3rd Mth				二月大 2nd Mth				正月小 1st Mth				月干支 Month
丁未 Ding Wei								丙午 Bing Wu				乙巳 Yi Si				甲辰 Jia Chen				癸卯 Gui Mao				壬寅 Ren Yin				
九紫 Nine Purple								一白 One White				二黑 Two Black				三碧 Three Jade				四綠 Four Green				五黃 Five Yellow				九星 9 Star
立秋 Coming Autumn		大暑 Greater Heat				小暑 Lesser Heat		夏至 Summer Solstice		芒種 Planting of Thorny Crops		小滿 Small Sprout		立夏 Coming of Summer		穀雨 Grain Rain		清明 Clear and Bright		春分 Spring Equinox		驚蟄 Awakening of Worms		雨水 Rain Water		立春 Coming of Spring		節氣 Season
17th day		2nd day				16th day		29th day		14th day		28th day		12th day		26th day		11th day		26th day		10th day		25th day		10th day		
22hr 32min		6hr 8min				12hr 45min		19hr 13min		2hr 21min		11hr 4min		21hr 54min		11hr 37min		4hr 16min		0hr 14min		23hr 8min		0hr 57min		4hr 54min		
亥 Hai		卯 Mao				午 Wu		戌 Xu		丑 Chou		午 Wu		亥 Hai		午 Wu		寅 Yin		子 Zi		子 Zi		子 Zi		寅 Yin		
國曆 Gregorian		干支 S/B	星 Star	國曆 Gregorian		干支 S/B	星 Star	國曆 Gregorian		干支 S/B	星 Star	國曆 Gregorian		干支 S/B	星 Star	國曆 Gregorian		干支 S/B	星 Star	國曆 Gregorian		干支 S/B	星 Star	國曆 Gregorian		干支 S/B	星 Star	農曆 Calendar
7	22	己巳	4	6	22	己亥	7	5	24	庚午	1	4	24	庚子	7	3	26	辛未	5	2	25	辛丑	2	1	27	壬申	9	初一 1st
7	23	庚午	3	6	23	庚子	6	5	25	辛未	2	4	25	辛丑	8	3	27	壬申	6	2	26	壬寅	3	1	28	癸酉	1	初二 2nd
7	24	辛未	2	6	24	辛丑	5	5	26	壬申	3	4	26	壬寅	9	3	28	癸酉	7	2	27	癸卯	4	1	29	甲戌	2	初三 3rd
7	25	壬申	1	6	25	壬寅	4	5	27	癸酉	4	4	27	癸卯	1	3	29	甲戌	8	2	28	甲辰	5	1	30	乙亥	3	初四 4th
7	26	癸酉	9	6	26	癸卯	3	5	28	甲戌	5	4	28	甲辰	2	3	30	乙亥	9	2	29	乙巳	6	1	31	丙子	4	初五 5th
7	27	甲戌	8	6	27	甲辰	2	5	29	乙亥	6	4	29	乙巳	3	3	31	丙子	1	3	1	丙午	7	2	1	丁丑	5	初六 6th
7	28	乙亥	7	6	28	乙巳	1	5	30	丙子	7	4	30	丙午	4	4	1	丁丑	2	3	2	丁未	8	2	2	戊寅	6	初七 7th
7	29	丙子	6	6	29	丙午	9	5	31	丁丑	8	5	1	丁未	5	4	2	戊寅	3	3	3	戊申	9	2	3	己卯	7	初八 8th
7	30	丁丑	5	6	30	丁未	8	6	1	戊寅	9	5	2	戊申	6	4	3	己卯	4	3	4	己酉	1	2	4	庚辰	8	初九 9th
7	31	戊寅	4	7	1	戊申	7	6	2	己卯	1	5	3	己酉	7	4	4	庚辰	5	3	5	庚戌	2	2	5	辛巳	9	初十 10th
8	1	己卯	3	7	2	己酉	6	6	3	庚辰	2	5	4	庚戌	8	4	5	辛巳	6	3	6	辛亥	3	2	6	壬午	1	十一 11th
8	2	庚辰	2	7	3	庚戌	5	6	4	辛巳	3	5	5	辛亥	9	4	6	壬午	7	3	7	壬子	4	2	7	癸未	2	十二 12th
8	3	辛巳	1	7	4	辛亥	4	6	5	壬午	4	5	6	壬子	1	4	7	癸未	8	3	8	癸丑	5	2	8	甲申	3	十三 13th
8	4	壬午	9	7	5	壬子	3	6	6	癸未	5	5	7	癸丑	2	4	8	甲申	9	3	9	甲寅	6	2	9	乙酉	4	十四 14th
8	5	癸未	8	7	6	癸丑	2	6	7	甲申	6	5	8	甲寅	3	4	9	乙酉	1	3	10	乙卯	7	2	10	丙戌	5	十五 15th
8	6	甲申	7	7	7	甲寅	1	6	8	乙酉	7	5	9	乙卯	4	4	10	丙戌	2	3	11	丙辰	8	2	11	丁亥	6	十六 16th
8	7	乙酉	6	7	8	乙卯	9	6	9	丙戌	8	5	10	丙辰	5	4	11	丁亥	3	3	12	丁巳	9	2	12	戊子	7	十七 17th
8	8	丙戌	5	7	9	丙辰	8	6	10	丁亥	9	5	11	丁巳	6	4	12	戊子	4	3	13	戊午	1	2	13	己丑	8	十八 18th
8	9	丁亥	4	7	10	丁巳	7	6	11	戊子	1	5	12	戊午	7	4	13	己丑	5	3	14	己未	2	2	14	庚寅	9	十九 19th
8	10	戊子	3	7	11	戊午	6	6	12	己丑	2	5	13	己未	8	4	14	庚寅	6	3	15	庚申	3	2	15	辛卯	1	二十 20th
8	11	己丑	2	7	12	己未	5	6	13	庚寅	3	5	14	庚申	9	4	15	辛卯	7	3	16	辛酉	4	2	16	壬辰	2	廿一 21st
8	12	庚寅	1	7	13	庚申	4	6	14	辛卯	4	5	15	辛酉	1	4	16	壬辰	8	3	17	壬戌	5	2	17	癸巳	3	廿二 22nd
8	13	辛卯	9	7	14	辛酉	3	6	15	壬辰	5	5	16	壬戌	2	4	17	癸巳	9	3	18	癸亥	6	2	18	甲午	4	廿三 23rd
8	14	壬辰	8	7	15	壬戌	2	6	16	癸巳	6	5	17	癸亥	3	4	18	甲午	1	3	19	甲子	7	2	19	乙未	5	廿四 24th
8	15	癸巳	7	7	16	癸亥	1	6	17	甲午	7	5	18	甲子	4	4	19	乙未	2	3	20	乙丑	8	2	20	丙申	6	廿五 25th
8	16	甲午	6	7	17	甲子	9	6	18	乙未	8	5	19	乙丑	5	4	20	丙申	3	3	21	丙寅	9	2	21	丁酉	7	廿六 26th
8	17	乙未	5	7	18	乙丑	8	6	19	丙申	9	5	20	丙寅	6	4	21	丁酉	4	3	22	丁卯	1	2	22	戊戌	8	廿七 27th
8	18	丙申	4	7	19	丙寅	7	6	20	丁酉	1	5	21	丁卯	7	4	22	戊戌	5	3	23	戊辰	2	2	23	己亥	9	廿八 28th
8	19	丁酉	3	7	20	丁卯	6	6	21	戊戌	2\8	5	22	戊辰	8	4	23	己亥	6	3	24	己巳	3	2	24	庚子	1	廿九 29th
				7	21	戊辰	5					5	23	己巳	9					3	25	庚午	4					三十 30th

Male Gua: 3 震(Zhen) Female Gua: 3 震(Zhen) 3 Killing 三煞: South Annual Star: 3 Jade

農曆 Calendar	十二月大 12th Mth 癸丑 Gui Chou 三碧 Three Jade				十一月小 11th Mth 壬子 Ren Zi 四綠 Four Green				十月大 10th Mth 辛亥 Xin Hai 五黃 Five Yellow			
節氣 Season	立春 Coming of Spring 21st day 10hr 46min 巳 Si		大寒 Greater Cold 6th day 16hr 22min 申 Shen		小寒 Lesser Cold 20th day 23hr 3min 子 Zi		冬至 Winter Solstice 6th day 5hr 44min 卯 Mao		大雪 Greater Snow 21st day 11hr 56min 午 Wu		小雪 Lesser Snow 6th day 6hr 36min 申 Shen	
	國曆 Gregorian		干支 S/B	星 Star	國曆 Gregorian		干支 S/B	星 Star	國曆 Gregorian		干支 S/B	星 Star
初一 1st	1	15	丙寅	3	12	17	丁酉	9	11	17	丁卯	3
初二 2nd	1	16	丁卯	4	12	18	戊戌	8	11	18	戊辰	2
初三 3rd	1	17	戊辰	5	12	19	己亥	7	11	19	己巳	1
初四 4th	1	18	己巳	6	12	20	庚子	6	11	20	庚午	9
初五 5th	1	19	庚午	7	12	21	辛丑	5	11	21	辛未	8
初六 6th	1	20	辛未	8	12	22	壬寅	4\6	11	22	壬申	7
初七 7th	1	21	壬申	9	12	23	癸卯	7	11	23	癸酉	6
初八 8th	1	22	癸酉	1	12	24	甲辰	8	11	24	甲戌	5
初九 9th	1	23	甲戌	2	12	25	乙巳	9	11	25	乙亥	4
初十 10th	1	24	乙亥	3	12	26	丙午	1	11	26	丙子	3
十一 11th	1	25	丙子	4	12	27	丁未	2	11	27	丁丑	2
十二 12th	1	26	丁丑	5	12	28	戊申	3	11	28	戊寅	1
十三 13th	1	27	戊寅	6	12	29	己酉	4	11	29	己卯	9
十四 14th	1	28	己卯	7	12	30	庚戌	5	11	30	庚辰	8
十五 15th	1	29	庚辰	8	12	31	辛亥	6	12	1	辛巳	7
十六 16th	1	30	辛巳	9	1	1	壬子	7	12	2	壬午	6
十七 17th	1	31	壬午	1	1	2	癸丑	8	12	3	癸未	5
十八 18th	2	1	癸未	2	1	3	甲寅	9	12	4	甲申	4
十九 19th	2	2	甲申	3	1	4	乙卯	1	12	5	乙酉	3
二十 20th	2	3	乙酉	4	1	5	丙辰	2	12	6	丙戌	2
廿一 21st	2	4	丙戌	5	1	6	丁巳	3	12	7	丁亥	1
廿二 22nd	2	5	丁亥	6	1	7	戊午	4	12	8	戊子	9
廿三 23rd	2	6	戊子	7	1	8	己未	5	12	9	己丑	8
廿四 24th	2	7	己丑	8	1	9	庚申	6	12	10	庚寅	7
廿五 25th	2	8	庚寅	9	1	10	辛酉	7	12	11	辛卯	6
廿六 26th	2	9	辛卯	1	1	11	壬戌	8	12	12	壬辰	5
廿七 27th	2	10	壬辰	2	1	12	癸亥	9	12	13	癸巳	4
廿八 28th	2	11	癸巳	3	1	13	甲子	1	12	14	甲午	3
廿九 29th	2	12	甲午	4	1	14	乙丑	2	12	15	乙未	2
三十 30th	2	13	乙未	5					12	16	丙申	1

農曆 Calendar	九月小 9th Mth 庚戌 Geng Xu 六白 Six White				八月大 8th Mth 己酉 Ji You 七赤 Seven Red				七月大 7th Mth 戊申 Wu Shen 八白 Eight White			
節氣 Season	立冬 Coming of Winter 20th day 19hr 22min 戌 Xu		霜降 Frosting 5th day 19hr 23min 戌 Xu		寒露 Cold Dew 20th day 16hr 33min 申 Shen		秋分 Autumn Equinox 5th day 10hr 24min 巳 Si		白露 White Dew 20th day 1hr 4min 丑 Chou		處暑 Heat Ends 4th day 13hr 3min 未 Wei	
	國曆 Gregorian		干支 S/B	星 Star	國曆 Gregorian		干支 S/B	星 Star	國曆 Gregorian		干支 S/B	星 Star
初一 1st	10	19	戊戌	5	9	19	戊辰	8	8	20	戊戌	2
初二 2nd	10	20	己亥	4	9	20	己巳	7	8	21	己亥	1
初三 3rd	10	21	庚子	3	9	21	庚午	6	8	22	庚子	9
初四 4th	10	22	辛丑	2	9	22	辛未	5	8	23	辛丑	8
初五 5th	10	23	壬寅	1	9	23	壬申	4	8	24	壬寅	7
初六 6th	10	24	癸卯	9	9	24	癸酉	3	8	25	癸卯	6
初七 7th	10	25	甲辰	8	9	25	甲戌	2	8	26	甲辰	5
初八 8th	10	26	乙巳	7	9	26	乙亥	1	8	27	乙巳	4
初九 9th	10	27	丙午	6	9	27	丙子	9	8	28	丙午	3
初十 10th	10	28	丁未	5	9	28	丁丑	8	8	29	丁未	2
十一 11th	10	29	戊申	4	9	29	戊寅	7	8	30	戊申	1
十二 12th	10	30	己酉	3	9	30	己卯	6	8	31	己酉	9
十三 13th	10	31	庚戌	2	10	1	庚辰	5	9	1	庚戌	8
十四 14th	11	1	辛亥	1	10	2	辛巳	4	9	2	辛亥	7
十五 15th	11	2	壬子	9	10	3	壬午	3	9	3	壬子	6
十六 16th	11	3	癸丑	8	10	4	癸未	2	9	4	癸丑	5
十七 17th	11	4	甲寅	7	10	5	甲申	1	9	5	甲寅	4
十八 18th	11	5	乙卯	6	10	6	乙酉	9	9	6	乙卯	3
十九 19th	11	6	丙辰	5	10	7	丙戌	8	9	7	丙辰	2
二十 20th	11	7	丁巳	4	10	8	丁亥	7	9	8	丁巳	1
廿一 21st	11	8	戊午	3	10	9	戊子	6	9	9	戊午	9
廿二 22nd	11	9	己未	2	10	10	己丑	5	9	10	己未	8
廿三 23rd	11	10	庚申	1	10	11	庚寅	4	9	11	庚申	7
廿四 24th	11	11	辛酉	9	10	12	辛卯	3	9	12	辛酉	6
廿五 25th	11	12	壬戌	8	10	13	壬辰	2	9	13	壬戌	5
廿六 26th	11	13	癸亥	7	10	14	癸巳	1	9	14	癸亥	4
廿七 27th	11	14	甲子	6	10	15	甲午	9	9	15	甲子	3
廿八 28th	11	15	乙丑	5	10	16	乙未	8	9	16	乙丑	2
廿九 29th	11	16	丙寅	4	10	17	丙申	7	9	17	丙寅	1
三十 30th					10	18	丁酉	6	9	18	丁卯	9

地支 Twelve Branches: 子 Zi Rat, 丑 Chou Ox, 寅 Yin Tiger, 卯 Mao Rabbit, 辰 Chen Dragon, 巳 Si Snake, 午 Wu Horse, 未 Wei Goat, 申 Shen Monkey, 酉 You Rooster, 戌 Xu Dog, 亥 Hai Pig

1953 癸巳 Water Snake

Grand Duke: 徐舜

月干支 Month	正月小 1st Mth				二月大 2nd Mth				三月小 3rd Mth			
	甲寅 Jia Yin				乙卯 Yi Mao				丙辰 Bing Chen			
九星 9 Star	二黑 Two Black				一白 One White				九紫 Nine Purple			
節氣 Season	驚蟄 Awakening of Worms		雨水 Rain Water		清明 Clear and Bright		春分 Spring Equinox		立夏 Coming of Summer		穀雨 Grain Rain	
	21st day		6th day		22nd day		7th day		23rd day		7th day	
	5hr 3min		6hr 42min		16hr 13min		6hr 1min		3hr 53min		17hr 26min	
	卯 Mao		卯 Mao		申 Shen		卯 Mao		寅 Yin		酉 You	
農曆 Calendar	國曆 Gregorian		干支 S / B	星 Star	國曆 Gregorian		干支 S / B	星 Star	國曆 Gregorian		干支 S / B	星 Star
初一 1st	2	14	丙申	6	3	15	乙丑	8	4	14	乙未	2
初二 2nd	2	15	丁酉	7	3	16	丙寅	9	4	15	丙申	3
初三 3rd	2	16	戊戌	8	3	17	丁卯	1	4	16	丁酉	4
初四 4th	2	17	己亥	9	3	18	戊辰	2	4	17	戊戌	5
初五 5th	2	18	庚子	1	3	19	己巳	3	4	18	己亥	6
初六 6th	2	19	辛丑	2	3	20	庚午	4	4	19	庚子	7
初七 7th	2	20	壬寅	3	3	21	辛未	5	4	20	辛丑	8
初八 8th	2	21	癸卯	4	3	22	壬申	6	4	21	壬寅	9
初九 9th	2	22	甲辰	5	3	23	癸酉	7	4	22	癸卯	1
初十 10th	2	23	乙巳	6	3	24	甲戌	8	4	23	甲辰	2
十一 11th	2	24	丙午	7	3	25	乙亥	9	4	24	乙巳	3
十二 12th	2	25	丁未	8	3	26	丙子	1	4	25	丙午	4
十三 13th	2	26	戊申	9	3	27	丁丑	2	4	26	丁未	5
十四 14th	2	27	己酉	1	3	28	戊寅	3	4	27	戊申	6
十五 15th	2	28	庚戌	2	3	29	己卯	4	4	28	己酉	7
十六 16th	3	1	辛亥	3	3	30	庚辰	5	4	29	庚戌	8
十七 17th	3	2	壬子	4	3	31	辛巳	6	4	30	辛亥	9
十八 18th	3	3	癸丑	5	4	1	壬午	7	5	1	壬子	1
十九 19th	3	4	甲寅	6	4	2	癸未	8	5	2	癸丑	2
二十 20th	3	5	乙卯	7	4	3	甲申	9	5	3	甲寅	3
廿一 21st	3	6	丙辰	8	4	4	乙酉	1	5	4	乙卯	4
廿二 22nd	3	7	丁巳	9	4	5	丙戌	2	5	5	丙辰	5
廿三 23rd	3	8	戊午	1	4	6	丁亥	3	5	6	丁巳	6
廿四 24th	3	9	己未	2	4	7	戊子	4	5	7	戊午	7
廿五 25th	3	10	庚申	3	4	8	己丑	5	5	8	己未	8
廿六 26th	3	11	辛酉	4	4	9	庚寅	6	5	9	庚申	9
廿七 27th	3	12	壬戌	5	4	10	辛卯	7	5	10	辛酉	1
廿八 28th	3	13	癸亥	6	4	11	壬辰	8	5	11	壬戌	2
廿九 29th	3	14	甲子	7	4	12	癸巳	9	5	12	癸亥	3
三十 30th					4	13	甲午	1				

月干支 Month	四月小 4th Mth				五月大 5th Mth				六月大 6th Mth			
	丁巳 Ding Si				戊午 Wu Wu				己未 Ji Wei			
九星 9 Star	八白 Eight White				七赤 Seven Red				六白 Six White			
節氣 Season	芒種 Planting of Thorny Crops		小滿 Small Sprout		小暑 Lesser Heat		夏至 Summer Solstice		立秋 Coming Autumn		大暑 Greater Heat	
	25th day		9th day		27th day		12th day		29th day		13th day	
	8hr 17min		16hr 54min		8hr 36min		1hr 0min		4hr 15min		11hr 53min	
	辰 Chen		申 Shen		酉 You		丑 Chou		寅 Yin		午 Wu	
農曆 Calendar	國曆 Gregorian		干支 S / B	星 Star	國曆 Gregorian		干支 S / B	星 Star	國曆 Gregorian		干支 S / B	星 Star
初一 1st	5	13	甲子	4	6	11	癸巳	6	7	11	癸亥	1
初二 2nd	5	14	乙丑	5	6	12	甲午	7	7	12	甲子	9
初三 3rd	5	15	丙寅	6	6	13	乙未	8	7	13	乙丑	8
初四 4th	5	16	丁卯	7	6	14	丙申	9	7	14	丙寅	7
初五 5th	5	17	戊辰	8	6	15	丁酉	1	7	15	丁卯	6
初六 6th	5	18	己巳	9	6	16	戊戌	2	7	16	戊辰	5
初七 7th	5	19	庚午	1	6	17	己亥	3	7	17	己巳	4
初八 8th	5	20	辛未	2	6	18	庚子	4	7	18	庚午	3
初九 9th	5	21	壬申	3	6	19	辛丑	5	7	19	辛未	2
初十 10th	5	22	癸酉	4	6	20	壬寅	6	7	20	壬申	1
十一 11th	5	23	甲戌	5	6	21	癸卯	7	7	21	癸酉	9
十二 12th	5	24	乙亥	6	6	22	甲辰	8\2	7	22	甲戌	8
十三 13th	5	25	丙子	7	6	23	乙巳	1	7	23	乙亥	7
十四 14th	5	26	丁丑	8	6	24	丙午	9	7	24	丙子	6
十五 15th	5	27	戊寅	9	6	25	丁未	8	7	25	丁丑	5
十六 16th	5	28	己卯	1	6	26	戊申	7	7	26	戊寅	4
十七 17th	5	29	庚辰	2	6	27	己酉	6	7	27	己卯	3
十八 18th	5	30	辛巳	3	6	28	庚戌	5	7	28	庚辰	2
十九 19th	5	31	壬午	4	6	29	辛亥	4	7	29	辛巳	1
二十 20th	6	1	癸未	5	6	30	壬子	3	7	30	壬午	9
廿一 21st	6	2	甲申	6	7	1	癸丑	2	7	31	癸未	8
廿二 22nd	6	3	乙酉	7	7	2	甲寅	1	8	1	甲申	7
廿三 23rd	6	4	丙戌	8	7	3	乙卯	9	8	2	乙酉	6
廿四 24th	6	5	丁亥	9	7	4	丙辰	8	8	3	丙戌	5
廿五 25th	6	6	戊子	1	7	5	丁巳	7	8	4	丁亥	4
廿六 26th	6	7	己丑	2	7	6	戊午	6	8	5	戊子	3
廿七 27th	6	8	庚寅	3	7	7	己未	5	8	6	己丑	2
廿八 28th	6	9	辛卯	4	7	8	庚申	4	8	7	庚寅	1
廿九 29th	6	10	壬辰	5	7	9	辛酉	3	8	8	辛卯	9
三十 30th					7	10	壬戌	2	8	9	壬辰	8

天干 Ten Stems

- 甲 Jia Yang Wood
- 乙 Yi Yin Wood
- 丙 Bing Yang Fire
- 丁 Ding Yin Fire
- 戊 Wu Yang Earth
- 己 Ji Yin Earth
- 庚 Geng Yang Metal
- 辛 Xin Yin Metal
- 壬 Ren Yang Water
- 癸 Gui Yin Water

十二月小 12 h Mth				十一月大 11th Mth				十月小 10th Mth				九月大 9th Mth				八月大 8th Mth				七月小 7th Mth				月干支 Month
乙丑 Yi Chou				甲子 Jia Zi				癸亥 Gui Hai				壬戌 Ren Xu				辛酉 Xin You				庚申 Geng Shen				
九紫 Nine Purple				一白 One White				二黑 Two Black				三碧 Three Jade				四綠 Four Green				五黃 Five Yellow				九星 9 Star
大寒 Greater Cold		小寒 Lesser Cold		冬至 Winter Solstice		大雪 Greater Snow		小雪 Lesser Snow		立冬 Coming of Winter		霜降 Frosting		寒露 Cold Dew		秋分 Autumn Equinox		白露 White Dew				處暑 Heat Ends		節氣 Season
16th day		2nd day		17th day		2nd day		16th day		2nd day		17th day		1st day		16th day		1st day				14th day		
22hr 12min		4hr 46min		11hr 32min		17hr 33min		22hr 23min		hr 2min		1hr 7min		22hr 11min		16hr 7min		6hr 54min				18hr 46min		
亥 Hai		寅 Yin		午 Wu		酉 You		亥 Hai		丑 Chou		丑 Chou		亥 Hai		申 Shen		卯 Mao				酉 You		
國曆 Gregorian		干支 S/B	星 Star	國曆 Gregorian		干支 S/B	星 Star	國曆 Gregorian		干支 S/B	星 Star	國曆 Gregorian		干支 S/B	星 Star	國曆 Gregorian		干支 S/B	星 Star	國曆 Gregorian		干支 S/B	星 Star	農曆 Calendar
1	5	辛酉	7	12	6	辛卯	6	11	7	壬戌	8	10	8	壬辰	2	9	8	壬戌	5	8	10	癸巳	7	初一 1st
1	6	壬戌	8	12	7	壬辰	5	11	8	癸亥	7	10	9	癸巳	1	9	9	癸亥	4	8	11	甲午	6	初二 2nd
1	7	癸亥	9	12	8	癸巳	4	11	9	甲子	6	10	10	甲午	9	9	10	甲子	3	8	12	乙未	5	初三 3rd
1	8	甲子	1	12	9	甲午	3	11	10	乙丑	5	10	11	乙未	8	9	11	乙丑	2	8	13	丙申	4	初四 4th
1	9	乙丑	2	12	10	乙未	2	11	11	丙寅	4	10	12	丙申	7	9	12	丙寅	1	8	14	丁酉	3	初五 5th
1	10	丙寅	3	12	11	丙申	1	11	12	丁卯	3	10	13	丁酉	6	9	13	丁卯	9	8	15	戊戌	2	初六 6th
1	11	丁卯	4	12	12	丁酉	9	11	13	戊辰	2	10	14	戊戌	5	9	14	戊辰	8	8	16	己亥	1	初七 7th
1	12	戊辰	5	12	13	戊戌	8	11	14	己巳	1	10	15	己亥	4	9	15	己巳	7	8	17	庚子	9	初八 8th
1	13	己巳	6	12	14	己亥	7	11	15	庚午	9	10	16	庚子	3	9	16	庚午	6	8	18	辛丑	8	初九 9th
1	14	庚午	7	12	15	庚子	6	11	16	辛未	8	10	17	辛丑	2	9	17	辛未	5	8	19	壬寅	7	初十 10th
1	15	辛未	8	12	16	辛丑	5	11	17	壬申	7	10	18	壬寅	1	9	18	壬申	4	8	20	癸卯	6	十一 11th
1	16	壬申	9	12	17	壬寅	4	11	18	癸酉	6	10	19	癸卯	9	9	19	癸酉	3	8	21	甲辰	5	十二 12th
1	17	癸酉	1	12	18	癸卯	3	11	19	甲戌	5	10	20	甲辰	8	9	20	甲戌	2	8	22	乙巳	4	十三 13th
1	18	甲戌	2	12	19	甲辰	2	11	20	乙亥	4	10	21	乙巳	7	9	21	乙亥	1	8	23	丙午	3	十四 14th
1	19	乙亥	3	12	20	乙巳	1	11	21	丙子	3	10	22	丙午	6	9	22	丙子	9	8	24	丁未	2	十五 15th
1	20	丙子	4	12	21	丙午	9	11	22	丁丑	2	10	23	丁未	5	9	23	丁丑	8	8	25	戊申	1	十六 16th
1	21	丁丑	5	12	22	丁未	3\2	11	23	戊寅	1	10	24	戊申	4	9	24	戊寅	7	8	26	己酉	9	十七 17th
1	22	戊寅	6	12	23	戊申	3	11	24	己卯	9	10	25	己酉	3	9	25	己卯	6	8	27	庚戌	8	十八 18th
1	23	己卯	7	12	24	己酉	4	11	25	庚辰	8	10	26	庚戌	2	9	26	庚辰	5	8	28	辛亥	7	十九 19th
1	24	庚辰	8	12	25	庚戌	5	11	26	辛巳	7	10	27	辛亥	1	9	27	辛巳	4	8	29	壬子	6	二十 20th
1	25	辛巳	9	12	26	辛亥	6	11	27	壬午	6	10	28	壬子	9	9	28	壬午	3	8	30	癸丑	5	廿一 21st
1	26	壬午	1	12	27	壬子	7	11	28	癸未	5	10	29	癸丑	8	9	29	癸未	2	8	31	甲寅	4	廿二 22nd
1	27	癸未	2	12	28	癸丑	3	11	29	甲申	4	10	30	甲寅	7	9	30	甲申	1	9	1	乙卯	3	廿三 23rd
1	28	甲申	3	12	29	甲寅	9	11	30	乙酉	3	10	31	乙卯	6	10	1	乙酉	9	9	2	丙辰	2	廿四 24th
1	29	乙酉	4	12	30	乙卯	1	12	1	丙戌	2	11	1	丙辰	5	10	2	丙戌	8	9	3	丁巳	1	廿五 25th
1	30	丙戌	5	12	31	丙辰	2	12	2	丁亥	1	11	2	丁巳	4	10	3	丁亥	7	9	4	戊午	9	廿六 26th
1	31	丁亥	6	1	1	丁巳	3	12	3	戊子	9	11	3	戊午	3	10	4	戊子	6	9	5	己未	8	廿七 27th
2	1	戊子	7	1	2	戊午	4	12	4	己丑	8	11	4	己未	2	10	5	己丑	5	9	6	庚申	7	廿八 28th
2	2	己丑	8	1	3	己未	5	12	5	庚寅	7	11	5	庚申	1	10	6	庚寅	4	9	7	辛酉	6	廿九 29th
				1	4	庚申	6					11	6	辛酉	9	10	7	辛卯	3					三十 30th

地支 Twelve Branches: 子 Zi Rat · 丑 Chou Ox · 寅 Yin Tiger · 卯 Mao Rabbit · 辰 Chen Dragon · 巳 Si Snake · 午 Wu Horse · 未 Wei Goat · 申 Shen Monkey · 酉 You Rooster · 戌 Xu Dog · 亥 Hai Pig

1954 甲午 Wood Horse

Grand Duke: 張詞

天干 Ten Stems: 甲 Jia Yang Wood · 乙 Yi Yin Wood · 丙 Bing Yang Fire · 丁 Ding Yin Fire · 戊 Wu Yang Earth · 己 Ji Yin Earth · 庚 Geng Yang Metal · 辛 Xin Yin Metal · 壬 Ren Yang Water · 癸 Gui Yin Water

六月大 6th Mth				五月小 5th Mth				四月小 4th Mth				三月大 3rd Mth				二月小 2nd Mth				正月大 1st Mth				月干支 Month	
辛未 Xin Wei				庚午 Geng Wu				己巳 Ji Si				戊辰 Wu Chen				丁卯 Ding Mao				丙寅 Bing Yin					
三碧 Three Jade				四綠 Four Green				五黃 Five Yellow				六白 Six White				七赤 Seven Red				八白 Eight White				九星 9 Star	
大暑 Greater Heat		小暑 Lesser Heat		夏至 Summer Solstice		芒種 Planting of Thorny Crops		小滿 Small Sprout		立夏 Coming of Summer		穀雨 Grain Rain		清明 Clear and Bright		春分 Spring Equinox		驚蟄 Awakening of Worms		雨水 Rain Water		立春 Coming of Spring		節氣 Season	
24th day		9th day		22nd day		6th day		19th day		4th day		18th day		3rd day		17th day		2nd day		17th day		2nd day			
17hr 45min		0hr 20min		6hr 55min		14hr 2min		22hr 48min		9hr 39min		23hr 20min		16hr 0min		11hr 54min		10hr 49min		12hr 33min		16hr 31min			
酉 You		子 Zi		卯 Mao		未 Wei		亥 Hai		巳 Si		子 Zi		申 Shen		午 Wu		巳 Si		午 Wu		申 Shen			
國曆 Gregorian		干支 S/B	星 Star	國曆 Gregorian		干支 S/B	星 Star	國曆 Gregorian		干支 S/B	星 Star	國曆 Gregorian		干支 S/B	星 Star	國曆 Gregorian		干支 S/B	星 Star	國曆 Gregorian		干支 S/B	星 Star	農曆 Calendar	
6	30	丁巳	7	6	1	戊子	1	5	3	己未	8	4	3	己丑	5	3	5	庚申	3	2	3	庚寅	9	初一	1st
7	1	戊午	6	6	2	己丑	2	5	4	庚申	9	4	4	庚寅	6	3	6	辛酉	4	2	4	辛卯	1	初二	2nd
7	2	己未	5	6	3	庚寅	3	5	5	辛酉	1	4	5	辛卯	7	3	7	壬戌	5	2	5	壬辰	2	初三	3rd
7	3	庚申	4	6	4	辛卯	4	5	6	壬戌	2	4	6	壬辰	8	3	8	癸亥	6	2	6	癸巳	3	初四	4th
7	4	辛酉	3	6	5	壬辰	5	5	7	癸亥	3	4	7	癸巳	9	3	9	甲子	7	2	7	甲午	4	初五	5th
7	5	壬戌	2	6	6	癸巳	6	5	8	甲子	4	4	8	甲午	1	3	10	乙丑	8	2	8	乙未	5	初六	6th
7	6	癸亥	1	6	7	甲午	7	5	9	乙丑	5	4	9	乙未	2	3	11	丙寅	9	2	9	丙申	6	初七	7th
7	7	甲子	9	6	8	乙未	8	5	10	丙寅	6	4	10	丙申	3	3	12	丁卯	1	2	10	丁酉	7	初八	8th
7	8	乙丑	8	6	9	丙申	9	5	11	丁卯	7	4	11	丁酉	4	3	13	戊辰	2	2	11	戊戌	8	初九	9th
7	9	丙寅	7	6	10	丁酉	1	5	12	戊辰	8	4	12	戊戌	5	3	14	己巳	3	2	12	己亥	9	初十	10th
7	10	丁卯	6	6	11	戊戌	2	5	13	己巳	9	4	13	己亥	6	3	15	庚午	4	2	13	庚子	1	十一	11th
7	11	戊辰	5	6	12	己亥	3	5	14	庚午	1	4	14	庚子	7	3	16	辛未	5	2	14	辛丑	2	十二	12th
7	12	己巳	4	6	13	庚子	4	5	15	辛未	2	4	15	辛丑	8	3	17	壬申	6	2	15	壬寅	3	十三	13th
7	13	庚午	3	6	14	辛丑	5	5	16	壬申	3	4	16	壬寅	9	3	18	癸酉	7	2	16	癸卯	4	十四	14th
7	14	辛未	2	6	15	壬寅	6	5	17	癸酉	4	4	17	癸卯	1	3	19	甲戌	8	2	17	甲辰	5	十五	15th
7	15	壬申	1	6	16	癸卯	7	5	18	甲戌	5	4	18	甲辰	2	3	20	乙亥	9	2	18	乙巳	6	十六	16th
7	16	癸酉	9	6	17	甲辰	8	5	19	乙亥	6	4	19	乙巳	3	3	21	丙子	1	2	19	丙午	7	十七	17th
7	17	甲戌	8	6	18	乙巳	9	5	20	丙子	7	4	20	丙午	4	3	22	丁丑	2	2	20	丁未	8	十八	18th
7	18	乙亥	7	6	19	丙午	1	5	21	丁丑	8	4	21	丁未	5	3	23	戊寅	3	2	21	戊申	9	十九	19th
7	19	丙子	6	6	20	丁未	2	5	22	戊寅	9	4	22	戊申	6	3	24	己卯	4	2	22	己酉	1	二十	20th
7	20	丁丑	5	6	21	戊申	3	5	23	己卯	1	4	23	己酉	7	3	25	庚辰	5	2	23	庚戌	2	廿一	21st
7	21	戊寅	4	6	22	己酉	4\6	5	24	庚辰	2	4	24	庚戌	8	3	26	辛巳	6	2	24	辛亥	3	廿二	22nd
7	22	己卯	3	6	23	庚戌	5	5	25	辛巳	3	4	25	辛亥	9	3	27	壬午	7	2	25	壬子	4	廿三	23rd
7	23	庚辰	2	6	24	辛亥	4	5	26	壬午	4	4	26	壬子	1	3	28	癸未	8	2	26	癸丑	5	廿四	24th
7	24	辛巳	1	6	25	壬子	3	5	27	癸未	5	4	27	癸丑	2	3	29	甲申	9	2	27	甲寅	6	廿五	25th
7	25	壬午	9	6	26	癸丑	2	5	28	甲申	6	4	28	甲寅	3	3	30	乙酉	1	2	28	乙卯	7	廿六	26th
7	26	癸未	8	6	27	甲寅	1	5	29	乙酉	7	4	29	乙卯	4	3	31	丙戌	2	3	1	丙辰	8	廿七	27th
7	27	甲申	7	6	28	乙卯	9	5	30	丙戌	8	4	30	丙辰	5	4	1	丁亥	3	3	2	丁巳	9	廿八	28th
7	28	乙酉	6	6	29	丙辰	8	5	31	丁亥	9	5	1	丁巳	6	4	2	戊子	4	3	3	戊午	1	廿九	29th
7	29	丙戌	5									5	2	戊午	7					3	4	己未	2	三十	30th

Male Gua:1 坎(Kan) **Female Gua: 8 艮(Gen)** 3 Killing 三煞: North Annual Star: 1 White

月干支 Month	七月小 7th Mth				八月大 8th Mth			
	壬申 Ren Shen				癸酉 Gui You			
九星 9 Star	二黑 Two Black				一白 One White			
節氣 Season	處暑 Heat Ends 26th day 0hr 37min 子 Zi		立秋 Coming Autumn 10th day 10hr 0min 巳 Si		秋分 Autumn Equinox 27th day 21hr 56min 亥 Hai		白露 White Dew 12th day 12hr 39min 午 Wu	
農曆 Calendar	國曆 Gregorian		干支 S/B	星 Star	國曆 Gregorian		干支 S/B	星 Star
初一 1st	7	30	丁亥	4	8	28	丙辰	2
初二 2nd	7	31	戊子	3	8	39	丁巳	1
初三 3rd	8	1	己丑	2	8	30	戊午	9
初四 4th	8	2	庚寅	1	8	31	己未	8
初五 5th	8	3	辛卯	9	9	1	庚申	7
初六 6th	8	4	壬辰	8	9	2	辛酉	6
初七 7th	8	5	癸巳	7	9	3	壬戌	5
初八 8th	8	6	甲午	6	9	4	癸亥	4
初九 9th	8	7	乙未	5	9	5	甲子	3
初十 10th	8	8	丙申	4	9	6	乙丑	2
十一 11th	8	9	丁酉	3	9	7	丙寅	1
十二 12th	8	10	戊戌	2	9	8	丁卯	9
十三 13th	8	11	己亥	1	9	9	戊辰	8
十四 14th	8	12	庚子	9	9	10	己巳	7
十五 15th	8	13	辛丑	8	9	11	庚午	6
十六 16th	8	14	壬寅	7	9	12	辛未	5
十七 17th	8	15	癸卯	6	9	13	壬申	4
十八 18th	8	16	甲辰	5	9	14	癸酉	3
十九 19th	8	17	乙巳	4	9	15	甲戌	2
二十 20th	8	18	丙午	3	9	16	乙亥	1
廿一 21st	8	19	丁未	2	9	17	丙子	9
廿二 22nd	8	20	戊申	1	9	18	丁丑	8
廿三 23rd	8	21	己酉	9	9	19	戊寅	7
廿四 24th	8	22	庚戌	8	9	20	己卯	6
廿五 25th	8	23	辛亥	7	9	21	庚辰	5
廿六 26th	8	24	壬子	6	9	22	辛巳	4
廿七 27th	8	25	癸丑	5	9	23	壬午	3
廿八 28th	8	26	甲寅	4	9	24	癸未	2
廿九 29th	8	27	乙卯	3	9	25	甲申	1
三十 30th					9	26	乙酉	9

月干支 Month	九月大 9th Mth				十月小 10th Mth			
	甲戌 Jia Xu				乙亥 Y Hai			
九星 9 Star	九紫 Nine Purple				八白 Eigh: White			
節氣 Season	霜降 Frosting 28th day 6hr 57min 卯 Mao		寒露 Cold Dew 13th day 3hr 58min 寅 Yin		小雪 Lesser Snow 28th day 4hr 15min 寅 Yin		立冬 Coming of Winter 13th day 6hr 51min 卯 Mao	
農曆 Calendar	國曆 Gregorian		干支 S/B	星 Star	國曆 Gregorian		干支 S/B	星 Star
初一 1st	9	27	丙戌	8	10	27	丙辰	5
初二 2nd	9	28	丁亥	7	10	28	丁巳	4
初三 3rd	9	29	戊子	6	10	29	戊午	3
初四 4th	9	30	己丑	5	10	30	己未	2
初五 5th	10	1	庚寅	4	10	31	庚申	1
初六 6th	10	2	辛卯	3	11	1	辛酉	9
初七 7th	10	3	壬辰	2	11	2	壬戌	8
初八 8th	10	4	癸巳	1	11	3	癸亥	7
初九 9th	10	5	甲午	9	11	4	甲子	6
初十 10th	10	6	乙未	8	11	5	乙丑	5
十一 11th	10	7	丙申	7	11	6	丙寅	4
十二 12th	10	8	丁酉	6	11	7	丁卯	3
十三 13th	10	9	戊戌	5	11	8	戊辰	2
十四 14th	10	10	己亥	4	11	9	己巳	1
十五 15th	10	11	庚子	3	11	10	庚午	9
十六 16th	10	12	辛丑	2	11	11	辛未	8
十七 17th	10	13	壬寅	1	11	12	壬申	7
十八 18th	10	14	癸卯	9	11	13	癸酉	6
十九 19th	10	15	甲辰	8	11	14	甲戌	5
二十 20th	10	16	乙巳	7	11	15	乙亥	4
廿一 21st	10	17	丙午	6	11	16	丙子	3
廿二 22nd	10	18	丁未	5	11	17	丁丑	2
廿三 23rd	10	19	戊申	4	11	18	戊寅	1
廿四 24th	10	20	己酉	3	11	19	己卯	9
廿五 25th	10	21	庚戌	2	11	20	庚辰	8
廿六 26th	10	22	辛亥	1	11	21	辛巳	7
廿七 27th	10	23	壬子	9	11	22	壬午	6
廿八 28th	10	24	癸丑	8	11	23	癸未	5
廿九 29th	10	25	甲寅	7	11	24	甲申	4
三十 30th	10	26	乙卯	6				

月干支 Month	十一月大 11th Mth				十二月大 12th Mth			
	丙子 Bing Zi				丁丑 Ding Chou			
九星 9 Star	七赤 Seven Red				六白 Six White			
節氣 Season	冬至 Winter Solstice 28th day 17hr 25min 酉 You		大雪 Greater Snow 13th day 23hr 29min 子 Zi		大寒 Greater Cold 28th day 4hr 2min 寅 Yin		小寒 Lesser Cold 13th day 10hr 36min 巳 Si	
農曆 Calendar	國曆 Gregorian		干支 S/B	星 Star	國曆 Gregorian		干支 S/B	星 Star
初一 1st	11	25	乙酉	3	12	25	乙卯	1
初二 2nd	11	26	丙戌	2	12	26	丙辰	2
初三 3rd	11	27	丁亥	1	12	27	丁巳	3
初四 4th	11	28	戊子	9	12	28	戊午	4
初五 5th	11	29	己丑	8	12	29	己未	5
初六 6th	11	30	庚寅	7	12	30	庚申	6
初七 7th	12	1	辛卯	6	12	31	辛酉	7
初八 8th	12	2	壬辰	5	1	1	壬戌	8
初九 9th	12	3	癸巳	4	1	2	癸亥	9
初十 10th	12	4	甲午	3	1	3	甲子	1
十一 11th	12	5	乙未	2	1	4	乙丑	2
十二 12th	12	6	丙申	1	1	5	丙寅	3
十三 13th	12	7	丁酉	9	1	6	丁卯	4
十四 14th	12	8	戊戌	8	1	7	戊辰	5
十五 15th	12	9	己亥	7	1	8	己巳	6
十六 16th	12	10	庚子	6	1	9	庚午	7
十七 17th	12	11	辛丑	5	1	10	辛未	8
十八 18th	12	12	壬寅	4	1	11	壬申	9
十九 19th	12	13	癸卯	3	1	12	癸酉	1
二十 20th	12	14	甲辰	2	1	13	甲戌	2
廿一 21st	12	15	乙巳	1	1	14	乙亥	3
廿二 22nd	12	16	丙午	9	1	15	丙子	4
廿三 23rd	12	17	丁未	3	1	16	丁丑	5
廿四 24th	12	18	戊申	7	1	17	戊寅	6
廿五 25th	12	19	己酉	6	1	18	己卯	7
廿六 26th	12	20	庚戌	5	1	19	庚辰	8
廿七 27th	12	21	辛亥	4	1	20	辛巳	9
廿八 28th	12	22	壬子	3'7	1	21	壬午	1
廿九 29th	12	23	癸丑	8	1	22	癸未	2
三十 30th	12	24	甲寅	9	1	23	甲申	3

地支 Twelve Branches: 子 Zi Rat · 丑 Chou Ox · 寅 Yin Tiger · 卯 Mao Rabbit · 辰 Chen Dragon · 巳 Si Snake · 午 Wu Horse · 未 Wei Goat · 申 Shen Monkey · 酉 You Rooster · 戌 Xu Dog · 亥 Hai Pig

1955 乙未 Wood Goat

Grand Duke: 楊賢

六月大 6th Mth				五月小 5th Mth				四月小 4th Mth				閏三月大 3rd Mth				三月小 3rd Mth				二月大 2nd Mth				正月小 1st Mth				月干支
癸未 Gui Wei				壬午 Ren Wu				辛巳 Xin Si								庚辰 Geng Chen				己卯 Ji Mao				戊寅 Wu Yin				Month
九紫 Nine Purple				一白 One White				二黑 Two Black								三碧 Three Jade				四綠 Four Green				五黃 Five Yellow				九星 9 Star
立秋 Coming Autumn		大暑 Greater Heat		小暑 Lesser Heat		夏至 Summer Solstice		芒種 Planting of Thorny Crops		小滿 Small Sprout				立夏 Coming of Summer		穀雨 Grain Rain		清明 Clear and Bright		春分 Spring Equinox		驚蟄 Awakening of Worms		雨水 Rain Water		立春 Coming of Spring		節氣 Season
21st day		5th day		19th day		3rd day		16th day		1st day				15th day		29th day		13th day		28th day		13th day		27th day		12th day		
15hr 50min		23hr 25min		6hr 7min		12hr 32min		19hr 44min		4hr 25min				15hr 18min		4hr 58min		21hr 39min		17hr 36min		16hr 32min		18hr 19min		22hr 18min		
申 Shen		子 Zi		卯 Mao		午 Wu		戌 Xu		寅 Yin				申 Shen		寅 Yin		亥 Hai		酉 You		申 Shen		酉 You		亥 Hai		
國曆 Gregorian		干支 S / B	星 Star	國曆 Gregorian		干支 S / B	星 Star	國曆 Gregorian		干支 S / B	星 Star	國曆 Gregorian		干支 S / B	星 Star	國曆 Gregorian		干支 S / B	星 Star	國曆 Gregorian		干支 S / B	星 Star	國曆 Gregorian		干支 S / B	星 Star	農曆 Calendar
7	19	辛巳	1	6	20	壬子	7	5	22	癸未	5	4	22	癸丑	2	3	24	甲申	9	2	22	甲寅	6	1	24	乙酉	4	初一 1st
7	20	壬午	9	6	21	癸丑	8	5	23	甲申	6	4	23	甲寅	3	3	25	乙酉	1	2	23	乙卯	7	1	25	丙戌	5	初二 2nd
7	21	癸未	8	6	22	甲寅	9\1	5	24	乙酉	7	4	24	乙卯	4	3	26	丙戌	2	2	24	丙辰	8	1	26	丁亥	6	初三 3rd
7	22	甲申	7	6	23	乙卯	9	5	25	丙戌	8	4	25	丙辰	5	3	27	丁亥	3	2	25	丁巳	9	1	27	戊子	7	初四 4th
7	23	乙酉	6	6	24	丙辰	8	5	26	丁亥	9	4	26	丁巳	6	3	28	戊子	4	2	26	戊午	1	1	28	己丑	8	初五 5th
7	24	丙戌	5	6	25	丁巳	7	5	27	戊子	1	4	27	戊午	7	3	29	己丑	5	2	27	己未	2	1	29	庚寅	9	初六 6th
7	25	丁亥	4	6	26	戊午	6	5	28	己丑	2	4	28	己未	8	3	30	庚寅	6	2	28	庚申	3	1	30	辛卯	1	初七 7th
7	26	戊子	3	6	27	己未	5	5	29	庚寅	3	4	29	庚申	9	3	31	辛卯	7	3	1	辛酉	4	1	31	壬辰	2	初八 8th
7	27	己丑	2	6	28	庚申	4	5	30	辛卯	4	4	30	辛酉	1	4	1	壬辰	8	3	2	壬戌	5	2	1	癸巳	3	初九 9th
7	28	庚寅	1	6	29	辛酉	3	5	31	壬辰	5	5	1	壬戌	2	4	2	癸巳	9	3	3	癸亥	6	2	2	甲午	4	初十 10th
7	29	辛卯	9	6	30	壬戌	2	6	1	癸巳	6	5	2	癸亥	3	4	3	甲午	1	3	4	甲子	7	2	3	乙未	5	十一 11th
7	30	壬辰	8	7	1	癸亥	1	6	2	甲午	7	5	3	甲子	4	4	4	乙未	2	3	5	乙丑	8	2	4	丙申	6	十二 12th
7	31	癸巳	7	7	2	甲子	9	6	3	乙未	8	5	4	乙丑	5	4	5	丙申	3	3	6	丙寅	9	2	5	丁酉	7	十三 13th
8	1	甲午	6	7	3	乙丑	8	6	4	丙申	9	5	5	丙寅	6	4	6	丁酉	4	3	7	丁卯	1	2	6	戊戌	8	十四 14th
8	2	乙未	5	7	4	丙寅	7	6	5	丁酉	1	5	6	丁卯	7	4	7	戊戌	5	3	8	戊辰	2	2	7	己亥	9	十五 15th
8	3	丙申	4	7	5	丁卯	6	6	6	戊戌	2	5	7	戊辰	8	4	8	己亥	6	3	9	己巳	3	2	8	庚子	1	十六 16th
8	4	丁酉	3	7	6	戊辰	5	6	7	己亥	3	5	8	己巳	9	4	9	庚子	7	3	10	庚午	4	2	9	辛丑	2	十七 17th
8	5	戊戌	2	7	7	己巳	4	6	8	庚子	4	5	9	庚午	1	4	10	辛丑	8	3	11	辛未	5	2	10	壬寅	3	十八 18th
8	6	己亥	1	7	8	庚午	3	6	9	辛丑	5	5	10	辛未	2	4	11	壬寅	9	3	12	壬申	6	2	11	癸卯	4	十九 19th
8	7	庚子	9	7	9	辛未	2	6	10	壬寅	6	5	11	壬申	3	4	12	癸卯	1	3	13	癸酉	7	2	12	甲辰	5	二十 20th
8	8	辛丑	8	7	10	壬申	1	6	11	癸卯	7	5	12	癸酉	4	4	13	甲辰	2	3	14	甲戌	8	2	13	乙巳	6	廿一 21st
8	9	壬寅	7	7	11	癸酉	9	6	12	甲辰	8	5	13	甲戌	5	4	14	乙巳	3	3	15	乙亥	9	2	14	丙午	7	廿二 22nd
8	10	癸卯	6	7	12	甲戌	8	6	13	乙巳	9	5	14	乙亥	6	4	15	丙午	4	3	16	丙子	1	2	15	丁未	8	廿三 23rd
8	11	甲辰	5	7	13	乙亥	7	6	14	丙午	1	5	15	丙子	7	4	16	丁未	5	3	17	丁丑	2	2	16	戊申	9	廿四 24th
8	12	乙巳	4	7	14	丙子	6	6	15	丁未	2	5	16	丁丑	8	4	17	戊申	6	3	18	戊寅	3	2	17	己酉	1	廿五 25th
8	13	丙午	3	7	15	丁丑	5	6	16	戊申	3	5	17	戊寅	9	4	18	己酉	7	3	19	己卯	4	2	18	庚戌	2	廿六 26th
8	14	丁未	2	7	16	戊寅	4	6	17	己酉	4	5	18	己卯	1	4	19	庚戌	8	3	20	庚辰	5	2	19	辛亥	3	廿七 27th
8	15	戊申	1	7	17	己卯	3	6	18	庚戌	5	5	19	庚辰	2	4	20	辛亥	9	3	21	辛巳	6	2	20	壬子	4	廿八 28th
8	16	己酉	9	7	18	庚辰	2	6	19	辛亥	6	5	20	辛巳	3	4	21	壬子	1	3	22	壬午	7	2	21	癸丑	5	廿九 29th
8	17	庚戌	8									5	21	壬午	4					3	23	癸未	8					三十 30th

天干 Ten Stems

- 甲 Jia Yang Wood
- 乙 Yi Yin Wood
- 丙 Bing Yang Fire
- 丁 Ding Yin Fire
- 戊 Wu Yang Earth
- 己 Ji Yin Earth
- 庚 Geng Yang Metal
- 辛 Xin Yin Metal
- 壬 Ren Yang Water
- 癸 Gui Yin Water

月干支 Month	七月小 7th Mth				八月大 8th Mth				九月小 9th Mth			
	甲申 Jia Shen				乙酉 Yi You				丙戌 Bing Xu			
九星 9 Star	八白 Eight White				七赤 Seven Red				六白 Six White			
節氣 Season	白露 White Dew		處暑 Heat Ends		寒露 Cold Dew		秋分 Autumn Equinox		立冬 Coming of Winter		霜降 Frosting	
	22nd day 18hr 32min 酉 You		7th day 6hr 20min 卯 Mao		24th day 9hr 53min 巳 Si		9th day 3hr 42min 寅 Yin		24th day 12hr 46min 午 Wu		9th day 12hr 44min 午 Wu	
農曆 Calendar	國曆 Gregorian		干支 S/B	星 Star	國曆 Gregorian		干支 S/B	星 Star	國曆 Gregorian		干支 S/B	星 Star
初一 1st	8	18	辛亥	7	9	16	庚辰	5	10	16	庚戌	2
初二 2nd	8	19	壬子	6	9	17	辛巳	4	10	17	辛亥	1
初三 3rd	8	20	癸丑	5	9	18	壬午	3	10	18	壬子	9
初四 4th	8	21	甲寅	4	9	19	癸未	2	10	19	癸丑	8
初五 5th	8	22	乙卯	3	9	20	甲申	1	10	20	甲寅	7
初六 6th	8	23	丙辰	2	9	21	乙酉	9	10	21	乙卯	6
初七 7th	8	24	丁巳	1	9	22	丙戌	8	10	22	丙辰	5
初八 8th	8	25	戊午	9	9	23	丁亥	7	10	23	丁巳	4
初九 9th	8	26	己未	8	9	24	戊子	6	10	24	戊午	3
初十 10th	8	27	庚申	7	9	25	己丑	5	10	25	己未	2
十一 11th	8	28	辛酉	6	9	26	庚寅	4	10	26	庚申	1
十二 12th	8	29	壬戌	5	9	27	辛卯	3	10	27	辛酉	9
十三 13th	8	30	癸亥	4	9	28	壬辰	2	10	28	壬戌	8
十四 14th	8	31	甲子	3	9	29	癸巳	1	10	29	癸亥	7
十五 15th	9	1	乙丑	2	9	30	甲午	9	10	30	甲子	6
十六 16th	9	2	丙寅	1	10	1	乙未	8	10	31	乙丑	5
十七 17th	9	3	丁卯	9	10	2	丙申	7	11	1	丙寅	4
十八 18th	9	4	戊辰	8	10	3	丁酉	6	11	2	丁卯	3
十九 19th	9	5	己巳	7	10	4	戊戌	5	11	3	戊辰	2
二十 20th	9	6	庚午	6	10	5	己亥	4	11	4	己巳	1
廿一 21st	9	7	辛未	5	10	6	庚子	3	11	5	庚午	9
廿二 22nd	9	8	壬申	4	10	7	辛丑	2	11	6	辛未	8
廿三 23rd	9	9	癸酉	3	10	8	壬寅	1	11	7	壬申	7
廿四 24th	9	10	甲戌	2	10	9	癸卯	9	11	8	癸酉	6
廿五 25th	9	11	乙亥	1	10	10	甲辰	8	11	9	甲戌	5
廿六 26th	9	12	丙子	9	10	11	乙巳	7	11	10	乙亥	4
廿七 27th	9	13	丁丑	8	10	12	丙午	6	11	11	丙子	3
廿八 28th	9	14	戊寅	7	10	13	丁未	5	11	12	丁丑	2
廿九 29th	9	15	己卯	6	10	14	戊申	4	11	13	戊寅	1
三十 30th					10	15	己酉	3				

月干支 Month	十月大 10th Mth				十一月大 11th Mth				十二月大 12th Mth			
	丁亥 Ding Hai				戊子 Wu Zi				己丑 Ji Chou			
九星 9 Star	五黃 Five Yellow				四綠 Four Green				三碧 Three Jade			
節氣 Season	大雪 Greater Snow		小雪 Lesser Snow		小寒 Lesser Cold		冬至 Winter Solstice		立春 Coming of Spring		大寒 Greater Cold	
	25th day 5hr 23min 卯 Mao		10th day 10hr 2min 巳 Si		24th day 16hr 31min 申 Shen		9th day 23hr 12min 子 Zi		24th day 4hr 13min 寅 Yin		9th day [illegible]hr 49min 巳 Si	
農曆 Calendar	國曆 Gregorian		干支 S/B	星 Star	國曆 Gregorian		干支 S/B	星 Star	國曆 Gregorian		干支 S/B	星 Star
初一 1st	11	14	己卯	9	12	14	己酉	6	1	13	己卯	7
初二 2nd	11	15	庚辰	8	12	15	庚戌	5	1	14	庚辰	8
初三 3rd	11	16	辛巳	7	12	16	辛亥	4	1	15	辛巳	9
初四 4th	11	17	壬午	6	12	17	壬子	3	1	16	壬午	1
初五 5th	11	18	癸未	5	12	18	癸丑	2	1	17	癸未	2
初六 6th	11	19	甲申	4	12	19	甲寅	1	1	18	甲申	3
初七 7th	11	20	乙酉	3	12	20	乙卯	9	1	19	乙酉	4
初八 8th	11	21	丙戌	2	12	21	丙辰	8	1	20	丙戌	5
初九 9th	11	22	丁亥	1	12	22	丁巳	7\3	1	21	丁亥	6
初十 10th	11	23	戊子	9	12	23	戊午	4	1	22	戊子	7
十一 11th	11	24	己丑	8	12	24	己未	5	1	23	己丑	8
十二 12th	11	25	庚寅	7	12	25	庚申	6	1	24	庚寅	9
十三 13th	11	26	辛卯	6	12	26	辛酉	7	1	25	辛卯	1
十四 14th	11	27	壬辰	5	12	27	壬戌	8	1	26	壬辰	2
十五 15th	11	28	癸巳	4	12	28	癸亥	9	1	27	癸巳	3
十六 16th	11	29	甲午	3	12	29	甲子	1	1	28	甲午	4
十七 17th	11	30	乙未	2	12	30	乙丑	2	1	29	乙未	5
十八 18th	12	1	丙申	1	12	31	丙寅	3	1	30	丙申	6
十九 19th	12	2	丁酉	9	1	1	丁卯	4	1	31	丁酉	7
二十 20th	12	3	戊戌	8	1	2	戊辰	5	2	1	戊戌	8
廿一 21st	12	4	己亥	7	1	3	己巳	6	2	2	己亥	9
廿二 22nd	12	5	庚子	6	1	4	庚午	7	2	3	庚子	1
廿三 23rd	12	6	辛丑	5	1	5	辛未	3	2	4	辛丑	2
廿四 24th	12	7	壬寅	4	1	6	壬申	9	2	5	壬寅	3
廿五 25th	12	8	癸卯	3	1	7	癸酉	[illegible]	2	6	癸卯	4
廿六 26th	12	9	甲辰	2	1	8	甲戌	2	2	7	甲辰	5
廿七 27th	12	10	乙巳	1	1	9	乙亥	3	2	8	乙巳	6
廿八 28th	12	11	丙午	9	1	10	丙子	4	2	9	丙午	7
廿九 29th	12	12	丁未	8	1	11	丁丑	5	2	10	丁未	8
三十 30th	12	13	戊申	7	1	12	戊寅	6	2	11	戊申	9

地支 Twelve Branches: 子 Zi Rat · 丑 Chou Ox · 寅 Yin Tiger · 卯 Mao Rabbit · 辰 Chen Dragon · 巳 Si Snake · 午 Wu Horse · 未 Wei Goat · 申 Shen Monkey · 酉 You Rooster · 戌 Xu Dog · 亥 Hai Pig

1956 丙申 Fire Monkey Grand Duke: 管仲

六月小 6th Mth				五月小 5th Mth				四月大 4th Mth				三月小 3rd Mth				二月大 2nd Mth				正月小 1st Mth				月干支 Month
乙未 Yi Wei				甲午 Jia Wu				癸巳 Gui Si				壬辰 Ren Chen				辛卯 Xin Mao				庚寅 Geng Yin				
六白 Six White				七赤 Seven Red				八白 Eight White				九紫 Nine Purple				一白 One White				二黑 Two Black				九星 9 Star
		大暑 Greater Heat		小暑 Lesser Heat		夏至 Summer Solstice		芒種 Planting of Thorny Crops		小滿 Small Sprout		立夏 Coming of Summer		穀雨 Grain Rain		清明 Clear and Bright		春分 Spring Equinox		驚蟄 Awakening of Worms		雨水 Rain Water		節氣 Season
		16th day		29th day		13th day		28th day		12th day		25th day		10th day		25th day		9th day		23rd day		9th day		
		5hr 21min		1hr 59min		18hr 24min		1hr 36min		10hr 13min		21hr 11min		10hr 44min		3hr 32min		23hr 21min		22hr 25min		0hr 5min		
		卯 Mao		午 Wu		酉 You		丑 Chou		巳 Si		亥 Hai		巳 Si		寅 Yin		子 Zi		亥 Hai		子 Zi		
國曆 Gregorian		干支 S/B	星 Star	國曆 Gregorian		干支 S/B	星 Star	國曆 Gregorian		干支 S/B	星 Star	國曆 Gregorian		干支 S/B	星 Star	國曆 Gregorian		干支 S/B	星 Star	國曆 Gregorian		干支 S/B	星 Star	農曆 Calendar
7	8	丙子	6	6	9	丁未	2	5	10	丁丑	8	4	11	戊申	6	3	12	戊寅	3	2	12	己酉	1	初一 1st
7	9	丁丑	5	6	10	戊申	3	5	11	戊寅	9	4	12	己酉	7	3	13	己卯	4	2	13	庚戌	2	初二 2nd
7	10	戊寅	4	6	11	己酉	4	5	12	己卯	1	4	13	庚戌	8	3	14	庚辰	5	2	14	辛亥	3	初三 3rd
7	11	己卯	3	6	12	庚戌	5	5	13	庚辰	2	4	14	辛亥	9	3	15	辛巳	6	2	15	壬子	4	初四 4th
7	12	庚辰	2	6	13	辛亥	6	5	14	辛巳	3	4	15	壬子	1	3	16	壬午	7	2	16	癸丑	5	初五 5th
7	13	辛巳	1	6	14	壬子	7	5	15	壬午	4	4	16	癸丑	2	3	17	癸未	8	2	17	甲寅	6	初六 6th
7	14	壬午	9	6	15	癸丑	8	5	16	癸未	5	4	17	甲寅	3	3	18	甲申	9	2	18	乙卯	7	初七 7th
7	15	癸未	8	6	16	甲寅	9	5	17	甲申	6	4	18	乙卯	4	3	19	乙酉	1	2	19	丙辰	8	初八 8th
7	16	甲申	7	6	17	乙卯	1	5	18	乙酉	7	4	19	丙辰	5	3	20	丙戌	2	2	20	丁巳	9	初九 9th
7	17	乙酉	6	6	18	丙辰	2	5	19	丙戌	8	4	20	丁巳	6	3	21	丁亥	3	2	21	戊午	1	初十 10th
7	18	丙戌	5	6	19	丁巳	3	5	20	丁亥	9	4	21	戊午	7	3	22	戊子	4	2	22	己未	2	十一 11th
7	19	丁亥	4	6	20	戊午	4	5	21	戊子	1	4	22	己未	8	3	23	己丑	5	2	23	庚申	3	十二 12th
7	20	戊子	3	6	21	己未	5\5	5	22	己丑	2	4	23	庚申	9	3	24	庚寅	6	2	24	辛酉	4	十三 13th
7	21	己丑	2	6	22	庚申	4	5	23	庚寅	3	4	24	辛酉	1	3	25	辛卯	7	2	25	壬戌	5	十四 14th
7	22	庚寅	1	6	23	辛酉	3	5	24	辛卯	4	4	25	壬戌	2	3	26	壬辰	8	2	26	癸亥	6	十五 15th
7	23	辛卯	9	6	24	壬戌	2	5	25	壬辰	5	4	26	癸亥	3	3	27	癸巳	9	2	27	甲子	7	十六 16th
7	24	壬辰	8	6	25	癸亥	1	5	26	癸巳	6	4	27	甲子	4	3	28	甲午	1	2	28	乙丑	8	十七 17th
7	25	癸巳	7	6	26	甲子	9	5	27	甲午	7	4	28	乙丑	5	3	29	乙未	2	2	29	丙寅	9	十八 18th
7	26	甲午	6	6	27	乙丑	8	5	28	乙未	8	4	29	丙寅	6	3	30	丙申	3	3	1	丁卯	1	十九 19th
7	27	乙未	5	6	28	丙寅	7	5	29	丙申	9	4	30	丁卯	7	3	31	丁酉	4	3	2	戊辰	2	二十 20th
7	28	丙申	4	6	29	丁卯	6	5	30	丁酉	1	5	1	戊辰	8	4	1	戊戌	5	3	3	己巳	3	廿一 21st
7	29	丁酉	3	6	30	戊辰	5	5	31	戊戌	2	5	2	己巳	9	4	2	己亥	6	3	4	庚午	4	廿二 22nd
7	30	戊戌	2	7	1	己巳	4	6	1	己亥	3	5	3	庚午	1	4	3	庚子	7	3	5	辛未	5	廿三 23rd
7	31	己亥	1	7	2	庚午	3	6	2	庚子	4	5	4	辛未	2	4	4	辛丑	8	3	6	壬申	6	廿四 24th
8	1	庚子	9	7	3	辛未	2	6	3	辛丑	5	5	5	壬申	3	4	5	壬寅	9	3	7	癸酉	7	廿五 25th
8	2	辛丑	8	7	4	壬申	1	6	4	壬寅	6	5	6	癸酉	4	4	6	癸卯	1	3	8	甲戌	8	廿六 26th
8	3	壬寅	7	7	5	癸酉	9	6	5	癸卯	7	5	7	甲戌	5	4	7	甲辰	2	3	9	乙亥	9	廿七 27th
8	4	癸卯	6	7	6	甲戌	8	6	6	甲辰	8	5	8	乙亥	6	4	8	乙巳	3	3	10	丙子	1	廿八 28th
8	5	甲辰	5	7	7	乙亥	7	6	7	乙巳	9	5	9	丙子	7	4	9	丙午	4	3	11	丁丑	2	廿九 29th
								6	8	丙午	1					4	10	丁未	5					三十 30th

天干 Ten Stems: 甲 Jia Yang Wood; 乙 Yi Yin Wood; 丙 Bing Yang Fire; 丁 Ding Yin Fire; 戊 Wu Yang Earth; 己 Ji Yin Earth; 庚 Geng Yang Metal; 辛 Xin Yin Metal; 壬 Ren Yang Water; 癸 Gui Yin Water

Male Gua: 8 艮(Gen) **Female Gua: 7 兌(Dui)** 3 Killing 三煞: South Annual Star: 8 White

地支 Twelve Branches: 子 Zi Rat · 丑 Chou Ox · 寅 Yin Tiger · 卯 Mao Rabbit · 辰 Chen Dragon · 巳 Si Snake · 午 Wu Horse · 未 Wei Goat · 申 Shen Monkey · 酉 You Rooster · 戌 Xu Dog · 亥 Hai Pig

月干支 Month	七月大 7th Mth				八月小 8th Mth			
	丙申 Bing Shen				丁酉 Ding You			
九星 9 Star	五黃 Five Yellow				四綠 Four Green			
節氣 Season	處暑 Heat Ends		立秋 Coming Autumn		秋分 Autumn Equinox		白露 White Dew	
	18th day		2nd day		19th day		4th day	
	12hr 15min		21hr 41min		9hr 36min		0hr 20min	
	午 Wu		亥 Hai		巳 Si		子 Zi	
農曆 Calendar	國曆 Gregorian		干支 S/B	星 Star	國曆 Gregorian		干支 S/B	星 Star
初一 1st	8	6	乙巳	4	9	5	乙亥	1
初二 2nd	8	7	丙午	3	9	6	丙子	9
初三 3rd	8	8	丁未	2	9	7	丁丑	8
初四 4th	8	9	戊申	1	9	8	戊寅	7
初五 5th	8	10	己酉	9	9	9	己卯	6
初六 6th	8	11	庚戌	8	9	10	庚辰	5
初七 7th	8	12	辛亥	7	9	11	辛巳	4
初八 8th	8	13	壬子	6	9	12	壬午	3
初九 9th	8	14	癸丑	5	9	13	癸未	2
初十 10th	8	15	甲寅	4	9	14	甲申	1
十一 11th	8	16	乙卯	3	9	15	乙酉	9
十二 12th	8	17	丙辰	2	9	16	丙戌	8
十三 13th	8	18	丁巳	1	9	17	丁亥	7
十四 14th	8	19	戊午	9	9	18	戊子	6
十五 15th	8	20	己未	8	9	19	己丑	5
十六 16th	8	21	庚申	7	9	20	庚寅	4
十七 17th	8	22	辛酉	6	9	21	辛卯	3
十八 18th	8	23	壬戌	5	9	22	壬辰	2
十九 19th	8	24	癸亥	4	9	23	癸巳	1
二十 20th	8	25	甲子	3	9	24	甲午	9
廿一 21st	8	26	乙丑	2	9	25	乙未	8
廿二 22nd	8	27	丙寅	1	9	26	丙申	7
廿三 23rd	8	28	丁卯	9	9	27	丁酉	6
廿四 24th	8	29	戊辰	8	9	28	戊戌	5
廿五 25th	8	30	己巳	7	9	29	己亥	4
廿六 26th	8	31	庚午	6	9	30	庚子	3
廿七 27th	9	1	辛未	5	10	1	辛丑	2
廿八 28th	9	2	壬申	4	10	2	壬寅	1
廿九 29th	9	3	癸酉	3	10	3	癸卯	9
三十 30th	9	4	甲戌	2				

月干支 Month	九月大 9th Mth				十月小 10th Mth			
	戊戌 Wu Xu				己亥 Ji Hai			
九星 9 Star	三碧 Three Jade				二黑 Two Black			
節氣 Season	霜降 Frosting		寒露 Cold Dew		小雪 Lesser Snow		立冬 Coming of Winter	
	20th day		5th day		20th day		5th day	
	18hr 35min		15hr 37min		15hr 51min		13hr 27min	
	酉 You		申 Shen		申 Shen		酉 You	
農曆 Calendar	國曆 Gregorian		干支 S/B	星 Star	國曆 Gregorian		干支 S/B	星 Star
初一 1st	10	4	甲辰	8	11	3	甲戌	5
初二 2nd	10	5	乙巳	7	11	4	乙亥	4
初三 3rd	10	6	丙午	6	11	5	丙子	3
初四 4th	10	7	丁未	5	11	6	丁丑	2
初五 5th	10	8	戊申	4	11	7	戊寅	1
初六 6th	10	9	己酉	3	11	8	己卯	9
初七 7th	10	10	庚戌	2	11	9	庚辰	8
初八 8th	10	11	辛亥	1	11	10	辛巳	7
初九 9th	10	12	壬子	9	11	11	壬午	6
初十 10th	10	13	癸丑	8	11	12	癸未	5
十一 11th	10	14	甲寅	7	11	13	甲申	4
十二 12th	10	15	乙卯	6	11	14	乙酉	3
十三 13th	10	16	丙辰	5	11	15	丙戌	2
十四 14th	10	17	丁巳	4	11	16	丁亥	1
十五 15th	10	18	戊午	3	11	17	戊子	9
十六 16th	10	19	己未	2	11	18	己丑	8
十七 17th	10	20	庚申	1	11	19	庚寅	7
十八 18th	10	21	辛酉	9	11	20	辛卯	6
十九 19th	10	22	壬戌	8	11	21	壬辰	5
二十 20th	10	23	癸亥	7	11	22	癸巳	4
廿一 21st	10	24	甲子	6	11	23	甲午	3
廿二 22nd	10	25	乙丑	5	11	24	乙未	2
廿三 23rd	10	26	丙寅	4	11	25	丙申	1
廿四 24th	10	27	丁卯	3	11	26	丁酉	9
廿五 25th	10	28	戊辰	2	11	27	戊戌	8
廿六 26th	10	29	己巳	1	11	28	己亥	7
廿七 27th	10	30	庚午	9	11	29	庚子	6
廿八 28th	10	31	辛未	8	11	30	辛丑	5
廿九 29th	11	1	壬申	7	12	1	壬寅	4
三十 30th	11	2	癸酉	6				

月干支 Month	十一月大 11th Mth				十二月大 12th Mth			
	庚子 Geng Zi				辛丑 Xin Chou			
九星 9 Star	一白 One White				九紫 Nine Purple			
節氣 Season	冬至 Winter Solstice		大雪 Greater Snow		大寒 Greater Cold		小寒 Lesser Cold	
	21st day		6th day		20th day		5th day	
	5hr 0min		11hr 3min		15hr 39min		22hr 11min	
	卯 Mao		午 Wu		申 Shen		亥 Hai	
農曆 Calendar	國曆 Gregorian		干支 S/B	星 Star	國曆 Gregorian		干支 S/B	星 Star
初一 1st	12	2	癸卯	3	1	1	癸酉	1
初二 2nd	12	3	甲辰	2	1	2	甲戌	2
初三 3rd	12	4	乙巳	1	1	3	乙亥	3
初四 4th	12	5	丙午	9	1	4	丙子	4
初五 5th	12	6	丁未	8	1	5	丁丑	5
初六 6th	12	7	戊申	7	1	6	戊寅	6
初七 7th	12	8	己酉	6	1	7	己卯	7
初八 8th	12	9	庚戌	5	1	8	庚辰	8
初九 9th	12	10	辛亥	4	1	9	辛巳	9
初十 10th	12	11	壬子	3	1	10	壬午	1
十一 11th	12	12	癸丑	2	1	11	癸未	2
十二 12th	12	13	甲寅	1	1	12	甲申	3
十三 13th	12	14	乙卯	9	1	13	乙酉	4
十四 14th	12	15	丙辰	8	1	14	丙戌	5
十五 15th	12	16	丁巳	7	1	15	丁亥	6
十六 16th	12	17	戊午	6	1	16	戊子	7
十七 17th	12	18	己未	5	1	17	己丑	8
十八 18th	12	19	庚申	4	1	18	庚寅	9
十九 19th	12	20	辛酉	3	1	19	辛卯	1
二十 20th	12	21	壬戌	2	1	20	壬辰	2
廿一 21st	12	22	癸亥	1 9	1	21	癸巳	3
廿二 22nd	12	23	甲子	[illegible]	1	22	甲午	4
廿三 23rd	12	24	乙丑	2	1	23	乙未	5
廿四 24th	12	25	丙寅	3	1	24	丙申	6
廿五 25th	12	26	丁卯	4	1	25	丁酉	7
廿六 26th	12	27	戊辰	5	1	26	戊戌	8
廿七 27th	12	28	己巳	6	1	27	己亥	9
廿八 28th	12	29	庚午	7	1	28	庚子	1
廿九 29th	12	30	辛未	8	1	29	辛丑	2
三十 30th	12	31	壬申	9	1	30	壬寅	3

1957 丁酉 Fire Rooster Grand Duke: 康傑

月干支 Month	正月大 1st Mth				二月小 2nd Mth				三月大 3rd Mth				四月小 4th Mth				五月大 5th Mth				六月小 6th Mth			
	壬寅 Ren Yin				癸卯 Gui Mao				甲辰 Jia Chen				乙巳 Yi Si				丙午 Bing Wu				丁未 Ding Wei			
九星 9 Star	八白 Eight White				七赤 Seven Red				六白 Six White				五黃 Five Yellow				四綠 Four Green				三碧 Three Jade			
節氣 Season	雨水 Rain Water		立春 Coming of Spring		春分 Spring Equinox		驚蟄 Awakening of Worms		穀雨 Grain Rain		清明 Clear and Bright		小滿 Small Sprout		立夏 Coming of Summer		夏至 Summer Solstice		芒種 Planting of Thorny Crops		大暑 Greater Heat		小暑 Lesser Heat	
	20th day		5th day		20th day		5th day		21st day		6th day		22nd day		7th day		25th day		9th day		26th day		10th day	
	5hr 58min		9hr 55min		5hr 17min		4hr 11min		16hr 42min		9hr 19min		16hr 11min		2hr 59min		0hr 21min		7hr 25min		11hr 15min		17hr 49min	
	卯 Mao		巳 Si		卯 Mao		寅 Yin		申 Shen		巳 Si		申 Shen		丑 Chou		子 Zi		辰 Chen		午 Wu		酉 You	
農曆 Calendar	國曆 Gregorian		干支 S / B	星 Star	國曆 Gregorian		干支 S / B	星 Star	國曆 Gregorian		干支 S / B	星 Star	國曆 Gregorian		干支 S / B	星 Star	國曆 Gregorian		干支 S / B	星 Star	國曆 Gregorian		干支 S / B	星 Star
初一 1st	1	31	癸卯	4	3	2	癸酉	7	3	31	壬寅	9	4	30	壬申	3	5	29	辛丑	5	6	28	辛未	8
初二 2nd	2	1	甲辰	5	3	3	甲戌	8	4	1	癸卯	1	5	1	癸酉	4	5	30	壬寅	6	6	29	壬申	7
初三 3rd	2	2	乙巳	6	3	4	乙亥	9	4	2	甲辰	2	5	2	甲戌	5	5	31	癸卯	7	6	30	癸酉	6
初四 4th	2	3	丙午	7	3	5	丙子	1	4	3	乙巳	3	5	3	乙亥	6	6	1	甲辰	8	7	1	甲戌	5
初五 5th	2	4	丁未	8	3	6	丁丑	2	4	4	丙午	4	5	4	丙子	7	6	2	乙巳	9	7	2	乙亥	4
初六 6th	2	5	戊申	9	3	7	戊寅	3	4	5	丁未	5	5	5	丁丑	8	6	3	丙午	1	7	3	丙子	3
初七 7th	2	6	己酉	1	3	8	己卯	4	4	6	戊申	6	5	6	戊寅	9	6	4	丁未	2	7	4	丁丑	2
初八 8th	2	7	庚戌	2	3	9	庚辰	5	4	7	己酉	7	5	7	己卯	1	6	5	戊申	3	7	5	戊寅	1
初九 9th	2	8	辛亥	3	3	10	辛巳	6	4	8	庚戌	8	5	8	庚辰	2	6	6	己酉	4	7	6	己卯	9
初十 10th	2	9	壬子	4	3	11	壬午	7	4	9	辛亥	9	5	9	辛巳	3	6	7	庚戌	5	7	7	庚辰	8
十一 11th	2	10	癸丑	5	3	12	癸未	8	4	10	壬子	1	5	10	壬午	4	6	8	辛亥	6	7	8	辛巳	7
十二 12th	2	11	甲寅	6	3	13	甲申	9	4	11	癸丑	2	5	11	癸未	5	6	9	壬子	7	7	9	壬午	6
十三 13th	2	12	乙卯	7	3	14	乙酉	1	4	12	甲寅	3	5	12	甲申	6	6	10	癸丑	8	7	10	癸未	5
十四 14th	2	13	丙辰	8	3	15	丙戌	2	4	13	乙卯	4	5	13	乙酉	7	6	11	甲寅	9	7	11	甲申	4
十五 15th	2	14	丁巳	9	3	16	丁亥	3	4	14	丙辰	5	5	14	丙戌	8	6	12	乙卯	1	7	12	乙酉	3
十六 16th	2	15	戊午	1	3	17	戊子	4	4	15	丁巳	6	5	15	丁亥	9	6	13	丙辰	2	7	13	丙戌	2
十七 17th	2	16	己未	2	3	18	己丑	5	4	16	戊午	7	5	16	戊子	1	6	14	丁巳	3	7	14	丁亥	1
十八 18th	2	17	庚申	3	3	19	庚寅	6	4	17	己未	8	5	17	己丑	2	6	15	戊午	4	7	15	戊子	9
十九 19th	2	18	辛酉	4	3	20	辛卯	7	4	18	庚申	9	5	18	庚寅	3	6	16	己未	5	7	16	己丑	8
二十 20th	2	19	壬戌	5	3	21	壬辰	8	4	19	辛酉	1	5	19	辛卯	4	6	17	庚申	6	7	17	庚寅	7
廿一 21st	2	20	癸亥	6	3	22	癸巳	9	4	20	壬戌	2	5	20	壬辰	5	6	18	辛酉	7	7	18	辛卯	6
廿二 22nd	2	21	甲子	7	3	23	甲午	1	4	21	癸亥	3	5	21	癸巳	6	6	19	壬戌	8	7	19	壬辰	5
廿三 23rd	2	22	乙丑	8	3	24	乙未	2	4	22	甲子	4	5	22	甲午	7	6	20	癸亥	9	7	20	癸巳	4
廿四 24th	2	23	丙寅	9	3	25	丙申	3	4	23	乙丑	5	5	23	乙未	8	6	21	甲子	1	7	21	甲午	3
廿五 25th	2	24	丁卯	1	3	26	丁酉	4	4	24	丙寅	6	5	24	丙申	9	6	22	乙丑	2\5	7	22	乙未	2
廿六 26th	2	25	戊辰	2	3	27	戊戌	5	4	25	丁卯	7	5	25	丁酉	1	6	23	丙寅	4	7	23	丙申	1
廿七 27th	2	26	己巳	3	3	28	己亥	6	4	26	戊辰	8	5	26	戊戌	2	6	24	丁卯	3	7	24	丁酉	9
廿八 28th	2	27	庚午	4	3	29	庚子	7	4	27	己巳	9	5	27	己亥	3	6	25	戊辰	2	7	25	戊戌	8
廿九 29th	2	28	辛未	5	3	30	辛丑	8	4	28	庚午	1	5	28	庚子	4	6	26	己巳	1	7	26	己亥	7
三十 30th	3	1	壬申	6					4	29	辛未	2					6	27	庚午	9				

天干 Ten Stems
- 甲 Jia Yang Wood
- 乙 Yi Yin Wood
- 丙 Bing Yang Fire
- 丁 Ding Yin Fire
- 戊 Wu Yang Earth
- 己 Ji Yin Earth
- 庚 Geng Yang Metal
- 辛 Xin Yin Metal
- 壬 Ren Yang Water
- 癸 Gui Yin Water

Male Gua: 7 兌(Dui) **Female Gua: 8 艮(Gen)** 3 Killing 三煞: East Annual Star: 7 Red

月干支 Month	七月小 7th Mth 戊申 Wu Shen				八月大 8th Mth 己酉 Ji You				閏八月小 8th Mth				九月大 9th Mth 庚戌 Geng Xu				十月小 10th Mth 辛亥 Xin Hai				十一月大 11th Mth 壬子 Ren Zi				十二月小 12th Mth 癸丑 Gui Chou			
九星 9 Star	二黑 Two Black				一白 One White								九紫 Nine Purple				八白 Eight White				七赤 Seven Red				六白 Six White			
節氣 Season	處暑 Heat Ends 28th day 18hr 8min 酉 You		立秋 Coming Autumn 13th day 3hr 33min 寅 Yin		秋分 Autumn Equinox 30th day 15hr 27min 申 Shen		白露 White Dew 15th day 6hr 13min 卯 Mao				寒露 Cold Dew 15th day 21hr 31min 亥 Hai		立冬 Coming of Winter 17th day 0hr 21min 子 Zi		霜降 Frosting 2nd day 0hr 25min 子 Zi		大雪 Greater Snow 16th day 16hr 57min 申 Shen		小雪 Lesser Snow 1st day 21hr 40min 亥 Hai		小寒 Lesser Cold 17th day 4hr 5min 寅 Yin		冬至 Winter Solstice 2nd day 10hr 49min 巳 Si		立春 Coming of Spring 16th day 15hr 50min 申 Shen		大寒 Greater Cold 1st day 21hr 29min 亥 Hai	
農曆 Calendar	國曆 Gregorian		干支 S/B	星 Star	國曆 Gregorian		干支 S/B	星 Star	國曆 Gregorian		干支 S/B	星 Star	國曆 Gregorian		干支 S/B	星 Star	國曆 Gregorian		干支 S/B	星 Star	國曆 Gregorian		干支 S/B	星 Star	國曆 Gregorian		干支 S/B	星 Star
初一 1st	7	27	庚子	6	8	25	己巳	4	9	24	己亥	1	10	23	戊辰	8	11	22	戊戌	5	12	21	丁卯	3	1	20	丁酉	1
初二 2nd	7	28	辛丑	5	8	26	庚午	3	9	25	庚子	9	10	24	己巳	7	11	23	己亥	4	12	22	戊辰	2\8	1	21	戊戌	2
初三 3rd	7	29	壬寅	4	8	27	辛未	2	9	26	辛丑	8	10	25	庚午	6	11	24	庚子	3	12	23	己巳	9	1	22	己亥	3
初四 4th	7	30	癸卯	3	8	28	壬申	1	9	27	壬寅	7	10	26	辛未	5	11	25	辛丑	2	12	24	庚午	1	1	23	庚子	4
初五 5th	7	31	甲辰	2	8	29	癸酉	9	9	28	癸卯	6	10	27	壬申	4	11	26	壬寅	1	12	25	辛未	2	1	24	辛丑	5
初六 6th	8	1	乙巳	1	8	30	甲戌	8	9	29	甲辰	5	10	28	癸酉	3	11	27	癸卯	9	12	26	壬申	3	1	25	壬寅	6
初七 7th	8	2	丙午	9	8	31	乙亥	7	9	30	乙巳	4	10	29	甲戌	2	11	28	甲辰	8	12	27	癸酉	4	1	26	癸卯	7
初八 8th	8	3	丁未	8	9	1	丙子	6	10	1	丙午	3	10	30	乙亥	1	11	29	乙巳	7	12	28	甲戌	5	1	27	甲辰	8
初九 9th	8	4	戊申	7	9	2	丁丑	5	10	2	丁未	2	10	31	丙子	9	11	30	丙午	6	12	29	乙亥	6	1	28	乙巳	9
初十 10th	8	5	己酉	6	9	3	戊寅	4	10	3	戊申	1	11	1	丁丑	8	12	1	丁未	5	12	30	丙子	7	1	29	丙午	1
十一 11th	8	6	庚戌	5	9	4	己卯	3	10	4	己酉	9	11	2	戊寅	7	12	2	戊申	4	12	31	丁丑	8	1	30	丁未	2
十二 12th	8	7	辛亥	4	9	5	庚辰	2	10	5	庚戌	8	11	3	己卯	6	12	3	己酉	3	1	1	戊寅	9	1	31	戊申	3
十三 13th	8	8	壬子	3	9	6	辛巳	1	10	6	辛亥	7	11	4	庚辰	5	12	4	庚戌	2	1	2	己卯	1	2	1	己酉	4
十四 14th	8	9	癸丑	2	9	7	壬午	9	10	7	壬子	6	11	5	辛巳	4	12	5	辛亥	1	1	3	庚辰	2	2	2	庚戌	5
十五 15th	8	10	甲寅	1	9	8	癸未	8	10	8	癸丑	5	11	6	壬午	3	12	6	壬子	9	1	4	辛巳	3	2	3	辛亥	6
十六 16th	8	11	乙卯	9	9	9	甲申	7	10	9	甲寅	4	11	7	癸未	2	12	7	癸丑	8	1	5	壬午	4	2	4	壬子	7
十七 17th	8	12	丙辰	8	9	10	乙酉	6	10	10	乙卯	3	11	8	甲申	1	12	8	甲寅	7	1	6	癸未	5	2	5	癸丑	8
十八 18th	8	13	丁巳	7	9	11	丙戌	5	10	11	丙辰	2	11	9	乙酉	9	12	9	乙卯	6	1	7	甲申	6	2	6	甲寅	9
十九 19th	8	14	戊午	6	9	12	丁亥	4	10	12	丁巳	1	11	10	丙戌	8	12	10	丙辰	5	1	8	乙酉	7	2	7	乙卯	1
二十 20th	8	15	己未	5	9	13	戊子	3	10	13	戊午	9	11	11	丁亥	7	12	11	丁巳	4	1	9	丙戌	8	2	8	丙辰	2
廿一 21st	8	16	庚申	4	9	14	己丑	2	10	14	己未	8	11	12	戊子	6	12	12	戊午	3	1	10	丁亥	9	2	9	丁巳	3
廿二 22nd	8	17	辛酉	3	9	15	庚寅	1	10	15	庚申	7	11	13	己丑	5	12	13	己未	2	1	11	戊子	1	2	10	戊午	4
廿三 23rd	8	18	壬戌	2	9	16	辛卯	9	10	16	辛酉	6	11	14	庚寅	4	12	14	庚申	1	1	12	己丑	2	2	11	己未	5
廿四 24th	8	19	癸亥	1	9	17	壬辰	8	10	17	壬戌	5	11	15	辛卯	3	12	15	辛酉	9	1	13	庚寅	3	2	12	庚申	6
廿五 25th	8	20	甲子	9	9	18	癸巳	7	10	18	癸亥	4	11	16	壬辰	2	12	16	壬戌	8	1	14	辛卯	4	2	13	辛酉	7
廿六 26th	8	21	乙丑	8	9	19	甲午	6	10	19	甲子	3	11	17	癸巳	1	12	17	癸亥	7	1	15	壬辰	5	2	14	壬戌	8
廿七 27th	8	22	丙寅	7	9	20	乙未	5	10	20	乙丑	2	11	18	甲午	9	12	18	甲子	6	1	16	癸巳	6	2	15	癸亥	9
廿八 28th	8	23	丁卯	6	9	21	丙申	4	10	21	丙寅	1	11	19	乙未	8	12	19	乙丑	5	1	17	甲午	7	2	16	甲子	1
廿九 29th	8	24	戊辰	5	9	22	丁酉	3	10	22	丁卯	9	11	20	丙申	7	12	20	丙寅	4	1	18	乙未	8	2	17	乙丑	2
三十 30th					9	23	戊戌	2					11	21	丁酉	6					1	19	丙申	9				

地支 Twelve Branches: 子 Zi Rat; 丑 Chou Ox; 寅 Yin Tiger; 卯 Mao Rabbit; 辰 Chen Dragon; 巳 Si Snake; 午 Wu Horse; 未 Wei Goat; 申 Shen Monkey; 酉 You Rooster; 戌 Xu Dog; 亥 Hai Pig

1958 戊戌 Earth Dog

Grand Duke: 姜武

天干 Ten Stems: 甲 Jia Yang Wood; 乙 Yi Yin Wood; 丙 Bing Yang Fire; 丁 Ding Yin Fire; 戊 Wu Yang Earth; 己 Ji Yin Earth; 庚 Geng Yang Metal; 辛 Xin Yin Metal; 壬 Ren Yang Water; 癸 Gui Yin Water

六月小 6th Mth				五月大 5th Mth				四月小 4th Mth				三月大 3rd Mth				二月大 2nd Mth				正月大 1st Mth				月干支 Month
己未 Ji Wei				戊午 Wu Wu				丁巳 Ding Si				丙辰 Bing Chen				乙卯 Yi Mao				甲寅 Jia Yin				
九紫 Nine Purple				一白 One White				二黑 Two Black				三碧 Three Jade				四綠 Four Green				五黃 Five Yellow				九星 9 Star
立秋 Coming Autumn		大暑 Greater Heat		小暑 Lesser Heat		夏至 Summer Solstice		芒種 Planting of Thorny Crops		小滿 Small Sprout		立夏 Coming of Summer		穀雨 Grain Rain		清明 Clear and Bright		春分 Spring Equinox		驚蟄 Awakening of Worms		雨水 Rain Water		節氣 Season
23rd day 9hr 18min		7th day 16hr 51min		21st day 23hr 34min		6th day 5hr 58min		19th day 13hr 13min		3rd day 21hr 52min		18th day 8hr 50min		2nd day 22hr 28min		17th day 15hr 13min		2nd day 11hr 6min		17th day 10hr 6min		2nd day 11hr 49min		
巳 Si		申 Shen		子 Zi		卯 Mao		未 Wei		亥 Hai		辰 Chen		亥 Hai		申 Shen		午 Wu		巳 Si		午 Wu		
國曆 Gregorian		干支 S/B	星 Star	國曆 Gregorian		干支 S/B	星 Star	國曆 Gregorian		干支 S/B	星 Star	國曆 Gregorian		干支 S/B	星 Star	國曆 Gregorian		干支 S/B	星 Star	國曆 Gregorian		干支 S/B	星 Star	農曆 Calendar
7	17	乙未	2	6	17	乙丑	5	5	19	丙申	3	4	19	丙寅	9	3	20	丙申	6	2	18	丙寅	3	初一 1st
7	18	丙申	1	6	18	丙寅	6	5	20	丁酉	4	4	20	丁卯	1	3	21	丁酉	7	2	19	丁卯	4	初二 2nd
7	19	丁酉	9	6	19	丁卯	7	5	21	戊戌	5	4	21	戊辰	2	3	22	戊戌	8	2	20	戊辰	5	初三 3rd
7	20	戊戌	8	6	20	戊辰	8	5	22	己亥	6	4	22	己巳	3	3	23	己亥	9	2	21	己巳	6	初四 4th
7	21	己亥	7	6	21	己巳	9	5	23	庚子	7	4	23	庚午	4	3	24	庚子	1	2	22	庚午	7	初五 5th
7	22	庚子	6	6	22	庚午	1\9	5	24	辛丑	8	4	24	辛未	5	3	25	辛丑	2	2	23	辛未	8	初六 6th
7	23	辛丑	5	6	23	辛未	8	5	25	壬寅	9	4	25	壬申	6	3	26	壬寅	3	2	24	壬申	9	初七 7th
7	24	壬寅	4	6	24	壬申	7	5	26	癸卯	1	4	26	癸酉	7	3	27	癸卯	4	2	25	癸酉	1	初八 8th
7	25	癸卯	3	6	25	癸酉	6	5	27	甲辰	2	4	27	甲戌	8	3	28	甲辰	5	2	26	甲戌	2	初九 9th
7	26	甲辰	2	6	26	甲戌	5	5	28	乙巳	3	4	28	乙亥	9	3	29	乙巳	6	2	27	乙亥	3	初十 10th
7	27	乙巳	1	6	27	乙亥	4	5	29	丙午	4	4	29	丙子	1	3	30	丙午	7	2	28	丙子	4	十一 11th
7	28	丙午	9	6	28	丙子	3	5	30	丁未	5	4	30	丁丑	2	3	31	丁未	8	3	1	丁丑	5	十二 12th
7	29	丁未	8	6	29	丁丑	2	5	31	戊申	6	5	1	戊寅	3	4	1	戊申	9	3	2	戊寅	6	十三 13th
7	30	戊申	7	6	30	戊寅	1	6	1	己酉	7	5	2	己卯	4	4	2	己酉	1	3	3	己卯	7	十四 14th
7	31	己酉	6	7	1	己卯	9	6	2	庚戌	8	5	3	庚辰	5	4	3	庚戌	2	3	4	庚辰	8	十五 15th
8	1	庚戌	5	7	2	庚辰	8	6	3	辛亥	9	5	4	辛巳	6	4	4	辛亥	3	3	5	辛巳	9	十六 16th
8	2	辛亥	[illegible]	7	3	辛巳	7	6	4	壬子	1	5	5	壬午	7	4	5	壬子	4	3	6	壬午	1	十七 17th
8	3	壬子	3	7	4	壬午	6	6	5	癸丑	2	5	6	癸未	8	4	6	癸丑	5	3	7	癸未	2	十八 18th
8	4	癸丑	2	7	5	癸未	5	6	6	甲寅	3	5	7	甲申	9	4	7	甲寅	6	3	8	甲申	3	十九 19th
8	5	甲寅	1	7	6	甲申	4	6	7	乙卯	4	5	8	乙酉	1	4	8	乙卯	7	3	9	乙酉	4	二十 20th
8	6	乙卯	9	7	7	乙酉	3	6	8	丙辰	5	5	9	丙戌	2	4	9	丙辰	8	3	10	丙戌	5	廿一 21st
8	7	丙辰	8	7	8	丙戌	2	6	9	丁巳	6	5	10	丁亥	3	4	10	丁巳	9	3	11	丁亥	6	廿二 22nd
8	8	丁巳	7	7	9	丁亥	1	6	10	戊午	7	5	11	戊子	4	4	11	戊午	1	3	12	戊子	7	廿三 23rd
8	9	戊午	6	7	10	戊子	9	6	11	己未	8	5	12	己丑	5	4	12	己未	2	3	13	己丑	8	廿四 24th
8	10	己未	5	7	11	己丑	8	6	12	庚申	9	5	13	庚寅	6	4	13	庚申	3	3	14	庚寅	9	廿五 25th
8	11	庚申	4	7	12	庚寅	7	6	13	辛酉	1	5	14	辛卯	7	4	14	辛酉	4	3	15	辛卯	1	廿六 26th
8	12	辛酉	3	7	13	辛卯	6	6	14	壬戌	2	5	15	壬辰	8	4	15	壬戌	5	3	16	壬辰	2	廿七 27th
8	13	壬戌	2	7	14	壬辰	5	6	15	癸亥	3	5	16	癸巳	9	4	16	癸亥	6	3	17	癸巳	3	廿八 28th
8	14	癸亥	1	7	15	癸巳	4	6	16	甲子	4	5	17	甲午	1	4	17	甲子	7	3	18	甲午	4	廿九 29th
				7	16	甲午	3					5	18	乙未	2	4	18	乙丑	8	3	19	乙未	5	三十 30th

Male Gua: 6 乾(Qian)　Female Gua: 9 離(Li)　　3 Killing 三煞: North　　Annual Star: 6 White

月干支 Month	七月小 7th Mth				八月大 8th Mth				九月小 9th Mth			
	庚申 Geng Shen				辛酉 Xin You				壬戌 Ren Xu			
九星 9 Star	八白 Eight White				七赤 Seven Red				六白 Six White			
節氣 Season	白露 White Dew		處暑 Heat Ends		寒露 Cold Dew		秋分 Autumn Equinox		立冬 Coming of Winter		霜降 Frosting	
	25th day		9th day		27th day		11th day		27th day		12th day	
	12hr 0min		23hr 47min		3hr 20min		21hr 10min		6hr 13min		6hr 12min	
	午 Wu		子 Zi		寅 Yin		亥 Hai		卯 Mao		卯 Mao	
農曆 Calendar	國曆 Gregorian		干支 S/B	星 Star	國曆 Gregorian		干支 S/B	星 Star	國曆 Gregorian		干支 S/B	星 Star
初一 1st	8	15	甲子	9	9	13	癸巳	7	10	13	癸亥	4
初二 2nd	8	16	乙丑	8	9	14	甲午	6	10	14	甲子	3
初三 3rd	8	17	丙寅	7	9	15	乙未	5	10	15	乙丑	2
初四 4th	8	18	丁卯	6	9	16	丙申	4	10	16	丙寅	1
初五 5th	8	19	戊辰	5	9	17	丁酉	3	10	17	丁卯	9
初六 6th	8	20	己巳	4	9	18	戊戌	2	10	18	戊辰	8
初七 7th	8	21	庚午	3	9	19	己亥	1	10	19	己巳	7
初八 8th	8	22	辛未	2	9	20	庚子	9	10	20	庚午	6
初九 9th	8	23	壬申	1	9	21	辛丑	8	10	21	辛未	5
初十 10th	8	24	癸酉	9	9	22	壬寅	7	10	22	壬申	4
十一 11th	8	25	甲戌	8	9	23	癸卯	6	10	23	癸酉	3
十二 12th	8	26	乙亥	7	9	24	甲辰	5	10	24	甲戌	2
十三 13th	8	27	丙子	6	9	25	乙巳	4	10	25	乙亥	1
十四 14th	8	28	丁丑	5	9	26	丙午	3	10	26	丙子	9
十五 15th	8	29	戊寅	4	9	27	丁未	2	10	27	丁丑	8
十六 16th	8	30	己卯	3	9	28	戊申	1	10	28	戊寅	7
十七 17th	8	31	庚辰	2	9	29	己酉	9	10	29	己卯	6
十八 18th	9	1	辛巳	1	9	30	庚戌	8	10	30	庚辰	5
十九 19th	9	2	壬午	9	10	1	辛亥	7	10	31	辛巳	4
二十 20th	9	3	癸未	8	10	2	壬子	6	11	1	壬午	3
廿一 21st	9	4	甲申	7	10	3	癸丑	5	11	2	癸未	2
廿二 22nd	9	5	乙酉	6	10	4	甲寅	4	11	3	甲申	1
廿三 23rd	9	6	丙戌	5	10	5	乙卯	3	11	4	乙酉	9
廿四 24th	9	7	丁亥	4	10	6	丙辰	2	11	5	丙戌	8
廿五 25th	9	8	戊子	3	10	7	丁巳	1	11	6	丁亥	7
廿六 26th	9	9	己丑	2	10	8	戊午	9	11	7	戊子	6
廿七 27th	9	10	庚寅	1	10	9	己未	8	11	8	己丑	5
廿八 28th	9	11	辛卯	9	10	10	庚申	7	11	9	庚寅	4
廿九 29th	9	12	壬辰	8	10	11	辛酉	6	11	10	辛卯	3
三十 30th					10	12	壬戌	5				

月干支 Month	十月大 10th Mth				十一月小 11th Mth				十二月大 12th Mth			
	癸亥 Gui Hai				甲子 Jia Zi				乙丑 Yi Chou			
九星 9 Star	五黃 Five Yellow				四綠 Four Green				三碧 Three Jade			
節氣 Season	大雪 Greater Snow		小雪 Lesser Snow		小寒 Lesser Cold		冬至 Winter Solstice		立春 Coming of Spring		大寒 Greater Cold	
	27th day		13th day		27th day		12th day		27th day		13th day	
	22hr 50min		3hr 30min		9hr 59min		16hr 40min		21hr 43min		3hr 20min	
	亥 Hai		寅 Yin		巳 Si		申 Shen		亥 Hai		寅 Yin	
農曆 Calendar	國曆 Gregorian		干支 S/B	星 Star	國曆 Gregorian		干支 S/B	星 Star	國曆 Gregorian		干支 S/B	星 Star
初一 1st	11	11	壬辰	2	12	11	壬戌	8	1	9	辛卯	4
初二 2nd	11	12	癸巳	1	12	12	癸亥	7	1	10	壬辰	5
初三 3rd	11	13	甲午	9	12	13	甲子	6	1	11	癸巳	6
初四 4th	11	14	乙未	8	12	14	乙丑	5	1	12	甲午	7
初五 5th	11	15	丙申	7	12	15	丙寅	4	1	13	乙未	8
初六 6th	11	16	丁酉	6	12	16	丁卯	3	1	14	丙申	9
初七 7th	11	17	戊戌	5	12	17	戊辰	2	1	15	丁酉	1
初八 8th	11	18	己亥	4	12	18	己巳	1	1	16	戊戌	2
初九 9th	11	19	庚子	3	12	19	庚午	9	1	17	己亥	3
初十 10th	11	20	辛丑	2	12	20	辛未	8	1	18	庚子	4
十一 11th	11	21	壬寅	1	12	21	壬申	7	1	19	辛丑	5
十二 12th	11	22	癸卯	9	12	22	癸酉	6\4	1	20	壬寅	6
十三 13th	11	23	甲辰	8	12	23	甲戌	5	1	21	癸卯	7
十四 14th	11	24	乙巳	7	12	24	乙亥	6	1	22	甲辰	8
十五 15th	11	25	丙午	6	12	25	丙子	7	1	23	乙巳	9
十六 16th	11	26	丁未	5	12	26	丁丑	8	1	24	丙午	1
十七 17th	11	27	戊申	4	12	27	戊寅	9	1	25	丁未	2
十八 18th	11	28	己酉	3	12	28	己卯	1	1	26	戊申	3
十九 19th	11	29	庚戌	2	12	29	庚辰	2	1	27	己酉	4
二十 20th	11	30	辛亥	1	12	30	辛巳	3	1	28	庚戌	5
廿一 21st	12	1	壬子	9	12	31	壬午	4	1	29	辛亥	6
廿二 22nd	12	2	癸丑	8	1	1	癸未	5	1	30	壬子	7
廿三 23rd	12	3	甲寅	7	1	2	甲申	6	1	31	癸丑	8
廿四 24th	12	4	乙卯	6	1	3	乙酉	7	2	1	甲寅	9
廿五 25th	12	5	丙辰	5	1	4	丙戌	8	2	2	乙卯	1
廿六 26th	12	6	丁巳	4	1	5	丁亥	9	2	3	丙辰	2
廿七 27th	12	7	戊午	3	1	6	戊子	1	2	4	丁巳	3
廿八 28th	12	8	己未	2	1	7	己丑	2	2	5	戊午	4
廿九 29th	12	9	庚申	1	1	8	庚寅	3	2	6	己未	5
三十 30th	12	10	辛酉	9					2	7	庚申	6

地支 Twelve Branches
子 Zi Rat
丑 Chou Ox
寅 Yin Tiger
卯 Mao Rabbit
辰 Chen Dragon
巳 Si Snake
午 Wu Horse
未 Wei Goat
申 Shen Monkey
酉 You Rooster
戌 Xu Dog
亥 Hai Pig

1959 己亥 Earth Pig

Grand Duke: 謝壽

國曆 Gregorian		干支 S/B	星 Star	國曆 Gregorian		干支 S/B	星 Star	國曆 Gregorian		干支 S/B	星 Star	國曆 Gregorian		干支 S/B	星 Star	國曆 Gregorian		干支 S/B	星 Star	國曆 Gregorian		干支 S/B	星 Star	農曆 Calendar
六月小 6th Mth				五月大 5th Mth				四月小 4th Mth				三月大 3rd Mth				二月大 2nd Mth				正月小 1st Mth				月干支 Month
辛未 Xin Wei				庚午 Geng Wu				己巳 Ji Si				戊辰 Wu Chen				丁卯 Ding Mao				丙寅 Bing Yin				
六白 Six White				七赤 Seven Red				八白 Eight White				九紫 Nine Purple				一白 One White				二黑 Two Black				九星 9 Star
大暑 Greater Heat		小暑 Lesser Heat		夏至 Summer Solstice		芒種 Planting of Thorny Crops				小滿 Small Sprout		立夏 Coming of Summer		穀雨 Grain Rain		清明 Clear and Bright		春分 Spring Equinox		驚蟄 Awakening of Worms		雨水 Rain Water		節氣 Season
18th day		3rd day		17th day		1st day				15th day		29th day		14th day		28th day		13th day		27th day		12th day		
22hr 46min		5hr 21min		11hr 51min		19hr 1min				3hr 43min		14hr 39min		4hr 17min		21hr 4min		16hr 55min		15hr 57min		17hr 38min		
亥 Hai		卯 Mao		午 Wu		戌 Xu				寅 Yin		未 Wei		寅 Yin		亥 Hai		申 Shen		申 Shen		酉 You		
7	6	己丑	8	6	6	己未	8	5	8	庚寅	6	4	8	庚申	3	3	9	庚寅	9	2	8	辛酉	7	初一 1st
7	7	庚寅	7	6	7	庚申	9	5	9	辛卯	7	4	9	辛酉	4	3	10	辛卯	1	2	9	壬戌	8	初二 2nd
7	8	辛卯	6	6	8	辛酉	1	5	10	壬辰	8	4	10	壬戌	5	3	11	壬辰	2	2	10	癸亥	9	初三 3rd
7	9	壬辰	5	6	9	壬戌	2	5	11	癸巳	9	4	11	癸亥	6	3	12	癸巳	3	2	11	甲子	1	初四 4th
7	10	癸巳	4	6	10	癸亥	3	5	12	甲午	1	4	12	甲子	7	3	13	甲午	4	2	12	乙丑	2	初五 5th
7	11	甲午	3	6	11	甲子	4	5	13	乙未	2	4	13	乙丑	8	3	14	乙未	5	2	13	丙寅	3	初六 6th
7	12	乙未	2	6	12	乙丑	5	5	14	丙申	3	4	14	丙寅	9	3	15	丙申	6	2	14	丁卯	4	初七 7th
7	13	丙申	1	6	13	丙寅	6	5	15	丁酉	4	4	15	丁卯	1	3	16	丁酉	7	2	15	戊辰	5	初八 8th
7	14	丁酉	9	6	14	丁卯	7	5	16	戊戌	5	4	16	戊辰	2	3	17	戊戌	8	2	16	己巳	6	初九 9th
7	15	戊戌	8	6	15	戊辰	8	5	17	己亥	6	4	17	己巳	3	3	18	己亥	9	2	17	庚午	7	初十 10th
7	16	己亥	7	6	16	己巳	9	5	18	庚子	7	4	18	庚午	4	3	19	庚子	1	2	18	辛未	8	十一 11th
7	17	庚子	6	6	17	庚午	1	5	19	辛丑	8	4	19	辛未	5	3	20	辛丑	2	2	19	壬申	9	十二 12th
7	18	辛丑	5	6	18	辛未	2	5	20	壬寅	9	4	20	壬申	6	3	21	壬寅	3	2	20	癸酉	1	十三 13th
7	19	壬寅	4	6	19	壬申	3	5	21	癸卯	1	4	21	癸酉	7	3	22	癸卯	4	2	21	甲戌	2	十四 14th
7	20	癸卯	3	6	20	癸酉	4	5	22	甲辰	2	4	22	甲戌	8	3	23	甲辰	5	2	22	乙亥	3	十五 15th
7	21	甲辰	2	6	21	甲戌	5	5	23	乙巳	3	4	23	乙亥	9	3	24	乙巳	6	2	23	丙子	4	十六 16th
7	22	乙巳	[illegible]	6	22	乙亥	6\4	5	24	丙午	4	4	24	丙子	1	3	25	丙午	7	2	24	丁丑	5	十七 17th
7	23	丙午	9	6	23	丙子	3	5	25	丁未	5	4	25	丁丑	2	3	26	丁未	8	2	25	戊寅	6	十八 18th
7	24	丁未	3	6	24	丁丑	2	5	26	戊申	6	4	26	戊寅	3	3	27	戊申	9	2	26	己卯	7	十九 19th
7	25	戊申	7	6	25	戊寅	1	5	27	己酉	7	4	27	己卯	4	3	28	己酉	1	2	27	庚辰	8	二十 20th
7	26	己酉	3	6	26	己卯	9	5	28	庚戌	8	4	28	庚辰	5	3	29	庚戌	2	2	28	辛巳	9	廿一 21st
7	27	庚戌	5	6	27	庚辰	8	5	29	辛亥	9	4	29	辛巳	6	3	30	辛亥	3	3	1	壬午	1	廿二 22nd
7	28	辛亥	4	6	28	辛巳	7	5	30	壬子	1	4	30	壬午	7	3	31	壬子	4	3	2	癸未	2	廿三 23rd
7	29	壬子	3	6	29	壬午	6	5	31	癸丑	2	5	1	癸未	8	4	1	癸丑	5	3	3	甲申	3	廿四 24th
7	30	癸丑	2	6	30	癸未	5	6	1	甲寅	3	5	2	甲申	9	4	2	甲寅	6	3	4	乙酉	4	廿五 25th
7	31	甲寅	1	7	1	甲申	4	6	2	乙卯	4	5	3	乙酉	1	4	3	乙卯	7	3	5	丙戌	5	廿六 26th
8	1	乙卯	9	7	2	乙酉	3	6	3	丙辰	5	5	4	丙戌	2	4	4	丙辰	8	3	6	丁亥	6	廿七 27th
8	2	丙辰	8	7	3	丙戌	2	6	4	丁巳	6	5	5	丁亥	3	4	5	丁巳	9	3	7	戊子	7	廿八 28th
8	3	丁巳	7	7	4	丁亥	1	6	5	戊午	7	5	6	戊子	4	4	6	戊午	1	3	8	己丑	8	廿九 29th
				7	5	戊子	9					5	7	己丑	5	4	7	己未	2					三十 30th

天干 Ten Stems: 甲 Jia Yang Wood; 乙 Yi Yin Wood; 丙 Bing Yang Fire; 丁 Ding Yin Fire; 戊 Wu Yang Earth; 己 Ji Yin Earth; 庚 Geng Yang Metal; 辛 Xin Yin Metal; 壬 Ren Yang Water; 癸 Gui Yin Water

Male Gua: 2 坤(Kun) **Female Gua: 1 坎(Kan)** 3 Killing 三煞: West Annual Star: 5 Yellow

地支 Twelve Branches: 子 Zi Rat; 丑 Chou Ox; 寅 Yin Tiger; 卯 Mao Rabbit; 辰 Chen Dragon; 巳 Si Snake; 午 Wu Horse; 未 Wei Goat; 申 Shen Monkey; 酉 You Rooster; 戌 Xu Dog; 亥 Hai Pig

月干支 Month	七月大 7th Mth				八月小 8th Mth				九月大 9th Mth			
	壬申 Ren Shen				癸酉 Gui You				甲戌 Jia Xu			
九星 9 Star	五黃 Five Yellow				四綠 Four Green				三碧 Three Jade			
節氣 Season	處暑 Heat Ends		立秋 Coming Autumn		秋分 Autumn Equinox		白露 White Dew		霜降 Frosting		寒露 Cold Dew	
	21st day		5th day		22nd day		6th day		23rd day		8th day	
	5hr 44min		15hr 5min		3hr 9min		17hr 49min		12hr 12min		9hr 11min	
	卯 Mao		申 Shen		寅 Yin		酉 You		午 Wu		巳 Si	
農曆 Calendar	國曆 Gregorian		干支 S/B	星 Star	國曆 Gregorian		干支 S/B	星 Star	國曆 Gregorian		干支 S/B	星 Star
初一 1st	8	4	戊午	6	9	3	戊子	3	10	2	丁巳	1
初二 2nd	8	5	己未	5	9	4	己丑	2	10	3	戊午	9
初三 3rd	8	6	庚申	4	9	5	庚寅	1	10	4	己未	8
初四 4th	8	7	辛酉	3	9	6	辛卯	9	10	5	庚申	7
初五 5th	8	8	壬戌	2	9	7	壬辰	8	10	6	辛酉	6
初六 6th	8	9	癸亥	1	9	8	癸巳	7	10	7	壬戌	5
初七 7th	8	10	甲子	9	9	9	甲午	6	10	8	癸亥	4
初八 8th	8	11	乙丑	8	9	10	乙未	5	10	9	甲子	3
初九 9th	8	12	丙寅	7	9	11	丙申	4	10	10	乙丑	2
初十 10th	8	13	丁卯	6	9	12	丁酉	3	10	11	丙寅	1
十一 11th	8	14	戊辰	5	9	13	戊戌	2	10	12	丁卯	9
十二 12th	8	15	己巳	4	9	14	己亥	1	10	13	戊辰	8
十三 13th	8	16	庚午	3	9	15	庚子	9	10	14	己巳	7
十四 14th	8	17	辛未	2	9	16	辛丑	8	10	15	庚午	6
十五 15th	8	18	壬申	1	9	17	壬寅	7	10	16	辛未	5
十六 16th	8	19	癸酉	9	9	18	癸卯	6	10	17	壬申	4
十七 17th	8	20	甲戌	8	9	19	甲辰	5	10	18	癸酉	3
十八 18th	8	21	乙亥	7	9	20	乙巳	4	10	19	甲戌	2
十九 19th	8	22	丙子	6	9	21	丙午	3	10	20	乙亥	1
二十 20th	8	23	丁丑	5	9	22	丁未	2	10	21	丙子	9
廿一 21st	8	24	戊寅	4	9	23	戊申	1	10	22	丁丑	8
廿二 22nd	8	25	己卯	3	9	24	己酉	9	10	23	戊寅	7
廿三 23rd	8	26	庚辰	2	9	25	庚戌	8	10	24	己卯	6
廿四 24th	8	27	辛巳	1	9	26	辛亥	7	10	25	庚辰	5
廿五 25th	8	28	壬午	9	9	27	壬子	6	10	26	辛巳	4
廿六 26th	8	29	癸未	8	9	28	癸丑	5	10	27	壬午	3
廿七 27th	8	30	甲申	7	9	29	甲寅	4	10	28	癸未	2
廿八 28th	8	31	乙酉	6	9	30	乙卯	3	10	29	甲申	1
廿九 29th	9	1	丙戌	5	10	1	丙辰	2	10	30	乙酉	9
三十 30th	9	2	丁亥	4					10	31	丙戌	8

月干支 Month	十月小 10th Mth				十一月大 11th Mth				十二月小 12th Mth			
	乙亥 Yi Hai				丙子 Bing Zi				丁丑 Ding Chou			
九星 9 Star	二黑 Two Black				一白 One White				九紫 Nine Purple			
節氣 Season	小雪 Lesser Snow		立冬 Coming of Winter		冬至 Winter Solstice		大雪 Greater Snow		大寒 Greater Cold		小寒 Lesser Cold	
	23rd day		8th day		23rd day		9th day		23rd day		8th day	
	9hr 28min		12hr 3min		22hr 35min		4hr 38min		9hr 10min		13hr 43min	
	巳 Si		午 Wu		亥 Hai		寅 Yin		巳 Si		申 Shen	
農曆 Calendar	國曆 Gregorian		干支 S/B	星 Star	國曆 Gregorian		干支 S/B	星 Star	國曆 Gregorian		干支 S/B	星 Star
初一 1st	11	1	丁亥	7	11	30	丙辰	5	12	30	丙戌	8
初二 2nd	11	2	戊子	6	12	1	丁巳	4	12	31	丁亥	9
初三 3rd	11	3	己丑	5	12	2	戊午	3	1	1	戊子	1
初四 4th	11	4	庚寅	4	12	3	己未	2	1	2	己丑	2
初五 5th	11	5	辛卯	3	12	4	庚申	1	1	3	庚寅	3
初六 6th	11	6	壬辰	2	12	5	辛酉	9	1	4	辛卯	4
初七 7th	11	7	癸巳	1	12	6	壬戌	8	1	5	壬辰	5
初八 8th	11	8	甲午	9	12	7	癸亥	7	1	6	癸巳	6
初九 9th	11	9	乙未	8	12	8	甲子	6	1	7	甲午	7
初十 10th	11	10	丙申	7	12	9	乙丑	5	1	8	乙未	8
十一 11th	11	11	丁酉	6	12	10	丙寅	4	1	9	丙申	9
十二 12th	11	12	戊戌	5	12	11	丁卯	3	1	10	丁酉	1
十三 13th	11	13	己亥	4	12	12	戊辰	2	1	11	戊戌	2
十四 14th	11	14	庚子	3	12	13	己巳	1	1	12	己亥	3
十五 15th	11	15	辛丑	2	12	14	庚午	9	1	13	庚子	4
十六 16th	11	16	壬寅	1	12	15	辛未	8	1	14	辛丑	5
十七 17th	11	17	癸卯	9	12	16	壬申	7	1	15	壬寅	6
十八 18th	11	18	甲辰	8	12	17	癸酉	6	1	16	癸卯	7
十九 19th	11	19	乙巳	7	12	18	甲戌	5	1	17	甲辰	8
二十 20th	11	20	丙午	6	12	19	乙亥	4	1	18	乙巳	9
廿一 21st	11	21	丁未	5	12	20	丙子	3	1	19	丙午	1
廿二 22nd	11	22	戊申	4	12	21	丁丑	2	1	20	丁未	2
廿三 23rd	11	23	己酉	3	12	22	戊寅	9	1	21	戊申	3
廿四 24th	11	24	庚戌	2	12	23	己卯	1	1	22	己酉	4
廿五 25th	11	25	辛亥	1	12	24	庚辰	2	1	23	庚戌	5
廿六 26th	11	26	壬子	9	12	25	辛巳	3	1	24	辛亥	6
廿七 27th	11	27	癸丑	8	12	26	壬午	4	1	25	壬子	7
廿八 28th	11	28	甲寅	7	12	27	癸未	5	1	26	癸丑	8
廿九 29th	11	29	乙卯	6	12	28	甲申	6	1	27	甲寅	9
三十 30th					12	29	乙酉	7				

1960 庚子 Metal Rat

Grand Duke: 虞起

天干 Ten Stems: 甲 Jia Yang Wood · 乙 Yi Yin Wood · 丙 Bing Yang Fire · 丁 Ding Yin Fire · 戊 Wu Yang Earth · 己 Ji Yin Earth · 庚 Geng Yang Metal · 辛 Xin Yin Metal · 壬 Ren Yang Water · 癸 Gui Yin Water

月干支 Month	正月大 1st Mth 戊寅 Wu Yin				二月小 2nd Mth 己卯 Ji Mao			
九星 9 Star	八白 Eight White				七赤 Seven Red			
節氣 Season	雨水 Rain Water		立春 Coming of Spring		春分 Spring Equinox		驚蟄 Awakening of Worms	
	23rd day		9th day		23rd day		8th day	
	23hr 26min		3hr 23min		22hr 43min		21hr 36min	
	子 Zi		寅 Yin		亥 Hai		亥 Hai	
農曆 Calendar	國曆 Gregorian		干支 S / B	星 Star	國曆 Gregorian		干支 S / B	星 Star
初一 1st	1	28	乙卯	1	2	27	乙酉	4
初二 2nd	1	29	丙辰	2	2	28	丙戌	5
初三 3rd	1	30	丁巳	3	2	29	丁亥	6
初四 4th	1	31	戊午	4	3	1	戊子	7
初五 5th	2	1	己未	5	3	2	己丑	8
初六 6th	2	2	庚申	6	3	3	庚寅	9
初七 7th	2	3	辛酉	7	3	4	辛卯	1
初八 8th	2	4	壬戌	8	3	5	壬辰	2
初九 9th	2	5	癸亥	9	3	6	癸巳	3
初十 10th	2	6	甲子	1	3	7	甲午	4
十一 11th	2	7	乙丑	2	3	8	乙未	5
十二 12th	2	8	丙寅	3	3	9	丙申	6
十三 13th	2	9	丁卯	4	3	10	丁酉	7
十四 14th	2	10	戊辰	5	3	11	戊戌	8
十五 15th	2	11	己巳	6	3	12	己亥	9
十六 16th	2	12	庚午	7	3	13	庚子	1
十七 17th	2	13	辛未	8	3	14	辛丑	2
十八 18th	2	14	壬申	9	3	15	壬寅	3
十九 19th	2	15	癸酉	1	3	16	癸卯	4
二十 20th	2	16	甲戌	2	3	17	甲辰	5
廿一 21st	2	17	乙亥	3	3	18	乙巳	6
廿二 22nd	2	18	丙子	4	3	19	丙午	7
廿三 23rd	2	19	丁丑	5	3	20	丁未	8
廿四 24th	2	20	戊寅	6	3	21	戊申	9
廿五 25th	2	21	己卯	7	3	22	己酉	1
廿六 26th	2	22	庚辰	8	3	23	庚戌	2
廿七 27th	2	23	辛巳	9	3	24	辛亥	3
廿八 28th	2	24	壬午	1	3	25	壬子	4
廿九 29th	2	25	癸未	2	3	26	癸丑	5
三十 30th	2	26	甲申	3				

月干支 Month	三月大 3rd Mth 庚辰 Geng Chen				四月小 4th Mth 辛巳 Xin Si			
九星 9 Star	六白 Six White				五黃 Five Yellow			
節氣 Season	穀雨 Grain Rain		清明 Clear and Bright		小滿 Small Sprout		立夏 Coming of Summer	
	25th day		10th day		26th day		10th day	
	10hr 6min		2hr 44min		9hr 34min		20hr 23min	
	巳 Si		丑 Chou		巳 Si		戌 Xu	
農曆 Calendar	國曆 Gregorian		干支 S / B	星 Star	國曆 Gregorian		干支 S / B	星 Star
初一 1st	3	27	甲寅	6	4	26	甲申	9
初二 2nd	3	28	乙卯	7	4	27	乙酉	1
初三 3rd	3	29	丙辰	8	4	28	丙戌	2
初四 4th	3	30	丁巳	9	4	29	丁亥	3
初五 5th	3	31	戊午	1	4	30	戊子	4
初六 6th	4	1	己未	2	5	1	己丑	5
初七 7th	4	2	庚申	3	5	2	庚寅	6
初八 8th	4	3	辛酉	4	5	3	辛卯	7
初九 9th	4	4	壬戌	5	5	4	壬辰	8
初十 10th	4	5	癸亥	6	5	5	癸巳	9
十一 11th	4	6	甲子	7	5	6	甲午	1
十二 12th	4	7	乙丑	8	5	7	乙未	2
十三 13th	4	8	丙寅	9	5	8	丙申	3
十四 14th	4	9	丁卯	1	5	9	丁酉	4
十五 15th	4	10	戊辰	2	5	10	戊戌	5
十六 16th	4	11	己巳	3	5	11	己亥	6
十七 17th	4	12	庚午	4	5	12	庚子	7
十八 18th	4	13	辛未	5	5	13	辛丑	8
十九 19th	4	14	壬申	6	5	14	壬寅	9
二十 20th	4	15	癸酉	7	5	15	癸卯	1
廿一 21st	4	16	甲戌	8	5	16	甲辰	2
廿二 22nd	4	17	乙亥	9	5	17	乙巳	3
廿三 23rd	4	18	丙子	1	5	18	丙午	4
廿四 24th	4	19	丁丑	2	5	19	丁未	5
廿五 25th	4	20	戊寅	3	5	20	戊申	6
廿六 26th	4	21	己卯	4	5	21	己酉	7
廿七 27th	4	22	庚辰	5	5	22	庚戌	8
廿八 28th	4	23	辛巳	6	5	23	辛亥	9
廿九 29th	4	24	壬午	7	5	24	壬子	1
三十 30th	4	25	癸未	8				

月干支 Month	五月大 5th Mth 壬午 Ren Wu				六月大 6th Mth 癸未 Gui Wei			
九星 9 Star	四綠 Four Green				三碧 Three Jade			
節氣 Season	夏至 Summer Solstice		芒種 Planting of Thorny Crops		大暑 Greater Heat		小暑 Lesser Heat	
	28th day		13th day		30th day		14th day	
	17hr 42min		0hr 49min		4hr 38min		11hr 13min	
	酉 You		子 Zi		寅 Yin		午 Wu	
農曆 Calendar	國曆 Gregorian		干支 S / B	星 Star	國曆 Gregorian		干支 S / B	星 Star
初一 1st	5	25	癸丑	2	6	24	癸未	5
初二 2nd	5	26	甲寅	3	6	25	甲申	4
初三 3rd	5	27	乙卯	4	6	26	乙酉	3
初四 4th	5	28	丙辰	5	6	27	丙戌	2
初五 5th	5	29	丁巳	6	6	28	丁亥	1
初六 6th	5	30	戊午	7	6	29	戊子	9
初七 7th	5	31	己未	8	6	30	己丑	8
初八 8th	6	1	庚申	9	7	1	庚寅	7
初九 9th	6	2	辛酉	1	7	2	辛卯	6
初十 10th	6	3	壬戌	2	7	3	壬辰	5
十一 11th	6	4	癸亥	3	7	4	癸巳	4
十二 12th	6	5	甲子	4	7	5	甲午	3
十三 13th	6	6	乙丑	5	7	6	乙未	2
十四 14th	6	7	丙寅	6	7	7	丙申	1
十五 15th	6	8	丁卯	7	7	8	丁酉	9
十六 16th	6	9	戊辰	8	7	9	戊戌	8
十七 17th	6	10	己巳	9	7	10	己亥	7
十八 18th	6	11	庚午	1	7	11	庚子	6
十九 19th	6	12	辛未	2	7	12	辛丑	5
二十 20th	6	13	壬申	3	7	13	壬寅	4
廿一 21st	6	14	癸酉	4	7	14	癸卯	3
廿二 22nd	6	15	甲戌	5	7	15	甲辰	2
廿三 23rd	6	16	乙亥	6	7	16	乙巳	1
廿四 24th	6	17	丙子	7	7	17	丙午	9
廿五 25th	6	18	丁丑	8	7	18	丁未	8
廿六 26th	6	19	戊寅	9	7	19	戊申	7
廿七 27th	6	20	己卯	1	7	20	己酉	6
廿八 28th	6	21	庚辰	2\8	7	21	庚戌	5
廿九 29th	6	22	辛巳	7	7	22	辛亥	4
三十 30th	6	23	壬午	6	7	23	壬子	3

月干支 Month	閏六月小 6th Mth			
節氣 Season			立秋 Coming Autumn	
			15th day	
			21hr 0min	
			亥 Hai	
農曆 Calendar	國曆 Gregorian		干支 S / B	星 Star
初一 1st	7	24	癸丑	2
初二 2nd	7	25	甲寅	7
初三 3rd	7	26	乙卯	9
初四 4th	7	27	丙辰	8
初五 5th	7	28	丁巳	7
初六 6th	7	29	戊午	6
初七 7th	7	30	己未	5
初八 8th	7	31	庚申	4
初九 9th	8	1	辛酉	3
初十 10th	8	2	壬戌	2
十一 11th	8	3	癸亥	1
十二 12th	8	4	甲子	9
十三 13th	8	5	乙丑	8
十四 14th	8	6	丙寅	7
十五 15th	8	7	丁卯	6
十六 16th	8	8	戊辰	5
十七 17th	8	9	己巳	4
十八 18th	8	10	庚午	3
十九 19th	8	11	辛未	2
二十 20th	8	12	壬申	1
廿一 21st	8	13	癸酉	9
廿二 22nd	8	14	甲戌	8
廿三 23rd	8	15	乙亥	7
廿四 24th	8	16	丙子	6
廿五 25th	8	17	丁丑	5
廿六 26th	8	18	戊寅	4
廿七 27th	8	19	己卯	3
廿八 28th	8	20	庚辰	2
廿九 29th	8	21	辛巳	1
三十 30th				

Male Gua: 4 巽(Xun) **Female Gua: 2 坤(Kun)** 3 Killing 三煞: South Annual Star: 4 Green

月干支 Month	七月大 7th Mth				八月小 8th Mth				九月大 9th Mth				十月小 10th Mth				十一月大 11th Mth				十二月小 12th Mth			
	甲申 Jia Shen				乙酉 Yi You				丙戌 Bing Xu				丁亥 Ding Hai				戊子 Wu Zi				己丑 Ji Chou			
九星 9 Star	二黑 Two Black				一白 One White				九紫 Nine Purple				八白 Eight White				七赤 Seven Red				六白 Six White			
節氣 Season	白露 White Dew		處暑 Heat Ends		寒露 Cold Dew		秋分 Autumn Equinox		立冬 Coming of Winter		霜降 Frosting		大雪 Greater Snow		小雪 Lesser Snow		小寒 Lesser Cold		冬至 Winter Solstice		立春 Coming of Spring		大寒 Greater Cold	
	17th day		2nd day		18th day		3rd day		19th day		4th day		19th day		4th day		19th day		5th day		19th day		4th day	
	23hr 46min		11hr 35min		15hr 9min		8hr 59min		18hr 2min		18hr 2min		10hr 38min		15hr 18min		21hr 43min		4hr 26min		9hr 23min		1[illegible]hr 1min	
	子 Zi		午 Wu		申 Shen		辰 Chen		酉 You		酉 You		巳 Si		申 Shen		亥 Hai		寅 Yin		巳 Si		申 Shen	
農曆 Calendar	國曆 Gregorian		干支 S/B	星 Star	國曆 Gregorian		干支 S/B	星 Star	國曆 Gregorian		干支 S/B	星 Star	國曆 Gregorian		干支 S/B	星 Star	國曆 Gregorian		干支 S/B	星 Star	國曆 Gregorian		干支 S/B	星 Star
初一 1st	8	22	壬午	9	9	21	壬子	6	10	20	辛巳	4	11	19	辛亥	1	12	18	庚辰	8	1	17	庚戌	5
初二 2nd	8	23	癸未	8	9	22	癸丑	5	10	21	壬午	3	11	20	壬子	9	12	19	辛巳	7	1	18	辛亥	6
初三 3rd	8	24	甲申	7	9	23	甲寅	4	10	22	癸未	2	11	21	癸丑	8	12	20	壬午	6	1	19	壬子	7
初四 4th	8	25	乙酉	6	9	24	乙卯	3	10	23	甲申	1	11	22	甲寅	7	12	21	癸未	5	1	20	癸丑	8
初五 5th	8	26	丙戌	5	9	25	丙辰	2	10	24	乙酉	9	11	23	乙卯	6	12	22	甲申	4\6	1	21	甲寅	9
初六 6th	8	27	丁亥	4	9	26	丁巳	1	10	25	丙戌	8	11	24	丙辰	5	12	23	乙酉	7	1	22	乙卯	1
初七 7th	8	28	戊子	3	9	27	戊午	9	10	26	丁亥	7	11	25	丁巳	4	12	24	丙戌	8	1	23	丙辰	2
初八 8th	8	29	己丑	2	9	28	己未	8	10	27	戊子	6	11	26	戊午	3	12	25	丁亥	9	1	24	丁巳	3
初九 9th	8	30	庚卯	1	9	29	庚申	7	10	28	己丑	5	11	27	己未	2	12	26	戊子	1	1	25	戊午	4
初十 10th	8	31	辛卯	9	9	30	辛酉	6	10	29	庚寅	4	11	28	庚申	1	12	27	己丑	2	1	26	己未	5
十一 11th	9	1	壬辰	8	10	1	壬戌	5	10	30	辛卯	3	11	29	辛酉	9	12	28	庚寅	3	1	27	庚申	6
十二 12th	9	2	癸巳	7	10	2	癸亥	4	10	31	壬辰	2	11	30	壬戌	8	12	29	辛卯	4	1	28	辛酉	7
十三 13th	9	3	甲午	6	10	3	甲子	3	11	1	癸巳	1	12	1	癸亥	7	12	30	壬辰	5	1	29	壬戌	8
十四 14th	9	4	乙未	5	10	4	乙丑	2	11	2	甲午	9	12	2	甲子	6	12	31	癸巳	6	1	30	癸亥	9
十五 15th	9	5	丙申	4	10	5	丙寅	1	11	3	乙未	8	12	3	乙丑	5	1	1	甲午	7	1	31	甲子	1
十六 16th	9	6	丁酉	3	10	6	丁卯	9	11	4	丙申	7	12	4	丙寅	4	1	2	乙未	8	2	1	乙丑	2
十七 17th	9	7	戊戌	2	10	7	戊辰	8	11	5	丁酉	6	12	5	丁卯	3	1	3	丙申	9	2	2	丙寅	3
十八 18th	9	8	己亥	1	10	8	己巳	7	11	6	戊戌	5	12	6	戊辰	2	1	4	丁酉	1	2	3	丁卯	4
十九 19th	9	9	庚子	9	10	9	庚午	6	11	7	己亥	4	12	7	己巳	1	1	5	戊戌	2	2	4	戊辰	5
二十 20th	9	10	辛丑	8	10	10	辛未	5	11	8	庚子	3	12	8	庚午	9	1	6	己亥	3	2	5	己巳	6
廿一 21st	9	11	壬寅	7	10	11	壬申	4	11	9	辛丑	2	12	9	辛未	8	1	7	庚子	4	2	6	庚午	7
廿二 22nd	9	12	癸卯	6	10	12	癸酉	3	11	10	壬寅	1	12	10	壬申	7	1	8	辛丑	5	2	7	辛未	8
廿三 23rd	9	13	甲辰	5	10	13	甲戌	2	11	11	癸卯	9	12	11	癸酉	6	1	9	壬寅	6	2	8	壬申	9
廿四 24th	9	14	乙巳	4	10	14	乙亥	1	11	12	甲辰	8	12	12	甲戌	5	1	10	癸卯	7	2	9	癸酉	1
廿五 25th	9	15	丙午	3	10	15	丙子	9	11	13	乙巳	7	12	13	乙亥	4	1	11	甲辰	8	2	10	甲戌	2
廿六 26th	9	16	丁未	2	10	16	丁丑	8	11	14	丙午	6	12	14	丙子	3	1	12	乙巳	9	2	11	乙亥	3
廿七 27th	9	17	戊申	1	10	17	戊寅	7	11	15	丁未	5	12	15	丁丑	2	1	13	丙午	1	2	12	丙子	4
廿八 28th	9	18	己酉	9	10	18	己卯	6	11	16	戊申	4	12	16	戊寅	1	1	14	丁未	2	2	13	丁丑	5
廿九 29th	9	19	庚戌	8	10	19	庚辰	5	11	17	己酉	3	12	17	己卯	9	1	15	戊申	3	2	14	戊寅	6
三十 30th	9	20	辛亥	7					11	18	庚戌	2					1	16	己酉	4				

地支 Twelve Branches: 子 Zi Rat · 丑 Chou Ox · 寅 Yin Tiger · 卯 Mao Rabbit · 辰 Chen Dragon · 巳 Si Snake · 午 Wu Horse · 未 Wei Goat · 申 Shen Monkey · 酉 You Rooster · 戌 Xu Dog · 亥 Hai Pig

1961 辛丑 Metal Ox

Grand Duke: 湯信

天干 Ten Stems: 甲 Jia Yang Wood · 乙 Yi Yin Wood · 丙 Bing Yang Fire · 丁 Ding Yin Fire · 戊 Wu Yang Earth · 己 Ji Yin Earth · 庚 Geng Yang Metal · 辛 Xin Yin Metal · 壬 Ren Yang Water · 癸 Gui Yin Water

月干支 Month	正月大 1st Mth 庚寅 Geng Yin				二月小 2nd Mth 辛卯 Xin Mao				三月大 3rd Mth 壬辰 Ren Chen			
九星 9 Star	五黃 Five Yellow				四綠 Four Green				三碧 Three Jade			
節氣 Season	驚蟄 Awakening of Worms 20th day 3hr 35min 寅 Yin		雨水 Rain Water 5th day 5hr 17min 卯 Mao		清明 Clear and Bright 20th day 8hr 42min 辰 Chen		春分 Spring Equinox 5th day 4hr 32min 寅 Yin		立夏 Coming of Summer 22nd day 2hr 21min 丑 Chou		穀雨 Grain Rain 6th day 15hr 55min 申 Shen	
農曆 Calendar	國曆 Gregorian		干支 S/B	星 Star	國曆 Gregorian		干支 S/B	星 Star	國曆 Gregorian		干支 S/B	星 Star
初一 1st	2	15	己卯	7	3	17	己酉	1	4	15	戊寅	3
初二 2nd	2	16	庚辰	8	3	18	庚戌	2	4	16	己卯	4
初三 3rd	2	17	辛巳	9	3	19	辛亥	3	4	17	庚辰	5
初四 4th	2	18	壬午	1	3	20	壬子	4	4	18	辛巳	6
初五 5th	2	19	癸未	2	3	21	癸丑	5	4	19	壬午	7
初六 6th	2	20	甲申	3	3	22	甲寅	6	4	20	癸未	8
初七 7th	2	21	乙酉	4	3	23	乙卯	7	4	21	甲申	9
初八 8th	2	22	丙戌	5	3	24	丙辰	8	4	22	乙酉	1
初九 9th	2	23	丁亥	6	3	25	丁巳	9	4	23	丙戌	2
初十 10th	2	24	戊子	7	3	26	戊午	1	4	24	丁亥	3
十一 11th	2	25	己丑	8	3	27	己未	2	4	25	戊子	4
十二 12th	2	26	庚寅	9	3	28	庚申	3	4	26	己丑	5
十三 13th	2	27	辛卯	1	3	29	辛酉	4	4	27	庚寅	6
十四 14th	2	28	壬辰	2	3	30	壬戌	5	4	28	辛卯	7
十五 15th	3	1	癸巳	3	3	31	癸亥	6	4	29	壬辰	8
十六 16th	3	2	甲午	4	4	1	甲子	7	4	30	癸巳	9
十七 17th	3	3	乙未	5	4	2	乙丑	8	5	1	甲午	1
十八 18th	3	4	丙申	6	4	3	丙寅	9	5	2	乙未	2
十九 19th	3	5	丁酉	7	4	4	丁卯	1	5	3	丙申	3
二十 20th	3	6	戊戌	8	4	5	戊辰	2	5	4	丁酉	4
廿一 21st	3	7	己亥	9	4	6	己巳	3	5	5	戊戌	5
廿二 22nd	3	8	庚子	1	4	7	庚午	4	5	6	己亥	6
廿三 23rd	3	9	辛丑	2	4	8	辛未	5	5	7	庚子	7
廿四 24th	3	10	壬寅	3	4	9	壬申	6	5	8	辛丑	8
廿五 25th	3	11	癸卯	4	4	10	癸酉	7	5	9	壬寅	9
廿六 26th	3	12	甲辰	5	4	11	甲戌	8	5	10	癸卯	1
廿七 27th	3	13	乙巳	6	4	12	乙亥	9	5	11	甲辰	2
廿八 28th	3	14	丙午	7	4	13	丙子	1	5	12	乙巳	3
廿九 29th	3	15	丁未	8	4	14	丁丑	2	5	13	丙午	4
三十 30th	3	16	戊申	9					5	14	丁未	5

月干支 Month	四月小 4th Mth 癸巳 Gui Si				五月大 5th Mth 甲午 Jia Wu				六月小 6th Mth 乙未 Yi Wei			
九星 9 Star	二黑 Two Black				一白 One White				九紫 Nine Purple			
節氣 Season	芒種 Planting of Thorny Crops 23rd day 6hr 46min 卯 Mao		小滿 Small Sprout 7th day 15hr 22min 申 Shen		小暑 Lesser Heat 25th day 17hr 7min 酉 You		夏至 Summer Solstice 9th day 23hr 30min 子 Zi		立秋 Coming Autumn 27th day 2hr 49min 丑 Chou		大暑 Greater Heat 11th day 10hr 24min 巳 Si	
農曆 Calendar	國曆 Gregorian		干支 S/B	星 Star	國曆 Gregorian		干支 S/B	星 Star	國曆 Gregorian		干支 S/B	星 Star
初一 1st	5	15	戊申	6	6	13	丁丑	8	7	13	丁未	8
初二 2nd	5	16	己酉	7	6	14	戊寅	9	7	14	戊申	7
初三 3rd	5	17	庚戌	8	6	15	己卯	1	7	15	己酉	6
初四 4th	5	18	辛亥	9	6	16	庚辰	2	7	16	庚戌	5
初五 5th	5	19	壬子	1	6	17	辛巳	3	7	17	辛亥	4
初六 6th	5	20	癸丑	2	6	18	壬午	4	7	18	壬子	3
初七 7th	5	21	甲寅	3	6	19	癸未	5	7	19	癸丑	2
初八 8th	5	22	乙卯	4	6	20	甲申	6	7	20	甲寅	1
初九 9th	5	23	丙辰	5	6	21	乙酉	7\3	7	21	乙卯	9
初十 10th	5	24	丁巳	6	6	22	丙戌	2	7	22	丙辰	8
十一 11th	5	25	戊午	7	6	23	丁亥	1	7	23	丁巳	7
十二 12th	5	26	己未	8	6	24	戊子	9	7	24	戊午	6
十三 13th	5	27	庚申	9	6	25	己丑	8	7	25	己未	5
十四 14th	5	28	辛酉	1	6	26	庚寅	7	7	26	庚申	4
十五 15th	5	29	壬戌	2	6	27	辛卯	6	7	27	辛酉	3
十六 16th	5	30	癸亥	3	6	28	壬辰	5	7	28	壬戌	2
十七 17th	5	31	甲子	4	6	29	癸巳	4	7	29	癸亥	1
十八 18th	6	1	乙丑	5	6	30	甲午	3	7	30	甲子	9
十九 19th	6	2	丙寅	6	7	1	乙未	2	7	31	乙丑	8
二十 20th	6	3	丁卯	7	7	2	丙申	1	8	1	丙寅	7
廿一 21st	6	4	戊辰	8	7	3	丁酉	9	8	2	丁卯	6
廿二 22nd	6	5	己巳	9	7	4	戊戌	8	8	3	戊辰	5
廿三 23rd	6	6	庚午	1	7	5	己亥	7	8	4	己巳	4
廿四 24th	6	7	辛未	2	7	6	庚子	6	8	5	庚午	3
廿五 25th	6	8	壬申	3	7	7	辛丑	5	8	6	辛未	2
廿六 26th	6	9	癸酉	4	7	8	壬寅	4	8	7	壬申	1
廿七 27th	6	10	甲戌	5	7	9	癸卯	3	8	8	癸酉	9
廿八 28th	6	11	乙亥	6	7	10	甲辰	2	8	9	甲戌	8
廿九 29th	6	12	丙子	7	7	11	乙巳	1	8	10	乙亥	7
三十 30th					7	12	丙午	9				

Male Gua: 3 震(Zhen) Female Gua: 3 震(Zhen) 3 Killing 三煞: East Annual Star: 3 Jade

地支 Twelve Branches	十二月大 12th Mth				十一月小 11th Mth				十月大 10th Mth				九月小 9th Mth				八月大 8th Mth				七月大 7th Mth				月干支 Month
	辛丑 Xin Chou				庚子 Geng Zi				己亥 Ji Hai				戊戌 Wu Xu				丁酉 Ding You				丙申 Bing Shen				
	三碧 Three Jade				四綠 Four Green				五黃 Five Yellow				六白 Six White				七赤 Seven Red				八白 Eight White				九星 9 Star
子 Zi Rat	立春 Coming of Spring		大寒 Greater Cold		小寒 Lesser Cold		冬至 Winter Solstice		大雪 Greater Snow		小雪 Lesser Snow		立冬 Coming of Winter		霜降 Frosting		寒露 Cold Dew		秋分 Autumn Equinox		白露 White Dew		處暑 Heat Ends		節氣 Season
	30th day		15th day		1st day		15th day		30th day		15th day		29th day		14th day		29th day		14th day		29th day		13th day		
丑 Chou Ox	15hr 18min		2Chr 58min		3hr 35min		10hr 20min		16hr 26min		21hr 8min		23hr 46min		23hr 47min		20hr 51min		14hr 43min		5hr 29min		17hr 19min		
	申 Shen		戌 Xu		寅 Yin		巳 Si		申 Shen		亥 Hai		子 Zi		子 Zi		戌 Xu		未 Wei		卯 Mao		酉 You		
	國曆 Gregorian		干支 S/B	星 Star	國曆 Gregorian		干支 S/B	星 Star	國曆 Gregorian		干支 S/B	星 Star	國曆 Gregorian		干支 S/B	星 Star	國曆 Gregorian		干支 S/B	星 Star	國曆 Gregorian		干支 S/B	星 Star	農曆 Calendar
寅 Yin Tiger	1	6	甲辰	8	12	8	乙亥	4	11	8	乙巳	7	10	10	丙子	9	9	10	丙午	3	8	11	丙子	6	初一 1st
	1	7	乙巳	9	12	9	丙子	3	11	9	丙午	6	10	11	丁丑	8	9	11	丁未	2	8	12	丁丑	5	初二 2nd
	1	8	丙午	1	12	10	丁丑	2	11	10	丁未	5	10	12	戊寅	7	9	12	戊申	1	8	13	戊寅	4	初三 3rd
卯 Mao Rabbit	1	9	丁未	2	12	11	戊寅	1	11	11	戊申	4	10	13	己卯	6	9	13	己酉	9	8	14	己卯	3	初四 4th
	1	10	戊申	3	12	12	己卯	9	11	12	己酉	3	10	14	庚辰	5	9	14	庚戌	8	8	15	庚辰	2	初五 5th
	1	11	己酉	4	12	13	庚辰	8	11	13	庚戌	2	10	15	辛巳	4	9	15	辛亥	7	8	16	辛巳	1	初六 6th
辰 Chen Dragon	1	12	庚戌	5	12	14	辛巳	7	11	14	辛亥	1	10	16	壬午	3	9	16	壬子	6	8	17	壬午	9	初七 7th
	1	13	辛亥	6	12	15	壬午	6	11	15	壬子	9	10	17	癸未	2	9	17	癸丑	5	8	18	癸未	8	初八 8th
	1	14	壬子	7	12	16	癸未	5	11	16	癸丑	8	10	18	甲申	1	9	18	甲寅	4	8	19	甲申	7	初九 9th
巳 Si Snake	1	15	癸丑	8	12	17	甲申	4	11	17	甲寅	7	10	19	乙酉	9	9	19	乙卯	3	8	20	乙酉	6	初十 10th
	1	16	甲寅	9	12	18	乙酉	3	11	18	乙卯	6	10	20	丙戌	8	9	20	丙辰	2	8	21	丙戌	5	十一 11th
	1	17	乙卯	1	12	19	丙戌	2	11	19	丙辰	5	10	21	丁亥	7	9	21	丁巳	1	8	22	丁亥	4	十二 12th
午 Wu Horse	1	18	丙辰	2	12	20	丁亥	1	11	20	丁巳	4	10	22	戊子	6	9	22	戊午	9	8	23	戊子	3	十三 13th
	1	19	丁巳	3	12	21	戊子	9	11	21	戊午	3	10	23	己丑	5	9	23	己未	8	8	24	己丑	2	十四 14th
	1	20	戊午	4	12	22	己丑	8\2	11	22	己未	2	10	24	庚寅	4	9	24	庚申	7	8	25	庚寅	1	十五 15th
未 Wei Goat	1	21	己未	5	12	23	庚寅	3	11	23	庚申	1	10	25	辛卯	3	9	25	辛酉	6	8	26	辛卯	9	十六 16th
	1	22	庚申	6	12	24	辛卯	4	11	24	辛酉	9	10	26	壬辰	2	9	26	壬戌	5	8	27	壬辰	8	十七 17th
	1	23	辛酉	7	12	25	壬辰	5	11	25	壬戌	8	10	27	癸巳	1	9	27	癸亥	4	8	28	癸巳	7	十八 18th
申 Shen Monkey	1	24	壬戌	8	12	26	癸巳	6	11	26	癸亥	7	10	28	甲午	9	9	28	甲子	3	8	29	甲午	6	十九 19th
	1	25	癸亥	9	12	27	甲午	7	11	27	甲子	6	10	29	乙未	8	9	29	乙丑	2	8	30	乙未	5	二十 20th
	1	26	甲子	1	12	28	乙未	8	11	28	乙丑	5	10	30	丙申	7	9	30	丙寅	1	8	31	丙申	4	廿一 21st
酉 You Rooster	1	27	乙丑	2	12	29	丙申	9	11	29	丙寅	4	10	31	丁酉	6	10	1	丁卯	9	9	1	丁酉	3	廿二 22nd
	1	28	丙寅	3	12	30	丁酉	1	11	30	丁卯	3	11	1	戊戌	5	10	2	戊辰	8	9	2	戊戌	2	廿三 23rd
	1	29	丁卯	4	12	31	戊戌	2	12	1	戊辰	2	11	2	己亥	4	10	3	己巳	7	9	3	己亥	1	廿四 24th
戌 Xu Dog	1	30	戊辰	5	1	1	己亥	3	12	2	己巳	1	11	3	庚子	3	10	4	庚午	6	9	4	庚子	9	廿五 25th
	1	31	己巳	6	1	2	庚子	4	12	3	庚午	9	11	4	辛丑	2	10	5	辛未	5	9	5	辛丑	8	廿六 26th
	2	1	庚午	7	1	3	辛丑	5	12	4	辛未	8	11	5	壬寅	1	10	6	壬申	4	9	6	壬寅	7	廿七 27th
亥 Hai Pig	2	2	辛未	8	1	4	壬寅	6	12	5	壬申	7	11	6	癸卯	9	10	7	癸酉	3	9	7	癸卯	6	廿八 28th
	2	3	壬申	9	1	5	癸卯	7	12	6	癸酉	6	11	7	甲辰	8	10	8	甲戌	2	9	8	甲辰	5	廿九 29th
	2	4	癸酉	1					12	7	甲戌	5					10	9	乙亥	1	9	9	乙巳	4	三十 30th

1962 壬寅 Water Tiger

Grand Duke: 賀諤

月干支 Month	正月小 1st Mth				二月大 2nd Mth				三月小 3rd Mth			
	壬寅 Ren Yin				癸卯 Gui Mao				甲辰 Jia Chen			
九星 9 Star	二黑 Two Black				一白 One White				九紫 Nine Purple			
節氣 Season	雨水 Rain Water				春分 Spring Equinox		驚蟄 Awakening of Worms		穀雨 Grain Rain		清明 Clear and Bright	
	15th day				16th day		1st day		16th day		1st day	
	11hr 15min				10hr 30min		9hr 30min		21hr 51min		14hr 34min	
	午 Wu				巳 Si		巳 Si		亥 Hai		未 Wei	
農曆 Calendar	國曆 Gregorian		干支 S/B	星 Star	國曆 Gregorian		干支 S/B	星 Star	國曆 Gregorian		干支 S/B	星 Star
初一 1st	2	5	甲戌	2	3	6	癸卯	4	4	5	癸酉	7
初二 2nd	2	6	乙亥	3	3	7	甲辰	5	4	6	甲戌	8
初三 3rd	2	7	丙子	4	3	8	乙巳	6	4	7	乙亥	9
初四 4th	2	8	丁丑	5	3	9	丙午	7	4	8	丙子	1
初五 5th	2	9	戊寅	6	3	10	丁未	8	4	9	丁丑	2
初六 6th	2	10	己卯	7	3	11	戊申	9	4	10	戊寅	3
初七 7th	2	11	庚辰	8	3	12	己酉	1	4	11	己卯	4
初八 8th	2	12	辛巳	9	3	13	庚戌	2	4	12	庚辰	5
初九 9th	2	13	壬午	1	3	14	辛亥	3	4	13	辛巳	6
初十 10th	2	14	癸未	2	3	15	壬子	4	4	14	壬午	7
十一 11th	2	15	甲申	3	3	16	癸丑	5	4	15	癸未	8
十二 12th	2	16	乙酉	4	3	17	甲寅	6	4	16	甲申	9
十三 13th	2	17	丙戌	5	3	18	乙卯	7	4	17	乙酉	1
十四 14th	2	18	丁亥	6	3	19	丙辰	8	4	18	丙戌	2
十五 15th	2	19	戊子	7	3	20	丁巳	9	4	19	丁亥	3
十六 16th	2	20	己丑	8	3	21	戊午	1	4	20	戊子	4
十七 17th	2	21	庚寅	9	3	22	己未	2	4	21	己丑	5
十八 18th	2	22	辛卯	1	3	23	庚申	3	4	22	庚寅	6
十九 19th	2	23	壬辰	2	3	24	辛酉	4	4	23	辛卯	7
二十 20th	2	24	癸巳	3	3	25	壬戌	5	4	24	壬辰	8
廿一 21st	2	25	甲午	4	3	26	癸亥	6	4	25	癸巳	9
廿二 22nd	2	26	乙未	5	3	27	甲子	7	4	26	甲午	1
廿三 23rd	2	27	丙申	6	3	28	乙丑	8	4	27	乙未	2
廿四 24th	2	28	丁酉	7	3	29	丙寅	9	4	28	丙申	3
廿五 25th	3	1	戊戌	8	3	30	丁卯	1	4	29	丁酉	4
廿六 26th	3	2	己亥	9	3	31	戊辰	2	4	30	戊戌	5
廿七 27th	3	3	庚子	1	4	1	己巳	3	5	1	己亥	6
廿八 28th	3	4	辛丑	2	4	2	庚午	4	5	2	庚子	7
廿九 29th	3	5	壬寅	3	4	3	辛未	5	5	3	辛丑	8
三十 30th					4	4	壬申	6				

月干支 Month	四月小 4th Mth				五月大 5th Mth				六月小 6th Mth			
	乙巳 Yi Si				丙午 Bing Wu				丁未 Ding Wei			
九星 9 Star	八白 Eight White				七赤 Seven Red				六白 Six White			
節氣 Season	小滿 Small Sprout		立夏 Coming of Summer		夏至 Summer Solstice		芒種 Planting of Thorny Crops		大暑 Greater Heat		小暑 Lesser Heat	
	18th day		3rd day		21st day		5th day		22nd day		6th day	
	21hr 17min		8hr 10min		5hr 24min		12hr 31min		16hr 18min		22hr 51min	
	亥 Hai		辰 Chen		卯 Mao		午 Wu		申 Shen		亥 Hai	
農曆 Calendar	國曆 Gregorian		干支 S/B	星 Star	國曆 Gregorian		干支 S/B	星 Star	國曆 Gregorian		干支 S/B	星 Star
初一 1st	5	4	壬寅	9	6	2	辛未	2	7	2	辛丑	5
初二 2nd	5	5	癸卯	1	6	3	壬申	3	7	3	壬寅	4
初三 3rd	5	6	甲辰	2	6	4	癸酉	4	7	4	癸卯	3
初四 4th	5	7	乙巳	3	6	5	甲戌	5	7	5	甲辰	2
初五 5th	5	8	丙午	4	6	6	乙亥	6	7	6	乙巳	1
初六 6th	5	9	丁未	5	6	7	丙子	7	7	7	丙午	9
初七 7th	5	10	戊申	6	6	8	丁丑	8	7	8	丁未	8
初八 8th	5	11	己酉	7	6	9	戊寅	9	7	9	戊申	7
初九 9th	5	12	庚戌	8	6	10	己卯	1	7	10	己酉	6
初十 10th	5	13	辛亥	9	6	11	庚辰	2	7	11	庚戌	5
十一 11th	5	14	壬子	1	6	12	辛巳	3	7	12	辛亥	4
十二 12th	5	15	癸丑	2	6	13	壬午	4	7	13	壬子	3
十三 13th	5	16	甲寅	3	6	14	癸未	5	7	14	癸丑	2
十四 14th	5	17	乙卯	4	6	15	甲申	6	7	15	甲寅	1
十五 15th	5	18	丙辰	5	6	16	乙酉	7	7	16	乙卯	9
十六 16th	5	19	丁巳	6	6	17	丙戌	8	7	17	丙辰	8
十七 17th	5	20	戊午	7	6	18	丁亥	9	7	18	丁巳	7
十八 18th	5	21	己未	8	6	19	戊子	1	7	19	戊午	6
十九 19th	5	22	庚申	9	6	20	己丑	2	7	20	己未	5
二十 20th	5	23	辛酉	1	6	21	庚寅	3	7	21	庚申	4
廿一 21st	5	24	壬戌	2	6	22	辛卯	4\6	7	22	辛酉	3
廿二 22nd	5	25	癸亥	3	6	23	壬辰	5	7	23	壬戌	2
廿三 23rd	5	26	甲子	4	6	24	癸巳	4	7	24	癸亥	1
廿四 24th	5	27	乙丑	5	6	25	甲午	3	7	25	甲子	9
廿五 25th	5	28	丙寅	6	6	26	乙未	2	7	26	乙丑	8
廿六 26th	5	29	丁卯	7	6	27	丙申	1	7	27	丙寅	7
廿七 27th	5	30	戊辰	8	6	28	丁酉	9	7	28	丁卯	6
廿八 28th	5	31	己巳	9	6	29	戊戌	8	7	29	戊辰	5
廿九 29th	6	1	庚午	1	6	30	己亥	7	7	30	己巳	4
三十 30th					7	1	庚子	6				

天干 Ten Stems
甲 Jia Yang Wood
乙 Yi Yin Wood
丙 Bing Yang Fire
丁 Ding Yin Fire
戊 Wu Yang Earth
己 Ji Yin Earth
庚 Geng Yang Metal
辛 Xin Yin Metal
壬 Ren Yang Water
癸 Gui Yin Water

地支 Twelve Branches: 子 Zi Rat · 丑 Chou Ox · 寅 Yin Tiger · 卯 Mao Rabbit · 辰 Chen Dragon · 巳 Si Snake · 午 Wu Horse · 未 Wei Goat · 申 Shen Monkey · 酉 You Rooster · 戌 Xu Dog · 亥 Hai Pig

月干支 Month	七月大 7th Mth 戊申 Wu Shen				八月大 8th Mth 己酉 Ji You				九月小 9th Mth 庚戌 Geng Xu			
九星 9 Star	五黃 Five Yellow				四綠 Four Green				三碧 Three Jade			
節氣 Season	處暑 Heat Ends		立秋 Coming Autumn		秋分 Autumn Equinox		白露 White Dew		霜降 Frosting		寒露 Cold Dew	
	24th day		9th day		25th day		10th day		26th day		11th day	
	23hr 13min		8hr 34min		20hr 35min		11hr 16min		5hr 40min		2hr 38min	
	子 Zi		辰 Chen		戌 Xu		午 Wu		卯 Mao		丑 Chou	
農曆 Calendar	國曆 Gregorian		干支 S/B	星 Star	國曆 Gregorian		干支 S/B	星 Star	國曆 Gregorian		干支 S/B	星 Star
初一 1st	7	31	庚午	3	8	30	庚子	9	9	29	庚午	6
初二 2nd	8	1	辛未	2	8	31	辛丑	8	9	30	辛未	5
初三 3rd	8	2	壬申	1	9	1	壬寅	7	10	1	壬申	4
初四 4th	8	3	癸酉	9	9	2	癸卯	6	10	2	癸酉	3
初五 5th	8	4	甲戌	8	9	3	甲辰	5	10	3	甲戌	2
初六 6th	8	5	乙亥	7	9	4	乙巳	4	10	4	乙亥	1
初七 7th	8	6	丙子	6	9	5	丙午	3	10	5	丙子	9
初八 8th	8	7	丁丑	5	9	6	丁未	2	10	6	丁丑	8
初九 9th	8	8	戊寅	4	9	7	戊申	1	10	7	戊寅	7
初十 10th	8	9	己卯	3	9	8	己酉	9	10	8	己卯	6
十一 11th	8	10	庚辰	2	9	9	庚戌	8	10	9	庚辰	5
十二 12th	8	11	辛巳	1	9	10	辛亥	7	10	10	辛巳	4
十三 13th	8	12	壬午	9	9	11	壬子	6	10	11	壬午	3
十四 14th	8	13	癸未	8	9	12	癸丑	5	10	12	癸未	2
十五 15th	8	14	甲申	7	9	13	甲寅	4	10	13	甲申	1
十六 16th	8	15	乙酉	6	9	14	乙卯	3	10	14	乙酉	9
十七 17th	8	16	丙戌	5	9	15	丙辰	2	10	15	丙戌	8
十八 18th	8	17	丁亥	4	9	16	丁巳	1	10	16	丁亥	7
十九 19th	8	18	戊子	3	9	17	戊午	9	10	17	戊子	6
二十 20th	8	19	己丑	2	9	18	己未	8	10	18	己丑	5
廿一 21st	8	20	庚寅	1	9	19	庚申	7	10	19	庚寅	4
廿二 22nd	8	21	辛卯	9	9	20	辛酉	6	10	20	辛卯	3
廿三 23rd	8	22	壬辰	8	9	21	壬戌	5	10	21	壬辰	2
廿四 24th	8	23	癸巳	7	9	22	癸亥	4	10	22	癸巳	1
廿五 25th	8	24	甲午	6	9	23	甲子	3	10	23	甲午	9
廿六 26th	8	25	乙未	5	9	24	乙丑	2	10	24	乙未	8
廿七 27th	8	26	丙申	4	9	25	丙寅	1	10	25	丙申	7
廿八 28th	8	27	丁酉	3	9	26	丁卯	9	10	26	丁酉	6
廿九 29th	8	28	戊戌	2	9	27	戊辰	8	10	27	戊戌	5
三十 30th	8	29	己亥	1	9	28	己巳	7				

月干支 Month	十月大 10th Mth 辛亥 Xin Hai				十一月大 11th Mth 壬子 Ren Zi				十二月小 12th Mth 癸丑 Gui Chou			
九星 9 Star	二黑 Two Black				一白 One White				九紫 Nine Purple			
節氣 Season	小雪 Lesser Snow		立冬 Coming of Winter		冬至 Winter Solstice		大雪 Greater Snow		大寒 Greater Cold		小寒 Lesser Cold	
	27th day		12th day		26th day		11th day		26th day		11th day	
	3hr 3min		5hr 35min		16hr 15min		22hr 17min		2hr 54min		9h 27min	
	寅 Yin		卯 Mao		申 Shen		亥 Hai		丑 Chou		巳 Si	
農曆 Calendar	國曆 Gregorian		干支 S/B	星 Star	國曆 Gregorian		干支 S/B	星 Star	國曆 Gregorian		干支 S/B	星 Star
初一 1st	10	28	己亥	4	11	27	己巳	1	12	27	己亥	3
初二 2nd	10	29	庚子	3	11	28	庚午	9	12	28	庚子	4
初三 3rd	10	30	辛丑	2	11	29	辛未	8	12	29	辛丑	5
初四 4th	10	31	壬寅	1	11	30	壬申	7	12	30	壬寅	6
初五 5th	11	1	癸卯	9	12	1	癸酉	6	12	31	癸卯	7
初六 6th	11	2	甲辰	8	12	2	甲戌	5	1	1	甲辰	8
初七 7th	11	3	乙巳	7	12	3	乙亥	4	1	2	乙巳	9
初八 8th	11	4	丙午	6	12	4	丙子	3	1	3	丙午	1
初九 9th	11	5	丁未	5	12	5	丁丑	2	1	4	丁未	2
初十 10th	11	6	戊申	4	12	6	戊寅	1	1	5	戊申	3
十一 11th	11	7	己酉	3	12	7	己卯	9	1	6	己酉	4
十二 12th	11	8	庚戌	2	12	8	庚辰	8	1	7	庚戌	5
十三 13th	11	9	辛亥	1	12	9	辛巳	7	1	8	辛亥	6
十四 14th	11	10	壬子	9	12	10	壬午	6	1	9	壬子	7
十五 15th	11	11	癸丑	8	12	11	癸未	5	1	10	癸丑	8
十六 16th	11	12	甲寅	7	12	12	甲申	4	1	11	甲寅	9
十七 17th	11	13	乙卯	6	12	13	乙酉	3	1	12	乙卯	1
十八 18th	11	14	丙辰	5	12	14	丙戌	2	1	13	丙辰	2
十九 19th	11	15	丁巳	4	12	15	丁亥	1	1	14	丁巳	3
二十 20th	11	16	戊午	3	12	16	戊子	3	1	15	戊午	4
廿一 21st	11	17	己未	2	12	17	己丑	8	1	16	己未	5
廿二 22nd	11	18	庚申	1	12	18	庚寅	7	1	17	庚申	6
廿三 23rd	11	19	辛酉	9	12	19	辛卯	6	1	18	辛酉	7
廿四 24th	11	20	壬戌	8	12	20	壬辰	5	1	19	壬戌	8
廿五 25th	11	21	癸亥	7	12	21	癸巳	4	1	20	癸亥	9
廿六 26th	11	22	甲子	6	12	22	甲午	3\7	1	21	甲子	1
廿七 27th	11	23	乙丑	5	12	23	乙未	8	1	22	乙丑	2
廿八 28th	11	24	丙寅	4	12	24	丙申	9	1	23	丙寅	3
廿九 29th	11	25	丁卯	3	12	25	丁酉	1	1	24	丁卯	4
三十 30th	11	26	戊辰	2	12	26	戊戌	2				

1963 癸卯 Water Rabbit

Grand Duke: 皮時

天干 Ten Stems: 甲 Jia Yang Wood · 乙 Yi Yin Wood · 丙 Bing Yang Fire · 丁 Ding Yin Fire · 戊 Wu Yang Earth · 己 Ji Yin Earth · 庚 Geng Yang Metal · 辛 Xin Yin Metal · 壬 Ren Yang Water · 癸 Gui Yin Water

六月小 6th Mth				五月大 5th Mth				閏四月小 4th Mth				四月小 4th Mth				三月大 3rd Mth				二月小 2nd Mth				正月大 1st Mth				月干支 Month
己未 Ji Wei				戊午 Wu Wu								丁巳 Ding Si				丙辰 Bing Chen				乙卯 Yi Mao				甲寅 Jia Yin				
三碧 Three Jade				四綠 Four Green								五黃 Five Yellow				六白 Six White				七赤 Seven Red				八白 Eight White				九星 9 Star
立秋 Coming Autumn		大暑 Greater Heat		小暑 Lesser Heat		夏至 Summer Solstice				芒種 Planting of Thorny Crops		小滿 Small Sprout		立夏 Coming of Summer		穀雨 Grain Rain		清明 Clear and Bright		春分 Spring Equinox		驚蟄 Awakening of Worms		雨水 Rain Water		立春 Coming of Spring		節氣 Season
19th day		3rd day		18th day		2nd day				15th day		29th day		13th day		28th day		12th day		26th day		11th day		26th day		11th day		
14hr 26min		21hr 59min		4hr 38min		11hr 4min				18hr 15min		2hr 58min		13hr 52min		3hr 36min		20hr 19min		16hr 20min		15hr 17min		17hr 9min		21hr 8min		
未 Wei		亥 Hai		寅 Yin		午 Wu				酉 You		丑 Chou		未 Wei		寅 Yin		戌 Xu		申 Shen		申 Shen		酉 You		亥 Hai		
國曆 Gregorian		干支 S / B	星 Star	國曆 Gregorian		干支 S / B	星 Star	國曆 Gregorian		干支 S / B	星 Star	國曆 Gregorian		干支 S / B	星 Star	國曆 Gregorian		干支 S / B	星 Star	國曆 Gregorian		干支 S / B	星 Star	國曆 Gregorian		干支 S / B	星 Star	農曆 Calendar
7	21	乙丑	8	6	21	乙未	8	5	23	丙寅	6	4	24	丁酉	4	3	25	丁卯	1	2	24	戊戌	8	1	25	戊辰	5	初一 1st
7	22	丙寅	7	6	22	丙申	9\1	5	24	丁卯	7	4	25	戊戌	5	3	26	戊辰	2	2	25	己亥	9	1	26	己巳	6	初二 2nd
7	23	丁卯	6	6	23	丁酉	9	5	25	戊辰	8	4	26	己亥	6	3	27	己巳	3	2	26	庚子	1	1	27	庚午	7	初三 3rd
7	24	戊辰	5	6	24	戊戌	8	5	26	己巳	9	4	27	庚子	7	3	28	庚午	4	2	27	辛丑	2	1	28	辛未	8	初四 4th
7	25	己巳	4	6	25	己亥	7	5	27	庚午	1	4	28	辛丑	8	3	29	辛未	5	2	28	壬寅	3	1	29	壬申	9	初五 5th
7	26	庚午	3	6	26	庚子	6	5	28	辛未	2	4	29	壬寅	9	3	30	壬申	6	3	1	癸卯	4	1	30	癸酉	1	初六 6th
7	27	辛未	2	6	27	辛丑	5	5	29	壬申	3	4	30	癸卯	1	3	31	癸酉	7	3	2	甲辰	5	1	31	甲戌	2	初七 7th
7	28	壬申	1	6	28	壬寅	4	5	30	癸酉	4	5	1	甲辰	2	4	1	甲戌	8	3	3	乙巳	6	2	1	乙亥	3	初八 8th
7	29	癸酉	9	6	29	癸卯	3	5	31	甲戌	5	5	2	乙巳	3	4	2	乙亥	9	3	4	丙午	7	2	2	丙子	4	初九 9th
7	30	甲戌	8	6	30	甲辰	2	6	1	乙亥	6	5	3	丙午	4	4	3	丙子	1	3	5	丁未	8	2	3	丁丑	5	初十 10th
7	31	乙亥	7	7	1	乙巳	1	6	2	丙子	7	5	4	丁未	5	4	4	丁丑	2	3	6	戊申	9	2	4	戊寅	6	十一 11th
8	1	丙子	6	7	2	丙午	9	6	3	丁丑	8	5	5	戊申	6	4	5	戊寅	3	3	7	己酉	1	2	5	己卯	7	十二 12th
8	2	丁丑	5	7	3	丁未	8	6	4	戊寅	9	5	6	己酉	7	4	6	己卯	4	3	8	庚戌	2	2	6	庚辰	8	十三 13th
8	3	戊寅	4	7	4	戊申	7	6	5	己卯	1	5	7	庚戌	8	4	7	庚辰	5	3	9	辛亥	3	2	7	辛巳	9	十四 14th
8	4	己卯	3	7	5	己酉	6	6	6	庚辰	2	5	8	辛亥	9	4	8	辛巳	6	3	10	壬子	4	2	8	壬午	1	十五 15th
8	5	庚辰	2	7	6	庚戌	5	6	7	辛巳	3	5	9	壬子	1	4	9	壬午	7	3	11	癸丑	5	2	9	癸未	2	十六 16th
8	6	辛巳	1	7	7	辛亥	4	6	8	壬午	4	5	10	癸丑	2	4	10	癸未	8	3	12	甲寅	6	2	10	甲申	3	十七 17th
8	7	壬午	9	7	8	壬子	3	6	9	癸未	5	5	11	甲寅	3	4	11	甲申	9	3	13	乙卯	7	2	11	乙酉	4	十八 18th
8	8	癸未	8	7	9	癸丑	2	6	10	甲申	6	5	12	乙卯	4	4	12	乙酉	1	3	14	丙辰	8	2	12	丙戌	5	十九 19th
8	9	甲申	7	7	10	甲寅	1	6	11	乙酉	7	5	13	丙辰	5	4	13	丙戌	2	3	15	丁巳	9	2	13	丁亥	6	二十 20th
8	10	乙酉	6	7	11	乙卯	9	6	12	丙戌	8	5	14	丁巳	6	4	14	丁亥	3	3	16	戊午	1	2	14	戊子	7	廿一 21st
8	11	丙戌	5	7	12	丙辰	8	6	13	丁亥	9	5	15	戊午	7	4	15	戊子	4	3	17	己未	2	2	15	己丑	8	廿二 22nd
8	12	丁亥	4	7	13	丁巳	7	6	14	戊子	1	5	16	己未	8	4	16	己丑	5	3	18	庚申	3	2	16	庚寅	9	廿三 23rd
8	13	戊子	3	7	14	戊午	6	6	15	己丑	2	5	17	庚申	9	4	17	庚寅	6	3	19	辛酉	4	2	17	辛卯	1	廿四 24th
8	14	己丑	2	7	15	己未	5	6	16	庚寅	3	5	18	辛酉	1	4	18	辛卯	7	3	20	壬戌	5	2	18	壬辰	2	廿五 25th
8	15	庚寅	1	7	16	庚申	4	6	17	辛卯	4	5	19	壬戌	2	4	19	壬辰	8	3	21	癸亥	6	2	19	癸巳	3	廿六 26th
8	16	辛卯	9	7	17	辛酉	3	6	18	壬辰	5	5	20	癸亥	3	4	20	癸巳	9	3	22	甲子	7	2	20	甲午	4	廿七 27th
8	17	壬辰	8	7	18	壬戌	2	6	19	癸巳	6	5	21	甲子	4	4	21	甲午	1	3	23	乙丑	8	2	21	乙未	5	廿八 28th
8	18	癸巳	7	7	19	癸亥	1	6	20	甲午	7	5	22	乙丑	5	4	22	乙未	2	3	24	丙寅	9	2	22	丙申	6	廿九 29th
				7	20	甲子	9									4	23	丙申	3					2	23	丁酉	7	三十 30th

Male Gua:1 坎(Kan) Female Gua: 8 艮(Gen) 3 Killing 三煞: West Annual Star: 1 White

地支 Twelve Branches: 子 Zi Rat · 丑 Chou Ox · 寅 Yin Tiger · 卯 Mao Rabbit · 辰 Chen Dragon · 巳 Si Snake · 午 Wu Horse · 未 Wei Goat · 申 Shen Monkey · 酉 You Rooster · 戌 Xu Dog · 亥 Hai Pig

月干支 Month	七月大 7th Mth 庚申 Geng Shen				八月小 8th Mth 辛酉 Xin You				九月大 9th Mth 壬戌 Ren Xu			
九星 9 Star	二黑 Two Black				一白 One White				九紫 Nine Purple			
節氣 Season	白露 White Dew, 21st day, 17hr 12min, 酉 You		處暑 Heat Ends, 6th day, 4hr 58min, 寅 Yin		寒露 Cold Dew, 22nd day, 8hr 36min, 辰 Chen		秋分 Autumn Equinox, 7th day, 2hr 24min, 丑 Chou		立冬 Coming of Winter, 23rd day, 11hr 32min, 午 Wu		霜降 Frosting, 8th day, 11hr 29min, 午 Wu	
農曆 Calendar	國曆 Gregorian		干支 S/B	星 Star	國曆 Gregorian		干支 S/B	星 Star	國曆 Gregorian		干支 S/B	星 Star
初一 1st	8	19	甲午	6	9	18	甲子	3	10	17	癸巳	1
初二 2nd	8	20	乙未	5	9	19	乙丑	2	10	18	甲午	9
初三 3rd	8	21	丙申	4	9	20	丙寅	1	10	19	乙未	8
初四 4th	8	22	丁酉	3	9	21	丁卯	9	10	20	丙申	7
初五 5th	8	23	戊戌	2	9	22	戊辰	8	10	21	丁酉	6
初六 6th	8	24	己亥	1	9	23	己巳	7	10	22	戊戌	5
初七 7th	8	25	庚子	9	9	24	庚午	6	10	23	己亥	4
初八 8th	8	26	辛丑	8	9	25	辛未	5	10	24	庚子	3
初九 9th	8	27	壬寅	7	9	26	壬申	4	10	25	辛丑	2
初十 10th	8	28	癸卯	6	9	27	癸酉	3	10	26	壬寅	1
十一 11th	8	29	甲辰	5	9	28	甲戌	2	10	27	癸卯	9
十二 12th	8	30	乙巳	4	9	29	乙亥	1	10	28	甲辰	8
十三 13th	8	31	丙午	3	9	30	丙子	9	10	29	乙巳	7
十四 14th	9	1	丁未	2	10	1	丁丑	8	10	30	丙午	6
十五 15th	9	2	戊申	1	10	2	戊寅	7	10	31	丁未	5
十六 16th	9	3	己酉	9	10	3	己卯	6	11	1	戊申	4
十七 17th	9	4	庚戌	8	10	4	庚辰	5	11	2	己酉	3
十八 18th	9	5	辛亥	7	10	5	辛巳	4	11	3	庚戌	2
十九 19th	9	6	壬子	6	10	6	壬午	3	11	4	辛亥	1
二十 20th	9	7	癸丑	5	10	7	癸未	2	11	5	壬子	9
廿一 21st	9	8	甲寅	4	10	8	甲申	1	11	6	癸丑	8
廿二 22nd	9	9	乙卯	3	10	9	乙酉	9	11	7	甲寅	7
廿三 23rd	9	10	丙辰	2	10	10	丙戌	8	11	8	乙卯	6
廿四 24th	9	11	丁巳	1	10	11	丁亥	7	11	9	丙辰	5
廿五 25th	9	12	戊午	9	10	12	戊子	6	11	10	丁巳	4
廿六 26th	9	13	己未	8	10	13	己丑	5	11	11	戊午	3
廿七 27th	9	14	庚申	7	10	14	庚寅	4	11	12	己未	2
廿八 28th	9	15	辛酉	6	10	15	辛卯	3	11	13	庚申	1
廿九 29th	9	16	壬戌	5	10	16	壬辰	2	11	14	辛酉	9
三十 30th	9	17	癸亥	4					11	15	壬戌	8

月干支 Month	十月大 10th Mth 癸亥 Gui Hai				十一月大 11th Mth 甲子 Jia Zi				十二月小 12th Mth 乙丑 Yi Chou			
九星 9 Star	八白 Eight White				七赤 Seven Red				六白 Six White			
節氣 Season	大雪 Greater Snow, 23rd day, 4hr 13min, 寅 Yin		小雪 Lesser Snow, 8th day, 8hr 50min, 辰 Chen		小寒 Lesser Cold, 22nd day, 15hr 22min, 申 Shen		冬至 Winter Solstice, 7th day, 22hr 2min, 亥 Hai		立春 Coming of Spring, 22nd day, 3hr 5min, 寅 Yin		大寒 Greater Cold, 7th day, 8hr 41min, 辰 Chen	
農曆 Calendar	國曆 Gregorian		干支 S/B	星 Star	國曆 Gregorian		干支 S/B	星 Star	國曆 Gregorian		干支 S/B	星 Star
初一 1st	11	16	癸亥	7	12	16	癸巳	4	1	15	癸亥	9
初二 2nd	11	17	甲子	6	12	17	甲午	3	1	16	甲子	1
初三 3rd	11	18	乙丑	5	12	18	乙未	2	1	17	乙丑	2
初四 4th	11	19	丙寅	4	12	19	丙申	1	1	18	丙寅	3
初五 5th	11	20	丁卯	3	12	20	丁酉	9	1	19	丁卯	4
初六 6th	11	21	戊辰	2	12	21	戊戌	8	1	20	戊辰	5
初七 7th	11	22	己巳	1	12	22	己亥	7\3	1	21	己巳	6
初八 8th	11	23	庚午	9	12	23	庚子	4	1	22	庚午	7
初九 9th	11	24	辛未	8	12	24	辛丑	5	1	23	辛未	8
初十 10th	11	25	壬申	7	12	25	壬寅	6	1	24	壬申	9
十一 11th	11	26	癸酉	6	12	26	癸卯	7	1	25	癸酉	1
十二 12th	11	27	甲戌	5	12	27	甲辰	8	1	26	甲戌	2
十三 13th	11	28	乙亥	4	12	28	乙巳	9	1	27	乙亥	3
十四 14th	11	29	丙子	3	12	29	丙午	1	1	28	丙子	4
十五 15th	11	30	丁丑	2	12	30	丁未	2	1	29	丁丑	5
十六 16th	12	1	戊寅	1	12	31	戊申	3	1	30	戊寅	6
十七 17th	12	2	己卯	9	1	1	己酉	4	1	31	己卯	7
十八 18th	12	3	庚辰	8	1	2	庚戌	5	2	1	庚辰	8
十九 19th	12	4	辛巳	7	1	3	辛亥	6	2	2	辛巳	9
二十 20th	12	5	壬午	6	1	4	壬子	7	2	3	壬午	1
廿一 21st	12	6	癸未	5	1	5	癸丑	8	2	4	癸未	2
廿二 22nd	12	7	甲申	4	1	6	甲寅	9	2	5	甲申	3
廿三 23rd	12	8	乙酉	3	1	7	乙卯	1	2	6	乙酉	4
廿四 24th	12	9	丙戌	2	1	8	丙辰	2	2	7	丙戌	5
廿五 25th	12	10	丁亥	1	1	9	丁巳	3	2	8	丁亥	6
廿六 26th	12	11	戊子	9	1	10	戊午	4	2	9	戊子	7
廿七 27th	12	12	己丑	8	1	11	己未	5	2	10	己丑	8
廿八 28th	12	13	庚寅	7	1	12	庚申	6	2	11	庚寅	9
廿九 29th	12	14	辛卯	6	1	13	辛酉	7	2	12	辛卯	1
三十 30th	12	15	壬辰	5	1	14	壬戌	8				

1964 甲辰 Wood Dragon

Grand Duke: 李成

天干 Ten Stems: 甲 Jia Yang Wood · 乙 Yi Yin Wood · 丙 Bing Yang Fire · 丁 Ding Yin Fire · 戊 Wu Yang Earth · 己 Ji Yin Earth · 庚 Geng Yang Metal · 辛 Xin Yin Metal · 壬 Ren Yang Water · 癸 Gui Yin Water

月干支 Month	正月大 1st Mth 丙寅 Bing Yin				二月小 2nd Mth 丁卯 Ding Mao			
九星 9 Star	五黃 Five Yellow				四綠 Four Green			
節氣 Season	驚蟄 Awakening of Worms		雨水 Rain Water		清明 Clear and Bright		春分 Spring Equinox	
	22nd day		7th day		23rd day		7th day	
	21hr 16min		22hr 57min		2hr 18min		22hr 10min	
	亥 Hai		亥 Hai		丑 Chou		亥 Hai	
農曆 Calendar	國曆 Gregorian		干支 S/B	星 Star	國曆 Gregorian		干支 S/B	星 Star
初一 1st	2	13	壬辰	2	3	14	壬戌	5
初二 2nd	2	14	癸巳	3	3	15	癸亥	6
初三 3rd	2	15	甲午	4	3	16	甲子	7
初四 4th	2	16	乙未	5	3	17	乙丑	8
初五 5th	2	17	丙申	6	3	18	丙寅	9
初六 6th	2	18	丁酉	7	3	19	丁卯	1
初七 7th	2	19	戊戌	8	3	20	戊辰	2
初八 8th	2	20	己亥	9	3	21	己巳	3
初九 9th	2	21	庚子	1	3	22	庚午	4
初十 10th	2	22	辛丑	2	3	23	辛未	5
十一 11th	2	23	壬寅	3	3	24	壬申	6
十二 12th	2	24	癸卯	4	3	25	癸酉	7
十三 13th	2	25	甲辰	5	3	26	甲戌	8
十四 14th	2	26	乙巳	6	3	27	乙亥	9
十五 15th	2	27	丙午	7	3	28	丙子	1
十六 16th	2	28	丁未	8	3	29	丁丑	2
十七 17th	2	29	戊申	9	3	30	戊寅	3
十八 18th	3	1	己酉	1	3	31	己卯	4
十九 19th	3	2	庚戌	2	4	1	庚辰	5
二十 20th	3	3	辛亥	3	4	2	辛巳	6
廿一 21st	3	4	壬子	4	4	3	壬午	7
廿二 22nd	3	5	癸丑	5	4	4	癸未	8
廿三 23rd	3	6	甲寅	6	4	5	甲申	9
廿四 24th	3	7	乙卯	7	4	6	乙酉	1
廿五 25th	3	8	丙辰	8	4	7	丙戌	2
廿六 26th	3	9	丁巳	9	4	8	丁亥	3
廿七 27th	3	10	戊午	1	4	9	戊子	4
廿八 28th	3	11	己未	2	4	10	己丑	5
廿九 29th	3	12	庚申	3	4	11	庚寅	6
三十 30th	3	13	辛酉	4				

月干支 Month	三月大 3rd Mth 戊辰 Wu Chen				四月小 4th Mth 己巳 Ji Si			
九星 9 Star	三碧 Three Jade				二黑 Two Black			
節氣 Season	立夏 Coming of Summer		穀雨 Grain Rain		芒種 Planting of Thorny Crops		小滿 Small Sprout	
	24th day		9th day		26th day		10th day	
	19hr 51min		9hr 27min		0hr 12min		8hr 50min	
	戌 Xu		巳 Si		子 Zi		辰 Chen	
農曆 Calendar	國曆 Gregorian		干支 S/B	星 Star	國曆 Gregorian		干支 S/B	星 Star
初一 1st	4	12	辛卯	7	5	12	辛酉	1
初二 2nd	4	13	壬辰	8	5	13	壬戌	2
初三 3rd	4	14	癸巳	9	5	14	癸亥	3
初四 4th	4	15	甲午	1	5	15	甲子	4
初五 5th	4	16	乙未	2	5	16	乙丑	5
初六 6th	4	17	丙申	3	5	17	丙寅	6
初七 7th	4	18	丁酉	4	5	18	丁卯	7
初八 8th	4	19	戊戌	5	5	19	戊辰	8
初九 9th	4	20	己亥	6	5	20	己巳	9
初十 10th	4	21	庚子	7	5	21	庚午	1
十一 11th	4	22	辛丑	8	5	22	辛未	2
十二 12th	4	23	壬寅	9	5	23	壬申	3
十三 13th	4	24	癸卯	1	5	24	癸酉	4
十四 14th	4	25	甲辰	2	5	25	甲戌	5
十五 15th	4	26	乙巳	3	5	26	乙亥	6
十六 16th	4	27	丙午	4	5	27	丙子	7
十七 17th	4	28	丁未	5	5	28	丁丑	8
十八 18th	4	29	戊申	6	5	29	戊寅	9
十九 19th	4	30	己酉	7	5	30	己卯	1
二十 20th	5	1	庚戌	8	5	31	庚辰	2
廿一 21st	5	2	辛亥	9	6	1	辛巳	3
廿二 22nd	5	3	壬子	1	6	2	壬午	4
廿三 23rd	5	4	癸丑	2	6	3	癸未	5
廿四 24th	5	5	甲寅	3	6	4	甲申	6
廿五 25th	5	6	乙卯	4	6	5	乙酉	7
廿六 26th	5	7	丙辰	5	6	6	丙戌	8
廿七 27th	5	8	丁巳	6	6	7	丁亥	9
廿八 28th	5	9	戊午	7	6	8	戊子	1
廿九 29th	5	10	己未	8	6	9	己丑	2
三十 30th	5	11	庚申	9				

月干支 Month	五月小 5th Mth 庚午 Geng Wu				六月大 6th Mth 辛未 Xin Wei			
九星 9 Star	一白 One White				九紫 Nine Purple			
節氣 Season	小暑 Lesser Heat		夏至 Summer Solstice		立秋 Coming Autumn		大暑 Greater Heat	
	28th day		12th day		30th day		15th day	
	10hr 32min		16hr 57min		20hr 16min		3hr 53min	
	巳 Si		申 Shen		戌 Xu		寅 Yin	
農曆 Calendar	國曆 Gregorian		干支 S/B	星 Star	國曆 Gregorian		干支 S/B	星 Star
初一 1st	6	10	庚寅	3	7	9	己未	5
初二 2nd	6	11	辛卯	4	7	10	庚申	4
初三 3rd	6	12	壬辰	5	7	11	辛酉	3
初四 4th	6	13	癸巳	6	7	12	壬戌	2
初五 5th	6	14	甲午	7	7	13	癸亥	1
初六 6th	6	15	乙未	8	7	14	甲子	9
初七 7th	6	16	丙申	9	7	15	乙丑	8
初八 8th	6	17	丁酉	1	7	16	丙寅	7
初九 9th	6	18	戊戌	2	7	17	丁卯	6
初十 10th	6	19	己亥	3	7	18	戊辰	5
十一 11th	6	20	庚子	4	7	19	己巳	4
十二 12th	6	21	辛丑	5\5	7	20	庚午	3
十三 13th	6	22	壬寅	4	7	21	辛未	2
十四 14th	6	23	癸卯	3	7	22	壬申	1
十五 15th	6	24	甲辰	2	7	23	癸酉	9
十六 16th	6	25	乙巳	1	7	24	甲戌	8
十七 17th	6	26	丙午	9	7	25	乙亥	7
十八 18th	6	27	丁未	8	7	26	丙子	6
十九 19th	6	28	戊申	7	7	27	丁丑	5
二十 20th	6	29	己酉	6	7	28	戊寅	4
廿一 21st	6	30	庚戌	5	7	29	己卯	3
廿二 22nd	7	1	辛亥	4	7	30	庚辰	2
廿三 23rd	7	2	壬子	3	7	31	辛巳	1
廿四 24th	7	3	癸丑	2	8	1	壬午	9
廿五 25th	7	4	甲寅	1	8	2	癸未	8
廿六 26th	7	5	乙卯	9	8	3	甲申	7
廿七 27th	7	6	丙辰	8	8	4	乙酉	6
廿八 28th	7	7	丁巳	7	8	5	丙戌	5
廿九 29th	7	8	戊午	6	8	6	丁亥	4
三十 30th					8	7	戊子	3

Male Gua: 9 離(Li) **Female Gua: 6 乾(Qian)** 3 Killing 三煞: South Annual Star: 9 Purple

地支 Twelve Branches: 子 Zi Rat · 丑 Chou Ox · 寅 Yin Tiger · 卯 Mao Rabbit · 辰 Chen Dragon · 巳 Si Snake · 午 Wu Horse · 未 Wei Goat · 申 Shen Monkey · 酉 You Rooster · 戌 Xu Dog · 亥 Hai Pig

月干支 Month	七月小 7th Mth				八月大 8th Mth				九月小 9th Mth				十月大 10th Mth				十一月大 11th Mth				十二月大 12th Mth			
	壬申 Ren Shen				癸酉 Gui You				甲戌 Jia Xu				乙亥 Yi Hai				丙子 Bing Zi				丁丑 Ding Chou			
九星 9 Star	八白 Eight White				七赤 Seven Red				六白 Six White				五黃 Five Yellow				四綠 Four Green				三碧 Three Jade			
節氣 Season			處暑 Heat Ends		秋分 Autumn Equinox		白露 White Dew		霜降 Frosting		寒露 Cold Dew		小雪 Lesser Snow		立冬 Coming of Winter		冬至 Winter Solstice		大雪 Greater Snow		大寒 Greater Cold		小寒 Lesser Cold	
			16th day 10hr 51min		18th day 8hr 17min		2nd day 23hr 0min		18th day 17hr 21min		3rd day 14hr 22min		19th day 14hr 39min		4th day 17hr 15min		19th day 3hr 50min		4th day 9hr 53min		18th day 14hr 29min		3rd day 21hr 2min	
			巳 Si		辰 Chen		子 Zi		酉 You		未 Wei		未 Wei		酉 You		寅 Yin		巳 Si		未 Wei		亥 Hai	
農曆 Calendar	國曆 Gregorian		干支 S/B	星 Star	國曆 Gregorian		干支 S/B	星 Star	國曆 Gregorian		干支 S/B	星 Star	國曆 Gregorian		干支 S/B	星 Star	國曆 Gregorian		干支 S/B	星 Star	國曆 Gregorian		干支 S/B	星 Star
初一 1st	8	8	己丑	2	9	6	戊午	9	10	6	戊子	6	11	4	丁巳	4	12	4	丁亥	1	1	3	丁巳	3
初二 2nd	8	9	庚寅	1	9	7	己未	8	10	7	己丑	5	11	5	戊午	3	12	5	戊子	9	1	4	戊午	4
初三 3rd	8	10	辛卯	9	9	8	庚申	7	10	8	庚寅	4	11	6	己未	2	12	6	己丑	8	1	5	己未	5
初四 4th	8	11	壬辰	8	9	9	辛酉	6	10	9	辛卯	3	11	7	庚申	1	12	7	庚寅	7	1	6	庚申	6
初五 5th	8	12	癸巳	7	9	10	壬戌	5	10	10	壬辰	2	11	8	辛酉	9	12	8	辛卯	6	1	7	辛酉	7
初六 6th	8	13	甲午	6	9	11	癸亥	4	10	11	癸巳	1	11	9	壬戌	8	12	9	壬辰	5	1	8	壬戌	8
初七 7th	8	14	乙未	5	9	12	甲子	3	10	12	甲午	9	11	10	癸亥	7	12	10	癸巳	4	1	9	癸亥	9
初八 8th	8	15	丙申	4	9	13	乙丑	2	10	13	乙未	8	11	11	甲子	6	12	11	甲午	3	1	10	甲子	1
初九 9th	8	16	丁酉	3	9	14	丙寅	1	10	14	丙申	7	11	12	乙丑	5	12	12	乙未	2	1	11	乙丑	2
初十 10th	8	17	戊戌	2	9	15	丁卯	9	10	15	丁酉	6	11	13	丙寅	4	12	13	丙申	1	1	12	丙寅	3
十一 11th	8	18	己亥	1	9	16	戊辰	8	10	16	戊戌	5	11	14	丁卯	3	12	14	丁酉	9	1	13	丁卯	4
十二 12th	8	19	庚子	9	9	17	己巳	7	10	17	己亥	4	11	15	戊辰	2	12	15	戊戌	8	1	14	戊辰	5
十三 13th	8	20	辛丑	8	9	18	庚午	6	10	18	庚子	3	11	16	己巳	1	12	16	己亥	7	1	15	己巳	6
十四 14th	8	21	壬寅	7	9	19	辛未	5	10	19	辛丑	2	11	17	庚午	9	12	17	庚子	6	1	16	庚午	7
十五 15th	8	22	癸卯	6	9	20	壬申	4	10	20	壬寅	1	11	18	辛未	8	12	18	辛丑	5	1	17	辛未	8
十六 16th	8	23	甲辰	5	9	21	癸酉	3	10	21	癸卯	9	11	19	壬申	7	12	19	壬寅	4	1	18	壬申	9
十七 17th	8	24	乙巳	4	9	22	甲戌	2	10	22	甲辰	8	11	20	癸酉	6	12	20	癸卯	3	1	19	癸酉	1
十八 18th	8	25	丙午	3	9	23	乙亥	1	10	23	乙巳	7	11	21	甲戌	5	12	21	甲辰	2	1	20	甲戌	2
十九 19th	8	26	丁未	2	9	24	丙子	9	10	24	丙午	6	11	22	乙亥	4	12	22	乙巳	1\9	1	21	乙亥	3
二十 20th	8	27	戊申	1	9	25	丁丑	8	10	25	丁未	5	11	23	丙子	3	12	23	丙午	1	1	22	丙子	4
廿一 21st	8	28	己酉	9	9	26	戊寅	7	10	26	戊申	4	11	24	丁丑	2	12	24	丁未	2	1	23	丁丑	5
廿二 22nd	8	29	庚戌	8	9	27	己卯	6	10	27	己酉	3	11	25	戊寅	1	12	25	戊申	3	1	24	戊寅	6
廿三 23rd	8	30	辛亥	7	9	28	庚辰	5	10	28	庚戌	2	11	26	己卯	9	12	26	己酉	4	1	25	己卯	7
廿四 24th	8	31	壬子	6	9	29	辛巳	4	10	29	辛亥	1	11	27	庚辰	8	12	27	庚戌	5	1	26	庚辰	8
廿五 25th	9	1	癸丑	5	9	30	壬午	3	10	30	壬子	9	11	28	辛巳	7	12	28	辛亥	6	1	27	辛巳	9
廿六 26th	9	2	甲寅	4	10	1	癸未	2	10	31	癸丑	8	11	29	壬午	6	12	29	壬子	7	1	28	壬午	1
廿七 27th	9	3	乙卯	3	10	2	甲申	1	11	1	甲寅	7	11	30	癸未	5	12	30	癸丑	8	1	29	癸未	2
廿八 28th	9	4	丙辰	2	10	3	乙酉	9	11	2	乙卯	6	12	1	甲申	4	12	31	甲寅	9	1	30	甲申	3
廿九 29th	9	5	丁巳	1	10	4	丙戌	8	11	3	丙辰	5	12	2	乙酉	3	1	1	乙卯	1	1	31	乙酉	4
三十 30th					10	5	丁亥	7					12	3	丙戌	2	1	2	丙辰	2	2	1	丙戌	5

1965 乙巳 Wood Snake

Grand Duke: 吳遂

天干 Ten Stems: 甲 Jia Yang Wood · 乙 Yi Yin Wood · 丙 Bing Yang Fire · 丁 Ding Yin Fire · 戊 Wu Yang Earth · 己 Ji Yin Earth · 庚 Geng Yang Metal · 辛 Xin Yin Metal · 壬 Ren Yang Water · 癸 Gui Yin Water

六月小 6th Mth				五月小 5th Mth				四月大 4th Mth				三月小 3rd Mth				二月大 2nd Mth				正月小 1st Mth				月干支 Month
癸未 Gui Wei				壬午 Ren Wu				辛巳 Xin Si				庚辰 Geng Chen				己卯 Ji Mao				戊寅 Wu Yin				
六白 Six White				七赤 Seven Red				八白 Eight White				九紫 Nine Purple				一白 One White				二黑 Two Black				九星 9 Star
大暑 Greater Heat		小暑 Lesser Heat		夏至 Summer Solstice		芒種 Planting of Thorny Crops		小滿 Small Sprout		立夏 Coming of Summer		穀雨 Grain Rain		清明 Clear and Bright		春分 Spring Equinox		驚蟄 Awakening of Worms		雨水 Rain Water		立春 Coming of Spring		節氣 Season
25th day		9th day		22nd day		7th day		21st day		6th day		19th day		4th day		19th day		4th day		18th day		3rd day		
9hr 48min		16hr 22min		22hr 56min		6hr 2min		14hr 50min		1hr 42min		15hr 26min		8hr 7min		4hr 5min		3hr 1min		4hr 48min		8hr 46min		
巳 Si		申 Shen		亥 Hai		卯 Mao		未 Wei		丑 Chou		申 Shen		辰 Chen		寅 Yin		寅 Yin		寅 Yin		辰 Chen		
國曆 Gregorian		干支 S/B	星 Star	國曆 Gregorian		干支 S/B	星 Star	國曆 Gregorian		干支 S/B	星 Star	國曆 Gregorian		干支 S/B	星 Star	國曆 Gregorian		干支 S/B	星 Star	國曆 Gregorian		干支 S/B	星 Star	農曆 Calendar
6	29	甲寅	1	5	31	乙酉	7	5	1	乙卯	4	4	2	丙戌	2	3	3	丙辰	8	2	2	丁亥	6	初一 1st
6	30	乙卯	9	6	1	丙戌	8	5	2	丙辰	5	4	3	丁亥	3	3	4	丁巳	9	2	3	戊子	7	初二 2nd
7	1	丙辰	8	6	2	丁亥	9	5	3	丁巳	6	4	4	戊子	4	3	5	戊午	1	2	4	己丑	8	初三 3rd
7	2	丁巳	7	6	3	戊子	1	5	4	戊午	7	4	5	己丑	5	3	6	己未	2	2	5	庚寅	9	初四 4th
7	3	戊午	6	6	4	己丑	2	5	5	己未	8	4	6	庚寅	6	3	7	庚申	3	2	6	辛卯	1	初五 5th
7	4	己未	5	6	5	庚寅	3	5	6	庚申	9	4	7	辛卯	7	3	8	辛酉	4	2	7	壬辰	2	初六 6th
7	5	庚申	4	6	6	辛卯	4	5	7	辛酉	1	4	8	壬辰	8	3	9	壬戌	5	2	8	癸巳	3	初七 7th
7	6	辛酉	3	6	7	壬辰	5	5	8	壬戌	2	4	9	癸巳	9	3	10	癸亥	6	2	9	甲午	4	初八 8th
7	7	壬戌	2	6	8	癸巳	6	5	9	癸亥	3	4	10	甲午	1	3	11	甲子	7	2	10	乙未	5	初九 9th
7	8	癸亥	1	6	9	甲午	7	5	10	甲子	4	4	11	乙未	2	3	12	乙丑	8	2	11	丙申	6	初十 10th
7	9	甲子	9	6	10	乙未	8	5	11	乙丑	5	4	12	丙申	3	3	13	丙寅	9	2	12	丁酉	7	十一 11th
7	10	乙丑	8	6	11	丙申	9	5	12	丙寅	6	4	13	丁酉	4	3	14	丁卯	1	2	13	戊戌	8	十二 12th
7	11	丙寅	7	6	12	丁酉	1	5	13	丁卯	7	4	14	戊戌	5	3	15	戊辰	2	2	14	己亥	9	十三 13th
7	12	丁卯	6	6	13	戊戌	2	5	14	戊辰	8	4	15	己亥	6	3	16	己巳	3	2	15	庚子	1	十四 14th
7	13	戊辰	5	6	14	己亥	3	5	15	己巳	9	4	16	庚子	7	3	17	庚午	4	2	16	辛丑	2	十五 15th
7	14	己巳	4	6	15	庚子	4	5	16	庚午	1	4	17	辛丑	8	3	18	辛未	5	2	17	壬寅	3	十六 16th
7	15	庚午	3	6	16	辛丑	5	5	17	辛未	2	4	18	壬寅	9	3	19	壬申	6	2	18	癸卯	4	十七 17th
7	16	辛未	2	6	17	壬寅	6	5	18	壬申	3	4	19	癸卯	1	3	20	癸酉	7	2	19	甲辰	5	十八 18th
7	17	壬申	1	6	18	癸卯	7	5	19	癸酉	4	4	20	甲辰	2	3	21	甲戌	8	2	20	乙巳	6	十九 19th
7	18	癸酉	9	6	19	甲辰	8	5	20	甲戌	5	4	21	乙巳	3	3	22	乙亥	9	2	21	丙午	7	二十 20th
7	19	甲戌	8	6	20	乙巳	9	5	21	乙亥	6	4	22	丙午	4	3	23	丙子	1	2	22	丁未	8	廿一 21st
7	20	乙亥	7	6	21	丙午	1\9	5	22	丙子	7	4	23	丁未	5	3	24	丁丑	2	2	23	戊申	9	廿二 22nd
7	21	丙子	6	6	22	丁未	8	5	23	丁丑	8	4	24	戊申	6	3	25	戊寅	3	2	24	己酉	1	廿三 23rd
7	22	丁丑	5	6	23	戊申	7	5	24	戊寅	9	4	25	己酉	7	3	26	己卯	4	2	25	庚戌	2	廿四 24th
7	23	戊寅	4	6	24	己酉	6	5	25	己卯	1	4	26	庚戌	8	3	27	庚辰	5	2	26	辛亥	3	廿五 25th
7	24	己卯	3	6	25	庚戌	5	5	26	庚辰	2	4	27	辛亥	9	3	28	辛巳	6	2	27	壬子	4	廿六 26th
7	25	庚辰	2	6	26	辛亥	4	5	27	辛巳	3	4	28	壬子	1	3	29	壬午	7	2	28	癸丑	5	廿七 27th
7	26	辛巳	1	6	27	壬子	3	5	28	壬午	4	4	29	癸丑	2	3	30	癸未	8	3	1	甲寅	6	廿八 28th
7	27	壬午	9	6	28	癸丑	2	5	29	癸未	5	4	30	甲寅	3	3	31	甲申	9	3	2	乙卯	7	廿九 29th
								5	30	甲申	6					4	1	乙酉	1					三十 30th

Male Gua: 8 艮(Gen) **Female Gua: 7 兌(Dui)** 3 Killing 三煞: East Annual Star: 8 White

月干支 Month	七月大 7th Mth 甲申 Jia Shen				八月小 8th Mth 乙酉 Yi You				九月小 9th Mth 丙戌 Bing Xu			
九星 9 Star	五黃 Five Yellow				四綠 Four Green				三碧 Three Jade			
節氣 Season	處暑 Heat Ends 27th day 16hr 43min 申 Shen		立秋 Coming Autumn 12th day 2hr 5min 丑 Chou		秋分 Autumn Equinox 28th day 14hr 6min 未 Wei		白露 White Dew 13th day 4hr 48min 寅 Yin		霜降 Frosting 29th day 23hr 10min 子 Zi		寒露 Cold Dew 14th day 20hr 11min 戌 Xu	
農曆 Calendar	國曆 Gregorian		干支 S/B	星 Star	國曆 Gregorian		干支 S/B	星 Star	國曆 Gregorian		干支 S/B	星 Star
初一 1st	7	28	癸未	8	8	27	癸丑	5	9	25	壬午	3
初二 2nd	7	29	甲申	7	8	28	甲寅	4	9	26	癸未	2
初三 3rd	7	30	乙酉	6	8	29	乙卯	3	9	27	甲申	1
初四 4th	7	31	丙戌	5	8	30	丙辰	2	9	28	乙酉	9
初五 5th	8	1	丁亥	4	8	31	丁巳	1	9	29	丙戌	8
初六 6th	8	2	戊子	3	9	1	戊午	9	9	30	丁亥	7
初七 7th	8	3	己丑	2	9	2	己未	8	10	1	戊子	6
初八 8th	8	4	庚寅	1	9	3	庚申	7	10	2	己丑	5
初九 9th	8	5	辛卯	9	9	4	辛酉	6	10	3	庚寅	4
初十 10th	8	6	壬辰	8	9	5	壬戌	5	10	4	辛卯	3
十一 11th	8	7	癸巳	7	9	6	癸亥	4	10	5	壬辰	2
十二 12th	8	8	甲午	6	9	7	甲子	3	10	6	癸巳	1
十三 13th	8	9	乙未	5	9	8	乙丑	2	10	7	甲午	9
十四 14th	8	10	丙申	4	9	9	丙寅	1	10	8	乙未	8
十五 15th	8	11	丁酉	3	9	10	丁卯	9	10	9	丙申	7
十六 16th	8	12	戊戌	2	9	11	戊辰	8	10	10	丁酉	6
十七 17th	8	13	己亥	1	9	12	己巳	7	10	11	戊戌	5
十八 18th	8	14	庚子	9	9	13	庚午	6	10	12	己亥	4
十九 19th	8	15	辛丑	8	9	14	辛未	5	10	13	庚子	3
二十 20th	8	16	壬寅	7	9	15	壬申	4	10	14	辛丑	2
廿一 21st	8	17	癸卯	6	9	16	癸酉	3	10	15	壬寅	1
廿二 22nd	8	18	甲辰	5	9	17	甲戌	2	10	16	癸卯	9
廿三 23rd	8	19	乙巳	4	9	18	乙亥	1	10	17	甲辰	8
廿四 24th	8	20	丙午	3	9	19	丙子	9	10	18	乙巳	7
廿五 25th	8	21	丁未	2	9	20	丁丑	8	10	19	丙午	6
廿六 26th	8	22	戊申	1	9	21	戊寅	7	10	20	丁未	5
廿七 27th	8	23	己酉	9	9	22	己卯	6	10	21	戊申	4
廿八 28th	8	24	庚戌	8	9	23	庚辰	5	10	22	己酉	3
廿九 29th	8	25	辛亥	7	9	24	辛巳	4	10	23	庚戌	2
三十 30th	8	26	壬子	6								

月干支 Month	十月大 10th Mth 丁亥 Ding Hai				十一月大 11th Mth 戊子 Wu Zi				十二月小 12th Mth 己丑 Ji Chou			
九星 9 Star	二黑 Two Black				一白 One White				九紫 Nine Purple			
節氣 Season	小雪 Lesser Snow 30th day 20hr 29min 戌 Xu		立冬 Coming of Winter 5th day 23hr 7min 子 Zi		冬至 Winter Solstice 30th day 9hr 41min 巳 Si		大雪 Greater Snow 15th day 15hr 46min 申 Shen		大寒 Greater Cold 29th day 20hr 20min 戌 Xu		小寒 Lesser Cold 15th day 2hr 55min 丑 Chou	
農曆 Calendar	國曆 Gregorian		干支 S/B	星 Star	國曆 Gregorian		干支 S/B	星 Star	國曆 Gregorian		干支 S/B	星 Star
初一 1st	10	24	辛亥	1	11	23	辛巳	7	12	23	辛亥	6
初二 2nd	10	25	壬子	9	11	24	壬午	6	12	24	壬子	7
初三 3rd	10	26	癸丑	8	11	25	癸未	5	12	25	癸丑	8
初四 4th	10	27	甲寅	7	11	26	甲申	4	12	26	甲寅	9
初五 5th	10	28	乙卯	6	11	27	乙酉	3	12	27	乙卯	1
初六 6th	10	29	丙辰	5	11	28	丙戌	2	12	28	丙辰	2
初七 7th	10	30	丁巳	4	11	29	丁亥	1	12	29	丁巳	3
初八 8th	10	31	戊午	3	11	30	戊子	9	12	30	戊午	4
初九 9th	11	1	己未	2	12	1	己丑	8	12	31	己未	5
初十 10th	11	2	庚申	1	12	2	庚寅	7	1	1	庚申	6
十一 11th	11	3	辛酉	9	12	3	辛卯	6	1	2	辛酉	7
十二 12th	11	4	壬戌	8	12	4	壬辰	5	1	3	壬戌	8
十三 13th	11	5	癸亥	7	12	5	癸巳	4	1	4	癸亥	9
十四 14th	11	6	甲子	6	12	6	甲午	3	1	5	甲子	1
十五 15th	11	7	乙丑	5	12	7	乙未	2	1	6	乙丑	2
十六 16th	11	8	丙寅	4	12	8	丙申	1	1	7	丙寅	3
十七 17th	11	9	丁卯	3	12	9	丁酉	9	1	8	丁卯	4
十八 18th	11	10	戊辰	2	12	10	戊戌	8	1	9	戊辰	5
十九 19th	11	11	己巳	1	12	11	己亥	7	1	10	己巳	6
二十 20th	11	12	庚午	9	12	12	庚子	6	1	11	庚午	7
廿一 21st	11	13	辛未	8	12	13	辛丑	5	1	12	辛未	8
廿二 22nd	11	14	壬申	7	12	14	壬寅	4	1	13	壬申	9
廿三 23rd	11	15	癸酉	6	12	15	癸卯	3	1	14	癸酉	1
廿四 24th	11	16	甲戌	5	12	16	甲辰	2	1	15	甲戌	2
廿五 25th	11	17	乙亥	4	12	17	乙巳	1	1	16	乙亥	3
廿六 26th	11	18	丙子	3	12	18	丙午	9	1	17	丙子	4
廿七 27th	11	19	丁丑	2	12	19	丁未	8	1	18	丁丑	5
廿八 28th	11	20	戊寅	1	12	20	戊申	7	1	19	戊寅	6
廿九 29th	11	21	己卯	9	12	21	己酉	6	1	20	己卯	7
三十 30th	11	22	庚辰	8	12	22	庚戌	5\5				

地支 Twelve Branches: 子 Zi Rat · 丑 Chou Ox · 寅 Yin Tiger · 卯 Mao Rabbit · 辰 Chen Dragon · 巳 Si Snake · 午 Wu Horse · 未 Wei Goat · 申 Shen Monkey · 酉 You Rooster · 戌 Xu Dog · 亥 Hai Pig

1966 丙午 Fire Horse

Grand Duke: 文折

天干 Ten Stems: 甲 Jia Yang Wood · 乙 Yi Yin Wood · 丙 Bing Yang Fire · 丁 Ding Yin Fire · 戊 Wu Yang Earth · 己 Ji Yin Earth · 庚 Geng Yang Metal · 辛 Xin Yin Metal · 壬 Ren Yang Water · 癸 Gui Yin Water

六月小 6th Mth				五月小 5th Mth				四月大 4th Mth				閏三月小 3rd Mth				三月大 3rd Mth				二月大 2nd Mth				正月大 1st Mth				月干支 Month
乙未 Yi Wei				甲午 Jia Wu				癸巳 Gui Si								壬辰 Ren Chen				辛卯 Xin Mao				庚寅 Geng Yin				
三碧 Three Jade				四綠 Four Green				五黃 Five Yellow								六白 Six White				七赤 Seven Red				八白 Eight White				九星 9 Star
立秋 Coming Autumn		大暑 Greater Heat		小暑 Lesser Heat		夏至 Summer Solstice		芒種 Planting of Thorny Crops		小滿 Small Sprout				立夏 Coming of Summer		穀雨 Grain Rain		清明 Clear and Bright		春分 Spring Equinox		驚蟄 Awakening of Worms		雨水 Rain Water		立春 Coming of Spring		節氣 Season
22nd day		6th day		19th day		4th day		18th day		2nd day				16th day		30th day		15th day		30th day		15th day		30th day		15th day		
7hr 49min		15hr 23min		22hr 7min		4hr 34min		11hr 50min		20hr 32min				7hr 31min		21hr 12min		13hr 57min		9hr 53min		8hr 51min		10hr 38min		14hr 38min		
辰 Chen		申 Shen		亥 Hai		寅 Yin		午 Wu		戌 Xu				辰 Chen		亥 Hai		未 Wei		巳 Si		辰 Chen		巳 Si		未 Wei		
國曆 Gregorian		干支 S/B	星 Star	國曆 Gregorian		干支 S/B	星 Star	國曆 Gregorian		干支 S/B	星 Star	國曆 Gregorian		干支 S/B	星 Star	國曆 Gregorian		干支 S/B	星 Star	國曆 Gregorian		干支 S/B	星 Star	國曆 Gregorian		干支 S/B	星 Star	農曆 Calendar
7	18	戊寅	4	6	19	己酉	4	5	20	己卯	1	4	21	庚戌	8	3	22	庚辰	5	2	20	庚戌	2	1	21	庚辰	8	初一 1st
7	19	己卯	3	6	20	庚戌	5	5	21	庚辰	2	4	22	辛亥	9	3	23	辛巳	6	2	21	辛亥	3	1	22	辛巳	9	初二 2nd
7	20	庚辰	2	6	21	辛亥	6	5	22	辛巳	3	4	23	壬子	1	3	24	壬午	7	2	22	壬子	4	1	23	壬午	1	初三 3rd
7	21	辛巳	1	6	22	壬子	7\3	5	23	壬午	4	4	24	癸丑	2	3	25	癸未	8	2	23	癸丑	5	1	24	癸未	2	初四 4th
7	22	壬午	9	6	23	癸丑	2	5	24	癸未	5	4	25	甲寅	3	3	26	甲申	9	2	24	甲寅	6	1	25	甲申	3	初五 5th
7	23	癸未	8	6	24	甲寅	1	5	25	甲申	6	4	26	乙卯	4	3	27	乙酉	1	2	25	乙卯	7	1	26	乙酉	4	初六 6th
7	24	甲申	7	6	25	乙卯	9	5	26	乙酉	7	4	27	丙辰	5	3	28	丙戌	2	2	26	丙辰	8	1	27	丙戌	5	初七 7th
7	25	乙酉	6	6	26	丙辰	8	5	27	丙戌	8	4	28	丁巳	6	3	29	丁亥	3	2	27	丁巳	9	1	28	丁亥	6	初八 8th
7	26	丙戌	5	6	27	丁巳	7	5	28	丁亥	9	4	29	戊午	7	3	30	戊子	4	2	28	戊午	1	1	29	戊子	7	初九 9th
7	27	丁亥	4	6	28	戊午	6	5	29	戊子	1	4	30	己未	8	3	31	己丑	5	3	1	己未	2	1	30	己丑	8	初十 10th
7	28	戊子	3	6	29	己未	5	5	30	己丑	2	5	1	庚申	9	4	1	庚寅	6	3	2	庚申	3	1	31	庚寅	9	十一 11th
7	29	己丑	2	6	30	庚申	4	5	31	庚寅	3	5	2	辛酉	1	4	2	辛卯	7	3	3	辛酉	4	2	1	辛卯	1	十二 12th
7	30	庚寅	1	7	1	辛酉	3	6	1	辛卯	4	5	3	壬戌	2	4	3	壬辰	8	3	4	壬戌	5	2	2	壬辰	2	十三 13th
7	31	辛卯	9	7	2	壬戌	2	6	2	壬辰	5	5	4	癸亥	3	4	4	癸巳	9	3	5	癸亥	6	2	3	癸巳	3	十四 14th
8	1	壬辰	8	7	3	癸亥	1	6	3	癸巳	6	5	5	甲子	4	4	5	甲午	1	3	6	甲子	7	2	4	甲午	4	十五 15th
8	2	癸巳	7	7	4	甲子	9	6	4	甲午	7	5	6	乙丑	5	4	6	乙未	2	3	7	乙丑	8	2	5	乙未	5	十六 16th
8	3	甲午	6	7	5	乙丑	8	6	5	乙未	8	5	7	丙寅	6	4	7	丙申	3	3	8	丙寅	9	2	6	丙申	6	十七 17th
8	4	乙未	5	7	6	丙寅	7	6	6	丙申	9	5	8	丁卯	7	4	8	丁酉	4	3	9	丁卯	1	2	7	丁酉	7	十八 18th
8	5	丙申	4	7	7	丁卯	6	6	7	丁酉	1	5	9	戊辰	8	4	9	戊戌	5	3	10	戊辰	2	2	8	戊戌	8	十九 19th
8	6	丁酉	3	7	8	戊辰	5	6	8	戊戌	2	5	10	己巳	9	4	10	己亥	6	3	11	己巳	3	2	9	己亥	9	二十 20th
8	7	戊戌	2	7	9	己巳	4	6	9	己亥	3	5	11	庚午	1	4	11	庚子	7	3	12	庚午	4	2	10	庚子	1	廿一 21st
8	8	己亥	1	7	10	庚午	3	6	10	庚子	4	5	12	辛未	2	4	12	辛丑	8	3	13	辛未	5	2	11	辛丑	2	廿二 22nd
8	9	庚子	9	7	11	辛未	2	6	11	辛丑	5	5	13	壬申	3	4	13	壬寅	9	3	14	壬申	6	2	12	壬寅	3	廿三 23rd
8	10	辛丑	8	7	12	壬申	1	6	12	壬寅	6	5	14	癸酉	4	4	14	癸卯	1	3	15	癸酉	7	2	13	癸卯	4	廿四 24th
8	11	壬寅	7	7	13	癸酉	9	6	13	癸卯	7	5	15	甲戌	5	4	15	甲辰	2	3	16	甲戌	8	2	14	甲辰	5	廿五 25th
8	12	癸卯	6	7	14	甲戌	8	6	14	甲辰	8	5	16	乙亥	6	4	16	乙巳	3	3	17	乙亥	9	2	15	乙巳	6	廿六 26th
8	13	甲辰	5	7	15	乙亥	7	6	15	乙巳	9	5	17	丙子	7	4	17	丙午	4	3	18	丙子	1	2	16	丙午	7	廿七 27th
8	14	乙巳	4	7	16	丙子	6	6	16	丙午	1	5	18	丁丑	8	4	18	丁未	5	3	19	丁丑	2	2	17	丁未	8	廿八 28th
8	15	丙午	3	7	17	丁丑	5	6	17	丁未	2	5	19	戊寅	9	4	19	戊申	6	3	20	戊寅	3	2	18	戊申	9	廿九 29th
								6	18	戊申	3					4	20	己酉	7	3	21	己卯	4	2	19	己酉	1	三十 30th

Male Gua:7 兑(Dui) **Female Gua: 8 艮(Gen)** 3 Killing 三煞: North Annual Star: 7 Red

地支 Twelve Branches: 子 Zi Rat, 丑 Chou Ox, 寅 Yin Tiger, 卯 Mao Rabbit, 辰 Chen Dragon, 巳 Si Snake, 午 Wu Horse, 未 Wei Goat, 申 Shen Monkey, 酉 You Rooster, 戌 Xu Dog, 亥 Hai Pig

十二月小 12th Mth				十一月大 11th Mth				十月大 10th Mth				九月小 9th Mth				八月小 8th Mth				七月大 7th Mth				月干支 Month
辛丑 Xin Chou				庚子 Geng Zi				己亥 Ji Hai				戊戌 Wu Xu				丁酉 Ding You				丙申 Bing Shen				
六白 Six White				七赤 Seven Red				八白 Eight White				九紫 Nine Purple				一白 One White				二黑 Two Black				九星 9 Star
立春 Coming of Spring		大寒 Greater Cold		小寒 Lesser Cold		冬至 Winter Solstice		大雪 Greater Snow		小雪 Lesser Snow		立冬 Coming of Winter		霜降 Frosting		寒露 Cold Dew		秋分 Autumn Equinox		白露 White Dew		處暑 Heat Ends		節氣 Season
25th day		11th day		26th day		11th day		26th day		12th day		26th day		11th day		25th day		9th day		24th day		8th day		
20hr 31min		2hr 8min		8hr 48min		15hr 23min		21hr 38min		2hr 14min		4hr 56min		4hr 51min		1hr 57min		19hr 43min		10hr 32min		22hr 18min		
戌 Xu		丑 Chou		辰 Chen		申 Shen		亥 Hai		丑 Chou		寅 Yin		寅 Yin		丑 Chou		戌 Xu		巳 Si		亥 Hai		
國曆 Gregorian		干支 S/B	星 Star	國曆 Gregorian		干支 S/B	星 Star	國曆 Gregorian		干支 S/B	星 Star	國曆 Gregorian		干支 S/B	星 Star	國曆 Gregorian		干支 S/B	星 Star	國曆 Gregorian		干支 S/B	星 Star	農曆 Calendar
1	11	乙亥	3	12	12	乙巳	1	11	12	乙亥	4	10	14	丙午	6	9	15	丁丑	8	8	16	丁未	2	初一 1st
1	12	丙子	4	12	13	丙午	9	11	13	丙子	3	10	15	丁未	5	9	16	戊寅	7	8	17	戊申	1	初二 2nd
1	13	丁丑	5	12	14	丁未	8	11	14	丁丑	2	10	16	戊申	4	9	17	己卯	6	8	18	己酉	9	初三 3rd
1	14	戊寅	6	12	15	戊申	7	11	15	戊寅	1	10	17	己酉	3	9	18	庚辰	5	8	19	庚戌	8	初四 4th
1	15	己卯	7	12	16	己酉	6	11	16	己卯	9	10	18	庚戌	2	9	19	辛巳	4	8	20	辛亥	7	初五 5th
1	16	庚辰	8	12	17	庚戌	5	11	17	庚辰	8	10	19	辛亥	1	9	20	壬午	3	8	21	壬子	6	初六 6th
1	17	辛巳	9	12	18	辛亥	4	11	18	辛巳	7	10	20	壬子	9	9	21	癸未	2	8	22	癸丑	5	初七 7th
1	18	壬午	1	12	19	壬子	3	11	19	壬午	6	10	21	癸丑	8	9	22	甲申	1	8	23	甲寅	4	初八 8th
1	19	癸未	2	12	20	癸丑	2	11	20	癸未	5	10	22	甲寅	7	9	23	乙酉	9	8	24	乙卯	3	初九 9th
1	20	甲申	3	12	21	甲寅	1	11	21	甲申	4	10	23	乙卯	6	9	24	丙戌	8	8	25	丙辰	2	初十 10th
1	21	乙酉	4	12	22	乙卯	3\1	11	22	乙酉	3	10	24	丙辰	5	9	25	丁亥	7	8	26	丁巳	1	十一 11th
1	22	丙戌	5	12	23	丙辰	2	11	23	丙戌	2	10	25	丁巳	4	9	26	戊子	6	8	27	戊午	9	十二 12th
1	23	丁亥	6	12	24	丁巳	3	11	24	丁亥	1	10	26	戊午	3	9	27	己丑	5	8	28	己未	8	十三 13th
1	24	戊子	7	12	25	戊午	4	11	25	戊子	9	10	27	己未	2	9	28	庚寅	4	8	29	庚申	7	十四 14th
1	25	己丑	8	12	26	己未	5	11	26	己丑	8	10	28	庚申	1	9	29	辛卯	3	8	30	辛酉	6	十五 15th
1	26	庚寅	9	12	27	庚申	6	11	27	庚寅	7	10	29	辛酉	9	9	30	壬辰	2	8	31	壬戌	5	十六 16th
1	27	辛卯	1	12	28	辛酉	7	11	28	辛卯	6	10	30	壬戌	8	10	1	癸巳	1	9	1	癸亥	4	十七 17th
1	28	壬辰	2	12	29	壬戌	8	11	29	壬辰	5	10	31	癸亥	7	10	2	甲午	9	9	2	甲子	3	十八 18th
1	29	癸巳	3	12	30	癸亥	9	11	30	癸巳	4	11	1	甲子	6	10	3	乙未	8	9	3	乙丑	2	十九 19th
1	30	甲午	4	12	31	甲子	[illegible]	12	1	甲午	3	11	2	乙丑	5	10	4	丙申	7	9	4	丙寅	1	二十 20th
1	31	乙未	5	1	1	乙丑	2	12	2	乙未	2	11	3	丙寅	4	10	5	丁酉	6	9	5	丁卯	9	廿一 21st
2	1	丙申	6	1	2	丙寅	3	12	3	丙申	1	11	4	丁卯	3	10	6	戊戌	5	9	6	戊辰	8	廿二 22nd
2	2	丁酉	7	1	3	丁卯	4	12	4	丁酉	9	11	5	戊辰	2	10	7	己亥	4	9	7	己巳	7	廿三 23rd
2	3	戊戌	8	1	4	戊辰	5	12	5	戊戌	8	11	6	己巳	1	10	8	庚子	3	9	8	庚午	6	廿四 24th
2	4	己亥	9	1	5	己巳	6	12	6	己亥	7	11	7	庚午	9	10	9	辛丑	2	9	9	辛未	5	廿五 25th
2	5	庚子	1	1	6	庚午	7	12	7	庚子	6	11	8	辛未	8	10	10	壬寅	1	9	10	壬申	4	廿六 26th
2	6	辛丑	2	1	7	辛未	8	12	8	辛丑	5	11	9	壬申	7	10	11	癸卯	9	9	11	癸酉	3	廿七 27th
2	7	壬寅	3	1	8	壬申	9	12	9	壬寅	4	11	10	癸酉	6	10	12	甲辰	8	9	12	甲戌	2	廿八 28th
2	8	癸卯	4	1	9	癸酉	1	12	10	癸卯	3	11	11	甲戌	5	10	13	乙巳	7	9	13	乙亥	1	廿九 29th
				1	10	甲戌	2	12	11	甲辰	2									9	14	丙子	9	三十 30th

1967 丁未 Fire Goat

Grand Duke: 繆丙

天干 Ten Stems: 甲 Jia Yang Wood; 乙 Yi Yin Wood; 丙 Bing Yang Fire; 丁 Ding Yin Fire; 戊 Wu Yang Earth; 己 Ji Yin Earth; 庚 Geng Yang Metal; 辛 Xin Yin Metal; 壬 Ren Yang Water; 癸 Gui Yin Water

六月小 6th Mth				五月大 5th Mth				四月大 4th Mth				三月小 3rd Mth				二月大 2nd Mth				正月大 1st Mth				月干支 Month
丁未 Ding Wei				丙午 Bing Wu				乙巳 Yi Si				甲辰 Jia Chen				癸卯 Gui Mao				壬寅 Ren Yin				
九紫 Nine Purple				一白 One White				二黑 Two Black				三碧 Three Jade				四綠 Four Green				五黃 Five Yellow				九星 9 Star
大暑 Greater Heat		小暑 Lesser Heat				夏至 Summer Solstice		芒種 Planting of Thorny Crops		小滿 Small Sprout		立夏 Coming of Summer		穀雨 Grain Rain		清明 Clear and Bright		春分 Spring Equinox		驚蟄 Awakening of Worms		雨水 Rain Water		節氣 Season
16th day		1st day				15th day		29th day		14th day		27th day		12th day		26th day		11th day		26th day		11th day		
21hr 16min		3hr 54min				10hr 23min		17hr 36min		2hr 18min		13hr 18min		2hr 55min		19hr 45min		15hr 37min		14hr 42min		16hr 24min		
亥 Hai		寅 Yin				巳 Si		酉 You		丑 Chou		未 Wei		丑 Chou		戌 Xu		申 Shen		未 Wei		申 Shen		
國曆 Gregorian		干支 S/B	星 Star	國曆 Gregorian		干支 S/B	星 Star	國曆 Gregorian		干支 S/B	星 Star	國曆 Gregorian		干支 S/B	星 Star	國曆 Gregorian		干支 S/B	星 Star	國曆 Gregorian		干支 S/B	星 Star	農曆 Calendar
7	8	癸酉	9	6	8	癸卯	7	5	9	癸酉	4	4	10	甲辰	2	3	11	甲戌	8	2	9	甲辰	5	初一 1st
7	9	甲戌	8	6	9	甲辰	8	5	10	甲戌	5	4	11	乙巳	3	3	12	乙亥	9	2	10	乙巳	6	初二 2nd
7	10	乙亥	7	6	10	乙巳	9	5	11	乙亥	6	4	12	丙午	4	3	13	丙子	1	2	11	丙午	7	初三 3rd
7	11	丙子	6	6	11	丙午	1	5	12	丙子	7	4	13	丁未	5	3	14	丁丑	2	2	12	丁未	8	初四 4th
7	12	丁丑	5	6	12	丁未	2	5	13	丁丑	8	4	14	戊申	6	3	15	戊寅	3	2	13	戊申	9	初五 5th
7	13	戊寅	4	6	13	戊申	3	5	14	戊寅	9	4	15	己酉	7	3	16	己卯	4	2	14	己酉	1	初六 6th
7	14	己卯	3	6	14	己酉	4	5	15	己卯	1	4	16	庚戌	8	3	17	庚辰	5	2	15	庚戌	2	初七 7th
7	15	庚辰	2	6	15	庚戌	5	5	16	庚辰	2	4	17	辛亥	9	3	18	辛巳	6	2	16	辛亥	3	初八 8th
7	16	辛巳	1	6	16	辛亥	6	5	17	辛巳	3	4	18	壬子	1	3	19	壬午	7	2	17	壬子	4	初九 9th
7	17	壬午	9	6	17	壬子	7	5	18	壬午	4	4	19	癸丑	2	3	20	癸未	8	2	18	癸丑	5	初十 10th
7	18	癸未	8	6	18	癸丑	8	5	19	癸未	5	4	20	甲寅	3	3	21	甲申	9	2	19	甲寅	6	十一 11th
7	19	甲申	7	6	19	甲寅	9	5	20	甲申	6	4	21	乙卯	4	3	22	乙酉	1	2	20	乙卯	7	十二 12th
7	20	乙酉	6	6	20	乙卯	1	5	21	乙酉	7	4	22	丙辰	5	3	23	丙戌	2	2	21	丙辰	8	十三 13th
7	21	丙戌	5	6	21	丙辰	2	5	22	丙戌	8	4	23	丁巳	6	3	24	丁亥	3	2	22	丁巳	9	十四 14th
7	22	丁亥	4	6	22	丁巳	3\7	5	23	丁亥	9	4	24	戊午	7	3	25	戊子	4	2	23	戊午	1	十五 15th
7	23	戊子	3	6	23	戊午	6	5	24	戊子	1	4	25	己未	8	3	26	己丑	5	2	24	己未	2	十六 16th
7	24	己丑	2	6	24	己未	5	5	25	己丑	2	4	26	庚申	9	3	27	庚寅	6	2	25	庚申	3	十七 17th
7	25	庚寅	1	6	25	庚申	4	5	26	庚寅	3	4	27	辛酉	1	3	28	辛卯	7	2	26	辛酉	4	十八 18th
7	26	辛卯	9	6	26	辛酉	3	5	27	辛卯	4	4	28	壬戌	2	3	29	壬辰	8	2	27	壬戌	5	十九 19th
7	27	壬辰	8	6	27	壬戌	2	5	28	壬辰	5	4	29	癸亥	3	3	30	癸巳	9	2	28	癸亥	6	二十 20th
7	28	癸巳	7	6	28	癸亥	1	5	29	癸巳	6	4	30	甲子	4	3	31	甲午	1	3	1	甲子	7	廿一 21st
7	29	甲午	6	6	29	甲子	9	5	30	甲午	7	5	1	乙丑	5	4	1	乙未	2	3	2	乙丑	8	廿二 22nd
7	30	乙未	5	6	30	乙丑	8	5	31	乙未	8	5	2	丙寅	6	4	2	丙申	3	3	3	丙寅	9	廿三 23rd
7	31	丙申	4	7	1	丙寅	7	6	1	丙申	9	5	3	丁卯	7	4	3	丁酉	4	3	4	丁卯	1	廿四 24th
8	1	丁酉	3	7	2	丁卯	6	6	2	丁酉	1	5	4	戊辰	8	4	4	戊戌	5	3	5	戊辰	2	廿五 25th
8	2	戊戌	2	7	3	戊辰	5	6	3	戊戌	2	5	5	己巳	9	4	5	己亥	6	3	6	己巳	3	廿六 26th
8	3	己亥		7	4	己巳	4	6	4	己亥	3	5	6	庚午	1	4	6	庚子	7	3	7	庚午	4	廿七 27th
8	4	庚子	9	7	5	庚午	3	6	5	庚子	4	5	7	辛未	2	4	7	辛丑	8	3	8	辛未	5	廿八 28th
8	5	辛丑	3	7	6	辛未	2	6	6	辛丑	5	5	8	壬申	3	4	8	壬寅	9	3	9	壬申	6	廿九 29th
				7	7	壬申	1	6	7	壬寅	6					4	9	癸卯	1	3	10	癸酉	7	三十 30th

Male Gua: 6 乾(Qian) Female Gua: 9 離(Li) 3 Killing 三煞: West Annual Star: 6 White

月干支 Month 九星 9 Star	七月小 7th Mth 戊申 Wu Shen 八白 Eight White				八月大 8th Mth 己酉 Ji You 七赤 Seven Red			
節氣 Season	處暑 Heat Ends 19th day 4hr 13min 寅 Yin		立秋 Coming Autumn 3rd day 13hr 35min 未 Wei		秋分 Autumn Equinox 21st day 1hr 38min 丑 Chou		白露 White Dew 5th day 6hr 18min 申 Shen	
農曆 Calendar	國曆 Gregorian		干支 S/B	星 Star	國曆 Gregorian		干支 S/B	星 Star
初一 1st	8	6	壬寅	7	9	4	辛未	5
初二 2nd	8	7	癸卯	6	9	5	壬申	4
初三 3rd	8	8	甲辰	5	9	6	癸酉	3
初四 4th	8	9	乙巳	4	9	7	甲戌	2
初五 5th	8	10	丙午	3	9	8	乙亥	1
初六 6th	8	11	丁未	2	9	9	丙子	9
初七 7th	8	12	戊申	1	9	10	丁丑	8
初八 8th	8	13	己酉	9	9	11	戊寅	7
初九 9th	8	14	庚戌	8	9	12	己卯	6
初十 10th	8	15	辛亥	7	9	13	庚辰	5
十一 11th	8	16	壬子	6	9	14	辛巳	4
十二 12th	8	17	癸丑	5	9	15	壬午	3
十三 13th	8	18	甲寅	4	9	16	癸未	2
十四 14th	8	19	乙卯	3	9	17	甲申	1
十五 15th	8	20	丙辰	2	9	18	乙酉	9
十六 16th	8	21	丁巳	1	9	19	丙戌	8
十七 17th	8	22	戊午	9	9	20	丁亥	7
十八 18th	8	23	己未	8	9	21	戊子	6
十九 19th	8	24	庚申	7	9	22	己丑	5
二十 20th	8	25	辛酉	6	9	23	庚寅	4
廿一 21st	8	26	壬戌	5	9	24	辛卯	3
廿二 22nd	8	27	癸亥	4	9	25	壬辰	2
廿三 23rd	8	28	甲子	3	9	26	癸巳	1
廿四 24th	8	29	乙丑	2	9	27	甲午	9
廿五 25th	8	30	丙寅	1	9	28	乙未	8
廿六 26th	8	31	丁卯	9	9	29	丙申	7
廿七 27th	9	1	戊辰	8	9	30	丁酉	6
廿八 28th	9	2	己巳	7	10	1	戊戌	5
廿九 29th	9	3	庚午	6	10	2	己亥	4
三十 30th					10	3	庚子	3

月干支 Month 九星 9 Star	九月小 9th Mth 庚戌 Geng Xu 六白 Six White				十月大 10th Mth 辛亥 Xin Hai 五黃 Five Yellow			
節氣 Season	霜降 Frosting 21st day 10hr 44min 巳 Si		寒露 Cold Dew 6th day 7hr 42min 辰 Chen		小雪 Lesser Snow 22nd day 8hr 5min 辰 Chen		立冬 Coming of Winter 7th day 10hr 38min 巳 Si	
農曆 Calendar	國曆 Gregorian		干支 S/B	星 Star	國曆 Gregorian		干支 S/B	星 Star
初一 1st	10	4	辛丑	2	11	2	庚午	9
初二 2nd	10	5	壬寅	1	11	3	辛未	8
初三 3rd	10	6	癸卯	9	11	4	壬申	7
初四 4th	10	7	甲辰	8	11	5	癸酉	6
初五 5th	10	8	乙巳	7	11	6	甲戌	5
初六 6th	10	9	丙午	6	11	7	乙亥	4
初七 7th	10	10	丁未	5	11	8	丙子	3
初八 8th	10	11	戊申	4	11	9	丁丑	2
初九 9th	10	12	己酉	3	11	10	戊寅	1
初十 10th	10	13	庚戌	2	11	11	己卯	9
十一 11th	10	14	辛亥	1	11	12	庚辰	8
十二 12th	10	15	壬子	9	11	13	辛巳	7
十三 13th	10	16	癸丑	8	11	14	壬午	6
十四 14th	10	17	甲寅	7	11	15	癸未	5
十五 15th	10	18	乙卯	6	11	16	甲申	4
十六 16th	10	19	丙辰	5	11	17	乙酉	3
十七 17th	10	20	丁巳	4	11	18	丙戌	2
十八 18th	10	21	戊午	3	11	19	丁亥	1
十九 19th	10	22	己未	2	11	20	戊子	9
二十 20th	10	23	庚申	1	11	21	己丑	8
廿一 21st	10	24	辛酉	9	11	22	庚寅	7
廿二 22nd	10	25	壬戌	8	11	23	辛卯	6
廿三 23rd	10	26	癸亥	7	11	24	壬辰	5
廿四 24th	10	27	甲子	6	11	25	癸巳	4
廿五 25th	10	28	乙丑	5	11	26	甲午	3
廿六 26th	10	29	丙寅	4	11	27	乙未	2
廿七 27th	10	30	丁卯	3	11	28	丙申	1
廿八 28th	10	31	戊辰	2	11	29	丁酉	9
廿九 29th	11	1	己巳	1	11	30	戊戌	8
三十 30th					12	1	己亥	7

月干支 Month 九星 9 Star	十一月小 11th Mth 壬子 Ren Zi 四綠 Four Green				十二月大 12th Mth 癸丑 Gui Chou 三碧 Three Jade			
節氣 Season	冬至 Winter Solstice 21st day 21hr 17min 亥 Hai		大雪 Greater Snow 7th day 3hr 18min 寅 Yin		大寒 Greater Cold 22nd day 7hr 54min 辰 Chen		小寒 Lesser Cold 7th day 14hr 26min 未 Wei	
農曆 Calendar	國曆 Gregorian		干支 S/B	星 Star	國曆 Gregorian		干支 S/B	星 Star
初一 1st	12	2	庚子	6	12	31	己巳	6
初二 2nd	12	3	辛丑	5	1	1	庚午	7
初三 3rd	12	4	壬寅	4	1	2	辛未	8
初四 4th	12	5	癸卯	3	1	3	壬申	9
初五 5th	12	6	甲辰	2	1	4	癸酉	1
初六 6th	12	7	乙巳	1	1	5	甲戌	2
初七 7th	12	8	丙午	9	1	6	乙亥	3
初八 8th	12	9	丁未	8	1	7	丙子	4
初九 9th	12	10	戊申	7	1	8	丁丑	5
初十 10th	12	11	己酉	6	1	9	戊寅	6
十一 11th	12	12	庚戌	5	1	10	己卯	7
十二 12th	12	13	辛亥	4	1	11	庚辰	8
十三 13th	12	14	壬子	3	1	12	辛巳	9
十四 14th	12	15	癸丑	2	1	13	壬午	1
十五 15th	12	16	甲寅	1	1	14	癸未	2
十六 16th	12	17	乙卯	9	1	15	甲申	3
十七 17th	12	18	丙辰	8	1	16	乙酉	4
十八 18th	12	19	丁巳	7	1	17	丙戌	5
十九 19th	12	20	戊午	6	1	18	丁亥	6
二十 20th	12	21	己未	5	1	19	戊子	7
廿一 21st	12	22	庚申	4/5	1	20	己丑	8
廿二 22nd	12	23	辛酉	7	1	21	庚寅	9
廿三 23rd	12	24	壬戌	8	1	22	辛卯	1
廿四 24th	12	25	癸亥	9	1	23	壬辰	2
廿五 25th	12	26	甲子	1	1	24	癸巳	3
廿六 26th	12	27	乙丑	2	1	25	甲午	4
廿七 27th	12	28	丙寅	3	1	26	乙未	5
廿八 28th	12	29	丁卯	4	1	27	丙申	6
廿九 29th	12	30	戊辰	5	1	28	丁酉	[illegible]
三十 30th					1	29	戊戌	[illegible]

1968 戊申 Earth Monkey

Grand Duke: 愈忠

天干 Ten Stems: 甲 Jia Yang Wood · 乙 Yi Yin Wood · 丙 Bing Yang Fire · 丁 Ding Yin Fire · 戊 Wu Yang Earth · 己 Ji Yin Earth · 庚 Geng Yang Metal · 辛 Xin Yin Metal · 壬 Ren Yang Water · 癸 Gui Yin Water

六月小 6th Mth				五月大 5th Mth				四月大 4th Mth				三月小 3rd Mth				二月大 2nd Mth				正月小 1st Mth				月干支 Month
己未 Ji Wei				戊午 Wu Wu				丁巳 Ding Si				丙辰 Bing Chen				乙卯 Yi Mao				甲寅 Jia Yin				
六白 Six White				七赤 Seven Red				八白 Eight White				九紫 Nine Purple				一白 One White				二黑 Two Black				九星 9 Star
大暑 Greater Heat		小暑 Lesser Heat		夏至 Summer Solstice		芒種 Planting of Thorny Crops		小滿 Small Sprout		立夏 Coming of Summer		穀雨 Grain Rain		清明 Clear and Bright		春分 Spring Equinox		驚蟄 Awakening of Worms		雨水 Rain Water		立春 Coming of Spring		節氣 Season
28th day		12th day		25th day		10th day		25th day		9th day		23rd day		8th day		22nd day		7th day		21st day		7th day		
3hr 8min		9hr 42min		1[illegible]hr 13min		23hr 19min		8hr 6min		18hr 56min		8hr 41min		1hr 21min		21hr 22min		20hr 18min		22hr 9min		2hr 8min		
寅 Yin		巳 Si		申 Shen		子 Zi		辰 Chen		酉 You		辰 Chen		丑 Chou		亥 Hai		戌 Xu		亥 Hai		丑 Chou		
國曆 Gregorian		干支 S/B	星 Star	國曆 Gregorian		干支 S/B	星 Star	國曆 Gregorian		干支 S/B	星 Star	國曆 Gregorian		干支 S/B	星 Star	國曆 Gregorian		干支 S/B	星 Star	國曆 Gregorian		干支 S/B	星 Star	農曆 Calendar
6	26	丁卯	6	5	27	丁酉	1	4	27	丁卯	7	3	29	戊戌	5	2	28	戊辰	2	1	30	己亥	9	初一 1st
6	27	戊辰	5	5	28	戊戌	2	4	28	戊辰	8	3	30	己亥	6	2	29	己巳	3	1	31	庚子	1	初二 2nd
6	28	己巳	4	5	29	己亥	3	4	29	己巳	9	3	31	庚子	7	3	1	庚午	4	2	1	辛丑	2	初三 3rd
6	29	庚午	3	5	30	庚子	4	4	30	庚午	1	4	1	辛丑	8	3	2	辛未	5	2	2	壬寅	3	初四 4th
6	30	辛未	2	5	31	辛丑	5	5	1	辛未	2	4	2	壬寅	9	3	3	壬申	6	2	3	癸卯	4	初五 5th
7	1	壬申	1	6	1	壬寅	6	5	2	壬申	3	4	3	癸卯	1	3	4	癸酉	7	2	4	甲辰	5	初六 6th
7	2	癸酉	9	6	2	癸卯	7	5	3	癸酉	4	4	4	甲辰	2	3	5	甲戌	8	2	5	乙巳	6	初七 7th
7	3	甲戌	8	6	3	甲辰	8	5	4	甲戌	5	4	5	乙巳	3	3	6	乙亥	9	2	6	丙午	7	初八 8th
7	4	乙亥	7	6	4	乙巳	9	5	5	乙亥	6	4	6	丙午	4	3	7	丙子	1	2	7	丁未	8	初九 9th
7	5	丙子	6	6	5	丙午	1	5	6	丙子	7	4	7	丁未	5	3	8	丁丑	2	2	8	戊申	9	初十 10th
7	6	丁丑	5	6	6	丁未	2	5	7	丁丑	8	4	8	戊申	6	3	9	戊寅	3	2	9	己酉	1	十一 11th
7	7	戊寅	4	6	7	戊申	3	5	8	戊寅	9	4	9	己酉	7	3	10	己卯	4	2	10	庚戌	2	十二 12th
7	8	己卯	3	6	8	己酉	4	5	9	己卯	1	4	10	庚戌	8	3	11	庚辰	5	2	11	辛亥	3	十三 13th
7	9	庚辰	2	6	9	庚戌	5	5	10	庚辰	2	4	11	辛亥	9	3	12	辛巳	6	2	12	壬子	4	十四 14th
7	10	辛巳	1	6	10	辛亥	6	5	11	辛巳	3	4	12	壬子	1	3	13	壬午	7	2	13	癸丑	5	十五 15th
7	11	壬午	9	6	11	壬子	7	5	12	壬午	4	4	13	癸丑	2	3	14	癸未	8	2	14	甲寅	6	十六 16th
7	12	癸未	8	6	12	癸丑	8	5	13	癸未	5	4	14	甲寅	3	3	15	甲申	9	2	15	乙卯	7	十七 17th
7	13	甲申	7	6	13	甲寅	9	5	14	甲申	6	4	15	乙卯	4	3	16	乙酉	1	2	16	丙辰	8	十八 18th
7	14	乙酉	6	6	14	乙卯	1	5	15	乙酉	7	4	16	丙辰	5	3	17	丙戌	2	2	17	丁巳	9	十九 19th
7	15	丙戌	5	6	15	丙辰	2	5	16	丙戌	8	4	17	丁巳	6	3	18	丁亥	3	2	18	戊午	1	二十 20th
7	16	丁亥	4	6	16	丁巳	3	5	17	丁亥	9	4	18	戊午	7	3	19	戊子	4	2	19	己未	2	廿一 21st
7	17	戊子	3	6	17	戊午	4	5	18	戊子	1	4	19	己未	8	3	20	己丑	5	2	20	庚申	3	廿二 22nd
7	18	己丑	2	6	18	己未	5	5	19	己丑	2	4	20	庚申	9	3	21	庚寅	6	2	21	辛酉	4	廿三 23rd
7	19	庚寅	1	6	19	庚申	6	5	20	庚寅	3	4	21	辛酉	1	3	22	辛卯	7	2	22	壬戌	5	廿四 24th
7	20	辛卯	[illegible]	6	20	辛酉	7	5	21	辛卯	4	4	22	壬戌	2	3	23	壬辰	8	2	23	癸亥	6	廿五 25th
7	21	壬辰	[illegible]	6	21	壬戌	8\2	5	22	壬辰	5	4	23	癸亥	3	3	24	癸巳	9	2	24	甲子	7	廿六 26th
7	22	癸巳	[illegible]	6	22	癸亥	1	5	23	癸巳	6	4	24	甲子	4	3	25	甲午	1	2	25	乙丑	8	廿七 27th
7	23	甲午	6	6	23	甲子	9	5	24	甲午	7	4	25	乙丑	5	3	26	乙未	2	2	26	丙寅	9	廿八 28th
7	24	乙未	5	6	24	乙丑	8	5	25	乙未	8	4	26	丙寅	6	3	27	丙申	3	2	27	丁卯	1	廿九 29th
				6	25	丙寅	7	5	26	丙申	9					3	28	丁酉	4					三十 30th

Male Gua: 2 坤(Kun) Female Gua: 1 坎(Kan) 3 Killing 三煞: South Annual Star: 5 Yellow

月干支 Month	七月大 7th Mth				閏七月小 7th Mth				八月大 8th Mth			
	庚申 Geng Shen								辛酉 Xin You			
九星 9 Star	五黃 Five Yellow								四綠 Four Green			
節氣 Season	處暑 Heat Ends		立秋 Coming Autumn				白露 White Dew		寒露 Cold Dew		秋分 Autumn Equinox	
	30th day		14th day				15th day		17th day		2nd day	
	10hr 3min		19hr 27min				22hr 12min		13hr 35min		7hr 26min	
	巳 Si		戌 Xu				亥 Hai		未 Wei		辰 Chen	
農曆 Calendar	國曆 Gregorian		干支 S / B	星 Star	國曆 Gregorian		干支 S / B	星 Star	國曆 Gregorian		干支 S / B	星 Star
初一 1st	7	25	丙申	4	8	24	丙寅	1	9	22	乙未	8
初二 2nd	7	26	丁酉	3	8	25	丁卯	9	9	23	丙申	7
初三 3rd	7	27	戊戌	2	8	26	戊辰	8	9	24	丁酉	6
初四 4th	7	28	己亥	1	8	27	己巳	7	9	25	戊戌	5
初五 5th	7	29	庚子	9	8	28	庚午	6	9	26	己亥	4
初六 6th	7	30	辛丑	8	8	29	辛未	5	9	27	庚子	3
初七 7th	7	31	壬寅	7	8	30	壬申	4	9	28	辛丑	2
初八 8th	8	1	癸卯	6	8	31	癸酉	3	9	29	壬寅	1
初九 9th	8	2	甲辰	5	9	1	甲戌	2	9	30	癸卯	9
初十 10th	8	3	乙巳	4	9	2	乙亥	1	10	1	甲辰	8
十一 11th	8	4	丙午	3	9	3	丙子	9	10	2	乙巳	7
十二 12th	8	5	丁未	2	9	4	丁丑	8	10	3	丙午	6
十三 13th	8	6	戊申	1	9	5	戊寅	7	10	4	丁未	5
十四 14th	8	7	己酉	9	9	6	己卯	6	10	5	戊申	4
十五 15th	8	8	庚戌	8	9	7	庚辰	5	10	6	己酉	3
十六 16th	8	9	辛亥	7	9	8	辛巳	4	10	7	庚戌	2
十七 17th	8	10	壬子	6	9	9	壬午	3	10	8	辛亥	1
十八 18th	8	11	癸丑	5	9	10	癸未	2	10	9	壬子	9
十九 19th	8	12	甲寅	4	9	11	甲申	1	10	10	癸丑	8
二十 20th	8	13	乙卯	3	9	12	乙酉	9	10	11	甲寅	7
廿一 21st	8	14	丙辰	2	9	13	丙戌	8	10	12	乙卯	6
廿二 22nd	8	15	丁巳	1	9	14	丁亥	7	10	13	丙辰	5
廿三 23rd	8	16	戊午	9	9	15	戊子	6	10	14	丁巳	4
廿四 24th	8	17	己未	8	9	16	己丑	5	10	15	戊午	3
廿五 25th	8	18	庚申	7	9	17	庚寅	4	10	16	己未	2
廿六 26th	8	19	辛酉	6	9	18	辛卯	3	10	17	庚申	1
廿七 27th	8	20	壬戌	5	9	19	壬辰	2	10	18	辛酉	9
廿八 28th	8	21	癸亥	4	9	20	癸巳	1	10	19	壬戌	8
廿九 29th	8	22	甲子	3	9	21	甲午	9	10	20	癸亥	7
三十 30th	8	23	乙丑	2					10	21	甲子	6

月干支 Month	九月小 9th Mth				十月大 10th Mth				十一月小 11th Mth				十二月大 12th Mth			
	壬戌 Ren Xu				癸亥 Gui Hai				甲子 Jia Zi				乙丑 Yi Chou			
九星 9 Star	三碧 Three Jade				二黑 Two Black				一白 One White				九紫 Nine Purple			
節氣 Season	立冬 Coming of Winter		霜降 Frosting		大雪 Greater Snow		小雪 Lesser Snow		小寒 Lesser Cold		冬至 Winter Solstice		立春 Coming of Spring		大寒 Greater Cold	
	17th day		2nd day		18th day		3rd day		17th day		3rd day		18th day		3rd day	
	16hr 29min		16hr 30min		9hr 9min		13hr 49min		20hr 17min		3hr 0min		7hr 59min		13hr 38min	
	申 Shen		申 Shen		巳 Si		未 Wei		戌 Xu		寅 Yin		辰 Chen		未 Wei	
農曆 Calendar	國曆 Gregorian		干支 S / B	星 Star	國曆 Gregorian		干支 S / B	星 Star	國曆 Gregorian		干支 S / B	星 Star	國曆 Gregorian		干支 S / B	星 Star
初一 1st	10	22	乙丑	5	11	20	甲午	3	12	20	甲子	9	1	18	癸巳	6
初二 2nd	10	23	丙寅	4	11	21	乙未	2	12	21	乙丑	8	1	19	甲午	7
初三 3rd	10	24	丁卯	3	11	22	丙申	1	12	22	丙寅	7\6	1	20	乙未	8
初四 4th	10	25	戊辰	2	11	23	丁酉	9	12	23	丁卯	7	1	21	丙申	9
初五 5th	10	26	己巳	1	11	24	戊戌	8	12	24	戊辰	8	1	22	丁酉	1
初六 6th	10	27	庚午	9	11	25	己亥	7	12	25	己巳	9	1	23	戊戌	2
初七 7th	10	28	辛未	8	11	26	庚子	6	12	26	庚午	1	1	24	己亥	3
初八 8th	10	29	壬申	7	11	27	辛丑	5	12	27	辛未	2	1	25	庚子	4
初九 9th	10	30	癸酉	6	11	28	壬寅	4	12	28	壬申	3	1	26	辛丑	5
初十 10th	10	31	甲戌	5	11	29	癸卯	3	12	29	癸酉	4	1	27	壬寅	6
十一 11th	11	1	乙亥	4	11	30	甲辰	2	12	30	甲戌	5	1	28	癸卯	7
十二 12th	11	2	丙子	3	12	1	乙巳	1	12	31	乙亥	6	1	29	甲辰	8
十三 13th	11	3	丁丑	2	12	2	丙午	9	1	1	丙子	7	1	30	乙巳	9
十四 14th	11	4	戊寅	1	12	3	丁未	8	1	2	丁丑	8	1	31	丙午	1
十五 15th	11	5	己卯	9	12	4	戊申	7	1	3	戊寅	9	2	1	丁未	2
十六 16th	11	6	庚辰	8	12	5	己酉	6	1	4	己卯	1	2	2	戊申	3
十七 17th	11	7	辛巳	7	12	6	庚戌	5	1	5	庚辰	2	2	3	己酉	4
十八 18th	11	8	壬午	6	12	7	辛亥	4	1	6	辛巳	3	2	4	庚戌	5
十九 19th	11	9	癸未	5	12	8	壬子	3	1	7	壬午	4	2	5	辛亥	6
二十 20th	11	10	甲申	4	12	9	癸丑	2	1	8	癸未	5	2	6	壬子	7
廿一 21st	11	11	乙酉	3	12	10	甲寅	1	1	9	甲申	6	2	7	癸丑	8
廿二 22nd	11	12	丙戌	2	12	11	乙卯	9	1	10	乙酉	7	2	8	甲寅	9
廿三 23rd	11	13	丁亥	1	12	12	丙辰	8	1	11	丙戌	8	2	9	乙卯	1
廿四 24th	11	14	戊子	9	12	13	丁巳	7	1	12	丁亥	9	2	10	丙辰	2
廿五 25th	11	15	己丑	8	12	14	戊午	6	1	13	戊子	1	2	11	丁巳	3
廿六 26th	11	16	庚寅	7	12	15	己未	5	1	14	己丑	2	2	12	戊午	4
廿七 27th	11	17	辛卯	6	12	16	庚申	4	1	15	庚寅	3	2	13	己未	5
廿八 28th	11	18	壬辰	5	12	17	辛酉	3	1	16	辛卯	4	2	14	庚申	6
廿九 29th	11	19	癸巳	4	12	18	壬戌	2	1	17	壬辰	5	2	15	辛酉	7
三十 30th					12	19	癸亥	1					2	16	壬戌	8

地支 Twelve Branches
子 Zi Rat
丑 Chou Ox
寅 Yin Tiger
卯 Mao Rabbit
辰 Chen Dragon
巳 Si Snake
午 Wu Horse
未 Wei Goat
申 Shen Monkey
酉 You Rooster
戌 Xu Dog
亥 Hai Pig

1969 己酉 Earth Rooster

Grand Duke: 程寅

月干支 Month	正月小 1st Mth 丙寅 Bing Yin				二月大 2nd Mth 丁卯 Ding Mao				三月小 3rd Mth 戊辰 Wu Chen			
九星 9 Star	八白 Eight White				七赤 Seven Red				六白 Six White			
節氣 Season	驚蟄 Awakening of Worms 18th day 2hr 11min 丑 Chou		雨水 Rain Water 3rd day 3hr 55min 寅 Yin		清明 Clear and Bright 19th day 7hr 15min 辰 Chen		春分 Spring Equinox 4th day 3hr 8min 寅 Yin		立夏 Coming of Summer 20th day 0hr 50min 子 Zi		穀雨 Grain Rain 4th day 14hr 27min 未 Wei	
農曆 Calendar	國曆 Gregorian		干支 S/B	星 Star	國曆 Gregorian		干支 S/B	星 Star	國曆 Gregorian		干支 S/B	星 Star
初一 1st	2	17	癸亥	9	3	18	壬辰	2	4	17	壬戌	5
初二 2nd	2	18	甲子	1	3	19	癸巳	3	4	18	癸亥	6
初三 3rd	2	19	乙丑	2	3	20	甲午	4	4	19	甲子	7
初四 4th	2	20	丙寅	3	3	21	乙未	5	4	20	乙丑	8
初五 5th	2	21	丁卯	4	3	22	丙申	6	4	21	丙寅	9
初六 6th	2	22	戊辰	5	3	23	丁酉	7	4	22	丁卯	1
初七 7th	2	23	己巳	6	3	24	戊戌	8	4	23	戊辰	2
初八 8th	2	24	庚午	7	3	25	己亥	9	4	24	己巳	3
初九 9th	2	25	辛未	8	3	26	庚子	1	4	25	庚午	4
初十 10th	2	26	壬申	9	3	27	辛丑	2	4	26	辛未	5
十一 11th	2	27	癸酉	1	3	28	壬寅	3	4	27	壬申	6
十二 12th	2	28	甲戌	2	3	29	癸卯	4	4	28	癸酉	7
十三 13th	3	1	乙亥	3	3	30	甲辰	5	4	29	甲戌	8
十四 14th	3	2	丙子	4	3	31	乙巳	6	4	30	乙亥	9
十五 15th	3	3	丁丑	5	4	1	丙午	7	5	1	丙子	1
十六 16th	3	4	戊寅	6	4	2	丁未	8	5	2	丁丑	2
十七 17th	3	5	己卯	7	4	3	戊申	9	5	3	戊寅	3
十八 18th	3	6	庚辰	8	4	4	己酉	1	5	4	己卯	4
十九 19th	3	7	辛巳	9	4	5	庚戌	2	5	5	庚辰	5
二十 20th	3	8	壬午	1	4	6	辛亥	3	5	6	辛巳	6
廿一 21st	3	9	癸未	2	4	7	壬子	4	5	7	壬午	7
廿二 22nd	3	10	甲申	3	4	8	癸丑	5	5	8	癸未	8
廿三 23rd	3	11	乙酉	4	4	9	甲寅	6	5	9	甲申	9
廿四 24th	3	12	丙戌	5	4	10	乙卯	7	5	10	乙酉	1
廿五 25th	3	13	丁亥	6	4	11	丙辰	8	5	11	丙戌	2
廿六 26th	3	14	戊子	7	4	12	丁巳	9	5	12	丁亥	3
廿七 27th	3	15	己丑	8	4	13	戊午	1	5	13	戊子	4
廿八 28th	3	16	庚寅	9	4	14	己未	2	5	14	己丑	5
廿九 29th	3	17	辛卯	1	4	15	庚申	3	5	15	庚寅	6
三十 30th					4	16	辛酉	4				

月干支 Month	四月大 4th Mth 己巳 Ji Si				五月小 5th Mth 庚午 Geng Wu				六月大 6th Mth 辛未 Xin Wei			
九星 9 Star	五黃 Five Yellow				四綠 Four Green				三碧 Three Jade			
節氣 Season	芒種 Planting of Thorny Crops 22nd day 5hr 12min 卯 Mao		小滿 Small Sprout 6th day 13hr 50min 未 Wei		小暑 Lesser Heat 23rd day 1hr 32min 申 Shen		夏至 Summer Solstice 7th day 21hr 55min 亥 Hai		立秋 Coming Autumn 26th day 1hr 14min 丑 Chou		大暑 Greater Heat 10th day 8hr 48min 辰 Chen	
農曆 Calendar	國曆 Gregorian		干支 S/B	星 Star	國曆 Gregorian		干支 S/B	星 Star	國曆 Gregorian		干支 S/B	星 Star
初一 1st	5	16	辛卯	7	6	15	辛酉	1	7	14	庚寅	7
初二 2nd	5	17	壬辰	8	6	16	壬戌	2	7	15	辛卯	6
初三 3rd	5	18	癸巳	9	6	17	癸亥	3	7	16	壬辰	5
初四 4th	5	19	甲午	1	6	18	甲子	4	7	17	癸巳	4
初五 5th	5	20	乙未	2	6	19	乙丑	5	7	18	甲午	3
初六 6th	5	21	丙申	3	6	20	丙寅	6	7	19	乙未	2
初七 7th	5	22	丁酉	4	6	21	丁卯	7\3	7	20	丙申	1
初八 8th	5	23	戊戌	5	6	22	戊辰	2	7	21	丁酉	9
初九 9th	5	24	己亥	6	6	23	己巳	1	7	22	戊戌	8
初十 10th	5	25	庚子	7	6	24	庚午	9	7	23	己亥	7
十一 11th	5	26	辛丑	8	6	25	辛未	8	7	24	庚子	6
十二 12th	5	27	壬寅	9	6	26	壬申	7	7	25	辛丑	5
十三 13th	5	28	癸卯	1	6	27	癸酉	6	7	26	壬寅	4
十四 14th	5	29	甲辰	2	6	28	甲戌	5	7	27	癸卯	3
十五 15th	5	30	乙巳	3	6	29	乙亥	4	7	28	甲辰	2
十六 16th	5	31	丙午	4	6	30	丙子	3	7	29	乙巳	1
十七 17th	6	1	丁未	5	7	1	丁丑	2	7	30	丙午	9
十八 18th	6	2	戊申	6	7	2	戊寅	1	7	31	丁未	8
十九 19th	6	3	己酉	7	7	3	己卯	9	8	1	戊申	7
二十 20th	6	4	庚戌	8	7	4	庚辰	8	8	2	己酉	6
廿一 21st	6	5	辛亥	9	7	5	辛巳	7	8	3	庚戌	5
廿二 22nd	6	6	壬子	1	7	6	壬午	6	8	4	辛亥	4
廿三 23rd	6	7	癸丑	2	7	7	癸未	5	8	5	壬子	3
廿四 24th	6	8	甲寅	3	7	8	甲申	4	8	6	癸丑	2
廿五 25th	6	9	乙卯	4	7	9	乙酉	3	8	7	甲寅	1
廿六 26th	6	10	丙辰	5	7	10	丙戌	2	8	8	乙卯	9
廿七 27th	6	11	丁巳	6	7	11	丁亥	1	8	9	丙辰	8
廿八 28th	6	12	戊午	7	7	12	戊子	9	8	10	丁巳	7
廿九 29th	6	13	己未	8	7	13	己丑	8	8	11	戊午	6
三十 30th	6	14	庚申	9					8	12	己未	5

天干 Ten Stems
- 甲 Jia Yang Wood
- 乙 Yi Yin Wood
- 丙 Bing Yang Fire
- 丁 Ding Yin Fire
- 戊 Wu Yang Earth
- 己 Ji Yin Earth
- 庚 Geng Yang Metal
- 辛 Xin Yin Metal
- 壬 Ren Yang Water
- 癸 Gui Yin Water

Male Gua: 4 巽(Xun) **Female Gua: 2 坤(Kun)** 3 Killing 三煞: East Annual Star: 4 Green

地支 Twelve Branches	十二月小 12th Mth				十一月大 11th Mth				十月小 10th Mth				九月大 9th Mth				八月小 8th Mth				七月大 7th Mth				月干支 Month
	丁丑 Ding Chou				丙子 Bing Zi				乙亥 Yi Hai				甲戌 Jia Xu				癸酉 Gui You				壬申 Ren Shen				
	六白 Six White				七赤 Seven Red				八白 Eight White				九紫 Nine Purple				一白 One White				二黑 Two Black				九星 9 Star
子 Zi Rat	立春 Coming of Spring		大寒 Greater Cold		小寒 Lesser Cold		冬至 Winter Solstice		大雪 Greater Snow		小雪 Lesser Snow		立冬 Coming of Winter		霜降 Frosting		寒露 Cold Dew		秋分 Autumn Equinox		白露 White Dew		處暑 Heat Ends		節氣 Season
	28th day		13th day		29th day		14th day		28th day		13th day		28th day		13th day		27th day		12th day		27th day		11th day		
丑 Chou Ox	13hr 46min		19hr 23min		1hr 59min		8hr 4min		14hr 51min		19hr 31min		22hr 12min		22hr 11min		19hr 17min		13hr 7min		3hr 56min		15hr 43min		
	未 Wei		戌 Xu		丑 Chou		辰 Chen		未 Wei		戌 Xu		亥 Hai		亥 Hai		戌 Xu		未 Wei		寅 Yin		申 Shen		
	國曆 Gregorian		干支 S/B	星 Star	國曆 Gregorian		干支 S/B	星 Star	國曆 Gregorian		干支 S/B	星 Star	國曆 Gregorian		干支 S/B	星 Star	國曆 Gregorian		干支 S/B	星 Star	國曆 Gregorian		干支 S/B	星 Star	農曆 Calendar
寅 Yin Tiger	1	8	戊子	1	12	9	戊午	3	11	10	己丑	5	10	11	己未	8	9	12	庚寅	1	8	13	庚申	4	初一 1st
	1	9	己丑	2	12	10	己未	2	11	11	庚寅	4	10	12	庚申	7	9	13	辛卯	9	8	14	辛酉	3	初二 2nd
	1	10	庚寅	3	12	11	庚申	1	11	12	辛卯	3	10	13	辛酉	6	9	14	壬辰	8	8	15	壬戌	2	初三 3rd
卯 Mao Rabbit	1	11	辛卯	4	12	12	辛酉	9	11	13	壬辰	2	10	14	壬戌	5	9	15	癸巳	7	8	16	癸亥	1	初四 4th
	1	12	壬辰	5	12	13	壬戌	8	11	14	癸巳	1	10	15	癸亥	4	9	16	甲午	6	8	17	甲子	9	初五 5th
	1	13	癸巳	6	12	14	癸亥	7	11	15	甲午	9	10	16	甲子	3	9	17	乙未	5	8	18	乙丑	8	初六 6th
辰 Chen Dragon	1	14	甲午	7	12	15	甲子	6	11	16	乙未	8	10	17	乙丑	2	9	18	丙申	4	8	19	丙寅	7	初七 7th
	1	15	乙未	8	12	16	乙丑	5	11	17	丙申	7	10	18	丙寅	1	9	19	丁酉	3	8	20	丁卯	6	初八 8th
	1	16	丙申	9	12	17	丙寅	4	11	18	丁酉	6	10	19	丁卯	9	9	20	戊戌	2	8	21	戊辰	5	初九 9th
巳 Si Snake	1	17	丁酉	1	12	18	丁卯	3	11	19	戊戌	5	10	20	戊辰	8	9	21	己亥	1	8	22	己巳	4	初十 10th
	1	18	戊戌	2	12	19	戊辰	2	11	20	己亥	4	10	21	己巳	7	9	22	庚子	9	8	23	庚午	3	十一 11th
	1	19	己亥	3	12	20	己巳	1	11	21	庚子	3	10	22	庚午	6	9	23	辛丑	8	8	24	辛未	2	十二 12th
午 Wu Horse	1	20	庚子	4	12	21	庚午	9	11	22	辛丑	2	10	23	辛未	5	9	24	壬寅	7	8	25	壬申	1	十三 13th
	1	21	辛丑	5	12	22	辛未	8\2	11	23	壬寅	1	10	24	壬申	4	9	25	癸卯	6	8	26	癸酉	9	十四 14th
	1	22	壬寅	6	12	23	壬申	3	11	24	癸卯	9	10	25	癸酉	3	9	26	甲辰	5	8	27	甲戌	8	十五 15th
未 Wei Goat	1	23	癸卯	7	12	24	癸酉	4	11	25	甲辰	8	10	26	甲戌	2	9	27	乙巳	4	8	28	乙亥	7	十六 16th
	1	24	甲辰	8	12	25	甲戌	5	11	26	乙巳	7	10	27	乙亥	1	9	28	丙午	3	8	29	丙子	6	十七 17th
	1	25	乙巳	9	12	26	乙亥	6	11	27	丙午	6	10	28	丙子	9	9	29	丁未	2	8	30	丁丑	5	十八 18th
申 Shen Monkey	1	26	丙午	1	12	27	丙子	7	11	28	丁未	5	10	29	丁丑	8	9	30	戊申	1	8	31	戊寅	4	十九 19th
	1	27	丁未	2	12	28	丁丑	8	11	29	戊申	4	10	30	戊寅	7	10	1	己酉	9	9	1	己卯	3	二十 20th
	1	28	戊申	3	12	29	戊寅	9	11	30	己酉	3	10	31	己卯	6	10	2	庚戌	8	9	2	庚辰	2	廿一 21st
酉 You Rooster	1	29	己酉	4	12	30	己卯	1	12	1	庚戌	2	11	1	庚辰	5	10	3	辛亥	7	9	3	辛巳	1	廿二 22nd
	1	30	庚戌	5	12	31	庚辰	2	12	2	辛亥	1	11	2	辛巳	4	10	4	壬子	6	9	4	壬午	9	廿三 23rd
	1	31	辛亥	6	1	1	辛巳	3	12	3	壬子	9	11	3	壬午	3	10	5	癸丑	5	9	5	癸未	8	廿四 24th
戌 Xu Dog	2	1	壬子	7	1	2	壬午	4	12	4	癸丑	8	11	4	癸未	2	10	6	甲寅	4	9	6	甲申	7	廿五 25th
	2	2	癸丑	8	1	3	癸未	5	12	5	甲寅	7	11	5	甲申	1	10	7	乙卯	3	9	7	乙酉	6	廿六 26th
	2	3	甲寅	9	1	4	甲申	6	12	6	乙卯	6	11	6	乙酉	9	10	8	丙辰	2	9	8	丙戌	5	廿七 27th
亥 Hai Pig	2	4	乙卯	1	1	5	乙酉	7	12	7	丙辰	5	11	7	丙戌	8	10	9	丁巳	1	9	9	丁亥	4	廿八 28th
	2	5	丙辰	2	1	6	丙戌	8	12	8	丁巳	4	11	8	丁亥	7	10	10	戊午	9	9	10	戊子	3	廿九 29th
					1	7	丁亥	9					11	9	戊子	6					9	11	己丑	2	三十 30th

1970 庚戌 Metal Dog

Grand Duke: 化秋

月干支 Month	正月大 1st Mth				二月小 2nd Mth				三月小 3rd Mth				四月大 4th Mth				五月小 5th Mth				六月大 6th Mth			
	戊寅 Wu Yin				己卯 Ji Mao				庚辰 Geng Chen				辛巳 Xin Si				壬午 Ren Wu				癸未 Gui Wei			
九星 9 Star	五黃 Five Yellow				四綠 Four Green				三碧 Three Jade				二黑 Two Black				一白 One White				九紫 Nine Purple			
節氣 Season	驚蟄 Awakening of Worms		雨水 Rain Water		清明 Clear and Bright		春分 Spring Equinox				穀雨 Grain Rain		小滿 Small Sprout		立夏 Coming of Summer		夏至 Summer Solstice		芒種 Planting of Thorny Crops		大暑 Greater Heat		小暑 Lesser Heat	
	29th day		14th day		29th day		14th day				15th day		17th day		2nd day		19th day		3rd day		21st day		5th day	
	7hr 58min		9hr 41min		13hr 2min		8hr 55min				20hr 14min		19hr 39min		6hr 28min		3hr 43min		10hr 51min		14hr 38min		21hr 14min	
	辰 Chen		巳 Si		未 Wei		辰 Chen				戌 Xu		戌 Xu		卯 Mao		寅 Yin		巳 Si		未 Wei		亥 Hai	
農曆 Calendar	國曆 Gregorian		干支 S/B	星 Star	國曆 Gregorian		干支 S/B	星 Star	國曆 Gregorian		干支 S/B	星 Star	國曆 Gregorian		干支 S/B	星 Star	國曆 Gregorian		干支 S/B	星 Star	國曆 Gregorian		干支 S/B	星 Star
初一 1st	2	6	丁巳	3	3	8	丁亥	6	4	6	丙辰	8	5	5	乙酉	1	6	4	乙卯	4	7	3	甲申	4
初二 2nd	2	7	戊午	4	3	9	戊子	7	4	7	丁巳	9	5	6	丙戌	2	6	5	丙辰	5	7	4	乙酉	3
初三 3rd	2	8	己未	5	3	10	己丑	8	4	8	戊午	1	5	7	丁亥	3	6	6	丁巳	6	7	5	丙戌	2
初四 4th	2	9	庚申	6	3	11	庚寅	9	4	9	己未	2	5	8	戊子	4	6	7	戊午	7	7	6	丁亥	1
初五 5th	2	10	辛酉	7	3	12	辛卯	1	4	10	庚申	3	5	9	己丑	5	6	8	己未	8	7	7	戊子	9
初六 6th	2	11	壬戌	8	3	13	壬辰	2	4	11	辛酉	4	5	10	庚寅	6	6	9	庚申	9	7	8	己丑	8
初七 7th	2	12	癸亥	9	3	14	癸巳	3	4	12	壬戌	5	5	11	辛卯	7	6	10	辛酉	1	7	9	庚寅	7
初八 8th	2	13	甲子	1	3	15	甲午	4	4	13	癸亥	6	5	12	壬辰	8	6	11	壬戌	2	7	10	辛卯	6
初九 9th	2	14	乙丑	2	3	16	乙未	5	4	14	甲子	7	5	13	癸巳	9	6	12	癸亥	3	7	11	壬辰	5
初十 10th	2	15	丙寅	3	3	17	丙申	6	4	15	乙丑	8	5	14	甲午	1	6	13	甲子	4	7	12	癸巳	4
十一 11th	2	16	丁卯	4	3	18	丁酉	7	4	16	丙寅	9	5	15	乙未	2	6	14	乙丑	5	7	13	甲午	3
十二 12th	2	17	戊辰	5	3	19	戊戌	8	4	17	丁卯	1	5	16	丙申	3	6	15	丙寅	6	7	14	乙未	2
十三 13th	2	18	己巳	6	3	20	己亥	9	4	18	戊辰	2	5	17	丁酉	4	6	16	丁卯	7	7	15	丙申	1
十四 14th	2	19	庚午	7	3	21	庚子	1	4	19	己巳	3	5	18	戊戌	5	6	17	戊辰	8	7	16	丁酉	9
十五 15th	2	20	辛未	8	3	22	辛丑	2	4	20	庚午	4	5	19	己亥	6	6	18	己巳	9	7	17	戊戌	8
十六 16th	2	21	壬申	9	3	23	壬寅	3	4	21	辛未	5	5	20	庚子	7	6	19	庚午	1	7	18	己亥	7
十七 17th	2	22	癸酉	1	3	24	癸卯	4	4	22	壬申	6	5	21	辛丑	8	6	20	辛未	2	7	19	庚子	6
十八 18th	2	23	甲戌	2	3	25	甲辰	5	4	23	癸酉	7	5	22	壬寅	9	6	21	壬申	3	7	20	辛丑	5
十九 19th	2	24	乙亥	3	3	26	乙巳	6	4	24	甲戌	8	5	23	癸卯	1	6	22	癸酉	4\6	7	21	壬寅	4
二十 20th	2	25	丙子	4	3	27	丙午	7	4	25	乙亥	9	5	24	甲辰	2	6	23	甲戌	5	7	22	癸卯	3
廿一 21st	2	26	丁丑	5	3	28	丁未	8	4	26	丙子	1	5	25	乙巳	3	6	24	乙亥	4	7	23	甲辰	2
廿二 22nd	2	27	戊寅	6	3	29	戊申	9	4	27	丁丑	2	5	26	丙午	4	6	25	丙子	3	7	24	乙巳	1
廿三 23rd	2	28	己卯	7	3	30	己酉	1	4	28	戊寅	3	5	27	丁未	5	6	26	丁丑	2	7	25	丙午	9
廿四 24th	3	1	庚辰	8	3	31	庚戌	2	4	29	己卯	4	5	28	戊申	6	6	27	戊寅	1	7	26	丁未	8
廿五 25th	3	2	辛巳	9	4	1	辛亥	3	4	30	庚辰	5	5	29	己酉	7	6	28	己卯	9	7	27	戊申	7
廿六 26th	3	3	壬午	1	4	2	壬子	4	5	1	辛巳	6	5	30	庚戌	8	6	29	庚辰	8	7	28	己酉	6
廿七 27th	3	4	癸未	2	4	3	癸丑	5	5	2	壬午	7	5	31	辛亥	9	6	30	辛巳	7	7	29	庚戌	5
廿八 28th	3	5	甲申	3	4	4	甲寅	6	5	3	癸未	8	6	1	壬子	1	7	1	壬午	6	7	30	辛亥	4
廿九 29th	3	6	乙酉	4	4	5	乙卯	7	5	4	甲申	9	6	2	癸丑	2	7	2	癸未	5	7	31	壬子	3
三十 30th	3	7	丙戌	5									6	3	甲寅	3					8	1	癸丑	2

天干 Ten Stems

甲 Jia Yang Wood
乙 Yi Yin Wood
丙 Bing Yang Fire
丁 Ding Yin Fire
戊 Wu Yang Earth
己 Ji Yin Earth
庚 Geng Yang Metal
辛 Xin Yin Metal
壬 Ren Yang Water
癸 Gui Yin Water

月干支 Month	七月大 7th Mth				八月小 8th Mth			
	甲申 Jia Shen				乙酉 Yi You			
九星 9 Star	八白 Eight White				七赤 Seven Red			
節氣 Season	處暑 Heat Ends		立秋 Coming Autumn		秋分 Autumn Equinox		白露 White Dew	
	22nd day 21hr 33min		7th day 6hr 58min		23rd day 18hr 56min		8th day 9hr 42min	
	亥 Hai		卯 Mao		酉 You		巳 Si	
農曆 Calendar	國曆 Gregorian		干支 S/B	星 Star	國曆 Gregorian		干支 S/B	星 Star
初一 1st	8	2	甲寅	1	9	1	甲申	7
初二 2nd	8	3	乙卯	9	9	2	乙酉	6
初三 3rd	8	4	丙辰	8	9	3	丙戌	5
初四 4th	8	5	丁巳	7	9	4	丁亥	4
初五 5th	8	6	戊午	6	9	5	戊子	3
初六 6th	8	7	己未	5	9	6	己丑	2
初七 7th	8	8	庚申	4	9	7	庚寅	1
初八 8th	8	9	辛酉	3	9	8	辛卯	9
初九 9th	8	10	壬戌	2	9	9	壬辰	8
初十 10th	8	11	癸亥	1	9	10	癸巳	7
十一 11th	8	12	甲子	9	9	11	甲午	6
十二 12th	8	13	乙丑	8	9	12	乙未	5
十三 13th	8	14	丙寅	7	9	13	丙申	4
十四 14th	8	15	丁卯	6	9	14	丁酉	3
十五 15th	8	16	戊辰	5	9	15	戊戌	2
十六 16th	8	17	己巳	4	9	16	己亥	1
十七 17th	8	18	庚午	3	9	17	庚子	9
十八 18th	8	19	辛未	2	9	18	辛丑	8
十九 19th	8	20	壬申	1	9	19	壬寅	7
二十 20th	8	21	癸酉	9	9	20	癸卯	6
廿一 21st	8	22	甲戌	8	9	21	甲辰	5
廿二 22nd	8	23	乙亥	7	9	22	乙巳	4
廿三 23rd	8	24	丙子	6	9	23	丙午	3
廿四 24th	8	25	丁丑	5	9	24	丁未	2
廿五 25th	8	26	戊寅	4	9	25	戊申	1
廿六 26th	8	27	己卯	3	9	26	己酉	9
廿七 27th	8	28	庚辰	2	9	27	庚戌	8
廿八 28th	8	29	辛巳	1	9	28	辛亥	7
廿九 29th	8	30	壬午	9	9	29	壬子	6
三十 30th	8	31	癸未	8				

月干支 Month	九月大 9th Mth				十月大 10th Mth			
	丙戌 Bing Xu				丁亥 Ding Hai			
九星 9 Star	六白 Six White				五黃 Five Yellow			
節氣 Season	霜降 Frosting		寒露 Cold Dew		小雪 Lesser Snow		立冬 Coming of Winter	
	25th day 4hr 2min		10th day 1hr 6min		25th day 1hr 23min		10th day 4hr 1min	
	寅 Yin		丑 Chou		丑 Chou		寅 Yin	
農曆 Calendar	國曆 Gregorian		干支 S/B	星 Star	國曆 Gregorian		干支 S/B	星 Star
初一 1st	9	30	癸丑	5	10	30	癸未	2
初二 2nd	10	1	甲寅	4	10	31	甲申	1
初三 3rd	10	2	乙卯	3	11	1	乙酉	9
初四 4th	10	3	丙辰	2	11	2	丙戌	8
初五 5th	10	4	丁巳	1	11	3	丁亥	7
初六 6th	10	5	戊午	9	11	4	戊子	6
初七 7th	10	6	己未	8	11	5	己丑	5
初八 8th	10	7	庚申	7	11	6	庚寅	4
初九 9th	10	8	辛酉	6	11	7	辛卯	3
初十 10th	10	9	壬戌	5	11	8	壬辰	2
十一 11th	10	10	癸亥	4	11	9	癸巳	1
十二 12th	10	11	甲子	3	11	10	甲午	9
十三 13th	10	12	乙丑	2	11	11	乙未	8
十四 14th	10	13	丙寅	1	11	12	丙申	7
十五 15th	10	14	丁卯	9	11	13	丁酉	6
十六 16th	10	15	戊辰	8	11	14	戊戌	5
十七 17th	10	16	己巳	7	11	15	己亥	4
十八 18th	10	17	庚午	6	11	16	庚子	3
十九 19th	10	18	辛未	5	11	17	辛丑	2
二十 20th	10	19	壬申	4	11	18	壬寅	1
廿一 21st	10	20	癸酉	3	11	19	癸卯	9
廿二 22nd	10	21	甲戌	2	11	20	甲辰	8
廿三 23rd	10	22	乙亥	1	11	21	乙巳	7
廿四 24th	10	23	丙子	9	11	22	丙午	6
廿五 25th	10	24	丁丑	8	11	23	丁未	5
廿六 26th	10	25	戊寅	7	11	24	戊申	4
廿七 27th	10	26	己卯	6	11	25	己酉	3
廿八 28th	10	27	庚辰	5	11	26	庚戌	2
廿九 29th	10	28	辛巳	4	11	27	辛亥	1
三十 30th	10	29	壬午	3	11	28	壬子	9

月干支 Month	十一月小 11th Mth				十二月大 12th Mth			
	戊子 Wu Zi				己丑 Ji Chou			
九星 9 Star	四綠 Four Green				三碧 Three Jade			
節氣 Season	冬至 Winter Solstice		大雪 Greater Snow		大寒 Greater Cold		小寒 Lesser Cold	
	24th day 14hr 36min		9th day 20hr 41min		25th day 1hr 14min		[illegible]0th day [illegible]hr 45min	
	未 Wei		戌 Xu		丑 Chou		辰 Chen	
農曆 Calendar	國曆 Gregorian		干支 S/B	星 Star	國曆 Gregorian		干支 S/B	星 Star
初一 1st	11	29	癸丑	8	12	28	壬午	4
初二 2nd	11	30	甲寅	7	12	29	癸未	5
初三 3rd	12	1	乙卯	6	12	30	甲申	6
初四 4th	12	2	丙辰	5	12	31	乙酉	7
初五 5th	12	3	丁巳	4	1	1	丙戌	8
初六 6th	12	4	戊午	3	1	2	丁亥	9
初七 7th	12	5	己未	2	1	3	戊子	1
初八 8th	12	6	庚申	1	1	4	己丑	2
初九 9th	12	7	辛酉	9	1	5	庚寅	3
初十 10th	12	8	壬戌	8	1	6	辛卯	4
十一 11th	12	9	癸亥	7	1	7	壬辰	5
十二 12th	12	10	甲子	6	1	8	癸巳	6
十三 13th	12	11	乙丑	5	1	9	甲午	7
十四 14th	12	12	丙寅	4	1	10	乙未	8
十五 15th	12	13	丁卯	3	1	11	丙申	9
十六 16th	12	14	戊辰	2	1	12	丁酉	1
十七 17th	12	15	己巳	1	1	13	戊戌	2
十八 18th	12	16	庚午	9	1	14	己亥	3
十九 19th	12	17	辛未	8	1	15	庚子	4
二十 20th	12	18	壬申	7	1	16	辛丑	5
廿一 21st	12	19	癸酉	6	1	17	壬寅	6
廿二 22nd	12	20	甲戌	5	1	18	癸卯	7
廿三 23rd	12	21	乙亥	4	1	19	甲辰	8
廿四 24th	12	22	丙子	3\7	1	20	乙巳	9
廿五 25th	12	23	丁丑	8	1	21	丙午	1
廿六 26th	12	24	戊寅	9	1	22	丁未	2
廿七 27th	12	25	己卯	1	1	23	戊申	3
廿八 28th	12	26	庚辰	2	1	24	己酉	4
廿九 29th	12	27	辛巳	3	1	25	庚戌	5
三十 30th					1	26	辛亥	6

地支 Twelve Branches: 子 Zi Rat · 丑 Chou Ox · 寅 Yin Tiger · 卯 Mao Rabbit · 辰 Chen Dragon · 巳 Si Snake · 午 Wu Horse · 未 Wei Goat · 申 Shen Monkey · 酉 You Rooster · 戌 Xu Dog · 亥 Hai Pig

1971 辛亥 Metal Pig

Grand Duke: 葉堅

月干支 Month	正月小 1st Mth 庚寅 Geng Yin			二月大 2nd Mth 辛卯 Xin Mao			三月小 3rd Mth 壬辰 Ren Chen			四月小 4th Mth 癸巳 Gui Si			五月大 5th Mth 甲午 Jia Wu			閏五月小 5th Mth			六月大 6th Mth 乙未 Yi Wei		
九星 9 Star	二黑 Two Black			一白 One White			九紫 Nine Purple			八白 Eight White			七赤 Seven Red						六白 Six White		
節氣 Season	雨水 Rain Water	立春 Coming of Spring		春分 Spring Equinox	驚蟄 Awakening of Worms		穀雨 Grain Rain	清明 Clear and Bright		小滿 Small Sprout	立夏 Coming of Summer		夏至 Summer Solstice	芒種 Planting of Thorny Crops			小暑 Lesser Heat		立秋 Coming Autumn		
	24th day	9th day		25th day	10th day		26th day	10th day		28th day	12th day		30th day	14th day			16th day		18th day		
	15hr 27min	19hr 26min		14hr 38min	13hr 35min		1hr 54min	18hr 36min		1hr 15min	12hr 8min		9hr 20min	16hr 29min			2hr 51min		12hr 40min		
	申 Shen	戌 Xu		未 Wei	未 Wei		丑 Chou	酉 You		丑 Chou	午 Wu		巳 Si	申 Shen			丑 Chou		午 Wu		
農曆 Calendar	國曆 Gregorian	干支 S/B	星 Star	國曆 Gregorian	干支 S/B	星 Star	國曆 Gregorian	干支 S/B	星 Star	國曆 Gregorian	干支 S/B	星 Star	國曆 Gregorian	干支 S/B	星 Star	國曆 Gregorian	干支 S/B	星 Star	國曆 Gregorian	干支 S/B	星 Star
初一 1st	1 27	壬子	7	2 25	辛巳	9	3 27	辛亥	3	4 25	庚辰	5	5 24	己酉	7	6 23	己卯	9	7 22	戊申	7
初二 2nd	1 28	癸丑	8	2 26	壬午	1	3 28	壬子	4	4 26	辛巳	6	5 25	庚戌	8	6 24	庚辰	8	7 23	己酉	6
初三 3rd	1 29	甲寅	9	2 27	癸未	2	3 29	癸丑	5	4 27	壬午	7	5 26	辛亥	9	6 25	辛巳	7	7 24	庚戌	5
初四 4th	1 30	乙卯	1	2 28	甲申	3	3 30	甲寅	6	4 28	癸未	8	5 27	壬子	1	6 26	壬午	6	7 25	辛亥	4
初五 5th	1 31	丙辰	2	3 1	乙酉	4	3 31	乙卯	7	4 29	甲申	9	5 28	癸丑	2	6 27	癸未	5	7 26	壬子	3
初六 6th	2 1	丁巳	3	3 2	丙戌	5	4 1	丙辰	8	4 30	乙酉	1	5 29	甲寅	3	6 28	甲申	4	7 27	癸丑	2
初七 7th	2 2	戊午	4	3 3	丁亥	6	4 2	丁巳	9	5 1	丙戌	2	5 30	乙卯	4	6 29	乙酉	3	7 28	甲寅	1
初八 8th	2 3	己未	5	3 4	戊子	7	4 3	戊午	1	5 2	丁亥	3	5 31	丙辰	5	6 30	丙戌	2	7 29	乙卯	9
初九 9th	2 4	庚申	6	3 5	己丑	8	4 4	己未	2	5 3	戊子	4	6 1	丁巳	6	7 1	丁亥	1	7 30	丙辰	8
初十 10th	2 5	辛酉	7	3 6	庚寅	9	4 5	庚申	3	5 4	己丑	5	6 2	戊午	7	7 2	戊子	9	7 31	丁巳	7
十一 11th	2 6	壬戌	8	3 7	辛卯	1	4 6	辛酉	4	5 5	庚寅	6	6 3	己未	8	7 3	己丑	8	8 1	戊午	6
十二 12th	2 7	癸亥	9	3 8	壬辰	2	4 7	壬戌	5	5 6	辛卯	7	6 4	庚申	9	7 4	庚寅	7	8 2	己未	5
十三 13th	2 8	甲子	1	3 9	癸巳	3	4 8	癸亥	6	5 7	壬辰	8	6 5	辛酉	1	7 5	辛卯	6	8 3	庚申	4
十四 14th	2 9	乙丑	2	3 10	甲午	4	4 9	甲子	7	5 8	癸巳	9	6 6	壬戌	2	7 6	壬辰	5	8 4	辛酉	3
十五 15th	2 10	丙寅	3	3 11	乙未	5	4 10	乙丑	8	5 9	甲午	1	6 7	癸亥	3	7 7	癸巳	4	8 5	壬戌	2
十六 16th	2 11	丁卯	4	3 12	丙申	6	4 11	丙寅	9	5 10	乙未	2	6 8	甲子	4	7 8	甲午	3	8 6	癸亥	1
十七 17th	2 12	戊辰	5	3 13	丁酉	7	4 12	丁卯	1	5 11	丙申	3	6 9	乙丑	5	7 9	乙未	2	8 7	甲子	9
十八 18th	2 13	己巳	6	3 14	戊戌	8	4 13	戊辰	2	5 12	丁酉	4	6 10	丙寅	6	7 10	丙申	1	8 8	乙丑	8
十九 19th	2 14	庚午	7	3 15	己亥	9	4 14	己巳	3	5 13	戊戌	5	6 11	丁卯	7	7 11	丁酉	9	8 9	丙寅	7
二十 20th	2 15	辛未	8	3 16	庚子	1	4 15	庚午	4	5 14	己亥	6	6 12	戊辰	8	7 12	戊戌	8	8 10	丁卯	6
廿一 21st	2 16	壬申	9	3 17	辛丑	2	4 16	辛未	5	5 15	庚子	7	6 13	己巳	9	7 13	己亥	7	8 11	戊辰	5
廿二 22nd	2 17	癸酉	1	3 18	壬寅	3	4 17	壬申	6	5 16	辛丑	8	6 14	庚午	1	7 14	庚子	6	8 12	己巳	4
廿三 23rd	2 18	甲戌	2	3 19	癸卯	4	4 18	癸酉	7	5 17	壬寅	9	6 15	辛未	2	7 15	辛丑	5	8 13	庚午	3
廿四 24th	2 19	乙亥	3	3 20	甲辰	5	4 19	甲戌	8	5 18	癸卯	1	6 16	壬申	3	7 16	壬寅	4	8 14	辛未	2
廿五 25th	2 20	丙子	4	3 21	乙巳	6	4 20	乙亥	9	5 19	甲辰	2	6 17	癸酉	4	7 17	癸卯	3	8 15	壬申	1
廿六 26th	2 21	丁丑	5	3 22	丙午	7	4 21	丙子	1	5 20	乙巳	3	6 18	甲戌	5	7 18	甲辰	2	8 16	癸酉	9
廿七 27th	2 22	戊寅	6	3 23	丁未	8	4 22	丁丑	2	5 21	丙午	4	6 19	乙亥	6	7 19	乙巳	1	8 17	甲戌	8
廿八 28th	2 23	己卯	7	3 24	戊申	9	4 23	戊寅	3	5 22	丁未	5	6 20	丙子	7	7 20	丙午	9	8 18	乙亥	7
廿九 29th	2 24	庚辰	8	3 25	己酉	1	4 24	己卯	4	5 23	戊申	6	6 21	丁丑	8	7 21	丁未	8	8 19	丙子	6
三十 30th				3 26	庚戌	2							6 22	戊寅	9\1				8 20	丁丑	5

天干 Ten Stems

- 甲 Jia Yang Wood
- 乙 Yi Yin Wood
- 丙 Bing Yang Fire
- 丁 Ding Yin Fire
- 戊 Wu Yang Earth
- 己 Ji Yin Earth
- 庚 Geng Yang Metal
- 辛 Xin Yin Metal
- 壬 Ren Yang Water
- 癸 Gui Yin Water

Male Gua: 2 坤(Kun) **Female Gua: 4 巽(Xun)** 3 Killing 三煞: West Annual Star: 2 Black

月干支 Month	七月小 7th Mth			八月大 8th Mth			九月大 9th Mth			十月大 10th Mth			十一月小 11th Mth			十二月大 12th Mth		
	丙申 Bing Shen			丁酉 Ding You			戊戌 Wu Xu			己亥 Ji Hai			庚子 Geng Zi			辛丑 Xin Chou		
九星 9 Star	五黃 Five Yellow			四綠 Four Green			三碧 Three Jade			二黑 Two Black			一白 One White			九紫 Nine Purple		
節氣 Season	白露 White Dew 19th day 15hr 30min 申 Shen	處暑 Heat Ends 4th day 3hr 15min 寅 Yin		寒露 Cold Dew 21st day 6ht 59min 卯 Mao	秋分 Autumn Equinox 6th day 0hr 45min 子 Zi		立冬 Coming of Winter 21st day 9ht 57min 巳 Si			大雪 Greater Snow 21st day 2hr 36min 丑 Chou	小雪 Lesser Snow 6th day 7hr 14min 辰 Chen		小寒 Lesser Cold 20th day 13hr 43min 未 Wei	冬至 Winter Solstice 5th day 20hr 24min 戌 Xu		立春 Coming of Spring 21st day 1hr 20min 丑 Chou	大寒 Greater Cold 6th day [illegible]hr 0min 辰 Chen	
農曆 Calendar	國曆 Gregorian	干支 S/B	星 Star	國曆 Gregorian	干支 S/B	星 Star	國曆 Gregorian	干支 S/B	星 Star	國曆 Gregorian	干支 S/B	星 Star	國曆 Gregorian	干支 S/B	星 Star	國曆 Gregorian	干支 S/B	星 Star
初一 1st	8 21	戊寅	4	9 19	丁未	2	10 19	丁丑	8	11 18	丁未	5	12 18	丁丑	2	1 16	丙午	1
初二 2nd	8 22	己卯	3	9 20	戊申	1	10 20	戊寅	7	11 19	戊申	4	12 19	戊寅	1	1 17	丁未	2
初三 3rd	8 23	庚辰	2	9 21	己酉	9	10 21	己卯	6	11 20	己酉	3	12 20	己卯	9	1 18	戊申	3
初四 4th	8 24	辛巳	1	9 22	庚戌	8	10 22	庚辰	5	11 21	庚戌	2	12 21	庚辰	8	1 19	己酉	4
初五 5th	8 25	壬午	9	9 23	辛亥	7	10 23	辛巳	4	11 22	辛亥	1	12 22	辛巳	7\3	1 20	庚戌	5
初六 6th	8 26	癸未	8	9 24	壬子	6	10 24	壬午	3	11 23	壬子	9	12 23	壬午	4	1 21	辛亥	6
初七 7th	8 27	甲申	7	9 25	癸丑	5	10 25	癸未	2	11 24	癸丑	8	12 24	癸未	5	1 22	壬子	7
初八 8th	8 28	乙酉	6	9 26	甲寅	4	10 26	甲申	1	11 25	甲寅	7	12 25	甲申	6	1 23	癸丑	8
初九 9th	8 29	丙戌	5	9 27	乙卯	3	10 27	乙酉	9	11 26	乙卯	6	12 26	乙酉	7	1 24	甲寅	9
初十 10th	8 30	丁亥	4	9 28	丙辰	2	10 28	丙戌	8	11 27	丙辰	5	12 27	丙戌	8	1 25	乙卯	1
十一 11th	8 31	戊子	3	9 29	丁巳	1	10 29	丁亥	7	11 28	丁巳	4	12 28	丁亥	9	1 26	丙辰	2
十二 12th	9 1	己丑	2	9 30	戊午	9	10 30	戊子	6	11 29	戊午	3	12 29	戊子	1	1 27	丁巳	3
十三 13th	9 2	庚寅	1	10 1	己未	8	10 31	己丑	5	11 30	己未	2	12 30	己丑	2	1 28	戊午	4
十四 14th	9 3	辛卯	9	10 2	庚申	7	11 1	庚寅	4	12 1	庚申	1	12 31	庚寅	3	1 29	己未	5
十五 15th	9 4	壬辰	8	10 3	辛酉	6	11 2	辛卯	3	12 2	辛酉	9	1 1	辛卯	4	1 30	庚申	6
十六 16th	9 5	癸巳	7	10 4	壬戌	5	11 3	壬辰	2	12 3	壬戌	8	1 2	壬辰	5	1 31	辛酉	7
十七 17th	9 6	甲午	6	10 5	癸亥	4	11 4	癸巳	1	12 4	癸亥	7	1 3	癸巳	6	2 1	壬戌	8
十八 18th	9 7	乙未	5	10 6	甲子	3	11 5	甲午	9	12 5	甲子	6	1 4	甲午	7	2 2	癸亥	9
十九 19th	9 8	丙申	4	10 7	乙丑	2	11 6	乙未	8	12 6	乙丑	5	1 5	乙未	8	2 3	甲子	1
二十 20th	9 9	丁酉	3	10 8	丙寅	1	11 7	丙申	7	12 7	丙寅	4	1 6	丙申	9	2 4	乙丑	2
廿一 21st	9 10	戊戌	2	10 9	丁卯	9	11 8	丁酉	6	12 8	丁卯	3	1 7	丁酉	1	2 5	丙寅	3
廿二 22nd	9 11	己亥	1	10 10	戊辰	8	11 9	戊戌	5	12 9	戊辰	2	1 8	戊戌	2	2 6	丁卯	4
廿三 23rd	9 12	庚子	9	10 11	己巳	7	11 10	己亥	4	12 10	己巳	1	1 9	己亥	3	2 7	戊辰	5
廿四 24th	9 13	辛丑	8	10 12	庚午	6	11 11	庚子	3	12 11	庚午	9	1 10	庚子	4	2 8	己巳	6
廿五 25th	9 14	壬寅	7	10 13	辛未	5	11 12	辛丑	2	12 12	辛未	8	1 11	辛丑	5	2 9	庚午	7
廿六 26th	9 15	癸卯	6	10 14	壬申	4	11 13	壬寅	1	12 13	壬申	7	1 12	壬寅	6	2 10	辛未	8
廿七 27th	9 16	甲辰	5	10 15	癸酉	3	11 14	癸卯	9	12 14	癸酉	6	1 13	癸卯	7	2 11	壬申	9
廿八 28th	9 17	乙巳	4	10 16	甲戌	2	11 15	甲辰	8	12 15	甲戌	5	1 14	甲辰	8	2 12	癸酉	1
廿九 29th	9 18	丙午	3	10 17	乙亥	1	11 16	乙巳	7	12 16	乙亥	4	1 15	乙巳	9	2 13	甲戌	2
三十 30th				10 18	丙子	9	11 17	丙午	6	12 17	丙子	3				2 14	乙亥	3

地支 Twelve Branches: 子 Zi Rat; 丑 Chou Ox; 寅 Yin Tiger; 卯 Mao Rabbit; 辰 Chen Dragon; 巳 Si Snake; 午 Wu Horse; 未 Wei Goat; 申 Shen Monkey; 酉 You Rooster; 戌 Xu Dog; 亥 Hai Pig

1972 壬子 Water Rat

Grand Duke: 邱德

月干支 Month	正月小 1st Mth				二月大 2nd Mth				三月小 3rd Mth				四月小 4th Mth				五月大 5th Mth				六月小 6th Mth			
	壬寅 Ren Yin				癸卯 Gui Mao				甲辰 Jia Chen				乙巳 Yi Si				丙午 Bing Wu				丁未 Ding Wei			
九星 9 Star	八白 Eight White				七赤 Seven Red				六白 Six White				五黃 Five Yellow				四綠 Four Green				三碧 Three Jade			
節氣 Season	驚蟄 Awakening of Worms		雨水 Rain Water		清明 Clear and Bright		春分 Spring Equinox		立夏 Coming of Summer		穀雨 Grain Rain		芒種 Planting of Thorny Crops		小滿 Small Sprout		小暑 Lesser Heat		夏至 Summer Solstice		立秋 Coming Autumn		大暑 Greater Heat	
	20th day		5th day		22nd day		6th day		22nd day		7th day		24th day		9th day		27th day		11th day		28th day		13th day	
	19hr 28min		21hr 12min		0hr 29min		20hr 22min		18hr 1min		7hr 38min		22hr 22min		7hr 0min		8hr 43min		15hr 6min		18hr 29min		2hr 3min	
	戌 Xu		亥 Hai		子 Zi		戌 Xu		酉 You		辰 Chen		亥 Hai		辰 Chen		辰 Chen		申 Shen		酉 You		丑 Chou	
農曆 Calendar	國曆 Gregorian		干支 S / B	星 Star	國曆 Gregorian		干支 S / B	星 Star	國曆 Gregorian		干支 S / B	星 Star	國曆 Gregorian		干支 S / B	星 Star	國曆 Gregorian		干支 S / B	星 Star	國曆 Gregorian		干支 S / B	星 Star
初一 1st	2	15	丙子	4	3	15	乙巳	6	4	14	乙亥	9	5	13	甲辰	2	6	11	癸酉	4	7	11	癸卯	3
初二 2nd	2	16	丁丑	5	3	16	丙午	7	4	15	丙子	1	5	14	乙巳	3	6	12	甲戌	5	7	12	甲辰	2
初三 3rd	2	17	戊寅	6	3	17	丁未	8	4	16	丁丑	2	5	15	丙午	4	6	13	乙亥	6	7	13	乙巳	1
初四 4th	2	18	己卯	7	3	18	戊申	9	4	17	戊寅	3	5	16	丁未	5	6	14	丙子	7	7	14	丙午	9
初五 5th	2	19	庚辰	8	3	19	己酉	1	4	18	己卯	4	5	17	戊申	6	6	15	丁丑	8	7	15	丁未	8
初六 6th	2	20	辛巳	9	3	20	庚戌	2	4	19	庚辰	5	5	18	己酉	7	6	16	戊寅	9	7	16	戊申	7
初七 7th	2	21	壬午	1	3	21	辛亥	3	4	20	辛巳	6	5	19	庚戌	8	6	17	己卯	1	7	17	己酉	6
初八 8th	2	22	癸未	2	3	22	壬子	4	4	21	壬午	7	5	20	辛亥	9	6	18	庚辰	2	7	18	庚戌	5
初九 9th	2	23	甲申	3	3	23	癸丑	5	4	22	癸未	8	5	21	壬子	1	6	19	辛巳	3	7	19	辛亥	4
初十 10th	2	24	乙酉	4	3	24	甲寅	6	4	23	甲申	9	5	22	癸丑	2	6	20	壬午	4	7	20	壬子	3
十一 11th	2	25	丙戌	5	3	25	乙卯	7	4	24	乙酉	1	5	23	甲寅	3	6	21	癸未	5\5	7	21	癸丑	2
十二 12th	2	26	丁亥	6	3	26	丙辰	8	4	25	丙戌	2	5	24	乙卯	4	6	22	甲申	4	7	22	甲寅	1
十三 13th	2	27	戊子	7	3	27	丁巳	9	4	26	丁亥	3	5	25	丙辰	5	6	23	乙酉	3	7	23	乙卯	9
十四 14th	2	28	己丑	8	3	28	戊午	1	4	27	戊子	4	5	26	丁巳	6	6	24	丙戌	2	7	24	丙辰	8
十五 15th	2	29	庚寅	9	3	29	己未	2	4	28	己丑	5	5	27	戊午	7	6	25	丁亥	1	7	25	丁巳	[illegible]
十六 16th	3	1	辛卯	1	3	30	庚申	3	4	29	庚寅	6	5	28	己未	8	6	26	戊子	9	7	26	戊午	6
十七 17th	3	2	壬辰	2	3	31	辛酉	4	4	30	辛卯	7	5	29	庚申	9	6	27	己丑	8	7	27	己未	5
十八 18th	3	3	癸巳	3	4	1	壬戌	5	5	1	壬辰	8	5	30	辛酉	1	6	28	庚寅	7	7	28	庚申	4
十九 19th	3	4	甲午	4	4	2	癸亥	6	5	2	癸巳	9	5	31	壬戌	2	6	29	辛卯	6	7	29	辛酉	3
二十 20th	3	5	乙未	5	4	3	甲子	7	5	3	甲午	1	6	1	癸亥	3	6	30	壬辰	5	7	30	壬戌	2
廿一 21st	3	6	丙申	6	4	4	乙丑	8	5	4	乙未	2	6	2	甲子	4	7	1	癸巳	4	7	31	癸亥	1
廿二 22nd	3	7	丁酉	7	4	5	丙寅	9	5	5	丙申	3	6	3	乙丑	5	7	2	甲午	3	8	1	甲子	9
廿三 23rd	3	8	戊戌	8	4	6	丁卯	1	5	6	丁酉	4	6	4	丙寅	6	7	3	乙未	2	8	2	乙丑	8
廿四 24th	3	9	己亥	9	4	7	戊辰	2	5	7	戊戌	5	6	5	丁卯	7	7	4	丙申	1	8	3	丙寅	7
廿五 25th	3	10	庚子	1	4	8	己巳	3	5	8	己亥	6	6	6	戊辰	8	7	5	丁酉	9	8	4	丁卯	6
廿六 26th	3	11	辛丑	2	4	9	庚午	4	5	9	庚子	7	6	7	己巳	9	7	6	戊戌	8	8	5	戊辰	5
廿七 27th	3	12	壬寅	3	4	10	辛未	5	5	10	辛丑	8	6	8	庚午	1	7	7	己亥	7	8	6	己巳	4
廿八 28th	3	13	癸卯	4	4	11	壬申	6	5	11	壬寅	9	6	9	辛未	2	7	8	庚子	6	8	7	庚午	3
廿九 29th	3	14	甲辰	5	4	12	癸酉	7	5	12	癸卯	1	6	10	壬申	3	7	9	辛丑	5	8	8	辛未	2
三十 30th					4	13	甲戌	8									7	10	壬寅	4				

天干 Ten Stems

- 甲 Jia Yang Wood
- 乙 Yi Yin Wood
- 丙 Bing Yang Fire
- 丁 Ding Yin Fire
- 戊 Wu Yang Earth
- 己 Ji Yin Earth
- 庚 Geng Yang Metal
- 辛 Xin Yin Metal
- 壬 Ren Yang Water
- 癸 Gui Yin Water

Male Gua: 1 坎(Kan) Female Gua: 8 艮(Gen) 3 Killing 三煞: South Annual Star: 1 White

地支 Twelve Branches: 子 Zi Rat · 丑 Chou Ox · 寅 Yin Tiger · 卯 Mao Rabbit · 辰 Chen Dragon · 巳 Si Snake · 午 Wu Horse · 未 Wei Goat · 申 Shen Monkey · 酉 You Rooster · 戌 Xu Dog · 亥 Hai Pig

十二月大 12th Mth				十一月小 11th Mth				十月大 10th Mth				九月大 9th Mth				八月小 8th Mth				七月大 7th Mth				月干支 Month
癸丑 Gui Chou				壬子 Ren Zi				辛亥 Xin Hai				庚戌 Geng Xu				己酉 Ji You				戊申 Wu Shen				
六白 Six White				七赤 Seven Red				八白 Eight White				九紫 Nine Purple				一白 One White				二黑 Two Black				九星 9 Star
大寒 Greater Cold	小寒 Lesser Cold			冬至 Winter Solstice	大雪 Greater Snow			小雪 Lesser Snow	立冬 Coming of Winter			霜降 Frosting	寒露 Cold Dew				秋分 Autumn Equinox			白露 White Dew	處暑 Heat Ends			節氣 Season
17th day	2nd day			17th day	2nd day			17th day	2nd day			17th day	2nd day				16th day			30th day	15th day			
12hr 48min	11hr 26min			2hr 13min	8hr 19min			13hr 3min	15hr 40min			15hr 42min	12hr 42min				6hr 33min			21hr 15min	9hr 3min			
午 Wu	戌 Xu			丑 Chou	辰 Chen			未 Wei	申 Shen			申 Shen	午 Wu				卯 Mao			亥 Hai	巳 Si			
國曆 Gregorian		干支 S/B	星 Star	國曆 Gregorian		干支 S/B	星 Star	國曆 Gregorian		干支 S/B	星 Star	國曆 Gregorian		干支 S/B	星 Star	國曆 Gregorian		干支 S/B	星 Star	國曆 Gregorian		干支 S/B	星 Star	農曆 Calendar
1	4	庚子	4	12	6	辛未	8	11	6	辛丑	2	10	7	辛未	5	9	8	壬寅	7	8	9	壬申	1	初一 1st
1	5	辛丑	5	12	7	壬申	7	11	7	壬寅	1	10	8	壬申	4	9	9	癸卯	6	8	10	癸酉	9	初二 2nd
1	6	壬寅	6	12	8	癸酉	6	11	8	癸卯	9	10	9	癸酉	3	9	10	甲辰	5	8	11	甲戌	8	初三 3rd
1	7	癸卯	7	12	9	甲戌	5	11	9	甲辰	8	10	10	甲戌	2	9	11	乙巳	4	8	12	乙亥	7	初四 4th
1	8	甲辰	8	12	10	乙亥	4	11	10	乙巳	7	10	11	乙亥	1	9	12	丙午	3	8	13	丙子	6	初五 5th
1	9	乙巳	9	12	11	丙子	3	11	11	丙午	6	10	12	丙子	9	9	13	丁未	2	8	14	丁丑	5	初六 6th
1	10	丙午	1	12	12	丁丑	2	11	12	丁未	5	10	13	丁丑	8	9	14	戊申	1	8	15	戊寅	4	初七 7th
1	11	丁未	2	12	13	戊寅	1	11	13	戊申	4	10	14	戊寅	7	9	15	己酉	9	8	16	己卯	3	初八 8th
1	12	戊申	3	12	14	己卯	9	11	14	己酉	3	10	15	己卯	6	9	16	庚戌	8	8	17	庚辰	2	初九 9th
1	13	己酉	4	12	15	庚辰	8	11	15	庚戌	2	10	16	庚辰	5	9	17	辛亥	7	8	18	辛巳	1	初十 10th
1	14	庚戌	5	12	16	辛巳	7	11	16	辛亥	1	10	17	辛巳	4	9	18	壬子	6	8	19	壬午	9	十一 11th
1	15	辛亥	6	12	17	壬午	6	11	17	壬子	9	10	18	壬午	3	9	19	癸丑	5	8	20	癸未	8	十二 12th
1	16	壬子	7	12	18	癸未	5	11	18	癸丑	8	10	19	癸未	2	9	20	甲寅	4	8	21	甲申	7	十三 13th
1	17	癸丑	8	12	19	甲申	4	11	19	甲寅	7	10	20	甲申	1	9	21	乙卯	3	8	22	乙酉	6	十四 14th
1	18	甲寅	9	12	20	乙酉	3	11	20	乙卯	6	10	21	乙酉	9	9	22	丙辰	2	8	23	丙戌	5	十五 15th
1	19	乙卯	1	12	21	丙戌	2	11	21	丙辰	5	10	22	丙戌	8	9	23	丁巳	1	8	24	丁亥	4	十六 16th
1	20	丙辰	2	12	22	丁亥	1\9	11	22	丁巳	4	10	23	丁亥	7	9	24	戊午	9	8	25	戊子	3	十七 17th
1	21	丁巳	3	12	23	戊子	1	11	23	戊午	3	10	24	戊子	6	9	25	己未	8	8	26	己丑	2	十八 18th
1	22	戊午	4	12	24	己丑	2	11	24	己未	2	10	25	己丑	5	9	26	庚申	7	8	27	庚寅	1	十九 19th
1	23	己未	5	12	25	庚寅	3	11	25	庚申	1	10	26	庚寅	4	9	27	辛酉	6	8	28	辛卯	9	二十 20th
1	24	庚申	6	12	26	辛卯	4	11	26	辛酉	9	10	27	辛卯	3	9	28	壬戌	5	8	29	壬辰	8	廿一 21st
1	25	辛酉	7	12	27	壬辰	5	11	27	壬戌	8	10	28	壬辰	2	9	29	癸亥	4	8	30	癸巳	7	廿二 22nd
1	26	壬戌	8	12	28	癸巳	6	11	28	癸亥	7	10	29	癸巳	1	9	30	甲子	3	8	31	甲午	6	廿三 23rd
1	27	癸亥	9	12	29	甲午	7	11	29	甲子	6	10	30	甲午	9	10	1	乙丑	2	9	1	乙未	5	廿四 24th
1	28	甲子	1	12	30	乙未	3	11	30	乙丑	5	10	31	乙未	8	10	2	丙寅	1	9	2	丙申	4	廿五 25th
1	29	乙丑	2	12	31	丙申	9	12	1	丙寅	4	11	1	丙申	7	10	3	丁卯	9	9	3	丁酉	3	廿六 26th
1	30	丙寅	3	1	1	丁酉	[illegible]	12	2	丁卯	3	11	2	丁酉	6	10	4	戊辰	8	9	4	戊戌	2	廿七 27th
1	31	丁卯	4	1	2	戊戌	2	12	3	戊辰	2	11	3	戊戌	5	10	5	己巳	7	9	5	己亥	1	廿八 28th
2	1	戊辰	5	1	3	己亥	3	12	4	己巳	1	11	4	己亥	4	10	6	庚午	6	9	6	庚子	9	廿九 29th
2	2	己巳	6					12	5	庚午	9	11	5	庚子	3					9	7	辛丑	8	三十 30th

1973 癸丑 Water Ox

Grand Duke: 林簿

月干支 Month	正月大 1st Mth	二月小 2nd Mth	三月大 3rd Mth	四月小 4th Mth	五月小 5th Mth	六月大 6th Mth
	甲寅 Jia Yin	乙卯 Yi Mao	丙辰 Bing Chen	丁巳 Ding Si	戊午 Wu Wu	己未 Ji Wei
九星 9 Star	五黃 Five Yellow	四綠 Four Green	三碧 Three Jade	二黑 Two Black	一白 One White	九紫 Nine Purple
節氣 Season	立春 Coming of Spring 2nd day 7hr 4min 辰 Chen	驚蟄 Awakening of Worms 2nd day 1hr 13min 丑 Chou	清明 Clear and Bright 3rd day 6hr 14min 卯 Mao	立夏 Coming of Summer 3rd day 23hr 47min 子 Zi	芒種 Planting of Thorny Crops 6th day 4hr 7min 寅 Yin	小暑 Lesser Heat 8th day 14hr 28min 未 Wei
節氣 Season	雨水 Rain Water 17th day 3hr 1min 寅 Yin	春分 Spring Equinox 17th day 2hr 13min 丑 Chou	穀雨 Grain Rain 18th day 13hr 30min 未 Wei	小滿 Small Sprout 19th day 12hr 54min 午 Wu	夏至 Summer Solstice 21st day 21hr 1min 亥 Hai	大暑 Greater Heat 24th day 7hr 56min 辰 Chen

農曆 Calendar	1st Mth 國曆 Gregorian		干支 S/B	星 Star	2nd Mth 國曆 Gregorian		干支 S/B	星 Star	3rd Mth 國曆 Gregorian		干支 S/B	星 Star
初一 1st	2	3	庚午	7	3	5	庚子	1	4	3	己巳	3
初二 2nd	2	4	辛未	8	3	6	辛丑	2	4	4	庚午	4
初三 3rd	2	5	壬申	9	3	7	壬寅	3	4	5	辛未	5
初四 4th	2	6	癸酉	1	3	8	癸卯	4	4	6	壬申	6
初五 5th	2	7	甲戌	2	3	9	甲辰	5	4	7	癸酉	7
初六 6th	2	8	乙亥	3	3	10	乙巳	6	4	8	甲戌	8
初七 7th	2	9	丙子	4	3	11	丙午	7	4	9	乙亥	9
初八 8th	2	10	丁丑	5	3	12	丁未	8	4	10	丙子	1
初九 9th	2	11	戊寅	6	3	13	戊申	9	4	11	丁丑	2
初十 10th	2	12	己卯	7	3	14	己酉	1	4	12	戊寅	3
十一 11th	2	13	庚辰	8	3	15	庚戌	2	4	13	己卯	4
十二 12th	2	14	辛巳	9	3	16	辛亥	3	4	14	庚辰	5
十三 13th	2	15	壬午	1	3	17	壬子	4	4	15	辛巳	6
十四 14th	2	16	癸未	2	3	18	癸丑	5	4	16	壬午	7
十五 15th	2	17	甲申	3	3	19	甲寅	6	4	17	癸未	8
十六 16th	2	18	乙酉	4	3	20	乙卯	7	4	18	甲申	9
十七 17th	2	19	丙戌	5	3	21	丙辰	8	4	19	乙酉	1
十八 18th	2	20	丁亥	6	3	22	丁巳	9	4	20	丙戌	2
十九 19th	2	21	戊子	7	3	23	戊午	1	4	21	丁亥	3
二十 20th	2	22	己丑	8	3	24	己未	2	4	22	戊子	4
廿一 21st	2	23	庚寅	9	3	25	庚申	3	4	23	己丑	5
廿二 22nd	2	24	辛卯	1	3	26	辛酉	4	4	24	庚寅	6
廿三 23rd	2	25	壬辰	2	3	27	壬戌	5	4	25	辛卯	7
廿四 24th	2	26	癸巳	3	3	28	癸亥	6	4	26	壬辰	8
廿五 25th	2	27	甲午	4	3	29	甲子	7	4	27	癸巳	9
廿六 26th	2	28	乙未	5	3	30	乙丑	8	4	28	甲午	1
廿七 27th	3	1	丙申	6	3	31	丙寅	9	4	29	乙未	2
廿八 28th	3	2	丁酉	7	4	1	丁卯	1	4	30	丙申	3
廿九 29th	3	3	戊戌	8	4	2	戊辰	2	5	1	丁酉	4
三十 30th	3	4	己亥	9					5	2	戊戌	5

農曆 Calendar	4th Mth 國曆 Gregorian		干支 S/B	星 Star	5th Mth 國曆 Gregorian		干支 S/B	星 Star	6th Mth 國曆 Gregorian		干支 S/B	星 Star
初一 1st	5	3	己亥	6	6	1	戊辰	8	6	30	丁酉	9
初二 2nd	5	4	庚子	7	6	2	己巳	9	7	1	戊戌	8
初三 3rd	5	5	辛丑	8	6	3	庚午	1	7	2	己亥	7
初四 4th	5	6	壬寅	9	6	4	辛未	2	7	3	庚子	6
初五 5th	5	7	癸卯	1	6	5	壬申	3	7	4	辛丑	5
初六 6th	5	8	甲辰	2	6	6	癸酉	4	7	5	壬寅	4
初七 7th	5	9	乙巳	3	6	7	甲戌	5	7	6	癸卯	3
初八 8th	5	10	丙午	4	6	8	乙亥	6	7	7	甲辰	2
初九 9th	5	11	丁未	5	6	9	丙子	7	7	8	乙巳	1
初十 10th	5	12	戊申	6	6	10	丁丑	8	7	9	丙午	9
十一 11th	5	13	己酉	7	6	11	戊寅	9	7	10	丁未	8
十二 12th	5	14	庚戌	8	6	12	己卯	1	7	11	戊申	7
十三 13th	5	15	辛亥	9	6	13	庚辰	2	7	12	己酉	6
十四 14th	5	16	壬子	1	6	14	辛巳	3	7	13	庚戌	5
十五 15th	5	17	癸丑	2	6	15	壬午	4	7	14	辛亥	4
十六 16th	5	18	甲寅	3	6	16	癸未	5	7	15	壬子	3
十七 17th	5	19	乙卯	4	6	17	甲申	6	7	16	癸丑	2
十八 18th	5	20	丙辰	5	6	18	乙酉	7	7	17	甲寅	1
十九 19th	5	21	丁巳	6	6	19	丙戌	8	7	18	乙卯	9
二十 20th	5	22	戊午	7	6	20	丁亥	9	7	19	丙辰	8
廿一 21st	5	23	己未	8	6	21	戊子	1\9	7	20	丁巳	7
廿二 22nd	5	24	庚申	9	6	22	己丑	8	7	21	戊午	6
廿三 23rd	5	25	辛酉	1	6	23	庚寅	7	7	22	己未	5
廿四 24th	5	26	壬戌	2	6	24	辛卯	6	7	23	庚申	4
廿五 25th	5	27	癸亥	3	6	25	壬辰	5	7	24	辛酉	3
廿六 26th	5	28	甲子	4	6	26	癸巳	4	7	25	壬戌	2
廿七 27th	5	29	乙丑	5	6	27	甲午	3	7	26	癸亥	1
廿八 28th	5	30	丙寅	6	6	28	乙未	2	7	27	甲子	9
廿九 29th	5	31	丁卯	7	6	29	丙申	1	7	28	乙丑	8
三十 30th									7	29	丙寅	7

天干 Ten Stems

- 甲 Jia Yang Wood
- 乙 Yi Yin Wood
- 丙 Bing Yang Fire
- 丁 Ding Yin Fire
- 戊 Wu Yang Earth
- 己 Ji Yin Earth
- 庚 Geng Yang Metal
- 辛 Xin Yin Metal
- 壬 Ren Yang Water
- 癸 Gui Yin Water

地支 Twelve Branches: 子 Zi Rat · 丑 Chou Ox · 寅 Yin Tiger · 卯 Mao Rabbit · 辰 Chen Dragon · 巳 Si Snake · 午 Wu Horse · 未 Wei Goat · 申 Shen Monkey · 酉 You Rooster · 戌 Xu Dog · 亥 Hai Pig

月干支 Month	七月小 7th Mth 庚申 Geng Shen			
九星 9 Star	八白 Eight White			
節氣 Season	處暑 Heat Ends 25th day 14hr 54min 未 Wei		立秋 Coming Autumn 10th day 0hr 13min 子 Zi	
農曆 Calendar	國曆 Gregorian		干支 S/B	星 Star
初一 1st	7	30	丁卯	6
初二 2nd	7	31	戊辰	5
初三 3rd	8	1	己巳	4
初四 4th	8	2	庚午	3
初五 5th	8	3	辛未	2
初六 6th	8	4	壬申	1
初七 7th	8	5	癸酉	9
初八 8th	8	6	甲戌	8
初九 9th	8	7	乙亥	7
初十 10th	8	8	丙子	6
十一 11th	8	9	丁丑	5
十二 12th	8	10	戊寅	4
十三 13th	8	11	己卯	3
十四 14th	8	12	庚辰	2
十五 15th	8	13	辛巳	1
十六 16th	8	14	壬午	9
十七 17th	8	15	癸未	8
十八 18th	8	16	甲申	7
十九 19th	8	17	乙酉	6
二十 20th	8	18	丙戌	5
廿一 21st	8	19	丁亥	4
廿二 22nd	8	20	戊子	3
廿三 23rd	8	21	己丑	2
廿四 24th	8	22	庚寅	1
廿五 25th	8	23	辛卯	9
廿六 26th	8	24	壬辰	8
廿七 27th	8	25	癸巳	7
廿八 28th	8	26	甲午	6
廿九 29th	8	27	乙未	5
三十 30th				

月干支 Month	八月小 8th Mth 辛酉 Xin You			
九星 9 Star	七赤 Seven Red			
節氣 Season	秋分 Autumn Equinox 27th day 12hr 21min 午 Wu		白露 White Dew 12th day 3hr 0min 寅 Yin	
農曆 Calendar	國曆 Gregorian		干支 S/B	星 Star
初一 1st	8	28	丙申	4
初二 2nd	8	29	丁酉	3
初三 3rd	8	30	戊戌	2
初四 4th	8	31	己亥	1
初五 5th	9	1	庚子	9
初六 6th	9	2	辛丑	8
初七 7th	9	3	壬寅	7
初八 8th	9	4	癸卯	6
初九 9th	9	5	甲辰	5
初十 10th	9	6	乙巳	4
十一 11th	9	7	丙午	3
十二 12th	9	8	丁未	2
十三 13th	9	9	戊申	1
十四 14th	9	10	己酉	9
十五 15th	9	11	庚戌	8
十六 16th	9	12	辛亥	7
十七 17th	9	13	壬子	6
十八 18th	9	14	癸丑	5
十九 19th	9	15	甲寅	4
二十 20th	9	16	乙卯	3
廿一 21st	9	17	丙辰	2
廿二 22nd	9	18	丁巳	1
廿三 23rd	9	19	戊午	9
廿四 24th	9	20	己未	8
廿五 25th	9	21	庚申	7
廿六 26th	9	22	辛酉	6
廿七 27th	9	23	壬戌	5
廿八 28th	9	24	癸亥	4
廿九 29th	9	25	甲子	3
三十 30th				

月干支 Month	九月大 9th Mth 壬戌 Ren Xu			
九星 9 Star	六白 Six White			
節氣 Season	霜降 Frosting 28th day 21hr 30min 亥 Hai		寒露 Cold Dew 13th day 18hr 27min 酉 You	
農曆 Calendar	國曆 Gregorian		干支 S/B	星 Star
初一 1st	9	26	乙丑	2
初二 2nd	9	27	丙寅	1
初三 3rd	9	28	丁卯	9
初四 4th	9	29	戊辰	8
初五 5th	9	30	己巳	7
初六 6th	10	1	庚午	6
初七 7th	10	2	辛未	5
初八 8th	10	3	壬申	4
初九 9th	10	4	癸酉	3
初十 10th	10	5	甲戌	2
十一 11th	10	6	乙亥	1
十二 12th	10	7	丙子	9
十三 13th	10	8	丁丑	8
十四 14th	10	9	戊寅	7
十五 15th	10	10	己卯	6
十六 16th	10	11	庚辰	5
十七 17th	10	12	辛巳	4
十八 18th	10	13	壬午	3
十九 19th	10	14	癸未	2
二十 20th	10	15	甲申	1
廿一 21st	10	16	乙酉	9
廿二 22nd	10	17	丙戌	8
廿三 23rd	10	18	丁亥	7
廿四 24th	10	19	戊子	6
廿五 25th	10	20	己丑	5
廿六 26th	10	21	庚寅	4
廿七 27th	10	22	辛卯	3
廿八 28th	10	23	壬辰	2
廿九 29th	10	24	癸巳	1
三十 30th	10	25	甲午	9

月干支 Month	十月大 10th Mth 癸亥 Gui Hai			
九星 9 Star	五黃 Five Yellow			
節氣 Season	小雪 Lesser Snow 28th day 18hr 54min 酉 You		立冬 Coming of Winter 13th day 21hr 28min 亥 Hai	
農曆 Calendar	國曆 Gregorian		干支 S/B	星 Star
初一 1st	10	26	乙未	8
初二 2nd	10	27	丙申	7
初三 3rd	10	28	丁酉	6
初四 4th	10	29	戊戌	5
初五 5th	10	30	己亥	4
初六 6th	10	31	庚子	3
初七 7th	11	1	辛丑	2
初八 8th	11	2	壬寅	1
初九 9th	11	3	癸卯	9
初十 10th	11	4	甲辰	8
十一 11th	11	5	乙巳	7
十二 12th	11	6	丙午	6
十三 13th	11	7	丁未	5
十四 14th	11	8	戊申	4
十五 15th	11	9	己酉	3
十六 16th	11	10	庚戌	2
十七 17th	11	11	辛亥	1
十八 18th	11	12	壬子	9
十九 19th	11	13	癸丑	8
二十 20th	11	14	甲寅	7
廿一 21st	11	15	乙卯	6
廿二 22nd	11	16	丙辰	5
廿三 23rd	11	17	丁巳	4
廿四 24th	11	18	戊午	3
廿五 25th	11	19	己未	2
廿六 26th	11	20	庚申	1
廿七 27th	11	21	辛酉	9
廿八 28th	11	22	壬戌	8
廿九 29th	11	23	癸亥	7
三十 30th	11	24	甲子	6

月干支 Month	十一月小 11th Mth 甲子 Jia Zi			
九星 9 Star	四綠 Four Green			
節氣 Season	冬至 Winter Solstice 28th day 8hr 8min 辰 Chen		大雪 Greater Snow 13th day 14hr 11min 未 Wei	
農曆 Calendar	國曆 Gregorian		干支 S/B	星 Star
初一 1st	11	25	乙丑	5
初二 2nd	11	26	丙寅	4
初三 3rd	11	27	丁卯	3
初四 4th	11	28	戊辰	2
初五 5th	11	29	己巳	1
初六 6th	11	30	庚午	9
初七 7th	12	1	辛未	8
初八 8th	12	2	壬申	7
初九 9th	12	3	癸酉	6
初十 10th	12	4	甲戌	5
十一 11th	12	5	乙亥	4
十二 12th	12	6	丙子	3
十三 13th	12	7	丁丑	2
十四 14th	12	8	戊寅	1
十五 15th	12	9	己卯	9
十六 16th	12	10	庚辰	8
十七 17th	12	11	辛巳	7
十八 18th	12	12	壬午	6
十九 19th	12	13	癸未	5
二十 20th	12	14	甲申	4
廿一 21st	12	15	乙酉	3
廿二 22nd	12	16	丙戌	2
廿三 23rd	12	17	丁亥	1
廿四 24th	12	18	戊子	9
廿五 25th	12	19	己丑	3
廿六 26th	12	20	庚寅	7
廿七 27th	12	21	辛卯	6
廿八 28th	12	22	壬辰	5
廿九 29th	12	23	癸巳	[illegible]
三十 30th				

月干支 Month	十二月大 12th Mth 乙丑 Yi Chou			
九星 9 Star	三碧 Three Jade			
節氣 Season	大寒 Greater Cold 28th day 18hr 46min 酉 You		小寒 Lesser Cold 14th day [illegible]hr 20min 丑 Chou	
農曆 Calendar	國曆 Gregorian		干支 S/B	星 Star
初一 1st	12	24	甲午	7
初二 2nd	12	25	乙未	8
初三 3rd	12	26	丙申	9
初四 4th	12	27	丁酉	1
初五 5th	12	28	戊戌	2
初六 6th	12	29	己亥	3
初七 7th	12	30	庚子	4
初八 8th	12	31	辛丑	5
初九 9th	1	1	壬寅	6
初十 10th	1	2	癸卯	7
十一 11th	1	3	甲辰	8
十二 12th	1	4	乙巳	9
十三 13th	1	5	丙午	1
十四 14th	1	6	丁未	2
十五 15th	1	7	戊申	3
十六 16th	1	8	己酉	4
十七 17th	1	9	庚戌	5
十八 18th	1	10	辛亥	6
十九 19th	1	11	壬子	7
二十 20th	1	12	癸丑	8
廿一 21st	1	13	甲寅	9
廿二 22nd	1	14	乙卯	1
廿三 23rd	1	15	丙辰	2
廿四 24th	1	16	丁巳	3
廿五 25th	1	17	戊午	4
廿六 26th	1	18	己未	5
廿七 27th	1	19	庚申	6
廿八 28th	1	20	辛酉	7
廿九 29th	1	21	壬戌	8
三十 30th	1	22	癸亥	9

1974 甲寅 Wood Tiger

Grand Duke: 張朝

天干 Ten Stems: 甲 Jia Yang Wood · 乙 Yi Yin Wood · 丙 Bing Yang Fire · 丁 Ding Yin Fire · 戊 Wu Yang Earth · 己 Ji Yin Earth · 庚 Geng Yang Metal · 辛 Xin Yin Metal · 壬 Ren Yang Water · 癸 Gui Yin Water

月干支 Month	正月大 1st Mth 丙寅 Bing Yin				二月大 2nd Mth 丁卯 Ding Mao				三月小 3rd Mth 戊辰 Wu Chen			
九星 9 Star	二黑 Two Black				一白 One White				九紫 Nine Purple			
節氣 Season	雨水 Rain Water 28th day 8hr 59min 辰 Chen		立春 Coming of Spring 13th day 13hr 0min 未 Wei		春分 Spring Equinox 28th day 8hr 7min 辰 Chen		驚蟄 Awakening of Worms 13th day 7hr 7min 辰 Chen		穀雨 Grain Rain 28th day 19hr 19min 戌 Xu		清明 Clear and Bright 13th day 12hr 5min 午 Wu	
農曆 Calendar	國曆 Gregorian		干支 S / B	星 Star	國曆 Gregorian		干支 S / B	星 Star	國曆 Gregorian		干支 S / B	星 Star
初一 1st	1	23	甲子	1	2	22	甲午	4	3	24	甲子	7
初二 2nd	1	24	乙丑	2	2	23	乙未	5	3	25	乙丑	8
初三 3rd	1	25	丙寅	3	2	24	丙申	6	3	26	丙寅	9
初四 4th	1	26	丁卯	4	2	25	丁酉	7	3	27	丁卯	1
初五 5th	1	27	戊辰	5	2	26	戊戌	8	3	28	戊辰	2
初六 6th	1	28	己巳	6	2	27	己亥	9	3	29	己巳	3
初七 7th	1	29	庚午	7	2	28	庚子	1	3	30	庚午	4
初八 8th	1	30	辛未	8	3	1	辛丑	2	3	31	辛未	5
初九 9th	1	31	壬申	9	3	2	壬寅	3	4	1	壬申	6
初十 10th	2	1	癸酉	1	3	3	癸卯	4	4	2	癸酉	7
十一 11th	2	2	甲戌	2	3	4	甲辰	5	4	3	甲戌	8
十二 12th	2	3	乙亥	3	3	5	乙巳	6	4	4	乙亥	9
十三 13th	2	4	丙子	4	3	6	丙午	7	4	5	丙子	1
十四 14th	2	5	丁丑	5	3	7	丁未	8	4	6	丁丑	2
十五 15th	2	6	戊寅	6	3	8	戊申	9	4	7	戊寅	3
十六 16th	2	7	己卯	7	3	9	己酉	1	4	8	己卯	4
十七 17th	2	8	庚辰	8	3	10	庚戌	2	4	9	庚辰	5
十八 18th	2	9	辛巳	9	3	11	辛亥	3	4	10	辛巳	6
十九 19th	2	10	壬午	1	3	12	壬子	4	4	11	壬午	7
二十 20th	2	11	癸未	2	3	13	癸丑	5	4	12	癸未	8
廿一 21st	2	12	甲申	3	3	14	甲寅	6	4	13	甲申	9
廿二 22nd	2	13	乙酉	4	3	15	乙卯	7	4	14	乙酉	1
廿三 23rd	2	14	丙戌	5	3	16	丙辰	8	4	15	丙戌	2
廿四 24th	2	15	丁亥	6	3	17	丁巳	9	4	16	丁亥	3
廿五 25th	2	16	戊子	7	3	18	戊午	1	4	17	戊子	4
廿六 26th	2	17	己丑	8	3	19	己未	2	4	18	己丑	5
廿七 27th	2	18	庚寅	9	3	20	庚申	3	4	19	庚寅	6
廿八 28th	2	19	辛卯	1	3	21	辛酉	4	4	20	辛卯	7
廿九 29th	2	20	壬辰	2	3	22	壬戌	5	4	21	壬辰	8
三十 30th	2	21	癸巳	3	3	23	癸亥	6				

月干支 Month	四月大 4th Mth 己巳 Ji Si				閏四月小 4th Mth				五月小 5th Mth 庚午 Geng Wu				六月大 6th Mth 辛未 Xin Wei			
九星 9 Star	八白 Eight White								七赤 Seven Red				六白 Six White			
節氣 Season	小滿 Small Sprout 30th day 18hr 36min 酉 You		立夏 Coming of Summer 15th day 5hr 34min 卯 Mao				芒種 Planting of Thorny Crops 16th day 9hr 52min 巳 Si		小暑 Lesser Heat 18th day 20hr 13min 戌 Xu		夏至 Summer Solstice 3rd day 2hr 38min 丑 Chou		立秋 Coming Autumn 21st day 5hr 57min 卯 Mao		大暑 Greater Heat 5th day 13hr 30min 未 Wei	
農曆 Calendar	國曆 Gregorian		干支 S / B	星 Star	國曆 Gregorian		干支 S / B	星 Star	國曆 Gregorian		干支 S / B	星 Star	國曆 Gregorian		干支 S / B	星 Star
初一 1st	4	22	癸巳	9	5	22	癸亥	3	6	20	壬辰	5	7	19	辛酉	3
初二 2nd	4	23	甲午	1	5	23	甲子	4	6	21	癸巳	6	7	20	壬戌	2
初三 3rd	4	24	乙未	2	5	24	乙丑	5	6	22	甲午	7\3	7	21	癸亥	1
初四 4th	4	25	丙申	3	5	25	丙寅	6	6	23	乙未	2	7	22	甲子	9
初五 5th	4	26	丁酉	4	5	26	丁卯	7	6	24	丙申	1	7	23	乙丑	8
初六 6th	4	27	戊戌	5	5	27	戊辰	8	6	25	丁酉	9	7	24	丙寅	7
初七 7th	4	28	己亥	6	5	28	己巳	9	6	26	戊戌	8	7	25	丁卯	6
初八 8th	4	29	庚子	7	5	29	庚午	1	6	27	己亥	7	7	26	戊辰	5
初九 9th	4	30	辛丑	8	5	30	辛未	2	6	28	庚子	6	7	27	己巳	4
初十 10th	5	1	壬寅	9	5	31	壬申	3	6	29	辛丑	5	7	28	庚午	3
十一 11th	5	2	癸卯	1	6	1	癸酉	4	6	30	壬寅	4	7	29	辛未	2
十二 12th	5	3	甲辰	2	6	2	甲戌	5	7	1	癸卯	3	7	30	壬申	1
十三 13th	5	4	乙巳	3	6	3	乙亥	6	7	2	甲辰	2	7	31	癸酉	9
十四 14th	5	5	丙午	4	6	4	丙子	7	7	3	乙巳	1	8	1	甲戌	8
十五 15th	5	6	丁未	5	6	5	丁丑	8	7	4	丙午	9	9	2	乙亥	7
十六 16th	5	7	戊申	6	6	6	戊寅	9	7	5	丁未	8	8	3	丙子	6
十七 17th	5	8	己酉	7	6	7	己卯	1	7	6	戊申	7	8	4	丁丑	5
十八 18th	5	9	庚戌	8	6	8	庚辰	2	7	7	己酉	6	8	5	戊寅	4
十九 19th	5	10	辛亥	9	6	9	辛巳	3	7	8	庚戌	5	8	6	己卯	3
二十 20th	5	11	壬子	1	6	10	壬午	4	7	9	辛亥	4	8	7	庚辰	2
廿一 21st	5	12	癸丑	2	6	11	癸未	5	7	10	壬子	3	8	8	辛巳	1
廿二 22nd	5	13	甲寅	3	6	12	甲申	6	7	11	癸丑	2	8	9	壬午	9
廿三 23rd	5	14	乙卯	4	6	13	乙酉	7	7	12	甲寅	1	8	10	癸未	8
廿四 24th	5	15	丙辰	5	6	14	丙戌	8	7	13	乙卯	9	8	11	甲申	7
廿五 25th	5	16	丁巳	6	6	15	丁亥	9	7	14	丙辰	8	8	12	乙酉	6
廿六 26th	5	17	戊午	7	6	16	戊子	1	7	15	丁巳	7	8	13	丙戌	5
廿七 27th	5	18	己未	8	6	17	己丑	2	7	16	戊午	6	8	14	丁亥	4
廿八 28th	5	19	庚申	9	6	18	庚寅	3	7	17	己未	5	8	15	戊子	3
廿九 29th	5	20	辛酉	1	6	19	辛卯	4	7	18	庚申	4	8	16	己丑	2
三十 30th	5	21	壬戌	2									8	17	庚寅	1

十二月大 12th Mth				十一月小 11th Mth				十月大 10th Mth				九月大 9th Mth				八月小 8th Mth				七月小 7th Mth				月干支 Month
丁丑 Ding Chou				丙子 Bing Zi				乙亥 Yi Hai				甲戌 Jia Xu				癸酉 Gui You				壬申 Ren Shen				
九紫 Nine Purple				一白 One White				二黑 Two Black				三碧 Three Jade				四綠 Four Green				五黃 Five Yellow				九星 9 Star
立春 Coming of Spring		大寒 Greater Cold		小寒 Lesser Cold		冬至 Winter Solstice		大雪 Greater Snow		小雪 Lesser Snow		立冬 Coming of Winter		霜降 Frosting		寒露 Cold Dew		秋分 Autumn Equinox		白露 White Dew		處暑 Heat Ends		節氣 Season
24th day		10th day		24th day		9th day		24th day		10th day		25th day		10th day		24th day		8th day		22nd day		6th day		
18hr 59min		3hr 36min		7hr 18min		13hr 56min		20hr 5min		0hr 39min		3hr 18min		3hr 11min		0hr 15min		17hr 59min		8hr 45min		20hr 29min		
酉 You		子 Zi		辰 Chen		未 Wei		戌 Xu		子 Zi		寅 Yin		寅 Yin		子 Zi		酉 You		辰 Chen		戌 Xu		
國曆 Gregorian		干支 S/B	星 Star	國曆 Gregorian		干支 S/B	星 Star	國曆 Gregorian		干支 S/B	星 Star	國曆 Gregorian		干支 S/B	星 Star	國曆 Gregorian		干支 S/B	星 Star	國曆 Gregorian		干支 S/B	星 Star	農曆 Calendar
1	12	戊午	4	12	14	己丑	8	11	14	己未	2	10	15	己丑	5	9	16	庚申	7	8	18	辛卯	9	初一 1st
1	13	己未	5	12	15	庚寅	7	11	15	庚申	1	10	16	庚寅	4	9	17	辛酉	6	8	19	壬辰	8	初二 2nd
1	14	庚申	6	12	16	辛卯	6	11	16	辛酉	9	10	17	辛卯	3	9	18	壬戌	5	8	20	癸巳	7	初三 3rd
1	15	辛酉	7	12	17	壬辰	5	11	17	壬戌	8	10	18	壬辰	2	9	19	癸亥	4	8	21	甲午	6	初四 4th
1	16	壬戌	8	12	18	癸巳	4	11	18	癸亥	7	10	19	癸巳	1	9	20	甲子	3	8	22	乙未	5	初五 5th
1	17	癸亥	9	12	19	甲午	3	11	19	甲子	6	10	20	甲午	9	9	21	乙丑	2	8	23	丙申	4	初六 6th
1	18	甲子	1	12	20	乙未	2	11	20	乙丑	5	10	21	乙未	8	9	22	丙寅	1	8	24	丁酉	3	初七 7th
1	19	乙丑	2	12	21	丙申	1	11	21	丙寅	4	10	22	丙申	7	9	23	丁卯	9	8	25	戊戌	2	初八 8th
1	20	丙寅	3	12	22	丁酉	9\1	11	22	丁卯	3	10	23	丁酉	6	9	24	戊辰	8	8	26	己亥	1	初九 9th
1	21	丁卯	4	12	23	戊戌	2	11	23	戊辰	2	10	24	戊戌	5	9	25	己巳	7	8	27	庚子	9	初十 10th
1	22	戊辰	5	12	24	己亥	3	11	24	己巳	1	10	25	己亥	4	9	26	庚午	6	8	28	辛丑	8	十一 11th
1	23	己巳	6	12	25	庚子	4	11	25	庚午	9	10	26	庚子	3	9	27	辛未	5	8	29	壬寅	7	十二 12th
1	24	庚午	7	12	26	辛丑	5	11	26	辛未	8	10	27	辛丑	2	9	28	壬申	4	8	30	癸卯	6	十三 13th
1	25	辛未	8	12	27	壬寅	6	11	27	壬申	7	10	28	壬寅	1	9	29	癸酉	3	8	31	甲辰	5	十四 14th
1	26	壬申	9	12	28	癸卯	7	11	28	癸酉	6	10	29	癸卯	9	9	30	甲戌	2	9	1	乙巳	4	十五 15th
1	27	癸酉	1	12	29	甲辰	8	11	29	甲戌	5	10	30	甲辰	8	10	1	乙亥	1	9	2	丙午	3	十六 16th
1	28	甲戌	2	12	30	乙巳	9	11	30	乙亥	4	10	31	乙巳	7	10	2	丙子	9	9	3	丁未	2	十七 17th
1	29	乙亥	3	12	31	丙午	1	12	1	丙子	3	11	1	丙午	6	10	3	丁丑	8	9	4	戊申	1	十八 18th
1	30	丙子	4	1	1	丁未	2	12	2	丁丑	2	11	2	丁未	5	10	4	戊寅	7	9	5	己酉	9	十九 19th
1	31	丁丑	5	1	2	戊申	3	12	3	戊寅	1	11	3	戊申	4	10	5	己卯	6	9	6	庚戌	8	二十 20th
2	1	戊寅	6	1	3	己酉	4	12	4	己卯	9	11	4	己酉	3	10	6	庚辰	5	9	7	辛亥	7	廿一 21st
2	2	己卯	7	1	4	庚戌	5	12	5	庚辰	8	11	5	庚戌	2	10	7	辛巳	4	9	8	壬子	6	廿二 22nd
2	3	庚辰	8	1	5	辛亥	6	12	6	辛巳	7	11	6	辛亥	1	10	8	壬午	3	9	9	癸丑	5	廿三 23rd
2	4	辛巳	9	1	6	壬子	7	12	7	壬午	6	11	7	壬子	9	10	9	癸未	2	9	10	甲寅	4	廿四 24th
2	5	壬午	1	1	7	癸丑	8	12	8	癸未	5	11	8	癸丑	8	10	10	甲申	1	9	11	乙卯	3	廿五 25th
2	6	癸未	2	1	8	甲寅	9	12	9	甲申	4	11	9	甲寅	7	10	11	乙酉	9	9	12	丙辰	2	廿六 26th
2	7	甲申	3	1	9	乙卯	1	12	10	乙酉	3	11	10	乙卯	6	10	12	丙戌	8	9	13	丁巳	1	廿七 27th
2	8	乙酉	4	1	10	丙辰	2	12	11	丙戌	2	11	11	丙辰	5	10	13	丁亥	7	9	14	戊午	9	廿八 28th
2	9	丙戌	5	1	11	丁巳	3	12	12	丁亥	1	11	12	丁巳	4	10	14	戊子	6	9	15	己未	8	廿九 29th
2	10	丁亥	6					12	13	戊子	9	11	13	戊午	3									三十 30th

地支 Twelve Branches: 子 Zi Rat; 丑 Chou Ox; 寅 Yin Tiger; 卯 Mao Rabbit; 辰 Chen Dragon; 巳 Si Snake; 午 Wu Horse; 未 Wei Goat; 申 Shen Monkey; 酉 You Rooster; 戌 Xu Dog; 亥 Hai Pig

1975 乙卯 Wood Rabbit

Grand Duke: 方清

六月小 6th Mth				五月小 5th Mth				四月大 4th Mth				三月小 3rd Mth				二月大 2nd Mth				正月大 1st Mth				月干支 Month
癸未 Gui Wei				壬午 Ren Wu				辛巳 Xin Si				庚辰 Geng Chen				己卯 Ji Mao				戊寅 Wu Yin				
三碧 Three Jade				四綠 Four Green				五黃 Five Yellow				六白 Six White				七赤 Seven Red				八白 Eight White				九星 9 Star
		大暑 Greater Heat		小暑 Lesser Heat		夏至 Summer Solstice		芒種 Planting of Thorny Crops		小滿 Small Sprout		立夏 Coming of Summer		穀雨 Grain Rain		清明 Clear and Bright		春分 Spring Equinox		驚蟄 Awakening of Worms		雨水 Rain Water		節氣 Season
		15th day		29th day		13th day		27th day		12th day		25th day		10th day		24th day		9th day		24th day		9th day		
		19hr 22min		2hr 0min		8hr 27min		15hr 42min		0hr 24min		11hr 27min		1hr 7min		18hr 2min		13hr 57min		13hr 6min		14hr 50min		
		戌 Xu		丑 Chou		辰 Chen		申 Shen		子 Zi		午 Wu		丑 Chou		酉		未 Wei		未 Wei		未 Wei		
國曆 Gregorian		干支 S/B	星 Star	國曆 Gregorian		干支 S/B	星 Star	國曆 Gregorian		干支 S/B	星 Star	國曆 Gregorian		干支 S/B	星 Star	國曆 Gregorian		干支 S/B	星 Star	國曆 Gregorian		干支 S/B	星 Star	農曆 Calendar
7	9	丙辰	8	6	10	丁亥	9	5	11	丁巳	6	4	12	戊子	4	3	13	戊午	1	2	11	戊子	7	初一 1st
7	10	丁巳	7	6	11	戊子	1	5	12	戊午	7	4	13	己丑	5	3	14	己未	2	2	12	己丑	8	初二 2nd
7	11	戊午	6	6	12	己丑	2	5	13	己未	8	4	14	庚寅	6	3	15	庚申	3	2	13	庚寅	9	初三 3rd
7	12	己未	5	6	13	庚寅	3	5	14	庚申	9	4	15	辛卯	7	3	16	辛酉	4	2	14	辛卯	1	初四 4th
7	13	庚申	4	6	14	辛卯	4	5	15	辛酉	1	4	16	壬辰	8	3	17	壬戌	5	2	15	壬辰	2	初五 5th
7	14	辛酉	3	6	15	壬辰	5	5	16	壬戌	2	4	17	癸巳	9	3	18	癸亥	6	2	16	癸巳	3	初六 6th
7	15	壬戌	2	6	16	癸巳	6	5	17	癸亥	3	4	18	甲午	1	3	19	甲子	7	2	17	甲午	4	初七 7th
7	16	癸亥	1	6	17	甲午	7	5	18	甲子	4	4	19	乙未	2	3	20	乙丑	8	2	18	乙未	5	初八 8th
7	17	甲子	9	6	18	乙未	8	5	19	乙丑	5	4	20	丙申	3	3	21	丙寅	9	2	19	丙申	6	初九 9th
7	18	乙丑	8	6	19	丙申	9	5	20	丙寅	6	4	21	丁酉	4	3	22	丁卯	1	2	20	丁酉	7	初十 10th
7	19	丙寅	7	6	20	丁酉	1	5	21	丁卯	7	4	22	戊戌	5	3	23	戊辰	2	2	21	戊戌	8	十一 11th
7	20	丁卯	6	6	21	戊戌	2	5	22	戊辰	8	4	23	己亥	6	3	24	己巳	3	2	22	己亥	9	十二 12th
7	21	戊辰	5	6	22	己亥	3\7	5	23	己巳	9	4	24	庚子	7	3	25	庚午	4	2	23	庚子	1	十三 13th
7	22	己巳	4	6	23	庚子	6	5	24	庚午	1	4	25	辛丑	8	3	26	辛未	5	2	24	辛丑	2	十四 14th
7	23	庚午	3	6	24	辛丑	5	5	25	辛未	2	4	26	壬寅	9	3	27	壬申	6	2	25	壬寅	3	十五 15th
7	24	辛未	2	6	25	壬寅	4	5	26	壬申	3	4	27	癸卯	1	3	28	癸酉	7	2	26	癸卯	4	十六 16th
7	25	壬申	1	6	26	癸卯	3	5	27	癸酉	4	4	28	甲辰	2	3	29	甲戌	8	2	27	甲辰	5	十七 17th
7	26	癸酉	9	6	27	甲辰	2	5	28	甲戌	5	4	29	乙巳	3	3	30	乙亥	9	2	28	乙巳	6	十八 18th
7	27	甲戌	8	6	28	乙巳	1	5	29	乙亥	6	4	30	丙午	4	3	31	丙子	1	3	1	丙午	7	十九 19th
7	28	乙亥	7	6	29	丙午	9	5	30	丙子	7	5	1	丁未	5	4	1	丁丑	2	3	2	丁未	8	二十 20th
7	29	丙子	6	6	30	丁未	8	5	31	丁丑	8	5	2	戊申	6	4	2	戊寅	3	3	3	戊申	9	廿一 21st
7	30	丁丑	5	7	1	戊申	7	6	1	戊寅	9	5	3	己酉	7	4	3	己卯	4	3	4	己酉	1	廿二 22nd
7	31	戊寅	4	7	2	己酉	6	6	2	己卯	1	5	4	庚戌	8	4	4	庚辰	5	3	5	庚戌	2	廿三 23rd
8	1	己卯	3	7	3	庚戌	5	6	3	庚辰	2	5	5	辛亥	9	4	5	辛巳	6	3	6	辛亥	3	廿四 24th
8	2	庚辰	2	7	4	辛亥	4	6	4	辛巳	3	5	6	壬子	1	4	6	壬午	7	3	7	壬子	4	廿五 25th
8	3	辛巳	1	7	5	壬子	3	6	5	壬午	4	5	7	癸丑	2	4	7	癸未	8	3	8	癸丑	5	廿六 26th
8	4	壬午	9	7	6	癸丑	2	6	6	癸未	5	5	8	甲寅	3	4	8	甲申	9	3	9	甲寅	6	廿七 27th
8	5	癸未	8	7	7	甲寅	1	6	7	甲申	6	5	9	乙卯	4	4	9	乙酉	1	3	10	乙卯	7	廿八 28th
8	6	甲申	7	7	8	乙卯	9	6	8	乙酉	7	5	10	丙辰	5	4	10	丙戌	2	3	11	丙辰	8	廿九 29th
								6	9	丙戌	8					4	11	丁亥	3	3	12	丁巳	9	三十 30th

天干 Ten Stems

- 甲 Jia Yang Wood
- 乙 Yi Yin Wood
- 丙 Bing Yang Fire
- 丁 Ding Yin Fire
- 戊 Wu Yang Earth
- 己 Ji Yin Earth
- 庚 Geng Yang Metal
- 辛 Xin Yin Metal
- 壬 Ren Yang Water
- 癸 Gui Yin Water

Male Gua: 7 兑(Dui) Female Gua: 8 艮(Gen) 3 Killing 三煞: West Annual Star: 7 Red

月干支 Month	七月大 7th Mth 甲申 Jia Shen	八月小 8th Mth 乙酉 Yi You	九月小 9th Mth 丙戌 Bing Xu	十月大 10th Mth 丁亥 Ding Hai	十一月小 11th Mth 戊子 Wu Zi	十二月大 12th Mth 己丑 Ji Chou
九星 9 Star	二黑 Two Black	一白 One White	九紫 Nine Purple	八白 Eight White	七赤 Seven Red	六白 Six White
節氣 Season	處暑 Heat Ends 18th day 2hr 24min 丑 Chou	秋分 Autumn Equinox 18th day 23hr 55min 子 Zi	霜降 Frosting 20th day 9hr 6min 巳 Si	小雪 Lesser Snow 21st day 6hr 31min 卯 Mao	冬至 Winter Solstice 20th day 19hr 46min 戌 Xu	大寒 Greater Cold 21st day 6hr 25min 卯 Mao
節氣 Season	立秋 Coming Autumn 2nd day 11hr 45min 午 Wu	白露 White Dew 3rd day 14hr 33min 未 Wei	寒露 Cold Dew 5th day 6hr 2min 卯 Mao	立冬 Coming of Winter 6th day 9hr 3min 巳 Si	大雪 Greater Snow 6th day 1hr 46min 丑 Chou	小寒 Lesser Cold 6th day 2hr 58min 午 Wu

農曆 Calendar		7th 國曆 Gregorian		7th 干支 S/B	7th 星 Star	8th 國曆 Gregorian		8th 干支 S/B	8th 星 Star	9th 國曆 Gregorian		9th 干支 S/B	9th 星 Star
初一	1st	8	7	乙酉	6	9	6	乙卯	3	10	5	甲申	1
初二	2nd	8	8	丙戌	5	9	7	丙辰	2	10	6	乙酉	9
初三	3rd	8	9	丁亥	4	9	8	丁巳	1	10	7	丙戌	8
初四	4th	8	10	戊子	3	9	9	戊午	9	10	8	丁亥	7
初五	5th	8	11	己丑	2	9	10	己未	8	10	9	戊子	6
初六	6th	8	12	庚寅	1	9	11	庚申	7	10	10	己丑	5
初七	7th	8	13	辛卯	9	9	12	辛酉	6	10	11	庚寅	4
初八	8th	8	14	壬辰	8	9	13	壬戌	5	10	12	辛卯	3
初九	9th	8	15	癸巳	7	9	14	癸亥	4	10	13	壬辰	2
初十	10th	8	16	甲午	6	9	15	甲子	3	10	14	癸巳	1
十一	11th	8	17	乙未	5	9	16	乙丑	2	10	15	甲午	9
十二	12th	8	18	丙申	4	9	17	丙寅	1	10	16	乙未	8
十三	13th	8	19	丁酉	3	9	18	丁卯	9	10	17	丙申	7
十四	14th	8	20	戊戌	2	9	19	戊辰	8	10	18	丁酉	6
十五	15th	8	21	己亥	1	9	20	己巳	7	10	19	戊戌	5
十六	16th	8	22	庚子	9	9	21	庚午	6	10	20	己亥	4
十七	17th	8	23	辛丑	8	9	22	辛未	5	10	21	庚子	3
十八	18th	8	24	壬寅	7	9	23	壬申	4	10	22	辛丑	2
十九	19th	8	25	癸卯	6	9	24	癸酉	3	10	23	壬寅	1
二十	20th	8	26	甲辰	5	9	25	甲戌	2	10	24	癸卯	9
廿一	21st	8	27	乙巳	4	9	26	乙亥	1	10	25	甲辰	8
廿二	22nd	8	28	丙午	3	9	27	丙子	9	10	26	乙巳	7
廿三	23rd	8	29	丁未	2	9	28	丁丑	8	10	27	丙午	6
廿四	24th	8	30	戊申	1	9	29	戊寅	7	10	28	丁未	5
廿五	25th	8	31	己酉	9	9	30	己卯	6	10	29	戊申	4
廿六	26th	9	1	庚戌	8	10	1	庚辰	5	10	30	己酉	3
廿七	27th	9	2	辛亥	7	10	2	辛巳	4	10	31	庚戌	2
廿八	28th	9	3	壬子	6	10	3	壬午	3	11	1	辛亥	1
廿九	29th	9	4	癸丑	5	10	4	癸未	2	11	2	壬子	9
三十	30th	9	5	甲寅	4								

農曆 Calendar		10th 國曆 Gregorian		10th 干支 S/B	10th 星 Star	11th 國曆 Gregorian		11th 干支 S/B	11th 星 Star	12th 國曆 Gregorian		12th 干支 S/B	12th 星 Star
初一	1st	11	3	癸丑	8	12	3	癸未	5	1	1	壬子	7
初二	2nd	11	4	甲寅	7	12	4	甲申	4	1	2	癸丑	3
初三	3rd	11	5	乙卯	6	12	5	乙酉	3	1	3	甲寅	9
初四	4th	11	6	丙辰	5	12	6	丙戌	2	1	4	乙卯	[illegible]
初五	5th	11	7	丁巳	4	12	7	丁亥	1	1	5	丙辰	2
初六	6th	11	8	戊午	3	12	8	戊子	9	1	6	丁巳	3
初七	7th	11	9	己未	2	12	9	己丑	8	1	7	戊午	4
初八	8th	11	10	庚申	1	12	10	庚寅	7	1	8	己未	5
初九	9th	11	11	辛酉	9	12	11	辛卯	6	1	9	庚申	6
初十	10th	11	12	壬戌	8	12	12	壬辰	5	1	10	辛酉	7
十一	11th	11	13	癸亥	7	12	13	癸巳	4	1	11	壬戌	8
十二	12th	11	14	甲子	6	12	14	甲午	3	1	12	癸亥	9
十三	13th	11	15	乙丑	5	12	15	乙未	2	1	13	甲子	1
十四	14th	11	16	丙寅	4	12	16	丙申	1	1	14	乙丑	2
十五	15th	11	17	丁卯	3	12	17	丁酉	9	1	15	丙寅	3
十六	16th	11	18	戊辰	2	12	18	戊戌	8	1	16	丁卯	4
十七	17th	11	19	己巳	1	12	19	己亥	7	1	17	戊辰	5
十八	18th	11	20	庚午	9	12	20	庚子	6	1	18	己巳	6
十九	19th	11	21	辛未	8	12	21	辛丑	5	1	19	庚午	7
二十	20th	11	22	壬申	7	12	22	壬寅	4\6	1	20	辛未	8
廿一	21st	11	23	癸酉	6	12	23	癸卯	7	1	21	壬申	9
廿二	22nd	11	24	甲戌	5	12	24	甲辰	8	1	22	癸酉	1
廿三	23rd	11	25	乙亥	4	12	25	乙巳	9	1	23	甲戌	2
廿四	24th	11	26	丙子	3	12	26	丙午	1	1	24	乙亥	3
廿五	25th	11	27	丁丑	2	12	27	丁未	2	1	25	丙子	4
廿六	26th	11	28	戊寅	1	12	28	戊申	3	1	26	丁丑	5
廿七	27th	11	29	己卯	9	12	29	己酉	4	1	27	戊寅	6
廿八	28th	11	30	庚辰	8	12	30	庚戌	5	1	28	己卯	7
廿九	29th	12	1	辛巳	7	12	31	辛亥	6	1	29	庚辰	8
三十	30th	12	2	壬午	6					1	30	辛巳	9

地支 Twelve Branches: 子 Zi Rat, 丑 Chou Ox, 寅 Yin Tiger, 卯 Mao Rabbit, 辰 Chen Dragon, 巳 Si Snake, 午 Wu Horse, 未 Wei Goat, 申 Shen Monkey, 酉 You Rooster, 戌 Xu Dog, 亥 Hai Pig

1976 丙辰 Fire Dragon

Grand Duke: 辛丑

天干 Ten Stems: 甲 Jia Yang Wood; 乙 Yi Yin Wood; 丙 Bing Yang Fire; 丁 Ding Yin Fire; 戊 Wu Yang Earth; 己 Ji Yin Earth; 庚 Geng Yang Metal; 辛 Xin Yin Metal; 壬 Ren Yang Water; 癸 Gui Yin Water

月干支 Month	六月大 6th Mth 乙未 Yi Wei			
九星 9 Star	九紫 Nine Purple			
節氣 Season	大暑 Greater Heat 27th day 1hr 18min 丑 Chou		小暑 Lesser Heat 11th day 7hr 51min 辰 Chen	
農曆 Calendar	國曆 Gregorian		干支 S/B	星 Star
初一 1st	6	27	庚戌	5
初二 2nd	6	28	辛亥	4
初三 3rd	6	29	壬子	3
初四 4th	6	30	癸丑	2
初五 5th	7	1	甲寅	1
初六 6th	7	2	乙卯	9
初七 7th	7	3	丙辰	8
初八 8th	7	4	丁巳	7
初九 9th	7	5	戊午	6
初十 10th	7	6	己未	5
十一 11th	7	7	庚申	4
十二 12th	7	8	辛酉	3
十三 13th	7	9	壬戌	2
十四 14th	7	10	癸亥	1
十五 15th	7	11	甲子	9
十六 16th	7	12	乙丑	8
十七 17th	7	13	丙寅	7
十八 18th	7	14	丁卯	6
十九 19th	7	15	戊辰	5
二十 20th	7	16	己巳	4
廿一 21st	7	17	庚午	3
廿二 22nd	7	18	辛未	2
廿三 23rd	7	19	壬申	1
廿四 24th	7	20	癸酉	9
廿五 25th	7	21	甲戌	8
廿六 26th	7	22	乙亥	7
廿七 27th	7	23	丙子	6
廿八 28th	7	24	丁丑	5
廿九 29th	7	25	戊寅	4
三十 30th	7	26	己卯	3

月干支 Month	五月小 5th Mth 甲午 Jia Wu			
九星 9 Star	一白 One White			
節氣 Season	夏至 Summer Solstice 24th day 14hr 24min 未 Wei		芒種 Planting of Thorny Crops 8th day 21hr 31min 亥 Hai	
農曆 Calendar	國曆 Gregorian		干支 S/B	星 Star
初一 1st	5	29	辛巳	3
初二 2nd	5	30	壬午	4
初三 3rd	5	31	癸未	5
初四 4th	6	1	甲申	6
初五 5th	6	2	乙酉	7
初六 6th	6	3	丙戌	8
初七 7th	6	4	丁亥	9
初八 8th	6	5	戊子	1
初九 9th	6	6	己丑	2
初十 10th	6	7	庚寅	3
十一 11th	6	8	辛卯	4
十二 12th	6	9	壬辰	5
十三 13th	6	10	癸巳	6
十四 14th	6	11	甲午	7
十五 15th	6	12	乙未	8
十六 16th	6	13	丙申	9
十七 17th	6	14	丁酉	1
十八 18th	6	15	戊戌	2
十九 19th	6	16	己亥	3
二十 20th	6	17	庚子	4
廿一 21st	6	18	辛丑	5
廿二 22nd	6	19	壬寅	6
廿三 23rd	6	20	癸卯	7
廿四 24th	6	21	甲辰	8\2
廿五 25th	6	22	乙巳	1
廿六 26th	6	23	丙午	9
廿七 27th	6	24	丁未	8
廿八 28th	6	25	戊申	7
廿九 29th	6	26	己酉	6
三十 30th				

月干支 Month	四月大 4th Mth 癸巳 Gui Si			
九星 9 Star	二黑 Two Black			
節氣 Season	小滿 Small Sprout 23rd day 6hr 21min 卯 Mao		立夏 Coming of Summer 7th day 17hr 15min 酉 You	
農曆 Calendar	國曆 Gregorian		干支 S/B	星 Star
初一 1st	4	29	辛亥	9
初二 2nd	4	30	壬子	1
初三 3rd	5	1	癸丑	2
初四 4th	5	2	甲寅	3
初五 5th	5	3	乙卯	4
初六 6th	5	4	丙辰	5
初七 7th	5	5	丁巳	6
初八 8th	5	6	戊午	7
初九 9th	5	7	己未	8
初十 10th	5	8	庚申	9
十一 11th	5	9	辛酉	1
十二 12th	5	10	壬戌	2
十三 13th	5	11	癸亥	3
十四 14th	5	12	甲子	4
十五 15th	5	13	乙丑	5
十六 16th	5	14	丙寅	6
十七 17th	5	15	丁卯	7
十八 18th	5	16	戊辰	8
十九 19th	5	17	己巳	9
二十 20th	5	18	庚午	1
廿一 21st	5	19	辛未	2
廿二 22nd	5	20	壬申	3
廿三 23rd	5	21	癸酉	4
廿四 24th	5	22	甲戌	5
廿五 25th	5	23	乙亥	6
廿六 26th	5	24	丙子	7
廿七 27th	5	25	丁丑	8
廿八 28th	5	26	戊寅	9
廿九 29th	5	27	己卯	1
三十 30th	5	28	庚辰	2

月干支 Month	三月小 3rd Mth 壬辰 Ren Chen			
九星 9 Star	三碧 Three Jade			
節氣 Season	穀雨 Grain Rain 21st day 7hr 3min 辰 Chen		清明 Clear and Bright 5th day 23hr 47min 子 Zi	
農曆 Calendar	國曆 Gregorian		干支 S/B	星 Star
初一 1st	3	31	壬午	7
初二 2nd	4	1	癸未	8
初三 3rd	4	2	甲申	9
初四 4th	4	3	乙酉	1
初五 5th	4	4	丙戌	2
初六 6th	4	5	丁亥	3
初七 7th	4	6	戊子	4
初八 8th	4	7	己丑	5
初九 9th	4	8	庚寅	6
初十 10th	4	9	辛卯	7
十一 11th	4	10	壬辰	8
十二 12th	4	11	癸巳	9
十三 13th	4	12	甲午	1
十四 14th	4	13	乙未	2
十五 15th	4	14	丙申	3
十六 16th	4	15	丁酉	4
十七 17th	4	16	戊戌	5
十八 18th	4	17	己亥	6
十九 19th	4	18	庚子	7
二十 20th	4	19	辛丑	8
廿一 21st	4	20	壬寅	9
廿二 22nd	4	21	癸卯	1
廿三 23rd	4	22	甲辰	2
廿四 24th	4	23	乙巳	3
廿五 25th	4	24	丙午	4
廿六 26th	4	25	丁未	5
廿七 27th	4	26	戊申	6
廿八 28th	4	27	己酉	7
廿九 29th	4	28	庚戌	8
三十 30th				

月干支 Month	二月大 2nd Mth 辛卯 Xin Mao			
九星 9 Star	四綠 Four Green			
節氣 Season	春分 Spring Equinox 20th day 19hr 50min 戌 Xu		驚蟄 Awakening of Worms 5th day 18hr 48min 酉 You	
農曆 Calendar	國曆 Gregorian		干支 S/B	星 Star
初一 1st	3	1	壬子	4
初二 2nd	3	2	癸丑	5
初三 3rd	3	3	甲寅	6
初四 4th	3	4	乙卯	7
初五 5th	3	5	丙辰	8
初六 6th	3	6	丁巳	9
初七 7th	3	7	戊午	1
初八 8th	3	8	己未	2
初九 9th	3	9	庚申	3
初十 10th	3	10	辛酉	4
十一 11th	3	11	壬戌	5
十二 12th	3	12	癸亥	6
十三 13th	3	13	甲子	7
十四 14th	3	14	乙丑	8
十五 15th	3	15	丙寅	9
十六 16th	3	16	丁卯	1
十七 17th	3	17	戊辰	2
十八 18th	3	18	己巳	3
十九 19th	3	19	庚午	4
二十 20th	3	20	辛未	5
廿一 21st	3	21	壬申	6
廿二 22nd	3	22	癸酉	7
廿三 23rd	3	23	甲戌	8
廿四 24th	3	24	乙亥	9
廿五 25th	3	25	丙子	1
廿六 26th	3	26	丁丑	2
廿七 27th	3	27	戊寅	3
廿八 28th	3	28	己卯	4
廿九 29th	3	29	庚辰	5
三十 30th	3	30	辛巳	6

月干支 Month	正月大 1st Mth 庚寅 Geng Yin			
九星 9 Star	五黃 Five Yellow			
節氣 Season	雨水 Rain Water 20th day 20hr 40min 戌 Xu		立春 Coming of Spring 6th day 0hr 40min 子 Zi	
農曆 Calendar	國曆 Gregorian		干支 S/B	星 Star
初一 1st	1	31	壬午	1
初二 2nd	2	1	癸未	2
初三 3rd	2	2	甲申	3
初四 4th	2	3	乙酉	4
初五 5th	2	4	丙戌	5
初六 6th	2	5	丁亥	6
初七 7th	2	6	戊子	7
初八 8th	2	7	己丑	8
初九 9th	2	8	庚寅	9
初十 10th	2	9	辛卯	1
十一 11th	2	10	壬辰	2
十二 12th	2	11	癸巳	3
十三 13th	2	12	甲午	4
十四 14th	2	13	乙未	5
十五 15th	2	14	丙申	6
十六 16th	2	15	丁酉	7
十七 17th	2	16	戊戌	8
十八 18th	2	17	己亥	9
十九 19th	2	18	庚子	1
二十 20th	2	19	辛丑	2
廿一 21st	2	20	壬寅	3
廿二 22nd	2	21	癸卯	4
廿三 23rd	2	22	甲辰	5
廿四 24th	2	23	乙巳	6
廿五 25th	2	24	丙午	7
廿六 26th	2	25	丁未	8
廿七 27th	2	26	戊申	9
廿八 28th	2	27	己酉	1
廿九 29th	2	28	庚戌	2
三十 30th	2	29	辛亥	3

Male Gua: 6 乾(Qian) **Female Gua: 9 離(Li)** 3 Killing 三煞: South Annual Star: 6 White

地支 Twelve Branches	十二月大 12th Mth				十一月小 11th Mth				十月大 10th Mth				九月小 9th Mth				閏八月小 8th Mth				八月大 8th Mth				七月小 7th Mth				月干支 Month
	辛 丑 Xin Chou				庚 子 Geng Zi				己 亥 Ji Hai				戊 戌 Wu Xu								丁 酉 Ding You				丙申 Bing Shen				
	三碧 Three Jade				四綠 Four Green				五黃 Five Yellow				六白 Six White								七赤 Seven Red				八白 Eight White				九星 9 Star
子 Zi Rat	立春 Coming of Spring		大寒 Greater Cold		小寒 Lesser Cold		冬至 Winter Solstice		大雪 Greater Snow		小雪 Lesser Snow		立冬 Coming of Winter		霜降 Frosting				寒露 Cold Dew		秋分 Autumn Equinox		白露 White Dew		處暑 Heat Ends		立秋 Coming Autumn		節氣 Season
	17th day		2nd day		13th day		2nd day		17th day		2nd day		16th day		1st day				15th day		30th day		14th day		28th day		12th day		
	6hr 34min		12hr 15min		18hr 51min		1hr 35min		7hr 41min		12hr 22min		14hr 59min		14hr 58min				11hr 58min		5hr 8min		20hr 28min		8hr 19min		17hr 39min		
丑 Chou Ox	卯 Mao		午 Wu		酉 You		丑 Chou		辰 Chen		午 Wu		未 Wei		未 Wei				午 Wu		卯 Mao		戌 Xu		辰 Chen		酉 You		
	國曆 Gregorian		干支 S / B	星 Star	國曆 Gregorian		干支 S / B	星 Star	國曆 Gregorian		干支 S / B	星 Star	國曆 Gregorian		干支 S / B	星 Star	國曆 Gregorian		干支 S / B	星 Star	國曆 Gregorian		干支 S / B	星 Star	國曆 Gregorian		干支 S / B	星 Star	農曆 Calendar
寅 Yin Tiger	1	19	丙子	4	12	21	丁未	8	11	21	丁丑	2	10	23	戊申	4	9	24	己卯	6	8	25	己酉	9	7	27	庚辰	2	初一 1st
	1	20	丁丑	5	12	22	戊申	7\3	11	22	戊寅	1	10	24	己酉	3	9	25	庚辰	5	8	26	庚戌	8	7	28	辛巳	1	初二 2nd
	1	21	戊寅	6	12	23	己酉	4	11	23	己卯	9	10	25	庚戌	2	9	26	辛巳	4	8	27	辛亥	7	7	29	壬午	9	初三 3rd
卯 Mao Rabbit	1	22	己卯	7	12	24	庚戌	5	11	24	庚辰	8	10	26	辛亥	1	9	27	壬午	3	8	28	壬子	6	7	30	癸未	8	初四 4th
	1	23	庚辰	8	12	25	辛亥	6	11	25	辛巳	7	10	27	壬子	9	9	28	癸未	2	8	29	癸丑	5	7	31	甲申	7	初五 5th
辰 Chen Dragon	1	24	辛巳	9	12	26	壬子	7	11	26	壬午	6	10	28	癸丑	8	9	29	甲申	1	8	30	甲寅	4	8	1	乙酉	6	初六 6th
	1	25	壬午	1	12	27	癸丑	8	11	27	癸未	5	10	29	甲寅	7	9	30	乙酉	9	8	31	乙卯	3	8	2	丙戌	5	初七 7th
	1	26	癸未	2	12	28	甲寅	9	11	28	甲申	4	10	30	乙卯	6	10	1	丙戌	8	9	1	丙辰	2	8	3	丁亥	4	初八 8th
巳 Si Snake	1	27	甲申	3	12	29	乙卯	1	11	29	乙酉	3	10	31	丙辰	5	10	2	丁亥	7	9	2	丁巳	1	8	4	戊子	3	初九 9th
	1	28	乙酉	4	12	30	丙辰	2	11	30	丙戌	2	11	1	丁巳	4	10	3	戊子	6	9	3	戊午	9	8	5	己丑	2	初十 10th
	1	29	丙戌	5	12	31	丁巳	3	12	1	丁亥	1	11	2	戊午	3	10	4	己丑	5	9	4	己未	8	8	6	庚寅	1	十一 11th
午 Wu Horse	1	30	丁亥	6	1	1	戊午	4	12	2	戊子	9	11	3	己未	2	10	5	庚寅	4	9	5	庚申	7	8	7	辛卯	9	十二 12th
	1	31	戊子	7	1	2	己未	5	12	3	己丑	8	11	4	庚申	1	10	6	辛卯	3	9	6	辛酉	6	8	8	壬辰	8	十三 13th
	2	1	己丑	8	1	3	庚申	6	12	4	庚寅	7	11	5	辛酉	9	10	7	壬辰	2	9	7	壬戌	5	8	9	癸巳	7	十四 14th
	2	2	庚寅	9	1	4	辛酉	7	12	5	辛卯	6	11	6	壬戌	8	10	8	癸巳	1	9	3	癸亥	4	8	10	甲午	6	十五 15th
未 Wei Goat	2	3	辛卯	[illegible]	1	5	壬戌	8	12	6	壬辰	5	11	7	癸亥	7	10	9	甲午	9	9	9	甲子	3	8	11	乙未	5	十六 16th
	2	4	壬辰	2	1	6	癸亥	9	12	7	癸巳	4	11	8	甲子	6	10	10	乙未	8	9	10	乙丑	2	8	12	丙申	4	十七 17th
	2	5	癸巳	3	1	7	甲子	1	12	8	甲午	3	11	9	乙丑	5	10	11	丙申	7	9	11	丙寅	1	8	13	丁酉	3	十八 18th
申 Shen Monkey	2	6	甲午	4	1	8	乙丑	2	12	9	乙未	2	11	10	丙寅	4	10	12	丁酉	6	9	12	丁卯	9	8	14	戊戌	2	十九 19th
	2	7	乙未	5	1	9	丙寅	3	12	10	丙申	1	11	11	丁卯	3	10	13	戊戌	5	9	13	戊辰	8	8	15	己亥	1	二十 20th
酉 You Rooster	2	8	丙申	6	1	10	丁卯	4	12	11	丁酉	9	11	12	戊辰	2	10	14	己亥	4	9	14	己巳	7	8	16	庚子	9	廿一 21st
	2	9	丁酉	7	1	11	戊辰	5	12	12	戊戌	8	11	13	己巳	1	10	15	庚子	3	9	15	庚午	6	8	17	辛丑	8	廿二 22nd
	2	10	戊戌	8	1	12	己巳	6	12	13	己亥	7	11	14	庚午	9	10	16	辛丑	2	9	16	辛未	5	8	18	壬寅	7	廿三 23rd
戌 Xu Dog	2	11	己亥	9	1	13	庚午	7	12	14	庚子	6	11	15	辛未	8	10	17	壬寅	1	9	17	壬申	4	8	19	癸卯	6	廿四 24th
	2	12	庚子	1	1	14	辛未	8	12	15	辛丑	5	11	16	壬申	7	10	18	癸卯	9	9	18	癸酉	3	8	20	甲辰	5	廿五 25th
	2	13	辛丑	2	1	15	壬申	9	12	16	壬寅	4	11	17	癸酉	6	10	19	甲辰	8	9	19	甲戌	2	8	21	乙巳	4	廿六 26th
亥 Hai Pig	2	14	壬寅	3	1	16	癸酉	1	12	17	癸卯	3	11	18	甲戌	5	10	20	乙巳	7	9	20	乙亥	1	8	22	丙午	3	廿七 27th
	2	15	癸卯	4	1	17	甲戌	2	12	18	甲辰	2	11	19	乙亥	4	10	21	丙午	6	9	21	丙子	9	8	23	丁未	2	廿八 28th
	2	16	甲辰	5	1	18	乙亥	3	12	19	乙巳	1	11	20	丙子	3	10	22	丁未	5	9	22	丁丑	8	8	24	戊申	1	廿九 29th
	2	17	乙巳	6					12	20	丙午	9									9	23	戊寅	7					三十 30th

1977 丁巳 Fire Snake

Grand Duke: 易彥

天干 Ten Stems: 甲 Jia Yang Wood; 乙 Yi Yin Wood; 丙 Bing Yang Fire; 丁 Ding Yin Fire; 戊 Wu Yang Earth; 己 Ji Yin Earth; 庚 Geng Yang Metal; 辛 Xin Yin Metal; 壬 Ren Yang Water; 癸 Gui Yin Water

六月大 6th Mth				五月小 5th Mth				四月大 4th Mth				三月大 3rd Mth				二月小 2nd Mth				正月大 1st Mth				月干支 Month
丁未 Ding Wei				丙午 Bing Wu				乙巳 Yi Si				甲辰 Jia Chen				癸卯 Gui Mao				壬寅 Ren Yin				
六白 Six White				七赤 Seven Red				八白 Eight White				九紫 Nine Purple				一白 One White				二黑 Two Black				九星 9 Star
立秋 Coming Autumn		大暑 Greater Heat		小暑 Lesser Heat		夏至 Summer Solstice		芒種 Planting of Thorny Crops		小滿 Small Sprout		立夏 Coming of Summer		穀雨 Grain Rain		清明 Clear and Bright		春分 Spring Equinox		驚蟄 Awakening of Worms		雨水 Rain Water		節氣 Season
23rd day		8th day		21st day		5th day		20th day		4th day		18th day		3rd day		17th day		2nd day		17th day		2nd day		
23hr 30min		7hr 4min		13hr 48min		20hr 14min		3hr 32min		12hr 15min		23hr 16min		12hr 57min		5hr 46min		1hr 43min		0hr 44min		2hr 31min		
子 Zi		辰 Chen		未 Wei		戌 Xu		寅 Yin		午 Wu		子 Zi		午 Wu		卯 Mao		丑 Chou		子 Zi		丑 Chou		
國曆 Gregorian		干支 S/B	星 Star	國曆 Gregorian		干支 S/B	星 Star	國曆 Gregorian		干支 S/B	星 Star	國曆 Gregorian		干支 S/B	星 Star	國曆 Gregorian		干支 S/B	星 Star	國曆 Gregorian		干支 S/B	星 Star	農曆 Calendar
7	16	甲戌	8	6	17	乙巳	9	5	18	乙亥	6	4	18	乙巳	3	3	20	丙子	1	2	18	丙午	7	初一 1st
7	17	乙亥	7	6	18	丙午	1	5	19	丙子	7	4	19	丙午	4	3	21	丁丑	2	2	19	丁未	8	初二 2nd
7	18	丙子	6	6	19	丁未	2	5	20	丁丑	8	4	20	丁未	5	3	22	戊寅	3	2	20	戊申	9	初三 3rd
7	19	丁丑	5	6	20	戊申	3	5	21	戊寅	9	4	21	戊申	6	3	23	己卯	4	2	21	己酉	1	初四 4th
7	20	戊寅	4	6	21	己酉	4\6	5	22	己卯	1	4	22	己酉	7	3	24	庚辰	5	2	22	庚戌	2	初五 5th
7	21	己卯	3	6	22	庚戌	5	5	23	庚辰	2	4	23	庚戌	8	3	25	辛巳	6	2	23	辛亥	3	初六 6th
7	22	庚辰	2	6	23	辛亥	4	5	24	辛巳	3	4	24	辛亥	9	3	26	壬午	7	2	24	壬子	4	初七 7th
7	23	辛巳	1	6	24	壬子	3	5	25	壬午	4	4	25	壬子	1	3	27	癸未	8	2	25	癸丑	5	初八 8th
7	24	壬午	9	6	25	癸丑	2	5	26	癸未	5	4	26	癸丑	2	3	28	甲申	9	2	26	甲寅	6	初九 9th
7	25	癸未	8	6	26	甲寅	1	5	27	甲申	6	4	27	甲寅	3	3	29	乙酉	1	2	27	乙卯	7	初十 10th
7	26	甲申	7	6	27	乙卯	9	5	28	乙酉	7	4	28	乙卯	4	3	30	丙戌	2	2	28	丙辰	8	十一 11th
7	27	乙酉	6	6	28	丙辰	8	5	29	丙戌	8	4	29	丙辰	5	3	31	丁亥	3	3	1	丁巳	9	十二 12th
7	28	丙戌	5	6	29	丁巳	7	5	30	丁亥	9	4	30	丁巳	6	4	1	戊子	4	3	2	戊午	1	十三 13th
7	29	丁亥	4	6	30	戊午	6	5	31	戊子	1	5	1	戊午	7	4	2	己丑	5	3	3	己未	2	十四 14th
7	30	戊子	3	7	1	己未	5	6	1	己丑	2	5	2	己未	8	4	3	庚寅	6	3	4	庚申	3	十五 15th
7	31	己丑	2	7	2	庚申	4	6	2	庚寅	3	5	3	庚申	9	4	4	辛卯	7	3	5	辛酉	4	十六 16th
8	1	庚寅	1	7	3	辛酉	3	6	3	辛卯	4	5	4	辛酉	1	4	5	壬辰	8	3	6	壬戌	5	十七 17th
8	2	辛卯	9	7	4	壬戌	2	6	4	壬辰	5	5	5	壬戌	2	4	6	癸巳	9	3	7	癸亥	6	十八 18th
8	3	壬辰	8	7	5	癸亥	1	6	5	癸巳	6	5	6	癸亥	3	4	7	甲午	1	3	8	甲子	7	十九 19th
8	4	癸巳	7	7	6	甲子	9	6	6	甲午	7	5	7	甲子	4	4	8	乙未	2	3	9	乙丑	8	二十 20th
8	5	甲午	6	7	7	乙丑	8	6	7	乙未	8	5	8	乙丑	5	4	9	丙申	3	3	10	丙寅	9	廿一 21st
8	6	乙未	5	7	8	丙寅	7	6	8	丙申	9	5	9	丙寅	6	4	10	丁酉	4	3	11	丁卯	1	廿二 22nd
8	7	丙申	4	7	9	丁卯	6	6	9	丁酉	1	5	10	丁卯	7	4	11	戊戌	5	3	12	戊辰	2	廿三 23rd
8	8	丁酉	3	7	10	戊辰	5	6	10	戊戌	2	5	11	戊辰	8	4	12	己亥	6	3	13	己巳	3	廿四 24th
8	9	戊戌	2	7	11	己巳	4	6	11	己亥	3	5	12	己巳	9	4	13	庚子	7	3	14	庚午	4	廿五 25th
8	10	己亥	1	7	12	庚午	3	6	12	庚子	4	5	13	庚午	1	4	14	辛丑	8	3	15	辛未	5	廿六 26th
8	11	庚子	9	7	13	辛未	2	6	13	辛丑	5	5	14	辛未	2	4	15	壬寅	9	3	16	壬申	6	廿七 27th
8	12	辛丑	8	7	14	壬申	1	6	14	壬寅	6	5	15	壬申	3	4	16	癸卯	1	3	17	癸酉	7	廿八 28th
8	13	壬寅	7	7	15	癸酉	9	6	15	癸卯	7	5	16	癸酉	4	4	17	甲辰	2	3	18	甲戌	8	廿九 29th
8	14	癸卯	6					6	16	甲辰	8	5	17	甲戌	5					3	19	乙亥	9	三十 30th

Male Gua: 2 坤(Kun) **Female Gua: 1 坎(Kan)** 3 Killing 三煞: East Annual Star: 5 Yellow

地支 Twelve Branches: 子 Zi Rat · 丑 Chou Ox · 寅 Yin Tiger · 卯 Mao Rabbit · 辰 Chen Dragon · 巳 Si Snake · 午 Wu Horse · 未 Wei Goat · 申 Shen Monkey · 酉 You Rooster · 戌 Xu Dog · 亥 Hai Pig

月干支 Month	七月小 7th Mth				八月大 8th Mth				九月小 9th Mth				十月大 10th Mth				十一月小 11th Mth				十二月小 12th Mth			
	戊申 Wu Shen				己酉 Ji You				庚戌 Geng Xu				辛亥 Xin Hai				壬子 Ren Zi				癸丑 Gui Chou			
九星 9 Star	五黃 Five Yellow				四綠 Four Green				三碧 Three Jade				二黑 Two Black				一白 One White				九紫 Nine Purple			
節氣 Season	白露 White Dew		處暑 Heat Ends		寒露 Cold Dew		秋分 Autumn Equinox		立冬 Coming of Winter		霜降 Frosting		大雪 Greater Snow		小雪 Lesser Snow		小寒 Lesser Cold		冬至 Winter Solstice		立春 Coming of Spring		大寒 Greater Cold	
	25th day 2hr 16min		9th day 14hr 0min		26th day 17hr 44min		11th day 1hr 30min		26th day 20hr 46min		11th day 20hr 41min		27th day 13hr 31min		12th day 18hr 7min		27th day 0hr 43min		12th day 7hr 24min		27th day 12hr 27min		12th day 18hr 4min	
	丑 Chou		未 Wei		酉 You		午 Wu		戌 Xu		戌 Xu		未 Wei		酉 You		子 Zi		辰 Chen		午 Wu		酉 You	
農曆 Calendar	國曆 Gregorian		干支 S/B	星 Star	國曆 Gregorian		干支 S/B	星 Star	國曆 Gregorian		干支 S/B	星 Star	國曆 Gregorian		干支 S/B	星 Star	國曆 Gregorian		干支 S/B	星 Star	國曆 Gregorian		干支 S/E	星 Star
初一 1st	8	15	甲辰	5	9	13	癸酉	3	10	13	癸卯	9	11	11	壬申	7	12	11	壬寅	4	1	9	辛未	8
初二 2nd	8	16	乙巳	4	9	14	甲戌	2	10	14	甲辰	8	11	12	癸酉	6	12	12	癸卯	3	1	10	壬申	9
初三 3rd	8	17	丙午	3	9	15	乙亥	1	10	15	乙巳	7	11	13	甲戌	5	12	13	甲辰	2	1	11	癸酉	1
初四 4th	8	18	丁未	2	9	16	丙子	9	10	16	丙午	6	11	14	乙亥	4	12	14	乙巳	1	1	12	甲戌	2
初五 5th	8	19	戊申	1	9	17	丁丑	8	10	17	丁未	5	11	15	丙子	3	12	15	丙午	9	1	13	乙亥	3
初六 6th	8	20	己酉	9	9	18	戊寅	7	10	18	戊申	4	11	16	丁丑	2	12	16	丁未	8	1	14	丙子	4
初七 7th	8	21	庚戌	8	9	19	己卯	6	10	19	己酉	3	11	17	戊寅	1	12	17	戊申	7	1	15	丁丑	5
初八 8th	8	22	辛亥	7	9	20	庚辰	5	10	20	庚戌	2	11	18	己卯	9	12	18	己酉	6	1	16	戊寅	6
初九 9th	8	23	壬子	6	9	21	辛巳	4	10	21	辛亥	1	11	19	庚辰	8	12	19	庚戌	5	1	17	己卯	7
初十 10th	8	24	癸丑	5	9	22	壬午	3	10	22	壬子	9	11	20	辛巳	7	12	20	辛亥	4	1	18	庚辰	8
十一 11th	8	25	甲寅	4	9	23	癸未	2	10	23	癸丑	8	11	21	壬午	6	12	21	壬子	3	1	19	辛巳	9
十二 12th	8	26	乙卯	3	9	24	甲申	1	10	24	甲寅	7	11	22	癸未	5	12	22	癸丑	2\8	1	20	壬午	1
十三 13th	8	27	丙辰	2	9	25	乙酉	9	10	25	乙卯	6	11	23	甲申	4	12	23	甲寅	9	1	21	癸未	2
十四 14th	8	28	丁巳	1	9	26	丙戌	8	10	26	丙辰	5	11	24	乙酉	3	12	24	乙卯	1	1	22	甲申	3
十五 15th	8	29	戊午	9	9	27	丁亥	7	10	27	丁巳	4	11	25	丙戌	2	12	25	丙辰	2	1	23	乙酉	4
十六 16th	8	30	己未	8	9	28	戊子	6	10	28	戊午	3	11	26	丁亥	1	12	26	丁巳	3	1	24	丙戌	5
十七 17th	8	31	庚申	7	9	29	己丑	5	10	29	己未	2	11	27	戊子	9	12	27	戊午	4	1	25	丁亥	6
十八 18th	9	1	辛酉	6	9	30	庚寅	4	10	30	庚申	1	11	28	己丑	8	12	28	己未	5	1	26	戊子	7
十九 19th	9	2	壬戌	5	10	1	辛卯	3	10	31	辛酉	9	11	29	庚寅	7	12	29	庚申	6	1	27	己丑	8
二十 20th	9	3	癸亥	4	10	2	壬辰	2	11	1	壬戌	8	11	30	辛卯	6	12	30	辛酉	7	1	28	庚寅	9
廿一 21st	9	4	甲子	3	10	3	癸巳	1	11	2	癸亥	7	12	1	壬辰	5	12	31	壬戌	3	1	29	辛卯	1
廿二 22nd	9	5	乙丑	2	10	4	甲午	9	11	3	甲子	6	12	2	癸巳	4	1	1	癸亥	9	1	30	壬辰	2
廿三 23rd	9	6	丙寅	1	10	5	乙未	8	11	4	乙丑	5	12	3	甲午	3	1	2	甲子	1	1	31	癸巳	3
廿四 24th	9	7	丁卯	9	10	6	丙申	7	11	5	丙寅	4	12	4	乙未	2	1	3	乙丑	2	2	1	甲午	4
廿五 25th	9	8	戊辰	8	10	7	丁酉	6	11	6	丁卯	3	12	5	丙申	1	1	4	丙寅	3	2	2	乙未	5
廿六 26th	9	9	己巳	7	10	8	戊戌	5	11	7	戊辰	2	12	6	丁酉	9	1	5	丁卯	4	2	3	丙申	6
廿七 27th	9	10	庚午	6	10	9	己亥	4	11	8	己巳	1	12	7	戊戌	8	1	6	戊辰	5	2	4	丁酉	7
廿八 28th	9	11	辛未	5	10	10	庚子	3	11	9	庚午	9	12	8	己亥	7	1	7	己巳	6	2	5	戊戌	8
廿九 29th	9	12	壬申	4	10	11	辛丑	2	11	10	辛未	8	12	9	庚子	6	1	8	庚午	7	2	6	己亥	9
三十 30th					10	12	壬寅	1					12	10	辛丑	5								

1978 戊午 Earth Horse

Grand Duke: 姚黎

月干支 Month	正月大 1st Mth	二月小 2nd Mth	三月大 3rd Mth	四月大 4th Mth	五月小 5th Mth	六月大 6th Mth
	甲寅 Jia Yin	乙卯 Yi Mao	丙辰 Bing Chen	丁巳 Ding Si	戊午 Wu Wu	己未 Ji Wei
九星 9 Star	八白 Eight White	七赤 Seven Red	六白 Six White	五黃 Five Yellow	四綠 Four Green	三碧 Three Jade
節氣 Season	驚蟄 Awakening of Worms 28th day 6hr 38min 卯 Mao; 雨水 Rain Water 13th day 8hr 21min 辰 Chen	清明 Clear and Bright 28th day 11hr 39min 午 Wu; 春分 Spring Equinox 13th day 7hr 34min 辰 Chen	立夏 Coming of Summer 30th day 5hr 9min 卯 Mao; 穀雨 Grain Rain 14th day 18hr 50min 酉 You	小滿 Small Sprout 15th day 18hr 9min 酉 You	夏至 Summer Solstice 17th day 2hr 10min 丑 Chou; 芒種 Planting of Thorny Crops 1st day 9hr 23min 巳 Si	大暑 Greater Heat 19th day 13hr 0min 午 Wu; 小暑 Lesser Heat 3rd day 19hr 37min 戌 Xu

農曆 Calendar	1st 國曆 Greg. M	1st 國曆 Greg. D	1st 干支 S/B	1st 星 Star	2nd 國曆 Greg. M	2nd 國曆 Greg. D	2nd 干支 S/B	2nd 星 Star	3rd 國曆 Greg. M	3rd 國曆 Greg. D	3rd 干支 S/B	3rd 星 Star	4th 國曆 Greg. M	4th 國曆 Greg. D	4th 干支 S/B	4th 星 Star	5th 國曆 Greg. M	5th 國曆 Greg. D	5th 干支 S/B	5th 星 Star	6th 國曆 Greg. M	6th 國曆 Greg. D	6th 干支 S/B	6th 星 Star
初一 1st	2	7	庚子	1	3	9	庚午	4	4	7	己亥	6	5	7	己巳	9	6	6	己亥	3	7	5	戊辰	5
初二 2nd	2	8	辛丑	2	3	10	辛未	5	4	8	庚子	7	5	8	庚午	1	6	7	庚子	4	7	6	己巳	4
初三 3rd	2	9	壬寅	3	3	11	壬申	6	4	9	辛丑	8	5	9	辛未	2	6	8	辛丑	5	7	7	庚午	3
初四 4th	2	10	癸卯	4	3	12	癸酉	7	4	10	壬寅	9	5	10	壬申	3	6	9	壬寅	6	7	8	辛未	2
初五 5th	2	11	甲辰	5	3	13	甲戌	8	4	11	癸卯	1	5	11	癸酉	4	6	10	癸卯	7	7	9	壬申	1
初六 6th	2	12	乙巳	6	3	14	乙亥	9	4	12	甲辰	2	5	12	甲戌	5	6	11	甲辰	8	7	10	癸酉	9
初七 7th	2	13	丙午	7	3	15	丙子	1	4	13	乙巳	3	5	13	乙亥	6	6	12	乙巳	9	7	11	甲戌	8
初八 8th	2	14	丁未	8	3	16	丁丑	2	4	14	丙午	4	5	14	丙子	7	6	13	丙午	1	7	12	乙亥	7
初九 9th	2	15	戊申	9	3	17	戊寅	3	4	15	丁未	5	5	15	丁丑	8	6	14	丁未	2	7	13	丙子	6
初十 10th	2	16	己酉	1	3	18	己卯	4	4	16	戊申	6	5	16	戊寅	9	6	15	戊申	3	7	14	丁丑	5
十一 11th	2	17	庚戌	2	3	19	庚辰	5	4	17	己酉	7	5	17	己卯	1	6	16	己酉	4	7	15	戊寅	4
十二 12th	2	18	辛亥	3	3	20	辛巳	6	4	18	庚戌	8	5	18	庚辰	2	6	17	庚戌	5	7	16	己卯	3
十三 13th	2	19	壬子	4	3	21	壬午	7	4	19	辛亥	9	5	19	辛巳	3	6	18	辛亥	6	7	17	庚辰	2
十四 14th	2	20	癸丑	5	3	22	癸未	8	4	20	壬子	1	5	20	壬午	4	6	19	壬子	7	7	18	辛巳	1
十五 15th	2	21	甲寅	6	3	23	甲申	9	4	21	癸丑	2	5	21	癸未	5	6	20	癸丑	8	7	19	壬午	9
十六 16th	2	22	乙卯	7	3	24	乙酉	1	4	22	甲寅	3	5	22	甲申	6	6	21	甲寅	9	7	20	癸未	8
十七 17th	2	23	丙辰	8	3	25	丙戌	2	4	23	乙卯	4	5	23	乙酉	7	6	22	乙卯	1\9	7	21	甲申	7
十八 18th	2	24	丁巳	9	3	26	丁亥	3	4	24	丙辰	5	5	24	丙戌	8	6	23	丙辰	8	7	22	乙酉	6
十九 19th	2	25	戊午	1	3	27	戊子	4	4	25	丁巳	6	5	25	丁亥	9	6	24	丁巳	7	7	23	丙戌	5
二十 20th	2	26	己未	2	3	28	己丑	5	4	26	戊午	7	5	26	戊子	1	6	25	戊午	6	7	24	丁亥	4
廿一 21st	2	27	庚申	3	3	29	庚寅	6	4	27	己未	8	5	27	己丑	2	6	26	己未	5	7	25	戊子	3
廿二 22nd	2	28	辛酉	4	3	30	辛卯	7	4	28	庚申	9	5	28	庚寅	3	6	27	庚申	4	7	26	己丑	2
廿三 23rd	3	1	壬戌	5	3	31	壬辰	8	4	29	辛酉	1	5	29	辛卯	4	6	28	辛酉	3	7	27	庚寅	1
廿四 24th	3	2	癸亥	6	4	1	癸巳	9	4	30	壬戌	2	5	30	壬辰	5	6	29	壬戌	2	7	28	辛卯	9
廿五 25th	3	3	甲子	7	4	2	甲午	1	5	1	癸亥	3	5	31	癸巳	6	6	30	癸亥	1	7	29	壬辰	8
廿六 26th	3	4	乙丑	8	4	3	乙未	2	5	2	甲子	4	6	1	甲午	7	7	1	甲子	9	7	30	癸巳	7
廿七 27th	3	5	丙寅	9	4	4	丙申	3	5	3	乙丑	5	6	2	乙未	8	7	2	乙丑	8	7	31	甲午	6
廿八 28th	3	6	丁卯	1	4	5	丁酉	4	5	4	丙寅	6	6	3	丙申	9	7	3	丙寅	7	8	1	乙未	5
廿九 29th	3	7	戊辰	2	4	6	戊戌	5	5	5	丁卯	7	6	4	丁酉	1	7	4	丁卯	6	8	2	丙申	4
三十 30th	3	8	己巳	3					5	6	戊辰	8	6	5	戊戌	2					8	3	丁酉	3

天干 Ten Stems: 甲 Jia Yang Wood; 乙 Yi Yin Wood; 丙 Bing Yang Fire; 丁 Ding Yin Fire; 戊 Wu Yang Earth; 己 Ji Yin Earth; 庚 Geng Yang Metal; 辛 Xin Yin Metal; 壬 Ren Yang Water; 癸 Gui Yin Water

Male Gua: 4 巽(Xun) **Female Gua: 2 坤(Kun)** 3 Killing 三煞: North Annual Star: 4 Green

月干支 Month	七月大 7th Mth				八月小 8th Mth				九月大 9th Mth				十月小 10th Mth				十一月大 11th Mth				十二月小 12th Mth			
	庚申 Geng Shen				辛酉 Xin You				壬戌 Ren Xu				癸亥 Gui Hai				甲子 Jia Zi				乙丑 Yi Chou			
九星 9 Star	二黑 Two Black				一白 One White				九紫 Nine Purple				八白 Eight White				七赤 Seven Red				六白 Six White			
節氣 Season	處暑 Heat Ends		立秋 Coming Autumn		秋分 Autumn Equinox		白露 White Dew		霜降 Frosting		寒露 Cold Dew		小雪 Lesser Snow		立冬 Coming of Winter		冬至 Winter Solstice		大雪 Greater Snow		大寒 Greater Cold		小寒 Lesser Cold	
	20th day		5th day		21st day		6th day		23rd day		7th day		23rd day		8th day		23rd day		8th day		23rd day		8th day	
	19hr 57min		5hr 18min		17hr 26min		8hr 3min		2hr 37min		23hr 31min		0hr 5min		2hr 34min		13hr 21min		19hr 20min		0hr 0min		6hr 32min	
	戌 Xu		卯 Mao		酉 You		辰 Chen		丑 Chou		子 Zi		子 Zi		丑 Chou		未 Wei		戌 Xu		子 Zi		卯 Mao	
農曆 Calendar	國曆 Gregorian		干支 S/B	星 Star	國曆 Gregorian		干支 S/B	星 Star	國曆 Gregorian		干支 S/B	星 Star	國曆 Gregorian		干支 S/B	星 Star	國曆 Gregorian		干支 S/B	星 Star	國曆 Gregorian		干支 S/B	星 Star
初一 1st	8	4	戊戌	2	9	3	戊辰	8	10	2	丁酉	6	11	1	丁卯	3	11	30	丙申	1	12	30	丙寅	3
初二 2nd	8	5	己亥	1	9	4	己巳	7	10	3	戊戌	5	11	2	戊辰	2	12	1	丁酉	9	12	31	丁卯	4
初三 3rd	8	6	庚子	9	9	5	庚午	6	10	4	己亥	4	11	3	己巳	1	12	2	戊戌	8	1	1	戊辰	5
初四 4th	8	7	辛丑	8	9	6	辛未	5	10	5	庚子	3	11	4	庚午	9	12	3	己亥	7	1	2	己巳	6
初五 5th	8	8	壬寅	7	9	7	壬申	4	10	6	辛丑	2	11	5	辛未	8	12	4	庚子	6	1	3	庚午	7
初六 6th	8	9	癸卯	6	9	8	癸酉	3	10	7	壬寅	1	11	6	壬申	7	12	5	辛丑	5	1	4	辛未	8
初七 7th	8	10	甲辰	5	9	9	甲戌	2	10	8	癸卯	9	11	7	癸酉	6	12	6	壬寅	4	1	5	壬申	9
初八 8th	8	11	乙巳	4	9	10	乙亥	1	10	9	甲辰	8	11	8	甲戌	5	12	7	癸卯	3	1	6	癸酉	1
初九 9th	8	12	丙午	3	9	11	丙子	9	10	10	乙巳	7	11	9	乙亥	4	12	8	甲辰	2	1	7	甲戌	2
初十 10th	8	13	丁未	2	9	12	丁丑	8	10	11	丙午	6	11	10	丙子	3	12	9	乙巳	1	1	8	乙亥	3
十一 11th	8	14	戊申	1	9	13	戊寅	7	10	12	丁未	5	11	11	丁丑	2	12	10	丙午	9	1	9	丙子	4
十二 12th	8	15	己酉	9	9	14	己卯	6	10	13	戊申	4	11	12	戊寅	1	12	11	丁未	8	1	10	丁丑	5
十三 13th	8	16	庚戌	8	9	15	庚辰	5	10	14	己酉	3	11	13	己卯	9	12	12	戊申	7	1	11	戊寅	6
十四 14th	8	17	辛亥	7	9	16	辛巳	4	10	15	庚戌	2	11	14	庚辰	8	12	13	己酉	6	1	12	己卯	7
十五 15th	8	18	壬子	6	9	17	壬午	3	10	16	辛亥	1	11	15	辛巳	7	12	14	庚戌	5	1	13	庚辰	8
十六 16th	8	19	癸丑	5	9	18	癸未	2	10	17	壬子	9	11	16	壬午	6	12	15	辛亥	4	1	14	辛巳	9
十七 17th	8	20	甲寅	4	9	19	甲申	1	10	18	癸丑	8	11	17	癸未	5	12	16	壬子	3	1	15	壬午	1
十八 18th	8	21	乙卯	3	9	20	乙酉	9	10	19	甲寅	7	11	18	甲申	4	12	17	癸丑	2	1	16	癸未	2
十九 19th	8	22	丙辰	2	9	21	丙戌	8	10	20	乙卯	6	11	19	乙酉	3	12	18	甲寅	1	1	17	甲申	3
二十 20th	8	23	丁巳	1	9	22	丁亥	7	10	21	丙辰	5	11	20	丙戌	2	12	19	乙卯	9	1	18	乙酉	4
廿一 21st	8	24	戊午	9	9	23	戊子	6	10	22	丁巳	4	11	21	丁亥	1	12	20	丙辰	8	1	19	丙戌	5
廿二 22nd	8	25	己未	8	9	24	己丑	5	10	23	戊午	3	11	22	戊子	9	12	21	丁巳	7	1	20	丁亥	6
廿三 23rd	8	26	庚申	7	9	25	庚寅	4	10	24	己未	2	11	23	己丑	8	12	22	戊午	64	1	21	戊子	7
廿四 24th	8	27	辛酉	6	9	26	辛卯	3	10	25	庚申	1	11	24	庚寅	7	12	23	己未	5	1	22	己丑	8
廿五 25th	8	28	壬戌	5	9	27	壬辰	2	10	26	辛酉	9	11	25	辛卯	6	12	24	庚申	6	1	23	庚寅	9
廿六 26th	8	29	癸亥	4	9	28	癸巳	1	10	27	壬戌	8	11	26	壬辰	5	12	25	辛酉	7	1	24	辛卯	1
廿七 27th	8	30	甲子	3	9	29	甲午	9	10	28	癸亥	7	11	27	癸巳	4	12	26	壬戌	8	1	25	壬辰	2
廿八 28th	8	31	乙丑	2	9	30	乙未	8	10	29	甲子	6	11	28	甲午	3	12	27	癸亥	9	1	26	癸巳	3
廿九 29th	9	1	丙寅	1	10	1	丙申	7	10	30	乙丑	5	11	29	乙未	2	12	28	甲子	1	1	27	甲午	4
三十 30th	9	2	丁卯	9					10	31	丙寅	4					12	29	乙丑	2				

地支 Twelve Branches: 子 Zi Rat · 丑 Chou Ox · 寅 Yin Tiger · 卯 Mao Rabbit · 辰 Chen Dragon · 巳 Si Snake · 午 Wu Horse · 未 Wei Goat · 申 Shen Monkey · 酉 You Rooster · 戌 Xu Dog · 亥 Hai Pig

1979 己未 Earth Goat

Grand Duke: 傅稅

月干支 Month	正月大 1st Mth				二月小 2nd Mth				三月小 3rd Mth				四月大 4th Mth				五月小 5th Mth				六月大 6th Mth			
	丙寅 Bing Yin				丁卯 Ding Mao				戊辰 Wu Chen				己巳 Ji Si				庚午 Geng Wu				辛未 Xin Wei			
九星 9 Star	五黃 Five Yellow				四綠 Four Green				三碧 Three Jade				二黑 Two Black				一白 One White				九紫 Nine Purple			
節氣 Season	雨水 Rain Water		立春 Coming of Spring		春分 Spring Equinox		驚蟄 Awakening of Worms		穀雨 Grain Rain		清明 Clear and Bright		小滿 Small Sprout		立夏 Coming of Summer		夏至 Summer Solstice		芒種 Planting of Thorny Crops		大暑 Greater Heat		小暑 Lesser Heat	
	23rd day		8th day		23rd day		8th day		25th day		9th day		26th day		11th day		28th day		12th day		30th day		15th day	
	14hr 13min		18hr 13min		13hr 22min		12hr 20min		0hr 36min		17hr 18min		23hr 54min		10hr 47min		7hr 56min		15hr 5min		18hr 49min		1hr 25min	
	未 Wei		酉 You		未 Wei		午 Wu		子 Zi		酉 You		子 Zi		巳 Si		辰 Chen		申 Shen		酉 You		丑 Chou	
農曆 Calendar	國曆 Gregorian		干支 S/B	星 Star	國曆 Gregorian		干支 S/B	星 Star	國曆 Gregorian		干支 S/B	星 Star	國曆 Gregorian		干支 S/B	星 Star	國曆 Gregorian		干支 S/B	星 Star	國曆 Gregorian		干支 S/B	星 Star
初一 1st	1	28	乙未	5	2	27	乙丑	8	3	28	甲午	1	4	26	癸亥	3	5	26	癸巳	6	6	24	壬戌	2
初二 2nd	1	29	丙申	6	2	28	丙寅	9	3	29	乙未	2	4	27	甲子	4	5	27	甲午	7	6	25	癸亥	1
初三 3rd	1	30	丁酉	7	3	1	丁卯	1	3	30	丙申	3	4	28	乙丑	5	5	28	乙未	8	6	26	甲子	9
初四 4th	1	31	戊戌	8	3	2	戊辰	2	3	31	丁酉	4	4	29	丙寅	6	5	29	丙申	9	6	27	乙丑	8
初五 5th	2	1	己亥	9	3	3	己巳	3	4	1	戊戌	5	4	30	丁卯	7	5	30	丁酉	1	6	28	丙寅	7
初六 6th	2	2	庚子	1	3	4	庚午	4	4	2	己亥	6	5	1	戊辰	8	5	31	戊戌	2	6	29	丁卯	6
初七 7th	2	3	辛丑	2	3	5	辛未	5	4	3	庚子	7	5	2	己巳	9	6	1	己亥	3	6	30	戊辰	5
初八 8th	2	4	壬寅	3	3	6	壬申	6	4	4	辛丑	8	5	3	庚午	1	6	2	庚子	4	7	1	己巳	4
初九 9th	2	5	癸卯	4	3	7	癸酉	7	4	5	壬寅	9	5	4	辛未	2	6	3	辛丑	5	7	2	庚午	3
初十 10th	2	6	甲辰	5	3	8	甲戌	8	4	6	癸卯	1	5	5	壬申	3	6	4	壬寅	6	7	3	辛未	2
十一 11th	2	7	乙巳	6	3	9	乙亥	9	4	7	甲辰	2	5	6	癸酉	4	6	5	癸卯	7	7	4	壬申	1
十二 12th	2	8	丙午	7	3	10	丙子	1	4	8	乙巳	3	5	7	甲戌	5	6	6	甲辰	8	7	5	癸酉	9
十三 13th	2	9	丁未	8	3	11	丁丑	2	4	9	丙午	4	5	8	乙亥	6	6	7	乙巳	9	7	6	甲戌	8
十四 14th	2	10	戊申	9	3	12	戊寅	3	4	10	丁未	5	5	9	丙子	7	6	8	丙午	1	7	7	乙亥	7
十五 15th	2	11	己酉	1	3	13	己卯	4	4	11	戊申	6	5	10	丁丑	8	6	9	丁未	2	7	8	丙子	6
十六 16th	2	12	庚戌	2	3	14	庚辰	5	4	12	己酉	7	5	11	戊寅	9	6	10	戊申	3	7	9	丁丑	5
十七 17th	2	13	辛亥	3	3	15	辛巳	6	4	13	庚戌	8	5	12	己卯	1	6	11	己酉	4	7	10	戊寅	4
十八 18th	2	14	壬子	4	3	16	壬午	7	4	14	辛亥	9	5	13	庚辰	2	6	12	庚戌	5	7	11	己卯	3
十九 19th	2	15	癸丑	5	3	17	癸未	8	4	15	壬子	1	5	14	辛巳	3	6	13	辛亥	6	7	12	庚辰	2
二十 20th	2	16	甲寅	6	3	18	甲申	9	4	16	癸丑	2	5	15	壬午	4	6	14	壬子	7	7	13	辛巳	1
廿一 21st	2	17	乙卯	7	3	19	乙酉	1	4	17	甲寅	3	5	16	癸未	5	6	15	癸丑	8	7	14	壬午	9
廿二 22nd	2	18	丙辰	8	3	20	丙戌	2	4	18	乙卯	4	5	17	甲申	6	6	16	甲寅	9	7	15	癸未	8
廿三 23rd	2	19	丁巳	9	3	21	丁亥	3	4	19	丙辰	5	5	18	乙酉	7	6	17	乙卯	1	7	16	甲申	7
廿四 24th	2	20	戊午	1	3	22	戊子	4	4	20	丁巳	6	5	19	丙戌	8	6	18	丙辰	2	7	17	乙酉	6
廿五 25th	2	21	己未	2	3	23	己丑	5	4	21	戊午	7	5	20	丁亥	9	6	19	丁巳	3	7	18	丙戌	5
廿六 26th	2	22	庚申	3	3	24	庚寅	6	4	22	己未	8	5	21	戊子	1	6	20	戊午	4	7	19	丁亥	4
廿七 27th	2	23	辛酉	4	3	25	辛卯	7	4	23	庚申	9	5	22	己丑	2	6	21	己未	5	7	20	戊子	3
廿八 28th	2	24	壬戌	5	3	26	壬辰	8	4	24	辛酉	1	5	23	庚寅	3	6	22	庚申	6\4	7	21	己丑	2
廿九 29th	2	25	癸亥	6	3	27	癸巳	9	4	25	壬戌	2	5	24	辛卯	4	6	23	辛酉	3	7	22	庚寅	1
三十 30th	2	26	甲子	7									5	25	壬辰	5					7	23	辛卯	9

天干 Ten Stems

甲 Jia Yang Wood · 乙 Yi Yin Wood · 丙 Bing Yang Fire · 丁 Ding Yin Fire · 戊 Wu Yang Earth · 己 Ji Yin Earth · 庚 Geng Yang Metal · 辛 Xin Yin Metal · 壬 Ren Yang Water · 癸 Gui Yin Water

Male Gua: 3 震(Zhen) **Female Gua: 3 震(Zhen)** 3 Killing 三煞: West Annual Star: 3 Jade

月干支 Month	閏六月大 6th Mth				七月小 7th Mth 壬申 Ren Shen				八月大 8th Mth 癸酉 Gui You			
九星 9 Star					八白 Eight White				七赤 Seven Rec			
節氣 Season			立秋 Coming Autumn 16th day 11hr 11min 午 Wu		白露 White Dew 17th day 14hr 0min 未 Wei		處暑 Heat Ends 2nd day 1hr 47min 丑 Chou		寒露 Cold Dew 19th day 5hr 30min 卯 Mao		秋分 Autumn Equinox 3rd day 23hr 17min 子 Zi	
農曆 Calendar	國曆 Gregorian		干支 S / B	星 Star	國曆 Gregorian		干支 S / B	星 Star	國曆 Gregorian		干支 S / B	星 Star
初一 1st	7	24	壬辰	8	8	23	壬戌	5	9	21	辛卯	3
初二 2nd	7	25	癸巳	7	8	24	癸亥	4	9	22	壬辰	2
初三 3rd	7	26	甲午	6	8	25	甲子	3	9	23	癸巳	1
初四 4th	7	27	乙未	5	8	26	乙丑	2	9	24	甲午	9
初五 5th	7	28	丙申	4	8	27	丙寅	1	9	25	乙未	8
初六 6th	7	29	丁酉	3	8	28	丁卯	9	9	26	丙申	7
初七 7th	7	30	戊戌	2	8	29	戊辰	8	9	27	丁酉	6
初八 8th	7	31	己亥	1	8	30	己巳	7	9	28	戊戌	5
初九 9th	8	1	庚子	9	8	31	庚午	6	9	29	己亥	4
初十 10th	8	2	辛丑	8	9	1	辛未	5	9	30	庚子	3
十一 11th	8	3	壬寅	7	9	2	壬申	4	10	1	辛丑	2
十二 12th	8	4	癸卯	6	9	3	癸酉	3	10	2	壬寅	1
十三 13th	8	5	甲辰	5	9	4	甲戌	2	10	3	癸卯	9
十四 14th	8	6	乙巳	4	9	5	乙亥	1	10	4	甲辰	8
十五 15th	8	7	丙午	3	9	6	丙子	9	10	5	乙巳	7
十六 16th	8	8	丁未	2	9	7	丁丑	8	10	6	丙午	6
十七 17th	8	9	戊申	1	9	8	戊寅	7	10	7	丁未	5
十八 18th	8	10	己酉	9	9	9	己卯	6	10	8	戊申	4
十九 19th	8	11	庚戌	8	9	10	庚辰	5	10	9	己酉	3
二十 20th	8	12	辛亥	7	9	11	辛巳	4	10	10	庚戌	2
廿一 21st	8	13	壬子	6	9	12	壬午	3	10	11	辛亥	1
廿二 22nd	8	14	癸丑	5	9	13	癸未	2	10	12	壬子	9
廿三 23rd	8	15	甲寅	4	9	14	甲申	1	10	13	癸丑	8
廿四 24th	8	16	乙卯	3	9	15	乙酉	9	10	14	甲寅	7
廿五 25th	8	17	丙辰	2	9	16	丙戌	8	10	15	乙卯	6
廿六 26th	8	18	丁巳	1	9	17	丁亥	7	10	16	丙辰	5
廿七 27th	8	19	戊午	9	9	18	戊子	6	10	17	丁巳	4
廿八 28th	8	20	己未	8	9	19	己丑	5	10	18	戊午	3
廿九 29th	8	21	庚申	7	9	20	庚寅	4	10	19	己未	2
三十 30th	8	22	辛酉	6					10	20	庚申	1

月干支 Month	九月大 9th Mth 甲戌 Jia Xu				十月小 10th Mth 乙亥 Yi Hai				十一月大 11th Mth 丙子 Bing Zi				十二月小 12th Mth 丁丑 Ding Chou			
九星 9 Star	六白 Six White				五黃 Five Yellow				四綠 Four Green				三碧 Three Jade			
節氣 Season	立冬 Coming of Winter 19th day 8hr 33min 辰 Chen		霜降 Frosting 4th day 8hr 28min 辰 Chen		大雪 Greater Snow 19th day 1hr 18min 丑 Chou		小雪 Lesser Snow 4th day 5hr 54min 卯 Mao		小寒 Lesser Cold 19th day 12hr 29min 午 Wu		冬至 Winter Solstice 4th day 19hr 10min 戌 Xu		立春 Coming of Spring 19th day 0hr 10min 子 Zi		大寒 Greater Cold 4th day 5hr 49min 卯 Mao	
農曆 Calendar	國曆 Gregorian		干支 S / B	星 Star	國曆 Gregorian		干支 S / B	星 Star	國曆 Gregorian		干支 S / B	星 Star	國曆 Gregorian		干支 S / B	星 Star
初一 1st	10	21	辛酉	9	11	20	辛卯	6	12	19	庚申	4	1	18	庚寅	9
初二 2nd	10	22	壬戌	8	11	21	壬辰	5	12	20	辛酉	3	1	19	辛卯	1
初三 3rd	10	23	癸亥	7	11	22	癸巳	4	12	21	壬戌	2	1	20	壬辰	2
初四 4th	10	24	甲子	6	11	23	甲午	3	12	22	癸亥	1.9	1	21	癸巳	3
初五 5th	10	25	乙丑	5	11	24	乙未	2	12	23	甲子	[illegible]	1	22	甲午	4
初六 6th	10	26	丙寅	4	11	25	丙申	1	12	24	乙丑	2	1	23	乙未	5
初七 7th	10	27	丁卯	3	11	26	丁酉	9	12	25	丙寅	3	1	24	丙申	6
初八 8th	10	28	戊辰	2	11	27	戊戌	8	12	26	丁卯	4	1	25	丁酉	7
初九 9th	10	29	己巳	1	11	28	己亥	7	12	27	戊辰	5	1	26	戊戌	8
初十 10th	10	30	庚午	9	11	29	庚子	6	12	28	己巳	6	1	27	己亥	9
十一 11th	10	31	辛未	8	11	30	辛丑	5	12	29	庚午	7	1	28	庚子	1
十二 12th	11	1	壬申	7	12	1	壬寅	4	12	30	辛未	8	1	29	辛丑	2
十三 13th	11	2	癸酉	6	12	2	癸卯	3	12	31	壬申	9	1	30	壬寅	3
十四 14th	11	3	甲戌	5	12	3	甲辰	2	1	1	癸酉	1	1	31	癸卯	4
十五 15th	11	4	乙亥	4	12	4	乙巳	1	1	2	甲戌	2	2	1	甲辰	5
十六 16th	11	5	丙子	3	12	5	丙午	9	1	3	乙亥	3	2	2	乙巳	6
十七 17th	11	6	丁丑	2	12	6	丁未	8	1	4	丙子	4	2	3	丙午	7
十八 18th	11	7	戊寅	1	12	7	戊申	7	1	5	丁丑	5	2	4	丁未	8
十九 19th	11	8	己卯	9	12	8	己酉	6	1	6	戊寅	6	2	5	戊申	9
二十 20th	11	9	庚辰	8	12	9	庚戌	5	1	7	己卯	7	2	6	己酉	1
廿一 21st	11	10	辛巳	7	12	10	辛亥	4	1	8	庚辰	8	2	7	庚戌	2
廿二 22nd	11	11	壬午	6	12	11	壬子	3	1	9	辛巳	9	2	8	辛亥	3
廿三 23rd	11	12	癸未	5	12	12	癸丑	2	1	10	壬午	1	2	9	壬子	4
廿四 24th	11	13	甲申	4	12	13	甲寅	1	1	11	癸未	2	2	10	癸丑	5
廿五 25th	11	14	乙酉	3	12	14	乙卯	9	1	12	甲申	3	2	11	甲寅	6
廿六 26th	11	15	丙戌	2	12	15	丙辰	8	1	13	乙酉	4	2	12	乙卯	7
廿七 27th	11	16	丁亥	1	12	16	丁巳	7	1	14	丙戌	5	2	13	丙辰	8
廿八 28th	11	17	戊子	9	12	17	戊午	6	1	15	丁亥	6	2	14	丁巳	9
廿九 29th	11	18	己丑	8	12	18	己未	5	1	16	戊子	7	2	15	戊午	1
三十 30th	11	19	庚寅	7					1	17	己丑	8				

地支 Twelve Branches: 子 Zi Rat · 丑 Chou Ox · 寅 Yin Tiger · 卯 Mao Rabbit · 辰 Chen Dragon · 巳 Si Snake · 午 Wu Horse · 未 Wei Goat · 申 Shen Monkey · 酉 You Rooster · 戌 Xu Dog · 亥 Hai Pig

1980 庚申 Metal Monkey

Grand Duke: 毛倖

六月大 6th Mth				五月小 5th Mth				四月大 4th Mth				三月小 3rd Mth				二月小 2nd Mth				正月大 1st Mth				月干支 Month
癸未 Gui Wei				壬午 Ren Wu				辛巳 Xin Si				庚辰 Geng Chen				己卯 Ji Mao				戊寅 Wu Yin				
六白 Six White				七赤 Seven Red				八白 Eight White				九紫 Nine Purple				一白 One White				二黑 Two Black				九星 9 Star
立秋 Coming Autumn		大暑 Greater Heat		小暑 Lesser Heat		夏至 Summer Solstice		芒種 Planting of Thorny Crops		小滿 Small Sprout		立夏 Coming of Summer		穀雨 Grain Rain		清明 Clear and Bright		春分 Spring Equinox		驚蟄 Awakening of Worms		雨水 Rain Water		節氣 Season
27th day		12th day		25th day		9th day		23rd day		8th day		21st day		6th day		19th day		4th day		19th day		4th day		
17hr 9min		0hr 42min		7hr 24min		13hr 47min		21hr 4min		5hr 42min		16hr 45min		6hr 23min		23hr 15min		19hr 10min		18hr 17min		20hr 2min		
酉 You		子 Zi		辰 Chen		未 Wei		亥 Hai		卯 Mao		申 Shen		卯 Mao		子 Zi		戌 Xu		酉 You		戌 Xu		
國曆 Gregorian		干支 S / B	星 Star	國曆 Gregorian		干支 S / B	星 Star	國曆 Gregorian		干支 S / B	星 Star	國曆 Gregorian		干支 S / B	星 Star	國曆 Gregorian		干支 S / B	星 Star	國曆 Gregorian		干支 S / B	星 Star	農曆 Calendar
7	12	丙戌	2	6	13	丁巳	3	5	14	丁亥	9	4	15	戊午	7	3	17	己丑	5	2	16	己未	2	初一 1st
7	13	丁亥	1	6	14	戊午	4	5	15	戊子	1	4	16	己未	8	3	18	庚寅	6	2	17	庚申	3	初二 2nd
7	14	戊子	9	6	15	己未	5	5	16	己丑	2	4	17	庚申	9	3	19	辛卯	7	2	18	辛酉	4	初三 3rd
7	15	己丑	8	6	16	庚申	6	5	17	庚寅	3	4	18	辛酉	1	3	20	壬辰	8	2	19	壬戌	5	初四 4th
7	16	庚寅	7	6	17	辛酉	7	5	18	辛卯	4	4	19	壬戌	2	3	21	癸巳	9	2	20	癸亥	6	初五 5th
7	17	辛卯	6	6	18	壬戌	8	5	19	壬辰	5	4	20	癸亥	3	3	22	甲午	1	2	21	甲子	7	初六 6th
7	18	壬辰	5	6	19	癸亥	9	5	20	癸巳	6	4	21	甲子	4	3	23	乙未	2	2	22	乙丑	8	初七 7th
7	19	癸巳	4	6	20	甲子	1	5	21	甲午	7	4	22	乙丑	5	3	24	丙申	3	2	23	丙寅	9	初八 8th
7	20	甲午	3	6	21	乙丑	2\5	5	22	乙未	8	4	23	丙寅	6	3	25	丁酉	4	2	24	丁卯	1	初九 9th
7	21	乙未	2	6	22	丙寅	4	5	23	丙申	9	4	24	丁卯	7	3	26	戊戌	5	2	25	戊辰	2	初十 10th
7	22	丙申	1	6	23	丁卯	3	5	24	丁酉	1	4	25	戊辰	8	3	27	己亥	6	2	26	己巳	3	十一 11th
7	23	丁酉	9	6	24	戊辰	2	5	25	戊戌	2	4	26	己巳	9	3	28	庚子	7	2	27	庚午	4	十二 12th
7	24	戊戌	8	6	25	己巳	1	5	26	己亥	3	4	27	庚午	1	3	29	辛丑	8	2	28	辛未	5	十三 13th
7	25	己亥	7	6	26	庚午	9	5	27	庚子	4	4	28	辛未	2	3	30	壬寅	9	2	29	壬申	6	十四 14th
7	26	庚子	6	6	27	辛未	8	5	28	辛丑	5	4	29	壬申	3	3	31	癸卯	1	3	1	癸酉	7	十五 15th
7	27	辛丑	5	6	28	壬申	7	5	29	壬寅	6	4	30	癸酉	4	4	1	甲辰	2	3	2	甲戌	8	十六 16th
7	28	壬寅	4	6	29	癸酉	6	5	30	癸卯	7	5	1	甲戌	5	4	2	乙巳	3	3	3	乙亥	9	十七 17th
7	29	癸卯	3	6	30	甲戌	5	5	31	甲辰	8	5	2	乙亥	6	4	3	丙午	4	3	4	丙子	1	十八 18th
7	30	甲辰	2	7	1	乙亥	4	6	1	乙巳	9	5	3	丙子	7	4	4	丁未	5	3	5	丁丑	2	十九 19th
7	31	乙巳	1	7	2	丙子	3	6	2	丙午	1	5	4	丁丑	8	4	5	戊申	6	3	6	戊寅	3	二十 20th
8	1	丙午	9	7	3	丁丑	2	6	3	丁未	2	5	5	戊寅	9	4	6	己酉	7	3	7	己卯	4	廿一 21st
8	2	丁未	8	7	4	戊寅	1	6	4	戊申	3	5	6	己卯	1	4	7	庚戌	8	3	8	庚辰	5	廿二 22nd
8	3	戊申	7	7	5	己卯	9	6	5	己酉	4	5	7	庚辰	2	4	8	辛亥	9	3	9	辛巳	6	廿三 23rd
8	4	己酉	6	7	6	庚辰	8	6	6	庚戌	5	5	8	辛巳	3	4	9	壬子	1	3	10	壬午	7	廿四 24th
8	5	庚戌	5	7	7	辛巳	7	6	7	辛亥	6	5	9	壬午	4	4	10	癸丑	2	3	11	癸未	8	廿五 25th
8	6	辛亥	4	7	8	壬午	6	6	8	壬子	7	5	10	癸未	5	4	11	甲寅	3	3	12	甲申	9	廿六 26th
8	7	壬子	3	7	9	癸未	5	6	9	癸丑	8	5	11	甲申	6	4	12	乙卯	4	3	13	乙酉	1	廿七 27th
8	8	癸丑	2	7	10	甲申	4	6	10	甲寅	9	5	12	乙酉	7	4	13	丙辰	5	3	14	丙戌	2	廿八 28th
8	9	甲寅	1	7	11	乙酉	3	6	11	乙卯	1	5	13	丙戌	8	4	14	丁巳	6	3	15	丁亥	3	廿九 29th
8	10	乙卯	9					6	12	丙辰	2									3	16	戊子	4	三十 30th

天干 Ten Stems: 甲 Jia Yang Wood; 乙 Yi Yin Wood; 丙 Bing Yang Fire; 丁 Ding Yin Fire; 戊 Wu Yang Earth; 己 Ji Yin Earth; 庚 Geng Yang Metal; 辛 Xin Yin Metal; 壬 Ren Yang Water; 癸 Gui Yin Water

Male Gua: 2 坤(Kun) **Female Gua: 4 巽(Xun)** 3 Killing 三煞: South Annual Star: 2 Black

地支 Twelve Branches: 子 Zi Rat · 丑 Chou Ox · 寅 Yin Tiger · 卯 Mao Rabbit · 辰 Chen Dragon · 巳 Si Snake · 午 Wu Horse · 未 Wei Goat · 申 Shen Monkey · 酉 You Rooster · 戌 Xu Dog · 亥 Hai Pig

十二月大 12th Mth				十一月大 11th Mth				十月小 10th Mth				九月大 9th Mth				八月大 8th Mth				七月小 7th Mth				月干支 Month
己丑 Ji Chou				戊子 Wu Zi				丁亥 Ding Hai				丙戌 Bing Xu				乙酉 Yi You				甲申 Jia Shen				
九紫 Nine Purple				一白 One White				二黑 Two Black				三碧 Three Jade				四綠 Four Green				五黃 Five Yellow				九星 9 Star
立春 Coming of Spring		大寒 Greater Cold		小寒 Lesser Cold		冬至 Winter Solstice		大雪 Greater Snow		小雪 Lesser Snow		立冬 Coming of Winter		霜降 Frosting		寒露 Cold Dew		秋分 Autumn Equinox		白露 White Dew		處暑 Heat Ends		節氣 Season
30th day		15th day		30th day		16th day		1st day		15th day		30th day		15th day		30th day		15th day		28th day		13th day		
5hr 56min		11hr 36min		18hr 13min		0hr 56min		7hr 2min		11hr 42min		14hr 18min		14hr 18min		11hr 19min		5hr 9min		19hr 54min		7hr 41min		
卯 Mao		午 Wu		酉 You		子 Zi		辰 Chen		午 Wu		未 Wei		未 Wei		午 Wu		卯 Mao		戌 Xu		辰 Chen		
國曆 Gregorian		干支 S/B	星 Star	國曆 Gregorian		干支 S/B	星 Star	國曆 Gregorian		干支 S/B	星 Star	國曆 Gregorian		干支 S/B	星 Star	國曆 Gregorian		干支 S/B	星 Star	國曆 Gregorian		干支 S/B	星 Star	農曆 Calendar
1	6	甲申	6	12	7	甲寅	7	11	8	乙酉	9	10	9	乙卯	3	9	9	乙酉	6	8	11	丙辰	8	初一 1st
1	7	乙酉	7	12	8	乙卯	6	11	9	丙戌	8	10	10	丙辰	2	9	10	丙戌	5	8	12	丁巳	7	初二 2nd
1	8	丙戌	8	12	9	丙辰	5	11	10	丁亥	7	10	11	丁巳	1	9	11	丁亥	4	8	13	戊午	6	初三 3rd
1	9	丁亥	9	12	10	丁巳	4	11	11	戊子	6	10	12	戊午	9	9	12	戊子	3	8	14	己未	5	初四 4th
1	10	戊子	1	12	11	戊午	3	11	12	己丑	5	10	13	己未	8	9	13	己丑	2	8	15	庚申	4	初五 5th
1	11	己丑	2	12	12	己未	2	11	13	庚寅	4	10	14	庚申	7	9	14	庚寅	1	8	16	辛酉	3	初六 6th
1	12	庚寅	3	12	13	庚申	1	11	14	辛卯	3	10	15	辛酉	6	9	15	辛卯	9	8	17	壬戌	2	初七 7th
1	13	辛卯	4	12	14	辛酉	9	11	15	壬辰	2	10	16	壬戌	5	9	16	壬辰	8	8	18	癸亥	1	初八 8th
1	14	壬辰	5	12	15	壬戌	8	11	16	癸巳	1	10	17	癸亥	4	9	17	癸巳	7	8	19	甲子	9	初九 9th
1	15	癸巳	6	12	16	癸亥	7	11	17	甲午	9	10	18	甲子	3	9	18	甲午	6	8	20	乙丑	8	初十 10th
1	16	甲午	7	12	17	甲子	6	11	18	乙未	8	10	19	乙丑	2	9	19	乙未	5	8	21	丙寅	7	十一 11th
1	17	乙未	8	12	18	乙丑	5	11	19	丙申	7	10	20	丙寅	1	9	20	丙申	4	8	22	丁卯	6	十二 12th
1	18	丙申	9	12	19	丙寅	4	11	20	丁酉	6	10	21	丁卯	9	9	21	丁酉	3	8	23	戊辰	5	十三 13th
1	19	丁酉	1	12	20	丁卯	3	11	21	戊戌	5	10	22	戊辰	8	9	22	戊戌	2	8	24	己巳	4	十四 14th
1	20	戊戌	2	12	21	戊辰	2	11	22	己亥	4	10	23	己巳	7	9	23	己亥	1	8	25	庚午	3	十五 15th
1	21	己亥	3	12	22	己巳	1\9	11	23	庚子	3	10	24	庚午	6	9	24	庚子	9	8	26	辛未	2	十六 16th
1	22	庚子	4	12	23	庚午	1	11	24	辛丑	2	10	25	辛未	5	9	25	辛丑	8	8	27	壬申	1	十七 17th
1	23	辛丑	5	12	24	辛未	2	11	25	壬寅	1	10	26	壬申	4	9	26	壬寅	7	8	28	癸酉	9	十八 18th
1	24	壬寅	6	12	25	壬申	3	11	26	癸卯	9	10	27	癸酉	3	9	27	癸卯	6	8	29	甲戌	8	十九 19th
1	25	癸卯	7	12	26	癸酉	4	11	27	甲辰	8	10	28	甲戌	2	9	28	甲辰	5	8	30	乙亥	7	二十 20th
1	26	甲辰	8	12	27	甲戌	5	11	28	乙巳	7	10	29	乙亥	1	9	29	乙巳	4	8	31	丙子	6	廿一 21st
1	27	乙巳	9	12	28	乙亥	6	11	29	丙午	6	10	30	丙子	9	9	30	丙午	3	9	1	丁丑	5	廿二 22nd
1	28	丙午	1	12	29	丙子	7	11	30	丁未	5	10	31	丁丑	8	10	1	丁未	2	9	2	戊寅	4	廿三 23rd
1	29	丁未	2	12	30	丁丑	3	12	1	戊申	4	11	1	戊寅	7	10	2	戊申	1	9	3	己卯	3	廿四 24th
1	30	戊申	3	12	31	戊寅	9	12	2	己酉	3	11	2	己卯	6	10	3	己酉	9	9	4	庚辰	2	廿五 25th
1	31	己酉	4	1	1	己卯	1	12	3	庚戌	2	11	3	庚辰	5	10	4	庚戌	8	9	5	辛巳	1	廿六 26th
2	1	庚戌	5	1	2	庚辰	2	12	4	辛亥	1	11	4	辛巳	4	10	5	辛亥	7	9	6	壬午	9	廿七 27th
2	2	辛亥	6	1	3	辛巳	3	12	5	壬子	9	11	5	壬午	3	10	6	壬子	6	9	7	癸未	8	廿八 28th
2	3	壬子	7	1	4	壬午	4	12	6	癸丑	8	11	6	癸未	2	10	7	癸丑	5	9	8	甲申	7	廿九 29th
2	4	癸丑	8	1	5	癸未	5					11	7	甲申	1	10	8	甲寅	4					三十 30th

1981 辛酉 Metal Rooster

Grand Duke: 文政

月干支 Month	六月小 6th Mth				五月大 5th Mth				四月小 4th Mth			
	乙未 Yi Wei				甲午 Jia Wu				癸巳 Gui Si			
九星 9 Star	三碧 Three Jade				四綠 Four Green				五黃 Five Yellow			
節氣 Season	大暑 Greater Heat 22nd day 6hr 40min 卯 Mao		小暑 Lesser Heat 6th day 13hr 12min 未 Wei		夏至 Summer Solstice 20th day 9hr 45min 戌 Xu		芒種 Planting of Thorny Crops 5th day 2hr 53min 丑 Chou		小滿 Small Sprout 18th day 11hr 40min 午 Wu		立夏 Coming of Summer 2nd day 22hr 35min 亥 Hai	
農曆 Calendar	國曆 Gregorian		干支 S/B	星 Star	國曆 Gregorian		干支 S/B	星 Star	國曆 Gregorian		干支 S/B	星 Star
初一 1st	7	2	辛巳	7	6	2	辛亥	9	5	4	壬午	7
初二 2nd	7	3	壬午	6	6	3	壬子	1	5	5	癸未	8
初三 3rd	7	4	癸未	5	6	4	癸丑	2	5	6	甲申	9
初四 4th	7	5	甲申	4	6	5	甲寅	3	5	7	乙酉	1
初五 5th	7	6	乙酉	3	6	6	乙卯	4	5	8	丙戌	2
初六 6th	7	7	丙戌	2	6	7	丙辰	5	5	9	丁亥	3
初七 7th	7	8	丁亥	1	6	8	丁巳	6	5	10	戊子	4
初八 8th	7	9	戊子	9	6	9	戊午	7	5	11	己丑	5
初九 9th	7	10	己丑	[illegible]	6	10	己未	8	5	12	庚寅	6
初十 10th	7	11	庚寅	7	6	11	庚申	9	5	13	辛卯	7
十一 11th	7	12	辛卯	3	6	12	辛酉	1	5	14	壬辰	8
十二 12th	7	13	壬辰	5	6	13	壬戌	2	5	15	癸巳	9
十三 13th	7	14	癸巳	4	6	14	癸亥	3	5	16	甲午	1
十四 14th	7	15	甲午	3	6	15	甲子	4	5	17	乙未	2
十五 15th	7	16	乙未	2	6	16	乙丑	5	5	18	丙申	3
十六 16th	7	17	丙申	1	6	17	丙寅	6	5	19	丁酉	4
十七 17th	7	18	丁酉	9	6	18	丁卯	7	5	20	戊戌	5
十八 18th	7	19	戊戌	8	6	19	戊辰	8	5	21	己亥	6
十九 19th	7	20	己亥	7	6	20	己巳	9	5	22	庚子	7
二十 20th	7	21	庚子	6	6	21	庚午	1\9	5	23	辛丑	8
廿一 21st	7	22	辛丑	5	6	22	辛未	8	5	24	壬寅	9
廿二 22nd	7	23	壬寅	4	6	23	壬申	7	5	25	癸卯	1
廿三 23rd	7	24	癸卯	3	6	24	癸酉	6	5	26	甲辰	2
廿四 24th	7	25	甲辰	2	6	25	甲戌	5	5	27	乙巳	3
廿五 25th	7	26	乙巳	1	6	26	乙亥	4	5	28	丙午	4
廿六 26th	7	27	丙午	9	6	27	丙子	3	5	29	丁未	5
廿七 27th	7	28	丁未	8	6	28	丁丑	2	5	30	戊申	6
廿八 28th	7	29	戊申	7	6	29	戊寅	1	5	31	己酉	7
廿九 29th	7	30	己酉	6	6	30	己卯	9	6	1	庚戌	8
三十 30th					7	1	庚辰	8				

月干支 Month	三月小 3rd Mth				二月大 2nd Mth				正月小 1st Mth			
	壬辰 Ren Chen				辛卯 Xin Mao				庚寅 Geng Yin			
九星 9 Star	六白 Six White				七赤 Seven Red				八白 Eight White			
節氣 Season	穀雨 Grain Rain 16th day 12hr 19min 午 Wu		清明 Clear and Bright 1st day 5hr 5min 卯 Mao		春分 Spring Equinox 16th day 1hr 3min 丑 Chou		驚蟄 Awakening of Worms 1st day 0hr 5min 子 Zi				雨水 Rain Water 15th day 1hr 52min 丑 Chou	
農曆 Calendar	國曆 Gregorian		干支 S/B	星 Star	國曆 Gregorian		干支 S/B	星 Star	國曆 Gregorian		干支 S/B	星 Star
初一 1st	4	5	癸丑	5	3	6	癸未	2	2	5	甲寅	9
初二 2nd	4	6	甲寅	6	3	7	甲申	3	2	6	乙卯	1
初三 3rd	4	7	乙卯	7	3	8	乙酉	4	2	7	丙辰	2
初四 4th	4	8	丙辰	8	3	9	丙戌	5	2	8	丁巳	3
初五 5th	4	9	丁巳	9	3	10	丁亥	6	2	9	戊午	4
初六 6th	4	10	戊午	1	3	11	戊子	7	2	10	己未	5
初七 7th	4	11	己未	2	3	12	己丑	8	2	11	庚申	6
初八 8th	4	12	庚申	3	3	13	庚寅	9	2	12	辛酉	7
初九 9th	4	13	辛酉	4	3	14	辛卯	1	2	13	壬戌	8
初十 10th	4	14	壬戌	5	3	15	壬辰	2	2	14	癸亥	9
十一 11th	4	15	癸亥	6	3	16	癸巳	3	2	15	甲子	1
十二 12th	4	16	甲子	7	3	17	甲午	4	2	16	乙丑	2
十三 13th	4	17	乙丑	8	3	18	乙未	5	2	17	丙寅	3
十四 14th	4	18	丙寅	9	3	19	丙申	6	2	18	丁卯	4
十五 15th	4	19	丁卯	1	3	20	丁酉	7	2	19	戊辰	5
十六 16th	4	20	戊辰	2	3	21	戊戌	8	2	20	己巳	6
十七 17th	4	21	己巳	3	3	22	己亥	9	2	21	庚午	7
十八 18th	4	22	庚午	4	3	23	庚子	1	2	22	辛未	8
十九 19th	4	23	辛未	5	3	24	辛丑	2	2	23	壬申	9
二十 20th	4	24	壬申	6	3	25	壬寅	3	2	24	癸酉	1
廿一 21st	4	25	癸酉	7	3	26	癸卯	4	2	25	甲戌	2
廿二 22nd	4	26	甲戌	8	3	27	甲辰	5	2	26	乙亥	3
廿三 23rd	4	27	乙亥	9	3	28	乙巳	6	2	27	丙子	4
廿四 24th	4	28	丙子	1	3	29	丙午	7	2	28	丁丑	5
廿五 25th	4	29	丁丑	2	3	30	丁未	8	3	1	戊寅	6
廿六 26th	4	30	戊寅	3	3	31	戊申	9	3	2	己卯	7
廿七 27th	5	1	己卯	4	4	1	己酉	1	3	3	庚辰	8
廿八 28th	5	2	庚辰	5	4	2	庚戌	2	3	4	辛巳	9
廿九 29th	5	3	辛巳	6	4	3	辛亥	3	3	5	壬午	1
三十 30th					4	4	壬子	4				

天干 Ten Stems: 甲 Jia Yang Wood; 乙 Yi Yin Wood; 丙 Bing Yang Fire; 丁 Ding Yin Fire; 戊 Wu Yang Earth; 己 Ji Yin Earth; 庚 Geng Yang Metal; 辛 Xin Yin Metal; 壬 Ren Yang Water; 癸 Gui Yin Water

Male Gua: 1 坎(Kan) **Female Gua: 8 艮(Gen)** 3 Killing 三煞: East Annual Star: 1 White

地支 Twelve Branches: 子 Zi Rat · 丑 Chou Ox · 寅 Yin Tiger · 卯 Mao Rabbit · 辰 Chen Dragon · 巳 Si Snake · 午 Wu Horse · 未 Wei Goat · 申 Shen Monkey · 酉 You Rooster · 戌 Xu Dog · 亥 Hai Pig

月干支 Month / 九星 9 Star / 節氣 Season

農曆 Calendar	七月小 7th Mth 丙申 Bing Shen 二黑 Two Black 國曆 Gregorian		干支 S/B	星 Star
節氣 Season	處暑 Heat Ends 24th day 13hr 38min 未 Wei		立秋 Coming Autumn 8th day 22hr 57min 亥 Hai	
初一 1st	7	31	庚戌	5
初二 2nd	8	1	辛亥	4
初三 3rd	8	2	壬子	3
初四 4th	8	3	癸丑	2
初五 5th	8	4	甲寅	1
初六 6th	8	5	乙卯	9
初七 7th	8	6	丙辰	8
初八 8th	8	7	丁巳	7
初九 9th	8	8	戊午	6
初十 10th	8	9	己未	5
十一 11th	8	10	庚申	4
十二 12th	8	11	辛酉	3
十三 13th	8	12	壬戌	2
十四 14th	8	13	癸亥	1
十五 15th	8	14	甲子	9
十六 16th	8	15	乙丑	8
十七 17th	8	16	丙寅	7
十八 18th	8	17	丁卯	6
十九 19th	8	18	戊辰	5
二十 20th	8	19	己巳	4
廿一 21st	8	20	庚午	3
廿二 22nd	8	21	辛未	2
廿三 23rd	8	22	壬申	1
廿四 24th	8	23	癸酉	9
廿五 25th	8	24	甲戌	8
廿六 26th	8	25	乙亥	7
廿七 27th	8	26	丙子	6
廿八 28th	8	27	丁丑	5
廿九 29th	8	28	戊寅	4
三十 30th				

農曆 Calendar	八月大 8th Mth 丁酉 Ding You 一白 One White 國曆 Gregorian		干支 S/B	星 Star
節氣 Season	秋分 Autumn Equinox 26th day 11hr 5min 午 Wu		白露 White Dew 11th day 1hr 43min 丑 Chou	
初一 1st	8	29	己卯	3
初二 2nd	8	30	庚辰	2
初三 3rd	8	31	辛巳	1
初四 4th	9	1	壬午	9
初五 5th	9	2	癸未	8
初六 6th	9	3	甲申	7
初七 7th	9	4	乙酉	6
初八 8th	9	5	丙戌	5
初九 9th	9	6	丁亥	4
初十 10th	9	7	戊子	3
十一 11th	9	8	己丑	2
十二 12th	9	9	庚寅	1
十三 13th	9	10	辛卯	9
十四 14th	9	11	壬辰	8
十五 15th	9	12	癸巳	7
十六 16th	9	13	甲午	6
十七 17th	9	14	乙未	5
十八 18th	9	15	丙申	4
十九 19th	9	16	丁酉	3
二十 20th	9	17	戊戌	2
廿一 21st	9	18	己亥	1
廿二 22nd	9	19	庚子	9
廿三 23rd	9	20	辛丑	8
廿四 24th	9	21	壬寅	7
廿五 25th	9	22	癸卯	6
廿六 26th	9	23	甲辰	5
廿七 27th	9	24	乙巳	4
廿八 28th	9	25	丙午	3
廿九 29th	9	26	丁未	2
三十 30th	9	27	戊申	1

農曆 Calendar	九月大 9th Mth 戊戌 Wu Xu 九紫 Nine Purple 國曆 Gregorian		干支 S/B	星 Star
節氣 Season	霜降 Frosting 26th day 20hr 13min 戌 Xu		寒露 Cold Dew 11th day 17hr 10min 酉 You	
初一 1st	9	28	己酉	9
初二 2nd	9	29	庚戌	8
初三 3rd	9	30	辛亥	7
初四 4th	10	1	壬子	6
初五 5th	10	2	癸丑	5
初六 6th	10	3	甲寅	4
初七 7th	10	4	乙卯	3
初八 8th	10	5	丙辰	2
初九 9th	10	6	丁巳	1
初十 10th	10	7	戊午	9
十一 11th	10	8	己未	8
十二 12th	10	9	庚申	7
十三 13th	10	10	辛酉	6
十四 14th	10	11	壬戌	5
十五 15th	10	12	癸亥	4
十六 16th	10	13	甲子	3
十七 17th	10	14	乙丑	2
十八 18th	10	15	丙寅	1
十九 19th	10	16	丁卯	9
二十 20th	10	17	戊辰	8
廿一 21st	10	18	己巳	7
廿二 22nd	10	19	庚午	6
廿三 23rd	10	20	辛未	5
廿四 24th	10	21	壬申	4
廿五 25th	10	22	癸酉	3
廿六 26th	10	23	甲戌	2
廿七 27th	10	24	乙亥	1
廿八 28th	10	25	丙子	9
廿九 29th	10	26	丁丑	8
三十 30th	10	27	戊寅	7

農曆 Calendar	十月小 10th Mth 己亥 Ji Hai 八白 Eight White 國曆 Gregorian		干支 S/B	星 Star
節氣 Season	小雪 Lesser Snow 26th day 17hr 36min 酉 You		立冬 Coming of Winter 11th day 20hr 9min 戌 Xu	
初一 1st	10	28	己卯	6
初二 2nd	10	29	庚辰	5
初三 3rd	10	30	辛巳	4
初四 4th	10	31	壬午	3
初五 5th	11	1	癸未	2
初六 6th	11	2	甲申	1
初七 7th	11	3	乙酉	9
初八 8th	11	4	丙戌	8
初九 9th	11	5	丁亥	7
初十 10th	11	6	戊子	6
十一 11th	11	7	己丑	5
十二 12th	11	8	庚寅	4
十三 13th	11	9	辛卯	3
十四 14th	11	10	壬辰	2
十五 15th	11	11	癸巳	1
十六 16th	11	12	甲午	9
十七 17th	11	13	乙未	8
十八 18th	11	14	丙申	7
十九 19th	11	15	丁酉	6
二十 20th	11	16	戊戌	5
廿一 21st	11	17	己亥	4
廿二 22nd	11	18	庚子	3
廿三 23rd	11	19	辛丑	2
廿四 24th	11	20	壬寅	1
廿五 25th	11	21	癸卯	9
廿六 26th	11	22	甲辰	8
廿七 27th	11	23	乙巳	7
廿八 28th	11	24	丙午	6
廿九 29th	11	25	丁未	5
三十 30th				

農曆 Calendar	十一月大 11th Mth 庚子 Geng Zi 七赤 Seven Red 國曆 Gregorian		干支 S/B	星 Star
節氣 Season	冬至 Winter Solstice 27th day 6hr 51min 卯 Mao		大雪 Greater Snow 12th day 12hr 51min 午 Wu	
初一 1st	11	26	戊申	4
初二 2nd	11	27	己酉	3
初三 3rd	11	28	庚戌	2
初四 4th	11	29	辛亥	1
初五 5th	11	30	壬子	9
初六 6th	12	1	癸王	8
初七 7th	12	2	甲寅	7
初八 8th	12	3	乙卯	6
初九 9th	12	4	丙辰	5
初十 10th	12	5	丁巳	4
十一 11th	12	6	戊午	3
十二 12th	12	7	己未	2
十三 13th	12	8	庚申	1
十四 14th	12	9	辛酉	9
十五 15th	12	10	壬戌	8
十六 16th	12	11	癸亥	7
十七 17th	12	12	甲子	6
十八 18th	12	13	乙丑	5
十九 19th	12	14	丙寅	4
二十 20th	12	15	丁卯	3
廿一 21st	12	16	戊辰	2
廿二 22nd	12	17	己巳	1
廿三 23rd	12	18	庚午	9
廿四 24th	12	19	辛未	8
廿五 25th	12	20	壬申	7
廿六 26th	12	21	癸酉	6
廿七 27th	12	22	甲戌	5
廿八 28th	12	23	乙亥	6
廿九 29th	12	24	丙子	7
三十 30th	12	25	丁丑	8

農曆 Calendar	十二月大 12th Mth 辛丑 Xin Chou 六白 Six White 國曆 Gregorian		干支 S/B	星 Star
節氣 Season	大寒 Greater Cold 26th day 17hr 31min 酉 You		小寒 Lesser Cold 12th day 0hr 3min 子 Zi	
初一 1st	12	26	戊寅	9
初二 2nd	12	27	己卯	1
初三 3rd	12	28	庚辰	2
初四 4th	12	29	辛巳	3
初五 5th	12	30	壬午	4
初六 6th	12	31	癸未	5
初七 7th	1	1	甲申	6
初八 8th	1	2	乙酉	7
初九 9th	1	3	丙戌	8
初十 10th	1	4	丁亥	9
十一 11th	1	5	戊子	1
十二 12th	1	6	己丑	2
十三 13th	1	7	庚寅	3
十四 14th	1	8	辛卯	4
十五 15th	1	9	壬辰	5
十六 16th	1	10	癸巳	6
十七 17th	1	11	甲午	7
十八 18th	1	12	乙未	8
十九 19th	1	13	丙申	9
二十 20th	1	14	丁酉	1
廿一 21st	1	15	戊戌	2
廿二 22nd	1	16	己亥	3
廿三 23rd	1	17	庚子	4
廿四 24th	1	18	辛丑	5
廿五 25th	1	19	壬寅	6
廿六 26th	1	20	癸卯	7
廿七 27th	1	21	甲辰	8
廿八 28th	1	22	乙巳	9
廿九 29th	1	23	丙午	1
三十 30th	1	24	丁未	2

1982 壬戌 Water Dog

Grand Duke: 洪范

月干支 Month	正月大 1st Mth				二月小 2nd Mth				三月大 3rd Mth				四月小 4th Mth				閏四月小 4th Mth				五月大 5th Mth				六月小 6th Mth			
	壬寅 Ren Yin				癸卯 Gui Mao				甲辰 Jia Chen				乙巳 Yi Si								丙午 Bing Wu				丁未 Ding Wei			
九星 9 Star	五黃 Five Yellow				四綠 Four Green				三碧 Three Jade				二黑 Two Black								一白 One White				九紫 Nine Purple			
節氣 Season	雨水 Rain Water		立春 Coming of Spring		春分 Spring Equinox		驚蟄 Awakening of Worms		穀雨 Grain Rain		清明 Clear and Bright		小滿 Small Sprout		立夏 Coming of Summer				芒種 Planting of Thorny Crops		小暑 Lesser Heat		夏至 Summer Solstice		立秋 Coming Autumn		大暑 Greater Heat	
	26th day		11th day		26th day		11th day		27th day		12th day		28th day		13th day				15th day		17th day		2nd day		19th day		3rd day	
	7hr 47min		11hr 46min		6hr 56min		5hr 55min		18hr 8min		10hr 53min		17hr 23min		4hr 20min				8hr 36min		18hr 55min		1hr 23min		4hr 42min		12hr 16min	
	辰 Chen		午 Wu		卯 Mao		卯 Mao		酉 You		巳 Si		酉 You		寅 Yin				辰 Chen		酉 You		丑 Chou		寅 Yin		午 Wu	
農曆 Calendar	國曆 Gregorian		干支 S/B	星 Star	國曆 Gregorian		干支 S/B	星 Star	國曆 Gregorian		干支 S/B	星 Star	國曆 Gregorian		干支 S/B	星 Star	國曆 Gregorian		干支 S/B	星 Star	國曆 Gregorian		干支 S/B	星 Star	國曆 Gregorian		干支 S/B	星 Star
初一 1st	1	25	戊申	3	2	24	戊寅	6	3	25	丁未	8	4	24	丁丑	2	5	23	丙午	4	6	21	乙亥	6	7	21	乙巳	1
初二 2nd	1	26	己酉	4	2	25	己卯	7	3	26	戊申	9	4	25	戊寅	3	5	24	丁未	5	6	22	丙子	7\3	7	22	丙午	9
初三 3rd	1	27	庚戌	5	2	26	庚辰	8	3	27	己酉	1	4	26	己卯	4	5	25	戊申	6	6	23	丁丑	2	7	23	丁未	8
初四 4th	1	28	辛亥	6	2	27	辛巳	9	3	28	庚戌	2	4	27	庚辰	5	5	26	己酉	7	6	24	戊寅	1	7	24	戊申	7
初五 5th	1	29	壬子	7	2	28	壬午	1	3	29	辛亥	3	4	28	辛巳	6	5	27	庚戌	8	6	25	己卯	9	7	25	己酉	6
初六 6th	1	30	癸丑	8	3	1	癸未	2	3	30	壬子	4	4	29	壬午	7	5	28	辛亥	9	6	26	庚辰	8	7	26	庚戌	5
初七 7th	1	31	甲寅	9	3	2	甲申	3	3	31	癸丑	5	4	30	癸未	8	5	29	壬子	1	6	27	辛巳	7	7	27	辛亥	4
初八 8th	2	1	乙卯	1	3	3	乙酉	4	4	1	甲寅	6	5	1	甲申	9	5	30	癸丑	2	6	28	壬午	6	7	28	壬子	3
初九 9th	2	2	丙辰	2	3	4	丙戌	5	4	2	乙卯	7	5	2	乙酉	1	5	31	甲寅	3	6	29	癸未	5	7	29	癸丑	2
初十 10th	2	3	丁巳	3	3	5	丁亥	6	4	3	丙辰	8	5	3	丙戌	2	6	1	乙卯	4	6	30	甲申	4	7	30	甲寅	1
十一 11th	2	4	戊午	4	3	6	戊子	7	4	4	丁巳	9	5	4	丁亥	3	6	2	丙辰	5	7	1	乙酉	3	7	31	乙卯	9
十二 12th	2	5	己未	5	3	7	己丑	8	4	5	戊午	1	5	5	戊子	4	6	3	丁巳	6	7	2	丙戌	2	8	1	丙辰	8
十三 13th	2	6	庚申	6	3	8	庚寅	9	4	6	己未	2	5	6	己丑	5	6	4	戊午	7	7	3	丁亥	1	8	2	丁巳	7
十四 14th	2	7	辛酉	7	3	9	辛卯	1	4	7	庚申	3	5	7	庚寅	6	6	5	己未	8	7	4	戊子	9	8	3	戊午	6
十五 15th	2	8	壬戌	8	3	10	壬辰	2	4	8	辛酉	4	5	8	辛卯	7	6	6	庚申	9	7	5	己丑	8	8	4	己未	5
十六 16th	2	9	癸亥	9	3	11	癸巳	3	4	9	壬戌	5	5	9	壬辰	8	6	7	辛酉	1	7	6	庚寅	7	8	5	庚申	4
十七 17th	2	10	甲子	1	3	12	甲午	4	4	10	癸亥	6	5	10	癸巳	9	6	8	壬戌	2	7	7	辛卯	6	8	6	辛酉	3
十八 18th	2	11	乙丑	2	3	13	乙未	5	4	11	甲子	7	5	11	甲午	1	6	9	癸亥	3	7	8	壬辰	5	8	7	壬戌	2
十九 19th	2	12	丙寅	3	3	14	丙申	6	4	12	乙丑	8	5	12	乙未	2	6	10	甲子	4	7	9	癸巳	4	8	8	癸亥	1
二十 20th	2	13	丁卯	4	3	15	丁酉	7	4	13	丙寅	9	5	13	丙申	3	6	11	乙丑	5	7	10	甲午	3	8	9	甲子	9
廿一 21st	2	14	戊辰	5	3	16	戊戌	8	4	14	丁卯	1	5	14	丁酉	4	6	12	丙寅	6	7	11	乙未	2	8	10	乙丑	8
廿二 22nd	2	15	己巳	6	3	17	己亥	9	4	15	戊辰	2	5	15	戊戌	5	6	13	丁卯	7	7	12	丙申	1	8	11	丙寅	7
廿三 23rd	2	16	庚午	7	3	18	庚子	1	4	16	己巳	3	5	16	己亥	6	6	14	戊辰	8	7	13	丁酉	9	8	12	丁卯	6
廿四 24th	2	17	辛未	8	3	19	辛丑	2	4	17	庚午	4	5	17	庚子	7	6	15	己巳	9	7	14	戊戌	8	8	13	戊辰	5
廿五 25th	2	18	壬申	9	3	20	壬寅	3	4	18	辛未	5	5	18	辛丑	8	6	16	庚午	1	7	15	己亥	7	8	14	己巳	4
廿六 26th	2	19	癸酉	1	3	21	癸卯	4	4	19	壬申	6	5	19	壬寅	9	6	17	辛未	2	7	16	庚子	6	8	15	庚午	3
廿七 27th	2	20	甲戌	2	3	22	甲辰	5	4	20	癸酉	7	5	20	癸卯	1	6	18	壬申	3	7	17	辛丑	5	8	16	辛未	2
廿八 28th	2	21	乙亥	3	3	23	乙巳	6	4	21	甲戌	8	5	21	甲辰	2	6	19	癸酉	4	7	18	壬寅	4	8	17	壬申	1
廿九 29th	2	22	丙子	4	3	24	丙午	7	4	22	乙亥	9	5	22	乙巳	3	6	20	甲戌	5	7	19	癸卯	3	8	18	癸酉	9
三十 30th	2	23	丁丑	5					4	23	丙子	1									7	20	甲辰	2				

天干 Ten Stems

- 甲 Jia Yang Wood
- 乙 Yi Yin Wood
- 丙 Bing Yang Fire
- 丁 Ding Yin Fire
- 戊 Wu Yang Earth
- 己 Ji Yin Earth
- 庚 Geng Yang Metal
- 辛 Xin Yin Metal
- 壬 Ren Yang Water
- 癸 Gui Yin Water

月干支 Month	七月小 7th Mth				八月大 8th Mth				九月小 9th Mth				十月大 10th Mth				十一月大 11th Mth				十二月大 12th Mth			
	戊申 Wu Shen				己酉 Ji You				庚戌 Geng Xu				辛亥 Xin Hai				壬子 Ren Zi				癸丑 Gui Chou			
九星 9 Star	八白 Eight White				七赤 Seven Red				六白 Six White				五黃 Five Yellow				四綠 Four Green				三碧 Three Jade			
節氣 Season	白露 White Dew		處暑 Heat Ends		寒露 Cold Dew		秋分 Autumn Equinox		立冬 Coming of Winter		霜降 Frosting		大雪 Greater Snow		小雪 Lesser Snow		小寒 Lesser Cold		冬至 Winter Solstice		立春 Coming of Spring		大寒 Greater Cold	
	21st day 7hr 32min 辰 Chen		5th day 19hr 15min 戌 Xu		22nd day 23hr 2min 子 Zi		7th day 16hr 46min 申 Shen		23rd day 2hr 4min 丑 Chou		8th day 1hr 58min 丑 Chou		23rd day 18hr 48min 酉 You		8th day 23hr 24min 子 Zi		23rd day 5hr 59min 卯 Mao		8th day 12hr 39min 午 Wu		22nd day 17hr 40min 酉 You		7th day 23hr 17min 子 Zi	
農曆 Calendar	國曆 Gregorian		干支 S/B	星 Star	國曆 Gregorian		干支 S/B	星 Star	國曆 Gregorian		干支 S/B	星 Star	國曆 Gregorian		干支 S/B	星 Star	國曆 Gregorian		干支 S/B	星 Star	國曆 Gregorian		干支 S/B	星 Star
初一 1st	8	19	甲戌	8	9	17	癸卯	6	10	17	癸酉	3	11	15	壬寅	1	12	15	壬申	7	1	14	壬寅	6
初二 2nd	8	20	乙亥	7	9	18	甲辰	5	10	18	甲戌	2	11	16	癸卯	9	12	16	癸酉	6	1	15	癸卯	7
初三 3rd	8	21	丙子	6	9	19	乙巳	4	10	19	乙亥	1	11	17	甲辰	8	12	17	甲戌	5	1	16	甲辰	8
初四 4th	8	22	丁丑	5	9	20	丙午	3	10	20	丙子	9	11	18	乙巳	7	12	18	乙亥	4	1	17	乙巳	9
初五 5th	8	23	戊寅	4	9	21	丁未	2	10	21	丁丑	8	11	19	丙午	6	12	19	丙子	3	1	18	丙午	1
初六 6th	8	24	己卯	3	9	22	戊申	1	10	22	戊寅	7	11	20	丁未	5	12	20	丁丑	2	1	19	丁未	2
初七 7th	8	25	庚辰	2	9	23	己酉	9	10	23	己卯	6	11	21	戊申	4	12	21	戊寅	1	1	20	戊申	3
初八 8th	8	26	辛巳	1	9	24	庚戌	8	10	24	庚辰	5	11	22	己酉	3	12	22	己卯	9\1	1	21	己酉	4
初九 9th	8	27	壬午	9	9	25	辛亥	7	10	25	辛巳	4	11	23	庚戌	2	12	23	庚辰	2	1	22	庚戌	5
初十 10th	8	28	癸未	8	9	26	壬子	6	10	26	壬午	3	11	24	辛亥	1	12	24	辛巳	3	1	23	辛亥	6
十一 11th	8	29	甲申	7	9	27	癸丑	5	10	27	癸未	2	11	25	壬子	9	12	25	壬午	4	1	24	壬子	7
十二 12th	8	30	乙酉	6	9	28	甲寅	4	10	28	甲申	1	11	26	癸丑	8	12	26	癸未	5	1	25	癸丑	8
十三 13th	8	31	丙戌	5	9	29	乙卯	3	10	29	乙酉	9	11	27	甲寅	7	12	27	甲申	6	1	26	甲寅	9
十四 14th	9	1	丁亥	4	9	30	丙辰	2	10	30	丙戌	8	11	28	乙卯	6	12	28	乙酉	7	1	27	乙卯	1
十五 15th	9	2	戊子	3	10	1	丁巳	1	10	31	丁亥	7	11	29	丙辰	5	12	29	丙戌	8	1	28	丙辰	2
十六 16th	9	3	己丑	2	10	2	戊午	9	11	1	戊子	6	11	30	丁巳	4	12	30	丁亥	9	1	29	丁巳	3
十七 17th	9	4	庚寅	1	10	3	己未	8	11	2	己丑	5	12	1	戊午	3	12	31	戊子	1	1	30	戊午	4
十八 18th	9	5	辛卯	9	10	4	庚申	7	11	3	庚寅	4	12	2	己未	2	1	1	己丑	2	1	31	己未	5
十九 19th	9	6	壬辰	8	10	5	辛酉	6	11	4	辛卯	3	12	3	庚申	1	1	2	庚寅	3	2	1	庚申	6
二十 20th	9	7	癸巳	7	10	6	壬戌	5	11	5	壬辰	2	12	4	辛酉	9	1	3	辛卯	4	2	2	辛酉	7
廿一 21st	9	8	甲午	6	10	7	癸亥	4	11	6	癸巳	1	12	5	壬戌	8	1	4	壬辰	5	2	3	壬戌	8
廿二 22nd	9	9	乙未	5	10	8	甲子	3	11	7	甲午	9	12	6	癸亥	7	1	5	癸巳	6	2	4	癸亥	9
廿三 23rd	9	10	丙申	4	10	9	乙丑	2	11	8	乙未	8	12	7	甲子	6	1	6	甲午	7	2	5	甲子	1
廿四 24th	9	11	丁酉	3	10	10	丙寅	1	11	9	丙申	7	12	8	乙丑	5	1	7	乙未	8	2	6	乙丑	2
廿五 25th	9	12	戊戌	2	10	11	丁卯	9	11	10	丁酉	6	12	9	丙寅	4	1	8	丙申	9	2	7	丙寅	3
廿六 26th	9	13	己亥	1	10	12	戊辰	8	11	11	戊戌	5	12	10	丁卯	3	1	9	丁酉	1	2	8	丁卯	4
廿七 27th	9	14	庚子	9	10	13	己巳	7	11	12	己亥	4	12	11	戊辰	2	1	10	戊戌	2	2	9	戊辰	5
廿八 28th	9	15	辛丑	8	10	14	庚午	6	11	13	庚子	3	12	12	己巳	1	1	11	己亥	3	2	10	己巳	6
廿九 29th	9	16	壬寅	7	10	15	辛未	5	11	14	辛丑	2	12	13	庚午	9	1	12	庚子	4	2	11	庚午	7
三十 30th					10	16	壬申	4					12	14	辛未	8	1	13	辛丑	5	2	12	辛未	8

地支 Twelve Branches: 子 Zi Rat; 丑 Chou Ox; 寅 Yin Tiger; 卯 Mao Rabbit; 辰 Chen Dragon; 巳 Si Snake; 午 Wu Horse; 未 Wei Goat; 申 Shen Monkey; 酉 You Rooster; 戌 Xu Dog; 亥 Hai Pig

1983 癸亥 Water Pig

Grand Duke: 虞程

月干支 Month	正月大 1st Mth				二月小 2nd Mth				三月大 3rd Mth			
	甲寅 Jia Yin				乙卯 Yi Mao				丙辰 Bing Chen			
九星 9 Star	二黑 Two Black				一白 One White				九紫 Nine Purple			
節氣 Season	驚蟄 Awakening of Worms		雨水 Rain Water		清明 Clear and Bright		春分 Spring Equinox		立夏 Coming of Summer		穀雨 Grain Rain	
	22nd day		7th day		22nd day		7th day		24th day		8th day	
	11hr 47min		13hr 31min		16hr 45min		12hr 39min		10hr 11min		23hr 50min	
	午 Wu		未 Wei		申 Shen		午 Wu		巳 Si		子 Zi	
農曆 Calendar	國曆 Gregorian		干支 S / B	星 Star	國曆 Gregorian		干支 S / B	星 Star	國曆 Gregorian		干支 S / B	星 Star
初一 1st	2	13	壬申	9	3	15	壬寅	3	4	13	辛未	5
初二 2nd	2	14	癸酉	1	3	16	癸卯	4	4	14	壬申	6
初三 3rd	2	15	甲戌	2	3	17	甲辰	5	4	15	癸酉	7
初四 4th	2	16	乙亥	3	3	18	乙巳	6	4	16	甲戌	8
初五 5th	2	17	丙子	4	3	19	丙午	7	4	17	乙亥	9
初六 6th	2	18	丁丑	5	3	20	丁未	8	4	18	丙子	1
初七 7th	2	19	戊寅	6	3	21	戊申	9	4	19	丁丑	2
初八 8th	2	20	己卯	7	3	22	己酉	1	4	20	戊寅	3
初九 9th	2	21	庚辰	8	3	23	庚戌	2	4	21	己卯	4
初十 10th	2	22	辛巳	9	3	24	辛亥	3	4	22	庚辰	5
十一 11th	2	23	壬午	1	3	25	壬子	4	4	23	辛巳	6
十二 12th	2	24	癸未	2	3	26	癸丑	5	4	24	壬午	7
十三 13th	2	25	甲申	3	3	27	甲寅	6	4	25	癸未	8
十四 14th	2	26	乙酉	4	3	28	乙卯	7	4	26	甲申	9
十五 15th	2	27	丙戌	5	3	29	丙辰	8	4	27	乙酉	1
十六 16th	2	28	丁亥	6	3	30	丁巳	9	4	28	丙戌	2
十七 17th	3	1	戊子	7	3	31	戊午	1	4	29	丁亥	3
十八 18th	3	2	己丑	8	4	1	己未	2	4	30	戊子	4
十九 19th	3	3	庚寅	9	4	2	庚申	3	5	1	己丑	5
二十 20th	3	4	辛卯	1	4	3	辛酉	4	5	2	庚寅	6
廿一 21st	3	5	壬辰	2	4	4	壬戌	5	5	3	辛卯	7
廿二 22nd	3	6	癸巳	3	4	5	癸亥	6	5	4	壬辰	8
廿三 23rd	3	7	甲午	4	4	6	甲子	7	5	5	癸巳	9
廿四 24th	3	8	乙未	5	4	7	乙丑	8	5	6	甲午	1
廿五 25th	3	9	丙申	6	4	8	丙寅	9	5	7	乙未	2
廿六 26th	3	10	丁酉	7	4	9	丁卯	1	5	8	丙申	3
廿七 27th	3	11	戊戌	8	4	10	戊辰	2	5	9	丁酉	4
廿八 28th	3	12	己亥	9	4	11	己巳	3	5	10	戊戌	5
廿九 29th	3	13	庚子	1	4	12	庚午	4	5	11	己亥	6
三十 30th	3	14	辛丑	2					5	12	庚子	7

月干支 Month	四月小 4th Mth				五月小 5th Mth				六月大 6th Mth			
	丁巳 Ding Si				戊午 Wu Wu				己未 Ji Wei			
九星 9 Star	八白 Eight White				七赤 Seven Red				六白 Six White			
節氣 Season	芒種 Planting of Thorny Crops		小滿 Small Sprout		小暑 Lesser Heat		夏至 Summer Solstice		立秋 Coming Autumn		大暑 Greater Heat	
	25th day		9th day		28th day		12th day		30th day		14th day	
	14hr 26min		23hr 7min		0hr 43min		7hr 9min		10hr 30min		18hr 4min	
	未 Wei		子 Zi		子 Zi		辰 Chen		巳 Si		酉 You	
農曆 Calendar	國曆 Gregorian		干支 S / B	星 Star	國曆 Gregorian		干支 S / B	星 Star	國曆 Gregorian		干支 S / B	星 Star
初一 1st	5	13	辛丑	8	6	11	庚午	1	7	10	己亥	7
初二 2nd	5	14	壬寅	9	6	12	辛未	2	7	11	庚子	6
初三 3rd	5	15	癸卯	1	6	13	壬申	3	7	12	辛丑	5
初四 4th	5	16	甲辰	2	6	14	癸酉	4	7	13	壬寅	4
初五 5th	5	17	乙巳	3	6	15	甲戌	5	7	14	癸卯	3
初六 6th	5	18	丙午	4	6	16	乙亥	6	7	15	甲辰	2
初七 7th	5	19	丁未	5	6	17	丙子	7	7	16	乙巳	1
初八 8th	5	20	戊申	6	6	18	丁丑	8	7	17	丙午	9
初九 9th	5	21	己酉	7	6	19	戊寅	9	7	18	丁未	8
初十 10th	5	22	庚戌	8	6	20	己卯	1	7	19	戊申	7
十一 11th	5	23	辛亥	9	6	21	庚辰	2	7	20	己酉	6
十二 12th	5	24	壬子	1	6	22	辛巳	3\7	7	21	庚戌	5
十三 13th	5	25	癸丑	2	6	23	壬午	6	7	22	辛亥	4
十四 14th	5	26	甲寅	3	6	24	癸未	5	7	23	壬子	3
十五 15th	5	27	乙卯	4	6	25	甲申	4	7	24	癸丑	2
十六 16th	5	28	丙辰	5	6	26	乙酉	3	7	25	甲寅	1
十七 17th	5	29	丁巳	6	6	27	丙戌	2	7	26	乙卯	9
十八 18th	5	30	戊午	7	6	28	丁亥	1	7	27	丙辰	[illegible]
十九 19th	5	31	己未	8	6	29	戊子	9	7	28	丁巳	[illegible]
二十 20th	6	1	庚申	9	6	30	己丑	8	7	29	戊午	[illegible]
廿一 21st	6	2	辛酉	1	7	1	庚寅	7	7	30	己未	5
廿二 22nd	6	3	壬戌	2	7	2	辛卯	6	7	31	庚申	4
廿三 23rd	6	4	癸亥	3	7	3	壬辰	5	8	1	辛酉	3
廿四 24th	6	5	甲子	4	7	4	癸巳	4	8	2	壬戌	2
廿五 25th	6	6	乙丑	5	7	5	甲午	3	8	3	癸亥	1
廿六 26th	6	7	丙寅	6	7	6	乙未	2	8	4	甲子	9
廿七 27th	6	8	丁卯	7	7	7	丙申	1	8	5	乙丑	8
廿八 28th	6	9	戊辰	8	7	8	丁酉	9	8	6	丙寅	7
廿九 29th	6	10	己巳	9	7	9	戊戌	8	8	7	丁卯	6
三十 30th									8	8	戊辰	5

天干 Ten Stems: 甲 Jia Yang Wood; 乙 Yi Yin Wood; 丙 Bing Yang Fire; 丁 Ding Yin Fire; 戊 Wu Yang Earth; 己 Ji Yin Earth; 庚 Geng Yang Metal; 辛 Xin Yin Metal; 壬 Ren Yang Water; 癸 Gui Yin Water

Male Gua: 8 艮(Gen) Female Gua: 7 兌(Dui) 3 Killing 三煞: West Annual Star: 8 White

月干支 Month	七月小 7th Mth				八月小 8th Mth				九月大 9th Mth				十月小 10th Mth				十一月大 11th Mth				十二月大 12th Mth			
	庚申 Geng Shen				辛酉 Xin You				壬戌 Ren Xu				癸亥 Gui Hai				甲子 Jia Zi				乙丑 Yi Chou			
九星 9 Star	五黃 Five Yellow				四綠 Four Green				三碧 Three Jade				二黑 Two Black				一白 One White				九紫 Nine Purple			
節氣 Season			處暑 Heat Ends		秋分 Autumn Equinox		白露 White Dew		霜降 Frosting		寒露 Cold Dew		小雪 Lesser Snow		立冬 Coming of Winter		冬至 Winter Solstice		大雪 Greater Snow		大寒 Greater Cold		小寒 Lesser Cold	
			16th day 1hr 8min		17th day 22hr 42min		2nd day 13hr 20min		19th day 7hr 55min		4th day 4hr 51min		19th day 5hr 19min		4th day 7hr 53min		19th day 18hr 30min		5th day 0hr 34min		19th day 5hr 5min		4th day 1 hr 41min	
			丑 Chou		亥 Hai		未 Wei		辰 Chen		寅 Yin		卯 Mao		辰 Chen		酉 You		子 Zi		卯 Mao		午 Wu	
農曆 Calendar	國曆 Gregorian		干支 S/B	星 Star	國曆 Gregorian		干支 S/B	星 Star	國曆 Gregorian		干支 S/B	星 Star	國曆 Gregorian		干支 S/B	星 Star	國曆 Gregorian		干支 S/B	星 Star	國曆 Gregorian		干支 S/B	星 Star
初一 1st	8	9	己巳	4	9	7	戊戌	2	10	6	丁卯	9	11	5	丁酉	6	12	4	丙寅	4	1	3	丙申	9
初二 2nd	8	10	庚午	3	9	8	己亥	1	10	7	戊辰	8	11	6	戊戌	5	12	5	丁卯	3	1	4	丁酉	1
初三 3rd	8	11	辛未	2	9	9	庚子	9	10	8	己巳	7	11	7	己亥	4	12	6	戊辰	2	1	5	戊戌	2
初四 4th	8	12	壬申	1	9	10	辛丑	8	10	9	庚午	6	11	8	庚子	3	12	7	己巳	1	1	6	己亥	3
初五 5th	8	13	癸酉	9	9	11	壬寅	7	10	10	辛未	5	11	9	辛丑	2	12	8	庚午	9	1	7	庚子	4
初六 6th	8	14	甲戌	8	9	12	癸卯	6	10	11	壬申	4	11	10	壬寅	1	12	9	辛未	8	1	8	辛丑	5
初七 7th	8	15	乙亥	7	9	13	甲辰	5	10	12	癸酉	3	11	11	癸卯	9	12	10	壬申	7	1	9	壬寅	6
初八 8th	8	16	丙子	6	9	14	乙巳	4	10	13	甲戌	2	11	12	甲辰	8	12	11	癸酉	6	1	10	癸卯	7
初九 9th	8	17	丁丑	5	9	15	丙午	3	10	14	乙亥	1	11	13	乙巳	7	12	12	甲戌	5	1	11	甲辰	8
初十 10th	8	18	戊寅	4	9	16	丁未	2	10	15	丙子	9	11	14	丙午	6	12	13	乙亥	4	1	12	乙巳	9
十一 11th	8	19	己卯	3	9	17	戊申	1	10	16	丁丑	8	11	15	丁未	5	12	14	丙子	3	1	13	丙午	1
十二 12th	8	20	庚辰	2	9	18	己酉	9	10	17	戊寅	7	11	16	戊申	4	12	15	丁丑	2	1	14	丁未	2
十三 13th	8	21	辛巳	1	9	19	庚戌	8	10	18	己卯	6	11	17	己酉	3	12	16	戊寅	1	1	15	戊申	3
十四 14th	8	22	壬午	9	9	20	辛亥	7	10	19	庚辰	5	11	18	庚戌	2	12	17	己卯	9	1	16	己酉	4
十五 15th	8	23	癸未	8	9	21	壬子	6	10	20	辛巳	4	11	19	辛亥	1	12	18	庚辰	8	1	17	庚戌	5
十六 16th	8	24	甲申	7	9	22	癸丑	5	10	21	壬午	3	11	20	壬子	9	12	19	辛巳	7	1	18	辛亥	6
十七 17th	8	25	乙酉	6	9	23	甲寅	4	10	22	癸未	2	11	21	癸丑	8	12	20	壬午	6	1	19	壬子	7
十八 18th	8	26	丙戌	5	9	24	乙卯	3	10	23	甲申	1	11	22	甲寅	7	12	21	癸未	5	1	20	癸丑	8
十九 19th	8	27	丁亥	4	9	25	丙辰	2	10	24	乙酉	9	11	23	乙卯	6	12	22	甲申	4\6	1	21	甲寅	9
二十 20th	8	28	戊子	3	9	26	丁巳	1	10	25	丙戌	8	11	24	丙辰	5	12	23	乙酉	7	1	22	乙卯	1
廿一 21st	8	29	己丑	2	9	27	戊午	9	10	26	丁亥	7	11	25	丁巳	4	12	24	丙戌	3	1	23	丙辰	2
廿二 22nd	8	30	庚寅	1	9	28	己未	8	10	27	戊子	6	11	26	戊午	3	12	25	丁亥	9	1	24	丁巳	3
廿三 23rd	8	31	辛卯	9	9	29	庚申	7	10	28	己丑	5	11	27	己未	2	12	26	戊子	[illegible]	1	25	戊午	4
廿四 24th	9	1	壬辰	8	9	30	辛酉	6	10	29	庚寅	4	11	28	庚申	1	12	27	己丑	2	1	26	己未	5
廿五 25th	9	2	癸巳	7	10	1	壬戌	5	10	30	辛卯	3	11	29	辛酉	9	12	28	庚寅	3	1	27	庚申	6
廿六 26th	9	3	甲午	6	10	2	癸亥	4	10	31	壬辰	2	11	30	壬戌	8	12	29	辛卯	4	1	28	辛酉	7
廿七 27th	9	4	乙未	5	10	3	甲子	3	11	1	癸巳	1	12	1	癸亥	7	12	30	壬辰	5	1	29	壬戌	8
廿八 28th	9	5	丙申	4	10	4	乙丑	2	11	2	甲午	9	12	2	甲子	6	12	31	癸巳	6	1	30	癸亥	9
廿九 29th	9	6	丁酉	3	10	5	丙寅	1	11	3	乙未	8	12	3	乙丑	5	1	1	甲午	7	1	31	甲子	1
三十 30th									11	4	丙申	7					1	2	乙未	8	2	1	乙丑	2

地支 Twelve Branches: 子 Zi Rat; 丑 Chou Ox; 寅 Yin Tiger; 卯 Mao Rabbit; 辰 Chen Dragon; 巳 Si Snake; 午 Wu Horse; 未 Wei Goat; 申 Shen Monkey; 酉 You Rooster; 戌 Xu Dog; 亥 Hai Pig

1984 甲子 Wood Rat

Grand Duke: 金赤

六月小 6th Mth				五月小 5th Mth				四月大 4th Mth				三月大 3rd Mth				二月小 2nd Mth				正月大 1st Mth				月干支 Month
辛未 Xin Wei				庚午 Geng Wu				己巳 Ji Si				戊辰 Wu Chen				丁卯 Ding Mao				丙寅 Bing Yin				
三碧 Three Jade				四綠 Four Green				五黃 Five Yellow				六白 Six White				七赤 Seven Red				八白 Eight White				九星 9 Star
大暑 Greater Heat		小暑 Lesser Heat		夏至 Summer Solstice		芒種 Planting of Thorny Crops		小滿 Small Sprout		立夏 Coming of Summer		穀雨 Grain Rain		清明 Clear and Bright		春分 Spring Equinox		驚蟄 Awakening of Worms		雨水 Rain Water		立春 Coming of Spring		節氣 Season
24th day		9th day		22nd day		6th day		21st day		5th day		20th day		4th day		18th day		3rd day		18th day		3rd day		
23hr 58min		6hr 29min		3hr 2min		20hr 9min		4hr 58min		15hr 51min		5hr 38min		22hr 22min		18hr 24min		17hr 25min		19hr 16min		23hr 19min		
子 Zi		卯 Mao		未 Wei		戌 Xu		寅 Yin		申 Shen		卯 Mao		亥 Hai		酉 You		酉 You		戌 Xu		子 Zi		
國曆 Gregorian		干支 S / B	星 Star	國曆 Gregorian		干支 S / B	星 Star	國曆 Gregorian		干支 S / B	星 Star	國曆 Gregorian		干支 S / B	星 Star	國曆 Gregorian		干支 S / B	星 Star	國曆 Gregorian		干支 S / B	星 Star	農曆 Calendar
6	29	甲午	3	5	31	乙丑	5	5	1	乙未	2	4	1	乙丑	8	3	3	丙申	6	2	2	丙寅	3	初一 1st
6	30	乙未	2	6	1	丙寅	6	5	2	丙申	3	4	2	丙寅	9	3	4	丁酉	7	2	3	丁卯	4	初二 2nd
7	1	丙申	1	6	2	丁卯	7	5	3	丁酉	4	4	3	丁卯	1	3	5	戊戌	8	2	4	戊辰	5	初三 3rd
7	2	丁酉	9	6	3	戊辰	8	5	4	戊戌	5	4	4	戊辰	2	3	6	己亥	9	2	5	己巳	6	初四 4th
7	3	戊戌	8	6	4	己巳	9	5	5	己亥	6	4	5	己巳	3	3	7	庚子	1	2	6	庚午	7	初五 5th
7	4	己亥	7	6	5	庚午	1	5	6	庚子	7	4	6	庚午	4	3	8	辛丑	2	2	7	辛未	8	初六 6th
7	5	庚子	6	6	6	辛未	2	5	7	辛丑	8	4	7	辛未	5	3	9	壬寅	3	2	8	壬申	9	初七 7th
7	6	辛丑	5	6	7	壬申	3	5	8	壬寅	9	4	8	壬申	6	3	10	癸卯	4	2	9	癸酉	1	初八 8th
7	7	壬寅	4	6	8	癸酉	4	5	9	癸卯	1	4	9	癸酉	7	3	11	甲辰	5	2	10	甲戌	2	初九 9th
7	8	癸卯	3	6	9	甲戌	5	5	10	甲辰	2	4	10	甲戌	8	3	12	乙巳	6	2	11	乙亥	3	初十 10th
7	9	甲辰	2	6	10	乙亥	6	5	11	乙巳	3	4	11	乙亥	9	3	13	丙午	7	2	12	丙子	4	十一 11th
7	10	乙巳	1	6	11	丙子	7	5	12	丙午	4	4	12	丙子	1	3	14	丁未	8	2	13	丁丑	5	十二 12th
7	11	丙午	9	6	12	丁丑	8	5	13	丁未	5	4	13	丁丑	2	3	15	戊申	9	2	14	戊寅	6	十三 13th
7	12	丁未	8	6	13	戊寅	9	5	14	戊申	6	4	14	戊寅	3	3	16	己酉	1	2	15	己卯	7	十四 14th
7	13	戊申	7	6	14	己卯	1	5	15	己酉	7	4	15	己卯	4	3	17	庚戌	2	2	16	庚辰	8	十五 15th
7	14	己酉	6	6	15	庚辰	2	5	16	庚戌	8	4	16	庚辰	5	3	18	辛亥	3	2	17	辛巳	9	十六 16th
7	15	庚戌	5	6	16	辛巳	3	5	17	辛亥	9	4	17	辛巳	6	3	19	壬子	4	2	18	壬午	1	十七 17th
7	16	辛亥	4	6	17	壬午	4	5	18	壬子	1	4	18	壬午	7	3	20	癸丑	5	2	19	癸未	2	十八 18th
7	17	壬子	3	6	18	癸未	5	5	19	癸丑	2	4	19	癸未	8	3	21	甲寅	6	2	20	甲申	3	十九 19th
7	18	癸丑	2	6	19	甲申	6	5	20	甲寅	3	4	20	甲申	9	3	22	乙卯	7	2	21	乙酉	4	二十 20th
7	19	甲寅	[illegible]	6	20	乙酉	7	5	21	乙卯	4	4	21	乙酉	1	3	23	丙辰	8	2	22	丙戌	5	廿一 21st
7	20	乙卯	[illegible]	6	21	丙戌	8\2	5	22	丙辰	5	4	22	丙戌	2	3	24	丁巳	9	2	23	丁亥	6	廿二 22nd
7	21	丙辰	3	6	22	丁亥	1	5	23	丁巳	6	4	23	丁亥	3	3	25	戊午	1	2	24	戊子	7	廿三 23rd
7	22	丁巳	7	6	23	戊子	9	5	24	戊午	7	4	24	戊子	4	3	26	己未	2	2	25	己丑	8	廿四 24th
7	23	戊午	6	6	24	己丑	8	5	25	己未	8	4	25	己丑	5	3	27	庚申	3	2	26	庚寅	9	廿五 25th
7	24	己未	5	6	25	庚寅	7	5	26	庚申	9	4	26	庚寅	6	3	28	辛酉	4	2	27	辛卯	1	廿六 26th
7	25	庚申	4	6	26	辛卯	6	5	27	辛酉	1	4	27	辛卯	7	3	29	壬戌	5	2	28	壬辰	2	廿七 27th
7	26	辛酉	3	6	27	壬辰	5	5	28	壬戌	2	4	28	壬辰	8	3	30	癸亥	6	2	29	癸巳	3	廿八 28th
7	27	壬戌	2	6	28	癸巳	4	5	29	癸亥	3	4	29	癸巳	9	3	31	甲子	7	3	1	甲午	4	廿九 29th
								5	30	甲子	4	4	30	甲午	1					3	2	乙未	5	三十 30th

天干 Ten Stems

- 甲 Jia Yang Wood
- 乙 Yi Yin Wood
- 丙 Bing Yang Fire
- 丁 Ding Yin Fire
- 戊 Wu Yang Earth
- 己 Ji Yin Earth
- 庚 Geng Yang Metal
- 辛 Xin Yin Metal
- 壬 Ren Yang Water
- 癸 Gui Yin Water

Male Gua: 7 兑(Dui) **Female Gua: 8 艮(Gen)** 3 Killing 三煞: South Annual Star: 7 Red

地支 Twelve Branches: 子 Zi Rat, 丑 Chou Ox, 寅 Yin Tiger, 卯 Mao Rabbit, 辰 Chen Dragon, 巳 Si Snake, 午 Wu Horse, 未 Wei Goat, 申 Shen Monkey, 酉 You Rooster, 戌 Xu Dog, 亥 Hai Pig

月干支 Month	七月大 7th Mth 壬申 Ren Shen				八月小 8th Mth 癸酉 Gui You			
九星 9 Star	二黑 Two Black				一白 One White			
節氣 Season	處暑 Heat Ends 27th day 7hr 0min 辰 Chen		立秋 Coming Autumn 11th day 16hr 18min 申 Shen		秋分 Autumn Equinox 28th day 4hr 33min 寅 Yin		白露 White Dew 12th day 19hr 10min 戌 Xu	
農曆 Calendar	國曆 Gregorian		干支 S/B	星 Star	國曆 Gregorian		干支 S/B	星 Star
初一 1st	7	28	癸亥	1	8	27	癸巳	7
初二 2nd	7	29	甲子	9	8	28	甲午	6
初三 3rd	7	30	乙丑	8	8	29	乙未	5
初四 4th	7	31	丙寅	7	8	30	丙申	4
初五 5th	8	1	丁卯	6	8	31	丁酉	3
初六 6th	8	2	戊辰	5	9	1	戊戌	2
初七 7th	8	3	己巳	4	9	2	己亥	1
初八 8th	8	4	庚午	3	9	3	庚子	9
初九 9th	8	5	辛未	2	9	4	辛丑	8
初十 10th	8	6	壬申	1	9	5	壬寅	7
十一 11th	8	7	癸酉	9	9	6	癸卯	6
十二 12th	8	8	甲戌	8	9	7	甲辰	5
十三 13th	8	9	乙亥	7	9	8	乙巳	4
十四 14th	8	10	丙子	6	9	9	丙午	3
十五 15th	8	11	丁丑	5	9	10	丁未	2
十六 16th	8	12	戊寅	4	9	11	戊申	1
十七 17th	8	13	己卯	3	9	12	己酉	9
十八 18th	8	14	庚辰	2	9	13	庚戌	8
十九 19th	8	15	辛巳	1	9	14	辛亥	7
二十 20th	8	16	壬午	9	9	15	壬子	6
廿一 21st	8	17	癸未	8	9	16	癸丑	5
廿二 22nd	8	18	甲申	7	9	17	甲寅	4
廿三 23rd	8	19	乙酉	6	9	18	乙卯	3
廿四 24th	8	20	丙戌	5	9	19	丙辰	2
廿五 25th	8	21	丁亥	4	9	20	丁巳	1
廿六 26th	8	22	戊子	3	9	21	戊午	9
廿七 27th	8	23	己丑	2	9	22	己未	8
廿八 28th	8	24	庚寅	1	9	23	庚申	7
廿九 29th	8	25	辛卯	9	9	24	辛酉	6
三十 30th	8	26	壬辰	8				

月干支 Month	九月小 9th Mth 甲戌 Jia Xu				十月大 10th Mth 乙亥 Yi Hai			
九星 9 Star	九紫 Nine Purple				八白 Eight White			
節氣 Season	霜降 Frosting 29th day 13hr 45min 未 Wei		寒露 Cold Dew 14th day 10hr 43min 巳 Si		小雪 Lesser Snow 30th day 11hr 11min 午 Wu		立冬 Coming of Winter 15th day 13hr 45min 未 Wei	
農曆 Calendar	國曆 Gregorian		干支 S/B	星 Star	國曆 Gregorian		干支 S/B	星 Star
初一 1st	9	25	壬戌	5	10	24	辛卯	3
初二 2nd	9	26	癸亥	4	10	25	壬辰	2
初三 3rd	9	27	甲子	3	10	26	癸巳	1
初四 4th	9	28	乙丑	2	10	27	甲午	9
初五 5th	9	29	丙寅	1	10	28	乙未	8
初六 6th	9	30	丁卯	9	10	29	丙申	7
初七 7th	10	1	戊辰	8	10	30	丁酉	6
初八 8th	10	2	己巳	7	10	31	戊戌	5
初九 9th	10	3	庚午	6	11	1	己亥	4
初十 10th	10	4	辛未	5	11	2	庚子	3
十一 11th	10	5	壬申	4	11	3	辛丑	2
十二 12th	10	6	癸酉	3	11	4	壬寅	1
十三 13th	10	7	甲戌	2	11	5	癸卯	9
十四 14th	10	8	乙亥	1	11	6	甲辰	8
十五 15th	10	9	丙子	9	11	7	乙巳	7
十六 16th	10	10	丁丑	8	11	8	丙午	6
十七 17th	10	11	戊寅	7	11	9	丁未	5
十八 18th	10	12	己卯	6	11	10	戊申	4
十九 19th	10	13	庚辰	5	11	11	己酉	3
二十 20th	10	14	辛巳	4	11	12	庚戌	2
廿一 21st	10	15	壬午	3	11	13	辛亥	1
廿二 22nd	10	16	癸未	2	11	14	壬子	9
廿三 23rd	10	17	甲申	1	11	15	癸丑	8
廿四 24th	10	18	乙酉	9	11	16	甲寅	7
廿五 25th	10	19	丙戌	8	11	17	乙卯	6
廿六 26th	10	20	丁亥	7	11	18	丙辰	5
廿七 27th	10	21	戊子	6	11	19	丁巳	4
廿八 28th	10	22	己丑	5	11	20	戊午	3
廿九 29th	10	23	庚寅	4	11	21	己未	2
三十 30th					11	22	庚申	1

月干支 Month	閏十月小 10th Mth				十一月大 11th Mth 丙子 Bing Zi				十二月大 12th Mth 丁丑 Ding Chou			
九星 9 Star					七赤 Seven Red				六白 Six White			
節氣 Season	冬至 Winter Solstice 1st day 0hr 23min 子 Zi		大雪 Greater Snow 15th day 6hr 28min 卯 Mao		大寒 Greater Cold 30th day 10hr 57min 巳 Si		小寒 Lesser Cold 15th day 17hr 35min 酉 You		雨水 Rain Water 30th day 1hr 8min 丑 Chou		立春 Coming of Spring 15th day 5hr 12min 卯 Mao	
農曆 Calendar	國曆 Gregorian		干支 S/B	星 Star	國曆 Gregorian		干支 S/B	星 Star	國曆 Gregorian		干支 S/B	星 Star
初一 1st	11	23	辛酉	9	12	22	庚寅	3	1	21	庚申	6
初二 2nd	11	24	壬戌	8	12	23	辛卯	4	1	22	辛酉	7
初三 3rd	11	25	癸亥	7	12	24	壬辰	5	1	23	壬戌	8
初四 4th	11	26	甲子	6	12	25	癸巳	6	1	24	癸亥	9
初五 5th	11	27	乙丑	5	12	26	甲午	7	1	25	甲子	1
初六 6th	11	28	丙寅	4	12	27	乙未	8	1	26	乙丑	2
初七 7th	11	29	丁卯	3	12	28	丙申	9	1	27	丙寅	3
初八 8th	11	30	戊辰	2	12	29	丁酉	1	1	28	丁卯	4
初九 9th	12	1	己巳	1	12	30	戊戌	2	1	29	戊辰	5
初十 10th	12	2	庚午	9	12	31	己亥	3	1	30	己巳	6
十一 11th	12	3	辛未	8	1	1	庚子	4	1	31	庚午	7
十二 12th	12	4	壬申	7	1	2	辛丑	5	2	1	辛未	8
十三 13th	12	5	癸酉	6	1	3	壬寅	6	2	2	壬申	9
十四 14th	12	6	甲戌	5	1	4	癸卯	7	2	3	癸酉	[illegible]
十五 15th	12	7	乙亥	4	1	5	甲辰	8	2	4	甲戌	2
十六 16th	12	8	丙子	3	1	6	乙巳	9	2	5	乙亥	3
十七 17th	12	9	丁丑	2	1	7	丙午	1	2	6	丙子	4
十八 18th	12	10	戊寅	1	1	8	丁未	2	2	7	丁丑	5
十九 19th	12	11	己卯	9	1	9	戊申	3	2	8	戊寅	6
二十 20th	12	12	庚辰	8	1	10	己酉	4	2	9	己卯	7
廿一 21st	12	13	辛巳	7	1	11	庚戌	5	2	10	庚辰	8
廿二 22nd	12	14	壬午	6	1	12	辛亥	6	2	11	辛巳	9
廿三 23rd	12	15	癸未	5	1	13	壬子	7	2	12	壬午	1
廿四 24th	12	16	甲申	4	1	14	癸丑	8	2	13	癸未	2
廿五 25th	12	17	乙酉	3	1	15	甲寅	9	2	14	甲申	3
廿六 26th	12	18	丙戌	2	1	16	乙卯	1	2	15	乙酉	4
廿七 27th	12	19	丁亥	1	1	17	丙辰	2	2	16	丙戌	5
廿八 28th	12	20	戊子	9	1	18	丁巳	3	2	17	丁亥	6
廿九 29th	12	21	己丑	8	1	19	戊午	4	2	18	戊子	7
三十 30th					1	20	己未	5	2	19	己丑	8

1985 乙丑 Wood Ox

Grand Duke: 陳泰

天干 Ten Stems: 甲 Jia Yang Wood; 乙 Yi Yin Wood; 丙 Bing Yang Fire; 丁 Ding Yin Fire; 戊 Wu Yang Earth; 己 Ji Yin Earth; 庚 Geng Yang Metal; 辛 Xin Yin Metal; 壬 Ren Yang Water; 癸 Gui Yin Water

月干支 Month	正月小 1st Mth				二月小 2nd Mth				三月大 3rd Mth			
	戊寅 Wu Yin				己卯 Ji Mao				庚辰 Geng Chen			
九星 9 Star	五黃 Five Yellow				四綠 Four Green				三碧 Three Jade			
節氣 Season			驚蟄 Awakening of Worms 14th day 23hr 16min 子 Zi		清明 Clear and Bright 16th day 4hr 14min 寅 Yin		春分 Spring Equinox 1st day 0hr 14min 子 Zi		立夏 Coming of Summer 16th day 21hr 43min 亥 Hai		穀雨 Grain Rain 1st day 11hr 26min 午 Wu	
農曆 Calendar	國曆 Gregorian		干支 S/B	星 Star	國曆 Gregorian		干支 S/B	星 Star	國曆 Gregorian		干支 S/B	星 Star
初一 1st	2	20	庚寅	9	3	21	己未	2	4	20	己丑	5
初二 2nd	2	21	辛卯	1	3	22	庚申	3	4	21	庚寅	6
初三 3rd	2	22	壬辰	2	3	23	辛酉	4	4	22	辛卯	7
初四 4th	2	23	癸巳	3	3	24	壬戌	5	4	23	壬辰	8
初五 5th	2	24	甲午	4	3	25	癸亥	6	4	24	癸巳	9
初六 6th	2	25	乙未	5	3	26	甲子	7	4	25	甲午	1
初七 7th	2	26	丙申	6	3	27	乙丑	8	4	26	乙未	2
初八 8th	2	27	丁酉	7	3	28	丙寅	9	4	27	丙申	3
初九 9th	2	28	戊戌	8	3	29	丁卯	1	4	28	丁酉	4
初十 10th	3	1	己亥	9	3	30	戊辰	2	4	29	戊戌	5
十一 11th	3	2	庚子	1	3	31	己巳	3	4	30	己亥	6
十二 12th	3	3	辛丑	2	4	1	庚午	4	5	1	庚子	7
十三 13th	3	4	壬寅	3	4	2	辛未	5	5	2	辛丑	8
十四 14th	3	5	癸卯	4	4	3	壬申	6	5	3	壬寅	9
十五 15th	3	6	甲辰	5	4	4	癸酉	7	5	4	癸卯	1
十六 16th	3	7	乙巳	6	4	5	甲戌	8	5	5	甲辰	2
十七 17th	3	8	丙午	7	4	6	乙亥	9	5	6	乙巳	3
十八 18th	3	9	丁未	8	4	7	丙子	1	5	7	丙午	4
十九 19th	3	10	戊申	9	4	8	丁丑	2	5	8	丁未	5
二十 20th	3	11	己酉	1	4	9	戊寅	3	5	9	戊申	6
廿一 21st	3	12	庚戌	2	4	10	己卯	4	5	10	己酉	7
廿二 22nd	3	13	辛亥	3	4	11	庚辰	5	5	11	庚戌	8
廿三 23rd	3	14	壬子	4	4	12	辛巳	6	5	12	辛亥	9
廿四 24th	3	15	癸丑	5	4	13	壬午	7	5	13	壬子	1
廿五 25th	3	16	甲寅	6	4	14	癸未	8	5	14	癸丑	2
廿六 26th	3	17	乙卯	7	4	15	甲申	9	5	15	甲寅	3
廿七 27th	3	18	丙辰	8	4	16	乙酉	1	5	16	乙卯	4
廿八 28th	3	19	丁巳	9	4	17	丙戌	2	5	17	丙辰	5
廿九 29th	3	20	戊午	1	4	18	丁亥	3	5	18	丁巳	6
三十 30th					4	19	戊子	4	5	19	戊午	7

月干支 Month	四月小 4th Mth				五月大 5th Mth				六月小 6th Mth			
	辛巳 Xin Si				壬午 Ren Wu				癸未 Gui Wei			
九星 9 Star	二黑 Two Black				一白 One White				九紫 Nine Purple			
節氣 Season	芒種 Planting of Thorny Crops 18th day 2hr 0min 丑 Chou		小滿 Small Sprout 2nd day 10hr 43min 巳 Si		小暑 Lesser Heat 20th day 13hr 19min 午 Wu		夏至 Summer Solstice 4th day 18hr 44min 酉 You		立秋 Coming Autumn 21st day 22hr 04min 亥 Hai		大暑 Greater Heat 6th day 5hr 36min 卯 Mao	
農曆 Calendar	國曆 Gregorian		干支 S/B	星 Star	國曆 Gregorian		干支 S/B	星 Star	國曆 Gregorian		干支 S/B	星 Star
初一 1st	5	20	己未	8	6	18	戊子	1	7	18	戊午	6
初二 2nd	5	21	庚申	9	6	19	己丑	2	7	19	己未	5
初三 3rd	5	22	辛酉	1	6	20	庚寅	3	7	20	庚申	4
初四 4th	5	23	壬戌	2	6	21	辛卯	4\6	7	21	辛酉	3
初五 5th	5	24	癸亥	3	6	22	壬辰	5	7	22	壬戌	2
初六 6th	5	25	甲子	4	6	23	癸巳	4	7	23	癸亥	1
初七 7th	5	26	乙丑	5	6	24	甲午	3	7	24	甲子	9
初八 8th	5	27	丙寅	6	6	25	乙未	2	7	25	乙丑	8
初九 9th	5	28	丁卯	7	6	26	丙申	1	7	26	丙寅	7
初十 10th	5	29	戊辰	8	6	27	丁酉	9	7	27	丁卯	6
十一 11th	5	30	己巳	9	6	28	戊戌	8	7	28	戊辰	5
十二 12th	5	31	庚午	1	6	29	己亥	7	7	29	己巳	4
十三 13th	6	1	辛未	2	6	30	庚子	6	7	30	庚午	3
十四 14th	6	2	壬申	3	7	1	辛丑	5	7	31	辛未	2
十五 15th	6	3	癸酉	4	7	2	壬寅	4	8	1	壬申	1
十六 16th	6	4	甲戌	5	7	3	癸卯	3	8	2	癸酉	9
十七 17th	6	5	乙亥	6	7	4	甲辰	2	8	3	甲戌	8
十八 18th	6	6	丙子	7	7	5	乙巳	1	8	4	乙亥	7
十九 19th	6	7	丁丑	8	7	6	丙午	9	8	5	丙子	6
二十 20th	6	8	戊寅	9	7	7	丁未	8	8	6	丁丑	5
廿一 21st	6	9	己卯	1	7	8	戊申	7	8	7	戊寅	4
廿二 22nd	6	10	庚辰	2	7	9	己酉	6	8	8	己卯	3
廿三 23rd	6	11	辛巳	3	7	10	庚戌	5	8	9	庚辰	2
廿四 24th	6	12	壬午	4	7	11	辛亥	4	8	10	辛巳	1
廿五 25th	6	13	癸未	5	7	12	壬子	3	8	11	壬午	9
廿六 26th	6	14	甲申	6	7	13	癸丑	2	8	12	癸未	8
廿七 27th	6	15	乙酉	7	7	14	甲寅	1	8	13	甲申	7
廿八 28th	6	16	丙戌	8	7	15	乙卯	9	8	14	乙酉	6
廿九 29th	6	17	丁亥	9	7	16	丙辰	8	8	15	丙戌	5
三十 30th					7	17	丁巳	7				

地支 Twelve Branches: 子 Zi Rat | 丑 Chou Ox | 寅 Yin Tiger | 卯 Mao Rabbit | 辰 Chen Dragon | 巳 Si Snake | 午 Wu Horse | 未 Wei Goat | 申 Shen Monkey | 酉 You Rooster | 戌 Xu Dog | 亥 Hai Pig

十二月大 12th Mth				十一月小 11th Mth				十月大 10th Mth				九月小 9th Mth				八月小 8th Mth				七月大 7th Mth				月干支 Month
己丑 Ji Chou				戊子 Wu Zi				丁亥 Ding Hai				丙戌 Bing Xu				乙酉 Yi You				甲申 Jia Shen				
三碧 Three Jade				四綠 Four Green				五黃 Five Yellow				六白 Six White				七赤 Seven Red				八白 Eight White				九星 9 Star
立春 Coming of Spring		大寒 Greater Cold		小寒 Lesser Cold		冬至 Winter Solstice		大雪 Greater Snow		小雪 Lesser Snow		立冬 Coming of Winter		霜降 Frosting		寒露 Cold Dew		秋分 Autumn Equinox		白露 White Dew		處暑 Heat Ends		節氣 Season
26th day		11th day		25th day		11th day		26th day		11th day		25th day		10th day		24th day		9th day		24th day		8th day		
11hr 8min		16hr 48min		23hr 29min		6hr 8min		12hr 16min		16hr 51min		19hr 29min		19hr 22min		16hr 25min		10hr 7min		0hr 53min		12hr 36min		
午 Wu		申 Shen		子 Zi		卯 Mao		午 Wu		申 Shen		戌 Xu		戌 Xu		申 Shen		巳 Si		子 Zi		午 Wu		
國曆 Gregorian		干支 S/B	星 Star	國曆 Gregorian		干支 S/B	星 Star	國曆 Gregorian		干支 S/B	星 Star	國曆 Gregorian		干支 S/B	星 Star	國曆 Gregorian		干支 S/B	星 Star	國曆 Gregorian		干支 S/B	星 Star	農曆 Calendar
1	10	甲寅	9	12	12	乙酉	3	11	12	乙卯	6	10	14	丙戌	8	9	15	丁巳	1	8	16	丁亥	4	初一 1st
1	11	乙卯	1	12	13	丙戌	2	11	13	丙辰	5	10	15	丁亥	7	9	16	戊午	9	8	17	戊子	3	初二 2nd
1	12	丙辰	2	12	14	丁亥	1	11	14	丁巳	4	10	16	戊子	6	9	17	己未	8	8	18	己丑	2	初三 3rd
1	13	丁巳	3	12	15	戊子	9	11	15	戊午	3	10	17	己丑	5	9	18	庚申	7	8	19	庚寅	1	初四 4th
1	14	戊午	4	12	16	己丑	8	11	16	己未	2	10	18	庚寅	4	9	19	辛酉	6	8	20	辛卯	9	初五 5th
1	15	己未	5	12	17	庚寅	7	11	17	庚申	1	10	19	辛卯	3	9	20	壬戌	5	8	21	壬辰	8	初六 6th
1	16	庚申	6	12	18	辛卯	6	11	18	辛酉	9	10	20	壬辰	2	9	21	癸亥	4	8	22	癸巳	7	初七 7th
1	17	辛酉	7	12	19	壬辰	5	11	19	壬戌	8	10	21	癸巳	1	9	22	甲子	3	8	23	甲午	6	初八 8th
1	18	壬戌	8	12	20	癸巳	4	11	20	癸亥	7	10	22	甲午	9	9	23	乙丑	2	8	24	乙未	5	初九 9th
1	19	癸亥	9	12	21	甲午	3	11	21	甲子	6	10	23	乙未	8	9	24	丙寅	1	8	25	丙申	4	初十 10th
1	20	甲子	1	12	22	乙未	2\8	11	22	乙丑	5	10	24	丙申	7	9	25	丁卯	9	8	26	丁酉	3	十一 11th
1	21	乙丑	2	12	23	丙申	9	11	23	丙寅	4	10	25	丁酉	6	9	26	戊辰	8	8	27	戊戌	2	十二 12th
1	22	丙寅	3	12	24	丁酉	1	11	24	丁卯	3	10	26	戊戌	5	9	27	己巳	7	8	28	己亥	1	十三 13th
1	23	丁卯	4	12	25	戊戌	2	11	25	戊辰	2	10	27	己亥	4	9	28	庚午	6	8	29	庚子	9	十四 14th
1	24	戊辰	5	12	26	己亥	3	11	26	己巳	1	10	28	庚子	3	9	29	辛未	5	8	30	辛丑	8	十五 15th
1	25	己巳	6	12	27	庚子	4	11	27	庚午	9	10	29	辛丑	2	9	30	壬申	4	8	31	壬寅	7	十六 16th
1	26	庚午	7	12	28	辛丑	5	11	28	辛未	8	10	30	壬寅	1	10	1	癸酉	3	9	1	癸卯	6	十七 17th
1	27	辛未	8	12	29	壬寅	6	11	29	壬申	7	10	31	癸卯	9	10	2	甲戌	2	9	2	甲辰	5	十八 18th
1	28	壬申	9	12	30	癸卯	7	11	30	癸酉	6	11	1	甲辰	8	10	3	乙亥	1	9	3	乙巳	4	十九 19th
1	29	癸酉	1	12	31	甲辰	8	12	1	甲戌	5	11	2	乙巳	7	10	4	丙子	9	9	4	丙午	3	二十 20th
1	30	甲戌	2	1	1	乙巳	9	12	2	乙亥	4	11	3	丙午	6	10	5	丁丑	8	9	5	丁未	2	廿一 21st
1	31	乙亥	3	1	2	丙午	1	12	3	丙子	3	11	4	丁未	5	10	6	戊寅	7	9	6	戊申	1	廿二 22nd
2	1	丙子	4	1	3	丁未	2	12	4	丁丑	2	11	5	戊申	4	10	7	己卯	6	9	7	己酉	9	廿三 23rd
2	2	丁丑	5	1	4	戊申	3	12	5	戊寅	1	11	6	己酉	3	10	8	庚辰	5	9	8	庚戌	8	廿四 24th
2	3	戊寅	6	1	5	己酉	4	12	6	己卯	9	11	7	庚戌	2	10	9	辛巳	4	9	9	辛亥	7	廿五 25th
2	4	己卯	7	1	6	庚戌	5	12	7	庚辰	8	11	8	辛亥	1	10	10	壬午	3	9	10	壬子	6	廿六 26th
2	5	庚辰	8	1	7	辛亥	6	12	8	辛巳	7	11	9	壬子	9	10	11	癸未	2	9	11	癸丑	5	廿七 27th
2	6	辛巳	9	1	8	壬子	7	12	9	壬午	6	11	10	癸丑	8	10	12	甲申	1	9	12	甲寅	4	廿八 28th
2	7	壬午	1	1	9	癸丑	8	12	10	癸未	5	11	11	甲寅	7	10	13	乙酉	9	9	13	乙卯	3	廿九 29th
2	8	癸未	2					12	11	甲申	4									9	14	丙辰	2	三十 30th

1986 丙寅 Fire Tiger

Grand Duke: 沈興

月干支 Month	正月小 1st Mth	二月大 2nd Mth	三月大 3rd Mth	四月小 4th Mth	五月大 5th Mth	六月大 6th Mth
	庚寅 Geng Yin	辛卯 Xin Mao	壬辰 Ren Chen	癸巳 Gui Si	甲午 Jia Wu	乙未 Yi Wei
九星 9 Star	二黑 Two Black	一白 One White	九紫 Nine Purple	八白 Eight White	七赤 Seven Red	六白 Six White
節氣 Season	驚蟄 Awakening of Worms 26th day 5hr 12min 卯 Mao	清明 Clear and Bright 27th day 10hr 6min 巳 Si	立夏 Coming of Summer 28th day 3hr 30min 寅 Yin	芒種 Planting of Thorny Crops 29th day 7hr 44min 辰 Chen		大暑 Greater Heat 17th day 11hr 25min 午 Wu
	雨水 Rain Water 11th day 6hr 58min 卯 Mao	春分 Spring Equinox 12th day 6hr 3min 卯 Mao	穀雨 Grain Rain 12th day 17hr 12min 酉 You	小滿 Small Sprout 13th day 16hr 28min 申 Shen	夏至 Summer Solstice 16th day 0hr 30min 子 Zi	小暑 Lesser Heat 1st day 18hr 01min 酉 You

農曆 Calendar	1st 國曆 Gregorian		1st 干支 S/B	1st 星 Star	2nd 國曆 Gregorian		2nd 干支 S/B	2nd 星 Star	3rd 國曆 Gregorian		3rd 干支 S/B	3rd 星 Star
初一 1st	2	9	甲申	3	3	10	癸丑	5	4	9	癸未	8
初二 2nd	2	10	乙酉	4	3	11	甲寅	6	4	10	甲申	9
初三 3rd	2	11	丙戌	5	3	12	乙卯	7	4	11	乙酉	1
初四 4th	2	12	丁亥	6	3	13	丙辰	8	4	12	丙戌	2
初五 5th	2	13	戊子	7	3	14	丁巳	9	4	13	丁亥	3
初六 6th	2	14	己丑	8	3	15	戊午	1	4	14	戊子	4
初七 7th	2	15	庚寅	9	3	16	己未	2	4	15	己丑	5
初八 8th	2	16	辛卯	1	3	17	庚申	3	4	16	庚寅	6
初九 9th	2	17	壬辰	2	3	18	辛酉	4	4	17	辛卯	7
初十 10th	2	18	癸巳	3	3	19	壬戌	5	4	18	壬辰	8
十一 11th	2	19	甲午	4	3	20	癸亥	6	4	19	癸巳	9
十二 12th	2	20	乙未	5	3	21	甲子	7	4	20	甲午	1
十三 13th	2	21	丙申	6	3	22	乙丑	8	4	21	乙未	2
十四 14th	2	22	丁酉	7	3	23	丙寅	9	4	22	丙申	3
十五 15th	2	23	戊戌	8	3	24	丁卯	1	4	23	丁酉	4
十六 16th	2	24	己亥	9	3	25	戊辰	2	4	24	戊戌	5
十七 17th	2	25	庚子	1	3	26	己巳	3	4	25	己亥	6
十八 18th	2	26	辛丑	2	3	27	庚午	4	4	26	庚子	7
十九 19th	2	27	壬寅	3	3	28	辛未	5	4	27	辛丑	8
二十 20th	2	28	癸卯	4	3	29	壬申	6	4	28	壬寅	9
廿一 21st	3	1	甲辰	5	3	30	癸酉	7	4	29	癸卯	1
廿二 22nd	3	2	乙巳	6	3	31	甲戌	8	4	30	甲辰	2
廿三 23rd	3	3	丙午	7	4	1	乙亥	9	5	1	乙巳	3
廿四 24th	3	4	丁未	8	4	2	丙子	1	5	2	丙午	4
廿五 25th	3	5	戊申	9	4	3	丁丑	2	5	3	丁未	5
廿六 26th	3	6	己酉	1	4	4	戊寅	3	5	4	戊申	6
廿七 27th	3	7	庚戌	2	4	5	己卯	4	5	5	己酉	7
廿八 28th	3	8	辛亥	3	4	6	庚辰	5	5	6	庚戌	8
廿九 29th	3	9	壬子	4	4	7	辛巳	6	5	7	辛亥	9
三十 30th					4	8	壬午	7	5	8	壬子	1

農曆 Calendar	4th 國曆 Gregorian		4th 干支 S/B	4th 星 Star	5th 國曆 Gregorian		5th 干支 S/B	5th 星 Star	6th 國曆 Gregorian		6th 干支 S/B	6th 星 Star
初一 1st	5	9	癸丑	2	6	7	壬午	4	7	7	壬子	3
初二 2nd	5	10	甲寅	3	6	8	癸未	5	7	8	癸丑	2
初三 3rd	5	11	乙卯	4	6	9	甲申	6	7	9	甲寅	1
初四 4th	5	12	丙辰	5	6	10	乙酉	7	7	10	乙卯	9
初五 5th	5	13	丁巳	6	6	11	丙戌	8	7	11	丙辰	8
初六 6th	5	14	戊午	7	6	12	丁亥	9	7	12	丁巳	7
初七 7th	5	15	己未	8	6	13	戊子	1	7	13	戊午	6
初八 8th	5	16	庚申	9	6	14	己丑	2	7	14	己未	5
初九 9th	5	17	辛酉	1	6	15	庚寅	3	7	15	庚申	4
初十 10th	5	18	壬戌	2	6	16	辛卯	4	7	16	辛酉	3
十一 11th	5	19	癸亥	3	6	17	壬辰	5	7	17	壬戌	2
十二 12th	5	20	甲子	4	6	18	癸巳	6	7	18	癸亥	1
十三 13th	5	21	乙丑	5	6	19	甲午	7	7	19	甲子	9
十四 14th	5	22	丙寅	6	6	20	乙未	8	7	20	乙丑	8
十五 15th	5	23	丁卯	7	6	21	丙申	9	7	21	丙寅	7
十六 16th	5	24	戊辰	8	6	22	丁酉	1\9	7	22	丁卯	6
十七 17th	5	25	己巳	9	6	23	戊戌	8	7	23	戊辰	5
十八 18th	5	26	庚午	1	6	24	己亥	7	7	24	己巳	4
十九 19th	5	27	辛未	2	6	25	庚子	6	7	25	庚午	3
二十 20th	5	28	壬申	3	6	26	辛丑	5	7	26	辛未	2
廿一 21st	5	29	癸酉	4	6	27	壬寅	4	7	27	壬申	1
廿二 22nd	5	30	甲戌	5	6	28	癸卯	3	7	28	癸酉	[illegible]
廿三 23rd	5	31	乙亥	6	6	29	甲辰	2	7	29	甲戌	[illegible]
廿四 24th	6	1	丙子	7	6	30	乙巳	1	7	30	乙亥	[illegible]
廿五 25th	6	2	丁丑	8	7	1	丙午	9	7	31	丙子	6
廿六 26th	6	3	戊寅	9	7	2	丁未	8	8	1	丁丑	5
廿七 27th	6	4	己卯	1	7	3	戊申	7	8	2	戊寅	4
廿八 28th	6	5	庚辰	2	7	4	己酉	6	8	3	己卯	3
廿九 29th	6	6	辛巳	3	7	5	庚戌	5	8	4	庚辰	2
三十 30th					7	6	辛亥	4	8	5	辛巳	1

天干 Ten Stems: 甲 Jia Yang Wood; 乙 Yi Yin Wood; 丙 Bing Yang Fire; 丁 Ding Yin Fire; 戊 Wu Yang Earth; 己 Ji Yin Earth; 庚 Geng Yang Metal; 辛 Xin Yin Metal; 壬 Ren Yang Water; 癸 Gui Yin Water

Male Gua: 2 坤(Kun) Female Gua: 1 坎(Kan) 3 Killing 三煞: North Annual Star: 5 Yellow

十二月小 12th Mth				十一月小 11th Mth				十月大 10th Mth				九月小 9th Mth				八月大 8th Mth				七月小 7th Mth				月干支 Month	
辛丑 Xin Chou				庚子 Geng Zi				己亥 Ji Hai				戊戌 Wu Xu				丁酉 Ding You				丙申 Bing Shen					
九紫 Nine Purple				一白 One White				二黑 Two Black				三碧 Three Jade				四綠 Four Green				五黃 Five Yellow				九星 9 Star	
大寒 Greater Cold		小寒 Lesser Cold		冬至 Winter Solstice		大雪 Greater Snow		小雪 Lesser Snow		立冬 Coming of Winter		霜降 Frosting		寒露 Cold Dew		秋分 Autumn Equinox		白露 White Dew		處暑 Heat Ends		立秋 Coming Autumn		節氣 Season	
21st day		7th day		21st day		6th day		21st day		7th day		21st day		5th day		20th day		5th day		18th day		3rd day			
22hr 41min		5hr 13min		12hr 03min		18hr 01min		22hr 45min		1hr 13min		1hr 15min		22hr 06min		15hr 59min		6hr 34min		18hr 26min		3hr 46min			
亥 Hai		卯 Mao		午 Wu		酉 You		亥 Hai		丑 Chou		丑 Chou		亥 Hai		申 Shen		卯 Mao		酉 You		寅 Yin			
國曆 Gregorian		干支 S/B	星 Star	國曆 Gregorian		干支 S/B	星 Star	國曆 Gregorian		干支 S/B	星 Star	國曆 Gregorian		干支 S/B	星 Star	國曆 Gregorian		干支 S/B	星 Star	國曆 Gregorian		干支 S/B	星 Star	農曆 Calendar	
12	31	己酉	4	12	2	庚辰	8	11	2	庚戌	2	10	4	辛巳	4	9	4	辛亥	7	8	6	壬午	9	初一	1st
1	1	庚戌	5	12	3	辛巳	7	11	3	辛亥	1	10	5	壬午	3	9	5	壬子	6	8	7	癸未	8	初二	2nd
1	2	辛亥	6	12	4	壬午	6	11	4	壬子	9	10	6	癸未	2	9	6	癸丑	5	8	8	甲申	7	初三	3rd
1	3	壬子	7	12	5	癸未	5	11	5	癸丑	8	10	7	甲申	1	9	7	甲寅	4	8	9	乙酉	6	初四	4th
1	4	癸丑	8	12	6	甲申	4	11	6	甲寅	7	10	8	乙酉	9	9	8	乙卯	3	8	10	丙戌	5	初五	5th
1	5	甲寅	9	12	7	乙酉	3	11	7	乙卯	6	10	9	丙戌	8	9	9	丙辰	2	8	11	丁亥	4	初六	6th
1	6	乙卯	1	12	8	丙戌	2	11	8	丙辰	5	10	10	丁亥	7	9	10	丁巳	1	8	12	戊子	3	初七	7th
1	7	丙辰	2	12	9	丁亥	1	11	9	丁巳	4	10	11	戊子	6	9	11	戊午	9	8	13	己丑	2	初八	8th
1	8	丁巳	3	12	10	戊子	9	11	10	戊午	3	10	12	己丑	5	9	12	己未	8	8	14	庚寅	1	初九	9th
1	9	戊午	4	12	11	己丑	8	11	11	己未	2	10	13	庚寅	4	9	13	庚申	7	8	15	辛卯	9	初十	10th
1	10	己未	5	12	12	庚寅	7	11	12	庚申	1	10	14	辛卯	3	9	14	辛酉	6	8	16	壬辰	8	十一	11th
1	11	庚申	6	12	13	辛卯	6	11	13	辛酉	9	10	15	壬辰	2	9	15	壬戌	5	8	17	癸巳	7	十二	12th
1	12	辛酉	7	12	14	壬辰	5	11	14	壬戌	8	10	16	癸巳	1	9	16	癸亥	4	8	18	甲午	6	十三	13th
1	13	壬戌	8	12	15	癸巳	4	11	15	癸亥	7	10	17	甲午	9	9	17	甲子	3	8	19	乙未	5	十四	14th
1	14	癸亥	9	12	16	甲午	3	11	16	甲子	6	10	18	乙未	8	9	18	乙丑	2	8	20	丙申	4	十五	15th
1	15	甲子	1	12	17	乙未	2	11	17	乙丑	5	10	19	丙申	7	9	19	丙寅	1	8	21	丁酉	3	十六	16th
1	16	乙丑	2	12	18	丙申	1	11	18	丙寅	4	10	20	丁酉	6	9	20	丁卯	9	8	22	戊戌	2	十七	17th
1	17	丙寅	3	12	19	丁酉	9	11	19	丁卯	3	10	21	戊戌	5	9	21	戊辰	8	8	23	己亥	1	十八	18th
1	18	丁卯	4	12	20	戊戌	8	11	20	戊辰	2	10	22	己亥	4	9	22	己巳	7	8	24	庚子	9	十九	19th
1	19	戊辰	5	12	21	己亥	7	11	21	己巳	1	10	23	庚子	3	9	23	庚午	6	8	25	辛丑	8	二十	20th
1	20	己巳	6	12	22	庚子	6/4	11	22	庚午	9	10	24	辛丑	2	9	24	辛未	5	8	26	壬寅	7	廿一	21st
1	21	庚午	7	12	23	辛丑	5	11	23	辛未	8	10	25	壬寅	1	9	25	壬申	4	8	27	癸卯	6	廿二	22nd
1	22	辛未	8	12	24	壬寅	6	11	24	壬申	7	10	26	癸卯	9	9	26	癸酉	3	8	28	甲辰	5	廿三	23rd
1	23	壬申	9	12	25	癸卯	7	11	25	癸酉	6	10	27	甲辰	8	9	27	甲戌	2	8	29	乙巳	4	廿四	24th
1	24	癸酉	1	12	26	甲辰	8	11	26	甲戌	5	10	28	乙巳	7	9	28	乙亥	1	8	30	丙午	3	廿五	25th
1	25	甲戌	2	12	27	乙巳	9	11	27	乙亥	4	10	29	丙午	6	9	29	丙子	9	8	31	丁未	2	廿六	26th
1	26	乙亥	3	12	28	丙午	1	11	28	丙子	3	10	30	丁未	5	9	30	丁丑	8	9	1	戊申	1	廿七	27th
1	27	丙子	4	12	29	丁未	2	11	29	丁丑	2	10	31	戊申	4	10	1	戊寅	7	9	2	己酉	9	廿八	28th
1	28	丁丑	5	12	30	戊申	3	11	30	戊寅	1	11	1	己酉	3	10	2	己卯	6	9	3	庚戌	8	廿九	29th
								12	1	己卯	9					10	3	庚辰	5					三十	30th

地支 Twelve Branches: 子 Zi Rat; 丑 Chou Ox; 寅 Yin Tiger; 卯 Mao Rabbit; 辰 Chen Dragon; 巳 Si Snake; 午 Wu Horse; 未 Wei Goat; 申 Shen Monkey; 酉 You Rooster; 戌 Xu Dog; 亥 Hai Pig

1987 丁卯 Fire Rabbit

Grand Duke: 耿章

月干支 Month	正月大 1st Mth				二月小 2nd Mth				三月大 3rd Mth			
	壬寅 Ren Yin				癸卯 Gui Mao				甲辰 Jia Chen			
九星 9 Star	八白 Eight White				七赤 Seven Red				六白 Six White			
節氣 Season	雨水 Rain Water		立春 Coming of Spring		春分 Spring Equinox		驚蟄 Awakening of Worms		穀雨 Grain Rain		清明 Clear and Bright	
	22nd day		7th day		22nd day		7th day		23rd day		8th day	
	12hr 50min		16hr 52min		11hr 52min		10hr 53min		22hr 58min		15hr 44min	
	午 Wu		申 Shen		午 Wu		巳 Si		亥 Hai		申 Shen	
農曆 Calendar	國曆 Gregorian		干支 S/B	星 Star	國曆 Gregorian		干支 S/B	星 Star	國曆 Gregorian		干支 S/B	星 Star
初一 1st	1	29	戊寅	6	2	28	戊申	9	3	29	丁丑	2
初二 2nd	1	30	己卯	7	3	1	己酉	1	3	30	戊寅	3
初三 3rd	1	31	庚辰	8	3	2	庚戌	2	3	31	己卯	4
初四 4th	2	1	辛巳	9	3	3	辛亥	3	4	1	庚辰	5
初五 5th	2	2	壬午	1	3	4	壬子	4	4	2	辛巳	6
初六 6th	2	3	癸未	2	3	5	癸丑	5	4	3	壬午	7
初七 7th	2	4	甲申	3	3	6	甲寅	6	4	4	癸未	8
初八 8th	2	5	乙酉	4	3	7	乙卯	7	4	5	甲申	9
初九 9th	2	6	丙戌	5	3	8	丙辰	8	4	6	乙酉	1
初十 10th	2	7	丁亥	6	3	9	丁巳	9	4	7	丙戌	2
十一 11th	2	8	戊子	7	3	10	戊午	1	4	8	丁亥	3
十二 12th	2	9	己丑	8	3	11	己未	2	4	9	戊子	4
十三 13th	2	10	庚寅	9	3	12	庚申	3	4	10	己丑	5
十四 14th	2	11	辛卯	1	3	13	辛酉	4	4	11	庚寅	6
十五 15th	2	12	壬辰	2	3	14	壬戌	5	4	12	辛卯	7
十六 16th	2	13	癸巳	3	3	15	癸亥	6	4	13	壬辰	8
十七 17th	2	14	甲午	4	3	16	甲子	7	4	14	癸巳	9
十八 18th	2	15	乙未	5	3	17	乙丑	8	4	15	甲午	1
十九 19th	2	16	丙申	6	3	18	丙寅	9	4	16	乙未	2
二十 20th	2	17	丁酉	7	3	19	丁卯	1	4	17	丙申	3
廿一 21st	2	18	戊戌	8	3	20	戊辰	2	4	18	丁酉	4
廿二 22nd	2	19	己亥	9	3	21	己巳	3	4	19	戊戌	5
廿三 23rd	2	20	庚子	1	3	22	庚午	4	4	20	己亥	6
廿四 24th	2	21	辛丑	2	3	23	辛未	5	4	21	庚子	7
廿五 25th	2	22	壬寅	3	3	24	壬申	6	4	22	辛丑	8
廿六 26th	2	23	癸卯	4	3	25	癸酉	7	4	23	壬寅	9
廿七 27th	2	24	甲辰	5	3	26	甲戌	8	4	24	癸卯	1
廿八 28th	2	25	乙巳	6	3	27	乙亥	9	4	25	甲辰	2
廿九 29th	2	26	丙午	7	3	28	丙子	1	4	26	乙巳	3
三十 30th	2	27	丁未	8					4	27	丙午	4

月干支 Month	四月小 4th Mth				五月大 5th Mth				六月大 6th Mth			
	乙巳 Yi Si				丙午 Bing Wu				丁未 Ding Wei			
九星 9 Star	五黃 Five Yellow				四綠 Four Green				三碧 Three Jade			
節氣 Season	小滿 Small Sprout		立夏 Coming of Summer		夏至 Summer Solstice		芒種 Planting of Thorny Crops		大暑 Greater Heat		小暑 Lesser Heat	
	24th day		9th day		27th day		11th dat		28th day		12th day	
	22hr 10min		9hr 5min		6hr 11min		13hr 19min		17hr 6min		23hr 39min	
	亥 Hai		巳 Si		卯 Mao		未 Wei		酉 You		子 Zi	
農曆 Calendar	國曆 Gregorian		干支 S/B	星 Star	國曆 Gregorian		干支 S/B	星 Star	國曆 Gregorian		干支 S/B	星 Star
初一 1st	4	28	丁未	5	5	27	丙子	7	6	26	丙午	9
初二 2nd	4	29	戊申	6	5	28	丁丑	8	6	27	丁未	8
初三 3rd	4	30	己酉	7	5	29	戊寅	9	6	28	戊申	7
初四 4th	5	1	庚戌	8	5	30	己卯	1	6	29	己酉	6
初五 5th	5	2	辛亥	9	5	31	庚辰	2	6	30	庚戌	5
初六 6th	5	3	壬子	1	6	1	辛巳	3	7	1	辛亥	4
初七 7th	5	4	癸丑	2	6	2	壬午	4	7	2	壬子	3
初八 8th	5	5	甲寅	3	6	3	癸未	5	7	3	癸丑	2
初九 9th	5	6	乙卯	4	6	4	甲申	6	7	4	甲寅	1
初十 10th	5	7	丙辰	5	6	5	乙酉	7	7	5	乙卯	9
十一 11th	5	8	丁巳	6	6	6	丙戌	8	7	6	丙辰	8
十二 12th	5	9	戊午	7	6	7	丁亥	9	7	7	丁巳	7
十三 13th	5	10	己未	8	6	8	戊子	1	7	8	戊午	6
十四 14th	5	11	庚申	9	6	9	己丑	2	7	9	己未	5
十五 15th	5	12	辛酉	1	6	10	庚寅	3	7	10	庚申	4
十六 16th	5	13	壬戌	2	6	11	辛卯	4	7	11	辛酉	3
十七 17th	5	14	癸亥	3	6	12	壬辰	5	7	12	壬戌	2
十八 18th	5	15	甲子	4	6	13	癸巳	6	7	13	癸亥	1
十九 19th	5	16	乙丑	5	6	14	甲午	7	7	14	甲子	9
二十 20th	5	17	丙寅	6	6	15	乙未	8	7	15	乙丑	8
廿一 21st	5	18	丁卯	7	6	16	丙申	9	7	16	丙寅	7
廿二 22nd	5	19	戊辰	8	6	17	丁酉	1	7	17	丁卯	6
廿三 23rd	5	20	己巳	9	6	18	戊戌	2	7	18	戊辰	5
廿四 24th	5	21	庚午	1	6	19	己亥	3	7	19	己巳	4
廿五 25th	5	22	辛未	2	6	20	庚子	4	7	20	庚午	3
廿六 26th	5	23	壬申	3	6	21	辛丑	5	7	21	辛未	2
廿七 27th	5	24	癸酉	4	6	22	壬寅	6\4	7	22	壬申	1
廿八 28th	5	25	甲戌	5	6	23	癸卯	3	7	23	癸酉	9
廿九 29th	5	26	乙亥	6	6	24	甲辰	2	7	24	甲戌	8
三十 30th					6	25	乙巳	1	7	25	乙亥	7

天干 Ten Stems: 甲 Jia Yang Wood; 乙 Yi Yin Wood; 丙 Bing Yang Fire; 丁 Ding Yin Fire; 戊 Wu Yang Earth; 己 Ji Yin Earth; 庚 Geng Yang Metal; 辛 Xin Yin Metal; 壬 Ren Yang Water; 癸 Gui Yin Water

Male Gua: 4 巽(Xun) **Female Gua: 2 坤(Kun)** 3 Killing 三煞: West Annual Star: 4 Green

地支 Twelve Branches: 子 Zi Rat; 丑 Chou Ox; 寅 Yin Tiger; 卯 Mao Rabbit; 辰 Chen Dragon; 巳 Si Snake; 午 Wu Horse; 未 Wei Goat; 申 Shen Monkey; 酉 You Rooster; 戌 Xu Dog; 亥 Hai Pig

閏六月小 6th Mth

節氣 Season: 立秋 Coming Autumn — 14th day, 9hr 30min, 巳 Si

農曆 Calendar	國曆 Gregorian		干支 S/B	星 Star
初一 1st	7	26	丙子	6
初二 2nd	7	27	丁丑	5
初三 3rd	7	28	戊寅	4
初四 4th	7	29	己卯	3
初五 5th	7	30	庚辰	2
初六 6th	7	31	辛巳	1
初七 7th	8	1	壬午	9
初八 8th	8	2	癸未	8
初九 9th	8	3	甲申	7
初十 10th	8	4	乙酉	6
十一 11th	8	5	丙戌	5
十二 12th	8	6	丁亥	4
十三 13th	8	7	戊子	3
十四 14th	8	8	己丑	2
十五 15th	8	9	庚寅	1
十六 16th	8	10	辛卯	9
十七 17th	8	11	壬辰	8
十八 18th	8	12	癸巳	7
十九 19th	8	13	甲午	6
二十 20th	8	14	乙未	5
廿一 21st	8	15	丙申	4
廿二 22nd	8	16	丁酉	3
廿三 23rd	8	17	戊戌	2
廿四 24th	8	18	己亥	1
廿五 25th	8	19	庚子	9
廿六 26th	8	20	辛丑	8
廿七 27th	8	21	壬寅	7
廿八 28th	8	22	癸卯	6
廿九 29th	8	23	甲辰	5
三十 30th				

七月大 7th Mth — 戊申 Wu Shen — 二黑 Two Black

節氣 Season: 白露 White Dew — 16th day, 12hr 35min, 午 Wu; 處暑 Heat Ends — 1st day, 0hr 10min, 子 Zi

農曆 Calendar	國曆 Gregorian		干支 S/B	星 Star
初一 1st	8	24	乙巳	4
初二 2nd	8	25	丙午	3
初三 3rd	8	26	丁未	2
初四 4th	8	27	戊申	1
初五 5th	8	28	己酉	9
初六 6th	8	29	庚戌	8
初七 7th	8	30	辛亥	7
初八 8th	8	31	壬子	6
初九 9th	9	1	癸丑	5
初十 10th	9	2	甲寅	4
十一 11th	9	3	乙卯	3
十二 12th	9	4	丙辰	2
十三 13th	9	5	丁巳	1
十四 14th	9	6	戊午	9
十五 15th	9	7	己未	8
十六 16th	9	8	庚申	7
十七 17th	9	9	辛酉	6
十八 18th	9	10	壬戌	5
十九 19th	9	11	癸亥	4
二十 20th	9	12	甲子	3
廿一 21st	9	13	乙丑	2
廿二 22nd	9	14	丙寅	1
廿三 23rd	9	15	丁卯	9
廿四 24th	9	16	戊辰	8
廿五 25th	9	17	己巳	7
廿六 26th	9	18	庚午	6
廿七 27th	9	19	辛未	5
廿八 28th	9	20	壬申	4
廿九 29th	9	21	癸酉	3
三十 30th	9	22	甲戌	2

八月大 8th Mth — 己酉 Ji You — 一白 One White

節氣 Season: 寒露 Cold Dew — 17th day, 4hr 0min, 寅 Yin; 秋分 Autumn Equinox — 1st day, 21hr 46min, 亥 Hai

農曆 Calendar	國曆 Gregorian		干支 S/B	星 Star
初一 1st	9	23	乙亥	1
初二 2nd	9	24	丙子	9
初三 3rd	9	25	丁丑	8
初四 4th	9	26	戊寅	7
初五 5th	9	27	己卯	6
初六 6th	9	28	庚辰	5
初七 7th	9	29	辛巳	4
初八 8th	9	30	壬午	3
初九 9th	10	1	癸未	2
初十 10th	10	2	甲申	1
十一 11th	10	3	乙酉	9
十二 12th	10	4	丙戌	8
十三 13th	10	5	丁亥	7
十四 14th	10	6	戊子	6
十五 15th	10	7	己丑	5
十六 16th	10	8	庚寅	4
十七 17th	10	9	辛卯	3
十八 18th	10	10	壬辰	2
十九 19th	10	11	癸巳	1
二十 20th	10	12	甲午	9
廿一 21st	10	13	乙未	8
廿二 22nd	10	14	丙申	7
廿三 23rd	10	15	丁酉	6
廿四 24th	10	16	戊戌	5
廿五 25th	10	17	己亥	4
廿六 26th	10	18	庚子	3
廿七 27th	10	19	辛丑	2
廿八 28th	10	20	壬寅	1
廿九 29th	10	21	癸卯	9
三十 30th	10	22	甲辰	8

九月小 9th Mth — 庚戌 Geng Xu — 九紫 Nine Purple

節氣 Season: 立冬 Coming of Winter — 17th day, 7hr 6min, 辰 Chen; 霜降 Frosting — 2nd day, 7hr 1min, 辰 Chen

農曆 Calendar	國曆 Gregorian		干支 S/B	星 Star
初一 1st	10	23	乙巳	7
初二 2nd	10	24	丙午	6
初三 3rd	10	25	丁未	5
初四 4th	10	26	戊申	4
初五 5th	10	27	己酉	3
初六 6th	10	28	庚戌	2
初七 7th	10	29	辛亥	1
初八 8th	10	30	壬子	9
初九 9th	10	31	癸丑	8
初十 10th	11	1	甲寅	7
十一 11th	11	2	乙卯	6
十二 12th	11	3	丙辰	5
十三 13th	11	4	丁巳	4
十四 14th	11	5	戊午	3
十五 15th	11	6	己未	2
十六 16th	11	7	庚申	1
十七 17th	11	8	辛酉	9
十八 18th	11	9	壬戌	8
十九 19th	11	10	癸亥	7
二十 20th	11	11	甲子	6
廿一 21st	11	12	乙丑	5
廿二 22nd	11	13	丙寅	4
廿三 23rd	11	14	丁卯	3
廿四 24th	11	15	戊辰	2
廿五 25th	11	16	己巳	1
廿六 26th	11	17	庚午	9
廿七 27th	11	18	辛未	8
廿八 28th	11	19	壬申	7
廿九 29th	11	20	癸酉	6
三十 30th				

十月大 10th Mth — 辛亥 Xin Hai — 八白 Eight White

節氣 Season: 大雪 Greater Snow — 17th day, 23hr 53min, 子 Zi; 小雪 Lesser Snow — 3rd day, 4hr 30min, 寅 Yin

農曆 Calendar	國曆 Gregorian		干支 S/B	星 Star
初一 1st	11	21	甲戌	5
初二 2nd	11	22	乙亥	4
初三 3rd	11	23	丙子	3
初四 4th	11	24	丁丑	2
初五 5th	11	25	戊寅	1
初六 6th	11	26	己卯	9
初七 7th	11	27	庚辰	8
初八 8th	11	28	辛巳	7
初九 9th	11	29	壬午	6
初十 10th	11	30	癸未	5
十一 11th	12	1	甲申	4
十二 12th	12	2	乙酉	3
十三 13th	12	3	丙戌	2
十四 14th	12	4	丁亥	1
十五 15th	12	5	戊子	9
十六 16th	12	6	己丑	8
十七 17th	12	7	庚寅	7
十八 18th	12	8	辛卯	6
十九 19th	12	9	壬辰	5
二十 20th	12	10	癸巳	4
廿一 21st	12	11	甲午	3
廿二 22nd	12	12	乙未	2
廿三 23rd	12	13	丙申	1
廿四 24th	12	14	丁酉	9
廿五 25th	12	15	戊戌	8
廿六 26th	12	16	己亥	7
廿七 27th	12	17	庚子	6
廿八 28th	12	18	辛丑	5
廿九 29th	12	19	壬寅	4
三十 30th	12	20	癸卯	3

十一月小 11th Mth — 壬子 Ren Zi — 七赤 Seven Red

節氣 Season: 小寒 Lesser Cold — 17th day, 11hr 4min, 午 Wu; 冬至 Winter Solstice — 2nd day, 17hr 46min, 酉 You

農曆 Calendar	國曆 Gregorian		干支 S/B	星 Star
初一 1st	12	21	甲辰	2
初二 2nd	12	22	乙巳	1\9
初三 3rd	12	23	丙午	1
初四 4th	12	24	丁未	2
初五 5th	12	25	戊申	3
初六 6th	12	26	己酉	4
初七 7th	12	27	庚戌	5
初八 8th	12	28	辛亥	6
初九 9th	12	29	壬子	7
初十 10th	12	30	癸丑	8
十一 11th	12	31	甲寅	9
十二 12th	1	1	乙卯	1
十三 13th	1	2	丙辰	2
十四 14th	1	3	丁巳	3
十五 15th	1	4	戊午	4
十六 16th	1	5	己未	5
十七 17th	1	6	庚申	6
十八 18th	1	7	辛酉	7
十九 19th	1	8	壬戌	8
二十 20th	1	9	癸亥	9
廿一 21st	1	10	甲子	1
廿二 22nd	1	11	乙丑	2
廿三 23rd	1	12	丙寅	3
廿四 24th	1	13	丁卯	4
廿五 25th	1	14	戊辰	5
廿六 26th	1	15	己巳	6
廿七 27th	1	16	庚午	7
廿八 28th	1	17	辛未	8
廿九 29th	1	18	壬申	9
三十 30th				

十二月小 12th Mth — 癸丑 Gui Chou — 六白 Six White

節氣 Season: 立春 Coming of Spring — 17th day, 22hr 44min, 亥 Hai; 大寒 Greater Cold — 3rd day, 4hr 25min, 寅 Yin

農曆 Calendar	國曆 Gregorian		干支 S/B	星 Star
初一 1st	1	19	癸酉	1
初二 2nd	1	20	甲戌	2
初三 3rd	1	21	乙亥	3
初四 4th	1	22	丙子	4
初五 5th	1	23	丁丑	5
初六 6th	1	24	戊寅	6
初七 7th	1	25	己卯	7
初八 8th	1	26	庚辰	8
初九 9th	1	27	辛巳	9
初十 10th	1	28	壬午	1
十一 11th	1	29	癸未	2
十二 12th	1	30	甲申	3
十三 13th	1	31	乙酉	4
十四 14th	2	1	丙戌	5
十五 15th	2	2	丁亥	6
十六 16th	2	3	戊子	7
十七 17th	2	4	己丑	8
十八 18th	2	5	庚寅	9
十九 19th	2	6	辛卯	1
二十 20th	2	7	壬辰	2
廿一 21st	2	8	癸巳	3
廿二 22nd	2	9	甲午	4
廿三 23rd	2	10	乙未	5
廿四 24th	2	11	丙申	6
廿五 25th	2	12	丁酉	7
廿六 26th	2	13	戊戌	8
廿七 27th	2	14	己亥	9
廿八 28th	2	15	庚子	1
廿九 29th	2	16	辛丑	2
三十 30th				

1988 戊辰 Earth Dragon

Grand Duke: 趙達

六月小 6th Mth				五月大 5th Mth				四月小 4th Mth				三月大 3rd Mth				二月小 2nd Mth				正月大 1st Mth				月干支 Month
己未 Ji Wei				戊午 Wu Wu				丁巳 Ding Si				丙辰 Bing Chen				乙卯 Yi Mao				甲寅 Jia Yin				
九紫 Nine Purple				一白 One White				二黑 Two Black				三碧 Three Jade				四綠 Four Green				五黃 Five Yellow				九星 9 Star
立秋 Coming Autumn		大暑 Greater Heat		小暑 Lesser Heat		夏至 Summer Solstice		芒種 Planting of Thorny Crops		小滿 Small Sprout		立夏 Coming of Summer		穀雨 Grain Rain		清明 Clear and Bright		春分 Spring Equinox		驚蟄 Awakening of Worms		雨水 Rain Water		節氣 Season
25th day		9th day		24th day		8th day		21st day		6th day		20th day		5th day		18th day		3rd day		18th day		3rd day		
15hr 21min		22hr 51min		hr 34min		11hr 57min		19hr 15min		3hr 57min		15hr 2min		4hr 45min		21hr 40min		17hr 39min		16hr 47min		18hr 36min		
申 Shen		亥 Hai		卯 Mao		午 Wu		戌 Xu		寅 Yin		申 Shen		寅 Yin		亥 Hai		酉 You		申 Shen		酉 You		
國曆 Gregorian		干支 S/B	星 Star	國曆 Gregorian		干支 S/B	星 Star	國曆 Gregorian		干支 S/B	星 Star	國曆 Gregorian		干支 S/B	星 Star	國曆 Gregorian		干支 S/B	星 Star	國曆 Gregorian		干支 S/B	星 Star	農曆 Calendar
7	14	庚午	3	6	14	庚子	4	5	16	辛未	2	4	16	辛丑	8	3	18	壬申	6	2	17	壬寅	3	初一 1st
7	15	辛未	2	6	15	辛丑	5	5	17	壬申	3	4	17	壬寅	9	3	19	癸酉	7	2	18	癸卯	4	初二 2nd
7	16	壬申	1	6	16	壬寅	6	5	18	癸酉	4	4	18	癸卯	1	3	20	甲戌	8	2	19	甲辰	5	初三 3rd
7	17	癸酉	9	6	17	癸卯	7	5	19	甲戌	5	4	19	甲辰	2	3	21	乙亥	9	2	20	乙巳	6	初四 4th
7	18	甲戌	8	6	18	甲辰	8	5	20	乙亥	6	4	20	乙巳	3	3	22	丙子	1	2	21	丙午	7	初五 5th
7	19	乙亥	7	6	19	乙巳	9	5	21	丙子	7	4	21	丙午	4	3	23	丁丑	2	2	22	丁未	8	初六 6th
7	20	丙子	6	6	20	丙午	1	5	22	丁丑	8	4	22	丁未	5	3	24	戊寅	3	2	23	戊申	9	初七 7th
7	21	丁丑	5	6	21	丁未	2\8	5	23	戊寅	9	4	23	戊申	6	3	25	己卯	4	2	24	己酉	1	初八 8th
7	22	戊寅	4	6	22	戊申	7	5	24	己卯	1	4	24	己酉	7	3	26	庚辰	5	2	25	庚戌	2	初九 9th
7	23	己卯	3	6	23	己酉	6	5	25	庚辰	2	4	25	庚戌	8	3	27	辛巳	6	2	26	辛亥	3	初十 10th
7	24	庚辰	2	6	24	庚戌	5	5	26	辛巳	3	4	26	辛亥	9	3	28	壬午	7	2	27	壬子	4	十一 11th
7	25	辛巳	1	6	25	辛亥	4	5	27	壬午	4	4	27	壬子	1	3	29	癸未	8	2	28	癸丑	5	十二 12th
7	26	壬午	9	6	26	壬子	3	5	28	癸未	5	4	28	癸丑	2	3	30	甲申	9	2	29	甲寅	6	十三 13th
7	27	癸未	8	6	27	癸丑	2	5	29	甲申	6	4	29	甲寅	3	3	31	乙酉	1	3	1	乙卯	7	十四 14th
7	28	甲申	7	6	28	甲寅	1	5	30	乙酉	7	4	30	乙卯	4	4	1	丙戌	2	3	2	丙辰	8	十五 15th
7	29	乙酉	6	6	29	乙卯	9	5	31	丙戌	8	5	1	丙辰	5	4	2	丁亥	3	3	3	丁巳	9	十六 16th
7	30	丙戌	5	6	30	丙辰	8	6	1	丁亥	9	5	2	丁巳	6	4	3	戊子	4	3	4	戊午	1	十七 17th
7	31	丁亥	4	7	1	丁巳	7	6	2	戊子	1	5	3	戊午	7	4	4	己丑	5	3	5	己未	2	十八 18th
8	1	戊子	3	7	2	戊午	6	6	3	己丑	2	5	4	己未	8	4	5	庚寅	6	3	6	庚申	3	十九 19th
8	2	己丑	2	7	3	己未	5	6	4	庚寅	3	5	5	庚申	9	4	6	辛卯	7	3	7	辛酉	4	二十 20th
8	3	庚寅	1	7	4	庚申	4	6	5	辛卯	4	5	6	辛酉	1	4	7	壬辰	8	3	8	壬戌	5	廿一 21st
8	4	辛卯	9	7	5	辛酉	3	6	6	壬辰	5	5	7	壬戌	2	4	8	癸巳	9	3	9	癸亥	6	廿二 22nd
8	5	壬辰	8	7	6	壬戌	2	6	7	癸巳	6	5	8	癸亥	3	4	9	甲午	1	3	10	甲子	7	廿三 23rd
8	6	癸巳	7	7	7	癸亥	1	6	8	甲午	7	5	9	甲子	4	4	10	乙未	2	3	11	乙丑	8	廿四 24th
8	7	甲午	6	7	8	甲子	9	6	9	乙未	8	5	10	乙丑	5	4	11	丙申	3	3	12	丙寅	9	廿五 25th
8	8	乙未	5	7	9	乙丑	8	6	10	丙申	9	5	11	丙寅	6	4	12	丁酉	4	3	13	丁卯	1	廿六 26th
8	9	丙申	4	7	10	丙寅	7	6	11	丁酉	1	5	12	丁卯	7	4	13	戊戌	5	3	14	戊辰	2	廿七 27th
8	10	丁酉	3	7	11	丁卯	6	6	12	戊戌	2	5	13	戊辰	8	4	14	己亥	6	3	15	己巳	3	廿八 28th
8	11	戊戌	2	7	12	戊辰	5	6	13	己亥	3	5	14	己巳	9	4	15	庚子	7	3	16	庚午	4	廿九 29th
				7	13	己巳	4					5	15	庚午	1					3	17	辛未	5	三十 30th

天干 Ten Stems

- 甲 Jia Yang Wood
- 乙 Yi Yin Wood
- 丙 Bing Yang Fire
- 丁 Ding Yin Fire
- 戊 Wu Yang Earth
- 己 Ji Yin Earth
- 庚 Geng Yang Metal
- 辛 Xin Yin Metal
- 壬 Ren Yang Water
- 癸 Gui Yin Water

Male Gua: 3 震(Zhen) Female Gua: 3 震(Zhen) 3 Killing 三煞: South Annual Star: 3 Jade

地支 Twelve Branches: 子 Zi Rat · 丑 Chou Ox · 寅 Yin Tiger · 卯 Mao Rabbit · 辰 Chen Dragon · 巳 Si Snake · 午 Wu Horse · 未 Wei Goat · 申 Shen Monkey · 酉 You Rooster · 戌 Xu Dog · 亥 Hai Pig

十二月小 12th Mth				十一月大 11th Mth				十月大 10th Mth				九月小 9th Mth				八月大 8th Mth				七月大 7th Mth				月干支 Month
乙丑 Yi Chou				甲子 Jia Zi				癸亥 Gui Hai				壬戌 Ren Xu				辛酉 Xin You				庚申 Geng Shen				
三碧 Three Jade				四綠 Four Green				五黃 Five Yellow				六白 Six White				七赤 Seven Red				八白 Eight White				九星 9 Star
立春 Coming of Spring		大寒 Greater Cold		小寒 Lesser Cold		冬至 Winter Solstice		大雪 Greater Snow		小雪 Lesser Snow		立冬 Coming of Winter		霜降 Frosting		寒露 Cold Dew		秋分 Autumn Equinox		白露 White Dew		處暑 Heat Ends		節氣 Season
28th day		13th day		28th day		13th day		29th day		14th day		28th day		13th day		28th day		13th day		27th day		12th day		
4hr 28min		10hr min		16hr 46min		23hr 28min		5hr 35min		10hr 12min		12hr 50min		12hr 44min		9hr 45min		3hr 29min		18hr 12min		5hr 54min		
寅 Yin		巳 Si		申 Shen		子 Zi		卯 Mao		巳 Si		午 Wu		午 Wu		巳 Si		寅 Yin		酉 You		卯 Mao		
國曆 Gregorian		干支 S/B	星 Star	國曆 Gregorian		干支 S/B	星 Star	國曆 Gregorian		干支 S/B	星 Star	國曆 Gregorian		干支 S/B	星 Star	國曆 Gregorian		干支 S/B	星 Star	國曆 Gregorian		干支 S/B	星 Star	農曆 Calendar
1	8	戊辰	5	12	9	戊戌	8	11	9	戊辰	2	10	11	己亥	4	9	11	己巳	7	8	12	己亥	1	初一 1st
1	9	己巳	6	12	10	己亥	7	11	10	己巳	1	10	12	庚子	3	9	12	庚午	6	8	13	庚子	9	初二 2nd
1	10	庚午	7	12	11	庚子	6	11	11	庚午	9	10	13	辛丑	2	9	13	辛未	5	8	14	辛丑	8	初三 3rd
1	11	辛未	8	12	12	辛丑	5	11	12	辛未	8	10	14	壬寅	1	9	14	壬申	4	8	15	壬寅	7	初四 4th
1	12	壬申	9	12	13	壬寅	4	11	13	壬申	7	10	15	癸卯	9	9	15	癸酉	3	8	16	癸卯	6	初五 5th
1	13	癸酉	1	12	14	癸卯	3	11	14	癸酉	6	10	16	甲辰	8	9	16	甲戌	2	8	17	甲辰	5	初六 6th
1	14	甲戌	2	12	15	甲辰	2	11	15	甲戌	5	10	17	乙巳	7	9	17	乙亥	1	8	18	乙巳	4	初七 7th
1	15	乙亥	3	12	16	乙巳	1	11	16	乙亥	4	10	18	丙午	6	9	18	丙子	9	8	19	丙午	3	初八 8th
1	16	丙子	4	12	17	丙午	9	11	17	丙子	3	10	19	丁未	5	9	19	丁丑	8	8	20	丁未	2	初九 9th
1	17	丁丑	5	12	18	丁未	3	11	18	丁丑	2	10	20	戊申	4	9	20	戊寅	7	8	21	戊申	1	初十 10th
1	18	戊寅	6	12	19	戊申	7	11	19	戊寅	1	10	21	己酉	3	9	21	己卯	6	8	22	己酉	9	十一 11th
1	19	己卯	7	12	20	己酉	6	11	20	己卯	9	10	22	庚戌	2	9	22	庚辰	5	8	23	庚戌	8	十二 12th
1	20	庚辰	8	12	21	庚戌	5,5	11	21	庚辰	8	10	23	辛亥	1	9	23	辛巳	4	8	24	辛亥	7	十三 13th
1	21	辛巳	9	12	22	辛亥	6	11	22	辛巳	7	10	24	壬子	9	9	24	壬午	3	8	25	壬子	6	十四 14th
1	22	壬午	1	12	23	壬子	7	11	23	壬午	6	10	25	癸丑	8	9	25	癸未	2	8	26	癸丑	5	十五 15th
1	23	癸未	2	12	24	癸丑	8	11	24	癸未	5	10	26	甲寅	7	9	26	甲申	1	8	27	甲寅	4	十六 16th
1	24	甲申	3	12	25	甲寅	9	11	25	甲申	4	10	27	乙卯	6	9	27	乙酉	9	8	28	乙卯	3	十七 17th
1	25	乙酉	4	12	26	乙卯	1	11	26	乙酉	3	10	28	丙辰	5	9	28	丙戌	8	8	29	丙辰	2	十八 18th
1	26	丙戌	5	12	27	丙辰	2	11	27	丙戌	2	10	29	丁巳	4	9	29	丁亥	7	8	30	丁巳	1	十九 19th
1	27	丁亥	6	12	28	丁巳	3	11	28	丁亥	1	10	30	戊午	3	9	30	戊子	6	8	31	戊午	9	二十 20th
1	28	戊子	7	12	29	戊午	4	11	29	戊子	9	10	31	己未	2	10	1	己丑	5	9	1	己未	8	廿一 21st
1	29	己丑	8	12	30	己未	5	11	30	己丑	8	11	1	庚申	1	10	2	庚寅	4	9	2	庚申	7	廿二 22nd
1	30	庚寅	9	12	31	庚申	6	12	1	庚寅	7	11	2	辛酉	9	10	3	辛卯	3	9	3	辛酉	6	廿三 23rd
1	31	辛卯	1	1	1	辛酉	7	12	2	辛卯	6	11	3	壬戌	8	10	4	壬辰	2	9	4	壬戌	5	廿四 24th
2	1	壬辰	2	1	2	壬戌	8	12	3	壬辰	5	11	4	癸亥	7	10	5	癸巳	1	9	5	癸亥	4	廿五 25th
2	2	癸巳	3	1	3	癸亥	9	12	4	癸巳	4	11	5	甲子	6	10	6	甲午	9	9	6	甲子	3	廿六 26th
2	3	甲午	4	1	4	甲子	1	12	5	甲午	3	11	6	乙丑	5	10	7	乙未	8	9	7	乙丑	2	廿七 27th
2	4	乙未	5	1	5	乙丑	2	12	6	乙未	2	11	7	丙寅	4	10	8	丙申	7	9	8	丙寅	1	廿八 28th
2	5	丙申	6	1	6	丙寅	3	12	7	丙申	1	11	8	丁卯	3	10	9	丁酉	6	9	9	丁卯	9	廿九 29th
				1	7	丁卯	4	12	8	丁酉	9					10	10	戊戌	5	9	10	戊辰	8	三十 30th

1989 己巳 Earth Snake

Grand Duke: 郭燦

天干 Ten Stems: 甲 Jia Yang Wood · 乙 Yi Yin Wood · 丙 Bing Yang Fire · 丁 Ding Yin Fire · 戊 Wu Yang Earth · 己 Ji Yin Earth · 庚 Geng Yang Metal · 辛 Xin Yin Metal · 壬 Ren Yang Water · 癸 Gui Yin Water

六月大 6th Mth				五月小 5th Mth				四月大 4th Mth				三月小 3rd Mth				二月小 2nd Mth				正月大 1st Mth				月干支 Month
辛未 Xin Wei				庚午 Geng Wu				己巳 Ji Si				戊辰 Wu Chen				丁卯 Ding Mao				丙寅 Bing Yin				
六白 Six White				七赤 Seven Red				八白 Eight White				九紫 Nine Purple				一白 One White				二黑 Two Black				九星 9 Star
大暑 Greater Heat		小暑 Lesser Heat		夏至 Summer Solstice		芒種 Planting of Thorny Crops		小滿 Small Sprout		立夏 Coming of Summer				穀雨 Grain Rain		清明 Clear and Bright		春分 Spring Equinox		驚蟄 Awakening of Worms		雨水 Rain Water		節氣 Season
21st day 4hr 45min		5th day 11hr 19min		18th day 17hr 53min		3rd day 1hr 5min		17th day 9hr 54min		1st day 20hr 54min				15th day 10hr 39min		29th day 3hr 30min		13th day 23hr 29min		28th day 22hr 35min		14th day 0hr 21min		
寅 Yin		午 Wu		酉 You		丑 Chou		巳 Si		戌 Xu				巳 Si		寅 Yin		子 Zi		亥 Hai		子 Zi		
國曆 Gregorian		干支 S/B	星 Star	國曆 Gregorian		干支 S/B	星 Star	國曆 Gregorian		干支 S/B	星 Star	國曆 Gregorian		干支 S/B	星 Star	國曆 Gregorian		干支 S/B	星 Star	國曆 Gregorian		干支 S/B	星 Star	農曆 Calendar
7	3	甲子	9	6	4	乙未	8	5	5	乙丑	5	4	6	丙申	3	3	8	丁卯	1	2	6	丁酉	7	初一 1st
7	4	乙丑	8	6	5	丙申	9	5	6	丙寅	6	4	7	丁酉	4	3	9	戊辰	2	2	7	戊戌	8	初二 2nd
7	5	丙寅	7	6	6	丁酉	1	5	7	丁卯	7	4	8	戊戌	5	3	10	己巳	3	2	8	己亥	9	初三 3rd
7	6	丁卯	6	6	7	戊戌	2	5	8	戊辰	8	4	9	己亥	6	3	11	庚午	4	2	9	庚子	1	初四 4th
7	7	戊辰	5	6	8	己亥	3	5	9	己巳	9	4	10	庚子	7	3	12	辛未	5	2	10	辛丑	2	初五 5th
7	8	己巳	4	6	9	庚子	4	5	10	庚午	1	4	11	辛丑	8	3	13	壬申	6	2	11	壬寅	3	初六 6th
7	9	庚午	3	6	10	辛丑	5	5	11	辛未	2	4	12	壬寅	9	3	14	癸酉	7	2	12	癸卯	4	初七 7th
7	10	辛未	2	6	11	壬寅	6	5	12	壬申	3	4	13	癸卯	1	3	15	甲戌	8	2	13	甲辰	5	初八 8th
7	11	壬申	1	6	12	癸卯	7	5	13	癸酉	4	4	14	甲辰	2	3	16	乙亥	9	2	14	乙巳	6	初九 9th
7	12	癸酉	9	6	13	甲辰	8	5	14	甲戌	5	4	15	乙巳	3	3	17	丙子	1	2	15	丙午	7	初十 10th
7	13	甲戌	8	6	14	乙巳	9	5	15	乙亥	6	4	16	丙午	4	3	18	丁丑	2	2	16	丁未	8	十一 11th
7	14	乙亥	7	6	15	丙午	1	5	16	丙子	7	4	17	丁未	5	3	19	戊寅	3	2	17	戊申	9	十二 12th
7	15	丙子	6	6	16	丁未	2	5	17	丁丑	8	4	18	戊申	6	3	20	己卯	4	2	18	己酉	1	十三 13th
7	16	丁丑	5	6	17	戊申	3	5	18	戊寅	9	4	19	己酉	7	3	21	庚辰	5	2	19	庚戌	2	十四 14th
7	17	戊寅	4	6	18	己酉	4	5	19	己卯	1	4	20	庚戌	8	3	22	辛巳	6	2	20	辛亥	3	十五 15th
7	18	己卯	3	6	19	庚戌	5	5	20	庚辰	2	4	21	辛亥	9	3	23	壬午	7	2	21	壬子	4	十六 16th
7	19	庚辰	2	6	20	辛亥	6	5	21	辛巳	3	4	22	壬子	1	3	24	癸未	8	2	22	癸丑	5	十七 17th
7	20	辛巳	1	6	21	壬子	7\3	5	22	壬午	4	4	23	癸丑	2	3	25	甲申	9	2	23	甲寅	6	十八 18th
7	21	壬午	9	6	22	癸丑	2	5	23	癸未	5	4	24	甲寅	3	3	26	乙酉	1	2	24	乙卯	7	十九 19th
7	22	癸未	8	6	23	甲寅	1	5	24	甲申	6	4	25	乙卯	4	3	27	丙戌	2	2	25	丙辰	8	二十 20th
7	23	甲申	7	6	24	乙卯	9	5	25	乙酉	7	4	26	丙辰	5	3	28	丁亥	3	2	26	丁巳	9	廿一 21st
7	24	乙酉	6	6	25	丙辰	8	5	26	丙戌	8	4	27	丁巳	6	3	29	戊子	4	2	27	戊午	1	廿二 22nd
7	25	丙戌	5	6	26	丁巳	7	5	27	丁亥	9	4	28	戊午	7	3	30	己丑	5	2	28	己未	2	廿三 23rd
7	26	丁亥	4	6	27	戊午	6	5	28	戊子	1	4	29	己未	8	3	31	庚寅	6	3	1	庚申	3	廿四 24th
7	27	戊子	3	6	28	己未	5	5	29	己丑	2	4	30	庚申	9	4	1	辛卯	7	3	2	辛酉	4	廿五 25th
7	28	己丑	2	6	29	庚申	4	5	30	庚寅	3	5	1	辛酉	1	4	2	壬辰	8	3	3	壬戌	5	廿六 26th
7	29	庚寅	1	6	30	辛酉	3	5	31	辛卯	4	5	2	壬戌	2	4	3	癸巳	9	3	4	癸亥	6	廿七 27th
7	30	辛卯	9	7	1	壬戌	2	6	1	壬辰	5	5	3	癸亥	3	4	4	甲午	1	3	5	甲子	7	廿八 28th
7	31	壬辰	8	7	2	癸亥	1	6	2	癸巳	6	5	4	甲子	4	4	5	乙未	2	3	6	乙丑	8	廿九 29th
8	1	癸巳	7					6	3	甲午	7									3	7	丙寅	9	三十 30th

Male Gua: 2 坤(Kun) **Female Gua: 4 巽(Xun)** 3 Killing 三煞: East Annual Star: 2 Black

月干支 Month	七月小 7th Mth				八月大 8th Mth				九月小 9th Mth				十月大 10th Mth				十一月大 11th Mth				十二月大 12th Mth			
	壬申 Ren Shen				癸酉 Gui You				甲戌 Jia Xu				乙亥 Yi Hai				丙子 Bing Zi				丁丑 Ding Chou			
九星 9 Star	五黃 Five Yellow				四綠 Four Green				三碧 Three Jade				二黑 Two Black				一白 One White				九紫 Nine Purple			
節氣 Season	處暑 Heat Ends		立秋 Coming Autumn		秋分 Autumn Equinox		白露 White Dew		霜降 Frosting		寒露 Cold Dew		小雪 Lesser Snow		立冬 Coming of Winter		冬至 Winter Solstice		大雪 Greater Snow		大寒 Greater Cold		小寒 Lesser Cold	
	22nd day		6th day		24th day		3th day		24th day		9th day		25th day		10th day		25th day		10th day		24th day		9th day	
	11hr 46min		21hr 4min		9hr 20min		23hr 54min		18hr 36min		15hr 28min		16hr 5min		18hr 34min		5hr 22min		11hr 22min		16hr 2min		22hr 34min	
	午 Wu		亥 Hai		巳 Si		子 Zi		酉 You		申 Shen		申 Shen		酉 You		卯 Mao		午 Wu		申 Shen		亥 Hai	
農曆 Calendar	國曆 Gregorian		干支 S/B	星 Star	國曆 Gregorian		干支 S/B	星 Star	國曆 Gregorian		干支 S/B	星 Star	國曆 Gregorian		干支 S/B	星 Star	國曆 Gregorian		干支 S/B	星 Star	國曆 Gregorian		干支 S/B	星 Star
初一 1st	8	2	甲午	6	8	31	癸亥	4	9	30	癸巳	1	10	29	壬戌	8	11	28	壬辰	5	12	28	壬戌	8
初二 2nd	8	3	乙未	5	9	1	甲子	3	10	1	甲午	9	10	30	癸亥	7	11	29	癸巳	4	12	29	癸亥	9
初三 3rd	8	4	丙申	4	9	2	乙丑	2	10	2	乙未	8	10	31	甲子	6	11	30	甲午	3	12	30	甲子	1
初四 4th	8	5	丁酉	3	9	3	丙寅	1	10	3	丙申	7	11	1	乙丑	5	12	1	乙未	2	12	31	乙丑	2
初五 5th	8	6	戊戌	2	9	4	丁卯	9	10	4	丁酉	6	11	2	丙寅	4	12	2	丙申	1	1	1	丙寅	3
初六 6th	8	7	己亥	1	9	5	戊辰	8	10	5	戊戌	5	11	3	丁卯	3	12	3	丁酉	9	1	2	丁卯	4
初七 7th	8	8	庚子	9	9	6	己巳	7	10	6	己亥	4	11	4	戊辰	2	12	4	戊戌	8	1	3	戊辰	5
初八 8th	8	9	辛丑	8	9	7	庚午	6	10	7	庚子	3	11	5	己巳	1	12	5	己亥	7	1	4	己巳	6
初九 9th	8	10	壬寅	7	9	8	辛未	5	10	8	辛丑	2	11	6	庚午	9	12	6	庚子	6	1	5	庚午	7
初十 10th	8	11	癸卯	6	9	9	壬申	4	10	9	壬寅	1	11	7	辛未	8	12	7	辛丑	5	1	6	辛未	8
十一 11th	8	12	甲辰	5	9	10	癸酉	3	10	10	癸卯	9	11	8	壬申	7	12	8	壬寅	4	1	7	壬申	9
十二 12th	8	13	乙巳	4	9	11	甲戌	2	10	11	甲辰	8	11	9	癸酉	6	12	9	癸卯	3	1	8	癸酉	1
十三 13th	8	14	丙午	3	9	12	乙亥	1	10	12	乙巳	7	11	10	甲戌	5	12	10	甲辰	2	1	9	甲戌	2
十四 14th	8	15	丁未	2	9	13	丙子	9	10	13	丙午	6	11	11	乙亥	4	12	11	乙巳	1	1	10	乙亥	3
十五 15th	8	16	戊申	1	9	14	丁丑	8	10	14	丁未	5	11	12	丙子	3	12	12	丙午	9	1	11	丙子	4
十六 16th	8	17	己酉	9	9	15	戊寅	7	10	15	戊申	4	11	13	丁丑	2	12	13	丁未	3	1	12	丁丑	5
十七 17th	8	18	庚戌	8	9	16	己卯	6	10	16	己酉	3	11	14	戊寅	1	12	14	戊申	7	1	13	戊寅	6
十八 18th	8	19	辛亥	7	9	17	庚辰	5	10	17	庚戌	2	11	15	己卯	9	12	15	己酉	6	1	14	己卯	7
十九 19th	8	20	壬子	6	9	18	辛巳	4	10	18	辛亥	1	11	16	庚辰	8	12	16	庚戌	5	1	15	庚辰	8
二十 20th	8	21	癸丑	5	9	19	壬午	3	10	19	壬子	9	11	17	辛巳	7	12	17	辛亥	4	1	16	辛巳	9
廿一 21st	8	22	甲寅	4	9	20	癸未	2	10	20	癸丑	8	11	18	壬午	6	12	18	壬子	3	1	17	壬午	1
廿二 22nd	8	23	乙卯	3	9	21	甲申	1	10	21	甲寅	7	11	19	癸未	5	12	19	癸丑	2	1	18	癸未	2
廿三 23rd	8	24	丙辰	2	9	22	乙酉	9	10	22	乙卯	6	11	20	甲申	4	12	20	甲寅	1	1	19	甲申	3
廿四 24th	8	25	丁巳	1	9	23	丙戌	8	10	23	丙辰	5	11	21	乙酉	3	12	21	乙卯	9	1	20	乙酉	4
廿五 25th	8	26	戊午	9	9	24	丁亥	7	10	24	丁巳	4	11	22	丙戌	2	12	22	丙辰	8/2	1	21	丙戌	5
廿六 26th	8	27	己未	8	9	25	戊子	6	10	25	戊午	3	11	23	丁亥	1	12	23	丁巳	3	1	22	丁亥	6
廿七 27th	8	28	庚申	7	9	26	己丑	5	10	26	己未	2	11	24	戊子	9	12	24	戊午	4	1	23	戊子	7
廿八 28th	8	29	辛酉	6	9	27	庚寅	4	10	27	庚申	1	11	25	己丑	8	12	25	己未	5	1	24	己丑	8
廿九 29th	8	30	壬戌	5	9	28	辛卯	3	10	28	辛酉	9	11	26	庚寅	7	12	26	庚申	6	1	25	庚寅	9
三十 30th					9	29	壬辰	2					11	27	辛卯	6	12	27	辛酉	7	1	26	辛卯	1

地支 Twelve Branches: 子 Zi Rat · 丑 Chou Ox · 寅 Yin Tiger · 卯 Mao Rabbit · 辰 Chen Dragon · 巳 Si Snake · 午 Wu Horse · 未 Wei Goat · 申 Shen Monkey · 酉 You Rooster · 戌 Xu Dog · 亥 Hai Pig

1990 庚午 Metal Horse

Grand Duke: 王清

月干支 Month	正月小 1st Mth				二月大 2nd Mth				三月小 3rd Mth			
	戊寅 Wu Yin				己卯 Ji Mao				庚辰 Geng Chen			
九星 9 Star	八白 Eight White				七赤 Seven Red				六白 Six White			
節氣 Season	雨水 Rain Water		立春 Coming of Spring		春分 Spring Equinox		驚蟄 Awakening of Worms		穀雨 Grain Rain		清明 Clear and Bright	
	24th day		9th day		25th day		10th day		25th day		10th day	
	6hr 14min		10hr 15min		5hr 19min		4hr 20min		16hr 27min		9hr 13min	
	卯 Mao		巳 Si		卯 Mao		寅 Yin		申 Shen		巳 Si	
農曆 Calendar	國曆 Gregorian		干支 S/B	星 Star	國曆 Gregorian		干支 S/B	星 Star	國曆 Gregorian		干支 S/B	星 Star
初一 1st	1	27	壬辰	2	2	25	辛酉	4	3	27	辛卯	7
初二 2nd	1	28	癸巳	3	2	26	壬戌	5	3	28	壬辰	8
初三 3rd	1	29	甲午	4	2	27	癸亥	6	3	29	癸巳	9
初四 4th	1	30	乙未	5	2	28	甲子	7	3	30	甲午	1
初五 5th	1	31	丙申	6	3	1	乙丑	8	3	31	乙未	2
初六 6th	2	1	丁酉	7	3	2	丙寅	9	4	1	丙申	3
初七 7th	2	2	戊戌	8	3	3	丁卯	1	4	2	丁酉	4
初八 8th	2	3	己亥	9	3	4	戊辰	2	4	3	戊戌	5
初九 9th	2	4	庚子	1	3	5	己巳	3	4	4	己亥	6
初十 10th	2	5	辛丑	2	3	6	庚午	4	4	5	庚子	7
十一 11th	2	6	壬寅	3	3	7	辛未	5	4	6	辛丑	8
十二 12th	2	7	癸卯	4	3	8	壬申	6	4	7	壬寅	9
十三 13th	2	8	甲辰	5	3	9	癸酉	7	4	8	癸卯	1
十四 14th	2	9	乙巳	6	3	10	甲戌	8	4	9	甲辰	2
十五 15th	2	10	丙午	7	3	11	乙亥	9	4	10	乙巳	3
十六 16th	2	11	丁未	8	3	12	丙子	1	4	11	丙午	4
十七 17th	2	12	戊申	9	3	13	丁丑	2	4	12	丁未	5
十八 18th	2	13	己酉	1	3	14	戊寅	3	4	13	戊申	6
十九 19th	2	14	庚戌	2	3	15	己卯	4	4	14	己酉	7
二十 20th	2	15	辛亥	3	3	16	庚辰	5	4	15	庚戌	8
廿一 21st	2	16	壬子	4	3	17	辛巳	6	4	16	辛亥	9
廿二 22nd	2	17	癸丑	5	3	18	壬午	7	4	17	壬子	1
廿三 23rd	2	18	甲寅	6	3	19	癸未	8	4	18	癸丑	2
廿四 24th	2	19	乙卯	7	3	20	甲申	9	4	19	甲寅	3
廿五 25th	2	20	丙辰	8	3	21	乙酉	1	4	20	乙卯	4
廿六 26th	2	21	丁巳	9	3	22	丙戌	2	4	21	丙辰	5
廿七 27th	2	22	戊午	1	3	23	丁亥	3	4	22	丁巳	6
廿八 28th	2	23	己未	2	3	24	戊子	4	4	23	戊午	7
廿九 29th	2	24	庚申	3	3	25	己丑	5	4	24	己未	8
三十 30th					3	26	庚寅	6				

月干支 Month	四月小 4th Mth				五月大 5th Mth				閏五月小 5th Mth				六月小 6th Mth			
	辛巳 Xin Si				壬午 Ren Wu								癸未 Gui Wei			
九星 9 Star	五黃 Five Yellow				四綠 Four Green								三碧 Three Jade			
節氣 Season	小滿 Small Sprout		立夏 Coming of Summer		夏至 Summer Solstice		芒種 Planting of Thorny Crops				小暑 Lesser Heat		立秋 Coming Autumn		大暑 Greater Heat	
	27th day		12th day		29th day		14th day				15th day		18th day		2nd day	
	15hr 37min		2hr 36min		23hr 33min		6hr 47min				17hr 1min		2hr 46min		10hr 22min	
	申 Shen		丑 Chou		子 Zi		卯 Mao				酉 You		丑 Chou		巳 Si	
農曆 Calendar	國曆 Gregorian		干支 S/B	星 Star	國曆 Gregorian		干支 S/B	星 Star	國曆 Gregorian		干支 S/B	星 Star	國曆 Gregorian		干支 S/B	星 Star
初一 1st	4	25	庚申	9	5	24	己丑	2	6	23	己未	5	7	22	戊子	3
初二 2nd	4	26	辛酉	1	5	25	庚寅	3	6	24	庚申	4	7	23	己丑	2
初三 3rd	4	27	壬戌	2	5	26	辛卯	4	6	25	辛酉	3	7	24	庚寅	1
初四 4th	4	28	癸亥	3	5	27	壬辰	5	6	26	壬戌	2	7	25	辛卯	9
初五 5th	4	29	甲子	4	5	28	癸巳	6	6	27	癸亥	1	7	26	壬辰	8
初六 6th	4	30	乙丑	5	5	29	甲午	7	6	28	甲子	9	7	27	癸巳	7
初七 7th	5	1	丙寅	6	5	30	乙未	8	6	29	乙丑	8	7	28	甲午	6
初八 8th	5	2	丁卯	7	5	31	丙申	9	6	30	丙寅	7	7	29	乙未	5
初九 9th	5	3	戊辰	8	6	1	丁酉	1	7	1	丁卯	6	7	30	丙申	4
初十 10th	5	4	己巳	9	6	2	戊戌	2	7	2	戊辰	5	7	31	丁酉	3
十一 11th	5	5	庚午	1	6	3	己亥	3	7	3	己巳	4	8	1	戊戌	2
十二 12th	5	6	辛未	2	6	4	庚子	4	7	4	庚午	3	8	2	己亥	1
十三 13th	5	7	壬申	3	6	5	辛丑	5	7	5	辛未	2	8	3	庚子	9
十四 14th	5	8	癸酉	4	6	6	壬寅	6	7	6	壬申	1	8	4	辛丑	8
十五 15th	5	9	甲戌	5	6	7	癸卯	7	7	7	癸酉	9	8	5	壬寅	7
十六 16th	5	10	乙亥	6	6	8	甲辰	8	7	8	甲戌	8	8	6	癸卯	6
十七 17th	5	11	丙子	7	6	9	乙巳	9	7	9	乙亥	7	8	7	甲辰	5
十八 18th	5	12	丁丑	8	6	10	丙午	1	7	10	丙子	6	8	8	乙巳	4
十九 19th	5	13	戊寅	9	6	11	丁未	2	7	11	丁丑	5	8	9	丙午	3
二十 20th	5	14	己卯	1	6	12	戊申	3	7	12	戊寅	4	8	10	丁未	2
廿一 21st	5	15	庚辰	2	6	13	己酉	4	7	13	己卯	3	8	11	戊申	1
廿二 22nd	5	16	辛巳	3	6	14	庚戌	5	7	14	庚辰	2	8	12	己酉	9
廿三 23rd	5	17	壬午	4	6	15	辛亥	6	7	15	辛巳	1	8	13	庚戌	8
廿四 24th	5	18	癸未	5	6	16	壬子	7	7	16	壬午	9	8	14	辛亥	7
廿五 25th	5	19	甲申	6	6	17	癸丑	8	7	17	癸未	8	8	15	壬子	6
廿六 26th	5	20	乙酉	7	6	18	甲寅	9	7	18	甲申	7	8	16	癸丑	5
廿七 27th	5	21	丙戌	8	6	19	乙卯	1	7	19	乙酉	6	8	17	甲寅	4
廿八 28th	5	22	丁亥	9	6	20	丙辰	2	7	20	丙戌	5	8	18	乙卯	3
廿九 29th	5	23	戊子	1	6	21	丁巳	3\7	7	21	丁亥	4	8	19	丙辰	2
三十 30th					6	22	戊午	6								

天干 Ten Stems: 甲 Jia Yang Wood; 乙 Yi Yin Wood; 丙 Bing Yang Fire; 丁 Ding Yin Fire; 戊 Wu Yang Earth; 己 Ji Yin Earth; 庚 Geng Yang Metal; 辛 Xin Yin Metal; 壬 Ren Yang Water; 癸 Gui Yin Water

地支 Twelve Branches	月干支 Month	七月大 7th Mth				八月小 8th Mth				九月大 9th Mth			
		甲申 Jia Shen				乙酉 Yi You				丙戌 Bing Xu			
	九星 9 Star	二黑 Two Black				一白 One White				九紫 Nine Purple			
子 Zi Rat	節氣 Season	白露 White Dew		處暑 Heat Ends		寒露 Cold Dew		秋分 Autumn Equinox		立冬 Coming of Winter		霜降 Frosting	
		20th day		4th day		20th day		5th day		22nd day		7th day	
丑 Chou Ox		5hr 37min		17hr 21min		21hr 14min		14hr 56min		0hr 24min		0hr 14min	
		卯 Mao		酉 You		亥 Hai		未 Wei		子 Zi		子 Zi	
	農曆 Calendar	國曆 Gregorian		干支 S/B	星 Star	國曆 Gregorian		干支 S/B	星 Star	國曆 Gregorian		干支 S/B	星 Star
寅 Yin Tiger	初一 1st	8	20	丁巳	1	9	19	丁亥	7	10	18	丙辰	5
	初二 2nd	8	21	戊午	9	9	20	戊子	6	10	19	丁巳	4
	初三 3rd	8	22	己未	8	9	21	己丑	5	10	20	戊午	3
卯 Mao Rabbit	初四 4th	8	23	庚申	7	9	22	庚寅	4	10	21	己未	2
	初五 5th	8	24	辛酉	6	9	23	辛卯	3	10	22	庚申	1
	初六 6th	8	25	壬戌	5	9	24	壬辰	2	10	23	辛酉	9
辰 Chen Dragon	初七 7th	8	26	癸亥	4	9	25	癸巳	1	10	24	壬戌	8
	初八 8th	8	27	甲子	3	9	26	甲午	9	10	25	癸亥	7
	初九 9th	8	28	乙丑	2	9	27	乙未	8	10	26	甲子	6
巳 Si Snake	初十 10th	8	29	丙寅	1	9	28	丙申	7	10	27	乙丑	5
	十一 11th	8	30	丁卯	9	9	29	丁酉	6	10	28	丙寅	4
	十二 12th	8	31	戊辰	8	9	30	戊戌	5	10	29	丁卯	3
午 Wu Horse	十三 13th	9	1	己巳	7	10	1	己亥	4	10	30	戊辰	2
	十四 14th	9	2	庚午	6	10	2	庚子	3	10	31	己巳	1
	十五 15th	9	3	辛未	5	10	3	辛丑	2	11	1	庚午	9
未 Wei Goat	十六 16th	9	4	壬申	4	10	4	壬寅	1	11	2	辛未	8
	十七 17th	9	5	癸酉	3	10	5	癸卯	9	11	3	壬申	7
	十八 18th	9	6	甲戌	2	10	6	甲辰	8	11	4	癸酉	6
申 Shen Monkey	十九 19th	9	7	乙亥	1	10	7	乙巳	7	11	5	甲戌	5
	二十 20th	9	8	丙子	9	10	8	丙午	6	11	6	乙亥	4
	廿一 21st	9	9	丁丑	8	10	9	丁未	5	11	7	丙子	3
酉 You Rooster	廿二 22nd	9	10	戊寅	7	10	10	戊申	4	11	8	丁丑	2
	廿三 23rd	9	11	己卯	6	10	11	己酉	3	11	9	戊寅	1
	廿四 24th	9	12	庚辰	5	10	12	庚戌	2	11	10	己卯	9
戌 Xu Dog	廿五 25th	9	13	辛巳	4	10	13	辛亥	1	11	11	庚辰	8
	廿六 26th	9	14	壬午	3	10	14	壬子	9	11	12	辛巳	7
	廿七 27th	9	15	癸未	2	10	15	癸丑	8	11	13	壬午	6
亥 Hai Pig	廿八 28th	9	16	甲申	1	10	16	甲寅	7	11	14	癸未	5
	廿九 29th	9	17	乙酉	9	10	17	乙卯	6	11	15	甲申	4
	三十 30th	9	18	丙戌	8					11	16	乙酉	3

月干支 Month	十月大 10th Mth				十一月大 11th Mth				十二月大 12th Mth			
	丁亥 Ding Hai				戊子 Wu Zi				己丑 Ji Chou			
九星 9 Star	八白 Eight White				七赤 Seven Red				六白 Six White			
節氣 Season	大雪 Greater Snow		小雪 Lesser Snow		小寒 Lesser Cold		冬至 Winter Solstice		立春 Coming of Spring		大寒 Greater Cold	
	21st day		6th day		21st day		6th day		20th day		5th day	
	17hr 19min		2[illegible]hr 47min		4hr 29min		11hr 7min		16hr 9min		21hr 48min	
	酉 You		亥 Hai		寅 Yin		午 Wu		申 Shen		亥 Hai	
農曆 Calendar	國曆 Gregorian		干支 S/B	星 Star	國曆 Gregorian		干支 S/B	星 Star	國曆 Gregorian		干支 S/B	星 Star
初一 1st	11	17	丙戌	2	12	17	丙辰	8	1	16	丙戌	5
初二 2nd	11	18	丁亥	1	12	18	丁巳	7	1	17	丁亥	6
初三 3rd	11	19	戊子	9	12	19	戊午	6	1	18	戊子	7
初四 4th	11	20	己丑	8	12	20	己未	5	1	19	己丑	8
初五 5th	11	21	庚寅	7	12	21	庚申	4	1	20	庚寅	9
初六 6th	11	22	辛卯	6	12	22	辛酉	3\7	1	21	辛卯	1
初七 7th	11	23	壬辰	5	12	23	壬戌	8	1	22	壬辰	2
初八 8th	11	24	癸巳	4	12	24	癸亥	9	1	23	癸巳	3
初九 9th	11	25	甲午	3	12	25	甲子	1	1	24	甲午	4
初十 10th	11	26	乙未	2	12	26	乙丑	2	1	25	乙未	5
十一 11th	11	27	丙申	1	12	27	丙寅	3	1	26	丙申	6
十二 12th	11	28	丁酉	9	12	28	丁卯	4	1	27	丁酉	7
十三 13th	11	29	戊戌	8	12	29	戊辰	5	1	28	戊戌	8
十四 14th	11	30	己亥	7	12	30	己巳	6	1	29	己亥	9
十五 15th	12	1	庚子	6	12	31	庚午	7	1	30	庚子	1
十六 16th	12	2	辛丑	5	1	1	辛未	8	1	31	辛丑	2
十七 17th	12	3	壬寅	4	1	2	壬申	9	2	1	壬寅	3
十八 18th	12	4	癸卯	3	1	3	癸酉	1	2	2	癸卯	4
十九 19th	12	5	甲辰	2	1	4	甲戌	2	2	3	甲辰	5
二十 20th	12	6	乙巳	1	1	5	乙亥	3	2	4	乙巳	6
廿一 21st	12	7	丙午	9	1	6	丙子	4	2	5	丙午	7
廿二 22nd	12	8	丁未	8	1	7	丁丑	5	2	6	丁未	8
廿三 23rd	12	9	戊申	7	1	8	戊寅	6	2	7	戊申	9
廿四 24th	12	10	己酉	6	1	9	己卯	7	2	8	己酉	1
廿五 25th	12	11	庚戌	5	1	10	庚辰	8	2	9	庚戌	2
廿六 26th	12	12	辛亥	4	1	11	辛巳	9	2	10	辛亥	3
廿七 27th	12	13	壬子	3	1	12	壬午	[illegible]	2	11	壬子	4
廿八 28th	12	14	癸丑	2	1	13	癸未	2	2	12	癸丑	5
廿九 29th	12	15	甲寅	1	1	14	甲申	3	2	13	甲寅	6
三十 30th	12	16	乙卯	9	1	15	乙酉	4	2	14	乙卯	7

1991 辛未 Metal Goat

Grand Duke: 李素

月干支 Month	正月小 1st Mth				二月大 2nd Mth				三月小 3rd Mth			
	庚寅 Geng Yin				辛卯 Xin Mao				壬辰 Ren Chen			
九星 9 Star	五黃 Five Yellow				四綠 Four Green				三碧 Three Jade			
節氣 Season	驚蟄 Awakening of Worms		雨水 Rain Water		清明 Clear and Bright		春分 Spring Equinox		立夏 Coming of Summer		穀雨 Grain Rain	
	20th day		5th day		21st day		6th day		22nd day		6th day	
	10hr 13min		11hr 59min		15hr 5min		11hr 2min		8hr 27min		22hr 09min	
	巳 Si		午 Wu		申 Shen		午 Wu		辰 Chen		亥 Hai	
農曆 Calendar	國曆 Gregorian		干支 S / B	星 Star	國曆 Gregorian		干支 S / B	星 Star	國曆 Gregorian		干支 S / B	星 Star
初一 1st	2	15	丙辰	8	3	16	乙酉	1	4	15	乙卯	4
初二 2nd	2	16	丁巳	9	3	17	丙戌	2	4	16	丙辰	5
初三 3rd	2	17	戊午	1	3	18	丁亥	3	4	17	丁巳	6
初四 4th	2	18	己未	2	3	19	戊子	4	4	18	戊午	7
初五 5th	2	19	庚申	3	3	20	己丑	5	4	19	己未	8
初六 6th	2	20	辛酉	4	3	21	庚寅	6	4	20	庚申	9
初七 7th	2	21	壬戌	5	3	22	辛卯	7	4	21	辛酉	1
初八 8th	2	22	癸亥	6	3	23	壬辰	8	4	22	壬戌	2
初九 9th	2	23	甲子	7	3	24	癸巳	9	4	23	癸亥	3
初十 10th	2	24	乙丑	8	3	25	甲午	1	4	24	甲子	4
十一 11th	2	25	丙寅	9	3	26	乙未	2	4	25	乙丑	5
十二 12th	2	26	丁卯	1	3	27	丙申	3	4	26	丙寅	6
十三 13th	2	27	戊辰	2	3	28	丁酉	4	4	27	丁卯	7
十四 14th	2	28	己巳	3	3	29	戊戌	5	4	28	戊辰	8
十五 15th	3	1	庚午	4	3	30	己亥	6	4	29	己巳	9
十六 16th	3	2	辛未	5	3	31	庚子	7	4	30	庚午	1
十七 17th	3	3	壬申	6	4	1	辛丑	8	5	1	辛未	2
十八 18th	3	4	癸酉	7	4	2	壬寅	9	5	2	壬申	3
十九 19th	3	5	甲戌	8	4	3	癸卯	1	5	3	癸酉	4
二十 20th	3	6	乙亥	9	4	4	甲辰	2	5	4	甲戌	5
廿一 21st	3	7	丙子	1	4	5	乙巳	3	5	5	乙亥	6
廿二 22nd	3	8	丁丑	2	4	6	丙午	4	5	6	丙子	7
廿三 23rd	3	9	戊寅	3	4	7	丁未	5	5	7	丁丑	8
廿四 24th	3	10	己卯	4	4	8	戊申	6	5	8	戊寅	9
廿五 25th	3	11	庚辰	5	4	9	己酉	7	5	9	己卯	1
廿六 26th	3	12	辛巳	6	4	10	庚戌	8	5	10	庚辰	2
廿七 27th	3	13	壬午	7	4	11	辛亥	9	5	11	辛巳	3
廿八 28th	3	14	癸未	8	4	12	壬子	1	5	12	壬午	4
廿九 29th	3	15	甲申	9	4	13	癸丑	2	5	13	癸未	5
三十 30th					4	14	甲寅	3				

月干支 Month	四月小 4th Mth				五月大 5th Mth				六月小 6th Mth			
	癸巳 Gui Si				甲午 Jia Wu				乙未 Yi Wei			
九星 9 Star	二黑 Two Black				一白 One White				九紫 Nine Purple			
節氣 Season	芒種 Planting of Thorny Crops		小滿 Small Sprout		小暑 Lesser Heat		夏至 Summer Solstice		立秋 Coming Autum		大暑 Greater Heat	
	24th day		8th day		26th day		11th day		28th day		12th day	
	12hr 38min		21hr 20min		22hr 53min		5hr 19min		8hr 38min		16hr 11min	
	午 Wu		亥 Hai		亥 Hai		卯 Mao		辰 Chen		申 Shen	
農曆 Calendar	國曆 Gregorian		干支 S / B	星 Star	國曆 Gregorian		干支 S / B	星 Star	國曆 Gregorian		干支 S / B	星 Star
初一 1st	5	14	甲申	6	6	12	癸丑	8	7	12	癸未	8
初二 2nd	5	15	乙酉	7	6	13	甲寅	9	7	13	甲申	7
初三 3rd	5	16	丙戌	8	6	14	乙卯	1	7	14	乙酉	6
初四 4th	5	17	丁亥	9	6	15	丙辰	2	7	15	丙戌	5
初五 5th	5	18	戊子	1	6	16	丁巳	3	7	16	丁亥	4
初六 6th	5	19	己丑	2	6	17	戊午	4	7	17	戊子	3
初七 7th	5	20	庚寅	3	6	18	己未	5	7	18	己丑	2
初八 8th	5	21	辛卯	4	6	19	庚申	6	7	19	庚寅	1
初九 9th	5	22	壬辰	5	6	20	辛酉	7	7	20	辛卯	9
初十 10th	5	23	癸巳	6	6	21	壬戌	8	7	21	壬辰	8
十一 11th	5	24	甲午	7	6	22	癸亥	9\1	7	22	癸巳	7
十二 12th	5	25	乙未	8	6	23	甲子	9	7	23	甲午	6
十三 13th	5	26	丙申	9	6	24	乙丑	8	7	24	乙未	5
十四 14th	5	27	丁酉	1	6	25	丙寅	7	7	25	丙申	4
十五 15th	5	28	戊戌	2	6	26	丁卯	6	7	26	丁酉	3
十六 16th	5	29	己亥	3	6	27	戊辰	5	7	27	戊戌	2
十七 17th	5	30	庚子	4	6	28	己巳	4	7	28	己亥	1
十八 18th	5	31	辛丑	5	6	29	庚午	3	7	29	庚子	9
十九 19th	6	1	壬寅	6	6	30	辛未	2	7	30	辛丑	8
二十 20th	6	2	癸卯	7	7	1	壬申	1	7	31	壬寅	7
廿一 21st	6	3	甲辰	8	7	2	癸酉	9	8	1	癸卯	6
廿二 22nd	6	4	乙巳	9	7	3	甲戌	8	8	2	甲辰	5
廿三 23rd	6	5	丙午	1	7	4	乙亥	7	8	3	乙巳	4
廿四 24th	6	6	丁未	2	7	5	丙子	6	8	4	丙午	3
廿五 25th	6	7	戊申	3	7	6	丁丑	5	8	5	丁未	2
廿六 26th	6	8	己酉	4	7	7	戊寅	4	8	6	戊申	1
廿七 27th	6	9	庚戌	5	7	8	己卯	3	8	7	己酉	9
廿八 28th	6	10	辛亥	6	7	9	庚辰	2	8	8	庚戌	[illegible]
廿九 29th	6	11	壬子	7	7	10	辛巳	1	8	9	辛亥	7
三十 30th					7	11	壬午	9				

天干 Ten Stems

- 甲 Jia Yang Wood
- 乙 Yi Yin Wood
- 丙 Bing Yang Fire
- 丁 Ding Yin Fire
- 戊 Wu Yang Earth
- 己 Ji Yin Earth
- 庚 Geng Yang Metal
- 辛 Xin Yin Metal
- 壬 Ren Yang Water
- 癸 Gui Yin Water

Male Gua: 9 離(Li) **Female Gua: 6 乾(Qian)** 3 Killing 三煞: West Annual Star: 9 Purple

月干支 Month	七月小 7th Mth				八月大 8th Mth			
	丙申 Bing Shen				丁酉 Ding You			
九星 9 Star	八白 Eight White				七赤 Seven Red			
節氣 Season			處暑 Heat Ends 14th day 23hr 13min 子 Zi		秋分 Autumn Equinox 16th day 20hr 48min 戌 Xu		白露 White Dew 1st day 11hr 28min 午 Wu	
農曆 Calendar	國曆 Gregorian		干支 S/B	星 Star	國曆 Gregorian		干支 S/B	星 Star
初一 1st	8	10	壬子	6	9	8	辛巳	4
初二 2nd	8	11	癸丑	5	9	9	壬午	3
初三 3rd	8	12	甲寅	4	9	10	癸未	2
初四 4th	8	13	乙卯	3	9	11	甲申	1
初五 5th	8	14	丙辰	2	9	12	乙酉	9
初六 6th	8	15	丁巳	1	9	13	丙戌	8
初七 7th	8	16	戊午	9	9	14	丁亥	7
初八 8th	8	17	己未	8	9	15	戊子	6
初九 9th	8	18	庚申	7	9	16	己丑	5
初十 10th	8	19	辛酉	6	9	17	庚寅	4
十一 11th	8	20	壬戌	5	9	18	辛卯	3
十二 12th	8	21	癸亥	4	9	19	壬辰	2
十三 13th	8	22	甲子	3	9	20	癸巳	1
十四 14th	8	23	乙丑	2	9	21	甲午	9
十五 15th	8	24	丙寅	1	9	22	乙未	8
十六 16th	8	25	丁卯	9	9	23	丙申	7
十七 17th	8	26	戊辰	8	9	24	丁酉	6
十八 18th	8	27	己巳	7	9	25	戊戌	5
十九 19th	8	28	庚午	6	9	26	己亥	4
二十 20th	8	29	辛未	5	9	27	庚子	3
廿一 21st	8	30	壬申	4	9	28	辛丑	2
廿二 22nd	8	31	癸酉	3	9	29	壬寅	1
廿三 23rd	9	1	甲戌	2	9	30	癸卯	9
廿四 24th	9	2	乙亥	1	10	1	甲辰	8
廿五 25th	9	3	丙子	9	10	2	乙巳	7
廿六 26th	9	4	丁丑	8	10	3	丙午	6
廿七 27th	9	5	戊寅	7	10	4	丁未	5
廿八 28th	9	6	己卯	6	10	5	戊申	4
廿九 29th	9	7	庚辰	5	10	6	己酉	3
三十 30th					10	7	庚戌	2

月干支 Month	九月小 9th Mth				十月大 10th Mth			
	戊戌 Wu Xu				己亥 Ji Hai			
九星 9 Star	六白 Six White				五黃 Five Yellow			
節氣 Season	霜降 Frosting 17th day 6hr 5min 卯 Mao		寒露 Cold Dew 2nd day 3hr 2min 寅 Yin		小雪 Lesser Snow 18th day 3hr 36min 寅 Yin		立冬 Coming of Winter 3rd day 6hr 3min 卯 Mao	
農曆 Calendar	國曆 Gregorian		干支 S/B	星 Star	國曆 Gregorian		干支 S/B	星 Star
初一 1st	10	8	辛亥	1	11	6	庚辰	8
初二 2nd	10	9	壬子	9	11	7	辛巳	7
初三 3rd	10	10	癸丑	8	11	8	壬午	6
初四 4th	10	11	甲寅	7	11	9	癸未	5
初五 5th	10	12	乙卯	6	11	10	甲申	4
初六 6th	10	13	丙辰	5	11	11	乙酉	3
初七 7th	10	14	丁巳	4	11	12	丙戌	2
初八 8th	10	15	戊午	3	11	13	丁亥	1
初九 9th	10	16	己未	2	11	14	戊子	9
初十 10th	10	17	庚申	1	11	15	己丑	8
十一 11th	10	18	辛酉	9	11	16	庚寅	7
十二 12th	10	19	壬戌	8	11	17	辛卯	6
十三 13th	10	20	癸亥	7	11	18	壬辰	5
十四 14th	10	21	甲子	6	11	19	癸巳	4
十五 15th	10	22	乙丑	5	11	20	甲午	3
十六 16th	10	23	丙寅	4	11	21	乙未	2
十七 17th	10	24	丁卯	3	11	22	丙申	1
十八 18th	10	25	戊辰	2	11	23	丁酉	9
十九 19th	10	26	己巳	1	11	24	戊戌	8
二十 20th	10	27	庚午	9	11	25	己亥	7
廿一 21st	10	28	辛未	8	11	26	庚子	6
廿二 22nd	10	29	壬申	7	11	27	辛丑	5
廿三 23rd	10	30	癸酉	6	11	28	壬寅	4
廿四 24th	10	31	甲戌	5	11	29	癸卯	3
廿五 25th	11	1	乙亥	4	11	30	甲辰	2
廿六 26th	11	2	丙子	3	12	1	乙巳	1
廿七 27th	11	3	丁丑	2	12	2	丙午	9
廿八 28th	11	4	戊寅	1	12	3	丁未	8
廿九 29th	11	5	己卯	9	12	4	戊申	7
三十 30th					12	5	己酉	6

月干支 Month	十一月大 11th Mth				十二月大 12th Mth			
	庚子 Geng Zi				辛丑 Xin Chou			
九星 9 Star	四綠 Four Green				三碧 Three Jade			
節氣 Season	冬至 Winter Solstice 17th day 16hr 54min 申 Shen		大雪 Greater Snow 2nd day 22hr 56min 亥 Hai		大寒 Greater Cold 17th day 3hr 33min 寅 Yin		小寒 Lesser Cold 2nd day 10hr 9min 巳 Si	
農曆 Calendar	國曆 Gregorian		干支 S/B	星 Star	國曆 Gregorian		干支 S/B	星 Star
初一 1st	12	6	庚戌	5	1	5	庚辰	2
初二 2nd	12	7	辛亥	4	1	6	辛巳	3
初三 3rd	12	8	壬子	3	1	7	壬午	4
初四 4th	12	9	癸丑	2	1	8	癸未	5
初五 5th	12	10	甲寅	1	1	9	甲申	6
初六 6th	12	11	乙卯	9	1	10	乙酉	7
初七 7th	12	12	丙辰	8	1	11	丙戌	8
初八 8th	12	13	丁巳	7	1	12	丁亥	9
初九 9th	12	14	戊午	6	1	13	戊子	1
初十 10th	12	15	己未	5	1	14	己丑	2
十一 11th	12	16	庚申	4	1	15	庚寅	3
十二 12th	12	17	辛酉	3	1	16	辛卯	4
十三 13th	12	18	壬戌	2	1	17	壬辰	5
十四 14th	12	19	癸亥	1	1	18	癸巳	6
十五 15th	12	20	甲子	9	1	19	甲午	7
十六 16th	12	21	乙丑	3	1	20	乙未	8
十七 17th	12	22	丙寅	7\6	1	21	丙申	9
十八 18th	12	23	丁卯	7	1	22	丁酉	1
十九 19th	12	24	戊辰	8	1	23	戊戌	2
二十 20th	12	25	己巳	9	1	24	己亥	3
廿一 21st	12	26	庚午	1	1	25	庚子	4
廿二 22nd	12	27	辛未	2	1	26	辛丑	5
廿三 23rd	12	28	壬申	3	1	27	壬寅	6
廿四 24th	12	29	癸酉	4	1	28	癸卯	7
廿五 25th	12	30	甲戌	5	1	29	甲辰	8
廿六 26th	12	31	乙亥	6	1	30	乙巳	9
廿七 27th	1	1	丙子	7	1	31	丙午	1
廿八 28th	1	2	丁丑	8	2	1	丁未	2
廿九 29th	1	3	戊寅	9	2	2	戊申	3
三十 30th	1	4	己卯	1	2	3	己酉	4

地支 Twelve Branches: 子 Zi Rat · 丑 Chou Ox · 寅 Yin Tiger · 卯 Mao Rabbit · 辰 Chen Dragon · 巳 Si Snake · 午 Wu Horse · 未 Wei Goat · 申 Shen Monkey · 酉 You Rooster · 戌 Xu Dog · 亥 Hai Pig

1992 壬申 Water Monkey

Grand Duke: 劉旺

天干 Ten Stems: 甲 Jia Yang Wood · 乙 Yi Yin Wood · 丙 Bing Yang Fire · 丁 Ding Yin Fire · 戊 Wu Yang Earth · 己 Ji Yin Earth · 庚 Geng Yang Metal · 辛 Xin Yin Metal · 壬 Ren Yang Water · 癸 Gui Yin Water

六月大 6th Mth				五月小 5th Mth				四月小 4th Mth				三月大 3rd Mth				二月大 2nd Mth				正月小 1st Mth				月干支 Month
丁未 Ding Wei				丙午 Bing Wu				乙巳 Yi Si				甲辰 Jia Chen				癸卯 Gui Mao				壬寅 Ren Yin				
六白 Six White				七赤 Seven Red				八白 Eight White				九紫 Nine Purple				一白 One White				二黑 Two Black				九星 9 Star
大暑 Greater Heat		小暑 Lesser Heat		夏至 Summer Solstice		芒種 Planting of Thorny Crops		小滿 Small Sprout		立夏 Coming of Summer		穀雨 Grain Rain		清明 Clear and Bright		春分 Spring Equinox		驚蟄 Awakening of Worms		雨水 Rain Water		立春 Coming of Spring		節氣 Season
23rd day		8th day		21st day		5th day		19th day		3rd day		18th day		2nd ay		17th day		2nd day		16th day		1st day		
22hr 9min		4hr 40min		11hr 14min		18hr 23min		3hr 12min		14hr 9min		3hr 57min		20hr 45min		16hr 48min		15hr 52min		17hr 44min		21hr 49min		
亥 Hai		寅 Yin		午 Wu		酉 You		寅 Yin		未 Wei		寅 Yin		戌 Xu		申 Shen		申 Shen		酉 You		亥 Hai		
國曆 Gregorian		干支 S/B	星 Star	國曆 Gregorian		干支 S/B	星 Star	國曆 Gregorian		干支 S/B	星 Star	國曆 Gregorian		干支 S/B	星 Star	國曆 Gregorian		干支 S/B	星 Star	國曆 Gregorian		干支 S/B	星 Star	農曆 Calendar
6	30	丁丑	2	6	1	戊申	6	5	3	己卯	4	4	3	己酉	1	3	4	己卯	7	2	4	庚戌	5	初一 1st
7	1	戊寅	1	6	2	己酉	7	5	4	庚辰	5	4	4	庚戌	2	3	5	庚辰	8	2	5	辛亥	6	初二 2nd
7	2	己卯	9	6	3	庚戌	8	5	5	辛巳	6	4	5	辛亥	3	3	6	辛巳	9	2	6	壬子	7	初三 3rd
7	3	庚辰	8	6	4	辛亥	9	5	6	壬午	7	4	6	壬子	4	3	7	壬午	1	2	7	癸丑	8	初四 4th
7	4	辛巳	7	6	5	壬子	1	5	7	癸未	8	4	7	癸丑	5	3	8	癸未	2	2	8	甲寅	9	初五 5th
7	5	壬午	6	6	6	癸丑	2	5	8	甲申	9	4	8	甲寅	6	3	9	甲申	3	2	9	乙卯	1	初六 6th
7	6	癸未	5	6	7	甲寅	3	5	9	乙酉	1	4	9	乙卯	7	3	10	乙酉	4	2	10	丙辰	2	初七 7th
7	7	甲申	4	6	8	乙卯	4	5	10	丙戌	2	4	10	丙辰	8	3	11	丙戌	5	2	11	丁巳	3	初八 8th
7	8	乙酉	3	6	9	丙辰	5	5	11	丁亥	3	4	11	丁巳	9	3	12	丁亥	6	2	12	戊午	4	初九 9th
7	9	丙戌	2	6	10	丁巳	6	5	12	戊子	4	4	12	戊午	1	3	13	戊子	7	2	13	己未	5	初十 10th
7	10	丁亥	1	6	11	戊午	7	5	13	己丑	5	4	13	己未	2	3	14	己丑	8	2	14	庚申	6	十一 11th
7	11	戊子	9	6	12	己未	8	5	14	庚寅	6	4	14	庚申	3	3	15	庚寅	9	2	15	辛酉	7	十二 12th
7	12	己丑	8	6	13	庚申	9	5	15	辛卯	7	4	15	辛酉	4	3	16	辛卯	1	2	16	壬戌	8	十三 13th
7	13	庚寅	7	6	14	辛酉	1	5	16	壬辰	8	4	16	壬戌	5	3	17	壬辰	2	2	17	癸亥	9	十四 14th
7	14	辛卯	6	6	15	壬戌	2	5	17	癸巳	9	4	17	癸亥	6	3	18	癸巳	3	2	18	甲子	1	十五 15th
7	15	壬辰	5	6	16	癸亥	3	5	18	甲午	1	4	18	甲子	7	3	19	甲午	4	2	19	乙丑	2	十六 16th
7	16	癸巳	4	6	17	甲子	4	5	19	乙未	2	4	19	乙丑	8	3	20	乙未	5	2	20	丙寅	3	十七 17th
7	17	甲午	3	6	18	乙丑	5	5	20	丙申	3	4	20	丙寅	9	3	21	丙申	6	2	21	丁卯	4	十八 18th
7	18	乙未	2	6	19	丙寅	6	5	21	丁酉	4	4	21	丁卯	1	3	22	丁酉	7	2	22	戊辰	5	十九 19th
7	19	丙申	1	6	20	丁卯	7	5	22	戊戌	5	4	22	戊辰	2	3	23	戊戌	8	2	23	己巳	6	二十 20th
7	20	丁酉	9	6	21	戊辰	8\2	5	23	己亥	6	4	23	己巳	3	3	24	己亥	9	2	24	庚午	7	廿一 21st
7	21	戊戌	8	6	22	己巳	1	5	24	庚子	7	4	24	庚午	4	3	25	庚子	1	2	25	辛未	8	廿二 22nd
7	22	己亥	7	6	23	庚午	9	5	25	辛丑	8	4	25	辛未	5	3	26	辛丑	2	2	26	壬申	9	廿三 23rd
7	23	庚子	6	6	24	辛未	8	5	26	壬寅	9	4	26	壬申	6	3	27	壬寅	3	2	27	癸酉	1	廿四 24th
7	24	辛丑	5	6	25	壬申	7	5	27	癸卯	1	4	27	癸酉	7	3	28	癸卯	4	2	28	甲戌	2	廿五 25th
7	25	壬寅	4	6	26	癸酉	6	5	28	甲辰	2	4	28	甲戌	8	3	29	甲辰	5	2	29	乙亥	3	廿六 26th
7	26	癸卯	3	6	27	甲戌	5	5	29	乙巳	3	4	29	乙亥	9	3	30	乙巳	6	3	1	丙子	4	廿七 27th
7	27	甲辰	2	6	28	乙亥	4	5	30	丙午	4	4	30	丙子	1	3	31	丙午	7	3	2	丁丑	5	廿八 28th
7	28	乙巳	1	6	29	丙子	3	5	31	丁未	5	5	1	丁丑	2	4	1	丁未	8	3	3	戊寅	6	廿九 29th
7	29	丙午	9									5	2	戊寅	3	4	2	戊申	9					三十 30th

Male Gua: 8 艮(Gen) **Female Gua: 7 兑(Dui)** 3 Killing 三煞: South Annual Star: 8 White

十二月大 12th Mth				十一月大 11th Mth				十月小 10th Mth				九月大 9th Mth				八月小 8th Mth				七月小 7th Mth				月干支 Month
癸丑 Gui Chou				壬子 Ren Zi				辛亥 Xin Hai				庚戌 Geng Xu				己酉 Ji You				戊申 Wu Shen				
九紫 Nine Purple				一白 One White				二黑 Two Black				三碧 Three Jade				四綠 Four Green				五黃 Five Yellow				九星 9 Star
大寒 Greater Cold		小寒 Lesser Cold		冬至 Winter Solstice		大雪 Greater Snow		小雪 Lesser Snow		立冬 Coming of Winter		霜降 Frosting		寒露 Cold Dew		秋分 Autumn Equinox		白露 White Dew		處暑 Heat Ends		立秋 Coming Autumn		節氣 Season
28th day		13th day		28th day		14th day		28th day		13th day		28th day		13th day		27th day		11th day		25th day		9th day		
9hr 23min		15hr 57min		22hr 44min		4hr 45min		9hr 26min		11hr 58min		11hr 57min		8hr 52min		2hr 43min		17hr 18min		5hr 10min		14hr 27min		
巳 Si		申 Shen		亥 Hai		寅 Yin		巳 Si		午 Wu		午 Wu		辰 Chen		丑 Chou		酉 You		卯 Mao		未 Wei		
國曆 Gregorian		干支 S/B	星 Star	國曆 Gregorian		干支 S/B	星 Star	國曆 Gregorian		干支 S/B	星 Star	國曆 Gregorian		干支 S/B	星 Star	國曆 Gregorian		干支 S/B	星 Star	國曆 Gregorian		干支 S/B	星 Star	農曆 Calendar
12	24	甲戌	5	11	24	甲辰	8	10	26	乙亥	1	9	26	乙巳	4	8	28	丙子	6	7	30	丁未	8	初一 1st
12	25	乙亥	6	11	25	乙巳	7	10	27	丙子	9	9	27	丙午	3	8	29	丁丑	5	7	31	戊申	7	初二 2nd
12	26	丙子	7	11	26	丙午	6	10	28	丁丑	8	9	28	丁未	2	8	30	戊寅	4	8	1	己酉	6	初三 3rd
12	27	丁丑	8	11	27	丁未	5	10	29	戊寅	7	9	29	戊申	1	8	31	己卯	3	8	2	庚戌	5	初四 4th
12	28	戊寅	9	11	28	戊申	4	10	30	己卯	6	9	30	己酉	9	9	1	庚辰	2	8	3	辛亥	4	初五 5th
12	29	己卯	1	11	29	己酉	3	10	31	庚辰	5	10	1	庚戌	8	9	2	辛巳	1	8	4	壬子	3	初六 6th
12	30	庚辰	2	11	30	庚戌	2	11	1	辛巳	4	10	2	辛亥	7	9	3	壬午	9	8	5	癸丑	2	初七 7th
12	31	辛巳	3	12	1	辛亥	1	11	2	壬午	3	10	3	壬子	6	9	4	癸未	8	8	6	甲寅	1	初八 8th
1	1	壬午	4	12	2	壬子	9	11	3	癸未	2	10	4	癸丑	5	9	5	甲申	7	8	7	乙卯	9	初九 9th
1	2	癸未	5	12	3	癸丑	8	11	4	甲申	1	10	5	甲寅	4	9	6	乙酉	6	8	8	丙辰	8	初十 10th
1	3	甲申	6	12	4	甲寅	7	11	5	乙酉	9	10	6	乙卯	3	9	7	丙戌	5	8	9	丁巳	7	十一 11th
1	4	乙酉	7	12	5	乙卯	6	11	6	丙戌	8	10	7	丙辰	2	9	8	丁亥	4	8	10	戊午	6	十二 12th
1	5	丙戌	8	12	6	丙辰	5	11	7	丁亥	7	10	8	丁巳	1	9	9	戊子	3	8	11	己未	5	十三 13th
1	6	丁亥	9	12	7	丁巳	4	11	8	戊子	6	10	9	戊午	9	9	10	己丑	2	8	12	庚申	4	十四 14th
1	7	戊子	1	12	8	戊午	3	11	9	己丑	5	10	10	己未	8	9	11	庚寅	1	8	13	辛酉	3	十五 15th
1	8	己丑	2	12	9	己未	2	11	10	庚寅	4	10	11	庚申	7	9	12	辛卯	9	8	14	壬戌	2	十六 16th
1	9	庚寅	3	12	10	庚申	1	11	11	辛卯	3	10	12	辛酉	6	9	13	壬辰	8	8	15	癸亥	1	十七 17th
1	10	辛卯	4	12	11	辛酉	9	11	12	壬辰	2	10	13	壬戌	5	9	14	癸巳	7	8	16	甲子	9	十八 18th
1	11	壬辰	5	12	12	壬戌	8	11	13	癸巳	1	10	14	癸亥	4	9	15	甲午	6	8	17	乙丑	8	十九 19th
1	12	癸巳	6	12	13	癸亥	7	11	14	甲午	9	10	15	甲子	3	9	16	乙未	5	8	18	丙寅	7	二十 20th
1	13	甲午	7	12	14	甲子	6	11	15	乙未	8	10	16	乙丑	2	9	17	丙申	4	8	19	丁卯	6	廿一 21st
1	14	乙未	8	12	15	乙丑	5	11	16	丙申	7	10	17	丙寅	1	9	18	丁酉	3	8	20	戊辰	5	廿二 22nd
1	15	丙申	9	12	16	丙寅	4	11	17	丁酉	6	10	18	丁卯	9	9	19	戊戌	2	8	21	己巳	4	廿三 23rd
1	16	丁酉	1	12	17	丁卯	3	11	18	戊戌	5	10	19	戊辰	8	9	20	己亥	1	8	22	庚午	3	廿四 24th
1	17	戊戌	2	12	18	戊辰	2	11	19	己亥	4	10	20	己巳	7	9	21	庚子	9	8	23	辛未	2	廿五 25th
1	18	己亥	3	12	19	己巳	1	11	20	庚子	3	10	21	庚午	6	9	22	辛丑	8	8	24	壬申	1	廿六 26th
1	19	庚子	4	12	20	庚午	9	11	21	辛丑	2	10	22	辛未	5	9	23	壬寅	7	8	25	癸酉	9	廿七 27th
1	20	辛丑	5	12	21	辛未	8 2	11	22	壬寅	1	10	23	壬申	4	9	24	癸卯	6	8	26	甲戌	8	廿八 28th
1	21	壬寅	6	12	22	壬申	3	11	23	癸卯	9	10	24	癸酉	3	9	25	甲辰	5	8	27	乙亥	7	廿九 29th
1	22	癸卯	7	12	23	癸酉	4					10	25	甲戌	2									三十 30th

地支 Twelve Branches: 子 Zi Rat; 丑 Chou Ox; 寅 Yin Tiger; 卯 Mao Rabbit; 辰 Chen Dragon; 巳 Si Snake; 午 Wu Horse; 未 Wei Goat; 申 Shen Monkey; 酉 You Rooster; 戌 Xu Dog; 亥 Hai Pig

1993 癸酉 Water Rooster

Grand Duke: 康志

月干支 Month	正月小 1st Mth				二月大 2nd Mth				三月大 3rd Mth				閏三月小 3rd Mth				四月大 4th Mth				五月小 5th Mth				六月大 6th Mth			
	甲寅 Jia Yin				乙卯 Yi Mao				丙辰 Bing Chen								丁巳 Ding Si				戊午 Wu Wu				己未 Ji Wei			
九星 9 Star	八白 Eight White				七赤 Seven Red				六白 Six White								五黃 Five Yellow				四綠 Four Green				三碧 Three Jade			
節氣 Season	雨水 Rain Water 27th day 22hr 36min 亥 Hai		立春 Coming of Spring 13th day 3hr 38min 寅 Yin		春分 Spring Equinox 28th day 22hr 41min 亥 Hai		驚蟄 Awakening of Worms 13th day 21hr 43min 亥 Hai		穀雨 Grain Rain 29th day 9hr 49min 巳 Si		清明 Clear and Bright 14th day 2hr 37min 丑 Chou				立夏 Coming of Summer 14th day 20hr 2min 戌 Xu		芒種 Planting of Thorny Crops 17th day 0hr 16min 子 Zi		小滿 Small Sprout 1st day 9hr 2min 巳 Si		小暑 Lesser Heat 18th day 10hr 32min 巳 Si		夏至 Summer Solstice 2nd day 17hr 0min 申 Shen		立秋 Coming Autumn 20th day 20hr 18min 戌 Xu		大暑 Greater Heat 5th day 3hr 51min 寅 Yin	
農曆 Calendar	國曆 Gregorian		干支 S/B	星 Star	國曆 Gregorian		干支 S/B	星 Star	國曆 Gregorian		干支 S/B	星 Star	國曆 Gregorian		干支 S/B	星 Star	國曆 Gregorian		干支 S/B	星 Star	國曆 Gregorian		干支 S/B	星 Star	國曆 Gregorian		干支 S/B	星 Star
初一 1st	1	23	甲辰	8	2	21	癸酉	1	3	23	癸卯	4	4	22	癸酉	7	5	21	壬寅	9	6	20	壬申	3	7	19	辛丑	5
初二 2nd	1	24	乙巳	9	2	22	甲戌	2	3	24	甲辰	5	4	23	甲戌	8	5	22	癸卯	1	6	21	癸酉	4\6	7	20	壬寅	4
初三 3rd	1	25	丙午	1	2	23	乙亥	3	3	25	乙巳	6	4	24	乙亥	9	5	23	甲辰	2	6	22	甲戌	5	7	21	癸卯	3
初四 4th	1	26	丁未	2	2	24	丙子	4	3	26	丙午	7	4	25	丙子	1	5	24	乙巳	3	6	23	乙亥	4	7	22	甲辰	2
初五 5th	1	27	戊申	3	2	25	丁丑	5	3	27	丁未	8	4	26	丁丑	2	5	25	丙午	4	6	24	丙子	3	7	23	乙巳	1
初六 6th	1	28	己酉	4	2	26	戊寅	6	3	28	戊申	9	4	27	戊寅	3	5	26	丁未	5	6	25	丁丑	2	7	24	丙午	9
初七 7th	1	29	庚戌	5	2	27	己卯	7	3	29	己酉	1	4	28	己卯	4	5	27	戊申	6	6	26	戊寅	1	7	25	丁未	8
初八 8th	1	30	辛亥	6	2	28	庚辰	8	3	30	庚戌	2	4	29	庚辰	5	5	28	己酉	7	6	27	己卯	9	7	26	戊申	7
初九 9th	1	31	壬子	7	3	1	辛巳	9	3	31	辛亥	3	4	30	辛巳	6	5	29	庚戌	8	6	28	庚辰	8	7	27	己酉	6
初十 10th	2	1	癸丑	8	3	2	壬午	1	4	1	壬子	4	5	1	壬午	7	5	30	辛亥	9	6	29	辛巳	7	7	28	庚戌	5
十一 11th	2	2	甲寅	9	3	3	癸未	2	4	2	癸丑	5	5	2	癸未	8	5	31	壬子	1	6	30	壬午	6	7	29	辛亥	4
十二 12th	2	3	乙卯	1	3	4	甲申	3	4	3	甲寅	6	5	3	甲申	9	6	1	癸丑	2	7	1	癸未	5	7	30	壬子	3
十三 13th	2	4	丙辰	2	3	5	乙酉	4	4	4	乙卯	7	5	4	乙酉	1	6	2	甲寅	3	7	2	甲申	4	7	31	癸丑	2
十四 14th	2	5	丁巳	3	3	6	丙戌	5	4	5	丙辰	8	5	5	丙戌	2	6	3	乙卯	4	7	3	乙酉	3	8	1	甲寅	1
十五 15th	2	6	戊午	4	3	7	丁亥	6	4	6	丁巳	9	5	6	丁亥	3	6	4	丙辰	5	7	4	丙戌	2	8	2	乙卯	9
十六 16th	2	7	己未	5	3	8	戊子	7	4	7	戊午	1	5	7	戊子	4	6	5	丁巳	6	7	5	丁亥	1	8	3	丙辰	8
十七 17th	2	8	庚申	6	3	9	己丑	8	4	8	己未	2	5	8	己丑	5	6	6	戊午	7	7	6	戊子	9	8	4	丁巳	7
十八 18th	2	9	辛酉	7	3	10	庚寅	9	4	9	庚申	3	5	9	庚寅	6	6	7	己未	8	7	7	己丑	8	8	5	戊午	6
十九 19th	2	10	壬戌	8	3	11	辛卯	1	4	10	辛酉	4	5	10	辛卯	7	6	8	庚申	9	7	8	庚寅	7	8	6	己未	5
二十 20th	2	11	癸亥	9	3	12	壬辰	2	4	11	壬戌	5	5	11	壬辰	8	6	9	辛酉	1	7	9	辛卯	6	8	7	庚申	4
廿一 21st	2	12	甲子	1	3	13	癸巳	3	4	12	癸亥	6	5	12	癸巳	9	6	10	壬戌	2	7	10	壬辰	5	8	8	辛酉	3
廿二 22nd	2	13	乙丑	2	3	14	甲午	4	4	13	甲子	7	5	13	甲午	1	6	11	癸亥	3	7	11	癸巳	4	8	9	壬戌	2
廿三 23rd	2	14	丙寅	3	3	15	乙未	5	4	14	乙丑	8	5	14	乙未	2	6	12	甲子	4	7	12	甲午	3	8	10	癸亥	1
廿四 24th	2	15	丁卯	4	3	16	丙申	6	4	15	丙寅	9	5	15	丙申	3	6	13	乙丑	5	7	13	乙未	2	8	11	甲子	9
廿五 25th	2	16	戊辰	5	3	17	丁酉	7	4	16	丁卯	1	5	16	丁酉	4	6	14	丙寅	6	7	14	丙申	1	8	12	乙丑	8
廿六 26th	2	17	己巳	6	3	18	戊戌	8	4	17	戊辰	2	5	17	戊戌	5	6	15	丁卯	7	7	15	丁酉	9	8	13	丙寅	7
廿七 27th	2	18	庚午	7	3	19	己亥	9	4	18	己巳	3	5	18	己亥	6	6	16	戊辰	8	7	16	戊戌	8	8	14	丁卯	6
廿八 28th	2	19	辛未	8	3	20	庚子	1	4	19	庚午	4	5	19	庚子	7	6	17	己巳	9	7	17	己亥	7	8	15	戊辰	5
廿九 29th	2	20	壬申	9	3	21	辛丑	2	4	20	辛未	5	5	20	辛丑	8	6	18	庚午	1	7	18	庚子	6	8	16	己巳	4
三十 30th					3	22	壬寅	3	4	21	壬申	6					6	19	辛未	2					8	17	庚午	3

天干 Ten Stems

- 甲 Jia Yang Wood
- 乙 Yi Yin Wood
- 丙 Bing Yang Fire
- 丁 Ding Yin Fire
- 戊 Wu Yang Earth
- 己 Ji Yin Earth
- 庚 Geng Yang Metal
- 辛 Xin Yin Metal
- 壬 Ren Yang Water
- 癸 Gui Yin Water

Male Gua: 7 兑(Dui) Female Gua: 8 艮(Gen) 3 Killing 三煞: East Annual Star: 7 Red

地支 Twelve Branches: 子 Zi Rat · 丑 Chou Ox · 寅 Yin Tiger · 卯 Mao Rabbit · 辰 Chen Dragon · 巳 Si Snake · 午 Wu Horse · 未 Wei Goat · 申 Shen Monkey · 酉 You Rooster · 戌 Xu Dog · 亥 Hai Pig

月干支 Month	十二月小 12th Mth 乙丑 Yi Chou				十一月大 11th Mth 甲子 Jia Zi				十月小 10th Mth 癸亥 Gui Hai			
九星 9 Star	六白 Six White				七赤 Seven Red				八白 Eight White			
節氣 Season	立春 Coming of Spring 24th day 9hr 31min 巳 Si		大寒 Greater Cold 9th day 15hr 8min 申 Shen		小寒 Lesser Cold 24th day 21hr 49min 亥 Hai		冬至 Winter Solstice 10th day 4hr 26min 寅 Yin		大雪 Greater Snow 24th day 10hr 34min 巳 Si		小雪 Lesser Snow 9th day 15hr 7min 申 Shen	
農曆 Calendar	國曆 Gregorian		干支 S/B	星 Star	國曆 Gregorian		干支 S/B	星 Star	國曆 Gregorian		干支 S/B	星 Star
初一 1st	1	12	戊戌	2	12	13	戊辰	2	11	14	己亥	4
初二 2nd	1	13	己亥	3	12	14	己巳	1	11	15	庚子	3
初三 3rd	1	14	庚子	4	12	15	庚午	9	11	16	辛丑	2
初四 4th	1	15	辛丑	5	12	16	辛未	8	11	17	壬寅	1
初五 5th	1	16	壬寅	6	12	17	壬申	7	11	18	癸卯	9
初六 6th	1	17	癸卯	7	12	18	癸酉	6	11	19	甲辰	8
初七 7th	1	18	甲辰	8	12	19	甲戌	5	11	20	乙巳	7
初八 8th	1	19	乙巳	9	12	20	乙亥	4	11	21	丙午	6
初九 9th	1	20	丙午	1	12	21	丙子	3	11	22	丁未	5
初十 10th	1	21	丁未	2	12	22	丁丑	2/3	11	23	戊申	4
十一 11th	1	22	戊申	3	12	23	戊寅	9	11	24	己酉	3
十二 12th	1	23	己酉	4	12	24	己卯	1	11	25	庚戌	2
十三 13th	1	24	庚戌	5	12	25	庚辰	2	11	26	辛亥	1
十四 14th	1	25	辛亥	6	12	26	辛巳	3	11	27	壬子	9
十五 15th	1	26	壬子	7	12	27	壬午	4	11	28	癸丑	8
十六 16th	1	27	癸丑	8	12	28	癸未	5	11	29	甲寅	7
十七 17th	1	28	甲寅	9	12	29	甲申	6	11	30	乙卯	6
十八 18th	1	29	乙卯	1	12	30	乙酉	7	12	1	丙辰	5
十九 19th	1	30	丙辰	2	12	31	丙戌	8	12	2	丁巳	4
二十 20th	1	31	丁巳	3	1	1	丁亥	9	12	3	戊午	3
廿一 21st	2	1	戊午	4	1	2	戊子	1	12	4	己未	2
廿二 22nd	2	2	己未	5	1	3	己丑	2	12	5	庚申	1
廿三 23rd	2	3	庚申	6	1	4	庚寅	3	12	6	辛酉	9
廿四 24th	2	4	辛酉	7	1	5	辛卯	4	12	7	壬戌	8
廿五 25th	2	5	壬戌	8	1	6	壬辰	5	12	8	癸亥	7
廿六 26th	2	6	癸亥	9	1	7	癸巳	6	12	9	甲子	6
廿七 27th	2	7	甲子	1	1	8	甲午	7	12	10	乙丑	5
廿八 28th	2	8	乙丑	2	1	9	乙未	8	12	11	丙寅	4
廿九 29th	2	9	丙寅	3	1	10	丙申	9	12	12	丁卯	3
三十 30th					1	11	丁酉	1				

月干支 Month	九月大 9th Mth 壬戌 Ren Xu				八月小 8th Mth 辛酉 Xin You				七月小 7th Mth 庚申 Geng Shen			
九星 9 Star	九紫 Nine Purple				一白 One White				二黑 Two Black			
節氣 Season	立冬 Coming of Winter 24th day 17hr 46min 酉 You		霜降 Frosting 9th day 17hr 38min 酉 You		寒露 Cold Dew 23rd day 14hr 40min 未 Wei		秋分 Autumn Equinox 8th day 8hr 23min 辰 Chen		白露 White Dew 21st day 23hr 8min 子 Zi		處暑 Heat Ends 6th day 10hr 51min 巳 Si	
農曆 Calendar	國曆 Gregorian		干支 S/B	星 Star	國曆 Gregorian		干支 S/B	星 Star	國曆 Gregorian		干支 S/B	星 Star
初一 1st	10	15	己巳	7	9	16	庚子	9	8	18	辛未	2
初二 2nd	10	16	庚午	6	9	17	辛丑	8	8	19	壬申	1
初三 3rd	10	17	辛未	5	9	18	壬寅	7	8	20	癸酉	9
初四 4th	10	18	壬申	4	9	19	癸卯	6	8	21	甲戌	8
初五 5th	10	19	癸酉	3	9	20	甲辰	5	8	22	乙亥	7
初六 6th	10	20	甲戌	2	9	21	乙巳	4	8	23	丙子	6
初七 7th	10	21	乙亥	1	9	22	丙午	3	8	24	丁丑	5
初八 8th	10	22	丙子	9	9	23	丁未	2	8	25	戊寅	4
初九 9th	10	23	丁丑	8	9	24	戊申	1	8	26	己卯	3
初十 10th	10	24	戊寅	7	9	25	己酉	9	8	27	庚辰	2
十一 11th	10	25	己卯	6	9	26	庚戌	8	8	28	辛巳	1
十二 12th	10	26	庚辰	5	9	27	辛亥	7	8	29	壬午	9
十三 13th	10	27	辛巳	4	9	28	壬子	6	8	30	癸未	8
十四 14th	10	28	壬午	3	9	29	癸丑	5	8	31	甲申	7
十五 15th	10	29	癸未	2	9	30	甲寅	4	9	1	乙酉	6
十六 16th	10	30	甲申	1	10	1	乙卯	3	9	2	丙戌	5
十七 17th	10	31	乙酉	9	10	2	丙辰	2	9	3	丁亥	4
十八 18th	11	1	丙戌	8	10	3	丁巳	1	9	4	戊子	3
十九 19th	11	2	丁亥	7	10	4	戊午	9	9	5	己丑	2
二十 20th	11	3	戊子	6	10	5	己未	8	9	6	庚寅	1
廿一 21st	11	4	己丑	5	10	6	庚申	7	9	7	辛卯	9
廿二 22nd	11	5	庚寅	4	10	7	辛酉	6	9	8	壬辰	8
廿三 23rd	11	6	辛卯	3	10	8	壬戌	5	9	9	癸巳	7
廿四 24th	11	7	壬辰	2	10	9	癸亥	4	9	10	甲午	6
廿五 25th	11	8	癸巳	1	10	10	甲子	3	9	11	乙未	5
廿六 26th	11	9	甲午	9	10	11	乙丑	2	9	12	丙申	4
廿七 27th	11	10	乙未	8	10	12	丙寅	1	9	13	丁酉	3
廿八 28th	11	11	丙申	7	10	13	丁卯	9	9	14	戊戌	2
廿九 29th	11	12	丁酉	6	10	14	戊辰	8	9	15	己亥	1
三十 30th	11	13	戊戌	5								

1994 甲戌 Wood Dog

Grand Duke: 誓廣

月干支 Month	九星 9 Star	節氣 Season					
正月大 1st Mth 丙寅 Bing Yin	五黃 Five Yellow	驚蟄 Awakening of Worms	25th day	3hr 38min 寅 Yin	雨水 Rain Water	10th day	5hr 22min 卯 Mao
二月大 2nd Mth 丁卯 Ding Mao	四綠 Four Green	清明 Clear and Bright	25th day	8hr 32min 辰 Chen	春分 Spring Equinox	10th day	4hr 28min 寅 Yin
三月大 3rd Mth 戊辰 Wu Chen	三碧 Three Jade	立夏 Coming of Summer	26th day	1hr 54min 丑 Chou	穀雨 Grain Rain	10th day	15hr 36min 申 Shen
四月小 4th Mth 己巳 Ji Si	二黑 Two Black	芒種 Planting of Thorny Crops	27th day	6hr 5min 卯 Mao	小滿 Small Sprout	11th day	14hr 49min 未 Wei
五月大 5th Mth 庚午 Geng Wu	一白 One White	小暑 Lesser Heat	2[illegible]th day	1[illegible]hr 19min 申 Shen	夏至 Summer Solstice	13th day	22hr 48min 亥 Hai
六月小 6th Mth 辛未 Xin Wei	九紫 Nine Purple				大暑 Greater Heat	15th day	9hr 41min 巳 Si

農曆 Calendar	1st Mth 國曆 Gregorian		干支 S/B	星 Star	2nd Mth 國曆 Gregorian		干支 S/B	星 Star	3rd Mth 國曆 Gregorian		干支 S/B	星 Star
初一 1st	2	10	丁卯	4	3	12	丁酉	7	4	11	丁卯	1
初二 2nd	2	11	戊辰	5	3	13	戊戌	8	4	12	戊辰	2
初三 3rd	2	12	己巳	6	3	14	己亥	9	4	13	己巳	3
初四 4th	2	13	庚午	7	3	15	庚子	1	4	14	庚午	4
初五 5th	2	14	辛未	8	3	16	辛丑	2	4	15	辛未	5
初六 6th	2	15	壬申	9	3	17	壬寅	3	4	16	壬申	6
初七 7th	2	16	癸酉	1	3	18	癸卯	4	4	17	癸酉	7
初八 8th	2	17	甲戌	2	3	19	甲辰	5	4	18	甲戌	8
初九 9th	2	18	乙亥	3	3	20	乙巳	6	4	19	乙亥	9
初十 10th	2	19	丙子	4	3	21	丙午	7	4	20	丙子	1
十一 11th	2	20	丁丑	5	3	22	丁未	8	4	21	丁丑	2
十二 12th	2	21	戊寅	6	3	23	戊申	9	4	22	戊寅	3
十三 13th	2	22	己卯	7	3	24	己酉	1	4	23	己卯	4
十四 14th	2	23	庚辰	8	3	25	庚戌	2	4	24	庚辰	5
十五 15th	2	24	辛巳	9	3	26	辛亥	3	4	25	辛巳	6
十六 16th	2	25	壬午	1	3	27	壬子	4	4	26	壬午	7
十七 17th	2	26	癸未	2	3	28	癸丑	5	4	27	癸未	8
十八 18th	2	27	甲申	3	3	29	甲寅	6	4	28	甲申	9
十九 19th	2	28	乙酉	4	3	30	乙卯	7	4	29	乙酉	1
二十 20th	3	1	丙戌	5	3	31	丙辰	8	4	30	丙戌	2
廿一 21st	3	2	丁亥	6	4	1	丁巳	9	5	1	丁亥	3
廿二 22nd	3	3	戊子	7	4	2	戊午	1	5	2	戊子	4
廿三 23rd	3	4	己丑	8	4	3	己未	2	5	3	己丑	5
廿四 24th	3	5	庚寅	9	4	4	庚申	3	5	4	庚寅	6
廿五 25th	3	6	辛卯	1	4	5	辛酉	4	5	5	辛卯	7
廿六 26th	3	7	壬辰	2	4	6	壬戌	5	5	6	壬辰	8
廿七 27th	3	8	癸巳	3	4	7	癸亥	6	5	7	癸巳	9
廿八 28th	3	9	甲午	4	4	8	甲子	7	5	8	甲午	1
廿九 29th	3	10	乙未	5	4	9	乙丑	8	5	9	乙未	2
三十 30th	3	11	丙申	6	4	10	丙寅	9	5	10	丙申	3

農曆 Calendar	4th Mth 國曆 Gregorian		干支 S/B	星 Star	5th Mth 國曆 Gregorian		干支 S/B	星 Star	6th Mth 國曆 Gregorian		干支 S/B	星 Star
初一 1st	5	11	丁酉	4	6	9	丙寅	6	7	9	丙申	1
初二 2nd	5	12	戊戌	5	6	10	丁卯	7	7	10	丁酉	9
初三 3rd	5	13	己亥	6	6	11	戊辰	8	7	11	戊戌	8
初四 4th	5	14	庚子	7	6	12	己巳	9	7	12	己亥	7
初五 5th	5	15	辛丑	8	6	13	庚午	1	7	13	庚子	6
初六 6th	5	16	壬寅	9	6	14	辛未	2	7	14	辛丑	5
初七 7th	5	17	癸卯	1	6	15	壬申	3	7	15	壬寅	4
初八 8th	5	18	甲辰	2	6	16	癸酉	4	7	16	癸卯	3
初九 9th	5	19	乙巳	3	6	17	甲戌	5	7	17	甲辰	2
初十 10th	5	20	丙午	4	6	18	乙亥	6	7	18	乙巳	1
十一 11th	5	21	丁未	5	6	19	丙子	7	7	19	丙午	9
十二 12th	5	22	戊申	6	6	20	丁丑	8	7	20	丁未	8
十三 13th	5	23	己酉	7	6	21	戊寅	9\1	7	21	戊申	7
十四 14th	5	24	庚戌	8	6	22	己卯	9	7	22	己酉	6
十五 15th	5	25	辛亥	9	6	23	庚辰	8	7	23	庚戌	5
十六 16th	5	26	壬子	1	6	24	辛巳	7	7	24	辛亥	4
十七 17th	5	27	癸丑	2	6	25	壬午	6	7	25	壬子	3
十八 18th	5	28	甲寅	3	6	26	癸未	5	7	26	癸丑	2
十九 19th	5	29	乙卯	4	6	27	甲申	4	7	27	甲寅	1
二十 20th	5	30	丙辰	5	6	28	乙酉	3	7	28	乙卯	9
廿一 21st	5	31	丁巳	6	6	29	丙戌	2	7	29	丙辰	8
廿二 22nd	6	1	戊午	7	6	30	丁亥	1	7	30	丁巳	7
廿三 23rd	6	2	己未	8	7	1	戊子	9	7	31	戊午	6
廿四 24th	6	3	庚申	9	7	2	己丑	8	8	1	己未	5
廿五 25th	6	4	辛酉	1	7	3	庚寅	7	8	2	庚申	4
廿六 26th	6	5	壬戌	2	7	4	辛卯	6	8	3	辛酉	3
廿七 27th	6	6	癸亥	3	7	5	壬辰	5	8	4	壬戌	2
廿八 28th	6	7	甲子	4	7	6	癸巳	4	8	5	癸亥	1
廿九 29th	6	8	乙丑	5	7	7	甲午	3	8	6	甲子	9
三十 30th					7	8	乙未	2				

天干 Ten Stems: 甲 Jia Yang Wood; 乙 Yi Yin Wood; 丙 Bing Yang Fire; 丁 Ding Yin Fire; 戊 Wu Yang Earth; 己 Ji Yin Earth; 庚 Geng Yang Metal; 辛 Xin Yin Metal; 壬 Ren Yang Water; 癸 Gui Yin Water

地支 Twelve Branches	十二月大 12th Mth				十一月小 11th Mth				十月大 10th Mth				九月小 9th Mth				八月小 8th Mth				七月大 7th Mth				月干支 Month
	丁丑 Ding Chou				丙子 Bing Zi				乙亥 Yi Hai				甲戌 Jia Xu				癸酉 Gui You				壬申 Ren Shen				
	三碧 Three Jade				四綠 Four Green				五黃 Five Yellow				六白 Six White				七赤 Seven Red				八白 Eight White				九星 9 Star
子 Zi Rat	大寒 Greater Cold		小寒 Lesser Cold		冬至 Winter Solstice		大雪 Greater Snow		小雪 Lesser Snow		立冬 Coming of Winter		霜降 Frosting		寒露 Cold Dew		秋分 Autumn Equinox		白露 White Dew		處暑 Heat Ends		立秋 Coming Autumn		節氣 Season
	20th day		6th day		20th day		5th day		20th day		5th day		19th day		4th day		18th day		3rd day		17th day		2nd day		
	21hr 01min		3hr 34min		10hr 23min		16hr 23min		21hr 6min		23hr 36min		23hr 36min		20hr 29min		14hr 19min		4hr 5min		16hr 44min		2hr 5min		
丑 Chou Ox	亥 Hai		寅 Yin		巳 Si		申 Shen		亥 Hai		子 Zi		子 Zi		戌 Xu		未 Wei		寅 Yin		申 Shen		丑 Chou		
	國曆 Gregorian		干支 S/B	星 Star	國曆 Gregorian		干支 S/B	星 Star	國曆 Gregorian		干支 S/B	星 Star	國曆 Gregorian		干支 S/B	星 Star	國曆 Gregorian		干支 S/B	星 Star	國曆 Gregorian		干支 S/B	星 Star	農曆 Calendar
	1	1	壬辰	5	12	3	癸亥	7	11	3	癸巳	1	10	5	甲子	3	9	6	乙未	5	8	7	乙丑	8	初一 1st
寅 Yin Tiger	1	2	癸巳	6	12	4	甲子	6	11	4	甲午	9	10	6	乙丑	2	9	7	丙申	4	8	8	丙寅	7	初二 2nd
	1	3	甲午	7	12	5	乙丑	5	11	5	乙未	8	10	7	丙寅	1	9	8	丁酉	3	8	9	丁卯	6	初三 3rd
	1	4	乙未	8	12	6	丙寅	4	11	6	丙申	7	10	8	丁卯	9	9	9	戊戌	2	8	10	戊辰	5	初四 4th
卯 Mao Rabbit	1	5	丙申	9	12	7	丁卯	3	11	7	丁酉	6	10	9	戊辰	8	9	10	己亥	1	8	11	己巳	4	初五 5th
	1	6	丁酉	1	12	8	戊辰	2	11	8	戊戌	5	10	10	己巳	7	9	11	庚子	9	8	12	庚午	3	初六 6th
	1	7	戊戌	2	12	9	己巳	1	11	9	己亥	4	10	11	庚午	6	9	12	辛丑	8	8	13	辛未	2	初七 7th
辰 Chen Dragon	1	8	己亥	3	12	10	庚午	9	11	10	庚子	3	10	12	辛未	5	9	13	壬寅	7	8	14	壬申	1	初八 8th
	1	9	庚子	4	12	11	辛未	8	11	11	辛丑	2	10	13	壬申	4	9	14	癸卯	6	8	15	癸酉	9	初九 9th
	1	10	辛丑	5	12	12	壬申	7	11	12	壬寅	1	10	14	癸酉	3	9	15	甲辰	5	8	16	甲戌	8	初十 10th
巳 Si Snake	1	11	壬寅	6	12	13	癸酉	6	11	13	癸卯	9	10	15	甲戌	2	9	16	乙巳	4	8	17	乙亥	7	十一 11th
	1	12	癸卯	7	12	14	甲戌	5	11	14	甲辰	8	10	16	乙亥	1	9	17	丙午	3	8	18	丙子	6	十二 12th
	1	13	甲辰	8	12	15	乙亥	4	11	15	乙巳	7	10	17	丙子	9	9	18	丁未	2	8	19	丁丑	5	十三 13th
午 Wu Horse	1	14	乙巳	9	12	16	丙子	3	11	16	丙午	6	10	18	丁丑	8	9	19	戊申	1	8	20	戊寅	4	十四 14th
	1	15	丙午	1	12	17	丁丑	2	11	17	丁未	5	10	19	戊寅	7	9	20	己酉	9	8	21	己卯	3	十五 15th
	1	16	丁未	2	12	18	戊寅	1	11	18	戊申	4	10	20	己卯	6	9	21	庚戌	8	8	22	庚辰	2	十六 16th
未 Wei Goat	1	17	戊申	3	12	19	己卯	9	11	19	己酉	3	10	21	庚辰	5	9	22	辛亥	7	8	23	辛巳	1	十七 17th
	1	18	己酉	4	12	20	庚辰	8	11	20	庚戌	2	10	22	辛巳	4	9	23	壬子	6	8	24	壬午	9	十八 18th
	1	19	庚戌	5	12	21	辛巳	7	11	21	辛亥	1	10	23	壬午	3	9	24	癸丑	5	8	25	癸未	8	十九 19th
申 Shen Monkey	1	20	辛亥	6	12	22	壬午	6\4	11	22	壬子	9	10	24	癸未	2	9	25	甲寅	4	8	26	甲申	7	二十 20th
	1	21	壬子	7	12	23	癸未	5	11	23	癸丑	8	10	25	甲申	1	9	26	乙卯	3	8	27	乙酉	6	廿一 21st
	1	22	癸丑	8	12	24	甲申	6	11	24	甲寅	7	10	26	乙酉	9	9	27	丙辰	2	8	28	丙戌	5	廿二 22nd
酉 You Rooster	1	23	甲寅	9	12	25	乙酉	7	11	25	乙卯	6	10	27	丙戌	8	9	28	丁巳	1	8	29	丁亥	4	廿三 23rd
	1	24	乙卯	1	12	26	丙戌	8	11	26	丙辰	5	10	28	丁亥	7	9	29	戊午	9	8	30	戊子	3	廿四 24th
	1	25	丙辰	2	12	27	丁亥	9	11	27	丁巳	4	10	29	戊子	6	9	30	己未	8	8	31	己丑	2	廿五 25th
戌 Xu Dog	1	26	丁巳	3	12	28	戊子	1	11	28	戊午	3	10	30	己丑	5	10	1	庚申	7	9	1	庚寅	1	廿六 26th
	1	27	戊午	4	12	29	己丑	2	11	29	己未	2	10	31	庚寅	4	10	2	辛酉	6	9	2	辛卯	9	廿七 27th
	1	28	己未	5	12	30	庚寅	3	11	30	庚申	1	11	1	辛卯	3	10	3	壬戌	5	9	3	壬辰	8	廿八 28th
亥 Hai Pig	1	29	庚申	6	12	31	辛卯	4	12	1	辛酉	9	11	2	壬辰	2	10	4	癸亥	4	9	4	癸巳	7	廿九 29th
	1	30	辛酉	7					12	2	壬戌	8									9	5	甲午	6	三十 30th

1995 乙亥 Wood Pig

Grand Duke: 伍保

月干支 Month	正月小 1st Mth				二月大 2nd Mth				三月大 3rd Mth			
	戊寅 Wu Yin				己卯 Ji Mao				庚辰 Geng Chen			
九星 9 Star	二黑 Two Black				一白 One White				九紫 Nine Purple			
節氣 Season	雨水 Rain Water		立春 Coming of Spring		春分 Spring Equinox		驚蟄 Awakening of Worms		穀雨 Grain Rain		清明 Clear and Bright	
	20th day		5th day		21st day		6th day		21st day		6th day	
	11hr 11min		15hr 13min		10hr 15min		9hr 16min		21hr 22min		14hr 8min	
	午 Wu		申 Shen		巳 Si		巳 Si		亥 Hai		未 Wei	
農曆 Calendar	國曆 Gregorian		干支 S / B	星 Star	國曆 Gregorian		干支 S / B	星 Star	國曆 Gregorian		干支 S / B	星 Star
初一 1st	1	31	壬戌	8	3	1	辛卯	1	3	31	辛酉	4
初二 2nd	2	1	癸亥	9	3	2	壬辰	2	4	1	壬戌	5
初三 3rd	2	2	甲子	1	3	3	癸巳	3	4	2	癸亥	6
初四 4th	2	3	乙丑	2	3	4	甲午	4	4	3	甲子	7
初五 5th	2	4	丙寅	3	3	5	乙未	5	4	4	乙丑	8
初六 6th	2	5	丁卯	4	3	6	丙申	6	4	5	丙寅	9
初七 7th	2	6	戊辰	5	3	7	丁酉	7	4	6	丁卯	1
初八 8th	2	7	己巳	6	3	8	戊戌	8	4	7	戊辰	2
初九 9th	2	8	庚午	7	3	9	己亥	9	4	8	己巳	3
初十 10th	2	9	辛未	8	3	10	庚子	1	4	9	庚午	4
十一 11th	2	10	壬申	9	3	11	辛丑	2	4	10	辛未	5
十二 12th	2	11	癸酉	1	3	12	壬寅	3	4	11	壬申	6
十三 13th	2	12	甲戌	2	3	13	癸卯	4	4	12	癸酉	7
十四 14th	2	13	乙亥	3	3	14	甲辰	5	4	13	甲戌	8
十五 15th	2	14	丙子	4	3	15	乙巳	6	4	14	乙亥	9
十六 16th	2	15	丁丑	5	3	16	丙午	7	4	15	丙子	1
十七 17th	2	16	戊寅	6	3	17	丁未	8	4	16	丁丑	2
十八 18th	2	17	己卯	7	3	18	戊申	9	4	17	戊寅	3
十九 19th	2	18	庚辰	8	3	19	己酉	1	4	18	己卯	4
二十 20th	2	19	辛巳	9	3	20	庚戌	2	4	19	庚辰	5
廿一 21st	2	20	壬午	1	3	21	辛亥	3	4	20	辛巳	6
廿二 22nd	2	21	癸未	2	3	22	壬子	4	4	21	壬午	7
廿三 23rd	2	22	甲申	3	3	23	癸丑	5	4	22	癸未	8
廿四 24th	2	23	乙酉	4	3	24	甲寅	6	4	23	甲申	9
廿五 25th	2	24	丙戌	5	3	25	乙卯	7	4	24	乙酉	1
廿六 26th	2	25	丁亥	6	3	26	丙辰	8	4	25	丙戌	2
廿七 27th	2	26	戊子	7	3	27	丁巳	9	4	26	丁亥	3
廿八 28th	2	27	己丑	8	3	28	戊午	1	4	27	戊子	4
廿九 29th	2	28	庚寅	9	3	29	己未	2	4	28	己丑	5
三十 30th					3	30	庚申	3	4	29	庚寅	6

月干支 Month	四月小 4th Mth				五月大 5th Mth				六月小 6th Mth			
	辛巳 Xin Si				壬午 Ren Wu				癸未 Gui Wei			
九星 9 Star	八白 Eight White				七赤 Seven Red				六白 Six White			
節氣 Season	小滿 Small Sprout		立夏 Coming of Summer		夏至 Summer Solstice		芒種 Planting of Thorny Crops		大暑 Greater Heat		小暑 Lesser Heat	
	22nd day		7th day		25th day		9th day		26th day		10th day	
	20hr 34min		7hr 30min		4hr 34min		11hr 43min		15hr 30min		22hr 1min	
	戌 Xu		辰 Chen		寅 Yin		午 Wu		申 Shen		亥 Hai	
農曆 Calendar	國曆 Gregorian		干支 S / B	星 Star	國曆 Gregorian		干支 S / B	星 Star	國曆 Gregorian		干支 S / B	星 Star
初一 1st	4	30	辛卯	7	5	29	庚申	9	6	28	庚寅	7
初二 2nd	5	1	壬辰	8	5	30	辛酉	1	6	29	辛卯	6
初三 3rd	5	2	癸巳	9	5	31	壬戌	2	6	30	壬辰	5
初四 4th	5	3	甲午	1	6	1	癸亥	3	7	1	癸巳	4
初五 5th	5	4	乙未	2	6	2	甲子	4	7	2	甲午	3
初六 6th	5	5	丙申	3	6	3	乙丑	5	7	3	乙未	2
初七 7th	5	6	丁酉	4	6	4	丙寅	6	7	4	丙申	1
初八 8th	5	7	戊戌	5	6	5	丁卯	7	7	5	丁酉	9
初九 9th	5	8	己亥	6	6	6	戊辰	8	7	6	戊戌	8
初十 10th	5	9	庚子	7	6	7	己巳	9	7	7	己亥	7
十一 11th	5	10	辛丑	8	6	8	庚午	1	7	8	庚子	6
十二 12th	5	11	壬寅	9	6	9	辛未	2	7	9	辛丑	5
十三 13th	5	12	癸卯	1	6	10	壬申	3	7	10	壬寅	4
十四 14th	5	13	甲辰	2	6	11	癸酉	4	7	11	癸卯	3
十五 15th	5	14	乙巳	3	6	12	甲戌	5	7	12	甲辰	2
十六 16th	5	15	丙午	4	6	13	乙亥	6	7	13	乙巳	1
十七 17th	5	16	丁未	5	6	14	丙子	7	7	14	丙午	9
十八 18th	5	17	戊申	6	6	15	丁丑	8	7	15	丁未	8
十九 19th	5	18	己酉	7	6	16	戊寅	9	7	16	戊申	7
二十 20th	5	19	庚戌	8	6	17	己卯	1	7	17	己酉	6
廿一 21st	5	20	辛亥	9	6	18	庚辰	2	7	18	庚戌	5
廿二 22nd	5	21	壬子	1	6	19	辛巳	3	7	19	辛亥	4
廿三 23rd	5	22	癸丑	2	6	20	壬午	4	7	20	壬子	3
廿四 24th	5	23	甲寅	3	6	21	癸未	5	7	21	癸丑	2
廿五 25th	5	24	乙卯	4	6	22	甲申	4\6	7	22	甲寅	1
廿六 26th	5	25	丙辰	5	6	23	乙酉	3	7	23	乙卯	9
廿七 27th	5	26	丁巳	6	6	24	丙戌	2	7	24	丙辰	8
廿八 28th	5	27	戊午	7	6	25	丁亥	1	7	25	丁巳	7
廿九 29th	5	28	己未	8	6	26	戊子	9	7	26	戊午	6
三十 30th					6	27	己丑	8				

天干 Ten Stems

- 甲 Jia Yang Wood
- 乙 Yi Yin Wood
- 丙 Bing Yang Fire
- 丁 Ding Yin Fire
- 戊 Wu Yang Earth
- 己 Ji Yin Earth
- 庚 Geng Yang Metal
- 辛 Xin Yin Metal
- 壬 Ren Yang Water
- 癸 Gui Yin Water

Male Gua: 2 坤(Kun) **Female Gua: 1 坎(Kan)** 3 Killing 三煞: West Annual Star: 5 Yellow

地支 Twelve Branches	十二月大 12th Mth				十一月小 11th Mth				十月大 10th Mth				九月小 9th Mth				閏八月小 8th Mth				八月大 8th Mth				七月大 7th Mth				月干支 Month
	己丑 Ji Chou				戊子 Wu Zi				丁亥 Ding Hai				丙戌 Bing Xu								乙酉 Yi You				甲申 Jia Shen				
	九紫 Nine Purple				一白 One White				二黑 Two Black				三碧 Three Jade								四綠 Four Green				五黃 Five Yellow				九星 9 Star
子 Zi Rat	立春 Coming of Spring		大寒 Greater Cold		小寒 Lesser Cold		冬至 Winter Solstice		大雪 Greater Snow		小雪 Lesser Snow		立冬 Coming of Winter		霜降 Frosting				寒露 Cold Dew		秋分 Autumn Equinox		白露 White Dew		處暑 Heat Ends		立秋 Coming Autumn		節氣 Season
	16th day		2nd day		16th day		1st day		16th day		2nd day		16th day		1st day				15th day		23th day		14th day		28th day		13th day		
丑 Chou Ox	21hr 8min		2hr 53min		9hr 32min		16hr 17min		22hr 23min		3hr 2min		5hr 36min		5hr 32min				2hr 28min		20hr 13min		10hr 49min		22hr 35min		7hr 52min		
	亥 Hai		丑 Chou		巳 Si		申 Shen		亥 Hai		寅 Yin		卯 Mao		卯 Mao				丑 Chou		戌 Xu		巳 Si		亥 Hai		辰 Chen		
	國曆 Gregorian		干支 S/B	星 Star	國曆 Gregorian		干支 S/B	星 Star	國曆 Gregorian		干支 S/B	星 Star	國曆 Gregorian		干支 S/B	星 Star	國曆 Gregorian		干支 S/B	星 Star	國曆 Gregorian		干支 S/B	星 Star	國曆 Gregorian		干支 S/B	星 Star	農曆 Calendar
寅 Yin Tiger	1	20	丙辰	2	12	22	丁亥	1\9	11	22	丁巳	4	10	24	戊子	6	9	25	己未	8	8	26	己丑	2	7	27	己未	5	初一 1st
	1	21	丁巳	3	12	23	戊子	1	11	23	戊午	3	10	25	己丑	5	9	26	庚申	7	8	27	庚寅	1	7	28	庚申	4	初二 2nd
	1	22	戊午	4	12	24	己丑	2	11	24	己未	2	10	26	庚寅	4	9	27	辛酉	6	8	28	辛卯	9	7	29	辛酉	3	初三 3rd
卯 Mao Rabbit	1	23	己未	5	12	25	庚寅	3	11	25	庚申	1	10	27	辛卯	3	9	28	壬戌	5	8	29	壬辰	8	7	30	壬戌	2	初四 4th
	1	24	庚申	6	12	26	辛卯	4	11	26	辛酉	9	10	28	壬辰	2	9	29	癸亥	4	8	30	癸巳	7	7	31	癸亥	1	初五 5th
辰 Chen Dragon	1	25	辛酉	7	12	27	壬辰	5	11	27	壬戌	8	10	29	癸巳	1	9	30	甲子	3	8	31	甲午	6	8	1	甲子	9	初六 6th
	1	26	壬戌	8	12	28	癸巳	6	11	28	癸亥	7	10	30	甲午	9	10	1	乙丑	2	9	1	乙未	5	8	2	乙丑	8	初七 7th
	1	27	癸亥	9	12	29	甲午	7	11	29	甲子	6	10	31	乙未	8	10	2	丙寅	1	9	2	丙申	4	8	3	丙寅	7	初八 8th
	1	28	甲子	1	12	30	乙未	8	11	30	乙丑	5	11	1	丙申	7	10	3	丁卯	9	9	3	丁酉	3	8	4	丁卯	6	初九 9th
	1	29	乙丑	2	12	31	丙申	9	12	1	丙寅	4	11	2	丁酉	6	10	4	戊辰	8	9	4	戊戌	2	8	5	戊辰	5	初十 10th
巳 Si Snake	1	30	丙寅	3	1	1	丁酉	1	12	2	丁卯	3	11	3	戊戌	5	10	5	己巳	7	9	5	己亥	1	8	6	己巳	4	十一 11th
	1	31	丁卯	4	1	2	戊戌	2	12	3	戊辰	2	11	4	己亥	4	10	6	庚午	6	9	6	庚子	9	8	7	庚午	3	十二 12th
	2	1	戊辰	5	1	3	己亥	3	12	4	己巳	1	11	5	庚子	3	10	7	辛未	5	9	7	辛丑	8	8	8	辛未	2	十三 13th
午 Wu Horse	2	2	己巳	6	1	4	庚子	4	12	5	庚午	9	11	6	辛丑	2	10	8	壬申	4	9	8	壬寅	7	8	9	壬申	1	十四 14th
	2	3	庚午	7	1	5	辛丑	5	12	6	辛未	8	11	7	壬寅	1	10	9	癸酉	3	9	9	癸卯	6	8	10	癸酉	9	十五 15th
未 Wei Goat	2	4	辛未	8	1	6	壬寅	6	12	7	壬申	7	11	8	癸卯	9	10	10	甲戌	2	9	10	甲辰	5	8	11	甲戌	8	十六 16th
	2	5	壬申	9	1	7	癸卯	7	12	8	癸酉	6	11	9	甲辰	8	10	11	乙亥	1	9	11	乙巳	4	8	12	乙亥	7	十七 17th
	2	6	癸酉	1	1	8	甲辰	8	12	9	甲戌	5	11	10	乙巳	7	10	12	丙子	9	9	12	丙午	3	8	13	丙子	6	十八 18th
申 Shen Monkey	2	7	甲戌	2	1	9	乙巳	9	12	10	乙亥	4	11	11	丙午	6	10	13	丁丑	8	9	13	丁未	2	8	14	丁丑	5	十九 19th
	2	8	乙亥	3	1	10	丙午	1	12	11	丙子	3	11	12	丁未	5	10	14	戊寅	7	9	14	戊申	1	8	15	戊寅	4	二十 20th
	2	9	丙子	4	1	11	丁未	2	12	12	丁丑	2	11	13	戊申	4	10	15	己卯	6	9	15	己酉	9	8	16	己卯	3	廿一 21st
酉 You Rooster	2	10	丁丑	5	1	12	戊申	3	12	13	戊寅	1	11	14	己酉	3	10	16	庚辰	5	9	16	庚戌	8	8	17	庚辰	2	廿二 22nd
	2	11	戊寅	6	1	13	己酉	4	12	14	己卯	9	11	15	庚戌	2	10	17	辛巳	4	9	17	辛亥	7	8	18	辛巳	1	廿三 23rd
	2	12	己卯	7	1	14	庚戌	5	12	15	庚辰	8	11	16	辛亥	1	10	18	壬午	3	9	18	壬子	6	8	19	壬午	9	廿四 24th
戌 Xu Dog	2	13	庚辰	8	1	15	辛亥	6	12	16	辛巳	7	11	17	壬子	9	10	19	癸未	2	9	19	癸丑	5	8	20	癸未	8	廿五 25th
	2	14	辛巳	9	1	16	壬子	7	12	17	壬午	6	11	18	癸丑	8	10	20	甲申	1	9	20	甲寅	4	8	21	甲申	7	廿六 26th
	2	15	壬午	1	1	17	癸丑	8	12	18	癸未	5	11	19	甲寅	7	10	21	乙酉	9	9	21	乙卯	3	8	22	乙酉	6	廿七 27th
亥 Hai Pig	2	16	癸未	2	1	18	甲寅	9	12	19	甲申	4	11	20	乙卯	6	10	22	丙戌	8	9	22	丙辰	2	8	23	丙戌	5	廿八 28th
	2	17	甲申	3	1	19	乙卯	1	12	20	乙酉	3	11	21	丙辰	5	10	23	丁亥	7	9	23	丁巳	1	8	24	丁亥	4	廿九 29th
	2	18	乙酉	4					12	21	丙戌	2									9	24	戊午	9	8	25	戊子	3	三十 30th

1996 丙子 Fire Rat

Grand Duke: 郭嘉

月干支 Month	正月小 1st Mth				二月大 2nd Mth				三月小 3rd Mth			
	庚寅 Geng Yin				辛卯 Xin Mao				壬辰 Ren Chen			
九星 9 Star	八白 Eight White				七赤 Seven Red				六白 Six White			
節氣 Season	驚蟄 Awakening of Worms		雨水 Rain Water		清明 Clear and Bright		春分 Spring Equinox		立夏 Coming of Summer		穀雨 Grain Rain	
	16th day		1st day		17th day		2nd day		18th day		3rd day	
	15hr 10min		17hr 01min		20hr 02min		16hr 03min		13hr 26min		3hr 10min	
	申 Shen		酉 You		戌 Xu		申 Shen		未 Wei		寅 Yin	
農曆 Calendar	國曆 Gregorian		干支 S/B	星 Star	國曆 Gregorian		干支 S/B	星 Star	國曆 Gregorian		干支 S/B	星 Star
初一 1st	2	19	丙戌	5	3	19	乙卯	7	4	18	乙酉	1
初二 2nd	2	20	丁亥	6	3	20	丙辰	8	4	19	丙戌	2
初三 3rd	2	21	戊子	7	3	21	丁巳	9	4	20	丁亥	3
初四 4th	2	22	己丑	8	3	22	戊午	1	4	21	戊子	4
初五 5th	2	23	庚寅	9	3	23	己未	2	4	22	己丑	5
初六 6th	2	24	辛卯	1	3	24	庚申	3	4	23	庚寅	6
初七 7th	2	25	壬辰	2	3	25	辛酉	4	4	24	辛卯	7
初八 8th	2	26	癸巳	3	3	26	壬戌	5	4	25	壬辰	8
初九 9th	2	27	甲午	4	3	27	癸亥	6	4	26	癸巳	9
初十 10th	2	28	乙未	5	3	28	甲子	7	4	27	甲午	1
十一 11th	2	29	丙申	6	3	29	乙丑	8	4	28	乙未	2
十二 12th	3	1	丁酉	7	3	30	丙寅	9	4	29	丙申	3
十三 13th	3	2	戊戌	8	3	31	丁卯	1	4	30	丁酉	4
十四 14th	3	3	己亥	9	4	1	戊辰	2	5	1	戊戌	5
十五 15th	3	4	庚子	1	4	2	己巳	3	5	2	己亥	6
十六 16th	3	5	辛丑	2	4	3	庚午	4	5	3	庚子	7
十七 17th	3	6	壬寅	3	4	4	辛未	5	5	4	辛丑	8
十八 18th	3	7	癸卯	4	4	5	壬申	6	5	5	壬寅	9
十九 19th	3	8	甲辰	5	4	6	癸酉	7	5	6	癸卯	1
二十 20th	3	9	乙巳	6	4	7	甲戌	8	5	7	甲辰	2
廿一 21st	3	10	丙午	7	4	8	乙亥	9	5	8	乙巳	3
廿二 22nd	3	11	丁未	8	4	9	丙子	1	5	9	丙午	4
廿三 23rd	3	12	戊申	9	4	10	丁丑	2	5	10	丁未	5
廿四 24th	3	13	己酉	1	4	11	戊寅	3	5	11	戊申	6
廿五 25th	3	14	庚戌	2	4	12	己卯	4	5	12	己酉	7
廿六 26th	3	15	辛亥	3	4	13	庚辰	5	5	13	庚戌	8
廿七 27th	3	16	壬子	4	4	14	辛巳	6	5	14	辛亥	9
廿八 28th	3	17	癸丑	5	4	15	壬午	7	5	15	壬子	1
廿九 29th	3	18	甲寅	6	4	16	癸未	8	5	16	癸丑	2
三十 30th					4	17	甲申	9				

月干支 Month	四月大 4th Mth				五月大 5th Mth				六月小 6th Mth			
	癸巳 Gui Si				甲午 Jia Wu				乙未 Yi Wei			
九星 9 Star	五黃 Five Yellow				四綠 Four Green				三碧 Three Jade			
節氣 Season	芒種 Planting of Thorny Crops		小滿 Small Sprout		小暑 Lesser Heat		夏至 Summer Solstice		立秋 Coming Autumn		大暑 Greater Heat	
	20th day		5th day		22nd day		6th day		23rd day		7th day	
	17hr 41min		2hr 23min		4hr 0min		10hr 24min		13hr 49min		21hr 19min	
	酉 You		丑 Chou		寅 Yin		巳 Si		未 Wei		亥 Hai	
農曆 Calendar	國曆 Gregorian		干支 S/B	星 Star	國曆 Gregorian		干支 S/B	星 Star	國曆 Gregorian		干支 S/B	星 Star
初一 1st	5	17	甲寅	3	6	16	甲申	6	7	16	甲寅	1
初二 2nd	5	18	乙卯	4	6	17	乙酉	7	7	17	乙卯	9
初三 3rd	5	19	丙辰	5	6	18	丙戌	8	7	18	丙辰	8
初四 4th	5	20	丁巳	6	6	19	丁亥	9	7	19	丁巳	7
初五 5th	5	21	戊午	7	6	20	戊子	1	7	20	戊午	6
初六 6th	5	22	己未	8	6	21	己丑	2\8	7	21	己未	5
初七 7th	5	23	庚申	9	6	22	庚寅	7	7	22	庚申	4
初八 8th	5	24	辛酉	1	6	23	辛卯	6	7	23	辛酉	3
初九 9th	5	25	壬戌	2	6	24	壬辰	5	7	24	壬戌	2
初十 10th	5	26	癸亥	3	6	25	癸巳	4	7	25	癸亥	1
十一 11th	5	27	甲子	4	6	26	甲午	3	7	26	甲子	9
十二 12th	5	28	乙丑	5	6	27	乙未	2	7	27	乙丑	8
十三 13th	5	29	丙寅	6	6	28	丙申	1	7	28	丙寅	7
十四 14th	5	30	丁卯	7	6	29	丁酉	9	7	29	丁卯	6
十五 15th	5	31	戊辰	8	6	30	戊戌	8	7	30	戊辰	5
十六 16th	6	1	己巳	9	7	1	己亥	7	7	31	己巳	4
十七 17th	6	2	庚午	1	7	2	庚子	6	8	1	庚午	3
十八 18th	6	3	辛未	2	7	3	辛丑	5	8	2	辛未	2
十九 19th	6	4	壬申	3	7	4	壬寅	4	8	3	壬申	1
二十 20th	6	5	癸酉	4	7	5	癸卯	3	8	4	癸酉	9
廿一 21st	6	6	甲戌	5	7	6	甲辰	2	8	5	甲戌	8
廿二 22nd	6	7	乙亥	6	7	7	乙巳	1	8	6	乙亥	7
廿三 23rd	6	8	丙子	7	7	8	丙午	9	8	7	丙子	6
廿四 24th	6	9	丁丑	8	7	9	丁未	8	8	8	丁丑	5
廿五 25th	6	10	戊寅	9	7	10	戊申	7	8	9	戊寅	4
廿六 26th	6	11	己卯	1	7	11	己酉	6	8	10	己卯	3
廿七 27th	6	12	庚辰	2	7	12	庚戌	5	8	11	庚辰	2
廿八 28th	6	13	辛巳	3	7	13	辛亥	4	8	12	辛巳	1
廿九 29th	6	14	壬午	4	7	14	壬子	3	8	13	壬午	9
三十 30th	6	15	癸未	5	7	15	癸丑	2				

天干 Ten Stems

- 甲 *Jia* Yang Wood
- 乙 *Yi* Yin Wood
- 丙 *Bing* Yang Fire
- 丁 *Ding* Yin Fire
- 戊 *Wu* Yang Earth
- 己 *Ji* Yin Earth
- 庚 *Geng* Yang Metal
- 辛 *Xin* Yin Metal
- 壬 *Ren* Yang Water
- 癸 *Gui* Yin Water

Male Gua: 4 巽(Xun) **Female Gua: 2 坤(Kun)** 3 Killing 三煞: South Annual Star: 4 Green

地支 Twelve Branches: 子 Zi Rat · 丑 Chou Ox · 寅 Yin Tiger · 卯 Mao Rabbit · 辰 Chen Dragon · 巳 Si Snake · 午 Wu Horse · 未 Wei Goat · 申 Shen Monkey · 酉 You Rooster · 戌 Xu Dog · 亥 Hai Pig

十二月小 12th Mth				十一月小 11th Mth				十月大 10th Mth				九月大 9th Mth				八月小 8th Mth				七月大 7th Mth				月干支 Month
辛丑 Xin Chou				庚子 Geng Zi				己亥 Ji Hai				戊戌 Wu Xu				丁酉 Ding You				丙申 Bing Shen				
六白 Six White				七赤 Seven Red				八白 Eight White				九紫 Nine Purple				一白 One White				二黑 Two Black				九星 9 Star
立春 Coming of Spring		大寒 Greater Cold		小寒 Lesser Cold		冬至 Winter Solstice		大雪 Greater Snow		小雪 Lesser Snow		立冬 Coming of Winter		霜降 Frosting		寒露 Cold Dew		秋分 Autumn Equinox		白露 White Dew		處暑 Heat Ends		節氣 Season
27th day		12th day		26th day		11th day		27th day		12th day		27th day		12th day		26th day		11th day		25th day		10th day		
3hr 2min		8hr 43min		15hr 25min		22hr 06min		4hr 14min		8hr 50min		11hr 27min		11hr 19min		8hr 19min		2hr 01min		16hr 43min		4hr 23min		
寅 Yin		辰 Chen		申 Shen		亥 Hai		寅 Yin		辰 Chen		午 Wu		午 Wu		辰 Chen		丑 Chou		申 Shen		寅 Yin		
國曆 Gregorian		干支 S / B	星 Star	國曆 Gregorian		干支 S / B	星 Star	國曆 Gregorian		干支 S / B	星 Star	國曆 Gregorian		干支 S / B	星 Star	國曆 Gregorian		干支 S / B	星 Star	國曆 Gregorian		干支 S / B	星 Star	農曆 Calendar
1	9	辛亥	3	12	11	壬午	6	11	11	壬子	9	10	12	壬午	3	9	13	癸丑	5	8	14	癸未	8	初一 1st
1	10	壬子	7	12	12	癸未	5	11	12	癸丑	8	10	13	癸未	2	9	14	甲寅	4	8	15	甲申	7	初二 2nd
1	11	癸丑	8	12	13	甲申	4	11	13	甲寅	7	10	14	甲申	1	9	15	乙卯	3	8	16	乙酉	6	初三 3rd
1	12	甲寅	9	12	14	乙酉	3	11	14	乙卯	6	10	15	乙酉	9	9	16	丙辰	2	8	17	丙戌	5	初四 4th
1	13	乙卯	1	12	15	丙戌	2	11	15	丙辰	5	10	16	丙戌	8	9	17	丁巳	1	8	18	丁亥	4	初五 5th
1	14	丙辰	2	12	16	丁亥	1	11	16	丁巳	4	10	17	丁亥	7	9	18	戊午	9	8	19	戊子	3	初六 6th
1	15	丁巳	3	12	17	戊子	9	11	17	戊午	3	10	18	戊子	6	9	19	己未	8	8	20	己丑	2	初七 7th
1	16	戊午	4	12	18	己丑	8	11	18	己未	2	10	19	己丑	5	9	20	庚申	7	8	21	庚寅	1	初八 8th
1	17	己未	5	12	19	庚寅	7	11	19	庚申	1	10	20	庚寅	4	9	21	辛酉	6	8	22	辛卯	9	初九 9th
1	18	庚申	6	12	20	辛卯	6	11	20	辛酉	9	10	21	辛卯	3	9	22	壬戌	5	8	23	壬辰	8	初十 10th
1	19	辛酉	7	12	21	壬辰	5\5	11	21	壬戌	8	10	22	壬辰	2	9	23	癸亥	4	8	24	癸巳	7	十一 11th
1	20	壬戌	8	12	22	癸巳	6	11	22	癸亥	7	10	23	癸巳	1	9	24	甲子	3	8	25	甲午	6	十二 12th
1	21	癸亥	9	12	23	甲午	7	11	23	甲子	6	10	24	甲午	9	9	25	乙丑	2	8	26	乙未	5	十三 13th
1	22	甲子	1	12	24	乙未	8	11	24	乙丑	5	10	25	乙未	8	9	26	丙寅	1	8	27	丙申	4	十四 14th
1	23	乙丑	2	12	25	丙申	9	11	25	丙寅	4	10	26	丙申	7	9	27	丁卯	9	8	28	丁酉	3	十五 15th
1	24	丙寅	3	12	26	丁酉	1	11	26	丁卯	3	10	27	丁酉	6	9	28	戊辰	8	8	29	戊戌	2	十六 16th
1	25	丁卯	4	12	27	戊戌	2	11	27	戊辰	2	10	28	戊戌	5	9	29	己巳	7	8	30	己亥	1	十七 17th
1	26	戊辰	5	12	28	己亥	3	11	28	己巳	1	10	29	己亥	4	9	30	庚午	6	8	31	庚子	9	十八 18th
1	27	己巳	6	12	29	庚子	4	11	29	庚午	9	10	30	庚子	3	10	1	辛未	5	9	1	辛丑	8	十九 19th
1	28	庚午	7	12	30	辛丑	5	11	30	辛未	8	10	31	辛丑	2	10	2	壬申	4	9	2	壬寅	7	二十 20th
1	29	辛未	8	12	31	壬寅	6	12	1	壬申	7	11	1	壬寅	1	10	3	癸酉	3	9	3	癸卯	6	廿一 21st
1	30	壬申	9	1	1	癸卯	7	12	2	癸酉	6	11	2	癸卯	9	10	4	甲戌	2	9	4	甲辰	5	廿二 22nd
1	31	癸酉	1	1	2	甲辰	8	12	3	甲戌	5	11	3	甲辰	8	10	5	乙亥	1	9	5	乙巳	4	廿三 23rd
2	1	甲戌	2	1	3	乙巳	9	12	4	乙亥	4	11	4	乙巳	7	10	6	丙子	9	9	6	丙午	3	廿四 24th
2	2	乙亥	3	1	4	丙午	1	12	5	丙子	3	11	5	丙午	6	10	7	丁丑	8	9	7	丁未	2	廿五 25th
2	3	丙子	4	1	5	丁未	2	12	6	丁丑	2	11	6	丁未	5	10	8	戊寅	7	9	8	戊申	1	廿六 26th
2	4	丁丑	5	1	6	戊申	3	12	7	戊寅	1	11	7	戊申	4	10	9	己卯	6	9	9	己酉	9	廿七 27th
2	5	戊寅	6	1	7	己酉	4	12	8	己卯	9	11	8	己酉	3	10	10	庚辰	5	9	10	庚戌	8	廿八 28th
2	6	己卯	7	1	8	庚戌	5	12	9	庚辰	8	11	9	庚戌	2	10	11	辛巳	4	9	11	辛亥	7	廿九 29th
								12	10	辛巳	7	11	10	辛亥	1					9	12	壬子	6	三十 30th

1997 丁丑 Fire Ox

Grand Duke: 汪文

月干支 Month	正月大 1st Mth				二月小 2nd Mth				三月大 3rd Mth			
	壬寅 Ren Yin				癸卯 Gui Mao				甲辰 Jia Chen			
九星 9 Star	五黃 Five Yellow				四綠 Four Green				三碧 Three Jade			
節氣 Season	驚蟄 Awakening of Worms		雨水 Rain Water		清明 Clear and Bright		春分 Spring Equinox		立夏 Coming of Summer		穀雨 Grain Rain	
	27th day		12th day		28th day		12th day		29th day		14th day	
	21hr 5min		22hr 52min		1hr 57min		21hr 55min		19hr 20min		9hr 03min	
	亥 Hai		亥 Hai		丑 Chou		亥 Hai		戌 Xu		巳 Si	
農曆 Calendar	國曆 Gregorian		干支 S / B	星 Star	國曆 Gregorian		干支 S / B	星 Star	國曆 Gregorian		干支 S / B	星 Star
初一 1st	2	7	庚辰	8	3	9	庚戌	2	4	7	己卯	4
初二 2nd	2	8	辛巳	9	3	10	辛亥	3	4	8	庚辰	5
初三 3rd	2	9	壬午	1	3	11	壬子	4	4	9	辛巳	6
初四 4th	2	10	癸未	2	3	12	癸丑	5	4	10	壬午	7
初五 5th	2	11	甲申	3	3	13	甲寅	6	4	11	癸未	8
初六 6th	2	12	乙酉	4	3	14	乙卯	7	4	12	甲申	9
初七 7th	2	13	丙戌	5	3	15	丙辰	8	4	13	乙酉	1
初八 8th	2	14	丁亥	6	3	16	丁巳	9	4	14	丙戌	2
初九 9th	2	15	戊子	7	3	17	戊午	1	4	15	丁亥	3
初十 10th	2	16	己丑	8	3	18	己未	2	4	16	戊子	4
十一 11th	2	17	庚寅	9	3	19	庚申	3	4	17	己丑	5
十二 12th	2	18	辛卯	1	3	20	辛酉	4	4	18	庚寅	6
十三 13th	2	19	壬辰	2	3	21	壬戌	5	4	19	辛卯	7
十四 14th	2	20	癸巳	3	3	22	癸亥	6	4	20	壬辰	8
十五 15th	2	21	甲午	4	3	23	甲子	7	4	21	癸巳	9
十六 16th	2	22	乙未	5	3	24	乙丑	8	4	22	甲午	1
十七 17th	2	23	丙申	6	3	25	丙寅	9	4	23	乙未	2
十八 18th	2	24	丁酉	7	3	26	丁卯	1	4	24	丙申	3
十九 19th	2	25	戊戌	8	3	27	戊辰	2	4	25	丁酉	4
二十 20th	2	26	己亥	9	3	28	己巳	3	4	26	戊戌	5
廿一 21st	2	27	庚子	1	3	29	庚午	4	4	27	己亥	6
廿二 22nd	2	28	辛丑	2	3	30	辛未	5	4	28	庚子	7
廿三 23rd	3	1	壬寅	3	3	31	壬申	6	4	29	辛丑	8
廿四 24th	3	2	癸卯	4	4	1	癸酉	7	4	30	壬寅	9
廿五 25th	3	3	甲辰	5	4	2	甲戌	8	5	1	癸卯	1
廿六 26th	3	4	乙巳	6	4	3	乙亥	9	5	2	甲辰	2
廿七 27th	3	5	丙午	7	4	4	丙子	1	5	3	乙巳	3
廿八 28th	3	6	丁未	8	4	5	丁丑	2	5	4	丙午	4
廿九 29th	3	7	戊申	9	4	6	戊寅	3	5	5	丁未	5
三十 30th	3	8	己酉	1					5	6	戊申	6

月干支 Month	四月小 4th Mth				五月大 5th Mth				六月小 6th Mth			
	乙巳 Yi Si				丙午 Bing Wu				丁未 Ding Wei			
九星 9 Star	二黑 Two Black				一白 One White				九紫 Nine Purple			
節氣 Season			小滿 Small Sprout		夏至 Summer Solstice		芒種 Planting of Thorny Crops		大暑 Greater Heat		小暑 Lesser Heat	
			15th day		17th day		1st day		19th day		3rd day	
			8hr 18min		13hr 20min		23hr 33min		3hr 16min		9hr 50min	
			辰 Chen		申 Shen		子 Zi		寅 Yin		巳 Si	
農曆 Calendar	國曆 Gregorian		干支 S / B	星 Star	國曆 Gregorian		干支 S / B	星 Star	國曆 Gregorian		干支 S / B	星 Star
初一 1st	5	7	己酉	7	6	5	戊寅	9	7	5	戊申	7
初二 2nd	5	8	庚戌	8	6	6	己卯	1	7	6	己酉	6
初三 3rd	5	9	辛亥	9	6	7	庚辰	2	7	7	庚戌	5
初四 4th	5	10	壬子	1	6	8	辛巳	3	7	8	辛亥	4
初五 5th	5	11	癸丑	2	6	9	壬午	4	7	9	壬子	3
初六 6th	5	12	甲寅	3	6	10	癸未	5	7	10	癸丑	2
初七 7th	5	13	乙卯	4	6	11	甲申	6	7	11	甲寅	1
初八 8th	5	14	丙辰	5	6	12	乙酉	7	7	12	乙卯	9
初九 9th	5	15	丁巳	6	6	13	丙戌	8	7	13	丙辰	8
初十 10th	5	16	戊午	7	6	14	丁亥	9	7	14	丁巳	7
十一 11th	5	17	己未	8	6	15	戊子	1	7	15	戊午	6
十二 12th	5	18	庚申	9	6	16	己丑	2	7	16	己未	5
十三 13th	5	19	辛酉	1	6	17	庚寅	3	7	17	庚申	4
十四 14th	5	20	壬戌	2	6	18	辛卯	4	7	18	辛酉	3
十五 15th	5	21	癸亥	3	6	19	壬辰	5	7	19	壬戌	2
十六 16th	5	22	甲子	4	6	20	癸巳	6	7	20	癸亥	[illegible]
十七 17th	5	23	乙丑	5	6	21	甲午	7\3	7	21	甲子	9
十八 18th	5	24	丙寅	6	6	22	乙未	2	7	22	乙丑	3
十九 19th	5	25	丁卯	7	6	23	丙申	1	7	23	丙寅	7
二十 20th	5	26	戊辰	8	6	24	丁酉	9	7	24	丁卯	6
廿一 21st	5	27	己巳	9	6	25	戊戌	8	7	25	戊辰	5
廿二 22nd	5	28	庚午	1	6	26	己亥	7	7	26	己巳	4
廿三 23rd	5	29	辛未	2	6	27	庚子	6	7	27	庚午	3
廿四 24th	5	30	壬申	3	6	28	辛丑	5	7	28	辛未	2
廿五 25th	5	31	癸酉	4	6	29	壬寅	4	7	29	壬申	1
廿六 26th	6	1	甲戌	5	6	30	癸卯	3	7	30	癸酉	9
廿七 27th	6	2	乙亥	6	7	1	甲辰	2	7	31	甲戌	8
廿八 28th	6	3	丙子	7	7	2	乙巳	1	8	1	乙亥	7
廿九 29th	6	4	丁丑	8	7	3	丙午	9	8	2	丙子	6
三十 30th					7	4	丁未	8				

天干 Ten Stems

- 甲 Jia Yang Wood
- 乙 Yi Yin Wood
- 丙 Bing Yang Fire
- 丁 Ding Yin Fire
- 戊 Wu Yang Earth
- 己 Ji Yin Earth
- 庚 Geng Yang Metal
- 辛 Xin Yin Metal
- 壬 Ren Yang Water
- 癸 Gui Yin Water

月干支 Month	七月大 7th Mth				八月大 8th Mth				九月小 9th Mth				十月大 10th Mth				十一月大 11th Mth				十二月小 12th Mth			
	戊申 Wu Shen				己酉 Ji You				庚戌 Geng Xu				辛亥 Xin Hai				壬子 Ren Zi				癸丑 Gui Chou			
九星 9 Star	八白 Eight White				七赤 Seven Red				六白 Six White				五黃 Five Yellow				四綠 Four Green				三碧 Three Jade			
節氣 Season	處暑 Heat Ends		立秋 Coming Autumn		秋分 Autumn Equinox		白露 White Dew		霜降 Frosting		寒露 Cold Dew		小雪 Lesser Snow		立冬 Coming of Winter		冬至 Winter Solstice		大雪 Greater Snow		大寒 Greater Cold		小寒 Lesser Cold	
	21st day		5th day		22nd day		6th day		22nd day		7th day		23rd day		8th day		23rd day		8th day		22nd day		[illegible]th day	
	10hr 20min		19hr 36min		7hr 56min		22hr 29min		17hr 15min		14hr 6min		14hr 48min		17hr 15min		4hr 8min		10hr 5min		14hr 47min		2[illegible]hr 19min	
	巳 Si		戌 Xu		辰 Chen		亥 Hai		酉 You		未 Wei		未 Wei		酉 You		寅 Yin		巳 Si		未 Wei		亥 Hai	
農曆 Calendar	國曆 Gregorian		干支 S/B	星 Star	國曆 Gregorian		干支 S/B	星 Star	國曆 Gregorian		干支 S/B	星 Star	國曆 Gregorian		干支 S/B	星 Star	國曆 Gregorian		干支 S/B	星 Star	國曆 Gregorian		干支 S/B	星 Star
初一 1st	8	3	丁丑	5	9	2	丁未	2	10	2	丁丑	8	10	31	丙午	6	11	30	丙子	3	12	30	丙午	1
初二 2nd	8	4	戊寅	4	9	3	戊申	1	10	3	戊寅	7	11	1	丁未	5	12	1	丁丑	2	12	31	丁未	2
初三 3rd	8	5	己卯	3	9	4	己酉	9	10	4	己卯	6	11	2	戊申	4	12	2	戊寅	1	1	1	戊申	3
初四 4th	8	6	庚辰	2	9	5	庚戌	8	10	5	庚辰	5	11	3	己酉	3	12	3	己卯	9	1	2	己酉	4
初五 5th	8	7	辛巳	1	9	6	辛亥	7	10	6	辛巳	4	11	4	庚戌	2	12	4	庚辰	8	1	3	庚戌	5
初六 6th	8	8	壬午	9	9	7	壬子	6	10	7	壬午	3	11	5	辛亥	1	12	5	辛巳	7	1	4	辛亥	6
初七 7th	8	9	癸未	8	9	8	癸丑	5	10	8	癸未	2	11	6	壬子	9	12	6	壬午	6	1	5	壬子	7
初八 8th	8	10	甲申	7	9	9	甲寅	4	10	9	甲申	1	11	7	癸丑	8	12	7	癸未	5	1	6	癸丑	8
初九 9th	8	11	乙酉	6	9	10	乙卯	3	10	10	乙酉	9	11	8	甲寅	7	12	8	甲申	4	1	7	甲寅	9
初十 10th	8	12	丙戌	5	9	11	丙辰	2	10	11	丙戌	8	11	9	乙卯	6	12	9	乙酉	3	1	8	乙卯	1
十一 11th	8	13	丁亥	4	9	12	丁巳	1	10	12	丁亥	7	11	10	丙辰	5	12	10	丙戌	2	1	9	丙辰	2
十二 12th	8	14	戊子	3	9	13	戊午	9	10	13	戊子	6	11	11	丁巳	4	12	11	丁亥	1	1	10	丁巳	3
十三 13th	8	15	己丑	2	9	14	己未	8	10	14	己丑	5	11	12	戊午	3	12	12	戊子	9	1	11	戊午	4
十四 14th	8	16	庚寅	1	9	15	庚申	7	10	15	庚寅	4	11	13	己未	2	12	13	己丑	8	1	12	己未	5
十五 15th	8	17	辛卯	9	9	16	辛酉	6	10	16	辛卯	3	11	14	庚申	1	12	14	庚寅	7	1	13	庚申	6
十六 16th	8	18	壬辰	8	9	17	壬戌	5	10	17	壬辰	2	11	15	辛酉	9	12	15	辛卯	6	1	14	辛酉	7
十七 17th	8	19	癸巳	7	9	18	癸亥	4	10	18	癸巳	1	11	16	壬戌	8	12	16	壬辰	5	1	15	壬戌	8
十八 18th	8	20	甲午	6	9	19	甲子	3	10	19	甲午	9	11	17	癸亥	7	12	17	癸巳	4	1	16	癸亥	9
十九 19th	8	21	乙未	5	9	20	乙丑	2	10	20	乙未	8	11	18	甲子	6	12	18	甲午	3	1	17	甲子	1
二十 20th	8	22	丙申	4	9	21	丙寅	1	10	21	丙申	7	11	19	乙丑	5	12	19	乙未	2	1	18	乙丑	2
廿一 21st	8	23	丁酉	3	9	22	丁卯	9	10	22	丁酉	6	11	20	丙寅	4	12	20	丙申	1	1	19	丙寅	3
廿二 22nd	8	24	戊戌	2	9	23	戊辰	8	10	23	戊戌	5	11	21	丁卯	3	12	21	丁酉	9	1	20	丁卯	4
廿三 23rd	8	25	己亥	1	9	24	己巳	7	10	24	己亥	4	11	22	戊辰	2	12	22	戊戌	2	1	21	戊辰	5
廿四 24th	8	26	庚子	9	9	25	庚午	6	10	25	庚子	3	11	23	己巳	1	12	23	己亥	3	1	22	己巳	6
廿五 25th	8	27	辛丑	8	9	26	辛未	5	10	26	辛丑	2	11	24	庚午	9	12	24	庚子	4	1	23	庚午	7
廿六 26th	8	28	壬寅	7	9	27	壬申	4	10	27	壬寅	1	11	25	辛未	8	12	25	辛丑	5	1	24	辛未	8
廿七 27th	8	29	癸卯	6	9	28	癸酉	3	10	28	癸卯	9	11	26	壬申	7	12	26	壬寅	6	1	25	壬申	9
廿八 28th	8	30	甲辰	5	9	29	甲戌	2	10	29	甲辰	8	11	27	癸酉	6	12	27	癸卯	7	1	26	癸酉	1
廿九 29th	8	31	乙巳	4	9	30	乙亥	1	10	30	乙巳	7	11	28	甲戌	5	12	28	甲辰	8	1	27	甲戌	2
三十 30th	9	1	丙午	3	10	1	丙子	9					11	29	乙亥	4	12	29	乙巳	9				

地支 Twelve Branches: 子 Zi Rat; 丑 Chou Ox; 寅 Yin Tiger; 卯 Mao Rabbit; 辰 Chen Dragon; 巳 Si Snake; 午 Wu Horse; 未 Wei Goat; 申 Shen Monkey; 酉 You Rooster; 戌 Xu Dog; 亥 Hai Pig

1998 戊寅 Earth Tiger

Grand Duke: 曾光

月干支 Month	正月大 1st Mth				二月小 2nd Mth				三月小 3rd Mth			
	甲寅 Jia Yin				乙卯 Yi Mao				丙辰 Bing Chen			
九星 9 Star	二黑 Two Black				一白 One White				九紫 Nine Purple			
節氣 Season	雨水 Rain Water		立春 Coming of Spring		春分 Spring Equinox		驚蟄 Awakening of Worms		穀雨 Grain Rain		清明 Clear and Bright	
	23rd day		8th day		23rd day		8th day		24th day		9th day	
	4hr 55min		8hr 57min		3hr 55min		2hr 58min		14hr 57min		7hr 45min	
	寅 Yin		辰 Chen		寅 Yin		丑 Chou		未 Wei		辰 Chen	
農曆 Calendar	國曆 Gregorian		干支 S / B	星 Star	國曆 Gregorian		干支 S / B	星 Star	國曆 Gregorian		干支 S / B	星 Star
初一 1st	1	28	乙亥	3	2	27	乙巳	6	3	28	甲戌	8
初二 2nd	1	29	丙子	4	2	28	丙午	7	3	29	乙亥	9
初三 3rd	1	30	丁丑	5	3	1	丁未	8	3	30	丙子	1
初四 4th	1	31	戊寅	6	3	2	戊申	9	3	31	丁丑	2
初五 5th	2	1	己卯	7	3	3	己酉	1	4	1	戊寅	3
初六 6th	2	2	庚辰	8	3	4	庚戌	2	4	2	己卯	4
初七 7th	2	3	辛巳	9	3	5	辛亥	3	4	3	庚辰	5
初八 8th	2	4	壬午	1	3	6	壬子	4	4	4	辛巳	6
初九 9th	2	5	癸未	2	3	7	癸丑	5	4	5	壬午	7
初十 10th	2	6	甲申	3	3	8	甲寅	6	4	6	癸未	8
十一 11th	2	7	乙酉	4	3	9	乙卯	7	4	7	甲申	9
十二 12th	2	8	丙戌	5	3	10	丙辰	8	4	8	乙酉	1
十三 13th	2	9	丁亥	6	3	11	丁巳	9	4	9	丙戌	2
十四 14th	2	10	戊子	7	3	12	戊午	1	4	10	丁亥	3
十五 15th	2	11	己丑	8	3	13	己未	2	4	11	戊子	4
十六 16th	2	12	庚寅	9	3	14	庚申	3	4	12	己丑	5
十七 17th	2	13	辛卯	1	3	15	辛酉	4	4	13	庚寅	6
十八 18th	2	14	壬辰	2	3	16	壬戌	5	4	14	辛卯	7
十九 19th	2	15	癸巳	3	3	17	癸亥	6	4	15	壬辰	8
二十 20th	2	16	甲午	4	3	18	甲子	7	4	16	癸巳	9
廿一 21st	2	17	乙未	5	3	19	乙丑	8	4	17	甲午	1
廿二 22nd	2	18	丙申	6	3	20	丙寅	9	4	18	乙未	2
廿三 23rd	2	19	丁酉	7	3	21	丁卯	1	4	19	丙申	3
廿四 24th	2	20	戊戌	8	3	22	戊辰	2	4	20	丁酉	4
廿五 25th	2	21	己亥	9	3	23	己巳	3	4	21	戊戌	5
廿六 26th	2	22	庚子	1	3	24	庚午	4	4	22	己亥	6
廿七 27th	2	23	辛丑	2	3	25	辛未	5	4	23	庚子	7
廿八 28th	2	24	壬寅	3	3	26	壬申	6	4	24	辛丑	8
廿九 29th	2	25	癸卯	4	3	27	癸酉	7	4	25	壬寅	9
三十 30th	2	26	甲辰	5								

月干支 Month	四月大 4th Mth				五月小 5th Mth				閏五月小 5th Mth				六月大 6th Mth			
	丁巳 Ding Si				戊午 Wu Wu								己未 Ji Wei			
九星 9 Star	八白 Eight White				七赤 Seven Red								六白 Six White			
節氣 Season	小滿 Small Sprout		立夏 Coming of Summer		夏至 Summer Solstice		芒種 Planting of Thorny Crops				小暑 Lesser Heat		立秋 Coming Autumn		大暑 Greater Heat	
	26th day		11th day		27th day		12th day				14th day		17th day		1st day	
	14hr 6min		1hr 3min		22hr 3min		5hr 13min				15hr 31min		1hr 20min		8hr 56min	
	未 Wei		丑 Chou		亥 Hai		卯 Mao				申 Shen		丑 Chou		辰 Chen	
農曆 Calendar	國曆 Gregorian		干支 S / B	星 Star	國曆 Gregorian		干支 S / B	星 Star	國曆 Gregorian		干支 S / B	星 Star	國曆 Gregorian		干支 S / B	星 Star
初一 1st	4	26	癸卯	1	5	26	癸酉	4	6	24	壬寅	4	7	23	辛未	2
初二 2nd	4	27	甲辰	2	5	27	甲戌	5	6	25	癸卯	3	7	24	壬申	1
初三 3rd	4	28	乙巳	3	5	28	乙亥	6	6	26	甲辰	2	7	25	癸酉	9
初四 4th	4	29	丙午	4	5	29	丙子	7	6	27	乙巳	1	7	26	甲戌	8
初五 5th	4	30	丁未	5	5	30	丁丑	8	6	28	丙午	9	7	27	乙亥	7
初六 6th	5	1	戊申	6	5	31	戊寅	9	6	29	丁未	8	7	28	丙子	6
初七 7th	5	2	己酉	7	6	1	己卯	1	6	30	戊申	7	7	29	丁丑	5
初八 8th	5	3	庚戌	8	6	2	庚辰	2	7	1	己酉	6	7	30	戊寅	4
初九 9th	5	4	辛亥	9	6	3	辛巳	3	7	2	庚戌	5	7	31	己卯	3
初十 10th	5	5	壬子	1	6	4	壬午	4	7	3	辛亥	4	8	1	庚辰	2
十一 11th	5	6	癸丑	2	6	5	癸未	5	7	4	壬子	3	8	2	辛巳	1
十二 12th	5	7	甲寅	3	6	6	甲申	6	7	5	癸丑	2	8	3	壬午	9
十三 13th	5	8	乙卯	4	6	7	乙酉	7	7	6	甲寅	1	8	4	癸未	8
十四 14th	5	9	丙辰	5	6	8	丙戌	8	7	7	乙卯	9	8	5	甲申	7
十五 15th	5	10	丁巳	6	6	9	丁亥	9	7	8	丙辰	8	8	6	乙酉	6
十六 16th	5	11	戊午	7	6	10	戊子	1	7	9	丁巳	7	8	7	丙戌	5
十七 17th	5	12	己未	8	6	11	己丑	2	7	10	戊午	6	8	8	丁亥	4
十八 18th	5	13	庚申	9	6	12	庚寅	3	7	11	己未	5	8	9	戊子	3
十九 19th	5	14	辛酉	1	6	13	辛卯	4	7	12	庚申	4	8	10	己丑	2
二十 20th	5	15	壬戌	2	6	14	壬辰	5	7	13	辛酉	3	8	11	庚寅	1
廿一 21st	5	16	癸亥	3	6	15	癸巳	6	7	14	壬戌	2	8	12	辛卯	9
廿二 22nd	5	17	甲子	4	6	16	甲午	7	7	15	癸亥	1	8	13	壬辰	8
廿三 23rd	5	18	乙丑	5	6	17	乙未	8	7	16	甲子	9	8	14	癸巳	7
廿四 24th	5	19	丙寅	6	6	18	丙申	9	7	17	乙丑	8	8	15	甲午	6
廿五 25th	5	20	丁卯	7	6	19	丁酉	1	7	18	丙寅	7	8	16	乙未	5
廿六 26th	5	21	戊辰	8	6	20	戊戌	2	7	19	丁卯	6	8	17	丙申	4
廿七 27th	5	22	己巳	9	6	21	己亥	3\7	7	20	戊辰	5	8	18	丁酉	3
廿八 28th	5	23	庚午	1	6	22	庚子	6	7	21	己巳	4	8	19	戊戌	2
廿九 29th	5	24	辛未	2	6	23	辛丑	5	7	22	庚午	3	8	20	己亥	1
三十 30th	5	25	壬申	3									8	21	庚子	9

天干 Ten Stems
- 甲 Jia Yang Wood
- 乙 Yi Yin Wood
- 丙 Bing Yang Fire
- 丁 Ding Yin Fire
- 戊 Wu Yang Earth
- 己 Ji Yin Earth
- 庚 Geng Yang Metal
- 辛 Xin Yin Metal
- 壬 Ren Yang Water
- 癸 Gui Yin Water

Male Gua: 2 坤(Kun)　Female Gua: 4 巽(Xun)　3 Killing 三煞: North　Annual Star: 2 Black

月干支 Month	七月大 7th Mth				八月小 8th Mth				九月大 9th Mth				十月大 10th Mth				十一月小 11th Mth				十二月大 12th Mth			
	庚申 Geng Shen				辛酉 Xin You				壬戌 Ren Xu				癸亥 Gui Hai				甲子 Jia Zi				乙丑 Yi Chou			
九星 9 Star	五黃 Five Yellow				四綠 Four Green				三碧 Three Jade				二黑 Two Black				一白 One White				九紫 Nine Purple			
節氣 Season	白露 White Dew		處暑 Heat Ends		寒露 Cold Dew		秋分 Autumn Equinox		立冬 Coming of Winter		霜降 Frosting		大雪 Greater Snow		小雪 Lesser Snow		小寒 Lesser Cold		冬至 Winter Sols ice		立春 Coming of Spring		大寒 Greater Colc	
	18th day		2nd day		18th day		3rd day		19th day		4th day		19th day		4th day		19th day		4th day		19th day		4th day	
	4hr 16min		15hr 59min		19hr 56min		13hr 38min		23hr 9min		22hr 59min		16hr 2min		20hr 35min		3hr 18min		9hr 57min		14hr 58min		20hr 38min	
	寅 Yin		申 Shen		戌 Xu		未 Wei		子 Zi		亥 Hai		申 Shen		戌 Xu		寅 Yin		巳 Si		未 Wei		戌 Xu	
農曆 Calendar	國曆 Gregorian		干支 S/B	星 Star	國曆 Gregorian		干支 S/B	星 Star	國曆 Gregorian		干支 S/B	星 Star	國曆 Gregorian		干支 S/B	星 Star	國曆 Gregorian		干支 S/B	星 Star	國曆 Gregorian		干支 S/B	星 Star
初一 1st	8	22	辛丑	8	9	21	辛未	5	10	20	庚子	3	11	19	庚午	9	12	19	庚子	6	1	17	己巳	6
初二 2nd	8	23	壬寅	7	9	22	壬申	4	10	21	辛丑	2	11	20	辛未	8	12	20	辛丑	5	1	18	庚午	7
初三 3rd	8	24	癸卯	6	9	23	癸酉	3	10	22	壬寅	1	11	21	壬申	7	12	21	壬寅	4	1	19	辛未	8
初四 4th	8	25	甲辰	5	9	24	甲戌	2	10	23	癸卯	9	11	22	癸酉	6	12	22	癸卯	3\7	1	20	壬申	9
初五 5th	8	26	乙巳	4	9	25	乙亥	1	10	24	甲辰	8	11	23	甲戌	5	12	23	甲辰	8	1	21	癸酉	1
初六 6th	8	27	丙午	3	9	26	丙子	9	10	25	乙巳	7	11	24	乙亥	4	12	24	乙巳	9	1	22	甲戌	2
初七 7th	8	28	丁未	2	9	27	丁丑	8	10	26	丙午	6	11	25	丙子	3	12	25	丙午	1	1	23	乙亥	3
初八 8th	8	29	戊申	1	9	28	戊寅	7	10	27	丁未	5	11	26	丁丑	2	12	26	丁未	2	1	24	丙子	4
初九 9th	8	30	己酉	9	9	29	己卯	6	10	28	戊申	4	11	27	戊寅	1	12	27	戊申	3	1	25	丁丑	5
初十 10th	8	31	庚戌	8	9	30	庚辰	5	10	29	己酉	3	11	28	己卯	9	12	28	己酉	4	1	26	戊寅	6
十一 11th	9	1	辛亥	7	10	1	辛巳	4	10	30	庚戌	2	11	29	庚辰	8	12	29	庚戌	5	1	27	己卯	7
十二 12th	9	2	壬子	6	10	2	壬午	3	10	31	辛亥	1	11	30	辛巳	7	12	30	辛亥	6	1	28	庚辰	8
十三 13th	9	3	癸丑	5	10	3	癸未	2	11	1	壬子	9	12	1	壬午	6	12	31	壬子	7	1	29	辛巳	9
十四 14th	9	4	甲寅	4	10	4	甲申	1	11	2	癸丑	8	12	2	癸未	5	1	1	癸丑	8	1	30	壬午	1
十五 15th	9	5	乙卯	3	10	5	乙酉	9	11	3	甲寅	7	12	3	甲申	4	1	2	甲寅	9	1	31	癸未	2
十六 16th	9	6	丙辰	2	10	6	丙戌	8	11	4	乙卯	6	12	4	乙酉	3	1	3	乙卯	1	2	1	甲申	3
十七 17th	9	7	丁巳	1	10	7	丁亥	7	11	5	丙辰	5	12	5	丙戌	2	1	4	丙辰	2	2	2	乙酉	4
十八 18th	9	8	戊午	9	10	8	戊子	6	11	6	丁巳	4	12	6	丁亥	1	1	5	丁巳	3	2	3	丙戌	5
十九 19th	9	9	己未	8	10	9	己丑	5	11	7	戊午	3	12	7	戊子	9	1	6	戊午	4	2	4	丁亥	6
二十 20th	9	10	庚申	7	10	10	庚寅	4	11	8	己未	2	12	8	己丑	8	1	7	己未	5	2	5	戊子	7
廿一 21st	9	11	辛酉	6	10	11	辛卯	3	11	9	庚申	1	12	9	庚寅	7	1	8	庚申	6	2	6	己丑	8
廿二 22nd	9	12	壬戌	5	10	12	壬辰	2	11	10	辛酉	9	12	10	辛卯	6	1	9	辛酉	7	2	7	庚寅	9
廿三 23rd	9	13	癸亥	4	10	13	癸巳	1	11	11	壬戌	8	12	11	壬辰	5	1	10	壬戌	3	2	8	辛卯	1
廿四 24th	9	14	甲子	3	10	14	甲午	9	11	12	癸亥	7	12	12	癸巳	4	1	11	癸亥	2	2	9	壬辰	2
廿五 25th	9	15	乙丑	2	10	15	乙未	8	11	13	甲子	6	12	13	甲午	3	1	12	甲子	1	2	10	癸巳	3
廿六 26th	9	16	丙寅	1	10	16	丙申	7	11	14	乙丑	5	12	14	乙未	2	1	13	乙丑	2	2	11	甲午	4
廿七 27th	9	17	丁卯	9	10	17	丁酉	6	11	15	丙寅	4	12	15	丙申	1	1	14	丙寅	3	2	12	乙未	5
廿八 28th	9	18	戊辰	8	10	18	戊戌	5	11	16	丁卯	3	12	16	丁酉	9	1	15	丁卯	4	2	13	丙申	6
廿九 29th	9	19	己巳	7	10	19	己亥	4	11	17	戊辰	2	12	17	戊戌	8	1	16	戊辰	5	2	14	丁酉	7
三十 30th	9	20	庚午	6					11	18	己巳	1	12	18	己亥	7					2	15	戊戌	8

地支 Twelve Branches
子 Zi Rat
丑 Chou Ox
寅 Yin Tiger
卯 Mao Rabbit
辰 Chen Dragon
巳 Si Snake
午 Wu Horse
未 Wei Goat
申 Shen Monkey
酉 You Rooster
戌 Xu Dog
亥 Hai Pig

1999 己卯 Earth Rabbit

Grand Duke: 伍仲

月干支 Month	正月大 1st Mth				二月小 2nd Mth				三月小 3rd Mth				四月大 4th Mth				五月小 5th Mth				六月小 6th Mth			
	丙寅 Bing Yin				丁卯 Ding Mao				戊辰 Wu Chen				己巳 Ji Si				庚午 Geng Wu				辛未 Xin Wei			
九星 9 Star	八白 Eight White				七赤 Seven Red				六白 Six White				五黃 Five Yellow				四綠 Four Green				三碧 Three Jade			
節氣 Season	驚蟄 Awakening of Worms		雨水 Rain Water		清明 Clear and Bright		春分 Spring Equinox		立夏 Coming of Summer		穀雨 Grain Rain		芒種 Planting of Thorny Crops		小滿 Small Sprout		小暑 Lesser Heat		夏至 Summer Solstice		立秋 Coming Autumn		大暑 Greater Heat	
	19th day		4th day		19th day		4th day		21st day		5th day		23rd day		7th day		24th day		9th day		27th day		11th day	
	8hr 58min		10hr 47min		13hr 45min		9hr 46min		7hr 1min		20hr 46min		11hr 9min		19hr 53min		21hr 25min		3hr 49min		7hr 15min		14hr 44min	
	辰 Chen		巳 Si		未 Wei		巳 Si		辰 Chen		戌 Xu		午 Wu		戌 Xu		亥 Hai		寅 Yin		辰 Chen		未 Wei	
農曆 Calendar	國曆 Gregorian		干支 S/B	星 Star	國曆 Gregorian		干支 S/B	星 Star	國曆 Gregorian		干支 S/B	星 Star	國曆 Gregorian		干支 S/B	星 Star	國曆 Gregorian		干支 S/B	星 Star	國曆 Gregorian		干支 S/B	星 Star
初一 1st	2	16	己亥	9	3	18	己巳	3	4	16	戊戌	5	5	15	丁卯	7	6	14	丁酉	1	7	13	丙寅	7
初二 2nd	2	17	庚子	1	3	19	庚午	4	4	17	己亥	6	5	16	戊辰	8	6	15	戊戌	2	7	14	丁卯	6
初三 3rd	2	18	辛丑	2	3	20	辛未	5	4	18	庚子	7	5	17	己巳	9	6	16	己亥	3	7	15	戊辰	5
初四 4th	2	19	壬寅	3	3	21	壬申	6	4	19	辛丑	8	5	18	庚午	1	6	17	庚子	4	7	16	己巳	4
初五 5th	2	20	癸卯	4	3	22	癸酉	7	4	20	壬寅	9	5	19	辛未	2	6	18	辛丑	5	7	17	庚午	3
初六 6th	2	21	甲辰	5	3	23	甲戌	8	4	21	癸卯	1	5	20	壬申	3	6	19	壬寅	6	7	18	辛未	2
初七 7th	2	22	乙巳	6	3	24	乙亥	9	4	22	甲辰	2	5	21	癸酉	4	6	20	癸卯	7	7	19	壬申	1
初八 8th	2	23	丙午	7	3	25	丙子	1	4	23	乙巳	3	5	22	甲戌	5	6	21	甲辰	8	7	20	癸酉	9
初九 9th	2	24	丁未	8	3	26	丁丑	2	4	24	丙午	4	5	23	乙亥	6	6	22	乙巳	9\1	7	21	甲戌	8
初十 10th	2	25	戊申	9	3	27	戊寅	3	4	25	丁未	5	5	24	丙子	7	6	23	丙午	9	7	22	乙亥	7
十一 11th	2	26	己酉	1	3	28	己卯	4	4	26	戊申	6	5	25	丁丑	8	6	24	丁未	8	7	23	丙子	6
十二 12th	2	27	庚戌	2	3	29	庚辰	5	4	27	己酉	7	5	26	戊寅	9	6	25	戊申	7	7	24	丁丑	5
十三 13th	2	28	辛亥	3	3	30	辛巳	6	4	28	庚戌	8	5	27	己卯	1	6	26	己酉	6	7	25	戊寅	4
十四 14th	3	1	壬子	4	3	31	壬午	7	4	29	辛亥	9	5	28	庚辰	2	6	27	庚戌	5	7	26	己卯	3
十五 15th	3	2	癸丑	5	4	1	癸未	8	4	30	壬子	1	5	29	辛巳	3	6	28	辛亥	4	7	27	庚辰	2
十六 16th	3	3	甲寅	6	4	2	甲申	9	5	1	癸丑	2	5	30	壬午	4	6	29	壬子	3	7	28	辛巳	1
十七 17th	3	4	乙卯	7	4	3	乙酉	1	5	2	甲寅	3	5	31	癸未	5	6	30	癸丑	2	7	29	壬午	9
十八 18th	3	5	丙辰	8	4	4	丙戌	2	5	3	乙卯	4	6	1	甲申	6	7	1	甲寅	1	7	30	癸未	8
十九 19th	3	6	丁巳	9	4	5	丁亥	3	5	4	丙辰	5	6	2	乙酉	7	7	2	乙卯	9	7	31	甲申	7
二十 20th	3	7	戊午	1	4	6	戊子	4	5	5	丁巳	6	6	3	丙戌	8	7	3	丙辰	8	8	1	乙酉	6
廿一 21st	3	8	己未	2	4	7	己丑	5	5	6	戊午	7	6	4	丁亥	9	7	4	丁巳	7	8	2	丙戌	5
廿二 22nd	3	9	庚申	3	4	8	庚寅	6	5	7	己未	8	6	5	戊子	1	7	5	戊午	6	8	3	丁亥	4
廿三 23rd	3	10	辛酉	4	4	9	辛卯	7	5	8	庚申	9	6	6	己丑	2	7	6	己未	5	8	4	戊子	3
廿四 24th	3	11	壬戌	5	4	10	壬辰	8	5	9	辛酉	1	6	7	庚寅	3	7	7	庚申	4	8	5	己丑	2
廿五 25th	3	12	癸亥	6	4	11	癸巳	9	5	10	壬戌	2	6	8	辛卯	4	7	8	辛酉	3	8	6	庚寅	1
廿六 26th	3	13	甲子	7	4	12	甲午	1	5	11	癸亥	3	6	9	壬辰	5	7	9	壬戌	2	8	7	辛卯	9
廿七 27th	3	14	乙丑	8	4	13	乙未	2	5	12	甲子	4	6	10	癸巳	6	7	10	癸亥	1	8	8	壬辰	8
廿八 28th	3	15	丙寅	9	4	14	丙申	3	5	13	乙丑	5	6	11	甲午	7	7	11	甲子	9	8	9	癸巳	7
廿九 29th	3	16	丁卯	1	4	15	丁酉	4	5	14	丙寅	6	6	12	乙未	8	7	12	乙丑	8	8	10	甲午	6
三十 30th	3	17	戊辰	2									6	13	丙申	9								

天干 Ten Stems

- 甲 Jia Yang Wood
- 乙 Yi Yin Wood
- 丙 Bing Yang Fire
- 丁 Ding Yin Fire
- 戊 Wu Yang Earth
- 己 Ji Yin Earth
- 庚 Geng Yang Metal
- 辛 Xin Yin Metal
- 壬 Ren Yang Water
- 癸 Gui Yin Water

Male Gua: 1 坎(Kan) Female Gua: 8 艮(Gen) 3 Killing 三煞: West Annual Star: 1 White

地支 Twelve Branches: 子 Zi Rat · 丑 Chou Ox · 寅 Yin Tiger · 卯 Mao Rabbit · 辰 Chen Dragon · 巳 Si Snake · 午 Wu Horse · 未 Wei Goat · 申 Shen Monkey · 酉 You Rooster · 戌 Xu Dog · 亥 Hai Pig

十二月小 12th Mth				十一月大 11th Mth				十月大 10th Mth				九月大 9th Mth				八月小 8th Mth				七月大 7th Mth				月干支 Month
丁丑 Ding Chou				丙子 Bing Zi				乙亥 Yi Hai				甲戌 Jia Xu				癸酉 Gui You				壬申 Ren Shen				
六白 Six White				七赤 Seven Red				八白 Eight White				九紫 Nine Purple				一白 One White				二黑 Two Black				九星 9 Star
立春 Coming of Spring		大寒 Greater Cold		小寒 Lesser Cold		冬至 Winter Solstice		大雪 Greater Snow		小雪 Lesser Snow		立冬 Coming of Winter		霜降 Frosting		寒露 Cold Dew		秋分 Autumn Equinox		白露 White Dew		處暑 Heat Ends		節氣 Season
29th day		15th day		30th day		15th day		30th day		16th day		1st day		16th day		1st day		14th day		29th day		13th day		
20hr 41min		2hr 24min		9hr 1min		15hr 44min		21hr 48min		2hr 25min		4hr 58min		4hr 53min		1hr 49min		19hr 32min		10hr 11min		21hr 51min		
戌 Xu		丑 Chou		巳 Si		申 Shen		亥 Hai		丑 Chou		寅 Yin		寅 Yin		丑 Chou		戌 Xu		巳 Si		亥 Hai		
國曆 Gregorian		干支 S/B	星 Star	國曆 Gregorian		干支 S/B	星 Star	國曆 Gregorian		干支 S/B	星 Star	國曆 Gregorian		干支 S/B	星 Star	國曆 Gregorian		干支 S/B	星 Star	國曆 Gregorian		干支 S/B	星 Star	農曆 Calendar
1	7	甲子	1	12	8	甲午	3	11	8	甲子	6	10	9	甲午	9	9	10	乙丑	2	8	11	乙未	5	初一 1st
1	8	乙丑	2	12	9	乙未	2	11	9	乙丑	5	10	10	乙未	8	9	11	丙寅	1	8	12	丙申	4	初二 2nd
1	9	丙寅	3	12	10	丙申	1	11	10	丙寅	4	10	11	丙申	7	9	12	丁卯	9	8	13	丁酉	3	初三 3rd
1	10	丁卯	4	12	11	丁酉	9	11	11	丁卯	3	10	12	丁酉	6	9	13	戊辰	8	8	14	戊戌	2	初四 4th
1	11	戊辰	5	12	12	戊戌	8	11	12	戊辰	2	10	13	戊戌	5	9	14	己巳	7	8	15	己亥	1	初五 5th
1	12	己巳	6	12	13	己亥	7	11	13	己巳	1	10	14	己亥	4	9	15	庚午	6	8	16	庚子	9	初六 6th
1	13	庚午	7	12	14	庚子	6	11	14	庚午	9	10	15	庚子	3	9	16	辛未	5	8	17	辛丑	8	初七 7th
1	14	辛未	8	12	15	辛丑	5	11	15	辛未	8	10	16	辛丑	2	9	17	壬申	4	8	18	壬寅	7	初八 8th
1	15	壬申	9	12	16	壬寅	4	11	16	壬申	7	10	17	壬寅	1	9	18	癸酉	3	8	19	癸卯	6	初九 9th
1	16	癸酉	1	12	17	癸卯	3	11	17	癸酉	6	10	18	癸卯	9	9	19	甲戌	2	8	20	甲辰	5	初十 10th
1	17	甲戌	2	12	18	甲辰	2	11	18	甲戌	5	10	19	甲辰	8	9	20	乙亥	1	8	21	乙巳	4	十一 11th
1	18	乙亥	3	12	19	乙巳	1	11	19	乙亥	4	10	20	乙巳	7	9	21	丙子	9	8	22	丙午	3	十二 12th
1	19	丙子	4	12	20	丙午	9	11	20	丙子	3	10	21	丙午	6	9	22	丁丑	8	8	23	丁未	2	十三 13th
1	20	丁丑	5	12	21	丁未	8	11	21	丁丑	2	10	22	丁未	5	9	23	戊寅	7	8	24	戊申	1	十四 14th
1	21	戊寅	6	12	22	戊申	7 3	11	22	戊寅	1	10	23	戊申	4	9	24	己卯	6	8	25	己酉	9	十五 15th
1	22	己卯	7	12	23	己酉	4	11	23	己卯	9	10	24	己酉	3	9	25	庚辰	5	8	26	庚戌	8	十六 16th
1	23	庚辰	8	12	24	庚戌	5	11	24	庚辰	8	10	25	庚戌	2	9	26	辛巳	4	8	27	辛亥	7	十七 17th
1	24	辛巳	9	12	25	辛亥	6	11	25	辛巳	7	10	26	辛亥	1	9	27	壬午	3	8	28	壬子	6	十八 18th
1	25	壬午	1	12	26	壬子	7	11	26	壬午	6	10	27	壬子	9	9	28	癸未	2	8	29	癸丑	5	十九 19th
1	26	癸未	2	12	27	癸丑	8	11	27	癸未	5	10	28	癸丑	8	9	29	甲申	1	8	30	甲寅	4	二十 20th
1	27	甲申	3	12	28	甲寅	9	11	28	甲申	4	10	29	甲寅	7	9	30	乙酉	9	8	31	乙卯	3	廿一 21st
1	28	乙酉	4	12	29	乙卯	1	11	29	乙酉	3	10	30	乙卯	6	10	1	丙戌	8	9	1	丙辰	2	廿二 22nd
1	29	丙戌	5	12	30	丙辰	2	11	30	丙戌	2	10	31	丙辰	5	10	2	丁亥	7	9	2	丁巳	1	廿三 23rd
1	30	丁亥	6	12	31	丁巳	3	12	1	丁亥	1	11	1	丁巳	4	10	3	戊子	6	9	3	戊午	9	廿四 24th
1	31	戊子	7	1	1	戊午	4	12	2	戊子	9	11	2	戊午	3	10	4	己丑	5	9	4	己未	8	廿五 25th
2	1	己丑	8	1	2	己未	5	12	3	己丑	8	11	3	己未	2	10	5	庚寅	4	9	5	庚申	7	廿六 26th
2	2	庚寅	9	1	3	庚申	6	12	4	庚寅	7	11	4	庚申	1	10	6	辛卯	3	9	6	辛酉	6	廿七 27th
2	3	辛卯	1	1	4	辛酉	7	12	5	辛卯	6	11	5	辛酉	9	10	7	壬辰	2	9	7	壬戌	5	廿八 28th
2	4	壬辰	2	1	5	壬戌	8	12	6	壬辰	5	11	6	壬戌	8	10	8	癸巳	1	9	8	癸亥	4	廿九 29th
				1	6	癸亥	9	12	7	癸巳	4	11	7	癸亥	7					9	9	甲子	3	三十 30th

2000 庚辰 Metal Dragon

Grand Duke: 重德

六月小 6th Mth				五月大 5th Mth				四月小 4th Mth				三月小 3rd Mth				二月大 2nd Mth				正月大 1st Mth				月干支 Month
癸未 Gui Wei				壬午 Ren Wu				辛巳 Xin Si				庚辰 Geng Chen				己卯 Ji Mao				戊寅 Wu Yin				
九紫 Nine Purple				一白 One White				二黑 Two Black				三碧 Three Jade				四綠 Four Green				五黃 Five Yellow				九星 9 Star
大暑 Greater Heat		小暑 Lesser Heat		夏至 Summer Solstice		芒種 Planting of Thorny Crops		小滿 Small Sprout		立夏 Coming of Summer				穀雨 Grain Rain		清明 Clear and Bright		春分 Spring Equinox		驚蟄 Awakening of Worms		雨水 Rain Water		節氣 Season
21st day		6th day		20th day		4th day		18th day		2nd day				16th day		30th day		15th day		30th day		15th day		
20hr 43min		3hr 14min		9hr 48min		16hr 59min		1hr 50min		12hr 51min				2hr 40min		19hr 32min		15hr 36min		14hr 43min		16hr 34min		
戌 Xu		寅 Yin		巳 Si		申 Shen		丑 Chou		午 Wu				丑 Chou		戌 Xu		申 Shen		未 Wei		申 Shen		
國曆 Gregorian		干支 S/B	星 Star	國曆 Gregorian		干支 S/B	星 Star	國曆 Gregorian		干支 S/B	星 Star	國曆 Gregorian		干支 S/B	星 Star	國曆 Gregorian		干支 S/B	星 Star	國曆 Gregorian		干支 S/B	星 Star	農曆 Calendar
7	2	辛酉	3	6	2	辛卯	4	5	4	壬戌	2	4	5	癸巳	9	3	6	癸亥	6	2	5	癸巳	3	初一 1st
7	3	壬戌	2	6	3	壬辰	5	5	5	癸亥	3	4	6	甲午	1	3	7	甲子	7	2	6	甲午	4	初二 2nd
7	4	癸亥	1	6	4	癸巳	6	5	6	甲子	4	4	7	乙未	2	3	8	乙丑	8	2	7	乙未	5	初三 3rd
7	5	甲子	9	6	5	甲午	7	5	7	乙丑	5	4	8	丙申	3	3	9	丙寅	9	2	8	丙申	6	初四 4th
7	6	乙丑	8	6	6	乙未	8	5	8	丙寅	6	4	9	丁酉	4	3	10	丁卯	1	2	9	丁酉	7	初五 5th
7	7	丙寅	7	6	7	丙申	9	5	9	丁卯	7	4	10	戊戌	5	3	11	戊辰	2	2	10	戊戌	8	初六 6th
7	8	丁卯	6	6	8	丁酉	1	5	10	戊辰	8	4	11	己亥	6	3	12	己巳	3	2	11	己亥	9	初七 7th
7	9	戊辰	5	6	9	戊戌	2	5	11	己巳	9	4	12	庚子	7	3	13	庚午	4	2	12	庚子	1	初八 8th
7	10	己巳	4	6	10	己亥	3	5	12	庚午	1	4	13	辛丑	8	3	14	辛未	5	2	13	辛丑	2	初九 9th
7	11	庚午	3	6	11	庚子	4	5	13	辛未	2	4	14	壬寅	9	3	15	壬申	6	2	14	壬寅	3	初十 10th
7	12	辛未	2	6	12	辛丑	5	5	14	壬申	3	4	15	癸卯	1	3	16	癸酉	7	2	15	癸卯	4	十一 11th
7	13	壬申	1	6	13	壬寅	6	5	15	癸酉	4	4	16	甲辰	2	3	17	甲戌	8	2	16	甲辰	5	十二 12th
7	14	癸酉	9	6	14	癸卯	7	5	16	甲戌	5	4	17	乙巳	3	3	18	乙亥	9	2	17	乙巳	6	十三 13th
7	15	甲戌	8	6	15	甲辰	8	5	17	乙亥	6	4	18	丙午	4	3	19	丙子	1	2	18	丙午	7	十四 14th
7	16	乙亥	7	6	16	乙巳	9	5	18	丙子	7	4	19	丁未	5	3	20	丁丑	2	2	19	丁未	8	十五 15th
7	17	丙子	6	6	17	丙午	1	5	19	丁丑	8	4	20	戊申	6	3	21	戊寅	3	2	20	戊申	9	十六 16th
7	18	丁丑	5	6	18	丁未	2	5	20	戊寅	9	4	21	己酉	7	3	22	己卯	4	2	21	己酉	1	十七 17th
7	19	戊寅	4	6	19	戊申	3	5	21	己卯	1	4	22	庚戌	8	3	23	庚辰	5	2	22	庚戌	2	十八 18th
7	20	己卯	3	6	20	己酉	4	5	22	庚辰	2	4	23	辛亥	9	3	24	辛巳	6	2	23	辛亥	3	十九 19th
7	21	庚辰	2	6	21	庚戌	5\5	5	23	辛巳	3	4	24	壬子	1	3	25	壬午	7	2	24	壬子	4	二十 20th
7	22	辛巳	1	6	22	辛亥	4	5	24	壬午	4	4	25	癸丑	2	3	26	癸未	8	2	25	癸丑	5	廿一 21st
7	23	壬午	9	6	23	壬子	3	5	25	癸未	5	4	26	甲寅	3	3	27	甲申	9	2	26	甲寅	6	廿二 22nd
7	24	癸未	8	6	24	癸丑	2	5	26	甲申	6	4	27	乙卯	4	3	28	乙酉	1	2	27	乙卯	7	廿三 23rd
7	25	甲申	7	6	25	甲寅	1	5	27	乙酉	7	4	28	丙辰	5	3	29	丙戌	2	2	28	丙辰	8	廿四 24th
7	26	乙酉	6	6	26	乙卯	9	5	28	丙戌	8	4	29	丁巳	6	3	30	丁亥	3	2	29	丁巳	9	廿五 25th
7	27	丙戌	5	6	27	丙辰	8	5	29	丁亥	9	4	30	戊午	7	3	31	戊子	4	3	1	戊午	1	廿六 26th
7	28	丁亥	4	6	28	丁巳	7	5	30	戊子	1	5	1	己未	8	4	1	己丑	5	3	2	己未	2	廿七 27th
7	29	戊子	3	6	29	戊午	6	5	31	己丑	2	5	2	庚申	9	4	2	庚寅	6	3	3	庚申	3	廿八 28th
7	30	己丑	2	6	30	己未	5	6	1	庚寅	3	5	3	辛酉	1	4	3	辛卯	7	3	4	辛酉	4	廿九 29th
				7	1	庚申	4									4	4	壬辰	8	3	5	壬戌	5	三十 30th

天干 Ten Stems

- 甲 Jia Yang Wood
- 乙 Yi Yin Wood
- 丙 Bing Yang Fire
- 丁 Ding Yin Fire
- 戊 Wu Yang Earth
- 己 Ji Yin Earth
- 庚 Geng Yang Metal
- 辛 Xin Yin Metal
- 壬 Ren Yang Water
- 癸 Gui Yin Water

Male Gua: 9 離(Li) **Female Gua: 6 乾(Qian)** 3 Killing 三煞: South Annual Star: 9 Purple

月干支 Month	七月小 7th Mth				八月大 8th Mth				九月小 9th Mth				十月大 10th Mth				十一月大 11th Mth				十二月小 12th Mth			
	甲申 Jia Shen				乙酉 Yi You				丙戌 Bing Xu				丁亥 Ding Hai				戊子 Wu Zi				己丑 Ji Chou			
九星 9 Star	八白 Eight White				七赤 Seven Red				六白 Six White				五黃 Five Yellow				四綠 Four Green				三碧 Three Jade			
節氣 Season	處暑 Heat Ends		立秋 Coming Autumn		秋分 Autumn Equinox		白露 White Dew		霜降 Frosting		寒露 Cold Dew		小雪 Lesser Snow		立冬 Coming of Winter		冬至 Winter Solstice		大雪 Greater Snow		大寒 Greater Cold		小寒 Lesser Cold	
	24th day		8th day		26th day		10th day		26th day		11th day		27th day		12th day		26th day		12th day		26th day		11th day	
	3hr 49min		13hr 3min		1hr 28min		16hr 0min		10hr 48min		7hr 39min		8hr 20min		10hr 49min		21hr 38min		3hr 38min		8hr 18min		14h 51min	
	寅 Yin		未 Wei		丑 Chou		申 Shen		巳 Si		辰 Chen		辰 Chen		巳 Si		亥 Hai		寅 Yin		辰 Chen		未 Wei	
農曆 Calendar	國曆 Gregorian		干支 S/B	星 Star	國曆 Gregorian		干支 S/B	星 Star	國曆 Gregorian		干支 S/B	星 Star	國曆 Gregorian		干支 S/B	星 Star	國曆 Gregorian		干支 S/B	星 Star	國曆 Gregorian		干支 S/E	星 Star
初一 1st	7	31	庚寅	1	8	29	己未	8	9	28	己丑	5	10	27	戊午	3	11	26	戊子	9	12	26	戊午	4
初二 2nd	8	1	辛卯	9	8	30	庚申	7	9	29	庚寅	4	10	28	己未	2	11	27	己丑	8	12	27	己未	5
初三 3rd	8	2	壬辰	8	8	31	辛酉	6	9	30	辛卯	3	10	29	庚申	1	11	28	庚寅	7	12	28	庚申	6
初四 4th	8	3	癸巳	7	9	1	壬戌	5	10	1	壬辰	2	10	30	辛酉	9	11	29	辛卯	6	12	29	辛酉	7
初五 5th	8	4	甲午	6	9	2	癸亥	4	10	2	癸巳	1	10	31	壬戌	8	11	30	壬辰	5	12	30	壬戌	8
初六 6th	8	5	乙未	5	9	3	甲子	3	10	3	甲午	9	11	1	癸亥	7	12	1	癸巳	4	12	31	癸亥	9
初七 7th	8	6	丙申	4	9	4	乙丑	2	10	4	乙未	8	11	2	甲子	6	12	2	甲午	3	1	1	甲子	1
初八 8th	8	7	丁酉	3	9	5	丙寅	1	10	5	丙申	7	11	3	乙丑	5	12	3	乙未	2	1	2	乙丑	2
初九 9th	8	8	戊戌	2	9	6	丁卯	9	10	6	丁酉	6	11	4	丙寅	4	12	4	丙申	1	1	3	丙寅	3
初十 10th	8	9	己亥	1	9	7	戊辰	8	10	7	戊戌	5	11	5	丁卯	3	12	5	丁酉	9	1	4	丁卯	4
十一 11th	8	10	庚子	9	9	8	己巳	7	10	8	己亥	4	11	6	戊辰	2	12	6	戊戌	8	1	5	戊辰	5
十二 12th	8	11	辛丑	8	9	9	庚午	6	10	9	庚子	3	11	7	己巳	1	12	7	己亥	7	1	6	己巳	6
十三 13th	8	12	壬寅	7	9	10	辛未	5	10	10	辛丑	2	11	8	庚午	9	12	8	庚子	6	1	7	庚午	7
十四 14th	8	13	癸卯	6	9	11	壬申	4	10	11	壬寅	1	11	9	辛未	8	12	9	辛丑	5	1	8	辛未	8
十五 15th	8	14	甲辰	5	9	12	癸酉	3	10	12	癸卯	9	11	10	壬申	7	12	10	壬寅	4	1	9	壬申	9
十六 16th	8	15	乙巳	4	9	13	甲戌	2	10	13	甲辰	8	11	11	癸酉	6	12	11	癸卯	3	1	10	癸酉	1
十七 17th	8	16	丙午	3	9	14	乙亥	1	10	14	乙巳	7	11	12	甲戌	5	12	12	甲辰	2	1	11	甲戌	2
十八 18th	8	17	丁未	2	9	15	丙子	9	10	15	丙午	6	11	13	乙亥	4	12	13	乙巳	1	1	12	乙亥	3
十九 19th	8	18	戊申	1	9	16	丁丑	8	10	16	丁未	5	11	14	丙子	3	12	14	丙午	9	1	13	丙子	4
二十 20th	8	19	己酉	9	9	17	戊寅	7	10	17	戊申	4	11	15	丁丑	2	12	15	丁未	8	1	14	丁丑	5
廿一 21st	8	20	庚戌	8	9	18	己卯	6	10	18	己酉	3	11	16	戊寅	1	12	16	戊申	7	1	15	戊寅	6
廿二 22nd	8	21	辛亥	7	9	19	庚辰	5	10	19	庚戌	2	11	17	己卯	9	12	17	己酉	6	1	16	己卯	7
廿三 23rd	8	22	壬子	6	9	20	辛巳	4	10	20	辛亥	1	11	18	庚辰	8	12	18	庚戌	5	1	17	庚辰	8
廿四 24th	8	23	癸丑	5	9	21	壬午	3	10	21	壬子	9	11	19	辛巳	7	12	19	辛亥	4	1	18	辛巳	9
廿五 25th	8	24	甲寅	4	9	22	癸未	2	10	22	癸丑	8	11	20	壬午	6	12	20	壬子	3	1	19	壬午	1
廿六 26th	8	25	乙卯	3	9	23	甲申	1	10	23	甲寅	7	11	21	癸未	5	12	21	癸丑	2\8	1	20	癸未	2
廿七 27th	8	26	丙辰	2	9	24	乙酉	9	10	24	乙卯	6	11	22	甲申	4	12	22	甲寅	9	1	21	甲申	3
廿八 28th	8	27	丁巳	1	9	25	丙戌	8	10	25	丙辰	5	11	23	乙酉	3	12	23	乙卯	1	1	22	乙酉	4
廿九 29th	8	28	戊午	9	9	26	丁亥	7	10	26	丁巳	4	11	24	丙戌	2	12	24	丙辰	2	1	23	丙戌	5
三十 30th					9	27	戊子	6					11	25	丁亥	1	12	25	丁巳	3				

地支 Twelve Branches: 子 Zi Rat · 丑 Chou Ox · 寅 Yin Tiger · 卯 Mao Rabbit · 辰 Chen Dragon · 巳 Si Snake · 午 Wu Horse · 未 Wei Goat · 申 Shen Monkey · 酉 You Rooster · 戌 Xu Dog · 亥 Hai Pig

2001 辛巳 Metal Snake

Grand Duke: 鄭祖

天干 Ten Stems: 甲 Jia Yang Wood · 乙 Yi Yin Wood · 丙 Bing Yang Fire · 丁 Ding Yin Fire · 戊 Wu Yang Earth · 己 Ji Yin Earth · 庚 Geng Yang Metal · 辛 Xin Yin Metal · 壬 Ren Yang Water · 癸 Gui Yin Water

月干支 Month	正月大 1st Mth			
	庚寅 Geng Yin			
九星 9 Star	二黑 Two Black			
節氣 Season	雨水 Rain Water 26th day 22hr 29min 亥 Hai		立春 Coming of Spring 12th day 2hr 30min 丑 Chou	
農曆 Calendar	國曆 Gregorian		干支 S/B	星 Star
初一 1st	1	24	丁亥	6
初二 2nd	1	25	戊子	7
初三 3rd	1	26	己丑	8
初四 4th	1	27	庚寅	9
初五 5th	1	28	辛卯	1
初六 6th	1	29	壬辰	2
初七 7th	1	30	癸巳	3
初八 8th	1	31	甲午	4
初九 9th	2	1	乙未	5
初十 10th	2	2	丙申	6
十一 11th	2	3	丁酉	7
十二 12th	2	4	戊戌	8
十三 13th	2	5	己亥	9
十四 14th	2	6	庚子	1
十五 15th	2	7	辛丑	2
十六 16th	2	8	壬寅	3
十七 17th	2	9	癸卯	4
十八 18th	2	10	甲辰	5
十九 19th	2	11	乙巳	6
二十 20th	2	12	丙午	7
廿一 21st	2	13	丁未	8
廿二 22nd	2	14	戊申	9
廿三 23rd	2	15	己酉	1
廿四 24th	2	16	庚戌	2
廿五 25th	2	17	辛亥	3
廿六 26th	2	18	壬子	4
廿七 27th	2	19	癸丑	5
廿八 28th	2	20	甲寅	6
廿九 29th	2	21	乙卯	7
三十 30th	2	22	丙辰	8

月干支 Month	二月大 2nd Mth			
	辛卯 Xin Mao			
九星 9 Star	一白 One White			
節氣 Season	春分 Spring Equinox 26th day 21hr 32min 亥 Hai		驚蟄 Awakening of Worms 11th day 20hr 34min 戌 Xu	
農曆 Calendar	國曆 Gregorian		干支 S/B	星 Star
初一 1st	2	23	丁巳	9
初二 2nd	2	24	戊午	1
初三 3rd	2	25	己未	2
初四 4th	2	26	庚申	3
初五 5th	2	27	辛酉	4
初六 6th	2	28	壬戌	5
初七 7th	3	1	癸亥	6
初八 8th	3	2	甲子	7
初九 9th	3	3	乙丑	8
初十 10th	3	4	丙寅	9
十一 11th	3	5	丁卯	1
十二 12th	3	6	戊辰	2
十三 13th	3	7	己巳	3
十四 14th	3	8	庚午	4
十五 15th	3	9	辛未	5
十六 16th	3	10	壬申	6
十七 17th	3	11	癸酉	7
十八 18th	3	12	甲戌	8
十九 19th	3	13	乙亥	9
二十 20th	3	14	丙子	1
廿一 21st	3	15	丁丑	2
廿二 22nd	3	16	戊寅	3
廿三 23rd	3	17	己卯	4
廿四 24th	3	18	庚辰	5
廿五 25th	3	19	辛巳	6
廿六 26th	3	20	壬午	7
廿七 27th	3	21	癸未	8
廿八 28th	3	22	甲申	9
廿九 29th	3	23	乙酉	1
三十 30th	3	24	丙戌	2

月干支 Month	三月小 3rd Mth			
	壬辰 Ren Chen			
九星 9 Star	九紫 Nine Purple			
節氣 Season	穀雨 Grain Rain 27th day 8hr 37min 辰 Chen		清明 Clear and Bright 12th day 1hr 26min 丑 Chou	
農曆 Calendar	國曆 Gregorian		干支 S/B	星 Star
初一 1st	3	25	丁亥	3
初二 2nd	3	26	戊子	4
初三 3rd	3	27	己丑	5
初四 4th	3	28	庚寅	6
初五 5th	3	29	辛卯	7
初六 6th	3	30	壬辰	8
初七 7th	3	31	癸巳	9
初八 8th	4	1	甲午	1
初九 9th	4	2	乙未	2
初十 10th	4	3	丙申	3
十一 11th	4	4	丁酉	4
十二 12th	4	5	戊戌	5
十三 13th	4	6	己亥	6
十四 14th	4	7	庚子	7
十五 15th	4	8	辛丑	8
十六 16th	4	9	壬寅	9
十七 17th	4	10	癸卯	1
十八 18th	4	11	甲辰	2
十九 19th	4	12	乙巳	3
二十 20th	4	13	丙午	4
廿一 21st	4	14	丁未	5
廿二 22nd	4	15	戊申	6
廿三 23rd	4	16	己酉	7
廿四 24th	4	17	庚戌	8
廿五 25th	4	18	辛亥	9
廿六 26th	4	19	壬子	1
廿七 27th	4	20	癸丑	2
廿八 28th	4	21	甲寅	3
廿九 29th	4	22	乙卯	4
三十 30th				

月干支 Month	四月大 4th Mth			
	癸巳 Gui Si			
九星 9 Star	八白 Eight White			
節氣 Season	小滿 Small Sprout 29th day 7hr 45min 辰 Chen		立夏 Coming of Summer 13th day 18hr 46min 酉 You	
農曆 Calendar	國曆 Gregorian		干支 S/B	星 Star
初一 1st	4	23	丙辰	5
初二 2nd	4	24	丁巳	6
初三 3rd	4	25	戊午	7
初四 4th	4	26	己未	8
初五 5th	4	27	庚申	9
初六 6th	4	28	辛酉	1
初七 7th	4	29	壬戌	2
初八 8th	4	30	癸亥	3
初九 9th	5	1	甲子	4
初十 10th	5	2	乙丑	5
十一 11th	5	3	丙寅	6
十二 12th	5	4	丁卯	7
十三 13th	5	5	戊辰	8
十四 14th	5	6	己巳	9
十五 15th	5	7	庚午	1
十六 16th	5	8	辛未	2
十七 17th	5	9	壬申	3
十八 18th	5	10	癸酉	4
十九 19th	5	11	甲戌	5
二十 20th	5	12	乙亥	6
廿一 21st	5	13	丙子	7
廿二 22nd	5	14	丁丑	8
廿三 23rd	5	15	戊寅	9
廿四 24th	5	16	己卯	1
廿五 25th	5	17	庚辰	2
廿六 26th	5	18	辛巳	3
廿七 27th	5	19	壬午	4
廿八 28th	5	20	癸未	5
廿九 29th	5	21	甲申	6
三十 30th	5	22	乙酉	7

月干支 Month	閏四月小 4th Mth			
節氣 Season			芒種 Planting of Thorny Crops 14th day 22hr 55min 亥 Hai	
農曆 Calendar	國曆 Gregorian		干支 S/B	星 Star
初一 1st	5	23	丙戌	8
初二 2nd	5	24	丁亥	9
初三 3rd	5	25	戊子	1
初四 4th	5	26	己丑	2
初五 5th	5	27	庚寅	3
初六 6th	5	28	辛卯	4
初七 7th	5	29	壬辰	5
初八 8th	5	30	癸巳	6
初九 9th	5	31	甲午	7
初十 10th	6	1	乙未	8
十一 11th	6	2	丙申	9
十二 12th	6	3	丁酉	1
十三 13th	6	4	戊戌	2
十四 14th	6	5	己亥	3
十五 15th	6	6	庚子	4
十六 16th	6	7	辛丑	5
十七 17th	6	8	壬寅	6
十八 18th	6	9	癸卯	7
十九 19th	6	10	甲辰	8
二十 20th	6	11	乙巳	9
廿一 21st	6	12	丙午	1
廿二 22nd	6	13	丁未	2
廿三 23rd	6	14	戊申	3
廿四 24th	6	15	己酉	4
廿五 25th	6	16	庚戌	5
廿六 26th	6	17	辛亥	6
廿七 27th	6	18	壬子	7
廿八 28th	6	19	癸丑	8
廿九 29th	6	20	甲寅	9
三十 30th				

月干支 Month	五月大 5th Mth			
	甲午 Jia Wu			
九星 9 Star	七赤 Seven Red			
節氣 Season	小暑 Lesser Heat 17th day 9hr 8min 巳 Si		夏至 Summer Solstice 1st day 15hr 39min 申 Shen	
農曆 Calendar	國曆 Gregorian		干支 S/B	星 Star
初一 1st	6	21	乙卯	1\9
初二 2nd	6	22	丙辰	8
初三 3rd	6	23	丁巳	7
初四 4th	6	24	戊午	6
初五 5th	6	25	己未	5
初六 6th	6	26	庚申	4
初七 7th	6	27	辛酉	3
初八 8th	6	28	壬戌	2
初九 9th	6	29	癸亥	1
初十 10th	6	30	甲子	9
十一 11th	7	1	乙丑	8
十二 12th	7	2	丙寅	7
十三 13th	7	3	丁卯	6
十四 14th	7	4	戊辰	5
十五 15th	7	5	己巳	4
十六 16th	7	6	庚午	3
十七 17th	7	7	辛未	2
十八 18th	7	8	壬申	1
十九 19th	7	9	癸酉	9
二十 20th	7	10	甲戌	8
廿一 21st	7	11	乙亥	7
廿二 22nd	7	12	丙子	6
廿三 23rd	7	13	丁丑	5
廿四 24th	7	14	戊寅	4
廿五 25th	7	15	己卯	3
廿六 26th	7	16	庚辰	2
廿七 27th	7	17	辛巳	1
廿八 28th	7	18	壬午	9
廿九 29th	7	19	癸未	8
三十 30th	7	20	甲申	7

月干支 Month	六月小 6th Mth			
	乙未 Yi Wei			
九星 9 Star	六白 Six White			
節氣 Season	立秋 Coming Autumn 18th day 18hr 53min 酉 You		大暑 Greater Heat 3rd day 2hr 28min 丑 Chou	
農曆 Calendar	國曆 Gregorian		干支 S/B	星 Star
初一 1st	7	21	乙酉	6
初二 2nd	7	22	丙戌	5
初三 3rd	7	23	丁亥	4
初四 4th	7	24	戊子	3
初五 5th	7	25	己丑	2
初六 6th	7	26	庚寅	1
初七 7th	7	27	辛卯	9
初八 8th	7	28	壬辰	8
初九 9th	7	29	癸巳	7
初十 10th	7	30	甲午	6
十一 11th	7	31	乙未	5
十二 12th	8	1	丙申	4
十三 13th	8	2	丁酉	3
十四 14th	8	3	戊戌	2
十五 15th	8	4	己亥	1
十六 16th	8	5	庚子	9
十七 17th	8	6	辛丑	8
十八 18th	8	7	壬寅	7
十九 19th	8	8	癸卯	6
二十 20th	8	9	甲辰	5
廿一 21st	8	10	乙巳	4
廿二 22nd	8	11	丙午	3
廿三 23rd	8	12	丁未	2
廿四 24th	8	13	戊申	1
廿五 25th	8	14	己酉	9
廿六 26th	8	15	庚戌	8
廿七 27th	8	16	辛亥	7
廿八 28th	8	17	壬子	6
廿九 29th	8	18	癸丑	5
三十 30th				

Male Gua: 8 艮(Gen) **Female Gua: 7 兌(Dui)** 3 Killing 三煞: East Annual Star: 8 White

地支 Twelve Branches: 子 Zi Rat · 丑 Chou Ox · 寅 Yin Tiger · 卯 Mao Rabbit · 辰 Chen Dragon · 巳 Si Snake · 午 Wu Horse · 未 Wei Goat · 申 Shen Monkey · 酉 You Rooster · 戌 Xu Dog · 亥 Hai Pig

月干支 Month		七月小 7th Mth 丙申 Bing Shen				八月大 8th Mth 丁酉 Ding You				九月小 9th Mth 戊戌 Wu Xu			
九星 9 Star		五黃 Five Yellow				四綠 Four Green				三碧 Three Jade			
節氣 Season		白露 White Dew 20th day 21hr 47min 亥 Hai		處暑 Heat Ends 5th day 9hr 29min 巳 Si		寒露 Cold Dew 22nd day 13hr 26min 未 Wei		秋分 Autumn Equinox 7th day 7hr 6min 辰 Chen		立冬 Coming of Winter 22nd day 16hr 38min 申 Shen		霜降 Frosting 7th day 16hr 27min 申 Shen	
農曆 Calendar		國曆 Gregorian		干支 S/B	星 Star	國曆 Gregorian		干支 S/B	星 Star	國曆 Gregorian		干支 S/B	星 Star
初一	1st	8	19	甲寅	4	9	17	癸未	2	10	17	癸丑	8
初二	2nd	8	20	乙卯	3	9	18	甲申	1	10	18	甲寅	7
初三	3rd	8	21	丙辰	2	9	19	乙酉	9	10	19	乙卯	6
初四	4th	8	22	丁巳	1	9	20	丙戌	8	10	20	丙辰	5
初五	5th	8	23	戊午	9	9	21	丁亥	7	10	21	丁巳	4
初六	6th	8	24	己未	8	9	22	戊子	6	10	22	戊午	3
初七	7th	8	25	庚申	7	9	23	己丑	5	10	23	己未	2
初八	8th	8	26	辛酉	6	9	24	庚寅	4	10	24	庚申	1
初九	9th	8	27	壬戌	5	9	25	辛卯	3	10	25	辛酉	9
初十	10th	8	28	癸亥	4	9	26	壬辰	2	10	26	壬戌	8
十一	11th	8	29	甲子	3	9	27	癸巳	1	10	27	癸亥	7
十二	12th	8	30	乙丑	2	9	28	甲午	9	10	28	甲子	6
十三	13th	8	31	丙寅	1	9	29	乙未	8	10	29	乙丑	5
十四	14th	9	1	丁卯	9	9	30	丙申	7	10	30	丙寅	4
十五	15th	9	2	戊辰	8	10	1	丁酉	6	10	31	丁卯	3
十六	16th	9	3	己巳	7	10	2	戊戌	5	11	1	戊辰	2
十七	17th	9	4	庚午	6	10	3	己亥	4	11	2	己巳	1
十八	18th	9	5	辛未	5	10	4	庚子	3	11	3	庚午	9
十九	19th	9	6	壬申	4	10	5	辛丑	2	11	4	辛未	8
二十	20th	9	7	癸酉	3	10	6	壬寅	1	11	5	壬申	7
廿一	21st	9	8	甲戌	2	10	7	癸卯	9	11	6	癸酉	6
廿二	22nd	9	9	乙亥	1	10	8	甲辰	8	11	7	甲戌	5
廿三	23rd	9	10	丙子	9	10	9	乙巳	7	11	8	乙亥	4
廿四	24th	9	11	丁丑	8	10	10	丙午	6	11	9	丙子	3
廿五	25th	9	12	戊寅	7	10	11	丁未	5	11	10	丁丑	2
廿六	26th	9	13	己卯	6	10	12	戊申	4	11	11	戊寅	1
廿七	27th	9	14	庚辰	5	10	13	己酉	3	11	12	己卯	9
廿八	28th	9	15	辛巳	4	10	14	庚戌	2	11	13	庚辰	8
廿九	29th	9	16	壬午	3	10	15	辛亥	1	11	14	辛巳	7
三十	30th					10	16	壬子	9				

月干支 Month		十月大 10th Mth 己亥 Ji Hai				十一月小 11th Mth 庚子 Geng Zi				十二月大 12th Mth 辛丑 Xin Chou			
九星 9 Star		二黑 Two Black				一白 One White				九紫 Nine Purple			
節氣 Season		大雪 Greater Snow 23rd day 9hr 30min 巳 Si		小雪 Lesser Snow 8th day 14hr 02min 未 Wei		小寒 Lesser Cold 22nd day 20hr 45min 戌 Xu		冬至 Winter Solstice 8th day 3hr 23min 寅 Yin		立春 Coming of Spring 23rd day 8hr 26min 辰 Chen		大寒 Greater Cold 8th day 14hr [illegible]min 未 Wei	
農曆 Calendar		國曆 Gregorian		干支 S/B	星 Star	國曆 Gregorian		干支 S/B	星 Star	國曆 Gregorian		干支 S/B	星 Star
初一	1st	11	15	壬午	6	12	15	壬子	3	1	13	辛巳	9
初二	2nd	11	16	癸未	5	12	16	癸丑	2	1	14	壬午	1
初三	3rd	11	17	甲申	4	12	17	甲寅	1	1	15	癸未	2
初四	4th	11	18	乙酉	3	12	18	乙卯	9	1	16	甲申	3
初五	5th	11	19	丙戌	2	12	19	丙辰	8	1	17	乙酉	4
初六	6th	11	20	丁亥	1	12	20	丁巳	7	1	18	丙戌	5
初七	7th	11	21	戊子	9	12	21	戊午	6	1	19	丁亥	6
初八	8th	11	22	己丑	8	12	22	己未	5\5	1	20	戊子	7
初九	9th	11	23	庚寅	7	12	23	庚申	3	1	21	己丑	8
初十	10th	11	24	辛卯	6	12	24	辛酉	7	1	22	庚寅	9
十一	11th	11	25	壬辰	5	12	25	壬戌	3	1	23	辛卯	1
十二	12th	11	26	癸巳	4	12	26	癸亥	9	1	24	壬辰	2
十三	13th	11	27	甲午	3	12	27	甲子	1	1	25	癸巳	3
十四	14th	11	28	乙未	2	12	28	乙丑	2	1	26	甲午	4
十五	15th	11	29	丙申	1	12	29	丙寅	3	1	27	乙未	5
十六	16th	11	30	丁酉	9	12	30	丁卯	4	1	28	丙申	6
十七	17th	12	1	戊戌	8	12	31	戊辰	5	1	29	丁酉	7
十八	18th	12	2	己亥	7	1	1	己巳	6	1	30	戊戌	8
十九	19th	12	3	庚子	6	1	2	庚午	7	1	31	己亥	9
二十	20th	12	4	辛丑	5	1	3	辛未	8	2	1	庚子	1
廿一	21st	12	5	壬寅	4	1	4	壬申	9	2	2	辛丑	2
廿二	22nd	12	6	癸卯	3	1	5	癸酉	1	2	3	壬寅	3
廿三	23rd	12	7	甲辰	2	1	6	甲戌	2	2	4	癸卯	4
廿四	24th	12	8	乙巳	1	1	7	乙亥	3	2	5	甲辰	5
廿五	25th	12	9	丙午	9	1	8	丙子	4	2	6	乙巳	6
廿六	26th	12	10	丁未	8	1	9	丁丑	5	2	7	丙午	7
廿七	27th	12	11	戊申	7	1	10	戊寅	6	2	8	丁未	8
廿八	28th	12	12	己酉	6	1	11	己卯	7	2	9	戊申	9
廿九	29th	12	13	庚戌	5	1	12	庚辰	8	2	10	己酉	1
三十	30th	12	14	辛亥	4					2	11	庚戌	2

2002 壬午 Water Horse

Grand Duke: 路明

六月大 6th Mth				五月小 5th Mth				四月大 4th Mth				三月小 3rd Mth				二月大 2nd Mth				正月大 1st Mth				月干支 Month
丁未 Ding Wei				丙午 Bing Wu				乙巳 Yi Si				甲辰 Jia Chen				癸卯 Gui Mao				壬寅 Ren Yin				
三碧 Three Jade				四綠 Four Green				五黃 Five Yellow				六白 Six White				七赤 Seven Red				八白 Eight White				九星 9 Star
立秋 Coming Autumn		大暑 Greater Heat		小暑 Lesser Heat		夏至 Summer Solstice		芒種 Planting of Thorny Crops		小滿 Small Sprout		立夏 Coming of Summer		穀雨 Grain Rain		清明 Clear and Bright		春分 Spring Equinox		驚蟄 Awakening of Worms		雨水 Rain Water		節氣 Season
30th day		14th day		27th day		11th day		26th day		10th day		24th day		8th day		23rd day		8th day		23rd day		8th day		
0hr 41min		8hr 16min		14hr 57min		21hr 26min		4hr 46min		13hr 30min		0hr 39min		14hr 22min		7hr 19min		3hr 17min		2hr 29min		4hr 15min		
子 Zi		辰 Chen		未 Wei		亥 Hai		寅 Yin		未 Wei		子 Zi		未 Wei		辰 Chen		寅 Yin		丑 Chou		寅 Yin		
國曆 Gregorian		干支 S/B	星 Star	國曆 Gregorian		干支 S/B	星 Star	國曆 Gregorian		干支 S/B	星 Star	國曆 Gregorian		干支 S/B	星 Star	國曆 Gregorian		干支 S/B	星 Star	國曆 Gregorian		干支 S/B	星 Star	農曆 Calendar
7	10	己卯	3	6	11	庚戌	5	5	12	庚辰	2	4	13	辛亥	9	3	14	辛巳	6	2	12	辛亥	3	初一 1st
7	11	庚辰	2	6	12	辛亥	6	5	13	辛巳	3	4	14	壬子	1	3	15	壬午	7	2	13	壬子	4	初二 2nd
7	12	辛巳	1	6	13	壬子	7	5	14	壬午	4	4	15	癸丑	2	3	16	癸未	8	2	14	癸丑	5	初三 3rd
7	13	壬午	9	6	14	癸丑	8	5	15	癸未	5	4	16	甲寅	3	3	17	甲申	9	2	15	甲寅	6	初四 4th
7	14	癸未	8	6	15	甲寅	9	5	16	甲申	6	4	17	乙卯	4	3	18	乙酉	1	2	16	乙卯	7	初五 5th
7	15	甲申	7	6	16	乙卯	1	5	17	乙酉	7	4	18	丙辰	5	3	19	丙戌	2	2	17	丙辰	8	初六 6th
7	16	乙酉	6	6	17	丙辰	2	5	18	丙戌	8	4	19	丁巳	6	3	20	丁亥	3	2	18	丁巳	9	初七 7th
7	17	丙戌	5	6	18	丁巳	3	5	19	丁亥	9	4	20	戊午	7	3	21	戊子	4	2	19	戊午	1	初八 8th
7	18	丁亥	4	6	19	戊午	4	5	20	戊子	1	4	21	己未	8	3	22	己丑	5	2	20	己未	2	初九 9th
7	19	戊子	3	6	20	己未	5	5	21	己丑	2	4	22	庚申	9	3	23	庚寅	6	2	21	庚申	3	初十 10th
7	20	己丑	2	6	21	庚申	6\4	5	22	庚寅	3	4	23	辛酉	1	3	24	辛卯	7	2	22	辛酉	4	十一 11th
7	21	庚寅	1	6	22	辛酉	3	5	23	辛卯	4	4	24	壬戌	2	3	25	壬辰	8	2	23	壬戌	5	十二 12th
7	22	辛卯	9	6	23	壬戌	2	5	24	壬辰	5	4	25	癸亥	3	3	26	癸巳	9	2	24	癸亥	6	十三 13th
7	23	壬辰	8	6	24	癸亥	1	5	25	癸巳	6	4	26	甲子	4	3	27	甲午	1	2	25	甲子	7	十四 14th
7	24	癸巳	7	6	25	甲子	9	5	26	甲午	7	4	27	乙丑	5	3	28	乙未	2	2	26	乙丑	8	十五 15th
7	25	甲午	6	6	26	乙丑	8	5	27	乙未	8	4	28	丙寅	6	3	29	丙申	3	2	27	丙寅	9	十六 16th
7	26	乙未	5	6	27	丙寅	7	5	28	丙申	9	4	29	丁卯	7	3	30	丁酉	4	2	28	丁卯	1	十七 17th
7	27	丙申	4	6	28	丁卯	6	5	29	丁酉	1	4	30	戊辰	8	3	31	戊戌	5	3	1	戊辰	2	十八 18th
7	28	丁酉	3	6	29	戊辰	5	5	30	戊戌	2	5	1	己巳	9	4	1	己亥	6	3	2	己巳	3	十九 19th
7	29	戊戌	2	6	30	己巳	4	5	31	己亥	3	5	2	庚午	1	4	2	庚子	7	3	3	庚午	4	二十 20th
7	30	己亥	1	7	1	庚午	3	6	1	庚子	4	5	3	辛未	2	4	3	辛丑	8	3	4	辛未	5	廿一 21st
7	31	庚子	9	7	2	辛未	2	6	2	辛丑	5	5	4	壬申	3	4	4	壬寅	9	3	5	壬申	6	廿二 22nd
8	1	辛丑	8	7	3	壬申	1	6	3	壬寅	6	5	5	癸酉	4	4	5	癸卯	1	3	6	癸酉	7	廿三 23rd
8	2	壬寅	7	7	4	癸酉	9	6	4	癸卯	7	5	6	甲戌	5	4	6	甲辰	2	3	7	甲戌	8	廿四 24th
8	3	癸卯	6	7	5	甲戌	8	6	5	甲辰	8	5	7	乙亥	6	4	7	乙巳	3	3	8	乙亥	9	廿五 25th
8	4	甲辰	5	7	6	乙亥	7	6	6	乙巳	9	5	8	丙子	7	4	8	丙午	4	3	9	丙子	1	廿六 26th
8	5	乙巳	4	7	7	丙子	6	6	7	丙午	1	5	9	丁丑	8	4	9	丁未	5	3	10	丁丑	2	廿七 27th
8	6	丙午	3	7	8	丁丑	5	6	8	丁未	2	5	10	戊寅	9	4	10	戊申	6	3	11	戊寅	3	廿八 28th
8	7	丁未	2	7	9	戊寅	4	6	9	戊申	3	5	11	己卯	1	4	11	己酉	7	3	12	己卯	4	廿九 29th
8	8	戊申	1					6	10	己酉	4					4	12	庚戌	8	3	13	庚辰	5	三十 30th

天干 Ten Stems: 甲 Jia Yang Wood; 乙 Yi Yin Wood; 丙 Bing Yang Fire; 丁 Ding Yin Fire; 戊 Wu Yang Earth; 己 Ji Yin Earth; 庚 Geng Yang Metal; 辛 Xin Yin Metal; 壬 Ren Yang Water; 癸 Gui Yin Water

十二月小 12th Mth				十一月大 11th Mth				十月小 10th Mth				九月大 9th Mth				八月小 8th Mth				七月小 7th Mth				月干支 Month
癸丑 Gui Chou				壬子 Ren Zi				辛亥 Xin Hai				庚戌 Geng Xu				己酉 Ji You				戊申 Wu Shen				
六白 Six White				七赤 Seven Red				八白 Eight White				九紫 Nine Purple				一白 One White				二黑 Two Black				九星 9 Star
大寒 Greater Cold		小寒 Lesser Cold		冬至 Winter Solstice		大雪 Greater Snow		小雪 Lesser Snow		立冬 Coming of Winter		霜降 Frosting		寒露 Cold Dew		秋分 Autumn Equinox		白露 White Dew				處暑 Heat Ends		節氣 Season
18th day		4th day		19th day		4th day		18th day		3rd day		18th day		3rd day		17th day		2nd day				15th day		
19hr 54min		2hr 29min		9hr 16min		15hr 16min		19hr 55min		22hr 23min		22hr 19min		19hr 11min		12hr 57min		3hr 32min				15hr 18min		
戌 Xu		丑 Chou		巳 Si		申 Shen		戌 Xu		戌 Xu		亥 Hai		戌 Xu		午 Wu		寅 Yin				申 Shen		
國曆 Gregorian		干支 S/B	星 Star	國曆 Gregorian		干支 S/B	星 Star	國曆 Gregorian		干支 S/B	星 Star	國曆 Gregorian		干支 S/B	星 Star	國曆 Gregorian		干支 S/B	星 Star	國曆 Gregorian		干支 S/B	星 Star	農曆 Calendar
1	3	丙子	4	12	4	丙午	9	11	5	丁丑	2	10	6	丁未	5	9	7	戊寅	7	8	9	己酉	9	初一 1st
1	4	丁丑	5	12	5	丁未	8	11	6	戊寅	1	10	7	戊申	4	9	8	己卯	6	8	10	庚戌	8	初二 2nd
1	5	戊寅	6	12	6	戊申	7	11	7	己卯	9	10	8	己酉	3	9	9	庚辰	5	8	11	辛亥	7	初三 3rd
1	6	己卯	7	12	7	己酉	6	11	8	庚辰	8	10	9	庚戌	2	9	10	辛巳	4	8	12	壬子	6	初四 4th
1	7	庚辰	8	12	8	庚戌	5	11	9	辛巳	7	10	10	辛亥	1	9	11	壬午	3	8	13	癸丑	5	初五 5th
1	8	辛巳	9	12	9	辛亥	4	11	10	壬午	6	10	11	壬子	9	9	12	癸未	2	8	14	甲寅	4	初六 6th
1	9	壬午	1	12	10	壬子	3	11	11	癸未	5	10	12	癸丑	8	9	13	甲申	1	8	15	乙卯	3	初七 7th
1	10	癸未	2	12	11	癸丑	2	11	12	甲申	4	10	13	甲寅	7	9	14	乙酉	9	8	16	丙辰	2	初八 8th
1	11	甲申	3	12	12	甲寅	1	11	13	乙酉	3	10	14	乙卯	6	9	15	丙戌	8	8	17	丁巳	1	初九 9th
1	12	乙酉	4	12	13	乙卯	9	11	14	丙戌	2	10	15	丙辰	5	9	16	丁亥	7	8	18	戊午	9	初十 10th
1	13	丙戌	5	12	14	丙辰	8	11	15	丁亥	1	10	16	丁巳	4	9	17	戊子	6	8	19	己未	8	十一 11th
1	14	丁亥	6	12	15	丁巳	7	11	16	戊子	9	10	17	戊午	3	9	18	己丑	5	8	20	庚申	7	十二 12th
1	15	戊子	7	12	16	戊午	6	11	17	己丑	8	10	18	己未	2	9	19	庚寅	4	8	21	辛酉	6	十三 13th
1	16	己丑	8	12	17	己未	5	11	18	庚寅	7	10	19	庚申	1	9	20	辛卯	3	8	22	壬戌	5	十四 14th
1	17	庚寅	9	12	18	庚申	4	11	19	辛卯	6	10	20	辛酉	9	9	21	壬辰	2	8	23	癸亥	4	十五 15th
1	18	辛卯	1	12	19	辛酉	3	11	20	壬辰	5	10	21	壬戌	8	9	22	癸巳	1	8	24	甲子	3	十六 16th
1	19	壬辰	2	12	20	壬戌	2	11	21	癸巳	4	10	22	癸亥	7	9	23	甲午	9	8	25	乙丑	2	十七 17th
1	20	癸巳	3	12	21	癸亥	1	11	22	甲午	3	10	23	甲子	6	9	24	乙未	8	8	26	丙寅	1	十八 18th
1	21	甲午	4	12	22	甲子	1	11	23	乙未	2	10	24	乙丑	5	9	25	丙申	7	8	27	丁卯	9	十九 19th
1	22	乙未	5	12	23	乙丑	2	11	24	丙申	1	10	25	丙寅	4	9	26	丁酉	6	8	28	戊辰	8	二十 20th
1	23	丙申	6	12	24	丙寅	3	11	25	丁酉	9	10	26	丁卯	3	9	27	戊戌	5	8	29	己巳	7	廿一 21st
1	24	丁酉	7	12	25	丁卯	4	11	26	戊戌	8	10	27	戊辰	2	9	28	己亥	4	8	30	庚午	6	廿二 22nd
1	25	戊戌	8	12	26	戊辰	5	11	27	己亥	7	10	28	己巳	1	9	29	庚子	3	8	31	辛未	5	廿三 23rd
1	26	己亥	9	12	27	己巳	6	11	28	庚子	6	10	29	庚午	9	9	30	辛丑	2	9	1	壬申	4	廿四 24th
1	27	庚子	1	12	28	庚午	7	11	29	辛丑	5	10	30	辛未	8	10	1	壬寅	1	9	2	癸酉	3	廿五 25th
1	28	辛丑	2	12	29	辛未	8	11	30	壬寅	4	10	31	壬申	7	10	2	癸卯	9	9	3	甲戌	2	廿六 26th
1	29	壬寅	3	12	30	壬申	9	12	1	癸卯	3	11	1	癸酉	6	10	3	甲辰	8	9	4	乙亥	1	廿七 27th
1	30	癸卯	4	12	31	癸酉	1	12	2	甲辰	2	11	2	甲戌	5	10	4	乙巳	7	9	5	丙子	9	廿八 28th
1	31	甲辰	5	1	1	甲戌	2	12	3	乙巳	1	11	3	乙亥	4	10	5	丙午	6	9	6	丁丑	8	廿九 29th
				1	2	乙亥	3					11	4	丙子	3									三十 30th

2003 癸未 Water Goat

Grand Duke: 魏明

六月小 6th Mth				五月大 5th Mth				四月大 4th Mth				三月小 3rd Mth				二月大 2nd Mth				正月大 1st Mth				月干支 Month
己未 Ji Wei				戊午 Wu Wu				丁巳 Ding Si				丙辰 Bing Chen				乙卯 Yi Mao				甲寅 Jia Yin				
九紫 Nine Purple				一白 One White				二黑 Two Black				三碧 Three Jade				四綠 Four Green				五黃 Five Yellow				九星 9 Star
大暑 Greater Heat		小暑 Lesser Heat		夏至 Summer Solstice		芒種 Planting of Thorny Crops		小滿 Small Sprout		立夏 Coming of Summer		穀雨 Grain Rain		清明 Clear and Bright		春分 Spring Equinox		驚蟄 Awakening of Worms		雨水 Rain Water		立春 Coming of Spring		節氣 Season
24th day		8th day		23rd day		7th day		21st day		6th day		19th day		4th day		19th day		4th day		19th day		4th day		
14hr 5min		20hr 37min		[illegible]hr 12min		10hr 21min		19hr 14min		6hr 12min		20hr 4min		12hr 54min		9hr 1min		8hr 6min		10hr 2min		14hr 7min		
未 Wei		戌 Xu		寅 Yin		巳 Si		戌 Xu		卯 Mao		戌 Xu		午 Wu		巳 Si		辰 Chen		巳 Si		未 Wei		
國曆 Gregorian		干支 S / B	星 Star	國曆 Gregorian		干支 S / B	星 Star	國曆 Gregorian		干支 S / B	星 Star	國曆 Gregorian		干支 S / B	星 Star	國曆 Gregorian		干支 S / B	星 Star	國曆 Gregorian		干支 S / B	星 Star	農曆 Calendar
6	30	甲戌	5	5	31	甲辰	8	5	1	甲戌	5	4	2	乙巳	3	3	3	乙亥	9	2	1	乙巳	6	初一 1st
7	1	乙亥	4	6	1	乙巳	9	5	2	乙亥	6	4	3	丙午	4	3	4	丙子	1	2	2	丙午	7	初二 2nd
7	2	丙子	3	6	2	丙午	1	5	3	丙子	7	4	4	丁未	5	3	5	丁丑	2	2	3	丁未	8	初三 3rd
7	3	丁丑	2	6	3	丁未	2	5	4	丁丑	8	4	5	戊申	6	3	6	戊寅	3	2	4	戊申	9	初四 4th
7	4	戊寅	1	6	4	戊申	3	5	5	戊寅	9	4	6	己酉	7	3	7	己卯	4	2	5	己酉	1	初五 5th
7	5	己卯	9	6	5	己酉	4	5	6	己卯	1	4	7	庚戌	8	3	8	庚辰	5	2	6	庚戌	2	初六 6th
7	6	庚辰	8	6	6	庚戌	5	5	7	庚辰	2	4	8	辛亥	9	3	9	辛巳	6	2	7	辛亥	3	初七 7th
7	7	辛巳	7	6	7	辛亥	6	5	8	辛巳	3	4	9	壬子	1	3	10	壬午	7	2	8	壬子	4	初八 8th
7	8	壬午	6	6	8	壬子	7	5	9	壬午	4	4	10	癸丑	2	3	11	癸未	8	2	9	癸丑	5	初九 9th
7	9	癸未	5	6	9	癸丑	8	5	10	癸未	5	4	11	甲寅	3	3	12	甲申	9	2	10	甲寅	6	初十 10th
7	10	甲申	4	6	10	甲寅	9	5	11	甲申	6	4	12	乙卯	4	3	13	乙酉	1	2	11	乙卯	7	十一 11th
7	11	乙酉	3	6	11	乙卯	1	5	12	乙酉	7	4	13	丙辰	5	3	14	丙戌	2	2	12	丙辰	8	十二 12th
7	12	丙戌	2	6	12	丙辰	2	5	13	丙戌	8	4	14	丁巳	6	3	15	丁亥	3	2	13	丁巳	9	十三 13th
7	13	丁亥	1	6	13	丁巳	3	5	14	丁亥	9	4	15	戊午	7	3	16	戊子	4	2	14	戊午	1	十四 14th
7	14	戊子	9	6	14	戊午	4	5	15	戊子	1	4	16	己未	8	3	17	己丑	5	2	15	己未	2	十五 15th
7	15	己丑	8	6	15	己未	5	5	16	己丑	2	4	17	庚申	9	3	18	庚寅	6	2	16	庚申	3	十六 16th
7	16	庚寅	7	6	16	庚申	6	5	17	庚寅	3	4	18	辛酉	1	3	19	辛卯	7	2	17	辛酉	4	十七 17th
7	17	辛卯	6	6	17	辛酉	7	5	18	辛卯	4	4	19	壬戌	2	3	20	壬辰	8	2	18	壬戌	5	十八 18th
7	18	壬辰	5	6	18	壬戌	8	5	19	壬辰	5	4	20	癸亥	3	3	21	癸巳	9	2	19	癸亥	6	十九 19th
7	19	癸巳	4	6	19	癸亥	9	5	20	癸巳	6	4	21	甲子	4	3	22	甲午	1	2	20	甲子	7	二十 20th
7	20	甲午	3	6	20	甲子	1	5	21	甲午	7	4	22	乙丑	5	3	23	乙未	2	2	21	乙丑	8	廿一 21st
7	21	乙未	2	6	21	乙丑	2	5	22	乙未	8	4	23	丙寅	6	3	24	丙申	3	2	22	丙寅	9	廿二 22nd
7	22	丙申	1	6	22	丙寅	3\4	5	23	丙申	9	4	24	丁卯	7	3	25	丁酉	4	2	23	丁卯	1	廿三 23rd
7	23	丁酉	9	6	23	丁卯	3	5	24	丁酉	1	4	25	戊辰	8	3	26	戊戌	5	2	24	戊辰	2	廿四 24th
7	24	戊戌	8	6	24	戊辰	2	5	25	戊戌	2	4	26	己巳	9	3	27	己亥	6	2	25	己巳	3	廿五 25th
7	25	己亥	7	6	25	己巳	1	5	26	己亥	3	4	27	庚午	1	3	28	庚子	7	2	26	庚午	4	廿六 26th
7	26	庚子	6	6	26	庚午	9	5	27	庚子	4	4	28	辛未	2	3	29	辛丑	8	2	27	辛未	5	廿七 27th
7	27	辛丑	5	6	27	辛未	8	5	28	辛丑	5	4	29	壬申	3	3	30	壬寅	9	2	28	壬申	6	廿八 28th
7	28	壬寅	4	6	28	壬申	7	5	29	壬寅	6	4	30	癸酉	4	3	31	癸卯	1	3	1	癸酉	7	廿九 29th
				6	29	癸酉	6	5	30	癸卯	7					4	1	甲辰	2	3	2	甲戌	8	三十 30th

天干 Ten Stems

- 甲 Jia Yang Wood
- 乙 Yi Yin Wood
- 丙 Bing Yang Fire
- 丁 Ding Yin Fire
- 戊 Wu Yang Earth
- 己 Ji Yin Earth
- 庚 Geng Yang Metal
- 辛 Xin Yin Metal
- 壬 Ren Yang Water
- 癸 Gui Yin Water

Male Gua: 6 乾(Qian) **Female Gua: 9 離(Li)** 3 Killing 三煞: West Annual Star: 6 White

月干支 Month	七月大 7th Mth 庚申 Geng Shen			
九星 9 Star	八白 Eight White			
節氣 Season	處暑 Heat Ends 26th day 21hr 10min 亥 Hai		立秋 Coming Autumn 11th day 6hr 26min 卯 Mao	
農曆 Calendar	國曆 Gregorian		干支 S / B	星 Star
初一 1st	7	29	癸卯	3
初二 2nd	7	30	甲辰	2
初三 3rd	7	31	乙巳	1
初四 4th	8	1	丙午	9
初五 5th	8	2	丁未	8
初六 6th	8	3	戊申	7
初七 7th	8	4	己酉	6
初八 8th	8	5	庚戌	5
初九 9th	8	6	辛亥	4
初十 10th	8	7	壬子	3
十一 11th	8	8	癸丑	2
十二 12th	8	9	甲寅	1
十三 13th	8	10	乙卯	9
十四 14th	8	11	丙辰	8
十五 15th	8	12	丁巳	7
十六 16th	8	13	戊午	6
十七 17th	8	14	己未	5
十八 18th	8	15	庚申	4
十九 19th	8	16	辛酉	3
二十 20th	8	17	壬戌	2
廿一 21st	8	18	癸亥	1
廿二 22nd	8	19	甲子	9
廿三 23rd	8	20	乙丑	8
廿四 24th	8	21	丙寅	7
廿五 25th	8	22	丁卯	6
廿六 26th	8	23	戊辰	5
廿七 27th	8	24	己巳	4
廿八 28th	8	25	庚午	3
廿九 29th	8	26	辛未	2
三十 30th	8	27	壬申	1

月干支 Month	八月小 8th Mth 辛酉 Xin You			
九星 9 Star	七赤 Seven Red			
節氣 Season	秋分 Autumn Equinox 27th day 18hr 48min 酉 You		白露 White Dew 12th day 9hr 22min 巳 Si	
農曆 Calendar	國曆 Gregorian		干支 S / B	星 Star
初一 1st	8	28	癸酉	9
初二 2nd	8	29	甲戌	8
初三 3rd	8	30	乙亥	7
初四 4th	8	31	丙子	6
初五 5th	9	1	丁丑	5
初六 6th	9	2	戊寅	4
初七 7th	9	3	己卯	3
初八 8th	9	4	庚辰	2
初九 9th	9	5	辛巳	1
初十 10th	9	6	壬午	9
十一 11th	9	7	癸未	8
十二 12th	9	8	甲申	7
十三 13th	9	9	乙酉	6
十四 14th	9	10	丙戌	5
十五 15th	9	11	丁亥	4
十六 16th	9	12	戊子	3
十七 17th	9	13	己丑	2
十八 18th	9	14	庚寅	1
十九 19th	9	15	辛卯	9
二十 20th	9	16	壬辰	8
廿一 21st	9	17	癸巳	7
廿二 22nd	9	18	甲午	6
廿三 23rd	9	19	乙未	5
廿四 24th	9	20	丙申	4
廿五 25th	9	21	丁酉	3
廿六 26th	9	22	戊戌	2
廿七 27th	9	23	己亥	1
廿八 28th	9	24	庚子	9
廿九 29th	9	25	辛丑	8
三十 30th				

月干支 Month	九月小 9th Mth 壬戌 Ren Xu			
九星 9 Star	六白 Six White			
節氣 Season	霜降 Frosting 29th day 4hr 10min 寅 Yin		寒露 Cold Dew 14th day 1hr 2min 丑 Chou	
農曆 Calendar	國曆 Gregorian		干支 S / B	星 Star
初一 1st	9	26	壬寅	7
初二 2nd	9	27	癸卯	6
初三 3rd	9	28	甲辰	5
初四 4th	9	29	乙巳	4
初五 5th	9	30	丙午	3
初六 6th	10	1	丁未	2
初七 7th	10	2	戊申	1
初八 8th	10	3	己酉	9
初九 9th	10	4	庚戌	8
初十 10th	10	5	辛亥	7
十一 11th	10	6	壬子	6
十二 12th	10	7	癸丑	5
十三 13th	10	8	甲寅	4
十四 14th	10	9	乙卯	3
十五 15th	10	10	丙辰	2
十六 16th	10	11	丁巳	1
十七 17th	10	12	戊午	9
十八 18th	10	13	己未	8
十九 19th	10	14	庚申	7
二十 20th	10	15	辛酉	6
廿一 21st	10	16	壬戌	5
廿二 22nd	10	17	癸亥	4
廿三 23rd	10	18	甲子	3
廿四 24th	10	19	乙丑	2
廿五 25th	10	20	丙寅	1
廿六 26th	10	21	丁卯	9
廿七 27th	10	22	戊辰	8
廿八 28th	10	23	己巳	7
廿九 29th	10	24	庚午	6
三十 30th				

月干支 Month	十月大 10th Mth 癸亥 Gui Hai			
九星 9 Star	五黃 Five Yellow			
節氣 Season	小雪 Lesser Snow 30th day 1hr 45min 丑 Chou		立冬 Coming of Winter 15th day 4hr 15min 寅 Yin	
農曆 Calendar	國曆 Gregorian		干支 S / E	星 Star
初一 1st	10	25	辛未	5
初二 2nd	10	26	壬申	4
初三 3rd	10	27	癸酉	3
初四 4th	10	28	甲戌	2
初五 5th	10	29	乙亥	1
初六 6th	10	30	丙子	9
初七 7th	10	31	丁丑	8
初八 8th	11	1	戊寅	7
初九 9th	11	2	己卯	6
初十 10th	11	3	庚辰	5
十一 11th	11	4	辛巳	4
十二 12th	11	5	壬午	3
十三 13th	11	6	癸未	2
十四 14th	11	7	甲申	1
十五 15th	11	8	乙酉	9
十六 16th	11	9	丙戌	8
十七 17th	11	10	丁亥	7
十八 18th	11	11	戊子	6
十九 19th	11	12	己丑	5
二十 20th	11	13	庚寅	4
廿一 21st	11	14	辛卯	3
廿二 22nd	11	15	壬辰	2
廿三 23rd	11	16	癸巳	1
廿四 24th	11	17	甲午	9
廿五 25th	11	18	乙未	8
廿六 26th	11	19	丙申	7
廿七 27th	11	20	丁酉	6
廿八 28th	11	21	戊戌	5
廿九 29th	11	22	己亥	4
三十 30th	11	23	庚子	3

月干支 Month	十一月小 11th Mth 甲子 Jia Zi			
九星 9 Star	四綠 Four Green			
節氣 Season	冬至 Winter Solstice 29th day 15hr 5min 申 Shen		大雪 Greater Snow 14th day 21hr 7min 亥 Ha	
農曆 Calendar	國曆 Gregorian		干支 S / B	星 Star
初一 1st	11	24	辛丑	2
初二 2nd	11	25	壬寅	1
初三 3rd	11	26	癸卯	9
初四 4th	11	27	甲辰	8
初五 5th	11	28	乙巳	7
初六 6th	11	29	丙午	6
初七 7th	11	30	丁未	5
初八 8th	12	1	戊申	4
初九 9th	12	2	己酉	3
初十 10th	12	3	庚戌	2
十一 11th	12	4	辛亥	1
十二 12th	12	5	壬子	9
十三 13th	12	6	癸丑	8
十四 14th	12	7	甲寅	7
十五 15th	12	8	乙卯	6
十六 16th	12	9	丙辰	5
十七 17th	12	10	丁巳	4
十八 18th	12	11	戊午	3
十九 19th	12	12	己未	2
二十 20th	12	13	庚申	1
廿一 21st	12	14	辛酉	9
廿二 22nd	12	15	壬戌	8
廿三 23rd	12	16	癸亥	7
廿四 24th	12	17	甲子	6
廿五 25th	12	18	乙丑	5
廿六 26th	12	19	丙寅	4
廿七 27th	12	20	丁卯	3
廿八 28th	12	21	戊辰	2
廿九 29th	12	22	己巳	1.9
三十 30th				

月干支 Month	十二月大 12th Mth 乙丑 Yi Chou			
九星 9 Star	三碧 Three Jade			
節氣 Season	大寒 Greater Cold 30th day 1hr 44min 丑 Chou		小寒 Lesser Cold 15th day 8hr 20min 辰 Chen	
農曆 Calendar	國曆 Gregorian		干支 S / B	星 Star
初一 1st	12	23	庚午	1
初二 2nd	12	24	辛未	2
初三 3rd	12	25	壬申	3
初四 4th	12	26	癸酉	4
初五 5th	12	27	甲戌	5
初六 6th	12	28	乙亥	6
初七 7th	12	29	丙子	7
初八 8th	12	30	丁丑	8
初九 9th	12	31	戊寅	9
初十 10th	1	1	己卯	1
十一 11th	1	2	庚辰	2
十二 12th	1	3	辛巳	3
十三 13th	1	4	壬午	4
十四 14th	1	5	癸未	5
十五 15th	1	6	甲申	6
十六 16th	1	7	乙酉	7
十七 17th	1	8	丙戌	8
十八 18th	1	9	丁亥	9
十九 19th	1	10	戊子	1
二十 20th	1	11	己丑	2
廿一 21st	1	12	庚寅	3
廿二 22nd	1	13	辛卯	4
廿三 23rd	1	14	壬辰	5
廿四 24th	1	15	癸巳	6
廿五 25th	1	16	甲午	7
廿六 26th	1	17	乙未	8
廿七 27th	1	18	丙申	9
廿八 28th	1	19	丁酉	1
廿九 29th	1	20	戊戌	2
三十 30th	1	21	己亥	3

地支 Twelve Branches

子 Zi Rat · 丑 Chou Ox · 寅 Yin Tiger · 卯 Mao Rabbit · 辰 Chen Dragon · 巳 Si Snake · 午 Wu Horse · 未 Wei Goat · 申 Shen Monkey · 酉 You Rooster · 戌 Xu Dog · 亥 Hai Pig

2004 甲申 Wood Monkey

Grand Duke: 方公

天干 Ten Stems	六月大 6th Mth				五月小 5th Mth				四月大 4th Mth				三月大 3rd Mth				閏二月小 2nd Mth				二月大 2nd Mth				正月小 1st Mth				月干支 Month
	辛未 Xin Wei				庚午 Geng Wu				己巳 Ji Si				戊辰 Wu Chen								丁卯 Ding Mao				丙寅 Bing Yin				
	六白 Six White				七赤 Seven Red				八白 Eight White				九紫 Nine Purple								一白 One White				二黑 Two Black				九星 9 Star
	立秋 Coming Autumn		大暑 Greater Heat		小暑 Lesser Heat		夏至 Summer Solstice		芒種 Planting of Thorny Crops		小滿 Small Sprout		立夏 Coming of Summer		穀雨 Grain Rain				清明 Clear and Bright		春分 Spring Equinox		驚蟄 Awakening of Worms		雨水 Rain Water		立春 Coming of Spring		節氣 Season
	22nd day		6th day		20th day		4th day		18th day		3rd day		17th day		2nd day				15th day		30th day		15th day		29th day		14th day		
	12hr 21min		19hr 51min		2hr [illegible]min		8hr 58min		16hr 15min		1hr 0min		12hr 4min		1hr 52min				18hr 44min		14hr 50min		13hr 57min		15hr 51min		19hr 58min		
	午 Wu		戌 Xu		丑 Chou		辰 Chen		申 Shen		丑 Chou		午 Wu		丑 Chou				酉 You		未 Wei		未 Wei		申 Shen		戌 Xu		
	國曆 Gregorian		干支 S/B	星 Star	國曆 Gregorian		干支 S/B	星 Star	國曆 Gregorian		干支 S/B	星 Star	國曆 Gregorian		干支 S/B	星 Star	國曆 Gregorian		干支 S/B	星 Star	國曆 Gregorian		干支 S/B	星 Star	國曆 Gregorian		干支 S/B	星 Star	農曆 Calendar
甲 Jia Yang Wood	7	17	丁酉	9	6	18	戊辰	8	5	19	戊戌	5	4	19	戊辰	2	3	21	己亥	9	2	20	己巳	6	1	22	庚子	4	初一 1st
	7	18	戊戌	8	6	19	己巳	9	5	20	己亥	6	4	20	己巳	3	3	22	庚子	1	2	21	庚午	7	1	23	辛丑	5	初二 2nd
	7	19	己亥	7	6	20	庚午	1	5	21	庚子	7	4	21	庚午	4	3	23	辛丑	2	2	22	辛未	8	1	24	壬寅	6	初三 3rd
乙 Yi Yin Wood	7	20	庚子	6	6	21	辛未	2\8	5	22	辛丑	8	4	22	辛未	5	3	24	壬寅	3	2	23	壬申	9	1	25	癸卯	7	初四 4th
	7	21	辛丑	5	6	22	壬申	7	5	23	壬寅	9	4	23	壬申	6	3	25	癸卯	4	2	24	癸酉	1	1	26	甲辰	8	初五 5th
	7	22	壬寅	4	6	23	癸酉	6	5	24	癸卯	1	4	24	癸酉	7	3	26	甲辰	5	2	25	甲戌	2	1	27	乙巳	9	初六 6th
丙 Bing Yang Fire	7	23	癸卯	3	6	24	甲戌	5	5	25	甲辰	2	4	25	甲戌	8	3	27	乙巳	6	2	26	乙亥	3	1	28	丙午	1	初七 7th
	7	24	甲辰	2	6	25	乙亥	4	5	26	乙巳	3	4	26	乙亥	9	3	28	丙午	7	2	27	丙子	4	1	29	丁未	2	初八 8th
	7	25	乙巳	1	6	26	丙子	3	5	27	丙午	4	4	27	丙子	1	3	29	丁未	8	2	28	丁丑	5	1	30	戊申	3	初九 9th
丁 Ding Yin Fire	7	26	丙午	9	6	27	丁丑	2	5	28	丁未	5	4	28	丁丑	2	3	30	戊申	9	2	29	戊寅	6	1	31	己酉	4	初十 10th
	7	27	丁未	8	6	28	戊寅	1	5	29	戊申	6	4	29	戊寅	3	3	31	己酉	1	3	1	己卯	7	2	1	庚戌	5	十一 11th
	7	28	戊申	7	6	29	己卯	9	5	30	己酉	7	4	30	己卯	4	4	1	庚戌	2	3	2	庚辰	8	2	2	辛亥	6	十二 12th
戊 Wu Yang Earth	7	29	己酉	6	6	30	庚辰	8	5	31	庚戌	8	5	1	庚辰	5	4	2	辛亥	3	3	3	辛巳	9	2	3	壬子	7	十三 13th
	7	30	庚戌	5	7	1	辛巳	7	6	1	辛亥	9	5	2	辛巳	6	4	3	壬子	4	3	4	壬午	1	2	4	癸丑	8	十四 14th
	7	31	辛亥	4	7	2	壬午	6	6	2	壬子	1	5	3	壬午	7	4	4	癸丑	5	3	5	癸未	2	2	5	甲寅	9	十五 15th
己 Ji Yin Earth	8	1	壬子	3	7	3	癸未	5	6	3	癸丑	2	5	4	癸未	8	4	5	甲寅	6	3	6	甲申	3	2	6	乙卯	1	十六 16th
	8	2	癸丑	2	7	4	甲申	4	6	4	甲寅	3	5	5	甲申	9	4	6	乙卯	7	3	7	乙酉	4	2	7	丙辰	2	十七 17th
	8	3	甲寅	1	7	5	乙酉	3	6	5	乙卯	4	5	6	乙酉	1	4	7	丙辰	8	3	8	丙戌	5	2	8	丁巳	3	十八 18th
庚 Geng Yang Metal	8	4	乙卯	9	7	6	丙戌	2	6	6	丙辰	5	5	7	丙戌	2	4	8	丁巳	9	3	9	丁亥	6	2	9	戊午	4	十九 19th
	8	5	丙辰	8	7	7	丁亥	1	6	7	丁巳	6	5	8	丁亥	3	4	9	戊午	1	3	10	戊子	7	2	10	己未	5	二十 20th
	8	6	丁巳	7	7	8	戊子	9	6	8	戊午	7	5	9	戊子	4	4	10	己未	2	3	11	己丑	8	2	11	庚申	6	廿一 21st
辛 Xin Yin Metal	8	7	戊午	6	7	9	己丑	8	6	9	己未	8	5	10	己丑	5	4	11	庚申	3	3	12	庚寅	9	2	12	辛酉	7	廿二 22nd
	8	8	己未	5	7	10	庚寅	7	6	10	庚申	9	5	11	庚寅	6	4	12	辛酉	4	3	13	辛卯	1	2	13	壬戌	8	廿三 23rd
	8	9	庚申	4	7	11	辛卯	6	6	11	辛酉	1	5	12	辛卯	7	4	13	壬戌	5	3	14	壬辰	2	2	14	癸亥	9	廿四 24th
壬 Ren Yang Water	8	10	辛酉	3	7	12	壬辰	5	6	12	壬戌	2	5	13	壬辰	8	4	14	癸亥	6	3	15	癸巳	3	2	15	甲子	1	廿五 25th
	8	11	壬戌	2	7	13	癸巳	4	6	13	癸亥	3	5	14	癸巳	9	4	15	甲子	7	3	16	甲午	4	2	16	乙丑	2	廿六 26th
	8	12	癸亥	1	7	14	甲午	3	6	14	甲子	4	5	15	甲午	1	4	16	乙丑	8	3	17	乙未	5	2	17	丙寅	3	廿七 27th
癸 Gui Yin Water	8	13	甲子	9	7	15	乙未	2	6	15	乙丑	5	5	16	乙未	2	4	17	丙寅	9	3	18	丙申	6	2	18	丁卯	4	廿八 28th
	8	14	乙丑	8	7	16	丙申	1	6	16	丙寅	6	5	17	丙申	3	4	18	丁卯	1	3	19	丁酉	7	2	19	戊辰	5	廿九 29th
	8	15	丙寅	7					6	17	丁卯	7	5	18	丁酉	4					3	20	戊戌	8					三十 30th

Male Gua: 2 坤(Kun) **Female Gua: 1 坎(Kan)** 3 Killing 三煞: South Annual Star: 5 Yellow

月干支 Month	七月小 7th Mth			
	壬申 Ren Shen			
九星 9 Star	五黃 Five Yellow			
節氣 Season	白露 White Dew		處暑 Heat Ends	
	23rd day		8th day	
	15hr 14min		2hr 55min	
	申 Shen		丑 Chou	
農曆 Calendar	國曆 Gregorian		干支 S / B	星 Star
初一 1st	8	16	丁卯	6
初二 2nd	8	17	戊辰	5
初三 3rd	8	18	己巳	4
初四 4th	8	19	庚午	3
初五 5th	8	20	辛未	2
初六 6th	8	21	壬申	1
初七 7th	8	22	癸酉	9
初八 8th	8	23	甲戌	8
初九 9th	8	24	乙亥	7
初十 10th	8	25	丙子	6
十一 11th	8	26	丁丑	5
十二 12th	8	27	戊寅	4
十三 13th	8	28	己卯	3
十四 14th	8	29	庚辰	2
十五 15th	8	30	辛巳	1
十六 16th	8	31	壬午	9
十七 17th	9	1	癸未	8
十八 18th	9	2	甲申	7
十九 19th	9	3	乙酉	6
二十 20th	9	4	丙戌	5
廿一 21st	9	5	丁亥	4
廿二 22nd	9	6	戊子	3
廿三 23rd	9	7	己丑	2
廿四 24th	9	8	庚寅	1
廿五 25th	9	9	辛卯	9
廿六 26th	9	10	壬辰	8
廿七 27th	9	11	癸巳	7
廿八 28th	9	12	甲午	6
廿九 29th	9	13	乙未	5
三十 30th				

月干支 Month	八月大 8th Mth			
	癸酉 Gui You			
九星 9 Star	四綠 Four Green			
節氣 Season	寒露 Cold Dew		秋分 Autumn Equinox	
	25th day		10th day	
	6hr 51min		0hr 31min	
	卯 Mao		子 Zi	
農曆 Calendar	國曆 Gregorian		干支 S / B	星 Star
初一 1st	9	14	丙申	4
初二 2nd	9	15	丁酉	3
初三 3rd	9	16	戊戌	2
初四 4th	9	17	己亥	1
初五 5th	9	18	庚子	9
初六 6th	9	19	辛丑	8
初七 7th	9	20	壬寅	7
初八 8th	9	21	癸卯	6
初九 9th	9	22	甲辰	5
初十 10th	9	23	乙巳	4
十一 11th	9	24	丙午	3
十二 12th	9	25	丁未	2
十三 13th	9	26	戊申	1
十四 14th	9	27	己酉	9
十五 15th	9	28	庚戌	8
十六 16th	9	29	辛亥	7
十七 17th	9	30	壬子	6
十八 18th	10	1	癸丑	5
十九 19th	10	2	甲寅	4
二十 20th	10	3	乙卯	3
廿一 21st	10	4	丙辰	2
廿二 22nd	10	5	丁巳	1
廿三 23rd	10	6	戊午	9
廿四 24th	10	7	己未	8
廿五 25th	10	8	庚申	7
廿六 26th	10	9	辛酉	6
廿七 27th	10	10	壬戌	5
廿八 28th	10	11	癸亥	4
廿九 29th	10	12	甲子	3
三十 30th	10	13	乙丑	2

月干支 Month	九月小 9th Mth			
	甲戌 Jia Xu			
九星 9 Star	三碧 Three Jade			
節氣 Season	立冬 Coming of Winter		霜降 Frosting	
	25th day		10th day	
	10hr 0min		9hr 50min	
	巳 Si		巳 Si	
農曆 Calendar	國曆 Gregorian		干支 S / B	星 Star
初一 1st	10	14	丙寅	1
初二 2nd	10	15	丁卯	9
初三 3rd	10	16	戊辰	8
初四 4th	10	17	己巳	7
初五 5th	10	18	庚午	6
初六 6th	10	19	辛未	5
初七 7th	10	20	壬申	4
初八 8th	10	21	癸酉	3
初九 9th	10	22	甲戌	2
初十 10th	10	23	乙亥	1
十一 11th	10	24	丙子	9
十二 12th	10	25	丁丑	8
十三 13th	10	26	戊寅	7
十四 14th	10	27	己卯	6
十五 15th	10	28	庚辰	5
十六 16th	10	29	辛巳	4
十七 17th	10	30	壬午	3
十八 18th	10	31	癸未	2
十九 19th	11	1	甲申	1
二十 20th	11	2	乙酉	9
廿一 21st	11	3	丙戌	8
廿二 22nd	11	4	丁亥	7
廿三 23rd	11	5	戊子	6
廿四 24th	11	6	己丑	5
廿五 25th	11	7	庚寅	4
廿六 26th	11	8	辛卯	3
廿七 27th	11	9	壬辰	2
廿八 28th	11	10	癸巳	1
廿九 29th	11	11	甲午	9
三十 30th				

月干支 Month	十月小 10th Mth			
	乙亥 Yi Hai			
九星 9 Star	二黑 Two Black			
節氣 Season	大雪 Greater Snow		小雪 Lesser Snow	
	26th day		11th day	
	2hr 50min		7hr 23min	
	丑 Chou		辰 Chen	
農曆 Calendar	國曆 Gregorian		干支 S / B	星 Star
初一 1st	11	12	乙未	8
初二 2nd	11	13	丙申	7
初三 3rd	11	14	丁酉	6
初四 4th	11	15	戊戌	5
初五 5th	11	16	己亥	4
初六 6th	11	17	庚子	3
初七 7th	11	18	辛丑	2
初八 8th	11	19	壬寅	1
初九 9th	11	20	癸卯	9
初十 10th	11	21	甲辰	8
十一 11th	11	22	乙巳	7
十二 12th	11	23	丙午	6
十三 13th	11	24	丁未	5
十四 14th	11	25	戊申	4
十五 15th	11	26	己酉	3
十六 16th	11	27	庚戌	2
十七 17th	11	28	辛亥	1
十八 18th	11	29	壬子	9
十九 19th	11	30	癸丑	8
二十 20th	12	1	甲寅	7
廿一 21st	12	2	乙卯	6
廿二 22nd	12	3	丙辰	5
廿三 23rd	12	4	丁巳	4
廿四 24th	12	5	戊午	3
廿五 25th	12	6	己未	2
廿六 26th	12	7	庚申	1
廿七 27th	12	8	辛酉	9
廿八 28th	12	9	壬戌	8
廿九 29th	12	10	癸亥	7
三十 30th	12	11	甲子	6

月干支 Month	十一月小 11th Mth			
	丙子 Bing Z			
九星 9 Star	一白 One White			
節氣 Season	小寒 Lesser Cold		冬至 Winter Solstice	
	25th day		10th day	
	14hr 5min		20hr 43min	
	未 Wei		戌 Xu	
農曆 Calendar	國曆 Gregorian		干支 S / B	星 Star
初一 1st	12	12	乙丑	5
初二 2nd	12	13	丙寅	4
初三 3rd	12	14	丁卯	3
初四 4th	12	15	戊辰	2
初五 5th	12	16	己巳	1
初六 6th	12	17	庚午	9
初七 7th	12	18	辛未	8
初八 8th	12	19	壬申	7
初九 9th	12	20	癸酉	6
初十 10th	12	21	甲戌	5\5
十一 11th	12	22	乙亥	6
十二 12th	12	23	丙子	7
十三 13th	12	24	丁丑	8
十四 14th	12	25	戊寅	9
十五 15th	12	26	己卯	1
十六 16th	12	27	庚辰	2
十七 17th	12	28	辛巳	3
十八 18th	12	29	壬午	4
十九 19th	12	30	癸未	5
二十 20th	12	31	甲申	6
廿一 21st	1	1	乙酉	7
廿二 22nd	1	2	丙戌	8
廿三 23rd	1	3	丁亥	9
廿四 24th	1	4	戊子	1
廿五 25th	1	5	己丑	2
廿六 26th	1	6	庚寅	3
廿七 27th	1	7	辛卯	4
廿八 28th	1	8	壬辰	5
廿九 29th	1	9	癸巳	6
三十 30th				

月干支 Month	十二月大 12th Mth			
	丁丑 Ding Chou			
九星 9 Star	九紫 Nine Purple			
節氣 Season	立春 Coming of Spring		大寒 Greater Cold	
	26th day		11th day	
	1hr 45min		7hr 23min	
	丑 Chou		辰 Chen	
農曆 Calendar	國曆 Gregorian		干支 S / B	星 Star
初一 1st	1	10	甲午	7
初二 2nd	1	11	乙未	8
初三 3rd	1	12	丙申	9
初四 4th	1	13	丁酉	1
初五 5th	1	14	戊戌	2
初六 6th	1	15	己亥	3
初七 7th	1	16	庚子	4
初八 8th	1	17	辛丑	5
初九 9th	1	18	壬寅	6
初十 10th	1	19	癸卯	7
十一 11th	1	20	甲辰	8
十二 12th	1	21	乙巳	9
十三 13th	1	22	丙午	1
十四 14th	1	23	丁未	2
十五 15th	1	24	戊申	3
十六 16th	1	25	己酉	4
十七 17th	1	26	庚戌	5
十八 18th	1	27	辛亥	6
十九 19th	1	28	壬子	7
二十 20th	1	29	癸丑	8
廿一 21st	1	30	甲寅	9
廿二 22nd	1	31	乙卯	1
廿三 23rd	2	1	丙辰	2
廿四 24th	2	2	丁巳	3
廿五 25th	2	3	戊午	4
廿六 26th	2	4	己未	5
廿七 27th	2	5	庚申	6
廿八 28th	2	6	辛酉	7
廿九 29th	2	7	壬戌	8
三十 30th	2	8	癸亥	9

地支 Twelve Branches: 子 Zi Rat; 丑 Chou Ox; 寅 Yin Tiger; 卯 Mao Rabbit; 辰 Chen Dragon; 巳 Si Snake; 午 Wu Horse; 未 Wei Goat; 申 Shen Monkey; 酉 You Rooster; 戌 Xu Dog; 亥 Hai Pig

2005 乙酉 Wood Rooster

Grand Duke: 蔣崇

天干 Ten Stems: 甲 Jia Yang Wood · 乙 Yi Yin Wood · 丙 Bing Yang Fire · 丁 Ding Yin Fire · 戊 Wu Yang Earth · 己 Ji Yin Earth · 庚 Geng Yang Metal · 辛 Xin Yin Metal · 壬 Ren Yang Water · 癸 Gui Yin Water

月干支 Month	正月小 1st Mth				二月大 2nd Mth			
	戊寅 Wu Yin				己卯 Ji Mao			
九星 9 Star	八白 Eight White				七赤 Seven Red			
節氣 Season	驚蟄 Awakening of Worms 25th day 19hr 47min 戌 Xu		雨水 Rain Water 10th day 21hr 33min 戌 Xu		清明 Clear and Bright 27th day 0hr 36min 子 Zi		春分 Spring Equinox 11th day 20hr 35min 戌 Xu	
農曆 Calendar	國曆 Gregorian		干支 S/B	星 Star	國曆 Gregorian		干支 S/B	星 Star
初一 1st	2	9	甲子	1	3	10	癸巳	3
初二 2nd	2	10	乙丑	2	3	11	甲午	4
初三 3rd	2	11	丙寅	3	3	12	乙未	5
初四 4th	2	12	丁卯	4	3	13	丙申	6
初五 5th	2	13	戊辰	5	3	14	丁酉	7
初六 6th	2	14	己巳	6	3	15	戊戌	8
初七 7th	2	15	庚午	7	3	16	己亥	9
初八 8th	2	16	辛未	8	3	17	庚子	1
初九 9th	2	17	壬申	9	3	18	辛丑	2
初十 10th	2	18	癸酉	1	3	19	壬寅	3
十一 11th	2	19	甲戌	2	3	20	癸卯	4
十二 12th	2	20	乙亥	3	3	21	甲辰	5
十三 13th	2	21	丙子	4	3	22	乙巳	6
十四 14th	2	22	丁丑	5	3	23	丙午	7
十五 15th	2	23	戊寅	6	3	24	丁未	8
十六 16th	2	24	己卯	7	3	25	戊申	9
十七 17th	2	25	庚辰	8	3	26	己酉	1
十八 18th	2	26	辛巳	9	3	27	庚戌	2
十九 19th	2	27	壬午	1	3	28	辛亥	3
二十 20th	2	28	癸未	2	3	29	壬子	4
廿一 21st	3	1	甲申	3	3	30	癸丑	5
廿二 22nd	3	2	乙酉	4	3	31	甲寅	6
廿三 23rd	3	3	丙戌	5	4	1	乙卯	7
廿四 24th	3	4	丁亥	6	4	2	丙辰	8
廿五 25th	3	5	戊子	7	4	3	丁巳	9
廿六 26th	3	6	己丑	8	4	4	戊午	1
廿七 27th	3	7	庚寅	9	4	5	己未	2
廿八 28th	3	8	辛卯	1	4	6	庚申	3
廿九 29th	3	9	壬辰	2	4	7	辛酉	4
三十 30th					4	8	壬戌	5

月干支 Month	三月小 3rd Mth				四月大 4th Mth			
	庚辰 Geng Chen				辛巳 Xin Si			
九星 9 Star	六白 Six White				五黃 Five Yellow			
節氣 Season	立夏 Coming of Summer 27th day 17hr 54min 酉 You		穀雨 Grain Rain 12th day 7hr 38min 辰 Chen		芒種 Planting of Thorny Crops 29th day 22hr 3min 亥 Hai		小滿 Small Sprout 14th day 6hr 49min 卯 Mao	
農曆 Calendar	國曆 Gregorian		干支 S/B	星 Star	國曆 Gregorian		干支 S/B	星 Star
初一 1st	4	9	癸亥	6	5	8	壬辰	8
初二 2nd	4	10	甲子	7	5	9	癸巳	9
初三 3rd	4	11	乙丑	8	5	10	甲午	1
初四 4th	4	12	丙寅	9	5	11	乙未	2
初五 5th	4	13	丁卯	1	5	12	丙申	3
初六 6th	4	14	戊辰	2	5	13	丁酉	4
初七 7th	4	15	己巳	3	5	14	戊戌	5
初八 8th	4	16	庚午	4	5	15	己亥	6
初九 9th	4	17	辛未	5	5	16	庚子	7
初十 10th	4	18	壬申	6	5	17	辛丑	8
十一 11th	4	19	癸酉	7	5	18	壬寅	9
十二 12th	4	20	甲戌	8	5	19	癸卯	1
十三 13th	4	21	乙亥	9	5	20	甲辰	2
十四 14th	4	22	丙子	1	5	21	乙巳	3
十五 15th	4	23	丁丑	2	5	22	丙午	4
十六 16th	4	24	戊寅	3	5	23	丁未	5
十七 17th	4	25	己卯	4	5	24	戊申	6
十八 18th	4	26	庚辰	5	5	25	己酉	7
十九 19th	4	27	辛巳	6	5	26	庚戌	8
二十 20th	4	28	壬午	7	5	27	辛亥	9
廿一 21st	4	29	癸未	8	5	28	壬子	1
廿二 22nd	4	30	甲申	9	5	29	癸丑	2
廿三 23rd	5	1	乙酉	1	5	30	甲寅	3
廿四 24th	5	2	丙戌	2	5	31	乙卯	4
廿五 25th	5	3	丁亥	3	6	1	丙辰	5
廿六 26th	5	4	戊子	4	6	2	丁巳	6
廿七 27th	5	5	己丑	5	6	3	戊午	7
廿八 28th	5	6	庚寅	6	6	4	己未	8
廿九 29th	5	7	辛卯	7	6	5	庚申	9
三十 30th					6	6	辛酉	1

月干支 Month	五月小 5th Mth				六月大 6th Mth			
	壬午 Ren Wu				癸未 Gui Wei			
九星 9 Star	四綠 Four Green				三碧 Three Jade			
節氣 Season			夏至 Summer Solstice 15th day 14hr 47min 未 Wei		大暑 Greater Heat 18th day 1hr 42min 丑 Chou		小暑 Lesser Heat 2nd day 8hr 18min 辰 Chen	
農曆 Calendar	國曆 Gregorian		干支 S/B	星 Star	國曆 Gregorian		干支 S/B	星 Star
初一 1st	6	7	壬戌	2	7	6	辛卯	6
初二 2nd	6	8	癸亥	3	7	7	壬辰	5
初三 3rd	6	9	甲子	4	7	8	癸巳	4
初四 4th	6	10	乙丑	5	7	9	甲午	3
初五 5th	6	11	丙寅	6	7	10	乙未	2
初六 6th	6	12	丁卯	7	7	11	丙申	1
初七 7th	6	13	戊辰	8	7	12	丁酉	9
初八 8th	6	14	己巳	9	7	13	戊戌	8
初九 9th	6	15	庚午	1	7	14	己亥	7
初十 10th	6	16	辛未	2	7	15	庚子	6
十一 11th	6	17	壬申	3	7	16	辛丑	5
十二 12th	6	18	癸酉	4	7	17	壬寅	4
十三 13th	6	19	甲戌	5	7	18	癸卯	3
十四 14th	6	20	乙亥	6	7	19	甲辰	2
十五 15th	6	21	丙子	7\3	7	20	乙巳	1
十六 16th	6	22	丁丑	2	7	21	丙午	9
十七 17th	6	23	戊寅	1	7	22	丁未	8
十八 18th	6	24	己卯	9	7	23	戊申	7
十九 19th	6	25	庚辰	8	7	24	己酉	6
二十 20th	6	26	辛巳	7	7	25	庚戌	5
廿一 21st	6	27	壬午	6	7	26	辛亥	4
廿二 22nd	6	28	癸未	5	7	27	壬子	3
廿三 23rd	6	29	甲申	4	7	28	癸丑	2
廿四 24th	6	30	乙酉	3	7	29	甲寅	1
廿五 25th	7	1	丙戌	2	7	30	乙卯	9
廿六 26th	7	2	丁亥	1	7	31	丙辰	8
廿七 27th	7	3	戊子	9	8	1	丁巳	7
廿八 28th	7	4	己丑	8	8	2	戊午	6
廿九 29th	7	5	庚寅	7	8	3	己未	5
三十 30th					8	4	庚申	4

地支 Twelve Branches: 子 Zi Rat; 丑 Chou Ox; 寅 Yin Tiger; 卯 Mao Rabbit; 辰 Chen Dragon; 巳 Si Snake; 午 Wu Horse; 未 Wei Goat; 申 Shen Monkey; 酉 You Rooster; 戌 Xu Dog; 亥 Hai Pig

月干支 Month	十二月小 12th Mth				十一月大 11th Mth				十月小 10th Mth			
	己丑 Ji Chou				戊子 Wu Zi				丁亥 Ding Hai			
九星 9 Star	六白 Six White				七赤 Seven Red				八白 Eight White			
節氣 Season	大寒 Greater Cold		小寒 Lesser Cold		冬至 Winter Solstice		大雪 Greater Snow		小雪 Lesser Snow		立冬 Coming of Winter	
	21st day		6th day		22nd day		7th day		21st day		6th day	
	13hr 17min		19hr 49min		2hr 37min		8hr 34min		13hr 17min		15hr 44min	
	未 Wei		戌 Xu		丑 Chou		辰 Chen		未 Wei		申 Shen	
農曆 Calendar	國曆 Gregorian		干支 S/B	星 Star	國曆 Gregorian		干支 S/B	星 Star	國曆 Gregorian		干支 S/B	星 Star
初一 1st	12	31	己丑	2	12	1	己未	2	11	2	庚寅	4
初二 2nd	1	1	庚寅	3	12	2	庚申	1	11	3	辛卯	3
初三 3rd	1	2	辛卯	4	12	3	辛酉	9	11	4	壬辰	2
初四 4th	1	3	壬辰	5	12	4	壬戌	8	11	5	癸巳	1
初五 5th	1	4	癸巳	6	12	5	癸亥	7	11	6	甲午	9
初六 6th	1	5	甲午	7	12	6	甲子	6	11	7	乙未	8
初七 7th	1	6	乙未	8	12	7	乙丑	5	11	8	丙申	7
初八 8th	1	7	丙申	9	12	8	丙寅	4	11	9	丁酉	6
初九 9th	1	8	丁酉	1	12	9	丁卯	3	11	10	戊戌	5
初十 10th	1	9	戊戌	2	12	10	戊辰	2	11	11	己亥	4
十一 11th	1	10	己亥	3	12	11	己巳	[illegible]	11	12	庚子	3
十二 12th	1	11	庚子	4	12	12	庚午	9	11	13	辛丑	2
十三 13th	1	12	辛丑	5	12	13	辛未	8	11	14	壬寅	1
十四 14th	1	13	壬寅	6	12	14	壬申	7	11	15	癸卯	9
十五 15th	1	14	癸卯	7	12	15	癸酉	6	11	16	甲辰	8
十六 16th	1	15	甲辰	8	12	16	甲戌	5	11	17	乙巳	7
十七 17th	1	16	乙巳	9	12	17	乙亥	4	11	18	丙午	6
十八 18th	1	17	丙午	1	12	18	丙子	3	11	19	丁未	5
十九 19th	1	18	丁未	2	12	19	丁丑	2	11	20	戊申	4
二十 20th	1	19	戊申	3	12	20	戊寅	1	11	21	己酉	3
廿一 21st	1	20	己酉	4	12	21	己卯	9	11	22	庚戌	2
廿二 22nd	1	21	庚戌	5	12	22	庚辰	8\2	11	23	辛亥	1
廿三 23rd	1	22	辛亥	6	12	23	辛巳	3	11	24	壬子	9
廿四 24th	1	23	壬子	7	12	24	壬午	4	11	25	癸丑	8
廿五 25th	1	24	癸丑	8	12	25	癸未	5	11	26	甲寅	7
廿六 26th	1	25	甲寅	9	12	26	甲申	6	11	27	乙卯	6
廿七 27th	1	26	乙卯	1	12	27	乙酉	7	11	28	丙辰	5
廿八 28th	1	27	丙辰	2	12	28	丙戌	8	11	29	丁巳	4
廿九 29th	1	28	丁巳	3	12	29	丁亥	9	11	30	戊午	3
三十 30th					12	30	戊子	1				

月干支 Month	九月大 9th Mth				八月小 8th Mth				七月大 7th Mth			
	丙戌 Bing Xu				乙酉 Yi You				甲申 Jia Shen			
九星 9 Star	九紫 Nine Purple				一白 One White				二黑 Two Black			
節氣 Season	霜降 Frosting		寒露 Cold Dew		秋分 Autumn Equinox		白露 White Dew		處暑 Heat Ends		立秋 Coming Autumn	
	21st day		6th day		20th day		4th day		19th day		3rd day	
	15hr 44min		12hr 35min		6hr 25min		20hr 58min		8hr 47min		18hr 4min	
	申 Shen		午 Wu		卯 Mao		戌 Xu		辰 Chen		酉 You	
農曆 Calendar	國曆 Gregorian		干支 S/B	星 Star	國曆 Gregorian		干支 S/B	星 Star	國曆 Gregorian		干支 S/B	星 Star
初一 1st	10	3	庚申	7	9	4	辛卯	9	8	5	辛酉	3
初二 2nd	10	4	辛酉	6	9	5	壬辰	8	8	6	壬戌	2
初三 3rd	10	5	壬戌	5	9	6	癸巳	7	8	7	癸亥	1
初四 4th	10	6	癸亥	4	9	7	甲午	6	8	8	甲子	9
初五 5th	10	7	甲子	3	9	8	乙未	5	8	9	乙丑	8
初六 6th	10	8	乙丑	2	9	9	丙申	4	8	10	丙寅	7
初七 7th	10	9	丙寅	1	9	10	丁酉	3	8	11	丁卯	6
初八 8th	10	10	丁卯	9	9	11	戊戌	2	8	12	戊辰	5
初九 9th	10	11	戊辰	8	9	12	己亥	1	8	13	己巳	4
初十 10th	10	12	己巳	7	9	13	庚子	9	8	14	庚午	3
十一 11th	10	13	庚午	6	9	14	辛丑	8	8	15	辛未	2
十二 12th	10	14	辛未	5	9	15	壬寅	7	8	16	壬申	1
十三 13th	10	15	壬申	4	9	16	癸卯	6	8	17	癸酉	9
十四 14th	10	16	癸酉	3	9	17	甲辰	5	8	18	甲戌	8
十五 15th	10	17	甲戌	2	9	18	乙巳	4	8	19	乙亥	7
十六 16th	10	18	乙亥	1	9	19	丙午	3	8	20	丙子	6
十七 17th	10	19	丙子	9	9	20	丁未	2	8	21	丁丑	5
十八 18th	10	20	丁丑	8	9	21	戊申	1	8	22	戊寅	4
十九 19th	10	21	戊寅	7	9	22	己酉	9	8	23	己卯	3
二十 20th	10	22	己卯	6	9	23	庚戌	8	8	24	庚辰	2
廿一 21st	10	23	庚辰	5	9	24	辛亥	7	8	25	辛巳	1
廿二 22nd	10	24	辛巳	4	9	25	壬子	6	8	26	壬午	9
廿三 23rd	10	25	壬午	3	9	26	癸丑	5	8	27	癸未	8
廿四 24th	10	26	癸未	2	9	27	甲寅	4	8	28	甲申	7
廿五 25th	10	27	甲申	1	9	28	乙卯	3	8	29	乙酉	6
廿六 26th	10	28	乙酉	9	9	29	丙辰	2	8	30	丙戌	5
廿七 27th	10	29	丙戌	8	9	30	丁巳	1	8	31	丁亥	4
廿八 28th	10	30	丁亥	7	10	1	戊午	9	9	1	戊子	3
廿九 29th	10	31	戊子	6	10	2	己未	8	9	2	己丑	2
三十 30th	11	1	己丑	5					9	3	庚寅	1

2006 丙戌 Fire Dog

Grand Duke: 向般

月干支 Month	正月大 1st Mth				二月小 2nd Mth				三月大 3rd Mth				四月小 4th Mth				五月大 5th Mth				六月小 6th Mth			
	庚寅 Geng Yin				辛卯 Xin Mao				壬辰 Ren Chen				癸巳 Gui Si				甲午 Jia Wu				乙未 Yi Wei			
九星 9 Star	五黃 Five Yellow				四綠 Four Green				三碧 Three Jade				二黑 Two Black				一白 One White				九紫 Nine Purple			
節氣 Season	雨水 Rain Water		立春 Coming of Spring		春分 Spring Equinox		驚蟄 Awakening of Worms		穀雨 Grain Rain		清明 Clear and Bright		小滿 Small Sprout		立夏 Coming of Summer		夏至 Summer Solstice		芒種 Planting of Thorny Crops		大暑 Greater Heat		小暑 Lesser Heat	
	22nd day		7th day		22nd day		7th day		23rd day		8th day		24th day		8th day		26th day		11th day		28th day		12th day	
	3hr 27min		7hr 29min		2hr 27min		1hr 30min		13hr 27min		6hr 17min		12hr 33min		23hr 32min		20hr 27min		3hr 38min		7hr 19min		13hr 53min	
	寅 Yin		辰 Chen		丑 Chou		丑 Chou		未 Wei		卯 Mao		午 Wu		子 Zi		戌 Xu		寅 Yin		辰 Chen		未 Wei	
農曆 Calendar	國曆 Gregorian		干支 S / B	星 Star	國曆 Gregorian		干支 S / B	星 Star	國曆 Gregorian		干支 S / B	星 Star	國曆 Gregorian		干支 S / B	星 Star	國曆 Gregorian		干支 S / B	星 Star	國曆 Gregorian		干支 S / B	星 Star
初一 1st	1	29	戊午	4	2	28	戊子	7	3	29	丁巳	9	4	28	丁亥	3	5	27	丙辰	5	6	26	丙戌	2
初二 2nd	1	30	己未	5	3	1	己丑	8	3	30	戊午	1	4	29	戊子	4	5	28	丁巳	6	6	27	丁亥	1
初三 3rd	1	31	庚申	6	3	2	庚寅	9	3	31	己未	2	4	30	己丑	5	5	29	戊午	7	6	28	戊子	9
初四 4th	2	1	辛酉	7	3	3	辛卯	1	4	1	庚申	3	5	1	庚寅	6	5	30	己未	8	6	29	己丑	8
初五 5th	2	2	壬戌	8	3	4	壬辰	2	4	2	辛酉	4	5	2	辛卯	7	5	31	庚申	9	6	30	庚寅	7
初六 6th	2	3	癸亥	9	3	5	癸巳	3	4	3	壬戌	5	5	3	壬辰	8	6	1	辛酉	1	7	1	辛卯	6
初七 7th	2	4	甲子	1	3	6	甲午	4	4	4	癸亥	6	5	4	癸巳	9	6	2	壬戌	2	7	2	壬辰	5
初八 8th	2	5	乙丑	2	3	7	乙未	5	4	5	甲子	7	5	5	甲午	1	6	3	癸亥	3	7	3	癸巳	4
初九 9th	2	6	丙寅	3	3	8	丙申	6	4	6	乙丑	8	5	6	乙未	2	6	4	甲子	4	7	4	甲午	3
初十 10th	2	7	丁卯	4	3	9	丁酉	7	4	7	丙寅	9	5	7	丙申	3	6	5	乙丑	5	7	5	乙未	2
十一 11th	2	8	戊辰	5	3	10	戊戌	8	4	8	丁卯	1	5	8	丁酉	4	6	6	丙寅	6	7	6	丙申	1
十二 12th	2	9	己巳	6	3	11	己亥	9	4	9	戊辰	2	5	9	戊戌	5	6	7	丁卯	7	7	7	丁酉	9
十三 13th	2	10	庚午	7	3	12	庚子	1	4	10	己巳	3	5	10	己亥	6	6	8	戊辰	8	7	8	戊戌	8
十四 14th	2	11	辛未	8	3	13	辛丑	2	4	11	庚午	4	5	11	庚子	7	6	9	己巳	9	7	9	己亥	7
十五 15th	2	12	壬申	9	3	14	壬寅	3	4	12	辛未	5	5	12	辛丑	8	6	10	庚午	1	7	10	庚子	6
十六 16th	2	13	癸酉	1	3	15	癸卯	4	4	13	壬申	6	5	13	壬寅	9	6	11	辛未	2	7	11	辛丑	5
十七 17th	2	14	甲戌	2	3	16	甲辰	5	4	14	癸酉	7	5	14	癸卯	1	6	12	壬申	3	7	12	壬寅	4
十八 18th	2	15	乙亥	3	3	17	乙巳	6	4	15	甲戌	8	5	15	甲辰	2	6	13	癸酉	4	7	13	癸卯	3
十九 19th	2	16	丙子	4	3	18	丙午	7	4	16	乙亥	9	5	16	乙巳	3	6	14	甲戌	5	7	14	甲辰	2
二十 20th	2	17	丁丑	5	3	19	丁未	8	4	17	丙子	1	5	17	丙午	4	6	15	乙亥	6	7	15	乙巳	1
廿一 21st	2	18	戊寅	6	3	20	戊申	9	4	18	丁丑	2	5	18	丁未	5	6	16	丙子	7	7	16	丙午	9
廿二 22nd	2	19	己卯	7	3	21	己酉	1	4	19	戊寅	3	5	19	戊申	6	6	17	丁丑	8	7	17	丁未	8
廿三 23rd	2	20	庚辰	8	3	22	庚戌	2	4	20	己卯	4	5	20	己酉	7	6	18	戊寅	9	7	18	戊申	7
廿四 24th	2	21	辛巳	9	3	23	辛亥	3	4	21	庚辰	5	5	21	庚戌	8	6	19	己卯	1	7	19	己酉	6
廿五 25th	2	22	壬午	1	3	24	壬子	4	4	22	辛巳	6	5	22	辛亥	9	6	20	庚辰	2	7	20	庚戌	5
廿六 26th	2	23	癸未	2	3	25	癸丑	5	4	23	壬午	7	5	23	壬子	1	6	21	辛巳	3\7	7	21	辛亥	4
廿七 27th	2	24	甲申	3	3	26	甲寅	6	4	24	癸未	8	5	24	癸丑	2	6	22	壬午	6	7	22	壬子	3
廿八 28th	2	25	乙酉	4	3	27	乙卯	7	4	25	甲申	9	5	25	甲寅	3	6	23	癸未	5	7	23	癸丑	2
廿九 29th	2	26	丙戌	5	3	28	丙辰	8	4	26	乙酉	1	5	26	乙卯	4	6	24	甲申	4	7	24	甲寅	1
三十 30th	2	27	丁亥	6					4	27	丙戌	2					6	25	乙酉	3				

天干 Ten Stems	
甲 Jia	Yang Wood
乙 Yi	Yin Wood
丙 Bing	Yang Fire
丁 Ding	Yin Fire
戊 Wu	Yang Earth
己 Ji	Yin Earth
庚 Geng	Yang Metal
辛 Xin	Yin Metal
壬 Ren	Yang Water
癸 Gui	Yin Water

Male Gua: 3 震(Zhen)　Female Gua: 3 震(Zhen)　3 Killing 三煞: North　Annual Star: 3 Jade

地支 Twelve Branches	十二月大 12th Mth				十一月大 11th Mth				十月小 10th Mth				九月大 9th Mth				八月大 8th Mth				閏七月小 7th Mth				七月大 7th Mth				月干支 Month
	辛丑 Xin Chou				庚子 Geng Zi				己亥 Ji Hai				戊戌 Wu Xu				丁酉 Ding You								丙申 Bing Shen				
	三碧 Three Jade				四綠 Four Green				五黃 Five Yellow				六白 Six White				七赤 Seven Red								八白 Eight White				九星 9 Star
子 Zi Rat	立春 Coming of Spring		大寒 Greater Cold		小寒 Lesser Cold		冬至 Winter Solstice		大雪 Greater Snow		小雪 Lesser Snow		立冬 Coming of Winter		霜降 Frosting		寒露 Cold Dew		秋分 Autumn Equinox				白露 White Dew		處暑 Heat Ends		立秋 Coming Autumn		節氣 Season
	17th day		2nd day		18th day		3rd day		17th day		2nd day		17th day		2nd day		17th day		2nd day				16th day		30th day		14th day		
丑 Chou Ox	13hr 20min		19hr 2min		1hr 42min		8hr 24min		14hr 28min		19hr 3min		21hr 36min		21hr 28min		18hr 23min		12hr 5min				2hr 40min		14hr 24min		23hr 42min		
	未 Wei		戌 Xu		丑 Chou		辰 Chen		未 Wei		戌 Xu		亥 Hai		亥 Hai		酉 You		午 Wu				丑 Chou		未 Wei		子 Zi		
	國曆 Gregorian		干支 S/B	星 Star	國曆 Gregorian		干支 S/B	星 Star	國曆 Gregorian		干支 S/B	星 Star	國曆 Gregorian		干支 S/B	星 Star	國曆 Gregorian		干支 S/B	星 Star	國曆 Gregorian		干支 S/B	星 Star	國曆 Gregorian		干支 S/B	星 Star	農曆 Calendar
寅 Yin Tiger	1	19	癸丑	8	12	20	癸未	5	11	21	甲寅	7	10	22	甲申	1	9	22	甲寅	4	8	24	乙酉	6	7	25	乙卯	9	初一 1st
	1	20	甲寅	9	12	21	甲申	4	11	22	乙卯	6	10	23	乙酉	9	9	23	乙卯	3	8	25	丙戌	5	7	26	丙辰	8	初二 2nd
卯 Mao Rabbit	1	21	乙卯	1	12	22	乙酉	3\7	11	23	丙辰	5	10	24	丙戌	8	9	24	丙辰	2	8	26	丁亥	4	7	27	丁巳	7	初三 3rd
	1	22	丙辰	2	12	23	丙戌	8	11	24	丁巳	4	10	25	丁亥	7	9	25	丁巳	1	8	27	戊子	3	7	28	戊午	6	初四 4th
	1	23	丁巳	3	12	24	丁亥	9	11	25	戊午	3	10	26	戊子	6	9	26	戊午	9	8	28	己丑	2	7	29	己未	5	初五 5th
辰 Chen Dragon	1	24	戊午	4	12	25	戊子	1	11	26	己未	2	10	27	己丑	5	9	27	己未	8	8	29	庚寅	1	7	30	庚申	4	初六 6th
	1	25	己未	5	12	26	己丑	2	11	27	庚申	1	10	28	庚寅	4	9	28	庚申	7	8	30	辛卯	9	7	31	辛酉	3	初七 7th
	1	26	庚申	6	12	27	庚寅	3	11	28	辛酉	9	10	29	辛卯	3	9	29	辛酉	6	8	31	壬辰	8	8	1	壬戌	2	初八 8th
巳 Si Snake	1	27	辛酉	7	12	28	辛卯	4	11	29	壬戌	8	10	30	壬辰	2	9	30	壬戌	5	9	1	癸巳	7	8	2	癸亥	1	初九 9th
	1	28	壬戌	8	12	29	壬辰	5	11	30	癸亥	7	10	31	癸巳	1	10	1	癸亥	4	9	2	甲午	6	8	3	甲子	9	初十 10th
	1	29	癸亥	9	12	30	癸巳	6	12	1	甲子	6	11	1	甲午	9	10	2	甲子	3	9	3	乙未	5	8	4	乙丑	8	十一 11th
	1	30	甲子	1	12	31	甲午	7	12	2	乙丑	5	11	2	乙未	8	10	3	乙丑	2	9	4	丙申	4	8	5	丙寅	7	十二 12th
午 Wu Horse	1	31	乙丑	2	1	1	乙未	8	12	3	丙寅	4	11	3	丙申	7	10	4	丙寅	1	9	5	丁酉	3	8	6	丁卯	6	十三 13th
	2	1	丙寅	3	1	2	丙申	9	12	4	丁卯	3	11	4	丁酉	6	10	5	丁卯	9	9	6	戊戌	2	8	7	戊辰	5	十四 14th
	2	2	丁卯	4	1	3	丁酉	1	12	5	戊辰	2	11	5	戊戌	5	10	6	戊辰	8	9	7	己亥	1	8	8	己巳	4	十五 15th
未 Wei Goat	2	3	戊辰	5	1	4	戊戌	2	12	6	己巳	1	11	6	己亥	4	10	7	己巳	7	9	8	庚子	9	8	9	庚午	3	十六 16th
	2	4	己巳	6	1	5	己亥	3	12	7	庚午	9	11	7	庚子	3	10	8	庚午	6	9	9	辛丑	8	8	10	辛未	2	十七 17th
	2	5	庚午	7	1	6	庚子	4	12	8	辛未	8	11	8	辛丑	2	10	9	辛未	5	9	10	壬寅	7	8	11	壬申	1	十八 18th
申 Shen Monkey	2	6	辛未	8	1	7	辛丑	5	12	9	壬申	7	11	9	壬寅	1	10	10	壬申	4	9	11	癸卯	6	8	12	癸酉	9	十九 19th
	2	7	壬申	9	1	8	壬寅	6	12	10	癸酉	6	11	10	癸卯	9	10	11	癸酉	3	9	12	甲辰	5	8	13	甲戌	8	二十 20th
	2	8	癸酉	1	1	9	癸卯	7	12	11	甲戌	5	11	11	甲辰	8	10	12	甲戌	2	9	13	乙巳	4	8	14	乙亥	7	廿一 21st
酉 You Rooster	2	9	甲戌	2	1	10	甲辰	8	12	12	乙亥	4	11	12	乙巳	7	10	13	乙亥	1	9	14	丙午	3	8	15	丙子	6	廿二 22nd
	2	10	乙亥	3	1	11	乙巳	9	12	13	丙子	3	11	13	丙午	6	10	14	丙子	9	9	15	丁未	2	8	16	丁丑	5	廿三 23rd
	2	11	丙子	4	1	12	丙午	1	12	14	丁丑	2	11	14	丁未	5	10	15	丁丑	8	9	16	戊申	1	8	17	戊寅	4	廿四 24th
戌 Xu Dog	2	12	丁丑	5	1	13	丁未	2	12	15	戊寅	1	11	15	戊申	4	10	16	戊寅	7	9	17	己酉	9	8	18	己卯	3	廿五 25th
	2	13	戊寅	6	1	14	戊申	3	12	16	己卯	9	11	16	己酉	3	10	17	己卯	6	9	18	庚戌	8	8	19	庚辰	2	廿六 26th
	2	14	己卯	7	1	15	己酉	4	12	17	庚辰	8	11	17	庚戌	2	10	18	庚辰	5	9	19	辛亥	7	8	20	辛巳	1	廿七 27th
亥 Hai Pig	2	15	庚辰	8	1	16	庚戌	5	12	18	辛巳	7	11	18	辛亥	1	10	19	辛巳	4	9	20	壬子	6	8	21	壬午	9	廿八 28th
	2	16	辛巳	9	1	17	辛亥	6	12	19	壬午	6	11	19	壬子	9	10	20	壬午	3	9	21	癸丑	5	8	22	癸未	8	廿九 29th
	2	17	壬午	1	1	18	壬子	7					11	20	癸丑	8	10	21	癸未	2					8	23	甲申	7	三十 30th

2007 丁亥 Fire Pig

Grand Duke: 封齊

天干 Ten Stems: 甲 Jia Yang Wood; 乙 Yi Yin Wood; 丙 Bing Yang Fire; 丁 Ding Yin Fire; 戊 Wu Yang Earth; 己 Ji Yin Earth; 庚 Geng Yang Metal; 辛 Xin Yin Metal; 壬 Ren Yang Water; 癸 Gui Yin Water

月干支 Month	正月小 1st Mth				二月小 2nd Mth				三月大 3rd Mth			
	壬寅 Ren Yin				癸卯 Gui Mao				甲辰 Jia Chen			
九星 9 Star	二黑 Two Black				一白 One White				九紫 Nine Purple			
節氣 Season	驚蟄 Awakening of Worms		雨水 Rain Water		清明 Clear and Bright		春分 Spring Equinox		立夏 Coming of Summer		穀雨 Grain Rain	
	17th day		2nd day		18th day		3rd day		20th day		4th day	
	7hr 19min		9hr 11min		12hr 6min		8hr 9min		5hr 21min		19hr 8min	
	辰 Chen		巳 Si		午 Wu		辰 Chen		卯 Mao		戌 Xu	
農曆 Calendar	國曆 Gregorian		干支 S/B	星 Star	國曆 Gregorian		干支 S/B	星 Star	國曆 Gregorian		干支 S/B	星 Star
初一 1st	2	18	癸未	2	3	19	壬子	4	4	17	辛巳	6
初二 2nd	2	19	甲申	3	3	20	癸丑	5	4	18	壬午	7
初三 3rd	2	20	乙酉	4	3	21	甲寅	6	4	19	癸未	8
初四 4th	2	21	丙戌	5	3	22	乙卯	7	4	20	甲申	9
初五 5th	2	22	丁亥	6	3	23	丙辰	8	4	21	乙酉	1
初六 6th	2	23	戊子	7	3	24	丁巳	9	4	22	丙戌	2
初七 7th	2	24	己丑	8	3	25	戊午	1	4	23	丁亥	3
初八 8th	2	25	庚寅	9	3	26	己未	2	4	24	戊子	4
初九 9th	2	26	辛卯	1	3	27	庚申	3	4	25	己丑	5
初十 10th	2	27	壬辰	2	3	28	辛酉	4	4	26	庚寅	6
十一 11th	2	28	癸巳	3	3	29	壬戌	5	4	27	辛卯	7
十二 12th	3	1	甲午	4	3	30	癸亥	6	4	28	壬辰	8
十三 13th	3	2	乙未	5	3	31	甲子	7	4	29	癸巳	9
十四 14th	3	3	丙申	6	4	1	乙丑	8	4	30	甲午	1
十五 15th	3	4	丁酉	7	4	2	丙寅	9	5	1	乙未	2
十六 16th	3	5	戊戌	8	4	3	丁卯	1	5	2	丙申	3
十七 17th	3	6	己亥	9	4	4	戊辰	2	5	3	丁酉	4
十八 18th	3	7	庚子	1	4	5	己巳	3	5	4	戊戌	5
十九 19th	3	8	辛丑	2	4	6	庚午	4	5	5	己亥	6
二十 20th	3	9	壬寅	3	4	7	辛未	5	5	6	庚子	7
廿一 21st	3	10	癸卯	4	4	8	壬申	6	5	7	辛丑	8
廿二 22nd	3	11	甲辰	5	4	9	癸酉	7	5	8	壬寅	9
廿三 23rd	3	12	乙巳	6	4	10	甲戌	8	5	9	癸卯	1
廿四 24th	3	13	丙午	7	4	11	乙亥	9	5	10	甲辰	2
廿五 25th	3	14	丁未	8	4	12	丙子	1	5	11	乙巳	3
廿六 26th	3	15	戊申	9	4	13	丁丑	2	5	12	丙午	4
廿七 27th	3	16	己酉	1	4	14	戊寅	3	5	13	丁未	5
廿八 28th	3	17	庚戌	2	4	15	己卯	4	5	14	戊申	6
廿九 29th	3	18	辛亥	3	4	16	庚辰	5	5	15	己酉	7
三十 30th									5	16	庚戌	8

月干支 Month	四月小 4th Mth				五月小 5th Mth				六月大 6th Mth			
	乙巳 Yi Si				丙午 Bing Wu				丁未 Ding Wei			
九星 9 Star	八白 Eight White				七赤 Seven Red				六白 Six White			
節氣 Season	芒種 Planting of Thorny Crops		小滿 Small Sprout		小暑 Lesser Heat		夏至 Summer Solstice		立秋 Coming Autumn		大暑 Greater Heat	
	21st day		5th day		3rd day		8th day		26th day		10th day	
	9hr 28min		18hr 13min		9hr 43min		2hr 8min		5hr 33min		13hr 1min	
	巳 Si		酉 You		戌 Xu		丑 Chou		卯 Mao		未 Wei	
農曆 Calendar	國曆 Gregorian		干支 S/B	星 Star	國曆 Gregorian		干支 S/B	星 Star	國曆 Gregorian		干支 S/B	星 Star
初一 1st	5	17	辛亥	9	6	15	庚辰	2	7	14	己酉	6
初二 2nd	5	18	壬子	1	6	16	辛巳	3	7	15	庚戌	5
初三 3rd	5	19	癸丑	2	6	17	壬午	4	7	16	辛亥	4
初四 4th	5	20	甲寅	3	6	18	癸未	5	7	17	壬子	3
初五 5th	5	21	乙卯	4	6	19	甲申	6	7	18	癸丑	2
初六 6th	5	22	丙辰	5	6	20	乙酉	7	7	19	甲寅	1
初七 7th	5	23	丁巳	6	6	21	丙戌	8	7	20	乙卯	9
初八 8th	5	24	戊午	7	6	22	丁亥	9\1	7	21	丙辰	8
初九 9th	5	25	己未	8	6	23	戊子	9	7	22	丁巳	7
初十 10th	5	26	庚申	9	6	24	己丑	8	7	23	戊午	6
十一 11th	5	27	辛酉	1	6	25	庚寅	7	7	24	己未	5
十二 12th	5	28	壬戌	2	6	26	辛卯	6	7	25	庚申	4
十三 13th	5	29	癸亥	3	6	27	壬辰	5	7	26	辛酉	3
十四 14th	5	30	甲子	4	6	28	癸巳	4	7	27	壬戌	2
十五 15th	5	31	乙丑	5	6	29	甲午	3	7	28	癸亥	1
十六 16th	6	1	丙寅	6	6	30	乙未	2	7	29	甲子	9
十七 17th	6	2	丁卯	7	7	1	丙申	1	7	30	乙丑	8
十八 18th	6	3	戊辰	8	7	2	丁酉	9	7	31	丙寅	7
十九 19th	6	4	己巳	9	7	3	戊戌	8	8	1	丁卯	6
二十 20th	6	5	庚午	1	7	4	己亥	7	8	2	戊辰	5
廿一 21st	6	6	辛未	2	7	5	庚子	6	8	3	己巳	4
廿二 22nd	6	7	壬申	3	7	6	辛丑	5	8	4	庚午	3
廿三 23rd	6	8	癸酉	4	7	7	壬寅	4	8	5	辛未	2
廿四 24th	6	9	甲戌	5	7	8	癸卯	3	8	6	壬申	1
廿五 25th	6	10	乙亥	6	7	9	甲辰	2	8	7	癸酉	9
廿六 26th	6	11	丙子	7	7	10	乙巳	1	8	8	甲戌	8
廿七 27th	6	12	丁丑	8	7	11	丙午	9	8	9	乙亥	7
廿八 28th	6	13	戊寅	9	7	12	丁未	8	8	10	丙子	6
廿九 29th	6	14	己卯	1	7	13	戊申	7	8	11	丁丑	5
三十 30th									8	12	戊寅	4

Male Gua: 2 坤(Kun) **Female Gua: 4 巽(Xun)** 3 Killing 三煞: West Annual Star: 2 Black

地支 Twelve Branches: 子 Zi Rat · 丑 Chou Ox · 寅 Yin Tiger · 卯 Mao Rabbit · 辰 Chen Dragon · 巳 Si Snake · 午 Wu Horse · 未 Wei Goat · 申 Shen Monkey · 酉 You Rooster · 戌 Xu Dog · 亥 Hai Pig

月干支 Month	七月小 7th Mth				八月大 8th Mth				九月大 9th Mth				十月大 10th Mth				十一月小 11th Mth				十二月大 12th Mth			
	戊申 Wu Shen				己酉 Ji You				庚戌 Geng Xu				辛亥 Xin Hai				壬子 Ren Zi				癸丑 Gui Chou			
九星 9 Star	五黃 Five Yellow				四綠 Four Green				三碧 Three Jade				二黑 Two Black				一白 One White				九紫 Nine Purple			
節氣 Season	白露 White Dew		處暑 Heat Ends		寒露 Cold Dew		秋分 Autumn Equinox		立冬 Coming of Winter		霜降 Frosting		大雪 Greater Snow		小雪 Lesser Snow		小寒 Lesser Cold		冬至 Winter Solstice		立春 Coming of Spring		大寒 Greater Cold	
	27th day		11th day		29th day		13th day		29th day		14th day		28th day		14th day		23th day		13th day		28th day		14th day	
	8hr 31min		20hr 9min		0hr 13min		17hr 53min		3hr 25min		3hr 17min		20hr 16min		0hr 52min		7hr 26min		14hr 9min		19hr 2min		0hr 45min	
	辰 Chen		戌 Xu		子 Zi		酉 You		寅 Yin		寅 Yin		戌 Xu		子 Zi		辰 Chen		未 Wei		戌 Xu		子 Zi	
農曆 Calendar	國曆 Gregorian		干支 S/B	星 Star	國曆 Gregorian		干支 S/B	星 Star	國曆 Gregorian		干支 S/B	星 Star	國曆 Gregorian		干支 S/B	星 Star	國曆 Gregorian		干支 S/B	星 Star	國曆 Gregorian		干支 S/B	星 Star
初一 1st	8	13	己卯	3	9	11	戊申	1	10	11	戊寅	7	11	10	戊申	4	12	10	戊寅	1	1	8	丁未	2
初二 2nd	8	14	庚辰	2	9	12	己酉	9	10	12	己卯	6	11	11	己酉	3	12	11	己卯	9	1	9	戊申	3
初三 3rd	8	15	辛巳	1	9	13	庚戌	8	10	13	庚辰	5	11	12	庚戌	2	12	12	庚辰	8	1	10	己酉	4
初四 4th	8	16	壬午	9	9	14	辛亥	7	10	14	辛巳	4	11	13	辛亥	1	12	13	辛巳	7	1	11	庚戌	5
初五 5th	8	17	癸未	8	9	15	壬子	6	10	15	壬午	3	11	14	壬子	9	12	14	壬午	6	1	12	辛亥	6
初六 6th	8	18	甲申	7	9	16	癸丑	5	10	16	癸未	2	11	15	癸丑	8	12	15	癸未	5	1	13	壬子	7
初七 7th	8	19	乙酉	6	9	17	甲寅	4	10	17	甲申	1	11	16	甲寅	7	12	16	甲申	4	1	14	癸丑	8
初八 8th	8	20	丙戌	5	9	18	乙卯	3	10	18	乙酉	9	11	17	乙卯	6	12	17	乙酉	3	1	15	甲寅	9
初九 9th	8	21	丁亥	4	9	19	丙辰	2	10	19	丙戌	8	11	18	丙辰	5	12	18	丙戌	2	1	16	乙卯	1
初十 10th	8	22	戊子	3	9	20	丁巳	1	10	20	丁亥	7	11	19	丁巳	4	12	19	丁亥	1	1	17	丙辰	2
十一 11th	8	23	己丑	2	9	21	戊午	9	10	21	戊子	6	11	20	戊午	3	12	20	戊子	9	1	18	丁巳	3
十二 12th	8	24	庚寅	1	9	22	己未	8	10	22	己丑	5	11	21	己未	2	12	21	己丑	8	1	19	戊午	4
十三 13th	8	25	辛卯	9	9	23	庚申	7	10	23	庚寅	4	11	22	庚申	1	12	22	庚寅	7\3	1	20	己未	5
十四 14th	8	26	壬辰	8	9	24	辛酉	6	10	24	辛卯	3	11	23	辛酉	9	12	23	辛卯	4	1	21	庚申	6
十五 15th	8	27	癸巳	7	9	25	壬戌	5	10	25	壬辰	2	11	24	壬戌	8	12	24	壬辰	5	1	22	辛酉	7
十六 16th	8	28	甲午	6	9	26	癸亥	4	10	26	癸巳	1	11	25	癸亥	7	12	25	癸巳	6	1	23	壬戌	8
十七 17th	8	29	乙未	5	9	27	甲子	3	10	27	甲午	9	11	26	甲子	6	12	26	甲午	7	1	24	癸亥	9
十八 18th	8	30	丙申	4	9	28	乙丑	2	10	28	乙未	8	11	27	乙丑	5	12	27	乙未	8	1	25	甲子	1
十九 19th	8	31	丁酉	3	9	29	丙寅	1	10	29	丙申	7	11	28	丙寅	4	12	28	丙申	9	1	26	乙丑	2
二十 20th	9	1	戊戌	2	9	30	丁卯	9	10	30	丁酉	6	11	29	丁卯	3	12	29	丁酉	1	1	27	丙寅	3
廿一 21st	9	2	己亥	1	10	1	戊辰	8	10	31	戊戌	5	11	30	戊辰	2	12	30	戊戌	2	1	28	丁卯	4
廿二 22nd	9	3	庚子	9	10	2	己巳	7	11	1	己亥	4	12	1	己巳	1	12	31	己亥	3	1	29	戊辰	5
廿三 23rd	9	4	辛丑	8	10	3	庚午	6	11	2	庚子	3	12	2	庚午	9	1	1	庚子	4	1	30	己巳	6
廿四 24th	9	5	壬寅	7	10	4	辛未	5	11	3	辛丑	2	12	3	辛未	8	1	2	辛丑	5	1	31	庚午	7
廿五 25th	9	6	癸卯	6	10	5	壬申	4	11	4	壬寅	1	12	4	壬申	7	1	3	壬寅	6	2	1	辛未	8
廿六 26th	9	7	甲辰	5	10	6	癸酉	3	11	5	癸卯	9	12	5	癸酉	6	1	4	癸卯	7	2	2	壬申	9
廿七 27th	9	8	乙巳	4	10	7	甲戌	2	11	6	甲辰	8	12	6	甲戌	5	1	5	甲辰	8	2	3	癸酉	1
廿八 28th	9	9	丙午	3	10	8	乙亥	1	11	7	乙巳	7	12	7	乙亥	4	1	6	乙巳	9	2	4	甲戌	2
廿九 29th	9	10	丁未	2	10	9	丙子	9	11	8	丙午	6	12	8	丙子	3	1	7	丙午	1	2	5	乙亥	3
三十 30th					10	10	丁丑	8	11	9	丁未	5	12	9	丁丑	2					2	6	丙子	4

2008 戊子 Earth Rat

Grand Duke: 郢班

天干 Ten Stems	六月小 6th Mth				五月小 5th Mth				四月大 4th Mth				三月小 3rd Mth				二月小 2nd Mth				正月大 1st Mth				月干支 Month
	己未 Ji Wei				戊午 Wu Wu				丁巳 Ding Si				丙辰 Bing Chen				乙卯 Yi Mao				甲寅 Jia Yin				
	三碧 Three Jade				四綠 Four Green				五黃 Five Yellow				六白 Six White				七赤 Seven Red				八白 Eight White				九星 9 Star
	大暑 Greater Heat		小暑 Lesser Heat		夏至 Summer Solstice		芒種 Planting of Thorny Crops		小滿 Small Sprout		立夏 Coming of Summer				穀雨 Grain Rain		清明 Clear and Bright		春分 Spring Equinox		驚蟄 Awakening of Worms		雨水 Rain Water		節氣 Season
	20th day		5th day		18th day		2nd day		17th day		1st day				15th day		28th day		13th day		28th day		13th day		
	18hr 56min		1hr 28min		8hr 1min		15hr 13min		0hr 2min		11hr 5min				0hr 52min		17hr 47min		13hr 50min		13hr 0min		14hr 51min		
	酉 You		丑 Chou		辰 Chen		申 Shen		子 Zi		午 Wu				子 Zi		酉 You		未 Wei		未 Wei		未 Wei		
	國曆 Gregorian		干支 S/B	星 Star	國曆 Gregorian		干支 S/B	星 Star	國曆 Gregorian		干支 S/B	星 Star	國曆 Gregorian		干支 S/B	星 Star	國曆 Gregorian		干支 S/B	星 Star	國曆 Gregorian		干支 S/B	星 Star	農曆 Calendar
甲 Jia Yang Wood	7	3	甲辰	2	6	4	乙亥	6	5	5	乙巳	3	4	6	丙子	1	3	8	丁未	8	2	7	丁丑	5	初一 1st
	7	4	乙巳	1	6	5	丙子	7	5	6	丙午	4	4	7	丁丑	2	3	9	戊申	9	2	8	戊寅	6	初二 2nd
	7	5	丙午	9	6	6	丁丑	8	5	7	丁未	5	4	8	戊寅	3	3	10	己酉	1	2	9	己卯	7	初三 3rd
乙 Yi Yin Wood	7	6	丁未	8	6	7	戊寅	9	5	8	戊申	6	4	9	己卯	4	3	11	庚戌	2	2	10	庚辰	8	初四 4th
	7	7	戊申	7	6	8	己卯	1	5	9	己酉	7	4	10	庚辰	5	3	12	辛亥	3	2	11	辛巳	9	初五 5th
	7	8	己酉	6	6	9	庚辰	2	5	10	庚戌	8	4	11	辛巳	6	3	13	壬子	4	2	12	壬午	1	初六 6th
丙 Bing Yang Fire	7	9	庚戌	5	6	10	辛巳	3	5	11	辛亥	9	4	12	壬午	7	3	14	癸丑	5	2	13	癸未	2	初七 7th
	7	10	辛亥	4	6	11	壬午	4	5	12	壬子	1	4	13	癸未	8	3	15	甲寅	6	2	14	甲申	3	初八 8th
	7	11	壬子	3	6	12	癸未	5	5	13	癸丑	2	4	14	甲申	9	3	16	乙卯	7	2	15	乙酉	4	初九 9th
丁 Ding Yin Fire	7	12	癸丑	2	6	13	甲申	6	5	14	甲寅	3	4	15	乙酉	1	3	17	丙辰	8	2	16	丙戌	5	初十 10th
	7	13	甲寅	1	6	14	乙酉	7	5	15	乙卯	4	4	16	丙戌	2	3	18	丁巳	9	2	17	丁亥	6	十一 11th
	7	14	乙卯	9	6	15	丙戌	8	5	16	丙辰	5	4	17	丁亥	3	3	19	戊午	1	2	18	戊子	7	十二 12th
戊 Wu Yang Earth	7	15	丙辰	8	6	16	丁亥	9	5	17	丁巳	6	4	18	戊子	4	3	20	己未	2	2	19	己丑	8	十三 13th
	7	16	丁巳	7	6	17	戊子	1	5	18	戊午	7	4	19	己丑	5	3	21	庚申	3	2	20	庚寅	9	十四 14th
	7	17	戊午	6	6	18	己丑	2	5	19	己未	8	4	20	庚寅	6	3	22	辛酉	4	2	21	辛卯	1	十五 15th
己 Ji Yin Earth	7	18	己未	5	6	19	庚寅	3	5	20	庚申	9	4	21	辛卯	7	3	23	壬戌	5	2	22	壬辰	2	十六 16th
	7	19	庚申	4	6	20	辛卯	4	5	21	辛酉	1	4	22	壬辰	8	3	24	癸亥	6	2	23	癸巳	3	十七 17th
	7	20	辛酉	3	6	21	壬辰	5\5	5	22	壬戌	2	4	23	癸巳	9	3	25	甲子	7	2	24	甲午	4	十八 18th
庚 Geng Yang Metal	7	21	壬戌	2	6	22	癸巳	4	5	23	癸亥	3	4	24	甲午	1	3	26	乙丑	8	2	25	乙未	5	十九 19th
	7	22	癸亥	1	6	23	甲午	3	5	24	甲子	4	4	25	乙未	2	3	27	丙寅	9	2	26	丙申	6	二十 20th
	7	23	甲子	9	6	24	乙未	2	5	25	乙丑	5	4	26	丙申	3	3	28	丁卯	1	2	27	丁酉	7	廿一 21st
辛 Xin Yin Metal	7	24	乙丑	8	6	25	丙申	1	5	26	丙寅	6	4	27	丁酉	4	3	29	戊辰	2	2	28	戊戌	8	廿二 22nd
	7	25	丙寅	7	6	26	丁酉	9	5	27	丁卯	7	4	28	戊戌	5	3	30	己巳	3	2	29	己亥	9	廿三 23rd
	7	26	丁卯	6	6	27	戊戌	8	5	28	戊辰	8	4	29	己亥	6	3	31	庚午	4	3	1	庚子	1	廿四 24th
壬 Ren Yang Water	7	27	戊辰	5	6	28	己亥	7	5	29	己巳	9	4	30	庚子	7	4	1	辛未	5	3	2	辛丑	2	廿五 25th
	7	28	己巳	4	6	29	庚子	6	5	30	庚午	1	5	1	辛丑	8	4	2	壬申	6	3	3	壬寅	3	廿六 26th
	7	29	庚午	3	6	30	辛丑	5	5	31	辛未	2	5	2	壬寅	9	4	3	癸酉	7	3	4	癸卯	4	廿七 27th
癸 Gui Yin Water	7	30	辛未	2	7	1	壬寅	4	6	1	壬申	3	5	3	癸卯	1	4	4	甲戌	8	3	5	甲辰	5	廿八 28th
	7	31	壬申	1	7	2	癸卯	3	6	2	癸酉	4	5	4	甲辰	2	4	5	乙亥	9	3	6	乙巳	6	廿九 29th
									6	3	甲戌	5									3	7	丙午	7	三十 30th

Male Gua: 1 坎(Kan) **Female Gua: 8 艮(Gen)** 3 Killing 三煞: South Annual Star: 1 White

十二月大 12th Mth				十一月小 11th Mth				十月大 10th Mth				九月大 9th Mth				八月小 8th Mth				七月大 7th Mth				月干支 Month	
乙丑 Yi Chou				甲子 Jia Zi				癸亥 Gui Hai				壬戌 Ren Xu				辛酉 Xin You				庚申 Geng Shen					
六白 Six White				七赤 Seven Red				八白 Eight White				九紫 Nine Purple				一白 One White				二黑 Two Black				九星 9 Star	
大寒 Greater Cold		小寒 Lesser Cold		冬至 Winter Solstice		大雪 Greater Snow		小雪 Lesser Snow		立冬 Coming of Winter		霜降 Frosting		寒露 Cold Dew		秋分 Autumn Equinox		白露 White Dew		處暑 Heat Ends		立秋 Coming Autumn		節氣 Season	
25th day		10th day		24th day		10th day		25th day		10th day		25th day		10th day		23rd day		8th day		23rd day		7th day			
6hr 42min		13hr 16min		20hr 5min		2hr 4min		6hr 46min		9hr 12min		9hr 10min		5hr 58min		23hr 46min		14hr 5min		2hr 4min		11hr 17min			
卯 Mao		未 Wei		戌 Xu		丑 Chou		卯 Mao		巳 Si		巳 Si		卯 Mao		子 Zi		未 Wei		丑 Chou		午 Wu			
國曆 Gregorian		干支 S/B	星 Star	國曆 Gregorian		干支 S/B	星 Star	國曆 Gregorian		干支 S/B	星 Star	國曆 Gregorian		干支 S/B	星 Star	國曆 Gregorian		干支 S/B	星 Star	國曆 Gregorian		干支 S/B	星 Star	農曆 Calendar	
12	27	辛丑	5	11	28	壬申	7	10	29	壬寅	1	9	29	壬申	4	8	31	癸卯	6	8	1	癸酉	9	初一	1st
12	28	壬寅	6	11	29	癸酉	6	10	30	癸卯	9	9	30	癸酉	3	9	1	甲辰	5	8	2	甲戌	8	初二	2nd
12	29	癸卯	7	11	30	甲戌	5	10	31	甲辰	8	10	1	甲戌	2	9	2	乙巳	4	8	3	乙亥	7	初三	3rd
12	30	甲辰	8	12	1	乙亥	4	11	1	乙巳	7	10	2	乙亥	1	9	3	丙午	3	8	4	丙子	6	初四	4th
12	31	乙巳	9	12	2	丙子	3	11	2	丙午	6	10	3	丙子	9	9	4	丁未	2	8	5	丁丑	5	初五	5th
1	1	丙午	1	12	3	丁丑	2	11	3	丁未	5	10	4	丁丑	8	9	5	戊申	1	8	6	戊寅	4	初六	6th
1	2	丁未	2	12	4	戊寅	1	11	4	戊申	4	10	5	戊寅	7	9	6	己酉	9	8	7	己卯	3	初七	7th
1	3	戊申	3	12	5	己卯	9	11	5	己酉	3	10	6	己卯	6	9	7	庚戌	8	8	8	庚辰	2	初八	8th
1	4	己酉	4	12	6	庚辰	8	11	6	庚戌	2	10	7	庚辰	5	9	8	辛亥	7	8	9	辛巳	1	初九	9th
1	5	庚戌	5	12	7	辛巳	7	11	7	辛亥	1	10	8	辛巳	4	9	9	壬子	6	8	10	壬午	9	初十	10th
1	6	辛亥	6	12	8	壬午	6	11	8	壬子	9	10	9	壬午	3	9	10	癸丑	5	8	11	癸未	8	十一	11th
1	7	壬子	7	12	9	癸未	5	11	9	癸丑	8	10	10	癸未	2	9	11	甲寅	4	8	12	甲申	7	十二	12th
1	8	癸丑	8	12	10	甲申	4	11	10	甲寅	7	10	11	甲申	1	9	12	乙卯	3	8	13	乙酉	6	十三	13th
1	9	甲寅	9	12	11	乙酉	3	11	11	乙卯	6	10	12	乙酉	9	9	13	丙辰	2	8	14	丙戌	5	十四	14th
1	10	乙卯	1	12	12	丙戌	2	11	12	丙辰	5	10	13	丙戌	8	9	14	丁巳	1	8	15	丁亥	4	十五	15th
1	11	丙辰	2	12	13	丁亥	1	11	13	丁巳	4	10	14	丁亥	7	9	15	戊午	9	8	16	戊子	3	十六	16th
1	12	丁巳	3	12	14	戊子	9	11	14	戊午	3	10	15	戊子	6	9	16	己未	8	8	17	己丑	2	十七	17th
1	13	戊午	4	12	15	己丑	8	11	15	己未	2	10	16	己丑	5	9	17	庚申	7	8	18	庚寅	1	十八	18th
1	14	己未	5	12	16	庚寅	7	11	16	庚申	1	10	17	庚寅	4	9	18	辛酉	6	8	19	辛卯	9	十九	19th
1	15	庚申	6	12	17	辛卯	6	11	17	辛酉	9	10	18	辛卯	3	9	19	壬戌	5	8	20	壬辰	8	二十	20th
1	16	辛酉	7	12	18	壬辰	5	11	18	壬戌	8	10	19	壬辰	2	9	20	癸亥	4	8	21	癸巳	7	廿一	21st
1	17	壬戌	8	12	19	癸巳	4	11	19	癸亥	7	10	20	癸巳	1	9	21	甲子	3	8	22	甲午	6	廿二	22nd
1	18	癸亥	9	12	20	甲午	3	11	20	甲子	6	10	21	甲午	9	9	22	乙丑	2	8	23	乙未	5	廿三	23rd
1	19	甲子	1	12	21	乙未	2\8	11	21	乙丑	5	10	22	乙未	8	9	23	丙寅	1	8	24	丙申	4	廿四	24th
1	20	乙丑	2	12	22	丙申	9	11	22	丙寅	4	10	23	丙申	7	9	24	丁卯	9	8	25	丁酉	3	廿五	25th
1	21	丙寅	3	12	23	丁酉	1	11	23	丁卯	3	10	24	丁酉	6	9	25	戊辰	8	8	26	戊戌	2	廿六	26th
1	22	丁卯	4	12	24	戊戌	2	11	24	戊辰	2	10	25	戊戌	5	9	26	己巳	7	8	27	己亥	1	廿七	27th
1	23	戊辰	5	12	25	己亥	3	11	25	己巳	1	10	26	己亥	4	9	27	庚午	6	8	28	庚子	9	廿八	28th
1	24	己巳	6	12	26	庚子	4	11	26	庚午	9	10	27	庚子	3	9	28	辛未	5	8	29	辛丑	8	廿九	29th
1	25	庚午	7					11	27	辛未	8	10	28	辛丑	2					8	30	壬寅	7	三十	30th

地支 Twelve Branches
子 Zi Rat
丑 Chou Ox
寅 Yin Tiger
卯 Mao Rabbit
辰 Chen Dragon
巳 Si Snake
午 Wu Horse
未 Wei Goat
申 Shen Monkey
酉 You Rooster
戌 Xu Dog
亥 Hai Pig

2009 己丑 Earth Ox

Grand Duke: 潘蓋

天干 Ten Stems: 甲 Jia Yang Wood; 乙 Yi Yin Wood; 丙 Bing Yang Fire; 丁 Ding Yin Fire; 戊 Wu Yang Earth; 己 Ji Yin Earth; 庚 Geng Yang Metal; 辛 Xin Yin Metal; 壬 Ren Yang Water; 癸 Gui Yin Water

六月小 6th Mth				閏五月小 5th Mth				五月大 5th Mth				四月小 4th Mth				三月小 3rd Mth				二月大 2nd Mth				正月大 1st Mth				月干支 Month
辛未 Xin Wei								庚午 Geng Wu				己巳 Ji Si				戊辰 Wu Chen				丁卯 Ding Mao				丙寅 Bing Yin				
九紫 Nine Purple								一白 One White				二黑 Two Black				三碧 Three Jade				四綠 Four Green				五黃 Five Yellow				九星 9 Star
立秋 Coming Autumn		大暑 Greater Heat				小暑 Lesser Heat		夏至 Summer Solstice		芒種 Planting of Thorny Crops		小滿 Small Sprout		立夏 Coming of Summer		穀雨 Grain Rain		清明 Clear and Bright		春分 Spring Equinox		驚蟄 Awakening of Worms		雨水 Rain Water		立春 Coming of Spring		節氣 Season
17th day		2nd day				15th day		29th day		13th day		27th day		11th day		25th day		9th day		24th day		9th day		24th day		10th day		
17hr 2min		0hr 37min				7hr 15min		13hr 47min		21hr 0min		5hr 52min		16hr 52min		6hr 46min		23hr 35min		19hr 45min		18hr 49min		20hr 48min		0hr 51min		
酉 You		子 Zi				辰 Chen		未 Wei		亥 Hai		卯 Mao		申 Shen		卯 Mao		子 Zi		戌 Xu		酉 You		戌 Xu		子 Zi		
國曆 Gregorian		干支 S / B	星 Star	國曆 Gregorian		干支 S / B	星 Star	國曆 Gregorian		干支 S / B	星 Star	國曆 Gregorian		干支 S / B	星 Star	國曆 Gregorian		干支 S / B	星 Star	國曆 Gregorian		干支 S / B	星 Star	國曆 Gregorian		干支 S / B	星 Star	農曆 Calendar
7	22	戊辰	5	6	23	己亥	7	5	24	己巳	9	4	25	庚子	7	3	27	辛未	5	2	25	辛丑	2	1	26	辛未	8	初一 1st
7	23	己巳	4	6	24	庚子	6	5	25	庚午	1	4	26	辛丑	8	3	28	壬申	6	2	26	壬寅	3	1	27	壬申	9	初二 2nd
7	24	庚午	3	6	25	辛丑	5	5	26	辛未	2	4	27	壬寅	9	3	29	癸酉	7	2	27	癸卯	4	1	28	癸酉	1	初三 3rd
7	25	辛未	2	6	26	壬寅	4	5	27	壬申	3	4	28	癸卯	1	3	30	甲戌	8	2	28	甲辰	5	1	29	甲戌	2	初四 4th
7	26	壬申	1	6	27	癸卯	3	5	28	癸酉	4	4	29	甲辰	2	3	31	乙亥	9	3	1	乙巳	6	1	30	乙亥	3	初五 5th
7	27	癸酉	9	6	28	甲辰	2	5	29	甲戌	5	4	30	乙巳	3	4	1	丙子	1	3	2	丙午	7	1	31	丙子	4	初六 6th
7	28	甲戌	8	6	29	乙巳	1	5	30	乙亥	6	5	1	丙午	4	4	2	丁丑	2	3	3	丁未	8	2	1	丁丑	5	初七 7th
7	29	乙亥	7	6	30	丙午	9	5	31	丙子	7	5	2	丁未	5	4	3	戊寅	3	3	4	戊申	9	2	2	戊寅	6	初八 8th
7	30	丙子	6	7	1	丁未	8	6	1	丁丑	8	5	3	戊申	6	4	4	己卯	4	3	5	己酉	1	2	3	己卯	7	初九 9th
7	31	丁丑	5	7	2	戊申	7	6	2	戊寅	9	5	4	己酉	7	4	5	庚辰	5	3	6	庚戌	2	2	4	庚辰	8	初十 10th
8	1	戊寅	4	7	3	己酉	6	6	3	己卯	1	5	5	庚戌	8	4	6	辛巳	6	3	7	辛亥	3	2	5	辛巳	9	十一 11th
8	2	己卯	3	7	4	庚戌	5	6	4	庚辰	2	5	6	辛亥	9	4	7	壬午	7	3	8	壬子	4	2	6	壬午	1	十二 12th
8	3	庚辰	2	7	5	辛亥	4	6	5	辛巳	3	5	7	壬子	1	4	8	癸未	8	3	9	癸丑	5	2	7	癸未	2	十三 13th
8	4	辛巳	1	7	6	壬子	3	6	6	壬午	4	5	8	癸丑	2	4	9	甲申	9	3	10	甲寅	6	2	8	甲申	3	十四 14th
8	5	壬午	9	7	7	癸丑	2	6	7	癸未	5	5	9	甲寅	3	4	10	乙酉	1	3	11	乙卯	7	2	9	乙酉	4	十五 15th
8	6	癸未	8	7	8	甲寅	1	6	8	甲申	6	5	10	乙卯	4	4	11	丙戌	2	3	12	丙辰	8	2	10	丙戌	5	十六 16th
8	7	甲申	7	7	9	乙卯	9	6	9	乙酉	7	5	11	丙辰	5	4	12	丁亥	3	3	13	丁巳	9	2	11	丁亥	6	十七 17th
8	8	乙酉	6	7	10	丙辰	8	6	10	丙戌	8	5	12	丁巳	6	4	13	戊子	4	3	14	戊午	1	2	12	戊子	7	十八 18th
8	9	丙戌	5	7	11	丁巳	7	6	11	丁亥	9	5	13	戊午	7	4	14	己丑	5	3	15	己未	2	2	13	己丑	8	十九 19th
8	10	丁亥	4	7	12	戊午	6	6	12	戊子	1	5	14	己未	8	4	15	庚寅	6	3	16	庚申	3	2	14	庚寅	9	二十 20th
8	11	戊子	3	7	13	己未	5	6	13	己丑	2	5	15	庚申	9	4	16	辛卯	7	3	17	辛酉	4	2	15	辛卯	1	廿一 21st
8	12	己丑	2	7	14	庚申	4	6	14	庚寅	3	5	16	辛酉	1	4	17	壬辰	8	3	18	壬戌	5	2	16	壬辰	2	廿二 22nd
8	13	庚寅	1	7	15	辛酉	3	6	15	辛卯	4	5	17	壬戌	2	4	18	癸巳	9	3	19	癸亥	6	2	17	癸巳	3	廿三 23rd
8	14	辛卯	9	7	16	壬戌	2	6	16	壬辰	5	5	18	癸亥	3	4	19	甲午	1	3	20	甲子	7	2	18	甲午	4	廿四 24th
8	15	壬辰	8	7	17	癸亥	1	6	17	癸巳	6	5	19	甲子	4	4	20	乙未	2	3	21	乙丑	8	2	19	乙未	5	廿五 25th
8	16	癸巳	7	7	18	甲子	9	6	18	甲午	7	5	20	乙丑	5	4	21	丙申	3	3	22	丙寅	9	2	20	丙申	6	廿六 26th
8	17	甲午	6	7	19	乙丑	8	6	19	乙未	8	5	21	丙寅	6	4	22	丁酉	4	3	23	丁卯	1	2	21	丁酉	7	廿七 27th
8	18	乙未	5	7	20	丙寅	7	6	20	丙申	9	5	22	丁卯	7	4	23	戊戌	5	3	24	戊辰	2	2	22	戊戌	8	廿八 28th
8	19	丙申	4	7	21	丁卯	6	6	21	丁酉	1\9	5	23	戊辰	8	4	24	己亥	6	3	25	己巳	3	2	23	己亥	9	廿九 29th
								6	22	戊戌	8									3	26	庚午	4	2	24	庚子	1	三十 30th

Male Gua: 9 離(Li) **Female Gua: 6 乾(Qian)** 3 Killing 三煞: East Annual Star: 9 Purple

地支 Twelve Branches: 子 Zi Rat · 丑 Chou Ox · 寅 Yin Tiger · 卯 Mao Rabbit · 辰 Chen Dragon · 巳 Si Snake · 午 Wu Horse · 未 Wei Goat · 申 Shen Monkey · 酉 You Rooster · 戌 Xu Dog · 亥 Hai Pig

十二月大 12th Mth				十一月大 11th Mth				十月小 10th Mth				九月大 9th Mth				八月小 8th Mth				七月大 7th Mth				月干支 Month	
丁丑 Ding Chou				丙子 Bing Zi				乙亥 Yi Hai				甲戌 Jia Xu				癸酉 Gui You				壬申 Ren Shen					
三碧 Three Jade				四綠 Four Green				五黃 Five Yellow				六白 Six White				七赤 Seven Red				八白 Eight White				九星 9 Star	
立春 Coming of Spring		大寒 Greater Cold		小寒 Lesser Cold		冬至 Winter Solstice		大雪 Greater Snow		小雪 Lesser Snow		立冬 Coming of Winter		霜降 Frosting		寒露 Cold Dew		秋分 Autumn Equinox		白露 White Dew		處暑 Heat Ends		節氣 Season	
21st day		6th day		21st day		7th day		21st day		6th day		21st day		6th day		20th day		5th day		19th day		4th day			
6hr 49min		12hr 29min		19hr 10min		1hr 48min		7hr 54min		12hr 24min		14hr 58min		14hr 45min		11hr 41min		5hr 20min		19hr 59min		7hr 40min			
卯 Mao		午 Wu		戌 Xu		丑 Chou		辰 Chen		午 Wu		未 Wei		未 Wei		午 Wu		卯 Mao		戌 Xu		辰 Chen			
國曆 Gregorian		干支 S/B	星 Star	國曆 Gregorian		干支 S/B	星 Star	國曆 Gregorian		干支 S/B	星 Star	國曆 Gregorian		干支 S/B	星 Star	國曆 Gregorian		干支 S/B	星 Star	國曆 Gregorian		干支 S/B	星 Star	農曆 Calendar	
1	15	乙丑	2	12	16	乙未	2	11	17	丙寅	4	10	18	丙申	7	9	19	丁卯	9	8	20	丁酉	3	初一	1st
1	16	丙寅	3	12	17	丙申	1	11	18	丁卯	3	10	19	丁酉	6	9	20	戊辰	8	8	21	戊戌	2	初二	2nd
1	17	丁卯	4	12	18	丁酉	9	11	19	戊辰	2	10	20	戊戌	5	9	21	己巳	7	8	22	己亥	1	初三	3rd
1	18	戊辰	5	12	19	戊戌	8	11	20	己巳	1	10	21	己亥	4	9	22	庚午	6	8	23	庚子	9	初四	4th
1	19	己巳	6	12	20	己亥	7	11	21	庚午	9	10	22	庚子	3	9	23	辛未	5	8	24	辛丑	8	初五	5th
1	20	庚午	7	12	21	庚子	6	11	22	辛未	8	10	23	辛丑	2	9	24	壬申	4	8	25	壬寅	7	初六	6th
1	21	辛未	8	12	22	辛丑	5\5	11	23	壬申	7	10	24	壬寅	1	9	25	癸酉	3	8	26	癸卯	6	初七	7th
1	22	壬申	9	12	23	壬寅	6	11	24	癸酉	6	10	25	癸卯	9	9	26	甲戌	2	8	27	甲辰	5	初八	8th
1	23	癸酉	1	12	24	癸卯	7	11	25	甲戌	5	10	26	甲辰	8	9	27	乙亥	1	8	28	乙巳	4	初九	9th
1	24	甲戌	2	12	25	甲辰	8	11	26	乙亥	4	10	27	乙巳	7	9	28	丙子	9	8	29	丙午	3	初十	10th
1	25	乙亥	3	12	26	乙巳	9	11	27	丙子	3	10	28	丙午	6	9	29	丁丑	8	8	30	丁未	2	十一	11th
1	26	丙子	4	12	27	丙午	1	11	28	丁丑	2	10	29	丁未	5	9	30	戊寅	7	8	31	戊申	1	十二	12th
1	27	丁丑	5	12	28	丁未	2	11	29	戊寅	1	10	30	戊申	4	10	1	己卯	6	9	1	己酉	9	十三	13th
1	28	戊寅	6	12	29	戊申	3	11	30	己卯	9	10	31	己酉	3	10	2	庚辰	5	9	2	庚戌	8	十四	14th
1	29	己卯	7	12	30	己酉	4	12	1	庚辰	8	11	1	庚戌	2	10	3	辛巳	4	9	3	辛亥	7	十五	15th
1	30	庚辰	8	12	31	庚戌	5	12	2	辛巳	7	11	2	辛亥	1	10	4	壬午	3	9	4	壬子	6	十六	16th
1	31	辛巳	9	1	1	辛亥	6	12	3	壬午	6	11	3	壬子	9	10	5	癸未	2	9	5	癸丑	5	十七	17th
2	1	壬午	1	1	2	壬子	7	12	4	癸未	5	11	4	癸丑	8	10	6	甲申	1	9	6	甲寅	4	十八	18th
2	2	癸未	2	1	3	癸丑	8	12	5	甲申	4	11	5	甲寅	7	10	7	乙酉	9	9	7	乙卯	3	十九	19th
2	3	甲申	3	1	4	甲寅	9	12	6	乙酉	3	11	6	乙卯	6	10	8	丙戌	8	9	8	丙辰	2	二十	20th
2	4	乙酉	4	1	5	乙卯	1	12	7	丙戌	2	11	7	丙辰	5	10	9	丁亥	7	9	9	丁巳	1	廿一	21st
2	5	丙戌	5	1	6	丙辰	2	12	8	丁亥	1	11	8	丁巳	4	10	10	戊子	6	9	10	戊午	9	廿二	22nd
2	6	丁亥	6	1	7	丁巳	3	12	9	戊子	9	11	9	戊午	3	10	11	己丑	5	9	11	己未	8	廿三	23rd
2	7	戊子	7	1	8	戊午	4	12	10	己丑	8	11	10	己未	2	10	12	庚寅	4	9	12	庚申	7	廿四	24th
2	8	己丑	8	1	9	己未	5	12	11	庚寅	7	11	11	庚申	1	10	13	辛卯	3	9	13	辛酉	6	廿五	25th
2	9	庚寅	9	1	10	庚申	6	12	12	辛卯	6	11	12	辛酉	9	10	14	壬辰	2	9	14	壬戌	5	廿六	26th
2	10	辛卯	1	1	11	辛酉	7	12	13	壬辰	5	11	13	壬戌	8	10	15	癸巳	1	9	15	癸亥	4	廿七	27th
2	11	壬辰	2	1	12	壬戌	8	12	14	癸巳	4	11	14	癸亥	7	10	16	甲午	9	9	16	甲子	3	廿八	28th
2	12	癸巳	3	1	13	癸亥	9	12	15	甲午	3	11	15	甲子	6	10	17	乙未	8	9	17	乙丑	2	廿九	29th
2	13	甲午	4	1	14	甲子	1					11	16	乙丑	5					9	18	丙寅	1	三十	30th

天干 Ten Stems: 甲 Jia Yang Wood | 乙 Yi Yin Wood | 丙 Bing Yang Fire | 丁 Ding Yin Fire | 戊 Wu Yang Earth | 己 Ji Yin Earth | 庚 Geng Yang Metal | 辛 Xin Yin Metal | 壬 Ren Yang Water | 癸 Gui Yin Water

月干支 Month	正月大 1st Mth				二月小 2nd Mth				三月小 3rd Mth			
	戊寅 Wu Yin				己卯 Ji Mao				庚辰 Geng Chen			
九星 9 Star	二黑 Two Black				一白 One White				九紫 Nine Purple			
節氣 Season	驚蟄 Awakening of Worms 21st day 0hr 48min 子 Zi		雨水 Rain Water 6th day 2hr 37min 丑 Chou		清明 Clear and Bright 21st day 5hr 32min 卯 Mao		春分 Spring Equinox 6th day 1hr 34min 丑 Chou		立夏 Coming of Summer 22nd day 22hr 45min 亥 Hai		穀雨 Grain Rain 7th day 12hr 31min 午 Wu	
農曆 Calendar	國曆 Gregorian		干支 S/B	星 Star	國曆 Gregorian		干支 S/B	星 Star	國曆 Gregorian		干支 S/B	星 Star
初一 1st	2	14	乙未	5	3	16	乙丑	8	4	14	甲午	1
初二 2nd	2	15	丙申	6	3	17	丙寅	9	4	15	乙未	2
初三 3rd	2	16	丁酉	7	3	18	丁卯	1	4	16	丙申	3
初四 4th	2	17	戊戌	8	3	19	戊辰	2	4	17	丁酉	4
初五 5th	2	18	己亥	9	3	20	己巳	3	4	18	戊戌	5
初六 6th	2	19	庚子	1	3	21	庚午	4	4	19	己亥	6
初七 7th	2	20	辛丑	2	3	22	辛未	5	4	20	庚子	7
初八 8th	2	21	壬寅	3	3	23	壬申	6	4	21	辛丑	8
初九 9th	2	22	癸卯	4	3	24	癸酉	7	4	22	壬寅	9
初十 10th	2	23	甲辰	5	3	25	甲戌	8	4	23	癸卯	1
十一 11th	2	24	乙巳	6	3	26	乙亥	9	4	24	甲辰	2
十二 12th	2	25	丙午	7	3	27	丙子	1	4	25	乙巳	3
十三 13th	2	26	丁未	8	3	28	丁丑	2	4	26	丙午	4
十四 14th	2	27	戊申	9	3	29	戊寅	3	4	27	丁未	5
十五 15th	2	28	己酉	1	3	30	己卯	4	4	28	戊申	6
十六 16th	3	1	庚戌	2	3	31	庚辰	5	4	29	己酉	7
十七 17th	3	2	辛亥	3	4	1	辛巳	6	4	30	庚戌	8
十八 18th	3	3	壬子	4	4	2	壬午	7	5	1	辛亥	9
十九 19th	3	4	癸丑	5	4	3	癸未	8	5	2	壬子	1
二十 20th	3	5	甲寅	6	4	4	甲申	9	5	3	癸丑	2
廿一 21st	3	6	乙卯	7	4	5	乙酉	1	5	4	甲寅	3
廿二 22nd	3	7	丙辰	8	4	6	丙戌	2	5	5	乙卯	4
廿三 23rd	3	8	丁巳	9	4	7	丁亥	3	5	6	丙辰	5
廿四 24th	3	9	戊午	1	4	8	戊子	4	5	7	丁巳	6
廿五 25th	3	10	己未	2	4	9	己丑	5	5	8	戊午	7
廿六 26th	3	11	庚申	3	4	10	庚寅	6	5	9	己未	8
廿七 27th	3	12	辛酉	4	4	11	辛卯	7	5	10	庚申	9
廿八 28th	3	13	壬戌	5	4	12	壬辰	8	5	11	辛酉	1
廿九 29th	3	14	癸亥	6	4	13	癸巳	9	5	12	壬戌	2
三十 30th	3	15	甲子	7					5	13	癸亥	3

月干支 Month	四月小 4th Mth				五月大 5th Mth				六月小 6th Mth			
	辛巳 Xin Si				壬午 Ren Wu				癸未 Gui Wei			
九星 9 Star	八白 Eight White				七赤 Seven Red				六白 Six White			
節氣 Season	芒種 Planting of Thorny Crops 24th day 2hr 51min 丑 Chou		小滿 Small Sprout 8th day 11hr 35min 午 Wu		小暑 Lesser Heat 23th day 1hr 4min 未 Wei		夏至 Summer Solstice 10th day 19hr 30min 戌 Xu		立秋 Coming Autumn 27th day 22hr 50min 亥 Hai		大暑 Greater Heat 12th day 6hr 23min 卯 Mao	
農曆 Calendar	國曆 Gregorian		干支 S/B	星 Star	國曆 Gregorian		干支 S/B	星 Star	國曆 Gregorian		干支 S/B	星 Star
初一 1st	5	14	甲子	4	6	12	癸巳	6	7	12	癸亥	1
初二 2nd	5	15	乙丑	5	6	13	甲午	7	7	13	甲子	9
初三 3rd	5	16	丙寅	6	6	14	乙未	8	7	14	乙丑	8
初四 4th	5	17	丁卯	7	6	15	丙申	9	7	15	丙寅	7
初五 5th	5	18	戊辰	8	6	16	丁酉	1	7	16	丁卯	6
初六 6th	5	19	己巳	9	6	17	戊戌	2	7	17	戊辰	5
初七 7th	5	20	庚午	1	6	18	己亥	3	7	18	己巳	4
初八 8th	5	21	辛未	2	6	19	庚子	4	7	19	庚午	3
初九 9th	5	22	壬申	3	6	20	辛丑	5	7	20	辛未	2
初十 10th	5	23	癸酉	4	6	21	壬寅	6\4	7	21	壬申	1
十一 11th	5	24	甲戌	5	6	22	癸卯	3	7	22	癸酉	9
十二 12th	5	25	乙亥	6	6	23	甲辰	2	7	23	甲戌	8
十三 13th	5	26	丙子	7	6	24	乙巳	1	7	24	乙亥	7
十四 14th	5	27	丁丑	8	6	25	丙午	9	7	25	丙子	6
十五 15th	5	28	戊寅	9	6	26	丁未	8	7	26	丁丑	5
十六 16th	5	29	己卯	1	6	27	戊申	7	7	27	戊寅	4
十七 17th	5	30	庚辰	2	6	28	己酉	6	7	28	己卯	3
十八 18th	5	31	辛巳	3	6	29	庚戌	5	7	29	庚辰	2
十九 19th	6	1	壬午	4	6	30	辛亥	4	7	30	辛巳	1
二十 20th	6	2	癸未	5	7	1	壬子	3	7	31	壬午	9
廿一 21st	6	3	甲申	6	7	2	癸丑	2	8	1	癸未	8
廿二 22nd	6	4	乙酉	7	7	3	甲寅	1	8	2	甲申	7
廿三 23rd	6	5	丙戌	8	7	4	乙卯	9	8	3	乙酉	6
廿四 24th	6	6	丁亥	9	7	5	丙辰	8	8	4	丙戌	5
廿五 25th	6	7	戊子	1	7	6	丁巳	7	8	5	丁亥	4
廿六 26th	6	8	己丑	2	7	7	戊午	6	8	6	戊子	3
廿七 27th	6	9	庚寅	3	7	8	己未	5	8	7	己丑	2
廿八 28th	6	10	辛卯	4	7	9	庚申	4	8	8	庚寅	1
廿九 29th	6	11	壬辰	5	7	10	辛酉	3	8	9	辛卯	9
三十 30th					7	11	壬戌	2				

Male Gua: 8 艮(Gen) **Female Gua: 7 兑(Dui)** 3 Killing 三煞: North Annual Star: 8 White

地支 Twelve Branches: 子 Zi Rat · 丑 Chou Ox · 寅 Yin Tiger · 卯 Mao Rabbit · 辰 Chen Dragon · 巳 Si Snake · 午 Wu Horse · 未 Wei Goat · 申 Shen Monkey · 酉 You Rooster · 戌 Xu Dog · 亥 Hai Pig

十二月大 12th Mth				十一月小 11th Mth				十月大 10th Mth				九月小 9th Mth				八月大 8th Mth				七月小 7th Mth				月干支 Month
己丑 Ji Chou				戊子 Wu Zi				丁亥 Ding Hai				丙戌 Bing Xu				乙酉 Yi You				甲申 Jia Shen				
九紫 Nine Purple				一白 One White				二黑 Two Black				三碧 Three Jade				四綠 Four Green				五黃 Five Yellow				九星 9 Star
大寒 Greater Cold		小寒 Lesser Cold		冬至 Winter Solstice		大雪 Greater Snow		小雪 Lesser Snow		立冬 Coming of Winter		霜降 Frosting		寒露 Cold Dew		秋分 Autumn Equinox		白露 White Dew				處暑 Heat Ends		節氣 Season
17th day		3rd day		17th day		2nd day		17th day		2nd day		16th day		1st day		16th day		1st day				14th day		
18hr 20min		0hr 56min		7hr 40min		13hr 40min		18hr 16min		20hr 44min		20hr 37min		17hr 28min		11hr 11min		1hr 43min				13hr 28min		
酉 You		子 Zi		辰 Chen		未 Wei		酉 You		戌 Xu		戌 Xu		酉 You		午 Wu		丑 Chou				未 Wei		
國曆 Gregorian		干支 S/B	星 Star	國曆 Gregorian		干支 S/B	星 Star	國曆 Gregorian		干支 S/B	星 Star	國曆 Gregorian		干支 S/B	星 Star	國曆 Gregorian		干支 S/B	星 Star	國曆 Gregorian		干支 S/B	星 Star	農曆 Calendar
1	4	己未	5	12	6	庚寅	7	11	6	庚申	1	10	8	辛卯	3	9	8	辛酉	6	8	10	壬辰	8	初一 1st
1	5	庚申	6	12	7	辛卯	6	11	7	辛酉	9	10	9	壬辰	2	9	9	壬戌	5	8	11	癸巳	7	初二 2nd
1	6	辛酉	7	12	8	壬辰	5	11	8	壬戌	8	10	10	癸巳	1	9	10	癸亥	4	8	12	甲午	6	初三 3rd
1	7	壬戌	8	12	9	癸巳	4	11	9	癸亥	7	10	11	甲午	9	9	11	甲子	3	8	13	乙未	5	初四 4th
1	8	癸亥	9	12	10	甲午	3	11	10	甲子	6	10	12	乙未	8	9	12	乙丑	2	8	14	丙申	4	初五 5th
1	9	甲子	1	12	11	乙未	2	11	11	乙丑	5	10	13	丙申	7	9	13	丙寅	1	8	15	丁酉	3	初六 6th
1	10	乙丑	2	12	12	丙申	1	11	12	丙寅	4	10	14	丁酉	6	9	14	丁卯	9	8	16	戊戌	2	初七 7th
1	11	丙寅	3	12	13	丁酉	9	11	13	丁卯	3	10	15	戊戌	5	9	15	戊辰	8	8	17	己亥	1	初八 8th
1	12	丁卯	4	12	14	戊戌	8	11	14	戊辰	2	10	16	己亥	4	9	16	己巳	7	8	18	庚子	9	初九 9th
1	13	戊辰	5	12	15	己亥	7	11	15	己巳	1	10	17	庚子	3	9	17	庚午	6	8	19	辛丑	8	初十 10th
1	14	己巳	6	12	16	庚子	6	11	16	庚午	9	10	18	辛丑	2	9	18	辛未	5	8	20	壬寅	7	十一 11th
1	15	庚午	7	12	17	辛丑	5	11	17	辛未	8	10	19	壬寅	1	9	19	壬申	4	8	21	癸卯	6	十二 12th
1	16	辛未	8	12	18	壬寅	4	11	18	壬申	7	10	20	癸卯	9	9	20	癸酉	3	8	22	甲辰	5	十三 13th
1	17	壬申	9	12	19	癸卯	3	11	19	癸酉	6	10	21	甲辰	8	9	21	甲戌	2	8	23	乙巳	4	十四 14th
1	18	癸酉	1	12	20	甲辰	2	11	20	甲戌	5	10	22	乙巳	7	9	22	乙亥	1	8	24	丙午	3	十五 15th
1	19	甲戌	2	12	21	乙巳	1	11	21	乙亥	4	10	23	丙午	6	9	23	丙子	9	8	25	丁未	2	十六 16th
1	20	乙亥	3	12	22	丙午	9	11	22	丙子	3	10	24	丁未	5	9	24	丁丑	8	8	26	戊申	1	十七 17th
1	21	丙子	4	12	23	丁未	2	11	23	丁丑	2	10	25	戊申	4	9	25	戊寅	7	8	27	己酉	9	十八 18th
1	22	丁丑	5	12	24	戊申	3	11	24	戊寅	1	10	26	己酉	3	9	26	己卯	6	8	28	庚戌	8	十九 19th
1	23	戊寅	6	12	25	己酉	4	11	25	己卯	9	10	27	庚戌	2	9	27	庚辰	5	8	29	辛亥	7	二十 20th
1	24	己卯	7	12	26	庚戌	5	11	26	庚辰	8	10	28	辛亥	1	9	28	辛巳	4	8	30	壬子	6	廿一 21st
1	25	庚辰	8	12	27	辛亥	6	11	27	辛巳	7	10	29	壬子	9	9	29	壬午	3	8	31	癸丑	5	廿二 22nd
1	26	辛巳	9	12	28	壬子	7	11	28	壬午	6	10	30	癸丑	8	9	30	癸未	2	9	1	甲寅	4	廿三 23rd
1	27	壬午	1	12	29	癸丑	8	11	29	癸未	5	10	31	甲寅	7	10	1	甲申	1	9	2	乙卯	3	廿四 24th
1	28	癸未	2	12	30	甲寅	9	11	30	甲申	4	11	1	乙卯	6	10	2	乙酉	9	9	3	丙辰	2	廿五 25th
1	29	甲申	3	12	31	乙卯	1	12	1	乙酉	3	11	2	丙辰	5	10	3	丙戌	8	9	4	丁巳	1	廿六 26th
1	30	乙酉	4	1	1	丙辰	2	12	2	丙戌	2	11	3	丁巳	4	10	4	丁亥	7	9	5	戊午	9	廿七 27th
1	31	丙戌	5	1	2	丁巳	3	12	3	丁亥	1	11	4	戊午	3	10	5	戊子	6	9	6	己未	8	廿八 28th
2	1	丁亥	6	1	3	戊午	4	12	4	戊子	9	11	5	己未	2	10	6	己丑	5	9	7	庚申	7	廿九 29th
2	2	戊子	7					12	5	己丑	8					10	7	庚寅	4					三十 30th

2011 辛卯 Metal Rabbit

Grand Duke: 范寧

天干 Ten Stems: 甲 Jia Yang Wood · 乙 Yi Yin Wood · 丙 Bing Yang Fire · 丁 Ding Yin Fire · 戊 Wu Yang Earth · 己 Ji Yin Earth · 庚 Geng Yang Metal · 辛 Xin Yin Metal · 壬 Ren Yang Water · 癸 Gui Yin Water

六月大 6th Mth				五月小 5th Mth				四月大 4th Mth				三月大 3rd Mth				二月小 2nd Mth				正月大 1st Mth				月干支 Month
乙未 Yi Wei				甲午 Jia Wu				癸巳 Gui Si				壬辰 Ren Chen				辛卯 Xin Mao				庚寅 Geng Yin				
三碧 Three Jade				四綠 Four Green				五黃 Five Yellow				六白 Six White				七赤 Seven Red				八白 Eight White				九星 9 Star
大暑 Greater Heat		小暑 Lesser Heat		夏至 Summer Solstice		芒種 Planting of Thorny Crops		小滿 Small Sprout		立夏 Coming of Summer		穀雨 Grain Rain		清明 Clear and Bright		春分 Spring Equinox		驚蟄 Awakening of Worms		雨水 Rain Water		立春 Coming of Spring		節氣 Season
23rd day		7th day		21st day		5th day		19th day		4th day		18th day		3rd day		17th day		2nd day		17th day		2nd day		
12hr 13min		18hr 43min		[illegible]hr 18min		8hr 28min		17hr 22min		4hr 25min		18hr 19min		11hr 13min		7hr 22min		6hr 31min		8hr 27min		12hr 34min		
午 Wu		酉 You		丑 Chou		辰 Chen		酉 You		寅 Yin		酉 You		午 Wu		辰 Chen		卯 Mao		辰 Chen		午 Wu		
國曆 Gregorian		干支 S/B	星 Star	國曆 Gregorian		干支 S/B	星 Star	國曆 Gregorian		干支 S/B	星 Star	國曆 Gregorian		干支 S/B	星 Star	國曆 Gregorian		干支 S/B	星 Star	國曆 Gregorian		干支 S/B	星 Star	農曆 Calendar
7	1	丁巳	7	6	2	戊子	1	5	3	戊午	7	4	3	戊子	4	3	5	己未	2	2	3	己丑	8	初一 1st
7	2	戊午	6	6	3	己丑	2	5	4	己未	8	4	4	己丑	5	3	6	庚申	3	2	4	庚寅	9	初二 2nd
7	3	己未	5	6	4	庚寅	3	5	5	庚申	9	4	5	庚寅	6	3	7	辛酉	4	2	5	辛卯	1	初三 3rd
7	4	庚申	4	6	5	辛卯	4	5	6	辛酉	1	4	6	辛卯	7	3	8	壬戌	5	2	6	壬辰	2	初四 4th
7	5	辛酉	3	6	6	壬辰	5	5	7	壬戌	2	4	7	壬辰	8	3	9	癸亥	6	2	7	癸巳	3	初五 5th
7	6	壬戌	2	6	7	癸巳	6	5	8	癸亥	3	4	8	癸巳	9	3	10	甲子	7	2	8	甲午	4	初六 6th
7	7	癸亥	1	6	8	甲午	7	5	9	甲子	4	4	9	甲午	1	3	11	乙丑	8	2	9	乙未	5	初七 7th
7	8	甲子	9	6	9	乙未	8	5	10	乙丑	5	4	10	乙未	2	3	12	丙寅	9	2	10	丙申	6	初八 8th
7	9	乙丑	8	6	10	丙申	9	5	11	丙寅	6	4	11	丙申	3	3	13	丁卯	1	2	11	丁酉	7	初九 9th
7	10	丙寅	7	6	11	丁酉	1	5	12	丁卯	7	4	12	丁酉	4	3	14	戊辰	2	2	12	戊戌	8	初十 10th
7	11	丁卯	6	6	12	戊戌	2	5	13	戊辰	8	4	13	戊戌	5	3	15	己巳	3	2	13	己亥	9	十一 11th
7	12	戊辰	5	6	13	己亥	3	5	14	己巳	9	4	14	己亥	6	3	16	庚午	4	2	14	庚子	1	十二 12th
7	13	己巳	4	6	14	庚子	4	5	15	庚午	1	4	15	庚子	7	3	17	辛未	5	2	15	辛丑	2	十三 13th
7	14	庚午	3	6	15	辛丑	5	5	16	辛未	2	4	16	辛丑	8	3	18	壬申	6	2	16	壬寅	3	十四 14th
7	15	辛未	2	6	16	壬寅	6	5	17	壬申	3	4	17	壬寅	9	3	19	癸酉	7	2	17	癸卯	4	十五 15th
7	16	壬申	1	6	17	癸卯	7	5	18	癸酉	4	4	18	癸卯	1	3	20	甲戌	8	2	18	甲辰	5	十六 16th
7	17	癸酉	9	6	18	甲辰	8	5	19	甲戌	5	4	19	甲辰	2	3	21	乙亥	9	2	19	乙巳	6	十七 17th
7	18	甲戌	8	6	19	乙巳	9	5	20	乙亥	6	4	20	乙巳	3	3	22	丙子	1	2	20	丙午	7	十八 18th
7	19	乙亥	7	6	20	丙午	1	5	21	丙子	7	4	21	丙午	4	3	23	丁丑	2	2	21	丁未	8	十九 19th
7	20	丙子	6	6	21	丁未	2	5	22	丁丑	8	4	22	丁未	5	3	24	戊寅	3	2	22	戊申	9	二十 20th
7	21	丁丑	5	6	22	戊申	3\7	5	23	戊寅	9	4	23	戊申	6	3	25	己卯	4	2	23	己酉	1	廿一 21st
7	22	戊寅	4	6	23	己酉	6	5	24	己卯	1	4	24	己酉	7	3	26	庚辰	5	2	24	庚戌	2	廿二 22nd
7	23	己卯	3	6	24	庚戌	5	5	25	庚辰	2	4	25	庚戌	8	3	27	辛巳	6	2	25	辛亥	3	廿三 23rd
7	24	庚辰	2	6	25	辛亥	4	5	26	辛巳	3	4	26	辛亥	9	3	28	壬午	7	2	26	壬子	4	廿四 24th
7	25	辛巳	1	6	26	壬子	3	5	27	壬午	4	4	27	壬子	1	3	29	癸未	8	2	27	癸丑	5	廿五 25th
7	26	壬午	9	6	27	癸丑	2	5	28	癸未	5	4	28	癸丑	2	3	30	甲申	9	2	28	甲寅	6	廿六 26th
7	27	癸未	8	6	28	甲寅	1	5	29	甲申	6	4	29	甲寅	3	3	31	乙酉	1	3	1	乙卯	7	廿七 27th
7	28	甲申	7	6	29	乙卯	9	5	30	乙酉	7	4	30	乙卯	4	4	1	丙戌	2	3	2	丙辰	8	廿八 28th
7	29	乙酉	6	6	30	丙辰	8	5	31	丙戌	8	5	1	丙辰	5	4	2	丁亥	3	3	3	丁巳	9	廿九 29th
7	30	丙戌	5					6	1	丁亥	9	5	2	丁巳	6					3	4	戊午	1	三十 30th

Male Gua:7 兑(Dui) Female Gua: 8 艮(Gen) 3 Killing 三煞: West Annual Star: 7 Red

月干支 Month	七月小 7th Mth				八月小 8th Mth			
	丙申 Bing Shen				丁酉 Ding You			
九星 9 Star	二黑 Two Black				一白 One White			
節氣 Season	處暑 Heat Ends 24th day 19hr 22min 戌 Xu		立秋 Coming Autumn 9th day 4hr 35min 寅 Yin		秋分 Autumn Equinox 26th day 17hr 6min 酉 You		白露 White Dew 11th day 7hr 36min 辰 Chen	
農曆 Calendar	國曆 Gregorian		干支 S/B	星 Star	國曆 Gregorian		干支 S/B	星 Star
初一 1st	7	31	丁亥	4	8	29	丙辰	2
初二 2nd	8	1	戊子	3	8	30	丁巳	1
初三 3rd	8	2	己丑	2	8	31	戊午	9
初四 4th	8	3	庚寅	1	9	1	己未	8
初五 5th	8	4	辛卯	9	9	2	庚申	7
初六 6th	8	5	壬辰	8	9	3	辛酉	6
初七 7th	8	6	癸巳	7	9	4	壬戌	5
初八 8th	8	7	甲午	6	9	5	癸亥	4
初九 9th	8	8	乙未	5	9	6	甲子	3
初十 10th	8	9	丙申	4	9	7	乙丑	2
十一 11th	8	10	丁酉	3	9	8	丙寅	1
十二 12th	8	11	戊戌	2	9	9	丁卯	9
十三 13th	8	12	己亥	1	9	10	戊辰	8
十四 14th	8	13	庚子	9	9	11	己巳	7
十五 15th	8	14	辛丑	8	9	12	庚午	6
十六 16th	8	15	壬寅	7	9	13	辛未	5
十七 17th	8	16	癸卯	6	9	14	壬申	4
十八 18th	8	17	甲辰	5	9	15	癸酉	3
十九 19th	8	18	乙巳	4	9	16	甲戌	2
二十 20th	8	19	丙午	3	9	17	乙亥	1
廿一 21st	8	20	丁未	2	9	18	丙子	9
廿二 22nd	8	21	戊申	1	9	19	丁丑	8
廿三 23rd	8	22	己酉	9	9	20	戊寅	7
廿四 24th	8	23	庚戌	8	9	21	己卯	6
廿五 25th	8	24	辛亥	7	9	22	庚辰	5
廿六 26th	8	25	壬子	6	9	23	辛巳	4
廿七 27th	8	26	癸丑	5	9	24	壬午	3
廿八 28th	8	27	甲寅	4	9	25	癸未	2
廿九 29th	8	28	乙卯	3	9	26	甲申	1
三十 30th								

月干支 Month	九月大 9th Mth				十月小 10th Mth			
	戊戌 Wu Xu				己亥 Ji Hai			
九星 9 Star	九紫 Nine Purple				八白 Eight White			
節氣 Season	霜降 Frosting 28th day 2hr 32min 丑 Chou		寒露 Cold Dew 12th day 23hr 20min 子 Zi		小雪 Lesser Snow 28th day 0hr 9min 子 Zi		立冬 Coming of Winter 13th day 2hr 37min 丑 Chou	
農曆 Calendar	國曆 Gregorian		干支 S/B	星 Star	國曆 Gregorian		干支 S/B	星 Star
初一 1st	9	27	乙酉	9	10	27	乙卯	6
初二 2nd	9	28	丙戌	8	10	28	丙辰	5
初三 3rd	9	29	丁亥	7	10	29	丁巳	4
初四 4th	9	30	戊子	6	10	30	戊午	3
初五 5th	10	1	己丑	5	10	31	己未	2
初六 6th	10	2	庚寅	4	11	1	庚申	1
初七 7th	10	3	辛卯	3	11	2	辛酉	9
初八 8th	10	4	壬辰	2	11	3	壬戌	8
初九 9th	10	5	癸巳	1	11	4	癸亥	7
初十 10th	10	6	甲午	9	11	5	甲子	6
十一 11th	10	7	乙未	8	11	6	乙丑	5
十二 12th	10	8	丙申	7	11	7	丙寅	4
十三 13th	10	9	丁酉	6	11	8	丁卯	3
十四 14th	10	10	戊戌	5	11	9	戊辰	2
十五 15th	10	11	己亥	4	11	10	己巳	1
十六 16th	10	12	庚子	3	11	11	庚午	9
十七 17th	10	13	辛丑	2	11	12	辛未	8
十八 18th	10	14	壬寅	1	11	13	壬申	7
十九 19th	10	15	癸卯	9	11	14	癸酉	6
二十 20th	10	16	甲辰	8	11	15	甲戌	5
廿一 21st	10	17	乙巳	7	11	16	乙亥	4
廿二 22nd	10	18	丙午	6	11	17	丙子	3
廿三 23rd	10	19	丁未	5	11	18	丁丑	2
廿四 24th	10	20	戊申	4	11	19	戊寅	1
廿五 25th	10	21	己酉	3	11	20	己卯	9
廿六 26th	10	22	庚戌	2	11	21	庚辰	8
廿七 27th	10	23	辛亥	1	11	22	辛巳	7
廿八 28th	10	24	壬子	9	11	23	壬午	6
廿九 29th	10	25	癸丑	8	11	24	癸未	5
三十 30th	10	26	甲寅	7				

月干支 Month	十一月大 11th Mth				十二月小 12th Mth			
	庚子 Geng Zi				辛丑 Xin Chou			
九星 9 Star	七赤 Seven Red				六白 Six White			
節氣 Season	冬至 Winter Solstice 28th day 13hr 32min 未 Wei		大雪 Greater Snow 13th day 19hr 30min 戌 Xu		大寒 Greater Cold 28th day 0hr 11min 子 Zi		小寒 Lesser Cold 13th day 6hr 45min 卯 Mao	
農曆 Calendar	國曆 Gregorian		干支 S/B	星 Star	國曆 Gregorian		干支 S/B	星 Star
初一 1st	11	25	甲申	4	12	25	甲寅	9
初二 2nd	11	26	乙酉	3	12	26	乙卯	1
初三 3rd	11	27	丙戌	2	12	27	丙辰	2
初四 4th	11	28	丁亥	1	12	28	丁巳	3
初五 5th	11	29	戊子	9	12	29	戊午	4
初六 6th	11	30	己丑	8	12	30	己未	5
初七 7th	12	1	庚寅	7	12	31	庚申	6
初八 8th	12	2	辛卯	6	1	1	辛酉	7
初九 9th	12	3	壬辰	5	1	2	壬戌	8
初十 10th	12	4	癸巳	4	1	3	癸亥	9
十一 11th	12	5	甲午	3	1	4	甲子	1
十二 12th	12	6	乙未	2	1	5	乙丑	2
十三 13th	12	7	丙申	1	1	6	丙寅	3
十四 14th	12	8	丁酉	9	1	7	丁卯	4
十五 15th	12	9	戊戌	8	1	8	戊辰	5
十六 16th	12	10	己亥	7	1	9	己巳	6
十七 17th	12	11	庚子	6	1	10	庚午	7
十八 18th	12	12	辛丑	5	1	11	辛未	8
十九 19th	12	13	壬寅	4	1	12	壬申	9
二十 20th	12	14	癸卯	3	1	13	癸酉	1
廿一 21st	12	15	甲辰	2	1	14	甲戌	2
廿二 22nd	12	16	乙巳	1	1	15	乙亥	3
廿三 23rd	12	17	丙午	9	1	16	丙子	4
廿四 24th	12	18	丁未	8	1	17	丁丑	5
廿五 25th	12	19	戊申	7	1	18	戊寅	6
廿六 26th	12	20	己酉	6	1	19	己卯	7
廿七 27th	12	21	庚戌	5	1	20	庚辰	8
廿八 28th	12	22	辛亥	4\6	1	21	辛巳	9
廿九 29th	12	23	壬子	7	1	22	壬午	1
三十 30th	12	24	癸丑	8				

地支 Twelve Branches: 子 Zi Rat; 丑 Chou Ox; 寅 Yin Tiger; 卯 Mao Rabbit; 辰 Chen Dragon; 巳 Si Snake; 午 Wu Horse; 未 Wei Goat; 申 Shen Monkey; 酉 You Rooster; 戌 Xu Dog; 亥 Hai Pig

2012 壬辰 Water Dragon

Grand Duke: 彭泰

月干支 Month	正月大 1st Mth 壬寅 Ren Yin				二月小 2nd Mth 癸卯 Gui Mao				三月大 3rd Mth 甲辰 Jia Chen				四月大 4th Mth 乙巳 Yi Si			
九星 9 Star	五黃 Five Yellow				四綠 Four Green				三碧 Three Jade				二黑 Two Black			
節氣 Season	雨水 Rain Water 28th day 14hr 19min 未 Wei		立春 Coming of Spring 13th day 18hr 24min 酉 You		春分 Spring Equinox 28th day 13hr 16min 未 Wei		驚蟄 Awakening of Worms 13th day 12hr 23min 午 Wu		穀雨 Grain Rain 30th day 0hr 13min 子 Zi		清明 Clear and Bright 14th day 17hr 7min 酉 You		小滿 Small Sprout 30th day 23hr 17min 子 Zi		立夏 Coming of Summer 15th day 10hr 21min 巳 Si	
農曆 Calendar	國曆 Gregorian		干支 S / B	星 Star	國曆 Gregorian		干支 S / B	星 Star	國曆 Gregorian		干支 S / B	星 Star	國曆 Gregorian		干支 S / B	星 Star
初一 1st	1	23	癸未	2	2	22	癸丑	5	3	22	壬午	7	4	21	壬子	1
初二 2nd	1	24	甲申	3	2	23	甲寅	6	3	23	癸未	8	4	22	癸丑	2
初三 3rd	1	25	乙酉	4	2	24	乙卯	7	3	24	甲申	9	4	23	甲寅	3
初四 4th	1	26	丙戌	5	2	25	丙辰	8	3	25	乙酉	1	4	24	乙卯	4
初五 5th	1	27	丁亥	6	2	26	丁巳	9	3	26	丙戌	2	4	25	丙辰	5
初六 6th	1	28	戊子	7	2	27	戊午	1	3	27	丁亥	3	4	26	丁巳	6
初七 7th	1	29	己丑	8	2	28	己未	2	3	28	戊子	4	4	27	戊午	7
初八 8th	1	30	庚寅	9	2	29	庚申	3	3	29	己丑	5	4	28	己未	8
初九 9th	1	31	辛卯	1	3	1	辛酉	4	3	30	庚寅	6	4	29	庚申	9
初十 10th	2	1	壬辰	2	3	2	壬戌	5	3	31	辛卯	7	4	30	辛酉	1
十一 11th	2	2	癸巳	3	3	3	癸亥	6	4	1	壬辰	8	5	1	壬戌	2
十二 12th	2	3	甲午	4	3	4	甲子	7	4	2	癸巳	9	5	2	癸亥	3
十三 13th	2	4	乙未	5	3	5	乙丑	8	4	3	甲午	1	5	3	甲子	4
十四 14th	2	5	丙申	6	3	6	丙寅	9	4	4	乙未	2	5	4	乙丑	5
十五 15th	2	6	丁酉	7	3	7	丁卯	1	4	5	丙申	3	5	5	丙寅	6
十六 16th	2	7	戊戌	8	3	8	戊辰	2	4	6	丁酉	4	5	6	丁卯	7
十七 17th	2	8	己亥	9	3	9	己巳	3	4	7	戊戌	5	5	7	戊辰	8
十八 18th	2	9	庚子	1	3	10	庚午	4	4	8	己亥	6	5	8	己巳	9
十九 19th	2	10	辛丑	2	3	11	辛未	5	4	9	庚子	7	5	9	庚午	1
二十 20th	2	11	壬寅	3	3	12	壬申	6	4	10	辛丑	8	5	10	辛未	2
廿一 21st	2	12	癸卯	4	3	13	癸酉	7	4	11	壬寅	9	5	11	壬申	3
廿二 22nd	2	13	甲辰	5	3	14	甲戌	8	4	12	癸卯	1	5	12	癸酉	4
廿三 23rd	2	14	乙巳	6	3	15	乙亥	9	4	13	甲辰	2	5	13	甲戌	5
廿四 24th	2	15	丙午	7	3	16	丙子	1	4	14	乙巳	3	5	14	乙亥	6
廿五 25th	2	16	丁未	8	3	17	丁丑	2	4	15	丙午	4	5	15	丙子	7
廿六 26th	2	17	戊申	9	3	18	戊寅	3	4	16	丁未	5	5	16	丁丑	8
廿七 27th	2	18	己酉	1	3	19	己卯	4	4	17	戊申	6	5	17	戊寅	9
廿八 28th	2	19	庚戌	2	3	20	庚辰	5	4	18	己酉	7	5	18	己卯	1
廿九 29th	2	20	辛亥	3	3	21	辛巳	6	4	19	庚戌	8	5	19	庚辰	2
三十 30th	2	21	壬子	4					4	20	辛亥	9	5	20	辛巳	3

月干支 Month	閏四月小 4th Mth				五月大 5th Mth 丙午 Bing Wu				六月小 6th Mth 丁未 Ding Wei			
九星 9 Star					一白 One White				九紫 Nine Purple			
節氣 Season			芒種 Planting of Thorny Crops 16th day 14hr 27min 未 Wei		小暑 Lesser Heat 1[illegible]th day 0[illegible]r 42min 子 Zi		夏至 Summer Solstice 3rd day 7hr 10min 辰 Chen		立秋 Coming Autumn 20th day 10hr 32min 巳 Si		大暑 Greater Heat 4th day 18hr 2min 酉 You	
農曆 Calendar	國曆 Gregorian		干支 S / B	星 Star	國曆 Gregorian		干支 S / B	星 Star	國曆 Gregorian		干支 S / B	星 Star
初一 1st	5	21	壬午	4	6	19	辛亥	6	7	19	辛巳	1
初二 2nd	5	22	癸未	5	6	20	壬子	7	7	20	壬午	9
初三 3rd	5	23	甲申	6	6	21	癸丑	8\2	7	21	癸未	8
初四 4th	5	24	乙酉	7	6	22	甲寅	1	7	22	甲申	7
初五 5th	5	25	丙戌	8	6	23	乙卯	9	7	23	乙酉	6
初六 6th	5	26	丁亥	9	6	24	丙辰	8	7	24	丙戌	5
初七 7th	5	27	戊子	1	6	25	丁巳	7	7	25	丁亥	4
初八 8th	5	28	己丑	2	6	26	戊午	6	7	26	戊子	3
初九 9th	5	29	庚寅	3	6	27	己未	5	7	27	己丑	2
初十 10th	5	30	辛卯	4	6	28	庚申	4	7	28	庚寅	1
十一 11th	5	31	壬辰	5	6	29	辛酉	3	7	29	辛卯	9
十二 12th	6	1	癸巳	6	6	30	壬戌	2	7	30	壬辰	8
十三 13th	6	2	甲午	7	7	1	癸亥	1	7	31	癸巳	7
十四 14th	6	3	乙未	8	7	2	甲子	9	8	1	甲午	6
十五 15th	6	4	丙申	9	7	3	乙丑	8	8	2	乙未	5
十六 16th	6	5	丁酉	1	7	4	丙寅	7	8	3	丙申	4
十七 17th	6	6	戊戌	2	7	5	丁卯	6	8	4	丁酉	3
十八 18th	6	7	己亥	3	7	6	戊辰	5	8	5	戊戌	2
十九 19th	6	8	庚子	4	7	7	己巳	4	8	6	己亥	1
二十 20th	6	9	辛丑	5	7	8	庚午	3	8	7	庚子	9
廿一 21st	6	10	壬寅	6	7	9	辛未	2	8	8	辛丑	8
廿二 22nd	6	11	癸卯	7	7	10	壬申	1	8	9	壬寅	7
廿三 23rd	6	12	甲辰	8	7	11	癸酉	9	8	10	癸卯	6
廿四 24th	6	13	乙巳	9	7	12	甲戌	8	8	11	甲辰	5
廿五 25th	6	14	丙午	1	7	13	乙亥	7	8	12	乙巳	4
廿六 26th	6	15	丁未	2	7	14	丙子	6	8	13	丙午	3
廿七 27th	6	16	戊申	3	7	15	丁丑	5	8	14	丁未	2
廿八 28th	6	17	己酉	4	7	16	戊寅	4	8	15	戊申	1
廿九 29th	6	18	庚戌	5	7	17	己卯	3	8	16	己酉	9
三十 30th					7	18	庚辰	2				

天干 Ten Stems

甲 Jia Yang Wood
乙 Yi Yin Wood
丙 Bing Yang Fire
丁 Ding Yin Fire
戊 Wu Yang Earth
己 Ji Yin Earth
庚 Geng Yang Metal
辛 Xin Yin Metal
壬 Ren Yang Water
癸 Gui Yin Water

Male Gua: 6 乾(Qian)　Female Gua: 9 離(Li)　3 Killing 三煞: South　Annual Star: 6 White

地支 Twelve Branches: 子 Zi Rat · 丑 Chou Ox · 寅 Yin Tiger · 卯 Mao Rabbit · 辰 Chen Dragon · 巳 Si Snake · 午 Wu Horse · 未 Wei Goat · 申 Shen Monkey · 酉 You Rooster · 戌 Xu Dog · 亥 Hai Pig

十二月小 12th Mth				十一月大 11th Mth				十月小 10th Mth				九月大 9th Mth				八月小 8th Mth				七月大 7th Mth				月干支 Month
癸丑 Gui Chou				壬子 Ren Zi				辛亥 Xin Hai				庚戌 Geng Xu				己酉 Ji You				戊申 Wu Shen				
三碧 Three Jade				四綠 Four Green				五黃 Five Yellow				六白 Six White				七赤 Seven Red				八白 Eight White				九星 9 Star
立春 Coming of Spring		大寒 Greater Cold		小寒 Lesser Cold		冬至 Winter Solstice		大雪 Greater Snow		小雪 Lesser Snow		立冬 Coming of Winter		霜降 Frosting		寒露 Cold Dew		秋分 Autumn Equinox		白露 White Dew		處暑 Heat Ends		節氣 Season
24th day		9th day		24th day		9th day		24th day		9th day		24th day		9th day		23rd day		7th day		22nd day		7th day		
0hr 15min		5hr 53min		12hr 35min		19hr 13min		1hr 21min		5hr 52min		8hr 27min		8hr 15min		5hr 13min		22hr 51min		13hr 30min		1hr 8min		
子 Zi		卯 Mao		午 Wu		戌 Xu		丑 Chou		卯 Mao		辰 Chen		辰 Chen		卯 Mao		亥 Hai		未 Wei		丑 Chou		
國曆 Gregorian		干支 S.B	星 Star	國曆 Gregorian		干支 S/B	星 Star	國曆 Gregorian		干支 S/B	星 Star	國曆 Gregorian		干支 S/B	星 Star	國曆 Gregorian		干支 S/B	星 Star	國曆 Gregorian		干支 S/B	星 Star	農曆 Calendar
1	12	戊寅	6	12	13	戊申	7	11	14	己卯	9	10	15	己酉	3	9	16	庚辰	5	8	17	庚戌	8	初一 1st
1	13	己卯	7	12	14	己酉	6	11	15	庚辰	8	10	16	庚戌	2	9	17	辛巳	4	8	18	辛亥	7	初二 2nd
1	14	庚辰	8	12	15	庚戌	5	11	16	辛巳	7	10	17	辛亥	1	9	18	壬午	3	8	19	壬子	6	初三 3rd
1	15	辛巳	9	12	16	辛亥	4	11	17	壬午	6	10	18	壬子	9	9	19	癸未	2	8	20	癸丑	5	初四 4th
1	16	壬午	1	12	17	壬子	3	11	18	癸未	5	10	19	癸丑	8	9	20	甲申	1	8	21	甲寅	4	初五 5th
1	17	癸未	2	12	18	癸丑	2	11	19	甲申	4	10	20	甲寅	7	9	21	乙酉	9	8	22	乙卯	3	初六 6th
1	18	甲申	3	12	19	甲寅	1	11	20	乙酉	3	10	21	乙卯	6	9	22	丙戌	8	8	23	丙辰	2	初七 7th
1	19	乙酉	4	12	20	乙卯	9	11	21	丙戌	2	10	22	丙辰	5	9	23	丁亥	7	8	24	丁巳	1	初八 8th
1	20	丙戌	5	12	21	丙辰	8\2	11	22	丁亥	1	10	23	丁巳	4	9	24	戊子	6	8	25	戊午	9	初九 9th
1	21	丁亥	6	12	22	丁巳	3	11	23	戊子	9	10	24	戊午	3	9	25	己丑	5	8	26	己未	8	初十 10th
1	22	戊子	7	12	23	戊午	4	11	24	己丑	8	10	25	己未	2	9	26	庚寅	4	8	27	庚申	7	十一 11th
1	23	己丑	8	12	24	己未	5	11	25	庚寅	7	10	26	庚申	1	9	27	辛卯	3	8	28	辛酉	6	十二 12th
1	24	庚寅	9	12	25	庚申	6	11	26	辛卯	6	10	27	辛酉	9	9	28	壬辰	2	8	29	壬戌	5	十三 13th
1	25	辛卯	1	12	26	辛酉	7	11	27	壬辰	5	10	28	壬戌	8	9	29	癸巳	1	8	30	癸亥	4	十四 14th
1	26	壬辰	2	12	27	壬戌	8	11	28	癸巳	4	10	29	癸亥	7	9	30	甲午	9	8	31	甲子	3	十五 15th
1	27	癸巳	3	12	28	癸亥	9	11	29	甲午	3	10	30	甲子	6	10	1	乙未	8	9	1	乙丑	2	十六 16th
1	28	甲午	4	12	29	甲子	1	11	30	乙未	2	10	31	乙丑	5	10	2	丙申	7	9	2	丙寅	1	十七 17th
1	29	乙未	5	12	30	乙丑	2	12	1	丙申	1	11	1	丙寅	4	10	3	丁酉	6	9	3	丁卯	9	十八 18th
1	30	丙申	6	12	31	丙寅	3	12	2	丁酉	9	11	2	丁卯	3	10	4	戊戌	5	9	4	戊辰	8	十九 19th
1	31	丁酉	7	1	1	丁卯	4	12	3	戊戌	8	11	3	戊辰	2	10	5	己亥	4	9	5	己巳	7	二十 20th
2	1	戊戌	8	1	2	戊辰	5	12	4	己亥	7	11	4	己巳	1	10	6	庚子	3	9	6	庚午	6	廿一 21st
2	2	己亥	9	1	3	己巳	6	12	5	庚子	6	11	5	庚午	9	10	7	辛丑	2	9	7	辛未	5	廿二 22nd
2	3	庚子	1	1	4	庚午	7	12	6	辛丑	5	11	6	辛未	8	10	8	壬寅	1	9	8	壬申	4	廿三 23rd
2	4	辛丑	2	1	5	辛未	8	12	7	壬寅	4	11	7	壬申	7	10	9	癸卯	9	9	9	癸酉	3	廿四 24th
2	5	壬寅	3	1	6	壬申	9	12	8	癸卯	3	11	8	癸酉	6	10	10	甲辰	8	9	10	甲戌	2	廿五 25th
2	6	癸卯	4	1	7	癸酉	1	12	9	甲辰	2	11	9	甲戌	5	10	11	乙巳	7	9	11	乙亥	1	廿六 26th
2	7	甲辰	5	1	8	甲戌	2	12	10	乙巳	1	11	10	乙亥	4	10	12	丙午	6	9	12	丙子	9	廿七 27th
2	8	乙巳	6	1	9	乙亥	3	12	11	丙午	9	11	11	丙子	3	10	13	丁未	5	9	13	丁丑	8	廿八 28th
2	9	丙午	7	1	10	丙子	4	12	12	丁未	8	11	12	丁丑	2	10	14	戊申	4	9	14	戊寅	7	廿九 29th
				1	11	丁丑	5					11	13	戊寅	1					9	15	己卯	6	三十 30th

2013 癸巳 Water Snake

Grand Duke: 徐舜

天干 Ten Stems: 甲 Jia Yang Wood · 乙 Yi Yin Wood · 丙 Bing Yang Fire · 丁 Ding Yin Fire · 戊 Wu Yang Earth · 己 Ji Yin Earth · 庚 Geng Yang Metal · 辛 Xin Yin Metal · 壬 Ren Yang Water · 癸 Gui Yin Water

六月大 6th Mth				五月大 5th Mth				四月小 4th Mth				三月大 3rd Mth				二月小 2nd Mth				正月大 1st Mth				月干支 Month	
己未 Ji Wei				戊午 Wu Wu				丁巳 Ding Si				丙辰 Bing Chen				乙卯 Yi Mao				甲寅 Jia Yin					
六白 Six White				七赤 Seven Red				八白 Eight White				九紫 Nine Purple				一白 One White				二黑 Two Black				九星 9 Star	
		大暑 Greater Heat		小暑 Lesser Heat		夏至 Summer Solstice		芒種 Planting of Thorny Crops		小滿 Small Sprout		立夏 Coming of Summer		穀雨 Grain Rain		清明 Clear and Bright		春分 Spring Equinox		驚蟄 Awakening of Worms		雨水 Rain Water		節氣 Season	
		15th day		30th day		14th day		27th day		12th day		26th day		11th day		24th day		9th day		24th day		9th day			
		23hr 57min		6hr 36min		13hr 5min		20hr 24min		5hr 11min		16hr 20min		6hr 5min		23hr 4min		19hr 3min		18hr 16min		20hr 3min			
		子 Zi		卯 Mao		未 Wei		戌 Xu		卯 Mao		申 Shen		卯 Mao		子 Zi		戌 Xu		酉 You		戌 Xu			
國曆 Gregorian		干支 S/B	星 Star	國曆 Gregorian		干支 S/B	星 Star	國曆 Gregorian		干支 S/B	星 Star	國曆 Gregorian		干支 S/B	星 Star	國曆 Gregorian		干支 S/B	星 Star	國曆 Gregorian		干支 S/B	星 Star	農曆 Calendar	
7	8	乙亥	7	6	8	乙巳	9	5	10	丙子	7	4	10	丙午	4	3	12	丁丑	2	2	10	丁未	8	初一	1st
7	9	丙子	6	6	9	丙午	1	5	11	丁丑	8	4	11	丁未	5	3	13	戊寅	3	2	11	戊申	9	初二	2nd
7	10	丁丑	5	6	10	丁未	2	5	12	戊寅	9	4	12	戊申	6	3	14	己卯	4	2	12	己酉	1	初三	3rd
7	11	戊寅	4	6	11	戊申	3	5	13	己卯	1	4	13	己酉	7	3	15	庚辰	5	2	13	庚戌	2	初四	4th
7	12	己卯	3	6	12	己酉	4	5	14	庚辰	2	4	14	庚戌	8	3	16	辛巳	6	2	14	辛亥	3	初五	5th
7	13	庚辰	2	6	13	庚戌	5	5	15	辛巳	3	4	15	辛亥	9	3	17	壬午	7	2	15	壬子	4	初六	6th
7	14	辛巳	1	6	14	辛亥	6	5	16	壬午	4	4	16	壬子	1	3	18	癸未	8	2	16	癸丑	5	初七	7th
7	15	壬午	9	6	15	壬子	7	5	17	癸未	5	4	17	癸丑	2	3	19	甲申	9	2	17	甲寅	6	初八	8th
7	16	癸未	8	6	16	癸丑	8	5	18	甲申	6	4	18	甲寅	3	3	20	乙酉	1	2	18	乙卯	7	初九	9th
7	17	甲申	7	6	17	甲寅	9	5	19	乙酉	7	4	19	乙卯	4	3	21	丙戌	2	2	19	丙辰	8	初十	10th
7	18	乙酉	6	6	18	乙卯	1	5	20	丙戌	8	4	20	丙辰	5	3	22	丁亥	3	2	20	丁巳	9	十一	11th
7	19	丙戌	5	6	19	丙辰	2	5	21	丁亥	9	4	21	丁巳	6	3	23	戊子	4	2	21	戊午	1	十二	12th
7	20	丁亥	4	6	20	丁巳	3	5	22	戊子	1	4	22	戊午	7	3	24	己丑	5	2	22	己未	2	十三	13th
7	21	戊子	3	6	21	戊午	4\6	5	23	己丑	2	4	23	己未	8	3	25	庚寅	6	2	23	庚申	3	十四	14th
7	22	己丑	2	6	22	己未	5	5	24	庚寅	3	4	24	庚申	9	3	26	辛卯	7	2	24	辛酉	4	十五	15th
7	23	庚寅	1	6	23	庚申	4	5	25	辛卯	4	4	25	辛酉	1	3	27	壬辰	8	2	25	壬戌	5	十六	16th
7	24	辛卯	9	6	24	辛酉	3	5	26	壬辰	5	4	26	壬戌	2	3	28	癸巳	9	2	26	癸亥	6	十七	17th
7	25	壬辰	8	6	25	壬戌	2	5	27	癸巳	6	4	27	癸亥	3	3	29	甲午	1	2	27	甲子	7	十八	18th
7	26	癸巳	7	6	26	癸亥	1	5	28	甲午	7	4	28	甲子	4	3	30	乙未	2	2	28	乙丑	8	十九	19th
7	27	甲午	6	6	27	甲子	9	5	29	乙未	8	4	29	乙丑	5	3	31	丙申	3	3	1	丙寅	9	二十	20th
7	28	乙未	5	6	28	乙丑	8	5	30	丙申	9	4	30	丙寅	6	4	1	丁酉	4	3	2	丁卯	1	廿一	21st
7	29	丙申	4	6	29	丙寅	7	5	31	丁酉	1	5	1	丁卯	7	4	2	戊戌	5	3	3	戊辰	2	廿二	22nd
7	30	丁酉	3	6	30	丁卯	6	6	1	戊戌	2	5	2	戊辰	8	4	3	己亥	6	3	4	己巳	3	廿三	23rd
7	31	戊戌	2	7	1	戊辰	5	6	2	己亥	3	5	3	己巳	9	4	4	庚子	7	3	5	庚午	4	廿四	24th
8	1	己亥	1	7	2	己巳	4	6	3	庚子	4	5	4	庚午	1	4	5	辛丑	8	3	6	辛未	5	廿五	25th
8	2	庚子	9	7	3	庚午	3	6	4	辛丑	5	5	5	辛未	2	4	6	壬寅	9	3	7	壬申	6	廿六	26th
8	3	辛丑	8	7	4	辛未	2	6	5	壬寅	6	5	6	壬申	3	4	7	癸卯	1	3	8	癸酉	7	廿七	27th
8	4	壬寅	7	7	5	壬申	1	6	6	癸卯	7	5	7	癸酉	4	4	8	甲辰	2	3	9	甲戌	8	廿八	28th
8	5	癸卯	6	7	6	癸酉	9	6	7	甲辰	8	5	8	甲戌	5	4	9	乙巳	3	3	10	乙亥	9	廿九	29th
8	6	甲辰	5	7	7	甲戌	8					5	9	乙亥	6					3	11	丙子	1	三十	30th

Male Gua: 2 坤(Kun) **Female Gua: 1 坎(Kan)** 3 Killing 三煞: East Annual Star: 5 Yellow

月干支 Month	七月小 7th Mth				八月大 8th Mth				九月小 9th Mth				十月大 10th Mth				十一月小 11th Mth				十二月大 12th Mth			
	庚申 Geng Shen				辛酉 Xin You				壬戌 Ren Xu				癸亥 Gui Hai				甲子 Jia Zi				乙丑 Yi Chou			
九星 9 Star	五黃 Five Yellow				四綠 Four Green				三碧 Three Jade				二黑 Two Black				一白 One White				九紫 Nine Purple			
節氣 Season	處暑 Heat Ends		立秋 Coming Autumn		秋分 Autumn Equinox		白露 White Dew		霜降 Frosting		寒露 Cold Dew		小雪 Lesser Snow		立冬 Coming of Winter		冬至 Winter Solstice		大雪 Greater Snow		大寒 Greater Cold		小寒 Lesser Cold	
	17th day		1st day		19th day		3rd day		19th day		4th day		20th day		5th day		20th day		5th day		20th day		5th day	
	7hr 3min		16hr 22min		4hr 46min		19hr 18min		14hr 11min		11hr 0min		11hr 50min		14hr 15min		1hr 13min		7hr 10min		11hr 53min		18hr 26min	
	辰 Chen		申 Shen		寅 Yin		戌 Xu		未 Wei		巳 Si		午 Wu		未 Wei		丑 Chou		辰 Chen		午 Wu		酉 You	
農曆 Calendar	國曆 Gregorian		干支 S/B	星 Star	國曆 Gregorian		干支 S/B	星 Star	國曆 Gregorian		干支 S/B	星 Star	國曆 Gregorian		干支 S/B	星 Star	國曆 Gregorian		干支 S/B	星 Star	國曆 Gregorian		干支 S/B	星 Star
初一 1st	8	7	乙巳	4	9	5	甲戌	2	10	5	甲辰	8	11	3	癸酉	6	12	3	癸卯	3	1	1	壬申	9
初二 2nd	8	8	丙午	3	9	6	乙亥	1	10	6	乙巳	7	11	4	甲戌	5	12	4	甲辰	2	1	2	癸酉	1
初三 3rd	8	9	丁未	2	9	7	丙子	9	10	7	丙午	6	11	5	乙亥	4	12	5	乙巳	1	1	3	甲戌	2
初四 4th	8	10	戊申	1	9	8	丁丑	8	10	8	丁未	5	11	6	丙子	3	12	6	丙午	9	1	4	乙亥	3
初五 5th	8	11	己酉	9	9	9	戊寅	7	10	9	戊申	4	11	7	丁丑	2	12	7	丁未	8	1	5	丙子	4
初六 6th	8	12	庚戌	8	9	10	己卯	6	10	10	己酉	3	11	8	戊寅	1	12	8	戊申	7	1	6	丁丑	5
初七 7th	8	13	辛亥	7	9	11	庚辰	5	10	11	庚戌	2	11	9	己卯	9	12	9	己酉	6	1	7	戊寅	6
初八 8th	8	14	壬子	6	9	12	辛巳	4	10	12	辛亥	1	11	10	庚辰	8	12	10	庚戌	5	1	8	己卯	7
初九 9th	8	15	癸丑	5	9	13	壬午	3	10	13	壬子	9	11	11	辛巳	7	12	11	辛亥	4	1	9	庚辰	8
初十 10th	8	16	甲寅	4	9	14	癸未	2	10	14	癸丑	8	11	12	壬午	6	12	12	壬子	3	1	10	辛巳	9
十一 11th	8	17	乙卯	3	9	15	甲申	1	10	15	甲寅	7	11	13	癸未	5	12	13	癸丑	2	1	11	壬午	1
十二 12th	8	18	丙辰	2	9	16	乙酉	9	10	16	乙卯	6	11	14	甲申	4	12	14	甲寅	1	1	12	癸未	2
十三 13th	8	19	丁巳	1	9	17	丙戌	8	10	17	丙辰	5	11	15	乙酉	3	12	15	乙卯	9	1	13	甲申	3
十四 14th	8	20	戊午	9	9	18	丁亥	7	10	18	丁巳	4	11	16	丙戌	2	12	16	丙辰	8	1	14	乙酉	4
十五 15th	8	21	己未	8	9	19	戊子	6	10	19	戊午	3	11	17	丁亥	1	12	17	丁巳	7	1	15	丙戌	5
十六 16th	8	22	庚申	7	9	20	己丑	5	10	20	己未	2	11	18	戊子	9	12	18	戊午	6	1	16	丁亥	6
十七 17th	8	23	辛酉	6	9	21	庚寅	4	10	21	庚申	1	11	19	己丑	8	12	19	己未	5	1	17	戊子	7
十八 18th	8	24	壬戌	5	9	22	辛卯	3	10	22	辛酉	9	11	20	庚寅	7	12	20	庚申	4	1	18	己丑	8
十九 19th	8	25	癸亥	4	9	23	壬辰	2	10	23	壬戌	8	11	21	辛卯	6	12	21	辛酉	3	1	19	庚寅	9
二十 20th	8	26	甲子	3	9	24	癸巳	1	10	24	癸亥	7	11	22	壬辰	5	12	22	壬戌	2\8	1	20	辛卯	1
廿一 21st	8	27	乙丑	2	9	25	甲午	9	10	25	甲子	6	11	23	癸巳	4	12	23	癸亥	9	1	21	壬辰	2
廿二 22nd	8	28	丙寅	1	9	26	乙未	8	10	26	乙丑	5	11	24	甲午	3	12	24	甲子	1	1	22	癸巳	3
廿三 23rd	8	29	丁卯	9	9	27	丙申	7	10	27	丙寅	4	11	25	乙未	2	12	25	乙丑	2	1	23	甲午	4
廿四 24th	8	30	戊辰	8	9	28	丁酉	6	10	28	丁卯	3	11	26	丙申	1	12	26	丙寅	3	1	24	乙未	5
廿五 25th	8	31	己巳	7	9	29	戊戌	5	10	29	戊辰	2	11	27	丁酉	9	12	27	丁卯	4	1	25	丙申	6
廿六 26th	9	1	庚午	6	9	30	己亥	4	10	30	己巳	1	11	28	戊戌	8	12	28	戊辰	5	1	26	丁酉	7
廿七 27th	9	2	辛未	5	10	1	庚子	3	10	31	庚午	9	11	29	己亥	7	12	29	己巳	6	1	27	戊戌	8
廿八 28th	9	3	壬申	4	10	2	辛丑	2	11	1	辛未	8	11	30	庚子	6	12	30	庚午	7	1	28	己亥	9
廿九 29th	9	4	癸酉	3	10	3	壬寅	1	11	2	壬申	7	12	1	辛丑	5	12	31	辛未	8	1	29	庚子	1
三十 30th					10	4	癸卯	9					12	2	壬寅	4					1	30	辛丑	2

地支 Twelve Branches
子 Zi Rat
丑 Chou Ox
寅 Yin Tiger
卯 Mao Rabbit
辰 Chen Dragon
巳 Si Snake
午 Wu Horse
未 Wei Goat
申 Shen Monkey
酉 You Rooster
戌 Xu Dog
亥 Hai Pig

2014 甲午 Wood Horse

Grand Duke: 張詞

天干 Ten Stems
甲 Jia Yang Wood
乙 Yi Yin Wood
丙 Bing Yang Fire
丁 Ding Yin Fire
戊 Wu Yang Earth
己 Ji Yin Earth
庚 Geng Yang Metal
辛 Xin Yin Metal
壬 Ren Yang Water
癸 Gui Yin Water

六月大 6th Mth				五月小 5th Mth				四月大 4th Mth				三月小 3rd Mth				二月大 2nd Mth				正月小 1st Mth				月干支 Month
辛未 Xin Wei				庚午 Geng Wu				己巳 Ji Si				戊辰 Wu Chen				丁卯 Ding Mao				丙寅 Bing Yin				
三碧 Three Jade				四綠 Four Green				五黃 Five Yellow				六白 Six White				七赤 Seven Red				八白 Eight White				九星 9 Star
大暑 Greater Heat		小暑 Lesser Heat		夏至 Summer Solstice		芒種 Planting of Thorny Crops		小滿 Small Sprout		立夏 Coming of Summer		穀雨 Grain Rain		清明 Clear and Bright		春分 Spring Equinox		驚蟄 Awakening of Worms		雨水 Rain Water		立春 Coming of Spring		節氣 Season
27th day		11th day		24th day		9th day		23rd day		7th day		21st day		6th day		21st day		6th day		20th day		5th day		
5hr 43min		12hr 16min		18hr 52min		2hr 4min		11hr 0min		22hr 1min		11hr 57min		4hr 48min		0hr 59min		0hr 4min		2hr 1min		6hr 5min		
卯 Mao		午 Wu		酉 You		丑 Chou		午 Wu		亥 Hai		午 Wu		寅 Yin		子 Zi		子 Zi		丑 Chou		卯 Mao		
國曆 Gregorian		干支 S / B	星 Star	國曆 Gregorian		干支 S / B	星 Star	國曆 Gregorian		干支 S / B	星 Star	國曆 Gregorian		干支 S / B	星 Star	國曆 Gregorian		干支 S / B	星 Star	國曆 Gregorian		干支 S / B	星 Star	農曆 Calendar
6	27	己巳	4	5	29	庚子	4	4	29	庚午	1	3	31	辛丑	8	3	1	辛未	5	1	31	壬寅	3	初一 1st
6	28	庚午	3	5	30	辛丑	5	4	30	辛未	2	4	1	壬寅	9	3	2	壬申	6	2	1	癸卯	4	初二 2nd
6	29	辛未	2	5	31	壬寅	6	5	1	壬申	3	4	2	癸卯	1	3	3	癸酉	7	2	2	甲辰	5	初三 3rd
6	30	壬申	1	6	1	癸卯	7	5	2	癸酉	4	4	3	甲辰	2	3	4	甲戌	8	2	3	乙巳	6	初四 4th
7	1	癸酉	9	6	2	甲辰	8	5	3	甲戌	5	4	4	乙巳	3	3	5	乙亥	9	2	4	丙午	7	初五 5th
7	2	甲戌	8	6	3	乙巳	9	5	4	乙亥	6	4	5	丙午	4	3	6	丙子	1	2	5	丁未	8	初六 6th
7	3	乙亥	7	6	4	丙午	1	5	5	丙子	7	4	6	丁未	5	3	7	丁丑	2	2	6	戊申	9	初七 7th
7	4	丙子	6	6	5	丁未	2	5	6	丁丑	8	4	7	戊申	6	3	8	戊寅	3	2	7	己酉	1	初八 8th
7	5	丁丑	5	6	6	戊申	3	5	7	戊寅	9	4	8	己酉	7	3	9	己卯	4	2	8	庚戌	2	初九 9th
7	6	戊寅	4	6	7	己酉	4	5	8	己卯	1	4	9	庚戌	8	3	10	庚辰	5	2	9	辛亥	3	初十 10th
7	7	己卯	3	6	8	庚戌	5	5	9	庚辰	2	4	10	辛亥	9	3	11	辛巳	6	2	10	壬子	4	十一 11th
7	8	庚辰	2	6	9	辛亥	6	5	10	辛巳	3	4	11	壬子	1	3	12	壬午	7	2	11	癸丑	5	十二 12th
7	9	辛巳	1	6	10	壬子	7	5	11	壬午	4	4	12	癸丑	2	3	13	癸未	8	2	12	甲寅	6	十三 13th
7	10	壬午	9	6	11	癸丑	8	5	12	癸未	5	4	13	甲寅	3	3	14	甲申	9	2	13	乙卯	7	十四 14th
7	11	癸未	8	6	12	甲寅	9	5	13	甲申	6	4	14	乙卯	4	3	15	乙酉	1	2	14	丙辰	8	十五 15th
7	12	甲申	7	6	13	乙卯	1	5	14	乙酉	7	4	15	丙辰	5	3	16	丙戌	2	2	15	丁巳	9	十六 16th
7	13	乙酉	6	6	14	丙辰	2	5	15	丙戌	8	4	16	丁巳	6	3	17	丁亥	3	2	16	戊午	1	十七 17th
7	14	丙戌	5	6	15	丁巳	3	5	16	丁亥	9	4	17	戊午	7	3	18	戊子	4	2	17	己未	2	十八 18th
7	15	丁亥	4	6	16	戊午	4	5	17	戊子	1	4	18	己未	8	3	19	己丑	5	2	18	庚申	3	十九 19th
7	16	戊子	3	6	17	己未	5	5	18	己丑	2	4	19	庚申	9	3	20	庚寅	6	2	19	辛酉	4	二十 20th
7	17	己丑	2	6	18	庚申	6	5	19	庚寅	3	4	20	辛酉	1	3	21	辛卯	7	2	20	壬戌	5	廿一 21st
7	18	庚寅	1	6	19	辛酉	7	5	20	辛卯	4	4	21	壬戌	2	3	22	壬辰	8	2	21	癸亥	6	廿二 22nd
7	19	辛卯	9	6	20	壬戌	8	5	21	壬辰	5	4	22	癸亥	3	3	23	癸巳	9	2	22	甲子	7	廿三 23rd
7	20	壬辰	8	6	21	癸亥	9\1	5	22	癸巳	6	4	23	甲子	4	3	24	甲午	1	2	23	乙丑	8	廿四 24th
7	21	癸巳	7	6	22	甲子	9	5	23	甲午	7	4	24	乙丑	5	3	25	乙未	2	2	24	丙寅	9	廿五 25th
7	22	甲午	6	6	23	乙丑	8	5	24	乙未	8	4	25	丙寅	6	3	26	丙申	3	2	25	丁卯	1	廿六 26th
7	23	乙未	5	6	24	丙寅	7	5	25	丙申	9	4	26	丁卯	7	3	27	丁酉	4	2	26	戊辰	2	廿七 27th
7	24	丙申	4	6	25	丁卯	6	5	26	丁酉	1	4	27	戊辰	8	3	28	戊戌	5	2	27	己巳	3	廿八 28th
7	25	丁酉	3	6	26	戊辰	5	5	27	戊戌	2	4	28	己巳	9	3	29	己亥	6	2	28	庚午	4	廿九 29th
7	26	戊戌	2					5	28	己亥	3					3	30	庚子	7					三十 30th

Male Gua:4 巽(Xun) **Female Gua: 2 坤(Kun)** 3 Killing 三煞: North Annual Star: 4 Green

月干支 Month	七月小 7th Mth				八月大 8th Mth				九月大 9th Mth				閏九月小 9th Mth				十月大 10th Mth				十一月小 11th Mth				十二月大 12th Mth			
	壬申 Ren Shen				癸酉 Gui You				甲戌 Jia Xu								乙亥 Yi Hai				丙子 Bing Zi				丁丑 Ding Chou			
九星 9 Star	二黑 Two Black				一白 One White				九紫 Nine Purple								八白 Eight White				七赤 Seven Red				六白 Six White			
節氣 Season	處暑 Heat Ends		立秋 Coming Autumn		秋分 Autumn Equinox		白露 White Dew		霜降 Frosting		寒露 Cold Dew				立冬 Coming of Winter		大雪 Greater Snow		小雪 Lesser Snow		小寒 Lesser Cold		冬至 Winter Solstice		立春 Coming of Spring		大寒 Greater Cold	
	28th day		12th day		30th day		15th day		30th day		15th day				15th day		16th day		1st day		16th day		1st day		16th day		1st day	
	12hr 47min		22hr 4min		10hr 31min		1hr 3min		19hr 59min		16hr 49min				20hr 8min		13hr 6min		17hr 40min		0hr 22min		7hr 5min		12hr 0min		17hr 45min	
	午 Wu		亥 Hai		巳 Si		丑 Chou		戌 Xu		申 Shen				戌 Xu		未 Wei		酉 You		子 Zi		辰 Chen		午 Wu		酉 You	
農曆 Calendar	國曆 Gregorian		干支 S/B	星 Star	國曆 Gregorian		干支 S/B	星 Star	國曆 Gregorian		干支 S/B	星 Star	國曆 Gregorian		干支 S/B	星 Star	國曆 Gregorian		干支 S/B	星 Star	國曆 Gregorian		干支 S/B	星 Star	國曆 Gregorian		干支 S/B	星 Star
初一 1st	7	27	己亥	1	8	25	戊辰	8	9	24	戊戌	5	10	24	戊辰	2	11	22	丁酉	9	12	22	丁卯	6\7	1	20	丙申	9
初二 2nd	7	28	庚子	9	8	26	己巳	7	9	25	己亥	4	10	25	己巳	1	11	23	戊戌	8	12	23	戊辰	8	1	21	丁酉	1
初三 3rd	7	29	辛丑	8	8	27	庚午	6	9	26	庚子	3	10	26	庚午	9	11	24	己亥	7	12	24	己巳	9	1	22	戊戌	2
初四 4th	7	30	壬寅	7	8	28	辛未	5	9	27	辛丑	2	10	27	辛未	8	11	25	庚子	6	12	25	庚午	1	1	23	己亥	3
初五 5th	7	31	癸卯	6	8	29	壬申	4	9	28	壬寅	1	10	28	壬申	7	11	26	辛丑	5	12	26	辛未	2	1	24	庚子	4
初六 6th	8	1	甲辰	5	8	30	癸酉	3	9	29	癸卯	9	10	29	癸酉	6	11	27	壬寅	4	12	27	壬申	3	1	25	辛丑	5
初七 7th	8	2	乙巳	4	8	31	甲戌	2	9	30	甲辰	8	10	30	甲戌	5	11	28	癸卯	3	12	28	癸酉	4	1	26	壬寅	6
初八 8th	8	3	丙午	3	9	1	乙亥	1	10	1	乙巳	7	10	31	乙亥	4	11	29	甲辰	2	12	29	甲戌	5	1	27	癸卯	7
初九 9th	8	4	丁未	2	9	2	丙子	9	10	2	丙午	6	11	1	丙子	3	11	30	乙巳	1	12	30	乙亥	6	1	28	甲辰	8
初十 10th	8	5	戊申	1	9	3	丁丑	8	10	3	丁未	5	11	2	丁丑	2	12	1	丙午	9	12	31	丙子	7	1	29	乙巳	9
十一 11th	8	6	己酉	9	9	4	戊寅	7	10	4	戊申	4	11	3	戊寅	1	12	2	丁未	8	1	1	丁丑	8	1	30	丙午	1
十二 12th	8	7	庚戌	8	9	5	己卯	6	10	5	己酉	3	11	4	己卯	9	12	3	戊申	7	1	2	戊寅	9	1	31	丁未	2
十三 13th	8	8	辛亥	7	9	6	庚辰	5	10	6	庚戌	2	11	5	庚辰	8	12	4	己酉	6	1	3	己卯	1	2	1	戊申	3
十四 14th	8	9	壬子	6	9	7	辛巳	4	10	7	辛亥	1	11	6	辛巳	7	12	5	庚戌	5	1	4	庚辰	2	2	2	己酉	4
十五 15th	8	10	癸丑	5	9	8	壬午	3	10	8	壬子	9	11	7	壬午	6	12	6	辛亥	4	1	5	辛巳	3	2	3	庚戌	5
十六 16th	8	11	甲寅	4	9	9	癸未	2	10	9	癸丑	8	11	8	癸未	5	12	7	壬子	3	1	6	壬午	4	2	4	辛亥	6
十七 17th	8	12	乙卯	3	9	10	甲申	1	10	10	甲寅	7	11	9	甲申	4	12	8	癸丑	2	1	7	癸未	5	2	5	壬子	7
十八 18th	8	13	丙辰	2	9	11	乙酉	9	10	11	乙卯	6	11	10	乙酉	3	12	9	甲寅	1	1	8	甲申	6	2	6	癸丑	8
十九 19th	8	14	丁巳	1	9	12	丙戌	8	10	12	丙辰	5	11	11	丙戌	2	12	10	乙卯	9	1	9	乙酉	7	2	7	甲寅	9
二十 20th	8	15	戊午	9	9	13	丁亥	7	10	13	丁巳	4	11	12	丁亥	1	12	11	丙辰	8	1	10	丙戌	8	2	8	乙卯	1
廿一 21st	8	16	己未	8	9	14	戊子	6	10	14	戊午	3	11	13	戊子	9	12	12	丁巳	7	1	11	丁亥	9	2	9	丙辰	2
廿二 22nd	8	17	庚申	7	9	15	己丑	5	10	15	己未	2	11	14	己丑	8	12	13	戊午	6	1	12	戊子	1	2	10	丁巳	3
廿三 23rd	8	18	辛酉	6	9	16	庚寅	4	10	16	庚申	1	11	15	庚寅	7	12	14	己未	5	1	13	己丑	2	2	11	戊午	4
廿四 24th	8	19	壬戌	5	9	17	辛卯	3	10	17	辛酉	9	11	16	辛卯	6	12	15	庚申	4	1	14	庚寅	3	2	12	己未	5
廿五 25th	8	20	癸亥	4	9	18	壬辰	2	10	18	壬戌	8	11	17	壬辰	5	12	16	辛酉	3	1	15	辛卯	4	2	13	庚申	3
廿六 26th	8	21	甲子	3	9	19	癸巳	1	10	19	癸亥	7	11	18	癸巳	4	12	17	壬戌	2	1	16	壬辰	5	2	14	辛酉	7
廿七 27th	8	22	乙丑	2	9	20	甲午	9	10	20	甲子	6	11	19	甲午	3	12	18	癸亥	1	1	17	癸巳	6	2	15	壬戌	3
廿八 28th	8	23	丙寅	1	9	21	乙未	8	10	21	乙丑	5	11	20	乙未	2	12	19	甲子	9	1	18	甲午	7	2	16	癸亥	9
廿九 29th	8	24	丁卯	9	9	22	丙申	7	10	22	丙寅	4	11	21	丙申	1	12	20	乙丑	8	1	19	乙未	8	2	17	甲子	1
三十 30th					9	23	丁酉	6	10	23	丁卯	3					12	21	丙寅	7					2	18	乙丑	2

地支 Twelve Branches: 子 Zi Rat; 丑 Chou Ox; 寅 Yin Tiger; 卯 Mao Rabbit; 辰 Chen Dragon; 巳 Si Snake; 午 Wu Horse; 未 Wei Goat; 申 Shen Monkey; 酉 You Rooster; 戌 Xu Dog; 亥 Hai Pig

2015 乙未 Wood Goat

Grand Duke: 楊賢

月干支 Month	正月小 1st Mth				二月大 2nd Mth				三月小 3rd Mth			
	戊寅 Wu Yin				己卯 Ji Mao				庚辰 Geng Chen			
九星 9 Star	五黃 Five Yellow				四綠 Four Green				三碧 Three Jade			
節氣 Season	驚蟄 Awakening of Worms		雨水 Rain Water		清明 Clear and Bright		春分 Spring Equinox		立夏 Coming of Summer		穀雨 Grain Rain	
	16th day		1st day		17th day		2nd day		18th day		2nd day	
	5hr 57min		7hr 51min		10hr 40min		6hr 47min		3hr 54min		17hr 43min	
	卯 Mao		辰 Chen		巳 Si		卯 Mao		寅 Yin		酉 You	
農曆 Calendar	國曆 Gregorian		干支 S/B	星 Star	國曆 Gregorian		干支 S/B	星 Star	國曆 Gregorian		干支 S/B	星 Star
初一 1st	2	19	丙寅	3	3	20	乙未	5	4	19	乙丑	8
初二 2nd	2	20	丁卯	4	3	21	丙申	6	4	20	丙寅	9
初三 3rd	2	21	戊辰	5	3	22	丁酉	7	4	21	丁卯	1
初四 4th	2	22	己巳	6	3	23	戊戌	8	4	22	戊辰	2
初五 5th	2	23	庚午	7	3	24	己亥	9	4	23	己巳	3
初六 6th	2	24	辛未	8	3	25	庚子	1	4	24	庚午	4
初七 7th	2	25	壬申	9	3	26	辛丑	2	4	25	辛未	5
初八 8th	2	26	癸酉	1	3	27	壬寅	3	4	26	壬申	6
初九 9th	2	27	甲戌	2	3	28	癸卯	4	4	27	癸酉	7
初十 10th	2	28	乙亥	3	3	29	甲辰	5	4	28	甲戌	8
十一 11th	3	1	丙子	4	3	30	乙巳	6	4	29	乙亥	9
十二 12th	3	2	丁丑	5	3	31	丙午	7	4	30	丙子	1
十三 13th	3	3	戊寅	6	4	1	丁未	8	5	1	丁丑	2
十四 14th	3	4	己卯	7	4	2	戊申	9	5	2	戊寅	3
十五 15th	3	5	庚辰	8	4	3	己酉	1	5	3	己卯	4
十六 16th	3	6	辛巳	9	4	4	庚戌	2	5	4	庚辰	5
十七 17th	3	7	壬午	1	4	5	辛亥	3	5	5	辛巳	6
十八 18th	3	8	癸未	2	4	6	壬子	4	5	6	壬午	7
十九 19th	3	9	甲申	3	4	7	癸丑	5	5	7	癸未	8
二十 20th	3	10	乙酉	4	4	8	甲寅	6	5	8	甲申	9
廿一 21st	3	11	丙戌	5	4	9	乙卯	7	5	9	乙酉	1
廿二 22nd	3	12	丁亥	6	4	10	丙辰	8	5	10	丙戌	2
廿三 23rd	3	13	戊子	7	4	11	丁巳	9	5	11	丁亥	3
廿四 24th	3	14	己丑	8	4	12	戊午	1	5	12	戊子	4
廿五 25th	3	15	庚寅	9	4	13	己未	2	5	13	己丑	5
廿六 26th	3	16	辛卯	1	4	14	庚申	3	5	14	庚寅	6
廿七 27th	3	17	壬辰	2	4	15	辛酉	4	5	15	辛卯	7
廿八 28th	3	18	癸巳	3	4	16	壬戌	5	5	16	壬辰	8
廿九 29th	3	19	甲午	4	4	17	癸亥	6	5	17	癸巳	9
三十 30th					4	18	甲子	7				

月干支 Month	四月小 4th Mth				五月大 5th Mth				六月小 6th Mth			
	辛巳 Xin Si				壬午 Ren Wu				癸未 Gui Wei			
九星 9 Star	二黑 Two Black				一白 One White				九紫 Nine Purple			
節氣 Season	芒種 Planting of Thorny Crops		小滿 Small Sprout		小暑 Lesser Heat		夏至 Summer Solstice		立秋 Coming Autumn		大暑 Greater Heat	
	20th day		4th day		22nd day		7th day		24th day		8th day	
	8hr 0min		16hr 46min		18hr 13min		0hr 39min		4hr 3min		11hr 32min	
	辰 Chen		申 Shen		酉 You		子 Zi		寅 Yin		午 Wu	
農曆 Calendar	國曆 Gregorian		干支 S/B	星 Star	國曆 Gregorian		干支 S/B	星 Star	國曆 Gregorian		干支 S/B	星 Star
初一 1st	5	18	甲午	1	6	16	癸亥	3	7	16	癸巳	4
初二 2nd	5	19	乙未	2	6	17	甲子	4	7	17	甲午	3
初三 3rd	5	20	丙申	3	6	18	乙丑	5	7	18	乙未	2
初四 4th	5	21	丁酉	4	6	19	丙寅	6	7	19	丙申	1
初五 5th	5	22	戊戌	5	6	20	丁卯	7	7	20	丁酉	9
初六 6th	5	23	己亥	6	6	21	戊辰	8	7	21	戊戌	8
初七 7th	5	24	庚子	7	6	22	己巳	9\1	7	22	己亥	7
初八 8th	5	25	辛丑	8	6	23	庚午	9	7	23	庚子	6
初九 9th	5	26	壬寅	9	6	24	辛未	8	7	24	辛丑	5
初十 10th	5	27	癸卯	1	6	25	壬申	7	7	25	壬寅	4
十一 11th	5	28	甲辰	2	6	26	癸酉	6	7	26	癸卯	3
十二 12th	5	29	乙巳	3	6	27	甲戌	5	7	27	甲辰	2
十三 13th	5	30	丙午	4	6	28	乙亥	4	7	28	乙巳	1
十四 14th	5	31	丁未	5	6	29	丙子	3	7	29	丙午	9
十五 15th	6	1	戊申	6	6	30	丁丑	2	7	30	丁未	8
十六 16th	6	2	己酉	7	7	1	戊寅	1	7	31	戊申	7
十七 17th	6	3	庚戌	8	7	2	己卯	9	8	1	己酉	6
十八 18th	6	4	辛亥	9	7	3	庚辰	8	8	2	庚戌	5
十九 19th	6	5	壬子	1	7	4	辛巳	7	8	3	辛亥	4
二十 20th	6	6	癸丑	2	7	5	壬午	6	8	4	壬子	3
廿一 21st	6	7	甲寅	3	7	6	癸未	5	8	5	癸丑	2
廿二 22nd	6	8	乙卯	4	7	7	甲申	4	8	6	甲寅	1
廿三 23rd	6	9	丙辰	5	7	8	乙酉	3	8	7	乙卯	9
廿四 24th	6	10	丁巳	6	7	9	丙戌	2	8	8	丙辰	8
廿五 25th	6	11	戊午	7	7	10	丁亥	1	8	9	丁巳	7
廿六 26th	6	12	己未	8	7	11	戊子	9	8	10	戊午	6
廿七 27th	6	13	庚申	9	7	12	己丑	8	8	11	己未	5
廿八 28th	6	14	辛酉	1	7	13	庚寅	7	8	12	庚申	4
廿九 29th	6	15	壬戌	2	7	14	辛卯	6	8	13	辛酉	3
三十 30th					7	15	壬辰	5				

天干 Ten Stems

- 甲 Jia Yang Wood
- 乙 Yi Yin Wood
- 丙 Bing Yang Fire
- 丁 Ding Yin Fire
- 戊 Wu Yang Earth
- 己 Ji Yin Earth
- 庚 Geng Yang Metal
- 辛 Xin Yin Metal
- 壬 Ren Yang Water
- 癸 Gui Yin Water

Male Gua: 3 震(Zhen) Female Gua: 3 震(Zhen) 3 Killing 三煞: West Annual Star: 3 Jade

地支 Twelve Branches: 子 Zi Rat · 丑 Chou Ox · 寅 Yin Tiger · 卯 Mao Rabbit · 辰 Chen Dragon · 巳 Si Snake · 午 Wu Horse · 未 Wei Goat · 申 Shen Monkey · 酉 You Rooster · 戌 Xu Dog · 亥 Hai Pig

月干支 Month	七月大 7th Mth				八月大 8th Mth				九月大 9th Mth			
	甲申 Jia Shen				乙酉 Yi You				丙戌 Bing Xu			
九星 9 Star	八白 Eight White				七赤 Seven Red				六白 Six White			
節氣 Season	白露 White Dew		處暑 Heat Ends		寒露 Cold Dew		秋分 Autumn Equinox		立冬 Coming of Winter		霜降 Frosting	
	26th day 7hr 1min		10th day 18hr 39min		26th day 22hr 44min		11th day 16hr 22min		27th day 2hr 0min		12th day 1hr 48min	
	辰 Chen		酉 You		亥 Hai		申 Shen		丑 Chou		丑 Chou	
農曆 Calendar	國曆 Gregorian		干支 S/B	星 Star	國曆 Gregorian		干支 S/B	星 Star	國曆 Gregorian		干支 S/B	星 Star
初一 1st	8	14	壬戌	2	9	13	壬辰	8	10	13	壬戌	5
初二 2nd	8	15	癸亥	1	9	14	癸巳	7	10	14	癸亥	4
初三 3rd	8	16	甲子	9	9	15	甲午	6	10	15	甲子	3
初四 4th	8	17	乙丑	8	9	16	乙未	5	10	16	乙丑	2
初五 5th	8	18	丙寅	7	9	17	丙申	4	10	17	丙寅	1
初六 6th	8	19	丁卯	6	9	18	丁酉	3	10	18	丁卯	9
初七 7th	8	20	戊辰	5	9	19	戊戌	2	10	19	戊辰	8
初八 8th	8	21	己巳	4	9	20	己亥	1	10	20	己巳	7
初九 9th	8	22	庚午	3	9	21	庚子	9	10	21	庚午	6
初十 10th	8	23	辛未	2	9	22	辛丑	8	10	22	辛未	5
十一 11th	8	24	壬申	1	9	23	壬寅	7	10	23	壬申	4
十二 12th	8	25	癸酉	9	9	24	癸卯	6	10	24	癸酉	3
十三 13th	8	26	甲戌	8	9	25	甲辰	5	10	25	甲戌	2
十四 14th	8	27	乙亥	7	9	26	乙巳	4	10	26	乙亥	1
十五 15th	8	28	丙子	6	9	27	丙午	3	10	27	丙子	9
十六 16th	8	29	丁丑	5	9	28	丁未	2	10	28	丁丑	8
十七 17th	8	30	戊寅	4	9	29	戊申	1	10	29	戊寅	7
十八 18th	8	31	己卯	3	9	30	己酉	9	10	30	己卯	6
十九 19th	9	1	庚辰	2	10	1	庚戌	8	10	31	庚辰	5
二十 20th	9	2	辛巳	1	10	2	辛亥	7	11	1	辛巳	4
廿一 21st	9	3	壬午	9	10	3	壬子	6	11	2	壬午	3
廿二 22nd	9	4	癸未	8	10	4	癸丑	5	11	3	癸未	2
廿三 23rd	9	5	甲申	7	10	5	甲寅	4	11	4	甲申	1
廿四 24th	9	6	乙酉	6	10	6	乙卯	3	11	5	乙酉	9
廿五 25th	9	7	丙戌	5	10	7	丙辰	2	11	6	丙戌	8
廿六 26th	9	8	丁亥	4	10	8	丁巳	1	11	7	丁亥	7
廿七 27th	9	9	戊子	3	10	9	戊午	9	11	8	戊子	6
廿八 28th	9	10	己丑	2	10	10	己未	8	11	9	己丑	5
廿九 29th	9	11	庚寅	1	10	11	庚申	7	11	10	庚寅	4
三十 30th	9	12	辛卯	9	10	12	辛酉	6	11	11	辛卯	3

月干支 Month	十月小 10th Mth				十一月大 11th Mth				十二月小 12th Mth			
	丁亥 Ding Hai				戊子 Wu Zi				己丑 Ji Chou			
九星 9 Star	五黃 Five Yellow				四綠 Four Green				三碧 Three Jade			
節氣 Season	大雪 Greater Snow		小雪 Lesser Snow		小寒 Lesser Cold		冬至 Winter Solstice		立春 Coming of Spring		大寒 Greater Cold	
	26th day 18hr 55min		11th day 23hr 27min		27th day 6hr 10min		12th day 12hr 30min		26th day 17hr 48min		11th day 23hr 29min	
	酉 You		子 Zi		卯 Mao		午 Wu		酉 You		子 Zi	
農曆 Calendar	國曆 Gregorian		干支 S/B	星 Star	國曆 Gregorian		干支 S/B	星 Star	國曆 Gregorian		干支 S/B	星 Star
初一 1st	11	12	壬辰	2	12	11	辛酉	9	1	10	辛卯	4
初二 2nd	11	13	癸巳	1	12	12	壬戌	8	1	11	壬辰	5
初三 3rd	11	14	甲午	9	12	13	癸亥	7	1	12	癸巳	6
初四 4th	11	15	乙未	8	12	14	甲子	6	1	13	甲午	7
初五 5th	11	16	丙申	7	12	15	乙丑	5	1	14	乙未	8
初六 6th	11	17	丁酉	6	12	16	丙寅	4	1	15	丙申	9
初七 7th	11	18	戊戌	5	12	17	丁卯	3	1	16	丁酉	1
初八 8th	11	19	己亥	4	12	18	戊辰	2	1	17	戊戌	2
初九 9th	11	20	庚子	3	12	19	己巳	1	1	18	己亥	3
初十 10th	11	21	辛丑	2	12	20	庚午	9	1	19	庚子	4
十一 11th	11	22	壬寅	1	12	21	辛未	8	1	20	辛丑	5
十二 12th	11	23	癸卯	9	12	22	壬申	7\3	1	21	壬寅	6
十三 13th	11	24	甲辰	8	12	23	癸酉	4	1	22	癸卯	7
十四 14th	11	25	乙巳	7	12	24	甲戌	5	1	23	甲辰	8
十五 15th	11	26	丙午	6	12	25	乙亥	6	1	24	乙巳	9
十六 16th	11	27	丁未	5	12	26	丙子	7	1	25	丙午	1
十七 17th	11	28	戊申	4	12	27	丁丑	8	1	26	丁未	2
十八 18th	11	29	己酉	3	12	28	戊寅	9	1	27	戊申	3
十九 19th	11	30	庚戌	2	12	29	己卯	1	1	28	己酉	4
二十 20th	12	1	辛亥	1	12	30	庚辰	2	1	29	庚戌	5
廿一 21st	12	2	壬子	9	12	31	辛巳	3	1	30	辛亥	6
廿二 22nd	12	3	癸丑	8	1	1	壬午	4	1	31	壬子	7
廿三 23rd	12	4	甲寅	7	1	2	癸未	5	2	1	癸丑	8
廿四 24th	12	5	乙卯	6	1	3	甲申	6	2	2	甲寅	9
廿五 25th	12	6	丙辰	5	1	4	乙酉	7	2	3	乙卯	1
廿六 26th	12	7	丁巳	4	1	5	丙戌	8	2	4	丙辰	2
廿七 27th	12	8	戊午	3	1	6	丁亥	9	2	5	丁巳	3
廿八 28th	12	9	己未	2	1	7	戊子	1	2	6	戊午	4
廿九 29th	12	10	庚申	1	1	8	己丑	2	2	7	己未	5
三十 30th					1	9	庚寅	3				

天干 Ten Stems
- 甲 *Jia* Yang Wood
- 乙 *Yi* Yin Wood
- 丙 *Bing* Yang Fire
- 丁 *Ding* Yin Fire
- 戊 *Wu* Yang Earth
- 己 *Ji* Yin Earth
- 庚 *Geng* Yang Metal
- 辛 *Xin* Yin Metal
- 壬 *Ren* Yang Water
- 癸 *Gui* Yin Water

六月大 6th Mth				五月小 5th Mth				四月小 4th Mth				三月大 3rd Mth				二月小 2nd Mth				正月大 1st Mth				月干支 Month
乙未 Yi Wei				甲午 Jia Wu				癸巳 Gui Si				壬辰 Ren Chen				辛卯 Xin Mao				庚寅 Geng Yin				
六白 Six White				七赤 Seven Red				八白 Eight White				九紫 Nine Purple				一白 One White				二黑 Two Black				九星 9 Star
大暑 Greater Heat		小暑 Lesser Heat		夏至 Summer Solstice		芒種 Planting of Thorny Crops				小滿 Small Sprout		立夏 Coming of Summer		穀雨 Grain Rain		清明 Clear and Bright		春分 Spring Equinox		驚蟄 Awakening of Worms		雨水 Rain Water		節氣 Season
19th day		4th day		17th day		1st day				14th day		29th day		13th day		27th day		12th day		27th day		12th day		
17hr 35min		0hr 5min		6hr 35min		13hr 50min				22hr 38min		9hr 43min		23hr 31min		16hr 29min		12hr 32min		11hr 45min		13hr 35min		
酉 You		子 Zi		卯 Mao		未 Wei				亥 Hai		巳 Si		子 Zi		申 Shen		午 Wu		午 Wu		未 Wei		
國曆 Gregorian		干支 S/B	星 Star	國曆 Gregorian		干支 S/B	星 Star	國曆 Gregorian		干支 S/B	星 Star	國曆 Gregorian		干支 S/B	星 Star	國曆 Gregorian		干支 S/B	星 Star	國曆 Gregorian		干支 S/B	星 Star	農曆 Calendar
7	4	丁亥	1	6	5	戊午	7	5	7	己丑	5	4	7	己未	2	3	9	庚寅	9	2	8	庚申	6	初一 1st
7	5	戊子	9	6	6	己未	8	5	8	庚寅	6	4	8	庚申	3	3	10	辛卯	1	2	9	辛酉	7	初二 2nd
7	6	己丑	8	6	7	庚申	9	5	9	辛卯	7	4	9	辛酉	4	3	11	壬辰	2	2	10	壬戌	8	初三 3rd
7	7	庚寅	7	6	8	辛酉	1	5	10	壬辰	8	4	10	壬戌	5	3	12	癸巳	3	2	11	癸亥	9	初四 4th
7	8	辛卯	6	6	9	壬戌	2	5	11	癸巳	9	4	11	癸亥	6	3	13	甲午	4	2	12	甲子	1	初五 5th
7	9	壬辰	5	6	10	癸亥	3	5	12	甲午	1	4	12	甲子	7	3	14	乙未	5	2	13	乙丑	2	初六 6th
7	10	癸巳	4	6	11	甲子	4	5	13	乙未	2	4	13	乙丑	8	3	15	丙申	6	2	14	丙寅	3	初七 7th
7	11	甲午	3	6	12	乙丑	5	5	14	丙申	3	4	14	丙寅	9	3	16	丁酉	7	2	15	丁卯	4	初八 8th
7	12	乙未	2	6	13	丙寅	6	5	15	丁酉	4	4	15	丁卯	1	3	17	戊戌	8	2	16	戊辰	5	初九 9th
7	13	丙申	1	6	14	丁卯	7	5	16	戊戌	5	4	16	戊辰	2	3	18	己亥	9	2	17	己巳	6	初十 10th
7	14	丁酉	9	6	15	戊辰	8	5	17	己亥	6	4	17	己巳	3	3	19	庚子	1	2	18	庚午	7	十一 11th
7	15	戊戌	8	6	16	己巳	9	5	18	庚子	7	4	18	庚午	4	3	20	辛丑	2	2	19	辛未	8	十二 12th
7	16	己亥	7	6	17	庚午	1	5	19	辛丑	8	4	19	辛未	5	3	21	壬寅	3	2	20	壬申	9	十三 13th
7	17	庚子	6	6	18	辛未	2	5	20	壬寅	9	4	20	壬申	6	3	22	癸卯	4	2	21	癸酉	1	十四 14th
7	18	辛丑	5	6	19	壬申	3	5	21	癸卯	1	4	21	癸酉	7	3	23	甲辰	5	2	22	甲戌	2	十五 15th
7	19	壬寅	4	6	20	癸酉	4	5	22	甲辰	2	4	22	甲戌	8	3	24	乙巳	6	2	23	乙亥	3	十六 16th
7	20	癸卯	3	6	21	甲戌	5\5	5	23	乙巳	3	4	23	乙亥	9	3	25	丙午	7	2	24	丙子	4	十七 17th
7	21	甲辰	2	6	22	乙亥	4	5	24	丙午	4	4	24	丙子	1	3	26	丁未	8	2	25	丁丑	5	十八 18th
7	22	乙巳	1	6	23	丙子	3	5	25	丁未	5	4	25	丁丑	2	3	27	戊申	9	2	26	戊寅	6	十九 19th
7	23	丙午	9	6	24	丁丑	2	5	26	戊申	6	4	26	戊寅	3	3	28	己酉	1	2	27	己卯	7	二十 20th
7	24	丁未	8	6	25	戊寅	1	5	27	己酉	7	4	27	己卯	4	3	29	庚戌	2	2	28	庚辰	8	廿一 21st
7	25	戊申	7	6	26	己卯	9	5	28	庚戌	8	4	28	庚辰	5	3	30	辛亥	3	2	29	辛巳	9	廿二 22nd
7	26	己酉	6	6	27	庚辰	8	5	29	辛亥	9	4	29	辛巳	6	3	31	壬子	4	3	1	壬午	1	廿三 23rd
7	27	庚戌	5	6	28	辛巳	7	5	30	壬子	1	4	30	壬午	7	4	1	癸丑	5	3	2	癸未	2	廿四 24th
7	28	辛亥	4	6	29	壬午	6	5	31	癸丑	2	5	1	癸未	8	4	2	甲寅	6	3	3	甲申	3	廿五 25th
7	29	壬子	3	6	30	癸未	5	6	1	甲寅	3	5	2	甲申	9	4	3	乙卯	7	3	4	乙酉	4	廿六 26th
7	30	癸丑	2	7	1	甲申	4	6	2	乙卯	4	5	3	乙酉	1	4	4	丙辰	8	3	5	丙戌	5	廿七 27th
7	31	甲寅	1	7	2	乙酉	3	6	3	丙辰	5	5	4	丙戌	2	4	5	丁巳	9	3	6	丁亥	6	廿八 28th
8	1	乙卯	9	7	3	丙戌	2	6	4	丁巳	6	5	5	丁亥	3	4	6	戊午	1	3	7	戊子	7	廿九 29th
8	2	丙辰	8									5	6	戊子	4					3	8	己丑	8	三十 30th

Male Gua: 2 坤(Kun) **Female Gua: 4 巽(Xun)** 3 Killing 三煞： South Annual Star: 2 Black

月干支 Month	七月小 7th Mth				八月大 8th Mth				九月大 9th Mth			
	丙申 Bing Shen				丁酉 Ding You				戊戌 Wu Xu			
九星 9 Star	五黃 Five Yellow				四綠 Four Green				三碧 Three Jade			
節氣 Season	處暑 Heat Ends		立秋 Coming Autumn		秋分 Autumn Equinox		白露 White Dew		霜降 Frosting		寒露 Cold Dew	
	21st day		5th day		22nd day		7th day		23rd day		8th day	
	0hr 40min		9hr 54min		22hr 23min		12hr 53min		7hr 47min		4hr 35min	
	子 Zi		巳 Si		亥 Hai		午 Wu		辰 Chen		寅 Yin	
農曆 Calendar	國曆 Gregorian		干支 S/B	星 Star	國曆 Gregorian		干支 S/B	星 Star	國曆 Gregorian		干支 S/B	星 Star
初一 1st	8	3	丁巳	7	9	1	丙戌	5	10	1	丙辰	2
初二 2nd	8	4	戊午	6	9	2	丁亥	4	10	2	丁巳	1
初三 3rd	8	5	己未	5	9	3	戊子	3	10	3	戊午	9
初四 4th	8	6	庚申	4	9	4	己丑	2	10	4	己未	8
初五 5th	8	7	辛酉	3	9	5	庚寅	1	10	5	庚申	7
初六 6th	8	8	壬戌	2	9	6	辛卯	9	10	6	辛酉	6
初七 7th	8	9	癸亥	1	9	7	壬辰	8	10	7	壬戌	5
初八 8th	8	10	甲子	9	9	8	癸巳	7	10	8	癸亥	4
初九 9th	8	11	乙丑	8	9	9	甲午	6	10	9	甲子	3
初十 10th	8	12	丙寅	7	9	10	乙未	5	10	10	乙丑	2
十一 11th	8	13	丁卯	6	9	11	丙申	4	10	11	丙寅	1
十二 12th	8	14	戊辰	5	9	12	丁酉	3	10	12	丁卯	9
十三 13th	8	15	己巳	4	9	13	戊戌	2	10	13	戊辰	8
十四 14th	8	16	庚午	3	9	14	己亥	1	10	14	己巳	7
十五 15th	8	17	辛未	2	9	15	庚子	9	10	15	庚午	6
十六 16th	8	18	壬申	1	9	16	辛丑	8	10	16	辛未	5
十七 17th	8	19	癸酉	9	9	17	壬寅	7	10	17	壬申	4
十八 18th	8	20	甲戌	8	9	18	癸卯	6	10	18	癸酉	3
十九 19th	8	21	乙亥	7	9	19	甲辰	5	10	19	甲戌	2
二十 20th	8	22	丙子	6	9	20	乙巳	4	10	20	乙亥	1
廿一 21st	8	23	丁丑	5	9	21	丙午	3	10	21	丙子	9
廿二 22nd	8	24	戊寅	4	9	22	丁未	2	10	22	丁丑	8
廿三 23rd	8	25	己卯	3	9	23	戊申	1	10	23	戊寅	7
廿四 24th	8	26	庚辰	2	9	24	己酉	9	10	24	己卯	6
廿五 25th	8	27	辛巳	1	9	25	庚戌	8	10	25	庚辰	5
廿六 26th	8	28	壬午	9	9	26	辛亥	7	10	26	辛巳	4
廿七 27th	8	29	癸未	8	9	27	壬子	6	10	27	壬午	3
廿八 28th	8	30	甲申	7	9	28	癸丑	5	10	28	癸未	2
廿九 29th	8	31	乙酉	6	9	29	甲寅	4	10	29	甲申	1
三十 30th					9	30	乙卯	3	10	30	乙酉	9

月干支 Month	十月小 10th Mth				十一月大 11th Mth				十二月大 12th Mth			
	己亥 Ji Hai				庚子 Geng Zi				辛丑 Xin Chou			
九星 9 Star	二黑 Two Black				一白 One White				九紫 Nine Purple			
節氣 Season	小雪 Lesser Snow		立冬 Coming of Winter		冬至 Winter Solstice		大雪 Greater Snow		大寒 Greater Cold		小寒 Lesser Cold	
	23rd day		8th day		23rd day		9th day		23rd day		8th day	
	5hr 24min		7hr 49min		18hr 46min		0hr 43min		5hr 25min		11hr 57min	
	卯 Mao		辰 Chen		酉 You		子 Zi		卯 Mao		午 Wu	
農曆 Calendar	國曆 Gregorian		干支 S/B	星 Star	國曆 Gregorian		干支 S/B	星 Star	國曆 Gregorian		干支 S/B	星 Star
初一 1st	10	31	丙戌	8	11	29	乙卯	6	12	29	乙酉	7
初二 2nd	11	1	丁亥	7	11	30	丙辰	5	12	30	丙戌	8
初三 3rd	11	2	戊子	6	12	1	丁巳	4	12	31	丁亥	9
初四 4th	11	3	己丑	5	12	2	戊午	3	1	1	戊子	1
初五 5th	11	4	庚寅	4	12	3	己未	2	1	2	己丑	2
初六 6th	11	5	辛卯	3	12	4	庚申	1	1	3	庚寅	3
初七 7th	11	6	壬辰	2	12	5	辛酉	9	1	4	辛卯	4
初八 8th	11	7	癸巳	1	12	6	壬戌	8	1	5	壬辰	5
初九 9th	11	8	甲午	9	12	7	癸亥	7	1	6	癸巳	6
初十 10th	11	9	乙未	8	12	8	甲子	6	1	7	甲午	7
十一 11th	11	10	丙申	7	12	9	乙丑	5	1	8	乙未	8
十二 12th	11	11	丁酉	6	12	10	丙寅	4	1	9	丙申	9
十三 13th	11	12	戊戌	5	12	11	丁卯	3	1	10	丁酉	1
十四 14th	11	13	己亥	4	12	12	戊辰	2	1	11	戊戌	2
十五 15th	11	14	庚子	3	12	13	己巳	1	1	12	己亥	3
十六 16th	11	15	辛丑	2	12	14	庚午	9	1	13	庚子	4
十七 17th	11	16	壬寅	1	12	15	辛未	8	1	14	辛丑	5
十八 18th	11	17	癸卯	9	12	16	壬申	7	1	15	壬寅	6
十九 19th	11	18	甲辰	8	12	17	癸酉	6	1	16	癸卯	7
二十 20th	11	19	乙巳	7	12	18	甲戌	5	1	17	甲辰	8
廿一 21st	11	20	丙午	6	12	19	乙亥	4	1	18	乙巳	9
廿二 22nd	11	21	丁未	5	12	20	丙子	3	1	19	丙午	1
廿三 23rd	11	22	戊申	4	12	21	丁丑	2\8	1	20	丁未	2
廿四 24th	11	23	己酉	3	12	22	戊寅	9	1	21	戊申	3
廿五 25th	11	24	庚戌	2	12	23	己卯	1	1	22	己酉	4
廿六 26th	11	25	辛亥	1	12	24	庚辰	2	1	23	庚戌	5
廿七 27th	11	26	壬子	9	12	25	辛巳	3	1	24	辛亥	6
廿八 28th	11	27	癸丑	8	12	26	壬午	4	1	25	壬子	7
廿九 29th	11	28	甲寅	7	12	27	癸未	5	1	26	癸丑	8
三十 30th					12	28	甲申	6	1	27	甲寅	9

地支 Twelve Branches: 子 Zi Rat · 丑 Chou Ox · 寅 Yin Tiger · 卯 Mao Rabbit · 辰 Chen Dragon · 巳 Si Snake · 午 Wu Horse · 未 Wei Goat · 申 Shen Monkey · 酉 You Rooster · 戌 Xu Dog · 亥 Hai Pig

2017 丁酉 Fire Rooster

Grand Duke: 康傑

天干 Ten Stems: 甲 Jia Yang Wood · 乙 Yi Yin Wood · 丙 Bing Yang Fire · 丁 Ding Yin Fire · 戊 Wu Yang Earth · 己 Ji Yin Earth · 庚 Geng Yang Metal · 辛 Xin Yin Metal · 壬 Ren Yang Water · 癸 Gui Yin Water

月干支 Month	正月小 1st Mth				二月大 2nd Mth				三月小 3rd Mth			
	壬寅 Ren Yin				癸卯 Gui Mao				甲辰 Jia Chen			
九星 9 Star	八白 Eight White				七赤 Seven Red				六白 Six White			
節氣 Season	雨水 Rain Water		立春 Coming of Spring		春分 Spring Equinox		驚蟄 Awakening of Worms		穀雨 Grain Rain		清明 Clear and Bright	
	22nd day		7th day		23rd day		8th day		24th day		8th day	
	19hr 33min		23hr 36min		18hr 30min		17hr 34min		5hr 28min		22hr 19min	
	戌 Xu		子 Zi		酉 You		酉 You		卯 Mao		亥 Hai	
農曆 Calendar	國曆 Gregorian		干支 S/B	星 Star	國曆 Gregorian		干支 S/B	星 Star	國曆 Gregorian		干支 S/B	星 Star
初一 1st	1	28	乙卯	1	2	26	甲申	3	3	28	甲寅	6
初二 2nd	1	29	丙辰	2	2	27	乙酉	4	3	29	乙卯	7
初三 3rd	1	30	丁巳	3	2	28	丙戌	5	3	30	丙辰	8
初四 4th	1	31	戊午	4	3	1	丁亥	6	3	31	丁巳	9
初五 5th	2	1	己未	5	3	2	戊子	7	4	1	戊午	1
初六 6th	2	2	庚申	6	3	3	己丑	8	4	2	己未	2
初七 7th	2	3	辛酉	7	3	4	庚寅	9	4	3	庚申	3
初八 8th	2	4	壬戌	8	3	5	辛卯	1	4	4	辛酉	4
初九 9th	2	5	癸亥	9	3	6	壬辰	2	4	5	壬戌	5
初十 10th	2	6	甲子	1	3	7	癸巳	3	4	6	癸亥	6
十一 11th	2	7	乙丑	2	3	8	甲午	4	4	7	甲子	7
十二 12th	2	8	丙寅	3	3	9	乙未	5	4	8	乙丑	8
十三 13th	2	9	丁卯	4	3	10	丙申	6	4	9	丙寅	9
十四 14th	2	10	戊辰	5	3	11	丁酉	7	4	10	丁卯	1
十五 15th	2	11	己巳	6	3	12	戊戌	8	4	11	戊辰	2
十六 16th	2	12	庚午	7	3	13	己亥	9	4	12	己巳	3
十七 17th	2	13	辛未	8	3	14	庚子	1	4	13	庚午	4
十八 18th	2	14	壬申	9	3	15	辛丑	2	4	14	辛未	5
十九 19th	2	15	癸酉	1	3	16	壬寅	3	4	15	壬申	6
二十 20th	2	16	甲戌	2	3	17	癸卯	4	4	16	癸酉	7
廿一 21st	2	17	乙亥	3	3	18	甲辰	5	4	17	甲戌	8
廿二 22nd	2	18	丙子	4	3	19	乙巳	6	4	18	乙亥	9
廿三 23rd	2	19	丁丑	5	3	20	丙午	7	4	19	丙子	1
廿四 24th	2	20	戊寅	6	3	21	丁未	8	4	20	丁丑	2
廿五 25th	2	21	己卯	7	3	22	戊申	9	4	21	戊寅	3
廿六 26th	2	22	庚辰	8	3	23	己酉	1	4	22	己卯	4
廿七 27th	2	23	辛巳	9	3	24	庚戌	2	4	23	庚辰	5
廿八 28th	2	24	壬午	1	3	25	辛亥	3	4	24	辛巳	6
廿九 29th	2	25	癸未	2	3	26	壬子	4	4	25	壬午	7
三十 30th					3	27	癸丑	5				

月干支 Month	四月大 4th Mth				五月小 5th Mth				六月小 6th Mth			
	乙巳 Yi Si				丙午 Bing Wu				丁未 Ding Wei			
九星 9 Star	五黃 Five Yellow				四綠 Four Green				三碧 Three Jade			
節氣 Season	小滿 Small Sprout		立夏 Coming of Summer		夏至 Summer Solstice		芒種 Planting of Thorny Crops		大暑 Greater Heat		小暑 Lesser Heat	
	26th day		10th day		27th day		11th day		29th day		14th day	
	4hr 32min		15hr 33min		12hr 25min		19hr 38min		23hr 17min		5hr 52min	
	寅 Yin		申 Shen		午 Wu		戌 Xu		子 Zi		卯 Mao	
農曆 Calendar	國曆 Gregorian		干支 S/B	星 Star	國曆 Gregorian		干支 S/B	星 Star	國曆 Gregorian		干支 S/B	星 Star
初一 1st	4	26	癸未	8	5	26	癸丑	2	6	24	壬午	6
初二 2nd	4	27	甲申	9	5	27	甲寅	3	6	25	癸未	5
初三 3rd	4	28	乙酉	1	5	28	乙卯	4	6	26	甲申	4
初四 4th	4	29	丙戌	2	5	29	丙辰	5	6	27	乙酉	3
初五 5th	4	30	丁亥	3	5	30	丁巳	6	6	28	丙戌	2
初六 6th	5	1	戊子	4	5	31	戊午	7	6	29	丁亥	1
初七 7th	5	2	己丑	5	6	1	己未	8	6	30	戊子	9
初八 8th	5	3	庚寅	6	6	2	庚申	9	7	1	己丑	8
初九 9th	5	4	辛卯	7	6	3	辛酉	1	7	2	庚寅	7
初十 10th	5	5	壬辰	8	6	4	壬戌	2	7	3	辛卯	6
十一 11th	5	6	癸巳	9	6	5	癸亥	3	7	4	壬辰	5
十二 12th	5	7	甲午	1	6	6	甲子	4	7	5	癸巳	4
十三 13th	5	8	乙未	2	6	7	乙丑	5	7	6	甲午	3
十四 14th	5	9	丙申	3	6	8	丙寅	6	7	7	乙未	2
十五 15th	5	10	丁酉	4	6	9	丁卯	7	7	8	丙申	1
十六 16th	5	11	戊戌	5	6	10	戊辰	8	7	9	丁酉	9
十七 17th	5	12	己亥	6	6	11	己巳	9	7	10	戊戌	8
十八 18th	5	13	庚子	7	6	12	庚午	1	7	11	己亥	7
十九 19th	5	14	辛丑	8	6	13	辛未	2	7	12	庚子	6
二十 20th	5	15	壬寅	9	6	14	壬申	3	7	13	辛丑	5
廿一 21st	5	16	癸卯	1	6	15	癸酉	4	7	14	壬寅	4
廿二 22nd	5	17	甲辰	2	6	16	甲戌	5	7	15	癸卯	3
廿三 23rd	5	18	乙巳	3	6	17	乙亥	6	7	16	甲辰	2
廿四 24th	5	19	丙午	4	6	18	丙子	7	7	17	乙巳	1
廿五 25th	5	20	丁未	5	6	19	丁丑	8	7	18	丙午	9
廿六 26th	5	21	戊申	6	6	20	戊寅	9	7	19	丁未	8
廿七 27th	5	22	己酉	7	6	21	己卯	1\9	7	20	戊申	7
廿八 28th	5	23	庚戌	8	6	22	庚辰	8	7	21	己酉	6
廿九 29th	5	24	辛亥	9	6	23	辛巳	7	7	22	庚戌	5
三十 30th	5	25	壬子	1								

Male Gua: 1 坎(Kan) Female Gua: 8 艮(Gen) 3 Killing 三煞: East Annual Star: 1 White

地支 Twelve Branches	十二月大 12th Mth				十一月大 11th Mth				十月大 10th Mth				九月小 9th Mth				八月大 8th Mth				七月小 7th Mth				閏六月大 6th Mth				月干支 Month
	癸丑 Gui Chou				壬子 Ren Zi				辛亥 Xin Hai				庚戌 Geng Xu				己酉 Ji You				戊申 Wu Shen								
	六白 Six White				七赤 Seven Red				八白 Eight White				九紫 Nine Purple				一白 One White				二黑 Two Black								九星 9 Star
子 Zi Rat	立春 Coming of Spring		大寒 Greater Cold		小寒 Lesser Cold		冬至 Winter Solstice		大雪 Greater Snow		小雪 Lesser Snow		立冬 Coming of Winter		霜降 Frosting		寒露 Cold Dew		秋分 Autumn Equinox		白露 White Dew		處暑 Heat Ends				立秋 Coming Autumn		節氣 Season
	19th day		4th day		19th day		5th day		20th day		5th day		19th day		4th day		19th day		4th day		17th day		2nd day				16th day		
丑 Chou Ox	5hr 30min		11hr [illegible]min		17hr 50min		0hr 30min		6hr 34min		11hr 6min		13hr 39min		13hr 28min		10hr 24min		4hr 3min		18h 40min		6hr 22min				15hr 41min		
	卯 Mao		午 Wu		酉 You		子 Zi		卯 Mao		午 Wu		未 Wei		未 Wei		巳 Si		寅 Yin		酉 You		卯 Mao				申 Shen		
	國曆 Gregorian		干支 S/B	星 Star	國曆 Gregorian		干支 S/B	星 Star	國曆 Gregorian		干支 S/B	星 Star	國曆 Gregorian		干支 S/B	星 Star	國曆 Gregorian		干支 S/B	星 Star	國曆 Gregorian		干支 S/B	星 Star	國曆 Gregorian		干支 S/B	星 Star	農曆 Calendar
寅 Yin Tiger	1	17	己酉	4	12	18	己卯	9	11	18	己酉	3	10	20	庚辰	5	9	20	庚戌	8	8	22	辛巳	1	7	23	辛亥	4	初一 1st
	1	18	庚戌	5	12	19	庚辰	8	11	19	庚戌	2	10	21	辛巳	4	9	21	辛亥	7	8	23	壬午	9	7	24	壬子	3	初二 2nd
	1	19	辛亥	6	12	20	辛巳	7	11	20	辛亥	1	10	22	壬午	3	9	22	壬子	6	8	24	癸未	8	7	25	癸丑	2	初三 3rd
卯 Mao Rabbit	1	20	壬子	7	12	21	壬午	6	11	21	壬子	9	10	23	癸未	2	9	23	癸丑	5	8	25	甲申	7	7	26	甲寅	1	初四 4th
	1	21	癸丑	8	12	22	癸未	5\5	11	22	癸丑	8	10	24	甲申	1	9	24	甲寅	4	8	26	乙酉	6	7	27	乙卯	9	初五 5th
	1	22	甲寅	9	12	23	甲申	6	11	23	甲寅	7	10	25	乙酉	9	9	25	乙卯	3	8	27	丙戌	5	7	28	丙辰	8	初六 6th
辰 Chen Dragon	1	23	乙卯	1	12	24	乙酉	7	11	24	乙卯	6	10	26	丙戌	8	9	26	丙辰	2	8	28	丁亥	4	7	29	丁巳	7	初七 7th
	1	24	丙辰	2	12	25	丙戌	8	11	25	丙辰	5	10	27	丁亥	7	9	27	丁巳	1	8	29	戊子	3	7	30	戊午	6	初八 8th
	1	25	丁巳	3	12	26	丁亥	9	11	26	丁巳	4	10	28	戊子	6	9	28	戊午	9	8	30	己丑	2	7	31	己未	5	初九 9th
巳 Si Snake	1	26	戊午	4	12	27	戊子	1	11	27	戊午	3	10	29	己丑	5	9	29	己未	8	8	31	庚寅	1	8	1	庚申	4	初十 10th
	1	27	己未	5	12	28	己丑	2	11	28	己未	2	10	30	庚寅	4	9	30	庚申	7	9	1	辛卯	9	8	2	辛酉	3	十一 11th
	1	28	庚申	6	12	29	庚寅	3	11	29	庚申	1	10	31	辛卯	3	10	1	辛酉	6	9	2	壬辰	8	8	3	壬戌	2	十二 12th
午 Wu Horse	1	29	辛酉	7	12	30	辛卯	4	11	30	辛酉	9	11	1	壬辰	2	10	2	壬戌	5	9	3	癸巳	7	8	4	癸亥	1	十三 13th
	1	30	壬戌	8	12	31	壬辰	5	12	1	壬戌	8	11	2	癸巳	1	10	3	癸亥	4	9	4	甲午	6	8	5	甲子	9	十四 14th
	1	31	癸亥	9	1	1	癸巳	6	12	2	癸亥	7	11	3	甲午	9	10	4	甲子	3	9	5	乙未	5	8	6	乙丑	8	十五 15th
未 Wei Goat	2	1	甲子	1	1	2	甲午	7	12	3	甲子	6	11	4	乙未	8	10	5	乙丑	2	9	6	丙申	4	8	7	丙寅	7	十六 16th
	2	2	乙丑	2	1	3	乙未	8	12	4	乙丑	5	11	5	丙申	7	10	6	丙寅	1	9	7	丁酉	3	8	8	丁卯	6	十七 17th
	2	3	丙寅	3	1	4	丙申	9	12	5	丙寅	4	11	6	丁酉	6	10	7	丁卯	9	9	8	戊戌	2	8	9	戊辰	5	十八 18th
申 Shen Monkey	2	4	丁卯	4	1	5	丁酉	1	12	6	丁卯	3	11	7	戊戌	5	10	8	戊辰	8	9	9	己亥	1	8	10	己巳	4	十九 19th
	2	5	戊辰	5	1	6	戊戌	2	12	7	戊辰	2	11	8	己亥	4	10	9	己巳	7	9	10	庚子	9	8	11	庚午	3	二十 20th
	2	6	己巳	6	1	7	己亥	3	12	8	己巳	1	11	9	庚子	3	10	10	庚午	6	9	11	辛丑	8	8	12	辛未	2	廿一 21st
酉 You Rooster	2	7	庚午	7	1	8	庚子	4	12	9	庚午	9	11	10	辛丑	2	10	11	辛未	5	9	12	壬寅	7	8	13	壬申	1	廿二 22nd
	2	8	辛未	8	1	9	辛丑	5	12	10	辛未	8	11	11	壬寅	1	10	12	壬申	4	9	13	癸卯	6	8	14	癸酉	9	廿三 23rd
	2	9	壬申	9	1	10	壬寅	6	12	11	壬申	7	11	12	癸卯	9	10	13	癸酉	3	9	14	甲辰	5	8	15	甲戌	8	廿四 24th
戌 Xu Dog	2	10	癸酉	1	1	11	癸卯	7	12	12	癸酉	6	11	13	甲辰	8	10	14	甲戌	2	9	15	乙巳	4	8	16	乙亥	7	廿五 25th
	2	11	甲戌	2	1	12	甲辰	8	12	13	甲戌	5	11	14	乙巳	7	10	15	乙亥	1	9	16	丙午	3	8	17	丙子	6	廿六 26th
	2	12	乙亥	3	1	13	乙巳	9	12	14	乙亥	4	11	15	丙午	6	10	16	丙子	9	9	17	丁未	2	8	18	丁丑	5	廿七 27th
亥 Hai Pig	2	13	丙子	4	1	14	丙午	1	12	15	丙子	3	11	16	丁未	5	10	17	丁丑	8	9	18	戊申	1	8	19	戊寅	4	廿八 28th
	2	14	丁丑	5	1	15	丁未	2	12	16	丁丑	2	11	17	戊申	4	10	18	戊寅	7	9	19	己酉	9	8	20	己卯	3	廿九 29th
	2	15	戊寅	6	1	16	戊申	3	12	17	戊寅	1					10	19	己卯	6					8	21	庚辰	2	三十 30th

六月小 6th Mth				五月小 5th Mth				四月大 4th Mth				三月小 3rd Mth				二月大 2nd Mth				正月小 1st Mth				月干支 Month
己未 Ji Wei				戊午 Wu Wu				丁巳 Ding Si				丙辰 Bing Chen				乙卯 Yi Mao				甲寅 Jia Yin				
九紫 Nine Purple				一白 One White				二黑 Two Black				三碧 Three Jade				四綠 Four Green				五黃 Five Yellow				九星 9 Star
立秋 Coming Autumn 26th day 21hr 32min 亥 Hai		大暑 Greater Heat 11th day 5hr 2min 卯 Mao		小暑 Lesser Heat 24th day 11hr 43min 午 Wu		夏至 Summer Solstice 8th day 18hr 9min 酉 You		芒種 Planting of Thorny Crops 23rd day 1hr 31min 丑 Chou		小滿 Small Sprout 7th day 10hr 16min 巳 Si		立夏 Coming of Summer 20th day 21hr 27min 亥 Hai		穀雨 Grain Rain 5th day 11hr 14min 午 Wu		清明 Clear and Bright 20th day 4hr 14min 寅 Yin		春分 Spring Equinox 5th day 0hr 17min 子 Zi		驚蟄 Awakening of Worms 18th day 23hr 30min 子 Zi		雨水 Rain Water 4th day 1hr 20min 丑 Chou		節氣 Season
國曆 Gregorian		干支 S / B	星 Star	國曆 Gregorian		干支 S / B	星 Star	國曆 Gregorian		干支 S / B	星 Star	國曆 Gregorian		干支 S / B	星 Star	國曆 Gregorian		干支 S / B	星 Star	國曆 Gregorian		干支 S / B	星 Star	農曆 Calendar
7	13	丙午	9	6	14	丁丑	8	5	15	丁未	5	4	16	戊寅	3	3	17	戊申	9	2	16	己卯	7	初一 1st
7	14	丁未	8	6	15	戊寅	9	5	16	戊申	6	4	17	己卯	4	3	18	己酉	1	2	17	庚辰	8	初二 2nd
7	15	戊申	7	6	16	己卯	1	5	17	己酉	7	4	18	庚辰	5	3	19	庚戌	2	2	18	辛巳	9	初三 3rd
7	16	己酉	6	6	17	庚辰	2	5	18	庚戌	8	4	19	辛巳	6	3	20	辛亥	3	2	19	壬午	1	初四 4th
7	17	庚戌	5	6	18	辛巳	3	5	19	辛亥	9	4	20	壬午	7	3	21	壬子	4	2	20	癸未	2	初五 5th
7	18	辛亥	4	6	19	壬午	4	5	20	壬子	1	4	21	癸未	8	3	22	癸丑	5	2	21	甲申	3	初六 6th
7	19	壬子	3	6	20	癸未	5	5	21	癸丑	2	4	22	甲申	9	3	23	甲寅	6	2	22	乙酉	4	初七 7th
7	20	癸丑	2	6	21	甲申	6\4	5	22	甲寅	3	4	23	乙酉	1	3	24	乙卯	7	2	23	丙戌	5	初八 8th
7	21	甲寅	1	6	22	乙酉	3	5	23	乙卯	4	4	24	丙戌	2	3	25	丙辰	8	2	24	丁亥	6	初九 9th
7	22	乙卯	9	6	23	丙戌	2	5	24	丙辰	5	4	25	丁亥	3	3	26	丁巳	9	2	25	戊子	7	初十 10th
7	23	丙辰	8	6	24	丁亥	1	5	25	丁巳	6	4	26	戊子	4	3	27	戊午	1	2	26	己丑	8	十一 11th
7	24	丁巳	7	6	25	戊子	9	5	26	戊午	7	4	27	己丑	5	3	28	己未	2	2	27	庚寅	9	十二 12th
7	25	戊午	6	6	26	己丑	8	5	27	己未	8	4	28	庚寅	6	3	29	庚申	3	2	28	辛卯	1	十三 13th
7	26	己未	5	6	27	庚寅	7	5	28	庚申	9	4	29	辛卯	7	3	30	辛酉	4	3	1	壬辰	2	十四 14th
7	27	庚申	4	6	28	辛卯	6	5	29	辛酉	1	4	30	壬辰	8	3	31	壬戌	5	3	2	癸巳	3	十五 15th
7	28	辛酉	3	6	29	壬辰	5	5	30	壬戌	2	5	1	癸巳	9	4	1	癸亥	6	3	3	甲午	4	十六 16th
7	29	壬戌	2	6	30	癸巳	4	5	31	癸亥	3	5	2	甲午	1	4	2	甲子	7	3	4	乙未	5	十七 17th
7	30	癸亥	1	7	1	甲午	3	6	1	甲子	4	5	3	乙未	2	4	3	乙丑	8	3	5	丙申	6	十八 18th
7	31	甲子	9	7	2	乙未	2	6	2	乙丑	5	5	4	丙申	3	4	4	丙寅	9	3	6	丁酉	7	十九 19th
8	1	乙丑	8	7	3	丙申	1	6	3	丙寅	6	5	5	丁酉	4	4	5	丁卯	1	3	7	戊戌	8	二十 20th
8	2	丙寅	7	7	4	丁酉	9	6	4	丁卯	7	5	6	戊戌	5	4	6	戊辰	2	3	8	己亥	9	廿一 21st
8	3	丁卯	6	7	5	戊戌	8	6	5	戊辰	8	5	7	己亥	6	4	7	己巳	3	3	9	庚子	1	廿二 22nd
8	4	戊辰	5	7	6	己亥	7	6	6	己巳	9	5	8	庚子	7	4	8	庚午	4	3	10	辛丑	2	廿三 23rd
8	5	己巳	4	7	7	庚子	6	6	7	庚午	1	5	9	辛丑	8	4	9	辛未	5	3	11	壬寅	3	廿四 24th
8	6	庚午	3	7	8	辛丑	5	6	8	辛未	2	5	10	壬寅	9	4	10	壬申	6	3	12	癸卯	4	廿五 25th
8	7	辛未	2	7	9	壬寅	4	6	9	壬申	3	5	11	癸卯	1	4	11	癸酉	7	3	13	甲辰	5	廿六 26th
8	8	壬申	1	7	10	癸卯	3	6	10	癸酉	4	5	12	甲辰	2	4	12	甲戌	8	3	14	乙巳	6	廿七 27th
8	9	癸酉	3	7	11	甲辰	2	6	11	甲戌	5	5	13	乙巳	3	4	13	乙亥	9	3	15	丙午	7	廿八 28th
8	10	甲戌	3	7	12	乙巳	1	6	12	乙亥	6	5	14	丙午	4	4	14	丙子	1	3	16	丁未	8	廿九 29th
								6	13	丙子	7					4	15	丁丑	2					三十 30th

天干 Ten Stems
- 甲 Jia Yang Wood
- 乙 Yi Yin Wood
- 丙 Bing Yang Fire
- 丁 Ding Yin Fire
- 戊 Wu Yang Earth
- 己 Ji Yin Earth
- 庚 Geng Yang Metal
- 辛 Xin Yin Metal
- 壬 Ren Yang Water
- 癸 Gui Yin Water

Male Gua: 9 離(Li) Female Gua: 6 乾(Qian) 3 Killing 三煞: North Annual Star: 9 Purple

地支 Twelve Branches

子 Zi Rat
丑 Chou Ox
寅 Yin Tiger
卯 Mao Rabbit
辰 Chen Dragon
巳 Si Snake
午 Wu Horse
未 Wei Goat
申 Shen Monkey
酉 You Rooster
戌 Xu Dog
亥 Hai Pig

十二月大 12th Mth				十一月大 11th Mth				十月小 10th Mth				九月大 9th Mth				八月小 8th Mth				七月大 7th Mth				月干支 Month
乙丑 Yi Chou				甲子 Jia Zi				癸亥 Gui Hai				壬戌 Ren Xu				辛酉 Xin You				庚申 Geng Shen				
三碧 Three Jade				四綠 Four Green				五黃 Five Yellow				六白 Six White				七赤 Seven Red				八白 Eight White				九星 9 Star
大寒 Greater Cold		小寒 Lesser Cold		冬至 Winter Solstice		大雪 Greater Snow				小雪 Lesser Snow		立冬 Coming of Winter		霜降 Frosting		寒露 Cold Dew		秋分 Autumn Equinox		白露 White Dew		處暑 Heat Ends		節氣 Season
15th day		30th day		16th day		1st day				15th day		30th day		15th day		29th day		14th day		29th day		13th day		
17hr 1min		23hr 41min		6hr 24min		12hr 28min				17hr 3min		19hr 33min		19hr 24min		16hr 16min		9hr 56min		0hr 31min		12hr 10min		
酉 You		子 Zi		卯 Mao		午 Wu				酉 You		戌 Xu		戌 Xu		申 Shen		巳 Si		子 Zi		午 Wu		
國曆 Gregorian		干支 S/B	星 Star	國曆 Gregorian		干支 S/B	星 Star	國曆 Gregorian		干支 S/B	星 Star	國曆 Gregorian		干支 S/B	星 Star	國曆 Gregorian		干支 S/B	星 Star	國曆 Gregorian		干支 S/B	星 Star	農曆 Calendar
1	6	癸卯	7	12	7	癸酉	6	11	8	甲辰	8	10	9	甲戌	2	9	10	乙巳	4	8	11	乙亥	7	初一 1st
1	7	甲辰	8	12	8	甲戌	5	11	9	乙巳	7	10	10	乙亥	1	9	11	丙午	3	8	12	丙子	6	初二 2nd
1	8	乙巳	9	12	9	乙亥	4	11	10	丙午	6	10	11	丙子	9	9	12	丁未	2	8	13	丁丑	5	初三 3rd
1	9	丙午	1	12	10	丙子	3	11	11	丁未	5	10	12	丁丑	8	9	13	戊申	1	8	14	戊寅	4	初四 4th
1	10	丁未	2	12	11	丁丑	2	11	12	戊申	4	10	13	戊寅	7	9	14	己酉	9	8	15	己卯	3	初五 5th
1	11	戊申	3	12	12	戊寅	1	11	13	己酉	3	10	14	己卯	6	9	15	庚戌	8	8	16	庚辰	2	初六 6th
1	12	己酉	4	12	13	己卯	9	11	14	庚戌	2	10	15	庚辰	5	9	16	辛亥	7	8	17	辛巳	1	初七 7th
1	13	庚戌	5	12	14	庚辰	8	11	15	辛亥	1	10	16	辛巳	4	9	17	壬子	6	8	18	壬午	9	初八 8th
1	14	辛亥	6	12	15	辛巳	7	11	16	壬子	9	10	17	壬午	3	9	18	癸丑	5	8	19	癸未	8	初九 9th
1	15	壬子	7	12	16	壬午	6	11	17	癸丑	8	10	18	癸未	2	9	19	甲寅	4	8	20	甲申	7	初十 10th
1	16	癸丑	8	12	17	癸未	5	11	18	甲寅	7	10	19	甲申	1	9	20	乙卯	3	8	21	乙酉	6	十一 11th
1	17	甲寅	9	12	18	甲申	4	11	19	乙卯	6	10	20	乙酉	9	9	21	丙辰	2	8	22	丙戌	5	十二 12th
1	18	乙卯	1	12	19	乙酉	3	11	20	丙辰	5	10	21	丙戌	8	9	22	丁巳	1	8	23	丁亥	4	十三 13th
1	19	丙辰	2	12	20	丙戌	2	11	21	丁巳	4	10	22	丁亥	7	9	23	戊午	9	8	24	戊子	3	十四 14th
1	20	丁巳	3	12	21	丁亥	1	11	22	戊午	3	10	23	戊子	6	9	24	己未	8	8	25	己丑	2	十五 15th
1	21	戊午	4	12	22	戊子	9\1	11	23	己未	2	10	24	己丑	5	9	25	庚申	7	8	26	庚寅	1	十六 16th
1	22	己未	5	12	23	己丑	2	11	24	庚申	1	10	25	庚寅	4	9	26	辛酉	6	8	27	辛卯	9	十七 17th
1	23	庚申	6	12	24	庚寅	3	11	25	辛酉	9	10	26	辛卯	3	9	27	壬戌	5	8	28	壬辰	8	十八 18th
1	24	辛酉	7	12	25	辛卯	4	11	26	壬戌	8	10	27	壬辰	2	9	28	癸亥	4	8	29	癸巳	7	十九 19th
1	25	壬戌	8	12	26	壬辰	5	11	27	癸亥	7	10	28	癸巳	1	9	29	甲子	3	8	30	甲午	6	二十 20th
1	26	癸亥	9	12	27	癸巳	6	11	28	甲子	6	10	29	甲午	9	9	30	乙丑	2	8	31	乙未	5	廿一 21st
1	27	甲子	1	12	28	甲午	7	11	29	乙丑	5	10	30	乙未	8	10	1	丙寅	1	9	1	丙申	4	廿二 22nd
1	28	乙丑	2	12	29	乙未	8	11	30	丙寅	4	10	31	丙申	7	10	2	丁卯	9	9	2	丁酉	3	廿三 23rd
1	29	丙寅	3	12	30	丙申	9	12	1	丁卯	3	11	1	丁酉	6	10	3	戊辰	8	9	3	戊戌	2	廿四 24th
1	30	丁卯	4	12	31	丁酉	1	12	2	戊辰	2	11	2	戊戌	5	10	4	己巳	7	9	4	己亥	1	廿五 25th
1	31	戊辰	5	1	1	戊戌	2	12	3	己巳	1	11	3	己亥	4	10	5	庚午	6	9	5	庚子	9	廿六 26th
2	1	己巳	6	1	2	己亥	3	12	4	庚午	9	11	4	庚子	3	10	6	辛未	5	9	6	辛丑	8	廿七 27th
2	2	庚午	7	1	3	庚子	4	12	5	辛未	8	11	5	辛丑	2	10	7	壬申	4	9	7	壬寅	7	廿八 28th
2	3	辛未	8	1	4	辛丑	5	12	6	壬申	7	11	6	壬寅	1	10	8	癸酉	3	9	8	癸卯	6	廿九 29th
2	4	壬申	9	1	5	壬寅	6					11	7	癸卯	9					9	9	甲辰	5	三十 30th

2019 己亥 Earth Pig

Grand Duke: 謝壽

月干支 Month	正月大 1st Mth				二月小 2nd Mth				三月大 3rd Mth			
	丙寅 Bing Yin				丁卯 Ding Mao				戊辰 Wu Chen			
九星 9 Star	二黑 Two Black				一白 One White				九紫 Nine Purple			
節氣 Season	雨水 Rain Water		立春 Coming of Spring		春分 Spring Equinox		驚蟄 Awakening of Worms		穀雨 Grain Rain		清明 Clear and Bright	
	15th day		30th day		15th day		30th day		16th day		1st day	
	7hr 6min		11hr 16min		6hr 0min		5hr 11min		16hr 57min		9hr 53min	
	辰 Chen		午 Wu		卯 Mao		卯 Mao		申 Shen		巳 Si	
農曆 Calendar	國曆 Gregorian		干支 S/B	星 Star	國曆 Gregorian		干支 S/B	星 Star	國曆 Gregorian		干支 S/B	星 Star
初一 1st	2	5	癸酉	1	3	7	癸卯	4	4	5	壬申	6
初二 2nd	2	6	甲戌	2	3	8	甲辰	5	4	6	癸酉	7
初三 3rd	2	7	乙亥	3	3	9	乙巳	6	4	7	甲戌	8
初四 4th	2	8	丙子	4	3	10	丙午	7	4	8	乙亥	9
初五 5th	2	9	丁丑	5	3	11	丁未	8	4	9	丙子	1
初六 6th	2	10	戊寅	6	3	12	戊申	9	4	10	丁丑	2
初七 7th	2	11	己卯	7	3	13	己酉	1	4	11	戊寅	3
初八 8th	2	12	庚辰	8	3	14	庚戌	2	4	12	己卯	4
初九 9th	2	13	辛巳	9	3	15	辛亥	3	4	13	庚辰	5
初十 10th	2	14	壬午	1	3	16	壬子	4	4	14	辛巳	6
十一 11th	2	15	癸未	2	3	17	癸丑	5	4	15	壬午	7
十二 12th	2	16	甲申	3	3	18	甲寅	6	4	16	癸未	8
十三 13th	2	17	乙酉	4	3	19	乙卯	7	4	17	甲申	9
十四 14th	2	18	丙戌	5	3	20	丙辰	8	4	18	乙酉	1
十五 15th	2	19	丁亥	6	3	21	丁巳	9	4	19	丙戌	2
十六 16th	2	20	戊子	7	3	22	戊午	1	4	20	丁亥	3
十七 17th	2	21	己丑	8	3	23	己未	2	4	21	戊子	4
十八 18th	2	22	庚寅	9	3	24	庚申	3	4	22	己丑	5
十九 19th	2	23	辛卯	1	3	25	辛酉	4	4	23	庚寅	6
二十 20th	2	24	壬辰	2	3	26	壬戌	5	4	24	辛卯	7
廿一 21st	2	25	癸巳	3	3	27	癸亥	6	4	25	壬辰	8
廿二 22nd	2	26	甲午	4	3	28	甲子	7	4	26	癸巳	9
廿三 23rd	2	27	乙未	5	3	29	乙丑	8	4	27	甲午	1
廿四 24th	2	28	丙申	6	3	30	丙寅	9	4	28	乙未	2
廿五 25th	3	1	丁酉	7	3	31	丁卯	1	4	29	丙申	3
廿六 26th	3	2	戊戌	8	4	1	戊辰	2	4	30	丁酉	4
廿七 27th	3	3	己亥	9	4	2	己巳	3	5	1	戊戌	5
廿八 28th	3	4	庚子	1	4	3	庚午	4	5	2	己亥	6
廿九 29th	3	5	辛丑	2	4	4	辛未	5	5	3	庚子	7
三十 30th	3	6	壬寅	3					5	4	辛丑	8

月干支 Month	四月小 4th Mth				五月大 5th Mth				六月小 6th Mth			
	己巳 Ji Si				庚午 Geng Wu				辛未 Xin Wei			
九星 9 Star	八白 Eight White				七赤 Seven Red				六白 Six White			
節氣 Season	小滿 Small Sprout		立夏 Coming of Summer		夏至 Summer Solstice		芒種 Planting of Thorny Crops		大暑 Greater Heat		小暑 Lesser Heat	
	17th day		2nd day		19th day		4th day		21st day		5th day	
	16hr 0min		3hr 4min		23hr 56min		7hr 8min		10hr 52min		17hr 22min	
	申 Shen		寅 Yin		子 Zi		辰 Chen		巳 Si		酉 You	
農曆 Calendar	國曆 Gregorian		干支 S/B	星 Star	國曆 Gregorian		干支 S/B	星 Star	國曆 Gregorian		干支 S/B	星 Star
初一 1st	5	5	壬寅	9	6	3	辛未	2	7	3	辛丑	5
初二 2nd	5	6	癸卯	1	6	4	壬申	3	7	4	壬寅	4
初三 3rd	5	7	甲辰	2	6	5	癸酉	4	7	5	癸卯	3
初四 4th	5	8	乙巳	3	6	6	甲戌	5	7	6	甲辰	2
初五 5th	5	9	丙午	4	6	7	乙亥	6	7	7	乙巳	1
初六 6th	5	10	丁未	5	6	8	丙子	7	7	8	丙午	9
初七 7th	5	11	戊申	6	6	9	丁丑	8	7	9	丁未	8
初八 8th	5	12	己酉	7	6	10	戊寅	9	7	10	戊申	7
初九 9th	5	13	庚戌	8	6	11	己卯	1	7	11	己酉	6
初十 10th	5	14	辛亥	9	6	12	庚辰	2	7	12	庚戌	5
十一 11th	5	15	壬子	1	6	13	辛巳	3	7	13	辛亥	4
十二 12th	5	16	癸丑	2	6	14	壬午	4	7	14	壬子	3
十三 13th	5	17	甲寅	3	6	15	癸未	5	7	15	癸丑	2
十四 14th	5	18	乙卯	4	6	16	甲申	6	7	16	甲寅	1
十五 15th	5	19	丙辰	5	6	17	乙酉	7	7	17	乙卯	9
十六 16th	5	20	丁巳	6	6	18	丙戌	8	7	18	丙辰	8
十七 17th	5	21	戊午	7	6	19	丁亥	9	7	19	丁巳	7
十八 18th	5	22	己未	8	6	20	戊子	1	7	20	戊午	6
十九 19th	5	23	庚申	9	6	21	己丑	2\8	7	21	己未	5
二十 20th	5	24	辛酉	1	6	22	庚寅	7	7	22	庚申	4
廿一 21st	5	25	壬戌	2	6	23	辛卯	6	7	23	辛酉	3
廿二 22nd	5	26	癸亥	3	6	24	壬辰	5	7	24	壬戌	2
廿三 23rd	5	27	甲子	4	6	25	癸巳	4	7	25	癸亥	1
廿四 24th	5	28	乙丑	5	6	26	甲午	3	7	26	甲子	9
廿五 25th	5	29	丙寅	6	6	27	乙未	2	7	27	乙丑	8
廿六 26th	5	30	丁卯	7	6	28	丙申	1	7	28	丙寅	7
廿七 27th	5	31	戊辰	8	6	29	丁酉	9	7	29	丁卯	6
廿八 28th	6	1	己巳	9	6	30	戊戌	8	7	30	戊辰	5
廿九 29th	6	2	庚午	1	7	1	己亥	7	7	31	己巳	4
三十 30th					7	2	庚子	6				

天干 Ten Stems: 甲 Jia Yang Wood; 乙 Yi Yin Wood; 丙 Bing Yang Fire; 丁 Ding Yin Fire; 戊 Wu Yang Earth; 己 Ji Yin Earth; 庚 Geng Yang Metal; 辛 Xin Yin Metal; 壬 Ren Yang Water; 癸 Gui Yin Water

Male Gua: 8 艮(Gen) **Female Gua: 7 兑(Dui)** 3 Killing 三煞: West Annual Star: 8 White

月干支 Month	七月小 7th Mth				八月大 8th Mth				九月小 9th Mth				十月小 10th Mth				十一月大 11th Mth				十二月大 12th Mth			
	壬申 Ren Shen				癸酉 Gui You				甲戌 Jia Xu				乙亥 Yi Hai				丙子 Bing Zi				丁丑 Ding Chou			
九星 9 Star	五黃 Five Yellow				四綠 Four Green				三碧 Three Jade				二黑 Two Black				一白 One White				九紫 Nine Purple			
節氣 Season	處暑 Heat Ends		立秋 Coming Autumn		秋分 Autumn Equinox		白露 White Dew		霜降 Frosting		寒露 Cold Dew		小雪 Lesser Snow		立冬 Coming of Winter		冬至 Winter Solstice		大雪 Greater Snow		大寒 Greater Cold		小寒 Lesser Cold	
	23rd day		8th day		25th day		10th day		26th day		10th day		26th day		12th day		27th day		12th day		26th day		12th day	
	18hr 3min		3hr 14min		15hr 52min		6hr 19min		1hr 21min		22hr 7min		23hr 1min		1hr 26min		12hr 21min		18hr 20min		22hr 56min		5hr 32min	
	酉 You		寅 Yin		申 Shen		卯 Mao		丑 Chou		亥 Hai		子 Zi		丑 Chou		午 Wu		酉 You		亥 Hai		卯 Mao	
農曆 Calendar	國曆 Gregorian		干支 S/B	星 Star	國曆 Gregorian		干支 S/B	星 Star	國曆 Gregorian		干支 S/B	星 Star	國曆 Gregorian		干支 S/B	星 Star	國曆 Gregorian		干支 S/B	星 Star	國曆 Gregorian		干支 S/B	星 Star
初一 1st	8	1	庚午	3	8	30	己亥	1	9	29	己巳	7	10	28	戊戌	5	11	26	丁卯	3	12	26	丁酉	1
初二 2nd	8	2	辛未	2	8	31	庚子	9	9	30	庚午	6	10	29	己亥	4	11	27	戊辰	2	12	27	戊戌	2
初三 3rd	8	3	壬申	1	9	1	辛丑	8	10	1	辛未	5	10	30	庚子	3	11	28	己巳	1	12	28	己亥	3
初四 4th	8	4	癸酉	9	9	2	壬寅	7	10	2	壬申	4	10	31	辛丑	2	11	29	庚午	9	12	29	庚子	4
初五 5th	8	5	甲戌	8	9	3	癸卯	6	10	3	癸酉	3	11	1	壬寅	1	11	30	辛未	8	12	30	辛丑	5
初六 6th	8	6	乙亥	7	9	4	甲辰	5	10	4	甲戌	2	11	2	癸卯	9	12	1	壬申	7	12	31	壬寅	6
初七 7th	8	7	丙子	6	9	5	乙巳	4	10	5	乙亥	1	11	3	甲辰	8	12	2	癸酉	6	1	1	癸卯	7
初八 8th	8	8	丁丑	5	9	6	丙午	3	10	6	丙子	9	11	4	乙巳	7	12	3	甲戌	5	1	2	甲辰	8
初九 9th	8	9	戊寅	4	9	7	丁未	2	10	7	丁丑	8	11	5	丙午	6	12	4	乙亥	4	1	3	乙巳	9
初十 10th	8	10	己卯	3	9	8	戊申	1	10	8	戊寅	7	11	6	丁未	5	12	5	丙子	3	1	4	丙午	1
十一 11th	8	11	庚辰	2	9	9	己酉	9	10	9	己卯	6	11	7	戊申	4	12	6	丁丑	2	1	5	丁未	2
十二 12th	8	12	辛巳	1	9	10	庚戌	8	10	10	庚辰	5	11	8	己酉	3	12	7	戊寅	1	1	6	戊申	3
十三 13th	8	13	壬午	9	9	11	辛亥	7	10	11	辛巳	4	11	9	庚戌	2	12	8	己卯	9	1	7	己酉	4
十四 14th	8	14	癸未	8	9	12	壬子	6	10	12	壬午	3	11	10	辛亥	1	12	9	庚辰	8	1	8	庚戌	5
十五 15th	8	15	甲申	7	9	13	癸丑	5	10	13	癸未	2	11	11	壬子	9	12	10	辛巳	7	1	9	辛亥	6
十六 16th	8	16	乙酉	6	9	14	甲寅	4	10	14	甲申	1	11	12	癸丑	8	12	11	壬午	6	1	10	壬子	7
十七 17th	8	17	丙戌	5	9	15	乙卯	3	10	15	乙酉	9	11	13	甲寅	7	12	12	癸未	5	1	11	癸丑	8
十八 18th	8	18	丁亥	4	9	16	丙辰	2	10	16	丙戌	8	11	14	乙卯	6	12	13	甲申	4	1	12	甲寅	9
十九 19th	8	19	戊子	3	9	17	丁巳	1	10	17	丁亥	7	11	15	丙辰	5	12	14	乙酉	3	1	13	乙卯	1
二十 20th	8	20	己丑	2	9	18	戊午	9	10	18	戊子	6	11	16	丁巳	4	12	15	丙戌	2	1	14	丙辰	2
廿一 21st	8	21	庚寅	1	9	19	己未	8	10	19	己丑	5	11	17	戊午	3	12	16	丁亥	1	1	15	丁巳	3
廿二 22nd	8	22	辛卯	9	9	20	庚申	7	10	20	庚寅	4	11	18	己未	2	12	17	戊子	9	1	16	戊午	4
廿三 23rd	8	23	壬辰	8	9	21	辛酉	6	10	21	辛卯	3	11	19	庚申	1	12	18	己丑	8	1	17	己未	5
廿四 24th	8	24	癸巳	7	9	22	壬戌	5	10	22	壬辰	2	11	20	辛酉	9	12	19	庚寅	7	1	18	庚申	6
廿五 25th	8	25	甲午	6	9	23	癸亥	4	10	23	癸巳	1	11	21	壬戌	8	12	20	辛卯	6	1	19	辛酉	7
廿六 26th	8	26	乙未	5	9	24	甲子	3	10	24	甲午	9	11	22	癸亥	7	12	21	壬辰	5	1	20	壬戌	8
廿七 27th	8	27	丙申	4	9	25	乙丑	2	10	25	乙未	8	11	23	甲子	6	12	22	癸巳	4\6	1	21	癸亥	9
廿八 28th	8	28	丁酉	3	9	26	丙寅	1	10	26	丙申	7	11	24	乙丑	5	12	23	甲午	7	1	22	甲子	1
廿九 29th	8	29	戊戌	2	9	27	丁卯	9	10	27	丁酉	6	11	25	丙寅	4	12	24	乙未	8	1	23	乙丑	2
三十 30th					9	28	戊辰	8									12	25	丙申	9	1	24	丙寅	3

地支 Twelve Branches: 子 Zi Rat · 丑 Chou Ox · 寅 Yin Tiger · 卯 Mao Rabbit · 辰 Chen Dragon · 巳 Si Snake · 午 Wu Horse · 未 Wei Goat · 申 Shen Monkey · 酉 You Rooster · 戌 Xu Dog · 亥 Hai Pig

2020 庚子 Metal Rat

Grand Duke: 虞起

六月小 6th Mth				五月大 5th Mth				閏四月小 4th Mth				四月大 4th Mth				三月大 3rd Mth				二月大 2nd Mth				正月小 1st Mth				月干支 Month
癸未 Gui Wei				壬午 Ren Wu								辛巳 Xin Si				庚辰 Geng Chen				己卯 Ji Mao				戊寅 Wu Yin				
三碧 Three Jade				四綠 Four Green								五黃 Five Yellow				六白 Six White				七赤 Seven Red				八白 Eight White				九星 9 Star
立秋 Coming Autumn		大暑 Greater Heat		小暑 Lesser Heat		夏至 Summer Solstice				芒種 Planting of Thorny Crops		小滿 Small Sprout		立夏 Coming of Summer		穀雨 Grain Rain		清明 Clear and Bright		春分 Spring Equinox		驚蟄 Awakening of Worms		雨水 Rain Water		立春 Coming of Spring		節氣 Season
18th day		2nd day		16th day		1st day				14th day		28th day		13th day		27th day		12th day		27th day		12th day		26th day		11th day		
9hr 8min		16hr 38min		23hr 16min		5hr 45min				13hr 0min		21hr 51min		8hr 53min		22hr 47min		15hr 40min		11hr 51min		10hr 59min		12hr 59min		17hr 5min		
巳 Si		申 Shen		子 Zi		卯 Mao				未 Wei		亥 Hai		辰 Chen		亥 Hai		申 Shen		午 Wu		巳 Si		午 Wu		酉 You		
國曆 Gregorian		干支 S / B	星 Star	國曆 Gregorian		干支 S / B	星 Star	國曆 Gregorian		干支 S / B	星 Star	國曆 Gregorian		干支 S / B	星 Star	國曆 Gregorian		干支 S / B	星 Star	國曆 Gregorian		干支 S / B	星 Star	國曆 Gregorian		干支 S / B	星 Star	農曆 Calendar
7	21	乙丑	8	6	21	乙未	8\2	5	23	丙寅	6	4	23	丙申	3	3	24	丙寅	9	2	23	丙申	6	1	25	丁卯	4	初一 1st
7	22	丙寅	7	6	22	丙申	1	5	24	丁卯	7	4	24	丁酉	4	3	25	丁卯	1	2	24	丁酉	7	1	26	戊辰	5	初二 2nd
7	23	丁卯	6	6	23	丁酉	9	5	25	戊辰	8	4	25	戊戌	5	3	26	戊辰	2	2	25	戊戌	8	1	27	己巳	6	初三 3rd
7	24	戊辰	5	6	24	戊戌	8	5	26	己巳	9	4	26	己亥	6	3	27	己巳	3	2	26	己亥	9	1	28	庚午	7	初四 4th
7	25	己巳	4	6	25	己亥	7	5	27	庚午	1	4	27	庚子	7	3	28	庚午	4	2	27	庚子	1	1	29	辛未	8	初五 5th
7	26	庚午	3	6	26	庚子	6	5	28	辛未	2	4	28	辛丑	8	3	29	辛未	5	2	28	辛丑	2	1	30	壬申	9	初六 6th
7	27	辛未	2	6	27	辛丑	5	5	29	壬申	3	4	29	壬寅	9	3	30	壬申	6	2	29	壬寅	3	1	31	癸酉	1	初七 7th
7	28	壬申	1	6	28	壬寅	4	5	30	癸酉	4	4	30	癸卯	1	3	31	癸酉	7	3	1	癸卯	4	2	1	甲戌	2	初八 8th
7	29	癸酉	9	6	29	癸卯	3	5	31	甲戌	5	5	1	甲辰	2	4	1	甲戌	8	3	2	甲辰	5	2	2	乙亥	3	初九 9th
7	30	甲戌	8	6	30	甲辰	2	6	1	乙亥	6	5	2	乙巳	3	4	2	乙亥	9	3	3	乙巳	6	2	3	丙子	4	初十 10th
7	31	乙亥	7	7	1	乙巳	1	6	2	丙子	7	5	3	丙午	4	4	3	丙子	1	3	4	丙午	7	2	4	丁丑	5	十一 11th
8	1	丙子	6	7	2	丙午	9	6	3	丁丑	8	5	4	丁未	5	4	4	丁丑	2	3	5	丁未	8	2	5	戊寅	6	十二 12th
8	2	丁丑	5	7	3	丁未	8	6	4	戊寅	9	5	5	戊申	6	4	5	戊寅	3	3	6	戊申	9	2	6	己卯	7	十三 13th
8	3	戊寅	4	7	4	戊申	7	6	5	己卯	1	5	6	己酉	7	4	6	己卯	4	3	7	己酉	1	2	7	庚辰	8	十四 14th
8	4	己卯	3	7	5	己酉	6	6	6	庚辰	2	5	7	庚戌	8	4	7	庚辰	5	3	8	庚戌	2	2	8	辛巳	9	十五 15th
8	5	庚辰	2	7	6	庚戌	5	6	7	辛巳	3	5	8	辛亥	9	4	8	辛巳	6	3	9	辛亥	3	2	9	壬午	1	十六 16th
8	6	辛巳	1	7	7	辛亥	4	6	8	壬午	4	5	9	壬子	1	4	9	壬午	7	3	10	壬子	4	2	10	癸未	2	十七 17th
8	7	壬午	9	7	8	壬子	3	6	9	癸未	5	5	10	癸丑	2	4	10	癸未	8	3	11	癸丑	5	2	11	甲申	3	十八 18th
8	8	癸未	8	7	9	癸丑	2	6	10	甲申	6	5	11	甲寅	3	4	11	甲申	9	3	12	甲寅	6	2	12	乙酉	4	十九 19th
8	9	甲申	7	7	10	甲寅	1	6	11	乙酉	7	5	12	乙卯	4	4	12	乙酉	1	3	13	乙卯	7	2	13	丙戌	5	二十 20th
8	10	乙酉	6	7	11	乙卯	9	6	12	丙戌	8	5	13	丙辰	5	4	13	丙戌	2	3	14	丙辰	8	2	14	丁亥	6	廿一 21st
8	11	丙戌	5	7	12	丙辰	8	6	13	丁亥	9	5	14	丁巳	6	4	14	丁亥	3	3	15	丁巳	9	2	15	戊子	7	廿二 22nd
8	12	丁亥	4	7	13	丁巳	7	6	14	戊子	1	5	15	戊午	7	4	15	戊子	4	3	16	戊午	1	2	16	己丑	8	廿三 23rd
8	13	戊子	3	7	14	戊午	6	6	15	己丑	2	5	16	己未	8	4	16	己丑	5	3	17	己未	2	2	17	庚寅	9	廿四 24th
8	14	己丑	2	7	15	己未	5	6	16	庚寅	3	5	17	庚申	9	4	17	庚寅	6	3	18	庚申	3	2	18	辛卯	1	廿五 25th
8	15	庚寅	1	7	16	庚申	4	6	17	辛卯	4	5	18	辛酉	1	4	18	辛卯	7	3	19	辛酉	4	2	19	壬辰	2	廿六 26th
8	16	辛卯	9	7	17	辛酉	3	6	18	壬辰	5	5	19	壬戌	2	4	19	壬辰	8	3	20	壬戌	5	2	20	癸巳	3	廿七 27th
8	17	壬辰	8	7	18	壬戌	2	6	19	癸巳	6	5	20	癸亥	3	4	20	癸巳	9	3	21	癸亥	6	2	21	甲午	4	廿八 28th
8	18	癸巳	7	7	19	癸亥	1	6	20	甲午	7	5	21	甲子	4	4	21	甲午	1	3	22	甲子	7	2	22	乙未	5	廿九 29th
				7	20	甲子	9					5	22	乙丑	5	4	22	乙未	2	3	23	乙丑	8					三十 30th

天干 Ten Stems

甲 Jia Yang Wood

乙 Yi Yin Wood

丙 Bing Yang Fire

丁 Ding Yin Fire

戊 Wu Yang Earth

己 Ji Yin Earth

庚 Geng Yang Metal

辛 Xin Yin Metal

壬 Ren Yang Water

癸 Gui Yin Water

Male Gua: 7 兑(Dui) **Female Gua: 8 艮(Gen)** 3 Killing 三煞: South Annual Star: 7 Red

月干支 Month	七月小 7th Mth				八月大 8th Mth				九月小 9th Mth				十月大 10th Mth				十一月小 11th Mth				十二月大 12th Mth			
	甲申 Jia Shen				乙酉 Yi You				丙戌 Bing Xu				丁亥 Ding Hai				戊子 Wu Zi				己丑 Ji Chou			
九星 9 Star	二黑 Two Black				一白 One White				九紫 Nine Purple				八白 Eight White				七赤 Seven Red				六白 Six White			
節氣 Season	白露 White Dew		處暑 Heat Ends		寒露 Cold Dew		秋分 Autumn Equinox		立冬 Coming of Winter		霜降 Frosting		大雪 Greater Snow		小雪 Lesser Snow		小寒 Lesser Cold		冬至 Winter Solstice		立春 Coming of Spring		大寒 Greater Cold	
	20th day		4th day		22nd day		6th day		22nd day		7th day		23rd day		8th day		22nd day		7th day		22nd day		3th day	
	12hr 9min		23hr 46min		3hr 57min		21hr 32min		7hr 16min		7hr 1min		0hr 11min		4hr 42min		11hr 25min		18hr 4min		23hr 0min		4hr 42min	
	午 Wu		子 Zi		寅 Yin		亥 Hai		辰 Chen		辰 Chen		子 Zi		寅 Yin		午 Wu		酉 You		子 Zi		寅 Yin	
農曆 Calendar	國曆 Gregorian		干支 S/B	星 Star	國曆 Gregorian		干支 S/B	星 Star	國曆 Gregorian		干支 S/B	星 Star	國曆 Gregorian		干支 S/B	星 Star	國曆 Gregorian		干支 S/B	星 Star	國曆 Gregorian		干支 S/B	星 Star
初一 1st	8	19	甲午	6	9	17	癸亥	4	10	17	癸巳	1	11	15	壬戌	8	12	15	壬辰	5	1	13	辛酉	7
初二 2nd	8	20	乙未	5	9	18	甲子	3	10	18	甲午	9	11	16	癸亥	7	12	16	癸巳	4	1	14	壬戌	8
初三 3rd	8	21	丙申	4	9	19	乙丑	2	10	19	乙未	8	11	17	甲子	6	12	17	甲午	3	1	15	癸亥	9
初四 4th	8	22	丁酉	3	9	20	丙寅	1	10	20	丙申	7	11	18	乙丑	5	12	18	乙未	2	1	16	甲子	1
初五 5th	8	23	戊戌	2	9	21	丁卯	9	10	21	丁酉	6	11	19	丙寅	4	12	19	丙申	1	1	17	乙丑	2
初六 6th	8	24	己亥	1	9	22	戊辰	8	10	22	戊戌	5	11	20	丁卯	3	12	20	丁酉	9	1	18	丙寅	3
初七 7th	8	25	庚子	9	9	23	己巳	7	10	23	己亥	4	11	21	戊辰	2	12	21	戊戌	8\2	1	19	丁卯	4
初八 8th	8	26	辛丑	8	9	24	庚午	6	10	24	庚子	3	11	22	己巳	1	12	22	己亥	3	1	20	戊辰	5
初九 9th	8	27	壬寅	7	9	25	辛未	5	10	25	辛丑	2	11	23	庚午	9	12	23	庚子	4	1	21	己巳	6
初十 10th	8	28	癸卯	6	9	26	壬申	4	10	26	壬寅	1	11	24	辛未	8	12	24	辛丑	5	1	22	庚午	7
十一 11th	8	29	甲辰	5	9	27	癸酉	3	10	27	癸卯	9	11	25	壬申	7	12	25	壬寅	6	1	23	辛未	8
十二 12th	8	30	乙巳	4	9	28	甲戌	2	10	28	甲辰	8	11	26	癸酉	6	12	26	癸卯	7	1	24	壬申	9
十三 13th	8	31	丙午	3	9	29	乙亥	1	10	29	乙巳	7	11	27	甲戌	5	12	27	甲辰	8	1	25	癸酉	1
十四 14th	9	1	丁未	2	9	30	丙子	9	10	30	丙午	6	11	28	乙亥	4	12	28	乙巳	9	1	26	甲戌	2
十五 15th	9	2	戊申	1	10	1	丁丑	8	10	31	丁未	5	11	29	丙子	3	12	29	丙午	1	1	27	乙亥	3
十六 16th	9	3	己酉	9	10	2	戊寅	7	11	1	戊申	4	11	30	丁丑	2	12	30	丁未	2	1	28	丙子	4
十七 17th	9	4	庚戌	8	10	3	己卯	6	11	2	己酉	3	12	1	戊寅	1	12	31	戊申	3	1	29	丁丑	5
十八 18th	9	5	辛亥	7	10	4	庚辰	5	11	3	庚戌	2	12	2	己卯	9	1	1	己酉	4	1	30	戊寅	6
十九 19th	9	6	壬子	6	10	5	辛巳	4	11	4	辛亥	1	12	3	庚辰	8	1	2	庚戌	5	1	31	己卯	7
二十 20th	9	7	癸丑	5	10	6	壬午	3	11	5	壬子	9	12	4	辛巳	7	1	3	辛亥	6	2	1	庚辰	8
廿一 21st	9	8	甲寅	4	10	7	癸未	2	11	6	癸丑	8	12	5	壬午	6	1	4	壬子	7	2	2	辛巳	9
廿二 22nd	9	9	乙卯	3	10	8	甲申	1	11	7	甲寅	7	12	6	癸未	5	1	5	癸丑	8	2	3	壬午	1
廿三 23rd	9	10	丙辰	2	10	9	乙酉	9	11	8	乙卯	6	12	7	甲申	4	1	6	甲寅	9	2	4	癸未	2
廿四 24th	9	11	丁巳	1	10	10	丙戌	8	11	9	丙辰	5	12	8	乙酉	3	1	7	乙卯	1	2	5	甲申	3
廿五 25th	9	12	戊午	9	10	11	丁亥	7	11	10	丁巳	4	12	9	丙戌	2	1	8	丙辰	2	2	6	乙酉	4
廿六 26th	9	13	己未	8	10	12	戊子	6	11	11	戊午	3	12	10	丁亥	1	1	9	丁巳	3	2	7	丙戌	5
廿七 27th	9	14	庚申	7	10	13	己丑	5	11	12	己未	2	12	11	戊子	9	1	10	戊午	4	2	8	丁亥	6
廿八 28th	9	15	辛酉	6	10	14	庚寅	4	11	13	庚申	1	12	12	己丑	8	1	11	己未	5	2	9	戊子	7
廿九 29th	9	16	壬戌	5	10	15	辛卯	3	11	14	辛酉	9	12	13	庚寅	7	1	12	庚申	6	2	10	己丑	8
三十 30th					10	16	壬辰	2					12	14	辛卯	6					2	11	庚寅	9

地支 Twelve Branches: 子 Zi Rat · 丑 Chou Ox · 寅 Yin Tiger · 卯 Mao Rabbit · 辰 Chen Dragon · 巳 Si Snake · 午 Wu Horse · 未 Wei Goat · 申 Shen Monkey · 酉 You Rooster · 戌 Xu Dog · 亥 Hai Pig

2021 辛丑 Metal Ox

Grand Duke: 湯信

天干 Ten Stems: 甲 Jia Yang Wood; 乙 Yi Yin Wood; 丙 Bing Yang Fire; 丁 Ding Yin Fire; 戊 Wu Yang Earth; 己 Ji Yin Earth; 庚 Geng Yang Metal; 辛 Xin Yin Metal; 壬 Ren Yang Water; 癸 Gui Yin Water

六月小 6th Mth				五月大 5th Mth				四月小 4th Mth				三月大 3rd Mth				二月大 2nd Mth				正月小 1st Mth				月干支 Month
乙未 Yi Wei				甲午 Jia Wu				癸巳 Gui Si				壬辰 Ren Chen				辛卯 Xin Mao				庚寅 Geng Yin				
九紫 Nine Purple				一白 One White				二黑 Two Black				三碧 Three Jade				四綠 Four Green				五黃 Five Yellow				九星 9 Star
立秋 Coming Autumn		大暑 Greater Heat		小暑 Lesser Heat		夏至 Summer Solstice		芒種 Planting of Thorny Crops		小滿 Small Sprout		立夏 Coming of Summer		穀雨 Grain Rain		清明 Clear and Bright		春分 Spring Equinox		驚蟄 Awakening of Worms		雨水 Rain Water		節氣 Season
29th day		13th day		28th day		12th day		25th day		10th day		24th day		9th day		23rd day		8th day		22nd day		7th day		
14hr 55min		22hr 28min		5hr 7min		11hr 34min		18hr 53min		3hr 39min		14hr 49min		4hr 35min		21hr 37min		17hr 39min		16hr 55min		18hr 46min		
未 Wei		亥 Hai		卯 Mao		午 Wu		酉 You		寅 Yin		未 Wei		寅 Yin		亥 Hai		酉 You		申 Shen		酉 You		
國曆 Gregorian		干支 S / B	星 Star	國曆 Gregorian		干支 S / B	星 Star	國曆 Gregorian		干支 S / B	星 Star	國曆 Gregorian		干支 S / B	星 Star	國曆 Gregorian		干支 S / B	星 Star	國曆 Gregorian		干支 S / B	星 Star	農曆 Calendar
7	10	己未	5	6	10	己丑	2	5	12	庚申	9	4	12	庚寅	6	3	13	庚申	3	2	12	辛卯	1	初一 1st
7	11	庚申	4	6	11	庚寅	3	5	13	辛酉	1	4	13	辛卯	7	3	14	辛酉	4	2	13	壬辰	2	初二 2nd
7	12	辛酉	3	6	12	辛卯	4	5	14	壬戌	2	4	14	壬辰	8	3	15	壬戌	5	2	14	癸巳	3	初三 3rd
7	13	壬戌	2	6	13	壬辰	5	5	15	癸亥	3	4	15	癸巳	9	3	16	癸亥	6	2	15	甲午	4	初四 4th
7	14	癸亥	1	6	14	癸巳	6	5	16	甲子	4	4	16	甲午	1	3	17	甲子	7	2	16	乙未	5	初五 5th
7	15	甲子	9	6	15	甲午	7	5	17	乙丑	5	4	17	乙未	2	3	18	乙丑	8	2	17	丙申	6	初六 6th
7	16	乙丑	8	6	16	乙未	8	5	18	丙寅	6	4	18	丙申	3	3	19	丙寅	9	2	18	丁酉	7	初七 7th
7	17	丙寅	7	6	17	丙申	9	5	19	丁卯	7	4	19	丁酉	4	3	20	丁卯	1	2	19	戊戌	8	初八 8th
7	18	丁卯	6	6	18	丁酉	1	5	20	戊辰	8	4	20	戊戌	5	3	21	戊辰	2	2	20	己亥	9	初九 9th
7	19	戊辰	5	6	19	戊戌	2	5	21	己巳	9	4	21	己亥	6	3	22	己巳	3	2	21	庚子	1	初十 10th
7	20	己巳	4	6	20	己亥	3	5	22	庚午	1	4	22	庚子	7	3	23	庚午	4	2	22	辛丑	2	十一 11th
7	21	庚午	3	6	21	庚子	4\6	5	23	辛未	2	4	23	辛丑	8	3	24	辛未	5	2	23	壬寅	3	十二 12th
7	22	辛未	2	6	22	辛丑	5	5	24	壬申	3	4	24	壬寅	9	3	25	壬申	6	2	24	癸卯	4	十三 13th
7	23	壬申	1	6	23	壬寅	4	5	25	癸酉	4	4	25	癸卯	1	3	26	癸酉	7	2	25	甲辰	5	十四 14th
7	24	癸酉	9	6	24	癸卯	3	5	26	甲戌	5	4	26	甲辰	2	3	27	甲戌	8	2	26	乙巳	6	十五 15th
7	25	甲戌	8	6	25	甲辰	2	5	27	乙亥	6	4	27	乙巳	3	3	28	乙亥	9	2	27	丙午	7	十六 16th
7	26	乙亥	7	6	26	乙巳	1	5	28	丙子	7	4	28	丙午	4	3	29	丙子	1	2	28	丁未	8	十七 17th
7	27	丙子	6	6	27	丙午	9	5	29	丁丑	8	4	29	丁未	5	3	30	丁丑	2	3	1	戊申	9	十八 18th
7	28	丁丑	5	6	28	丁未	8	5	30	戊寅	9	4	30	戊申	6	3	31	戊寅	3	3	2	己酉	1	十九 19th
7	29	戊寅	4	6	29	戊申	7	5	31	己卯	1	5	1	己酉	7	4	1	己卯	4	3	3	庚戌	2	二十 20th
7	30	己卯	3	6	30	己酉	6	6	1	庚辰	2	5	2	庚戌	8	4	2	庚辰	5	3	4	辛亥	3	廿一 21st
7	31	庚辰	2	7	1	庚戌	5	6	2	辛巳	3	5	3	辛亥	9	4	3	辛巳	6	3	5	壬子	4	廿二 22nd
8	1	辛巳	1	7	2	辛亥	4	6	3	壬午	4	5	4	壬子	1	4	4	壬午	7	3	6	癸丑	5	廿三 23rd
8	2	壬午	9	7	3	壬子	3	6	4	癸未	5	5	5	癸丑	2	4	5	癸未	8	3	7	甲寅	6	廿四 24th
8	3	癸未	8	7	4	癸丑	2	6	5	甲申	6	5	6	甲寅	3	4	6	甲申	9	3	8	乙卯	7	廿五 25th
8	4	甲申	7	7	5	甲寅	1	6	6	乙酉	7	5	7	乙卯	4	4	7	乙酉	1	3	9	丙辰	8	廿六 26th
8	5	乙酉	6	7	6	乙卯	9	6	7	丙戌	8	5	8	丙辰	5	4	8	丙戌	2	3	10	丁巳	9	廿七 27th
8	6	丙戌	5	7	7	丙辰	8	6	8	丁亥	9	5	9	丁巳	6	4	9	丁亥	3	3	11	戊午	1	廿八 28th
8	7	丁亥	4	7	8	丁巳	7	6	9	戊子	1	5	10	戊午	7	4	10	戊子	4	3	12	己未	2	廿九 29th
				7	9	戊午	6					5	11	己未	8	4	11	己丑	5					三十 30th

Male Gua: 6 乾(Qian) Female Gua: 9 離(Li) 3 Killing 三煞: East Annual Star: 6 White

月干支 Month	七月大 7th Mth				八月小 8th Mth				九月大 9th Mth			
	丙申 Bing Shen				丁酉 Ding You				戊戌 Wu Xu			
九星 9 Star	八白 Eight White				七赤 Seven Red				六白 Six White			
節氣 Season			處暑 Heat Ends		秋分 Autumn Equinox		白露 White Dew		霜降 Frosting		寒露 Cold Dew	
			16th day		17th day		1st day		18th day		3rd day	
			5hr 37min		3hr 23min		17hr 55min		12hr 53min		9hr 41min	
			卯 Mao		寅 Yin		酉 You		午 Wu		巳 Si	
農曆 Calendar	國曆 Gregorian		干支 S/B	星 Star	國曆 Gregorian		干支 S/B	星 Star	國曆 Gregorian		干支 S/B	星 Star
初一 1st	8	8	戊子	3	9	7	戊午	9	10	6	丁亥	7
初二 2nd	8	9	己丑	2	9	8	己未	8	10	7	戊子	6
初三 3rd	8	10	庚寅	1	9	9	庚申	7	10	8	己丑	5
初四 4th	8	11	辛卯	9	9	10	辛酉	6	10	9	庚寅	4
初五 5th	8	12	壬辰	8	9	11	壬戌	5	10	10	辛卯	3
初六 6th	8	13	癸巳	7	9	12	癸亥	4	10	11	壬辰	2
初七 7th	8	14	甲午	6	9	13	甲子	3	10	12	癸巳	1
初八 8th	8	15	乙未	5	9	14	乙丑	2	10	13	甲午	9
初九 9th	8	16	丙申	4	9	15	丙寅	1	10	14	乙未	8
初十 10th	8	17	丁酉	3	9	16	丁卯	9	10	15	丙申	7
十一 11th	8	18	戊戌	2	9	17	戊辰	8	10	16	丁酉	6
十二 12th	8	19	己亥	1	9	18	己巳	7	10	17	戊戌	5
十三 13th	8	20	庚子	9	9	19	庚午	6	10	18	己亥	4
十四 14th	8	21	辛丑	8	9	20	辛未	5	10	19	庚子	3
十五 15th	8	22	壬寅	7	9	21	壬申	4	10	20	辛丑	2
十六 16th	8	23	癸卯	6	9	22	癸酉	3	10	21	壬寅	1
十七 17th	8	24	甲辰	5	9	23	甲戌	2	10	22	癸卯	9
十八 18th	8	25	乙巳	4	9	24	乙亥	1	10	23	甲辰	8
十九 19th	8	26	丙午	3	9	25	丙子	9	10	24	乙巳	7
二十 20th	8	27	丁未	2	9	26	丁丑	8	10	25	丙午	6
廿一 21st	8	28	戊申	1	9	27	戊寅	7	10	26	丁未	5
廿二 22nd	8	29	己酉	9	9	28	己卯	6	10	27	戊申	4
廿三 23rd	8	30	庚戌	8	9	29	庚辰	5	10	28	己酉	3
廿四 24th	8	31	辛亥	7	9	30	辛巳	4	10	29	庚戌	2
廿五 25th	9	1	壬子	6	10	1	壬午	3	10	30	辛亥	1
廿六 26th	9	2	癸丑	5	10	2	癸未	2	10	31	壬子	9
廿七 27th	9	3	甲寅	4	10	3	甲申	1	11	1	癸丑	8
廿八 28th	9	4	乙卯	3	10	4	乙酉	9	11	2	甲寅	7
廿九 29th	9	5	丙辰	2	10	5	丙戌	8	11	3	乙卯	6
三十 30th	9	6	丁巳	1					11	4	丙辰	5

月干支 Month	十月小 10th Mth				十一月大 11th Mth				十二月小 12th Mth			
	己亥 Ji Hai				庚子 Geng Zi				辛丑 Xin Chou			
九星 9 Star	五黃 Five Yellow				四綠 Four Green				三碧 Three Jade			
節氣 Season	小雪 Lesser Snow		立冬 Coming of Winter		冬至 Winter Solstice		大雪 Greater Snow		大寒 Greater Cold		小寒 Lesser Cold	
	18th day		3rd day		19th day		4th day		18th day		3rd day	
	10hr 36min		13hr 0min		0hr 1min		5hr 59min		10hr 41min		7hr 16min	
	巳 Si		未 Wei		子 Zi		卯 Mao		巳 Si		酉 You	
農曆 Calendar	國曆 Gregorian		干支 S/B	星 Star	國曆 Gregorian		干支 S/B	星 Star	國曆 Gregorian		干支 S/B	星 Star
初一 1st	11	5	丁巳	4	12	4	丙戌	2	1	3	丙辰	2
初二 2nd	11	6	戊午	3	12	5	丁亥	1	1	4	丁巳	3
初三 3rd	11	7	己未	2	12	6	戊子	9	1	5	戊午	4
初四 4th	11	8	庚申	1	12	7	己丑	8	1	6	己未	5
初五 5th	11	9	辛酉	9	12	8	庚寅	7	1	7	庚申	6
初六 6th	11	10	壬戌	8	12	9	辛卯	6	1	8	辛酉	7
初七 7th	11	11	癸亥	7	12	10	壬辰	5	1	9	壬戌	8
初八 8th	11	12	甲子	6	12	11	癸巳	4	1	10	癸亥	9
初九 9th	11	13	乙丑	5	12	12	甲午	3	1	11	甲子	1
初十 10th	11	14	丙寅	4	12	13	乙未	2	1	12	乙丑	2
十一 11th	11	15	丁卯	3	12	14	丙申	1	1	13	丙寅	3
十二 12th	11	16	戊辰	2	12	15	丁酉	9	1	14	丁卯	4
十三 13th	11	17	己巳	1	12	16	戊戌	8	1	15	戊辰	5
十四 14th	11	18	庚午	9	12	17	己亥	7	1	16	己巳	6
十五 15th	11	19	辛未	8	12	18	庚子	6	1	17	庚午	7
十六 16th	11	20	壬申	7	12	19	辛丑	5	1	18	辛未	8
十七 17th	11	21	癸酉	6	12	20	壬寅	4	1	19	壬申	9
十八 18th	11	22	甲戌	5	12	21	癸卯	3	1	20	癸酉	1
十九 19th	11	23	乙亥	4	12	22	甲辰	2\8	1	21	甲戌	2
二十 20th	11	24	丙子	3	12	23	乙巳	9	1	22	乙亥	3
廿一 21st	11	25	丁丑	2	12	24	丙午	1	1	23	丙子	4
廿二 22nd	11	26	戊寅	1	12	25	丁未	2	1	24	丁丑	5
廿三 23rd	11	27	己卯	9	12	26	戊申	3	1	25	戊寅	6
廿四 24th	11	28	庚辰	8	12	27	己酉	4	1	26	己卯	7
廿五 25th	11	29	辛巳	7	12	28	庚戌	5	1	27	庚辰	8
廿六 26th	11	30	壬午	6	12	29	辛亥	6	1	28	辛巳	9
廿七 27th	12	1	癸未	5	12	30	壬子	7	1	29	壬午	1
廿八 28th	12	2	甲申	4	12	31	癸丑	8	1	30	癸未	2
廿九 29th	12	3	乙酉	3	1	1	甲寅	9	1	31	甲申	3
三十 30th					1	2	乙卯	1				

地支 Twelve Branches: 子 Zi Rat · 丑 Chou Ox · 寅 Yin Tiger · 卯 Mao Rabbit · 辰 Chen Dragon · 巳 Si Snake · 午 Wu Horse · 未 Wei Goat · 申 Shen Monkey · 酉 You Rooster · 戌 Xu Dog · 亥 Hai Pig

壬寅 Water Tiger

Grand Duke: 賀諤

月干支 Month	正月大 1st Mth				二月小 2nd Mth				三月大 3rd Mth				四月小 4th Mth				五月大 5th Mth				六月大 6th Mth			
	壬寅 Ren Yin				癸卯 Gui Mao				甲辰 Jia Chen				乙巳 Yi Si				丙午 Bing Wu				丁未 Ding Wei			
九星 9 Star	二黑 Two Black				一白 One White				九紫 Nine Purple				八白 Eight White				七赤 Seven Red				六白 Six White			
節氣 Season	雨水 Rain Water		立春 Coming of Spring		春分 Spring Equinox		驚蟄 Awakening of Worms		穀雨 Grain Rain		清明 Clear and Bright		小滿 Small Sprout		立夏 Coming of Summer		夏至 Summer Solstice		芒種 Planting of Thorny Crops		大暑 Greater Heat		小暑 Lesser Heat	
	19th day		4th day		18th day		3rd day		20th day		5th day		21st day		5th day		23rd day		8th day		25th day		9th day	
	0hr 45min		4hr 52min		23hr 35min		22hr 45min		10hr 26min		3hr 22min		9hr 24min		20hr 27min		17hr 15min		0hr 27min		4hr 8min		10hr 39min	
	子 Zi		寅 Yin		子 Zi		亥 Hai		巳 Si		寅 Yin		巳 Si		戌 Xu		酉 You		子 Zi		寅 Yin		巳 Si	
農曆 Calendar	國曆 Gregorian		干支 S/B	星 Star	國曆 Gregorian		干支 S/B	星 Star	國曆 Gregorian		干支 S/B	星 Star	國曆 Gregorian		干支 S/B	星 Star	國曆 Gregorian		干支 S/B	星 Star	國曆 Gregorian		干支 S/B	星 Sta
初一 1st	2	1	乙酉	4	3	3	乙卯	7	4	1	甲申	9	5	1	甲寅	3	5	30	癸未	5	6	29	癸丑	2
初二 2nd	2	2	丙戌	5	3	4	丙辰	8	4	2	乙酉	1	5	2	乙卯	4	5	31	甲申	6	6	30	甲寅	1
初三 3rd	2	3	丁亥	6	3	5	丁巳	9	4	3	丙戌	2	5	3	丙辰	5	6	1	乙酉	7	7	1	乙卯	9
初四 4th	2	4	戊子	7	3	6	戊午	1	4	4	丁亥	3	5	4	丁巳	6	6	2	丙戌	8	7	2	丙辰	8
初五 5th	2	5	己丑	8	3	7	己未	2	4	5	戊子	4	5	5	戊午	7	6	3	丁亥	9	7	3	丁巳	7
初六 6th	2	6	庚寅	9	3	8	庚申	3	4	6	己丑	5	5	6	己未	8	6	4	戊子	1	7	4	戊午	6
初七 7th	2	7	辛卯	1	3	9	辛酉	4	4	7	庚寅	6	5	7	庚申	9	6	5	己丑	2	7	5	己未	5
初八 8th	2	8	壬辰	2	3	10	壬戌	5	4	8	辛卯	7	5	8	辛酉	1	6	6	庚寅	3	7	6	庚申	4
初九 9th	2	9	癸巳	3	3	11	癸亥	6	4	9	壬辰	8	5	9	壬戌	2	6	7	辛卯	4	7	7	辛酉	3
初十 10th	2	10	甲午	4	3	12	甲子	7	4	10	癸巳	9	5	10	癸亥	3	6	8	壬辰	5	7	8	壬戌	2
十一 11th	2	11	乙未	5	3	13	乙丑	8	4	11	甲午	1	5	11	甲子	4	6	9	癸巳	6	7	9	癸亥	[illegible]
十二 12th	2	12	丙申	6	3	14	丙寅	9	4	12	乙未	2	5	12	乙丑	5	6	10	甲午	7	7	10	甲子	9
十三 13th	2	13	丁酉	7	3	15	丁卯	1	4	13	丙申	3	5	13	丙寅	6	6	11	乙未	8	7	11	乙丑	3
十四 14th	2	14	戊戌	8	3	16	戊辰	2	4	14	丁酉	4	5	14	丁卯	7	6	12	丙申	9	7	12	丙寅	7
十五 15th	2	15	己亥	9	3	17	己巳	3	4	15	戊戌	5	5	15	戊辰	8	6	13	丁酉	1	7	13	丁卯	3
十六 16th	2	16	庚子	1	3	18	庚午	4	4	16	己亥	6	5	16	己巳	9	6	14	戊戌	2	7	14	戊辰	5
十七 17th	2	17	辛丑	2	3	19	辛未	5	4	17	庚子	7	5	17	庚午	1	6	15	己亥	3	7	15	己巳	4
十八 18th	2	18	壬寅	3	3	20	壬申	6	4	18	辛丑	8	5	18	辛未	2	6	16	庚子	4	7	16	庚午	3
十九 19th	2	19	癸卯	4	3	21	癸酉	7	4	19	壬寅	9	5	19	壬申	3	6	17	辛丑	5	7	17	辛未	2
二十 20th	2	20	甲辰	5	3	22	甲戌	8	4	20	癸卯	1	5	20	癸酉	4	6	18	壬寅	6	7	18	壬申	1
廿一 21st	2	21	乙巳	6	3	23	乙亥	9	4	21	甲辰	2	5	21	甲戌	5	6	19	癸卯	7	7	19	癸酉	9
廿二 22nd	2	22	丙午	7	3	24	丙子	1	4	22	乙巳	3	5	22	乙亥	6	6	20	甲辰	8	7	20	甲戌	8
廿三 23rd	2	23	丁未	8	3	25	丁丑	2	4	23	丙午	4	5	23	丙子	7	6	21	乙巳	9\1	7	21	乙亥	7
廿四 24th	2	24	戊申	9	3	26	戊寅	3	4	24	丁未	5	5	24	丁丑	8	6	22	丙午	9	7	22	丙子	6
廿五 25th	2	25	己酉	1	3	27	己卯	4	4	25	戊申	6	5	25	戊寅	9	6	23	丁未	8	7	23	丁丑	5
廿六 26th	2	26	庚戌	2	3	28	庚辰	5	4	26	己酉	7	5	26	己卯	1	6	24	戊申	7	7	24	戊寅	4
廿七 27th	2	27	辛亥	3	3	29	辛巳	6	4	27	庚戌	8	5	27	庚辰	2	6	25	己酉	6	7	25	己卯	3
廿八 28th	2	28	壬子	4	3	30	壬午	7	4	28	辛亥	9	5	28	辛巳	3	6	26	庚戌	5	7	26	庚辰	2
廿九 29th	3	1	癸丑	5	3	31	癸未	8	4	29	壬子	1	5	29	壬午	4	6	27	辛亥	4	7	27	辛巳	1
三十 30th	3	2	甲寅	6					4	30	癸丑	2					6	28	壬子	3	7	28	壬午	9

天干 Ten Stems

- 甲 Jia Yang Wood
- 乙 Yi Yin Wood
- 丙 Bing Yang Fire
- 丁 Ding Yin Fire
- 戊 Wu Yang Earth
- 己 Ji Yin Earth
- 庚 Geng Yang Metal
- 辛 Xin Yin Metal
- 壬 Ren Yang Water
- 癸 Gui Yin Water

Male Gua: 2 坤(Kun)　Female Gua: 1 坎(Kan)　3 Killing 三煞: North　Annual Star: 5 Yellow

十二月大 12th Mth				十一月小 11th Mth				十月大 10th Mth				九月小 9th Mth				八月大 8th Mth				七月小 7th Mth				月干支 Month
癸丑 Gui Chou				壬子 Ren Zi				辛亥 Xin Hai				庚戌 Geng Xu				己酉 Ji You				戊申 Wu Shen				
九紫 Nine Purple				一白 One White				二黑 Two Black				三碧 Three Jade				四綠 Four Green				五黃 Five Yellow				九星 9 Star
大寒 Greater Cold		小寒 Lesser Cold		冬至 Winter Solstice		大雪 Greater Snow		小雪 Lesser Snow		立冬 Coming of Winter		霜降 Frosting		寒露 Cold Dew		秋分 Autumn Equinox		白露 White Dew		處暑 Heat Ends		立秋 Coming Autumn		節氣 Season
29th day		14th day		29th day		14th day		29th day		14th day		28th day		13th day		28th day		12th day		26th day		10th day		
16hr 31min		23hr 6min		5hr 50min		11hr 48min		16hr 22min		18hr 47min		18hr 37min		15hr 24min		9hr 5min		23hr 34min		11hr 18min		20hr 30min		
申 Shen		子 Zi		卯 Mao		午 Wu		申 Shen		酉 You		酉 You		申 Shen		巳 Si		子 Zi		午 Wu		戌 Xu		
國曆 Gregorian		干支 S/B	星 Star	國曆 Gregorian		干支 S/B	星 Star	國曆 Gregorian		干支 S/B	星 Star	國曆 Gregorian		干支 S/B	星 Star	國曆 Gregorian		干支 S/B	星 Star	國曆 Gregorian		干支 S/B	星 Star	農曆 Calendar
12	23	庚戌	5	11	24	辛巳	7	10	25	辛亥	1	9	26	壬午	3	8	27	壬子	6	7	29	癸未	8	初一 1st
12	24	辛亥	6	11	25	壬午	6	10	26	壬子	9	9	27	癸未	2	8	28	癸丑	5	7	30	甲申	7	初二 2nd
12	25	壬子	7	11	26	癸未	5	10	27	癸丑	8	9	28	甲申	1	8	29	甲寅	4	7	31	乙酉	6	初三 3rd
12	26	癸丑	8	11	27	甲申	4	10	28	甲寅	7	9	29	乙酉	9	8	30	乙卯	3	8	1	丙戌	5	初四 4th
12	27	甲寅	9	11	28	乙酉	3	10	29	乙卯	6	9	30	丙戌	8	8	31	丙辰	2	8	2	丁亥	4	初五 5th
12	28	乙卯	1	11	29	丙戌	2	10	30	丙辰	5	10	1	丁亥	7	9	1	丁巳	1	8	3	戊子	3	初六 6th
12	29	丙辰	2	11	30	丁亥	1	10	31	丁巳	4	10	2	戊子	6	9	2	戊午	9	8	4	己丑	2	初七 7th
12	30	丁巳	3	12	1	戊子	9	11	1	戊午	3	10	3	己丑	5	9	3	己未	8	8	5	庚寅	1	初八 8th
12	31	戊午	4	12	2	己丑	8	11	2	己未	2	10	4	庚寅	4	9	4	庚申	7	8	6	辛卯	9	初九 9th
1	1	己未	5	12	3	庚寅	7	11	3	庚申	1	10	5	辛卯	3	9	5	辛酉	6	8	7	壬辰	8	初十 10th
1	2	庚申	6	12	4	辛卯	6	11	4	辛酉	9	10	6	壬辰	2	9	6	壬戌	5	8	8	癸巳	7	十一 11th
1	3	辛酉	7	12	5	壬辰	5	11	5	壬戌	8	10	7	癸巳	1	9	7	癸亥	4	8	9	甲午	6	十二 12th
1	4	壬戌	8	12	6	癸巳	4	11	6	癸亥	7	10	8	甲午	9	9	8	甲子	3	8	10	乙未	5	十三 13th
1	5	癸亥	9	12	7	甲午	3	11	7	甲子	6	10	9	乙未	8	9	9	乙丑	2	8	11	丙申	4	十四 14th
1	6	甲子	1	12	8	乙未	2	11	8	乙丑	5	10	10	丙申	7	9	10	丙寅	1	8	12	丁酉	3	十五 15th
1	7	乙丑	2	12	9	丙申	1	11	9	丙寅	4	10	11	丁酉	6	9	11	丁卯	9	8	13	戊戌	2	十六 16th
1	8	丙寅	3	12	10	丁酉	9	11	10	丁卯	3	10	12	戊戌	5	9	12	戊辰	8	8	14	己亥	1	十七 17th
1	9	丁卯	4	12	11	戊戌	8	11	11	戊辰	2	10	13	己亥	4	9	13	己巳	7	8	15	庚子	9	十八 18th
1	10	戊辰	5	12	12	己亥	7	11	12	己巳	1	10	14	庚子	3	9	14	庚午	6	8	16	辛丑	8	十九 19th
1	11	己巳	6	12	13	庚子	6	11	13	庚午	9	10	15	辛丑	2	9	15	辛未	5	8	17	壬寅	7	二十 20th
1	12	庚午	7	12	14	辛丑	5	11	14	辛未	8	10	16	壬寅	1	9	16	壬申	4	8	18	癸卯	6	廿一 21st
1	13	辛未	8	12	15	壬寅	4	11	15	壬申	7	10	17	癸卯	9	9	17	癸酉	3	8	19	甲辰	5	廿二 22nd
1	14	壬申	9	12	16	癸卯	3	11	16	癸酉	6	10	18	甲辰	8	9	18	甲戌	2	8	20	乙巳	4	廿三 23rd
1	15	癸酉	1	12	17	甲辰	2	11	17	甲戌	5	10	19	乙巳	7	9	19	乙亥	1	8	21	丙午	3	廿四 24th
1	16	甲戌	2	12	18	乙巳	1	11	18	乙亥	4	10	20	丙午	6	9	20	丙子	9	8	22	丁未	2	廿五 25th
1	17	乙亥	3	12	19	丙午	9	11	19	丙子	3	10	21	丁未	5	9	21	丁丑	8	8	23	戊申	1	廿六 26th
1	18	丙子	4	12	20	丁未	8	11	20	丁丑	2	10	22	戊申	4	9	22	戊寅	7	8	24	己酉	9	廿七 27th
1	19	丁丑	5	12	21	戊申	7	11	21	戊寅	1	10	23	己酉	3	9	23	己卯	6	8	25	庚戌	8	廿八 28th
1	20	戊寅	6	12	22	己酉	6\4	11	22	己卯	9	10	24	庚戌	2	9	24	庚辰	5	8	26	辛亥	7	廿九 29th
1	21	己卯	7					11	23	庚辰	8					9	25	辛巳	4					三十 30th

地支 Twelve Branches: 子 Zi Rat; 丑 Chou Ox; 寅 Yin Tiger; 卯 Mao Rabbit; 辰 Chen Dragon; 巳 Si Snake; 午 Wu Horse; 未 Wei Goat; 申 Shen Monkey; 酉 You Rooster; 戌 Xu Dog; 亥 Hai Pig

2023 癸卯 Water Rabbit

Grand Duke: 皮時

月干支 Month	正月小 1st Mth 甲寅 Jia Yin				二月大 2nd Mth 乙卯 Yi Mao				閏二月小 2nd Mth				三月小 3rd Mth 丙辰 Bing Chen				四月大 4th Mth 丁巳 Ding Si				五月大 5th Mth 戊午 Wu Wu				六月小 6th Mth 己未 Ji Wei			
九星 9 Star	八白 Eight White				七赤 Seven Red								六白 Six White				五黃 Five Yellow				四綠 Four Green				三碧 Three Jade			
節氣 Season	雨水 Rain Water 29th day 6hr 36min 卯 Mao		立春 Coming of Spring 14th day 10hr 44min 巳 Si		春分 Spring Equinox 30th day 5hr 26min 卯 Mao		驚蟄 Awakening of Worms 15th day 4hr 38min 寅 Yin				清明 Clear and Bright 15th day 9hr 14min 巳 Si		立夏 Coming of Summer 17th day 2hr 20min 丑 Chou		穀雨 Grain Rain 1st day 16hr 15min 申 Shen		芒種 Planting of Thorny Crops 19th day 6hr 20min 卯 Mao		小滿 Small Sprout 3rd day 15hr 11min 申 Shen		小暑 Lesser Heat 2[illegible]th day 1[illegible]hr 32min 申 Shen		夏至 Summer Solstice 4th day 22hr 59min 亥 Hai		立秋 Coming Autumn 22nd day 2hr 24min 丑 Chou		大暑 Greater Heat 6th day 9hr 52min 巳 Si	
農曆 Calendar	國曆 Gregorian		干支 S/B	星 Star	國曆 Gregorian		干支 S/B	星 Star	國曆 Gregorian		干支 S/B	星 Star	國曆 Gregorian		干支 S/B	星 Star	國曆 Gregorian		干支 S/B	星 Star	國曆 Gregorian		干支 S/B	星 Star	國曆 Gregorian		干支 S/B	星 Star
初一 1st	1	22	庚辰	8	2	20	己酉	1	3	22	己卯	4	4	20	戊申	6	5	19	丁丑	8	6	18	丁未	2	7	18	丁丑	5
初二 2nd	1	23	辛巳	9	2	21	庚戌	2	3	23	庚辰	5	4	21	己酉	7	5	20	戊寅	9	6	19	戊申	3	7	19	戊寅	4
初三 3rd	1	24	壬午	1	2	22	辛亥	3	3	24	辛巳	6	4	22	庚戌	8	5	21	己卯	1	6	20	己酉	4	7	20	己卯	3
初四 4th	1	25	癸未	2	2	23	壬子	4	3	25	壬午	7	4	23	辛亥	9	5	22	庚辰	2	6	21	庚戌	5\5	7	21	庚辰	2
初五 5th	1	26	甲申	3	2	24	癸丑	5	3	26	癸未	8	4	24	壬子	1	5	23	辛巳	3	6	22	辛亥	4	7	22	辛巳	1
初六 6th	1	27	乙酉	4	2	25	甲寅	6	3	27	甲申	9	4	25	癸丑	2	5	24	壬午	4	6	23	壬子	3	7	23	壬午	9
初七 7th	1	28	丙戌	5	2	26	乙卯	7	3	28	乙酉	1	4	26	甲寅	3	5	25	癸未	5	6	24	癸丑	2	7	24	癸未	8
初八 8th	1	29	丁亥	6	2	27	丙辰	8	3	29	丙戌	2	4	27	乙卯	4	5	26	甲申	6	6	25	甲寅	1	7	25	甲申	7
初九 9th	1	30	戊子	7	2	28	丁巳	9	3	30	丁亥	3	4	28	丙辰	5	5	27	乙酉	7	6	26	乙卯	9	7	26	乙酉	6
初十 10th	1	31	己丑	8	3	1	戊午	1	3	31	戊子	4	4	29	丁巳	6	5	28	丙戌	8	6	27	丙辰	8	7	27	丙戌	5
十一 11th	2	1	庚寅	9	3	2	己未	2	4	1	己丑	5	4	30	戊午	7	5	29	丁亥	9	6	28	丁巳	7	7	28	丁亥	4
十二 12th	2	2	辛卯	1	3	3	庚申	3	4	2	庚寅	6	5	1	己未	8	5	30	戊子	1	6	29	戊午	6	7	29	戊子	3
十三 13th	2	3	壬辰	2	3	4	辛酉	4	4	3	辛卯	7	5	2	庚申	9	5	31	己丑	2	6	30	己未	5	7	30	己丑	2
十四 14th	2	4	癸巳	3	3	5	壬戌	5	4	4	壬辰	8	5	3	辛酉	1	6	1	庚寅	3	7	1	庚申	4	7	31	庚寅	1
十五 15th	2	5	甲午	4	3	6	癸亥	6	4	5	癸巳	9	5	4	壬戌	2	6	2	辛卯	4	7	2	辛酉	3	8	1	辛卯	9
十六 16th	2	6	乙未	5	3	7	甲子	7	4	6	甲午	1	5	5	癸亥	3	6	3	壬辰	5	7	3	壬戌	2	8	2	壬辰	8
十七 17th	2	7	丙申	6	3	8	乙丑	8	4	7	乙未	2	5	6	甲子	4	6	4	癸巳	6	7	4	癸亥	1	8	3	癸巳	7
十八 18th	2	8	丁酉	7	3	9	丙寅	9	4	8	丙申	3	5	7	乙丑	5	6	5	甲午	7	7	5	甲子	9	8	4	甲午	6
十九 19th	2	9	戊戌	8	3	10	丁卯	1	4	9	丁酉	4	5	8	丙寅	6	6	6	乙未	8	7	6	乙丑	8	8	5	乙未	5
二十 20th	2	10	己亥	9	3	11	戊辰	2	4	10	戊戌	5	5	9	丁卯	7	6	7	丙申	9	7	7	丙寅	7	8	6	丙申	4
廿一 21st	2	11	庚子	1	3	12	己巳	3	4	11	己亥	6	5	10	戊辰	8	6	8	丁酉	1	7	8	丁卯	6	8	7	丁酉	3
廿二 22nd	2	12	辛丑	2	3	13	庚午	4	4	12	庚子	7	5	11	己巳	9	6	9	戊戌	2	7	9	戊辰	5	8	8	戊戌	2
廿三 23rd	2	13	壬寅	3	3	14	辛未	5	4	13	辛丑	8	5	12	庚午	1	6	10	己亥	3	7	10	己巳	4	8	9	己亥	1
廿四 24th	2	14	癸卯	4	3	15	壬申	6	4	14	壬寅	9	5	13	辛未	2	6	11	庚子	4	7	11	庚午	3	8	10	庚子	9
廿五 25th	2	15	甲辰	5	3	16	癸酉	7	4	15	癸卯	1	5	14	壬申	3	6	12	辛丑	5	7	12	辛未	2	8	11	辛丑	8
廿六 26th	2	16	乙巳	6	3	17	甲戌	8	4	16	甲辰	2	5	15	癸酉	4	6	13	壬寅	6	7	13	壬申	1	8	12	壬寅	7
廿七 27th	2	17	丙午	7	3	18	乙亥	9	4	17	乙巳	3	5	16	甲戌	5	6	14	癸卯	7	7	14	癸酉	9	8	13	癸卯	6
廿八 28th	2	18	丁未	8	3	19	丙子	1	4	18	丙午	4	5	17	乙亥	6	6	15	甲辰	8	7	15	甲戌	8	8	14	甲辰	5
廿九 29th	2	19	戊申	9	3	20	丁丑	2	4	19	丁未	5	5	18	丙子	7	6	16	乙巳	9	7	16	乙亥	7	8	15	乙巳	4
三十 30th					3	21	戊寅	3									6	17	丙午	1	7	17	丙子	6				

天干 Ten Stems

甲 Jia Yang Wood
乙 Yi Yin Wood
丙 Bing Yang Fire
丁 Ding Yin Fire
戊 Wu Yang Earth
己 Ji Yin Earth
庚 Geng Yang Metal
辛 Xin Yin Metal
壬 Ren Yang Water
癸 Gui Yin Water

Male Gua:4 巽(Xun) **Female Gua: 2 坤(Kun)** 3 Killing 三煞: West Annual Star: 4 Green

地支 Twelve Branches: 子 Zi Rat · 丑 Chou Ox · 寅 Yin Tiger · 卯 Mao Rabbit · 辰 Chen Dragon · 巳 Si Snake · 午 Wu Horse · 未 Wei Goat · 申 Shen Monkey · 酉 You Rooster · 戌 Xu Dog · 亥 Hai Pig

月干支 Month	七月大 7th Mth				八月大 8th Mth				九月小 9th Mth				十月大 10th Mth				十一月小 11th Mth				十二月大 12th Mth			
	庚申 Geng Shen				辛酉 Xin You				壬戌 Ren Xu				癸亥 Gui Hai				甲子 Jia Zi				乙丑 Yi Chou			
九星 9 Star	二黑 Two Black				一白 One White				九紫 Nine Purple				八白 Eight White				七赤 Seven Red				六白 Six White			
節氣 Season	白露 White Dew 24th day 5hr 28min 卯 Mao		處暑 Heat Ends 8th day 17hr 3min 酉 You		寒露 Cold Dew 24th day 21hr 17min 亥 Hai		秋分 Autumn Equinox 9th day 14hr 52min 未 Wei		立冬 Coming of Winter 25th day 0hr 37min 子 Zi		霜降 Frosting 10th day 0hr 23min 子 Zi		大雪 Greater Snow 25th day 17hr 35min 酉 You		小雪 Lesser Snow 10th day 22hr 4min 亥 Hai		小寒 Lesser Cold 25th day 4hr 51min 寅 Yin		冬至 Winter Solstice 10th day 11hr 29min 午 Wu		立春 Coming of Spring 25th day 16hr 29min 申 Shen		大寒 Greater Cold 10th day 22hr 9min 亥 Hai	
農曆 Calendar	國曆 Gregorian		干支 S/B	星 Star	國曆 Gregorian		干支 S/B	星 Star	國曆 Gregorian		干支 S/B	星 Star	國曆 Gregorian		干支 S/B	星 Star	國曆 Gregorian		干支 S/B	星 Star	國曆 Gregorian		干支 S/B	星 Star
初一 1st	8	16	丙午	3	9	15	丙子	9	10	15	丙午	6	11	13	乙亥	4	12	13	乙巳	1	1	11	甲戌	2
初二 2nd	8	17	丁未	2	9	16	丁丑	8	10	16	丁未	5	11	14	丙子	3	12	14	丙午	9	1	12	乙亥	3
初三 3rd	8	18	戊申	1	9	17	戊寅	7	10	17	戊申	4	11	15	丁丑	2	12	15	丁未	8	1	13	丙子	4
初四 4th	8	19	己酉	9	9	18	己卯	6	10	18	己酉	3	11	16	戊寅	1	12	16	戊申	7	1	14	丁丑	5
初五 5th	8	20	庚戌	8	9	19	庚辰	5	10	19	庚戌	2	11	17	己卯	9	12	17	己酉	6	1	15	戊寅	6
初六 6th	8	21	辛亥	7	9	20	辛巳	4	10	20	辛亥	1	11	18	庚辰	8	12	18	庚戌	5	1	16	己卯	7
初七 7th	8	22	壬子	6	9	21	壬午	3	10	21	壬子	9	11	19	辛巳	7	12	19	辛亥	4	1	17	庚辰	8
初八 8th	8	23	癸丑	5	9	22	癸未	2	10	22	癸丑	8	11	20	壬午	6	12	20	壬子	3	1	18	辛巳	9
初九 9th	8	24	甲寅	4	9	23	甲申	1	10	23	甲寅	7	11	21	癸未	5	12	21	癸丑	2	1	19	壬午	1
初十 10th	8	25	乙卯	3	9	24	乙酉	9	10	24	乙卯	6	11	22	甲申	4	12	22	甲寅	1\9	1	20	癸未	2
十一 11th	8	26	丙辰	2	9	25	丙戌	8	10	25	丙辰	5	11	23	乙酉	3	12	23	乙卯	1	1	21	甲申	3
十二 12th	8	27	丁巳	1	9	26	丁亥	7	10	26	丁巳	4	11	24	丙戌	2	12	24	丙辰	2	1	22	乙酉	4
十三 13th	8	28	戊午	9	9	27	戊子	6	10	27	戊午	3	11	25	丁亥	1	12	25	丁巳	3	1	23	丙戌	5
十四 14th	8	29	己未	8	9	28	己丑	5	10	28	己未	2	11	26	戊子	9	12	26	戊午	4	1	24	丁亥	6
十五 15th	8	30	庚申	7	9	29	庚寅	4	10	29	庚申	1	11	27	己丑	8	12	27	己未	5	1	25	戊子	7
十六 16th	8	31	辛酉	6	9	30	辛卯	3	10	30	辛酉	9	11	28	庚寅	7	12	28	庚申	6	1	26	己丑	8
十七 17th	9	1	壬戌	5	10	1	壬辰	2	10	31	壬戌	8	11	29	辛卯	6	12	29	辛酉	7	1	27	庚寅	9
十八 18th	9	2	癸亥	4	10	2	癸巳	1	11	1	癸亥	7	11	30	壬辰	5	12	30	壬戌	8	1	28	辛卯	1
十九 19th	9	3	甲子	3	10	3	甲午	9	11	2	甲子	6	12	1	癸巳	4	12	31	癸亥	9	1	29	壬辰	2
二十 20th	9	4	乙丑	2	10	4	乙未	8	11	3	乙丑	5	12	2	甲午	3	1	1	甲子	1	1	30	癸巳	3
廿一 21st	9	5	丙寅	1	10	5	丙申	7	11	4	丙寅	4	12	3	乙未	2	1	2	乙丑	2	1	31	甲午	4
廿二 22nd	9	6	丁卯	9	10	6	丁酉	6	11	5	丁卯	3	12	4	丙申	1	1	3	丙寅	3	2	1	乙未	5
廿三 23rd	9	7	戊辰	8	10	7	戊戌	5	11	6	戊辰	2	12	5	丁酉	9	1	4	丁卯	4	2	2	丙申	6
廿四 24th	9	8	己巳	7	10	8	己亥	4	11	7	己巳	1	12	6	戊戌	8	1	5	戊辰	5	2	3	丁酉	7
廿五 25th	9	9	庚午	6	10	9	庚子	3	11	8	庚午	9	12	7	己亥	7	1	6	己巳	6	2	4	戊戌	8
廿六 26th	9	10	辛未	5	10	10	辛丑	2	11	9	辛未	8	12	8	庚子	6	1	7	庚午	7	2	5	己亥	9
廿七 27th	9	11	壬申	4	10	11	壬寅	1	11	10	壬申	7	12	9	辛丑	5	1	8	辛未	8	2	6	庚子	1
廿八 28th	9	12	癸酉	3	10	12	癸卯	9	11	11	癸酉	6	12	10	壬寅	4	1	9	壬申	9	2	7	辛丑	2
廿九 29th	9	13	甲戌	2	10	13	甲辰	8	11	12	甲戌	5	12	11	癸卯	3	1	10	癸酉	1	2	8	壬寅	3
三十 30th	9	14	乙亥	1	10	14	乙巳	7					12	12	甲辰	2					2	9	癸卯	4

2024 甲辰 Wood Dragon

Grand Duke: 李成

六月小 6th Mth				五月大 5th Mth				四月小 4th Mth				三月小 3rd Mth				二月大 2nd Mth				正月小 1st Mth				月干支 Month
辛未 Xin Wei				庚午 Geng Wu				己巳 Ji Si				戊辰 Wu Chen				丁卯 Ding Mao				丙寅 Bing Yin				
九紫 Nine Purple				一白 One White				二黑 Two Black				三碧 Three Jade				四綠 Four Green				五黃 Five Yellow				九星 9 Star
大暑 Greater Heat 17th day 15hr 46min 申 Shen		小暑 Lesser Heat 1st day 22hr 21min 亥 Hai				夏至 Summer Solstice 16th day 4hr 52min 寅 Yin		芒種 Planting of Thorny Crops 29th day 12hr 11min 午 Wu		小滿 Small Sprout 13th day 21hr 1min 亥 Hai		立夏 Coming of Summer 27th day 8hr 12min 辰 Chen		穀雨 Grain Rain 11th day 22hr 1min 亥 Hai		清明 Clear and Bright 26th day 15hr 4min 申 Shen		春分 Spring Equinox 11th day 11hr 8min 午 Wu		驚蟄 Awakening of Worms 25th day 10hr 24min 巳 Si		雨水 Rain Water 10th day 12hr 15min 午 Wu		節氣 Season
國曆 Gregorian		干支 S / B	星 Star	國曆 Gregorian		干支 S / B	星 Star	國曆 Gregorian		干支 S / B	星 Star	國曆 Gregorian		干支 S / B	星 Star	國曆 Gregorian		干支 S / B	星 Star	國曆 Gregorian		干支 S / B	星 Star	農曆 Calendar
7	6	辛未	2	6	6	辛丑	5	5	8	壬申	3	4	9	癸卯	1	3	10	癸酉	7	2	10	甲辰	5	初一 1st
7	7	壬申	1	6	7	壬寅	6	5	9	癸酉	4	4	10	甲辰	2	3	11	甲戌	8	2	11	乙巳	6	初二 2nd
7	8	癸酉	9	6	8	癸卯	7	5	10	甲戌	5	4	11	乙巳	3	3	12	乙亥	9	2	12	丙午	7	初三 3rd
7	9	甲戌	8	6	9	甲辰	8	5	11	乙亥	6	4	12	丙午	4	3	13	丙子	1	2	13	丁未	8	初四 4th
7	10	乙亥	7	6	10	乙巳	9	5	12	丙子	7	4	13	丁未	5	3	14	丁丑	2	2	14	戊申	9	初五 5th
7	11	丙子	6	6	11	丙午	1	5	13	丁丑	8	4	14	戊申	6	3	15	戊寅	3	2	15	己酉	1	初六 6th
7	12	丁丑	5	6	12	丁未	2	5	14	戊寅	9	4	15	己酉	7	3	16	己卯	4	2	16	庚戌	2	初七 7th
7	13	戊寅	4	6	13	戊申	3	5	15	己卯	1	4	16	庚戌	8	3	17	庚辰	5	2	17	辛亥	3	初八 8th
7	14	己卯	3	6	14	己酉	4	5	16	庚辰	2	4	17	辛亥	9	3	18	辛巳	6	2	18	壬子	4	初九 9th
7	15	庚辰	2	6	15	庚戌	5	5	17	辛巳	3	4	18	壬子	1	3	19	壬午	7	2	19	癸丑	5	初十 10th
7	16	辛巳	1	6	16	辛亥	6	5	18	壬午	4	4	19	癸丑	2	3	20	癸未	8	2	20	甲寅	6	十一 11th
7	17	壬午	9	6	17	壬子	7	5	19	癸未	5	4	20	甲寅	3	3	21	甲申	9	2	21	乙卯	7	十二 12th
7	18	癸未	8	6	18	癸丑	8	5	20	甲申	6	4	21	乙卯	4	3	22	乙酉	1	2	22	丙辰	8	十三 13th
7	19	甲申	7	6	19	甲寅	9	5	21	乙酉	7	4	22	丙辰	5	3	23	丙戌	2	2	23	丁巳	9	十四 14th
7	20	乙酉	6	6	20	乙卯	1	5	22	丙戌	8	4	23	丁巳	6	3	24	丁亥	3	2	24	戊午	1	十五 15th
7	21	丙戌	5	6	21	丙辰	2\8	5	23	丁亥	9	4	24	戊午	7	3	25	戊子	4	2	25	己未	2	十六 16th
7	22	丁亥	4	6	22	丁巳	7	5	24	戊子	1	4	25	己未	8	3	26	己丑	5	2	26	庚申	3	十七 17th
7	23	戊子	3	6	23	戊午	6	5	25	己丑	2	4	26	庚申	9	3	27	庚寅	6	2	27	辛酉	4	十八 18th
7	24	己丑	2	6	24	己未	5	5	26	庚寅	3	4	27	辛酉	1	3	28	辛卯	7	2	28	壬戌	5	十九 19th
7	25	庚寅	1	6	25	庚申	4	5	27	辛卯	4	4	28	壬戌	2	3	29	壬辰	8	2	29	癸亥	6	二十 20th
7	26	辛卯	9	6	26	辛酉	3	5	28	壬辰	5	4	29	癸亥	3	3	30	癸巳	9	3	1	甲子	7	廿一 21st
7	27	壬辰	8	6	27	壬戌	2	5	29	癸巳	6	4	30	甲子	4	3	31	甲午	1	3	2	乙丑	8	廿二 22nd
7	28	癸巳	7	6	28	癸亥	1	5	30	甲午	7	5	1	乙丑	5	4	1	乙未	2	3	3	丙寅	9	廿三 23rd
7	29	甲午	6	6	29	甲子	9	5	31	乙未	8	5	2	丙寅	6	4	2	丙申	3	3	4	丁卯	1	廿四 24th
7	30	乙未	5	6	30	乙丑	8	6	1	丙申	9	5	3	丁卯	7	4	3	丁酉	4	3	5	戊辰	2	廿五 25th
7	31	丙申	4	7	1	丙寅	7	6	2	丁酉	1	5	4	戊辰	8	4	4	戊戌	5	3	6	己巳	3	廿六 26th
8	1	丁酉	3	7	2	丁卯	6	6	3	戊戌	2	5	5	己巳	9	4	5	己亥	6	3	7	庚午	4	廿七 27th
8	2	戊戌	2	7	3	戊辰	5	6	4	己亥	3	5	6	庚午	1	4	6	庚子	7	3	8	辛未	5	廿八 28th
8	3	己亥	1	7	4	己巳	4	6	5	庚子	4	5	7	辛未	2	4	7	辛丑	8	3	9	壬申	6	廿九 29th
				7	5	庚午	3									4	8	壬寅	9					三十 30th

天干 Ten Stems: 甲 Jia Yang Wood · 乙 Yi Yin Wood · 丙 Bing Yang Fire · 丁 Ding Yin Fire · 戊 Wu Yang Earth · 己 Ji Yin Earth · 庚 Geng Yang Metal · 辛 Xin Yin Metal · 壬 Ren Yang Water · 癸 Gui Yin Water

Male Gua: 3 震(Zhen) Female Gua: 3 震(Zhen) 3 Killing 三煞: South Annual Star: 3 Jade

十二月小 12th Mth				十一月大 11th Mth				十月大 10th Mth				九月小 9th Mth				八月大 8th Mth				七月大 7th Mth				月干支 Month
丁丑 Ding Chou				丙子 Bing Zi				乙亥 Yi Hai				甲戌 Jia Xu				癸酉 Gui You				壬申 Ren Shen				
三碧 Three Jade				四綠 Four Green				五黃 Five Yellow				六白 Six White				七赤 Seven Red				八白 Eight White				九星 9 Star
大寒 Greater Cold		小寒 Lesser Cold		冬至 Winter Solstice		大雪 Greater Snow		小雪 Lesser Snow		立冬 Coming of Winter		霜降 Frosting		寒露 Cold Dew		秋分 Autumn Equinox		白露 White Dew		處暑 Heat Ends		立秋 Coming Autumn		節氣 Season
21st day 4hr 2min 寅 Yin		5th day 10hr 35min 巳 Si		21st day 17hr 22min 酉 You		6th day 23hr 19min 子 Zi		22nd day 3hr 58min 寅 Yin		7th day 6hr 22min 卯 Mao		21st day 6hr 16min 卯 Mao		6th day 3hr 2min 寅 Yin		20th day 20hr 45min 戌 Xu		5th day 11hr 13min 午 Wu		19th day 22hr 57min 亥 Hai		4th day 8hr 11min 辰 Chen		
國曆 Gregorian		干支 S/B	星 Star	國曆 Gregorian		干支 S/B	星 Star	國曆 Gregorian		干支 S/B	星 Star	國曆 Gregorian		干支 S/B	星 Star	國曆 Gregorian		干支 S/B	星 Star	國曆 Gregorian		干支 S/B	星 Star	農曆 Calendar
12	31	己巳	6	12	1	己亥	7	11	1	己巳	1	10	3	庚子	3	9	3	庚午	6	8	4	庚子	9	初一 1st
1	1	庚午	7	12	2	庚子	6	11	2	庚午	9	10	4	辛丑	2	9	4	辛未	5	8	5	辛丑	8	初二 2nd
1	2	辛未	8	12	3	辛丑	5	11	3	辛未	8	10	5	壬寅	1	9	5	壬申	4	8	6	壬寅	7	初三 3rd
1	3	壬申	9	12	4	壬寅	4	11	4	壬申	7	10	6	癸卯	9	9	6	癸酉	3	8	7	癸卯	6	初四 4th
1	4	癸酉	1	12	5	癸卯	3	11	5	癸酉	6	10	7	甲辰	8	9	7	甲戌	2	8	8	甲辰	5	初五 5th
1	5	甲戌	2	12	6	甲辰	2	11	6	甲戌	5	10	8	乙巳	7	9	8	乙亥	1	8	9	乙巳	4	初六 6th
1	6	乙亥	3	12	7	乙巳	1	11	7	乙亥	4	10	9	丙午	6	9	9	丙子	9	8	10	丙午	3	初七 7th
1	7	丙子	4	12	8	丙午	9	11	8	丙子	3	10	10	丁未	5	9	10	丁丑	8	8	11	丁未	2	初八 8th
1	8	丁丑	5	12	9	丁未	8	11	9	丁丑	2	10	11	戊申	4	9	11	戊寅	7	8	12	戊申	1	初九 9th
1	9	戊寅	6	12	10	戊申	7	11	10	戊寅	1	10	12	己酉	3	9	12	己卯	6	8	13	己酉	9	初十 10th
1	10	己卯	7	12	11	己酉	6	11	11	己卯	9	10	13	庚戌	2	9	13	庚辰	5	8	14	庚戌	8	十一 11th
1	11	庚辰	8	12	12	庚戌	5	11	12	庚辰	8	10	14	辛亥	1	9	14	辛巳	4	8	15	辛亥	7	十二 12th
1	12	辛巳	9	12	13	辛亥	4	11	13	辛巳	7	10	15	壬子	9	9	15	壬午	3	8	16	壬子	6	十三 13th
1	13	壬午	1	12	14	壬子	3	11	14	壬午	6	10	16	癸丑	8	9	16	癸未	2	8	17	癸丑	5	十四 14th
1	14	癸未	2	12	15	癸丑	2	11	15	癸未	5	10	17	甲寅	7	9	17	甲申	1	8	18	甲寅	4	十五 15th
1	15	甲申	3	12	16	甲寅	1	11	16	甲申	4	10	18	乙卯	6	9	18	乙酉	9	8	19	乙卯	3	十六 16th
1	16	乙酉	4	12	17	乙卯	9	11	17	乙酉	3	10	19	丙辰	5	9	19	丙戌	8	8	20	丙辰	2	十七 17th
1	17	丙戌	5	12	18	丙辰	8	11	18	丙戌	2	10	20	丁巳	4	9	20	丁亥	7	8	21	丁巳	1	十八 18th
1	18	丁亥	6	12	19	丁巳	7	11	19	丁亥	1	10	21	戊午	3	9	21	戊子	6	8	22	戊午	9	十九 19th
1	19	戊子	7	12	20	戊午	6	11	20	戊子	9	10	22	己未	2	9	22	己丑	5	8	23	己未	8	二十 20th
1	20	己丑	8	12	21	己未	5\5	11	21	己丑	8	10	23	庚申	1	9	23	庚寅	4	8	24	庚申	7	廿一 21st
1	21	庚寅	9	12	22	庚申	6	11	22	庚寅	7	10	24	辛酉	9	9	24	辛卯	3	8	25	辛酉	6	廿二 22nd
1	22	辛卯	1	12	23	辛酉	7	11	23	辛卯	6	10	25	壬戌	8	9	25	壬辰	2	8	26	壬戌	5	廿三 23rd
1	23	壬辰	2	12	24	壬戌	8	11	24	壬辰	5	10	26	癸亥	7	9	26	癸巳	1	8	27	癸亥	4	廿四 24th
1	24	癸巳	3	12	25	癸亥	9	11	25	癸巳	4	10	27	甲子	6	9	27	甲午	9	8	28	甲子	3	廿五 25th
1	25	甲午	4	12	26	甲子	1	11	26	甲午	3	10	28	乙丑	5	9	28	乙未	8	8	29	乙丑	2	廿六 26th
1	26	乙未	5	12	27	乙丑	2	11	27	乙未	2	10	29	丙寅	4	9	29	丙申	7	8	30	丙寅	1	廿七 27th
1	27	丙申	6	12	28	丙寅	3	11	28	丙申	1	10	30	丁卯	3	9	30	丁酉	6	8	31	丁卯	9	廿八 28th
1	28	丁酉	7	12	29	丁卯	4	11	29	丁酉	9	10	31	戊辰	2	10	1	戊戌	5	9	1	戊辰	8	廿九 29th
				12	30	戊辰	5	11	30	戊戌	8					10	2	己亥	4	9	2	己巳	7	三十 30th

地支 Twelve Branches: 子 Zi Rat; 丑 Chou Ox; 寅 Yin Tiger; 卯 Mao Rabbit; 辰 Chen Dragon; 巳 Si Snake; 午 Wu Horse; 未 Wei Goat; 申 Shen Monkey; 酉 You Rooster; 戌 Xu Dog; 亥 Hai Pig

2025 乙巳 Wood Snake

Grand Duke: 吳遂

月干支 Month	正月大 1st Mth				二月小 2nd Mth				三月大 3rd Mth			
	戊寅 Wu Yin				己卯 Ji Mao				庚辰 Geng Chen			
九星 9 Star	二黑 Two Black				一白 One White				九紫 Nine Purple			
節氣 Season	雨水 Rain Water		立春 Coming of Spring		春分 Spring Equinox		驚蟄 Awakening of Worms		穀雨 Grain Rain		清明 Clear and Bright	
	21st day		6th day		21st day		6th day		23rd day		7th day	
	18hr 8min		22hr 12min		17hr 3min		16hr 9min		3hr 57min		20hr 50min	
	酉 You		亥 Hai		酉 You		申 Shen		寅 Yin		戌 Xu	
農曆 Calendar	國曆 Gregorian		干支 S / B	星 Star	國曆 Gregorian		干支 S / B	星 Star	國曆 Gregorian		干支 S / B	星 Star
初一 1st	1	29	戊戌	8	2	28	戊辰	2	3	29	丁酉	4
初二 2nd	1	30	己亥	9	3	1	己巳	3	3	30	戊戌	5
初三 3rd	1	31	庚子	1	3	2	庚午	4	3	31	己亥	6
初四 4th	2	1	辛丑	2	3	3	辛未	5	4	1	庚子	7
初五 5th	2	2	壬寅	3	3	4	壬申	6	4	2	辛丑	8
初六 6th	2	3	癸卯	4	3	5	癸酉	7	4	3	壬寅	9
初七 7th	2	4	甲辰	5	3	6	甲戌	8	4	4	癸卯	1
初八 8th	2	5	乙巳	6	3	7	乙亥	9	4	5	甲辰	2
初九 9th	2	6	丙午	7	3	8	丙子	1	4	6	乙巳	3
初十 10th	2	7	丁未	8	3	9	丁丑	2	4	7	丙午	4
十一 11th	2	8	戊申	9	3	10	戊寅	3	4	8	丁未	5
十二 12th	2	9	己酉	1	3	11	己卯	4	4	9	戊申	6
十三 13th	2	10	庚戌	2	3	12	庚辰	5	4	10	己酉	7
十四 14th	2	11	辛亥	3	3	13	辛巳	6	4	11	庚戌	8
十五 15th	2	12	壬子	4	3	14	壬午	7	4	12	辛亥	9
十六 16th	2	13	癸丑	5	3	15	癸未	8	4	13	壬子	1
十七 17th	2	14	甲寅	6	3	16	甲申	9	4	14	癸丑	2
十八 18th	2	15	乙卯	7	3	17	乙酉	1	4	15	甲寅	3
十九 19th	2	16	丙辰	8	3	18	丙戌	2	4	16	乙卯	4
二十 20th	2	17	丁巳	9	3	19	丁亥	3	4	17	丙辰	5
廿一 21st	2	18	戊午	1	3	20	戊子	4	4	18	丁巳	6
廿二 22nd	2	19	己未	2	3	21	己丑	5	4	19	戊午	7
廿三 23rd	2	20	庚申	3	3	22	庚寅	6	4	20	己未	8
廿四 24th	2	21	辛酉	4	3	23	辛卯	7	4	21	庚申	9
廿五 25th	2	22	壬戌	5	3	24	壬辰	8	4	22	辛酉	1
廿六 26th	2	23	癸亥	6	3	25	癸巳	9	4	23	壬戌	2
廿七 27th	2	24	甲子	7	3	26	甲午	1	4	24	癸亥	3
廿八 28th	2	25	乙丑	8	3	27	乙未	2	4	25	甲子	4
廿九 29th	2	26	丙寅	9	3	28	丙申	3	4	26	乙丑	5
三十 30th	2	27	丁卯	1					4	27	丙寅	6

月干支 Month	四月小 4th Mth				五月小 5th Mth				六月大 6th Mth			
	辛巳 Xin Si				壬午 Ren Wu				癸未 Gui Wei			
九星 9 Star	八白 Eight White				七赤 Seven Red				六白 Six White			
節氣 Season	小滿 Small Sprout		立夏 Coming of Summer		夏至 Summer Solstice		芒種 Planting of Thorny Crops		大暑 Greater Heat		小暑 Lesser Heat	
	24th day		8th day		26th day		10th day		28th day		13th day	
	2hr 56min		13hr 59min		10hr 44min		17hr 58min		21hr 31min		4hr 6min	
	丑 Chou		未 Wei		巳 Si		酉 You		亥 Hai		寅 Yin	
農曆 Calendar	國曆 Gregorian		干支 S / B	星 Star	國曆 Gregorian		干支 S / B	星 Star	國曆 Gregorian		干支 S / B	星 Star
初一 1st	4	28	丁卯	7	5	27	丙申	9	6	25	乙丑	8
初二 2nd	4	29	戊辰	8	5	28	丁酉	1	6	26	丙寅	7
初三 3rd	4	30	己巳	9	5	29	戊戌	2	6	27	丁卯	6
初四 4th	5	1	庚午	1	5	30	己亥	3	6	28	戊辰	5
初五 5th	5	2	辛未	2	5	31	庚子	4	6	29	己巳	4
初六 6th	5	3	壬申	3	6	1	辛丑	5	6	30	庚午	3
初七 7th	5	4	癸酉	4	6	2	壬寅	6	7	1	辛未	2
初八 8th	5	5	甲戌	5	6	3	癸卯	7	7	2	壬申	1
初九 9th	5	6	乙亥	6	6	4	甲辰	8	7	3	癸酉	9
初十 10th	5	7	丙子	7	6	5	乙巳	9	7	4	甲戌	8
十一 11th	5	8	丁丑	8	6	6	丙午	1	7	5	乙亥	7
十二 12th	5	9	戊寅	9	6	7	丁未	2	7	6	丙子	6
十三 13th	5	10	己卯	1	6	8	戊申	3	7	7	丁丑	5
十四 14th	5	11	庚辰	2	6	9	己酉	4	7	8	戊寅	4
十五 15th	5	12	辛巳	3	6	10	庚戌	5	7	9	己卯	3
十六 16th	5	13	壬午	4	6	11	辛亥	6	7	10	庚辰	2
十七 17th	5	14	癸未	5	6	12	壬子	7	7	11	辛巳	1
十八 18th	5	15	甲申	6	6	13	癸丑	8	7	12	壬午	9
十九 19th	5	16	乙酉	7	6	14	甲寅	9	7	13	癸未	8
二十 20th	5	17	丙戌	8	6	15	乙卯	1	7	14	甲申	7
廿一 21st	5	18	丁亥	9	6	16	丙辰	2	7	15	乙酉	6
廿二 22nd	5	19	戊子	1	6	17	丁巳	3	7	16	丙戌	5
廿三 23rd	5	20	己丑	2	6	18	戊午	4	7	17	丁亥	4
廿四 24th	5	21	庚寅	3	6	19	己未	5	7	18	戊子	3
廿五 25th	5	22	辛卯	4	6	20	庚申	6	7	19	己丑	2
廿六 26th	5	23	壬辰	5	6	21	辛酉	7\3	7	20	庚寅	1
廿七 27th	5	24	癸巳	6	6	22	壬戌	2	7	21	辛卯	9
廿八 28th	5	25	甲午	7	6	23	癸亥	1	7	22	壬辰	8
廿九 29th	5	26	乙未	8	6	24	甲子	9	7	23	癸巳	7
三十 30th									7	24	甲午	6

天干 Ten Stems

- 甲 Jia Yang Wood
- 乙 Yi Yin Wood
- 丙 Bing Yang Fire
- 丁 Ding Yin Fire
- 戊 Wu Yang Earth
- 己 Ji Yin Earth
- 庚 Geng Yang Metal
- 辛 Xin Yin Metal
- 壬 Ren Yang Water
- 癸 Gui Yin Water

Male Gua: 2 坤(Kun) **Female Gua: 4 巽(Xun)** 3 Killing 三煞： East Annual Star: 2 Black

地支 Twelve Branches	十二月小 12th Mth				十一月大 11th Mth				十月大 10th Mth				九月大 9th Mth				八月小 8th Mth				七月大 7th Mth				閏六月小 6th Mth				月干支 Month
	己丑 Ji Chou				戊子 Wu Zi				丁亥 Ding Hai				丙戌 Bing Xu				乙酉 Yi You				甲申 Jia Shen								
	九紫 Nine Purple				一白 One White				二黑 Two Black				三碧 Three Jade				四綠 Four Green				五黃 Five Yellow								九星 9 Star
子 Zi Rat	立春 Coming of Spring		大寒 Greater Cold		小寒 Lesser Cold		冬至 Winter Solstice		大雪 Greater Snow		小雪 Lesser Snow		立冬 Coming of Winter		霜降 Frosting		寒露 Cold Dew		秋分 Autumn Equinox		白露 Autumn Equinox		處暑 Heat Ends				立秋 Coming Autumn		節氣 Season
	17th day		2nd day		17th day		2nd day		18th day		3rd day		18th day		3rd day		17th day		2nd day		13th day		1st day				14th day		
丑 Chou Ox	4hr 4min		9hr 47min		16hr 25min		23hr 5min		5hr 6min		9hr 37min		12hr 6min		11hr 53min		8hr 43min		2hr 21min		16hr 53min		4hr 35min				13hr 53min		
	寅 Yin		巳 Si		申 Shen		子 Zi		卯 Mao		巳 Si		午 Wu		午 Wu		辰 Chen		丑 Chou		申 Shen		寅 Yin				未 Wei		
	國曆 Gregorian		干支 S/B	星 Star	國曆 Gregorian		干支 S/B	星 Star	國曆 Gregorian		干支 S/B	星 Star	國曆 Gregorian		干支 S/B	星 Star	國曆 Gregorian		干支 S/B	星 Star	國曆 Gregorian		干支 S/B	星 Star	國曆 Gregorian		干支 S/B	星 Star	農曆 Calendar
寅 Yin Tiger	1	19	癸巳	3	12	20	癸亥	1	11	20	癸巳	4	10	21	癸亥	7	9	22	甲午	9	8	23	甲子	3	7	25	乙未	5	初一 1st
	1	20	甲午	4	12	21	甲子	9\1	11	21	甲午	3	10	22	甲子	6	9	23	乙未	8	8	24	乙丑	2	7	26	丙申	4	初二 2nd
	1	21	乙未	5	12	22	乙丑	2	11	22	乙未	2	10	23	乙丑	5	9	24	丙申	7	8	25	丙寅	1	7	27	丁酉	3	初三 3rd
卯 Mao Rabbit	1	22	丙申	6	12	23	丙寅	3	11	23	丙申	1	10	24	丙寅	4	9	25	丁酉	6	8	26	丁卯	9	7	28	戊戌	2	初四 4th
	1	23	丁酉	7	12	24	丁卯	4	11	24	丁酉	9	10	25	丁卯	3	9	26	戊戌	5	8	27	戊辰	8	7	29	己亥	1	初五 5th
	1	24	戊戌	8	12	25	戊辰	5	11	25	戊戌	8	10	26	戊辰	2	9	27	己亥	4	8	28	己巳	7	7	30	庚子	9	初六 6th
辰 Chen Dragon	1	25	己亥	9	12	26	己巳	6	11	26	己亥	7	10	27	己巳	1	9	28	庚子	3	8	29	庚午	6	7	31	辛丑	8	初七 7th
	1	26	庚子	1	12	27	庚午	7	11	27	庚子	6	10	28	庚午	9	9	29	辛丑	2	8	30	辛未	5	8	1	壬寅	7	初八 8th
	1	27	辛丑	2	12	28	辛未	8	11	28	辛丑	5	10	29	辛未	8	9	30	壬寅	1	8	31	壬申	4	8	2	癸卯	6	初九 9th
巳 Si Snake	1	28	壬寅	3	12	29	壬申	9	11	29	壬寅	4	10	30	壬申	7	10	1	癸卯	9	9	1	癸酉	3	8	3	甲辰	5	初十 10th
	1	29	癸卯	4	12	30	癸酉	1	11	30	癸卯	3	10	31	癸酉	6	10	2	甲辰	8	9	2	甲戌	2	8	4	乙巳	4	十一 11th
	1	30	甲辰	5	12	31	甲戌	2	12	1	甲辰	2	11	1	甲戌	5	10	3	乙巳	7	9	3	乙亥	1	8	5	丙午	3	十二 12th
午 Wu Horse	1	31	乙巳	6	1	1	乙亥	3	12	2	乙巳	1	11	2	乙亥	4	10	4	丙午	6	9	4	丙子	9	8	6	丁未	2	十三 13th
	2	1	丙午	7	1	2	丙子	4	12	3	丙午	9	11	3	丙子	3	10	5	丁未	5	9	5	丁丑	8	8	7	戊申	1	十四 14th
	2	2	丁未	8	1	3	丁丑	5	12	4	丁未	8	11	4	丁丑	2	10	6	戊申	4	9	6	戊寅	7	8	8	己酉	9	十五 15th
未 Wei Goat	2	3	戊申	9	1	4	戊寅	6	12	5	戊申	7	11	5	戊寅	1	10	7	己酉	3	9	7	己卯	6	8	9	庚戌	8	十六 16th
	2	4	己酉	1	1	5	己卯	7	12	6	己酉	6	11	6	己卯	9	10	8	庚戌	2	9	8	庚辰	5	8	10	辛亥	7	十七 17th
	2	5	庚戌	2	1	6	庚辰	8	12	7	庚戌	5	11	7	庚辰	8	10	9	辛亥	1	9	9	辛巳	4	8	11	壬子	6	十八 18th
申 Shen Monkey	2	6	辛亥	3	1	7	辛巳	9	12	8	辛亥	4	11	8	辛巳	7	10	10	壬子	9	9	10	壬午	3	8	12	癸丑	5	十九 19th
	2	7	壬子	4	1	8	壬午	1	12	9	壬子	3	11	9	壬午	6	10	11	癸丑	8	9	11	癸未	2	8	13	甲寅	4	二十 20th
	2	8	癸丑	5	1	9	癸未	2	12	10	癸丑	2	11	10	癸未	5	10	12	甲寅	7	9	12	甲申	1	8	14	乙卯	3	廿一 21st
酉 You Rooster	2	9	甲寅	6	1	10	甲申	3	12	11	甲寅	1	11	11	甲申	4	10	13	乙卯	6	9	13	乙酉	9	8	15	丙辰	2	廿二 22nd
	2	10	乙卯	7	1	11	乙酉	4	12	12	乙卯	9	11	12	乙酉	3	10	14	丙辰	5	9	14	丙戌	8	8	16	丁巳	1	廿三 23rd
	2	11	丙辰	8	1	12	丙戌	5	12	13	丙辰	8	11	13	丙戌	2	10	15	丁巳	4	9	15	丁亥	7	8	17	戊午	9	廿四 24th
戌 Xu Dog	2	12	丁巳	9	1	13	丁亥	6	12	14	丁巳	7	11	14	丁亥	1	10	16	戊午	3	9	16	戊子	6	8	18	己未	8	廿五 25th
	2	13	戊午	[illegible]	1	14	戊子	7	12	15	戊午	6	11	15	戊子	9	10	17	己未	2	9	17	己丑	5	8	19	庚申	7	廿六 26th
	2	14	己未	2	1	15	己丑	8	12	16	己未	5	11	16	己丑	8	10	18	庚申	1	9	18	庚寅	4	8	20	辛酉	6	廿七 27th
亥 Hai Pig	2	15	庚申	3	1	16	庚寅	9	12	17	庚申	4	11	17	庚寅	7	10	19	辛酉	9	9	19	辛卯	3	8	21	壬戌	5	廿八 28th
	2	16	辛酉	4	1	17	辛卯	1	12	18	辛酉	3	11	18	辛卯	6	10	20	壬戌	8	9	20	壬辰	2	8	22	癸亥	4	廿九 29th
					1	18	壬辰	2	12	19	壬戌	2	11	19	壬辰	5					9	21	癸巳	1					三十 30th

2026 丙午 Fire Horse

Grand Duke: 文折

天干 Ten Stems: 甲 Jia Yang Wood · 乙 Yi Yin Wood · 丙 Bing Yang Fire · 丁 Ding Yin Fire · 戊 Wu Yang Earth · 己 Ji Yin Earth · 庚 Geng Yang Metal · 辛 Xin Yin Metal · 壬 Ren Yang Water · 癸 Gui Yin Water

六月大 6th Mth				五月小 5th Mth				四月小 4th Mth				三月大 3rd Mth				二月小 2nd Mth				正月大 1st Mth				月干支 Month
乙未 Yi Wei				甲午 Jia Wu				癸巳 Gui Si				壬辰 Ren Chen				辛卯 Xin Mao				庚寅 Geng Yin				
三碧 Three Jade				四綠 Four Green				五黃 Five Yellow				六白 Six White				七赤 Seven Red				八白 Eight White				九星 9 Star
立秋 Coming Autumn		大暑 Greater Heat		小暑 Lesser Heat		夏至 Summer Solstice		芒種 Planting of Thorny Crops		小滿 Small Sprout		立夏 Coming of Summer		穀雨 Grain Rain		清明 Clear and Bright		春分 Spring Equinox		驚蟄 Awakening of Worms		雨水 Rain Water		節氣 Season
25th day		10th day		23rd day		7th day		20th day		5th day		19th day		4th day		18th day		2nd day		17th day		2nd day		
19hr 44min		3hr 15min		9hr 58min		16hr 26min		23hr 50min		8hr 38min		19hr 50min		9hr 41min		2hr 42min		22hr 47min		22hr 0min		23hr 54min		
戌 Xu		寅 Yin		巳 Si		申 Shen		子 Zi		辰 Chen		戌 Xu		巳 Si		丑 Chou		亥 Hai		亥 Hai		子 Zi		
國曆 Gregorian		干支 S / B	星 Star	國曆 Gregorian		干支 S / B	星 Star	國曆 Gregorian		干支 S / B	星 Star	國曆 Gregorian		干支 S / B	星 Star	國曆 Gregorian		干支 S / B	星 Star	國曆 Gregorian		干支 S / B	星 Star	農曆 Calendar
7	14	己丑	8	6	15	庚申	6	5	17	辛卯	4	4	17	辛酉	1	3	19	壬辰	8	2	17	壬戌	5	初一 1st
7	15	庚寅	7	6	16	辛酉	7	5	18	壬辰	5	4	18	壬戌	2	3	20	癸巳	9	2	18	癸亥	6	初二 2nd
7	16	辛卯	6	6	17	壬戌	8	5	19	癸巳	6	4	19	癸亥	3	3	21	甲午	1	2	19	甲子	7	初三 3rd
7	17	壬辰	5	6	18	癸亥	9	5	20	甲午	7	4	20	甲子	4	3	22	乙未	2	2	20	乙丑	8	初四 4th
7	18	癸巳	4	6	19	甲子	1	5	21	乙未	8	4	21	乙丑	5	3	23	丙申	3	2	21	丙寅	9	初五 5th
7	19	甲午	3	6	20	乙丑	2	5	22	丙申	9	4	22	丙寅	6	3	24	丁酉	4	2	22	丁卯	1	初六 6th
7	20	乙未	2	6	21	丙寅	3\4	5	23	丁酉	1	4	23	丁卯	7	3	25	戊戌	5	2	23	戊辰	2	初七 7th
7	21	丙申	1	6	22	丁卯	3	5	24	戊戌	2	4	24	戊辰	8	3	26	己亥	6	2	24	己巳	3	初八 8th
7	22	丁酉	9	6	23	戊辰	2	5	25	己亥	3	4	25	己巳	9	3	27	庚子	7	2	25	庚午	4	初九 9th
7	23	戊戌	8	6	24	己巳	1	5	26	庚子	4	4	26	庚午	1	3	28	辛丑	8	2	26	辛未	5	初十 10th
7	24	己亥	7	6	25	庚午	9	5	27	辛丑	5	4	27	辛未	2	3	29	壬寅	9	2	27	壬申	6	十一 11th
7	25	庚子	6	6	26	辛未	8	5	28	壬寅	6	4	28	壬申	3	3	30	癸卯	1	2	28	癸酉	7	十二 12th
7	26	辛丑	5	6	27	壬申	7	5	29	癸卯	7	4	29	癸酉	4	3	31	甲辰	2	3	1	甲戌	8	十三 13th
7	27	壬寅	4	6	28	癸酉	6	5	30	甲辰	8	4	30	甲戌	5	4	1	乙巳	3	3	2	乙亥	9	十四 14th
7	28	癸卯	3	6	29	甲戌	5	5	31	乙巳	9	5	1	乙亥	6	4	2	丙午	4	3	3	丙子	1	十五 15th
7	29	甲辰	2	6	30	乙亥	4	6	1	丙午	1	5	2	丙子	7	4	3	丁未	5	3	4	丁丑	2	十六 16th
7	30	乙巳	1	7	1	丙子	3	6	2	丁未	2	5	3	丁丑	8	4	4	戊申	6	3	5	戊寅	3	十七 17th
7	31	丙午	9	7	2	丁丑	2	6	3	戊申	3	5	4	戊寅	9	4	5	己酉	7	3	6	己卯	4	十八 18th
8	1	丁未	8	7	3	戊寅	1	6	4	己酉	4	5	5	己卯	1	4	6	庚戌	8	3	7	庚辰	5	十九 19th
8	2	戊申	7	7	4	己卯	9	6	5	庚戌	5	5	6	庚辰	2	4	7	辛亥	9	3	8	辛巳	6	二十 20th
8	3	己酉	6	7	5	庚辰	8	6	6	辛亥	6	5	7	辛巳	3	4	8	壬子	1	3	9	壬午	7	廿一 21st
8	4	庚戌	5	7	6	辛巳	7	6	7	壬子	7	5	8	壬午	4	4	9	癸丑	2	3	10	癸未	8	廿二 22nd
8	5	辛亥	4	7	7	壬午	6	6	8	癸丑	8	5	9	癸未	5	4	10	甲寅	3	3	11	甲申	9	廿三 23rd
8	6	壬子	3	7	8	癸未	5	6	9	甲寅	9	5	10	甲申	6	4	11	乙卯	4	3	12	乙酉	1	廿四 24th
8	7	癸丑	2	7	9	甲申	4	6	10	乙卯	1	5	11	乙酉	7	4	12	丙辰	5	3	13	丙戌	2	廿五 25th
8	8	甲寅	1	7	10	乙酉	3	6	11	丙辰	2	5	12	丙戌	8	4	13	丁巳	6	3	14	丁亥	3	廿六 26th
8	9	乙卯	9	7	11	丙戌	2	6	12	丁巳	3	5	13	丁亥	9	4	14	戊午	7	3	15	戊子	4	廿七 27th
8	10	丙辰	8	7	12	丁亥	1	6	13	戊午	4	5	14	戊子	1	4	15	己未	8	3	16	己丑	5	廿八 28th
8	11	丁巳	7	7	13	戊子	9	6	14	己未	5	5	15	己丑	2	4	16	庚申	9	3	17	庚寅	6	廿九 29th
8	12	戊午	6									5	16	庚寅	3					3	18	辛卯	7	三十 30th

Male Gua:1 坎(Kan) Female Gua: 8 艮(Gen) 3 Killing 三煞: North Annual Star: 1 White

十二月小 12th Mth				十一月大 11th Mth				十月大 10th Mth				九月大 9th Mth				八月小 8th Mth				七月小 7th Mth				月干支 Month
辛丑 Xin Chou				庚子 Geng Zi				己亥 Ji Hai				戊戌 Wu Xu				丁酉 Ding You				丙申 Bing Shen				
六白 Six White				七赤 Seven Red				八白 Eight White				九紫 Nine Purple				一白 One White				二黑 Two Black				九星 9 Star
立春 Coming of Spring		大寒 Greater Cold		小寒 Lesser Cold		冬至 Winter Solstice		大雪 Greater Snow		小雪 Lesser Snow		立冬 Coming of Winter		霜降 Frosting		寒露 Cold Dew		秋分 Autumn Equinox		白露 White Dew		處暑 Heat Ends		節氣 Season
28th day		13th day		28th day		14th day		29th day		14th day		29th day		14th day		28th day		3th day		26th day		11th day		
9hr 48min		15hr 32min		22hr 12min		4hr 52min		10hr 54min		15hr 25min		17hr 54min		17hr 40min		14hr 31min		8hr 7min		22hr 43min		10hr 20min		
巳 Si		申 Shen		亥 Hai		寅 Yin		巳 Si		申 Shen		酉 You		酉 You		未 Wei		辰 Chen		亥 Hai		巳 Si		
國曆 Gregorian		干支 S/B	星 Star	國曆 Gregorian		干支 S/B	星 Star	國曆 Gregorian		干支 S/B	星 Star	國曆 Gregorian		干支 S/B	星 Star	國曆 Gregorian		干支 S/B	星 Star	國曆 Gregorian		干支 S/B	星 Star	農曆 Calendar
1	8	丁亥	9	12	9	丁巳	4	11	9	丁亥	7	10	10	丁巳	1	9	11	戊子	3	8	13	己未	5	初一 1st
1	9	戊子	1	12	10	戊午	3	11	10	戊子	6	10	11	戊午	9	9	12	己丑	2	8	14	庚申	4	初二 2nd
1	10	己丑	2	12	11	己未	2	11	11	己丑	5	10	12	己未	8	9	13	庚寅	1	8	15	辛酉	3	初三 3rd
1	11	庚寅	3	12	12	庚申	1	11	12	庚寅	4	10	13	庚申	7	9	14	辛卯	9	8	16	壬戌	2	初四 4th
1	12	辛卯	4	12	13	辛酉	9	11	13	辛卯	3	10	14	辛酉	6	9	15	壬辰	8	8	17	癸亥	1	初五 5th
1	13	壬辰	5	12	14	壬戌	8	11	14	壬辰	2	10	15	壬戌	5	9	16	癸巳	7	8	18	甲子	9	初六 6th
1	14	癸巳	6	12	15	癸亥	7	11	15	癸巳	1	10	16	癸亥	4	9	17	甲午	6	8	19	乙丑	8	初七 7th
1	15	甲午	7	12	16	甲子	6	11	16	甲午	9	10	17	甲子	3	9	18	乙未	5	8	20	丙寅	7	初八 8th
1	16	乙未	8	12	17	乙丑	5	11	17	乙未	8	10	18	乙丑	2	9	19	丙申	4	8	21	丁卯	6	初九 9th
1	17	丙申	9	12	18	丙寅	4	11	18	丙申	7	10	19	丙寅	1	9	20	丁酉	3	8	22	戊辰	5	初十 10th
1	18	丁酉	1	12	19	丁卯	3	11	19	丁酉	6	10	20	丁卯	9	9	21	戊戌	2	8	23	己巳	4	十一 11th
1	19	戊戌	2	12	20	戊辰	2	11	20	戊戌	5	10	21	戊辰	8	9	22	己亥	1	8	24	庚午	3	十二 12th
1	20	己亥	3	12	21	己巳	1	11	21	己亥	4	10	22	己巳	7	9	23	庚子	9	8	25	辛未	2	十三 13th
1	21	庚子	4	12	22	庚午	9\1	11	22	庚子	3	10	23	庚午	6	9	24	辛丑	8	8	26	壬申	1	十四 14th
1	22	辛丑	5	12	23	辛未	2	11	23	辛丑	2	10	24	辛未	5	9	25	壬寅	7	8	27	癸酉	9	十五 15th
1	23	壬寅	6	12	24	壬申	3	11	24	壬寅	1	10	25	壬申	4	9	26	癸卯	6	8	28	甲戌	8	十六 16th
1	24	癸卯	7	12	25	癸酉	4	11	25	癸卯	9	10	26	癸酉	3	9	27	甲辰	5	8	29	乙亥	7	十七 17th
1	25	甲辰	8	12	26	甲戌	5	11	26	甲辰	8	10	27	甲戌	2	9	28	乙巳	4	8	30	丙子	6	十八 18th
1	26	乙巳	9	12	27	乙亥	6	11	27	乙巳	7	10	28	乙亥	1	9	29	丙午	3	8	31	丁丑	5	十九 19th
1	27	丙午	1	12	28	丙子	7	11	28	丙午	6	10	29	丙子	9	9	30	丁未	2	9	1	戊寅	4	二十 20th
1	28	丁未	2	12	29	丁丑	8	11	29	丁未	5	10	30	丁丑	8	10	1	戊申	1	9	2	己卯	3	廿一 21st
1	29	戊申	3	12	30	戊寅	9	11	30	戊申	4	10	31	戊寅	7	10	2	己酉	9	9	3	庚辰	2	廿二 22nd
1	30	己酉	4	12	31	己卯	1	12	1	己酉	3	11	1	己卯	6	10	3	庚戌	8	9	4	辛巳	1	廿三 23rd
1	31	庚戌	5	1	1	庚辰	2	12	2	庚戌	2	11	2	庚辰	5	10	4	辛亥	7	9	5	壬午	9	廿四 24th
2	1	辛亥	6	1	2	辛巳	3	12	3	辛亥	1	11	3	辛巳	4	10	5	壬子	6	9	6	癸未	8	廿五 25th
2	2	壬子	7	1	3	壬午	4	12	4	壬子	9	11	4	壬午	3	10	6	癸丑	5	9	7	甲申	7	廿六 26th
2	3	癸丑	8	1	4	癸未	5	12	5	癸丑	8	11	5	癸未	2	10	7	甲寅	4	9	8	乙酉	6	廿七 27th
2	4	甲寅	9	1	5	甲申	6	12	6	甲寅	7	11	6	甲申	1	10	8	乙卯	3	9	9	丙戌	5	廿八 28th
2	5	乙卯	1	1	6	乙酉	7	12	7	乙卯	6	11	7	乙酉	9	10	9	丙辰	2	9	10	丁亥	4	廿九 29th
				1	7	丙戌	8	12	8	丙辰	5	11	8	丙戌	8									三十 30th

地支 Twelve Branches: 子 Zi Rat, 丑 Chou Ox, 寅 Yin Tiger, 卯 Mao Rabbit, 辰 Chen Dragon, 巳 Si Snake, 午 Wu Horse, 未 Wei Goat, 申 Shen Monkey, 酉 You Rooster, 戌 Xu Dog, 亥 Hai Pig

2027 丁未 Fire Goat

Grand Duke: 繆丙

月干支 Month	正月大 1st Mth				二月大 2nd Mth				三月小 3rd Mth				四月大 4th Mth				五月小 5th Mth				六月小 6th Mth			
	壬寅 Ren Yin				癸卯 Gui Mao				甲辰 Jia Chen				乙巳 Yi Si				丙午 Bing Wu				丁未 Ding Wei			
九星 9 Star	五黃 Five Yellow				四綠 Four Green				三碧 Three Jade				二黑 Two Black				一白 One White				九紫 Nine Purple			
節氣 Season	驚蟄 Awakening of Worms		雨水 Rain Water		清明 Clear and Bright		春分 Spring Equinox				穀雨 Grain Rain		小滿 Small Sprout		立夏 Coming of Summer		夏至 Summer Solstice		芒種 Planting of Thorny Crops		大暑 Greater Heat		小暑 Lesser Heat	
	29th day		14th day		29th day		14th day				14th day		16th day		1st day		17th day		2nd day		20th day		4th day	
	3hr 41min		5hr 35min		8hr 19min		4hr 26min				15hr 19min		14hr 20min		1hr 26min		22hr 12min		5hr 27min		9hr 6min		15hr 38min	
	寅 Yin		卯 Mao		辰 Chen		寅 Yin				申 Shen		未 Wei		丑 Chou		亥 Hai		卯 Mao		巳 Si		申 Shen	
農曆 Calendar	國曆 Gregorian		干支 S/B	星 Star	國曆 Gregorian		干支 S/B	星 Star	國曆 Gregorian		干支 S/B	星 Star	國曆 Gregorian		干支 S/B	星 Star	國曆 Gregorian		干支 S/B	星 Star	國曆 Gregorian		干支 S/B	星 Star
初一 1st	2	6	丙辰	2	3	8	丙戌	5	4	7	丙辰	8	5	6	乙酉	1	6	5	乙卯	4	7	4	甲申	4
初二 2nd	2	7	丁巳	3	3	9	丁亥	6	4	8	丁巳	9	5	7	丙戌	2	6	6	丙辰	5	7	5	乙酉	3
初三 3rd	2	8	戊午	4	3	10	戊子	7	4	9	戊午	1	5	8	丁亥	3	6	7	丁巳	6	7	6	丙戌	2
初四 4th	2	9	己未	5	3	11	己丑	8	4	10	己未	2	5	9	戊子	4	6	8	戊午	7	7	7	丁亥	1
初五 5th	2	10	庚申	6	3	12	庚寅	9	4	11	庚申	3	5	10	己丑	5	6	9	己未	8	7	8	戊子	9
初六 6th	2	11	辛酉	7	3	13	辛卯	1	4	12	辛酉	4	5	11	庚寅	6	6	10	庚申	9	7	9	己丑	8
初七 7th	2	12	壬戌	8	3	14	壬辰	2	4	13	壬戌	5	5	12	辛卯	7	6	11	辛酉	1	7	10	庚寅	7
初八 8th	2	13	癸亥	9	3	15	癸巳	3	4	14	癸亥	6	5	13	壬辰	8	6	12	壬戌	2	7	11	辛卯	6
初九 9th	2	14	甲子	1	3	16	甲午	4	4	15	甲子	7	5	14	癸巳	9	6	13	癸亥	3	7	12	壬辰	5
初十 10th	2	15	乙丑	2	3	17	乙未	5	4	16	乙丑	8	5	15	甲午	1	6	14	甲子	4	7	13	癸巳	4
十一 11th	2	16	丙寅	3	3	18	丙申	6	4	17	丙寅	9	5	16	乙未	2	6	15	乙丑	5	7	14	甲午	3
十二 12th	2	17	丁卯	4	3	19	丁酉	7	4	18	丁卯	1	5	17	丙申	3	6	16	丙寅	6	7	15	乙未	2
十三 13th	2	18	戊辰	5	3	20	戊戌	8	4	19	戊辰	2	5	18	丁酉	4	6	17	丁卯	7	7	16	丙申	1
十四 14th	2	19	己巳	6	3	21	己亥	9	4	20	己巳	3	5	19	戊戌	5	6	18	戊辰	8	7	17	丁酉	9
十五 15th	2	20	庚午	7	3	22	庚子	1	4	21	庚午	4	5	20	己亥	6	6	19	己巳	9	7	18	戊戌	8
十六 16th	2	21	辛未	8	3	23	辛丑	2	4	22	辛未	5	5	21	庚子	7	6	20	庚午	1	7	19	己亥	7
十七 17th	2	22	壬申	9	3	24	壬寅	3	4	23	壬申	6	5	22	辛丑	8	6	21	辛未	2\8	7	20	庚子	6
十八 18th	2	23	癸酉	1	3	25	癸卯	4	4	24	癸酉	7	5	23	壬寅	9	6	22	壬申	7	7	21	辛丑	5
十九 19th	2	24	甲戌	2	3	26	甲辰	5	4	25	甲戌	8	5	24	癸卯	1	6	23	癸酉	6	7	22	壬寅	4
二十 20th	2	25	乙亥	3	3	27	乙巳	6	4	26	乙亥	9	5	25	甲辰	2	6	24	甲戌	5	7	23	癸卯	3
廿一 21st	2	26	丙子	4	3	28	丙午	7	4	27	丙子	1	5	26	乙巳	3	6	25	乙亥	4	7	24	甲辰	2
廿二 22nd	2	27	丁丑	5	3	29	丁未	8	4	28	丁丑	2	5	27	丙午	4	6	26	丙子	3	7	25	乙巳	1
廿三 23rd	2	28	戊寅	6	3	30	戊申	9	4	29	戊寅	3	5	28	丁未	5	6	27	丁丑	2	7	26	丙午	9
廿四 24th	3	1	己卯	7	3	31	己酉	1	4	30	己卯	4	5	29	戊申	6	6	28	戊寅	1	7	27	丁未	8
廿五 25th	3	2	庚辰	8	4	1	庚戌	2	5	1	庚辰	5	5	30	己酉	7	6	29	己卯	9	7	28	戊申	7
廿六 26th	3	3	辛巳	9	4	2	辛亥	3	5	2	辛巳	6	5	31	庚戌	8	6	30	庚辰	8	7	29	己酉	6
廿七 27th	3	4	壬午	1	4	3	壬子	4	5	3	壬午	7	6	1	辛亥	9	7	1	辛巳	7	7	30	庚戌	5
廿八 28th	3	5	癸未	2	4	4	癸丑	5	5	4	癸未	8	6	2	壬子	1	7	2	壬午	6	7	31	辛亥	4
廿九 29th	3	6	甲申	3	4	5	甲寅	6	5	5	甲申	9	6	3	癸丑	2	7	3	癸未	5	8	1	壬子	3
三十 30th	3	7	乙酉	4	4	6	乙卯	7					6	4	甲寅	3								

天干 Ten Stems: 甲 Jia Yang Wood; 乙 Yi Yin Wood; 丙 Bing Yang Fire; 丁 Ding Yin Fire; 戊 Wu Yang Earth; 己 Ji Yin Earth; 庚 Geng Yang Metal; 辛 Xin Yin Metal; 壬 Ren Yang Water; 癸 Gui Yin Water

Male Gua: 9 離(Li) Female Gua: 6 乾(Qian) 3 Killing 三煞 : West Annual Star: 9 Purple

地支 Twelve Branches	十二月小 12th Mth				十一月大 11th Mth				十月大 10th Mth				九月小 9th Mth				八月小 8th Mth				七月大 7th Mth				月干支 Month
	癸丑 Gui Chou				壬子 Ren Zi				辛亥 Xin Hai				庚戌 Geng Xu				己酉 Ji You				戊申 Wu Shen				
	三碧 Three Jade				四綠 Four Green				五黃 Five Yellow				六白 Six White				七赤 Seven Red				八白 Eight White				九星 9 Star
子 Zi Rat	大寒 Greater Cold		小寒 Lesser Cold		冬至 Winter Solstice		大雪 Greater Snow		小雪 Lesser Snow		立冬 Coming of Winter		霜降 Frosting		寒露 Cold Dew		秋分 Autumn Equinox		白露 White Dew		處暑 Heat Ends		立秋 Coming Autumn		節氣 Season
	24th day 21hr 24min		10th day 3hr 56min		25th day 10hr 44min		10th day 16hr 39min		25th day 21hr 18min		10th day 23hr 40min		24th day 23hr 35min		9th day 20hr 18min		23rd day 14hr 3min		8th day 4hr 30min		22nd day 16hr 16min		7th day 1hr 28min		
丑 Chou Ox	亥 Hai		寅 Yin		巳 Si		申 Shen		亥 Hai		子 Zi		子 Zi		戌 Xu		未 Wei		寅 Yin		申 Shen		丑 Chou		
	國曆 Gregorian		干支 S/B	星 Star	國曆 Gregorian		干支 S/B	星 Star	國曆 Gregorian		干支 S/B	星 Star	國曆 Gregorian		干支 S/B	星 Star	國曆 Gregorian		干支 S/B	星 Star	國曆 Gregorian		干支 S/B	星 Star	農曆 Calendar
寅 Yin Tiger	12	28	辛巳	3	11	28	辛亥	1	10	29	辛巳	4	9	30	壬子	6	9	1	癸未	8	8	2	癸丑	2	初一 1st
	12	29	壬午	4	11	29	壬子	9	10	30	壬午	3	10	1	癸丑	5	9	2	甲申	7	8	3	甲寅	1	初二 2nd
	12	30	癸未	5	11	30	癸丑	8	10	31	癸未	2	10	2	甲寅	4	9	3	乙酉	6	8	4	乙卯	9	初三 3rd
卯 Mao Rabbit	12	31	甲申	6	12	1	甲寅	7	11	1	甲申	1	10	3	乙卯	3	9	4	丙戌	5	8	5	丙辰	8	初四 4th
	1	1	乙酉	7	12	2	乙卯	6	11	2	乙酉	9	10	4	丙辰	2	9	5	丁亥	4	8	6	丁巳	7	初五 5th
	1	2	丙戌	8	12	3	丙辰	5	11	3	丙戌	8	10	5	丁巳	1	9	6	戊子	3	8	7	戊午	6	初六 6th
辰 Chen Dragon	1	3	丁亥	9	12	4	丁巳	4	11	4	丁亥	7	10	6	戊午	9	9	7	己丑	2	8	8	己未	5	初七 7th
	1	4	戊子	1	12	5	戊午	3	11	5	戊子	6	10	7	己未	8	9	8	庚寅	1	8	9	庚申	4	初八 8th
	1	5	己丑	2	12	6	己未	2	11	6	己丑	5	10	8	庚申	7	9	9	辛卯	9	8	10	辛酉	3	初九 9th
巳 Si Snake	1	6	庚寅	3	12	7	庚申	1	11	7	庚寅	4	10	9	辛酉	6	9	10	壬辰	8	8	11	壬戌	2	初十 10th
	1	7	辛卯	4	12	8	辛酉	9	11	8	辛卯	3	10	10	壬戌	5	9	11	癸巳	7	8	12	癸亥	1	十一 11th
	1	8	壬辰	5	12	9	壬戌	8	11	9	壬辰	2	10	11	癸亥	4	9	12	甲午	6	8	13	甲子	9	十二 12th
午 Wu Horse	1	9	癸巳	6	12	10	癸亥	7	11	10	癸巳	1	10	12	甲子	3	9	13	乙未	5	8	14	乙丑	8	十三 13th
	1	10	甲午	7	12	11	甲子	6	11	11	甲午	9	10	13	乙丑	2	9	14	丙申	4	8	15	丙寅	7	十四 14th
	1	11	乙未	8	12	12	乙丑	5	11	12	乙未	8	10	14	丙寅	1	9	15	丁酉	3	8	16	丁卯	6	十五 15th
未 Wei Goat	1	12	丙申	9	12	13	丙寅	4	11	13	丙申	7	10	15	丁卯	9	9	16	戊戌	2	8	17	戊辰	5	十六 16th
	1	13	丁酉	1	12	14	丁卯	3	11	14	丁酉	6	10	16	戊辰	8	9	17	己亥	1	8	18	己巳	4	十七 17th
	1	14	戊戌	2	12	15	戊辰	2	11	15	戊戌	5	10	17	己巳	7	9	18	庚子	9	8	19	庚午	3	十八 18th
申 Shen Monkey	1	15	己亥	3	12	16	己巳	1	11	16	己亥	4	10	18	庚午	6	9	19	辛丑	8	8	20	辛未	2	十九 19th
	1	16	庚子	4	12	17	庚午	9	11	17	庚子	3	10	19	辛未	5	9	20	壬寅	7	8	21	壬申	1	二十 20th
	1	17	辛丑	5	12	18	辛未	8	11	18	辛丑	2	10	20	壬申	4	9	21	癸卯	6	8	22	癸酉	9	廿一 21st
酉 You Rooster	1	18	壬寅	6	12	19	壬申	7	11	19	壬寅	1	10	21	癸酉	3	9	22	甲辰	5	8	23	甲戌	8	廿二 22nd
	1	19	癸卯	7	12	20	癸酉	6	11	20	癸卯	9	10	22	甲戌	2	9	23	乙巳	4	8	24	乙亥	7	廿三 23rd
	1	20	甲辰	8	12	21	甲戌	5	11	21	甲辰	8	10	23	乙亥	1	9	24	丙午	3	8	25	丙子	6	廿四 24th
戌 Xu Dog	1	21	乙巳	9	12	22	乙亥	4\6	11	22	乙巳	7	10	24	丙子	9	9	25	丁未	2	8	26	丁丑	5	廿五 25th
	1	22	丙午	1	12	23	丙子	7	11	23	丙午	6	10	25	丁丑	8	9	26	戊申	1	8	27	戊寅	4	廿六 26th
	1	23	丁未	2	12	24	丁丑	8	11	24	丁未	5	10	26	戊寅	7	9	27	己酉	9	8	28	己卯	3	廿七 27th
亥 Hai Pig	1	24	戊申	3	12	25	戊寅	9	11	25	戊申	4	10	27	己卯	6	9	28	庚戌	8	8	29	庚辰	2	廿八 28th
	1	25	己酉	4	12	26	己卯	1	11	26	己酉	3	10	28	庚辰	5	9	29	辛亥	7	8	30	辛巳	1	廿九 29th
					12	27	庚辰	2	11	27	庚戌	2									8	31	壬午	9	三十 30th

2028 戊申 Earth Monkey

Grand Duke: 愈忠

月干支 Month	正月大 1st Mth				二月大 2nd Mth				三月大 3rd Mth				四月小 4th Mth				五月大 5th Mth				閏五月小 5th Mth				六月小 6th Mth			
	甲寅 Jia Yin				乙卯 Yi Mao				丙辰 Bing Chen				丁巳 Ding Si				戊午 Wu Wu								己未 Ji Wei			
九星 9 Star	二黑 Two Black				一白 One White				九紫 Nine Purple				八白 Eight White				七赤 Seven Red								六白 Six White			
節氣 Season	雨水 Rain Water		立春 Coming of Spring		春分 Spring Equinox		驚蟄 Awakening of Worms		穀雨 Grain Rain		清明 Clear and Bright		小滿 Small Sprout		立夏 Coming of Summer		夏至 Summer Solstice		芒種 Planting of Thorny Crops				小暑 Lesser Heat		立秋 Coming Autumn		大暑 Greater Heat	
	25th day		10th day		25th day		10th day		25th day		10th day		26th day		11th day		29th day		13th day				14th day		17th day		1st day	
	11hr 28min		15hr 33min		10hr 19min		9hr 26min		21hr 11min		14hr 5min		20hr 11min		7hr 13min		4hr 3min		11hr 17min				21hr 32min		7hr 22min		14hr 55min	
	午 Wu		申 Shen		巳 Si		巳 Si		亥 Hai		未 Wei		戌 Xu		辰 Chen		寅 Yin		午 Wu				亥 Hai		辰 Chen		未 Wei	
農曆 Calendar	國曆 Gregorian		干支 S/B	星 Star	國曆 Gregorian		干支 S/B	星 Star	國曆 Gregorian		干支 S/B	星 Star	國曆 Gregorian		干支 S/B	星 Star	國曆 Gregorian		干支 S/B	星 Star	國曆 Gregorian		干支 S/B	星 Star	國曆 Gregorian		干支 S/B	星 Star
初一 1st	1	26	庚戌	5	2	25	庚辰	8	3	26	庚戌	2	4	25	庚辰	5	5	24	己酉	7	6	23	己卯	9	7	22	戊申	7
初二 2nd	1	27	辛亥	6	2	26	辛巳	9	3	27	辛亥	3	4	26	辛巳	6	5	25	庚戌	8	6	24	庚辰	8	7	23	己酉	6
初三 3rd	1	28	壬子	7	2	27	壬午	1	3	28	壬子	4	4	27	壬午	7	5	26	辛亥	9	6	25	辛巳	7	7	24	庚戌	5
初四 4th	1	29	癸丑	8	2	28	癸未	2	3	29	癸丑	5	4	28	癸未	8	5	27	壬子	1	6	26	壬午	6	7	25	辛亥	4
初五 5th	1	30	甲寅	9	2	29	甲申	3	3	30	甲寅	6	4	29	甲申	9	5	28	癸丑	2	6	27	癸未	5	7	26	壬子	3
初六 6th	1	31	乙卯	1	3	1	乙酉	4	3	31	乙卯	7	4	30	乙酉	1	5	29	甲寅	3	6	28	甲申	4	7	27	癸丑	2
初七 7th	2	1	丙辰	2	3	2	丙戌	5	4	1	丙辰	8	5	1	丙戌	2	5	30	乙卯	4	6	29	乙酉	3	7	28	甲寅	1
初八 8th	2	2	丁巳	3	3	3	丁亥	6	4	2	丁巳	9	5	2	丁亥	3	5	31	丙辰	5	6	30	丙戌	2	7	29	乙卯	9
初九 9th	2	3	戊午	4	3	4	戊子	7	4	3	戊午	1	5	3	戊子	4	6	1	丁巳	6	7	1	丁亥	1	7	30	丙辰	8
初十 10th	2	4	己未	5	3	5	己丑	8	4	4	己未	2	5	4	己丑	5	6	2	戊午	7	7	2	戊子	9	7	31	丁巳	7
十一 11th	2	5	庚申	6	3	6	庚寅	9	4	5	庚申	3	5	5	庚寅	6	6	3	己未	8	7	3	己丑	8	8	1	戊午	6
十二 12th	2	6	辛酉	7	3	7	辛卯	1	4	6	辛酉	4	5	6	辛卯	7	6	4	庚申	9	7	4	庚寅	7	8	2	己未	5
十三 13th	2	7	壬戌	8	3	8	壬辰	2	4	7	壬戌	5	5	7	壬辰	8	6	5	辛酉	1	7	5	辛卯	6	8	3	庚申	4
十四 14th	2	8	癸亥	9	3	9	癸巳	3	4	8	癸亥	6	5	8	癸巳	9	6	6	壬戌	2	7	6	壬辰	5	8	4	辛酉	3
十五 15th	2	9	甲子	1	3	10	甲午	4	4	9	甲子	7	5	9	甲午	1	6	7	癸亥	3	7	7	癸巳	4	8	5	壬戌	2
十六 16th	2	10	乙丑	2	3	11	乙未	5	4	10	乙丑	8	5	10	乙未	2	6	8	甲子	4	7	8	甲午	3	8	6	癸亥	1
十七 17th	2	11	丙寅	3	3	12	丙申	6	4	11	丙寅	9	5	11	丙申	3	6	9	乙丑	5	7	9	乙未	2	8	7	甲子	9
十八 18th	2	12	丁卯	4	3	13	丁酉	7	4	12	丁卯	1	5	12	丁酉	4	6	10	丙寅	6	7	10	丙申	1	8	8	乙丑	8
十九 19th	2	13	戊辰	5	3	14	戊戌	8	4	13	戊辰	2	5	13	戊戌	5	6	11	丁卯	7	7	11	丁酉	9	8	9	丙寅	7
二十 20th	2	14	己巳	6	3	15	己亥	9	4	14	己巳	3	5	14	己亥	6	6	12	戊辰	8	7	12	戊戌	8	8	10	丁卯	6
廿一 21st	2	15	庚午	7	3	16	庚子	1	4	15	庚午	4	5	15	庚子	7	6	13	己巳	9	7	13	己亥	7	8	11	戊辰	5
廿二 22nd	2	16	辛未	8	3	17	辛丑	2	4	16	辛未	5	5	16	辛丑	8	6	14	庚午	1	7	14	庚子	6	8	12	己巳	4
廿三 23rd	2	17	壬申	9	3	18	壬寅	3	4	17	壬申	6	5	17	壬寅	9	6	15	辛未	2	7	15	辛丑	5	8	13	庚午	3
廿四 24th	2	18	癸酉	1	3	19	癸卯	4	4	18	癸酉	7	5	18	癸卯	1	6	16	壬申	3	7	16	壬寅	4	8	14	辛未	2
廿五 25th	2	19	甲戌	2	3	20	甲辰	5	4	19	甲戌	8	5	19	甲辰	2	6	17	癸酉	4	7	17	癸卯	3	8	15	壬申	1
廿六 26th	2	20	乙亥	3	3	21	乙巳	6	4	20	乙亥	9	5	20	乙巳	3	6	18	甲戌	5	7	18	甲辰	2	8	16	癸酉	9
廿七 27th	2	21	丙子	4	3	22	丙午	7	4	21	丙子	1	5	21	丙午	4	6	19	乙亥	6	7	19	乙巳	1	8	17	甲戌	8
廿八 28th	2	22	丁丑	5	3	23	丁未	8	4	22	丁丑	2	5	22	丁未	5	6	20	丙子	7	7	20	丙午	9	8	18	乙亥	7
廿九 29th	2	23	戊寅	6	3	24	戊申	9	4	23	戊寅	3	5	23	戊申	6	6	21	丁丑	8\2	7	21	丁未	8	8	19	丙子	6
三十 30th	2	24	己卯	7	3	25	己酉	1	4	24	己卯	4					6	22	戊寅	1								

天干 Ten Stems
- 甲 Jia Yang Wood
- 乙 Yi Yin Wood
- 丙 Bing Yang Fire
- 丁 Ding Yin Fire
- 戊 Wu Yang Earth
- 己 Ji Yin Earth
- 庚 Geng Yang Metal
- 辛 Xin Yin Metal
- 壬 Ren Yang Water
- 癸 Gui Yin Water

Male Gua: 8 艮(Gen) **Female Gua: 7 兑(Dui)** 3 Killing 三煞: South Annual Star: 8 White

十二月小 12th Mth				十一月大 11th Mth				十月大 10th Mth				九月小 9th Mth				八月小 8th Mth				七月大 7th Mth				月干支 Month
乙丑 Yi Chou				甲子 Jia Zi				癸亥 Gui Hai				壬戌 Ren Xu				辛酉 Xin You				庚申 Geng Shen				
九紫 Nine Purple				一白 One White				二黑 Two Black				三碧 Three Jade				四綠 Four Green				五黃 Five Yellow				九星 9 Star
立春 Coming of Spring		大寒 Greater Cold		小寒 Lesser Cold		冬至 Winter Solstice		大雪 Greater Snow		小雪 Lesser Snow		立冬 Coming of Winter		霜降 Frosting		寒露 Cold Dew		秋分 Autumn Equinox		白露 White Dew		處暑 Heat Ends		節氣 Season
20th day		6th day		21st day		6th day		21st day		7th day		21st day		6th day		20th day		4th day		19th day		3rd day		
21hr 22min		3hr 3min		9hr 44min		16hr 21min		22hr 26min		2hr 56min		5hr 29min		5hr 15min		2hr 10min		19hr 47min		10hr 23min		22hr 2min		
亥 Hai		寅 Yin		巳 Si		申 Shen		亥 Hai		丑 Chou		卯 Mao		卯 Mao		丑 Chou		戌 Xu		巳 Si		亥 Hai		
國曆 Gregorian		干支 S/B	星 Star	國曆 Gregorian		干支 S/B	星 Star	國曆 Gregorian		干支 S/B	星 Star	國曆 Gregorian		干支 S/B	星 Star	國曆 Gregorian		干支 S/B	星 Star	國曆 Gregorian		干支 S/B	星 Star	農曆 Calendar
1	15	乙巳	3	12	16	乙亥	4	11	16	乙巳	7	10	18	丙子	9	9	19	丁未	2	8	20	丁丑	5	初一 1st
1	16	丙午	1	12	17	丙子	3	11	17	丙午	6	10	19	丁丑	8	9	20	戊申	1	8	21	戊寅	4	初二 2nd
1	17	丁未	2	12	18	丁丑	2	11	18	丁未	5	10	20	戊寅	7	9	21	己酉	9	8	22	己卯	3	初三 3rd
1	18	戊申	3	12	19	戊寅	1	11	19	戊申	4	10	21	己卯	6	9	22	庚戌	8	8	23	庚辰	2	初四 4th
1	19	己酉	4	12	20	己卯	9	11	20	己酉	3	10	22	庚辰	5	9	23	辛亥	7	8	24	辛巳	1	初五 5th
1	20	庚戌	5	12	21	庚辰	8\2	11	21	庚戌	2	10	23	辛巳	4	9	24	壬子	6	8	25	壬午	9	初六 6th
1	21	辛亥	6	12	22	辛巳	3	11	22	辛亥	1	10	24	壬午	3	9	25	癸丑	5	8	26	癸未	8	初七 7th
1	22	壬子	7	12	23	壬午	4	11	23	壬子	9	10	25	癸未	2	9	26	甲寅	4	8	27	甲申	7	初八 8th
1	23	癸丑	8	12	24	癸未	5	11	24	癸丑	8	10	26	甲申	1	9	27	乙卯	3	8	28	乙酉	6	初九 9th
1	24	甲寅	9	12	25	甲申	6	11	25	甲寅	7	10	27	乙酉	9	9	28	丙辰	2	8	29	丙戌	5	初十 10th
1	25	乙卯	1	12	26	乙酉	7	11	26	乙卯	6	10	28	丙戌	8	9	29	丁巳	1	8	30	丁亥	4	十一 11th
1	26	丙辰	2	12	27	丙戌	8	11	27	丙辰	5	10	29	丁亥	7	9	30	戊午	9	8	31	戊子	3	十二 12th
1	27	丁巳	3	12	28	丁亥	9	11	28	丁巳	4	10	30	戊子	6	10	1	己未	8	9	1	己丑	2	十三 13th
1	28	戊午	4	12	29	戊子	1	11	29	戊午	3	10	31	己丑	5	10	2	庚申	7	9	2	庚寅	1	十四 14th
1	29	己未	5	12	30	己丑	2	11	30	己未	2	11	1	庚寅	4	10	3	辛酉	6	9	3	辛卯	9	十五 15th
1	30	庚申	6	12	31	庚寅	3	12	1	庚申	1	11	2	辛卯	3	10	4	壬戌	5	9	4	壬辰	8	十六 16th
1	31	辛酉	7	1	1	辛卯	4	12	2	辛酉	9	11	3	壬辰	2	10	5	癸亥	4	9	5	癸巳	7	十七 17th
2	1	壬戌	8	1	2	壬辰	5	12	3	壬戌	8	11	4	癸巳	1	10	6	甲子	3	9	6	甲午	6	十八 18th
2	2	癸亥	9	1	3	癸巳	6	12	4	癸亥	7	11	5	甲午	9	10	7	乙丑	2	9	7	乙未	5	十九 19th
2	3	甲子	1	1	4	甲午	7	12	5	甲子	6	11	6	乙未	8	10	8	丙寅	1	9	8	丙申	4	二十 20th
2	4	乙丑	2	1	5	乙未	8	12	6	乙丑	5	11	7	丙申	7	10	9	丁卯	9	9	9	丁酉	3	廿一 21st
2	5	丙寅	3	1	6	丙申	9	12	7	丙寅	4	11	8	丁酉	6	10	10	戊辰	8	9	10	戊戌	2	廿二 22nd
2	6	丁卯	4	1	7	丁酉	1	12	8	丁卯	3	11	9	戊戌	5	10	11	己巳	7	9	11	己亥	1	廿三 23rd
2	7	戊辰	5	1	8	戊戌	2	12	9	戊辰	2	11	10	己亥	4	10	12	庚午	6	9	12	庚子	9	廿四 24th
2	8	己巳	6	1	9	己亥	3	12	10	己巳	1	11	11	庚子	3	10	13	辛未	5	9	13	辛丑	8	廿五 25th
2	9	庚午	7	1	10	庚子	4	12	11	庚午	9	11	12	辛丑	2	10	14	壬申	4	9	14	壬寅	7	廿六 26th
2	10	辛未	8	1	11	辛丑	5	12	12	辛未	8	11	13	壬寅	1	10	15	癸酉	3	9	15	癸卯	6	廿七 27th
2	11	壬申	9	1	12	壬寅	6	12	13	壬申	7	11	14	癸卯	9	10	16	甲戌	2	9	16	甲辰	5	廿八 28th
2	12	癸酉	1	1	13	癸卯	7	12	14	癸酉	6	11	15	甲辰	8	10	17	乙亥	1	9	17	乙巳	4	廿九 29th
				1	14	甲辰	8	12	15	甲戌	5									9	18	丙午	3	三十 30th

地支 Twelve Branches: 子 Zi Rat · 丑 Chou Ox · 寅 Yin Tiger · 卯 Mao Rabbit · 辰 Chen Dragon · 巳 Si Snake · 午 Wu Horse · 未 Wei Goat · 申 Shen Monkey · 酉 You Rooster · 戌 Xu Dog · 亥 Hai Pig

2029 己酉 Earth Rooster

Grand Duke: 程寅

天干 Ten Stems	六月大 6th Mth				五月小 5th Mth				四月大 4th Mth				三月小 3rd Mth				二月大 2nd Mth				正月大 1st Mth				月干支 Month
	辛未 Xin Wei				庚午 Geng Wu				己巳 Ji Si				戊辰 Wu Chen				丁卯 Ding Mao				丙寅 Bing Yin				
	三碧 Three Jade				四綠 Four Green				五黃 Five Yellow				六白 Six White				七赤 Seven Red				八白 Eight White				九星 9 Star
甲 Jia Yang Wood	立秋 Coming Autumn		大暑 Greater Heat		小暑 Lesser Heat		夏至 Summer Solstice		芒種 Planting of Thorny Crops		小滿 Small Sprout		立夏 Coming of Summer		穀雨 Grain Rain		清明 Clear and Bright		春分 Spring Equinox		驚蟄 Awakening of Worms		雨水 Rain Water		節氣 Season
	28th day		12th day		26th day		10th day		24th day		9th day		22nd day		7th day		21st day		6th day		21st day		6th day		
	13hr 13min		20hr 44min		3hr 24min		9hr 50min		17hr 11min		1hr 57min		13hr 9min		2hr 57min		20hr 0min		16hr 4min		15hr 19min		17hr 10min		
乙 Yi Yin Wood	未 Wei		戌 Xu		寅 Yin		巳 Si		酉 You		丑 Chou		未 Wei		丑 Chou		戌 Xu		申 Shen		申 Shen		酉 You		
	國曆 Gregorian		干支 S / B	星 Star	國曆 Gregorian		干支 S / B	星 Star	國曆 Gregorian		干支 S / B	星 Star	國曆 Gregorian		干支 S / B	星 Star	國曆 Gregorian		干支 S / B	星 Star	國曆 Gregorian		干支 S / B	星 Star	農曆 Calendar
丙 Bing Yang Fire	7	11	壬寅	4	6	12	癸酉	4	5	13	癸卯	1	4	14	甲戌	8	3	15	甲辰	5	2	13	甲戌	2	初一 1st
	7	12	癸卯	3	6	13	甲戌	5	5	14	甲辰	2	4	15	乙亥	9	3	16	乙巳	6	2	14	乙亥	3	初二 2nd
	7	13	甲辰	2	6	14	乙亥	6	5	15	乙巳	3	4	16	丙子	1	3	17	丙午	7	2	15	丙子	4	初三 3rd
	7	14	乙巳	1	6	15	丙子	7	5	16	丙午	4	4	17	丁丑	2	3	18	丁未	8	2	16	丁丑	5	初四 4th
丁 Ding Yin Fire	7	15	丙午	9	6	16	丁丑	8	5	17	丁未	5	4	18	戊寅	3	3	19	戊申	9	2	17	戊寅	6	初五 5th
	7	16	丁未	8	6	17	戊寅	9	5	18	戊申	6	4	19	己卯	4	3	20	己酉	1	2	18	己卯	7	初六 6th
	7	17	戊申	7	6	18	己卯	1	5	19	己酉	7	4	20	庚辰	5	3	21	庚戌	2	2	19	庚辰	8	初七 7th
戊 Wu Yang Earth	7	18	己酉	6	6	19	庚辰	2	5	20	庚戌	8	4	21	辛巳	6	3	22	辛亥	3	2	20	辛巳	9	初八 8th
	7	19	庚戌	5	6	20	辛巳	3	5	21	辛亥	9	4	22	壬午	7	3	23	壬子	4	2	21	壬午	1	初九 9th
	7	20	辛亥	4	6	21	壬午	4\6	5	22	壬子	1	4	23	癸未	8	3	24	癸丑	5	2	22	癸未	2	初十 10th
	7	21	壬子	3	6	22	癸未	5	5	23	癸丑	2	4	24	甲申	9	3	25	甲寅	6	2	23	甲申	3	十一 11th
己 Ji Yin Earth	7	22	癸丑	2	6	23	甲申	4	5	24	甲寅	3	4	25	乙酉	1	3	26	乙卯	7	2	24	乙酉	4	十二 12th
	7	23	甲寅	[illegible]	6	24	乙酉	3	5	25	乙卯	4	4	26	丙戌	2	3	27	丙辰	8	2	25	丙戌	5	十三 13th
	7	24	乙卯	9	6	25	丙戌	2	5	26	丙辰	5	4	27	丁亥	3	3	28	丁巳	9	2	26	丁亥	6	十四 14th
	7	25	丙辰	[illegible]	6	26	丁亥	1	5	27	丁巳	6	4	28	戊子	4	3	29	戊午	1	2	27	戊子	7	十五 15th
庚 Geng Yang Metal	7	26	丁巳	[illegible]	6	27	戊子	9	5	28	戊午	7	4	29	己丑	5	3	30	己未	2	2	28	己丑	8	十六 16th
	7	27	戊午	6	6	28	己丑	8	5	29	己未	8	4	30	庚寅	6	3	31	庚申	3	3	1	庚寅	9	十七 17th
	7	28	己未	5	6	29	庚寅	7	5	30	庚申	9	5	1	辛卯	7	4	1	辛酉	4	3	2	辛卯	1	十八 18th
	7	29	庚申	4	6	30	辛卯	6	5	31	辛酉	1	5	2	壬辰	8	4	2	壬戌	5	3	3	壬辰	2	十九 19th
辛 Xin Yin Metal	7	30	辛酉	3	7	1	壬辰	5	6	1	壬戌	2	5	3	癸巳	9	4	3	癸亥	6	3	4	癸巳	3	二十 20th
	7	31	壬戌	2	7	2	癸巳	4	6	2	癸亥	3	5	4	甲午	1	4	4	甲子	7	3	5	甲午	4	廿一 21st
	8	1	癸亥	1	7	3	甲午	3	6	3	甲子	4	5	5	乙未	2	4	5	乙丑	8	3	6	乙未	5	廿二 22nd
壬 Ren Yang Water	8	2	甲子	9	7	4	乙未	2	6	4	乙丑	5	5	6	丙申	3	4	6	丙寅	9	3	7	丙申	6	廿三 23rd
	8	3	乙丑	8	7	5	丙申	1	6	5	丙寅	6	5	7	丁酉	4	4	7	丁卯	1	3	8	丁酉	7	廿四 24th
	8	4	丙寅	7	7	6	丁酉	9	6	6	丁卯	7	5	8	戊戌	5	4	8	戊辰	2	3	9	戊戌	8	廿五 25th
	8	5	丁卯	6	7	7	戊戌	8	6	7	戊辰	8	5	9	己亥	6	4	9	己巳	3	3	10	己亥	9	廿六 26th
癸 Gui Yin Water	8	6	戊辰	5	7	8	己亥	7	6	8	己巳	9	5	10	庚子	7	4	10	庚午	4	3	11	庚子	1	廿七 27th
	8	7	己巳	4	7	9	庚子	6	6	9	庚午	1	5	11	辛丑	8	4	11	辛未	5	3	12	辛丑	2	廿八 28th
	8	8	庚午	3	7	10	辛丑	5	6	10	辛未	2	5	12	壬寅	9	4	12	壬申	6	3	13	壬寅	3	廿九 29th
	8	9	辛未	2					6	11	壬申	3					4	13	癸酉	7	3	14	癸卯	4	三十 30th

Male Gua: 7 兑(Dui) **Female Gua: 8 艮(Gen)** 3 Killing 三煞: East Annual Star: 7 Red

月干支 Month	七月小 7th Mth				八月大 8th Mth				九月小 9th Mth				十月小 10th Mth				十一月大 11th Mth				十二月大 12th Mth			
	壬申 Ren Shen				癸酉 Gui You				甲戌 Jia Xu				乙亥 Yi Hai				丙子 Bing Zi				丁丑 Ding Chou			
九星 9 Star	二黑 Two Black				一白 One White				九紫 Nine Purple				八白 Eight White				七赤 Seven Red				六白 Six White			
節氣 Season	白露 White Dew		處暑 Heat Ends				秋分 Autumn Equinox		霜降 Frosting		寒露 Cold Dew		小雪 Lesser Snow		立冬 Coming of Winter		冬至 Winter Solstice		大雪 Greater Snow		大寒 Greater Cold		小寒 Lesser Cold	
	29th day		14th day				16th day		16th day		1st day		17th day		2nd day		17th day		3rd day		17th day		2nd day	
	16hr 13min		3hr 53min				1hr 40min		11hr 10min		8hr 0min		8hr 51min		1hr 18min		22hr 16min		4hr 15min		8hr 56min		15hr 32min	
	申 Shen		寅 Yin				丑 Chou		午 Wu		辰 Chen		辰 Chen		午 Wu		亥 Hai		寅 Yin		辰 Chen		申 Shen	
農曆 Calendar	國曆 Gregorian		干支 S/B	星 Star	國曆 Gregorian		干支 S/B	星 Star	國曆 Gregorian		干支 S/B	星 Star	國曆 Gregorian		干支 S/B	星 Star	國曆 Gregorian		干支 S/B	星 Star	國曆 Gregorian		干支 S/B	星 Star
初一 1st	8	10	壬申	1	9	8	辛丑	8	10	8	辛未	5	11	6	庚子	3	12	5	己巳	1	1	4	己亥	3
初二 2nd	8	11	癸酉	9	9	9	壬寅	7	10	9	壬申	4	11	7	辛丑	2	12	6	庚午	9	1	5	庚子	4
初三 3rd	8	12	甲戌	8	9	10	癸卯	6	10	10	癸酉	3	11	8	壬寅	1	12	7	辛未	8	1	6	辛丑	5
初四 4th	8	13	乙亥	7	9	11	甲辰	5	10	11	甲戌	2	11	9	癸卯	9	12	8	壬申	7	1	7	壬寅	6
初五 5th	8	14	丙子	6	9	12	乙巳	4	10	12	乙亥	1	11	10	甲辰	8	12	9	癸酉	6	1	8	癸卯	7
初六 6th	8	15	丁丑	5	9	13	丙午	3	10	13	丙子	9	11	11	乙巳	7	12	10	甲戌	5	1	9	甲辰	8
初七 7th	8	16	戊寅	4	9	14	丁未	2	10	14	丁丑	8	11	12	丙午	6	12	11	乙亥	4	1	10	乙巳	9
初八 8th	8	17	己卯	3	9	15	戊申	1	10	15	戊寅	7	11	13	丁未	5	12	12	丙子	3	1	11	丙午	1
初九 9th	8	18	庚辰	2	9	16	己酉	9	10	16	己卯	6	11	14	戊申	4	12	13	丁丑	2	1	12	丁未	2
初十 10th	8	19	辛巳	1	9	17	庚戌	8	10	17	庚辰	5	11	15	己酉	3	12	14	戊寅	1	1	13	戊申	3
十一 11th	8	20	壬午	9	9	18	辛亥	7	10	18	辛巳	4	11	16	庚戌	2	12	15	己卯	9	1	14	己酉	4
十二 12th	8	21	癸未	8	9	19	壬子	6	10	19	壬午	3	11	17	辛亥	1	12	16	庚辰	8	1	15	庚戌	5
十三 13th	8	22	甲申	7	9	20	癸丑	5	10	20	癸未	2	11	18	壬子	9	12	17	辛巳	7	1	16	辛亥	6
十四 14th	8	23	乙酉	6	9	21	甲寅	4	10	21	甲申	1	11	19	癸丑	8	12	18	壬午	6	1	17	壬子	7
十五 15th	8	24	丙戌	5	9	22	乙卯	3	10	22	乙酉	9	11	20	甲寅	7	12	19	癸未	5	1	18	癸丑	8
十六 16th	8	25	丁亥	4	9	23	丙辰	2	10	23	丙戌	8	11	21	乙卯	6	12	20	甲申	4	1	19	甲寅	9
十七 17th	8	26	戊子	3	9	24	丁巳	1	10	24	丁亥	7	11	22	丙辰	5	12	21	乙酉	3\7	1	20	乙卯	1
十八 18th	8	27	己丑	2	9	25	戊午	9	10	25	戊子	6	11	23	丁巳	4	12	22	丙戌	8	1	21	丙辰	2
十九 19th	8	28	庚寅	1	9	26	己未	8	10	26	己丑	5	11	24	戊午	3	12	23	丁亥	9	1	22	丁巳	3
二十 20th	8	29	辛卯	9	9	27	庚申	7	10	27	庚寅	4	11	25	己未	2	12	24	戊子	1	1	23	戊午	4
廿一 21st	8	30	壬辰	8	9	28	辛酉	6	10	28	辛卯	3	11	26	庚申	1	12	25	己丑	2	1	24	己未	5
廿二 22nd	8	31	癸巳	7	9	29	壬戌	5	10	29	壬辰	2	11	27	辛酉	9	12	26	庚寅	3	1	25	庚申	6
廿三 23rd	9	1	甲午	6	9	30	癸亥	4	10	30	癸巳	1	11	28	壬戌	8	12	27	辛卯	4	1	26	辛酉	7
廿四 24th	9	2	乙未	5	10	1	甲子	3	10	31	甲午	9	11	29	癸亥	7	12	28	壬辰	5	1	27	壬戌	8
廿五 25th	9	3	丙申	4	10	2	乙丑	2	11	1	乙未	8	11	30	甲子	6	12	29	癸巳	6	1	28	癸亥	9
廿六 26th	9	4	丁酉	3	10	3	丙寅	1	11	2	丙申	7	12	1	乙丑	5	12	30	甲午	7	1	29	甲子	1
廿七 27th	9	5	戊戌	2	10	4	丁卯	9	11	3	丁酉	6	12	2	丙寅	4	12	31	乙未	8	1	30	乙丑	2
廿八 28th	9	6	己亥	1	10	5	戊辰	8	11	4	戊戌	5	12	3	丁卯	3	1	1	丙申	9	1	31	丙寅	3
廿九 29th	9	7	庚子	9	10	6	己巳	7	11	5	己亥	4	12	4	戊辰	2	1	2	丁酉	1	2	1	丁卯	4
三十 30th					10	7	庚午	6									1	3	戊戌	2	2	2	戊辰	5

地支 Twelve Branches
子 Zi Rat
丑 Chou Ox
寅 Yin Tiger
卯 Mao Rabbit
辰 Chen Dragon
巳 Si Snake
午 Wu Horse
未 Wei Goat
申 Shen Monkey
酉 You Rooster
戌 Xu Dog
亥 Hai Pig

2030 庚戌 Metal Dog

Grand Duke: 化秋

月干支 Month	正月小 1st Mth 戊寅 Wu Yin				二月大 2nd Mth 己卯 Ji Mao				三月小 3rd Mth 庚辰 Geng Chen			
九星 9 Star	五黃 Five Yellow				四綠 Four Green				三碧 Three Jade			
節氣 Season	雨水 Rain Water 16th day 23hr 2min 子 Zi		立春 Coming of Spring 2nd day 3hr 10min 寅 Yin		春分 Spring Equinox 17th day 21hr 54min 亥 Hai		驚蟄 Awakening of Worms 2nd day 21hr 5min 亥 Hai		穀雨 Grain Rain 18th day 8hr 45min 辰 Chen		清明 Clear and Bright 3rd day 1hr 43min 丑 Chou	
農曆 Calendar	國曆 Gregorian		干支 S / B	星 Star	國曆 Gregorian		干支 S / B	星 Star	國曆 Gregorian		干支 S / B	星 Star
初一 1st	2	3	己巳	6	3	4	戊戌	8	4	3	戊辰	2
初二 2nd	2	4	庚午	7	3	5	己亥	9	4	4	己巳	3
初三 3rd	2	5	辛未	8	3	6	庚子	1	4	5	庚午	4
初四 4th	2	6	壬申	9	3	7	辛丑	2	4	6	辛未	5
初五 5th	2	7	癸酉	1	3	8	壬寅	3	4	7	壬申	6
初六 6th	2	8	甲戌	2	3	9	癸卯	4	4	8	癸酉	7
初七 7th	2	9	乙亥	3	3	10	甲辰	5	4	9	甲戌	8
初八 8th	2	10	丙子	4	3	11	乙巳	6	4	10	乙亥	9
初九 9th	2	11	丁丑	5	3	12	丙午	7	4	11	丙子	1
初十 10th	2	12	戊寅	6	3	13	丁未	8	4	12	丁丑	2
十一 11th	2	13	己卯	7	3	14	戊申	9	4	13	戊寅	3
十二 12th	2	14	庚辰	8	3	15	己酉	1	4	14	己卯	4
十三 13th	2	15	辛巳	9	3	16	庚戌	2	4	15	庚辰	5
十四 14th	2	16	壬午	1	3	17	辛亥	3	4	16	辛巳	6
十五 15th	2	17	癸未	2	3	18	壬子	4	4	17	壬午	7
十六 16th	2	18	甲申	3	3	19	癸丑	5	4	18	癸未	8
十七 17th	2	19	乙酉	4	3	20	甲寅	6	4	19	甲申	9
十八 18th	2	20	丙戌	5	3	21	乙卯	7	4	20	乙酉	1
十九 19th	2	21	丁亥	6	3	22	丙辰	8	4	21	丙戌	2
二十 20th	2	22	戊子	7	3	23	丁巳	9	4	22	丁亥	3
廿一 21st	2	23	己丑	8	3	24	戊午	1	4	23	戊子	4
廿二 22nd	2	24	庚寅	9	3	25	己未	2	4	24	己丑	5
廿三 23rd	2	25	辛卯	1	3	26	庚申	3	4	25	庚寅	6
廿四 24th	2	26	壬辰	2	3	27	辛酉	4	4	26	辛卯	7
廿五 25th	2	27	癸巳	3	3	28	壬戌	5	4	27	壬辰	8
廿六 26th	2	28	甲午	4	3	29	癸亥	6	4	28	癸巳	9
廿七 27th	3	1	乙未	5	3	30	甲子	7	4	29	甲午	1
廿八 28th	3	2	丙申	6	3	31	乙丑	8	4	30	乙未	2
廿九 29th	3	3	丁酉	7	4	1	丙寅	9	5	1	丙申	3
三十 30th					4	2	丁卯	1				

月干支 Month	四月大 4th Mth 辛巳 Xin Si				五月大 5th Mth 壬午 Ren Wu				六月小 6th Mth 癸未 Gui Wei			
九星 9 Star	二黑 Two Black				一白 One White				九紫 Nine Purple			
節氣 Season	小滿 Small Sprout 20th day 7hr 42min 辰 Chen		立夏 Coming of Summer 4th day 18hr 48min 酉 You		夏至 Summer Solstice 21st day 15hr 33min 申 Shen		芒種 Planting of Thorny Crops 5th day 22hr 46min 亥 Hai		大暑 Greater Heat 23rd day 2hr 26min 丑 Chou		小暑 Lesser Heat 7th day 8hr 57min 辰 Chen	
農曆 Calendar	國曆 Gregorian		干支 S / B	星 Star	國曆 Gregorian		干支 S / B	星 Star	國曆 Gregorian		干支 S / B	星 Star
初一 1st	5	2	丁酉	4	6	1	丁卯	7	7	1	丁酉	9
初二 2nd	5	3	戊戌	5	6	2	戊辰	8	7	2	戊戌	8
初三 3rd	5	4	己亥	6	6	3	己巳	9	7	3	己亥	7
初四 4th	5	5	庚子	7	6	4	庚午	1	7	4	庚子	6
初五 5th	5	6	辛丑	8	6	5	辛未	2	7	5	辛丑	5
初六 6th	5	7	壬寅	9	6	6	壬申	3	7	6	壬寅	4
初七 7th	5	8	癸卯	1	6	7	癸酉	4	7	7	癸卯	3
初八 8th	5	9	甲辰	2	6	8	甲戌	5	7	8	甲辰	2
初九 9th	5	10	乙巳	3	6	9	乙亥	6	7	9	乙巳	1
初十 10th	5	11	丙午	4	6	10	丙子	7	7	10	丙午	9
十一 11th	5	12	丁未	5	6	11	丁丑	8	7	11	丁未	8
十二 12th	5	13	戊申	6	6	12	戊寅	9	7	12	戊申	7
十三 13th	5	14	己酉	7	6	13	己卯	1	7	13	己酉	6
十四 14th	5	15	庚戌	8	6	14	庚辰	2	7	14	庚戌	5
十五 15th	5	16	辛亥	9	6	15	辛巳	3	7	15	辛亥	4
十六 16th	5	17	壬子	1	6	16	壬午	4	7	16	壬子	3
十七 17th	5	18	癸丑	2	6	17	癸未	5	7	17	癸丑	2
十八 18th	5	19	甲寅	3	6	18	甲申	6	7	18	甲寅	1
十九 19th	5	20	乙卯	4	6	19	乙酉	7	7	19	乙卯	9
二十 20th	5	21	丙辰	5	6	20	丙戌	8	7	20	丙辰	8
廿一 21st	5	22	丁巳	6	6	21	丁亥	9\1	7	21	丁巳	7
廿二 22nd	5	23	戊午	7	6	22	戊子	9	7	22	戊午	6
廿三 23rd	5	24	己未	8	6	23	己丑	8	7	23	己未	5
廿四 24th	5	25	庚申	9	6	24	庚寅	7	7	24	庚申	4
廿五 25th	5	26	辛酉	1	6	25	辛卯	6	7	25	辛酉	3
廿六 26th	5	27	壬戌	2	6	26	壬辰	5	7	26	壬戌	2
廿七 27th	5	28	癸亥	3	6	27	癸巳	4	7	27	癸亥	1
廿八 28th	5	29	甲子	4	6	28	甲午	3	7	28	甲子	9
廿九 29th	5	30	乙丑	5	6	29	乙未	2	7	29	乙丑	8
三十 30th	5	31	丙寅	6	6	30	丙申	1				

天干 Ten Stems

- 甲 Jia Yang Wood
- 乙 Yi Yin Wood
- 丙 Bing Yang Fire
- 丁 Ding Yin Fire
- 戊 Wu Yang Earth
- 己 Ji Yin Earth
- 庚 Geng Yang Metal
- 辛 Xin Yin Metal
- 壬 Ren Yang Water
- 癸 Gui Yin Water

Male Gua: 6 乾(Qian) **Female Gua: 9 離(Li)** 3 Killing 三煞: North Annual Star: 6 White

月干支 Month	七月大 7th Mth				八月小 8th Mth				九月大 9th Mth				十月小 10th Mth				十一月大 11th Mth				十二月小 12th Mth			
	甲申 Jia Shen				乙酉 Yi You				丙戌 Bing Xu				丁亥 Ding Hai				戊子 Wu Zi				己丑 Ji Chou			
九星 9 Star	八白 Eight White				七赤 Seven Red				六白 Six White				五黃 Five Yellow				四綠 Four Green				三碧 Three Jade			
節氣 Season	處暑 Heat Ends		立秋 Coming Autumn		秋分 Autumn Equinox		白露 White Dew		霜降 Frosting		寒露 Cold Dew		小雪 Lesser Snow		立冬 Coming of Winter		冬至 Winter Solstice		大雪 Greater Snow		大寒 Greater Cold		小寒 Lesser Cold	
	25th day		9th day		26th day		10th day		27th day		12th day		27th day		12th day		28th day		13th day		27th day		12th day	
	9hr 38min		18hr 49min		7hr 28min		21hr 54min		17hr 2min		13hr 47min		14hr 46min		17hr 10min		4hr 11min		10hr 9min		14hr 50min		21hr 25min	
	巳 Si		酉 You		辰 Chen		亥 Hai		酉 You		未 Wei		未 Wei		酉 You		寅 Yin		巳 Si		未 Wei		亥 Hai	
農曆 Calendar	國曆 Gregorian		干支 S/B	星 Star	國曆 Gregorian		干支 S/B	星 Star	國曆 Gregorian		干支 S/B	星 Star	國曆 Gregorian		干支 S/B	星 Star	國曆 Gregorian		干支 S/B	星 Star	國曆 Gregorian		干支 S/B	星 Star
初一 1st	7	30	丙寅	7	8	29	丙申	4	9	27	乙丑	2	10	27	乙未	8	11	25	甲子	6	12	25	甲午	7
初二 2nd	7	31	丁卯	6	8	30	丁酉	3	9	28	丙寅	1	10	28	丙申	7	11	26	乙丑	5	12	26	乙未	8
初三 3rd	8	1	戊辰	5	8	31	戊戌	2	9	29	丁卯	9	10	29	丁酉	6	11	27	丙寅	4	12	27	丙申	9
初四 4th	8	2	己巳	4	9	1	己亥	1	9	30	戊辰	8	10	30	戊戌	5	11	28	丁卯	3	12	28	丁酉	1
初五 5th	8	3	庚午	3	9	2	庚子	9	10	1	己巳	7	10	31	己亥	4	11	29	戊辰	2	12	29	戊戌	2
初六 6th	8	4	辛未	2	9	3	辛丑	8	10	2	庚午	6	11	1	庚子	3	11	30	己巳	1	12	30	己亥	3
初七 7th	8	5	壬申	1	9	4	壬寅	7	10	3	辛未	5	11	2	辛丑	2	12	1	庚午	9	12	31	庚子	4
初八 8th	8	6	癸酉	9	9	5	癸卯	6	10	4	壬申	4	11	3	壬寅	1	12	2	辛未	8	1	1	辛丑	5
初九 9th	8	7	甲戌	8	9	6	甲辰	5	10	5	癸酉	3	11	4	癸卯	9	12	3	壬申	7	1	2	壬寅	6
初十 10th	8	8	乙亥	7	9	7	乙巳	4	10	6	甲戌	2	11	5	甲辰	8	12	4	癸酉	6	1	3	癸卯	7
十一 11th	8	9	丙子	6	9	8	丙午	3	10	7	乙亥	1	11	6	乙巳	7	12	5	甲戌	5	1	4	甲辰	8
十二 12th	8	10	丁丑	5	9	9	丁未	2	10	8	丙子	9	11	7	丙午	6	12	6	乙亥	4	1	5	乙巳	9
十三 13th	8	11	戊寅	4	9	10	戊申	1	10	9	丁丑	8	11	8	丁未	5	12	7	丙子	3	1	6	丙午	1
十四 14th	8	12	己卯	3	9	11	己酉	9	10	10	戊寅	7	11	9	戊申	4	12	8	丁丑	2	1	7	丁未	2
十五 15th	8	13	庚辰	2	9	12	庚戌	8	10	11	己卯	6	11	10	己酉	3	12	9	戊寅	1	1	8	戊申	3
十六 16th	8	14	辛巳	1	9	13	辛亥	7	10	12	庚辰	5	11	11	庚戌	2	12	10	己卯	9	1	9	己酉	4
十七 17th	8	15	壬午	9	9	14	壬子	6	10	13	辛巳	4	11	12	辛亥	1	12	11	庚辰	8	1	10	庚戌	5
十八 18th	8	16	癸未	8	9	15	癸丑	5	10	14	壬午	3	11	13	壬子	9	12	12	辛巳	7	1	11	辛亥	6
十九 19th	8	17	甲申	7	9	16	甲寅	4	10	15	癸未	2	11	14	癸丑	8	12	13	壬午	6	1	12	壬子	7
二十 20th	8	18	乙酉	6	9	17	乙卯	3	10	16	甲申	1	11	15	甲寅	7	12	14	癸未	5	1	13	癸丑	8
廿一 21st	8	19	丙戌	5	9	18	丙辰	2	10	17	乙酉	9	11	16	乙卯	6	12	15	甲申	4	1	14	甲寅	9
廿二 22nd	8	20	丁亥	4	9	19	丁巳	1	10	18	丙戌	8	11	17	丙辰	5	12	16	乙酉	3	1	15	乙卯	1
廿三 23rd	8	21	戊子	3	9	20	戊午	9	10	19	丁亥	7	11	18	丁巳	4	12	17	丙戌	2	1	16	丙辰	2
廿四 24th	8	22	己丑	2	9	21	己未	8	10	20	戊子	6	11	19	戊午	3	12	18	丁亥	1	1	17	丁巳	3
廿五 25th	8	23	庚寅	1	9	22	庚申	7	10	21	己丑	5	11	20	己未	2	12	19	戊子	9	1	18	戊午	4
廿六 26th	8	24	辛卯	9	9	23	辛酉	6	10	22	庚寅	4	11	21	庚申	1	12	20	己丑	8	1	19	己未	5
廿七 27th	8	25	壬辰	8	9	24	壬戌	5	10	23	辛卯	3	11	22	辛酉	9	12	21	庚寅	7	1	20	庚申	6
廿八 28th	8	26	癸巳	7	9	25	癸亥	4	10	24	壬辰	2	11	23	壬戌	8	12	22	辛卯	6\4	1	21	辛酉	7
廿九 29th	8	27	甲午	6	9	26	甲子	3	10	25	癸巳	1	11	24	癸亥	7	12	23	壬辰	5	1	22	壬戌	8
三十 30th	8	28	乙未	5					10	26	甲午	9					12	24	癸巳	6				

地支 Twelve Branches: 子 Zi Rat · 丑 Chou Ox · 寅 Yin Tiger · 卯 Mao Rabbit · 辰 Chen Dragon · 巳 Si Snake · 午 Wu Horse · 未 Wei Goat · 申 Shen Monkey · 酉 You Rooster · 戌 Xu Dog · 亥 Hai Pig

2031 辛亥 Metal Pig

Grand Duke: 葉堅

月干支 Month	正月小 1st Mth				二月大 2nd Mth				三月大 3rd Mth			
	庚寅 Geng Yin				辛卯 Xin Mao				壬辰 Ren Chen			
九星 9 Star	二黑 Two Black				一白 One White				九紫 Nine Purple			
節氣 Season	雨水 Rain Water 28th day 4hr 52min 寅 Yin		立春 Coming of Spring 13th day 9hr 0min 巳 Si		春分 Spring Equinox 29th day 3hr 42min 寅 Yin		驚蟄 Awakening of Worms 14th day 2hr 53min 丑 Chou		穀雨 Grain Rain 29th day 14hr 33min 未 Wei		清明 Clear and Bright 14th day 7hr 30min 辰 Chen	
農曆 Calendar	國曆 Gregorian		干支 S/B	星 Star	國曆 Gregorian		干支 S/B	星 Star	國曆 Gregorian		干支 S/B	星 Star
初一 1st	1	23	癸亥	9	2	21	壬辰	2	3	23	壬戌	5
初二 2nd	1	24	甲子	1	2	22	癸巳	3	3	24	癸亥	6
初三 3rd	1	25	乙丑	2	2	23	甲午	4	3	25	甲子	7
初四 4th	1	26	丙寅	3	2	24	乙未	5	3	26	乙丑	8
初五 5th	1	27	丁卯	4	2	25	丙申	6	3	27	丙寅	9
初六 6th	1	28	戊辰	5	2	26	丁酉	7	3	28	丁卯	1
初七 7th	1	29	己巳	6	2	27	戊戌	8	3	29	戊辰	2
初八 8th	1	30	庚午	7	2	28	己亥	9	3	30	己巳	3
初九 9th	1	31	辛未	8	3	1	庚子	1	3	31	庚午	4
初十 10th	2	1	壬申	9	3	2	辛丑	2	4	1	辛未	5
十一 11th	2	2	癸酉	1	3	3	壬寅	3	4	2	壬申	6
十二 12th	2	3	甲戌	2	3	4	癸卯	4	4	3	癸酉	7
十三 13th	2	4	乙亥	3	3	5	甲辰	5	4	4	甲戌	8
十四 14th	2	5	丙子	4	3	6	乙巳	6	4	5	乙亥	9
十五 15th	2	6	丁丑	5	3	7	丙午	7	4	6	丙子	1
十六 16th	2	7	戊寅	6	3	8	丁未	8	4	7	丁丑	2
十七 17th	2	8	己卯	7	3	9	戊申	9	4	8	戊寅	3
十八 18th	2	9	庚辰	8	3	10	己酉	1	4	9	己卯	4
十九 19th	2	10	辛巳	9	3	11	庚戌	2	4	10	庚辰	5
二十 20th	2	11	壬午	1	3	12	辛亥	3	4	11	辛巳	6
廿一 21st	2	12	癸未	2	3	13	壬子	4	4	12	壬午	7
廿二 22nd	2	13	甲申	3	3	14	癸丑	5	4	13	癸未	8
廿三 23rd	2	14	乙酉	4	3	15	甲寅	6	4	14	甲申	9
廿四 24th	2	15	丙戌	5	3	16	乙卯	7	4	15	乙酉	1
廿五 25th	2	16	丁亥	6	3	17	丙辰	8	4	16	丙戌	2
廿六 26th	2	17	戊子	7	3	18	丁巳	9	4	17	丁亥	3
廿七 27th	2	18	己丑	8	3	19	戊午	1	4	18	戊子	4
廿八 28th	2	19	庚寅	9	3	20	己未	2	4	19	己丑	5
廿九 29th	2	20	辛卯	1	3	21	庚申	3	4	20	庚寅	6
三十 30th					3	22	辛酉	4	4	21	辛卯	7

月干支 Month	閏三月小 3rd Mth				四月大 4th Mth			
					癸巳 Gui Si			
九星 9 Star					八白 Eight White			
節氣 Season			立夏 Coming of Summer 15th day 0hr 36min 子 Zi		芒種 Planting of Thorny Crops 17th day 4hr 37min 寅 Yin		小滿 Small Sprout 1st day 13hr 29min 未 Wei	
農曆 Calendar	國曆 Gregorian		干支 S/B	星 Star	國曆 Gregorian		干支 S/B	星 Star
初一 1st	4	22	壬辰	8	5	21	辛酉	1
初二 2nd	4	23	癸巳	9	5	22	壬戌	2
初三 3rd	4	24	甲午	1	5	23	癸亥	3
初四 4th	4	25	乙未	2	5	24	甲子	4
初五 5th	4	26	丙申	3	5	25	乙丑	5
初六 6th	4	27	丁酉	4	5	26	丙寅	6
初七 7th	4	28	戊戌	5	5	27	丁卯	7
初八 8th	4	29	己亥	6	5	28	戊辰	8
初九 9th	4	30	庚子	7	5	29	己巳	9
初十 10th	5	1	辛丑	8	5	30	庚午	1
十一 11th	5	2	壬寅	9	5	31	辛未	2
十二 12th	5	3	癸卯	1	6	1	壬申	3
十三 13th	5	4	甲辰	2	6	2	癸酉	4
十四 14th	5	5	乙巳	3	6	3	甲戌	5
十五 15th	5	6	丙午	4	6	4	乙亥	6
十六 16th	5	7	丁未	5	6	5	丙子	7
十七 17th	5	8	戊申	6	6	6	丁丑	8
十八 18th	5	9	己酉	7	6	7	戊寅	9
十九 19th	5	10	庚戌	8	6	8	己卯	1
二十 20th	5	11	辛亥	9	6	9	庚辰	2
廿一 21st	5	12	壬子	1	6	10	辛巳	3
廿二 22nd	5	13	癸丑	2	6	11	壬午	4
廿三 23rd	5	14	甲寅	3	6	12	癸未	5
廿四 24th	5	15	乙卯	4	6	13	甲申	6
廿五 25th	5	16	丙辰	5	6	14	乙酉	7
廿六 26th	5	17	丁巳	6	6	15	丙戌	8
廿七 27th	5	18	戊午	7	6	16	丁亥	9
廿八 28th	5	19	己未	8	6	17	戊子	1
廿九 29th	5	20	庚申	9	6	18	己丑	2
三十 30th					6	19	庚寅	3

月干支 Month	五月小 5th Mth				六月大 6th Mth			
	甲午 Jia Wu				乙未 Yi Wei			
九星 9 Star	七赤 Seven Red				六白 Six White			
節氣 Season	小暑 Lesser Heat 18th day 14hr 50min 未 Wei		夏至 Summer Solstice 2nd day 21hr 18min 亥 Hai		立秋 Coming Autumn 21st day 0hr 44min 子 Zi		大暑 Greater Heat 5th day 8hr 12min 辰 Chen	
農曆 Calendar	國曆 Gregorian		干支 S/B	星 Star	國曆 Gregorian		干支 S/B	星 Star
初一 1st	6	20	辛卯	4	7	19	庚申	4
初二 2nd	6	21	壬辰	5\5	7	20	辛酉	3
初三 3rd	6	22	癸巳	4	7	21	壬戌	2
初四 4th	6	23	甲午	3	7	22	癸亥	1
初五 5th	6	24	乙未	2	7	23	甲子	9
初六 6th	6	25	丙申	1	7	24	乙丑	8
初七 7th	6	26	丁酉	9	7	25	丙寅	7
初八 8th	6	27	戊戌	8	7	26	丁卯	6
初九 9th	6	28	己亥	7	7	27	戊辰	5
初十 10th	6	29	庚子	6	7	28	己巳	4
十一 11th	6	30	辛丑	5	7	29	庚午	3
十二 12th	7	1	壬寅	4	7	30	辛未	2
十三 13th	7	2	癸卯	3	7	31	壬申	1
十四 14th	7	3	甲辰	2	8	1	癸酉	9
十五 15th	7	4	乙巳	1	8	2	甲戌	8
十六 16th	7	5	丙午	9	8	3	乙亥	7
十七 17th	7	6	丁未	8	8	4	丙子	6
十八 18th	7	7	戊申	7	8	5	丁丑	5
十九 19th	7	8	己酉	6	8	6	戊寅	4
二十 20th	7	9	庚戌	5	8	7	己卯	3
廿一 21st	7	10	辛亥	4	8	8	庚辰	2
廿二 22nd	7	11	壬子	3	8	9	辛巳	1
廿三 23rd	7	12	癸丑	2	8	10	壬午	9
廿四 24th	7	13	甲寅	1	8	11	癸未	8
廿五 25th	7	14	乙卯	9	8	12	甲申	7
廿六 26th	7	15	丙辰	8	8	13	乙酉	6
廿七 27th	7	16	丁巳	7	8	14	丙戌	5
廿八 28th	7	17	戊午	6	8	15	丁亥	4
廿九 29th	7	18	己未	5	8	16	戊子	3
三十 30th					8	17	己丑	2

天干 Ten Stems

- 甲 Jia Yang Wood
- 乙 Yi Yin Wood
- 丙 Bing Yang Fire
- 丁 Ding Yin Fire
- 戊 Wu Yang Earth
- 己 Ji Yin Earth
- 庚 Geng Yang Metal
- 辛 Xin Yin Metal
- 壬 Ren Yang Water
- 癸 Gui Yin Water

Male Gua: 2 坤(Kun) **Female Gua: 1 坎(Kan)** 3 Killing 三煞: West Annual Star: 5 Yellow

十二月小 12th Mth				十一月大 11th Mth				十月小 10th Mth				九月大 9th Mth				八月小 8th Mth				七月大 7th Mth				月干支 Month
辛丑 Xin Chou				庚子 Geng Zi				己亥 Ji Hai				戊戌 Wu Xu				丁酉 Ding You				丙申 Bing Shen				
九紫 Nine Purple				一白 One White				二黑 Two Black				三碧 Three Jade				四綠 Four Green				五黃 Five Yellow				九星 9 Star
立春 Coming of Spring		大寒 Greater Cold		小寒 Lesser Cold		冬至 Winter Solstice		大雪 Greater Snow		小雪 Lesser Snow		立冬 Coming of Winter		霜降 Frosting		寒露 Cold Dew		秋分 Autumn Equinox		白露 White Dew		處暑 Heat Ends		節氣 Season
23rd day		8th day		24th day		9th day		23rd day		8th day		23rd day		8th day		22nd day		7th day		22nd day		6th day		
14hr 50min		20hr 33min		3hr 18min		9hr 57min		16hr 5min		20hr 34min		23hr 7min		22hr 51min		19hr 44min		13hr 17min		3hr 52min		15hr 25min		
未 Wei		戌 Xu		寅 Yin		巳 Si		申 Shen		戌 Xu		子 Zi		亥 Hai		戌 Xu		未 Wei		寅 Yin		申 Shen		
國曆 Gregorian		干支 S/B	星 Star	國曆 Gregorian		干支 S/B	星 Star	國曆 Gregorian		干支 S/B	星 Star	國曆 Gregorian		干支 S/B	星 Star	國曆 Gregorian		干支 S/B	星 Star	國曆 Gregorian		干支 S/B	星 Star	農曆 Calendar
1	13	戊午	4	12	14	戊子	9	11	15	己未	2	10	16	己丑	5	9	17	庚申	7	8	18	庚寅	1	初一 1st
1	14	己未	5	12	15	己丑	8	11	16	庚申	1	10	17	庚寅	4	9	18	辛酉	6	8	19	辛卯	9	初二 2nd
1	15	庚申	6	12	16	庚寅	7	11	17	辛酉	9	10	18	辛卯	3	9	19	壬戌	5	8	20	壬辰	8	初三 3rd
1	16	辛酉	7	12	17	辛卯	6	11	18	壬戌	8	10	19	壬辰	2	9	20	癸亥	4	8	21	癸巳	7	初四 4th
1	17	壬戌	8	12	18	壬辰	5	11	19	癸亥	7	10	20	癸巳	1	9	21	甲子	3	8	22	甲午	6	初五 5th
1	18	癸亥	9	12	19	癸巳	4	11	20	甲子	6	10	21	甲午	9	9	22	乙丑	2	8	23	乙未	5	初六 6th
1	19	甲子	1	12	20	甲午	3	11	21	乙丑	5	10	22	乙未	8	9	23	丙寅	1	8	24	丙申	4	初七 7th
1	20	乙丑	2	12	21	乙未	2	11	22	丙寅	4	10	23	丙申	7	9	24	丁卯	9	8	25	丁酉	3	初八 8th
1	21	丙寅	3	12	22	丙申	1\9	11	23	丁卯	3	10	24	丁酉	6	9	25	戊辰	8	8	26	戊戌	2	初九 9th
1	22	丁卯	4	12	23	丁酉	1	11	24	戊辰	2	10	25	戊戌	5	9	26	己巳	7	8	27	己亥	1	初十 10th
1	23	戊辰	5	12	24	戊戌	2	11	25	己巳	1	10	26	己亥	4	9	27	庚午	6	8	28	庚子	9	十一 11th
1	24	己巳	6	12	25	己亥	3	11	26	庚午	9	10	27	庚子	3	9	28	辛未	5	8	29	辛丑	8	十二 12th
1	25	庚午	7	12	26	庚子	4	11	27	辛未	8	10	28	辛丑	2	9	29	壬申	4	8	30	壬寅	7	十三 13th
1	26	辛未	8	12	27	辛丑	5	11	28	壬申	7	10	29	壬寅	1	9	30	癸酉	3	8	31	癸卯	6	十四 14th
1	27	壬申	9	12	28	壬寅	6	11	29	癸酉	6	10	30	癸卯	9	10	1	甲戌	2	9	1	甲辰	5	十五 15th
1	28	癸酉	1	12	29	癸卯	7	11	30	甲戌	5	10	31	甲辰	8	10	2	乙亥	1	9	2	乙巳	4	十六 16th
1	29	甲戌	2	12	30	甲辰	8	12	1	乙亥	4	11	1	乙巳	7	10	3	丙子	9	9	3	丙午	3	十七 17th
1	30	乙亥	3	12	31	乙巳	9	12	2	丙子	3	11	2	丙午	6	10	4	丁丑	8	9	4	丁未	2	十八 18th
1	31	丙子	4	1	1	丙午	1	12	3	丁丑	2	11	3	丁未	5	10	5	戊寅	7	9	5	戊申	1	十九 19th
2	1	丁丑	5	1	2	丁未	2	12	4	戊寅	1	11	4	戊申	4	10	6	己卯	6	9	6	己酉	9	二十 20th
2	2	戊寅	6	1	3	戊申	3	12	5	己卯	9	11	5	己酉	3	10	7	庚辰	5	9	7	庚戌	8	廿一 21st
2	3	己卯	7	1	4	己酉	4	12	6	庚辰	8	11	6	庚戌	2	10	8	辛巳	4	9	8	辛亥	7	廿二 22nd
2	4	庚辰	8	1	5	庚戌	5	12	7	辛巳	7	11	7	辛亥	1	10	9	壬午	3	9	9	壬子	6	廿三 23rd
2	5	辛巳	9	1	6	辛亥	6	12	8	壬午	6	11	8	壬子	9	10	10	癸未	2	9	10	癸丑	5	廿四 24th
2	6	壬午	1	1	7	壬子	7	12	9	癸未	5	11	9	癸丑	8	10	11	甲申	1	9	11	甲寅	4	廿五 25th
2	7	癸未	2	1	8	癸丑	8	12	10	甲申	4	11	10	甲寅	7	10	12	乙酉	9	9	12	乙卯	3	廿六 26th
2	8	甲申	3	1	9	甲寅	9	12	11	乙酉	3	11	11	乙卯	6	10	13	丙戌	8	9	13	丙辰	2	廿七 27th
2	9	乙酉	4	1	10	乙卯	1	12	12	丙戌	2	11	12	丙辰	5	10	14	丁亥	7	9	14	丁巳	1	廿八 28th
2	10	丙戌	5	1	11	丙辰	2	12	13	丁亥	1	11	13	丁巳	4	10	15	戊子	6	9	15	戊午	9	廿九 29th
				1	12	丁巳	3					11	14	戊午	3					9	16	己未	8	三十 30th

地支 Twelve Branches: 子 Zi Rat; 丑 Chou Ox; 寅 Yin Tiger; 卯 Mao Rabbit; 辰 Chen Dragon; 巳 Si Snake; 午 Wu Horse; 未 Wei Goat; 申 Shen Monkey; 酉 You Rooster; 戌 Xu Dog; 亥 Hai Pig

2032 壬子 Water Rat

Grand Duke: 邱德

月干支 Month	正月大 1st Mth				二月小 2nd Mth			
	壬寅 Ren Yin				癸卯 Gui Mao			
九星 9 Star	八白 Eight White				七赤 Seven Red			
節氣 Season	驚蟄 Awakening of Worms		雨水 Rain Water		清明 Clear and Bright		春分 Spring Equinox	
	24th day		9th day		24th day		9th day	
	8hr 42min		10hr 34min		13hr 19min		9hr 23min	
	辰 Chen		巳 Si		未 Wei		巳 Si	
農曆 Calendar	國曆 Gregorian		干支 S/B	星 Star	國曆 Gregorian		干支 S/B	星 Star
初一 1st	2	11	丁亥	6	3	12	丁巳	9
初二 2nd	2	12	戊子	7	3	13	戊午	1
初三 3rd	2	13	己丑	8	3	14	己未	2
初四 4th	2	14	庚寅	9	3	15	庚申	3
初五 5th	2	15	辛卯	1	3	16	辛酉	4
初六 6th	2	16	壬辰	2	3	17	壬戌	5
初七 7th	2	17	癸巳	3	3	18	癸亥	6
初八 8th	2	18	甲午	4	3	19	甲子	7
初九 9th	2	19	乙未	5	3	20	乙丑	8
初十 10th	2	20	丙申	6	3	21	丙寅	9
十一 11th	2	21	丁酉	7	3	22	丁卯	1
十二 12th	2	22	戊戌	8	3	23	戊辰	2
十三 13th	2	23	己亥	9	3	24	己巳	3
十四 14th	2	24	庚子	1	3	25	庚午	4
十五 15th	2	25	辛丑	2	3	26	辛未	5
十六 16th	2	26	壬寅	3	3	27	壬申	6
十七 17th	2	27	癸卯	4	3	28	癸酉	7
十八 18th	2	28	甲辰	5	3	29	甲戌	8
十九 19th	2	29	乙巳	6	3	30	乙亥	9
二十 20th	3	1	丙午	7	3	31	丙子	1
廿一 21st	3	2	丁未	8	4	1	丁丑	2
廿二 22nd	3	3	戊申	9	4	2	戊寅	3
廿三 23rd	3	4	己酉	1	4	3	己卯	4
廿四 24th	3	5	庚戌	2	4	4	庚辰	5
廿五 25th	3	6	辛亥	3	4	5	辛巳	6
廿六 26th	3	7	壬子	4	4	6	壬午	7
廿七 27th	3	8	癸丑	5	4	7	癸未	8
廿八 28th	3	9	甲寅	6	4	8	甲申	9
廿九 29th	3	10	乙卯	7	4	9	乙酉	1
三十 30th	3	11	丙辰	8				

月干支 Month	三月小 3rd Mth				四月大 4th Mth			
	甲辰 Jia Chen				乙巳 Yi Si			
九星 9 Star	六白 Six White				五黃 Five Yellow			
節氣 Season	立夏 Coming of Summer		穀雨 Grain Rain		芒種 Planting of Thorny Crops		小滿 Small Sprout	
	26th day		10th day		28th day		12th day	
	6hr 27min		20hr 16min		10hr 29min		19hr 16min	
	卯 Mao		戌 Xu		巳 Si		戌 Xu	
農曆 Calendar	國曆 Gregorian		干支 S/B	星 Star	國曆 Gregorian		干支 S/B	星 Star
初一 1st	4	10	丙戌	2	5	9	乙卯	4
初二 2nd	4	11	丁亥	3	5	10	丙辰	5
初三 3rd	4	12	戊子	4	5	11	丁巳	6
初四 4th	4	13	己丑	5	5	12	戊午	7
初五 5th	4	14	庚寅	6	5	13	己未	8
初六 6th	4	15	辛卯	7	5	14	庚申	9
初七 7th	4	16	壬辰	8	5	15	辛酉	1
初八 8th	4	17	癸巳	9	5	16	壬戌	2
初九 9th	4	18	甲午	1	5	17	癸亥	3
初十 10th	4	19	乙未	2	5	18	甲子	4
十一 11th	4	20	丙申	3	5	19	乙丑	5
十二 12th	4	21	丁酉	4	5	20	丙寅	6
十三 13th	4	22	戊戌	5	5	21	丁卯	7
十四 14th	4	23	己亥	6	5	22	戊辰	8
十五 15th	4	24	庚子	7	5	23	己巳	9
十六 16th	4	25	辛丑	8	5	24	庚午	1
十七 17th	4	26	壬寅	9	5	25	辛未	2
十八 18th	4	27	癸卯	1	5	26	壬申	3
十九 19th	4	28	甲辰	2	5	27	癸酉	4
二十 20th	4	29	乙巳	3	5	28	甲戌	5
廿一 21st	4	30	丙午	4	5	29	乙亥	6
廿二 22nd	5	1	丁未	5	5	30	丙子	7
廿三 23rd	5	2	戊申	6	5	31	丁丑	8
廿四 24th	5	3	己酉	7	6	1	戊寅	9
廿五 25th	5	4	庚戌	8	6	2	己卯	1
廿六 26th	5	5	辛亥	9	6	3	庚辰	2
廿七 27th	5	6	壬子	1	6	4	辛巳	3
廿八 28th	5	7	癸丑	2	6	5	壬午	4
廿九 29th	5	8	甲寅	3	6	6	癸未	5
三十 30th					6	7	甲申	6

月干支 Month	五月小 5th Mth				六月大 6th Mth			
	丙午 Bing Wu				丁未 Ding Wei			
九星 9 Star	四綠 Four Green				三碧 Three Jade			
節氣 Season	小暑 Lesser Heat		夏至 Summer Solstice				大暑 Greater Heat	
	29th day		14th day				16th day	
	20hr 42min		3hr 10min				14hr 6min	
	戌 Xu		寅 Yin				未 Wei	
農曆 Calendar	國曆 Gregorian		干支 S/B	星 Star	國曆 Gregorian		干支 S/B	星 Star
初一 1st	6	8	乙酉	7	7	7	甲寅	1
初二 2nd	6	9	丙戌	8	7	8	乙卯	9
初三 3rd	6	10	丁亥	9	7	9	丙辰	8
初四 4th	6	11	戊子	1	7	10	丁巳	7
初五 5th	6	12	己丑	2	7	11	戊午	6
初六 6th	6	13	庚寅	3	7	12	己未	5
初七 7th	6	14	辛卯	4	7	13	庚申	4
初八 8th	6	15	壬辰	5	7	14	辛酉	3
初九 9th	6	16	癸巳	6	7	15	壬戌	2
初十 10th	6	17	甲午	7	7	16	癸亥	1
十一 11th	6	18	乙未	8	7	17	甲子	9
十二 12th	6	19	丙申	9	7	18	乙丑	8
十三 13th	6	20	丁酉	1	7	19	丙寅	7
十四 14th	6	21	戊戌	2\8	7	20	丁卯	6
十五 15th	6	22	己亥	7	7	21	戊辰	5
十六 16th	6	23	庚子	6	7	22	己巳	4
十七 17th	6	24	辛丑	5	7	23	庚午	3
十八 18th	6	25	壬寅	4	7	24	辛未	2
十九 19th	6	26	癸卯	3	7	25	壬申	1
二十 20th	6	27	甲辰	2	7	26	癸酉	9
廿一 21st	6	28	乙巳	1	7	27	甲戌	8
廿二 22nd	6	29	丙午	9	7	28	乙亥	7
廿三 23rd	6	30	丁未	8	7	29	丙子	6
廿四 24th	7	1	戊申	7	7	30	丁丑	5
廿五 25th	7	2	己酉	6	7	31	戊寅	4
廿六 26th	7	3	庚戌	5	8	1	己卯	3
廿七 27th	7	4	辛亥	4	8	2	庚辰	2
廿八 28th	7	5	壬子	3	8	3	辛巳	1
廿九 29th	7	6	癸丑	2	8	4	壬午	9
三十 30th					8	5	癸未	8

天干 Ten Stems

甲 Jia Yang Wood
乙 Yi Yin Wood
丙 Bing Yang Fire
丁 Ding Yin Fire
戊 Wu Yang Earth
己 Ji Yin Earth
庚 Geng Yang Metal
辛 Xin Yin Metal
壬 Ren Yang Water
癸 Gui Yin Water

Male Gua: 4 巽(Xun) **Female Gua: 2 坤(Kun)** 3 Killing 三煞: South Annual Star: 4 Green

月干支 Month	七月大 7th Mth				八月小 8th Mth				九月大 9th Mth				十月大 10th Mth				十一月大 11th Mth				十二月大 12th Mth			
	戊申 Wu Shen				己酉 Ji You				庚戌 Geng Xu				辛亥 Xin Hai				壬子 Ren Zi				癸丑 Gui Chou			
九星 9 Star	二黑 Two Black				一白 One White				九紫 Nine Purple				八白 Eight White				七赤 Seven Red				六白 Six White			
節氣 Season	處暑 Heat Ends		立秋 Coming Autumn		秋分 Autumn Equinox		白露 White Dew		霜降 Frosting		寒露 Cold Dew		小雪 Lesser Snow		立冬 Coming of Winter		冬至 Winter Solstice		大雪 Greater Snow		大寒 Greater Cold		小寒 Lesser Cold	
	17th day 21hr 20min		2nd day 6hr 34min		18th day 19hr 12min		3rd day 9hr 39min		20th day 4hr 48min		5th day 1hr 32min		20th day 2hr 33min		5th day 4hr 56min		19th day 15hr 58min		4th day 21hr 55min		20th day 2hr 35min		5th day [illegible]hr 10min	
	亥 Hai		卯 Mao		戌 Xu		巳 Si		寅 Yin		丑 Chou		丑 Chou		寅 Yin		申 Shen		亥 Hai		丑 Chou		己 Si	
農曆 Calendar	國曆 Gregorian		干支 S/B	星 Star	國曆 Gregorian		干支 S/B	星 Star	國曆 Gregorian		干支 S/B	星 Star	國曆 Gregorian		干支 S/B	星 Star	國曆 Gregorian		干支 S/B	星 Star	國曆 Gregorian		干支 S/B	星 Star
初一 1st	8	6	甲申	7	9	5	甲寅	4	10	4	癸未	2	11	3	癸丑	8	12	3	癸未	5	1	1	壬子	7
初二 2nd	8	7	乙酉	6	9	6	乙卯	3	10	5	甲申	1	11	4	甲寅	7	12	4	甲申	4	1	2	癸丑	8
初三 3rd	8	8	丙戌	5	9	7	丙辰	2	10	6	乙酉	9	11	5	乙卯	6	12	5	乙酉	3	1	3	甲寅	9
初四 4th	8	9	丁亥	4	9	8	丁巳	1	10	7	丙戌	8	11	6	丙辰	5	12	6	丙戌	2	1	4	乙卯	1
初五 5th	8	10	戊子	3	9	9	戊午	9	10	8	丁亥	7	11	7	丁巳	4	12	7	丁亥	1	1	5	丙辰	2
初六 6th	8	11	己丑	2	9	10	己未	8	10	9	戊子	6	11	8	戊午	3	12	8	戊子	9	1	6	丁巳	3
初七 7th	8	12	庚寅	1	9	11	庚申	7	10	10	己丑	5	11	9	己未	2	12	9	己丑	8	1	7	戊午	4
初八 8th	8	13	辛卯	9	9	12	辛酉	6	10	11	庚寅	4	11	10	庚申	1	12	10	庚寅	7	1	8	己未	5
初九 9th	8	14	壬辰	8	9	13	壬戌	5	10	12	辛卯	3	11	11	辛酉	9	12	11	辛卯	6	1	9	庚申	6
初十 10th	8	15	癸巳	7	9	14	癸亥	4	10	13	壬辰	2	11	12	壬戌	8	12	12	壬辰	5	1	10	辛酉	7
十一 11th	8	16	甲午	6	9	15	甲子	3	10	14	癸巳	1	11	13	癸亥	7	12	13	癸巳	4	1	11	壬戌	8
十二 12th	8	17	乙未	5	9	16	乙丑	2	10	15	甲午	9	11	14	甲子	6	12	14	甲午	3	1	12	癸亥	9
十三 13th	8	18	丙申	4	9	17	丙寅	1	10	16	乙未	8	11	15	乙丑	5	12	15	乙未	2	1	13	甲子	1
十四 14th	8	19	丁酉	3	9	18	丁卯	9	10	17	丙申	7	11	16	丙寅	4	12	16	丙申	1	1	14	乙丑	2
十五 15th	8	20	戊戌	2	9	19	戊辰	8	10	18	丁酉	6	11	17	丁卯	3	12	17	丁酉	9	1	15	丙寅	3
十六 16th	8	21	己亥	1	9	20	己巳	7	10	19	戊戌	5	11	18	戊辰	2	12	18	戊戌	8	1	16	丁卯	4
十七 17th	8	22	庚子	9	9	21	庚午	6	10	20	己亥	4	11	19	己巳	1	12	19	己亥	7	1	17	戊辰	5
十八 18th	8	23	辛丑	8	9	22	辛未	5	10	21	庚子	3	11	20	庚午	9	12	20	庚子	6	1	18	己巳	6
十九 19th	8	24	壬寅	7	9	23	壬申	4	10	22	辛丑	2	11	21	辛未	8	12	21	辛丑	5\5	1	19	庚午	7
二十 20th	8	25	癸卯	6	9	24	癸酉	3	10	23	壬寅	1	11	22	壬申	7	12	22	壬寅	6	1	20	辛未	8
廿一 21st	8	26	甲辰	5	9	25	甲戌	2	10	24	癸卯	9	11	23	癸酉	6	12	23	癸卯	7	1	21	壬申	9
廿二 22nd	8	27	乙巳	4	9	26	乙亥	1	10	25	甲辰	8	11	24	甲戌	5	12	24	甲辰	8	1	22	癸酉	1
廿三 23rd	8	28	丙午	3	9	27	丙子	9	10	26	乙巳	7	11	25	乙亥	4	12	25	乙巳	9	1	23	甲戌	2
廿四 24th	8	29	丁未	2	9	28	丁丑	8	10	27	丙午	6	11	26	丙子	3	12	26	丙午	1	1	24	乙亥	3
廿五 25th	8	30	戊申	1	9	29	戊寅	7	10	28	丁未	5	11	27	丁丑	2	12	27	丁未	2	1	25	丙子	4
廿六 26th	8	31	己酉	9	9	30	己卯	6	10	29	戊申	4	11	28	戊寅	1	12	28	戊申	3	1	26	丁丑	5
廿七 27th	9	1	庚戌	8	10	1	庚辰	5	10	30	己酉	3	11	29	己卯	9	12	29	己酉	4	1	27	戊寅	6
廿八 28th	9	2	辛亥	7	10	2	辛巳	4	10	31	庚戌	2	11	30	庚辰	8	12	30	庚戌	5	1	28	己卯	7
廿九 29th	9	3	壬子	6	10	3	壬午	3	11	1	辛亥	1	12	1	辛巳	7	12	31	辛亥	3	1	29	庚辰	8
三十 30th	9	4	癸丑	5					11	2	壬子	9	12	2	壬午	6					1	30	辛巳	9

地支 Twelve Branches: 子 Zi Rat · 丑 Chou Ox · 寅 Yin Tiger · 卯 Mao Rabbit · 辰 Chen Dragon · 巳 Si Snake · 午 Wu Horse · 未 Wei Goat · 申 Shen Monkey · 酉 You Rooster · 戌 Xu Dog · 亥 Hai Pig

2033 癸丑 Water Ox

Grand Duke: 林薄

天干 Ten Stems: 甲 Jia Yang Wood; 乙 Yi Yin Wood; 丙 Bing Yang Fire; 丁 Ding Yin Fire; 戊 Wu Yang Earth; 己 Ji Yin Earth; 庚 Geng Yang Metal; 辛 Xin Yin Metal; 壬 Ren Yang Water; 癸 Gui Yin Water

六月小 6th Mth				五月大 5th Mth				四月小 4th Mth				三月小 3rd Mth				二月大 2nd Mth				正月小 1st Mth				月干支 Month
己未 Ji Wei				戊午 Wu Wu				丁巳 Ding Si				丙辰 Bing Chen				乙卯 Yi Mao				甲寅 Jia Yin				
九紫 Nine Purple				一白 One White				二黑 Two Black				三碧 Three Jade				四綠 Four Green				五黃 Five Yellow				九星 9 Star
大暑 Greater Heat		小暑 Lesser Heat		夏至 Summer Solstice		芒種 Planting of Thorny Crops		小滿 Small Sprout		立夏 Coming of Summer		穀雨 Grain Rain		清明 Clear and Bright		春分 Spring Equinox		驚蟄 Awakening of Worms		雨水 Rain Water		立春 Coming of Spring		節氣 Season
26th day		11th day		25th day		9th day		23rd day		7th day		21st day		5th day		20th day		5th day		19th day		4th day		
19hr 54min		2hr 26min		9hr 2min		16hr 15min		1hr 12min		12hr 15min		2hr 15min		19hr 10min		15hr 24min		14hr 34min		16hr 35min		20hr 43min		
戌 Xu		丑 Chou		巳 Si		申 Shen		丑 Chou		午 Wu		丑 Chou		戌 Xu		申 Shen		未 Wei		申 Shen		戌 Xu		
國曆 Gregorian		干支 S/B	星 Star	國曆 Gregorian		干支 S/B	星 Star	國曆 Gregorian		干支 S/B	星 Star	國曆 Gregorian		干支 S/B	星 Star	國曆 Gregorian		干支 S/B	星 Star	國曆 Gregorian		干支 S/B	星 Star	農曆 Calendar
6	27	己酉	6	5	28	己卯	1	4	29	庚戌	8	3	31	辛巳	6	3	1	辛亥	3	1	31	壬午	1	初一 1st
6	28	庚戌	5	5	29	庚辰	2	4	30	辛亥	9	4	1	壬午	7	3	2	壬子	4	2	1	癸未	2	初二 2nd
6	29	辛亥	4	5	30	辛巳	3	5	1	壬子	1	4	2	癸未	8	3	3	癸丑	5	2	2	甲申	3	初三 3rd
6	30	壬子	3	5	31	壬午	4	5	2	癸丑	2	4	3	甲申	9	3	4	甲寅	6	2	3	乙酉	4	初四 4th
7	1	癸丑	2	6	1	癸未	5	5	3	甲寅	3	4	4	乙酉	1	3	5	乙卯	7	2	4	丙戌	5	初五 5th
7	2	甲寅	1	6	2	甲申	6	5	4	乙卯	4	4	5	丙戌	2	3	6	丙辰	8	2	5	丁亥	6	初六 6th
7	3	乙卯	9	6	3	乙酉	7	5	5	丙辰	5	4	6	丁亥	3	3	7	丁巳	9	2	6	戊子	7	初七 7th
7	4	丙辰	8	6	4	丙戌	8	5	6	丁巳	6	4	7	戊子	4	3	8	戊午	1	2	7	己丑	8	初八 8th
7	5	丁巳	7	6	5	丁亥	9	5	7	戊午	7	4	8	己丑	5	3	9	己未	2	2	8	庚寅	9	初九 9th
7	6	戊午	6	6	6	戊子	1	5	8	己未	8	4	9	庚寅	6	3	10	庚申	3	2	9	辛卯	1	初十 10th
7	7	己未	5	6	7	己丑	2	5	9	庚申	9	4	10	辛卯	7	3	11	辛酉	4	2	10	壬辰	2	十一 11th
7	8	庚申	4	6	8	庚寅	3	5	10	辛酉	1	4	11	壬辰	8	3	12	壬戌	5	2	11	癸巳	3	十二 12th
7	9	辛酉	3	6	9	辛卯	4	5	11	壬戌	2	4	12	癸巳	9	3	13	癸亥	6	2	12	甲午	4	十三 13th
7	10	壬戌	2	6	10	壬辰	5	5	12	癸亥	3	4	13	甲午	1	3	14	甲子	7	2	13	乙未	5	十四 14th
7	11	癸亥	1	6	11	癸巳	6	5	13	甲子	4	4	14	乙未	2	3	15	乙丑	8	2	14	丙申	6	十五 15th
7	12	甲子	9	6	12	甲午	7	5	14	乙丑	5	4	15	丙申	3	3	16	丙寅	9	2	15	丁酉	7	十六 16th
7	13	乙丑	8	6	13	乙未	8	5	15	丙寅	6	4	16	丁酉	4	3	17	丁卯	1	2	16	戊戌	8	十七 17th
7	14	丙寅	7	6	14	丙申	9	5	16	丁卯	7	4	17	戊戌	5	3	18	戊辰	2	2	17	己亥	9	十八 18th
7	15	丁卯	6	6	15	丁酉	1	5	17	戊辰	8	4	18	己亥	6	3	19	己巳	3	2	18	庚子	1	十九 19th
7	16	戊辰	5	6	16	戊戌	2	5	18	己巳	9	4	19	庚子	7	3	20	庚午	4	2	19	辛丑	2	二十 20th
7	17	己巳	4	6	17	己亥	3	5	19	庚午	1	4	20	辛丑	8	3	21	辛未	5	2	20	壬寅	3	廿一 21st
7	18	庚午	3	6	18	庚子	4	5	20	辛未	2	4	21	壬寅	9	3	22	壬申	6	2	21	癸卯	4	廿二 22nd
7	19	辛未	2	6	19	辛丑	5	5	21	壬申	3	4	22	癸卯	1	3	23	癸酉	7	2	22	甲辰	5	廿三 23rd
7	20	壬申	1	6	20	壬寅	6	5	22	癸酉	4	4	23	甲辰	2	3	24	甲戌	8	2	23	乙巳	6	廿四 24th
7	21	癸酉	9	6	21	癸卯	7\3	5	23	甲戌	5	4	24	乙巳	3	3	25	乙亥	9	2	24	丙午	7	廿五 25th
7	22	甲戌	8	6	22	甲辰	2	5	24	乙亥	6	4	25	丙午	4	3	26	丙子	1	2	25	丁未	8	廿六 26th
7	23	乙亥	7	6	23	乙巳	1	5	25	丙子	7	4	26	丁未	5	3	27	丁丑	2	2	26	戊申	9	廿七 27th
7	24	丙子	6	6	24	丙午	9	5	26	丁丑	8	4	27	戊申	6	3	28	戊寅	3	2	27	己酉	1	廿八 28th
7	25	丁丑	5	6	25	丁未	8	5	27	戊寅	9	4	28	己酉	7	3	29	己卯	4	2	28	庚戌	2	廿九 29th
				6	26	戊申	7									3	30	庚辰	5					三十 30th

Male Gua: 3 震(Zhen) Female Gua: 3 震(Zhen) 3 Killing 三煞: East Annual Star: 3 Jade

月干支 Month	七月大 7th Mth 庚申 Geng Shen								閏七月小 7th Mth								八月大 8th Mth 辛酉 Xin You							
九星 9 Star	八白 Eight White																七赤 Seven Red							
節氣 Season	處暑 Heat Ends				立秋 Coming Autumn								白露 White Dew				寒露 Cold Dew				秋分 Autumn Equinox			
	29th day				13th day								14th day				16th day				1st day			
	3hr 3min				12hr 17min								15hr 22min				7hr 15min				0hr 53min			
	寅 Yin				午 Wu								申 Shen				辰 Chen				子 Zi			
農曆 Calendar	國曆 Gregorian		干支 S / B	星 Star					國曆 Gregorian		干支 S / B	星 Star					國曆 Gregorian		干支 S / B	星 Star				
初一 1st	7	26	戊寅	4					8	25	戊申	1					9	23	丁丑	8				
初二 2nd	7	27	己卯	3					8	26	己酉	9					9	24	戊寅	7				
初三 3rd	7	28	庚辰	2					8	27	庚戌	8					9	25	己卯	6				
初四 4th	7	29	辛巳	1					8	28	辛亥	7					9	26	庚辰	5				
初五 5th	7	30	壬午	9					8	29	壬子	6					9	27	辛巳	4				
初六 6th	7	31	癸未	8					8	30	癸丑	5					9	28	壬午	3				
初七 7th	8	1	甲申	7					8	31	甲寅	4					9	29	癸未	2				
初八 8th	8	2	乙酉	6					9	1	乙卯	3					9	30	甲申	1				
初九 9th	8	3	丙戌	5					9	2	丙辰	2					10	1	乙酉	9				
初十 10th	8	4	丁亥	4					9	3	丁巳	1					10	2	丙戌	8				
十一 11th	8	5	戊子	3					9	4	戊午	9					10	3	丁亥	7				
十二 12th	8	6	己丑	2					9	5	己未	8					10	4	戊子	6				
十三 13th	8	7	庚寅	1					9	6	庚申	7					10	5	己丑	5				
十四 14th	8	8	辛卯	9					9	7	辛酉	6					10	6	庚寅	4				
十五 15th	8	9	壬辰	8					9	8	壬戌	5					10	7	辛卯	3				
十六 16th	8	10	癸巳	7					9	9	癸亥	4					10	8	壬辰	2				
十七 17th	8	11	甲午	6					9	10	甲子	3					10	9	癸巳	1				
十八 18th	8	12	乙未	5					9	11	乙丑	2					10	10	甲午	9				
十九 19th	8	13	丙申	4					9	12	丙寅	1					10	11	乙未	8				
二十 20th	8	14	丁酉	3					9	13	丁卯	9					10	12	丙申	7				
廿一 21st	8	15	戊戌	2					9	14	戊辰	8					10	13	丁酉	6				
廿二 22nd	8	16	己亥	1					9	15	己巳	7					10	14	戊戌	5				
廿三 23rd	8	17	庚子	9					9	16	庚午	6					10	15	己亥	4				
廿四 24th	8	18	辛丑	8					9	17	辛未	5					10	16	庚子	3				
廿五 25th	8	19	壬寅	7					9	18	壬申	4					10	17	辛丑	2				
廿六 26th	8	20	癸卯	6					9	19	癸酉	3					10	18	壬寅	1				
廿七 27th	8	21	甲辰	5					9	20	甲戌	2					10	19	癸卯	9				
廿八 28th	8	22	乙巳	4					9	21	乙亥	1					10	20	甲辰	8				
廿九 29th	8	23	丙午	3					9	22	丙子	9					10	21	乙巳	7				
三十 30th	8	24	丁未	2													10	22	丙午	6				

月干支 Month	九月大 9th Mth 壬戌 Ren Xu				十月大 10th Mth 癸亥 Gui Hai				十一月小 11th Mth 甲子 Jia Zi				十二月大 12th Mth 乙丑 Yi Chou			
九星 9 Star	六白 Six White				五黃 Five Yellow				四綠 Four Green				三碧 Three Jade			
節氣 Season	立冬 Coming of Winter		霜降 Frosting		大雪 Greater Snow		小雪 Lesser Snow		小寒 Lesser Cold		冬至 Winter Solstice		立春 Coming of Spring		大寒 Greater Cold	
	16th day		1st day		16th day		1st day		15th day		30th day		16th day		1st day	
	10hr 43min		10hr 29min		3hr 47min		8hr 18min		15hr 6min		21hr 48min		2hr 43min		8hr 29min	
	巳 Si		巳 Si		寅 Yin		亥 Hai		申 Shen		亥 Hai		丑 Chou		辰 Chen	
農曆 Calendar	國曆 Gregorian		干支 S / B	星 Star	國曆 Gregorian		干支 S / B	星 Star	國曆 Gregorian		干支 S / B	星 Star	國曆 Gregorian		干支 S / B	星 Star
初一 1st	10	23	丁未	5	11	22	丁丑	2	12	22	丁未	2	1	20	丙子	4
初二 2nd	10	24	戊申	4	11	23	戊寅	1	12	23	戊申	3	1	21	丁丑	5
初三 3rd	10	25	己酉	3	11	24	己卯	9	12	24	己酉	4	1	22	戊寅	6
初四 4th	10	26	庚戌	2	11	25	庚辰	8	12	25	庚戌	5	1	23	己卯	7
初五 5th	10	27	辛亥	1	11	26	辛巳	7	12	26	辛亥	6	1	24	庚辰	8
初六 6th	10	28	壬子	9	11	27	壬午	6	12	27	壬子	7	1	25	辛巳	9
初七 7th	10	29	癸丑	8	11	28	癸未	5	12	28	癸丑	8	1	26	壬午	1
初八 8th	10	30	甲寅	7	11	29	甲申	4	12	29	甲寅	9	1	27	癸未	2
初九 9th	10	31	乙卯	6	11	30	乙酉	3	12	30	乙卯	1	1	28	甲申	3
初十 10th	11	1	丙辰	5	12	1	丙戌	2	12	31	丙辰	2	1	29	乙酉	4
十一 11th	11	2	丁巳	4	12	2	丁亥	1	1	1	丁巳	3	1	30	丙戌	5
十二 12th	11	3	戊午	3	12	3	戊子	9	1	2	戊午	4	1	31	丁亥	6
十三 13th	11	4	己未	2	12	4	己丑	8	1	3	己未	5	2	1	戊子	7
十四 14th	11	5	庚申	1	12	5	庚寅	7	1	4	庚申	6	2	2	己丑	8
十五 15th	11	6	辛酉	9	12	6	辛卯	6	1	5	辛酉	7	2	3	庚寅	9
十六 16th	11	7	壬戌	8	12	7	壬辰	5	1	6	壬戌	8	2	4	辛卯	1
十七 17th	11	8	癸亥	7	12	8	癸巳	4	1	7	癸亥	9	2	5	壬辰	2
十八 18th	11	9	甲子	6	12	9	甲午	3	1	8	甲子	1	2	6	癸巳	3
十九 19th	11	10	乙丑	5	12	10	乙未	2	1	9	乙丑	2	2	7	甲午	4
二十 20th	11	11	丙寅	4	12	11	丙申	1	1	10	丙寅	3	2	8	乙未	5
廿一 21st	11	12	丁卯	3	12	12	丁酉	9	1	11	丁卯	4	2	9	丙申	6
廿二 22nd	11	13	戊辰	2	12	13	戊戌	8	1	12	戊辰	5	2	10	丁酉	7
廿三 23rd	11	14	己巳	1	12	14	己亥	7	1	13	己巳	6	2	11	戊戌	8
廿四 24th	11	15	庚午	9	12	15	庚子	6	1	14	庚午	7	2	12	己亥	9
廿五 25th	11	16	辛未	8	12	16	辛丑	5	1	15	辛未	8	2	13	庚子	1
廿六 26th	11	17	壬申	7	12	17	壬寅	4	1	16	壬申	9	2	14	辛丑	2
廿七 27th	11	18	癸酉	6	12	18	癸卯	3	1	17	癸酉	1	2	15	壬寅	3
廿八 28th	11	19	甲戌	5	12	19	甲辰	2	1	18	甲戌	2	2	16	癸卯	4
廿九 29th	11	20	乙亥	4	12	20	乙巳	1	1	19	乙亥	3	2	17	甲辰	5
三十 30th	11	21	丙子	3	12	21	丙午	9\1					2	18	乙巳	6

地支 Twelve Branches: 子 Zi Rat; 丑 Chou Ox; 寅 Yin Tiger; 卯 Mao Rabbit; 辰 Chen Dragon; 巳 Si Snake; 午 Wu Horse; 未 Wei Goat; 申 Shen Monkey; 酉 You Rooster; 戌 Xu Dog; 亥 Hai Pig

2034 甲寅 Wood Tiger

Grand Duke: 張朝

天干 Ten Stems: 甲 Jia Yang Wood · 乙 Yi Yin Wood · 丙 Bing Yang Fire · 丁 Ding Yin Fire · 戊 Wu Yang Earth · 己 Ji Yin Earth · 庚 Geng Yang Metal · 辛 Xin Yin Metal · 壬 Ren Yang Water · 癸 Gui Yin Water

六月小 6th Mth				五月大 5th Mth				四月小 4th Mth				三月小 3rd Mth				二月大 2nd Mth				正月小 1st Mth				月干支 Month
辛未 Xin Wei				庚午 Geng Wu				己巳 Ji Si				戊辰 Wu Chen				丁卯 Ding Mao				丙寅 Bing Yin				
六白 Six White				七赤 Seven Red				八白 Eight White				九紫 Nine Purple				一白 One White				二黑 Two Black				九星 9 Star
立秋 Coming Autumn		大暑 Greater Heat		小暑 Lesser Heat		夏至 Summer Solstice		芒種 Planting of Thorny Crops		小滿 Small Sprout		立夏 Coming of Summer		穀雨 Grain Rain		清明 Clear and Bright		春分 Spring Equinox		驚蟄 Awakening of Worms		雨水 Rain Water		節氣 Season
23rd day		8th day		22nd day		6th day		19th day		4th day		17th day		2nd day		17th day		1st day		15th day		30th day		
18hr 10min		1hr 38min		8hr 19min		14hr 46min		22hr 8min		6hr 58min		18hr 11min		8hr 5min		1hr 8min		21hr 19min		20hr 34min		22hr 32min		
酉 You		丑 Chou		辰 Chen		未 Wei		亥 Hai		卯 Mao		酉 You		辰 Chen		丑 Chou		亥 Hai		戌 Xu		亥 Hai		
國曆 Gregorian		干支 S/B	星 Star	國曆 Gregorian		干支 S/B	星 Star	國曆 Gregorian		干支 S/B	星 Star	國曆 Gregorian		干支 S/B	星 Star	國曆 Gregorian		干支 S/B	星 Star	國曆 Gregorian		干支 S/B	星 Star	農曆 Calendar
7	16	癸酉	9	6	16	癸卯	7	5	18	甲戌	5	4	19	乙巳	3	3	20	乙亥	9	2	19	丙午	7	初一 1st
7	17	甲戌	8	6	17	甲辰	8	5	19	乙亥	6	4	20	丙午	4	3	21	丙子	1	2	20	丁未	8	初二 2nd
7	18	乙亥	7	6	18	乙巳	9	5	20	丙子	7	4	21	丁未	5	3	22	丁丑	2	2	21	戊申	9	初三 3rd
7	19	丙子	6	6	19	丙午	1	5	21	丁丑	8	4	22	戊申	6	3	23	戊寅	3	2	22	己酉	1	初四 4th
7	20	丁丑	5	6	20	丁未	2	5	22	戊寅	9	4	23	己酉	7	3	24	己卯	4	2	23	庚戌	2	初五 5th
7	21	戊寅	4	6	21	戊申	3\7	5	23	己卯	1	4	24	庚戌	8	3	25	庚辰	5	2	24	辛亥	3	初六 6th
7	22	己卯	3	6	22	己酉	6	5	24	庚辰	2	4	25	辛亥	9	3	26	辛巳	6	2	25	壬子	4	初七 7th
7	23	庚辰	2	6	23	庚戌	5	5	25	辛巳	3	4	26	壬子	1	3	27	壬午	7	2	26	癸丑	5	初八 8th
7	24	辛巳	1	6	24	辛亥	4	5	26	壬午	4	4	27	癸丑	2	3	28	癸未	8	2	27	甲寅	6	初九 9th
7	25	壬午	9	6	25	壬子	3	5	27	癸未	5	4	28	甲寅	3	3	29	甲申	9	2	28	乙卯	7	初十 10th
7	26	癸未	8	6	26	癸丑	2	5	28	甲申	6	4	29	乙卯	4	3	30	乙酉	1	3	1	丙辰	8	十一 11th
7	27	甲申	7	6	27	甲寅	1	5	29	乙酉	7	4	30	丙辰	5	3	31	丙戌	2	3	2	丁巳	9	十二 12th
7	28	乙酉	6	6	28	乙卯	9	5	30	丙戌	8	5	1	丁巳	6	4	1	丁亥	3	3	3	戊午	1	十三 13th
7	29	丙戌	5	6	29	丙辰	8	5	31	丁亥	9	5	2	戊午	7	4	2	戊子	4	3	4	己未	2	十四 14th
7	30	丁亥	4	6	30	丁巳	7	6	1	戊子	1	5	3	己未	8	4	3	己丑	5	3	5	庚申	3	十五 15th
7	31	戊子	3	7	1	戊午	6	6	2	己丑	2	5	4	庚申	9	4	4	庚寅	6	3	6	辛酉	4	十六 16th
8	1	己丑	2	7	2	己未	5	6	3	庚寅	3	5	5	辛酉	1	4	5	辛卯	7	3	7	壬戌	5	十七 17th
8	2	庚寅	1	7	3	庚申	4	6	4	辛卯	4	5	6	壬戌	2	4	6	壬辰	8	3	8	癸亥	6	十八 18th
8	3	辛卯	9	7	4	辛酉	3	6	5	壬辰	5	5	7	癸亥	3	4	7	癸巳	9	3	9	甲子	7	十九 19th
8	4	壬辰	8	7	5	壬戌	2	6	6	癸巳	6	5	8	甲子	4	4	8	甲午	1	3	10	乙丑	8	二十 20th
8	5	癸巳	7	7	6	癸亥	1	6	7	甲午	7	5	9	乙丑	5	4	9	乙未	2	3	11	丙寅	9	廿一 21st
8	6	甲午	6	7	7	甲子	9	6	8	乙未	8	5	10	丙寅	6	4	10	丙申	3	3	12	丁卯	1	廿二 22nd
8	7	乙未	5	7	8	乙丑	8	6	9	丙申	9	5	11	丁卯	7	4	11	丁酉	4	3	13	戊辰	2	廿三 23rd
8	8	丙申	4	7	9	丙寅	7	6	10	丁酉	1	5	12	戊辰	8	4	12	戊戌	5	3	14	己巳	3	廿四 24th
8	9	丁酉	3	7	10	丁卯	6	6	11	戊戌	2	5	13	己巳	9	4	13	己亥	6	3	15	庚午	4	廿五 25th
8	10	戊戌	2	7	11	戊辰	5	6	12	己亥	3	5	14	庚午	1	4	14	庚子	7	3	16	辛未	5	廿六 26th
8	11	己亥	1	7	12	己巳	4	6	13	庚子	4	5	15	辛未	2	4	15	辛丑	8	3	17	壬申	6	廿七 27th
8	12	庚子	9	7	13	庚午	3	6	14	辛丑	5	5	16	壬申	3	4	16	壬寅	9	3	18	癸酉	7	廿八 28th
8	13	辛丑	8	7	14	辛未	2	6	15	壬寅	6	5	17	癸酉	4	4	17	癸卯	1	3	19	甲戌	8	廿九 29th
				7	15	壬申	1									4	18	甲辰	2					三十 30th

Male Gua: 2 坤(Kun) **Female Gua: 4 巽(Xun)** 3 Killing 三煞: North Annual Star: 2 Black

地支 Twelve Branches: 子 Zi Rat · 丑 Chou Ox · 寅 Yin Tiger · 卯 Mao Rabbit · 辰 Chen Dragon · 巳 Si Snake · 午 Wu Horse · 未 Wei Goat · 申 Shen Monkey · 酉 You Rooster · 戌 Xu Dog · 亥 Hai Pig

月干支 Month	七月大 7th Mth			
	壬申 Ren Shen			
九星 9 Star	五黃 Five Yellow			
節氣 Season	白露 White Dew		處暑 Heat Ends	
	25th day		10th day	
	21hr 15min		8hr 49min	
	亥 Hai		辰 Chen	
農曆 Calendar	國曆 Gregorian		干支 S/B	星 Star
初一 1st	8	14	壬寅	7
初二 2nd	8	15	癸卯	6
初三 3rd	8	16	甲辰	5
初四 4th	8	17	乙巳	4
初五 5th	8	18	丙午	3
初六 6th	8	19	丁未	2
初七 7th	8	20	戊申	1
初八 8th	8	21	己酉	9
初九 9th	8	22	庚戌	8
初十 10th	8	23	辛亥	7
十一 11th	8	24	壬子	6
十二 12th	8	25	癸丑	5
十三 13th	8	26	甲寅	4
十四 14th	8	27	乙卯	3
十五 15th	8	28	丙辰	2
十六 16th	8	29	丁巳	1
十七 17th	8	30	戊午	9
十八 18th	8	31	己未	8
十九 19th	9	1	庚申	7
二十 20th	9	2	辛酉	6
廿一 21st	9	3	壬戌	5
廿二 22nd	9	4	癸亥	4
廿三 23rd	9	5	甲子	3
廿四 24th	9	6	乙丑	2
廿五 25th	9	7	丙寅	1
廿六 26th	9	8	丁卯	9
廿七 27th	9	9	戊辰	8
廿八 28th	9	10	己巳	7
廿九 29th	9	11	庚午	6
三十 30th	9	12	辛未	5

月干支 Month	八月小 8th Mth			
	癸酉 Gui You			
九星 9 Star	四綠 Four Green			
節氣 Season	寒露 Cold Dew		秋分 Autumn Equinox	
	26th day		11th day	
	13hr 9min		6hr 41min	
	未 Wei		卯 Mao	
農曆 Calendar	國曆 Gregorian		干支 S/B	星 Star
初一 1st	9	13	壬申	4
初二 2nd	9	14	癸酉	3
初三 3rd	9	15	甲戌	2
初四 4th	9	16	乙亥	1
初五 5th	9	17	丙子	9
初六 6th	9	18	丁丑	8
初七 7th	9	19	戊寅	7
初八 8th	9	20	己卯	6
初九 9th	9	21	庚辰	5
初十 10th	9	22	辛巳	4
十一 11th	9	23	壬午	3
十二 12th	9	24	癸未	2
十三 13th	9	25	甲申	1
十四 14th	9	26	乙酉	9
十五 15th	9	27	丙戌	8
十六 16th	9	28	丁亥	7
十七 17th	9	29	戊子	6
十八 18th	9	30	己丑	5
十九 19th	10	1	庚寅	4
二十 20th	10	2	辛卯	3
廿一 21st	10	3	壬辰	2
廿二 22nd	10	4	癸巳	1
廿三 23rd	10	5	甲午	9
廿四 24th	10	6	乙未	8
廿五 25th	10	7	丙申	7
廿六 26th	10	8	丁酉	6
廿七 27th	10	9	戊戌	5
廿八 28th	10	10	己亥	4
廿九 29th	10	11	庚子	3
三十 30th				

月干支 Month	九月大 9th Mth			
	甲戌 Jia Xu			
九星 9 Star	三碧 Three Jade			
節氣 Season	立冬 Coming of Winter		霜降 Frosting	
	27th day		12th day	
	16hr 35min		16hr 18min	
	申 Shen		申 Shen	
農曆 Calendar	國曆 Gregorian		干支 S/B	星 Star
初一 1st	10	12	辛丑	2
初二 2nd	10	13	壬寅	1
初三 3rd	10	14	癸卯	9
初四 4th	10	15	甲辰	8
初五 5th	10	16	乙巳	7
初六 6th	10	17	丙午	6
初七 7th	10	18	丁未	5
初八 8th	10	19	戊申	4
初九 9th	10	20	己酉	3
初十 10th	10	21	庚戌	2
十一 11th	10	22	辛亥	1
十二 12th	10	23	壬子	9
十三 13th	10	24	癸丑	8
十四 14th	10	25	甲寅	7
十五 15th	10	26	乙卯	6
十六 16th	10	27	丙辰	5
十七 17th	10	28	丁巳	4
十八 18th	10	29	戊午	3
十九 19th	10	30	己未	2
二十 20th	10	31	庚申	1
廿一 21st	11	1	辛酉	9
廿二 22nd	11	2	壬戌	8
廿三 23rd	11	3	癸亥	7
廿四 24th	11	4	甲子	6
廿五 25th	11	5	乙丑	5
廿六 26th	11	6	丙寅	4
廿七 27th	11	7	丁卯	3
廿八 28th	11	8	戊辰	2
廿九 29th	11	9	己巳	1
三十 30th	11	10	庚午	9

月干支 Month	十月大 10th Mth			
	乙亥 Yi Hai			
九星 9 Star	二黑 Two Black			
節氣 Season	大雪 Greater Snow		小雪 Lesser Snow	
	27th day		12th day	
	9hr 38min		14hr 7min	
	巳 Si		未 Wei	
農曆 Calendar	國曆 Gregorian		干支 S/B	星 Star
初一 1st	11	11	辛未	8
初二 2nd	11	12	壬申	7
初三 3rd	11	13	癸酉	6
初四 4th	11	14	甲戌	5
初五 5th	11	15	乙亥	4
初六 6th	11	16	丙子	3
初七 7th	11	17	丁丑	2
初八 8th	11	18	戊寅	1
初九 9th	11	19	己卯	9
初十 10th	11	20	庚辰	8
十一 11th	11	21	辛巳	7
十二 12th	11	22	壬午	6
十三 13th	11	23	癸未	5
十四 14th	11	24	甲申	4
十五 15th	11	25	乙酉	3
十六 16th	11	26	丙戌	2
十七 17th	11	27	丁亥	1
十八 18th	11	28	戊子	9
十九 19th	11	29	己丑	8
二十 20th	11	30	庚寅	7
廿一 21st	12	1	辛卯	6
廿二 22nd	12	2	壬辰	5
廿三 23rd	12	3	癸巳	4
廿四 24th	12	4	甲午	3
廿五 25th	12	5	乙未	2
廿六 26th	12	6	丙申	1
廿七 27th	12	7	丁酉	9
廿八 28th	12	8	戊戌	8
廿九 29th	12	9	己亥	7
三十 30th	12	10	庚子	6

月干支 Month	十一月小 11th Mth			
	丙子 Bing Zi			
九星 9 Star	一白 One White			
節氣 Season	小寒 Lesser Cold		冬至 Winter Solstice	
	26th day		12th day	
	20hr 57min		3hr 36min	
	戌 Xu		寅 Yin	
農曆 Calendar	國曆 Gregorian		干支 S/B	星 Star
初一 1st	12	11	辛丑	5
初二 2nd	12	12	壬寅	4
初三 3rd	12	13	癸卯	3
初四 4th	12	14	甲辰	2
初五 5th	12	15	乙巳	1
初六 6th	12	16	丙午	9
初七 7th	12	17	丁未	8
初八 8th	12	18	戊申	7
初九 9th	12	19	己酉	6
初十 10th	12	20	庚戌	5
十一 11th	12	21	辛亥	4
十二 12th	12	22	壬子	3\7
十三 13th	12	23	癸丑	8
十四 14th	12	24	甲寅	9
十五 15th	12	25	乙卯	1
十六 16th	12	26	丙辰	2
十七 17th	12	27	丁巳	3
十八 18th	12	28	戊午	4
十九 19th	12	29	己未	5
二十 20th	12	30	庚申	6
廿一 21st	12	31	辛酉	7
廿二 22nd	1	1	壬戌	8
廿三 23rd	1	2	癸亥	9
廿四 24th	1	3	甲子	1
廿五 25th	1	4	乙丑	2
廿六 26th	1	5	丙寅	3
廿七 27th	1	6	丁卯	4
廿八 28th	1	7	戊辰	5
廿九 29th	1	8	己巳	6
三十 30th				

月干支 Month	十二月大 12th Mth			
	丁丑 Ding Chou			
九星 9 Star	九紫 Nine Purple			
節氣 Season	立春 Coming of Spring		大寒 Greater Cold	
	27th day		12th day	
	8hr 33min		14hr 16min	
	辰 Chen		未 Wei	
農曆 Calendar	國曆 Gregorian		干支 S/B	星 Star
初一 1st	1	9	庚午	7
初二 2nd	1	10	辛未	8
初三 3rd	1	11	壬申	9
初四 4th	1	12	癸酉	1
初五 5th	1	13	甲戌	2
初六 6th	1	14	乙亥	3
初七 7th	1	15	丙子	4
初八 8th	1	16	丁丑	5
初九 9th	1	17	戊寅	6
初十 10th	1	18	己卯	7
十一 11th	1	19	庚辰	8
十二 12th	1	20	辛巳	9
十三 13th	1	21	壬午	1
十四 14th	1	22	癸未	2
十五 15th	1	23	甲申	3
十六 16th	1	24	乙酉	4
十七 17th	1	25	丙戌	5
十八 18th	1	26	丁亥	6
十九 19th	1	27	戊子	7
二十 20th	1	28	己丑	8
廿一 21st	1	29	庚寅	9
廿二 22nd	1	30	辛卯	1
廿三 23rd	1	31	壬辰	2
廿四 24th	2	1	癸巳	3
廿五 25th	2	2	甲午	4
廿六 26th	2	3	乙未	5
廿七 27th	2	4	丙申	6
廿八 28th	2	5	丁酉	7
廿九 29th	2	6	戊戌	8
三十 30th	2	7	己亥	9

2035 乙卯 Wood Rabbit Grand Duke: 方清

六月大 6th Mth				五月小 5th Mth				四月小 4th Mth				三月大 3rd Mth				二月小 2nd Mth				正月大 1st Mth				月干支 Month
癸未 Gui Wei				壬午 Ren Wu				辛巳 Xin Si				庚辰 Geng Chen				己卯 Ji Mao				戊寅 Wu Yin				
三碧 Three Jade				四綠 Four Green				五黃 Five Yellow				六白 Six White				七赤 Seven Red				八白 Eight White				九星 9 Star
大暑 Greater Heat		小暑 Lesser Heat		夏至 Summer Solstice		芒種 Planting of Thorny Crops				小滿 Small Sprout		立夏 Coming of Summer		穀雨 Grain Rain		清明 Clear and Bright		春分 Spring Equinox		驚蟄 Awakening of Worms		雨水 Rain Water		節氣 Season
19th day		3rd day		16th day		1st day				14th day		27th day		13th day		27th day		12th day		27th day		12th day		
7hr 30min		14hr 3min		20hr 35min		3hr 52min				12hr 45min		23hr 56min		13hr 50min		6hr 55min		3hr 4min		2hr 23min		4hr 18min		
辰 Chen		未 Wei		戌 Xu		寅 Yin				午 Wu		子 Zi		未 Wei		卯 Mao		寅 Yin		丑 Chou		寅 Yin		
國曆 Gregorian		干支 S/B	星 Star	國曆 Gregorian		干支 S/B	星 Star	國曆 Gregorian		干支 S/B	星 Star	國曆 Gregorian		干支 S/B	星 Star	國曆 Gregorian		干支 S/B	星 Star	國曆 Gregorian		干支 S/B	星 Star	農曆 Calendar
7	5	丁卯	6	6	6	戊戌	2	5	8	己巳	9	4	8	己亥	6	3	10	庚午	4	2	8	庚子	1	初一 1st
7	6	戊辰	5	6	7	己亥	3	5	9	庚午	1	4	9	庚子	7	3	11	辛未	5	2	9	辛丑	2	初二 2nd
7	7	己巳	4	6	8	庚子	4	5	10	辛未	2	4	10	辛丑	8	3	12	壬申	6	2	10	壬寅	3	初三 3rd
7	8	庚午	3	6	9	辛丑	5	5	11	壬申	3	4	11	壬寅	9	3	13	癸酉	7	2	11	癸卯	4	初四 4th
7	9	辛未	2	6	10	壬寅	6	5	12	癸酉	4	4	12	癸卯	1	3	14	甲戌	8	2	12	甲辰	5	初五 5th
7	10	壬申	1	6	11	癸卯	7	5	13	甲戌	5	4	13	甲辰	2	3	15	乙亥	9	2	13	乙巳	6	初六 6th
7	11	癸酉	9	6	12	甲辰	8	5	14	乙亥	6	4	14	乙巳	3	3	16	丙子	1	2	14	丙午	7	初七 7th
7	12	甲戌	8	6	13	乙巳	9	5	15	丙子	7	4	15	丙午	4	3	17	丁丑	2	2	15	丁未	8	初八 8th
7	13	乙亥	7	6	14	丙午	1	5	16	丁丑	8	4	16	丁未	5	3	18	戊寅	3	2	16	戊申	9	初九 9th
7	14	丙子	6	6	15	丁未	2	5	17	戊寅	9	4	17	戊申	6	3	19	己卯	4	2	17	己酉	1	初十 10th
7	15	丁丑	5	6	16	戊申	3	5	18	己卯	1	4	18	己酉	7	3	20	庚辰	5	2	18	庚戌	2	十一 11th
7	16	戊寅	4	6	17	己酉	4	5	19	庚辰	2	4	19	庚戌	8	3	21	辛巳	6	2	19	辛亥	3	十二 12th
7	17	己卯	3	6	18	庚戌	5	5	20	辛巳	3	4	20	辛亥	9	3	22	壬午	7	2	20	壬子	4	十三 13th
7	18	庚辰	2	6	19	辛亥	6	5	21	壬午	4	4	21	壬子	1	3	23	癸未	8	2	21	癸丑	5	十四 14th
7	19	辛巳	1	6	20	壬子	7	5	22	癸未	5	4	22	癸丑	2	3	24	甲申	9	2	22	甲寅	6	十五 15th
7	20	壬午	9	6	21	癸丑	8\2	5	23	甲申	6	4	23	甲寅	3	3	25	乙酉	1	2	23	乙卯	7	十六 16th
7	21	癸未	8	6	22	甲寅	1	5	24	乙酉	7	4	24	乙卯	4	3	26	丙戌	2	2	24	丙辰	8	十七 17th
7	22	甲申	7	6	23	乙卯	9	5	25	丙戌	8	4	25	丙辰	5	3	27	丁亥	3	2	25	丁巳	9	十八 18th
7	23	乙酉	6	6	24	丙辰	8	5	26	丁亥	9	4	26	丁巳	6	3	28	戊子	4	2	26	戊午	1	十九 19th
7	24	丙戌	5	6	25	丁巳	7	5	27	戊子	1	4	27	戊午	7	3	29	己丑	5	2	27	己未	2	二十 20th
7	25	丁亥	4	6	26	戊午	6	5	28	己丑	2	4	28	己未	8	3	30	庚寅	6	2	28	庚申	3	廿一 21st
7	26	戊子	3	6	27	己未	5	5	29	庚寅	3	4	29	庚申	9	3	31	辛卯	7	3	1	辛酉	4	廿二 22nd
7	27	己丑	2	6	28	庚申	4	5	30	辛卯	4	4	30	辛酉	1	4	1	壬辰	8	3	2	壬戌	5	廿三 23rd
7	28	庚寅	1	6	29	辛酉	3	5	31	壬辰	5	5	1	壬戌	2	4	2	癸巳	9	3	3	癸亥	6	廿四 24th
7	29	辛卯	9	6	30	壬戌	2	6	1	癸巳	6	5	2	癸亥	3	4	3	甲午	1	3	4	甲子	7	廿五 25th
7	30	壬辰	8	7	1	癸亥	1	6	2	甲午	7	5	3	甲子	4	4	4	乙未	2	3	5	乙丑	8	廿六 26th
7	31	癸巳	7	7	2	甲子	9	6	3	乙未	8	5	4	乙丑	5	4	5	丙申	3	3	6	丙寅	9	廿七 27th
8	1	甲午	6	7	3	乙丑	8	6	4	丙申	9	5	5	丙寅	6	4	6	丁酉	4	3	7	丁卯	1	廿八 28th
8	2	乙未	5	7	4	丙寅	7	6	5	丁酉	1	5	6	丁卯	7	4	7	戊戌	5	3	8	戊辰	2	廿九 29th
8	3	丙申	4									5	7	戊辰	8					3	9	己巳	3	三十 30th

天干 Ten Stems: 甲 Jia Yang Wood; 乙 Yi Yin Wood; 丙 Bing Yang Fire; 丁 Ding Yin Fire; 戊 Wu Yang Earth; 己 Ji Yin Earth; 庚 Geng Yang Metal; 辛 Xin Yin Metal; 壬 Ren Yang Water; 癸 Gui Yin Water

Male Gua: 1 坎(Kan) **Female Gua: 8 艮(Gen)** 3 Killing 三煞: West Annual Star: 1 White

地支 Twelve Branches	月干支 Month	七月小 7th Mth				八月小 8th Mth				九月大 9th Mth				十月大 10th Mth				十一月小 11th Mth				十二月大 12th Mth			
		甲申 Jia Shen				乙酉 Yi You				丙戌 Bing Xu				丁亥 Ding Hai				戊子 Wu Zi				己丑 Ji Chou			
	九星 9 Star	二黑 Two Black				一白 One White				九紫 Nine Purple				八白 Eight White				七赤 Seven Red				六白 Six White			
子 Zi Rat	節氣 Season	處暑 Heat Ends		立秋 Coming Autumn		秋分 Autumn Equinox		白露 White Dew		霜降 Frosting		寒露 Cold Dew		小雪 Lesser Snow		立冬 Coming of Winter		冬至 Winter Solstice		大雪 Greater Snow		大寒 Greater Cold		小寒 Lesser Cold	
		20th day		4th day		22nd day		7th day		23rd day		8th day		23rd day		8th day		23rd day		8th day		23rd day		9th day	
		14hr 46min		23hr 56min		12hr 41min		3hr 4min		22hr 18min		18hr 59min		20hr 5min		22hr 26min		9hr 33min		15hr 27min		20hr 13min		2hr 45min	
		未 Wei		子 Zi		午 Wu		寅 Yin		亥 Hai		酉 You		戌 Xu		亥 Hai		巳 Si		申 Shen		戌 Xu		丑 Chou	
丑 Chou Ox	農曆 Calendar	國曆 Gregorian		干支 S/B	星 Star	國曆 Gregorian		干支 S/B	星 Star	國曆 Gregorian		干支 S/B	星 Star	國曆 Gregorian		干支 S/B	星 Star	國曆 Gregorian		干支 S/B	星 Star	國曆 Gregorian		干支 S/B	星 Star
寅 Yin Tiger	初一 1st	8	4	丁酉	3	9	2	丙寅	1	10	1	乙未	8	10	31	乙丑	5	11	30	乙未	2	12	29	甲子	1
	初二 2nd	8	5	戊戌	2	9	3	丁卯	9	10	2	丙申	7	11	1	丙寅	4	12	1	丙申	1	12	30	乙丑	2
	初三 3rd	8	6	己亥	1	9	4	戊辰	8	10	3	丁酉	6	11	2	丁卯	3	12	2	丁酉	9	12	31	丙寅	3
卯 Mao Rabbit	初四 4th	8	7	庚子	9	9	5	己巳	7	10	4	戊戌	5	11	3	戊辰	2	12	3	戊戌	8	1	1	丁卯	4
	初五 5th	8	8	辛丑	8	9	6	庚午	6	10	5	己亥	4	11	4	己巳	1	12	4	己亥	7	1	2	戊辰	5
	初六 6th	8	9	壬寅	7	9	7	辛未	5	10	6	庚子	3	11	5	庚午	9	12	5	庚子	6	1	3	己巳	6
辰 Chen Dragon	初七 7th	8	10	癸卯	6	9	8	壬申	4	10	7	辛丑	2	11	6	辛未	8	12	6	辛丑	5	1	4	庚午	7
	初八 8th	8	11	甲辰	5	9	9	癸酉	3	10	8	壬寅	1	11	7	壬申	7	12	7	壬寅	4	1	5	辛未	8
	初九 9th	8	12	乙巳	4	9	10	甲戌	2	10	9	癸卯	9	11	8	癸酉	6	12	8	癸卯	3	1	6	壬申	9
巳 Si Snake	初十 10th	8	13	丙午	3	9	11	乙亥	1	10	10	甲辰	8	11	9	甲戌	5	12	9	甲辰	2	1	7	癸酉	[illegible]
	十一 11th	8	14	丁未	2	9	12	丙子	9	10	11	乙巳	7	11	10	乙亥	4	12	10	乙巳	1	1	8	甲戌	2
	十二 12th	8	15	戊申	1	9	13	丁丑	8	10	12	丙午	6	11	11	丙子	3	12	11	丙午	9	1	9	乙亥	3
午 Wu Horse	十三 13th	8	16	己酉	9	9	14	戊寅	7	10	13	丁未	5	11	12	丁丑	2	12	12	丁未	8	1	10	丙子	4
	十四 14th	8	17	庚戌	8	9	15	己卯	6	10	14	戊申	4	11	13	戊寅	1	12	13	戊申	7	1	11	丁丑	5
	十五 15th	8	18	辛亥	7	9	16	庚辰	5	10	15	己酉	3	11	14	己卯	9	12	14	己酉	6	1	12	戊寅	6
未 Wei Goat	十六 16th	8	19	壬子	6	9	17	辛巳	4	10	16	庚戌	2	11	15	庚辰	8	12	15	庚戌	5	1	13	己卯	7
	十七 17th	8	20	癸丑	5	9	18	壬午	3	10	17	辛亥	1	11	16	辛巳	7	12	16	辛亥	4	1	14	庚辰	8
	十八 18th	8	21	甲寅	4	9	19	癸未	2	10	18	壬子	9	11	17	壬午	6	12	17	壬子	3	1	15	辛巳	9
申 Shen Monkey	十九 19th	8	22	乙卯	3	9	20	甲申	1	10	19	癸丑	8	11	18	癸未	5	12	18	癸丑	2	1	16	壬午	1
	二十 20th	8	23	丙辰	2	9	21	乙酉	9	10	20	甲寅	7	11	19	甲申	4	12	19	甲寅	1	1	17	癸未	2
	廿一 21st	8	24	丁巳	1	9	22	丙戌	8	10	21	乙卯	6	11	20	乙酉	3	12	20	乙卯	9	1	18	甲申	3
酉 You Rooster	廿二 22nd	8	25	戊午	9	9	23	丁亥	7	10	22	丙辰	5	11	21	丙戌	2	12	21	丙辰	8	1	19	乙酉	4
	廿三 23rd	8	26	己未	8	9	24	戊子	6	10	23	丁巳	4	11	22	丁亥	1	12	22	丁巳	7\3	1	20	丙戌	5
	廿四 24th	8	27	庚申	7	9	25	己丑	5	10	24	戊午	3	11	23	戊子	9	12	23	戊午	4	1	21	丁亥	6
戌 Xu Dog	廿五 25th	8	28	辛酉	6	9	26	庚寅	4	10	25	己未	2	11	24	己丑	8	12	24	己未	5	1	22	戊子	7
	廿六 26th	8	29	壬戌	5	9	27	辛卯	3	10	26	庚申	1	11	25	庚寅	7	12	25	庚申	6	1	23	己丑	8
	廿七 27th	8	30	癸亥	4	9	28	壬辰	2	10	27	辛酉	9	11	26	辛卯	6	12	26	辛酉	7	1	24	庚寅	9
亥 Hai Pig	廿八 28th	8	31	甲子	3	9	29	癸巳	1	10	28	壬戌	8	11	27	壬辰	5	12	27	壬戌	8	1	25	辛卯	1
	廿九 29th	9	1	乙丑	2	9	30	甲午	9	10	29	癸亥	7	11	28	癸巳	4	12	28	癸亥	9	1	26	壬辰	2
	三十 30th									10	30	甲子	6	11	29	甲午	3					1	27	癸巳	3

2036 丙辰 Fire Dragon

Grand Duke: 辛亞

閏六月大 6th Mth				六月小 6th Mth				五月小 5th Mth				四月大 4th Mth				三月小 3rd Mth				二月大 2nd Mth				正月大 1st Mth				月干支 Month
				乙未 Yi Wei				甲午 Jia Wu				癸巳 Gui Si				壬辰 Ren Chen				辛卯 Xin Mao				庚寅 Geng Yin				
				九紫 Nine Purple				一白 One White				二黑 Two Black				三碧 Three Jade				四綠 Four Green				五黃 Five Yellow				九星 9 Star
		立秋 Coming Autumn		大暑 Greater Heat		小暑 Lesser Heat		夏至 Summer Solstice		芒種 Planting of Thorny Crops		小滿 Small Sprout		立夏 Coming of Summer		穀雨 Grain Rain		清明 Clear and Bright		春分 Spring Equinox		驚蟄 Awakening of Worms		雨水 Rain Water		立春 Coming of Spring		節氣 Season
		16th day		29th day		13th day		27th day		11th day		25th day		10th day		23rd day		8th day		23rd day		8th day		23rd day		8th day		
		5hr 51min		13hr 24min		19hr 59min		2hr 34min		9hr 48min		18hr 46min		5hr 51min		19hr 52min		12hr 48min		9hr 4min		8hr 14min		10hr 16min		14hr 22min		
		卯 Mao		未 Wei		戌 Xu		丑 Chou		巳 Si		酉 You		卯 Mao		戌 Xu		午 Wu		巳 Si		辰 Chen		巳 Si		未 Wei		
國曆 Gregorian		干支 S / B	星 Star	國曆 Gregorian		干支 S / B	星 Star	國曆 Gregorian		干支 S / B	星 Star	國曆 Gregorian		干支 S / B	星 Star	國曆 Gregorian		干支 S / B	星 Star	國曆 Gregorian		干支 S / B	星 Star	國曆 Gregorian		干支 S / B	星 Star	農曆 Calendar
7	23	辛卯	9	6	24	壬戌	2	5	26	癸巳	6	4	26	癸亥	3	3	28	甲午	1	2	27	甲子	7	1	28	甲午	4	初一 1st
7	24	壬辰	8	6	25	癸亥	1	5	27	甲午	7	4	27	甲子	4	3	29	乙未	2	2	28	乙丑	8	1	29	乙未	5	初二 2nd
7	25	癸巳	7	6	26	甲子	9	5	28	乙未	8	4	28	乙丑	5	3	30	丙申	3	2	29	丙寅	9	1	30	丙申	6	初三 3rd
7	26	甲午	6	6	27	乙丑	8	5	29	丙申	9	4	29	丙寅	6	3	31	丁酉	4	3	1	丁卯	1	1	31	丁酉	7	初四 4th
7	27	乙未	5	6	28	丙寅	7	5	30	丁酉	1	4	30	丁卯	7	4	1	戊戌	5	3	2	戊辰	2	2	1	戊戌	8	初五 5th
7	28	丙申	4	6	29	丁卯	6	5	31	戊戌	2	5	1	戊辰	8	4	2	己亥	6	3	3	己巳	3	2	2	己亥	9	初六 6th
7	29	丁酉	3	6	30	戊辰	5	6	1	己亥	3	5	2	己巳	9	4	3	庚子	7	3	4	庚午	4	2	3	庚子	1	初七 7th
7	30	戊戌	2	7	1	己巳	4	6	2	庚子	4	5	3	庚午	1	4	4	辛丑	8	3	5	辛未	5	2	4	辛丑	2	初八 8th
7	31	己亥	1	7	2	庚午	3	6	3	辛丑	5	5	4	辛未	2	4	5	壬寅	9	3	6	壬申	6	2	5	壬寅	3	初九 9th
8	1	庚子	9	7	3	辛未	2	6	4	壬寅	6	5	5	壬申	3	4	6	癸卯	1	3	7	癸酉	7	2	6	癸卯	4	初十 10th
8	2	辛丑	8	7	4	壬申	1	6	5	癸卯	7	5	6	癸酉	4	4	7	甲辰	2	3	8	甲戌	8	2	7	甲辰	5	十一 11th
8	3	壬寅	7	7	5	癸酉	9	6	6	甲辰	8	5	7	甲戌	5	4	8	乙巳	3	3	9	乙亥	9	2	8	乙巳	6	十二 12th
8	4	癸卯	6	7	6	甲戌	8	6	7	乙巳	9	5	8	乙亥	6	4	9	丙午	4	3	10	丙子	1	2	9	丙午	7	十三 13th
8	5	甲辰	5	7	7	乙亥	7	6	8	丙午	1	5	9	丙子	7	4	10	丁未	5	3	11	丁丑	2	2	10	丁未	8	十四 14th
8	6	乙巳	4	7	8	丙子	6	6	9	丁未	2	5	10	丁丑	8	4	11	戊申	6	3	12	戊寅	3	2	11	戊申	9	十五 15th
8	7	丙午	3	7	9	丁丑	5	6	10	戊申	3	5	11	戊寅	9	4	12	己酉	7	3	13	己卯	4	2	12	己酉	1	十六 16th
8	8	丁未	2	7	10	戊寅	4	6	11	己酉	4	5	12	己卯	1	4	13	庚戌	8	3	14	庚辰	5	2	13	庚戌	2	十七 17th
8	9	戊申	1	7	11	己卯	3	6	12	庚戌	5	5	13	庚辰	2	4	14	辛亥	9	3	15	辛巳	6	2	14	辛亥	3	十八 18th
8	10	己酉	9	7	12	庚辰	2	6	13	辛亥	6	5	14	辛巳	3	4	15	壬子	1	3	16	壬午	7	2	15	壬子	4	十九 19th
8	11	庚戌	8	7	13	辛巳	1	6	14	壬子	7	5	15	壬午	4	4	16	癸丑	2	3	17	癸未	8	2	16	癸丑	5	二十 20th
8	12	辛亥	7	7	14	壬午	9	6	15	癸丑	8	5	16	癸未	5	4	17	甲寅	3	3	18	甲申	9	2	17	甲寅	6	廿一 21st
8	13	壬子	6	7	15	癸未	8	6	16	甲寅	9	5	17	甲申	6	4	18	乙卯	4	3	19	乙酉	1	2	18	乙卯	7	廿二 22nd
8	14	癸丑	5	7	16	甲申	7	6	17	乙卯	1	5	18	乙酉	7	4	19	丙辰	5	3	20	丙戌	2	2	19	丙辰	8	廿三 23rd
8	15	甲寅	4	7	17	乙酉	6	6	18	丙辰	2	5	19	丙戌	8	4	20	丁巳	6	3	21	丁亥	3	2	20	丁巳	9	廿四 24th
8	16	乙卯	3	7	18	丙戌	5	6	19	丁巳	3	5	20	丁亥	9	4	21	戊午	7	3	22	戊子	4	2	21	戊午	1	廿五 25th
8	17	丙辰	2	7	19	丁亥	4	6	20	戊午	4	5	21	戊子	1	4	22	己未	8	3	23	己丑	5	2	22	己未	2	廿六 26th
8	18	丁巳	1	7	20	戊子	3	6	21	己未	5\5	5	22	己丑	2	4	23	庚申	9	3	24	庚寅	6	2	23	庚申	3	廿七 27th
8	19	戊午	9	7	21	己丑	2	6	22	庚申	4	5	23	庚寅	3	4	24	辛酉	1	3	25	辛卯	7	2	24	辛酉	4	廿八 28th
8	20	己未	8	7	22	庚寅	1	6	23	辛酉	3	5	24	辛卯	4	4	25	壬戌	2	3	26	壬辰	8	2	25	壬戌	5	廿九 29th
8	21	庚申	7									5	25	壬辰	5					3	27	癸巳	9	2	26	癸亥	6	三十 30th

天干 Ten Stems

- 甲 Jia Yang Wood
- 乙 Yi Yin Wood
- 丙 Bing Yang Fire
- 丁 Ding Yin Fire
- 戊 Wu Yang Earth
- 己 Ji Yin Earth
- 庚 Geng Yang Metal
- 辛 Xin Yin Metal
- 壬 Ren Yang Water
- 癸 Gui Yin Water

Male Gua: 9 離(Li) **Female Gua: 6 乾(Qian)** 3 Killing 三煞: South Annual Star: 9 Purple

十二月大 12th Mth				十一月小 11th Mth				十月小 10th Mth				九月大 9th Mth				八月小 8th Mth				七月小 7th Mth				月干支 Month
辛丑 Xin Chou				庚子 Geng Zi				己亥 Ji Hai				戊戌 Wu Xu				丁酉 Ding You				丙申 Bing Shen				
三碧 Three Jade				四綠 Four Green				五黃 Five Yellow				六白 Six White				七赤 Seven Red				八白 Eight White				九星 9 Star
立春 Coming of Spring		大寒 Greater Cold		小寒 Lesser Cold		冬至 Winter Solstice		大雪 Greater Snow		小雪 Lesser Snow		立冬 Coming of Winter		霜降 Frosting		寒露 Cold Dew		秋分 Autumn Equinox		白露 White Dew		處暑 Heat Ends		節氣 Season
19th day		5th day		20th day		5th day		19th day		5th day		20th day		5th day		19th day		3rd day		17th day		1st day		
20hr 13min		1hr 56min		8hr 36min		15hr 15min		21hr 18min		1hr 47min		4hr 16min		4hr 1min		0hr 51min		18hr 25min		8hr 56min		20hr 34min		
戌 Xu		丑 Chou		辰 Chen		申 Shen		亥 Hai		丑 Chou		寅 Yin		寅 Yin		子 Zi		酉 You		辰 Chen		戌 Xu		
國曆 Gregorian		干支 S/B	星 Star	國曆 Gregorian		干支 S/B	星 Star	國曆 Gregorian		干支 S/B	星 Star	國曆 Gregorian		干支 S/B	星 Star	國曆 Gregorian		干支 S/B	星 Star	國曆 Gregorian		干支 S/B	星 Star	農曆 Calendar
1	16	戊子	7	12	17	戊午	6	11	18	己丑	8	10	19	己未	2	9	20	庚寅	4	8	22	辛酉	6	初一 1st
1	17	己丑	8	12	18	己未	5	11	19	庚寅	7	10	20	庚申	1	9	21	辛卯	3	8	23	壬戌	5	初二 2nd
1	18	庚寅	9	12	19	庚申	4	11	20	辛卯	6	10	21	辛酉	9	9	22	壬辰	2	8	24	癸亥	4	初三 3rd
1	19	辛卯	1	12	20	辛酉	3	11	21	壬辰	5	10	22	壬戌	8	9	23	癸巳	1	8	25	甲子	3	初四 4th
1	20	壬辰	2	12	21	壬戌	2\8	11	22	癸巳	4	10	23	癸亥	7	9	24	甲午	9	8	26	乙丑	2	初五 5th
1	21	癸巳	3	12	22	癸亥	9	11	23	甲午	3	10	24	甲子	6	9	25	乙未	8	8	27	丙寅	1	初六 6th
1	22	甲午	4	12	23	甲子	1	11	24	乙未	2	10	25	乙丑	5	9	26	丙申	7	8	28	丁卯	9	初七 7th
1	23	乙未	5	12	24	乙丑	2	11	25	丙申	1	10	26	丙寅	4	9	27	丁酉	6	8	29	戊辰	8	初八 8th
1	24	丙申	6	12	25	丙寅	3	11	26	丁酉	9	10	27	丁卯	3	9	28	戊戌	5	8	30	己巳	7	初九 9th
1	25	丁酉	7	12	26	丁卯	4	11	27	戊戌	8	10	28	戊辰	2	9	29	己亥	4	8	31	庚午	6	初十 10th
1	26	戊戌	8	12	27	戊辰	5	11	28	己亥	7	10	29	己巳	1	9	30	庚子	3	9	1	辛未	5	十一 11th
1	27	己亥	9	12	28	己巳	6	11	29	庚子	6	10	30	庚午	9	10	1	辛丑	2	9	2	壬申	4	十二 12th
1	28	庚子	1	12	29	庚午	7	11	30	辛丑	5	10	31	辛未	8	10	2	壬寅	1	9	3	癸酉	3	十三 13th
1	29	辛丑	2	12	30	辛未	8	12	1	壬寅	4	11	1	壬申	7	10	3	癸卯	9	9	4	甲戌	2	十四 14th
1	30	壬寅	3	12	31	壬申	9	12	2	癸卯	3	11	2	癸酉	6	10	4	甲辰	8	9	5	乙亥	1	十五 15th
1	31	癸卯	4	1	1	癸酉	1	12	3	甲辰	2	11	3	甲戌	5	10	5	乙巳	7	9	6	丙子	9	十六 16th
2	1	甲辰	5	1	2	甲戌	2	12	4	乙巳	1	11	4	乙亥	4	10	6	丙午	6	9	7	丁丑	8	十七 17th
2	2	乙巳	6	1	3	乙亥	3	12	5	丙午	9	11	5	丙子	3	10	7	丁未	5	9	8	戊寅	7	十八 18th
2	3	丙午	7	1	4	丙子	4	12	6	丁未	8	11	6	丁丑	2	10	8	戊申	4	9	9	己卯	6	十九 19th
2	4	丁未	8	1	5	丁丑	5	12	7	戊申	7	11	7	戊寅	1	10	9	己酉	3	9	10	庚辰	5	二十 20th
2	5	戊申	9	1	6	戊寅	6	12	8	己酉	6	11	8	己卯	9	10	10	庚戌	2	9	11	辛巳	4	廿一 21st
2	6	己酉	1	1	7	己卯	7	12	9	庚戌	5	11	9	庚辰	8	10	11	辛亥	1	9	12	壬午	3	廿二 22nd
2	7	庚戌	2	1	8	庚辰	8	12	10	辛亥	4	11	10	辛巳	7	10	12	壬子	9	9	13	癸未	2	廿三 23rd
2	8	辛亥	3	1	9	辛巳	9	12	11	壬子	3	11	11	壬午	6	10	13	癸丑	8	9	14	甲申	1	廿四 24th
2	9	壬子	4	1	10	壬午	1	12	12	癸丑	2	11	12	癸未	5	10	14	甲寅	7	9	15	乙酉	9	廿五 25th
2	10	癸丑	5	1	11	癸未	2	12	13	甲寅	1	11	13	甲申	4	10	15	乙卯	6	9	16	丙戌	8	廿六 26th
2	11	甲寅	6	1	12	甲申	3	12	14	乙卯	9	11	14	乙酉	3	10	16	丙辰	5	9	17	丁亥	7	廿七 27th
2	12	乙卯	7	1	13	乙酉	4	12	15	丙辰	8	11	15	丙戌	2	10	17	丁巳	4	9	18	戊子	6	廿八 28th
2	13	丙辰	8	1	14	丙戌	5	12	16	丁巳	7	11	16	丁亥	1	10	18	戊午	3	9	19	己丑	5	廿九 29th
2	14	丁巳	9	1	15	丁亥	6					11	17	戊子	9									三十 30th

地支 Twelve Branches: 子 Zi Rat · 丑 Chou Ox · 寅 Yin Tiger · 卯 Mao Rabbit · 辰 Chen Dragon · 巳 Si Snake · 午 Wu Horse · 未 Wei Goat · 申 Shen Monkey · 酉 You Rooster · 戌 Xu Dog · 亥 Hai Pig

2037 丁巳 Fire Snake

Grand Duke: 易彥

農曆 Calendar	正月大 1st Mth 壬寅 Ren Yin 一黑 Two Black 國曆 Gregorian		干支 S / B	星 Star
月干支 Month	壬寅 Ren Yin			
九星 9 Star	二黑 Two Black			
節氣 Season	驚蟄 Awakening of Worms 19th day 14hr 8min 未 Wei		雨水 Rain Water 4th day 16hr 1min 申 Shen	
初一 1st	2	15	戊午	1
初二 2nd	2	16	己未	2
初三 3rd	2	17	庚申	3
初四 4th	2	18	辛酉	4
初五 5th	2	19	壬戌	5
初六 6th	2	20	癸亥	6
初七 7th	2	21	甲子	7
初八 8th	2	22	乙丑	8
初九 9th	2	23	丙寅	9
初十 10th	2	24	丁卯	1
十一 11th	2	25	戊辰	2
十二 12th	2	26	己巳	3
十三 13th	2	27	庚午	4
十四 14th	2	28	辛未	5
十五 15th	3	1	壬申	6
十六 16th	3	2	癸酉	7
十七 17th	3	3	甲戌	8
十八 18th	3	4	乙亥	9
十九 19th	3	5	丙子	1
二十 20th	3	6	丁丑	2
廿一 21st	3	7	戊寅	3
廿二 22nd	3	8	己卯	4
廿三 23rd	3	9	庚辰	5
廿四 24th	3	10	辛巳	6
廿五 25th	3	11	壬午	7
廿六 26th	3	12	癸未	8
廿七 27th	3	13	甲申	9
廿八 28th	3	14	乙酉	1
廿九 29th	3	15	丙戌	2
三十 30th	3	16	丁亥	3

農曆 Calendar	二月大 2nd Mth 國曆 Gregorian		干支 S / B	星 Star
月干支 Month	癸卯 Gui Mao			
九星 9 Star	一白 One White			
節氣 Season	清明 Clear and Bright 19th day 18hr 46min 酉 You		春分 Spring Equinox 4th day 14hr 52min 未 Wei	
初一 1st	3	17	戊子	4
初二 2nd	3	18	己丑	5
初三 3rd	3	19	庚寅	6
初四 4th	3	20	辛卯	7
初五 5th	3	21	壬辰	8
初六 6th	3	22	癸巳	9
初七 7th	3	23	甲午	1
初八 8th	3	24	乙未	2
初九 9th	3	25	丙申	3
初十 10th	3	26	丁酉	4
十一 11th	3	27	戊戌	5
十二 12th	3	28	己亥	6
十三 13th	3	29	庚子	7
十四 14th	3	30	辛丑	8
十五 15th	3	31	壬寅	9
十六 16th	4	1	癸卯	1
十七 17th	4	2	甲辰	2
十八 18th	4	3	乙巳	3
十九 19th	4	4	丙午	4
二十 20th	4	5	丁未	5
廿一 21st	4	6	戊申	6
廿二 22nd	4	7	己酉	7
廿三 23rd	4	8	庚戌	8
廿四 24th	4	9	辛亥	9
廿五 25th	4	10	壬子	1
廿六 26th	4	11	癸丑	2
廿七 27th	4	12	甲寅	3
廿八 28th	4	13	乙卯	4
廿九 29th	4	14	丙辰	5
三十 30th	4	15	丁巳	6

農曆 Calendar	三月小 3rd Mth 國曆 Gregorian		干支 S / B	星 Star
月干支 Month	甲辰 Jia Chen			
九星 9 Star	九紫 Nine Purple			
節氣 Season	立夏 Coming of Summer 20th day 11hr 51min 午 Wu		穀雨 Grain Rain 5th day 1hr 42min 丑 Chou	
初一 1st	4	16	戊午	7
初二 2nd	4	17	己未	8
初三 3rd	4	18	庚申	9
初四 4th	4	19	辛酉	1
初五 5th	4	20	壬戌	2
初六 6th	4	21	癸亥	3
初七 7th	4	22	甲子	4
初八 8th	4	23	乙丑	5
初九 9th	4	24	丙寅	6
初十 10th	4	25	丁卯	7
十一 11th	4	26	戊辰	8
十二 12th	4	27	己巳	9
十三 13th	4	28	庚午	1
十四 14th	4	29	辛未	2
十五 15th	4	30	壬申	3
十六 16th	5	1	癸酉	4
十七 17th	5	2	甲戌	5
十八 18th	5	3	乙亥	6
十九 19th	5	4	丙子	7
二十 20th	5	5	丁丑	8
廿一 21st	5	6	戊寅	9
廿二 22nd	5	7	己卯	1
廿三 23rd	5	8	庚辰	2
廿四 24th	5	9	辛巳	3
廿五 25th	5	10	壬午	4
廿六 26th	5	11	癸未	5
廿七 27th	5	12	甲申	6
廿八 28th	5	13	乙酉	7
廿九 29th	5	14	丙戌	8
三十 30th				

農曆 Calendar	四月大 4th Mth 國曆 Gregorian		干支 S / B	星 Star
月干支 Month	乙巳 Yi Si			
九星 9 Star	八白 Eight White			
節氣 Season	芒種 Planting of Thorny Crops 22nd day 15hr 48min 申 Shen		小滿 Small Sprout 7th day 0hr 37min 子 Zi	
初一 1st	5	15	丁亥	9
初二 2nd	5	16	戊子	1
初三 3rd	5	17	己丑	2
初四 4th	5	18	庚寅	3
初五 5th	5	19	辛卯	4
初六 6th	5	20	壬辰	5
初七 7th	5	21	癸巳	6
初八 8th	5	22	甲午	7
初九 9th	5	23	乙未	8
初十 10th	5	24	丙申	9
十一 11th	5	25	丁酉	1
十二 12th	5	26	戊戌	2
十三 13th	5	27	己亥	3
十四 14th	5	28	庚子	4
十五 15th	5	29	辛丑	5
十六 16th	5	30	壬寅	6
十七 17th	5	31	癸卯	7
十八 18th	6	1	甲辰	8
十九 19th	6	2	乙巳	9
二十 20th	6	3	丙午	1
廿一 21st	6	4	丁未	2
廿二 22nd	6	5	戊申	3
廿三 23rd	6	6	己酉	4
廿四 24th	6	7	庚戌	5
廿五 25th	6	8	辛亥	6
廿六 26th	6	9	壬子	7
廿七 27th	6	10	癸丑	8
廿八 28th	6	11	甲寅	9
廿九 29th	6	12	乙卯	1
三十 30th	6	13	丙辰	2

農曆 Calendar	五月小 5th Mth 國曆 Gregorian		干支 S / B	星 Star
月干支 Month	丙午 Bing Wu			
九星 9 Star	七赤 Seven Red			
節氣 Season	小暑 Lesser Heat 24th day 1hr 57min 丑 Chou		夏至 Summer Solstice 8th day 8hr 24min 辰 Chen	
初一 1st	6	14	丁巳	3
初二 2nd	6	15	戊午	4
初三 3rd	6	16	己未	5
初四 4th	6	17	庚申	6
初五 5th	6	18	辛酉	7
初六 6th	6	19	壬戌	8
初七 7th	6	20	癸亥	9
初八 8th	6	21	甲子	1\9
初九 9th	6	22	乙丑	8
初十 10th	6	23	丙寅	7
十一 11th	6	24	丁卯	6
十二 12th	6	25	戊辰	5
十三 13th	6	26	己巳	4
十四 14th	6	27	庚午	3
十五 15th	6	28	辛未	2
十六 16th	6	29	壬申	1
十七 17th	6	30	癸酉	9
十八 18th	7	1	甲戌	8
十九 19th	7	2	乙亥	7
二十 20th	7	3	丙子	6
廿一 21st	7	4	丁丑	5
廿二 22nd	7	5	戊寅	4
廿三 23rd	7	6	己卯	3
廿四 24th	7	7	庚辰	2
廿五 25th	7	8	辛巳	1
廿六 26th	7	9	壬午	9
廿七 27th	7	10	癸未	8
廿八 28th	7	11	甲申	7
廿九 29th	7	12	乙酉	6
三十 30th				

農曆 Calendar	六月小 6th Mth 國曆 Gregorian		干支 S / B	星 Star
月干支 Month	丁未 Ding Wei			
九星 9 Star	六白 Six White			
節氣 Season	立秋 Coming Autumn 26th day 11hr 44min 午 Wu		大暑 Greater Heat 10th day 19hr 14min 戌 Xu	
初一 1st	7	13	丙戌	5
初二 2nd	7	14	丁亥	4
初三 3rd	7	15	戊子	3
初四 4th	7	16	己丑	2
初五 5th	7	17	庚寅	1
初六 6th	7	18	辛卯	9
初七 7th	7	19	壬辰	8
初八 8th	7	20	癸巳	7
初九 9th	7	21	甲午	6
初十 10th	7	22	乙未	5
十一 11th	7	23	丙申	4
十二 12th	7	24	丁酉	3
十三 13th	7	25	戊戌	2
十四 14th	7	26	己亥	1
十五 15th	7	27	庚子	9
十六 16th	7	28	辛丑	8
十七 17th	7	29	壬寅	7
十八 18th	7	30	癸卯	6
十九 19th	7	31	甲辰	5
二十 20th	8	1	乙巳	4
廿一 21st	8	2	丙午	3
廿二 22nd	8	3	丁未	2
廿三 23rd	8	4	戊申	1
廿四 24th	8	5	己酉	9
廿五 25th	8	6	庚戌	8
廿六 26th	8	7	辛亥	7
廿七 27th	8	8	壬子	6
廿八 28th	8	9	癸丑	5
廿九 29th	8	10	甲寅	4
三十 30th				

天干 Ten Stems

甲 Jia	Yang Wood
乙 Yi	Yin Wood
丙 Bing	Yang Fire
丁 Ding	Yin Fire
戊 Wu	Yang Earth
己 Ji	Yin Earth
庚 Geng	Yang Metal
辛 Xin	Yin Metal
壬 Ren	Yang Water
癸 Gui	Yin Water

Male Gua: 8 艮(Gen) **Female Gua: 7 兑(Dui)** 3 Killing 三煞: East Annual Star: 8 White

月干支 Month	七月大 7th Mth				八月小 8th Mth				九月小 9th Mth			
	戊申 Wu Shen				己酉 Ji You				庚戌 Geng Xu			
九星 9 Star	五黃 Five Yellow				四綠 Four Green				三碧 Three Jade			
節氣 Season	白露 White Dew		處暑 Heat Ends		寒露 Cold Dew		秋分 Autumn Equinox				霜降 Frosting	
	28th day		13th day		28th day		14th day				15th day	
	14hr 47min		2hr 24min		6hr 39min		0hr 15min				9hr52min	
	未 Wei		丑 Chou		卯 Mao		子 Zi				巳 Si	
農曆 Calendar	國曆 Gregorian		干支 S/B	星 Star	國曆 Gregorian		干支 S/B	星 Star	國曆 Gregorian		干支 S/B	星 Star
初一 1st	8	11	乙卯	3	9	10	乙酉	9	10	9	甲寅	7
初二 2nd	8	12	丙辰	2	9	11	丙戌	8	10	10	乙卯	6
初三 3rd	8	13	丁巳	1	9	12	丁亥	7	10	11	丙辰	5
初四 4th	8	14	戊午	9	9	13	戊子	6	10	12	丁巳	4
初五 5th	8	15	己未	8	9	14	己丑	5	10	13	戊午	3
初六 6th	8	16	庚申	7	9	15	庚寅	4	10	14	己未	2
初七 7th	8	17	辛酉	6	9	16	辛卯	3	10	15	庚申	1
初八 8th	8	18	壬戌	5	9	17	壬辰	2	10	16	辛酉	9
初九 9th	8	19	癸亥	4	9	18	癸巳	1	10	17	壬戌	8
初十 10th	8	20	甲子	3	9	19	甲午	9	10	18	癸亥	7
十一 11th	8	21	乙丑	2	9	20	乙未	8	10	19	甲子	6
十二 12th	8	22	丙寅	1	9	21	丙申	7	10	20	乙丑	5
十三 13th	8	23	丁卯	9	9	22	丁酉	6	10	21	丙寅	4
十四 14th	8	24	戊辰	8	9	23	戊戌	5	10	22	丁卯	3
十五 15th	8	25	己巳	7	9	24	己亥	4	10	23	戊辰	2
十六 16th	8	26	庚午	6	9	25	庚子	3	10	24	己巳	1
十七 17th	8	27	辛未	5	9	26	辛丑	2	10	25	庚午	9
十八 18th	8	28	壬申	4	9	27	壬寅	1	10	26	辛未	8
十九 19th	8	29	癸酉	3	9	28	癸卯	9	10	27	壬申	7
二十 20th	8	30	甲戌	2	9	29	甲辰	8	10	28	癸酉	6
廿一 21st	8	31	乙亥	1	9	30	乙巳	7	10	29	甲戌	5
廿二 22nd	9	1	丙子	9	10	1	丙午	6	10	30	乙亥	4
廿三 23rd	9	2	丁丑	8	10	2	丁未	5	10	31	丙子	3
廿四 24th	9	3	戊寅	7	10	3	戊申	4	11	1	丁丑	2
廿五 25th	9	4	己卯	6	10	4	己酉	3	11	2	戊寅	1
廿六 26th	9	5	庚辰	5	10	5	庚戌	2	11	3	己卯	9
廿七 27th	9	6	辛巳	4	10	6	辛亥	1	11	4	庚辰	8
廿八 28th	9	7	壬午	3	10	7	壬子	9	11	5	辛巳	7
廿九 29th	9	8	癸未	2	10	8	癸丑	8	11	6	壬午	6
三十 30th	9	9	甲申	1								

月干支 Month	十月大 10th Mth				十一月小 11th Mth				十二月大 12th Mth			
	辛亥 Xin Hai				壬子 Ren Zi				癸丑 Gui Chou			
九星 9 Star	二黑 Two Black				一白 One White				九紫 Nine Purple			
節氣 Season	小雪 Lesser Snow		立冬 Coming of Winter		冬至 Winter Solstice		大雪 Greater Snow		大寒 Greater Cold		小寒 Lesser Cold	
	16th day		1st day		15th day		1st day		16th day		1st day	
	7hr 40min		10hr 6min		21hr 10min		3hr 9min		7hr 51min		14hr 29min	
	辰 Chen		巳 Si		亥 Hai		寅 Yin		辰 Chen		未 Wei	
農曆 Calendar	國曆 Gregorian		干支 S/B	星 Star	國曆 Gregorian		干支 S/B	星 Star	國曆 Gregorian		干支 S/B	星 Star
初一 1st	11	7	癸未	5	12	7	癸丑	2	1	5	壬午	4
初二 2nd	11	8	甲申	4	12	8	甲寅	1	1	6	癸未	5
初三 3rd	11	9	乙酉	3	12	9	乙卯	9	1	7	甲申	6
初四 4th	11	10	丙戌	2	12	10	丙辰	8	1	8	乙酉	7
初五 5th	11	11	丁亥	1	12	11	丁巳	7	1	9	丙戌	8
初六 6th	11	12	戊子	9	12	12	戊午	6	1	10	丁亥	9
初七 7th	11	13	己丑	8	12	13	己未	5	1	11	戊子	1
初八 8th	11	14	庚寅	7	12	14	庚申	4	1	12	己丑	2
初九 9th	11	15	辛卯	6	12	15	辛酉	3	1	13	庚寅	3
初十 10th	11	16	壬辰	5	12	16	壬戌	2	1	14	辛卯	4
十一 11th	11	17	癸巳	4	12	17	癸亥	1	1	15	壬辰	5
十二 12th	11	18	甲午	3	12	18	甲子	9	1	16	癸巳	6
十三 13th	11	19	乙未	2	12	19	乙丑	8	1	17	甲午	7
十四 14th	11	20	丙申	1	12	20	丙寅	7	1	18	乙未	8
十五 15th	11	21	丁酉	9	12	21	丁卯	6\7	1	19	丙申	9
十六 16th	11	22	戊戌	8	12	22	戊辰	8	1	20	丁酉	1
十七 17th	11	23	己亥	7	12	23	己巳	9	1	21	戊戌	2
十八 18th	11	24	庚子	6	12	24	庚午	1	1	22	己亥	3
十九 19th	11	25	辛丑	5	12	25	辛未	2	1	23	庚子	4
二十 20th	11	26	壬寅	4	12	26	壬申	3	1	24	辛丑	5
廿一 21st	11	27	癸卯	3	12	27	癸酉	4	1	25	壬寅	6
廿二 22nd	11	28	甲辰	2	12	28	甲戌	5	1	26	癸卯	7
廿三 23rd	11	29	乙巳	1	12	29	乙亥	6	1	27	甲辰	8
廿四 24th	11	30	丙午	9	12	30	丙子	7	1	28	乙巳	9
廿五 25th	12	1	丁未	8	12	31	丁丑	8	1	29	丙午	1
廿六 26th	12	2	戊申	7	1	1	戊寅	9	1	30	丁未	2
廿七 27th	12	3	己酉	6	1	2	己卯	1	1	31	戊申	3
廿八 28th	12	4	庚戌	5	1	3	庚辰	2	2	1	己酉	4
廿九 29th	12	5	辛亥	4	1	4	辛巳	3	2	2	庚戌	5
三十 30th	12	6	壬子	3					2	3	辛亥	6

天干 Ten Stems: 甲 Jia Yang Wood | 乙 Yi Yin Wood | 丙 Bing Yang Fire | 丁 Ding Yin Fire | 戊 Wu Yang Earth | 己 Ji Yin Earth | 庚 Geng Yang Metal | 辛 Xin Yin Metal | 壬 Ren Yang Water | 癸 Gui Yin Water

六月大 6th Mth				五月小 5th Mth				四月大 4th Mth				三月小 3rd Mth				二月大 2nd Mth				正月大 1st Mth				月干支 Month
己未 Ji Wei				戊午 Wu Wu				丁巳 Ding Si				丙辰 Bing Chen				乙卯 Yi Mao				甲寅 Jia Yin				
三碧 Three Jade				四綠 Four Green				五黃 Five Yellow				六白 Six White				七赤 Seven Red				八白 Eight White				九星 9 Star
大暑 Greater Heat		小暑 Lesser Heat		夏至 Summer Solstice		芒種 Planting of Thorny Crops		小滿 Small Sprout		立夏 Coming of Summer		穀雨 Grain Rain		清明 Clear and Bright		春分 Spring Equinox		驚蟄 Awakening of Worms		雨水 Rain Water		立春 Coming of Spring		節氣 Season
22nd day		6th day		19th day		3rd day		18th day		2nd day		16th day		1st day		15th day		30th day		15th day		1st day		
1hr 1min		7hr 34min		14hr 11min		21hr 27min		6hr 24min		17hr 33min		7hr 30min		0hr 31min		20hr 42min		19hr 57min		21hr 54min		2hr 6min		
丑 Chou		辰 Chen		未 Wei		亥 Hai		卯 Mao		酉 You		辰 Chen		子 Zi		戌 Xu		戌 Xu		亥 Hai		丑 Chou		
國曆 Gregorian		干支 S / B	星 Star	國曆 Gregorian		干支 S / B	星 Star	國曆 Gregorian		干支 S / B	星 Star	國曆 Gregorian		干支 S / B	星 Star	國曆 Gregorian		干支 S / B	星 Star	國曆 Gregorian		干支 S / B	星 Star	農曆 Calendar
7	2	庚辰	8	6	3	辛亥	9	5	4	辛巳	6	4	5	壬子	4	3	6	壬午	1	2	4	壬子	7	初一 1st
7	3	辛巳	7	6	4	壬子	1	5	5	壬午	7	4	6	癸丑	5	3	7	癸未	2	2	5	癸丑	8	初二 2nd
7	4	壬午	6	6	5	癸丑	2	5	6	癸未	8	4	7	甲寅	6	3	8	甲申	3	2	6	甲寅	9	初三 3rd
7	5	癸未	5	6	6	甲寅	3	5	7	甲申	9	4	8	乙卯	7	3	9	乙酉	4	2	7	乙卯	1	初四 4th
7	6	甲申	4	6	7	乙卯	4	5	8	乙酉	1	4	9	丙辰	8	3	10	丙戌	5	2	8	丙辰	2	初五 5th
7	7	乙酉	3	6	8	丙辰	5	5	9	丙戌	2	4	10	丁巳	9	3	11	丁亥	6	2	9	丁巳	3	初六 6th
7	8	丙戌	2	6	9	丁巳	6	5	10	丁亥	3	4	11	戊午	1	3	12	戊子	7	2	10	戊午	4	初七 7th
7	9	丁亥	[illegible]	6	10	戊午	7	5	11	戊子	4	4	12	己未	2	3	13	己丑	8	2	11	己未	5	初八 8th
7	10	戊子	9	6	11	己未	8	5	12	己丑	5	4	13	庚申	3	3	14	庚寅	9	2	12	庚申	6	初九 9th
7	11	己丑	3	6	12	庚申	9	5	13	庚寅	6	4	14	辛酉	4	3	15	辛卯	1	2	13	辛酉	7	初十 10th
7	12	庚寅	7	6	13	辛酉	1	5	14	辛卯	7	4	15	壬戌	5	3	16	壬辰	2	2	14	壬戌	8	十一 11th
7	13	辛卯	6	6	14	壬戌	2	5	15	壬辰	8	4	16	癸亥	6	3	17	癸巳	3	2	15	癸亥	9	十二 12th
7	14	壬辰	5	6	15	癸亥	3	5	16	癸巳	9	4	17	甲子	7	3	18	甲午	4	2	16	甲子	1	十三 13th
7	15	癸巳	4	6	16	甲子	4	5	17	甲午	1	4	18	乙丑	8	3	19	乙未	5	2	17	乙丑	2	十四 14th
7	16	甲午	3	6	17	乙丑	5	5	18	乙未	2	4	19	丙寅	9	3	20	丙申	6	2	18	丙寅	3	十五 15th
7	17	乙未	2	6	18	丙寅	6	5	19	丙申	3	4	20	丁卯	1	3	21	丁酉	7	2	19	丁卯	4	十六 16th
7	18	丙申	1	6	19	丁卯	7	5	20	丁酉	4	4	21	戊辰	2	3	22	戊戌	8	2	20	戊辰	5	十七 17th
7	19	丁酉	9	6	20	戊辰	8	5	21	戊戌	5	4	22	己巳	3	3	23	己亥	9	2	21	己巳	6	十八 18th
7	20	戊戌	8	6	21	己巳	9\1	5	22	己亥	6	4	23	庚午	4	3	24	庚子	1	2	22	庚午	7	十九 19th
7	21	己亥	7	6	22	庚午	9	5	23	庚子	7	4	24	辛未	5	3	25	辛丑	2	2	23	辛未	8	二十 20th
7	22	庚子	6	6	23	辛未	8	5	24	辛丑	8	4	25	壬申	6	3	26	壬寅	3	2	24	壬申	9	廿一 21st
7	23	辛丑	5	6	24	壬申	7	5	25	壬寅	9	4	26	癸酉	7	3	27	癸卯	4	2	25	癸酉	1	廿二 22nd
7	24	壬寅	4	6	25	癸酉	6	5	26	癸卯	1	4	27	甲戌	8	3	28	甲辰	5	2	26	甲戌	2	廿三 23rd
7	25	癸卯	3	6	26	甲戌	5	5	27	甲辰	2	4	28	乙亥	9	3	29	乙巳	6	2	27	乙亥	3	廿四 24th
7	26	甲辰	2	6	27	乙亥	4	5	28	乙巳	3	4	29	丙子	1	3	30	丙午	7	2	28	丙子	4	廿五 25th
7	27	乙巳	1	6	28	丙子	3	5	29	丙午	4	4	30	丁丑	2	3	31	丁未	8	3	1	丁丑	5	廿六 26th
7	28	丙午	9	6	29	丁丑	2	5	30	丁未	5	5	1	戊寅	3	4	1	戊申	9	3	2	戊寅	6	廿七 27th
7	29	丁未	8	6	30	戊寅	1	5	31	戊申	6	5	2	己卯	4	4	2	己酉	1	3	3	己卯	7	廿八 28th
7	30	戊申	7	7	1	己卯	9	6	1	己酉	7	5	3	庚辰	5	4	3	庚戌	2	3	4	庚辰	8	廿九 29th
7	31	己酉	6					6	2	庚戌	8					4	4	辛亥	3	3	5	辛巳	9	三十 30th

Male Gua: 7 兑(Dui) **Female Gua: 8 艮(Gen)** 3 Killing 三煞: North Annual Star: 7 Red

地支 Twelve Branches: 子 Zi Rat · 丑 Chou Ox · 寅 Yin Tiger · 卯 Mao Rabbit · 辰 Chen Dragon · 巳 Si Snake · 午 Wu Horse · 未 Wei Goat · 申 Shen Monkey · 酉 You Rooster · 戌 Xu Dog · 亥 Hai Pig

月干支 Month	七月小 7th Mth				八月大 8th Mth				九月小 9th Mth				十月小 10th Mth				十一月大 11th Mth				十二月小 12th Mth			
	庚申 Geng Shen				辛酉 Xin You				壬戌 Ren Xu				癸亥 Gui Hai				甲子 Jia Zi				乙丑 Yi Chou			
九星 9 Star	二黑 Two Black				一白 One White				九紫 Nine Purple				八白 Eight White				七赤 Seven Red				六白 Six White			
節氣 Season	處暑 Heat Ends		立秋 Coming Autumn		秋分 Autumn Equinox		白露 White Dew		霜降 Frosting		寒露 Cold Dew		小雪 Lesser Snow		立冬 Coming of Winter		冬至 Winter Solstice		大雪 Greater Snow		大寒 Greater Cold		小寒 Lesser Cold	
	23rd day		7th day		25th day		9th day		25th day		10th day		26th day		11th day		27th day		12th day		26th day		11th day	
	8hr 12min		17hr 23min		6hr 4min		20hr 28min		15hr 42min		12hr 23min		13hr 33min		15hr 53min		3hr 4min		8hr 58min		13hr 45min		20hr 18min	
	辰 Chen		酉 You		卯 Mao		戌 Xu		申 Shen		午 Wu		未 Wei		申 Shen		寅 Yin		辰 Chen		未 Wei		戌 Xu	
農曆 Calendar	國曆 Gregorian		干支 S/B	星 Star	國曆 Gregorian		干支 S/B	星 Star	國曆 Gregorian		干支 S/B	星 Star	國曆 Gregorian		干支 S/B	星 Star	國曆 Gregorian		干支 S/B	星 Star	國曆 Gregorian		干支 S/B	星 Star
初一 1st	8	1	庚戌	5	8	30	己卯	3	9	29	己酉	9	10	28	戊寅	7	11	26	丁未	5	12	26	丁丑	8
初二 2nd	8	2	辛亥	4	8	31	庚辰	2	9	30	庚戌	8	10	29	己卯	6	11	27	戊申	4	12	27	戊寅	9
初三 3rd	8	3	壬子	3	9	1	辛巳	1	10	1	辛亥	7	10	30	庚辰	5	11	28	己酉	3	12	28	己卯	1
初四 4th	8	4	癸丑	2	9	2	壬午	9	10	2	壬子	6	10	31	辛巳	4	11	29	庚戌	2	12	29	庚辰	2
初五 5th	8	5	甲寅	1	9	3	癸未	8	10	3	癸丑	5	11	1	壬午	3	11	30	辛亥	1	12	30	辛巳	3
初六 6th	8	6	乙卯	9	9	4	甲申	7	10	4	甲寅	4	11	2	癸未	2	12	1	壬子	9	12	31	壬午	4
初七 7th	8	7	丙辰	8	9	5	乙酉	6	10	5	乙卯	3	11	3	甲申	1	12	2	癸丑	8	1	1	癸未	5
初八 8th	8	8	丁巳	7	9	6	丙戌	5	10	6	丙辰	2	11	4	乙酉	9	12	3	甲寅	7	1	2	甲申	6
初九 9th	8	9	戊午	6	9	7	丁亥	4	10	7	丁巳	1	11	5	丙戌	8	12	4	乙卯	6	1	3	乙酉	7
初十 10th	8	10	己未	5	9	8	戊子	3	10	8	戊午	9	11	6	丁亥	7	12	5	丙辰	5	1	4	丙戌	8
十一 11th	8	11	庚申	4	9	9	己丑	2	10	9	己未	8	11	7	戊子	6	12	6	丁巳	4	1	5	丁亥	9
十二 12th	8	12	辛酉	3	9	10	庚寅	1	10	10	庚申	7	11	8	己丑	5	12	7	戊午	3	1	6	戊子	1
十三 13th	8	13	壬戌	2	9	11	辛卯	9	10	11	辛酉	6	11	9	庚寅	4	12	8	己未	2	1	7	己丑	2
十四 14th	8	14	癸亥	1	9	12	壬辰	8	10	12	壬戌	5	11	10	辛卯	3	12	9	庚申	1	1	8	庚寅	3
十五 15th	8	15	甲子	9	9	13	癸巳	7	10	13	癸亥	4	11	11	壬辰	2	12	10	辛酉	9	1	9	辛卯	4
十六 16th	8	16	乙丑	8	9	14	甲午	6	10	14	甲子	3	11	12	癸巳	1	12	11	壬戌	8	1	10	壬辰	5
十七 17th	8	17	丙寅	7	9	15	乙未	5	10	15	乙丑	2	11	13	甲午	9	12	12	癸亥	7	1	11	癸巳	6
十八 18th	8	18	丁卯	6	9	16	丙申	4	10	16	丙寅	1	11	14	乙未	8	12	13	甲子	6	1	12	甲午	7
十九 19th	8	19	戊辰	5	9	17	丁酉	3	10	17	丁卯	9	11	15	丙申	7	12	14	乙丑	5	1	13	乙未	8
二十 20th	8	20	己巳	4	9	18	戊戌	2	10	18	戊辰	8	11	16	丁酉	6	12	15	丙寅	4	1	14	丙申	9
廿一 21st	8	21	庚午	3	9	19	己亥	1	10	19	己巳	7	11	17	戊戌	5	12	16	丁卯	3	1	15	丁酉	1
廿二 22nd	8	22	辛未	2	9	20	庚子	9	10	20	庚午	6	11	18	己亥	4	12	17	戊辰	2	1	16	戊戌	2
廿三 23rd	8	23	壬申	1	9	21	辛丑	8	10	21	辛未	5	11	19	庚子	3	12	18	己巳	1	1	17	己亥	3
廿四 24th	8	24	癸酉	9	9	22	壬寅	7	10	22	壬申	4	11	20	辛丑	2	12	19	庚午	9	1	18	庚子	4
廿五 25th	8	25	甲戌	8	9	23	癸卯	6	10	23	癸酉	3	11	21	壬寅	1	12	20	辛未	8	1	19	辛丑	5
廿六 26th	8	26	乙亥	7	9	24	甲辰	5	10	24	甲戌	2	11	22	癸卯	9	12	21	壬申	7	1	20	壬寅	6
廿七 27th	8	27	丙子	6	9	25	乙巳	4	10	25	乙亥	1	11	23	甲辰	8	12	22	癸酉	6\4	1	21	癸卯	7
廿八 28th	8	28	丁丑	5	9	26	丙午	3	10	26	丙子	9	11	24	乙巳	7	12	23	甲戌	5	1	22	甲辰	8
廿九 29th	8	29	戊寅	4	9	27	丁未	2	10	27	丁丑	8	11	25	丙午	6	12	24	乙亥	6	1	23	乙巳	9
三十 30th					9	28	戊申	1									12	25	丙子	7				

2039 己未 Earth Goat

Grand Duke: 傅稅

正月大 1st Mth — 丙寅 Bing Yin — 五黃 Five Yellow

農曆 Calendar	國曆 Gregorian		干支 S/B	星 Star
節氣 Season	雨水 Rain Water 27th day 3hr 47min 寅 Yin		立春 Coming of Spring 12th day 7hr 54min 辰 Chen	
初一 1st	1	24	丙午	1
初二 2nd	1	25	丁未	2
初三 3rd	1	26	戊申	3
初四 4th	1	27	己酉	4
初五 5th	1	28	庚戌	5
初六 6th	1	29	辛亥	6
初七 7th	1	30	壬子	7
初八 8th	1	31	癸丑	8
初九 9th	2	1	甲寅	9
初十 10th	2	2	乙卯	1
十一 11th	2	3	丙辰	2
十二 12th	2	4	丁巳	3
十三 13th	2	5	戊午	4
十四 14th	2	6	己未	5
十五 15th	2	7	庚申	6
十六 16th	2	8	辛酉	7
十七 17th	2	9	壬戌	8
十八 18th	2	10	癸亥	9
十九 19th	2	11	甲子	1
二十 20th	2	12	乙丑	2
廿一 21st	2	13	丙寅	3
廿二 22nd	2	14	丁卯	4
廿三 23rd	2	15	戊辰	5
廿四 24th	2	16	己巳	6
廿五 25th	2	17	庚午	7
廿六 26th	2	18	辛未	8
廿七 27th	2	19	壬申	9
廿八 28th	2	20	癸酉	1
廿九 29th	2	21	甲戌	2
三十 30th	2	22	乙亥	3

二月大 2nd Mth — 丁卯 Ding Mao — 四綠 Four Green

農曆 Calendar	國曆 Gregorian		干支 S/B	星 Star
節氣 Season	春分 Spring Equinox 27th day 2hr 34min 丑 Chou		驚蟄 Awakening of Worms 12th day 1hr 45min 丑 Chou	
初一 1st	2	23	丙子	4
初二 2nd	2	24	丁丑	5
初三 3rd	2	25	戊寅	6
初四 4th	2	26	己卯	7
初五 5th	2	27	庚辰	8
初六 6th	2	28	辛巳	9
初七 7th	3	1	壬午	1
初八 8th	3	2	癸未	2
初九 9th	3	3	甲申	3
初十 10th	3	4	乙酉	4
十一 11th	3	5	丙戌	5
十二 12th	3	6	丁亥	6
十三 13th	3	7	戊子	7
十四 14th	3	8	己丑	8
十五 15th	3	9	庚寅	9
十六 16th	3	10	辛卯	1
十七 17th	3	11	壬辰	2
十八 18th	3	12	癸巳	3
十九 19th	3	13	甲午	4
二十 20th	3	14	乙未	5
廿一 21st	3	15	丙申	6
廿二 22nd	3	16	丁酉	7
廿三 23rd	3	17	戊戌	8
廿四 24th	3	18	己亥	9
廿五 25th	3	19	庚子	1
廿六 26th	3	20	辛丑	2
廿七 27th	3	21	壬寅	3
廿八 28th	3	22	癸卯	4
廿九 29th	3	23	甲辰	5
三十 30th	3	24	乙巳	6

三月小 3rd Mth — 戊辰 Wu Chen — 三碧 Three Jade

農曆 Calendar	國曆 Gregorian		干支 S/B	星 Star
節氣 Season	穀雨 Grain Rain 27th day 13hr 19min 未 Wei		清明 Clear and Bright 12th day 6hr 17min 卯 Mao	
初一 1st	3	25	丙午	7
初二 2nd	3	26	丁未	8
初三 3rd	3	27	戊申	9
初四 4th	3	28	己酉	1
初五 5th	3	29	庚戌	2
初六 6th	3	30	辛亥	3
初七 7th	3	31	壬子	4
初八 8th	4	1	癸丑	5
初九 9th	4	2	甲寅	6
初十 10th	4	3	乙卯	7
十一 11th	4	4	丙辰	8
十二 12th	4	5	丁巳	9
十三 13th	4	6	戊午	1
十四 14th	4	7	己未	2
十五 15th	4	8	庚申	3
十六 16th	4	9	辛酉	4
十七 17th	4	10	壬戌	5
十八 18th	4	11	癸亥	6
十九 19th	4	12	甲子	7
二十 20th	4	13	乙丑	8
廿一 21st	4	14	丙寅	9
廿二 22nd	4	15	丁卯	1
廿三 23rd	4	16	戊辰	2
廿四 24th	4	17	己巳	3
廿五 25th	4	18	庚午	4
廿六 26th	4	19	辛未	5
廿七 27th	4	20	壬申	6
廿八 28th	4	21	癸酉	7
廿九 29th	4	22	甲戌	8
三十 30th				

四月大 4th Mth — 己巳 Ji Si — 二黑 Two Black

農曆 Calendar	國曆 Gregorian		干支 S/B	星 Star
節氣 Season	小滿 Small Sprout 29th day 12hr 12min 午 Wu		立夏 Coming of Summer 13th day 23hr 20min 子 Zi	
初一 1st	4	23	乙亥	9
初二 2nd	4	24	丙子	1
初三 3rd	4	25	丁丑	2
初四 4th	4	26	戊寅	3
初五 5th	4	27	己卯	4
初六 6th	4	28	庚辰	5
初七 7th	4	29	辛巳	6
初八 8th	4	30	壬午	7
初九 9th	5	1	癸未	8
初十 10th	5	2	甲申	9
十一 11th	5	3	乙酉	1
十二 12th	5	4	丙戌	2
十三 13th	5	5	丁亥	3
十四 14th	5	6	戊子	4
十五 15th	5	7	己丑	5
十六 16th	5	8	庚寅	6
十七 17th	5	9	辛卯	7
十八 18th	5	10	壬辰	8
十九 19th	5	11	癸巳	9
二十 20th	5	12	甲午	1
廿一 21st	5	13	乙未	2
廿二 22nd	5	14	丙申	3
廿三 23rd	5	15	丁酉	4
廿四 24th	5	16	戊戌	5
廿五 25th	5	17	己亥	6
廿六 26th	5	18	庚子	7
廿七 27th	5	19	辛丑	8
廿八 28th	5	20	壬寅	9
廿九 29th	5	21	癸卯	1
三十 30th	5	22	甲辰	2

五月大 5th Mth — 庚午 Geng Wu — 一白 One White

農曆 Calendar	國曆 Gregorian		干支 S/B	星 Star
節氣 Season	夏至 Summer Solstice 30th day 19hr 59min 戌 Xu		芒種 Planting of Thorny Crops 15th day 3hr 17min 寅 Yin	
初一 1st	5	23	乙巳	3
初二 2nd	5	24	丙午	4
初三 3rd	5	25	丁未	5
初四 4th	5	26	戊申	6
初五 5th	5	27	己酉	7
初六 6th	5	28	庚戌	8
初七 7th	5	29	辛亥	9
初八 8th	5	30	壬子	1
初九 9th	5	31	癸丑	2
初十 10th	6	1	甲寅	3
十一 11th	6	2	乙卯	4
十二 12th	6	3	丙辰	5
十三 13th	6	4	丁巳	6
十四 14th	6	5	戊午	7
十五 15th	6	6	己未	8
十六 16th	6	7	庚申	9
十七 17th	6	8	辛酉	1
十八 18th	6	9	壬戌	2
十九 19th	6	10	癸亥	3
二十 20th	6	11	甲子	4
廿一 21st	6	12	乙丑	5
廿二 22nd	6	13	丙寅	6
廿三 23rd	6	14	丁卯	7
廿四 24th	6	15	戊辰	8
廿五 25th	6	16	己巳	9
廿六 26th	6	17	庚午	1
廿七 27th	6	18	辛未	2
廿八 28th	6	19	壬申	3
廿九 29th	6	20	癸酉	4
三十 30th	6	21	甲戌	5\5

閏五月小 5th Mth

農曆 Calendar	國曆 Gregorian		干支 S/B	星 Star
節氣 Season			小暑 Lesser Heat 16th day 13hr 28min 未 Wei	
初一 1st	6	22	乙亥	4
初二 2nd	6	23	丙子	3
初三 3rd	6	24	丁丑	2
初四 4th	6	25	戊寅	1
初五 5th	6	26	己卯	9
初六 6th	6	27	庚辰	8
初七 7th	6	28	辛巳	7
初八 8th	6	29	壬午	6
初九 9th	6	30	癸未	5
初十 10th	7	1	甲申	4
十一 11th	7	2	乙酉	3
十二 12th	7	3	丙戌	2
十三 13th	7	4	丁亥	1
十四 14th	7	5	戊子	9
十五 15th	7	6	己丑	8
十六 16th	7	7	庚寅	7
十七 17th	7	8	辛卯	6
十八 18th	7	9	壬辰	5
十九 19th	7	10	癸巳	4
二十 20th	7	11	甲午	3
廿一 21st	7	12	乙未	2
廿二 22nd	7	13	丙申	1
廿三 23rd	7	14	丁酉	9
廿四 24th	7	15	戊戌	8
廿五 25th	7	16	己亥	7
廿六 26th	7	17	庚子	6
廿七 27th	7	18	辛丑	5
廿八 28th	7	19	壬寅	4
廿九 29th	7	20	癸卯	3
三十 30th				

六月大 6th Mth — 辛未 Xin Wei — 九紫 Nine Purple

農曆 Calendar	國曆 Gregorian		干支 S/B	星 Star
節氣 Season	立秋 Coming Autumn 18th day 23hr 20min 子 Zi		大暑 Greater Heat 3rd day 6hr 50min 卯 Mao	
初一 1st	7	21	甲辰	2
初二 2nd	7	22	乙巳	1
初三 3rd	7	23	丙午	9
初四 4th	7	24	丁未	8
初五 5th	7	25	戊申	7
初六 6th	7	26	己酉	6
初七 7th	7	27	庚戌	5
初八 8th	7	28	辛亥	4
初九 9th	7	29	壬子	3
初十 10th	7	30	癸丑	2
十一 11th	7	31	甲寅	1
十二 12th	8	1	乙卯	9
十三 13th	8	2	丙辰	8
十四 14th	8	3	丁巳	7
十五 15th	8	4	戊午	6
十六 16th	8	5	己未	5
十七 17th	8	6	庚申	4
十八 18th	8	7	辛酉	3
十九 19th	8	8	壬戌	2
二十 20th	8	9	癸亥	1
廿一 21st	8	10	甲子	9
廿二 22nd	8	11	乙丑	8
廿三 23rd	8	12	丙寅	7
廿四 24th	8	13	丁卯	6
廿五 25th	8	14	戊辰	5
廿六 26th	8	15	己巳	4
廿七 27th	8	16	庚午	3
廿八 28th	8	17	辛未	2
廿九 29th	8	18	壬申	1
三十 30th	8	19	癸酉	9

天干 Ten Stems	
甲 Jia	Yang Wood
乙 Yi	Yin Wood
丙 Bing	Yang Fire
丁 Ding	Yin Fire
戊 Wu	Yang Earth
己 Ji	Yin Earth
庚 Geng	Yang Metal
辛 Xin	Yin Metal
壬 Ren	Yang Water
癸 Gui	Yin Water

Male Gua: 6 乾(Qian) **Female Gua: 9 離(Li)** 3 Killing 三煞: West Annual Star: 6 White

月干支 Month	七月小 7th Mth				八月大 8th Mth				九月小 9th Mth			
	壬申 Ren Shen				癸酉 Gui You				甲戌 Jia Xu			
九星 9 Star	八白 Eight White				七赤 Seven Red				六白 Six White			
節氣 Season	白露 White Dew		處暑 Heat Ends		寒露 Cold Dew		秋分 Autumn Equinox		立冬 Coming of Winter		霜降 Frosting	
	20th day		4th day		21st day		6th day		21st day		6th day	
	2hr 26min		14hr 0min		18hr 19min		11hr 51min		21hr 45min		21hr 27min	
	丑 Chou		未 Wei		酉 You		午 Wu		亥 Hai		亥 Hai	
農曆 Calendar	國曆 Gregorian		干支 S/B	星 Star	國曆 Gregorian		干支 S/B	星 Star	國曆 Gregorian		干支 S/B	星 Star
初一 1st	8	20	甲戌	8	9	18	癸卯	6	10	18	癸酉	3
初二 2nd	8	21	乙亥	7	9	19	甲辰	5	10	19	甲戌	2
初三 3rd	8	22	丙子	6	9	20	乙巳	4	10	20	乙亥	1
初四 4th	8	23	丁丑	5	9	21	丙午	3	10	21	丙子	9
初五 5th	8	24	戊寅	4	9	22	丁未	2	10	22	丁丑	8
初六 6th	8	25	己卯	3	9	23	戊申	1	10	23	戊寅	7
初七 7th	8	26	庚辰	2	9	24	己酉	9	10	24	己卯	6
初八 8th	8	27	辛巳	1	9	25	庚戌	8	10	25	庚辰	5
初九 9th	8	28	壬午	9	9	26	辛亥	7	10	26	辛巳	4
初十 10th	8	29	癸未	8	9	27	壬子	6	10	27	壬午	3
十一 11th	8	30	甲申	7	9	28	癸丑	5	10	28	癸未	2
十二 12th	8	31	乙酉	6	9	29	甲寅	4	10	29	甲申	1
十三 13th	9	1	丙戌	5	9	30	乙卯	3	10	30	乙酉	9
十四 14th	9	2	丁亥	4	10	1	丙辰	2	10	31	丙戌	8
十五 15th	9	3	戊子	3	10	2	丁巳	1	11	1	丁亥	7
十六 16th	9	4	己丑	2	10	3	戊午	9	11	2	戊子	6
十七 17th	9	5	庚寅	1	10	4	己未	8	11	3	己丑	5
十八 18th	9	6	辛卯	9	10	5	庚申	7	11	4	庚寅	4
十九 19th	9	7	壬辰	8	10	6	辛酉	6	11	5	辛卯	3
二十 20th	9	8	癸巳	7	10	7	壬戌	5	11	6	壬辰	2
廿一 21st	9	9	甲午	6	10	8	癸亥	4	11	7	癸巳	1
廿二 22nd	9	10	乙未	5	10	9	甲子	3	11	8	甲午	9
廿三 23rd	9	11	丙申	4	10	10	乙丑	2	11	9	乙未	8
廿四 24th	9	12	丁酉	3	10	11	丙寅	1	11	10	丙申	7
廿五 25th	9	13	戊戌	2	10	12	丁卯	9	11	11	丁酉	6
廿六 26th	9	14	己亥	1	10	13	戊辰	8	11	12	戊戌	5
廿七 27th	9	15	庚子	9	10	14	己巳	7	11	13	己亥	4
廿八 28th	9	16	辛丑	8	10	15	庚午	6	11	14	庚子	3
廿九 29th	9	17	壬寅	7	10	16	辛未	5	11	15	辛丑	2
三十 30th					10	17	壬申	4				

月干支 Month	十月大 10th Mth				十一月小 11th Mth				十二月小 12th Mth			
	乙亥 Yi Hai				丙子 Bing Zi				丁丑 Ding Chou			
九星 9 Star	五黃 Five Yellow				四綠 Four Green				三碧 Three Jade			
節氣 Season	大雪 Greater Snow		小雪 Lesser Snow		小寒 Lesser Cold		冬至 Winter Solstice		立春 Coming of Spring		大寒 Greater Cold	
	22nd day		7th day		22nd day		7th day		22nd day		7th day	
	14hr 47min		19hr 14min		2hr 5min		8hr 42min		13hr 42min		13hr 23min	
	未 Wei		戌 Xu		丑 Chou		辰 Chen		未 Wei		戌 Xu	
農曆 Calendar	國曆 Gregorian		干支 S/B	星 Star	國曆 Gregorian		干支 S/B	星 Star	國曆 Gregorian		干支 S/B	星 Star
初一 1st	11	16	壬寅	1	12	16	壬申	7	1	14	辛丑	5
初二 2nd	11	17	癸卯	9	12	17	癸酉	6	1	15	壬寅	6
初三 3rd	11	18	甲辰	8	12	18	甲戌	5	1	16	癸卯	7
初四 4th	11	19	乙巳	7	12	19	乙亥	4	1	17	甲辰	8
初五 5th	11	20	丙午	6	12	20	丙子	3	1	18	乙巳	9
初六 6th	11	21	丁未	5	12	21	丁丑	2	1	19	丙午	1
初七 7th	11	22	戊申	4	12	22	戊寅	1\9	1	20	丁未	2
初八 8th	11	23	己酉	3	12	23	己卯	1	1	21	戊申	3
初九 9th	11	24	庚戌	2	12	24	庚辰	2	1	22	己酉	4
初十 10th	11	25	辛亥	1	12	25	辛巳	3	1	23	庚戌	5
十一 11th	11	26	壬子	9	12	26	壬午	4	1	24	辛亥	6
十二 12th	11	27	癸丑	8	12	27	癸未	5	1	25	壬子	7
十三 13th	11	28	甲寅	7	12	28	甲申	6	1	26	癸丑	8
十四 14th	11	29	乙卯	6	12	29	乙酉	7	1	27	甲寅	9
十五 15th	11	30	丙辰	5	12	30	丙戌	8	1	28	乙卯	1
十六 16th	12	1	丁巳	4	12	31	丁亥	9	1	29	丙辰	2
十七 17th	12	2	戊午	3	1	1	戊子	1	1	30	丁巳	3
十八 18th	12	3	己未	2	1	2	己丑	2	1	31	戊午	4
十九 19th	12	4	庚申	1	1	3	庚寅	3	2	1	己未	5
二十 20th	12	5	辛酉	9	1	4	辛卯	4	2	2	庚申	6
廿一 21st	12	6	壬戌	8	1	5	壬辰	5	2	3	辛酉	7
廿二 22nd	12	7	癸亥	7	1	6	癸巳	6	2	4	壬戌	8
廿三 23rd	12	8	甲子	6	1	7	甲午	7	2	5	癸亥	9
廿四 24th	12	9	乙丑	5	1	8	乙未	8	2	6	甲子	1
廿五 25th	12	10	丙寅	4	1	9	丙申	9	2	7	乙丑	2
廿六 26th	12	11	丁卯	3	1	10	丁酉	1	2	8	丙寅	3
廿七 27th	12	12	戊辰	2	1	11	戊戌	2	2	9	丁卯	4
廿八 28th	12	13	己巳	1	1	12	己亥	3	2	10	戊辰	5
廿九 29th	12	14	庚午	9	1	13	庚子	4	2	11	己巳	6
三十 30th	12	15	辛未	8								

地支 Twelve Branches

子 Zi Rat · 丑 Chou Ox · 寅 Yin Tiger · 卯 Mao Rabbit · 辰 Chen Dragon · 巳 Si Snake · 午 Wu Horse · 未 Wei Goat · 申 Shen Monkey · 酉 You Rooster · 戌 Xu Dog · 亥 Hai Pig

2040 庚申 Metal Monkey

Grand Duke: 毛倖

天干 Ten Stems: 甲 Jia Yang Wood; 乙 Yi Yin Wood; 丙 Bing Yang Fire; 丁 Ding Yin Fire; 戊 Wu Yang Earth; 己 Ji Yin Earth; 庚 Geng Yang Metal; 辛 Xin Yin Metal; 壬 Ren Yang Water; 癸 Gui Yin Water

六月大 6th Mth				五月小 5th Mth				四月大 4th Mth				三月大 3rd Mth				二月小 2nd Mth				正月大 1st Mth				月干支 Month
癸未 Gui Wei				壬午 Ren Wu				辛巳 Xin Si				庚辰 Geng Chen				己卯 Ji Mao				戊寅 Wu Yin				
六白 Six White				七赤 Seven Red				八白 Eight White				九紫 Nine Purple				一白 One White				二黑 Two Black				九星 9 Star
立秋 Coming Autumn		大暑 Greater Heat		小暑 Lesser Heat		夏至 Summer Solstice		芒種 Planting of Thorny Crops		小滿 Small Sprout		立夏 Coming of Summer		穀雨 Grain Rain		清明 Clear and Bright		春分 Spring Equinox		驚蟄 Awakening of Worms		雨水 Rain Water		節氣 Season
30th day		14th day		27th day		12th day		26th day		10th day		25th day		9th day		23rd day		8th day		23rd day		8th day		
5hr 11min		12hr 42min		19hr 21min		1hr 48min		9hr 9min		17hr 57min		5hr 11min		19hr 1min		12hr 7min		8hr 13min		7hr 33min		9hr 26min		
卯 Mao		午 Wu		戌 Xu		丑 Chou		巳 Si		酉 You		卯 Mao		戌 Xu		午 Wu		辰 Chen		辰 Chen		巳 Si		
國曆 Gregorian		干支 S/B	星 Star	國曆 Gregorian		干支 S/B	星 Star	國曆 Gregorian		干支 S/B	星 Star	國曆 Gregorian		干支 S/B	星 Star	國曆 Gregorian		干支 S/B	星 Star	國曆 Gregorian		干支 S/B	星 Star	農曆 Calendar
7	9	戊戌	8	6	10	己巳	9	5	11	己亥	6	4	11	己巳	3	3	13	庚子	1	2	12	庚午	7	初一 1st
7	10	己亥	7	6	11	庚午	1	5	12	庚子	7	4	12	庚午	4	3	14	辛丑	2	2	13	辛未	8	初二 2nd
7	11	庚子	6	6	12	辛未	2	5	13	辛丑	8	4	13	辛未	5	3	15	壬寅	3	2	14	壬申	9	初三 3rd
7	12	辛丑	5	6	13	壬申	3	5	14	壬寅	9	4	14	壬申	6	3	16	癸卯	4	2	15	癸酉	1	初四 4th
7	13	壬寅	4	6	14	癸酉	4	5	15	癸卯	1	4	15	癸酉	7	3	17	甲辰	5	2	16	甲戌	2	初五 5th
7	14	癸卯	3	6	15	甲戌	5	5	16	甲辰	2	4	16	甲戌	8	3	18	乙巳	6	2	17	乙亥	3	初六 6th
7	15	甲辰	2	6	16	乙亥	6	5	17	乙巳	3	4	17	乙亥	9	3	19	丙午	7	2	18	丙子	4	初七 7th
7	16	乙巳	1	6	17	丙子	7	5	18	丙午	4	4	18	丙子	1	3	20	丁未	8	2	19	丁丑	5	初八 8th
7	17	丙午	9	6	18	丁丑	8	5	19	丁未	5	4	19	丁丑	2	3	21	戊申	9	2	20	戊寅	6	初九 9th
7	18	丁未	8	6	19	戊寅	9	5	20	戊申	6	4	20	戊寅	3	3	22	己酉	1	2	21	己卯	7	初十 10th
7	19	戊申	7	6	20	己卯	1	5	21	己酉	7	4	21	己卯	4	3	23	庚戌	2	2	22	庚辰	8	十一 11th
7	20	己酉	6	6	21	庚辰	2\8	5	22	庚戌	8	4	22	庚辰	5	3	24	辛亥	3	2	23	辛巳	9	十二 12th
7	21	庚戌	5	6	22	辛巳	7	5	23	辛亥	9	4	23	辛巳	6	3	25	壬子	4	2	24	壬午	1	十三 13th
7	22	辛亥	4	6	23	壬午	6	5	24	壬子	1	4	24	壬午	7	3	26	癸丑	5	2	25	癸未	2	十四 14th
7	23	壬子	3	6	24	癸未	5	5	25	癸丑	2	4	25	癸未	8	3	27	甲寅	6	2	26	甲申	3	十五 15th
7	24	癸丑	2	6	25	甲申	4	5	26	甲寅	3	4	26	甲申	9	3	28	乙卯	7	2	27	乙酉	4	十六 16th
7	25	甲寅	1	6	26	乙酉	3	5	27	乙卯	4	4	27	乙酉	1	3	29	丙辰	8	2	28	丙戌	5	十七 17th
7	26	乙卯	9	6	27	丙戌	2	5	28	丙辰	5	4	28	丙戌	2	3	30	丁巳	9	2	29	丁亥	6	十八 18th
7	27	丙辰	8	6	28	丁亥	1	5	29	丁巳	6	4	29	丁亥	3	3	31	戊午	1	3	1	戊子	7	十九 19th
7	28	丁巳	7	6	29	戊子	9	5	30	戊午	7	4	30	戊子	4	4	1	己未	2	3	2	己丑	8	二十 20th
7	29	戊午	6	6	30	己丑	8	5	31	己未	8	5	1	己丑	5	4	2	庚申	3	3	3	庚寅	9	廿一 21st
7	30	己未	5	7	1	庚寅	7	6	1	庚申	9	5	2	庚寅	6	4	3	辛酉	4	3	4	辛卯	1	廿二 22nd
7	31	庚申	4	7	2	辛卯	6	6	2	辛酉	1	5	3	辛卯	7	4	4	壬戌	5	3	5	壬辰	2	廿三 23rd
8	1	辛酉	3	7	3	壬辰	5	6	3	壬戌	2	5	4	壬辰	8	4	5	癸亥	6	3	6	癸巳	3	廿四 24th
8	2	壬戌	2	7	4	癸巳	4	6	4	癸亥	3	5	5	癸巳	9	4	6	甲子	7	3	7	甲午	4	廿五 25th
8	3	癸亥	1	7	5	甲午	3	6	5	甲子	4	5	6	甲午	1	4	7	乙丑	8	3	8	乙未	5	廿六 26th
8	4	甲子	9	7	6	乙未	2	6	6	乙丑	5	5	7	乙未	2	4	8	丙寅	9	3	9	丙申	6	廿七 27th
8	5	乙丑	8	7	7	丙申	1	6	7	丙寅	6	5	8	丙申	3	4	9	丁卯	1	3	10	丁酉	7	廿八 28th
8	6	丙寅	7	7	8	丁酉	9	6	8	丁卯	7	5	9	丁酉	4	4	10	戊辰	2	3	11	戊戌	8	廿九 29th
8	7	丁卯	6					6	9	戊辰	8	5	10	戊戌	5					3	12	己亥	9	三十 30th

Male Gua: 2 坤(Kun) **Female Gua: 1 坎(Kan)** 3 Killing 三煞: South Annual Star: 5 Yellow

月干支 Month	七月小 7th Mth				八月大 3th Mth				九月大 9th Mth				十月小 10th Mth				十一月大 11th Mth				十二月小 12th Mth			
	甲申 Jia Shen				乙酉 Yi You				丙戌 Bing Xu				丁亥 Ding Hai				戊子 Wu Zi				己丑 Ji Chou			
九星 9 Star	五黃 Five Yellow				四綠 Four Green				三碧 Three Jade				二黑 Two Black				一白 One White				九紫 Nine Purple			
節氣 Season			處暑 Heat Ends		秋分 Autumn Equinox		白露 White Dew		霜降 Frosting		寒露 Cold Dew		小雪 Lesser Snow		立冬 Coming of Winter		冬至 Winter Solstice		大雪 Greater Snow		大寒 Greater Cold		小寒 Lesser Cold	
			15th day		17th day		2nd day		18th day		3rd day		18th day		3rd day		18th day		3rd day		18th day		3rd day	
			19hr 55min		17hr 47min		8hr 16min		3hr 22min		0hr 7min		1hr 7min		3hr 31min		14hr 35min		20hr 32min		1hr 14min		7hr 50min	
			戊 Xu		酉 You		辰 Chen		寅 Yin		子 Zi		丑 Chou		寅 Yin		未 Wei		戌 Xu		丑 Chou		辰 Chen	
農曆 Calendar	國曆 Gregorian		干支 S/B	星 Star	國曆 Gregorian		干支 S/B	星 Star	國曆 Gregorian		干支 S/B	星 Star	國曆 Gregorian		干支 S/B	星 Star	國曆 Gregorian		干支 S/B	星 Star	國曆 Gregorian		干支 S/B	星 Star
初一 1st	8	8	戊辰	5	9	6	丁酉	3	10	6	丁卯	9	11	5	丁酉	6	12	4	丙寅	4	1	3	丙申	9
初二 2nd	8	9	己巳	4	9	7	戊戌	2	10	7	戊辰	8	11	6	戊戌	5	12	5	丁卯	3	1	4	丁酉	1
初三 3rd	8	10	庚午	3	9	8	己亥	1	10	8	己巳	7	11	7	己亥	4	12	6	戊辰	2	1	5	戊戌	2
初四 4th	8	11	辛未	2	9	9	庚子	9	10	9	庚午	6	11	8	庚子	3	12	7	己巳	1	1	6	己亥	3
初五 5th	8	12	壬申	1	9	10	辛丑	8	10	10	辛未	5	11	9	辛丑	2	12	8	庚午	9	1	7	庚子	4
初六 6th	8	13	癸酉	9	9	11	壬寅	7	10	11	壬申	4	11	10	壬寅	1	12	9	辛未	8	1	8	辛丑	5
初七 7th	8	14	甲戌	8	9	12	癸卯	6	10	12	癸酉	3	11	11	癸卯	9	12	10	壬申	7	1	9	壬寅	6
初八 8th	8	15	乙亥	7	9	13	甲辰	5	10	13	甲戌	2	11	12	甲辰	8	12	11	癸酉	6	1	10	癸卯	7
初九 9th	8	16	丙子	6	9	14	乙巳	4	10	14	乙亥	1	11	13	乙巳	7	12	12	甲戌	5	1	11	甲辰	8
初十 10th	8	17	丁丑	5	9	15	丙午	3	10	15	丙子	9	11	14	丙午	6	12	13	乙亥	4	1	12	乙巳	9
十一 11th	8	18	戊寅	4	9	16	丁未	2	10	16	丁丑	8	11	15	丁未	5	12	14	丙子	3	1	13	丙午	1
十二 12th	8	19	己卯	3	9	17	戊申	1	10	17	戊寅	7	11	16	戊申	4	12	15	丁丑	2	1	14	丁未	2
十三 13th	8	20	庚辰	2	9	18	己酉	9	10	18	己卯	6	11	17	己酉	3	12	16	戊寅	1	1	15	戊申	3
十四 14th	8	21	辛巳	1	9	19	庚戌	8	10	19	庚辰	5	11	18	庚戌	2	12	17	己卯	9	1	16	己酉	4
十五 15th	8	22	壬午	9	9	20	辛亥	7	10	20	辛巳	4	11	19	辛亥	1	12	18	庚辰	8	1	17	庚戌	5
十六 16th	8	23	癸未	8	9	21	壬子	6	10	21	壬午	3	11	20	壬子	9	12	19	辛巳	7	1	18	辛亥	6
十七 17th	8	24	甲申	7	9	22	癸丑	5	10	22	癸未	2	11	21	癸丑	8	12	20	壬午	6	1	19	壬子	7
十八 18th	8	25	乙酉	6	9	23	甲寅	4	10	23	甲申	1	11	22	甲寅	7	12	21	癸未	5\5	1	20	癸丑	8
十九 19th	8	26	丙戌	5	9	24	乙卯	3	10	24	乙酉	9	11	23	乙卯	6	12	22	甲申	6	1	21	甲寅	9
二十 20th	8	27	丁亥	4	9	25	丙辰	2	10	25	丙戌	8	11	24	丙辰	5	12	23	乙酉	7	1	22	乙卯	1
廿一 21st	8	28	戊子	3	9	26	丁巳	1	10	26	丁亥	7	11	25	丁巳	4	12	24	丙戌	8	1	23	丙辰	2
廿二 22nd	8	29	己丑	2	9	27	戊午	9	10	27	戊子	6	11	26	戊午	3	12	25	丁亥	9	1	24	丁巳	3
廿三 23rd	8	30	庚寅	1	9	28	己未	8	10	28	己丑	5	11	27	己未	2	12	26	戊子	1	1	25	戊午	4
廿四 24th	8	31	辛卯	9	9	29	庚申	7	10	29	庚寅	4	11	28	庚申	1	12	27	己丑	2	1	26	己未	5
廿五 25th	9	1	壬辰	8	9	30	辛酉	6	10	30	辛卯	3	11	29	辛酉	9	12	28	庚寅	3	1	27	庚申	6
廿六 26th	9	2	癸巳	7	10	1	壬戌	5	10	31	壬辰	2	11	30	壬戌	8	12	29	辛卯	4	1	28	辛酉	7
廿七 27th	9	3	甲午	6	10	2	癸亥	4	11	1	癸巳	1	12	1	癸亥	7	12	30	壬辰	5	1	29	壬戌	8
廿八 28th	9	4	乙未	5	10	3	甲子	3	11	2	甲午	9	12	2	甲子	6	12	31	癸巳	6	1	30	癸亥	9
廿九 29th	9	5	丙申	4	10	4	乙丑	2	11	3	乙未	8	12	3	乙丑	5	1	1	甲午	7	1	31	甲子	1
三十 30th					10	5	丙寅	1	11	4	丙申	7					1	2	乙未	8				

地支 Twelve Branches:
- 子 Zi Rat
- 丑 Chou Ox
- 寅 Yin Tiger
- 卯 Mao Rabbit
- 辰 Chen Dragon
- 巳 Si Snake
- 午 Wu Horse
- 未 Wei Goat
- 申 Shen Monkey
- 酉 You Rooster
- 戌 Xu Dog
- 亥 Hai Pig

2041 辛酉 Metal Rooster Grand Duke: 文政

天干 Ten Stems: 甲 Jia Yang Wood · 乙 Yi Yin Wood · 丙 Bing Yang Fire · 丁 Ding Yin Fire · 戊 Wu Yang Earth · 己 Ji Yin Earth · 庚 Geng Yang Metal · 辛 Xin Yin Metal · 壬 Ren Yang Water · 癸 Gui Yin Water

月干支 Month	正月小 1st Mth				二月大 2nd Mth				三月小 3rd Mth			
	庚寅 Geng Yin				辛卯 Xin Mao				壬辰 Ren Chen			
九星 9 Star	八白 Eight White				七赤 Seven Red				六白 Six White			
節氣 Season	雨水 Rain Water		立春 Coming of Spring		春分 Spring Equinox		驚蟄 Awakening of Worms		穀雨 Grain Rain		清明 Clear and Bright	
	18th day		3rd day		19th day		4th day		20th day		4th day	
	15hr 18min		19hr 26min		14hr 08min		13hr 19min		0hr 56min		17hr 54min	
	申 Shen		戌 Xu		未 Wei		未 Wei		子 Zi		酉 You	
農曆 Calendar	國曆 Gregorian		干支 S / B	星 Star	國曆 Gregorian		干支 S / B	星 Star	國曆 Gregorian		干支 S / B	星 Star
初一 1st	2	1	乙丑	2	3	2	甲午	4	4	1	甲子	7
初二 2nd	2	2	丙寅	3	3	3	乙未	5	4	2	乙丑	8
初三 3rd	2	3	丁卯	4	3	4	丙申	6	4	3	丙寅	9
初四 4th	2	4	戊辰	5	3	5	丁酉	7	4	4	丁卯	1
初五 5th	2	5	己巳	6	3	6	戊戌	8	4	5	戊辰	2
初六 6th	2	6	庚午	7	3	7	己亥	9	4	6	己巳	3
初七 7th	2	7	辛未	8	3	8	庚子	1	4	7	庚午	4
初八 8th	2	8	壬申	9	3	9	辛丑	2	4	8	辛未	5
初九 9th	2	9	癸酉	1	3	10	壬寅	3	4	9	壬申	6
初十 10th	2	10	甲戌	2	3	11	癸卯	4	4	10	癸酉	7
十一 11th	2	11	乙亥	3	3	12	甲辰	5	4	11	甲戌	8
十二 12th	2	12	丙子	4	3	13	乙巳	6	4	12	乙亥	9
十三 13th	2	13	丁丑	5	3	14	丙午	7	4	13	丙子	1
十四 14th	2	14	戊寅	6	3	15	丁未	8	4	14	丁丑	2
十五 15th	2	15	己卯	7	3	16	戊申	9	4	15	戊寅	3
十六 16th	2	16	庚辰	8	3	17	己酉	1	4	16	己卯	4
十七 17th	2	17	辛巳	9	3	18	庚戌	2	4	17	庚辰	5
十八 18th	2	18	壬午	1	3	19	辛亥	3	4	18	辛巳	6
十九 19th	2	19	癸未	2	3	20	壬子	4	4	19	壬午	7
二十 20th	2	20	甲申	3	3	21	癸丑	5	4	20	癸未	8
廿一 21st	2	21	乙酉	4	3	22	甲寅	6	4	21	甲申	9
廿二 22nd	2	22	丙戌	5	3	23	乙卯	7	4	22	乙酉	1
廿三 23rd	2	23	丁亥	6	3	24	丙辰	8	4	23	丙戌	2
廿四 24th	2	24	戊子	7	3	25	丁巳	9	4	24	丁亥	3
廿五 25th	2	25	己丑	8	3	26	戊午	1	4	25	戊子	4
廿六 26th	2	26	庚寅	9	3	27	己未	2	4	26	己丑	5
廿七 27th	2	27	辛卯	1	3	28	庚申	3	4	27	庚寅	6
廿八 28th	2	28	壬辰	2	3	29	辛酉	4	4	28	辛卯	7
廿九 29th	3	1	癸巳	3	3	30	壬戌	5	4	29	壬辰	8
三十 30th					3	31	癸亥	6				

月干支 Month	四月大 4th Mth				五月小 5th Mth				六月大 6th Mth			
	癸巳 Gui Si				甲午 Jia Wu				乙未 Yi Wei			
九星 9 Star	五黃 Five Yellow				四綠 Four Green				三碧 Three Jade			
節氣 Season	小滿 Small Sprout		立夏 Coming of Summer		夏至 Summer Solstice		芒種 Planting of Thorny Crops		大暑 Greater Heat		小暑 Lesser Heat	
	21st day		6th day		23rd day		7th day		25th day		10th day	
	23hr 50min		10hr 56min		7hr 37min		14hr 51min		18hr 28min		0hr 59min	
	子 Zi		巳 Si		辰 Chen		未 Wei		酉 You		子 Zi	
農曆 Calendar	國曆 Gregorian		干支 S / B	星 Star	國曆 Gregorian		干支 S / B	星 Star	國曆 Gregorian		干支 S / B	星 Star
初一 1st	4	30	癸巳	9	5	30	癸亥	3	6	28	壬辰	5
初二 2nd	5	1	甲午	1	5	31	甲子	4	6	29	癸巳	4
初三 3rd	5	2	乙未	2	6	1	乙丑	5	6	30	甲午	3
初四 4th	5	3	丙申	3	6	2	丙寅	6	7	1	乙未	2
初五 5th	5	4	丁酉	4	6	3	丁卯	7	7	2	丙申	1
初六 6th	5	5	戊戌	5	6	4	戊辰	8	7	3	丁酉	9
初七 7th	5	6	己亥	6	6	5	己巳	9	7	4	戊戌	8
初八 8th	5	7	庚子	7	6	6	庚午	1	7	5	己亥	7
初九 9th	5	8	辛丑	8	6	7	辛未	2	7	6	庚子	6
初十 10th	5	9	壬寅	9	6	8	壬申	3	7	7	辛丑	5
十一 11th	5	10	癸卯	1	6	9	癸酉	4	7	8	壬寅	4
十二 12th	5	11	甲辰	2	6	10	甲戌	5	7	9	癸卯	3
十三 13th	5	12	乙巳	3	6	11	乙亥	6	7	10	甲辰	2
十四 14th	5	13	丙午	4	6	12	丙子	7	7	11	乙巳	1
十五 15th	5	14	丁未	5	6	13	丁丑	8	7	12	丙午	9
十六 16th	5	15	戊申	6	6	14	戊寅	9	7	13	丁未	8
十七 17th	5	16	己酉	7	6	15	己卯	1	7	14	戊申	7
十八 18th	5	17	庚戌	8	6	16	庚辰	2	7	15	己酉	6
十九 19th	5	18	辛亥	9	6	17	辛巳	3	7	16	庚戌	5
二十 20th	5	19	壬子	1	6	18	壬午	4	7	17	辛亥	4
廿一 21st	5	20	癸丑	2	6	19	癸未	5	7	18	壬子	3
廿二 22nd	5	21	甲寅	3	6	20	甲申	6	7	19	癸丑	2
廿三 23rd	5	22	乙卯	4	6	21	乙酉	7\3	7	20	甲寅	1
廿四 24th	5	23	丙辰	5	6	22	丙戌	2	7	21	乙卯	9
廿五 25th	5	24	丁巳	6	6	23	丁亥	1	7	22	丙辰	8
廿六 26th	5	25	戊午	7	6	24	戊子	9	7	23	丁巳	7
廿七 27th	5	26	己未	8	6	25	己丑	8	7	24	戊午	6
廿八 28th	5	27	庚申	9	6	26	庚寅	7	7	25	己未	5
廿九 29th	5	28	辛酉	1	6	27	辛卯	6	7	26	庚申	4
三十 30th	5	29	壬戌	2					7	27	辛酉	3

Male Gua: 4 巽(Xun) Female Gua: 2 坤(Kun) 3 Killing 三煞: East Annual Star: 4 Green

地支 Twelve Branches: 子 Zi Rat · 丑 Chou Ox · 寅 Yin Tiger · 卯 Mao Rabbit · 辰 Chen Dragon · 巳 Si Snake · 午 Wu Horse · 未 Wei Goat · 申 Shen Monkey · 酉 You Rooster · 戌 Xu Dog · 亥 Hai Pig

月干支 Month	十二月大 12th Mth				十一月小 11th Mth				十月大 10th Mth			
	辛丑 Xin Chou				庚子 Geng Zi				己亥 Ji Hai			
九星 9 Star	六白 Six White				七赤 Seven Red				八白 Eight White			
節氣 Season	大寒 Greater Cold		小寒 Lesser Cold		冬至 Winter Solstice		大雪 Greater Snow		小雪 Lesser Snow		立冬 Coming of Winter	
	29th day		14th day		28th day		14th day		29th day		14th day	
	7hr 01min		13h 36min		20hr 19min		2hr 17min		6hr 50min		9hr 14min	
	辰 Chen		未 Wei		戌 Xu		丑 Chou		卯 Mao		巳 Si	
農曆 Calendar	國曆 Gregorian		干支 S/B	星 Star	國曆 Gregorian		干支 S/B	星 Star	國曆 Gregorian		干支 S/B	星 Star
初一 1st	12	23	庚寅	3	11	24	辛酉	9	10	25	辛卯	3
初二 2nd	12	24	辛卯	4	11	25	壬戌	8	10	26	壬辰	2
初三 3rd	12	25	壬辰	5	11	26	癸亥	7	10	27	癸巳	1
初四 4th	12	26	癸巳	6	11	27	甲子	6	10	28	甲午	9
初五 5th	12	27	甲午	7	11	28	乙丑	5	10	29	乙未	8
初六 6th	12	28	乙未	8	11	29	丙寅	4	10	30	丙申	7
初七 7th	12	29	丙申	9	11	30	丁卯	3	10	31	丁酉	6
初八 8th	12	30	丁酉	1	12	1	戊辰	2	11	1	戊戌	5
初九 9th	12	31	戊戌	2	12	2	己巳	1	11	2	己亥	4
初十 10th	1	1	己亥	3	12	3	庚午	9	11	3	庚子	3
十一 11th	1	2	庚子	4	12	4	辛未	8	11	4	辛丑	2
十二 12th	1	3	辛丑	5	12	5	壬申	7	11	5	壬寅	1
十三 13th	1	4	壬寅	6	12	6	癸酉	6	11	6	癸卯	9
十四 14th	1	5	癸卯	7	12	7	甲戌	5	11	7	甲辰	8
十五 15th	1	6	甲辰	8	12	8	乙亥	4	11	8	乙巳	7
十六 16th	1	7	乙巳	9	12	9	丙子	3	11	9	丙午	6
十七 17th	1	8	丙午	1	12	10	丁丑	2	11	10	丁未	5
十八 18th	1	9	丁未	2	12	11	戊寅	1	11	11	戊申	4
十九 19th	1	10	戊申	3	12	12	己卯	9	11	12	己酉	3
二十 20th	1	11	己酉	4	12	13	庚辰	8	11	13	庚戌	2
廿一 21st	1	12	庚戌	5	12	14	辛巳	7	11	14	辛亥	1
廿二 22nd	1	13	辛亥	6	12	15	壬午	6	11	15	壬子	9
廿三 23rd	1	14	壬子	7	12	16	癸未	5	11	16	癸丑	8
廿四 24th	1	15	癸丑	8	12	17	甲申	4	11	17	甲寅	7
廿五 25th	1	16	甲寅	9	12	18	乙酉	3	11	18	乙卯	6
廿六 26th	1	17	乙卯	1	12	19	丙戌	2	11	19	丙辰	5
廿七 27th	1	18	丙辰	2	12	20	丁亥	1	11	20	丁巳	4
廿八 28th	1	19	丁巳	3	12	21	戊子	1	11	21	戊午	3
廿九 29th	1	20	戊午	4	12	22	己丑	2	11	22	己未	2
三十 30th	1	21	己未	5					11	23	庚申	1

月干支 Month	九月大 9th Mth				八月小 8th Mth				七月大 7th Mth			
	戊戌 Wu Xu				丁酉 Ding You				丙申 Bing Shen			
九星 9 Star	九紫 Nine Purple				一白 One White				二黑 Two Black			
節氣 Season	霜降 Frosting		寒露 Cold Dew		秋分 Autumn Equinox		白露 White Dew		處暑 Heat Ends		立秋 Coming Autumn	
	29th day		14th day		27th day		12th day		27th day		11th day	
	9hr 3min		5hr 48min		23hr 28min		13hr 55min		1hr 37min		10hr 50min	
	巳 Si		卯 Mao		子 Zi		未 Wei		丑 Chou		巳 Si	
農曆 Calendar	國曆 Gregorian		干支 S/B	星 Star	國曆 Gregorian		干支 S/B	星 Star	國曆 Gregorian		干支 S/B	星 Star
初一 1st	9	25	辛酉	6	8	27	壬辰	8	7	28	壬戌	2
初二 2nd	9	26	壬戌	5	8	28	癸巳	7	7	29	癸亥	1
初三 3rd	9	27	癸亥	4	8	29	甲午	6	7	30	甲子	9
初四 4th	9	28	甲子	3	8	30	乙未	5	7	31	乙丑	8
初五 5th	9	29	乙丑	2	8	31	丙申	4	8	1	丙寅	7
初六 6th	9	30	丙寅	1	9	1	丁酉	3	8	2	丁卯	6
初七 7th	10	1	丁卯	9	9	2	戊戌	2	8	3	戊辰	5
初八 8th	10	2	戊辰	8	9	3	己亥	1	8	4	己巳	4
初九 9th	10	3	己巳	7	9	4	庚子	9	8	5	庚午	3
初十 10th	10	4	庚午	6	9	5	辛丑	8	8	6	辛未	2
十一 11th	10	5	辛未	5	9	6	壬寅	7	8	7	壬申	1
十二 12th	10	6	壬申	4	9	7	癸卯	6	8	8	癸酉	9
十三 13th	10	7	癸酉	3	9	8	甲辰	5	8	9	甲戌	8
十四 14th	10	8	甲戌	2	9	9	乙巳	4	8	10	乙亥	7
十五 15th	10	9	乙亥	1	9	10	丙午	3	8	11	丙子	6
十六 16th	10	10	丙子	9	9	11	丁未	2	8	12	丁丑	5
十七 17th	10	11	丁丑	8	9	12	戊申	1	8	13	戊寅	4
十八 18th	10	12	戊寅	7	9	13	己酉	9	8	14	己卯	3
十九 19th	10	13	己卯	6	9	14	庚戌	8	8	15	庚辰	2
二十 20th	10	14	庚辰	5	9	15	辛亥	7	8	16	辛巳	1
廿一 21st	10	15	辛巳	4	9	16	壬子	6	8	17	壬午	9
廿二 22nd	10	16	壬午	3	9	17	癸丑	5	8	18	癸未	8
廿三 23rd	10	17	癸未	2	9	18	甲寅	4	8	19	甲申	7
廿四 24th	10	18	甲申	1	9	19	乙卯	3	8	20	乙酉	6
廿五 25th	10	19	乙酉	9	9	20	丙辰	2	8	21	丙戌	5
廿六 26th	10	20	丙戌	8	9	21	丁巳	1	8	22	丁亥	4
廿七 27th	10	21	丁亥	7	9	22	戊午	9	8	23	戊子	3
廿八 28th	10	22	戊子	6	9	23	己未	8	8	24	己丑	2
廿九 29th	10	23	己丑	5	9	24	庚申	7	8	25	庚寅	1
三十 30th	10	24	庚寅	4					8	26	辛卯	9

2042 壬戌 Water Dog

Grand Duke: 洪范

六月大 6th Mth				五月小 5th Mth				四月大 4th Mth				三月小 3rd Mth				閏二月小 2nd Mth				二月大 2nd Mth				正月小 1st Mth				月干支 Month
丁未 Ding Wei				丙午 Bing Wu				乙巳 Yi Si				甲辰 Jia Chen								癸卯 Gui Mao				壬寅 Ren Yin				
九紫 Nine Purple				一白 One White				二黑 Two Black				三碧 Three Jade								四綠 Four Green				五黃 Five Yellow				九星 9 Star
立秋 Coming Autumn		大暑 Greater Heat		小暑 Lesser Heat		夏至 Summer Solstice		芒種 Planting of Thorny Crops		小滿 Small Sprout		立夏 Coming of Summer		穀雨 Grain Rain				清明 Clear and Bright		春分 Spring Equinox		驚蟄 Awakening of Worms		雨水 Rain Water		立春 Coming of Spring		節氣 Season
22nd day		7th day		20th day		4th day		18th day		3rd day		16th day		1st day				14th day		29th day		14th day		28th day		14th day		
16hr 40min		0hr 8min		6hr 9min		13hr 17min		20hr 40min		5hr 33min		16hr 45min		6hr 41min				23hr 42min		19hr 55min		19hr 8min		21hr 6min		1hr 14min		
申 Shen		子 Zi		卯 Mao		未 Wei		戌 Xu		卯 Mao		申 Shen		卯 Mao				子 Zi		戌 Xu		戌 Xu		亥 Hai		丑 Chou		
國曆 Gregorian		干支 S/B	星 Star	國曆 Gregorian		干支 S/B	星 Star	國曆 Gregorian		干支 S/B	星 Star	國曆 Gregorian		干支 S/B	星 Star	國曆 Gregorian		干支 S/B	星 Star	國曆 Gregorian		干支 S/B	星 Star	國曆 Gregorian		干支 S/B	星 Star	農曆 Calendar
7	17	丙辰	8	6	18	丁亥	9	5	19	丁巳	6	4	20	戊子	4	3	22	己未	2	2	20	己丑	8	1	22	庚申	6	初一 1st
7	18	丁巳	7	6	19	戊子	1	5	20	戊午	7	4	21	己丑	5	3	23	庚申	3	2	21	庚寅	9	1	23	辛酉	7	初二 2nd
7	19	戊午	6	6	20	己丑	2	5	21	己未	8	4	22	庚寅	6	3	24	辛酉	4	2	22	辛卯	1	1	24	壬戌	8	初三 3rd
7	20	己未	5	6	21	庚寅	3\7	5	22	庚申	9	4	23	辛卯	7	3	25	壬戌	5	2	23	壬辰	2	1	25	癸亥	9	初四 4th
7	21	庚申	4	6	22	辛卯	6	5	23	辛酉	1	4	24	壬辰	8	3	26	癸亥	6	2	24	癸巳	3	1	26	甲子	1	初五 5th
7	22	辛酉	3	6	23	壬辰	5	5	24	壬戌	2	4	25	癸巳	9	3	27	甲子	7	2	25	甲午	4	1	27	乙丑	2	初六 6th
7	23	壬戌	2	6	24	癸巳	4	5	25	癸亥	3	4	26	甲午	1	3	28	乙丑	8	2	26	乙未	5	1	28	丙寅	3	初七 7th
7	24	癸亥	1	6	25	甲午	3	5	26	甲子	4	4	27	乙未	2	3	29	丙寅	9	2	27	丙申	6	1	29	丁卯	4	初八 8th
7	25	甲子	9	6	26	乙未	2	5	27	乙丑	5	4	28	丙申	3	3	30	丁卯	1	2	28	丁酉	7	1	30	戊辰	5	初九 9th
7	26	乙丑	8	6	27	丙申	1	5	28	丙寅	6	4	29	丁酉	4	3	31	戊辰	2	3	1	戊戌	8	1	31	己巳	6	初十 10th
7	27	丙寅	7	6	28	丁酉	9	5	29	丁卯	7	4	30	戊戌	5	4	1	己巳	3	3	2	己亥	9	2	1	庚午	7	十一 11th
7	28	丁卯	6	6	29	戊戌	8	5	30	戊辰	8	5	1	己亥	6	4	2	庚午	4	3	3	庚子	1	2	2	辛未	8	十二 12th
7	29	戊辰	5	6	30	己亥	7	5	31	己巳	9	5	2	庚子	7	4	3	辛未	5	3	4	辛丑	2	2	3	壬申	9	十三 13th
7	30	己巳	4	7	1	庚子	6	6	1	庚午	1	5	3	辛丑	8	4	4	壬申	6	3	5	壬寅	3	2	4	癸酉	1	十四 14th
7	31	庚午	3	7	2	辛丑	5	6	2	辛未	2	5	4	壬寅	9	4	5	癸酉	7	3	6	癸卯	4	2	5	甲戌	2	十五 15th
8	1	辛未	2	7	3	壬寅	4	6	3	壬申	3	5	5	癸卯	1	4	6	甲戌	8	3	7	甲辰	5	2	6	乙亥	3	十六 16th
8	2	壬申	1	7	4	癸卯	3	6	4	癸酉	4	5	6	甲辰	2	4	7	乙亥	9	3	8	乙巳	6	2	7	丙子	4	十七 17th
8	3	癸酉	9	7	5	甲辰	2	6	5	甲戌	5	5	7	乙巳	3	4	8	丙子	1	3	9	丙午	7	2	8	丁丑	5	十八 18th
8	4	甲戌	8	7	6	乙巳	1	6	6	乙亥	6	5	8	丙午	4	4	9	丁丑	2	3	10	丁未	8	2	9	戊寅	6	十九 19th
8	5	乙亥	7	7	7	丙午	9	6	7	丙子	7	5	9	丁未	5	4	10	戊寅	3	3	11	戊申	9	2	10	己卯	7	二十 20th
8	6	丙子	6	7	8	丁未	8	6	8	丁丑	8	5	10	戊申	6	4	11	己卯	4	3	12	己酉	1	2	11	庚辰	8	廿一 21st
8	7	丁丑	5	7	9	戊申	7	6	9	戊寅	9	5	11	己酉	7	4	12	庚辰	5	3	13	庚戌	2	2	12	辛巳	9	廿二 22nd
8	8	戊寅	4	7	10	己酉	6	6	10	己卯	1	5	12	庚戌	8	4	13	辛巳	6	3	14	辛亥	3	2	13	壬午	1	廿三 23rd
8	9	己卯	3	7	11	庚戌	5	6	11	庚辰	2	5	13	辛亥	9	4	14	壬午	7	3	15	壬子	4	2	14	癸未	2	廿四 24th
8	10	庚辰	2	7	12	辛亥	4	6	12	辛巳	3	5	14	壬子	1	4	15	癸未	8	3	16	癸丑	5	2	15	甲申	3	廿五 25th
8	11	辛巳	1	7	13	壬子	3	6	13	壬午	4	5	15	癸丑	2	4	16	甲申	9	3	17	甲寅	6	2	16	乙酉	4	廿六 26th
8	12	壬午	9	7	14	癸丑	2	6	14	癸未	5	5	16	甲寅	3	4	17	乙酉	1	3	18	乙卯	7	2	17	丙戌	5	廿七 27th
8	13	癸未	8	7	15	甲寅	1	6	15	甲申	6	5	17	乙卯	4	4	18	丙戌	2	3	19	丙辰	8	2	18	丁亥	6	廿八 28th
8	14	甲申	7	7	16	乙卯	9	6	16	乙酉	7	5	18	丙辰	5	4	19	丁亥	3	3	20	丁巳	9	2	19	戊子	7	廿九 29th
8	15	乙酉	6					6	17	丙戌	8									3	21	戊午	1					三十 30th

天干 Ten Stems: 甲 Jia Yang Wood; 乙 Yi Yin Wood; 丙 Bing Yang Fire; 丁 Ding Yin Fire; 戊 Wu Yang Earth; 己 Ji Yin Earth; 庚 Geng Yang Metal; 辛 Xin Yin Metal; 壬 Ren Yang Water; 癸 Gui Yin Water

Male Gua: 3 震(Zhen) **Female Gua: 3 震(Zhen)** 3 Killing 三煞: North Annual Star: 3 Jade

地支 Twelve Branches: 子 Zi Rat · 丑 Chou Ox · 寅 Yin Tiger · 卯 Mao Rabbit · 辰 Chen Dragon · 巳 Si Snake · 午 Wu Horse · 未 Wei Goat · 申 Shen Monkey · 酉 You Rooster · 戌 Xu Dog · 亥 Hai Pig

月干支 Month	七月大 7th Mth 戊申 Wu Shen				八月大 8th Mth 己酉 Ji You				九月大 9th Mth 庚戌 Geng Xu				十月小 10th Mth 辛亥 Xin Hai				十一月大 11th Mth 壬子 Ren Zi				十二月小 12th Mth 癸丑 Gui Chou			
九星 9 Star	八白 Eight White				七赤 Seven Red				六白 Six White				五黃 Five Yellow				四綠 Four Green				三碧 Three Jade			
節氣 Season	白露 White Dew 23rd day 19hr 47min 戌 Xu		處暑 Heat Ends 8th day 7hr 20min 辰 Chen		寒露 Cold Dew 25th day 11hr 42min 午 Wu		秋分 Autumn Equinox 10th day 5hr 13min 卯 Mao		立冬 Coming of Winter 25th day 15hr 09min 申 Shen		霜降 Frosting 10th day 14hr 51min 未 Wei		大雪 Greater Snow 25th day 8hr 11min 辰 Chen		小雪 Lesser Snow 10th day 12hr 39min 午 Wu		小寒 Lesser Cold 25th day 19hr 27min 戌 Xu		冬至 Winter Solstice 11th day 2hr 6min 丑 Chou		立春 Coming of Spring 25th day 7hr 01min 辰 Chen		大寒 Greater Cold 10th day 12hr 43min 戌 Xu	
農曆 Calendar	國曆 Gregorian		干支 S/B	星 Star	國曆 Gregorian		干支 S/B	星 Star	國曆 Gregorian		干支 S/B	星 Star	國曆 Gregorian		干支 S/B	星 Star	國曆 Gregorian		干支 S/B	星 Star	國曆 Gregorian		干支 S/B	星 Star
初一 1st	8	16	丙戌	5	9	14	乙卯	3	10	14	乙酉	9	11	13	乙卯	6	12	12	甲申	4	1	11	甲寅	9
初二 2nd	8	17	丁亥	4	9	15	丙辰	2	10	15	丙戌	8	11	14	丙辰	5	12	13	乙酉	3	1	12	乙卯	1
初三 3rd	8	18	戊子	3	9	16	丁巳	1	10	16	丁亥	7	11	15	丁巳	4	12	14	丙戌	2	1	13	丙辰	2
初四 4th	8	19	己丑	2	9	17	戊午	9	10	17	戊子	6	11	16	戊午	3	12	15	丁亥	1	1	14	丁巳	3
初五 5th	8	20	庚寅	1	9	18	己未	8	10	18	己丑	5	11	17	己未	2	12	16	戊子	9	1	15	戊午	4
初六 6th	8	21	辛卯	9	9	19	庚申	7	10	19	庚寅	4	11	18	庚申	1	12	17	己丑	8	1	16	己未	5
初七 7th	8	22	壬辰	8	9	20	辛酉	6	10	20	辛卯	3	11	19	辛酉	9	12	18	庚寅	7	1	17	庚申	6
初八 8th	8	23	癸巳	7	9	21	壬戌	5	10	21	壬辰	2	11	20	壬戌	8	12	19	辛卯	6	1	18	辛酉	7
初九 9th	8	24	甲午	6	9	22	癸亥	4	10	22	癸巳	1	11	21	癸亥	7	12	20	壬辰	5	1	19	壬戌	8
初十 10th	8	25	乙未	5	9	23	甲子	3	10	23	甲午	9	11	22	甲子	6	12	21	癸巳	4	1	20	癸亥	9
十一 11th	8	26	丙申	4	9	24	乙丑	2	10	24	乙未	8	11	23	乙丑	5	12	22	甲午	3\7	1	21	甲子	1
十二 12th	8	27	丁酉	3	9	25	丙寅	1	10	25	丙申	7	11	24	丙寅	4	12	23	乙未	8	1	22	乙丑	2
十三 13th	8	28	戊戌	2	9	26	丁卯	9	10	26	丁酉	6	11	25	丁卯	3	12	24	丙申	9	1	23	丙寅	3
十四 14th	8	29	己亥	1	9	27	戊辰	8	10	27	戊戌	5	11	26	戊辰	2	12	25	丁酉	1	1	24	丁卯	4
十五 15th	8	30	庚子	9	9	28	己巳	7	10	28	己亥	4	11	27	己巳	1	12	26	戊戌	2	1	25	戊辰	5
十六 16th	8	31	辛丑	8	9	29	庚午	6	10	29	庚子	3	11	28	庚午	9	12	27	己亥	3	1	26	己巳	6
十七 17th	9	1	壬寅	7	9	30	辛未	5	10	30	辛丑	2	11	29	辛未	8	12	28	庚子	4	1	27	庚午	7
十八 18th	9	2	癸卯	6	10	1	壬申	4	10	31	壬寅	1	11	30	壬申	7	12	29	辛丑	5	1	28	辛未	8
十九 19th	9	3	甲辰	5	10	2	癸酉	3	11	1	癸卯	9	12	1	癸酉	6	12	30	壬寅	6	1	29	壬申	9
二十 20th	9	4	乙巳	4	10	3	甲戌	2	11	2	甲辰	8	12	2	甲戌	5	12	31	癸卯	7	1	30	癸酉	1
廿一 21st	9	5	丙午	3	10	4	乙亥	1	11	3	乙巳	7	12	3	乙亥	4	1	1	甲辰	8	1	31	甲戌	2
廿二 22nd	9	6	丁未	2	10	5	丙子	9	11	4	丙午	6	12	4	丙子	3	1	2	乙巳	9	2	1	乙亥	3
廿三 23rd	9	7	戊申	1	10	6	丁丑	8	11	5	丁未	5	12	5	丁丑	2	1	3	丙午	1	2	2	丙子	4
廿四 24th	9	8	己酉	9	10	7	戊寅	7	11	6	戊申	4	12	6	戊寅	1	1	4	丁未	2	2	3	丁丑	5
廿五 25th	9	9	庚戌	8	10	8	己卯	6	11	7	己酉	3	12	7	己卯	9	1	5	戊申	3	2	4	戊寅	6
廿六 26th	9	10	辛亥	7	10	9	庚辰	5	11	8	庚戌	2	12	8	庚辰	8	1	6	己酉	4	2	5	己卯	7
廿七 27th	9	11	壬子	6	10	10	辛巳	4	11	9	辛亥	1	12	9	辛巳	7	1	7	庚戌	5	2	6	庚辰	8
廿八 28th	9	12	癸丑	5	10	11	壬午	3	11	10	壬子	9	12	10	壬午	6	1	8	辛亥	6	2	7	辛巳	9
廿九 29th	9	13	甲寅	4	10	12	癸未	2	11	11	癸丑	8	12	11	癸未	5	1	9	壬子	7	2	8	壬午	1
三十 30th					10	13	甲申	1	11	12	甲寅	7					1	10	癸丑	8	2	9	癸未	2

2043 癸亥 Water Pig

Grand Duke: 虞程

月干支 Month	正月小 1st Mth				二月大 2nd Mth				三月小 3rd Mth				四月小 4th Mth				五月大 5th Mth				六月小 6th Mth			
	甲寅 Jia Yin				乙卯 Yi Mao				丙辰 Bing Chen				丁巳 Ding Si				戊午 Wu Wu				己未 Ji Wei			
九星 9 Star	二黑 Two Black				一白 One White				九紫 Nine Purple				八白 Eight White				七赤 Seven Red				六白 Six White			
節氣 Season	驚蟄 Awakening of Worms		雨水 Rain Water		清明 Clear and Bright		春分 Spring Equinox		立夏 Coming of Summer		穀雨 Grain Rain		芒種 Planting of Thorny Crops		小滿 Small Sprout				夏至 Summer Solstice		大暑 Greater Heat		小暑 Lesser Heat	
	25th day		10th day		26th day		11th day		26th day		11th day		29th day		13th day				15th day		17th day		1st day	
	0hr 49min		2hr 43min		5hr 22min		1hr 30min		22hr 23min		12hr 16min		2hr 20min		11hr 10min				19hr 0min		5hr 55min		12hr 29min	
	子 Zi		丑 Chou		卯 Mao		丑 Chou		亥 Hai		午 Wu		丑 Chou		午 Wu				戌 Xu		卯 Mao		午 Wu	
農曆 Calendar	國曆 Gregorian		干支 S/B	星 Star	國曆 Gregorian		干支 S/B	星 Star	國曆 Gregorian		干支 S/B	星 Star	國曆 Gregorian		干支 S/B	星 Star	國曆 Gregorian		干支 S/B	星 Star	國曆 Gregorian		干支 S/B	星 Star
初一 1st	2	10	甲申	3	3	11	癸丑	5	4	10	癸未	8	5	9	壬子	1	6	7	辛巳	3	7	7	辛亥	4
初二 2nd	2	11	乙酉	4	3	12	甲寅	6	4	11	甲申	9	5	10	癸丑	2	6	8	壬午	4	7	8	壬子	3
初三 3rd	2	12	丙戌	5	3	13	乙卯	7	4	12	乙酉	1	5	11	甲寅	3	6	9	癸未	5	7	9	癸丑	2
初四 4th	2	13	丁亥	6	3	14	丙辰	8	4	13	丙戌	2	5	12	乙卯	4	6	10	甲申	6	7	10	甲寅	1
初五 5th	2	14	戊子	7	3	15	丁巳	9	4	14	丁亥	3	5	13	丙辰	5	6	11	乙酉	7	7	11	乙卯	9
初六 6th	2	15	己丑	8	3	16	戊午	1	4	15	戊子	4	5	14	丁巳	6	6	12	丙戌	8	7	12	丙辰	8
初七 7th	2	16	庚寅	9	3	17	己未	2	4	16	己丑	5	5	15	戊午	7	6	13	丁亥	9	7	13	丁巳	7
初八 8th	2	17	辛卯	1	3	18	庚申	3	4	17	庚寅	6	5	16	己未	8	6	14	戊子	1	7	14	戊午	6
初九 9th	2	18	壬辰	2	3	19	辛酉	4	4	18	辛卯	7	5	17	庚申	9	6	15	己丑	2	7	15	己未	5
初十 10th	2	19	癸巳	3	3	20	壬戌	5	4	19	壬辰	8	5	18	辛酉	1	6	16	庚寅	3	7	16	庚申	4
十一 11th	2	20	甲午	4	3	21	癸亥	6	4	20	癸巳	9	5	19	壬戌	2	6	17	辛卯	4	7	17	辛酉	3
十二 12th	2	21	乙未	5	3	22	甲子	7	4	21	甲午	1	5	20	癸亥	3	6	18	壬辰	5	7	18	壬戌	2
十三 13th	2	22	丙申	6	3	23	乙丑	8	4	22	乙未	2	5	21	甲子	4	6	19	癸巳	6	7	19	癸亥	1
十四 14th	2	23	丁酉	7	3	24	丙寅	9	4	23	丙申	3	5	22	乙丑	5	6	20	甲午	7	7	20	甲子	9
十五 15th	2	24	戊戌	8	3	25	丁卯	1	4	24	丁酉	4	5	23	丙寅	6	6	21	乙未	8\2	7	21	乙丑	8
十六 16th	2	25	己亥	9	3	26	戊辰	2	4	25	戊戌	5	5	24	丁卯	7	6	22	丙申	1	7	22	丙寅	7
十七 17th	2	26	庚子	1	3	27	己巳	3	4	26	己亥	6	5	25	戊辰	8	6	23	丁酉	9	7	23	丁卯	6
十八 18th	2	27	辛丑	2	3	28	庚午	4	4	27	庚子	7	5	26	己巳	9	6	24	戊戌	8	7	24	戊辰	5
十九 19th	2	28	壬寅	3	3	29	辛未	5	4	28	辛丑	8	5	27	庚午	1	6	25	己亥	7	7	25	己巳	4
二十 20th	3	1	癸卯	4	3	30	壬申	6	4	29	壬寅	9	5	28	辛未	2	6	26	庚子	6	7	26	庚午	3
廿一 21st	3	2	甲辰	5	3	31	癸酉	7	4	30	癸卯	1	5	29	壬申	3	6	27	辛丑	5	7	27	辛未	2
廿二 22nd	3	3	乙巳	6	4	1	甲戌	8	5	1	甲辰	2	5	30	癸酉	4	6	28	壬寅	4	7	28	壬申	1
廿三 23rd	3	4	丙午	7	4	2	乙亥	9	5	2	乙巳	3	5	31	甲戌	5	6	29	癸卯	3	7	29	癸酉	9
廿四 24th	3	5	丁未	8	4	3	丙子	1	5	3	丙午	4	6	1	乙亥	6	6	30	甲辰	2	7	30	甲戌	8
廿五 25th	3	6	戊申	9	4	4	丁丑	2	5	4	丁未	5	6	2	丙子	7	7	1	乙巳	1	7	31	乙亥	7
廿六 26th	3	7	己酉	1	4	5	戊寅	3	5	5	戊申	6	6	3	丁丑	8	7	2	丙午	9	8	1	丙子	6
廿七 27th	3	8	庚戌	2	4	6	己卯	4	5	6	己酉	7	6	4	戊寅	9	7	3	丁未	8	8	2	丁丑	5
廿八 28th	3	9	辛亥	3	4	7	庚辰	5	5	7	庚戌	8	6	5	己卯	1	7	4	戊申	7	8	3	戊寅	4
廿九 29th	3	10	壬子	4	4	8	辛巳	6	5	8	辛亥	9	6	6	庚辰	2	7	5	己酉	6	8	4	己卯	3
三十 30th					4	9	壬午	7									7	6	庚戌	5				

天干 Ten Stems: 甲 Jia Yang Wood · 乙 Yi Yin Wood · 丙 Bing Yang Fire · 丁 Ding Yin Fire · 戊 Wu Yang Earth · 己 Ji Yin Earth · 庚 Geng Yang Metal · 辛 Xin Yin Metal · 壬 Ren Yang Water · 癸 Gui Yin Water

Male Gua: 2 坤(Kun) **Female Gua: 4 巽(Xun)** 3 Killing 三煞: West Annual Star: 2 Black

地支 Twelve Branches	十二月大 12th Mth				十一月大 11th Mth				十月小 10th Mth				九月大 9th Mth				八月大 8th Mth				七月小 7th Mth				月干支 Month	
	乙丑 Yi Chou				甲子 Jia Zi				癸亥 Gui Hai				壬戌 Ren Xu				辛酉 Xin You				庚申 Geng Shen					
子 Zi Rat	九紫 Nine Purple				一白 One White				二黑 Two Black				三碧 Three Jade				四綠 Four Green				五黃 Five Yellow				九星 9 Star	
	大寒 Greater Cold		小寒 Lesser Cold		冬至 Winter Solstice		大雪 Greater Snow		小雪 Lesser Snow		立冬 Coming of Winter		霜降 Frosting		寒露 Cold Dew		秋分 Autumn Equinox		白露 White Dew		處暑 Heat Ends		立秋 Coming Autumn		節氣 Season	
	21st day		7th day		22nd day		7th day		21st day		6th day		21st day		6th day		21st day		6th day		19th day		3rd day			
	18hr 39min		1hr 14min		8hr 3min		13hr 59min		18hr 37min		20hr 57min		20hr 49min		17hr 29min		11hr 9min		1hr 32min		13hr 11min		22hr 22min			
丑 Chou Ox	酉 You		丑 Chou		辰 Chen		未 Wei		酉 You		戌 Xu		戌 Xu		酉 You		午 Wu		丑 Chou		未 Wei		亥 Hai			
	國曆 Gregorian		干支 S/B	星 Star	國曆 Gregorian		干支 S/B	星 Star	國曆 Gregorian		干支 S/B	星 Star	國曆 Gregorian		干支 S/B	星 Star	國曆 Gregorian		干支 S/B	星 Star	國曆 Gregorian		干支 S/B	星 Star	農曆 Calendar	
寅 Yin Tiger	12	31	戊申	3	12	1	戊寅	1	11	2	己酉	3	10	3	己卯	6	9	3	己酉	9	8	5	庚辰	2	初一	1st
	1	1	己酉	4	12	2	己卯	9	11	3	庚戌	2	10	4	庚辰	5	9	4	庚戌	8	8	6	辛巳	1	初二	2nd
	1	2	庚戌	5	12	3	庚辰	8	11	4	辛亥	1	10	5	辛巳	4	9	5	辛亥	7	8	7	壬午	9	初三	3rd
卯 Mao Rabbit	1	3	辛亥	6	12	4	辛巳	7	11	5	壬子	9	10	6	壬午	3	9	6	壬子	6	8	8	癸未	8	初四	4th
	1	4	壬子	7	12	5	壬午	6	11	6	癸丑	8	10	7	癸未	2	9	7	癸丑	5	8	9	甲申	7	初五	5th
	1	5	癸丑	8	12	6	癸未	5	11	7	甲寅	7	10	8	甲申	1	9	8	甲寅	4	8	10	乙酉	6	初六	6th
辰 Chen Dragon	1	6	甲寅	9	12	7	甲申	4	11	8	乙卯	6	10	9	乙酉	9	9	9	乙卯	3	8	11	丙戌	5	初七	7th
	1	7	乙卯	1	12	8	乙酉	3	11	9	丙辰	5	10	10	丙戌	8	9	10	丙辰	2	8	12	丁亥	4	初八	8th
	1	8	丙辰	2	12	9	丙戌	2	11	10	丁巳	4	10	11	丁亥	7	9	11	丁巳	1	8	13	戊子	3	初九	9th
巳 Si Snake	1	9	丁巳	3	12	10	丁亥	1	11	11	戊午	3	10	12	戊子	6	9	12	戊午	9	8	14	己丑	2	初十	10th
	1	10	戊午	4	12	11	戊子	9	11	12	己未	2	10	13	己丑	5	9	13	己未	8	8	15	庚寅	1	十一	11th
午 Wu Horse	1	11	己未	5	12	12	己丑	8	11	13	庚申	1	10	14	庚寅	4	9	14	庚申	7	8	16	辛卯	9	十二	12th
	1	12	庚申	6	12	13	庚寅	7	11	14	辛酉	9	10	15	辛卯	3	9	15	辛酉	6	8	17	壬辰	8	十三	13th
	1	13	辛酉	7	12	14	辛卯	6	11	15	壬戌	8	10	16	壬辰	2	9	16	壬戌	5	8	18	癸巳	7	十四	14th
	1	14	壬戌	8	12	15	壬辰	5	11	16	癸亥	7	10	17	癸巳	1	9	17	癸亥	4	8	19	甲午	6	十五	15th
未 Wei Goat	1	15	癸亥	9	12	16	癸巳	4	11	17	甲子	6	10	18	甲午	9	9	18	甲子	3	8	20	乙未	5	十六	16th
	1	16	甲子	1	12	17	甲午	3	11	18	乙丑	5	10	19	乙未	8	9	19	乙丑	2	8	21	丙申	4	十七	17th
	1	17	乙丑	2	12	18	乙未	2	11	19	丙寅	4	10	20	丙申	7	9	20	丙寅	1	8	22	丁酉	3	十八	18th
申 Shen Monkey	1	18	丙寅	3	12	19	丙申	1	11	20	丁卯	3	10	21	丁酉	6	9	21	丁卯	9	8	23	戊戌	2	十九	19th
	1	19	丁卯	4	12	20	丁酉	9	11	21	戊辰	2	10	22	戊戌	5	9	22	戊辰	8	8	24	己亥	1	二十	20th
	1	20	戊辰	5	12	21	戊戌	8	11	22	己巳	1	10	23	己亥	4	9	23	己巳	7	8	25	庚子	9	廿一	21st
酉 You Rooster	1	21	己巳	6	12	22	己亥	7\3	11	23	庚午	9	10	24	庚子	3	9	24	庚午	6	8	26	辛丑	8	廿二	22nd
	1	22	庚午	7	12	23	庚子	4	11	24	辛未	8	10	25	辛丑	2	9	25	辛未	5	8	27	壬寅	7	廿三	23rd
	1	23	辛未	8	12	24	辛丑	5	11	25	壬申	7	10	26	壬寅	1	9	26	壬申	4	8	28	癸卯	6	廿四	24th
	1	24	壬申	9	12	25	壬寅	6	11	26	癸酉	6	10	27	癸卯	9	9	27	癸酉	3	8	29	甲辰	5	廿五	25th
戌 Xu Dog	1	25	癸酉	1	12	26	癸卯	7	11	27	甲戌	5	10	28	甲辰	8	9	28	甲戌	2	8	30	乙巳	4	廿六	26th
	1	26	甲戌	2	12	27	甲辰	8	11	28	乙亥	4	10	29	乙巳	7	9	29	乙亥	1	8	31	丙午	3	廿七	27th
亥 Hai Pig	1	27	乙亥	3	12	28	乙巳	9	11	29	丙子	3	10	30	丙午	6	9	30	丙子	9	9	1	丁未	2	廿八	28th
	1	28	丙子	4	12	29	丙午	1	11	30	丁丑	2	10	31	丁未	5	10	1	丁丑	8	9	2	戊申	1	廿九	29th
	1	29	丁丑	5	12	30	丁未	2					11	1	戊申	4	10	2	戊寅	7					三十	30th

2044 甲子 Wood Rat

Grand Duke: 金赤

天干 Ten Stems		
甲 Jia	Yang	Wood
乙 Yi	Yin	Wood
丙 Bing	Yang	Fire
丁 Ding	Yin	Fire
戊 Wu	Yang	Earth
己 Ji	Yin	Earth
庚 Geng	Yang	Metal
辛 Xin	Yin	Metal
壬 Ren	Yang	Water
癸 Gui	Yin	Water

六月大 6th Mth				五月小 5th Mth				四月小 4th Mth				三月大 3rd Mth				二月小 2nd Mth				正月大 1st Mth				月干支 Month	
辛未 Xin Wei				庚午 Geng Wu				己巳 Ji Si				戊辰 Wu Chen				丁卯 Ding Mao				丙寅 Bing Yin					
三碧 Three Jade				四綠 Four Green				五黃 Five Yellow				六白 Six White				七赤 Seven Red				八白 Eight White				九星 9 Star	
大暑 Greater Heat		小暑 Lesser Heat		夏至 Summer Solstice		芒種 Planting of Thorny Crops		小滿 Small Sprout		立夏 Coming of Summer		穀雨 Grain Rain		清明 Clear and Bright		春分 Spring Equinox		驚蟄 Awakening of Worms		雨水 Rain Water		立春 Coming of Spring		節氣 Season	
28th day		12th day		26th day		10th day		23rd day		8th day		22nd day		7th day		21st day		6th day		21st day		6th day			
11hr 45min		18hr 17min		0hr 50min		8hr 05min		17hr 03min		4hr 05min		18hr 08min		11hr 05min		7hr 20min		6hr 33min		8hr 38min		12hr 44min			
午 Wu		酉 You		子 Zi		辰 Chen		酉 You		寅 Yin		酉 You		午 Wu		辰 Chen		卯 Mao		辰 Chen		午 Wu			
國曆 Gregorian		干支 S/B	星 Star	國曆 Gregorian		干支 S/B	星 Star	國曆 Gregorian		干支 S/B	星 Star	國曆 Gregorian		干支 S/B	星 Star	國曆 Gregorian		干支 S/B	星 Star	國曆 Gregorian		干支 S/B	星 Star	農曆 Calendar	
6	25	乙巳	1	5	27	丙子	7	4	28	丁未	5	3	29	丁丑	2	2	29	戊申	9	1	30	戊寅	6	初一	1st
6	26	丙午	9	5	28	丁丑	8	4	29	戊申	6	3	30	戊寅	3	3	1	己酉	1	1	31	己卯	7	初二	2nd
6	27	丁未	8	5	29	戊寅	9	4	30	己酉	7	3	31	己卯	4	3	2	庚戌	2	2	1	庚辰	8	初三	3rd
6	28	戊申	7	5	30	己卯	1	5	1	庚戌	8	4	1	庚辰	5	3	3	辛亥	3	2	2	辛巳	9	初四	4th
6	29	己酉	6	5	31	庚辰	2	5	2	辛亥	9	4	2	辛巳	6	3	4	壬子	4	2	3	壬午	1	初五	5th
6	30	庚戌	5	6	1	辛巳	3	5	3	壬子	1	4	3	壬午	7	3	5	癸丑	5	2	4	癸未	2	初六	6th
7	1	辛亥	4	6	2	壬午	4	5	4	癸丑	2	4	4	癸未	8	3	6	甲寅	6	2	5	甲申	3	初七	7th
7	2	壬子	3	6	3	癸未	5	5	5	甲寅	3	4	5	甲申	9	3	7	乙卯	7	2	6	乙酉	4	初八	8th
7	3	癸丑	2	6	4	甲申	6	5	6	乙卯	4	4	6	乙酉	1	3	8	丙辰	8	2	7	丙戌	5	初九	9th
7	4	甲寅	1	6	5	乙酉	7	5	7	丙辰	5	4	7	丙戌	2	3	9	丁巳	9	2	8	丁亥	6	初十	10th
7	5	乙卯	9	6	6	丙戌	8	5	8	丁巳	6	4	8	丁亥	3	3	10	戊午	1	2	9	戊子	7	十一	11th
7	6	丙辰	8	6	7	丁亥	9	5	9	戊午	7	4	9	戊子	4	3	11	己未	2	2	10	己丑	8	十二	12th
7	7	丁巳	7	6	8	戊子	1	5	10	己未	8	4	10	己丑	5	3	12	庚申	3	2	11	庚寅	9	十三	13th
7	8	戊午	6	6	9	己丑	2	5	11	庚申	9	4	11	庚寅	6	3	13	辛酉	4	2	12	辛卯	1	十四	14th
7	9	己未	5	6	10	庚寅	3	5	12	辛酉	1	4	12	辛卯	7	3	14	壬戌	5	2	13	壬辰	2	十五	15th
7	10	庚申	4	6	11	辛卯	4	5	13	壬戌	2	4	13	壬辰	8	3	15	癸亥	6	2	14	癸巳	3	十六	16th
7	11	辛酉	3	6	12	壬辰	5	5	14	癸亥	3	4	14	癸巳	9	3	16	甲子	7	2	15	甲午	4	十七	17th
7	12	壬戌	2	6	13	癸巳	6	5	15	甲子	4	4	15	甲午	1	3	17	乙丑	8	2	16	乙未	5	十八	18th
7	13	癸亥	1	6	14	甲午	7	5	16	乙丑	5	4	16	乙未	2	3	18	丙寅	9	2	17	丙申	6	十九	19th
7	14	甲子	9	6	15	乙未	8	5	17	丙寅	6	4	17	丙申	3	3	19	丁卯	1	2	18	丁酉	7	二十	20th
7	15	乙丑	8	6	16	丙申	9	5	18	丁卯	7	4	18	丁酉	4	3	20	戊辰	2	2	19	戊戌	8	廿一	21st
7	16	丙寅	7	6	17	丁酉	1	5	19	戊辰	8	4	19	戊戌	5	3	21	己巳	3	2	20	己亥	9	廿二	22nd
7	17	丁卯	6	6	18	戊戌	2	5	20	己巳	9	4	20	己亥	6	3	22	庚午	4	2	21	庚子	1	廿三	23rd
7	18	戊辰	5	6	19	己亥	3	5	21	庚午	1	4	21	庚子	7	3	23	辛未	5	2	22	辛丑	2	廿四	24th
7	19	己巳	4	6	20	庚子	4	5	22	辛未	2	4	22	辛丑	8	3	24	壬申	6	2	23	壬寅	3	廿五	25th
7	20	庚午	3	6	21	辛丑	5\5	5	23	壬申	3	4	23	壬寅	9	3	25	癸酉	7	2	24	癸卯	4	廿六	26th
7	21	辛未	2	6	22	壬寅	4	5	24	癸酉	4	4	24	癸卯	1	3	26	甲戌	8	2	25	甲辰	5	廿七	27th
7	22	壬申	1	6	23	癸卯	3	5	25	甲戌	5	4	25	甲辰	2	3	27	乙亥	9	2	26	乙巳	6	廿八	28th
7	23	癸酉	9	6	24	甲辰	2	5	26	乙亥	6	4	26	乙巳	3	3	28	丙子	1	2	27	丙午	7	廿九	29th
7	24	甲戌	8									4	27	丙午	4					2	28	丁未	8	三十	30th

Male Gua: 1 坎(Kan) **Female Gua: 8 艮(Gen)** 3 Killing 三煞: South Annual Star: 1 White

十二月大 12th Mth 丁丑 Ding Chou				十一月大 11th Mth 丙子 Bing Zi				十月大 10th Mth 乙亥 Yi Hai				九月小 9th Mth 甲戌 Jia Xu				八月大 8th Mth 癸酉 Gui You				閏七月小 7th Mth				七月小 7th Mth 壬申 Ren Shen				月干支 Month
六白 Six White				七赤 Seven Red				八白 Eight White				九紫 Nine Purple				一白 One White								二黑 Two Black				九星 9 Star
立春 Coming of Spring 17th day 18hr 38min 酉 You		大寒 Greater Cold 3rd day 0hr 24min 子 Zi		小寒 Lesser Cold 18th day 7hr 4min 辰 Chen		冬至 Winter Solstice 3rd day 13hr 43min 未 Wei		大雪 Greater Snow 18th day 19hr 47min 戌 Xu		小雪 Lesser Snow 4th day 0hr 17min 子 Zi		立冬 Coming of Winter 18th day 2hr 44min 丑 Chou		霜降 Frosting 3rd day 2hr 28min 丑 Chou		寒露 Cold Dew 17th day 23hr 15min 子 Zi		秋分 Autumn Equinox 2nd day 16hr 48min 申 Shen				白露 White Dew 16th day 7hr 18min 辰 Chen		處暑 Heat Ends 29th day 18hr 56min 酉 You		立秋 Coming Autumn 14th day 4hr 08min 寅 Yin		節氣 Season
國曆 Gregorian		干支 S / E	星 Star	國曆 Gregorian		干支 S / B	星 Star	國曆 Gregorian		干支 S / B	星 Star	國曆 Gregorian		干支 S / B	星 Star	國曆 Gregorian		干支 S / B	星 Star	國曆 Gregorian		干支 S / B	星 Star	國曆 Gregorian		干支 S / B	星 Star	農曆 Calendar
1	18	壬申	9	12	19	壬寅	4	11	19	壬申	7	10	21	癸卯	9	9	21	癸酉	3	8	23	甲辰	5	7	25	乙亥	7	初一 1st
1	19	癸酉	1	12	20	癸卯	3	11	20	癸酉	6	10	22	甲辰	8	9	22	甲戌	2	8	24	乙巳	4	7	26	丙子	6	初二 2nd
1	20	甲戌	2	12	21	甲辰	2\8	11	21	甲戌	5	10	23	乙巳	7	9	23	乙亥	1	8	25	丙午	3	7	27	丁丑	5	初三 3rd
1	21	乙亥	3	12	22	乙巳	9	11	22	乙亥	4	10	24	丙午	6	9	24	丙子	9	8	26	丁未	2	7	28	戊寅	4	初四 4th
1	22	丙子	4	12	23	丙午	1	11	23	丙子	3	10	25	丁未	5	9	25	丁丑	8	8	27	戊申	1	7	29	己卯	3	初五 5th
1	23	丁丑	5	12	24	丁未	2	11	24	丁丑	2	10	26	戊申	4	9	26	戊寅	7	8	28	己酉	9	7	30	庚辰	2	初六 6th
1	24	戊寅	6	12	25	戊申	3	11	25	戊寅	1	10	27	己酉	3	9	27	己卯	6	8	29	庚戌	8	7	31	辛巳	1	初七 7th
1	25	己卯	7	12	26	己酉	4	11	26	己卯	9	10	28	庚戌	2	9	28	庚辰	5	8	30	辛亥	7	8	1	壬午	9	初八 8th
1	26	庚辰	8	12	27	庚戌	5	11	27	庚辰	8	10	29	辛亥	1	9	29	辛巳	4	8	31	壬子	6	8	2	癸未	8	初九 9th
1	27	辛巳	9	12	28	辛亥	6	11	28	辛巳	7	10	30	壬子	9	9	30	壬午	3	9	1	癸丑	5	8	3	甲申	7	初十 10th
1	28	壬午	1	12	29	壬子	7	11	29	壬午	6	10	31	癸丑	8	10	1	癸未	2	9	2	甲寅	4	8	4	乙酉	6	十一 11th
1	29	癸未	2	12	30	癸丑	8	11	30	癸未	5	11	1	甲寅	7	10	2	甲申	1	9	3	乙卯	3	8	5	丙戌	5	十二 12th
1	30	甲申	3	12	31	甲寅	9	12	1	甲申	4	11	2	乙卯	6	10	3	乙酉	9	9	4	丙辰	2	8	6	丁亥	4	十三 13th
1	31	乙酉	4	1	1	乙卯	1	12	2	乙酉	3	11	3	丙辰	5	10	4	丙戌	8	9	5	丁巳	1	8	7	戊子	3	十四 14th
2	1	丙戌	5	1	2	丙辰	2	12	3	丙戌	2	11	4	丁巳	4	10	5	丁亥	7	9	6	戊午	9	8	8	己丑	2	十五 15th
2	2	丁亥	6	1	3	丁巳	3	12	4	丁亥	1	11	5	戊午	3	10	6	戊子	6	9	7	己未	8	8	9	庚寅	1	十六 16th
2	3	戊子	7	1	4	戊午	4	12	5	戊子	9	11	6	己未	2	10	7	己丑	5	9	8	庚申	7	8	10	辛卯	9	十七 17th
2	4	己丑	8	1	5	己未	5	12	6	己丑	8	11	7	庚申	1	10	8	庚寅	4	9	9	辛酉	6	8	11	壬辰	8	十八 18th
2	5	庚寅	9	1	6	庚申	6	12	7	庚寅	7	11	8	辛酉	9	10	9	辛卯	3	9	10	壬戌	5	8	12	癸巳	7	十九 19th
2	6	辛卯	1	1	7	辛酉	7	12	8	辛卯	6	11	9	壬戌	8	10	10	壬辰	2	9	11	癸亥	4	8	13	甲午	6	二十 20th
2	7	壬辰	2	1	8	壬戌	8	12	9	壬辰	5	11	10	癸亥	7	10	11	癸巳	1	9	12	甲子	3	8	14	乙未	5	廿一 21st
2	8	癸巳	3	1	9	癸亥	9	12	10	癸巳	4	11	11	甲子	6	10	12	甲午	9	9	13	乙丑	2	8	15	丙申	4	廿二 22nd
2	9	甲午	4	1	10	甲子	1	12	11	甲午	3	11	12	乙丑	5	10	13	乙未	8	9	14	丙寅	1	8	16	丁酉	3	廿三 23rd
2	10	乙未	5	1	11	乙丑	2	12	12	乙未	2	11	13	丙寅	4	10	14	丙申	7	9	15	丁卯	9	8	17	戊戌	2	廿四 24th
2	11	丙申	6	1	12	丙寅	3	12	13	丙申	1	11	14	丁卯	3	10	15	丁酉	6	9	16	戊辰	8	8	18	己亥	1	廿五 25th
2	12	丁酉	7	1	13	丁卯	4	12	14	丁酉	9	11	15	戊辰	2	10	16	戊戌	5	9	17	己巳	7	8	19	庚子	9	廿六 26th
2	13	戊戌	8	1	14	戊辰	5	12	15	戊戌	8	11	16	己巳	1	10	17	己亥	4	9	18	庚午	6	8	20	辛丑	8	廿七 27th
2	14	己亥	9	1	15	己巳	6	12	16	己亥	7	11	17	庚午	9	10	18	庚子	3	9	19	辛未	5	8	21	壬寅	7	廿八 28th
2	15	庚子	1	1	16	庚午	7	12	17	庚子	6	11	18	辛未	8	10	19	辛丑	2	9	20	壬申	4	8	22	癸卯	6	廿九 29th
2	16	辛丑	2	1	17	辛未	8	12	18	辛丑	5					10	20	壬寅	1									三十 30th

地支 Twelve Branches: 子 Zi Rat; 丑 Chou Ox; 寅 Yin Tiger; 卯 Mao Rabbit; 辰 Chen Dragon; 巳 Si Snake; 午 Wu Horse; 未 Wei Goat; 申 Shen Monkey; 酉 You Rooster; 戌 Xu Dog; 亥 Hai Pig

乙丑 Wood Ox

Grand Duke: 陳泰

天干 Ten Stems: 甲 Jia Yang Wood; 乙 Yi Yin Wood; 丙 Bing Yang Fire; 丁 Ding Yin Fire; 戊 Wu Yang Earth; 己 Ji Yin Earth; 庚 Geng Yang Metal; 辛 Xin Yin Metal; 壬 Ren Yang Water; 癸 Gui Yin Water

六月大 6th Mth				五月小 5th Mth				四月小 4th Mth				三月大 3rd Mth				二月小 2nd Mth				正月大 1st Mth				月干支 Month	
癸未 Gui Wei				壬午 Ren Wu				辛巳 Xin Si				庚辰 Geng Chen				己卯 Ji Mao				戊寅 Wu Yin					
九紫 Nine Purple				一白 One White				二黑 Two Black				三碧 Three Jade				四綠 Four Green				五黃 Five Yellow				九星 9 Star	
立秋 Coming Autumn		大暑 Greater Heat		小暑 Lesser Heat		夏至 Summer Solstice		芒種 Planting of Thorny Crops		小滿 Small Sprout		立夏 Coming of Summer		穀雨 Grain Rain		清明 Clear and Bright		春分 Spring Equinox		驚蟄 Awakening of Worms		雨水 Rain Water		節氣 Season	
25th day		9th day		23rd day		7th day		20th day		4th day		19th day		3rd day		17th day		2nd day		17th day		2nd day			
9hr 58min		17hr 28min		0hr 10min		6hr 33min		13hr 59min		22hr 47min		9hr 59min		23hr 54min		16hr 59min		13hr 06min		4hr 27min		14hr 24min			
巳 Si		酉 You		子 Zi		卯 Mao		未 Wei		亥 Hai		巳 Si		子 Zi		申 Shen		未 Wei		寅 Yin		未 Wei			
國曆 Gregorian		干支 S/B	星 Star	國曆 Gregorian		干支 S/B	星 Star	國曆 Gregorian		干支 S/B	星 Star	國曆 Gregorian		干支 S/B	星 Star	國曆 Gregorian		干支 S/B	星 Star	國曆 Gregorian		干支 S/B	星 Star	農曆 Calendar	
7	14	己巳	4	6	15	庚子	4	5	17	辛未	2	4	17	辛丑	8	3	19	壬申	6	2	17	壬寅	3	初一	1st
7	15	庚午	3	6	16	辛丑	5	5	18	壬申	3	4	18	壬寅	9	3	20	癸酉	7	2	18	癸卯	4	初二	2nd
7	16	辛未	2	6	17	壬寅	6	5	19	癸酉	4	4	19	癸卯	1	3	21	甲戌	8	2	19	甲辰	5	初三	3rd
7	17	壬申	1	6	18	癸卯	7	5	20	甲戌	5	4	20	甲辰	2	3	22	乙亥	9	2	20	乙巳	6	初四	4th
7	18	癸酉	9	6	19	甲辰	8	5	21	乙亥	6	4	21	乙巳	3	3	23	丙子	1	2	21	丙午	7	初五	5th
7	19	甲戌	8	6	20	乙巳	9	5	22	丙子	7	4	22	丙午	4	3	24	丁丑	2	2	22	丁未	8	初六	6th
7	20	乙亥	7	6	21	丙午	1\9	5	23	丁丑	8	4	23	丁未	5	3	25	戊寅	3	2	23	戊申	9	初七	7th
7	21	丙子	6	6	22	丁未	8	5	24	戊寅	9	4	24	戊申	6	3	26	己卯	4	2	24	己酉	1	初八	8th
7	22	丁丑	5	6	23	戊申	7	5	25	己卯	1	4	25	己酉	7	3	27	庚辰	5	2	25	庚戌	2	初九	9th
7	23	戊寅	4	6	24	己酉	6	5	26	庚辰	2	4	26	庚戌	8	3	28	辛巳	6	2	26	辛亥	3	初十	10th
7	24	己卯	3	6	25	庚戌	5	5	27	辛巳	3	4	27	辛亥	9	3	29	壬午	7	2	27	壬子	4	十一	11th
7	25	庚辰	2	6	26	辛亥	4	5	28	壬午	4	4	28	壬子	1	3	30	癸未	8	2	28	癸丑	5	十二	12th
7	26	辛巳	1	6	27	壬子	3	5	29	癸未	5	4	29	癸丑	2	3	31	甲申	9	3	1	甲寅	6	十三	13th
7	27	壬午	9	6	28	癸丑	2	5	30	甲申	6	4	30	甲寅	3	4	1	乙酉	1	3	2	乙卯	7	十四	14th
7	28	癸未	8	6	29	甲寅	1	5	31	乙酉	7	5	1	乙卯	4	4	2	丙戌	2	3	3	丙辰	8	十五	15th
7	29	甲申	7	6	30	乙卯	9	6	1	丙戌	8	5	2	丙辰	5	4	3	丁亥	3	3	4	丁巳	9	十六	16th
7	30	乙酉	6	7	1	丙辰	8	6	2	丁亥	9	5	3	丁巳	6	4	4	戊子	4	3	5	戊午	1	十七	17th
7	31	丙戌	5	7	2	丁巳	7	6	3	戊子	1	5	4	戊午	7	4	5	己丑	5	3	6	己未	2	十八	18th
8	1	丁亥	4	7	3	戊午	6	6	4	己丑	2	5	5	己未	8	4	6	庚寅	6	3	7	庚申	3	十九	19th
8	2	戊子	3	7	4	己未	5	6	5	庚寅	3	5	6	庚申	9	4	7	辛卯	7	3	8	辛酉	4	二十	20th
8	3	己丑	2	7	5	庚申	4	6	6	辛卯	4	5	7	辛酉	1	4	8	壬辰	8	3	9	壬戌	5	廿一	21st
8	4	庚寅	1	7	6	辛酉	3	6	7	壬辰	5	5	8	壬戌	2	4	9	癸巳	9	3	10	癸亥	6	廿二	22nd
8	5	辛卯	9	7	7	壬戌	2	6	8	癸巳	6	5	9	癸亥	3	4	10	甲午	1	3	11	甲子	7	廿三	23rd
8	6	壬辰	8	7	8	癸亥	1	6	9	甲午	7	5	10	甲子	4	4	11	乙未	2	3	12	乙丑	8	廿四	24th
8	7	癸巳	7	7	9	甲子	9	6	10	乙未	8	5	11	乙丑	5	4	12	丙申	3	3	13	丙寅	9	廿五	25th
8	8	甲午	6	7	10	乙丑	8	6	11	丙申	9	5	12	丙寅	6	4	13	丁酉	4	3	14	丁卯	1	廿六	26th
8	9	乙未	5	7	11	丙寅	7	6	12	丁酉	1	5	13	丁卯	7	4	14	戊戌	5	3	15	戊辰	2	廿七	27th
8	10	丙申	4	7	12	丁卯	6	6	13	戊戌	2	5	14	戊辰	8	4	15	己亥	6	3	16	己巳	3	廿八	28th
8	11	丁酉	3	7	13	戊辰	5	6	14	己亥	3	5	15	己巳	9	4	16	庚子	7	3	17	庚午	4	廿九	29th
8	12	戊戌	2									5	16	庚午	1					3	18	辛未	5	三十	30th

Male Gua: 9 離(Li) **Female Gua: 6 乾(Qian)** 3 Killing 三煞: East Annual Star: 9 Purple

地支 Twelve Branches: 子 Zi Rat · 丑 Chou Ox · 寅 Yin Tiger · 卯 Mao Rabbit · 辰 Chen Dragon · 巳 Si Snake · 午 Wu Horse · 未 Wei Goat · 申 Shen Monkey · 酉 You Rooster · 戌 Xu Dog · 亥 Hai Pig

月干支 Month	七月小 7th Mth 甲申 Jia Shen			
九星 9 Star	八白 Eight White			
節氣 Season	白露 White Dew		處暑 Heat Ends	
	26th day		11th day	
	13hr 07min		0hr 41min	
	未 Wei		子 Zi	
農曆 Calendar	國曆 Gregorian		干支 S/B	星 Star
初一 1st	8	13	己亥	1
初二 2nd	8	14	庚子	9
初三 3rd	8	15	辛丑	8
初四 4th	8	16	壬寅	7
初五 5th	8	17	癸卯	6
初六 6th	8	18	甲辰	5
初七 7th	8	19	乙巳	4
初八 8th	8	20	丙午	3
初九 9th	8	21	丁未	2
初十 10th	8	22	戊申	1
十一 11th	8	23	己酉	9
十二 12th	8	24	庚戌	8
十三 13th	8	25	辛亥	7
十四 14th	8	26	壬子	6
十五 15th	8	27	癸丑	5
十六 16th	8	28	甲寅	4
十七 17th	8	29	乙卯	3
十八 18th	8	30	丙辰	2
十九 19th	8	31	丁巳	1
二十 20th	9	1	戊午	9
廿一 21st	9	2	己未	8
廿二 22nd	9	3	庚申	7
廿三 23rd	9	4	辛酉	6
廿四 24th	9	5	壬戌	5
廿五 25th	9	6	癸亥	4
廿六 26th	9	7	甲子	3
廿七 27th	9	8	乙丑	2
廿八 28th	9	9	丙寅	1
廿九 29th	9	10	丁卯	9
三十 30th				

月干支 Month	八月小 8th Mth 乙酉 Yi You			
九星 9 Star	七赤 Seven Red			
節氣 Season	寒露 Cold Dew		秋分 Autumn Equinox	
	28th day		12th day	
	5hr 02min		22hr 33min	
	卯 Mao		亥 Hai	
農曆 Calendar	國曆 Gregorian		干支 S/B	星 Star
初一 1st	9	11	戊辰	8
初二 2nd	9	12	己巳	7
初三 3rd	9	13	庚午	6
初四 4th	9	14	辛未	5
初五 5th	9	15	壬申	4
初六 6th	9	16	癸酉	3
初七 7th	9	17	甲戌	2
初八 8th	9	18	乙亥	1
初九 9th	9	19	丙子	9
初十 10th	9	20	丁丑	8
十一 11th	9	21	戊寅	7
十二 12th	9	22	己卯	6
十三 13th	9	23	庚辰	5
十四 14th	9	24	辛巳	4
十五 15th	9	25	壬午	3
十六 16th	9	26	癸未	2
十七 17th	9	27	甲申	1
十八 18th	9	28	乙酉	9
十九 19th	9	29	丙戌	8
二十 20th	9	30	丁亥	7
廿一 21st	10	1	戊子	6
廿二 22nd	10	2	己丑	5
廿三 23rd	10	3	庚寅	4
廿四 24th	10	4	辛卯	3
廿五 25th	10	5	壬辰	2
廿六 26th	10	6	癸巳	1
廿七 27th	10	7	甲午	9
廿八 28th	10	8	乙未	8
廿九 29th	10	9	丙申	7
三十 30th				

月干支 Month	九月大 9th Mth 丙戌 Bing Xu			
九星 9 Star	六白 Six White			
節氣 Season	立冬 Coming of Winter		霜降 Frosting	
	29th day		14th day	
	8hr 29min		8hr 15min	
	辰 Chen		辰 Chen	
農曆 Calendar	國曆 Gregorian		干支 S/B	星 Star
初一 1st	10	10	丁酉	6
初二 2nd	10	11	戊戌	5
初三 3rd	10	12	己亥	4
初四 4th	10	13	庚子	3
初五 5th	10	14	辛丑	2
初六 6th	10	15	壬寅	1
初七 7th	10	16	癸卯	9
初八 8th	10	17	甲辰	8
初九 9th	10	18	乙巳	7
初十 10th	10	19	丙午	6
十一 11th	10	20	丁未	5
十二 12th	10	21	戊申	4
十三 13th	10	22	己酉	3
十四 14th	10	23	庚戌	2
十五 15th	10	24	辛亥	1
十六 16th	10	25	壬子	9
十七 17th	10	26	癸丑	8
十八 18th	10	27	甲寅	7
十九 19th	10	28	乙卯	6
二十 20th	10	29	丙辰	5
廿一 21st	10	30	丁巳	4
廿二 22nd	10	31	戊午	3
廿三 23rd	11	1	己未	2
廿四 24th	11	2	庚申	1
廿五 25th	11	3	辛酉	9
廿六 26th	11	4	壬戌	8
廿七 27th	11	5	癸亥	7
廿八 28th	11	6	甲子	6
廿九 29th	11	7	乙丑	5
三十 30th	11	8	丙寅	4

月干支 Month	十月小 10th Mth 丁亥 Ding Hai			
九星 9 Star	五黃 Five Yellow			
節氣 Season	大雪 Greater Snow		小雪 Lesser Snow	
	29th day		14th day	
	1hr 37min		3hr 6min	
	丑 Chou		卯 Mao	
農曆 Calendar	國曆 Gregorian		干支 S/B	星 Star
初一 1st	11	9	丁卯	3
初二 2nd	11	10	戊辰	2
初三 3rd	11	11	己巳	1
初四 4th	11	12	庚午	9
初五 5th	11	13	辛未	8
初六 6th	11	14	壬申	7
初七 7th	11	15	癸酉	6
初八 8th	11	16	甲戌	5
初九 9th	11	17	乙亥	4
初十 10th	11	18	丙子	3
十一 11th	11	19	丁丑	2
十二 12th	11	20	戊寅	1
十三 13th	11	21	己卯	9
十四 14th	11	22	庚辰	8
十五 15th	11	23	辛巳	7
十六 16th	11	24	壬午	6
十七 17th	11	25	癸未	5
十八 18th	11	26	甲申	4
十九 19th	11	27	乙酉	3
二十 20th	11	28	丙戌	2
廿一 21st	11	29	丁亥	1
廿二 22nd	11	30	戊子	9
廿三 23rd	12	1	己丑	8
廿四 24th	12	2	庚寅	7
廿五 25th	12	3	辛卯	6
廿六 26th	12	4	壬辰	5
廿七 27th	12	5	癸巳	4
廿八 28th	12	6	甲午	3
廿九 29th	12	7	乙未	2
三十 30th				

月干支 Month	十一月大 11th Mth 戊子 Wu Zi			
九星 9 Star	四綠 Four Green			
節氣 Season	小寒 Lesser Cold		冬至 Winter Solstice	
	29th day		14th day	
	12hr 58min		19hr 34min	
	午 Wu		戌 Xu	
農曆 Calendar	國曆 Gregorian		干支 S/B	星 Star
初一 1st	12	8	丙申	1
初二 2nd	12	9	丁酉	9
初三 3rd	12	10	戊戌	8
初四 4th	12	11	己亥	7
初五 5th	12	12	庚子	6
初六 6th	12	13	辛丑	5
初七 7th	12	14	壬寅	4
初八 8th	12	15	癸卯	3
初九 9th	12	16	甲辰	2
初十 10th	12	17	乙巳	1
十一 11th	12	18	丙午	9
十二 12th	12	19	丁未	8
十三 13th	12	20	戊申	7
十四 14th	12	21	己酉	6\4
十五 15th	12	22	庚戌	5
十六 16th	12	23	辛亥	6
十七 17th	12	24	壬子	7
十八 18th	12	25	癸丑	8
十九 19th	12	26	甲寅	9
二十 20th	12	27	乙卯	1
廿一 21st	12	28	丙辰	2
廿二 22nd	12	29	丁巳	3
廿三 23rd	12	30	戊午	4
廿四 24th	12	31	己未	5
廿五 25th	1	1	庚申	6
廿六 26th	1	2	辛酉	7
廿七 27th	1	3	壬戌	8
廿八 28th	1	4	癸亥	9
廿九 29th	1	5	甲子	1
三十 30th	1	6	乙丑	2

月干支 Month	十二月大 12th Mth 己丑 Ji Chou			
九星 9 Star	三碧 Three Jade			
節氣 Season	立春 Coming of Spring		大寒 Greater Cold	
	29th day		14th day	
	0hr 30min		6h 17min	
	子 Zi		卯 Mao	
農曆 Calendar	國曆 Gregorian		干支 S/B	星 Star
初一 1st	1	7	丙寅	3
初二 2nd	1	8	丁卯	4
初三 3rd	1	9	戊辰	5
初四 4th	1	10	己巳	6
初五 5th	1	11	庚午	7
初六 6th	1	12	辛未	8
初七 7th	1	13	壬申	9
初八 8th	1	14	癸酉	1
初九 9th	1	15	甲戌	2
初十 10th	1	16	乙亥	3
十一 11th	1	17	丙子	4
十二 12th	1	18	丁丑	5
十三 13th	1	19	戊寅	6
十四 14th	1	20	己卯	7
十五 15th	1	21	庚辰	8
十六 16th	1	22	辛巳	9
十七 17th	1	23	壬午	1
十八 18th	1	24	癸未	2
十九 19th	1	25	甲申	3
二十 20th	1	26	乙酉	4
廿一 21st	1	27	丙戌	5
廿二 22nd	1	28	丁亥	6
廿三 23rd	1	29	戊子	7
廿四 24th	1	30	己丑	8
廿五 25th	1	31	庚寅	9
廿六 26th	2	1	辛卯	1
廿七 27th	2	2	壬辰	2
廿八 28th	2	3	癸巳	3
廿九 29th	2	4	甲午	4
三十 30th	2	5	乙未	5

2046 丙寅 Fire Tiger

Grand Duke: 沈興

天干 Ten Stems	六月小 6th Mth				五月大 5th Mth				四月小 4th Mth				月干支 Month
	乙未 Yi Wei				甲午 Jia Wu				癸巳 Gui Si				
	六白 Six White				七赤 Seven Red				八白 Eight White				九星 9 Star
	大暑 Greater Heat		小暑 Lesser Heat		夏至 Summer Solstice		芒種 Planting of Thorny Crops				小滿 Small Sprout		節氣 Season
	19th day		4th day		18th day		2nd day				16th day		
	23hr 10min		5hr 41min		12hr 14min		19hr 34min				4hr 30min		
	子 Zi		卯 Mao		午 Wu		戌 Xu				寅 Yin		
	國曆 Gregorian		干支 S/B	星 Star	國曆 Gregorian		干支 S/B	星 Star	國曆 Gregorian		干支 S/B	星 Star	農曆 Calendar
甲 Jia Yang Wood	7	4	甲子	9	6	4	甲午	7	5	6	乙丑	5	初一 1st
	7	5	乙丑	8	6	5	乙未	8	5	7	丙寅	6	初二 2nd
乙 Yi Yin Wood	7	6	丙寅	7	6	6	丙申	9	5	8	丁卯	7	初三 3rd
	7	7	丁卯	6	6	7	丁酉	1	5	9	戊辰	8	初四 4th
丙 Bing Yang Fire	7	8	戊辰	5	6	8	戊戌	2	5	10	己巳	9	初五 5th
	7	9	己巳	4	6	9	己亥	3	5	11	庚午	1	初六 6th
丁 Ding Yin Fire	7	10	庚午	3	6	10	庚子	4	5	12	辛未	2	初七 7th
	7	11	辛未	2	6	11	辛丑	5	5	13	壬申	3	初八 8th
戊 Wu Yang Earth	7	12	壬申	1	6	12	壬寅	6	5	14	癸酉	4	初九 9th
	7	13	癸酉	9	6	13	癸卯	7	5	15	甲戌	5	初十 10th
己 Ji Yin Earth	7	14	甲戌	8	6	14	甲辰	8	5	16	乙亥	6	十一 11th
	7	15	乙亥	7	6	15	乙巳	9	5	17	丙子	7	十二 12th
庚 Geng Yang Metal	7	16	丙子	6	6	16	丙午	1	5	18	丁丑	8	十三 13th
	7	17	丁丑	5	6	17	丁未	2	5	19	戊寅	9	十四 14th
辛 Xin Yin Metal	7	18	戊寅	4	6	18	戊申	3	5	20	己卯	1	十五 15th
	7	19	己卯	3	6	19	己酉	4	5	21	庚辰	2	十六 16th
壬 Ren Yang Water	7	20	庚辰	2	6	20	庚戌	5	5	22	辛巳	3	十七 17th
	7	21	辛巳	1	6	21	辛亥	6\4	5	23	壬午	4	十八 18th
癸 Gui Yin Water	7	22	壬午	9	6	22	壬子	3	5	24	癸未	5	十九 19th
	7	23	癸未	8	6	23	癸丑	2	5	25	甲申	6	二十 20th
	7	24	甲申	7	6	24	甲寅	1	5	26	乙酉	7	廿一 21st
	7	25	乙酉	6	6	25	乙卯	9	5	27	丙戌	8	廿二 22nd
	7	26	丙戌	5	6	26	丙辰	8	5	28	丁亥	9	廿三 23rd
	7	27	丁亥	4	6	27	丁巳	7	5	29	戊子	1	廿四 24th
	7	28	戊子	3	6	28	戊午	6	5	30	己丑	2	廿五 25th
	7	29	己丑	2	6	29	己未	5	5	31	庚寅	3	廿六 26th
	7	30	庚寅	1	6	30	庚申	4	6	1	辛卯	4	廿七 27th
	7	31	辛卯	9	7	1	辛酉	3	6	2	壬辰	5	廿八 28th
	8	1	壬辰	8	7	2	壬戌	2	6	3	癸巳	6	廿九 29th
					7	3	癸亥	1					三十 30th

三月大 3rd Mth				二月小 2nd Mth				正月大 1st Mth				月干支 Month
壬辰 Ren Chen				辛卯 Xin Mao				庚寅 Geng Yin				
九紫 Nine Purple				一白 One White				二黑 Two Black				九星 9 Star
立夏 Coming of Summer		穀雨 Grain Rain		清明 Clear and Bright		春分 Spring Equinox		驚蟄 Awakening of Worms		雨水 Rain Water		節氣 Season
30th day		15th day		28th day		13th day		28th day		13th day		
15hr 40min		5hr 41min		22hr 46min		18hr 57min		18hr 20min		20hr 18min		
申 Shen		卯 Mao		亥 Hai		酉 You		酉 You		戌 Xu		
國曆 Gregorian		干支 S/B	星 Star	國曆 Gregorian		干支 S/B	星 Star	國曆 Gregorian		干支 S/B	星 Star	農曆 Calendar
4	6	乙未	2	3	8	丙寅	9	2	6	丙申	6	初一 1st
4	7	丙申	3	3	9	丁卯	1	2	7	丁酉	7	初二 2nd
4	8	丁酉	4	3	10	戊辰	2	2	8	戊戌	8	初三 3rd
4	9	戊戌	5	3	11	己巳	3	2	9	己亥	9	初四 4th
4	10	己亥	6	3	12	庚午	4	2	10	庚子	1	初五 5th
4	11	庚子	7	3	13	辛未	5	2	11	辛丑	2	初六 6th
4	12	辛丑	8	3	14	壬申	6	2	12	壬寅	3	初七 7th
4	13	壬寅	9	3	15	癸酉	7	2	13	癸卯	4	初八 8th
4	14	癸卯	1	3	16	甲戌	8	2	14	甲辰	5	初九 9th
4	15	甲辰	2	3	17	乙亥	9	2	15	乙巳	6	初十 10th
4	16	乙巳	3	3	18	丙子	1	2	16	丙午	7	十一 11th
4	17	丙午	4	3	19	丁丑	2	2	17	丁未	8	十二 12th
4	18	丁未	5	3	20	戊寅	3	2	18	戊申	9	十三 13th
4	19	戊申	6	3	21	己卯	4	2	19	己酉	1	十四 14th
4	20	己酉	7	3	22	庚辰	5	2	20	庚戌	2	十五 15th
4	21	庚戌	8	3	23	辛巳	6	2	21	辛亥	3	十六 16th
4	22	辛亥	9	3	24	壬午	7	2	22	壬子	4	十七 17th
4	23	壬子	1	3	25	癸未	8	2	23	癸丑	5	十八 18th
4	24	癸丑	2	3	26	甲申	9	2	24	甲寅	6	十九 19th
4	25	甲寅	3	3	27	乙酉	1	2	25	乙卯	7	二十 20th
4	26	乙卯	4	3	28	丙戌	2	2	26	丙辰	8	廿一 21st
4	27	丙辰	5	3	29	丁亥	3	2	27	丁巳	9	廿二 22nd
4	28	丁巳	6	3	30	戊子	4	2	28	戊午	1	廿三 23rd
4	29	戊午	7	3	31	己丑	5	3	1	己未	2	廿四 24th
4	30	己未	8	4	1	庚寅	6	3	2	庚申	3	廿五 25th
5	1	庚申	9	4	2	辛卯	7	3	3	辛酉	4	廿六 26th
5	2	辛酉	1	4	3	壬辰	8	3	4	壬戌	5	廿七 27th
5	3	壬戌	2	4	4	癸巳	9	3	5	癸亥	6	廿八 28th
5	4	癸亥	3	4	5	甲午	1	3	6	甲子	7	廿九 29th
5	5	甲子	4					3	7	乙丑	8	三十 30th

Male Gua: 8 艮(Gen) **Female Gua: 7 兌(Dui)** 3 Killing 三煞: North Annual Star: 8 White

地支 Twelve Branches: 子 Zi Rat · 丑 Chou Ox · 寅 Yin Tiger · 卯 Mao Rabbit · 辰 Chen Dragon · 巳 Si Snake · 午 Wu Horse · 未 Wei Goat · 申 Shen Monkey · 酉 You Rooster · 戌 Xu Dog · 亥 Hai Pig

十二月大 12th Mth				十一月小 11th Mth				十月大 10th Mth				九月小 9th Mth				八月小 8th Mth				七月大 7th Mth				月干支 Month	
辛丑 Xin Chou				庚子 Geng Zi				己亥 Ji Hai				戊戌 Wu Xu				丁酉 Ding You				丙申 Bing Shen					
九紫 Nine Purple				一白 One White				二黑 Two Black				三碧 Three Jade				四綠 Four Green				五黃 Five Yellow				九星 9 Star	
大寒 Greater Cold		小寒 Lesser Cold		冬至 Winter Solstice		大雪 Greater Snow		小雪 Lesser Snow		立冬 Coming of Winter		霜降 Frosting		寒露 Cold Dew		秋分 Autumn Equinox		白露 White Dew		處暑 Heat Ends		立秋 Coming Autumn		節氣 Season	
25th day		10th day		25th day		10th day		25th day		10th day		24th day		9th day		23rd day		7th day		22nd day		6th day			
12hr 12min		18hr 44min		1hr 27min		7hr 23min		11hr 58min		14hr 14min		14hr 5min		10hr 44min		4hr 22min		18hr 45min		6hr 26min		15hr 33min			
午 Wu		酉 You		丑 Chou		辰 Chen		午 Wu		未 Wei		未 Wei		巳 Si		寅 Yin		酉 You		卯 Mao		申 Shen			
國曆 Gregorian		干支 S/B	星 Star	國曆 Gregorian		干支 S/B	星 Star	國曆 Gregorian		干支 S/B	星 Star	國曆 Gregorian		干支 S/B	星 Star	國曆 Gregorian		干支 S/B	星 Star	國曆 Gregorian		干支 S/B	星 Star	農曆 Calendar	
12	27	庚申	6	11	28	辛卯	6	10	29	辛酉	9	9	30	壬辰	2	9	1	癸亥	4	8	2	癸巳	7	初一	1st
12	28	辛酉	7	11	29	壬辰	5	10	30	壬戌	8	10	1	癸巳	1	9	2	甲子	3	8	3	甲午	6	初二	2nd
12	29	壬戌	8	11	30	癸巳	4	10	31	癸亥	7	10	2	甲午	9	9	3	乙丑	2	8	4	乙未	5	初三	3rd
12	30	癸亥	9	12	1	甲午	3	11	1	甲子	6	10	3	乙未	8	9	4	丙寅	1	8	5	丙申	4	初四	4th
12	31	甲子	1	12	2	乙未	2	11	2	乙丑	5	10	4	丙申	7	9	5	丁卯	9	8	6	丁酉	3	初五	5th
1	1	乙丑	2	12	3	丙申	1	11	3	丙寅	4	10	5	丁酉	6	9	6	戊辰	8	8	7	戊戌	2	初六	6th
1	2	丙寅	3	12	4	丁酉	9	11	4	丁卯	3	10	6	戊戌	5	9	7	己巳	7	8	8	己亥	1	初七	7th
1	3	丁卯	4	12	5	戊戌	8	11	5	戊辰	2	10	7	己亥	4	9	8	庚午	6	8	9	庚子	9	初八	8th
1	4	戊辰	5	12	6	己亥	7	11	6	己巳	1	10	8	庚子	3	9	9	辛未	5	8	10	辛丑	8	初九	9th
1	5	己巳	6	12	7	庚子	6	11	7	庚午	9	10	9	辛丑	2	9	10	壬申	4	8	11	壬寅	7	初十	10th
1	6	庚午	7	12	8	辛丑	5	11	8	辛未	8	10	10	壬寅	1	9	11	癸酉	3	8	12	癸卯	6	十一	11th
1	7	辛未	8	12	9	壬寅	4	11	9	壬申	7	10	11	癸卯	9	9	12	甲戌	2	8	13	甲辰	5	十二	12th
1	8	壬申	9	12	10	癸卯	3	11	10	癸酉	6	10	12	甲辰	8	9	13	乙亥	1	8	14	乙巳	4	十三	13th
1	9	癸酉	1	12	11	甲辰	2	11	11	甲戌	5	10	13	乙巳	7	9	14	丙子	9	8	15	丙午	3	十四	14th
1	10	甲戌	2	12	12	乙巳	1	11	12	乙亥	4	10	14	丙午	6	9	15	丁丑	8	8	16	丁未	2	十五	15th
1	11	乙亥	3	12	13	丙午	9	11	13	丙子	3	10	15	丁未	5	9	16	戊寅	7	8	17	戊申	1	十六	16th
1	12	丙子	4	12	14	丁未	8	11	14	丁丑	2	10	16	戊申	4	9	17	己卯	6	8	18	己酉	9	十七	17th
1	13	丁丑	5	12	15	戊申	7	11	15	戊寅	1	10	17	己酉	3	9	18	庚辰	5	8	19	庚戌	8	十八	18th
1	14	戊寅	6	12	16	己酉	6	11	16	己卯	9	10	18	庚戌	2	9	19	辛巳	4	8	20	辛亥	7	十九	19th
1	15	己卯	7	12	17	庚戌	5	11	17	庚辰	8	10	19	辛亥	1	9	20	壬午	3	8	21	壬子	6	二十	20th
1	16	庚辰	8	12	18	辛亥	4	11	18	辛巳	7	10	20	壬子	9	9	21	癸未	2	8	22	癸丑	5	廿一	21st
1	17	辛巳	9	12	19	壬子	3	11	19	壬午	6	10	21	癸丑	8	9	22	甲申	1	8	23	甲寅	4	廿二	22nd
1	18	壬午	1	12	20	癸丑	2	11	20	癸未	5	10	22	甲寅	7	9	23	乙酉	9	8	24	乙卯	3	廿三	23rd
1	19	癸未	2	12	21	甲寅	1	11	21	甲申	4	10	23	乙卯	6	9	24	丙戌	8	8	25	丙辰	2	廿四	24th
1	20	甲申	3	12	22	乙卯	9/1	11	22	乙酉	3	10	24	丙辰	5	9	25	丁亥	7	8	26	丁巳	1	廿五	25th
1	21	乙酉	4	12	23	丙辰	2	11	23	丙戌	2	10	25	丁巳	4	9	26	戊子	6	8	27	戊午	9	廿六	26th
1	22	丙戌	5	12	24	丁巳	3	11	24	丁亥	1	10	26	戊午	3	9	27	己丑	5	8	28	己未	8	廿七	27th
1	23	丁亥	6	12	25	戊午	4	11	25	戊子	9	10	27	己未	2	9	28	庚寅	4	8	29	庚申	7	廿八	28th
1	24	戊子	7	12	26	己未	5	11	26	己丑	8	10	28	庚申	1	9	29	辛卯	3	8	30	辛酉	6	廿九	29th
1	25	己丑	8					11	27	庚寅	7									8	31	壬戌	5	三十	30th

2047 丁卯 Fire Rabbit

Grand Duke: 耿章

月干支 Month	正月大 1st Mth 壬寅 Ren Yin				二月小 2nd Mth 癸卯 Gui Mao				三月大 3rd Mth 甲辰 Jia Chen			
九星 9 Star	八白 Eight White				七赤 Seven Red				六白 Six White			
節氣 Season	雨水 Rain Water		立春 Coming of Spring		春分 Spring Equinox		驚蟄 Awakening of Worms		穀雨 Grain Rain		清明 Clear and Bright	
	25th day		10th day		25th day		10th day		26th day		11th day	
	2hr 12min		6hr 18min		0hr 52min		0hr 7min		11hr 34min		4hr 34min	
	丑 Chou		卯 Mao		子 Zi		子 Zi		午 Wu		寅 Yin	
農曆 Calendar	國曆 Gregorian		干支 S/B	星 Star	國曆 Gregorian		干支 S/B	星 Star	國曆 Gregorian		干支 S/B	星 Star
初一 1st	1	26	庚寅	9	2	25	庚申	3	3	26	己丑	5
初二 2nd	1	27	辛卯	1	2	26	辛酉	4	3	27	庚寅	6
初三 3rd	1	28	壬辰	2	2	27	壬戌	5	3	28	辛卯	7
初四 4th	1	29	癸巳	3	2	28	癸亥	6	3	29	壬辰	8
初五 5th	1	30	甲午	4	3	1	甲子	7	3	30	癸巳	9
初六 6th	1	31	乙未	5	3	2	乙丑	8	3	31	甲午	1
初七 7th	2	1	丙申	6	3	3	丙寅	9	4	1	乙未	2
初八 8th	2	2	丁酉	7	3	4	丁卯	1	4	2	丙申	3
初九 9th	2	3	戊戌	8	3	5	戊辰	2	4	3	丁酉	4
初十 10th	2	4	己亥	9	3	6	己巳	3	4	4	戊戌	5
十一 11th	2	5	庚子	1	3	7	庚午	4	4	5	己亥	6
十二 12th	2	6	辛丑	2	3	8	辛未	5	4	6	庚子	7
十三 13th	2	7	壬寅	3	3	9	壬申	6	4	7	辛丑	8
十四 14th	2	8	癸卯	4	3	10	癸酉	7	4	8	壬寅	9
十五 15th	2	9	甲辰	5	3	11	甲戌	8	4	9	癸卯	1
十六 16th	2	10	乙巳	6	3	12	乙亥	9	4	10	甲辰	2
十七 17th	2	11	丙午	7	3	13	丙子	1	4	11	乙巳	3
十八 18th	2	12	丁未	8	3	14	丁丑	2	4	12	丙午	4
十九 19th	2	13	戊申	9	3	15	戊寅	3	4	13	丁未	5
二十 20th	2	14	己酉	1	3	16	己卯	4	4	14	戊申	6
廿一 21st	2	15	庚戌	2	3	17	庚辰	5	4	15	己酉	7
廿二 22nd	2	16	辛亥	3	3	18	辛巳	6	4	16	庚戌	8
廿三 23rd	2	17	壬子	4	3	19	壬午	7	4	17	辛亥	9
廿四 24th	2	18	癸丑	5	3	20	癸未	8	4	18	壬子	1
廿五 25th	2	19	甲寅	6	3	21	甲申	9	4	19	癸丑	2
廿六 26th	2	20	乙卯	7	3	22	乙酉	1	4	20	甲寅	3
廿七 27th	2	21	丙辰	8	3	23	丙戌	2	4	21	乙卯	4
廿八 28th	2	22	丁巳	9	3	24	丁亥	3	4	22	丙辰	5
廿九 29th	2	23	戊午	1	3	25	戊子	4	4	23	丁巳	6
三十 30th	2	24	己未	2					4	24	戊午	7

月干支 Month	四月大 4th Mth 乙巳 Yi Si				五月小 5th Mth 丙午 Bing Wu				閏五月大 5th Mth				六月小 6th Mth 丁未 Ding Wei			
九星 9 Star	五黃 Five Yellow				四綠 Four Green								三碧 Three Jade			
節氣 Season	小滿 Small Sprout		立夏 Coming of Summer		夏至 Summer Solstice		芒種 Planting of Thorny Crops				小暑 Lesser Heat		立秋 Coming Autumn		大暑 Greater Heat	
	27th day		11th day		28th day		13th day				15th day		16th day		1st day	
	10hr 21min		21hr 28min		18hr 3min		1hr 22min				11hr 32min		21hr 25min		4hr 57min	
	巳 Si		亥 Hai		酉 You		丑 Chou				午 Wu		亥 Hai		寅 Yin	
農曆 Calendar	國曆 Gregorian		干支 S/B	星 Star	國曆 Gregorian		干支 S/B	星 Star	國曆 Gregorian		干支 S/B	星 Star	國曆 Gregorian		干支 S/B	星 Star
初一 1st	4	25	己未	8	5	25	己丑	2	6	23	戊午	6	7	23	戊子	3
初二 2nd	4	26	庚申	9	5	26	庚寅	3	6	24	己未	5	7	24	己丑	2
初三 3rd	4	27	辛酉	1	5	27	辛卯	4	6	25	庚申	4	7	25	庚寅	1
初四 4th	4	28	壬戌	2	5	28	壬辰	5	6	26	辛酉	3	7	26	辛卯	9
初五 5th	4	29	癸亥	3	5	29	癸巳	6	6	27	壬戌	2	7	27	壬辰	8
初六 6th	4	30	甲子	4	5	30	甲午	7	6	28	癸亥	1	7	28	癸巳	7
初七 7th	5	1	乙丑	5	5	31	乙未	8	6	29	甲子	9	7	29	甲午	6
初八 8th	5	2	丙寅	6	6	1	丙申	9	6	30	乙丑	8	7	30	乙未	5
初九 9th	5	3	丁卯	7	6	2	丁酉	1	7	1	丙寅	7	7	31	丙申	4
初十 10th	5	4	戊辰	8	6	3	戊戌	2	7	2	丁卯	6	8	1	丁酉	3
十一 11th	5	5	己巳	9	6	4	己亥	3	7	3	戊辰	5	8	2	戊戌	2
十二 12th	5	6	庚午	1	6	5	庚子	4	7	4	己巳	4	8	3	己亥	1
十三 13th	5	7	辛未	2	6	6	辛丑	5	7	5	庚午	3	8	4	庚子	9
十四 14th	5	8	壬申	3	6	7	壬寅	6	7	6	辛未	2	8	5	辛丑	8
十五 15th	5	9	癸酉	4	6	8	癸卯	7	7	7	壬申	1	8	6	壬寅	7
十六 16th	5	10	甲戌	5	6	9	甲辰	8	7	8	癸酉	9	8	7	癸卯	6
十七 17th	5	11	乙亥	6	6	10	乙巳	9	7	9	甲戌	8	8	8	甲辰	5
十八 18th	5	12	丙子	7	6	11	丙午	1	7	10	乙亥	7	8	9	乙巳	4
十九 19th	5	13	丁丑	8	6	12	丁未	2	7	11	丙子	6	8	10	丙午	3
二十 20th	5	14	戊寅	9	6	13	戊申	3	7	12	丁丑	5	8	11	丁未	2
廿一 21st	5	15	己卯	1	6	14	己酉	4	7	13	戊寅	4	8	12	戊申	1
廿二 22nd	5	16	庚辰	2	6	15	庚戌	5	7	14	己卯	3	8	13	己酉	9
廿三 23rd	5	17	辛巳	3	6	16	辛亥	6	7	15	庚辰	2	8	14	庚戌	8
廿四 24th	5	18	壬午	4	6	17	壬子	7	7	16	辛巳	1	8	15	辛亥	7
廿五 25th	5	19	癸未	5	6	18	癸丑	8	7	17	壬午	9	8	16	壬子	6
廿六 26th	5	20	甲申	6	6	19	甲寅	9	7	18	癸未	8	8	17	癸丑	5
廿七 27th	5	21	乙酉	7	6	20	乙卯	1	7	19	甲申	7	8	18	甲寅	4
廿八 28th	5	22	丙戌	8	6	21	丙辰	2\8	7	20	乙酉	6	8	19	乙卯	3
廿九 29th	5	23	丁亥	9	6	22	丁巳	7	7	21	丙戌	5	8	20	丙辰	2
三十 30th	5	24	戊子	1					7	22	丁亥	4				

天干 Ten Stems

- 甲 Jia Yang Wood
- 乙 Yi Yin Wood
- 丙 Bing Yang Fire
- 丁 Ding Yin Fire
- 戊 Wu Yang Earth
- 己 Ji Yin Earth
- 庚 Geng Yang Metal
- 辛 Xin Yin Metal
- 壬 Ren Yang Water
- 癸 Gui Yin Water

Male Gua: 7 兑(Dui) **Female Gua: 8 艮(Gen)** 3 Killing 三煞: West Annual Star: 7 Red

地支 Twelve Branches: 子 Zi Rat · 丑 Chou Ox · 寅 Yin Tiger · 卯 Mao Rabbit · 辰 Chen Dragon · 巳 Si Snake · 午 Wu Horse · 未 Wei Goat · 申 Shen Monkey · 酉 You Rooster · 戌 Xu Dog · 亥 Hai Pig

月干支 Month	七月大 7th Mth				八月小 8th Mth			
	戊申 Wu Shen				己酉 Ji You			
九星 9 Star	二黑 Two Black				一白 One White			
節氣 Season	白露 White Dew		處暑 Heat Ends		寒露 Cold Dew		秋分 Autumn Equinox	
	19th day		3rd day		19th day		4th day	
	0hr 40min		12hr 12min		16hr 40min		10hr 8min	
	子 Zi		午 Wu		申 Shen		巳 Si	
農曆 Calendar	國曆 Gregorian		干支 S/B	星 Star	國曆 Gregorian		干支 S/B	星 Star
初一 1st	8	21	丁巳	1	9	20	丁亥	7
初二 2nd	8	22	戊午	9	9	21	戊子	6
初三 3rd	8	23	己未	8	9	22	己丑	5
初四 4th	8	24	庚申	7	9	23	庚寅	4
初五 5th	8	25	辛酉	6	9	24	辛卯	3
初六 6th	8	26	壬戌	5	9	25	壬辰	2
初七 7th	8	27	癸亥	4	9	26	癸巳	1
初八 8th	8	28	甲子	3	9	27	甲午	9
初九 9th	8	29	乙丑	2	9	28	乙未	8
初十 10th	8	30	丙寅	1	9	29	丙申	7
十一 11th	8	31	丁卯	9	9	30	丁酉	6
十二 12th	9	1	戊辰	8	10	1	戊戌	5
十三 13th	9	2	己巳	7	10	2	己亥	4
十四 14th	9	3	庚午	6	10	3	庚子	3
十五 15th	9	4	辛未	5	10	4	辛丑	2
十六 16th	9	5	壬申	4	10	5	壬寅	1
十七 17th	9	6	癸酉	3	10	6	癸卯	9
十八 18th	9	7	甲戌	2	10	7	甲辰	8
十九 19th	9	8	乙亥	1	10	8	乙巳	7
二十 20th	9	9	丙子	9	10	9	丙午	6
廿一 21st	9	10	丁丑	8	10	10	丁未	5
廿二 22nd	9	11	戊寅	7	10	11	戊申	4
廿三 23rd	9	12	己卯	6	10	12	己酉	3
廿四 24th	9	13	庚辰	5	10	13	庚戌	2
廿五 25th	9	14	辛巳	4	10	14	辛亥	1
廿六 26th	9	15	壬午	3	10	15	壬子	9
廿七 27th	9	16	癸未	2	10	16	癸丑	8
廿八 28th	9	17	甲申	1	10	17	甲寅	7
廿九 29th	9	18	乙酉	9	10	18	乙卯	6
三十 30th	9	19	丙戌	8				

月干支 Month	九月小 9th Mth				十月大 10th Mth			
	庚戌 Geng Xu				辛亥 Xin Hai			
九星 9 Star	九紫 Nine Purple				八白 Eight White			
節氣 Season	立冬 Coming of Winter		霜降 Frosting		大雪 Greater Snow		小雪 Lesser Snow	
	20th day		5th day		21st day		6th day	
	20hr 7min		19hr 50min		13hr 13min		17hr 40min	
	戌 Xu		戌 Xu		未 Wei		酉 You	
農曆 Calendar	國曆 Gregorian		干支 S/B	星 Star	國曆 Gregorian		干支 S/B	星 Star
初一 1st	10	19	丙辰	5	11	17	乙酉	3
初二 2nd	10	20	丁巳	4	11	18	丙戌	2
初三 3rd	10	21	戊午	3	11	19	丁亥	1
初四 4th	10	22	己未	2	11	20	戊子	9
初五 5th	10	23	庚申	1	11	21	己丑	8
初六 6th	10	24	辛酉	9	11	22	庚寅	7
初七 7th	10	25	壬戌	8	11	23	辛卯	6
初八 8th	10	26	癸亥	7	11	24	壬辰	5
初九 9th	10	27	甲子	6	11	25	癸巳	4
初十 10th	10	28	乙丑	5	11	26	甲午	3
十一 11th	10	29	丙寅	4	11	27	乙未	2
十二 12th	10	30	丁卯	3	11	28	丙申	1
十三 13th	10	31	戊辰	2	11	29	丁酉	9
十四 14th	11	1	己巳	1	11	30	戊戌	8
十五 15th	11	2	庚午	9	12	1	己亥	7
十六 16th	11	3	辛未	8	12	2	庚子	6
十七 17th	11	4	壬申	7	12	3	辛丑	5
十八 18th	11	5	癸酉	6	12	4	壬寅	4
十九 19th	11	6	甲戌	5	12	5	癸卯	3
二十 20th	11	7	乙亥	4	12	6	甲辰	2
廿一 21st	11	8	丙子	3	12	7	乙巳	1
廿二 22nd	11	9	丁丑	2	12	8	丙午	9
廿三 23rd	11	10	戊寅	1	12	9	丁未	8
廿四 24th	11	11	己卯	9	12	10	戊申	7
廿五 25th	11	12	庚辰	8	12	11	己酉	6
廿六 26th	11	13	辛巳	7	12	12	庚戌	5
廿七 27th	11	14	壬午	6	12	13	辛亥	4
廿八 28th	11	15	癸未	5	12	14	壬子	3
廿九 29th	11	16	甲申	4	12	15	癸丑	2
三十 30th					12	16	甲寅	1

月干支 Month	十一月小 11th Mth				十二月大 12th Mth			
	壬子 Ren Zi				癸丑 Gui Chou			
九星 9 Star	七赤 Seven Red				六白 Six White			
節氣 Season	小寒 Lesser Cold		冬至 Winter Solstice		立春 Coming of Spring		大寒 Greater Cold	
	21st day		6th day		21st day		6th day	
	0hr 31min		7hr [illegible]min		12hr 4min		17hr 49min	
	子 Zi		辰 Chen		午 Wu		酉 You	
農曆 Calendar	國曆 Gregorian		干支 S/B	星 Star	國曆 Gregorian		干支 S/B	星 Star
初一 1st	12	17	乙卯	9	1	15	甲申	3
初二 2nd	12	18	丙辰	8	1	16	乙酉	4
初三 3rd	12	19	丁巳	7	1	17	丙戌	5
初四 4th	12	20	戊午	6	1	18	丁亥	6
初五 5th	12	21	己未	5	1	19	戊子	7
初六 6th	12	22	庚申	4\6	1	20	己丑	8
初七 7th	12	23	辛酉	7	1	21	庚寅	9
初八 8th	12	24	壬戌	8	1	22	辛卯	1
初九 9th	12	25	癸亥	9	1	23	壬辰	2
初十 10th	12	26	甲子	1	1	24	癸巳	3
十一 11th	12	27	乙丑	2	1	25	甲午	4
十二 12th	12	28	丙寅	3	1	26	乙未	5
十三 13th	12	29	丁卯	4	1	27	丙申	6
十四 14th	12	30	戊辰	5	1	28	丁酉	7
十五 15th	12	31	己巳	6	1	29	戊戌	8
十六 16th	1	1	庚午	7	1	30	己亥	9
十七 17th	1	2	辛未	8	1	31	庚子	1
十八 18th	1	3	壬申	9	2	1	辛丑	2
十九 19th	1	4	癸酉	1	2	2	壬寅	3
二十 20th	1	5	甲戌	2	2	3	癸卯	4
廿一 21st	1	6	乙亥	3	2	4	甲辰	5
廿二 22nd	1	7	丙子	4	2	5	乙巳	6
廿三 23rd	1	8	丁丑	5	2	6	丙午	7
廿四 24th	1	9	戊寅	6	2	7	丁未	8
廿五 25th	1	10	己卯	7	2	8	戊申	9
廿六 26th	1	11	庚辰	8	2	9	己酉	1
廿七 27th	1	12	辛巳	9	2	10	庚戌	2
廿八 28th	1	13	壬午	1	2	11	辛亥	3
廿九 29th	1	14	癸未	2	2	12	壬子	4
三十 30th					2	13	癸丑	5

2048 戊辰 Earth Dragon

Grand Duke: 趙達

天干 Ten Stems: 甲 Jia Yang Wood · 乙 Yi Yin Wood · 丙 Bing Yang Fire · 丁 Ding Yin Fire · 戊 Wu Yang Earth · 己 Ji Yin Earth · 庚 Geng Yang Metal · 辛 Xin Yin Metal · 壬 Ren Yang Water · 癸 Gui Yin Water

六月小 6th Mth				五月大 5th Mth				四月小 4th Mth				三月大 3rd Mth				二月大 2nd Mth				正月小 1st Mth				月干支 Month
己未 Ji Wei				戊午 Wu Wu				丁巳 Ding Si				丙辰 Bing Chen				乙卯 Yi Mao				甲寅 Jia Yin				
九紫 Nine Purple				一白 One White				二黑 Two Black				三碧 Three Jade				四綠 Four Green				五黃 Five Yellow				九星 9 Star
立秋 Coming Autumn		大暑 Greater Heat		小暑 Lesser Heat		夏至 Summer Solstice		芒種 Planting of Thorny Crops		小滿 Small Sprout		立夏 Coming of Summer		穀雨 Grain Rain		清明 Clear and Bright		春分 Spring Equinox		驚蟄 Awakening of Worms		雨水 Rain Water		節氣 Season
28th day		12th day		26th day		10th day		24th day		8th day		23rd day		7th day		22nd day		7th day		21st day		6th day		
3hr 18min		10hr 49min		17hr 28min		23hr 53min		7hr 20min		16hr 10min		3hr 24min		17hr 19min		10hr 27min		6hr 33min		5hr 56min		7hr 51min		
寅 Yin		巳 Si		酉 You		子 Zi		辰 Chen		申 Shen		寅 Yin		酉 You		巳 Si		卯 Mao		卯 Mao		辰 Chen		
國曆 Gregorian		干支 S/B	星 Star	國曆 Gregorian		干支 S/B	星 Star	國曆 Gregorian		干支 S/B	星 Star	國曆 Gregorian		干支 S/B	星 Star	國曆 Gregorian		干支 S/B	星 Star	國曆 Gregorian		干支 S/B	星 Star	農曆 Calendar
7	11	壬午	9	6	11	壬子	7	5	13	癸未	5	4	13	癸丑	2	3	14	癸未	8	2	14	甲寅	6	初一 1st
7	12	癸未	8	6	12	癸丑	8	5	14	甲申	6	4	14	甲寅	3	3	15	甲申	9	2	15	乙卯	7	初二 2nd
7	13	甲申	7	6	13	甲寅	9	5	15	乙酉	7	4	15	乙卯	4	3	16	乙酉	1	2	16	丙辰	8	初三 3rd
7	14	乙酉	6	6	14	乙卯	1	5	16	丙戌	8	4	16	丙辰	5	3	17	丙戌	2	2	17	丁巳	9	初四 4th
7	15	丙戌	5	6	15	丙辰	2	5	17	丁亥	9	4	17	丁巳	6	3	18	丁亥	3	2	18	戊午	1	初五 5th
7	16	丁亥	4	6	16	丁巳	3	5	18	戊子	1	4	18	戊午	7	3	19	戊子	4	2	19	己未	2	初六 6th
7	17	戊子	3	6	17	戊午	4	5	19	己丑	2	4	19	己未	8	3	20	己丑	5	2	20	庚申	3	初七 7th
7	18	己丑	2	6	18	己未	5	5	20	庚寅	3	4	20	庚申	9	3	21	庚寅	6	2	21	辛酉	4	初八 8th
7	19	庚寅	1	6	19	庚申	6	5	21	辛卯	4	4	21	辛酉	1	3	22	辛卯	7	2	22	壬戌	5	初九 9th
7	20	辛卯	9	6	20	辛酉	7\3	5	22	壬辰	5	4	22	壬戌	2	3	23	壬辰	8	2	23	癸亥	6	初十 10th
7	21	壬辰	8	6	21	壬戌	2	5	23	癸巳	6	4	23	癸亥	3	3	24	癸巳	9	2	24	甲子	7	十一 11th
7	22	癸巳	7	6	22	癸亥	1	5	24	甲午	7	4	24	甲子	4	3	25	甲午	1	2	25	乙丑	8	十二 12th
7	23	甲午	6	6	23	甲子	9	5	25	乙未	8	4	25	乙丑	5	3	26	乙未	2	2	26	丙寅	9	十三 13th
7	24	乙未	5	6	24	乙丑	8	5	26	丙申	9	4	26	丙寅	6	3	27	丙申	3	2	27	丁卯	1	十四 14th
7	25	丙申	4	6	25	丙寅	7	5	27	丁酉	1	4	27	丁卯	7	3	28	丁酉	4	2	28	戊辰	2	十五 15th
7	26	丁酉	3	6	26	丁卯	6	5	28	戊戌	2	4	28	戊辰	8	3	29	戊戌	5	2	29	己巳	3	十六 16th
7	27	戊戌	2	6	27	戊辰	5	5	29	己亥	3	4	29	己巳	9	3	30	己亥	6	3	1	庚午	4	十七 17th
7	28	己亥	1	6	28	己巳	4	5	30	庚子	4	4	30	庚午	1	3	31	庚子	7	3	2	辛未	5	十八 18th
7	29	庚子	9	6	29	庚午	3	5	31	辛丑	5	5	1	辛未	2	4	1	辛丑	8	3	3	壬申	6	十九 19th
7	30	辛丑	8	6	30	辛未	2	6	1	壬寅	6	5	2	壬申	3	4	2	壬寅	9	3	4	癸酉	7	二十 20th
7	31	壬寅	7	7	1	壬申	1	6	2	癸卯	7	5	3	癸酉	4	4	3	癸卯	1	3	5	甲戌	8	廿一 21st
8	1	癸卯	6	7	2	癸酉	9	6	3	甲辰	8	5	4	甲戌	5	4	4	甲辰	2	3	6	乙亥	9	廿二 22nd
8	2	甲辰	5	7	3	甲戌	8	6	4	乙巳	9	5	5	乙亥	6	4	5	乙巳	3	3	7	丙子	1	廿三 23rd
8	3	乙巳	4	7	4	乙亥	7	6	5	丙午	1	5	6	丙子	7	4	6	丙午	4	3	8	丁丑	2	廿四 24th
8	4	丙午	3	7	5	丙子	6	6	6	丁未	2	5	7	丁丑	8	4	7	丁未	5	3	9	戊寅	3	廿五 25th
8	5	丁未	2	7	6	丁丑	5	6	7	戊申	3	5	8	戊寅	9	4	8	戊申	6	3	10	己卯	4	廿六 26th
8	6	戊申	1	7	7	戊寅	4	6	8	己酉	4	5	9	己卯	1	4	9	己酉	7	3	11	庚辰	5	廿七 27th
8	7	己酉	9	7	8	己卯	3	6	9	庚戌	5	5	10	庚辰	2	4	10	庚戌	8	3	12	辛巳	6	廿八 28th
8	8	庚戌	8	7	9	庚辰	2	6	10	辛亥	6	5	11	辛巳	3	4	11	辛亥	9	3	13	壬午	7	廿九 29th
8	9	辛亥	7	7	10	辛巳	1					5	12	壬午	4	4	12	壬子	1					三十 30th

地支 Twelve Branches: 子 Zi Rat | 丑 Chou Ox | 寅 Yin Tiger | 卯 Mao Rabbit | 辰 Chen Dragon | 巳 Si Snake | 午 Wu Horse | 未 Wei Goat | 申 Shen Monkey | 酉 You Rooster | 戌 Xu Dog | 亥 Hai Pig

十二月小 12th Mth				十一月大 11th Mth				十月小 10th Mth				九月小 9th Mth				八月大 8th Mth				七月小 7th Mth				月干支 Month	
乙丑 Yi Chou				甲子 Jia Zi				癸亥 Gu Hai				壬戌 Ren Xu				辛酉 Xin You				庚申 Geng Shen					
三碧 Three Jade				四綠 Four Green				五黃 Five Yellow				六白 Six White				七赤 Seven Red				八白 Eight White				九星 9 Star	
大寒 Greater Cold		小寒 Lesser Cold		冬至 Winter Solstice		大雪 Greater Snow		小雪 Lesser Snow		立冬 Coming of Winter				霜降 Frosting		寒露 Cold Dew		秋分 Autumn Equinox		白露 White Dew		處暑 Heat Ends		節氣 Season	
16th day		2nd day		17th day		2nd day		16th day		2nd day				16th day		30th day		15th day		29th day		13th day			
23hr 43min		6hr 21min		13hr 1min		19hr 3min		23hr 35min		1hr 55min				1hr 44min		22hr 28min		16hr 0min		6hr 30min		18hr 4min			
子 Zi		卯 Mao		未 Wei		戌 Xu		子 Zi		丑 Chou				丑 Chou		亥 Hai		申 Shen		卯 Mao		酉 You			
國曆 Gregorian		干支 S/B	星 Star	國曆 Gregorian		干支 S/B	星 Star	國曆 Gregorian		干支 S/B	星 Star	國曆 Gregorian		干支 S/B	星 Star	國曆 Gregorian		干支 S/B	星 Star	國曆 Gregorian		干支 S/B	星 Star	農曆 Calendar	
1	4	己卯	1	12	5	己酉	6	11	6	庚辰	8	10	8	辛亥	1	9	8	辛巳	4	8	10	壬子	6	初一	1st
1	5	庚辰	2	12	6	庚戌	5	11	7	辛巳	7	10	9	壬子	9	9	9	壬午	3	8	11	癸丑	5	初二	2nd
1	6	辛巳	3	12	7	辛亥	4	11	8	壬午	6	10	10	癸丑	8	9	10	癸未	2	8	12	甲寅	4	初三	3rd
1	7	壬午	4	12	8	壬子	3	11	9	癸未	5	10	11	甲寅	7	9	11	甲申	1	8	13	乙卯	3	初四	4th
1	8	癸未	5	12	9	癸丑	2	11	10	甲申	4	10	12	乙卯	6	9	12	乙酉	9	8	14	丙辰	2	初五	5th
1	9	甲申	6	12	10	甲寅	1	11	11	乙酉	3	10	13	丙辰	5	9	13	丙戌	8	8	15	丁巳	1	初六	6th
1	10	乙酉	7	12	11	乙卯	9	11	12	丙戌	2	10	14	丁巳	4	9	14	丁亥	7	8	16	戊午	9	初七	7th
1	11	丙戌	8	12	12	丙辰	8	11	13	丁亥	1	10	15	戊午	3	9	15	戊子	6	8	17	己未	8	初八	8th
1	12	丁亥	9	12	13	丁巳	7	11	14	戊子	9	10	16	己未	2	9	16	己丑	5	8	18	庚申	7	初九	9th
1	13	戊子	1	12	14	戊午	6	11	15	己丑	8	10	17	庚申	1	9	17	庚寅	4	8	19	辛酉	6	初十	10th
1	14	己丑	2	12	15	己未	5	11	16	庚寅	7	10	18	辛酉	9	9	18	辛卯	3	8	20	壬戌	5	十一	11th
1	15	庚寅	3	12	16	庚申	4	11	17	辛卯	6	10	19	壬戌	8	9	19	壬辰	2	8	21	癸亥	4	十二	12th
1	16	辛卯	4	12	17	辛酉	3	11	18	壬辰	5	10	20	癸亥	7	9	20	癸巳	1	8	22	甲子	3	十三	13th
1	17	壬辰	5	12	18	壬戌	2	11	19	癸巳	4	10	21	甲子	6	9	21	甲午	9	8	23	乙丑	2	十四	14th
1	18	癸巳	6	12	19	癸亥	1	11	20	甲午	3	10	22	乙丑	5	9	22	乙未	8	8	24	丙寅	1	十五	15th
1	19	甲午	7	12	20	甲子	9	11	21	乙未	2	10	23	丙寅	4	9	23	丙申	7	8	25	丁卯	9	十六	16th
1	20	乙未	8	12	21	乙丑	8\5	11	22	丙申	1	10	24	丁卯	3	9	24	丁酉	6	8	26	戊辰	8	十七	17th
1	21	丙申	9	12	22	丙寅	6	11	23	丁酉	9	10	25	戊辰	2	9	25	戊戌	5	8	27	己巳	7	十八	18th
1	22	丁酉	1	12	23	丁卯	7	11	24	戊戌	8	10	26	己巳	1	9	26	己亥	4	8	28	庚午	6	十九	19th
1	23	戊戌	2	12	24	戊辰	8	11	25	己亥	7	10	27	庚午	9	9	27	庚子	3	8	29	辛未	5	二十	20th
1	24	己亥	3	12	25	己巳	9	11	26	庚子	6	10	28	辛未	8	9	28	辛丑	2	8	30	壬申	4	廿一	21st
1	25	庚子	4	12	26	庚午	1	11	27	辛丑	5	10	29	壬申	7	9	29	壬寅	1	8	31	癸酉	3	廿二	22nd
1	26	辛丑	5	12	27	辛未	2	11	28	壬寅	4	10	30	癸酉	6	9	30	癸卯	9	9	1	甲戌	2	廿三	23rd
1	27	壬寅	6	12	28	壬申	3	11	29	癸卯	3	10	31	甲戌	5	10	1	甲辰	8	9	2	乙亥	1	廿四	24th
1	28	癸卯	7	12	29	癸酉	4	11	30	甲辰	2	11	1	乙亥	4	10	2	乙巳	7	9	3	丙子	9	廿五	25th
1	29	甲辰	8	12	30	甲戌	5	12	1	乙巳	1	11	2	丙子	3	10	3	丙午	6	9	4	丁丑	8	廿六	26th
1	30	乙巳	9	12	31	乙亥	6	12	2	丙午	9	11	3	丁丑	2	10	4	丁未	5	9	5	戊寅	7	廿七	27th
1	31	丙午	1	1	1	丙子	7	12	3	丁未	8	11	4	戊寅	1	10	5	戊申	4	9	6	己卯	6	廿八	28th
2	1	丁未	2	1	2	丁丑	8	12	4	戊申	7	11	5	己卯	9	10	6	己酉	3	9	7	庚辰	5	廿九	29th
				1	3	戊寅	9									10	7	庚戌	2					三十	30th

2049 己巳 Earth Snake

Grand Duke: 郭燦

六月大 6th Mth				五月大 5th Mth				四月小 4th Mth				三月大 3rd Mth				二月小 2nd Mth				正月大 1st Mth				月干支 Month
辛未 Xin Wei				庚午 Geng Wu				己巳 Ji Si				戊辰 Wu Chen				丁卯 Ding Mao				丙寅 Bing Yin				
六白 Six White				七赤 Seven Red				八白 Eight White				九紫 Nine Purple				一白 One White				二黑 Two Black				九星 9 Star
大暑 Greater Heat		小暑 Lesser Heat		夏至 Summer Solstice		芒種 Planting of Thorny Crops		小滿 Small Sprout		立夏 Coming of Summer		穀雨 Grain Rain		清明 Clear and Bright		春分 Spring Equinox		驚蟄 Awakening of Worms		雨水 Rain Water		立春 Coming of Spring		節氣 Season
23rd day		7th day		22nd day		6th day		19th day		4th day		18th day		3rd day		17th day		2nd day		17th day		2nd day		
16hr 38min		23hr 10min		5hr 47min		13hr 5min		22hr 6min		9hr 12min		23hr 15min		16hr 16min		12hr 28min		11hr 45min		13hr 44min		17hr 53min		
申 Shen		子 Zi		卯 Mao		未 Wei		亥 Hai		巳 Si		子 Zi		申 Shen		午 Wu		午 Wu		未 Wei		酉 You		
國曆 Gregorian		干支 S / B	星 Star	國曆 Gregorian		干支 S / B	星 Star	國曆 Gregorian		干支 S / B	星 Star	國曆 Gregorian		干支 S / B	星 Star	國曆 Gregorian		干支 S / B	星 Star	國曆 Gregorian		干支 S / B	星 Star	農曆 Calendar
6	30	丙子	3	5	31	丙午	4	5	2	丁丑	2	4	2	丁未	8	3	4	戊寅	6	2	2	戊申	3	初一 1st
7	1	丁丑	2	6	1	丁未	5	5	3	戊寅	3	4	3	戊申	9	3	5	己卯	7	2	3	己酉	4	初二 2nd
7	2	戊寅	1	6	2	戊申	6	5	4	己卯	4	4	4	己酉	1	3	6	庚辰	8	2	4	庚戌	5	初三 3rd
7	3	己卯	9	6	3	己酉	7	5	5	庚辰	5	4	5	庚戌	2	3	7	辛巳	9	2	5	辛亥	6	初四 4th
7	4	庚辰	8	6	4	庚戌	8	5	6	辛巳	6	4	6	辛亥	3	3	8	壬午	1	2	6	壬子	7	初五 5th
7	5	辛巳	7	6	5	辛亥	9	5	7	壬午	7	4	7	壬子	4	3	9	癸未	2	2	7	癸丑	8	初六 6th
7	6	壬午	6	6	6	壬子	1	5	8	癸未	8	4	8	癸丑	5	3	10	甲申	3	2	8	甲寅	9	初七 7th
7	7	癸未	5	6	7	癸丑	2	5	9	甲申	9	4	9	甲寅	6	3	11	乙酉	4	2	9	乙卯	1	初八 8th
7	8	甲申	4	6	8	甲寅	3	5	10	乙酉	1	4	10	乙卯	7	3	12	丙戌	5	2	10	丙辰	2	初九 9th
7	9	乙酉	3	6	9	乙卯	4	5	11	丙戌	2	4	11	丙辰	8	3	13	丁亥	6	2	11	丁巳	3	初十 10th
7	10	丙戌	2	6	10	丙辰	5	5	12	丁亥	3	4	12	丁巳	9	3	14	戊子	7	2	12	戊午	4	十一 11th
7	11	丁亥	1	6	11	丁巳	6	5	13	戊子	4	4	13	戊午	1	3	15	己丑	8	2	13	己未	5	十二 12th
7	12	戊子	9	6	12	戊午	7	5	14	己丑	5	4	14	己未	2	3	16	庚寅	9	2	14	庚申	6	十三 13th
7	13	己丑	8	6	13	己未	8	5	15	庚寅	6	4	15	庚申	3	3	17	辛卯	1	2	15	辛酉	7	十四 14th
7	14	庚寅	7	6	14	庚申	9	5	16	辛卯	7	4	16	辛酉	4	3	18	壬辰	2	2	16	壬戌	8	十五 15th
7	15	辛卯	6	6	15	辛酉	1	5	17	壬辰	8	4	17	壬戌	5	3	19	癸巳	3	2	17	癸亥	9	十六 16th
7	16	壬辰	5	6	16	壬戌	2	5	18	癸巳	9	4	18	癸亥	6	3	20	甲午	4	2	18	甲子	1	十七 17th
7	17	癸巳	4	6	17	癸亥	3	5	19	甲午	1	4	19	甲子	7	3	21	乙未	5	2	19	乙丑	2	十八 18th
7	18	甲午	3	6	18	甲子	4	5	20	乙未	2	4	20	乙丑	8	3	22	丙申	6	2	20	丙寅	3	十九 19th
7	19	乙未	2	6	19	乙丑	5	5	21	丙申	3	4	21	丙寅	9	3	23	丁酉	7	2	21	丁卯	4	二十 20th
7	20	丙申	1	6	20	丙寅	6	5	22	丁酉	4	4	22	丁卯	1	3	24	戊戌	8	2	22	戊辰	5	廿一 21st
7	21	丁酉	9	6	21	丁卯	7\3	5	23	戊戌	5	4	23	戊辰	2	3	25	己亥	9	2	23	己巳	6	廿二 22nd
7	22	戊戌	8	6	22	戊辰	2	5	24	己亥	6	4	24	己巳	3	3	26	庚子	1	2	24	庚午	7	廿三 23rd
7	23	己亥	7	6	23	己巳	1	5	25	庚子	7	4	25	庚午	4	3	27	辛丑	2	2	25	辛未	8	廿四 24th
7	24	庚子	6	6	24	庚午	9	5	26	辛丑	8	4	26	辛未	5	3	28	壬寅	3	2	26	壬申	9	廿五 25th
7	25	辛丑	5	6	25	辛未	8	5	27	壬寅	9	4	27	壬申	6	3	29	癸卯	4	2	27	癸酉	1	廿六 26th
7	26	壬寅	4	6	26	壬申	7	5	28	癸卯	1	4	28	癸酉	7	3	30	甲辰	5	2	28	甲戌	2	廿七 27th
7	27	癸卯	3	6	27	癸酉	6	5	29	甲辰	2	4	29	甲戌	8	3	31	乙巳	6	3	1	乙亥	3	廿八 28th
7	28	甲辰	2	6	28	甲戌	5	5	30	乙巳	3	4	30	乙亥	9	4	1	丙午	7	3	2	丙子	4	廿九 29th
7	29	乙巳	1	6	29	乙亥	4					5	1	丙子	1					3	3	丁丑	5	三十 30th

天干 Ten Stems: 甲 Jia Yang Wood; 乙 Yi Yin Wood; 丙 Bing Yang Fire; 丁 Ding Yin Fire; 戊 Wu Yang Earth; 己 Ji Yin Earth; 庚 Geng Yang Metal; 辛 Xin Yin Metal; 壬 Ren Yang Water; 癸 Gui Yin Water

Male Gua: 2 坤(Kun) **Female Gua: 1 坎(Kan)** 3 Killing 三煞: East Annual Star: 5 Yellow

月干支 Month	七月小 7th Mth				八月大 8th Mth				九月大 9th Mth				十月小 10th Mth				十一月大 11th Mth				十二月小 12th Mth			
	壬申 Ren Shen				癸酉 Gui You				甲戌 Jia Xu				乙亥 Yi Hai				丙子 Bing Zi				丁丑 Ding Chou			
九星 9 Star	五黃 Five Yellow				四綠 Four Green				三碧 Three Jade				二黑 Two Black				一白 One White				九紫 Nine Purple			
節氣 Season	處暑 Heat Ends		立秋 Coming Autumn		秋分 Autumn Equinox		白露 White Dew		霜降 Frosting		寒露 Cold Dew		小雪 Lesser Snow		立冬 Coming of Winter		冬至 Winter Solstice		大雪 Greater Snow		大寒 Greater Cold		小寒 Lesser Cold	
	24th day		9th day		26th day		11th day		27th day		12th day		27th day		12th day		29th day		13th day		27th day		12th day	
	23hr 49min		8hr 57min		21hr 43min		12hr 7min		7hr 27min		4hr 7min		5hr 21min		7hr 38min		18hr 51min		0hr 49min		5hr 36min		12hr 10min	
	子 Zi		辰 Chen		亥 Hai		午 Wu		辰 Chen		寅 Yin		卯 Mao		辰 Chen		酉 You		子 Zi		卯 Mao		午 Wu	
農曆 Calendar	國曆 Gregorian		干支 S/B	星 Star	國曆 Gregorian		干支 S/B	星 Star	國曆 Gregorian		干支 S/B	星 Star	國曆 Gregorian		干支 S/B	星 Star	國曆 Gregorian		干支 S/B	星 Star	國曆 Gregorian		干支 S/E	星 Star
初一 1st	7	30	丙午	9	8	28	乙亥	7	9	27	乙巳	4	10	27	乙亥	1	11	25	甲辰	8	12	25	甲戌	5
初二 2nd	7	31	丁未	8	8	29	丙子	6	9	28	丙午	3	10	28	丙子	9	11	26	乙巳	7	12	26	乙亥	6
初三 3rd	8	1	戊申	7	8	30	丁丑	5	9	29	丁未	2	10	29	丁丑	8	11	27	丙午	6	12	27	丙子	7
初四 4th	8	2	己酉	6	8	31	戊寅	4	9	30	戊申	1	10	30	戊寅	7	11	28	丁未	5	12	28	丁丑	8
初五 5th	8	3	庚戌	5	9	1	己卯	3	10	1	己酉	9	10	31	己卯	6	11	29	戊申	4	12	29	戊寅	9
初六 6th	8	4	辛亥	4	9	2	庚辰	2	10	2	庚戌	8	11	1	庚辰	5	11	30	己酉	3	12	30	己卯	1
初七 7th	8	5	壬子	3	9	3	辛巳	1	10	3	辛亥	7	11	2	辛巳	4	12	1	庚戌	2	12	31	庚辰	2
初八 8th	8	6	癸丑	2	9	4	壬午	9	10	4	壬子	6	11	3	壬午	3	12	2	辛亥	1	1	1	辛巳	3
初九 9th	8	7	甲寅	1	9	5	癸未	8	10	5	癸丑	5	11	4	癸未	2	12	3	壬子	9	1	2	壬午	4
初十 10th	8	8	乙卯	9	9	6	甲申	7	10	6	甲寅	4	11	5	甲申	1	12	4	癸丑	8	1	3	癸未	5
十一 11th	8	9	丙辰	8	9	7	乙酉	6	10	7	乙卯	3	11	6	乙酉	9	12	5	甲寅	7	1	4	甲申	6
十二 12th	8	10	丁巳	7	9	8	丙戌	5	10	8	丙辰	2	11	7	丙戌	8	12	6	乙卯	6	1	5	乙酉	7
十三 13th	8	11	戊午	6	9	9	丁亥	4	10	9	丁巳	1	11	8	丁亥	7	12	7	丙辰	5	1	6	丙戌	8
十四 14th	8	12	己未	5	9	10	戊子	3	10	10	戊午	9	11	9	戊子	6	12	8	丁巳	4	1	7	丁亥	9
十五 15th	8	13	庚申	4	9	11	己丑	2	10	11	己未	8	11	10	己丑	5	12	9	戊午	3	1	8	戊子	1
十六 16th	8	14	辛酉	3	9	12	庚寅	1	10	12	庚申	7	11	11	庚寅	4	12	10	己未	2	1	9	己丑	2
十七 17th	8	15	壬戌	2	9	13	辛卯	9	10	13	辛酉	6	11	12	辛卯	3	12	11	庚申	1	1	10	庚寅	3
十八 18th	8	16	癸亥	1	9	14	壬辰	8	10	14	壬戌	5	11	13	壬辰	2	12	12	辛酉	9	1	11	辛卯	4
十九 19th	8	17	甲子	9	9	15	癸巳	7	10	15	癸亥	4	11	14	癸巳	1	12	13	壬戌	8	1	12	壬辰	5
二十 20th	8	18	乙丑	8	9	16	甲午	6	10	16	甲子	3	11	15	甲午	9	12	14	癸亥	7	1	13	癸巳	6
廿一 21st	8	19	丙寅	7	9	17	乙未	5	10	17	乙丑	2	11	16	乙未	8	12	15	甲子	6	1	14	甲午	7
廿二 22nd	8	20	丁卯	6	9	18	丙申	4	10	18	丙寅	1	11	17	丙申	7	12	16	乙丑	5	1	15	乙未	8
廿三 23rd	8	21	戊辰	5	9	19	丁酉	3	10	19	丁卯	9	11	18	丁酉	6	12	17	丙寅	4	1	16	丙申	9
廿四 24th	8	22	己巳	4	9	20	戊戌	2	10	20	戊辰	8	11	19	戊戌	5	12	18	丁卯	3	1	17	丁酉	1
廿五 25th	8	23	庚午	3	9	21	己亥	1	10	21	己巳	7	11	20	己亥	4	12	19	戊辰	2	1	18	戊戌	2
廿六 26th	8	24	辛未	2	9	22	庚子	9	10	22	庚午	6	11	21	庚子	3	12	20	己巳	1	1	19	己亥	3
廿七 27th	8	25	壬申	1	9	23	辛丑	8	10	23	辛未	5	11	22	辛丑	2	12	21	庚午	9	1	20	庚子	4
廿八 28th	8	26	癸酉	9	9	24	壬寅	7	10	24	壬申	4	11	23	壬寅	1	12	22	辛未	8	1	21	辛丑	5
廿九 29th	8	27	甲戌	8	9	25	癸卯	6	10	25	癸酉	3	11	24	癸卯	9	12	23	壬申	7\3	1	22	壬寅	6
三十 30th					9	26	甲辰	5	10	26	甲戌	2					12	24	癸酉	4				

地支 Twelve Branches: 子 Zi Rat, 丑 Chou Ox, 寅 Yin Tiger, 卯 Mao Rabbit, 辰 Chen Dragon, 巳 Si Snake, 午 Wu Horse, 未 Wei Goat, 申 Shen Monkey, 酉 You Rooster, 戌 Xu Dog, 亥 Hai Pig

2050 庚午 Metal Horse

Grand Duke: 王清

天干 Ten Stems	六月小 6th Mth 癸未 Gui Wei 三碧 Three Jade				五月大 5th Mth 壬午 Ren Wu 四綠 Four Green				四月小 4th Mth 辛巳 Xin Si 五黃 Five Yellow				閏三月大 3rd Mth				三月小 3rd Mth 庚辰 Geng Chen 六白 Six White				二月大 2nd Mth 己卯 Ji Mao 七赤 Seven Red				正月小 1st Mth 戊寅 Wu Yin 八白 Eight White				月干支 Month 九星 9 Star
	立秋 Coming Autumn 20th day 14hr 51min 未 Wei		大暑 Greater Heat 4th day 22hr 23min 亥 Hai		小暑 Lesser Heat [illegible]th day [illegible]hr 3min 卯 Mao		夏至 Summer Solstice 3rd day 11hr 33min 午 Wu		芒種 Planting of Thorny Crops 16th day 18hr 56min 酉 You		小滿 Small Sprout 1st day 3hr 53min 寅 Yin				立夏 Coming of Summer 15th day 15hr 2min 申 Shen		穀雨 Grain Rain 29th day 5hr 4min 卯 Mao		清明 Clear and Bright 13th day 22hr 7min 亥 Hai		春分 Spring Equinox 28th day 18hr 19min 酉 You		驚蟄 Awakening of Worms 13th day 17hr 35min 酉 You		雨水 Rain Water 27th day 20hr 37min 戌 Xu		立春 Coming of Spring 12th day 23hr 43min 子 Zi		節氣 Season
	國曆 Gregorian		干支 S/B	星 Star	國曆 Gregorian		干支 S/B	星 Star	國曆 Gregorian		干支 S/B	星 Star	國曆 Gregorian		干支 S/B	星 Star	國曆 Gregorian		干支 S/B	星 Star	國曆 Gregorian		干支 S/B	星 Star	國曆 Gregorian		干支 S/B	星 Star	農曆 Calendar
甲 Jia Yang Wood	7	19	庚子	6	6	19	庚午	1	5	21	辛丑	8	4	21	辛未	5	3	23	壬寅	3	2	21	壬申	9	1	23	癸卯	7	初一 1st
	7	20	辛丑	5	6	20	辛未	2	5	22	壬寅	9	4	22	壬申	6	3	24	癸卯	4	2	22	癸酉	1	1	24	甲辰	8	初二 2nd
	7	21	壬寅	4	6	21	壬申	3\7	5	23	癸卯	1	4	23	癸酉	7	3	25	甲辰	5	2	23	甲戌	2	1	25	乙巳	9	初三 3rd
乙 Yi Yin Wood	7	22	癸卯	3	6	22	癸酉	6	5	24	甲辰	2	4	24	甲戌	8	3	26	乙巳	6	2	24	乙亥	3	1	26	丙午	1	初四 4th
	7	23	甲辰	2	6	23	甲戌	5	5	25	乙巳	3	4	25	乙亥	9	3	27	丙午	7	2	25	丙子	4	1	27	丁未	2	初五 5th
	7	24	乙巳	1	6	24	乙亥	4	5	26	丙午	4	4	26	丙子	1	3	28	丁未	8	2	26	丁丑	5	1	28	戊申	3	初六 6th
丙 Bing Yang Fire	7	25	丙午	9	6	25	丙子	3	5	27	丁未	5	4	27	丁丑	2	3	29	戊申	9	2	27	戊寅	6	1	29	己酉	4	初七 7th
	7	26	丁未	8	6	26	丁丑	2	5	28	戊申	6	4	28	戊寅	3	3	30	己酉	1	2	28	己卯	7	1	30	庚戌	5	初八 8th
	7	27	戊申	7	6	27	戊寅	1	5	29	己酉	7	4	29	己卯	4	3	31	庚戌	2	3	1	庚辰	8	1	31	辛亥	6	初九 9th
丁 Ding Yin Fire	7	28	己酉	6	6	28	己卯	9	5	30	庚戌	8	4	30	庚辰	5	4	1	辛亥	3	3	2	辛巳	9	2	1	壬子	7	初十 10th
	7	29	庚戌	5	6	29	庚辰	8	5	31	辛亥	9	5	1	辛巳	6	4	2	壬子	4	3	3	壬午	1	2	2	癸丑	8	十一 11th
	7	30	辛亥	4	6	30	辛巳	7	6	1	壬子	1	5	2	壬午	7	4	3	癸丑	5	3	4	癸未	2	2	3	甲寅	9	十二 12th
戊 Wu Yang Earth	7	31	壬子	3	7	1	壬午	6	6	2	癸丑	2	5	3	癸未	8	4	4	甲寅	6	3	5	甲申	3	2	4	乙卯	1	十三 13th
	8	1	癸丑	2	7	2	癸未	5	6	3	甲寅	3	5	4	甲申	9	4	5	乙卯	7	3	6	乙酉	4	2	5	丙辰	2	十四 14th
	8	2	甲寅	1	7	3	甲申	4	6	4	乙卯	4	5	5	乙酉	1	4	6	丙辰	8	3	7	丙戌	5	2	6	丁巳	3	十五 15th
己 Ji Yin Earth	8	3	乙卯	9	7	4	乙酉	3	6	5	丙辰	5	5	6	丙戌	2	4	7	丁巳	9	3	8	丁亥	6	2	7	戊午	4	十六 16th
	8	4	丙辰	8	7	5	丙戌	2	6	6	丁巳	6	5	7	丁亥	3	4	8	戊午	1	3	9	戊子	7	2	8	己未	5	十七 17th
	8	5	丁巳	7	7	6	丁亥	1	6	7	戊午	7	5	8	戊子	4	4	9	己未	2	3	10	己丑	8	2	9	庚申	6	十八 18th
庚 Geng Yang Metal	8	6	戊午	6	7	7	戊子	9	6	8	己未	8	5	9	己丑	5	4	10	庚申	3	3	11	庚寅	9	2	10	辛酉	7	十九 19th
	8	7	己未	5	7	8	己丑	8	6	9	庚申	9	5	10	庚寅	6	4	11	辛酉	4	3	12	辛卯	1	2	11	壬戌	8	二十 20th
	8	8	庚申	4	7	9	庚寅	7	6	10	辛酉	1	5	11	辛卯	7	4	12	壬戌	5	3	13	壬辰	2	2	12	癸亥	9	廿一 21st
辛 Xin Yin Metal	8	9	辛酉	3	7	10	辛卯	6	6	11	壬戌	2	5	12	壬辰	8	4	13	癸亥	6	3	14	癸巳	3	2	13	甲子	1	廿二 22nd
	8	10	壬戌	2	7	11	壬辰	5	6	12	癸亥	3	5	13	癸巳	9	4	14	甲子	7	3	15	甲午	4	2	14	乙丑	2	廿三 23rd
	8	11	癸亥	1	7	12	癸巳	4	6	13	甲子	4	5	14	甲午	1	4	15	乙丑	8	3	16	乙未	5	2	15	丙寅	3	廿四 24th
壬 Ren Yang Water	8	12	甲子	9	7	13	甲午	3	6	14	乙丑	5	5	15	乙未	2	4	16	丙寅	9	3	17	丙申	6	2	16	丁卯	4	廿五 25th
	8	13	乙丑	8	7	14	乙未	2	6	15	丙寅	6	5	16	丙申	3	4	17	丁卯	1	3	18	丁酉	7	2	17	戊辰	5	廿六 26th
	8	14	丙寅	7	7	15	丙申	1	6	16	丁卯	7	5	17	丁酉	4	4	18	戊辰	2	3	19	戊戌	8	2	18	己巳	6	廿七 27th
癸 Gui Yin Water	8	15	丁卯	6	7	16	丁酉	9	6	17	戊辰	8	5	18	戊戌	5	4	19	己巳	3	3	20	己亥	9	2	19	庚午	7	廿八 28th
	8	16	戊辰	5	7	17	戊戌	8	6	18	己巳	9	5	19	己亥	6	4	20	庚午	4	3	21	庚子	1	2	20	辛未	8	廿九 29th
					7	18	己亥	7					5	20	庚子	7					3	22	辛丑	2					三十 30th

Male Gua:4 巽(Xun) **Female Gua: 2 坤(Kun)** 3 Killing 三煞: North Annual Star: 4 Green

地支 Twelve Branches: 子 Zi Rat · 丑 Chou Ox · 寅 Yin Tiger · 卯 Mao Rabbit · 辰 Chen Dragon · 巳 Si Snake · 午 Wu Horse · 未 Wei Goat · 申 Shen Monkey · 酉 You Rooster · 戌 Xu Dog · 亥 Hai Pig

月干支 Month	七月大 7th Mth				八月大 8th Mth			
	甲申 Jia Shen				乙酉 Yi You			
九星 9 Star	二黑 Two Black				一白 One White			
節氣 Season	白露 White Dew		處暑 Heat Ends		寒露 Cold Dew		秋分 Autumn Equinox	
	22nd day		7th day		23rd day		8th day	
	18hr 2min		5hr 34min		10hr 2min		3hr 34min	
	酉 You		卯 Mao		巳 Si		寅 Yin	
農曆 Calendar	國曆 Gregorian		干支 S/B	星 Star	國曆 Gregorian		干支 S/B	星 Star
初一 1st	8	17	己巳	4	9	16	己亥	1
初二 2nd	8	18	庚午	3	9	17	庚子	9
初三 3rd	8	19	辛未	2	9	18	辛丑	8
初四 4th	8	20	壬申	1	9	19	壬寅	7
初五 5th	8	21	癸酉	9	9	20	癸卯	6
初六 6th	8	22	甲戌	8	9	21	甲辰	5
初七 7th	8	23	乙亥	7	9	22	乙巳	4
初八 8th	8	24	丙子	6	9	23	丙午	3
初九 9th	8	25	丁丑	5	9	24	丁未	2
初十 10th	8	26	戊寅	4	9	25	戊申	1
十一 11th	8	27	己卯	3	9	26	己酉	9
十二 12th	8	28	庚辰	2	9	27	庚戌	8
十三 13th	8	29	辛巳	1	9	28	辛亥	7
十四 14th	8	30	壬午	9	9	29	壬子	6
十五 15th	8	31	癸未	8	9	30	癸丑	5
十六 16th	9	1	甲申	7	10	1	甲寅	4
十七 17th	9	2	乙酉	6	10	2	乙卯	3
十八 18th	9	3	丙戌	5	10	3	丙辰	2
十九 19th	9	4	丁亥	4	10	4	丁巳	1
二十 20th	9	5	戊子	3	10	5	戊午	9
廿一 21st	9	6	己丑	2	10	6	己未	8
廿二 22nd	9	7	庚寅	1	10	7	庚申	7
廿三 23rd	9	8	辛卯	9	10	8	辛酉	6
廿四 24th	9	9	壬辰	8	10	9	壬戌	5
廿五 25th	9	10	癸巳	7	10	10	癸亥	4
廿六 26th	9	11	甲午	6	10	11	甲子	3
廿七 27th	9	12	乙未	5	10	12	乙丑	2
廿八 28th	9	13	丙申	4	10	13	丙寅	1
廿九 29th	9	14	丁酉	3	10	14	丁卯	9
三十 30th	9	15	戊戌	2	10	15	戊辰	8

月干支 Month	九月小 9th Mth				十月大 10th Mth			
	丙戌 Bing Xu				丁亥 Ding Hai			
九星 9 Star	九紫 Nine Purple				八白 Eight White			
節氣 Season	立冬 Coming of Winter		霜降 Frosting		大雪 Greater Snow		小雪 Lesser Snow	
	23rd day		8th day		24th day		9th day	
	13hr 33min		13hr 14min		6hr 44min		11hr 8min	
	未 Wei		未 Wei		卯 Mao		午 Wu	
農曆 Calendar	國曆 Gregorian		干支 S/B	星 Star	國曆 Gregorian		干支 S/B	星 Star
初一 1st	10	16	己巳	7	11	14	戊戌	5
初二 2nd	10	17	庚午	6	11	15	己亥	4
初三 3rd	10	18	辛未	5	11	16	庚子	3
初四 4th	10	19	壬申	4	11	17	辛丑	2
初五 5th	10	20	癸酉	3	11	18	壬寅	1
初六 6th	10	21	甲戌	2	11	19	癸卯	9
初七 7th	10	22	乙亥	1	11	20	甲辰	8
初八 8th	10	23	丙子	9	11	21	乙巳	7
初九 9th	10	24	丁丑	8	11	22	丙午	6
初十 10th	10	25	戊寅	7	11	23	丁未	5
十一 11th	10	26	己卯	6	11	24	戊申	4
十二 12th	10	27	庚辰	5	11	25	己酉	3
十三 13th	10	28	辛巳	4	11	26	庚戌	2
十四 14th	10	29	壬午	3	11	27	辛亥	1
十五 15th	10	30	癸未	2	11	28	壬子	9
十六 16th	10	31	甲申	1	11	29	癸丑	8
十七 17th	11	1	乙酉	9	11	30	甲寅	7
十八 18th	11	2	丙戌	8	12	1	乙卯	6
十九 19th	11	3	丁亥	7	12	2	丙辰	5
二十 20th	11	4	戊子	6	12	3	丁巳	4
廿一 21st	11	5	己丑	5	12	4	戊午	3
廿二 22nd	11	6	庚寅	4	12	5	己未	2
廿三 23rd	11	7	辛卯	3	12	6	庚申	1
廿四 24th	11	8	壬辰	2	12	7	辛酉	9
廿五 25th	11	9	癸巳	1	12	8	壬戌	8
廿六 26th	11	10	甲午	9	12	9	癸亥	7
廿七 27th	11	11	乙未	8	12	10	甲子	6
廿八 28th	11	12	丙申	7	12	11	乙丑	5
廿九 29th	11	13	丁酉	6	12	12	丙寅	4
三十 30th					12	13	丁卯	3

月干支 Month	十一月大 11th Mth				十二月小 12th Mth			
	戊子 Wu Zi				己丑 Ji Chou			
九星 9 Star	七赤 Seven Red				六白 Six White			
節氣 Season	小寒 Lesser Cold		冬至 Winter Solstice		立春 Coming of Spring		大寒 Greater Cold	
	23rd day		9th day		23rd day		8th day	
	18hr 0min		0hr 37min		5hr 37min		11hr 22min	
	酉 You		子 Zi		卯 Mao		午 Wu	
農曆 Calendar	國曆 Gregorian		干支 S/B	星 Star	國曆 Gregorian		干支 S/B	星 Star
初一 1st	12	14	戊辰	2	1	13	戊戌	2
初二 2nd	12	15	己巳	1	1	14	己亥	3
初三 3rd	12	16	庚午	9	1	15	庚子	4
初四 4th	12	17	辛未	8	1	16	辛丑	5
初五 5th	12	18	壬申	7	1	17	壬寅	6
初六 6th	12	19	癸酉	6	1	18	癸卯	7
初七 7th	12	20	甲戌	5	1	19	甲辰	8
初八 8th	12	21	乙亥	4	1	20	乙巳	9
初九 9th	12	22	丙子	3\7	1	21	丙午	1
初十 10th	12	23	丁丑	8	1	22	丁未	2
十一 11th	12	24	戊寅	9	1	23	戊申	3
十二 12th	12	25	己卯	1	1	24	己酉	4
十三 13th	12	26	庚辰	2	1	25	庚戌	5
十四 14th	12	27	辛巳	3	1	26	辛亥	6
十五 15th	12	28	壬午	4	1	27	壬子	7
十六 16th	12	29	癸未	5	1	28	癸丑	8
十七 17th	12	30	甲申	6	1	29	甲寅	9
十八 18th	12	31	乙酉	7	1	30	乙卯	1
十九 19th	1	1	丙戌	8	1	31	丙辰	2
二十 20th	1	2	丁亥	9	2	1	丁巳	3
廿一 21st	1	3	戊子	1	2	2	戊午	4
廿二 22nd	1	4	己丑	2	2	3	己未	5
廿三 23rd	1	5	庚寅	3	2	4	庚申	6
廿四 24th	1	6	辛卯	4	2	5	辛酉	7
廿五 25th	1	7	壬辰	5	2	6	壬戌	8
廿六 26th	1	8	癸巳	6	2	7	癸亥	9
廿七 27th	1	9	甲午	7	2	8	甲子	1
廿八 28th	1	10	乙未	8	2	9	乙丑	2
廿九 29th	1	11	丙申	9	2	10	丙寅	3
三十 30th	1	12	丁酉	1				

JOEY YAP CONSULTING GROUP

Pioneering Metaphysics-Centric Personal and Corporate Consultations

Founded in 2002, the Joey Yap Consulting Group is the pioneer in the provision of metaphysics-driven coaching and consultation services for professionals and individuals alike. Under the leadership of the renowned international Chinese Metaphysics consultant, author and trainer, Dato' Joey Yap, it has become a world-class specialised metaphysics consulting firm with a strong presence in four continents, meeting the metaphysics-centric needs of its A-list clientele, ranging from celebrities to multinational corporations.

The Group's core consultation practice areas include Feng Shui, BaZi and Qi Men Dun Jia, which are complemented by ancillary services such as Date Selection, Face Reading and Yi Jing. Its team of highly trained professional consultants, led by its Chief Consultant, Dato' Joey Yap, is well-equipped with unparalleled knowledge and experience to help clients achieve their ultimate potentials in various fields and specialisations. Given its credentials, the Group is certainly the firm of choice across the globe for metaphysics-related consultations.

The Peerless Industry Expert

Benchmarked against the standards of top international consulting firms, our consultants work closely with our clients to achieve the best possible outcomes. The possibilities are infinite as our expertise extends from consultations related to the forces of nature under the subject of Feng Shui, to those related to Destiny Analysis and effective strategising under BaZi and Qi Men Dun Jia respectively.

To date, we have consulted a great diversity of clients, ranging from corporate clients – from various industries such as real estate, finance and telecommunication, amongst others – to the hundreds of thousands of individuals in their key life aspects. Adopting up-to-date and pragmatic approaches, we provide comprehensive services while upholding the importance of clients' priorities and effective outcomes. Recognised as the epitome of Chinese Metaphysics, we possess significant testimonies from worldwide clients as a trusted Brand.

www.masteryacademy.com | +603 - 2284 8080

Feng Shui Consultation

Residential Properties
- Initial Land/Property Assessment
- Residential Feng Shui Consultation
- Residential Land Selection
- End-to-End Residential Consultation

Commercial Properties
- Initial Land/Property Assessment
- Commercial Feng Shui Consultation
- Commercial Land Selection
- End-to-End Commercial Consultation

Property Developers
- End-to-End Consultation
- Post-Consultation Advisory Services
- Panel Feng Shui Consultant

Property Investors
- Your Personal Feng Shui Consultant
- Tailor-Made Packages

Memorial Parks & Burial Sites
- Yin House Feng Shui

BaZi Consultation

Personal Destiny Analysis
- Individual BaZi Analysis
- BaZi Analysis for Families

Strategic Analysis for Corporate Organizations
- BaZi Consultations for Corporations
- BaZi Analysis for Human Resource Management

Entrepreneurs and Business Owners
- BaZi Analysis for Entrepreneurs

Career Pursuits
- BaZi Career Analysis

Relationships
- Marriage and Compatibility Analysis
- Partnership Analysis

General Public
- Annual BaZi Forecast
- Your Personal BaZi Coach

Date Selection Consultation

- **Marriage Date Selection**
- **Caesarean Birth Date Selection**
- **House-Moving Date Selection**
- **Renovation and Groundbreaking Dates**
- **Signing of Contracts**
- **O icial Openings**
- **Product Launches**

Qi Men Dun Jia Consultation

Strategic Execution
- Business and Investment Prospects

Forecasting
- Wealth and Life Pursuits
- People and Environmental Matters

Feng Shui
- Residential Properties
- Commercial Properties

Speaking Engagement

Many reputable organisations and institutions have worked closely with Joey Yap Consulting Group to build a synergistic business relationship by engaging our team of consultants, which are led by Joey Yap, as speakers at their corporate events.

We tailor our seminars and talks to suit the anticipated or pertinent group of audience. Be it department subsidiary, your clients or even the entire corporation, we aim to fit your requirements in delivering the intended message(s) across.

CHINESE METAPHYSICS REFERENCE SERIES

The Chinese Metaphysics Reference Series is a collection of reference texts, source material, and educational textbooks to be used as supplementary guides by scholars, students, researchers, teachers and practitioners of Chinese Metaphysics.

These comprehensive and structured books provide fast, easy reference to aid in the study and practice of various Chinese Metaphysics subjects including Feng Shui, BaZi, Yi Jing, Zi Wei, Liu Ren, Ze Ri, Ta Yi, Qi Men Dun Jia and Mian Xiang.

The Chinese Metaphysics Compendium

At over 1,000 pages, the Chinese Metaphysics Compendium is a unique one-volume reference book that compiles ALL the formulas relating to Feng Shui, BaZi (Four Pillars of Destiny), Zi Wei (Purple Star Astrology), Yi Jing (I-Ching), Qi Men (Mystical Doorways), Ze Ri (Date Selection), Mian Xiang (Face Reading) and other sources of Chinese Metaphysics.

It is presented in the form of easy-to-read tables, diagrams and reference charts, all of which are compiled into one handy book. This first-of-its-kind compendium is presented in both English and its original Chinese language, so that none of the meanings and contexts of the technical terminologies are lost.

The only essential and comprehensive reference on Chinese Metaphysics, and an absolute must-have for all students, scholars, and practitioners of Chinese Metaphysics.

The Ten Thousand Year Calendar (Pocket Edition)

The Ten Thousand Year Calendar

Dong Gong Date Selection

The Date Selection Compendium

Plum Blossoms Divination Reference Book

Xuan Kong Da Gua Ten Thousand Year Calendar

San Yuan Dragon Gate Eight Formations Water Method

BaZi Hour Pillar Useful Gods - Wood

BaZi Hour Pillar Useful Gods - Fire

BaZi Hour Pillar Useful Gods - Earth

BaZi Hour Pillar Useful Gods - Metal

BaZi Hour Pillar Useful Gods - Water

Xuan Kong Da Gua Structures Reference Book

Xuan Kong Da Gua 64 Gua Transformation Analysis

BaZi Structures and Structural Useful Gods - Wood

BaZi Structures and Structural Useful Gods - Fire

BaZi Structures and Structural Useful Gods - Earth

BaZi Structures and Structural Useful Gods - Metal

BaZi Structures and Structural Useful Gods - Water

Earth Study Discern Truth Second Edition

Eight Mansions Bright Mirror

Secret of Xuan Kong

Ode to Flying Stars

Xuan Kong Purple White Script

Ode to Mysticism

The Yin House Handbook

Water Water Everywhere

Xuan Kong Da Gua Not Exactly For Dummies

SAN YUAN QI MEN XUAN KONG DA GUA Reference Series

三元奇門 玄空大卦

San Yuan Qi Men Xuan Kong Da Gua **Compendium**

San Yuan Qi Men Xuan Kong Da Gua **540 Yang Structure**

San Yuan Qi Men Xuan Kong Da Gua **540 Yin Structure**

Xuan Kong Flying Star **Secrets Of The 81 Combinations**

Xuan Kong Da Gua

Xuan Kong Da Gua

Xuan Kong Da Gua

Xuan Kong

The **San Yuan Qi Men Xuan Kong Da Gua Series** is written for the advanced learners in mind. Unlock the secrets to this highly exclusive art and seamlessly integrate both Qi Men Dun Jia and the Xuan Kong Da Gua 64 Hexagrams into one unified practice for effective applications.

This collection is an excellent companion for genuine enthusiasts, students and professional practitioners of the San Yuan Qi Men Xuan Kong Da Gua studies.

Xuan Kong Collection

Xuan Kong Flying Stars

This book is an essential introductory book to the subject of Xuan Kong Fei Xing, a well-known and popular system of Feng Shui. Learn 'tricks of the trade' and 'trade secrets' to enhance and maximise Qi in your home or office.

Xuan Kong Nine Life Star Series (Available in English & Chinese versions)

Joey Yap's Feng Shui Essentials - The Xuan Kong Nine Life Star Series of books comprises of nine individual titles that provide detailed information about each individual Life Star.

Based on the complex and highly-evolved Xuan Kong Feng Shui system, each book focuses on a particular Life Star and provides you with a detailed Feng Shui guide.

Joey Yap's BaZi Profiling System

Three Levels of BaZi Profiling (English & Chinese versions)

In BaZi Profiling, there are three levels that reflect three different stages of a person's personal nature and character structure.

Level 1 – The Day Master

The Day Master in a nutshell is the basic you. The inborn personality. It is your essential character. It answers the basic question "who am I". There are ten basic personality profiles – the ten Day Masters – each with its unique set of personality traits, likes and dislikes.

Level 2 – The Structure

The Structure is your behavior and attitude – in other words, it is about how you use your personality. It expands on the Day Master (Level 1). The structure reveals your natural tendencies in life – are you a controller, creator, supporter, thinker or connector? Each of the Ten Day Masters express themselves differently through the five Structures. Why do we do the things we do? Why do we like the things we like? The answers are in our BaZi Structure.

Level 3 – The Profile

The Profile depicts your role in your life. There are ten roles (Ten BaZi Profiles) related to us. As to each to his or her own - the roles we play are different from one another and it is unique to each Profile.

What success means to you, for instance, differs from your friends – this is similar to your sense of achievement or whatever you think of your purpose in life is.

Through the BaZi Profile, you will learn the deeper level of your personality. It helps you become aware of your personal strengths and works as a trigger for you to make all the positive changes to be a better version of you.

Keep in mind, only through awareness that you will be able to maximise your natural talents, abilities and skills. Only then, ultimately, you will get to enter into what we refer as 'flow' of life – a state where you have the powerful force to naturally succeed in life.

www.BaZiprofiling.com

Feng Shui Collection

Design Your Legacy

Design Your Legacy is Joey Yap's first book on the profound subject of Yin House Feng Shui, which is the study Feng Shui for burials and tombs. Although it is still pretty much a hidden practice that is largely unexplored by modern literature, the significance of Yin House Feng Shui has permeated through the centuries – from the creation of the imperial lineage of emperors in ancient times to the iconic leaders who founded modern China.

This book unveils the true essence of Yin House Feng Shui with its significant applications that are unlike the myths and superstition which have for years, overshadowed the genuine practice itself. Discover how Yin House Feng Shui – the true precursor to all modern Feng Shui practice, can be used to safeguard the future of your descendants and create a lasting legacy.

Must-Haves for Property Analysis!

For homeowners, those looking to build their own home or even investors who are looking to apply Feng Shui to their homes, these series of books provides valuable information from the classical Feng Shui therioes and applications.

In his trademark straight-to-the-point manner, Joey shares with you the Feng Shui do's and dont's when it comes to finding a property with favorable Feng Shui, which is condusive for home living.

Stories and Lessons on Feng Shui Series

(Available in English & Chinese)

All in all, this series is a delightful chronicle of Joey's articles, thoughts and vast experience - as a professional Feng Shui consultant and instructor - that have been purposely refined, edited and expanded upon to make for a light-hearted, interesting yet educational read. And with Feng Shui, BaZi, Mian Xiang and Yi Jing all thrown into this one dish, there's something for everyone.

More Titles under Joey Yap Books

Pure Feng Shui

Pure Feng Shui is Joey Yap's debut with an international publisher, CICO Books. It is a refreshing and elegant look at the intricacies of Classical Feng Shui - now compiled in a useful manner for modern day readers. This book is a comprehensive introduction to all the important precepts and techniques of Feng Shui practices.

Your Aquarium Here

This book is the first in Fengshuilogy Series, which is a series of matter-of-fact and useful Feng Shui books designed for the person who wants to do a fuss-free Feng Shui.

More Titles under Joey Yap Books

Walking the Dragons

Compiled in one book for the first time from Joey Yap's Feng Shui Mastery Excursion Series, the book highlights China's extensive, vibrant history with astute observations on the Feng Shui of important sites and places. Learn the landform formations of Yin Houses (tombs and burial places), as well as mountains, temples, castles and villages.

Walking the Dragons : Taiwan Excursion

A Guide to Classical Landform Feng Shui of Taiwan

From China to Tibet, Joey Yap turns his analytical eye towards Taiwan in this extensive Walking the Dragons series. Combined with beautiful images and detailed information about an island once known as Formosa, or "Beautiful Island" in Portuguese, this compelling series of essays highlights the colourful history and wonders of Taiwan. It also provides readers with fascinating insights into the living science of Feng Shui.

The Art of Date Selection: Personal Date Selection (Available in English & Chinese)

With the Art of Date Selection: Personal Date Selection, you can learn simple, practical methods to select not just good dates, but personalised good dates as well. Whether it is a personal activity such as a marriage or professional endeavour, such as launching a business - signing a contract or even acquiring assets, this book will show you how to pick the good dates and tailor them to suit the activity in question, and to avoid the negative ones too!

Your Head Here

Your Head Here is the first book by Sherwin Ng. She is an accomplished student of Joey Yap, and an experienced Feng Shui consultant and instructor with Joey Yap Consulting Group and Mastery Academy respectively. It is the second book under the Fengshuilogy series, which focuses on Bedroom Feng Shui, a specific topic dedicated to optimum bed location and placement.

If the Shoe Fits

This book is for those who want to make the effort to enhance their relationship.

In her debut release, Jessie Lee humbly shares with you the classical BaZi method of the Ten Day Masters and the combination of a new profiling system developed by Joey Yap, to understand and deal with the people around you.

Being Happy and Successful at Work and in your Career

Have you ever wondered why some of us are so successful in our careers while others are dragging their feet to work or switching from one job to another? Janet Yung hopes to answer this question by helping others through the knowledge and application of BaZi and Chinese Astrology. In her debut release, she shares with the readers the right way of using BaZi to understand themselves: their inborn talents, motivations, skills, and passions, to find their own place in the path of professional development.

Being Happy & Successful - Managing Yourself & Others

Manage Your Talent & Have Effective Relationships at the Workplace

While many strive for efficiency in the workplace, it is vital to know how to utilize your talents. In this book, Janet Yung will take you further on how to use the BaZi profiling system as a tool to assess your personality and understanding your approach to the job. From ways in communicating with your colleagues to understanding your boss, you will be astounded by what this ancient system can reveal about you and the people in your life. Tips and guidance will also be given in this book so that you will make better decisions for your next step in advancing in your career.

Face Reading Collection

The Chinese Art of Face Reading: The Book of Moles

The Book of Moles by Joey Yap delves into the inner meanings of moles and what they reveal about the personality and destiny of an individual. Complemented by fascinating illustrations and Joey Yap's easy-to-understand commentaries and guides, this book takes a deeper focus into a Face Reading subject, which can be used for everyday decisions – from personal relationships to professional dealings and many others.

Discover Face Reading (Available in English & Chinese)

This is a comprehensive book on all areas of Face Reading, covering some of the most important facial features, including the forehead, mouth, ears and even philtrum above your lips. This book will help you analyse not just your Destiny but also help you achieve your full potential and achieve life fulfillment.

Joey Yap's Art of Face Reading

The Art of Face Reading is Joey Yap's second effort with CICO Books, and it takes a lighter, more practical approach to Face Reading. This book does not focus on the individual features as it does on reading the entire face. It is about identifying common personality types and characters.

Faces of Fortune: The 20 Tycoons to bet on over the next 10 years

Faces of Fortune is Tee Lin Say's first book on the subject of Mian Xiang or Chinese Face Reading. As an accomplished Face Reading student of Joey Yap and an experienced business journalist, Lin Say merged both her knowledge into this volume, profiling twenty prominent tycoons in Asia based on the Art of Face Reading.

Easy Guide on Face Reading (Available in English & Chinese)

The Face Reading Essentials series of books comprises of five individual books on the key features of the face – the Eyes, the Eyebrows, the Ears, the Nose, and the Mouth. Each book provides a detailed illustration and a simple yet descriptive explanation on the individual types of the features.

The books are equally useful and effective for beginners, enthusiasts and those who are curious. The series is designed to enable people who are new to Face Reading to make the most out of first impressions and learn to apply Face Reading skills to understand the personality and character of their friends, family, co-workers and business associates.

2018 Annual Releases

Chinese Astrology for 2018

Feng Shui for 2018

Tong Shu Desktop Calendar 2018

Qi Men Desktop Calendar 2018

Professional Tong Shu Diary 2018

Tong Shu Monthly Planner 2018

Weekly Tong Shu Diary 2018

Cultural Series

Discover the True Significance of the Ancient Art of Lion Dance

The Lion has long been a symbol of power and strength. That powerful symbol has evolved into an incredible display of a mixture of martial arts and ritualism that is the Lion Dance. Throughout ancient and modern times, the Lion Dance has stamped itself as a popular part of culture, but is there a meaning lost behind this magnificent spectacle?

The Art of Lion Dance written by the world's number one man in Chinese Metaphysics, Dato' Joey Yap, explains the history and origins of the art and its connection to Qi Men Dun Jia. By creating that bridge with Qi Men, the Lion Dance is able to ritualise any type of ceremony, celebrations and mourning alike.

The book is the perfect companion to the modern interpretation of the art as it reveals the significance behind each part of the Lion costume, as well as rituals that are put in place to bring the costume and its spectacle to life.

Educational Tools and Software

Joey Yap's Feng Shui Template Set

Directions are the cornerstone of any successful Feng Shui audit or application. The Joey Yap Feng Shui Template Set is a set of three templates to simplify the process of taking directions and determining locations and positions, whether it is for a building, a house, or an open area such as a plot of land - all of it done with just a floor plan or area map.

The Set comprises three basic templates: The Basic Feng Shui Template, Eight Mansions Feng Shui Template, and the Flying Stars Feng Shui Template.

Mini Feng Shui Compass

The Mini Feng Shui Compass is a self-aligning compass that is not only light at 100gms but also built sturdily to ensure it will be convenient to use anywhere. The rings on the Mini Feng Shui Compass are bilingual and incorporate the 24 Mountain Rings that is used in your traditional Luo Pan.

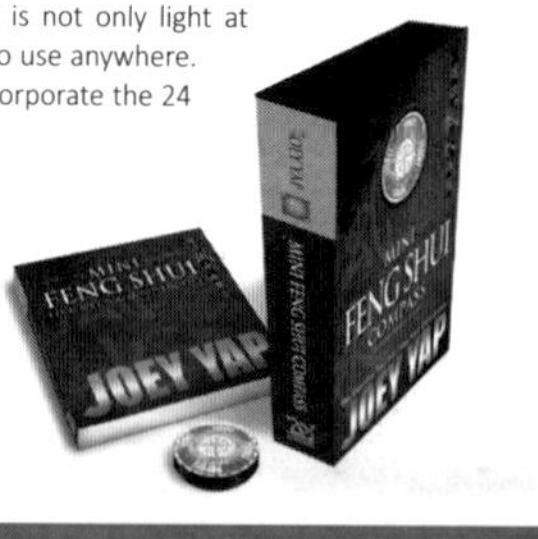

The comprehensive booklet included with this, will guide you in applying the 24 Mountain Directions on your Mini Feng Shui Compass effectively and the Eight Mansions Feng Shui to locate the most auspicious locations within your home, office and surroundings. You can also use the Mini Feng Shui Compass when measuring the direction of your property for the purpose of applying Flying Stars Feng Shui.

JOEYYAP TV
Did somebody say Feng Shui?
☑ Free World-class Content
☑ The Latest JY Shows & TV Programs
☑ Exclusive JOEYYAP.TV Content
☑ Informative How-To Videos
☑ Reviews & Interviews
☑ Full Access Anytime, Anywhere
Visit www.youtube.com/joeyyap and subscribe now
www.masteryacademy.com | +603 - 2284 8080

The Mastery Academy around the world!

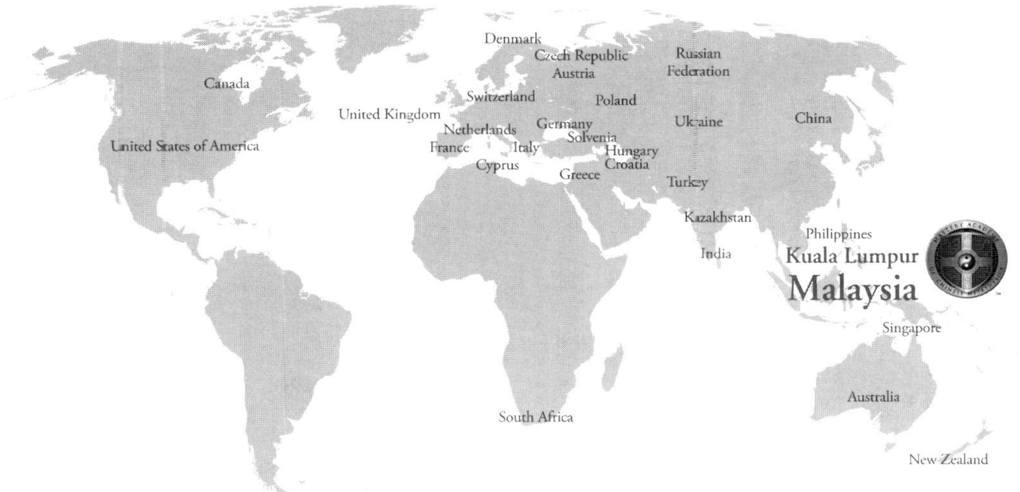

Feng Shui Mastery™
LIVE COURSES (MODULES ONE TO FOUR)

This an ideal program for those who wants to achieve mastery in Feng Shui from the comfort of their homes. This comprehensive program covers the foundation up to the advanced practitioner levels, touching upon the important theories from various classical Feng Shui systems including Ba Zhai, San Yuan, San He and Xuan Kong.

Module One:
Beginners Course

Module Two:
Practitioners Course

Module Three:
Advanced Practitioners Course

Module Four:
Master Course

BaZi Mastery™
LIVE COURSES (MODULES ONE TO FOUR)

This lesson-based program brings a thorough introduction to BaZi and guides the student step-by-step, all the way to the professional practitioner level. From the theories to the practical, BaZi students along with serious Feng Shui practitioners, can master its application with accuracy and confidence.

Module One:
Intensive Foundation Course

Module Two:
Practitioners Course

Module Three:
Advanced Practitioners Course

Module Four:
Master Course in BaZi

Xuan Kong Mastery™
LIVE COURSES (MODULES ONE TO THREE)

* Advanced Courses For Master Practitioners

Xuan Kong is a sophisticated branch of Feng Shui, replete with many techniques and formulae, which encompass numerology, symbology and the science of the Ba Gua, along with the mathematics of time. This program is ideal for practitioners looking to bring their practice to a more in-depth level.

Module One:
Advanced Foundation Course

Module Two A:
Advanced Xuan Kong Methodologies

Module Two B:
Purple White

Module Three:
Advanced Xuan Kong Da Gua

Mian Xiang Mastery™

LIVE COURSES (MODULES ONE AND TWO)

This program comprises of two modules, each carefully developed to allow students to familiarise with the fundamentals of Mian Xiang or Face Reading and the intricacies of its theories and principles. With lessons guided by video lectures, presentations and notes, students are able to understand and practice Mian Xiang with greater depth.

Module One:
Basic Face Reading

Module Two:
Practical Face Reading

Yi Jing Mastery™

LIVE COURSES (MODULES ONE AND TWO)

Whether you are a casual or serious Yi Jing enthusiast, this lesson-based program contains two modules that brings students deeper into the Chinese science of divination. The lessons will guide students on the mastery of its sophisticated formulas and calculations to derive answers to questions we pose.

Module One:
Traditional Yi Jing

Module Two:
Plum Blossom Numerology

Ze Ri Mastery™

LIVE COURSES (MODULES ONE AND TWO)

In two modules, students will undergo a thorough instruction on the fundamentals of ZeRi or Date Selection. The comprehensive program covers Date Selection for both Personal and Feng Shui purposes to Xuan Kong Da Gua Date Selection.

Module One:
Personal and Feng Shui Date Selection

Module Two:
Xuan Kong Da Gua Date Selection

Joey Yap's

SAN YUAN QI MEN XUAN KONG DA GUA™

This is an advanced level program which can be summed up as the Integral Vision of San Yuan studies – an integration of the ancient potent discipline of Qi Men Dun Jia and the highly popular Xuan Kong 64 Hexagrams. Often regarded as two independent systems, San Yuan Qi Men and San Yuan Xuan Kong Da Gua can trace their origins to the same source and were actually used together in ancient times by great Chinese sages.

This method enables practitioners to harness the Qi of time and space, and predict the outcomes through a highly-detailed analysis of landforms, places and sites.

BaZi 10X

Emphasising on the practical aspects of BaZi, this programme is rich with numerous applications and techniques pertaining to the pursuit of wealth, health, relationship and career, all of which constitute the formula of success. This programme is designed for all levels of practitioners and is supplemented with innovative learning materials to enable easy learning. Discover the different layers of BaZi from a brand new perspective with BaZi 10X.

Feng Shui for Life

This is an entry-level five-day course designed for the Feng Shui beginner to learn the application of practical Feng Shui in day-to-day living. Lessons include quick tips on analysing the BaZi chart, simple Feng Shui solutions for the home, basic Date Selection, useful Face Reading techniques and practical Water formulas. A great introduction course on Chinese Metaphysics studies for beginners.

Joey Yap's Design Your Destiny

This is a three-day life transformation program designed to inspire awareness and action for you to create a better quality of life. It introduces the DRT™ (Decision Referential Technology) method, which utilises the BaZi Personality Profiling system to determine the right version of you, and serves as a tool to help you make better decisions and achieve a better life in the least resistant way possible, based on your Personality Profile Type.

Millionaire Feng Shui Secrets Programme

This program is geared towards maximising your financial goals and dreams through the use of Feng Shui. Focusing mainly on the execution of Wealth Feng Shui techniques such as Luo Shu sectors and more, it is perfect for boosting careers, businesses and investment opportunities.

Grow Rich With BaZi Programme

This comprehensive programme covers the foundation of BaZi studies and presents information from the career, wealth and business standpoint. This course is ideal for those who want to maximise their wealth potential and live the life they deserve. Knowledge gained in this course will be used as driving factors to encourage personal development towards a better future.

Walk the Mountains!
Learn Feng Shui in a Practical and Hands-on Program

Feng Shui Mastery Excursion™

Learn landform (Luan Tou) Feng Shui by walking the mountains and chasing the Dragon's vein in China. This program takes the students in a study tour to examine notable Feng Shui landmarks, mountains, hills, valleys, ancient palaces, famous mansions, houses and tombs in China. The excursion is a practical hands-on course where students are shown to perform readings using the formulas they have learnt and to recognise and read Feng Shui Landform (Luan Tou) formations.

Read about the China Excursion here:
http://www.fengshuiexcursion.com

Mastery Academy courses are conducted around the world. Find out when will Joey Yap be in your area by visiting
www.masteryacademy.com
or call our offices at **+6(03)-2284 8080**.

Online Home Study Courses

Gain Valuable Knowledge from the Comfort of Your Home

Now, armed with your trusty computer or laptop and Internet access, the knowledge of Chinese Metaphysics is just a click away!

3 Easy Steps to Activate Your Home Study Course:

Step 1:
Go to the URL as indicated on the Activation Card and key in your Activation Code

Step 2:
At the Registration page, fill in the details accordingly to enable us to generate your Student Identification (Student ID).

Step 3:
Upon successful registration, you may begin your lessons immediately.

Joey Yap's Feng Shui Mastery HomeStudy Course

Module 1: **Empowering Your Home**
Module 2: **Master Practitioner Program**

Learn how easy it is to harness the power of the environment to promote health, wealth and prosperity in your life. The knowledge and applications of Feng Shui will not be a mystery but a valuable tool you can master on your own.

Joey Yap's BaZi Mastery HomeStudy Course

Module 1: **Mapping Your Life**
Module 2: **Mastering Your Future**

Discover your path of least resistance to success with insights about your personality and capabilities, and what strengths you can tap on to maximise your potential for success and happiness by mastering BaZi (Chinese Astrology). This course will teach you all the essentials you need to interpret a BaZi chart and more.

Joey Yap's Mian Xiang Mastery HomeStudy Course

Module 1: **Face Reading**
Module 2: **Advanced Face Reading**

A face can reveal so much about a person. Now, you can learn the Art and Science of Mian Xiang (Chinese Face Reading) to understand a person's character based on his or her facial features, with ease and confidence.